中国少数民族设计全集

The Design Collection of Chinese Ethnic Minorities

壮族

中国少数民族设计全集编纂委员会 编

图书在版编目（CIP）数据

中国少数民族设计全集. 壮族/中国少数民族设计全集编纂委员会编；许边疆著. —太原：山西人民出版社，2019.8
ISBN 978-7-203-10886-3

Ⅰ.①中… Ⅱ.①中…②许… Ⅲ.①壮族-民族文化-研究-中国 Ⅳ.①K28

中国版本图书馆CIP数据核字（2019）第104735号

中国少数民族设计全集. 壮族

编　　者：	中国少数民族设计全集编纂委员会
著　　者：	许边疆
责任编辑：	冯灵芝
复　　审：	武　静
终　　审：	秦继华
装帧设计：	谢　成

出 版 者：	山西人民出版社　人民美术出版社
地　　址：	太原市建设南路21号
邮　　编：	030012
发行营销：	0351-4922220　4955996　4956039　4922127（传真）
天猫官网：	https://sxrmcbs.tmall.com　电话：0351-4922159
E — mail：	sxskcb@163.com　发行部
	sxskcb@126.com　总编室
网　　址：	www.sxskcb.com

经 销 者：	山西出版传媒集团·山西人民出版社
承 印 者：	山西出版传媒集团·山西新华印业有限公司

开　　本：	889mm×1194mm　1/16
印　　张：	59
字　　数：	705千字
印　　数：	1—1 000册
版　　次：	2019年8月　第1版
印　　次：	2019年8月　第1次印刷
书　　号：	ISBN 978-7-203-10886-3
定　　价：	650.00元

如有印装质量问题请与本社联系调换

中国少数民族设计全集编纂委员会

总 主 编 （按年龄排序）
　　　　　　张夫也　王立端　戴晋明　廖 军　王 琥　李豫闽　过伟敏　顾 平
　　　　　　王 强　李 岗
执行主编　王 琥
编务统筹　张明山

中国少数民族设计全集编辑工作委员会

主　　任　刘伟冬
编　　委　（排名不分先后）
　　　　　　王 琥　王 峰　王 强　王立端　王浩滢　白 波　过伟敏　许 星
　　　　　　许边疆　李 岗　李 丽　李豫闽　成光虎　肖 飞　余 强　汪传跃
　　　　　　罗 力　杨明朗　陈 述　陈见东　邱 珂　胡万明　顾 平　郑 静
　　　　　　郭立忠　姬 莹　张夫也　张泽国　张明山　张秋平　张耀引　梁盛平
　　　　　　樊 进　谢 玮　熊 伟　熊 微　熊建新　蔡克中　葛 芳　鞠 斐
　　　　　　魏 洁　廖 军　戴晋明

中国少数民族设计全集出版工作委员会

主　　任　胡彦威　周 伟
执行主任　姚 军　欧京海
编务统筹　阎卫斌　周小龙
编　　辑　（排名不分先后）
　　　　　　王新斐　史美珍　冯 昭　冯灵芝　吉 昊　吕绘元　刘小玲　任秀芳
　　　　　　孙 琳　孙宇欣　李广洁　李建业　李 靖　员荣亮　张小芳　张志杰
　　　　　　张书剑　何赵云　陈俞江　吴春华　武 静　周小龙　柳承旭　郝文霞
　　　　　　赵 玉　赵晓丽　席 青　秦继华　高 雷　郭向南　阎卫斌　崔人杰
　　　　　　傅晓红　蔡咏卉　翟丽娟　樊 中　薛正存　魏 红　魏美荣
整体设计　谢 成

中国少数民族设计全集·壮族

本册著者　许边疆

求同存异 和合共荣

刘伟冬

中华民族，是一个由56个民族组成的大家庭。在漫长的文明发展史中，汉族和各少数民族都为中华文明的繁荣发展贡献了自己的聪明才智。纵观中华文明史，其实就是一部各族群之间"求同存异，和合共荣"的文化演进史。

从根子上讲，4000年前的"中国"，仅指北方中原地区，居住在这里的相传是上古时期黄帝部落和炎帝部落的后裔，故而自称"炎黄子孙"。其时的"中国"，不过是黄河中下游（西起陇山，东至泰山）区域。在千年发展与民族融合之后，尤其是晋末"衣冠南渡"，南迁的中原汉族与南方百越民族彻底融合，来自北方的鲜卑等民族融入汉族，使汉族前所未有地壮大发展，逐渐形成后来疆域辽阔、人口众多、物产繁盛、文化昌明的中华民族的主体族群。特别值得强调的是，自从作为一个民族整体之后，中华民族就从未中断过自己的民族发展史——这在世界历史上是硕果仅存、独一无二的。

中华民族具备兼容并蓄、虚心好学的民族天性。仅以设计学范畴的事例讲：在数千年文明发展历史中，中华民族在不断向外输出优秀的文明成果（如烧造之陶瓷砖瓦、营造之榫卯斗拱、织造之丝绸刺绣、锻造之"失蜡"分模等），影响全人类的日

常生活与生产方式的同时，也不断地吸纳域外各民族的优秀文明成果，如汉魏之印度佛教和西域音乐、隋唐之西亚服饰和家具、宋元之东洋印染和漆艺、明清之西洋机器与建筑……在中华民族内部，这样的文化交流更是从未停止过，而且是风生水起、枝繁叶茂，愈发流畅、深入，中华民族各族群之间"求同存异，和合共荣"的文化大演进，共同创造了中华民族极为灿烂辉煌的造物文明历史。仍以设计学范畴为例：原本是匈奴人发明的单足绳圈，被晋代的汉族人设计成铁质双镫；最早是鲜卑人原创的毡毯卷边，被晋代的汉族人改造成"高桥马鞍"，这宗中国式马具设计案例，被誉为"13世纪中国传入欧洲的最重要文化成果"（李约瑟语）。再如，西域（今新疆地区）是全世界最早的皮靴生产地，哈尼族为主的红河地区出现了全世界最早的梯田。再如，全世界最早的"干栏式建筑"和全世界最早的稻米人工育种、栽培，均起源于长江中下游的百越地区；全世界最早的竹藤编结器物起源于闽越地区……由中华民族共同创造、发明，后来又影响了全人类文明进程的优秀造物设计案例很多，不胜枚举。几千年中华民族的文明史，就是各种文化多元融合、共同发展的最好例证。不了解中华民族内部各族群的文明交流史，就无法真正理解中国文化史，也不能理解为什么中华民族总是能在逆境中成长强大。甚至可以说，能否完整地理解中华民族的文化史，是检验每一个当代中国知识分子（特别是文史哲专业的学者）文化立场的"试金石"。

随着改革开放的逐渐深入，各民族地区的经济与社会状态已发生了天翻地覆的变化。令人遗憾和担心的是，由于各地区政策执行力度不平衡，保护措施不得力，少数民族的文化特性正在逐步衰退，有些地区的少数民族文化特征甚至已经消失殆尽，仅仅

存在于徒具形式，充满口号、标语的民族文化村旅游景点中。有学者预言，再不加快整理抢救工作，中国的少数民族可能在物质形态和文化内涵的特征上，若干年后将不复存在。

从少数民族地区反映古代中国社会某些面貌的文化遗存看，这些少数民族之所以一直与汉族地区差距巨大，存在多方面的原因，其中历代汉族统治者对少数民族的歧视政策是主要原因。此外这些地区本身就处于偏僻荒地，不是沙漠就是山区，自然条件远不及汉族聚集地区，社会发展水平滞后。20世纪50年代，有相当比例的少数民族在当时仍处于原始农耕社会或奴隶制社会，不要说通电、通水、通汽车，不少人一辈子连铁器长什么样都没见过。部分少数民族聚集地的各种自然条件也较差，缺肥少水，基本生活来源，一靠老天爷恩赐的"望天收"农作物；二靠家庭手工作坊制作些竹藤编结物和土织、土陶等土特产来换取粮食；三靠养猪、兔、羊和鸡、鸭、鹅等家禽来换取日用品，如灯油、农具、衣物和油盐酱醋等；四靠为土司、头人和大户们出卖劳力（社会底层奴隶身份），年老即被抛弃。中华人民共和国成立后，党和政府在这些地区实行社会主义改造，打倒以土司、巫师和头人为首的剥削阶级，将土地和生产资料一律收归集体所有，解放了全体少数民族民众，使他们历史上第一次有了自由劳作和生活的权利。

中华人民共和国成立之初，党和政府就高度关注民族事务问题，为如何保护、关心各少数民族制定了一系列方针、政策，也为当代中国社会处理民族问题、保护民族文化树立了光辉典范。中央人民政府政务院于20世纪50年代初发布了《关于民族事务的几项决定》，为新中国民族政策奠定了最初的思想基础，其主要内容是：一、各大行政区军政委员会（人民政府）须指导各有关

省、市、行署人民政府认真推行民族区域自治及民族民主联合政府的政策和制度，并随时向政务院报告推行经验，请示者须事前向政务院请示。二、各大行政区军政委员会（人民政府）须指导各有关省、市、行署人民政府认真并有计划地实行政务院在1950年颁发的《培养少数民族干部试行方案》，并将该项工作进行情况定期加以检查，每半年向政务院报告一次。中央民族学院及西北、西南、中南各军政委员会和新疆省人民政府的民族学院，必须依计划实行，并向政务院报告。三、政务院于1951年下半年适当时间将同时召开有关少数民族的卫生、教育及贸易三个专业会议，责成政务院文教委员会、中财委指导中央卫生部、教育部、贸易部开始筹备，并责成中央民族事务委员会协助进行。有关部门如农业部、文化部也须派人参加。四、责成中央人民政府各委、部、会、院、署、行注意建立有关民族事务的业务。五、在政务院文教委员会内设民族语言文字研究指导委员会，指导和组织少数民族语言文字的研究工作，帮助尚无文字的民族创立文字，帮助文字不完备的民族逐渐充实其文字。六、扩大中央民族事务委员会委员名额，责成中央民族事务委员会提出补充名单的建议，并于1951年下半年召开中央民族事务委员会扩大会议，检查与总结关于推行民族区域自治及民族民主联合政府的经验。

20世纪50年代，中央人民政府和政务院，曾多次组织"中央慰问团""土改工作队"和"普查工作队"等，花费大量人力和物力，深入各少数民族地区，进行了大量较为翔实的社会历史调查。50年代这轮由政府统筹、由中央民委组织行政领导和人类学、社会学专家学者以及民族同志组成工作队与考察队的少数民族大考察活动，1953年正式启动，1956年结束（个别地区延期至1958年才结束）。直接成果之一，就是为1956年国务院公布的55

个少数民族的正式定名和划分，提供了可靠的依据。

从当时考察的资料看，各少数民族的社会发展水平参差不齐，不少民族呈现类似汉族曾经历过的各种历史发展状况，为我们今天考察、了解并研究过去的历史以及各学术分支问题，提供了绝好的活体范本。比如以"设计发生学"研究为例，以山寨（村落）为主的初级社会组织形态，原始手工业在农耕环境中的地位，原始造物的手工技艺与设备、工具等，都是我们极感兴趣的研究对象。

在西北、西南和东北各少数民族聚集地区，有些古时流传下来的本民族手工造物技术，迄今仍保存良好。其吸收了汉族和其他兄弟民族的技术长处之后演变出来的各时段手工造物技术，则印证了各民族互相融合、取长补短的史实。更有些原始手工艺，特别具有艺术和历史研究价值。以维吾尔族人为例，本世纪初，笔者在新疆喀什城艾格孜艾日克老街看到几样手工艺绝活：其一是整条街的维吾尔族乐器店，除了热瓦普、曼陀林和冬不拉等少数维吾尔族知名乐器外，全是些笔者叫不上名来却似曾相识的弹拨乐器和拉弦乐器，于是从心里认可了"西域古乐成就了中国传统民乐"这句话所言不谬。其二是亲眼所见一个拖着鼻涕的不到10岁的维吾尔族小男孩，拿着电砂轮在铜壶上信手飞快地刻着精美细腻的图案，一不要底稿，二没有图纸，真是佩服得五体投地，也相信了"汉族人长于热铸，西域人长于冷锻"这个说法。其三是在喀什近郊著名的大巴扎"金器一条街"上看见近百家金店生意红火，家家门前毡毯上都围坐着一群金店伙计和顾客，正在热烈讨论、共同设计着花样繁多的未来金饰嫁妆，感受到了"中国传统样式的金银首饰工艺，最富有创意的设计和最先进的工艺制作，原来在维吾尔族人手里"这句大实话。还有，笔者

求同存异 和合共荣

在云南景洪县城集市上，曾亲眼见过景颇族老乡用古老的"焖烧法"烧出的红彤彤的土陶——跟笔者一知半解的仰韶彩陶的烧制工艺几乎一模一样。还有，笔者在大西北甘陕宁各省亲眼所见的回族、保安族、裕固族和东乡族老乡巧手做出的那些花样繁多、样式复杂的面塑造型，真是个个精妙绝伦。这方面的事例实在太多了。

50年代的少数民族地区社会大普查，以及半个多世纪以来社会各界对其丰富而珍贵的考察、研究，意义深远，价值极为重大。这些地区客观上保存的较为完整的、与数千年前中国原始社会最初形态近似的许多社会特征，为我们研究社会的最初形态形成和当时的经济、文化、政治的基本状况以及"设计发生学"的相关课题，提供了珍贵的类型学"活化石"范本，价值非凡。改革开放以来，这些少数民族地区也获得了前所未有的巨大发展，人民生活日新月异；但与此同时，少数民族地区的民族性在不可避免地愈发衰减、退化，甚至消失。如果我们再不采取保护措施，若干年后，各少数民族的许多宝贵民族文化遗产将无法挽救地彻底消亡，这部分同属于全人类精神财富和中华民族集体智慧的宝藏，我们将再也看不到了。

在"设计发生学"问题上，我们一向秉持文化多元论的观点，认为人类文明是全世界人民共同创造的，各国家、地区、民族均做出过大小不一、形态各异的贡献；同理，中华民族的灿烂文明是中国的各族人民共同创造的，每个民族都对中华传统文化做出过贡献，也都应当得到尊敬和肯定。中国的各少数民族在中华文明漫长的演化过程中，都曾经以自己独特而充满智慧的文明成果，补充、完善甚至改良着中华文明。比如，古代西域的龟兹古国各民族创造或引自西亚的弹拨乐器和拉弦乐器以及音律、曲

式，彻底改造了中国古代音乐，新创作出代表中国古乐精髓的江南丝竹；南疆的维吾尔族和北疆的哈萨克、塔塔尔、塔吉克等族首创了制革术，并引进古波斯革皮书籍装帧术和制靴术、制毡术、毛衣编结术；海南岛的黎族率先种植棉花并纺织棉布，传入内地后棉织业逐渐形成中国古代手工行业的"天下第一营生"……保护少数民族的民族文化特性，就是保护我们的历史遗产，就是传承我们的文明。我们应进一步发扬文化兼容的优良传统，把振兴中华的百年民族复兴梦，逐步落实为将大中华建设成为中国各民族共同拥有的美好家园。

由上千名来自全国各高等艺术院校的教授、研究生组成的55支团队参与编撰的《中国少数民族设计全集》（55卷），正是有识之士基于对各少数民族的民族文化特性正在快速衰减、消亡的严重现实问题的深切忧虑而进行的抢救、发掘、整理中国少数民族文化遗产的重要文化工程。经过两年精心筹划，六年努力写作，在国家出版基金管理部门的支持下，在山西人民出版社和人民美术出版社的策划和组织下，目前《中国少数民族设计全集》的书稿编撰工作已基本完成，即将付梓。在长达八年的漫长过程中，全国兄弟院校各团队涌现出的各种可歌可泣的事迹经常感动着笔者，并不时鞭策着全体作者克服千难万险，一路向前。有的分卷作者身患绝症仍不眠不休地忘我工作，有的分卷作者遭遇各种意外仍坚持工作。特别是，很多民族同志公而忘私、不计较个人得失，有人不惜将自己赚钱的企业关张歇业，全身心地投入各自所负责分卷的繁重编撰工作中；有人义无反顾地将自己珍藏多年的本民族实物、资料和研究成果无偿提供给相关分卷作者。大家万众一心，克服各种复杂得难以想象的困难，以确保这部凝聚了众人八年心血的巨著，能按计划如期完成。借此机会，笔者谨

求同存异 和合共荣

　　代表本丛书编委会全体成员，向领导、编辑和作者们表示衷心的感谢！

　　作为一项文化创举，笔者深信《中国少数民族设计全集》必将在未来岁月的长期检验中，愈发显现其非凡的、独特的文化价值。

2017年夏季于南京

前言

壮族是中国55个少数民族中人口最多的民族，据第五次全国人口普查统计，当时人口有16 178 811人。这些人绝大多数聚居在广西壮族自治区境内（约占壮族总人口的96.43%），其余则散居在广东省连南壮族瑶族自治县，云南省文山壮族苗族自治州、西双版纳勐腊县、宁蒗彝族自治县、永胜县、云县，贵州省从江县，湖南省江华瑶族自治县，四川省宁南、木里、会东、会理等县，甚至陕西省柞水县也有少量的壮族居民。

壮族历史悠久，源远流长。历史上，不同时期的壮族先民存在相异的称谓，先秦时期称西瓯、骆越、蛮越、濮，东汉时期称乌浒，隋唐时代称俚、僚，宋代改为僮，明清时期又称羚、佷。此外，壮族内部又存在许多支系，如布夷、布土、布侬、布泰、布沙、布僮、布雅等等，这种情况的存在与地域分布有关。中华人民共和国成立后，一度用"僮"来统一旧时称谓，后经周恩来总理提议，1965年国务院改"僮"为"壮"。

一、壮族传统造物发展概述

考古成就证明，壮族先人造物活动可追溯到70万年至80万年前的旧石器时代（20世纪80年代，中国科学院和广西考古工作者首先在壮族聚居的广西西部百色盆地，发掘了大量距今70万年至80万年的旧石器时代远古人类用砾石打制而成的砍砸器、手斧和刮削器等遗物），那时的石器尽管形制简陋、粗糙，但器形却随着功能改变而改变，造物行为已具备设计的基本属性，这也是本卷案例以石器为发端的原因所在。从社会发展情况看，在漫长的岁月里，壮族传

统造物既有螺旋式上升发展阶段，也有水平式迟缓发展阶段，不同历史时期发展状态不一，这与当时所处的自然环境、社会变迁及生产力发展水平有密切关系。为了勾画出壮族传统造物的发展轨迹，这里以时间为参照，将壮族传统造物分为三个时期，即：自主发展期、交融发展期、缓慢发展期。

（一）自主发展期，时间从旧石器时代至商周时期

所谓自主发展，是指一个族群的生产活动主要靠内部成员来推动，在具体造物方面是自我摸索、自我实践的发展模式。换言之，生活在不同区域的壮族先民，在未受到外部强势文化影响的情况下，仅凭自身劳动实践来推动其造物发展。该模式特征是：一、族群的造物过程基本呈自闭状态；二、即使与邻族有往来，因生产力水平接近，文化上不存在一方对另一方的强势作用，造物过程是依靠自身不断内化与积淀的经验来实现的。自主发展期又分为两个阶段，即早期的母系社会群居生活阶段及随后而来的父系社会阶段。在母系社会里，壮族先民的生产方式以采集、捕鱼及狩猎为主，人们共同劳动，共同分配劳动成果，使用的工具是一些简陋的石器、蚌器、骨器与木器。到了父系社会，造物技术的进步直接推动了生产力的提升，尤其是进入新石器时代后，壮人无论是居住条件（出现干栏建筑）、劳动工具还是生活用品，都得到明显改善。例如，距今7000年至8000年的"顶狮山文化"遗址，就曾出土大量石器、骨器和陶器，器物质量比旧石器时代有质的飞跃。

归纳来看，壮族自主发展期的造物活动主要集中在石器、骨器、蚌器、纤维编织、木器、陶器等方面，品种涉及石斧、砍砸器、刮削器、石锤、石刀、石凿、石网坠、石锛、石杵、石臼、石镰、石磨盘、石磨棒、手镐、矛、箭镞、骨针、骨饰器、骨笄、鱼镖、角锥、蚌刀、蚌勺、角铲、纤维织物、陶纺轮、高领罐、

圜底罐、陶壶、陶杯等等。其中，木质类工具及纤维织物因易于腐烂，实物已荡然无存。从出土的器物推断，壮族先民史前的生产活动至少有采集、狩猎、渔猎、制陶、织布、稻作农业及饲养业，这些劳动方式无疑是促成器物萌生的最初动力。今天，当我们对这些遗物进行解析时，不难发现，它们具有鲜明的地域特征，如耕种工具石铲，谷物收割工具石镰、蚌刀，谷物脱粒、脱壳加工工具石磨盘、石磨棒、石杵等等，其中大部分器具都与原始稻作农业有关，而稻作农业是新石器时代壮族先人重要的生产活动之一。从地理环境看，壮族人居住之地四周水资源丰富，河流溪涧纵横，极易蓄水垦田，种植水稻。据1996年3月3日《中国文物报》的刊文得知，湖南省道县寿雁镇玉蟾岩遗址文化（越人支系）出土了距今1万年的野生稻和古栽培稻谷壳，这种栽培稻仍处于初期驯化阶段，这证明岭南越人是世界上最早发明人工栽培稻的民族之一。此后不久，西瓯、骆越人的故地——广西资源县延东乡新石器时代晚期晓锦文化遗址也出土了炭化稻米（郑超雄、覃芳著：《壮族历史文化的考古学研究》[M]，北京：民族出版社，2006年3月版，第35页），经研究证实，这些稻米既有原始的栽培粳稻，也有少量的籼稻，时间距今5000多年。晓锦文化遗址出土的稻米表明，壮族先民至少在新石器时代晚期就已完成驯化野生稻的工作。换言之，那时的稻作农业已经产生，并催生出了一系列具有地方特色的稻作生产工具，这些工具的出土佐证了自主发展期的存在。以下是典型案例：

其一，桂南石铲。一种稻作农业翻土工具（后来又分化出一种祭祀神器），主要分布在古代壮族先民聚居的桂南地区，故而得名。从形制上看，桂南石铲是在双肩石斧的基础上演变而来，它可用于翻土、掘沟、引水灌溉，尤其适宜在沼泽地及水田里使用，对

前言

于落后的原始社会，它无疑是水田耕作的理想工具。正因为如此，壮族先民对石铲有着崇敬之情，并随之衍生出了源于稻作生活的祀神意识。

其二，蚌刀。它是一种新石器时代收割谷穗的工具，主要出土于广西南宁豹子头及桂林甑皮岩河边贝丘遗址。其中，南宁地区贝丘遗址出土的蚌刀是用较大的三角帆蚌制成。这些蚌刀特征是：蚌壳的背部和后端部分被切刈掉，留下前端主齿窝以下至腹缘部分，磨成三角形，其相对一边则磨出单面刃口，刀身正中常设贯通孔一个，可系绳索。这种蚌刀形制与后期壮族人使用的禾剪十分相似，前者应该是后者的原型。蚌刀为提高稻谷的收割效率提供了条件，尤其是同柳州白莲洞洞穴遗址出土的1万前的切刈器石刀相比，蚌刀不仅制作方便，而且工作效能提高显著。

其三，石杵与石臼。新石器时代加工稻米的工具。在壮区，这类工具多有出土，例如广西钦州独料遗址曾出土石杵8件、石磨盘2件、石磨棒24件。钦州石杵或为圆柱形，或为长条形，表面磨光，短的有15厘米左右，长的可达36厘米。有些石杵因长期使用，杵头已变成斜面。石杵一般是与石臼配对使用的，石臼往往可移动，但也有一些石臼是就地打出的石坑。作为原始的捣米工具，它们为稻谷脱粒、去壳、去糠提供了物质条件。

其四，原始陶器。20世纪末考古研究发现，广西桂林甑皮岩遗址出土的陶器距今有1万年左右，广西桂林甑皮岩一带的越人是世界上最早懂得制陶工艺的古人类之一。据体质人类学测试结果得知，广西桂林甑皮岩一带的越人，其体质与现代壮族人近似，因此他们被认为是壮族人的祖先。此外，广西南宁市邕宁区顶狮山贝丘遗址也发现了早期陶器，年代与甑皮岩遗址十分接近。显然，壮族先人的制陶活动范围较为广泛。这种现象说明，在新石器时代早期，原

始陶器就已成为壮族先民重要的生活器具了。从器型上看，当时的器具有罐、釜、钵和瓮，外表常饰绳纹，其功能或用来储存粮食，或用来烹煮食物。在我国，南方地区发现陶器要明显早于北方，南方是稻作发源地，其陶器的制作显然与稻作农业有直接关系。

根据以上案例分析，我们不难发现，石铲、蚌刀、石杵和陶器之间构成了一条完整的物链，这个物链是以稻作农业为核心，形成了具有区域特征的器物系列。那么，这些地区的古人类是否是壮族人的先祖？学术研究成果表明，古西瓯、骆越族的确是壮族人的祖先，因为体质人类学已证明，5万年前的柳江人、1万多年前的桂林甑皮岩人、2000多年前的贵县罗泊湾人，体质方面与现代壮族人的体质系数都十分接近（覃圣敏主编：《壮泰民族传统文化比较研究（卷一）》[M]，南宁：广西人民出版社，2003年12月版，第127—201页），从而证明了壮族先人即为当地土著居民，那时虽然也出现过人口迁徙情况，但仅限于岭南区域之内。

大约2500年前，壮族先民进入了铜器时代，社会上出现了许多本民族特色的青铜器，如广西灌阳、平乐、横县、忻城等地出土的铜钺、铜剑、铜钟、铜釜等器物，就具有鲜明的地方特色，这表明到春秋时期时壮人造物技术已达到很高水准。

总而言之，当壮族先民还处于氏族部落阶段时，民族造物活动自然是处在自主发展阶段，但随着社会的继续发展，壮族便由自主发展期转入在统一的中央政权治理下与汉族和其他少数民族杂处的时代，这导致壮族造物开始进入一个新的历史时期，即交融发展期。

（二）交融发展期，时间从春秋战国时期至清代

春秋战国时期是我国历史上一个极为特殊的时期，主要表现在以下几方面：一是人的思想获得了一次大解放，新思想不断涌现，

形成了百家争鸣的局面；二是社会生产力迅速提高，铁器增多，耕牛推广，并出现了独立经营的手工业者和商人；三是"华夷"观念削弱，华夏族与周边少数民族在征伐和生产中逐渐开始了融合；四是社会制度开始由奴隶社会向中央集权过渡。事实上，到春秋战国时期，中原青铜器已经开始向壮族区渗透，当然，对壮族区影响最大的历史事件要数秦军南下。公元前218年，秦始皇派50万大军一统岭南，战争使得中原居民大量南迁，结果也引入了中原先进的生产技术，特别是秦吏赵佗在岭南建立"南越王国"之后，推行"和辑百越"政策，在客观上又强化了中原文化在壮族区的传播力度。例如，在铜鼓制作方面，壮区北流型铜鼓因受中原铸铜技术与文化的影响，不仅体形硕大浑厚，而且鼓面和鼓身纹饰皆有中原文化的影子。以云雷纹为例，北流型铜鼓就有多种形式的表现，如小方回形雷纹、椭圆形雷纹、半边雷纹、菱形雷纹、"十"字形雷纹，此外，还有水波纹、连线纹、席纹、几何纹等等，形式可谓繁多。更突出的是，北流型铜鼓在铸造基础上又运用了刀雕、刻绘等工艺，使铜鼓装饰工艺更显精细，制造技术比以往取得显著进步。再比如，广西壮族自治区博物馆典藏的汉代青铜凤灯，羽纹精美，构思巧妙，结构上设有防烟污染装置，无论功能还是艺术表现，皆属于那个时期的上乘之作。

从20世纪考古成就看，广西地区桂北、桂西、桂南、桂东、桂中都有青铜器出土，器形有钟、罍、鼓、尊、剑、戈、矛、匕首、钺、斧、弩机、镜、羊角钮钟、人首柱形器、卣、镞、匜、筒等。其中，有些器具形制、纹饰、铭文与中原春秋战国时期的青铜风格一致，这表明它们是外来之物。但也有一些器具形制具有明显的地方特色，如德保、象州、恭城、平乐等地出土的各式铜钺，贵县出土的羊角钮钟、提梁筒等等，至于各式铜鼓，那就更显地方特色

了。从年代上看,广西最早的青铜器可追溯到商代晚期,由此可推断,广西壮族地区的青铜文化是以输入中原青铜器为起点,在中原青铜文化影响下逐渐发展起来的。不仅如此,其他方面也存在着交融,如秦代开凿的灵渠工程便是壮汉民族科技共同融合的产物。到了隋、唐、宋时期,融合的领域就更广了,比如窑炉的建造技术及瓷器的烧制,北方旱田种植使用的工具,从湘、鄂、闽传入的竹纸生产技术,江浙一带龙骨车在水稻田里的应用,等等。与此相对应的是,壮族先人在造物方面也取得了显著成就,并影响到北方,下面是一些典型案例:

其一,棉花种植与纺纱织布。从文献资料看,至少在三国时期壮族人就已懂得用木棉织布,三国时吴国丹阳太守万震所著的《南州异物志》记载:"五色斑布,以(似)丝布、吉贝木所作。此木熟时,状为鹅毛,中有核如珠旬,细过丝棉。"南北朝时期沈怀远在《南越志》里曾表述:"桂州出古终藤(注:古代称棉花为古终藤),俚人为布。"此外,岭南越人还有竹布,竹布既是唐宋时期皇帝的贡品,也被大量销往中原。

其二,壮锦。贵港市罗泊湾发掘的早期汉墓1号墓殉葬者就身穿壮锦,这表明壮锦的历史十分悠久。唐人在《郡国志》里曾记载:"桂州阳朔县'有夷人名乌浒'(壮族先人之一),能织文布。"这里,"文布"即指壮锦。从后期社会看,壮锦不仅是壮族人普遍喜爱的布料,也传入其他民族。

其三,制糖技术。自古以来,壮族地区就是中国蔗糖主要产区之一,秦汉时期是壮族人广为种植甘蔗的阶段,东汉杨孚的《异物志》就曾记述:"甘蔗远近皆有,交趾所产特醇好……榨取汁如饴饧,名之曰糖,益复珍之,又煎而曝之,既凝而冰。"当然,无论是种植甘蔗还是榨糖工艺,都会牵涉工具和设备,遗憾的是,最原

始的压榨工具难以眼见,博物馆所藏器物皆属于后期用具。不过,壮族制糖技术至少在唐代就有了一套成熟的方法,只是在自己的基础之上又引进和消化了一些外来技术,让工艺不断获得进步,例如唐太宗时期就遣使西域取熬糖法,该工艺对壮区有明显影响。进入宋代后,壮区手工作坊制糖变得盛行,明代更加兴旺,如"苍梧、廉州糖厂林立"(覃尚文、陈国清主编:《壮族科学技术史》[M],南宁:广西科学技术出版社,2003年第1版,第323页)。这一时期不仅厂多,而且糖的质量上乘,明末王象晋所编《二如亭群芳谱》就曾说蔗糖"以岭南出者为胜"。当然,在本卷我们关注更多的是榨糖器具。总的来看,壮族传统榨糖设备主要是用木或石材制成,清代中期之前壮族的榨糖辊筒用硬木设计,中期之后便将木辘改为石辘,改良设计使得材料的耐磨损性能有所提高,石辘运转效率也明显改善。

其四,竹器。壮族大部分地区都种植竹子,且竹类很多,因此,我们研究壮族传统器具是绕不开竹器的。据西晋郭义恭所撰《广志》记载:"广人以竹丝为布,甚柔美。……可剖篾编笆为篱笆。断材为柱,为栋,为舟楫,为桶斛,为弓矢,为筲、盒、皿,为箔、席、枕、几,为笙、簧乐器。"这里"广人"即为壮族先民。显然,壮族先人很早之时就能利用天然竹材来制作生活器具,可惜竹材难以长久保留,我们现在看到的竹器多为近现代的。

当然,壮族文化与其他民族文化的融合是一个渐进的过程,历史上促成融合的因素既有战争(如秦瓯战争、汉武帝平南越),也有历代王朝的中央统治,就后者而言,其产生的社会影响无疑更持久深远。例如,在"赵佗变服""和辑百越""以其故俗治,毋赋税"等政策的推动下,汉族文化强力向岭南地区渗透,比如儒家文化的传播、中原先进农具(铁犁农耕)的引入、汉族建筑技术的传播等等。不过，我们也看到，由于桂西南、桂西北、桂中南、粤西及粤北等地山多险峻，交通闭塞，自古以来这些地区的经济发展就很缓慢，加之民族意识很强，虽与汉族有融合，但仍保留一些原生的越文化特征，甚至有些习俗和文化延续至今不变。

（三）缓慢发展期，时间从清代晚期至民国时期

这里所说的缓慢发展期是从造物的角度提出的概念，缓慢不等于不发展，而是指产生新技术的一种状态。以壮族干栏建筑为例，最初人们的居住方式是巢居，即在树杈上架木搭棚，用竹或木铺设地板，供人生活。巢居的优势是悬空而起，既能防范毒蛇猛兽的侵袭，也能避开潮湿地面的瘴气，但因条件制约，居住空间却十分有限，因此，想方设法构筑大的居住空间便成为一种必然。从历年出土的汉代冥器看，两汉显然是岭南越人盛行干栏建筑的时期，这一时期干栏建筑不仅在结构和布局上趋于模式化，营造技术也达到了相当高的水平，比如出现了"曲尺式""楼阁式"干栏建筑。到了唐代，由于官府倡导壮乡壮、汉杂居，汉族的砖瓦技术逐渐向壮族渗透，尤其是居住在山脚平地上的壮民，建筑形式开始呈现多样化，出现了楼居、半楼居、地居等建筑式样，其中楼居式干栏建筑是楼上住人，楼下养禽畜、堆放柴草杂物等。这些现象说明，壮族干栏建筑结构是随不同地域、不同居住环境而灵活设计的，以至于明清时期形成了这样的格局：桂北山区是以高脚木结构为主的干栏建筑，桂中是"凹"字形矮脚石木结构的干栏建筑，桂南是硬山搁檩式干栏建筑，桂西地区是勾栏式干栏建筑，云南文山是重檐式干栏建筑等等。从历史情况看，无论什么样的壮族干栏建筑，清代中期之后其结构与形式都已固化，即使有变化也仅限于细节和局部的调整。显然，壮族干栏建筑从此进入了相对缓慢发展期，这种状态不仅体现在建筑方面，在日常生活用品或劳动工具方面也同样有所

反映，例如壮族各地不同人群之服饰。

  概括来看，决定壮族传统造物设计进入缓慢发展期的因素有以下几方面：一是小农经济的制约。几千年来，壮族同其他民族一样，是以个体家庭为生产和生活单位的经济体，生产主要是以农业或家庭手工业为主，农业生产局限于家庭劳动力范围，所耕土地以全家力量所能耕种的面积为限，规模小，易于满足自给自足的生活，而且一旦所用工具适应了他们的劳动方式时，便不再图变。二是民族认同感，这方面以服饰最为明显。正如上文所说，壮族是一个历史悠久的民族，他们的居住区域十分广阔，在长期的发展过程中，壮族内部又分化出了不同的支系，这些支系可通过服饰的差异性来识别。例如，借助服装的颜色能把壮人划分为"黑衣壮""白衣壮""蓝衣壮""青衣壮""灰衣壮"五类。这里，服饰显然已成为一个群体的身份标志，而服饰一旦固定下来，也就不会有人轻易再去改变它。三是科技水平的制约。在中国，旧社会长期存在着"重道轻器"的观念，读书人往往注重修、齐、治、平之"大道"，而对稼穑、制器等具体实业既不关注也不通晓。因此，从事造物的工匠大多是目不识丁者，壮族工匠也不例外，结果文化素质的低下严重弱化了人的创新能力。当然，不可否认的是，壮族先民在很多领域做出了很大贡献，如水稻种植技术、陶器制造、铜鼓铸造、纺织技术、壮医壮药、干栏建筑、烹饪技术、制糖工艺、提线木偶、桂南剪纸等等，但那毕竟是在过去漫长岁月里实现的，如果将近代民族工业与19世纪西方新兴的资本主义社会相比，壮乡科技的发展明显处于滞缓的状态，加之晚清以来西方生活用品——洋布、洋火、洋袜、电灯、钟表……不断地输入中国，民族产业必然受到挤压。另外，壮区长期实行土司制度，割据封闭的状况又严重制约了造物技术的进步，该局面直到20世纪中期才有所改变。

二、本卷研究综述

本卷研究的重心是壮族传统"物"的制造和应用。历史上，每个少数民族都有自己的文化特征，而这些特征大都是以"物"的形式体现出来的，显然，"物"是我们了解一个民族的重要途径之一。那么，哪些"物"可以划入壮族的文化圈？这是工作难点之一。另一个让笔者感到困难的是，"物"的种类太多，它不仅涉及人的衣、食、住、行、用、乐方方面面，而且一旦你锁定具体的研究对象，你就必须要弄清对象的结构、功能、成型工艺、设计原理及其背后所蕴藏的种种信息，由此可见，研究工作会遇到许多挑战。

第一是关于案例的选择问题，这涉及工作的起步。换言之，在做具体案例分析之前，先要甄别哪些"物"是由壮族缔造的。从历史来看，壮族是古越族系的一个支系，历史上古越族可分东越（今江苏、浙江、江西、福建等省）与西越（今广东、广西、海南、湖南、贵州、云南等省区），西越即西瓯、骆越系，考古学已证明，西瓯、骆越是壮族的直接先民。不过，秦汉时期，由于中原大批汉人南下，实行中央集权统治，一部分壮族先民向西部迁徙，大部分人则逐渐融入汉族之中，今日粤语就有不少壮语词汇，这表明壮族曾是那里的原住民族。此外，岭南地区有大量的汉墓出现，墓中出土了许多精美的器物，有些器物（甚至是墓葬形制）具有典型的汉文化特征，也有一些属于越文化圈，例如铜鼓、羊角钮钟、铜桶、盘口铜鼎等等，对于这种现象我们应该怎么看？实际上，自秦汉统一岭南后，北方来的官员、军人和百姓并非自围栅栏同当地人老死不相往来，恰恰相反，他们广泛地与越人接触、杂居，并被纳入共同的人口管理体系中（便于纳赋）。这样，我们就不难理解当时

墓葬为什么既有具有越文化特点的遗物也有汉文化的东西，正如上文所说，这一时期壮汉文化进入了深度交融阶段。对此，本卷案例的选择标准是，凡有汉文化特征的器物，我们将它排斥在外；而那些具有典型西越文化特征的器物，则作为本卷的遴选对象。然而，这也仅仅只是解决了部分问题，对于流传在世或世代延续下来的器物，比如筒车、榨油机等，该如何选择？以下是我们思考和处理问题的方式。

一是技术传播虽不分民族，但"物"的使用时间却有长短或先后。在历史的长河里，有些器具究竟是哪个民族最先发明的我们无从考证。别的不说，仅历史上因战乱或改朝换代或其他原因引起的人口迁徙，就能导致技术随着人口走，这确实让问题变得复杂，但也并非就找不到一些选择案例的线索，比如筒车。事实上，在宋代，壮乡就已普遍使用竹筒水车了，这种筒车设计合理，结构科学，成本低廉，是壮族地区稻田灌溉技术的重大进步。南宋张安国在广西兴安看到壮人所使用的竹筒水车十分赞赏，后来他把筒车制作技术带回了家乡吴江。这里，我们选择筒车的理由是：其一，壮族人用得早；其二，筒车与壮族"那"（稻作）文化紧密相连。

二是紧扣壮族传统文化脉络，将那些既符合壮族原生态文化又是壮族人世代使用的物品遴选出来。归纳来看，同造物活动有关的壮族先民传统文化形态有：一、"那"文化，它涉及工具、干栏建筑、饮食、节日等等；二、以"咽"（铜鼓）为代表的青铜文化；三、以《布洛陀》为代表的神话文化；四、以"麽"（麽教）为代表的原始宗教文化；五、以"岩洞歌""蛙婆歌"为代表的歌谣文化；六、以"三盖""公母"观为基础的朴素哲学思想；七、以壮医壮药为特征的医药文化。从实际情况看，壮族有些"物"是单纯为用而发明的，有些则是思想观念的产物，如靖西壮族传统剪纸。

三是具有民族身份象征的"物"。换言之，这类"物"已被人们公认为属于壮族文化遗产或非物质文化遗产范畴，例如壮锦、靖西提线木偶、服饰（黑衣壮等）、乐器（天琴等）、建筑（含局部构件）等等。

第二是本卷案例的研究方法。概括来看，本卷的研究方式主要有三种：一是钻研历史文献，二是田野调查，三是用设计学原理进行综合分析。

在接受该项课题之后，笔者一方面研究前人积累的相关文献资料，另一方面抽出大量时间做田野调查，本卷很多案例的初稿是在现场通过看、摸、询问、测量、绘图、拍摄、记录的形式初步实现的。例如，在靖西壮族博物馆考察期间，凑巧碰上了该馆刚征集来一批提线木偶，在该馆领导的支持下，我们获得了近距离观察提线木偶内部结构、尺寸大小、材料成型及咨询木偶表演方式的机会，我们边测量边绘图，边比对边询问，在我们面前案例仿佛鲜活了起来，其蕴藏的信息不断涌现，我们趁此机会准确无误地记录下其局部结构、构造方式、服饰搭配等诸多信息，让研究结果变得有血有肉。几年来，为了田野调查，我们先后去了广西南宁（武鸣、上林、宾阳）、崇左（大新、天等、宁明、龙州、凭祥、扶绥）、百色（靖西、德保、那坡、田阳、西林）、河池（南丹、东兰、天峨）、来宾、玉林（容县）、柳州、桂林（龙胜、灵川）、宜州、贺州南乡，云南文山州，贵州从江，广东连州等地，行程几千公里，前后用时四年多，拍摄了大量图片，获得了许多一手资料，这为完成壮族卷的研究奠定了基础。

本卷最终成稿形式是图与文的互补。图的形式有案例实景图、结构分解图、设计原理图、功能图、工艺流程图（部分案例）、案例比较图、案例延展图等等，总图量近1500幅。由于图量很大，常

常绘图至深夜，有时恍然一惊，才知天已破晓，望着镜中布满血丝的双眼，虽身疲力竭，但内心深处也有一丝慰藉——距最终目标又近了一步，所有的辛苦都是值得的。

这里，要感谢广西民族博物馆、广西壮族自治区博物馆、崇左壮族博物馆、靖西壮族博物馆、靖西生态博物馆、靖西非物质文化研究所、天等县博物馆、百色民族博物馆、那坡县博物馆、柳州博物馆、宜州博物馆、桂林博物馆、龙胜龙脊生态博物馆、梧州博物馆、云南省文山州民族博物馆、贵州从江非物质文化遗产陈列室、广东连山民族博物馆、广东省博物馆等单位的大力支持，没有他们的帮助，本卷难以顺利完成。另外，还要感谢王琥教授给予的学术指导以及张明山博士在资料传递方面所付出的辛劳。

最后，对山西人民出版社工作人员的辛勤劳动表示谢意，他们为本书的完善提出了许多宝贵意见，在此向他们表示衷心的感谢！

许边疆
2018年8月10日

目录

第一章　壮族传统建筑

秦广西壮族兴安灵渠——南北渠　2
秦广西壮族兴安灵渠——大小天平坝　7
广西壮族龙脊干栏建筑　11
广西壮族那坡矮脚干栏建筑　15
广西壮族龙脊民居布局　19
广西壮族崇左归龙塔　23
清广西壮族靖西文昌塔　27
明广西壮族容县真武阁　30
广西壮族龙脊风雨桥　35
广西壮族靖西石板桥　39
广西壮族龙脊梯田　43
广西壮族龙脊檐吊柱头　47
广西壮族靖西挑手　52
清广西壮族崇左石柱础　55
清广西壮族崇左石雕栏板　59
广西壮族靖西石敢当　62
广西壮族龙脊火塘　66
云南壮族文山州雕花窗棂　70

第二章　壮族传统服饰

广西壮族崇左师公服　76
广东壮族连山女性右衽服　80
广西壮族龙脊妇女对襟衫　84
广西壮族那坡黑衣壮女性服饰　88
云南壮族文山州女性服饰　93
广西壮族隆林女性百褶裙　97

广西壮族龙胜女性胸兜　102
云南壮族文山州满襟围裙　106
广西壮族男性服饰　110
广西壮族儿童服饰　115
广西壮族大新花带　120
广东壮族连山女性勒额　124
广西壮族桂西南头巾　128
云南壮族文山州象形童帽　133
广西壮族宁明刺绣童帽　137
广西壮族龙胜绣花背带　141
广西壮族挎包　145
广东壮族连山平头绣花鞋　150
广西壮族靖西回头绣花鞋　154
广西壮族翘头绣花鞋　159
广西壮族靖西连靴绣花鞋　164
广西壮族靖西虎头鞋　168
广西壮族龙胜麻草鞋　172
广东壮族连山布凉鞋　176
广西壮族婴儿口水围　180
清广西壮族蟒龙纹壮锦　184
广西壮族崇左土布　188
广西壮族靖西扎染　192
广西壮族靖西堆绣　196
广西壮族桂林儿童银牌　200
广西壮族桂林珐琅银手镯　204
广西壮族龙胜大项圈　208
广西壮族崇左簑衣　212
广西壮族靖西牛皮木屐　218

第三章　壮族传统餐饮

　　广西壮族靖西驼背粽　224
　　广西壮族靖西粽子——饺仑　228
　　广西壮族龙脊竹筒饭　232
　　广西壮族五色饭　236
　　广西壮族崇左月饼模具　240
　　广西壮族龙脊糍粑模具　244
　　广西壮族崇左饭甑　248
　　广西壮族靖西龙腾夹砂陶壶　252
　　广西壮族龙胜酒提　258
　　广西壮族龙脊木酒壶　263
　　广西壮族龙脊藤编饭盒　267
　　广西壮族宜州筷筒　272
　　广西壮族崇左葫芦水壶　276
　　广西壮族靖西蒸酒器　280
　　广西壮族龙胜酿酒器具　284

第四章　壮族传统生活用具

　　新石器时代广西壮族那坡三足陶罐　290
　　西汉广西壮族合浦羽纹铜凤灯　295
　　汉广西壮族贵港扶桑树灯　300
　　东汉广西壮族俑座陶灯　305
　　广西壮族崇左竹梆　309
　　广西壮族崇左摇篮　313
　　广西壮族学步车　318
　　广西壮族靖西夹砂陶炉灶　322
　　广西壮族靖西洗子陶盆　327

003

广西壮族靖西油灯　331
广西壮族靖西蜡烛台　335
广西壮族崇左扁担　339
广西壮族崇左箩　343
广东壮族连山鸡篓　347
广西壮族贺州南乡鸭笼　351
广西壮族龙脊皮箩　355
广西壮族大化贡川纱纸　359
广西壮族龙脊背篓　363
广西壮族靖西腰篓　367
广东壮族连山"猫叹气"　371
广西壮族龙脊蝗虫篓　376
广西壮族龙脊捕鼠器　380
广西壮族龙脊木淅桶　386
广西壮族龙胜木酒桶　391
广西壮族靖西木杵　395
广西壮族崇左木臼　400
广西壮族崇左斗　405
广西壮族崇左书箧　409
清广西壮族靖西熨斗　413
广东壮族连山鼎锅　417
广西壮族靖西锡制蜡烛台　421
广西壮族靖西药碾　425
民国广西壮族靖西刺绣桌围　429
西周广东壮族连山小甬钟　434
广西壮族崇左天琴　438
广西壮族桂林瓦琴　443
广西壮族靖西凤琴　447

广西壮族靖西葫芦胡　451
广西壮族靖西立式马骨胡　455
清广西壮族靖西板榻　459
广西壮族崇左雕花架子床　464
广西壮族崇左靠背椅　469
广西壮族崇左草墩　474
广西壮族崇左石礅　479
广西壮族拔火罐　483
广西壮族崇左藤编绳筐　487
清广西壮族崇左藤编军帽　492
战国广西壮族崇左人形茎短剑　496
西汉广西壮族崇左环首剑　501
清广西壮族崇左大刀　506

第五章　壮族传统生产工具

旧石器时代广西壮族百色石斧　512
新石器时代广西壮族南宁穿孔蚌刀　516
新石器时代广西壮族桂南工具型石铲　520
新石器时代广西壮族大新陶纺轮　524
新石器时代广西壮族大新穿孔石器　528
民国广西壮族靖西铁刃木锸　531
广东壮族连山禾桶　536
广西壮族船形打谷桶　541
广西壮族靖西扯凳　545
广西壮族崇左犁　550
广西壮族靖西耙犁　555
广西壮族来宾铁越刮　560

广东壮族连山磙礴　564
广西壮族崇左剥蔗器　568
广西壮族靖西禾剪　572
广西壮族靖西镰刀　576
广西壮族龙脊禾剪　579
广西壮族靖西勾头砍柴刀　583
广西壮族崇左榨蔗机　588
广西壮族南宁榨粉机　593
广西壮族靖西榨油机　598
广西壮族那坡碓　604
广西壮族龙脊冲锤　608
广西壮族崇左轧棉机　613
广西壮族崇左纺线车　618
广西壮族靖西织锦机　623
广西壮族宾阳竹笼织机　628
广西壮族靖西堆绣编织机　633
广西壮族龙骨车　638
云南壮族文山州筒车　643
广西壮族插秧船　648
广西壮族犀斗　652
广西壮族靖西鱼罩　657
云南壮族文山州肩板　663
广西壮族崇左石磨　667
广西壮族崇左竹磨　672
广西壮族天等木磨　678
广西壮族靖西旧州陶车　682
广西壮族龙胜制瓦模具　686
广西壮族崇左制瓦模具　691

　　广东壮族连山土砖模具　696
　　广西壮族崇左弓弩　701
　　广西壮族牛车　706
　　广西壮族独轮车　711
　　广西壮族崇左秧篼　715
　　广西壮族贺州南乡连筒　720
　　广西壮族崇左手耙　726
　　广西壮族黄鳝夹　730

第六章　壮族传统民俗和宗教造像
　　广西壮族靖西吉祥物"猴子抱南瓜"　736
　　广西壮族陀螺　741
　　广西壮族隆林踩风车　746
　　广西壮族崇左木板鞋　751
　　广西壮族马山会鼓　756
　　广西壮族田东万家坝型铜鼓　761
　　广西壮族灵山型铜鼓　765
　　广西壮族北流型铜鼓　770
　　广西壮族藤县冷水冲型铜鼓　774
　　广西壮族贵港石寨山型铜鼓　778
　　广西壮族桂平遵义型铜鼓　782
　　清广西壮族柳州麻江型铜鼓　787
　　 西汉广西壮族崇左羊角钮铜钟　791
　　云南壮族文山州打磨秋　795
　　广西壮族崇左高跷　799
　　广西壮族打铳棋　804
　　广西壮族打三棋　809

广西壮族夹棋　813
广西壮族王棋　817
广西壮族贺州南乡"舞火猫"　821
广西壮族靖西绣球　827
广西壮族靖西干各舞道具　833
广西壮族靖西提线木偶　838
广西壮族崇左铁铳　846
新石器时代广西壮族桂南祭祀石铲　851
东汉广西壮族天鸡钮五联罐　856
广西壮族崇左石狗　861
广西壮族靖西纸扎兔灯　865
广西壮族靖西纸面具　870
广西壮族龙胜牛图腾面具　874
广西壮族靖西求子剪纸符　879
广西壮族桂西祛病消灾剪纸　884
广西壮族祈寿剪纸符　888
广西壮族靖西文字符　892
广西壮族靖西镇邪驱鬼剪纸符　896
广西壮族师公法器　900
清广西壮族靖西金罇　904

第一章 壮族传统建筑

秦广西壮族兴安灵渠——南北渠

图一　秦广西壮族兴安灵渠——南北渠主图

灵渠建于秦代，是中国历史上著名的引水工程，古称兴安运河、陡河，今位于广西兴安县境内。该工程于公元前214年竣工，前后用时约四年。灵渠主要由北渠、南渠、天平、陡门、秦堤、铧嘴等构成，其中，南渠长33.15公里，北渠长3.25公里。灵渠的流向是由东向西，东连湘江源头海洋河，西连漓江源头大溶江，灵渠的开凿将长江水系的湘江和珠江水系的漓江连成了一体。在当时，此举不仅具有军事上的意义，也为后来南北经济的发展以及汉族与少数民族的文化交流起到了积极的推动作用。

从设计学角度分析，灵渠之所以要设计出北渠与南渠，主要是为了便于南北两大水系的连通，让航运变得顺畅。由于起源于海洋山的湘江是从南往北流，漓江则由北向南流，两江之间虽有一段是平行的，最近距离也不足2公里，但若要直线开凿运河就会存在7米的高差，这种高差会导致水流湍急，而流水产生的下切力会掏空渠底，导致渠坝最终损毁。所以，古人将北渠设计成4个S形渠段，这样水就会迂回曲折地流入湘江。流程延长一倍，落差自然就会相应减小一半，这是将北渠设计成"S"形的内在原因。当然，仅有一条北渠还不够，还需设计一条南渠。南渠的功能在于将湘江水引入漓江的同时与北渠贯通，从而使南来北往的船只从天平坝绕过，实现南北顺利通航。南渠共分四段：第一段长3.15公里，从南陡至大湾陡；第二段长0.95公里，从大湾陡至始安水；第三段长6.25公里，从始安水至赵家堰村附近；第四段长22.8公里，从赵家堰清水河汇合处至灵河口与大溶江汇合处。这四段既有天然河道的利用，也有单纯人工的开凿。

这里需关注的是陡门的设计运用。陡门又称斗门，南渠、北渠都有应用。所谓陡门，是指具有船闸作用的机关。据文献资料记载，陡门在灵渠中最早出现在唐宝历元年（公元825年），到了清光绪十一年（公元1885年），陡门数量已有36座，其中南渠32座，北渠4座。从现存的陡门结构看，它是用巨型条石在渠道两岸砌成的半圆形陡盘，陡盘旁设一根系船用的石柱（俗称将军柱），而陡门塞陡工具则由陡杠、马脚、水拼（用竹篾编织的竹垫）、陡簟（竹席）等组成。通常，陡门过水宽度约6米，陡门间的距离远的有2公里，近的仅为60米，当船只逆流而上时陡门作用最为明显。其使用方式是：先把船只拴在将军柱上，然后关闭陡门，依次放下小陡杠、底杠、面杠，再搭上马脚、水拼和陡簟，尤其是在陡簟的阻碍下渠水会升高，从而导致水涨船高，当水位高到一定程度时，船就可以继续航行了。当然，船只顺水而下时陡门工作原理是相同的，并且因陡门的放水可助船一臂之力，让船行驶得更快。事实上，这种逐级使用陡门的设计，已经具备了分级船闸的原始概念。

从历史看，灵渠连接了湘江与漓江两大河流，南北可借助水运实现顺利通航，这是秦王朝统一岭南的重要条件。但更为重要的是，灵渠实际贯通的是长江和珠江两大水系，这对于交通不发达的过去而言，灵渠水运为南北政治、经济、文化的交流带来实质性的影响，并且这种影响一直持续至今，例如上万亩的农田仍靠灵渠来灌溉。此外，灵渠也为推动当地旅游经济的发展起着积极的作用。

图片来源

图一　广西博物馆　提供

图二至图八　许边疆　制图

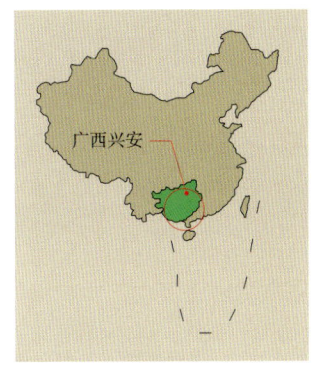

灵渠位置示意图

开通前的状态

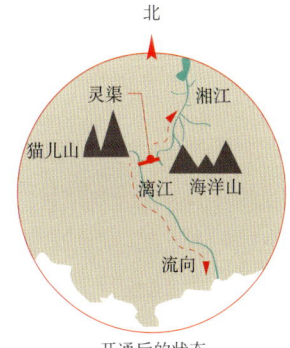

开通后的状态

图二　秦广西壮族兴安灵渠——南北渠设计分析图1

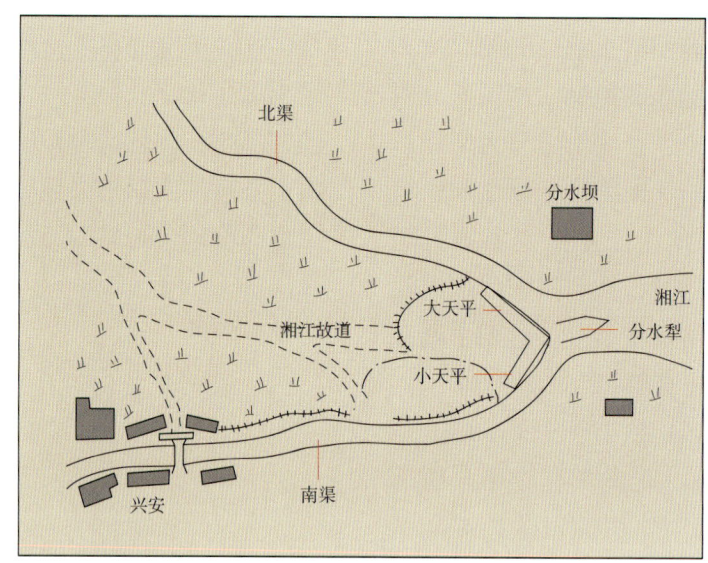

图三　秦广西壮族兴安灵渠——南北渠布局示意图

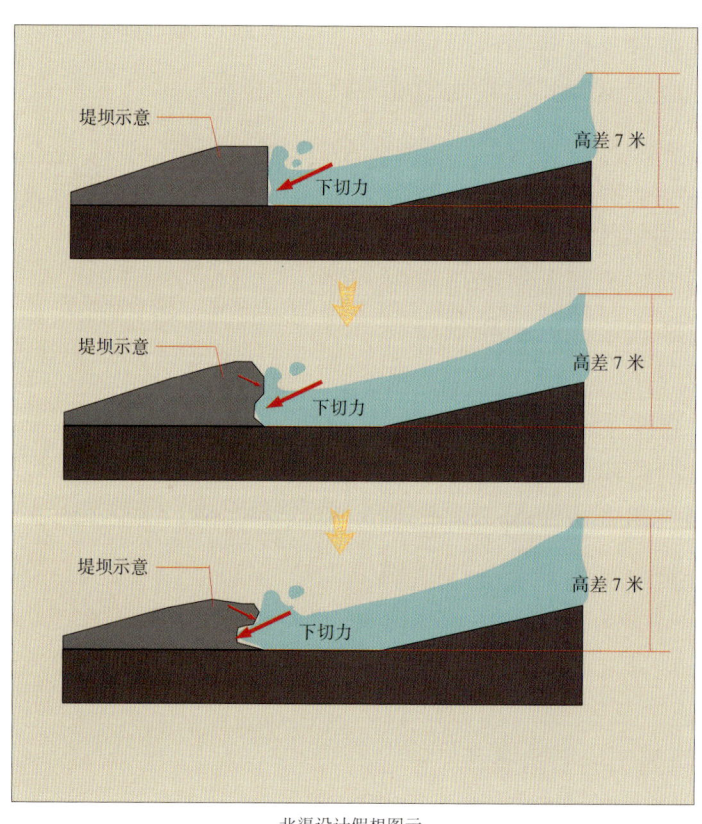

北渠设计假想图示

图四　秦广西壮族兴安灵渠——南北渠设计分析图2

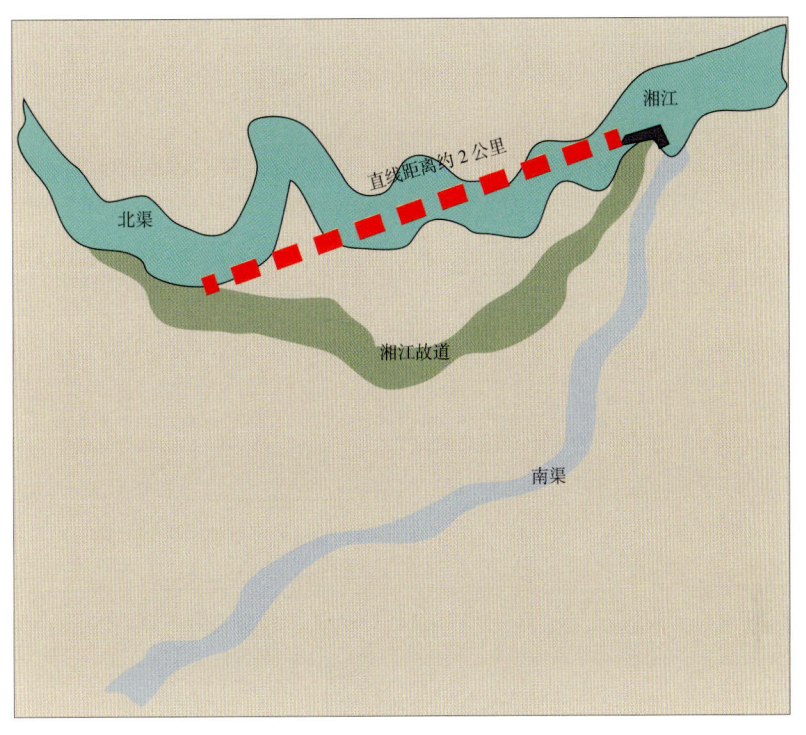

图五 秦广西壮族兴安灵渠——南北渠设计分析图3

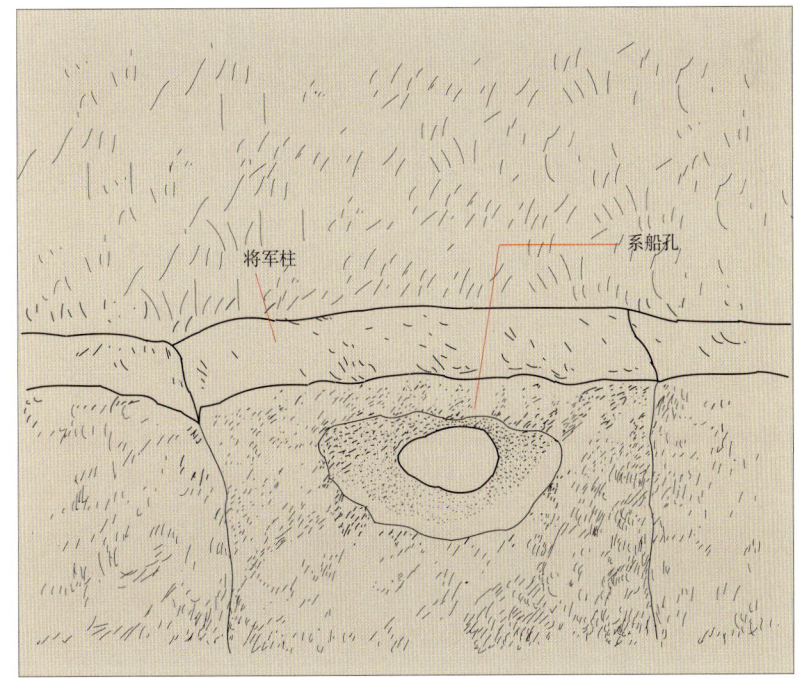

图六 秦广西壮族兴安灵渠——南北渠陡门设计分析图1

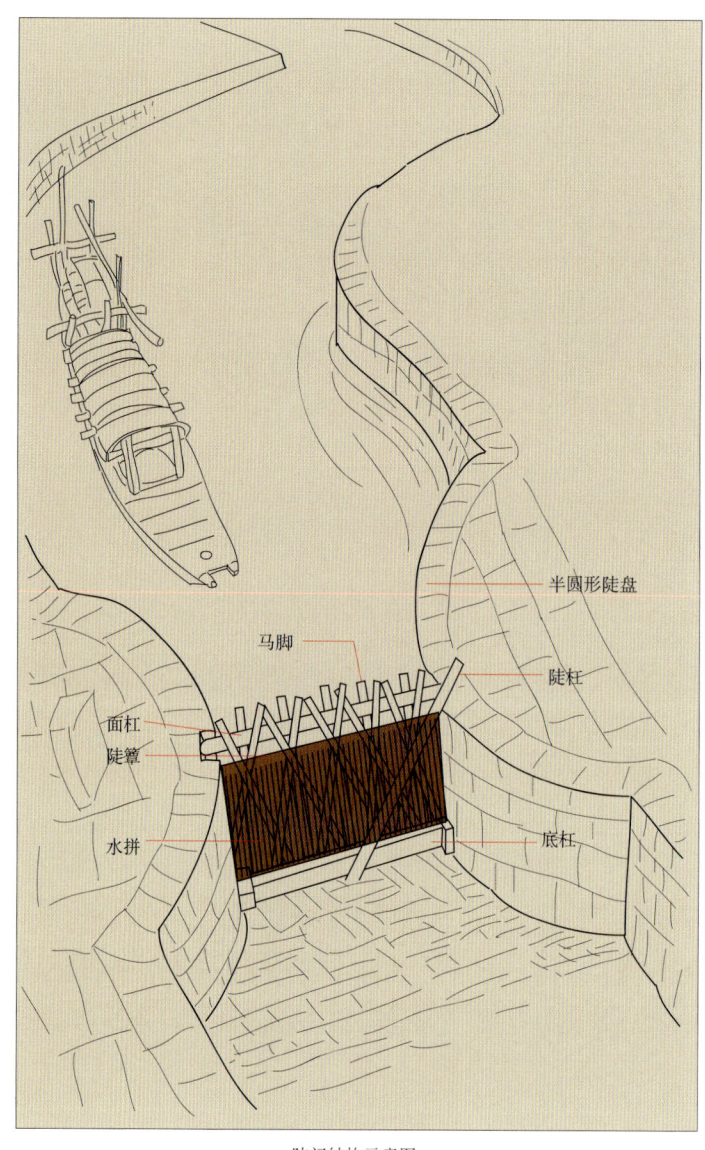

陡门结构示意图

图七　秦广西壮族兴安灵渠——南北渠陡门设计分析图2

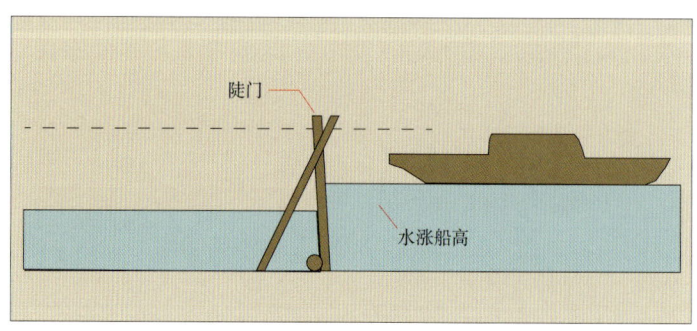

陡门功能示意图

图八　秦广西壮族兴安灵渠——南北渠陡门设计分析图3

秦广西壮族兴安灵渠——大小天平坝

图一　秦广西壮族兴安灵渠——大小天平坝主图

所谓天平，即一种能泄水的拦河坝。这种拦河坝在广西壮族兴安灵渠工程中有多处，其中最著名的便是分流湘江的大小天平坝。如果从高空鸟瞰，兴安渠的大小天平坝呈"人"字形，总长474米，宽17至23米，形体高出河水面。此外，铧嘴可视为天平坝的配套工程，位于大小天平坝上游，可视为大小天平坝的重要组成部分。

从设计学角度分析，大小天平坝既可拦河截流，又能泄洪排水，它能让运河始终保持一定的水量，具有自行调节水位之功能，"称水高下，恰如其分"，宛如"天平"。从案例外观看，大小天平皆被设计成内高外低的形制，坝体呈斜面，但坝顶略低于渠顶。除此之外，大小天平北长南短，衔接处呈"人"字形，并形成108°的夹角。这样设计的优点是：其一，以斜减压，分散水流，保障坝堤安全；其二，在汛期能将多余洪水宣泄到下游，而枯水期又能将海洋河之水全部拦入北渠与南渠中，确保渠道航运畅通；其三，108°的夹角能将正面压力分解成两个分力，让坝堤回避正面压力，从而有效地保护天平坝；其四，将大小天平长度分成大约7∶3的比例，能将湘江水三七分流，七分水入湘江，三分水入漓江，这样设计除了吻合南渠、北渠宽度外，也能使南渠、北渠水深都保持在1.5米左右。

天平坝是灵渠最重要的枢纽，设计者尤其重视它的牢固度，其采用的设计方式令人惊叹：一是增大石坝宽度（17至23米），加大内侧高度（3.7米），并将2米高的石条埋在河床下；二是用2米左右长的松木打制坝底基础，松木富含油脂，水泡时间越长就越牢固；三是在坝的迎水面用重达数吨的长条石横砌，再在长条石之间凿上燕尾形凹槽，打入用生铁铸成的铁码子，这样就将天平坝连成了一个坚固的整体；四是坝面由层层叠叠的条石竖向排列插入而成，外表形如"鱼鳞"，当水漫石坝时，水中泥沙就会渗入石块缝隙中，这样反而有利于石块的连接。

事实上，天平坝不仅在自身结构上追求设计上的合理性，还借助其他辅助设施来确保其牢固度，例如铧嘴便是这样的一种工程。所谓铧嘴，其形前锐后钝，如农家犁田的犁铧，故名"铧嘴"。铧嘴长90米，宽23米，高6米，能将海洋河之水劈分为二，一由南渠流向漓江，一由北渠归于湘江。这样，铧嘴能有效地化解从上游冲刷而下的洪水，显著缓解了水流对大坝的压力。

从本案例我们不难看出，早在两千多年前，中国先人就已懂得许多力学知识，并且能十分灵活地将它运用于实际生产之中。灵渠开凿于秦代，壮族先民不仅是工程的参与者，也是灵渠历代修整的维护者，其所运用的科学技术知识，无疑对后期壮族文化的发展起到了积极的推动作用。

图片来源
图一　广西博物馆　提供
图二至图六　许边疆　制图

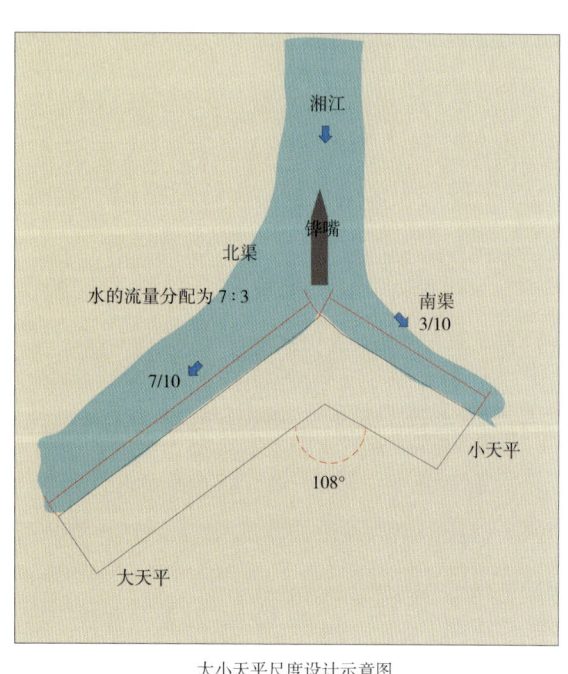

大小天平尺度设计示意图

图二　秦广西壮族兴安灵渠——大小天平坝
设计分析图1

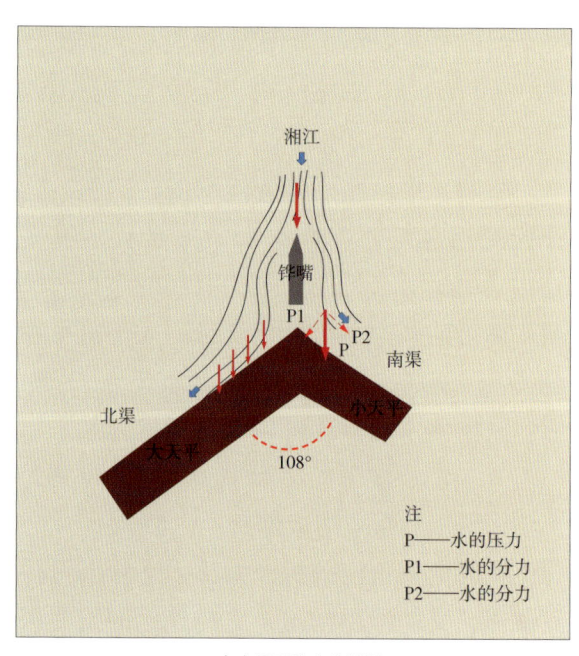

大小天平受力分析图

图三　秦广西壮族兴安灵渠——大小天平坝
设计分析图2

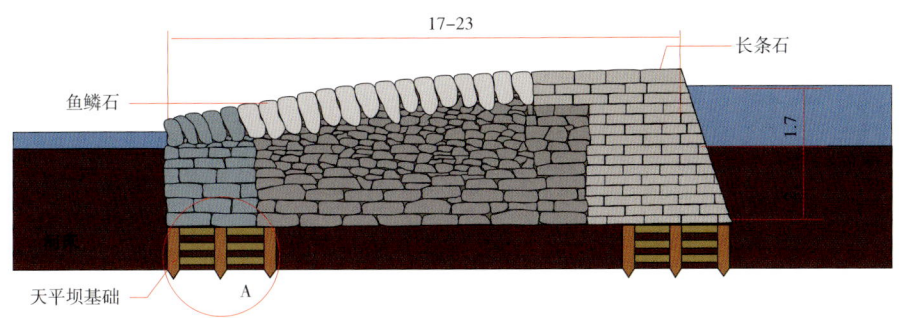
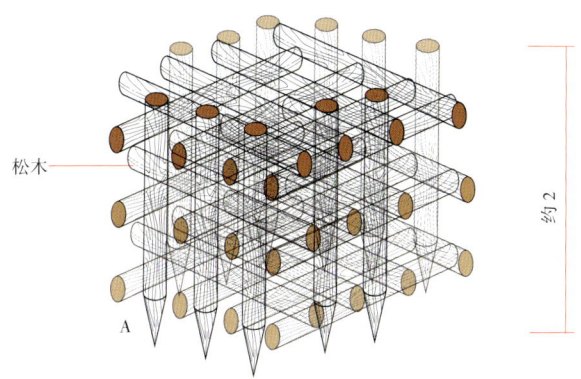

图四　秦广西壮族兴安灵渠——大小天平坝结构图（单位：m）

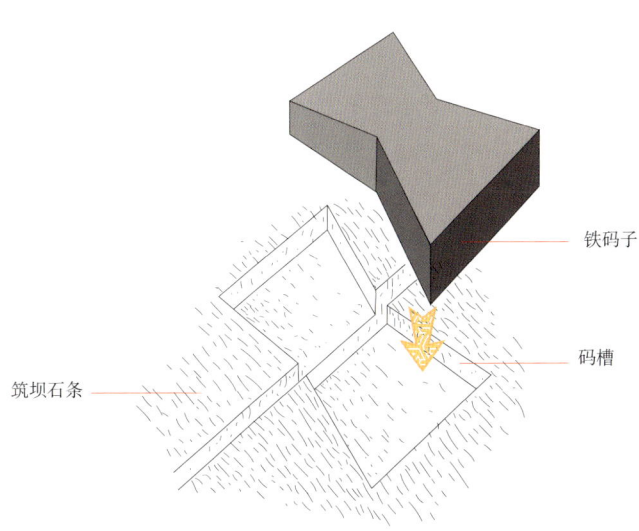

图五　秦广西壮族兴安灵渠——大小天平坝局部构造图

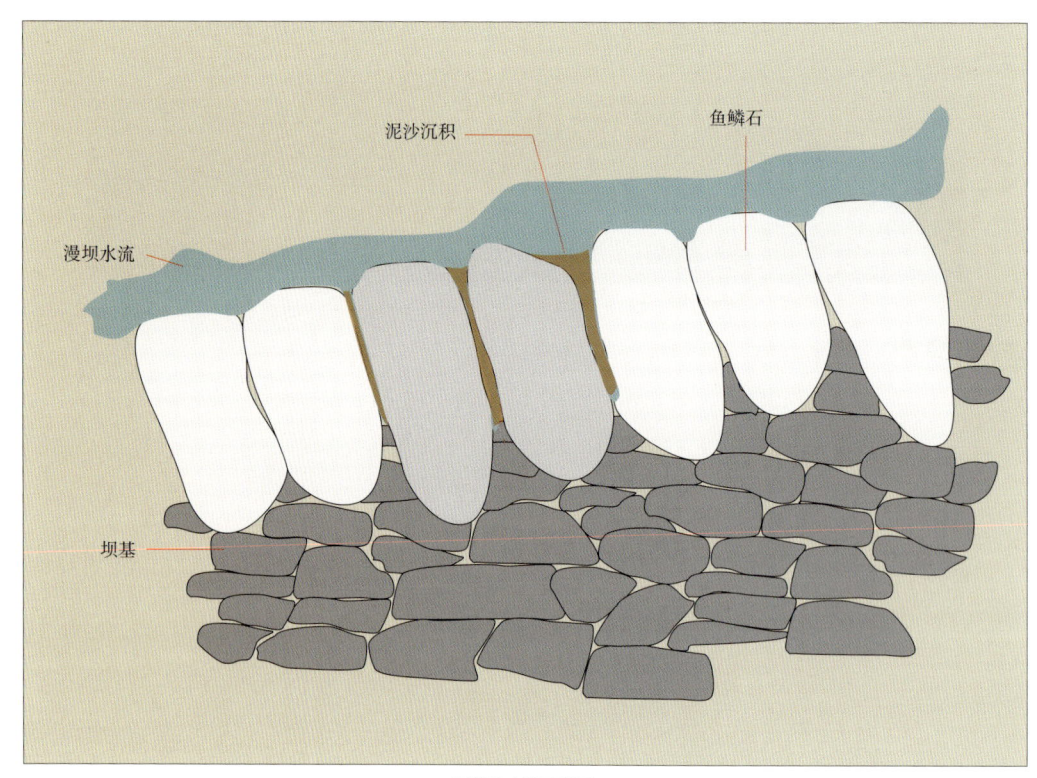

鱼鳞石功能示意图

图六　秦广西壮族兴安灵渠——大小天平坝局部设计分析图

广西壮族龙脊干栏建筑

图一 广西壮族龙脊干栏建筑主图

"干栏",俗称"葛栏""麻栏",意指居住在木构栈台上的房屋。干栏建筑是壮族先民为了适应岭南炎热的气候和地面潮湿、猛兽横行的自然环境而设计的一种居住形式,人居其中,既能满足生活上的功能需要,又能获得心理上的慰藉。本案例采自广西龙脊金竹镇廖家寨,属于全楼居高脚干栏建筑。据屋主介绍,他们家的房子已有100多年历史了。

本案例建在山坡平台之上,材料为当地杉木。其结构为六榀七柱式木构架,右侧加二榀五柱,案例宽21.59米,总进深六间,共10.24米,内部分上下两层。底层是架空层,高2.3米,前面及左右皆为密封的板墙,内设三个小栅栏围养猪和牛,另隔出一个小空间作为厕所,剩余空间可堆放化肥和杂物。二层为居住层,楼面全用木板铺成,底层与二层之间设有木梯,楼梯口与二层大门间置长木凳,可供家人进出换鞋帽或休息。二楼内部布局形式是前堂后室,神台正对大门,堂屋明间到顶,左右两边用木板隔成不对称的小间作为卧室和杂物房,右后角设有晒排,火塘分别设在厅堂左右两侧。

由于本案例属于穿斗式木构架结构,因

第一章 壮族传统建筑

而建筑结构能形成一个整体，就像一个桌子那样能稳妥地兀立在地面上，柱体下部无须基础，为了防潮、防腐、防虫，仅需在柱底部设石墩或垫卵石、方石，由此也使案例造型显得淳朴自然。

壮族全楼居高脚干栏建筑特点如下：一是平面空间组合多为三开间或五开间，结构以三柱、五柱和七柱穿斗式木构架为主，悬山（也有半歇山顶）青瓦屋面，木板墙，全楼架空，或开敞或封闭，竖向空间组合自由灵活，能适应各种复杂的地形和基础条件；二是房屋分上下两层，"人居其上，牛犬豕居其下"；三是二楼居住区功能划分明确，设望楼、厅堂、火塘、卧室、储藏室等，另外，二楼上部还有半边阁楼，也可储存粮食或堆放杂物；四是人居住在二楼有利于防盗，但人畜混居的环境也容易导致卫生条件变差。

如今，龙脊山区壮民仍居住在干栏式建筑里，随着社会发展及现代建筑材料的广泛应用（如钢筋混凝土、铝合金门窗等等），如何保留干栏建筑的传统风貌是摆在当代设计师面前的一道重要课题。

图片来源
图一　许边疆　摄影
图二至图五　许边疆　制图

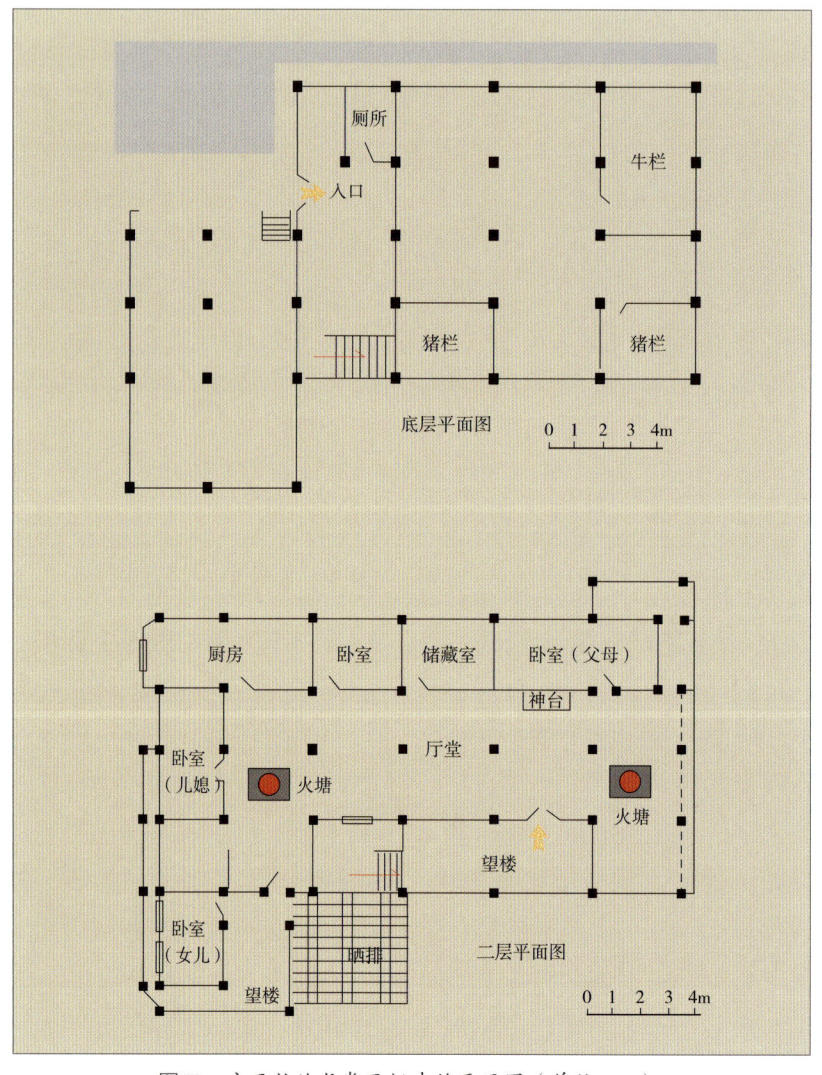

图二　广西壮族龙脊干栏建筑平面图（单位：m）

一层至二层木梯结构　　二层晒排结构

金竹寨廖宅建筑内部结构

图三　广西壮族龙脊干栏建筑局部结构图1

干栏建筑柱础形制　　干栏建筑地基结构

图四　广西壮族龙脊干栏建筑局部结构图2

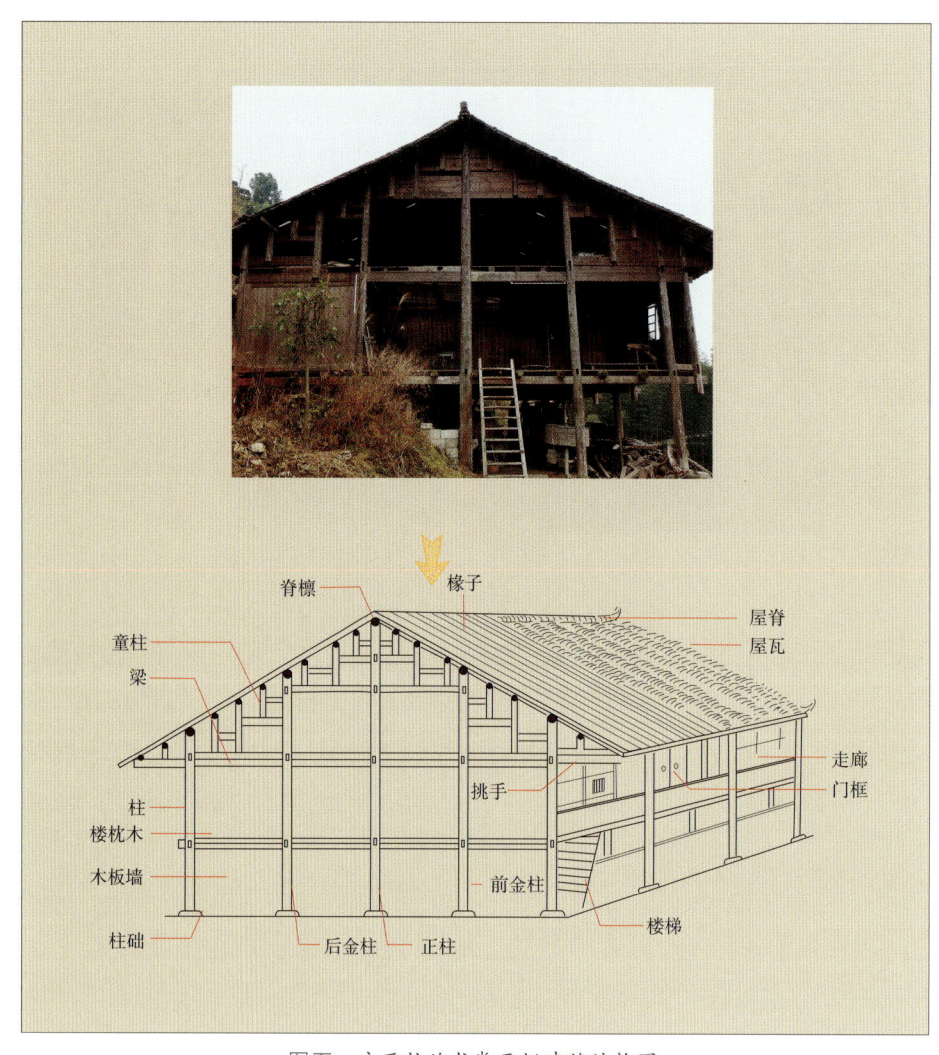

图五　广西壮族龙脊干栏建筑结构图

广西壮族那坡矮脚干栏建筑

图一 广西壮族那坡矮脚干栏建筑主图

壮族矮脚干栏建筑是相对高脚干栏建筑而言的，它是指底层空间高度明显偏低的一种建筑形式（一般高度约1.6米）。这类建筑主要分布于桂中、桂西南等地区，广东连山及贵州从江一带也有散落。本案例采自广西那坡弄文屯周边山区，属于壮族典型的石木结构矮脚干栏建筑。

该住宅建于坡地平台之上，房屋四周基脚用毛石围砌，内部结构为二榀五柱式穿斗木构架，面阔三开间（3.3米＋3.5米＋3.4米），总进深二间（3.4米＋2.3米），底层架空，高约1.6米，立柱之下用圆形石条柱础做支垫，其内可圈养猪、牛及堆放杂物。二层为居住层，中间前堂后室，神台设在堂屋后壁正中，左为厨房和火塘（日常炊煮和聚餐处），右间为卧室，整个房屋平面呈"凹"字形，中间厅堂正门与堂屋神台相对，门外有石块砌成的奇数阶梯。总的来看，那坡地区矮脚干栏建筑形制基本遵循这一模式，但也有少数局部结构变异的存在，如弄文屯就有横着的"L"形干栏建筑，这类房屋底层有些甚至是居住层，实际已转化成了地居式干栏建筑。

本案例墙壁用木板围成，内部房间也是用木板分隔，这是当地干栏建筑最为常见的营造方式，不过距离那坡不远的一些山区壮民，也常用木条先构建出山墙骨架，然后再用湿黏土外裹墙壁构成"木骨泥墙"，这种建造方式使墙壁有了防火功能。此外，由于矮脚式干栏建筑总体高度有限，壮族人在建房之初就特别重视房屋正面的朝向问题，有些建筑为了能获取更多的日照，甚至将房屋正面加高，从而为日照提供条件。

从广西考古成果看，早在新石器时代就有了干栏建筑（如资源县晓锦村遗址），这说明壮族祖先是发明和营造这类建筑的主要族群之一。到了汉代，无论是当时的陶制模型还是青铜模型，都清晰地再现了那个时期壮族人的干栏建筑外形。从设计学角度看，壮族先人之所以会选择这种建筑形式，与他们的生活环境密不可分，正如《旧唐书·南平僚》里所说的那样："土气多瘴疠，山有毒草及沙虱蝮蛇，人并楼居，登梯而上，号为'干栏'。"

图片来源
图一、图七　许边疆　摄影
图二、图三、图四、图六　许边疆　制图
图五　广西民族博物馆　提供

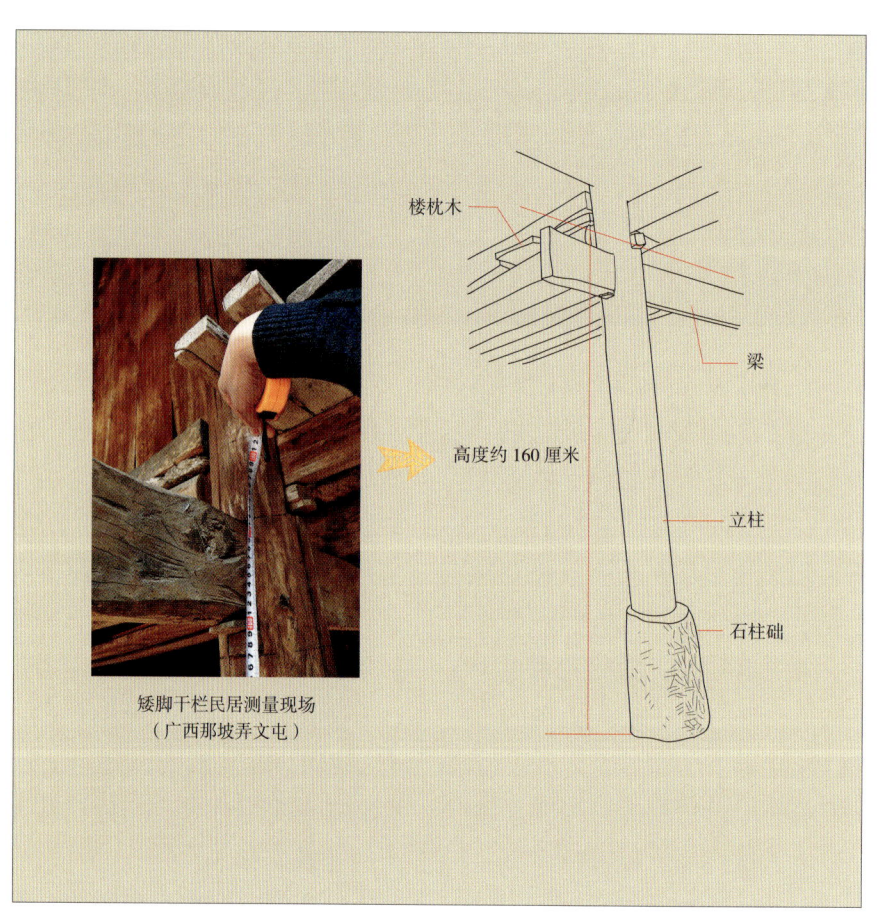

图二　广西壮族那坡矮脚干栏建筑局部结构图

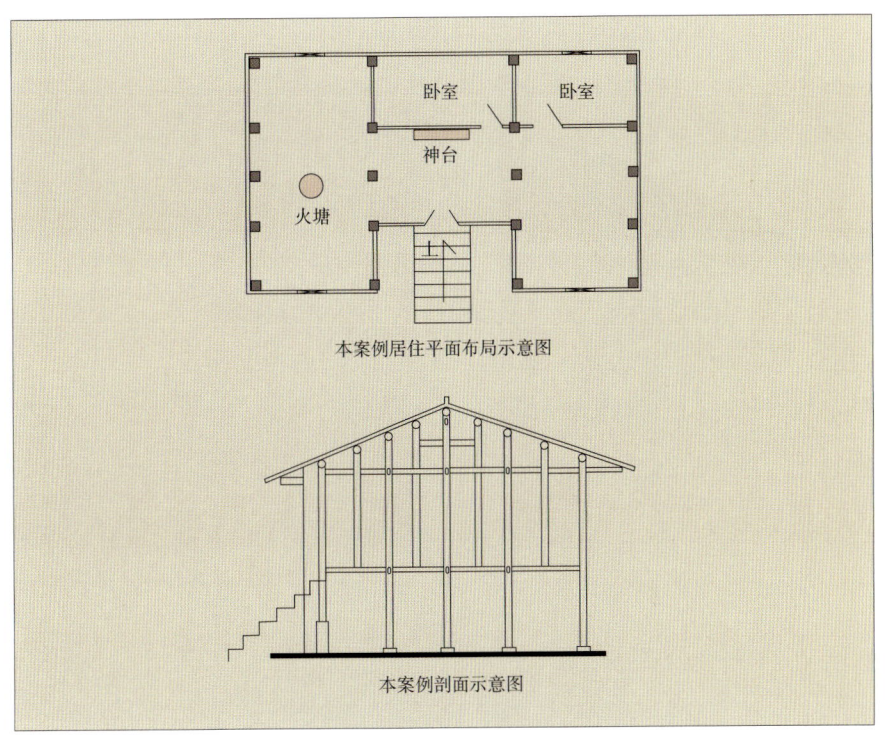

图三 广西壮族那坡矮脚干栏建筑平面布局示意图

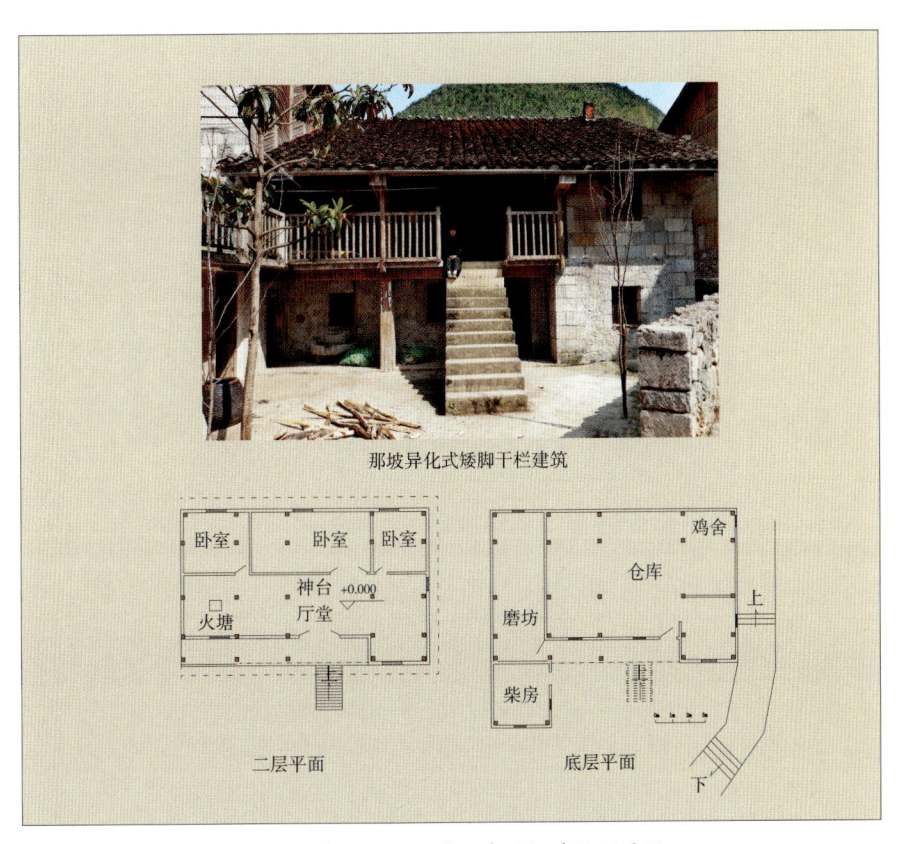

图四 广西壮族那坡矮脚干栏建筑延展图

图五　广西壮族那坡矮脚干栏建筑对比图1

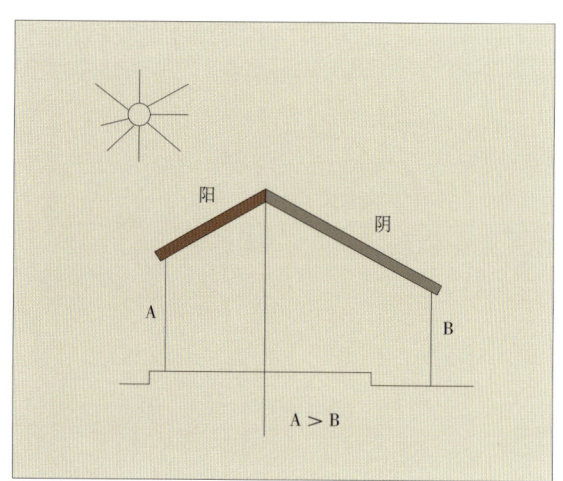
图六　广西壮族那坡矮脚干栏建筑设计分析图

图七　广西壮族那坡矮脚干栏建筑对比图2

广西壮族龙脊民居布局

图一　广西壮族龙脊民居布局主图

　　龙脊壮寨主要是指廖家寨、侯家寨、金竹寨、平寨、平段、七星、岩背、岩湾、岩板等寨，这些村落或建于山腰之上，或分布于山脚之下，可用"高山类型"和"山脚类型"概括之。高山类型又称高坡类型，通常是指房屋建在距地面200至1000米不等的山坡上，图一便是典型的高山型村落，案例位于龙脊金竹寨。

　　从设计学角度分析，壮族高山型村落是随地形分布，因势利导，与山势有机结合，布局方式主要是沿着等高线或垂直或平行或嵌入山腰坡地。如果将这类布局细分，我们又可分出线性排列式和自由分散式。事实上，影响壮族民居分布的因素来自两方面——自然地理因素和人文因素。自然地理因素包括自然条件、地形地貌、水系植被及地方物产和资源分布等等，人文因素主要涉及社会生活中形成的特定观念、信仰、习俗和社会风尚。比如，龙脊壮族人有聚族而居的习俗，这导致村寨有大有小。再比如，廖家寨和侯家寨是顺着山脊向上布局的，山下反而稀疏，若以村寨西侧的溪流为界，东边房屋密布，西边是人工梯田，这种布局显然有利于生活与生产取水，同时因地形的制约也导致了树枝状网络村落布局的形成。

在龙脊，还有一些民居是临河而建的，这些房屋一般在靠山面水的山脚下（也有在山间盆地的），布局属于山脚类型。由于这类房屋所处地势略高于溪河或田峒，故而洪水淹不到。从桂北地理位置看，龙脊山区位于北回归线以北，因而山南为阳，北为阴，当太阳升起时东为阳而西为阴，太阳落下时则相反，为此壮族人逐渐形成了较为明确的地理方位感和日照方位概念。从实际考察情况看，壮族村落多布局在靠山的阳坡面，背负青山，这样既能获得生产生活的广阔用地，同时又能挡风向阳，减少高山寒气的压迫。正因为如此，壮族房屋大多是坐北朝南，也有朝向东南或西南的，但坐南朝北者极少。

概括来看，龙脊壮族村落布局有以下特点：一是布局随地形走，自由但紧凑；二是房屋分布无明确中心性，但同姓同宗的房屋相连成片；三是村落多位于山脊上，视野开阔，注重阳光的接纳；四是开放性强，村落布局无防御功能；五是为节省土地，一般无院落。

图片来源

图一　许边疆　摄影
图二、图四、图五　许边疆　制图
图三　广西大学建081　测绘

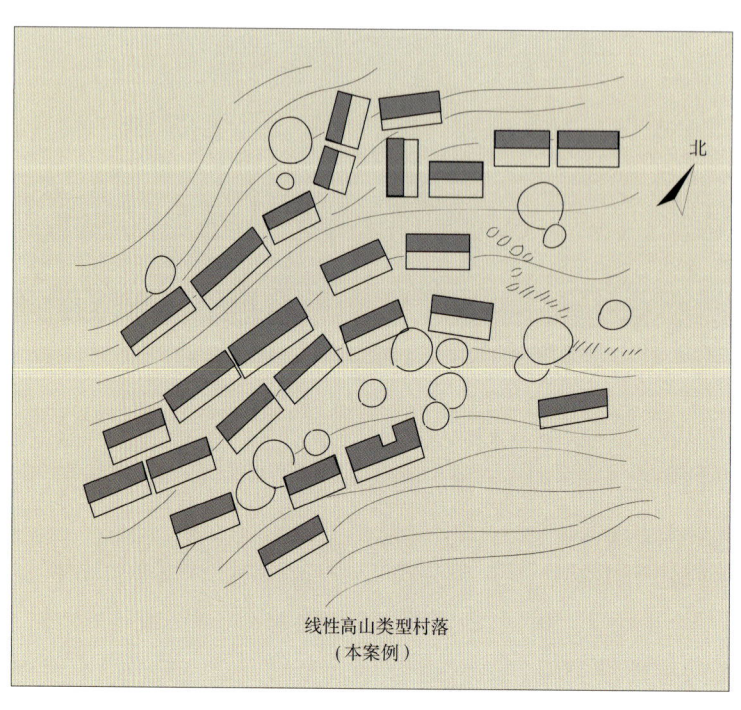

图二　广西壮族龙脊民居布局分析图

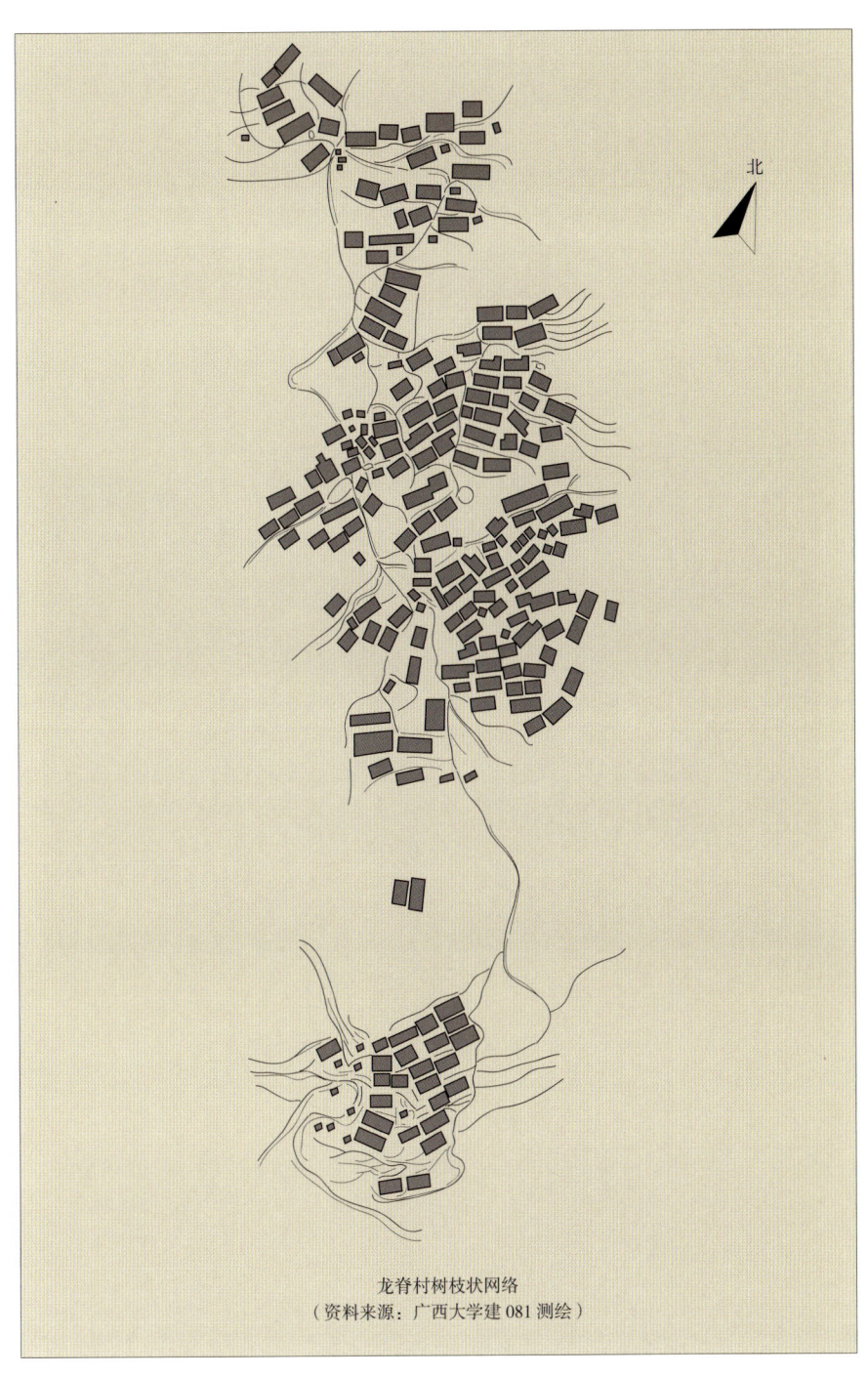

龙脊村树枝状网络
（资料来源：广西大学建 081 测绘）

图三　广西壮族龙脊民居树枝状网络布局图

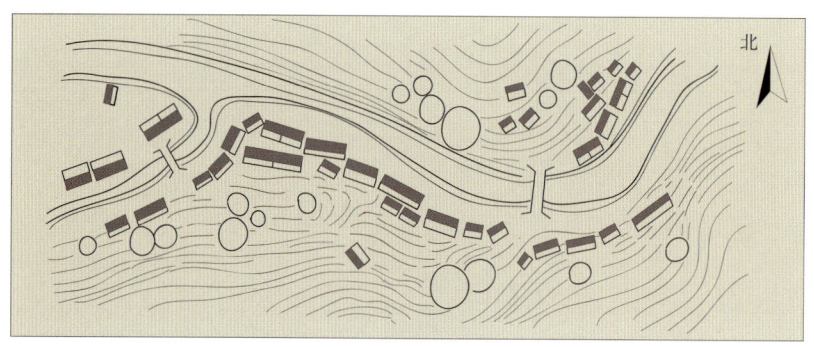

布局平面图

龙脊金江村民居分布
（山脚类型村落）

图四　广西壮族龙脊民居山脚型村落布局图

龙脊民居设计分析图

图五　广西壮族龙脊民居设计分析图

广西壮族崇左归龙塔

图一 广西壮族崇左归龙塔主图

归龙塔,别名"镇龙塔""水宝塔",位于广西崇左市太平镇东北约2公里的左江江心鳌头山上。该塔建于明代天启元年(公元1621年),由于塔体略向一边倾斜,故人们又俗称"左江歪塔"。从历史看,中国古代几乎是同时出现木塔和砖塔,但由于我国固有的木构技术水平较高，因而早期砖塔简单、低级，砖塔明显不及木塔，后来随着砖构技术水平的提高，砖塔便逐渐取代了木塔而成为主流，本案例即为砖塔之一种。

本案例形制呈八角形，共计五层，结构属于空心砖塔。1988年，万辅彬、蒋士亮等人在崇左文管所及城建局技术人员的协助下，对归龙塔进行了精确测绘，测得"塔身高18.284米，塔的基座西南方最大高度5米，塔总高23.284米，各层高度不等，以底层为例，逆时针依次量得第1面高2.76米，第2面2.91米，第3面2.92米，第4面2.92米，第5面2.91米，第6面2.98米，第7面2.80米，第8面2.87米"。另外，"塔顶到塔底投影点至塔底几何中心距离是1.411米"，由此算出的倾斜角为4°24′46″。（万辅彬、蒋士亮、凌世国：《广西崇左归龙斜塔考察》[J]，载《广西民族学院学报》，1989年第2期，第86页）显然，归龙塔是倾斜的。那么，归龙塔当初为什么要设计成倾斜状？

在现场考察时我们发现，归龙塔坐落在鳌头山的基岩之上，东高西低，两端高差达4米多，塔身东部直接建在裸露的基岩上，西部则是用石块砌筑而成。据当地水文资料

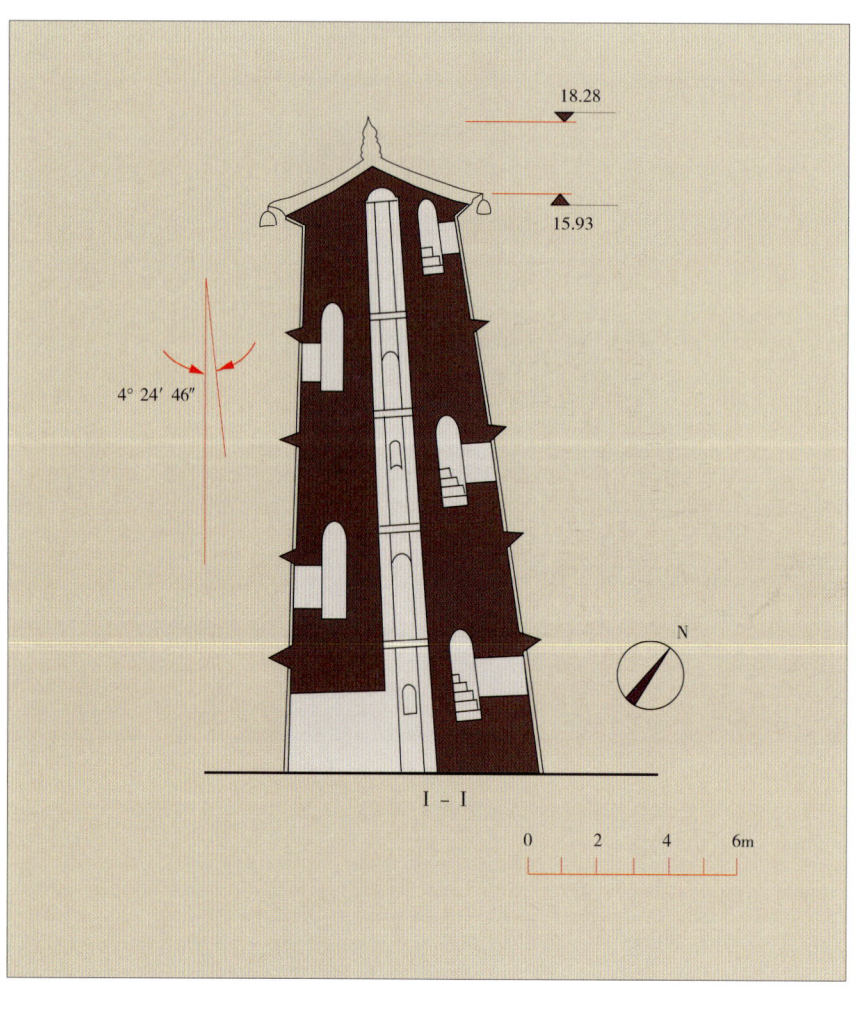

图二　广西壮族崇左归龙塔尺寸图1（单位：m）

记载，仅1955年和1986年，大水就曾漫过鳌头山，水位一度达到二层。从力学角度推断，如果要想让塔身经受住洪水的冲击，就必须将塔身向水流方向倾斜，从而获得一种力的平衡，这是归龙塔塔身朝西南方向倾斜的原因之一。由此可见，当时建造归龙塔的工匠们有着丰富的实践经验。

归龙塔是五层空心砖塔，塔身截面为八角形，八角形的塔无疑有良好的动力平衡性。换言之，八角形塔的风阻要小于方形塔，对于江心建筑而言，风阻越小越有利于建筑体的稳固。此外，本塔塔基设有铁索栏杆可供人们绕塔仰视，也能从塔门进入，沿塔内砖砌螺旋梯登至塔顶。从壮族发展史看，壮族人起初并无佛教信仰，故无建塔之俗，东汉以后佛教从南海海路或中原传入岭南，壮族人才逐渐了解佛教并有了信仰，继而也才有修寺造塔之举。另外，壮族地区遗存的塔多位于江河两岸，功能上也并非像北方的塔那样用于藏经和安放舍利，更多的是为了镇妖消灾，"归龙塔"的称呼也由此而来。

图片来源
图一　孙林　摄影
图二至图四　许边疆　制图
图五至图六　许边疆　摄影

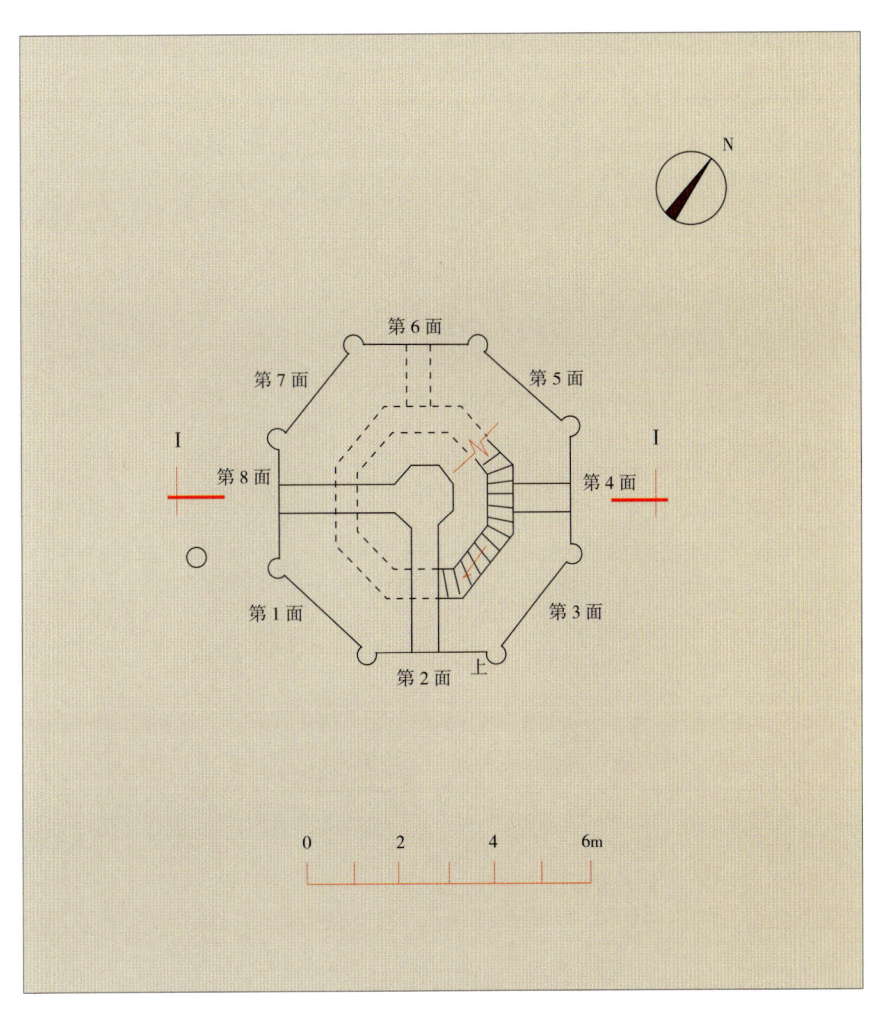

图三　广西壮族崇左归龙塔尺寸图2（单位：m）

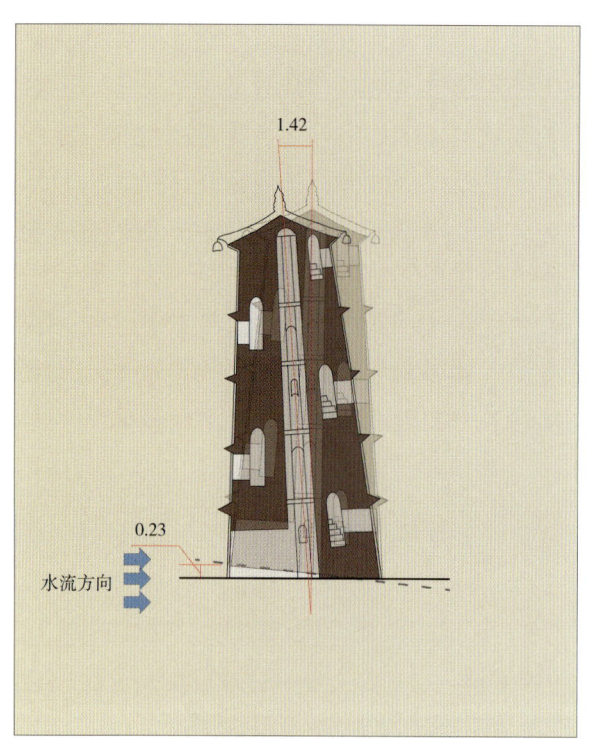

图四 广西壮族崇左归龙塔设计分析图（单位：m）

图五 广西壮族崇左归龙塔仰视图

归龙塔窗口形制　　归龙塔入口形制

图六 广西壮族崇左归龙塔局部结构图

清广西壮族靖西文昌塔

图一　清广西壮族靖西文昌塔主图

在广西壮区，历史上有多个地方建有文昌塔，其中以建于清代的靖西文昌塔最为出名。该塔建于公元1736年，塔高13.4米，塔身底部边长为（6.85×6.85）米，水平截面形制呈正方形，塔身共计三层，而塔基是建立在旧州东面鹅泉河中的小岛上，经历了两百多年的风雨急流，目前仍完好地矗立在江中。

靖西文昌塔的建造与历史上佛教的传播有着密切的关系。据记载，广西壮区开始受佛教影响的时间大约是在东晋时期。《南朝梁会要》云："咸安元年（即公元371年），交州人董宗之采珠没水底，得佛光焰，召以施于像。"这里所说的"佛光焰"或是一种水下矿物质，或是水生贝壳之类的能反光物质，用它做成的佛像能闪光，故名之。从逻辑上推断，既然当时有了佛像就理应有佛寺，继而出现塔这种建筑形式也是顺理成章的事。有趣的是，到了后期，壮族民间宗教活动不同程度地吸收了一些佛教的形式和内容，反之亦然。例如，文曲星（星宿名之一）便是中国神话传说中主管文运的星宿，在民间，凡是文章写得好又被朝廷录用的人，人们就认为他是文曲星下凡。实际上，文曲星与文昌意思相近，因此，壮族人便将本案例命名为"文昌塔"，希望佛祖保佑在塔里面读书的人能有机会展现才智，于是僧道的宗教活动便被巧妙地糅合在了一起。

从设计学角度看，本案例的截面形制为正方形，且越往上形制越收敛。这种形制的优点如下：一是正方体结构易于施工。由于本案例结构是三层砖木结构，依据中国传统建筑法，采用先构筑木框架、再砌筑砖瓦的营造方式，显然，构建四角垂直的木框架要比构建圆弧形框架更易于操作，建造成本也相对低廉。二是均衡的受力结构。从力学角度分析，文昌塔内部构筑的矩形和方形柱网呈现从上至下逐步增大的特征，而且柱网上的节点受力多为垂向重力，剪切力较弱，故而整体结构牢固而稳定。

本案例属于层数最少的塔。在我国，传统塔层的建造一般取奇数，在国人眼里奇数是阳，偶数为阴，阴阳合一，创生万物。从力学角度看，偶数的柱体易于造型；从美学角度看，奇数的塔层比偶数的塔层更富于视觉变化。两种不同的选择，实际上遵循于相异规律。本案例除了具备中国塔的一些共性外，也存在一些个性，比如塔窗的设计，形制有圆、椭圆、扇形等。中国传统建筑常在共性中寻找微差，而这正是中国几千年来传统建筑设计的精髓所在。

图片来源

图一　许边疆　摄影
图二至图四　许边疆　制图

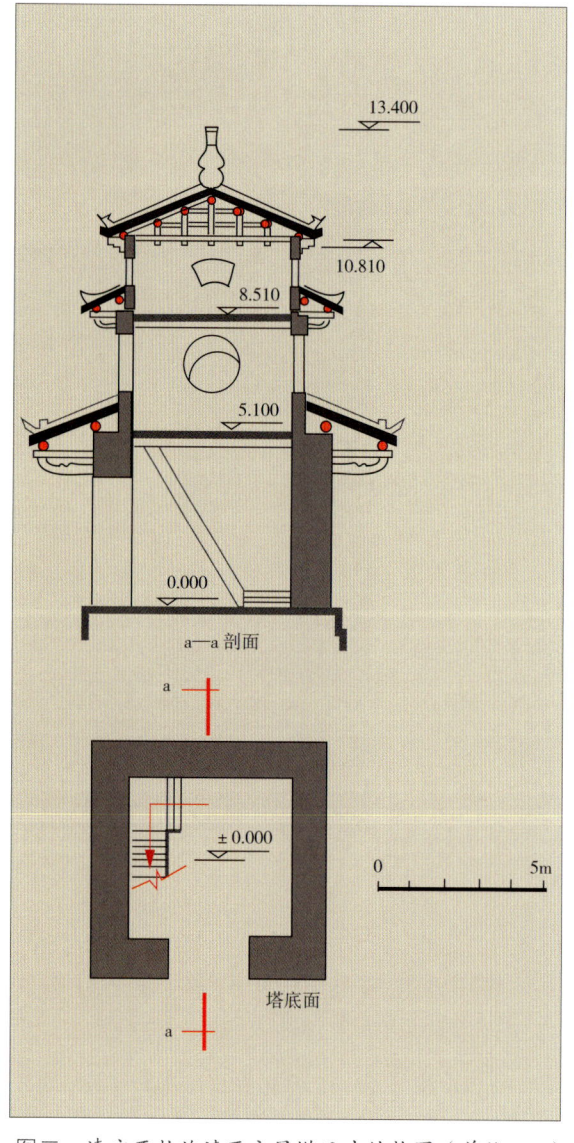

图二　清广西壮族靖西文昌塔尺寸结构图（单位：m）

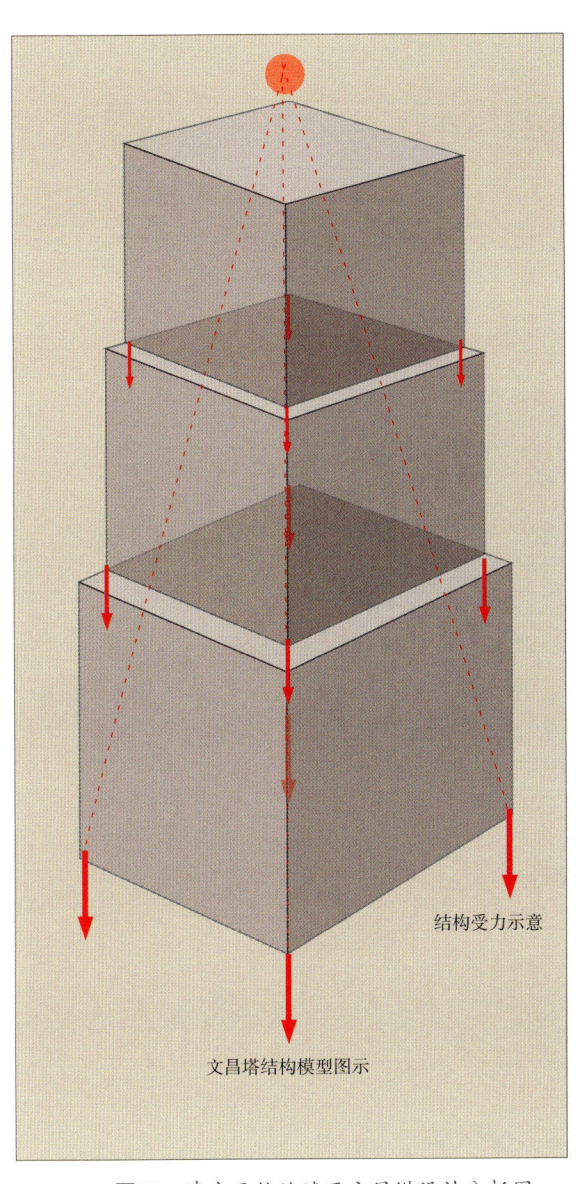

图三 清广西壮族靖西文昌塔设计分析图

图四 清广西壮族靖西文昌塔局部结构图

明广西壮族容县真武阁

图一　明广西壮族容县真武阁主图

真武阁建于明朝万历元年（公元 1573 年），是壮族地区杰出的古建筑之一，现位于广西容县城东。该建筑通高 13.2 米，底宽 13.8 米，进深 11.2 米，共计有三层。从设计学角度分析，真武阁具有以下设计特点：一是建筑构造方式与干栏建筑同源；二是建筑的内部构件皆为铁栗木制成，广西盛产铁栗木，这种木料纤维粗长，不易断裂，且具有很强的韧性，树高可达 20 至 30 米，是营造建筑的好材料。从案例构造方式看，三层殿阁完全是依靠底层内部八根巨柱支撑起来的，这八根巨柱又立于石柱础之上，借助三千多个大小不等的木质构件，以榫卯相连的方式将众多的构件合为一体，从而构成了一个稳固的木框架整体结构，该结构显然与古代壮族干栏建筑技术同源。

此外，案例还巧妙地利用了杠杆原理。杠杆原理的最大特点便是两种方向相反的推力相互对抗，当对抗力均等时，便能获得力的平衡，而真武阁二楼的四根腾空离地的金柱就是利用了这一杠杆原理：其一，利用斗拱结构将较长的拱身穿过檐柱，再把拱身后端插入金柱，这样就形成了外面挑出较长、里面短的结构形式。其二，以檐柱为支点、长拱为杠杆，较长的一端挑起较轻的檐部载荷，较短的一端则挑起较重的金柱、梁架、屋顶和楼板的载荷，从而获得檐柱内外载荷的平衡。其三，将一根截面为（30×30）厘米的大梁的两端做成长榫，然后穿过金柱，两端都插入檐柱里，这样就构成了"担子"，檐柱仿佛在抬着金柱。

通过斗拱的杠杆作用，四根悬空的金柱尽管形体巨大，却能被牢牢地固定住，不会出现前后左右晃动的情况。四百多年过去了，真武阁经受住了多次风暴和地震的考验，迄今仍安然无恙。

这里需提及的是，真武阁应用了大量的斗拱。斗拱是我国传统木构建筑重要构件之一，明以前的斗拱一般都具备力学功能，到了明清时期该功能已被弱化，以至于清代后期的斗拱多为装饰件，但真武阁底层斗拱却属于特例。事实上，真武阁底层的斗拱是一种连拱形式，连拱不仅能丰富建筑细节，而且能让整个建筑看起来生动并富有灵气。

图片来源
图一、图四、图七　许边疆　摄影
图二、图三、图五、图六　许边疆　制图

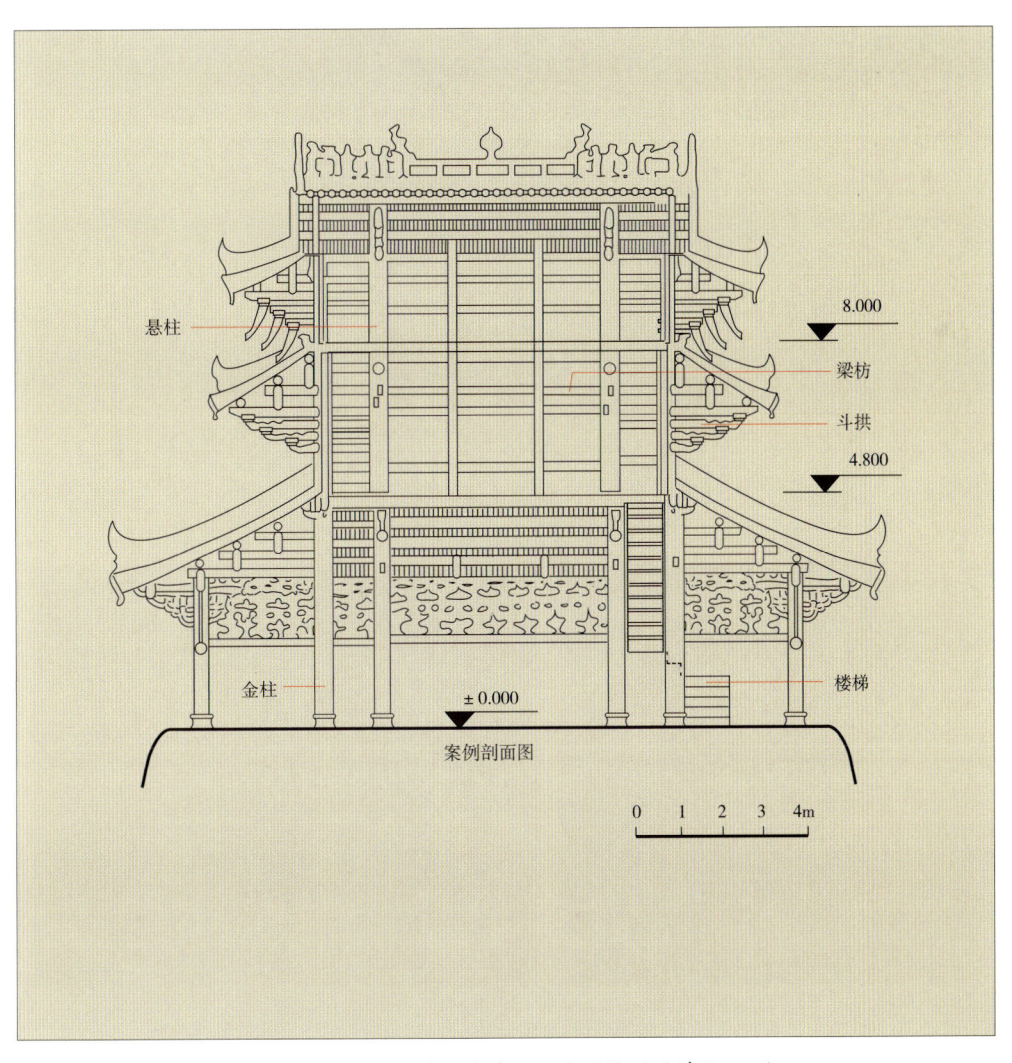

图二　明广西壮族容县真武阁尺寸结构图（单位：m）

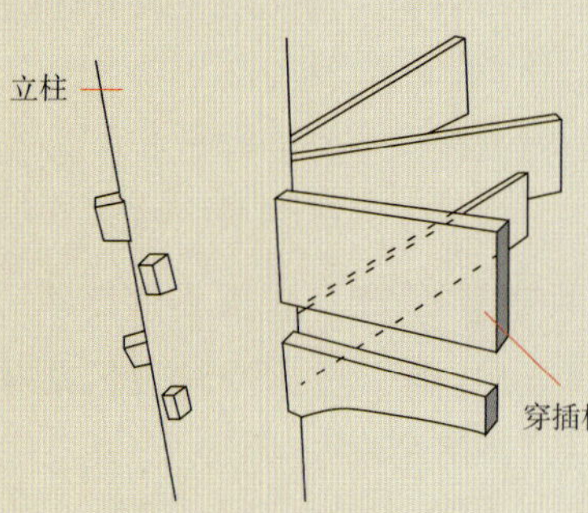

案例局部节点

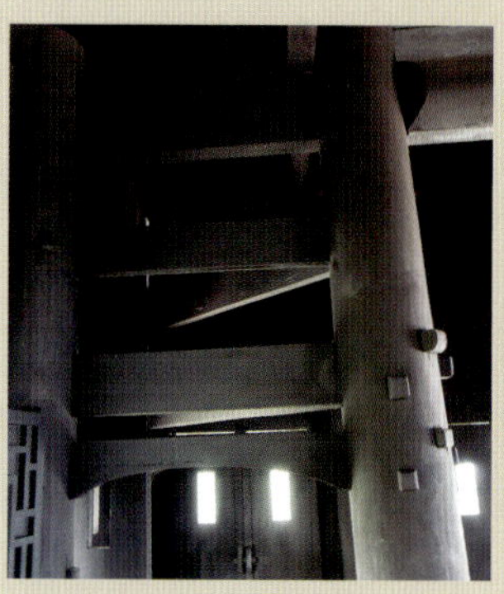

案例实景图

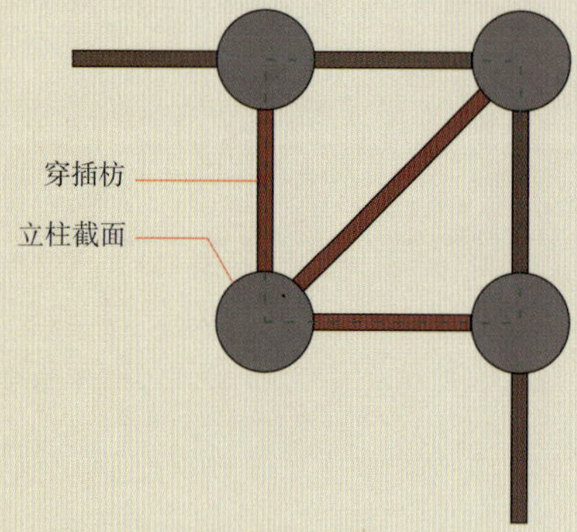

框架结构图示

图三　明广西壮族容县真武阁设计分析图1

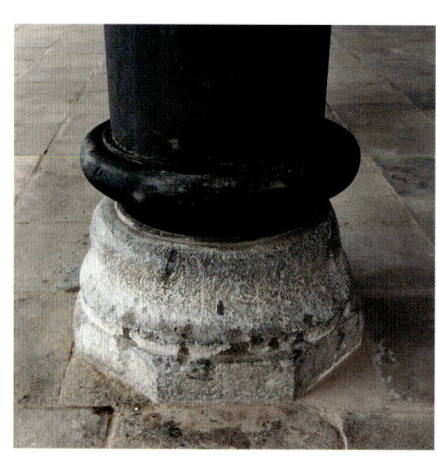

案例柱础形制

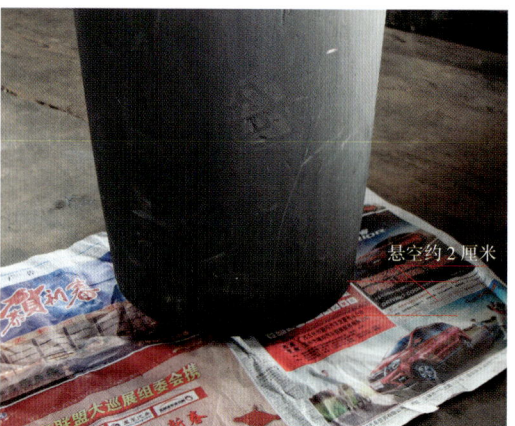

第二层楼四根悬柱之一

图四　明广西壮族容县真武阁局部结构图

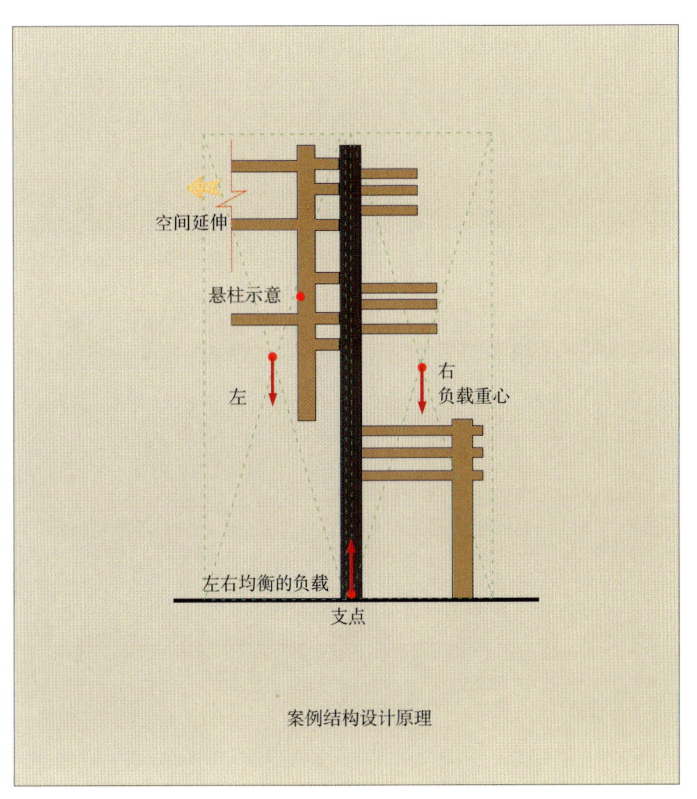

图五　明广西壮族容县真武阁设计分析图2

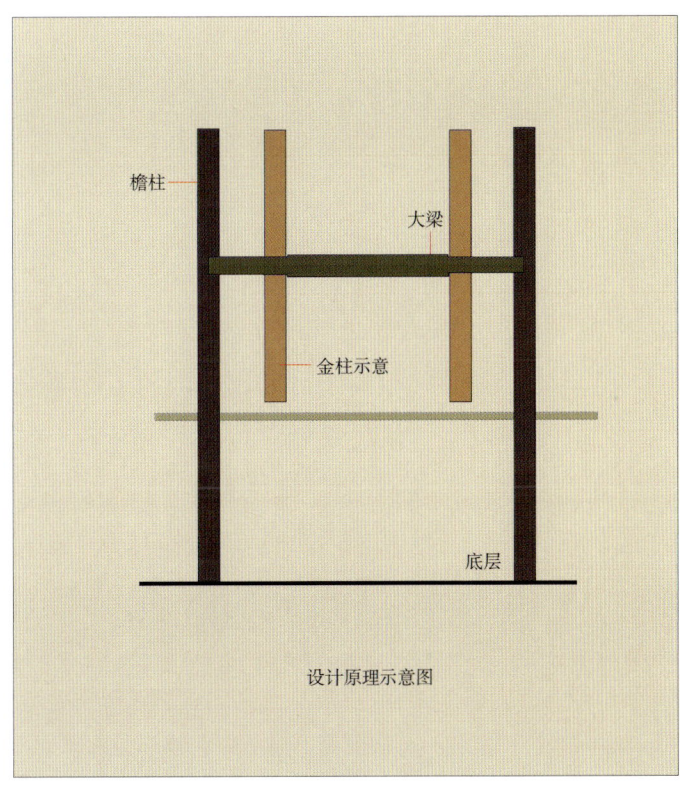

图六　明广西壮族容县真武阁设计分析图3

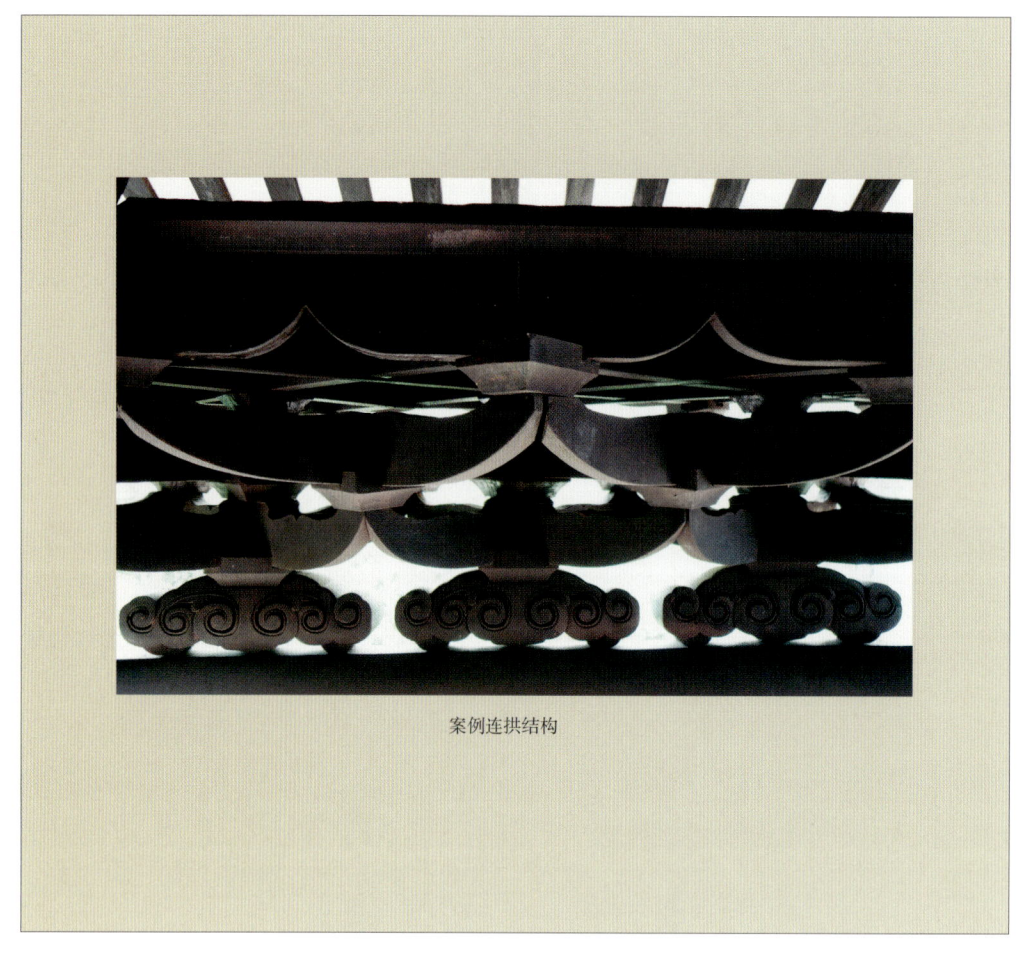

案例连拱结构

图七　明广西壮族容县真武阁局部结构连拱

广西壮族龙脊风雨桥

图一　广西壮族龙脊风雨桥主图

　　风雨桥，又称"凉桥"，是一种行人过往能避风雨的桥。本案例采自广西龙脊平安寨，位于平安寨入寨之口。经现场测绘得知，桥体长24.7米，围栏之间宽度4.1米，亭高4.3米，廊高3.9米，案例是由亭、廊、桥台、挑木梁、栏杆、坐凳等结构组成。

　　从功能上分析，壮族风雨桥一般都是建在村头寨尾，这样既便于劳作归来的村民在风雨桥中歇脚纳凉，又可充当防卫村寨的出入口。壮族风雨桥多以实用为主，与侗族风雨桥相比，壮族风雨桥要简朴得多。从建造方式上看，壮族风雨桥桥基更多的是仅有桥台，少见桥墩。换言之，因跨度不大，便直接从桥台处层层出挑木梁会合于另一端，构成了支撑桥面的主梁。该结构充分利用木材的抗弯性及表面弹性来有效承载并缓冲上部负载所产生的压力。从桥身结构分析，壮族风雨桥是由亭和廊组成，但它的亭却不及侗族复杂，形制规格也较小，这无疑是追求实用的结果（建造成本低）。

　　本案例桥身两侧皆有围栏，桥身开敞通透，立柱之间设有通长坐凳，可供路人休息、纳凉。为了避免桥廊单调的线性空间，两端桥亭空间要比廊部略宽，这样能给人的视觉带来空间变化。此外，无论是桥亭还是桥廊，内在梁架皆为穿斗式构造，即中部立柱上段卯入长木穿，分别直通檐椽二柱，而檐口处另设一长木穿，贯穿里外二柱，从而构成一个完整的建筑骨架。

从实际情况看，龙脊比邻广西三江，而三江的侗族风雨桥，不仅数量多，且体量高大，造型精美，因此，侗族风雨桥对周边壮族人产生的影响是不言而喻的。但壮族人根据自己的喜好及劳动经验，建造出了富有自身特点的风雨桥也是不争的事实。概括来看，壮族风雨桥建筑特点如下：其一，桥亭、桥廊顶部虽有高差，但多为单层结构；其二，对于跨度不大的桥梁，一般无桥墩，只设桥台；其三，桥台的建造是随自然地形而建，上部用木材，下部砌青石护坡。

当然，随着社会的发展，现代壮族人又用新材料建造风雨桥，不过，这些风雨桥仍与传统风雨桥有着某种血脉联系。从民俗文化上看，龙脊壮族人极为重视"水口"，故桥梁多设在水口处。所谓水口，即指一村之水流进与流出的地方。一般说来，龙脊壮族人不太限制入水口，因为水是财源的象征，多多益善；相反，却非常重视出水口，他们认为，若在出水口设置风雨桥，就能起到锁水的作用。显而易见，风雨桥也是壮族人心中的一道防线。

图片来源

图一、图三、图六　许边疆　摄影
图二、图四、图五　许边疆　制图

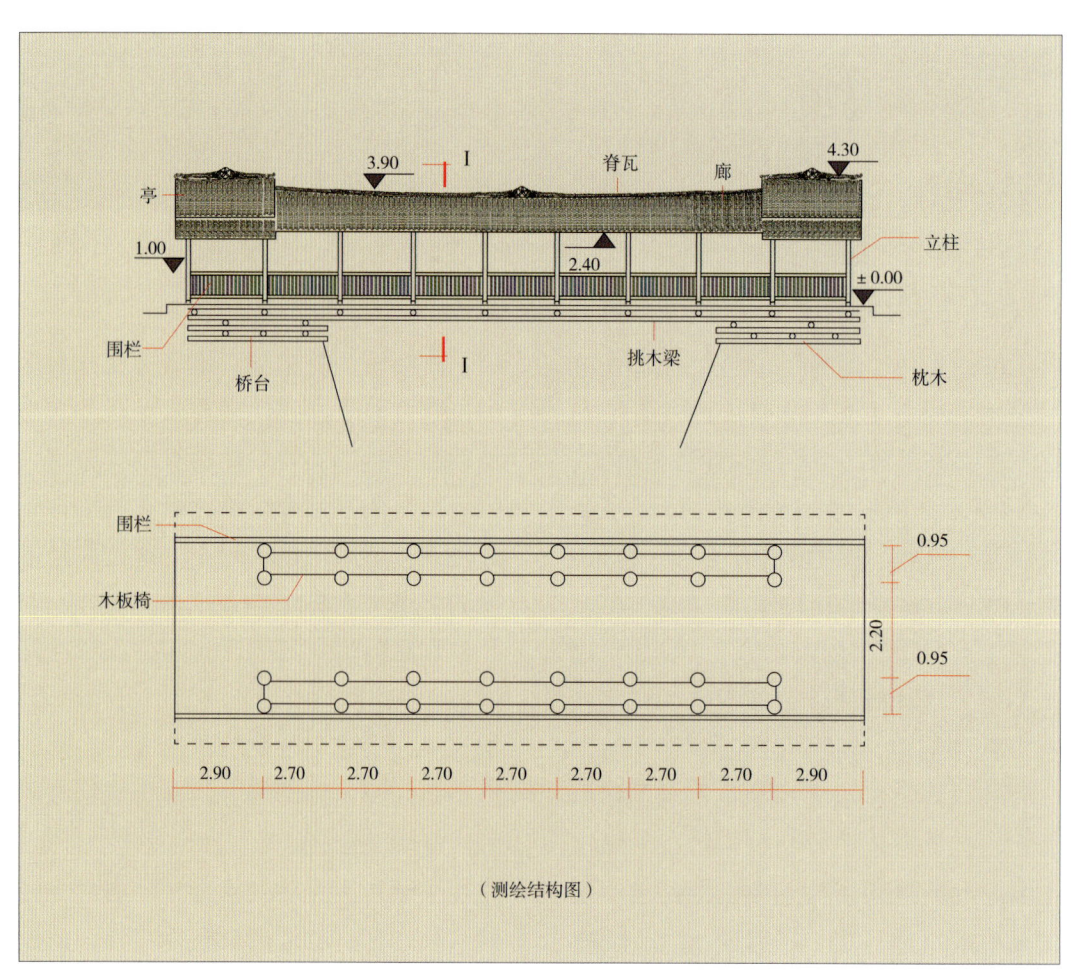

图二　广西壮族龙脊风雨桥尺寸图（单位：m）

图三　广西壮族龙脊风雨桥功能图

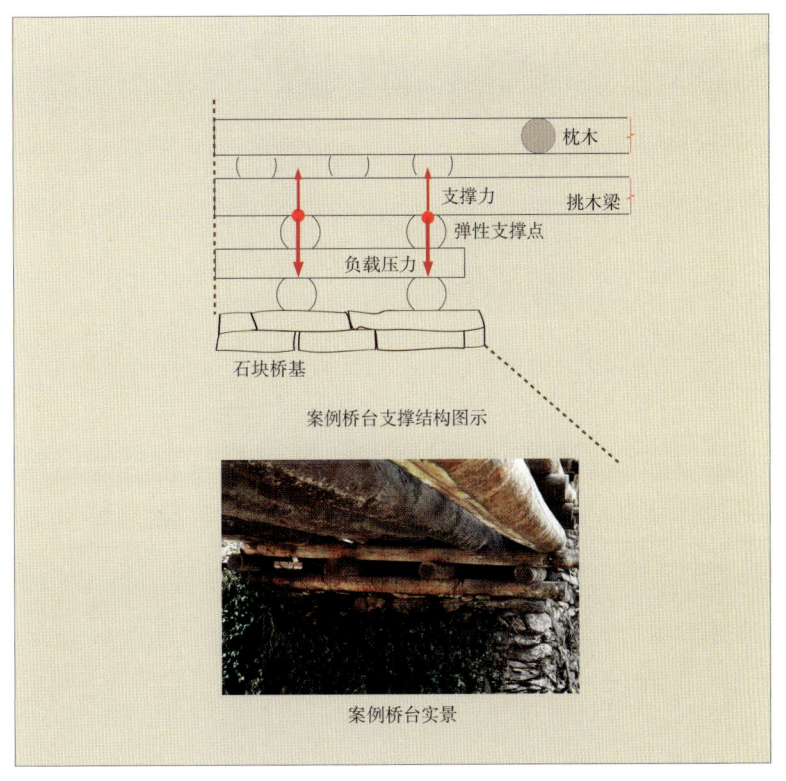

图四　广西壮族龙脊风雨桥设计分析图

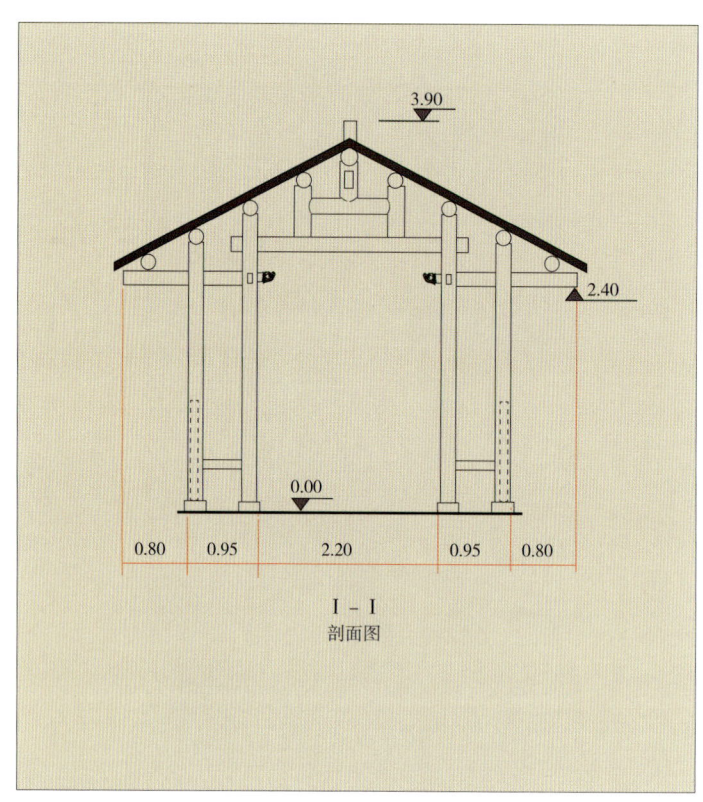

图五　广西壮族龙脊风雨桥剖面图（单位：m）

云南麻栗坡壮族传统风雨桥
（资料来源：广西民族博物馆）

壮族当代风雨桥
（摄于广西那坡县）

图六　广西壮族龙脊风雨桥对比图

广西壮族靖西石板桥

图一 广西壮族靖西石板桥主图

石板桥是一种桥的类型,因桥面用石板构筑而成,故名之。在桂西南,这种桥十分常见,这与当地喀斯特地貌有关:一是当地山多,石料丰富,人们可就地取材;二是溪河交织,沟壑纵横,人们必须架桥方能通行;三是溪河通常都不深,河面较窄,故可用石板构筑桥体。本案例采自广西靖西旧州,案例位于风光秀丽的鹅泉河上,属于壮乡典型的石板桥。

经测量,案例长21米,宽1.8米,桥面石板厚0.23米,桥墩高1.6米,除主体桥身外,河上游那一方还加建了洗刷台(可视为附件),为案例增添了新功能,也让案例有了独特形制。从现场考察看,洗刷台同样是用石板砌筑而成,它与桥身的连接体呈阶梯状,阶梯宽约35厘米,级差约20厘米,为村民从桥面移步洗刷台提供了方便。从整体上看,洗刷台与桥体构成了近于"非"字形的结构。

壮族石板桥可分为大、中、小三类。例如,清光绪六年(公元1880年)建于广西忻城县古蓬镇内联村的石板桥,长度有130米,可归为大型石板桥。本案例21米,属于中型石板桥;至于小型石板桥,有些甚至不足1米长。本案例建造时先在河床上用大石块砌出长方形桥墩(间距1.5至2米),其中迎水面被设计成弧形,背水处则砌成90°立面,最后用大约(220×45×23)厘米的石板条（非标准件）铺设桥面。

壮族石板桥通常都很简朴，这源于实用为主的设计思想。长期以来，壮族人把架桥修路视为当地一项公益事业，要求大家有钱捐钱，有力出力，民间还有为积德行善、求子灭灾而修桥补路之民俗，甚至把建桥梁（尤其是建大型桥梁）看作是一个村寨团结有力的象征。

图片来源

图一、图四　许边疆　摄影
图二、图三、图五　许边疆　制图

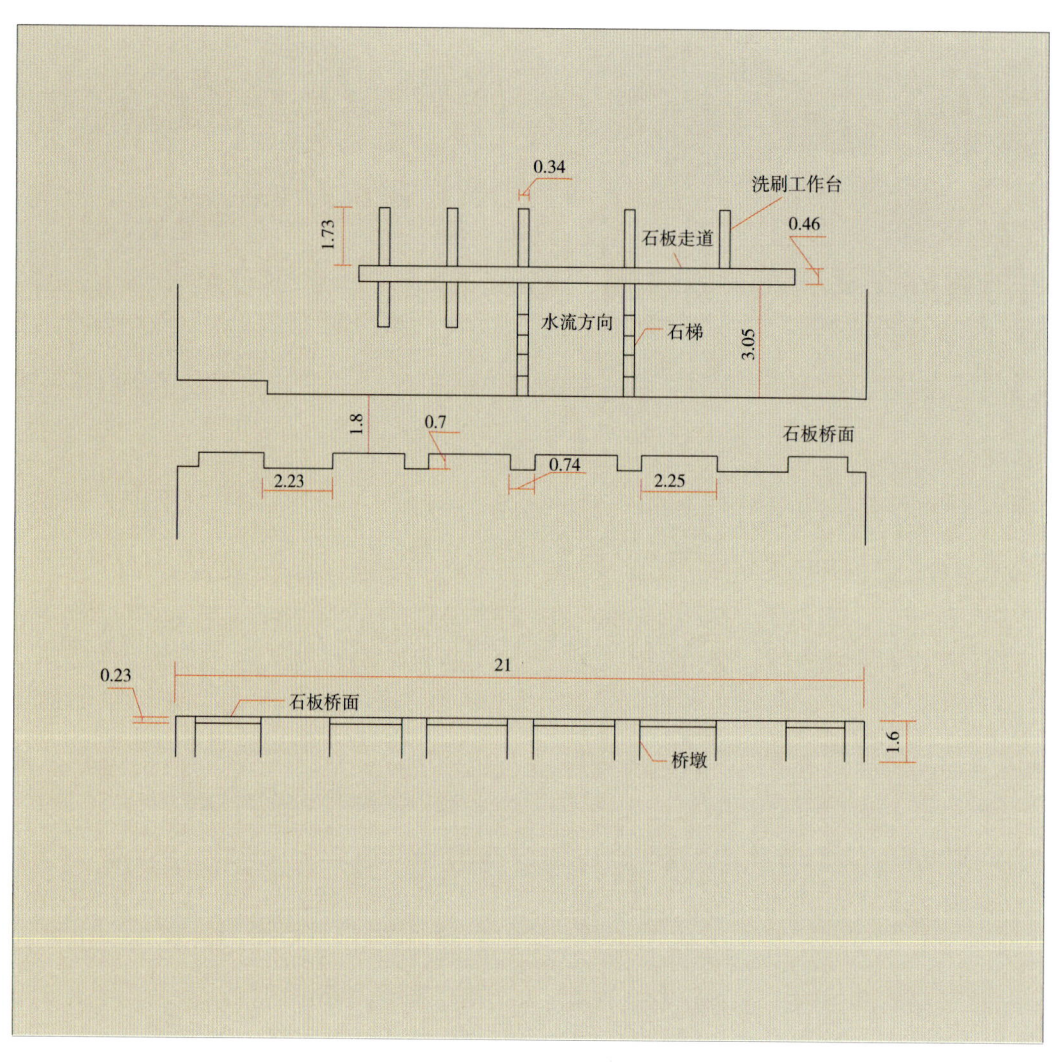

图二　广西壮族靖西石板桥尺寸图（单位：m）

石板桥附件功能图示

图三　广西壮族靖西石板桥设计分析图1

当地村民在桥下洗刷物品

图四　广西壮族靖西石板桥功能图

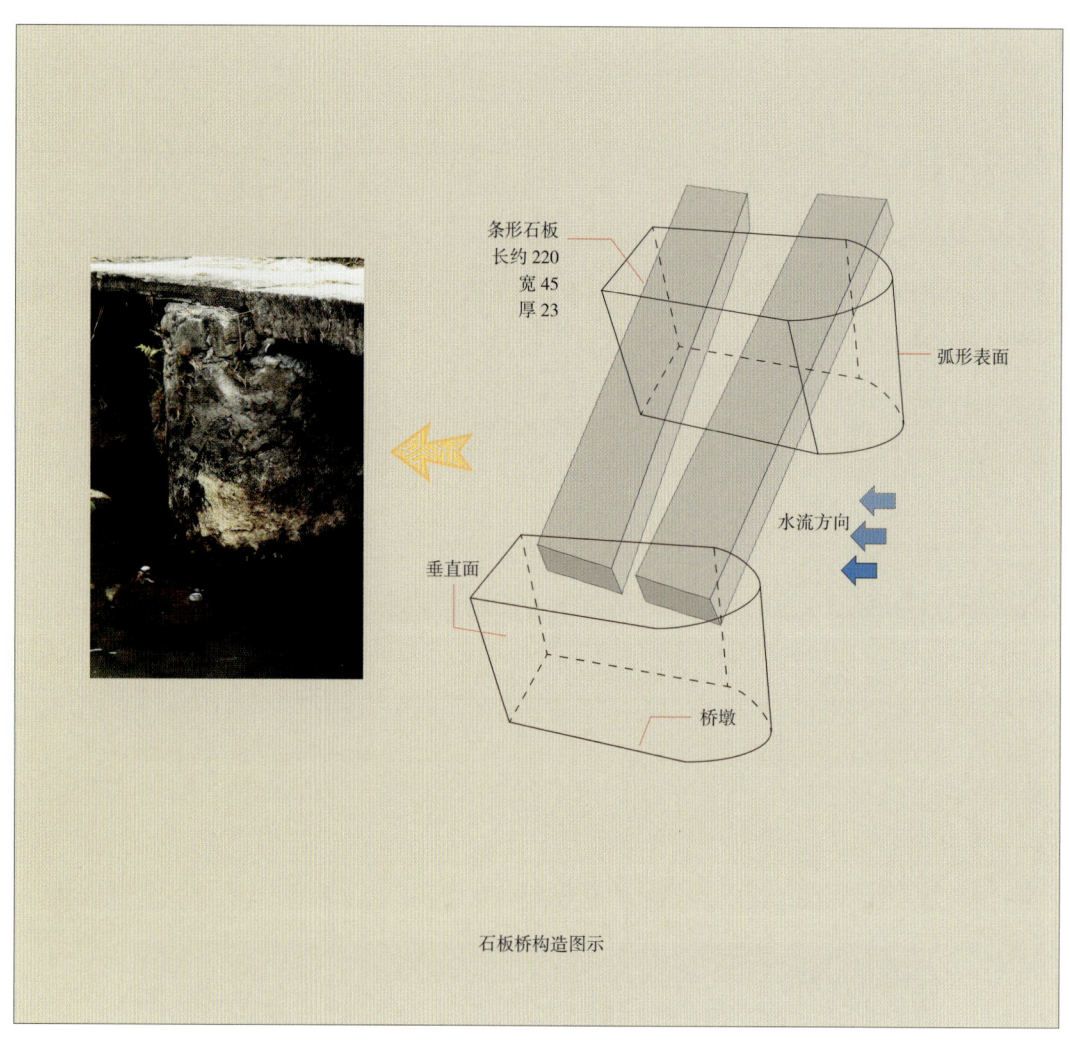

图五　广西壮族靖西石板桥设计分析图2（单位：cm）

广西壮族龙脊梯田

图一　广西壮族龙脊梯田主图

龙脊梯田位于广西龙胜县境内，距县城22公里。所谓"梯田"，是指把山地开成阶梯状的农田。显然，这是人们为生存环境所迫不得已而为之的结果。从全国范围看，其他一些地区也存在梯田，但龙脊梯田更有气势和规模。据广西民族博物馆资料显示，龙脊梯田始建于元代，清末已形成规模，时间跨度有650余年。在过去刀耕火种的岁月里，壮族先民（包括瑶族人）凭着顽强的毅力和非凡的智慧，用血肉之躯创造了人间奇迹。

今天，我们若以设计学眼光来审视这一伟大工程，其特点有以下几方面：一是龙脊梯田绝大部分是修造在海拔300米至1100米之间，耕地分布于山岭的中下部，之所以要这样设计，主要是出于稻田供水之考虑。从山势看，高处的降雨及森林涵养水源极为重要，茂密的森林是截留降水、增强土壤下渗、减少地面蒸腾、缓和地表径流的重要条件。可以说，没有众多的水源林就没有龙脊梯田，正因为如此，自古以来龙脊壮族人就有铁律——严禁滥砍滥伐，毁坏山林。二是梯田的坡度多集中在26°至50°范围内，高差在0.6米至1.5米之间，这些数值的确定主要是根据地形得出的判断，因为龙脊天然坡度平均为31°。此外，从物理学角度分析，梯田坡度接近90°时就容易引起田块崩塌，若梯田高差过大，土地利用率则降低。三是引水方式巧妙。过去，壮族人常用竹枧来引山涧之水，这种设施成本低廉，操作方便。另外还有一种方法，是将水田的围垄打开一个缺口，将上一层稻田的水引入下一层，这种办法不仅省力，而且还能控制水的灌溉量。

几百年来，龙脊梯田是随山势而造的，田地面积自然有大有小，大的不过一亩，小的只能种几行禾苗，有"蓑衣盖过田"之说。正是因为这个缘故，当地人的劳作方式和工具都有一定的特殊性。比如，在面积过小的田里耕作只能靠人力来完成，工具大小自然也会受到制约，耕作过程十分辛苦。正如元王祯在《农书》"梯田"一章所描述的那样："又有山势峻极，不可展足，播殖之际，人则佝偻蚁沿而上，耨土而种，蹑坎而耘。"

显而易见，几百年来中国农民是在不利的生存环境中筚路蓝缕，以启山林。如今，苍茫壮阔宛若天梯的龙脊梯田，以其壮观征服了世人，梯田不再仅仅是农田，也成了闻名遐迩的旅游景观，功劳自然应归于那些梯田开拓者。

图片来源
图一　广西民族博物馆提供
图二至图五　许边疆　制图
图六　引自元王祯所撰《农书》插图．缪启愉、缪桂龙译注，济南：齐鲁出版社2009年4月版，第431页。

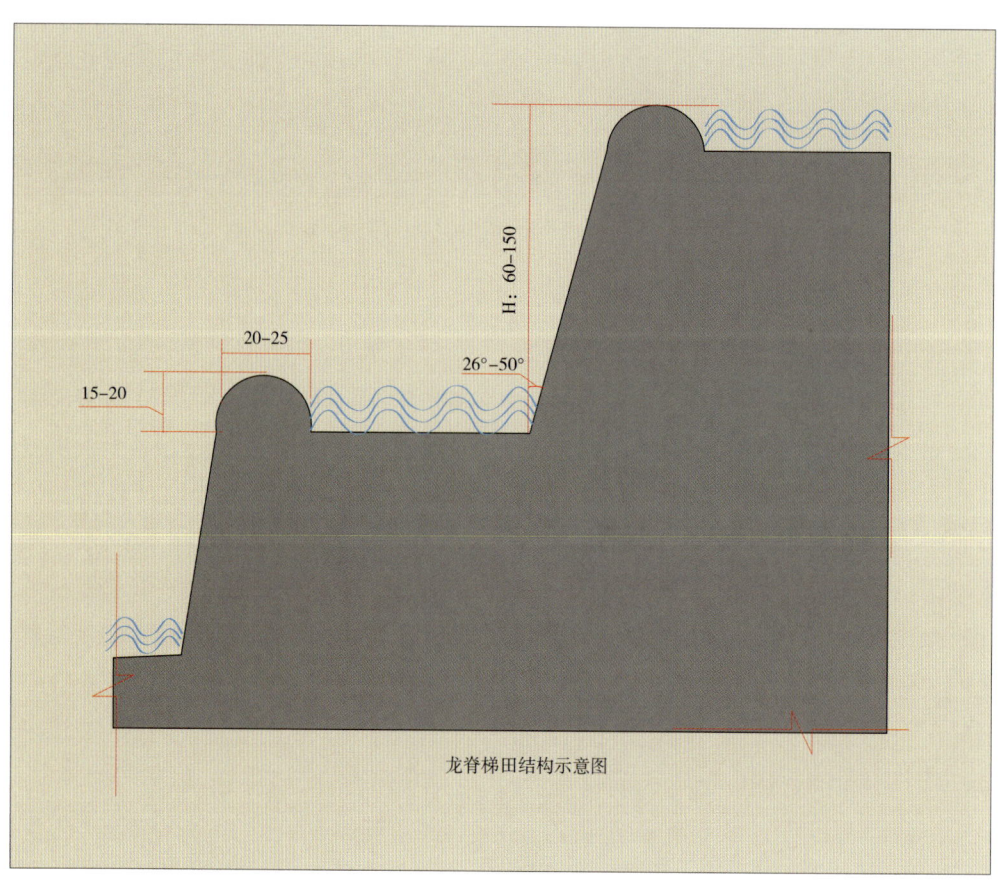

图二　广西壮族龙脊梯田设计分析图1（单位：cm）

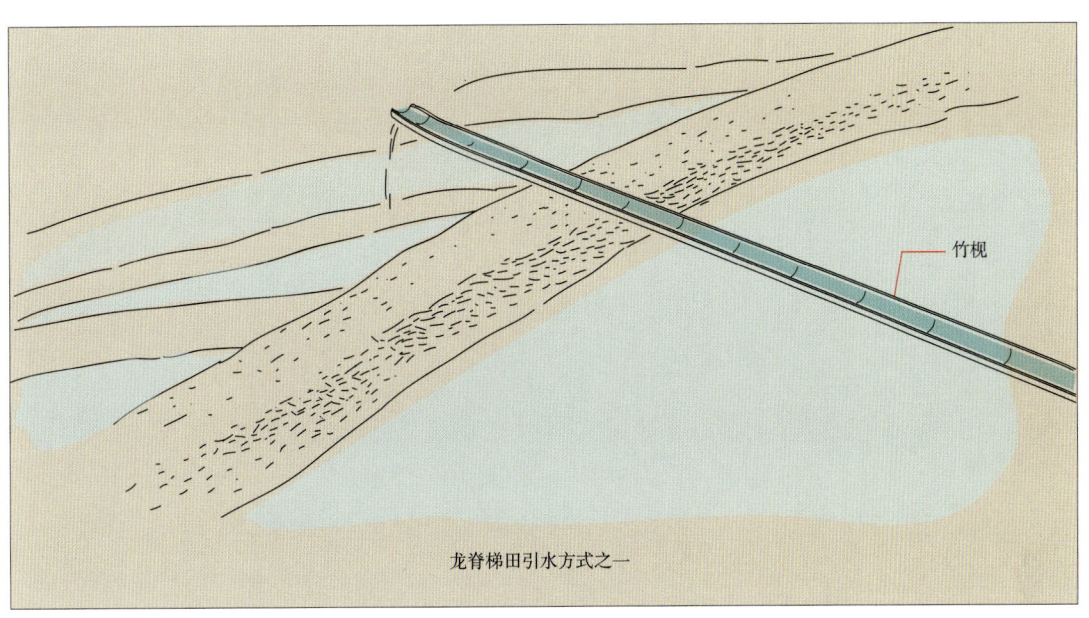

图三　广西壮族龙脊梯田设计分析图2

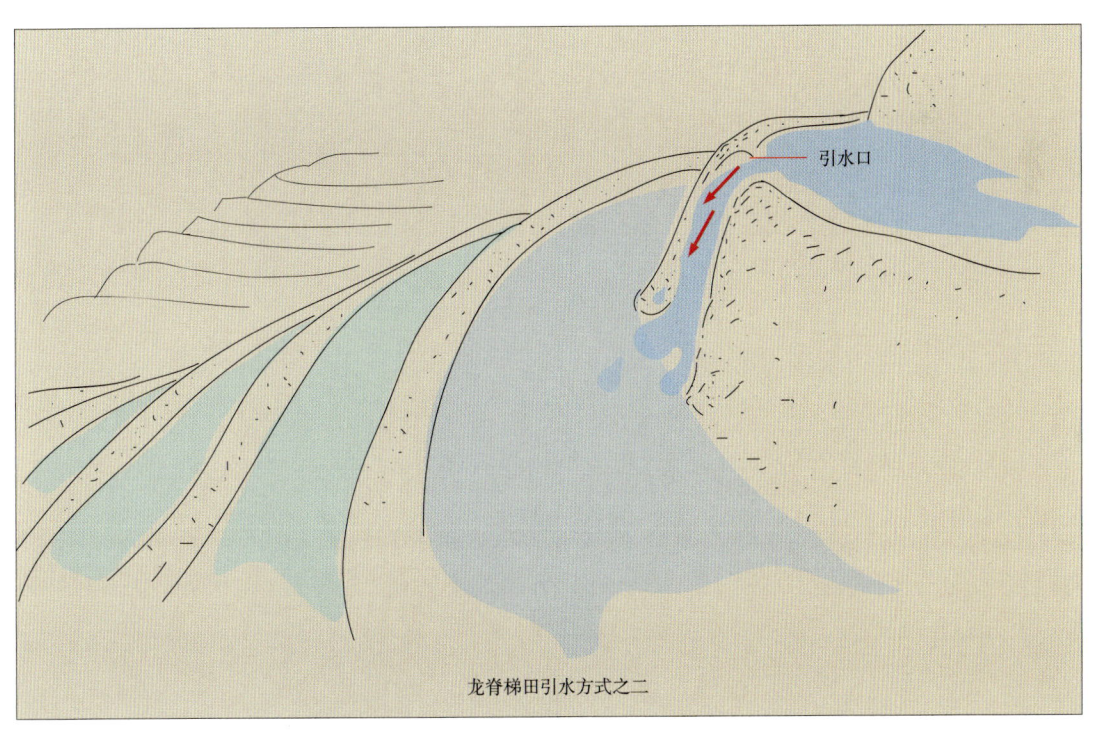

图四　广西壮族龙脊梯田设计分析图3

传统耕作方式

图五　广西壮族龙脊梯田耕种方式图

元王祯《农书》插图

图六　广西壮族龙脊梯田延展图

广西壮族龙脊檐吊柱头

图一　广西壮族龙脊檐吊柱头主图

檐吊柱头,是壮族干栏建筑吊柱下的一种结构形式。从壮族传统干栏建筑建造方式看,屋檐皆向外出挑 60 至 90 厘米,并且设有吊柱(瓜)构件,它在扩大建筑使用空间的同时,也丰富了建筑的外部形制。本案例采自广西龙脊金竹镇,属于当地干栏建筑典型檐吊柱头。经测量,案例下部长 23 厘米,柱头直径 17 厘米,通体用整木雕琢而成。

本案例与建筑体的构造方式是:吊柱与穿插枋交叉,形成一个稳固的节点,而吊柱下端多余部分则被设计成花形,用于装饰。在龙脊,人们通常将长的垂柱叫作"吊柱",短的称作"吊瓜",但无论长短,它们皆有柱头存在。从设计学角度分析,建筑体上设计柱头无疑会形成视觉驻点,这样设计使得穿插枋与垂柱之间的连接显得不太单调。实际上,龙脊壮族干栏建筑多建在山脊上,因为地形的限制，壮族人为获得更多的使用空间，便借助木材的易加工性使其出挑，这样既拓展了使用空间，也起到了遮风挡雨的作用。或许正是因为这个缘故，龙脊传统老宅檐部多用水串挑出，再配以装饰性短瓜柱承檐檩，而少见吊柱。不过，随着后期干栏建筑的发展，吊柱用得反而多了，同时也更加重视柱头的装饰了。

概括来看，龙脊干栏建筑檐吊柱头多为灯笼形、莲花形，而广西靖西一带流行绣球形和莲花形，西林则以瓜菱形最多。总之，壮族地区柱头形制呈多样化状况，不同形制有不同寓意，比如灯笼形寓意喜庆、吉祥；绣球形有祝福联结姻缘、人丁繁衍的意思；瓜菱形有丰衣足食之意；宝瓶形则有赐花送子、家丁兴旺的祝愿。从工艺上看，壮族檐吊柱头有的雕琢得玲珑剔透，工艺水平很高，有的却显得雕工粗糙。此外，有些人家还用色漆来粉饰柱头，让它变得更加显眼（油漆还能起防腐作用），这表明壮族人对柱头的装饰功能是十分看重的。

图片来源
图一　孙林　摄影
图二至图五、图七　许边疆　制图
图六　许边疆　摄影

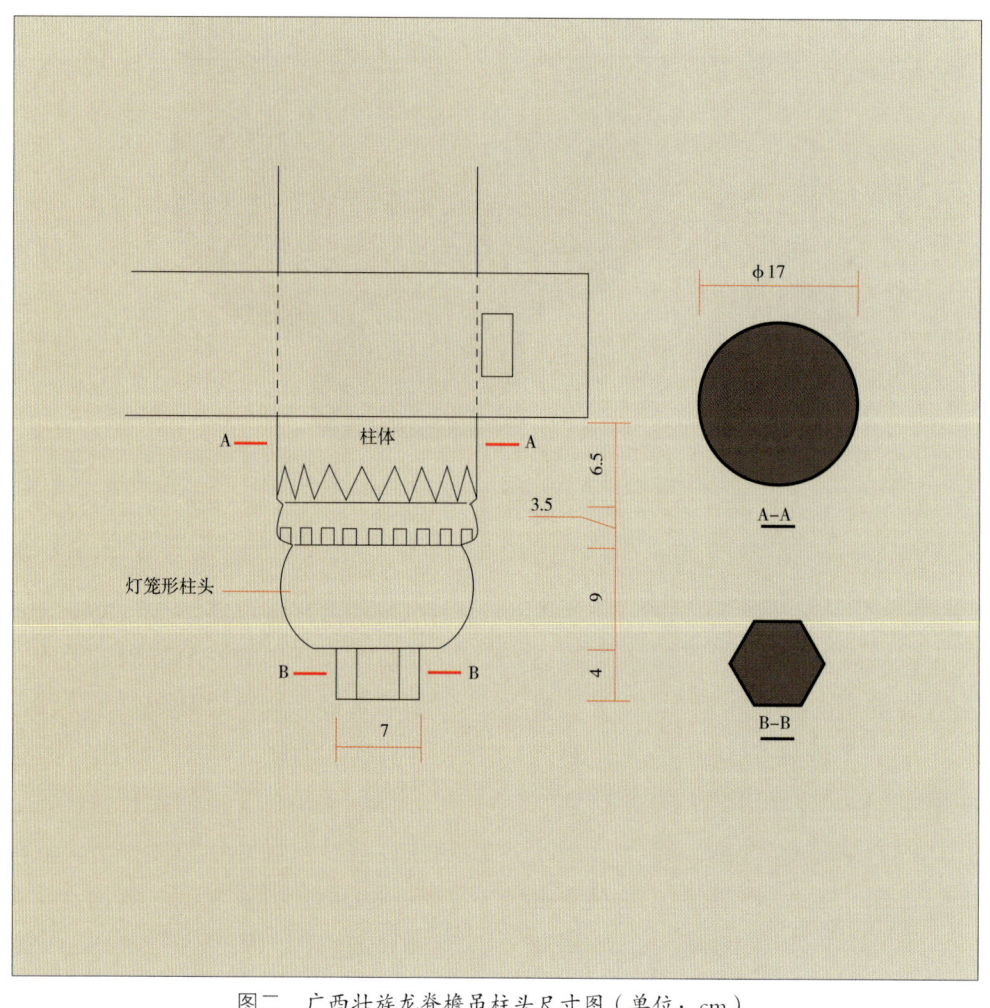

图二　广西壮族龙脊檐吊柱头尺寸图（单位：cm）

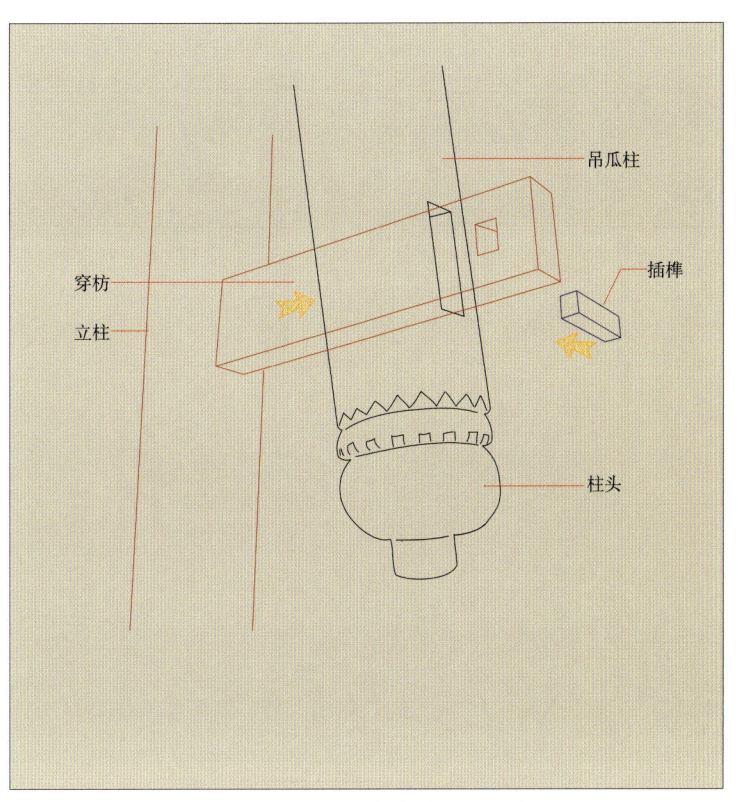

图三 广西壮族龙脊檐吊柱头构造图

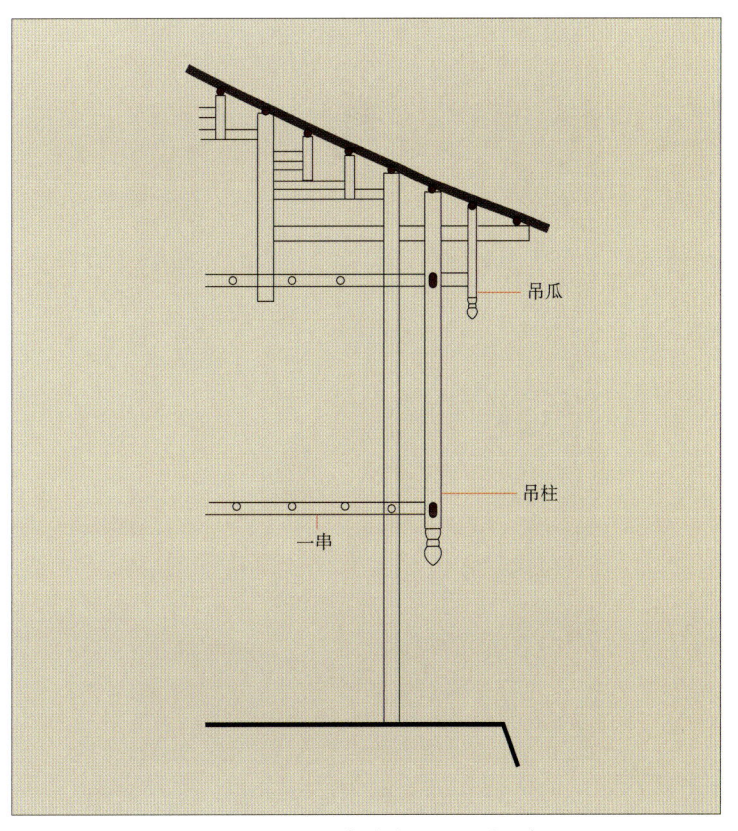

图四 广西壮族龙脊檐吊柱头设计分析图1

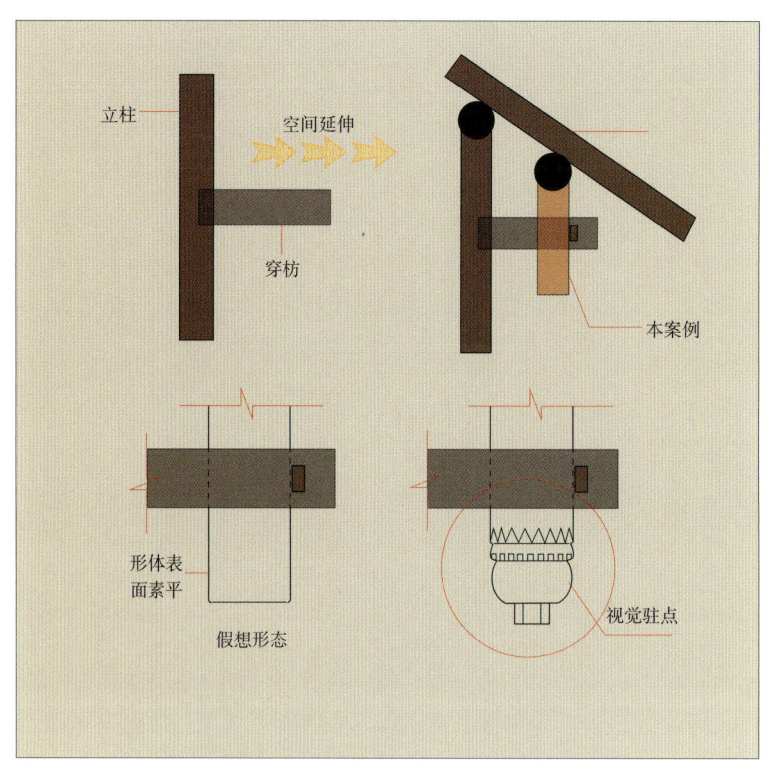

图五　广西壮族龙脊檐吊柱头设计分析图2

广西龙脊干栏建筑檐吊柱头实景

图六　广西壮族龙脊檐吊柱头实景

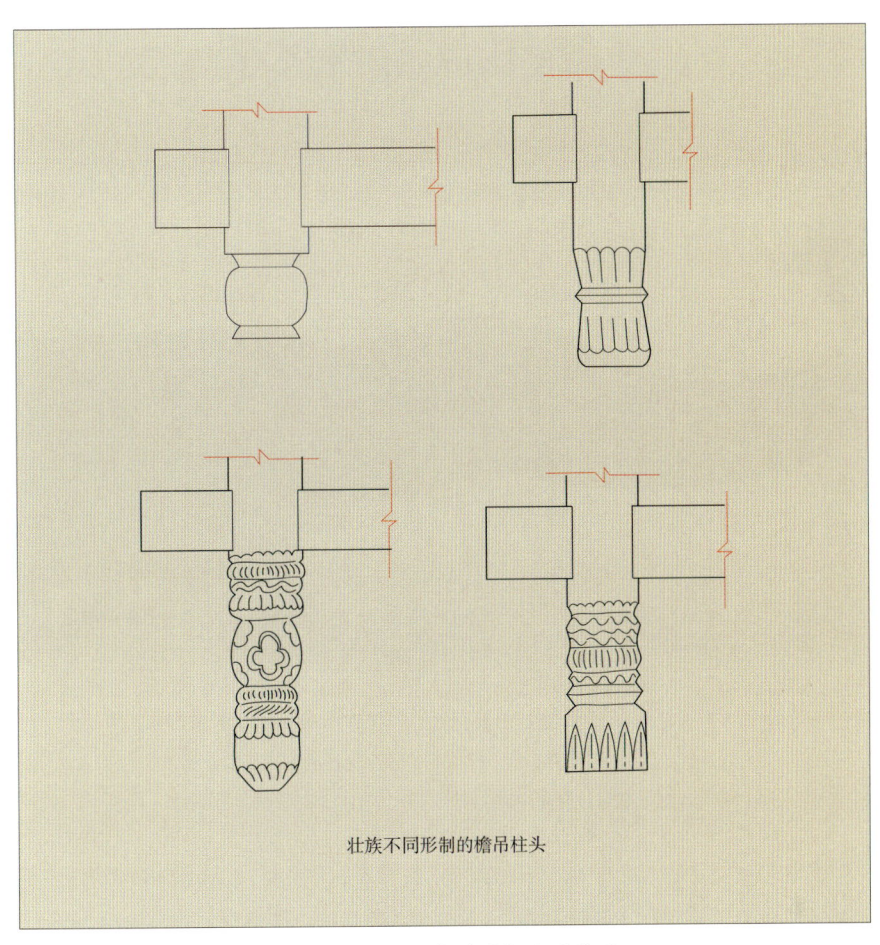

图七　广西壮族龙脊檐吊柱头延展图

广西壮族靖西挑手

图一　广西壮族靖西挑手主图

　　壮族民居挑手类似于汉族民居上的撑拱，它位于檐下，是专门用于支撑檐檩的一种木质构件，其前端挑出承托檐枋，后端卯入檐柱。本案例采自广西靖西旧州镇，长约63厘米，最大高度约22厘米，厚约9厘米，通体用木材雕琢而成，结构可分为挑头、托手、挑肩、插榫等几部分。作为一种建筑构件，挑手在壮族民居中较为普遍，且形制多样，装饰手法可概括为雕刻与绘画两大类，比如本案例挑肩部位便雕有双狮戏球。

　　通常，桂西南壮族民居挑手遵循以下变化方式：一是形体的变化，如象鼻式托手、如意式托手、如意云雷纹托手、莲花形挑头等等；二是体表纹饰变化，如荷花纹、卷云纹、鸟禽纹、回形纹、凤纹、花卉等等。在所有挑手类型中，壮族人最爱用的是卷云纹、如意形和莲花形，这些视觉元素皆有吉祥或美好的象征。从设计学角度分析，挑手是支撑檐檩的构件，有了它便可向外延伸屋檐，形成遮风挡雨的空间。此外，有了形体秀丽、弯曲挺拔的挑手，不仅能让屋檐下的空间产生视觉驻点，同时也因挑手弯曲向上的视觉张力，让屋檐变得轻巧起来。为了避免建筑形制的呆板，壮族民居出挑形式多样，如双挑、三挑，自然也会产生与之对应的双檩、三檩甚至四檩建筑结构。就多挑形式而言，由于其上所设的承檩构件数增加的缘故，视觉上会给人以更多的空间变化感，这样不仅有利于消除挑手的呆板，也是延伸屋檐空间的必要手段。

　　本案例是壮族干栏式建筑木框架结构的产物，起初挑手的出现应该是建筑力学的需要，以后便演变成了功能与装饰合一的构件，并有了多种装饰形式，甚至随着建筑技术的进步,后期有些挑手已转化成了一种单纯的建筑装饰件,成为壮族干栏建筑的一种形象符号。

图片来源

图一 许边疆 摄影
图二至图五 许边疆 制图

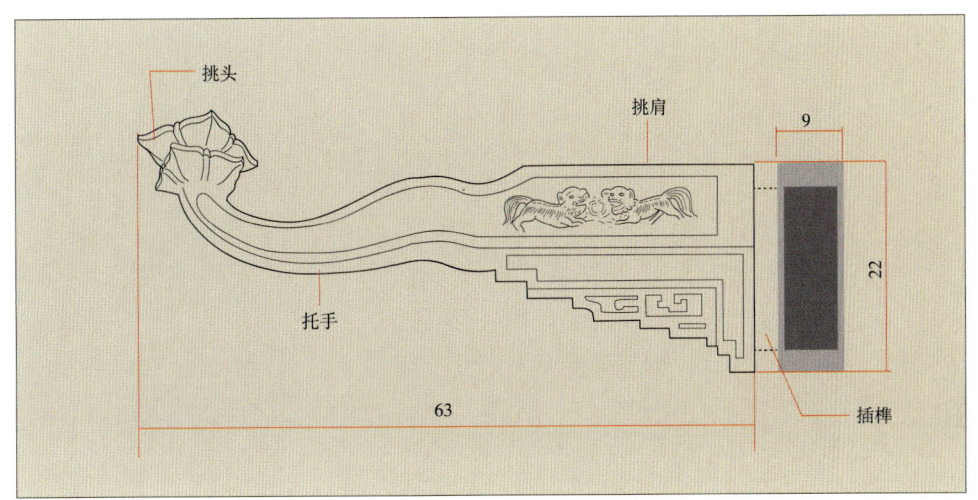

图二 广西壮族靖西挑手尺寸图(单位:cm)

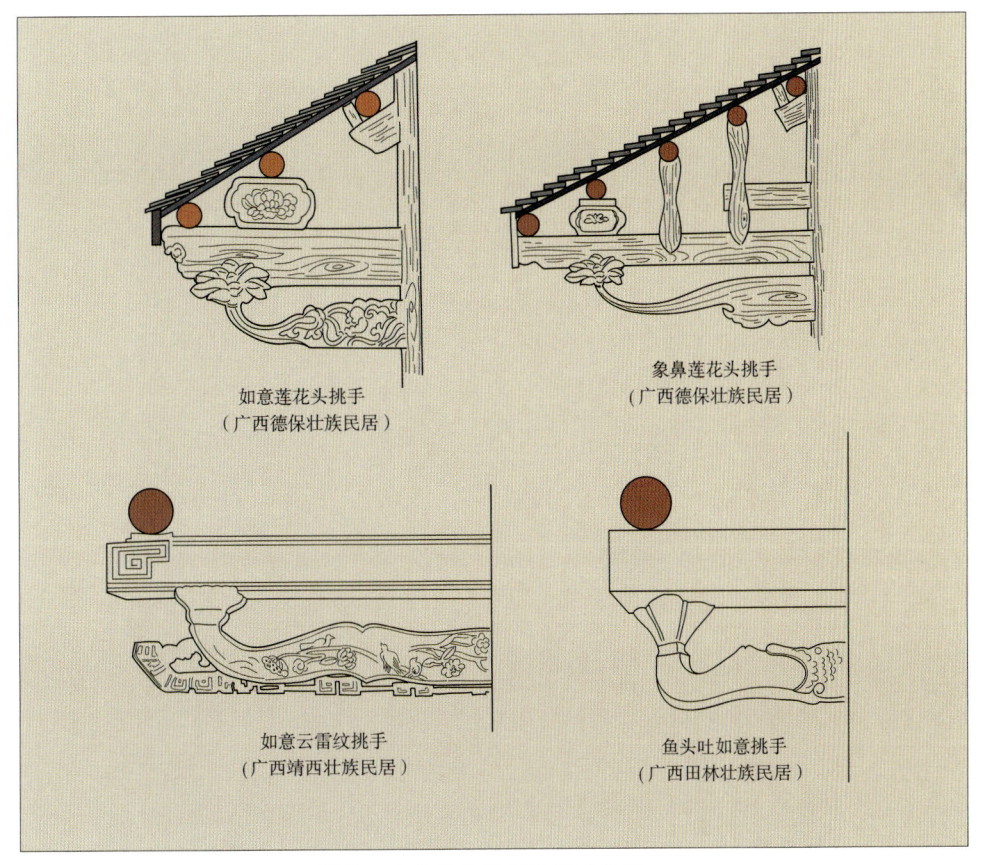

图三 广西壮族靖西挑手延展图

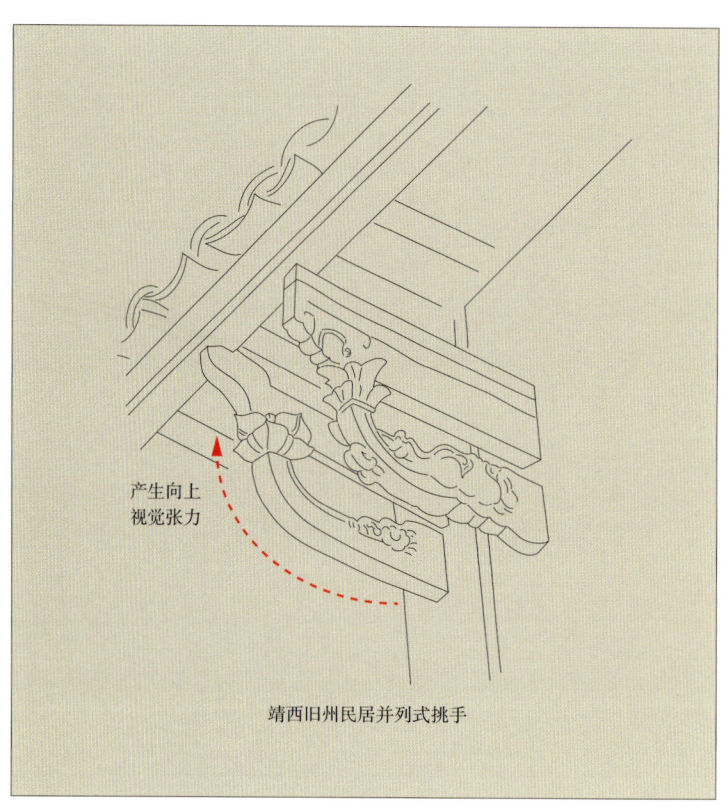

图四　广西壮族靖西挑手设计分析图

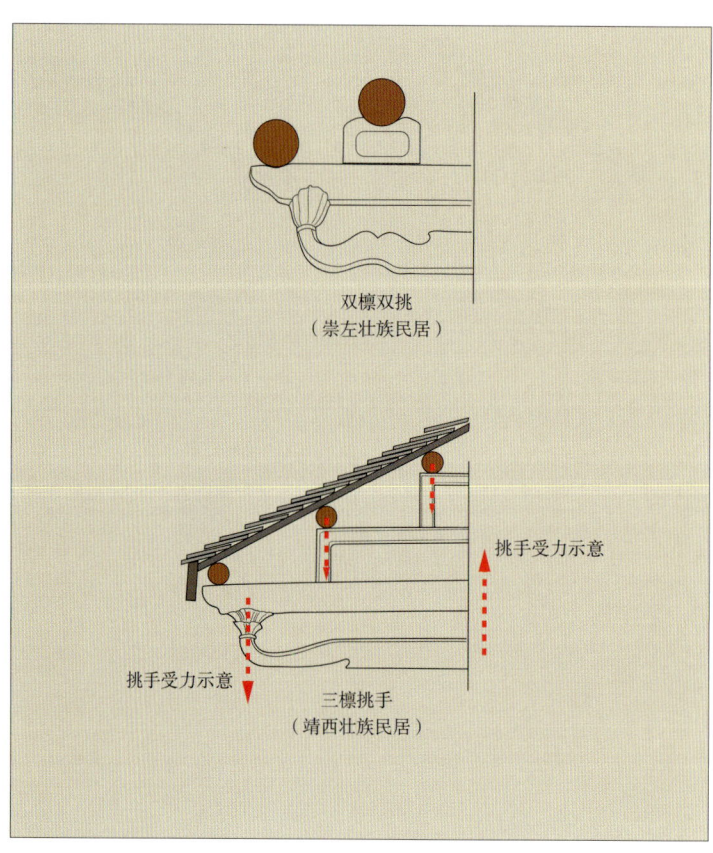

图五　广西壮族靖西挑手对比图

清广西壮族崇左石柱础

图一 清广西壮族崇左石柱础主图

石柱础，是指建筑物所用立柱触地部位下垫之石墩。壮族居住地多雨潮湿，木料易朽，凡有立柱的建筑一般都要在木柱下端支垫凸出地面的石柱础，以保护木柱不受水浸或虫蛀。当然，柱础也有阻止立柱下沉的功能。本案例采自广西崇左壮族博物馆，形制由四大部分组成，即上部扁鼓、中部莲花、下部八边形立柱及底部方形石板，案例通体用一块青色大理石雕琢而成。

经测量，案例高53厘米，长、宽都为33厘米，顶部中心略呈下凹状，这是为稳定柱身而设计的。从设计学角度分析，案例最下端为方形，这部分是埋于地面之下的，而方体不像圆球那样易于移位，故许多建筑的柱础多为此形。本案例另一设计特点是腰部向里收敛的部位饰一圈盛开的莲花，形态具有向上开张之势，使案例形制既精练又挺拔。概括来看，壮族石柱础可分为两大类，一是较大型的祠堂、庙宇、衙署所用柱础，造型往往精致，做工考究；二是普通民居柱础，造型简朴。从实际考察看，前者柱础常有二层或三层四棱形、六棱形、腰鼓形、方座圆墩形、莲花瓣须弥座形、叠涩形，其中以鼓形元素应用最多，这应该与壮族人尚鼓习俗有关。至于后者，柱础单纯追求实用，例如广西德保县那雷屯壮族民居仅用两块青石拼接成柱础，形制十分简陋，但它却能在屋檐下抗风雨之侵蚀。

总的来看，壮族早期柱础形态较为简单，一般只将石料加工成圆柱形或腰鼓形。明代以后，壮族建筑中的柱础形制才趋于多样化，其中以圆鼓形和束腰须弥座形最多，比较讲究的柱础（就像本案例）常雕刻狮、龙、凤、莲花、乳丁、玉兔、钱币、葫芦、缠枝花、回曲纹、云纹等纹样，小小柱础为壮族传统建筑增添了不少内容。

图片来源
图一、图四　许边疆　摄影
图二、图三、图五、图六　许边疆　制图

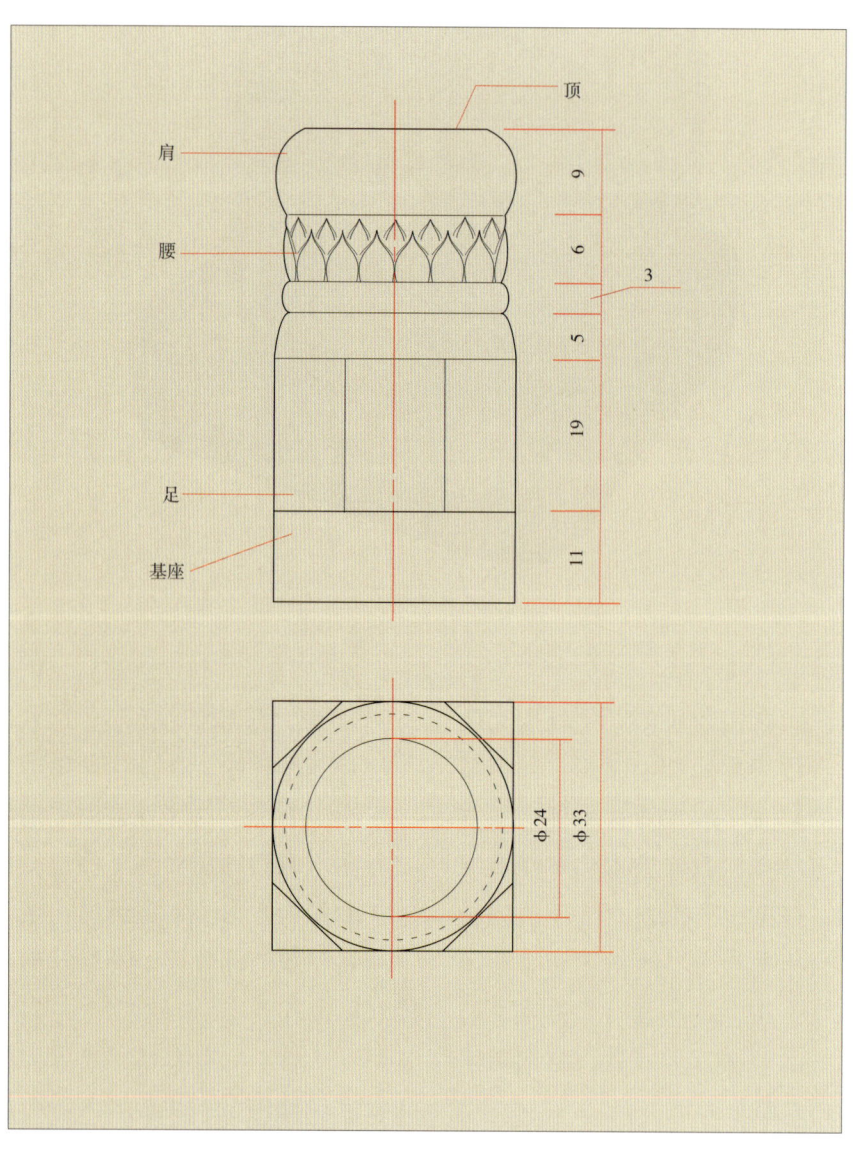

图二　清广西壮族崇左石柱础尺寸图（单位：cm）

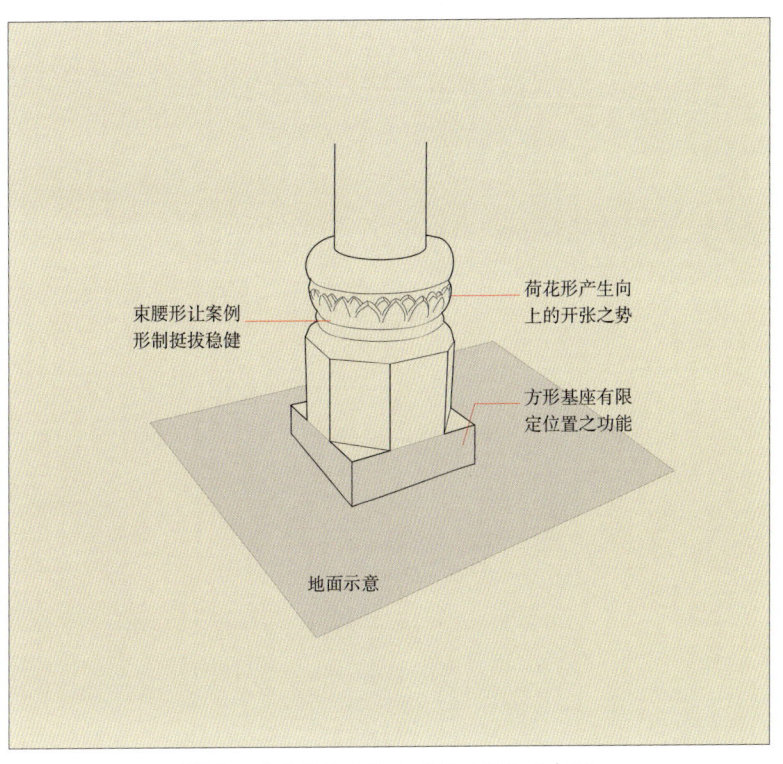

图三　清广西壮族崇左石柱础设计分析图

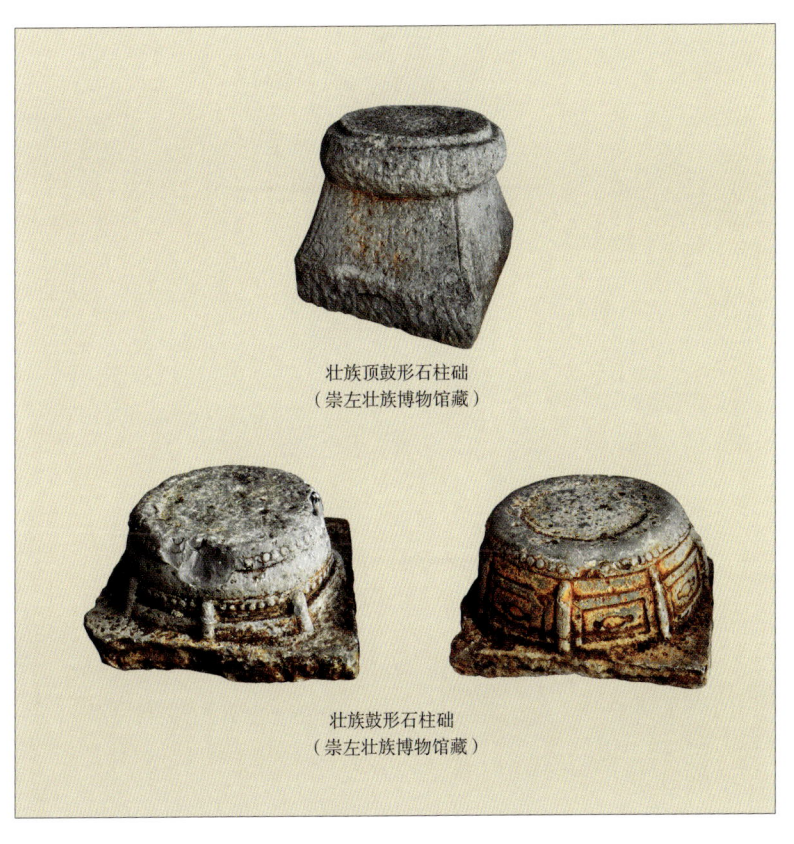

图四　清广西壮族崇左石柱础延展图

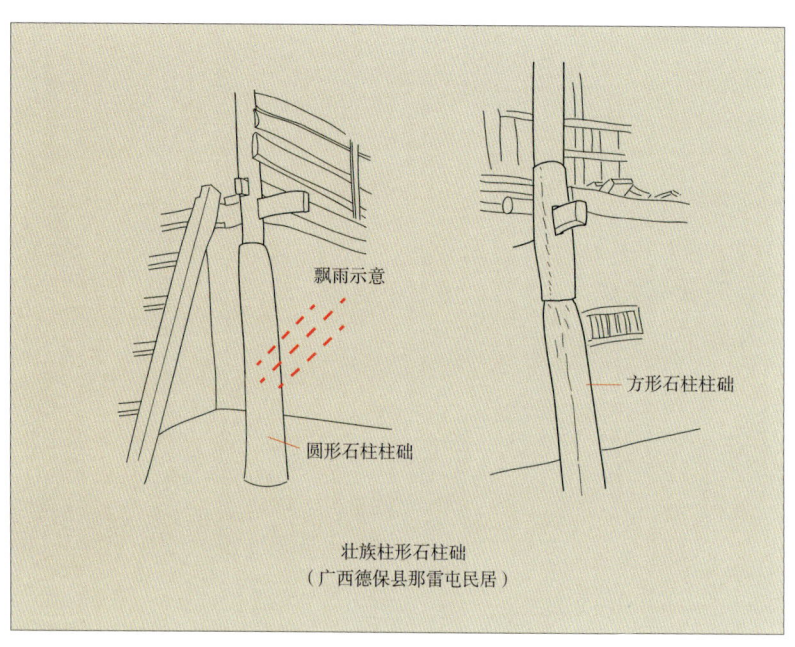

图五　清广西壮族崇左石柱础对比图1

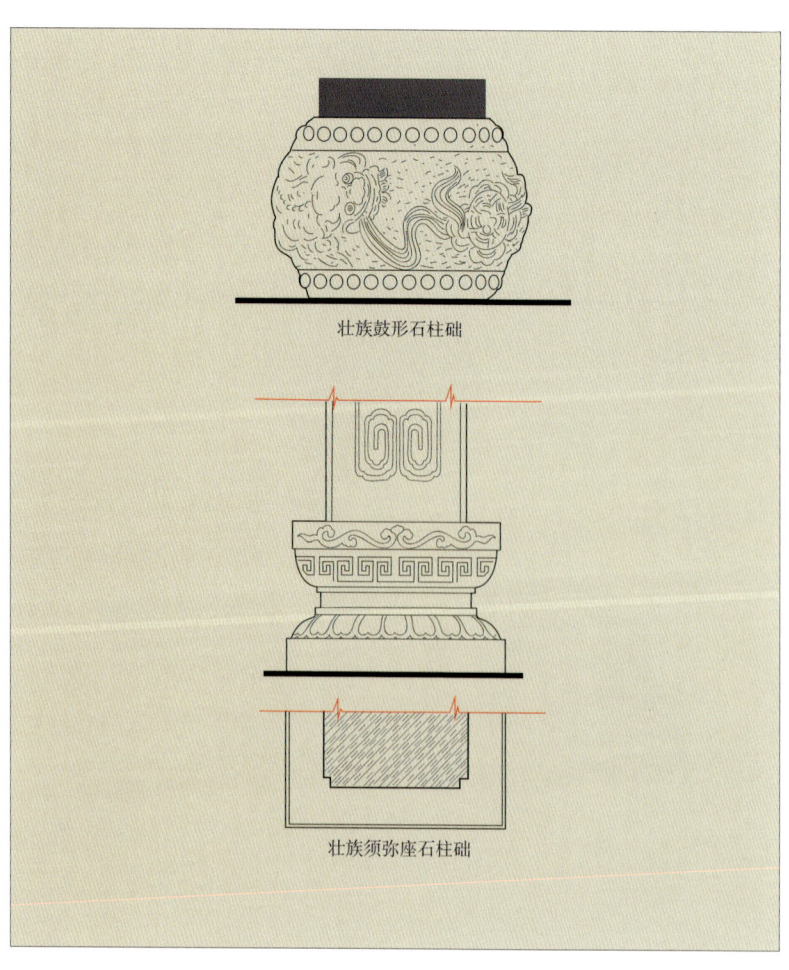

图六　清广西壮族崇左石柱础对比图2

清广西壮族崇左石雕栏板

图一 清广西壮族崇左石雕栏板主图

壮族传统栏板是用于亭、榭、桥梁等建筑周边栏杆上的拦护构件，本案例即为桥梁护栏栏板，现藏于广西崇左壮族博物馆，为清代遗物。本案例长103厘米，高42厘米，厚23厘米，通体用整块青石雕琢而成。

在壮乡，溪河较多，沟渠交错，因而多见桥梁。若以材质划分，桥梁主要有石桥、木桥、吊桥，甚至还有藤桥，其中以石板桥和木桥最为常见。壮族石板桥修造方法简单易行，通常是按照沟或河面的跨度来开采相应长度的石板进行架设安装。有些石板桥跨度不足2米，但也有少数较长的桥，如广西忻城县古蓬乡肉连镇前潆江上的石板桥，长度可达122米，共设有27孔。总的来看，壮族人造桥技术受汉族影响很大，尤其是那些用石块构筑的石拱桥，营造方式明显来源于汉族。从壮乡石板桥特征分析，更多的桥是不设栏板的，仅在桥墩上架石板；而对于设置栏板的桥而言，又大都是没有寻杖的栏板，只存在望柱和柱头，本案例即属此类。从栏板安装方式看，这种栏板的下部通常是被装在地栿榫槽内，栏板两端则嵌入望柱的榫槽中，凭借望柱来固定栏板。

这里需要注意如下问题：一是壮族石桥栏板的高度一般不超过1米，之所以要这样设计，是因为桥面不长、多平坦的缘故，桥梁护栏仅起到边界提示作用，兼顾安全的功能（过去无快速交通工具）；二是壮族石桥栏板板面往往有精美的雕刻纹样，比如本案例纹样即为瑞兽麒麟和祥云，生动活泼，雕刻技法娴熟。自古以来,壮族人进行石刻造像时就崇尚洒脱与内涵神秘,不遗余力地刻意追求造型的凝重,因此,许多栏板的石雕造像给人以稳健和富有张力的艺术美感。从栏板造像题材上看,壮族有许多审美情趣与汉族相似,比如龙、凤、狮以及花卉图案等等,这些汉族常用的题材也在壮族石雕栏板中经常出现,这说明一个道理,即:各民族文化既存在自身个性,同时也存在相互交融的现象。

图片来源

图一、图五　许边疆　摄影

图二至图四　许边疆　制图

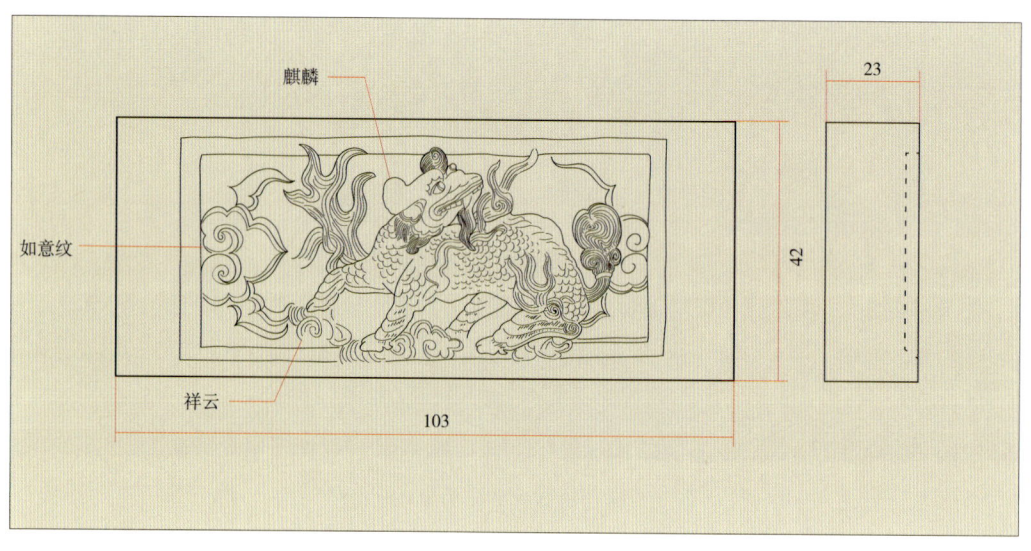

图二　清广西壮族崇左石雕栏板尺寸图(单位:cm)

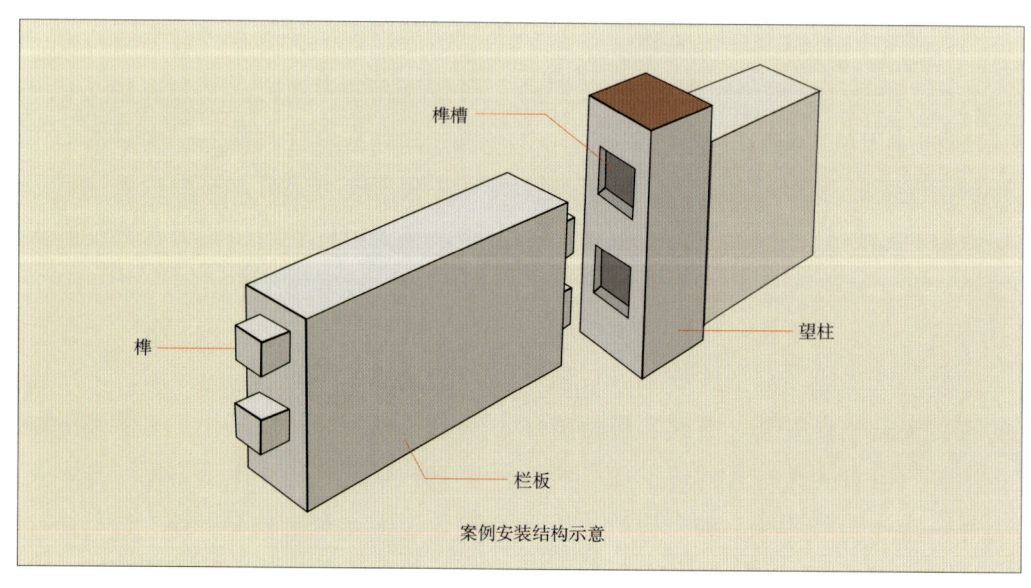

图三　清广西壮族崇左石雕栏板安装结构图

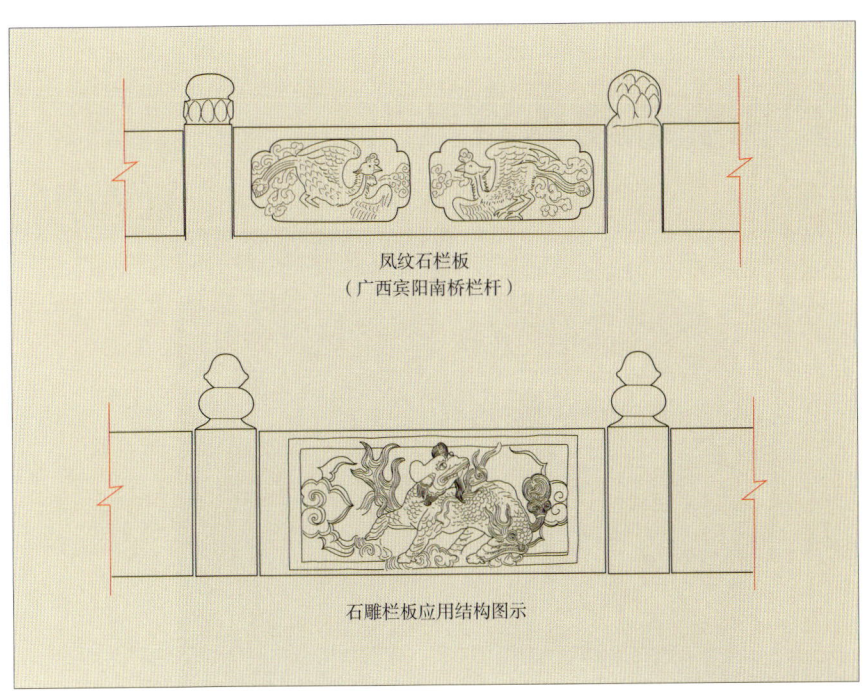

图四 清广西壮族崇左石雕栏板应用图

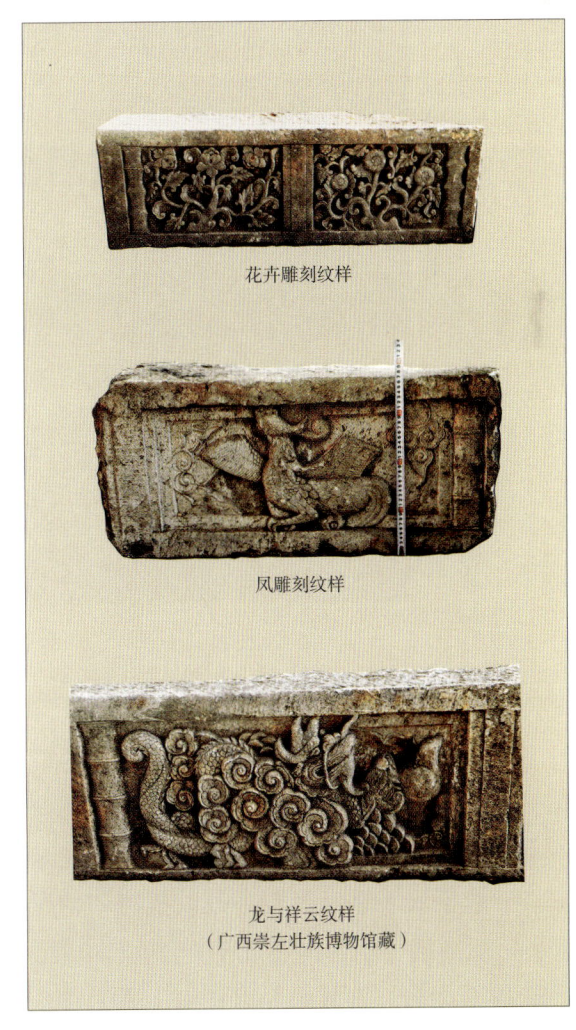

图五 清广西壮族崇左石雕栏板延展图

广西壮族靖西石敢当

图一 广西壮族靖西石敢当主图

石敢当是一种"保平安,驱妖邪"的石碑,关于它的记载最早见于西汉史游的《急就章》:"师猛虎,石敢当,所不侵,龙未央。"此话大意是:灵石是可以抵挡一切妖邪的。后期出土的唐大历五年(公元770年)石敢当则刻有"石敢当,镇百鬼,压灾殃,官吏福,百姓康,风教盛,礼乐昌"等文字,这把唐代石敢当的功能已说得很清楚了。在我国,石敢当流行范围十分广泛,壮族自治区同样也存在,本案例采自广西靖西旧州镇老街,根据旧州镇民居建筑情况和当地人所提供信息,此应为民国时期遗物。

概括来看，案例由三部分结构组成，即碑首"虎头"、碑身"泰山石敢当"及下部碑足。经测量，案例高93厘米，上部宽31厘米，碑足宽26厘米，厚12厘米。案例顶部呈圆弧形，下部为块状，通体用青石打造而成。从案例所处位置看，刚好位于老街丁字路口，碑面朝向街口，路人走过时无论来自何方都能轻易看到它。从各地石敢当使用情况看，石敢当具有特定的位置，比如村寨入口处、居家门旁、丁字路口等等。总之，在要害部位设置石敢当，是为路人或屋主化煞、祈求平安的表现。

大约从明代开始，石敢当加了"泰山"二字，"泰山"究竟是何意，说法不一，但包含"平安"的成分是大家公认的。有意思的是，石敢当不变的元素是"泰山石敢当"几个字，而变化多的则是碑首，有的碑首呈柱顶形，有的为太极八卦形，有的雕成狮形，式样繁多，当然，最多的还是虎面形（如本案例）。事实上在中国，用兽面辟邪早已有之，如汉代门铺首，近代的兽牌、吞口等等。兽面除了能强化人的视感外，在中国人心中，凶猛的野兽具有抑秽避凶之能力。

正因为如此，壮族人在立石敢当时必选择吉日，通常是定在冬至后的龙虎日，先选好石头雕刻，除夕夜再以生肉祭拜之，新年正寅时分将它立在所选位置上。作为一种民俗，石敢当产生的社会原因虽复杂，但主要在于人们追求一种平安祥和的心理，这是促使石敢当广泛存在的内在因素。

图片来源
图一、图四　孙林　摄影
图二、图三、图五、图六　许边疆　制图

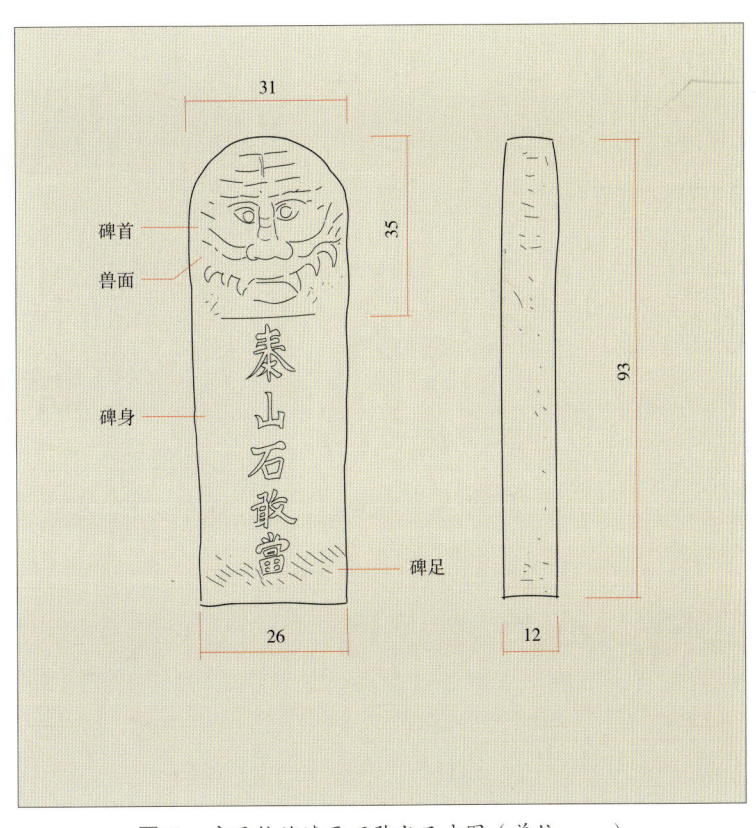

图二　广西壮族靖西石敢当尺寸图（单位：cm）

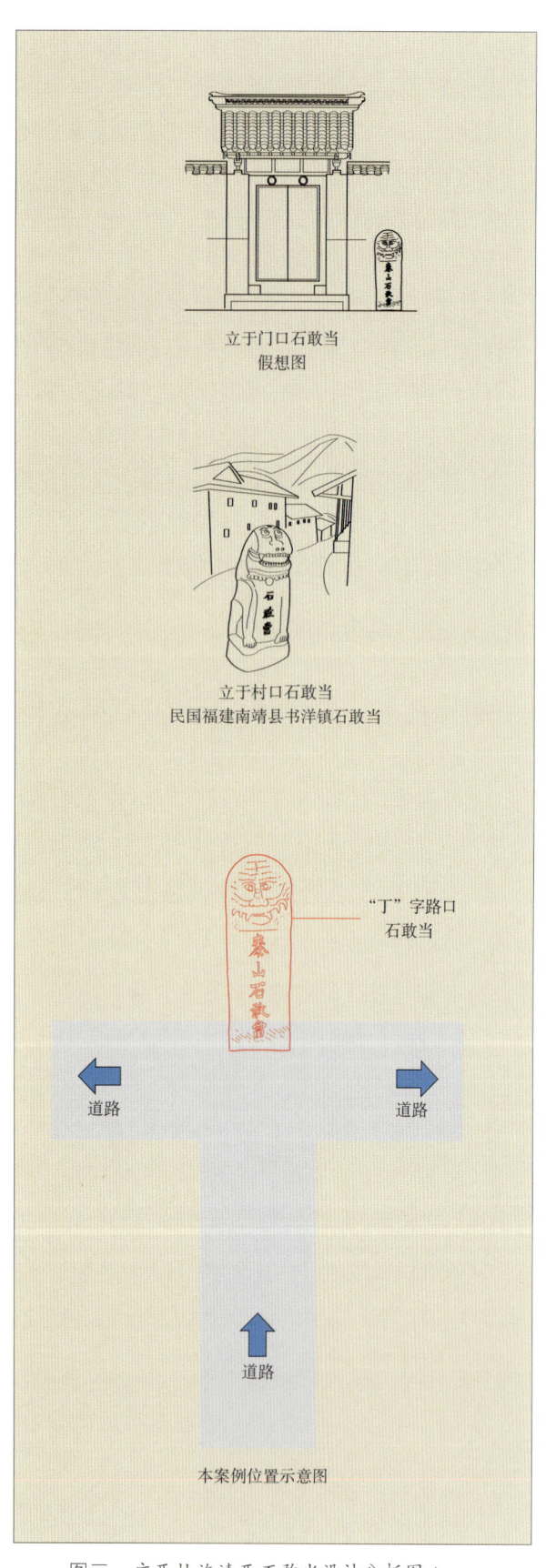

图三 广西壮族靖西石敢当设计分析图1

广西壮族字符式"石敢当"
（摄于广西民族博物馆）

图四 广西壮族靖西石敢当延展图

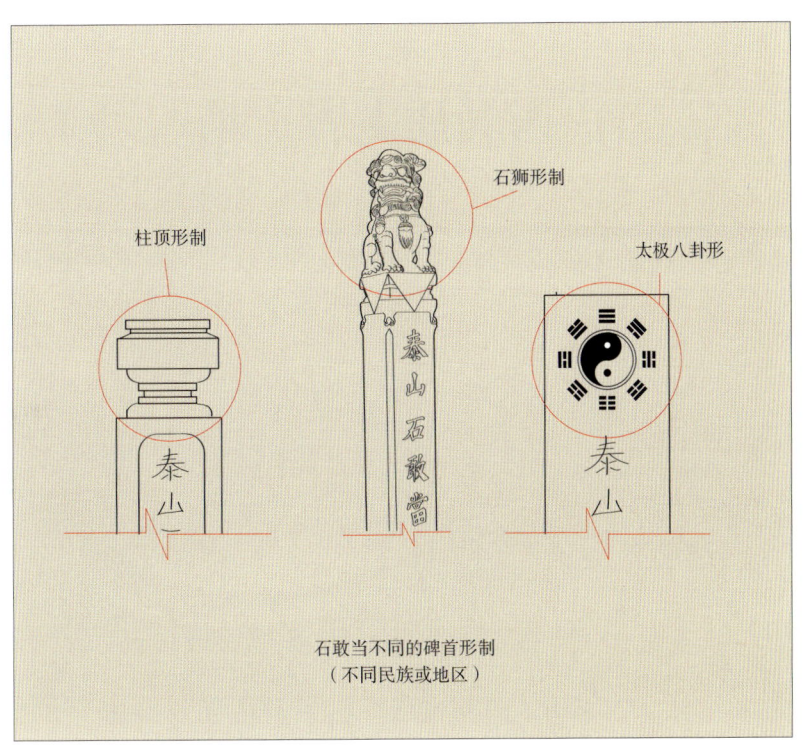

图五　广西壮族靖西石敢当对比图

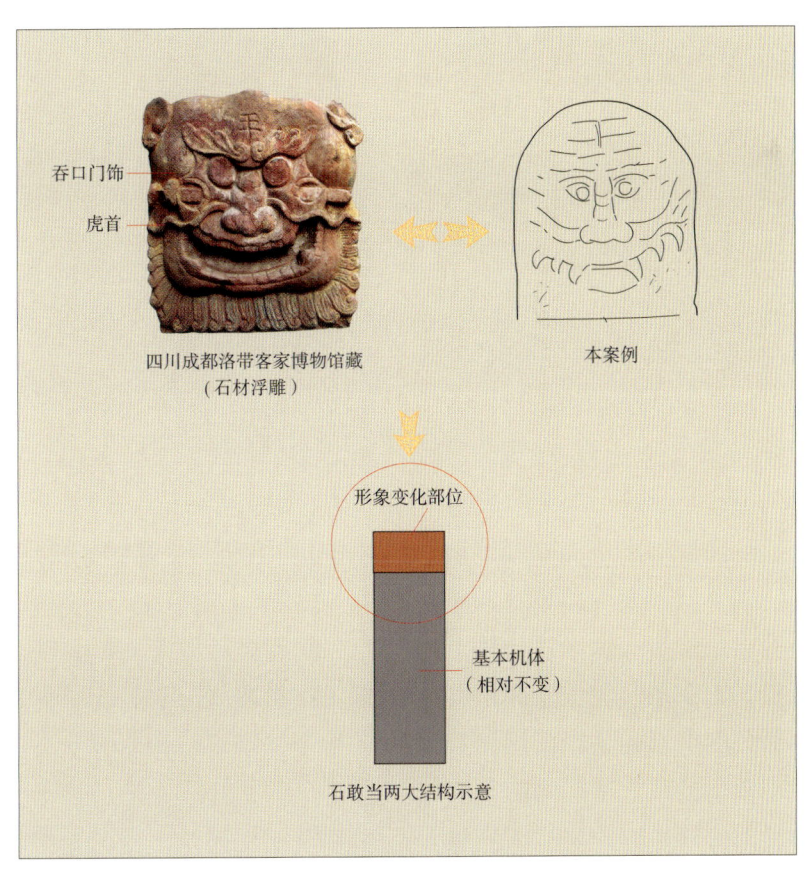

图六　广西壮族靖西石敢当设计分析图2

广西壮族龙脊火塘

图一 广西壮族龙脊火塘主图

壮族火塘，是一种在室内生火取暖、做饭的装置。本案例采自广西龙脊廖家寨，属于当地典型的干栏建筑配置火塘。从结构上看，它是由青石板、木框条、泥土及曲梁等构成，其中四块等长的青石板是以头尾相接的方式围成了一个内空的正方形。为防止石板移位，石板外又用木框加以限定，而石板内空间则是用泥土填满。据现场测量结果，木框长178厘米，宽9厘米；石板长108厘米，宽52厘米；火塘平面形制呈正方形。

壮族火塘源于何时目前尚不清楚。从早期人类生存状况看，为了御寒和煮饭，人们在地上挖个坑，用木燃火，故有"火坑"之称。显然，壮族火塘应该是由最初的地面火坑移至干栏建筑上的，这是壮族先人为摆脱地面居住困境而迈出的重要一步。今天的火塘，实际就是一个被嵌在楼板里的"火坑"，柴火依旧是在泥土坑里燃烧。关于它的功能，刘锡蕃曾在《岭表纪蛮》中有表述："（火塘）除调羹造饭外，隆冬天寒，其火力及于四周，蛮人衣服不赡，借以取暖，有时环炉灶而眠，兼为衾被单薄之助。赤贫之家且多未置卧室，而以炉为榻，举家男女，环炉横陈。虽有嘉宾，亦可抵足而眠，斯时炉灶功用不止于烹调，盖直抵衣被床榻矣。"

事实上，除实用功能外，壮族火塘还有其他意义存在，比如儿子成家时，若无财力建新房，就会在老屋增设一个火塘，因为火塘是一个家庭的象征。再比如，家人乔迁新居时要举行简单的接火种仪式，即从旧屋火塘引一把火到新房火塘里，意味着烟火不断。

当然，壮族火塘也存在一些禁忌，例如忌脚踩火塘上的三脚架及灶台；烧柴时，要将小的一端先送进火塘，否则家里产妇会出现难产；小孩不能往火塘里小便；老人用西边火塘，年轻人则用东边；等等。

据考察得知，壮族传统火塘是贴楼面而建的，泥土层下凹，具有原始火坑之特征。另外，壮族火塘上部空间一般都设吊炕，吊炕是壮族人烟熏腊肉的器具。如今，随着现代生活方式的渗透，一些壮民开始使用移动式火塘，这些火塘使用灵活，能有效减少火灾之隐患。

图片来源
图一、图六　许边疆　摄影
图二至图五　许边疆　制图

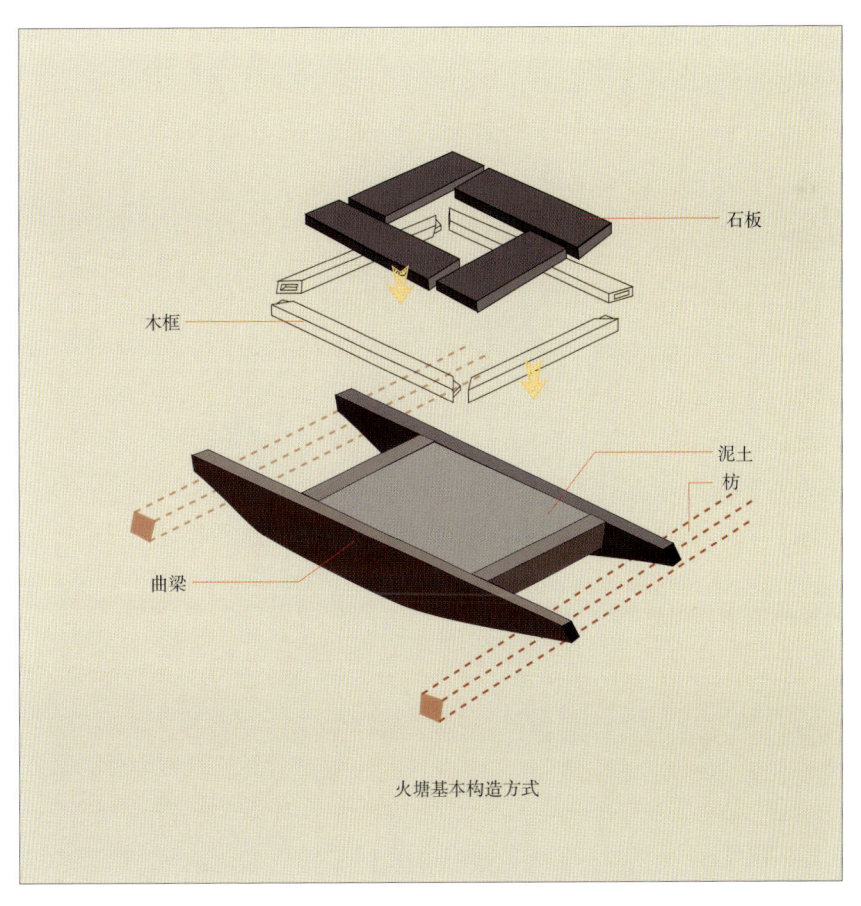

图二　广西壮族龙脊火塘构造方式图

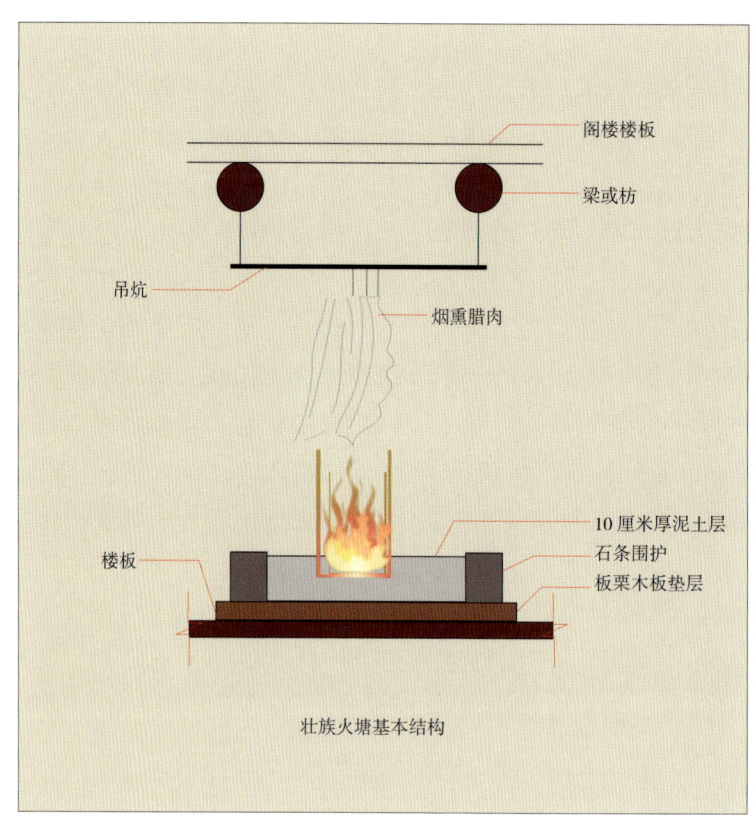

图三　广西壮族龙脊火塘设计分析图

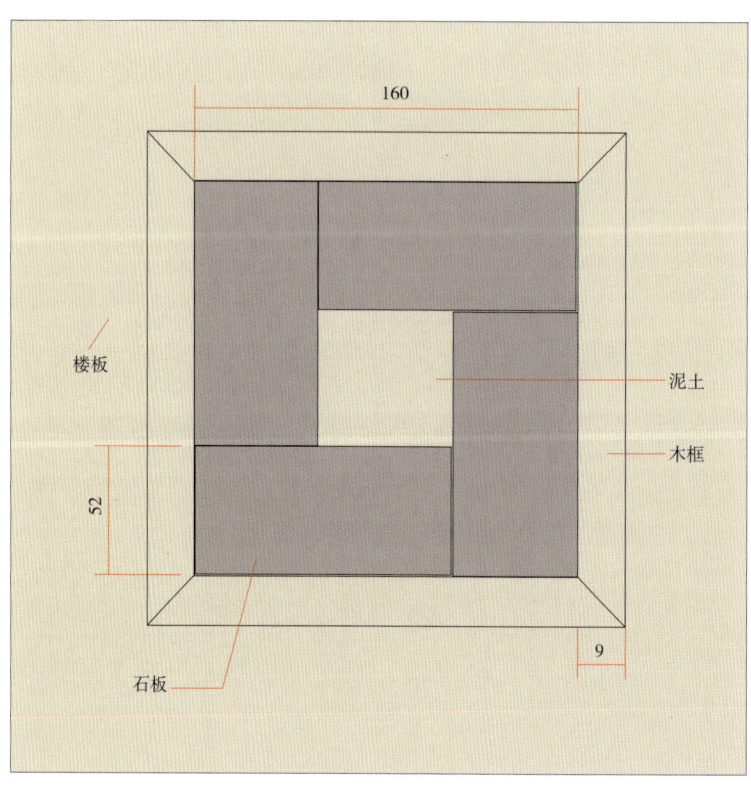

图四　广西壮族龙脊火塘尺寸图（单位：cm）

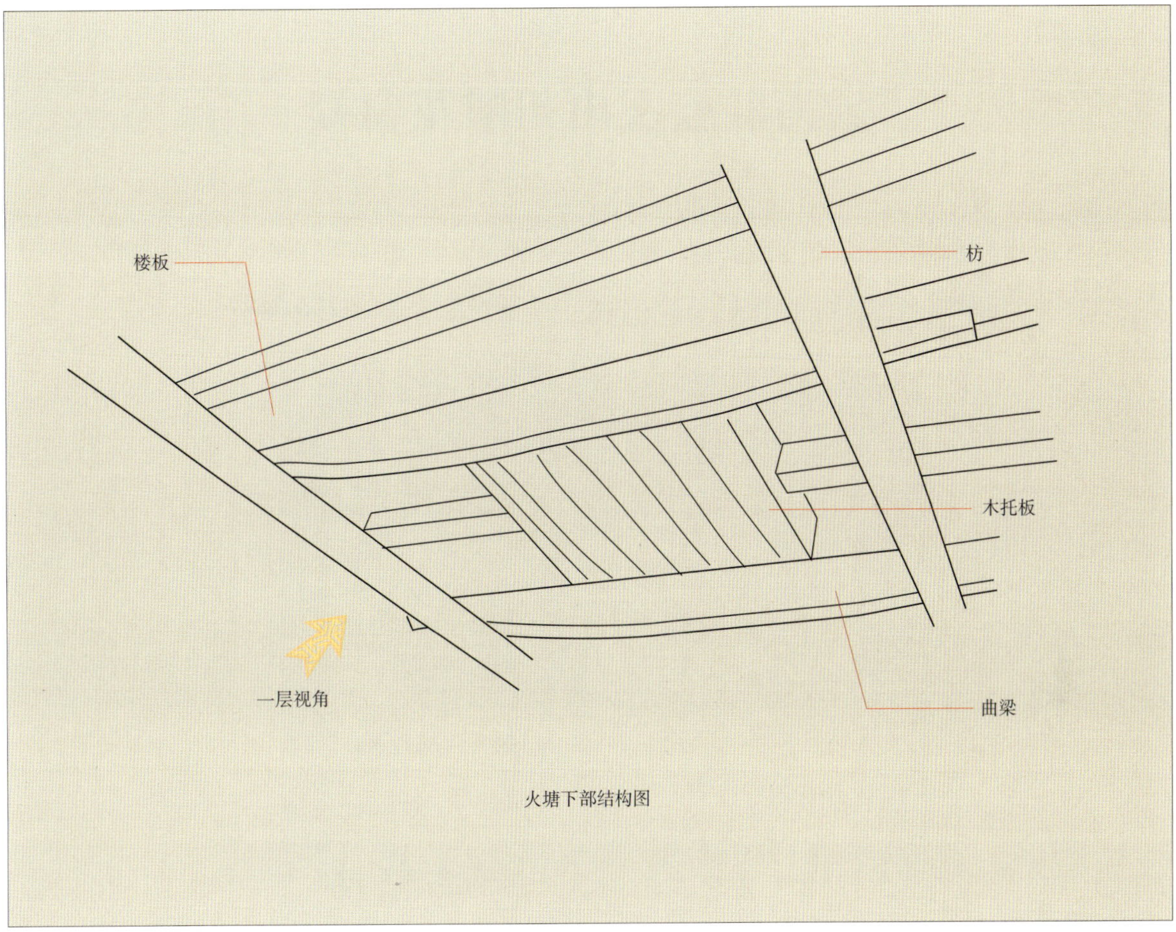

图五　广西壮族龙脊火塘结构图

广西那坡壮族传统火塘

广西壮族现代可移动火塘

图六　广西壮族龙脊火塘延展图

云南壮族文山州雕花窗棂

图一　云南壮族文山州雕花窗棂主图

窗棂即窗框内的窗格,它是中国传统建筑构件之一。壮族窗棂形制多样,大致可分为雕花窗、直棂窗、拐子纹窗、菱花窗等,其中以雕花窗和直棂窗最为常见。本案例采自云南文山州博物馆,属于雕花窗棂。经测量,窗长98厘米,宽98厘米,厚3.5厘米。

本案例棂心是镂空的"福"字,福字周边采用卷草纹漏花装饰,窗体四角则设等大海棠式棂花窗格,其余为方格窗棂。从构造方式上看,案例节点采用了中国传统的榫卯结构,也就是说,漏花是凭借榫卯结构将若干小木件拼合成一体的。由于"福"字位于窗体中部位置,故它是窗体视觉中心。除福字外,壮族雕花窗还常见寿字、瑞兽、花卉等棂心,这些内容皆是人们喜爱的传统题材,具有祝福之寓意。从功能上看,壮族窗扇多为固定式，不可随意打开，因而起到了采光、透风、防盗等作用，这类窗体在干栏式建筑中普遍存在，这也是壮族窗棂的显著特点之一。

与官府衙门建筑门窗相比，壮族民间窗棂要简朴许多，其中尤以直棂窗形式最为常见。这种窗子形制简单，制作成本低廉，性能优良，故应用较为广泛；缺点是形制相对单调。为了改变直棂窗这种不足，壮族地区相对富裕的人家往往选择在直棂窗里嵌入小型木雕花卉、瑞兽或字（如寿字），或巧用回曲形、大小方格等手段，从而提升窗体的视觉美感。

从出土文物看，壮族建筑窗棂很早就得到应用，例如广西博物馆陈列的汉时期干栏建筑模型就存在菱花窗棂。到了后期，壮族雕花式漏窗无论是形制还是制作工艺，都有了很大发展，如广西忻城县土司衙门内各组堂屋窗棂千姿百态，富丽纷呈，工艺绝伦，其窗体均用精致木条卯拼成各种花纹，也有用"福"字、"寿"字等与众多方格、回形相间的漏花窗，甚至某些窗体还饰有涂料，使窗体变得富丽堂皇。

图片来源
图一、图五、图七　孙林　摄影
图二、图三、图四、图六　许边疆　制图

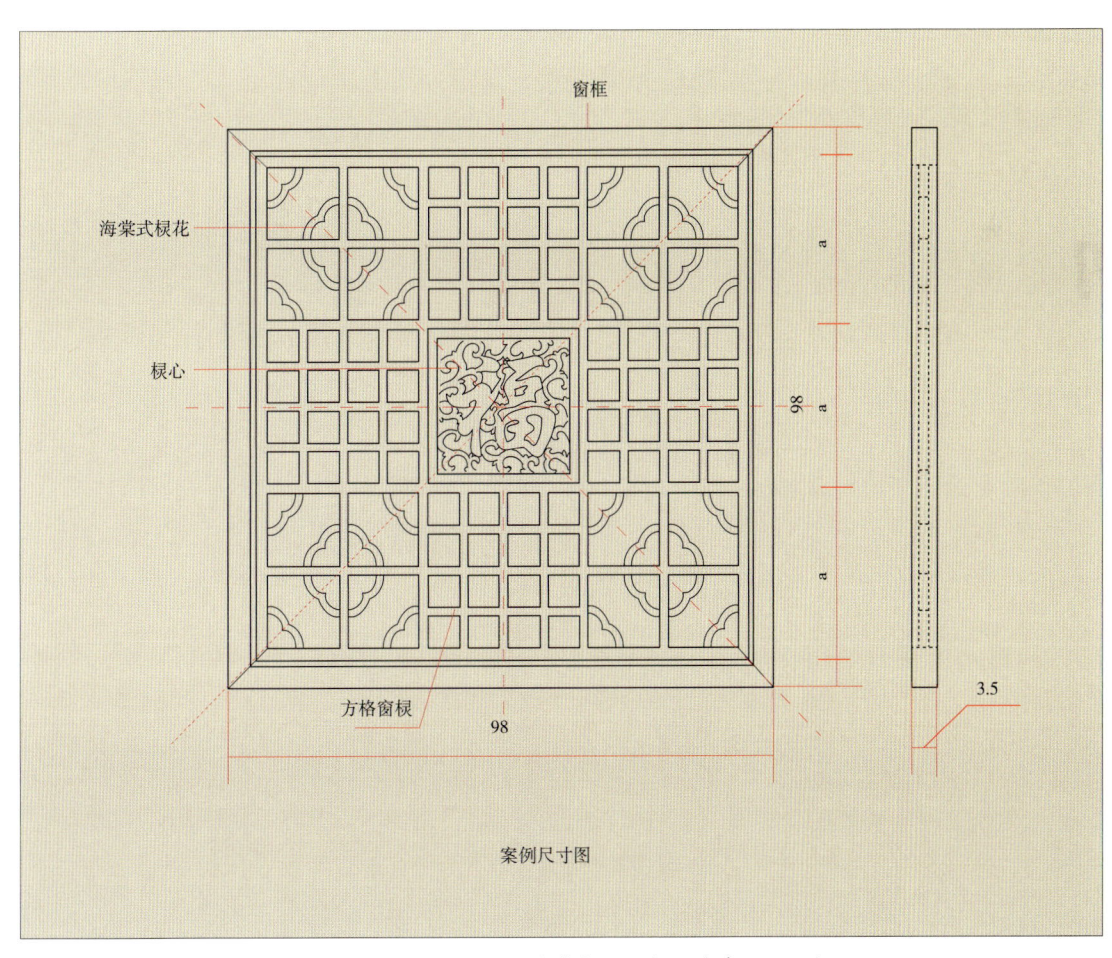

图二　云南壮族文山州雕花窗棂尺寸图（单位：cm）

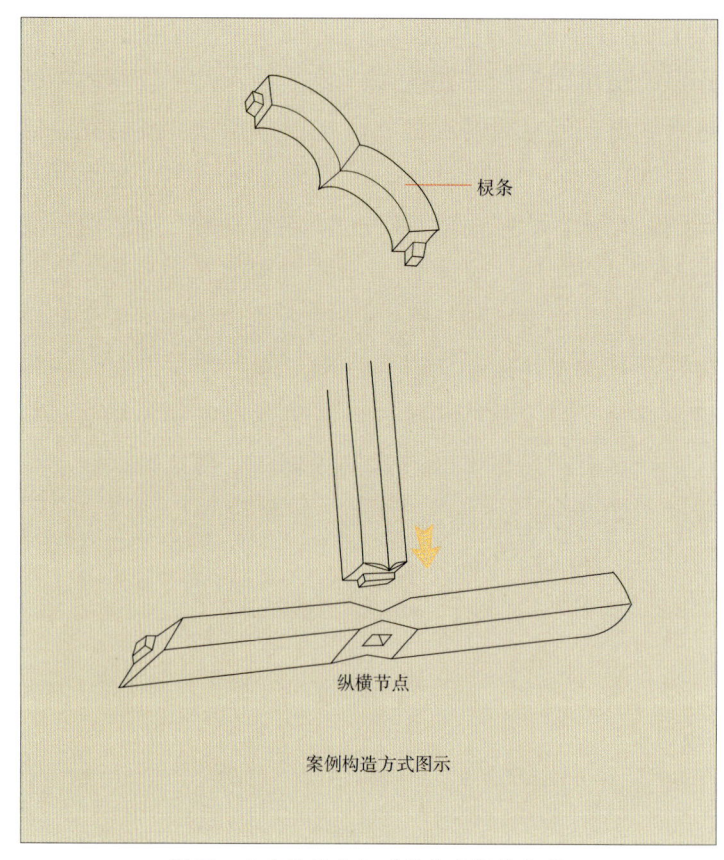

图三 云南壮族文山州雕花窗棂节点图

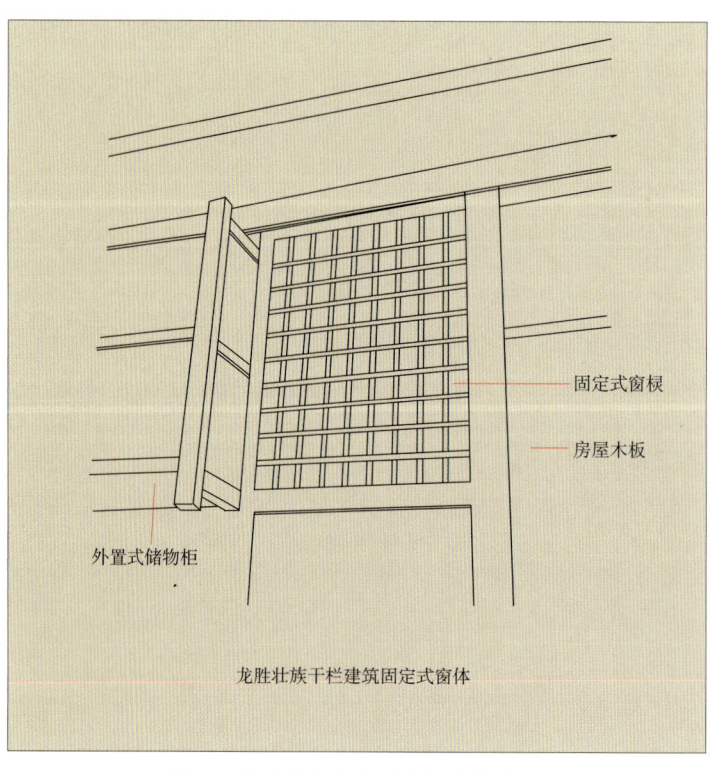

图四 广西壮族龙脊固定式窗棂图示

壮族直棂窗
（摄于广西龙脊）

图五　广西壮族龙脊直棂窗

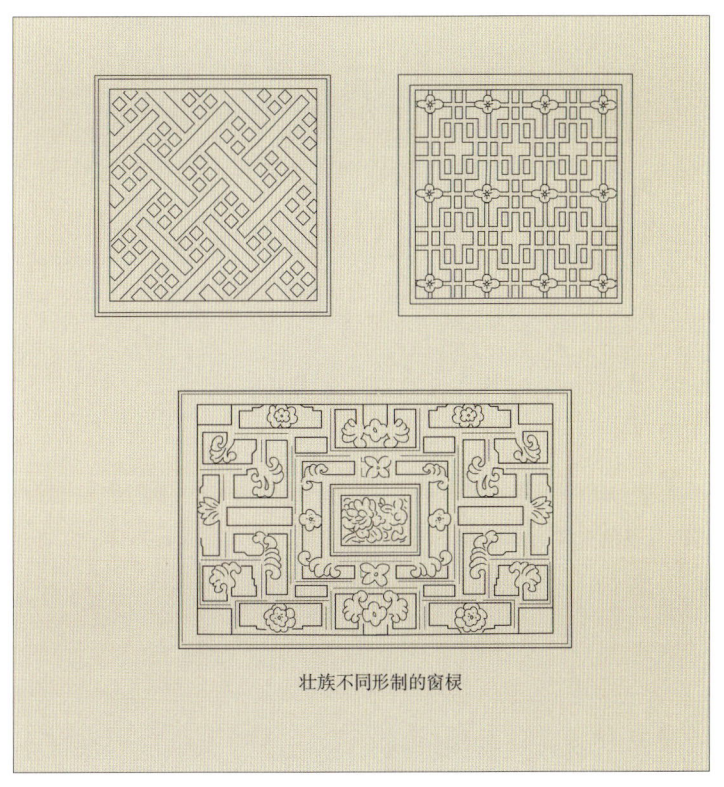

壮族不同形制的窗棂

图六　云南壮族文山州雕花窗棂延展图

图七 云南壮族文山州雕花窗棂对比图

第二章 壮族传统服饰

广西壮族崇左师公服

图一 广西壮族崇左师公服主图

壮族师公,原名为"尸公",是指"能说会道的人"和"聪明的人"(杨树喆:《师公·仪式·信仰》[M],南宁:广西人民出版社2007年版,第14页),主要职能是为人消灾免祸,祈求福祉。概括来看,师公服饰含师公服、师公冠和面具,本案例采自广西崇左壮族博物馆。

案例属于对襟长袍,面料是金色绸缎,

前襟用彩色丝线以对称的形式绣升龙一对，周边饰云纹，衣襟下部则饰海浪纹，胸部绣日月图形和八卦符号，两边衣袖各绣飞龙一个。此外，师公帽顶部分列三个三角形，俗称"三元帽"，其底为红绸，上绣二龙，正前方缀小金属片，内有"玉皇"二字。独特的是，帽子后部有五个、侧面各有一个垂带，带子是用红布缝制而成。经测量，衣袍总长123厘米，衣宽66厘米，衣袖长46厘米；冠高30厘米，宽41厘米。

从服装款式和纹样上看，壮族师公服除自身特点外，也明显受到汉族文化的影响。例如，案例中的八卦图符太阳、太阴，即为道教教义中天、地的象征。事实上，壮族民间师公是源于壮族先民"越巫"信仰的产物，在漫长的历史发展过程中，其信仰不同程度地吸收和整合了道教、儒教甚至是佛教与外来宗教文化的因素。归纳来看，壮族民间师公的基本信条有：一是善恶因果报应；二是天庭、地府与仙境；三是多神崇拜；四是祖先崇拜。师公在这些基本信条的支配下，着与众不同的服饰来彰显自身的不凡，从而营造出祭祀场合的神秘气氛。

壮族不同的地区，师公服既有相似的地方，也有差异。比如广西上林县师公穿红色长袍，衣服的边缘不像本案例镶蓝色边，而是以黄布饰边。此外，本案例长袍上绣的是龙形，那坡师公服则绣麒麟、人物立像、驾驭飞鸟的神人、骑马人、葫芦、鱼等，多是与道教有关的图案。再比如，广西河池师公服也是对襟长袍式，但衣服颜色却有红色、黄色或黑色；装饰纹样除与本案例相同的龙、云、山水、日月、星辰外，还有麒麟和蝙蝠。总之，无论何地的师公，都是想借助服饰来强化某种神的权力与威严，并通过那些视觉象征符号，让人们相信他们是某种神鬼意志的代表。

图片来源

图一、图五　孙林　摄影
图二至图三　许边疆　制图
图四　引自李元君主编：《美丽的锦绣——壮族服饰》[M]，南宁：接力出版社2012年2月版，第181页。

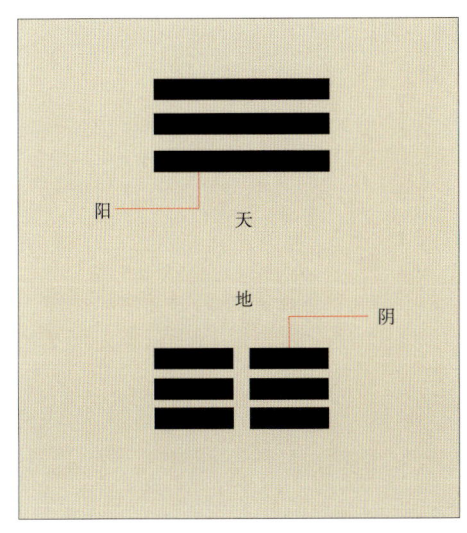 

图二　广西壮族崇左师公服分析图

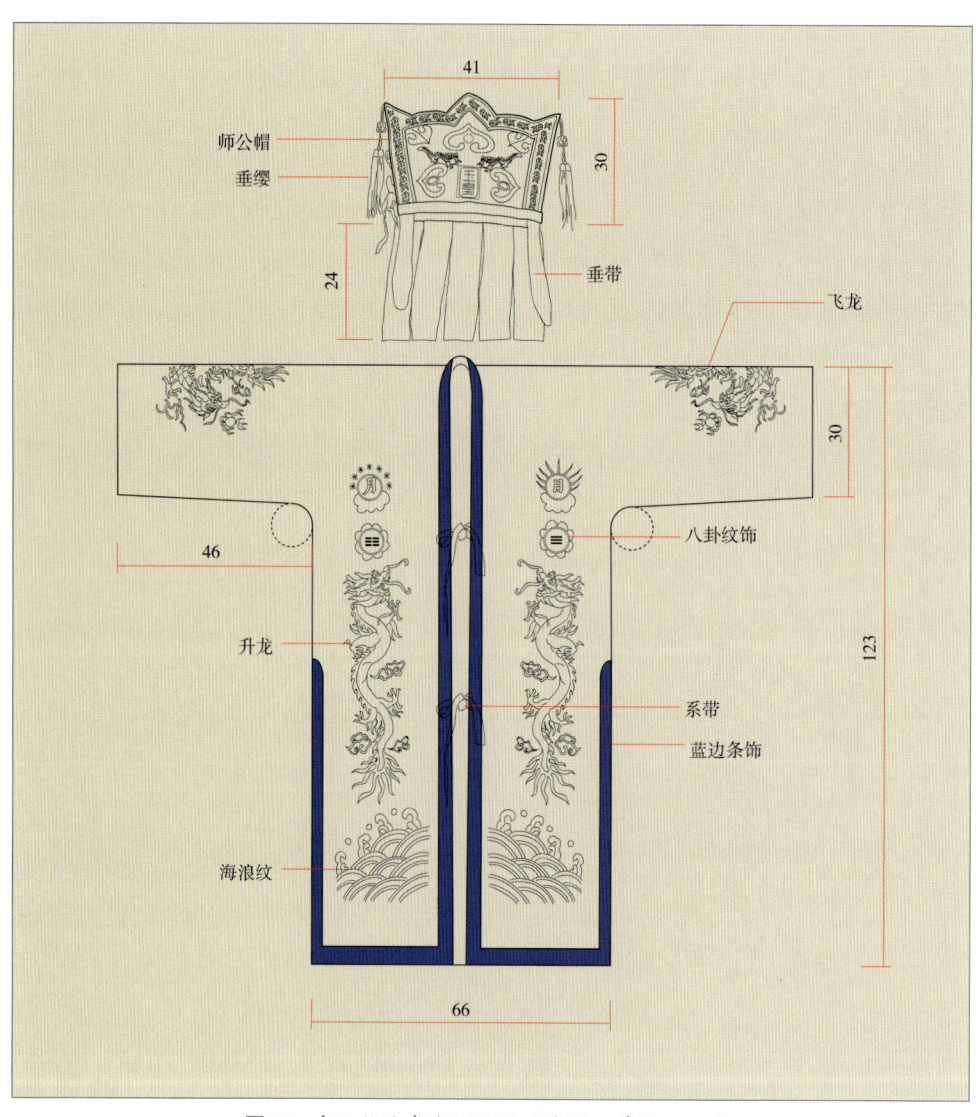

图三　广西壮族崇左师公服尺寸图（单位：cm）

壮族不同的师公服饰
（壮族师公在送亡灵）

那坡师公长袍上的刺绣纹样
（引自《美丽的锦绣——壮族服饰》）

图四　广西壮族崇左师公服延展图1

壮族师公服
（摄于广西民族博物馆）

图五　广西壮族崇左师公服延展图2

广东壮族连山女性右衽服

图一 广东壮族连山女性右衽服主图

右衽服是壮族成年女性常见的一种服装款式，其特征是无领或短立领，纽路从颈口处向右边腋下开，扣子多为布纽，衣服或长或短，视地区不同而不同。本案例采自广东连山民族博物馆壮族器物陈列室，案例面料为当地手工自染深蓝土布。从案例款式看，它属于无领右衽，衣袖宽大近尺，衣长过膝。突出的是，案例右衽边缘用栗色土布以镶嵌手法滚出三道布边，一道为宽边（约7厘米），另二道为窄边（约1厘米），三道宽窄不一的布带在胸前构成了装饰。为了在视觉上实现呼应，案例袖口上部同样也滚出三道布边，这让服装的整体感得到加强。

本案例独特的细节是纽扣，每组纽扣皆

由布纽和铜纽搭配使用，虽然铜纽形制也是珠状，但色泽、质感与布纽迥然不同。在中国传统服饰里，布纽历来被人们普遍运用，但需掌握一定编织技巧才能做出这类纽扣。从设计学角度分析，珠状纽扣易于从扣襻中穿过，方便人们使用，同时铜纽因形制与布纽相似而与之产生一定关联，色泽上也与栗色布边相协调。本案例穿用对象是中年女性，其下身常用筒裤搭配，除布料颜色与上衣雷同外，筒裤膝下一般要用几条颜色鲜艳的花纹布装饰。在南方，这类服装具有较强的季节适应性，女性能随温度变化而灵活地增减内衣，几乎可供人们长年使用。

右衽服是壮族自治区普遍存在的一种服饰，广西乐业地区的壮族妇女就爱穿直领式右衽服。与本案例相异的是，这种右衽服肩部常用彩布来装饰，且上衣较短。还有，靖西壮族博物馆藏有一种右衽服，布料呈浅蓝色，襟沿及领口部位用了宽大的深蓝色布料镶边，因外部边缘形制呈曲线状，故颇有装饰味儿。

总之，壮族女性右衽服细节多有变化，甚至同一地区也存在差异，例如龙州地区金龙乡就有上衣短到肚脐的右衽服，同时也有长至脚踝类似长袍的右衽服。这些现象表明，壮族女性在服装设计方面无统一标准。

图片来源
图一　许边疆　摄影
图二至图五　许边疆　制图

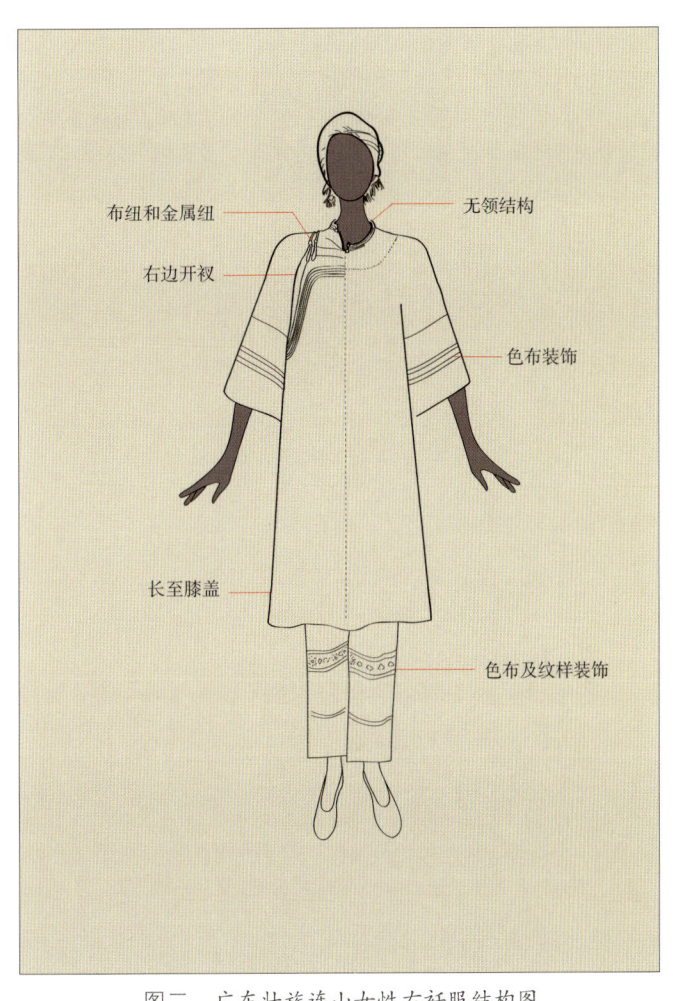

图二　广东壮族连山女性右衽服结构图

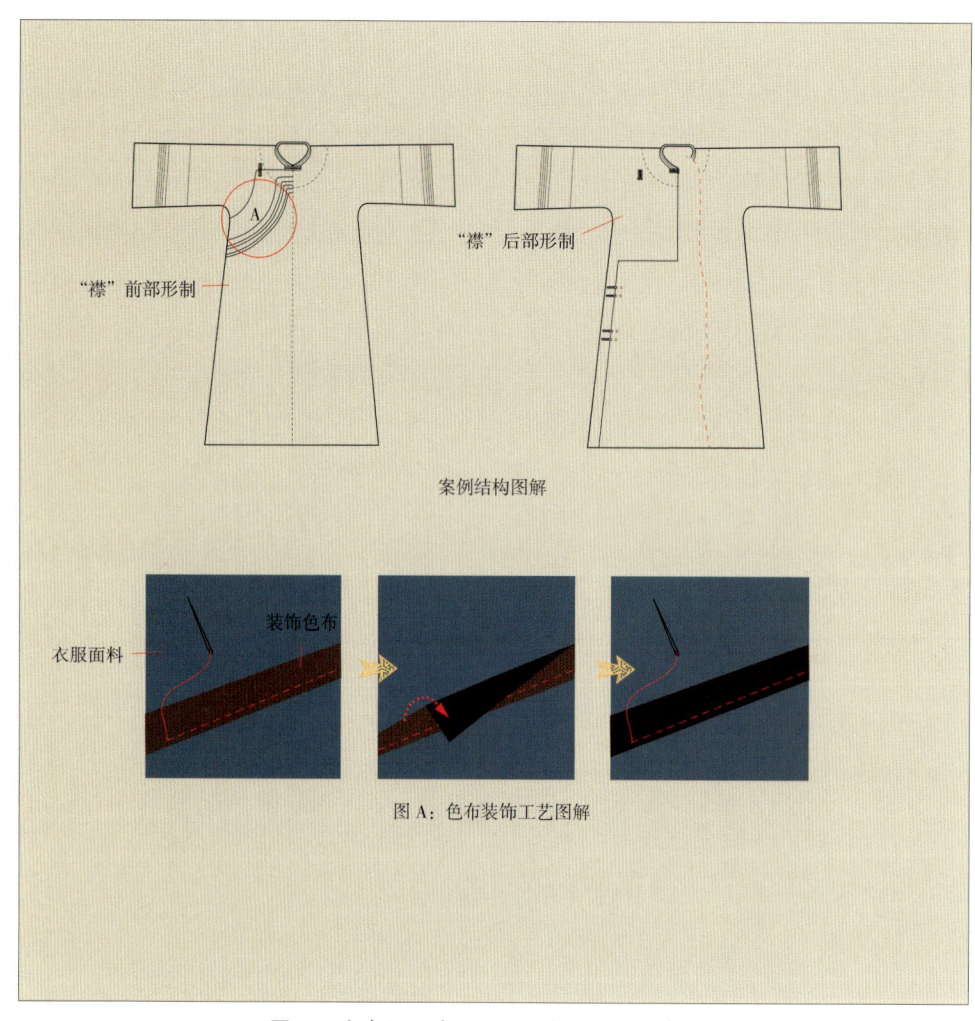

图三　广东壮族连山女性右衽服设计分析图

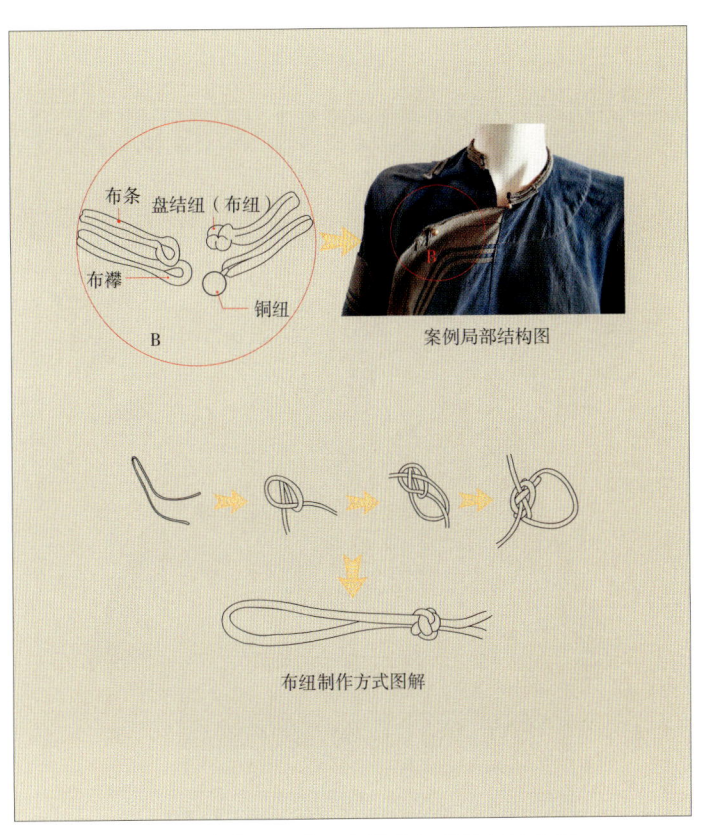

图四　广东壮族连山女性右衽服局部结构图

图五　广东壮族连山女性右衽服延展图

广西壮族龙脊妇女对襟衫

图一 广西壮族龙脊妇女对襟衫主图

广西龙胜龙脊山区，壮族妇女至今仍穿一种对襟式服装，这种服装上衣通常无衣领，布料为白色，款式呈对称结构，胸腹之间设有两排"一"字形布质纽扣，形制极富民族特色。本案例采自广西民族博物馆壮族器物陈列厅，除上述形制特征外，案例袖口部位还镶有一道暖色调花边，"V"字形对襟衫内部着深色小花胸兜，下身着黑色长裤，膝盖以下裤筒镶有一宽、一窄两条花边。

龙胜地区四季分明，冬季寒冷，夏季炎热，当地女性着装季节性明显，本案例即为夏装。为了考察这类服装，我们走访了龙脊一些壮寨，在廖家寨一位奶奶告诉我们，夏季她们穿这种衣服凉爽，特别是在田间劳动时方便解扣取凉。当问及为什么要选择白色的布料时，她说："白色衣服显眼，在山里劳动容易被人见到。"原来，壮族女性选择白色衣料内含识别功能。当然，若用科学眼光分析，白色衣服反光，夏季自然会感觉凉爽一些。在当地，我们考察龙脊壮族生态博物馆时也见到一件白色对襟衫，其袖口与案例不同，镶有浅蓝色布和绿色的花边，在白色布料的衬托下，袖口显得格外醒目。实际上，就袖口变化而言，龙脊壮族女性常遵循某些习俗：二十岁左右的女性，其袖口（或裤管）常着玫红、橙黄等艳丽花边；三十至四十岁的妇女常用蓝、绿甚至咖啡色来装饰袖口；五十岁以上的，多不再嵌纹绣彩。

除夏季穿对襟衫外，龙脊壮族人冬天也穿对襟衫，只不过冬季衣服的颜色改为深蓝色或黑色，造型与夏装基本相同。为了在冬季能多穿几件内衣，壮族妇女在不改变款式的前提下，聪明地将冬装尺度略微放大，这样就能多穿一些内衣御寒，甚至可添加一些毛衣或棉装。令人关注的是，粤北连山地区的当地壮族妇女也穿这种对襟衣，不同的是，连山妇女下身常配深色裙子。据说在龙脊，壮族妇女也曾下衣配裙，只因传统裙子不便于梯田劳作，加上汉服的影响，20世纪中期以后便逐渐改裙为裤了。

图片来源
图一、图三至图五　孙林　摄影
图二　引自李元君主编：《美丽的锦绣——壮族服饰》，梁汉昌摄影，南宁：接力出版社2012年2月版。

图二　广西壮族龙脊妇女对襟衫功能图

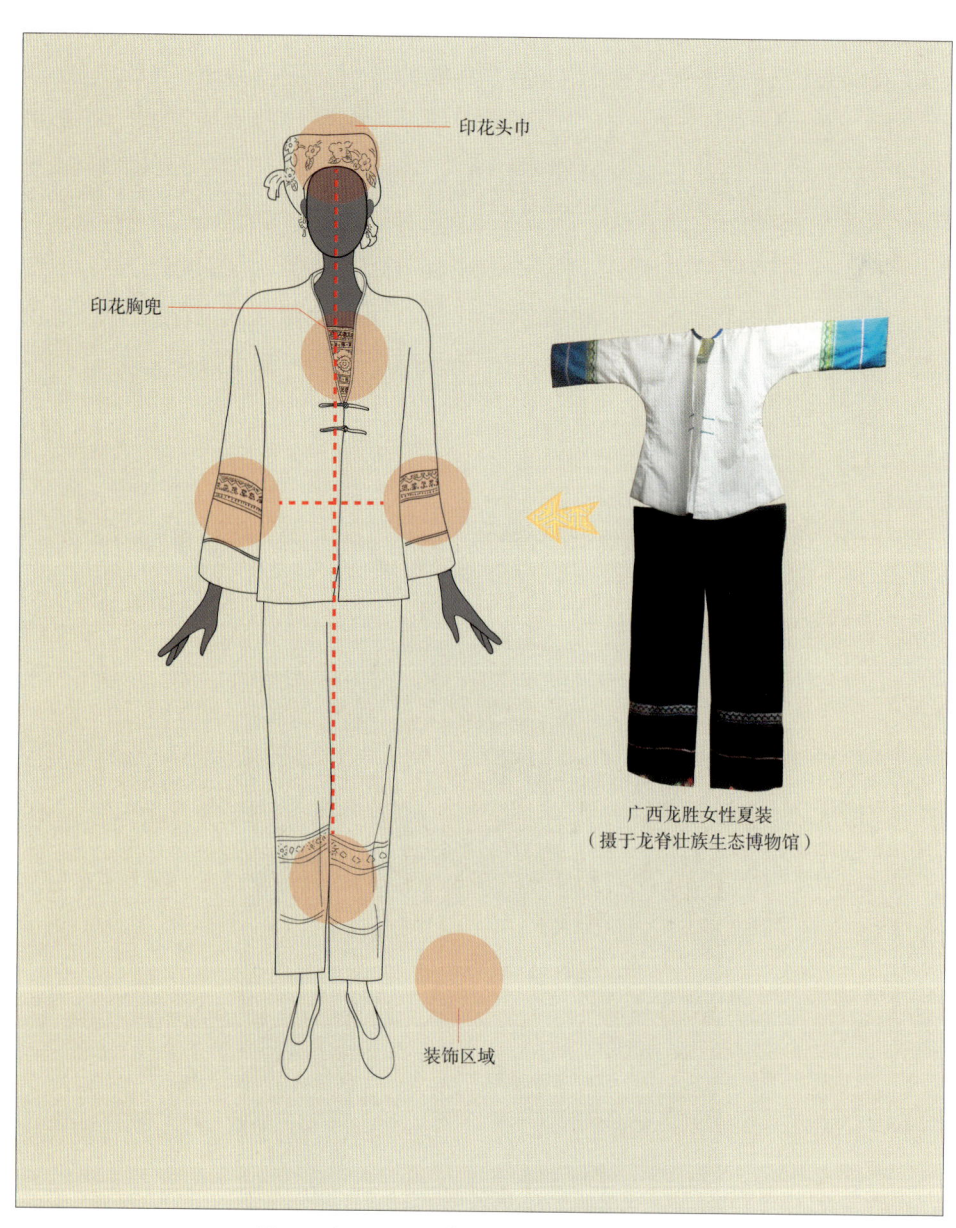

图三　广西壮族龙脊妇女对襟衫设计分析图

壮族中年女性夏装裤管装饰

图四　广西壮族龙脊妇女对襟衫局部结构图

上衣形制不变

下装配长裙

广东连山壮族女性夏装
（摄于连山民族博物馆）

图五　广西壮族龙脊妇女对襟衫延展图

第二章　壮族传统服饰

广西壮族那坡黑衣壮女性服饰

图一　广西壮族那坡黑衣壮女性服饰主图

　　黑衣壮是壮族的一个支系，在广西有五万多人，主要聚居在那坡县境内，由于他们大都穿黑色衣服，故而名之。事实上，"黑衣壮"为汉义称谓，原名是"布壮"或"布敏"，本案例采自那坡县弄文屯。

　　概括来看，那坡黑衣壮女性服饰特点很明显，比如无论老少，都爱穿无领或小立领右衽斜襟和交领斜襟式上衣，衣袖较窄；下身则穿大筒长裤，腰系黑布做成的大围裙，头披黑头帕。不过，中年以上着装款式仍与年轻人有细微差异，一般说来老年人以右衽斜襟上衣为主，袖口、下摆及襟边处分别嵌饰细条彩边；中年女性则以对襟式为主（也穿交领斜襟上衣），胸前设五颗浅色布纽扣，有一定装饰性，但仍显质朴；年轻女性（尤其是少女）虽然也着对襟衣，但胸前布纽扣为七颗,袖口、下摆及肩部分别嵌饰一条彩色花边,领子及纽扣皆为红色布料缝制,加之佩戴数条长至腰部的银质项链,手戴银手镯,脚穿绣花鞋,给人以黑中闪艳之美。

除衣着外,黑衣壮女性头部皆披黑色头帕。我们现场测量了一块头帕的尺寸,该头帕长 172 厘米,宽 39 厘米,两端以绿色彩带收边,角部有一个 45°角的镶有不同颜色的花边(四条粗细不一)。该头帕使用方式是:先将头帕中部放在头上,再将右端头帕向人首左边围绕,接着左端头帕向右边围绕,然后翻折成大棱形样,最后将头帕两端分别垂披于双肩上,头帕上的彩带也刚好位于显眼处。从材料上看,黑衣壮服饰布料皆为自纺白土布,由于织机的限制,布料宽度一般在 40 厘米左右,而染料则是从天然植物蓝草里提取的蓝靛膏,当地人若要染出黑色布料须经过多次才行。我们在弄文屯就见到许多家庭晒台上悬挂着蓝布,据村民介绍,这种蓝布晒干之后还要再染,一般是反复浸染、漂洗十多次,最后还要经过浆衣及多次捶打,才能制出质地平整、黑亮、结实的成品黑布。

从设计学角度看,黑衣壮女性服饰结构与其劳动方式、生活方式都有密切的关系,比如上身短式上衣、下身宽大裤脚能让她们在山里行走时感到凉快;腰部围的围裙不仅能起到装饰作用,赶圩、走亲访友或劳动之时,可将围裙底翻卷上来做成小包袱,用来包裹或盛装物品;至于头帕,可以用来遮阳。当然,这类服饰也有不足之处,尽管它们耐穿,但由于质地厚实,黑衣又吸取热量,夏天穿着会感觉更热。

图片来源
图一、图四、图六、图七　许边疆　摄影
图二、图三、图五　许边疆　制图

黑衣壮女性两种主要服装款式
中年人服饰

图二　广西壮族那坡黑衣壮女性服饰延展图1

年轻女性服饰

黑衣壮女性服饰的局部差异

图三　广西壮族那坡黑衣壮女性服饰延展图2

那坡黑衣壮女性头帕
（摄于那坡弄文屯）

图四　广西壮族那坡黑衣壮女性服饰头帕

图五　广西壮族那坡黑衣壮女性服饰设计分析图

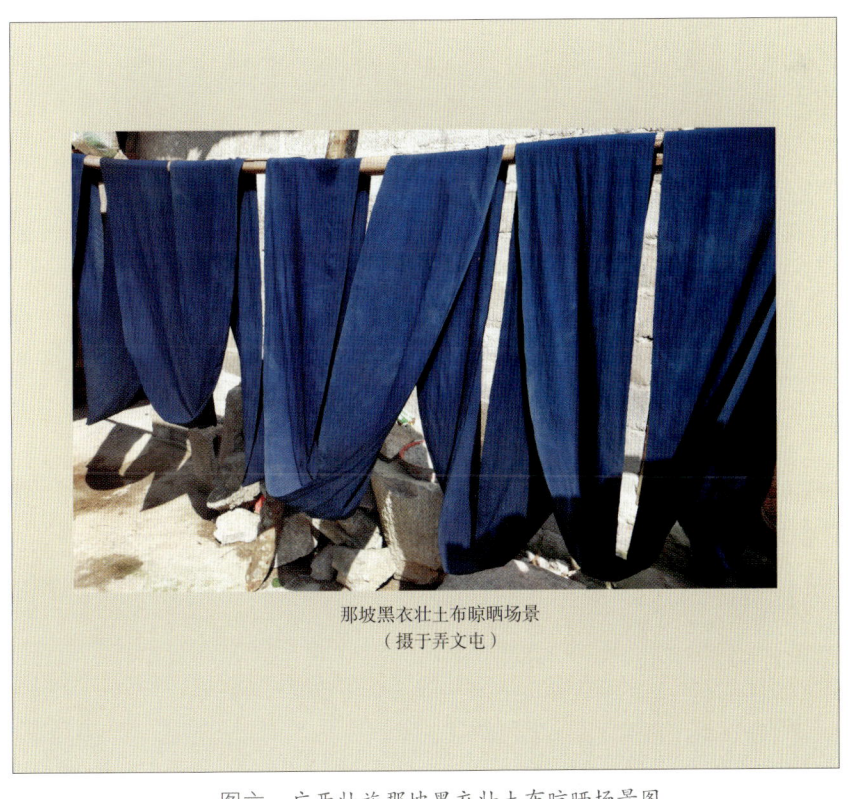

图六　广西壮族那坡黑衣壮土布晾晒场景图

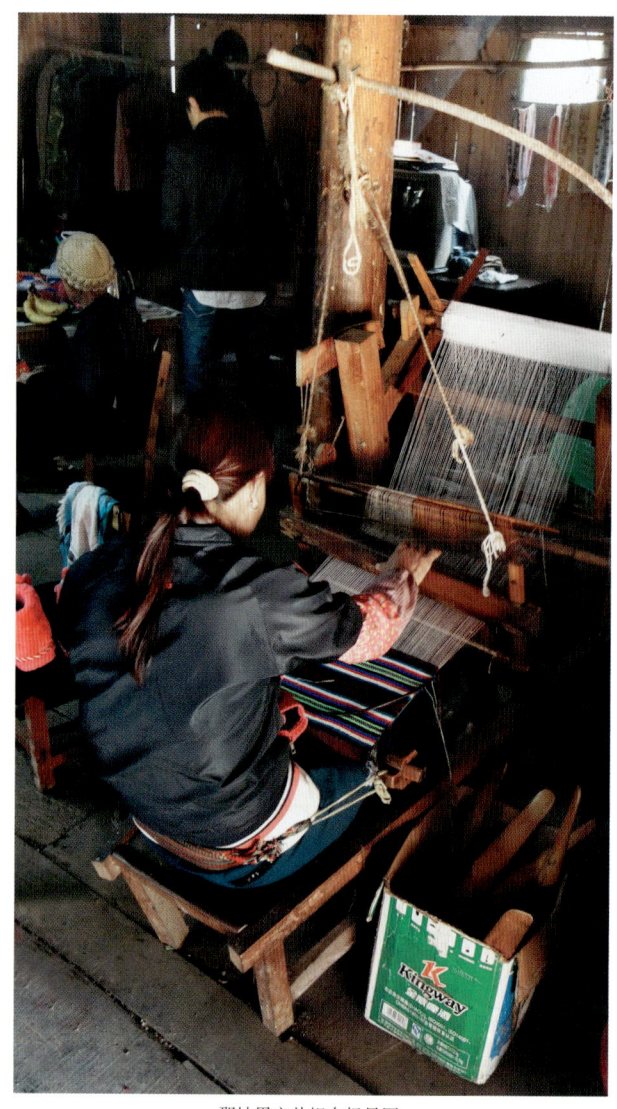

那坡黑衣壮织布场景图
(摄于那坡弄文屯)

图六 广西壮族那坡黑衣壮织布场景图

云南壮族文山州女性服饰

图一 云南壮族文山州女性服饰主图

根据2008年人口统计数据,云南文山州壮民大约有102.6万人,主要是由布侬、布瑞(越)、布傣等三大支系构成,这三大支系又俗称侬、沙、土,其中侬占53%,沙占36%,土占11%。从服饰上看,这三大支系各有特色,现就女性服饰做以下分析。

本案例采自云南文山州民族博物馆，为文山州丘北县一带沙人女性盛装。该服饰特点是右衽上衣，束腰，下摆上翘呈扇形，领口、衣摆、袖口皆有装饰，尤其是袖口与肘部之间镶有多道绣花饰带，而服装下部则为及地百褶裙，黑色布料制成，衣摆下露出布满绣花、银饰或穗饰的条形腰带头，脚穿绣花鞋。由于该沙系女性衣着尚黑，故又被称之为"黑沙"，以此来区别"白沙"壮族女性。据清《云南通志》引《弥勒州志》记载："沙人多依水居，服尚黑，女紧衣，以桃花黑布包头，腰围桶裙，跣足，不裤。"显然，这种衣风至今犹存，不过后期有些黑沙女性也穿红、紫色衣服，这是随社会的发展而变化的。

此外，就壮族女性而言，黑沙女性服饰最具鲜明特色的是银饰品佩戴，如银项圈、银胸饰、腰部银饰牌、银响铃、银耳坠等等，这些银饰品往往布满半个身子，它们在黑衣（或红、紫色衣服）衬托下显得尤为精美华丽。

除黑沙外，文山侬、土支系服饰也有其特点。比如，"平头土人"未婚女子上衣嵌众多银珠，衣服花纹多用红丝线编成，袖口用红布嵌边，衣角下悬挂有十多个小银铃，行走时发出响声。至于老年人，上衣多用黄、

图二　云南壮族文山州女性服装银饰

蓝、绿色丝线编成花纹和图案，袖口用绿缎镶边，下身着青布裙，穿绣花鞋。侬人妇女则为右开襟上衣，少女穿对襟衣，领口有中高领，也有圆领。上衣短而小，至腰部，并向腰部收敛，衣角向上翻翘；下身穿百褶裙，长及足踝。由于上衣小而轻，裙则长大厚重，故有"衣不盈握，裙够马驮"之说。在头饰方面，仅土人就有多种形式，如"尖头土人"是圆形包、头顶上呈高如覆瓦状的搭折；"搭头土人"则是头顶前端梳一小髻，以8寸宽、1丈2尺长的青布帕缠成半圆形，青布帕末端约一尺搭于头顶；"平头土人"是用三四块青布包扎，头顶包得甚平，如戴布帽状。侬人有些头饰是以自织的彩色方格壮锦或手工绣制的各式图案布帕扎成牛角状帕式，前额留有一部分用于遮阳，也有的直接以青或黑布帕包系之。

目前，云南文山许多地方的壮族妇女着装已不同程度地受到现代服饰的影响，从城市到乡村，人们的服饰开始趋于现代化，只有少数地区的壮民仍保持着传统风姿。看来，传统服饰正面临着如何传承与发展的问题。

图片来源
图一　孙林　摄影
图三、图四　许边疆　摄影
图二、图五　许边疆　制图

沙系女性服饰

壮族黑沙支系女性银饰
（摄于云南文山民族博物馆）

图三　云南壮族文山州女性服饰图

图四　云南壮族文山州女性服饰延展图

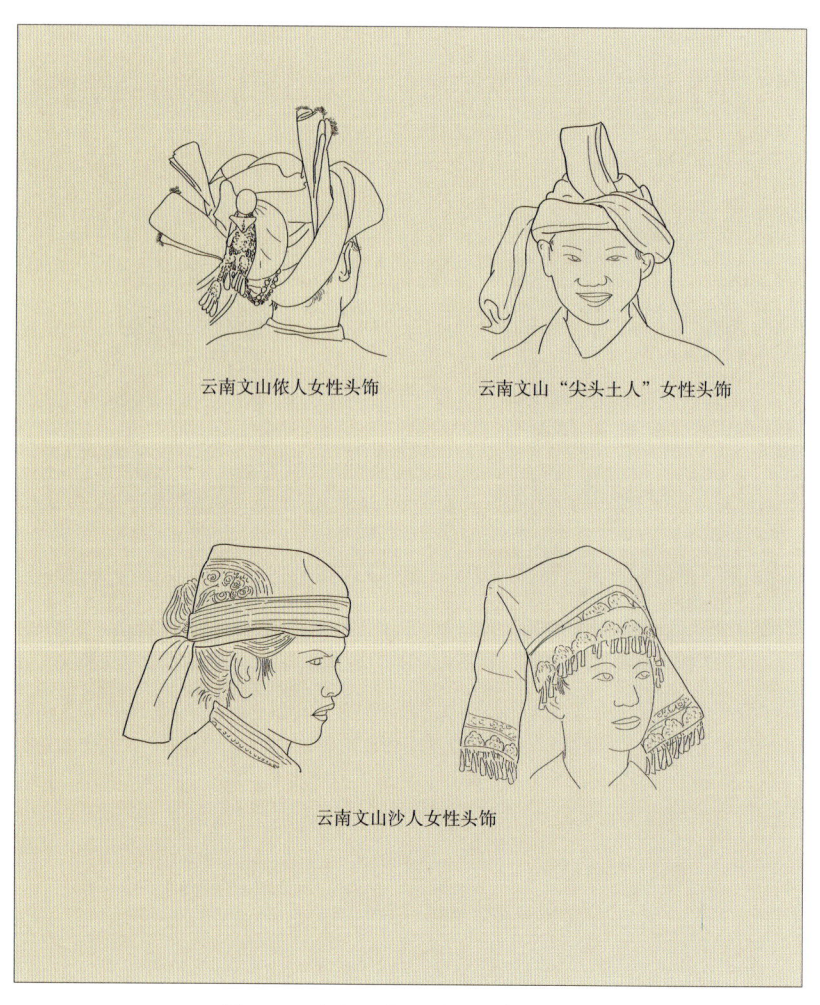

图五　云南壮族文山州女性部分头饰

广西壮族隆林女性百褶裙

图一 广西壮族隆林女性百褶裙主图

百褶裙,又称"百裥裙",是一种多褶子的裙子。过去,壮族有些地区的成年女性常穿这类裙子,广西隆林便是其中之一。本案例采自广西民族博物馆壮族服饰陈列厅,隆林人又俗称"三层楼"。本案例结构有裙首(又称裙腰)、裙身、裙脚和裙带。从服饰整体搭配情况看，隆林女性尚黑（男性也如此），故有"黑壮"之称。

该地区同黔南比邻，壮族人久与侗人、苗人杂居，服饰难免相互影响。尽管如此，壮族百褶裙仍有其自身特点：一是壮族百褶裙多在裙脚处装饰纹样，而苗族百褶裙装饰手段更加多样化，有些裙子甚至用不同纹样或颜色的布片拼接而成；二是壮族百褶裙长度大都在膝盖或膝盖以下位置，而苗族百褶裙或很长，或很短。当然，它们之间也有相似之处。

从服饰材料看，壮族百褶裙是用自染的土布缝制而成。过去，壮族家庭服饰（尤其是偏远的山区）多是自给自足，从棉花种植到纺纱、织布、染布，皆自力更生，凭借简易工具完成从原料到成品的所有工序。就百褶裙而言，做法不一，常见的便是木桶固褶成型法，这种方法是将土布包裹在一个直径较大的木桶上，按照事先的设计将褶裥排列好，再用布条捆绑，让其定型。为了避免褶松散，尤其是麻布裙，往往先用粗棉线以"八字"形的形式固定褶皱，然后再连接裙首。有意思的是，有些地区或民族的百褶裙，甚至还保留这些辅助线，使其成为一种裙子的

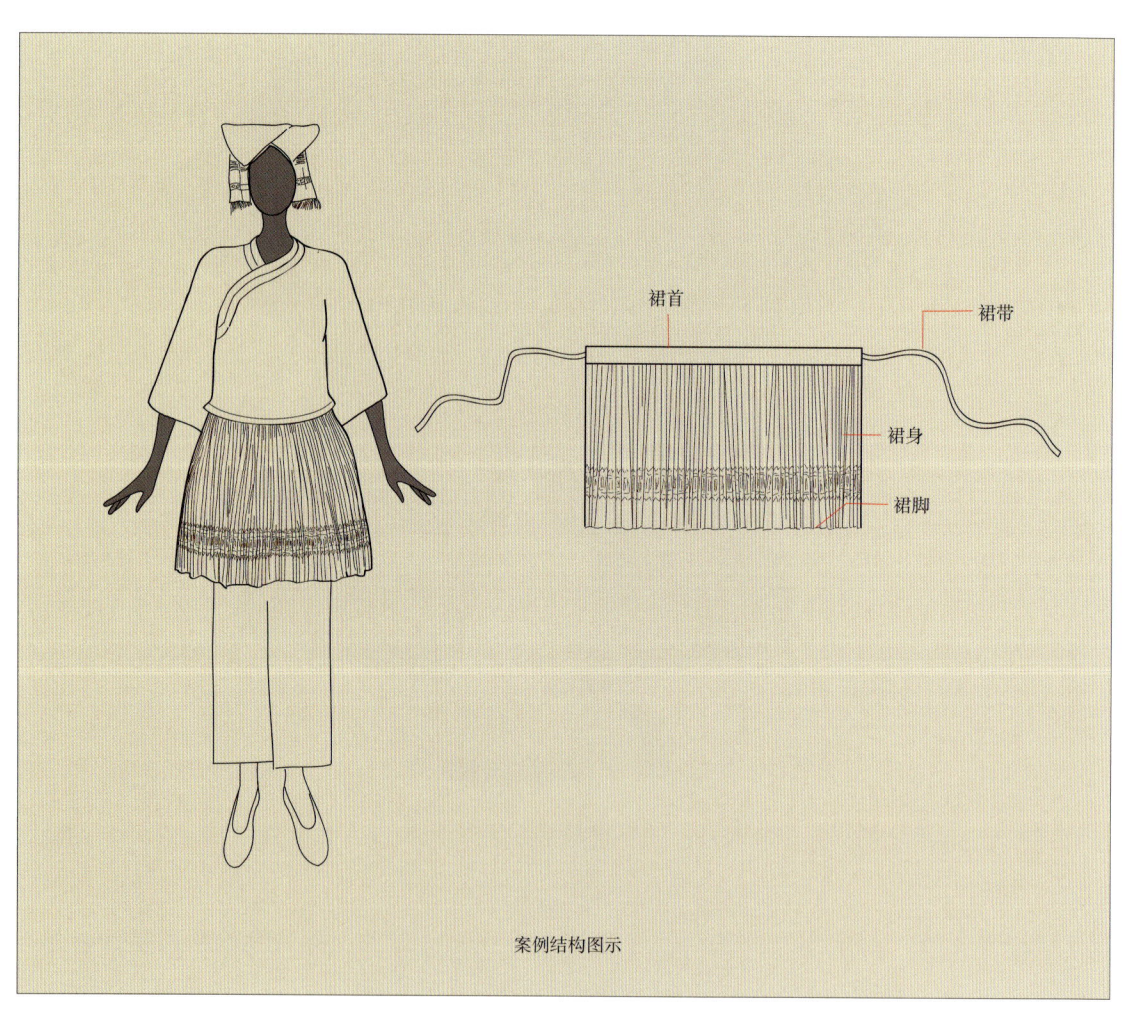

案例结构图示

图二　广西壮族隆林女性百褶裙结构图

装饰。壮族百褶裙有数百褶皱，制作一件裙子的用布量较大，据说有些多达5至6米（以幅宽33厘米计），过多的褶皱导致百褶裙缝制过程特别费工费时。

壮族百褶裙历史久远，相传已有千余年。然而，壮族妇女将百褶裙穿在裤子外边的习俗源于何时，尚待考。吴泽霖与陈国钧所著《贵州苗夷社会研究》云："于民国二十二年（1933），国民党县政府派员下乡禁止妇女穿裙子，一见有穿裙的妇女，就用铁钩钩破。从此，妇女便改穿裤子了。"如果这件事属实，那么它对壮族妇女着装同样会产生影响。民国时期壮族妇女穿百褶裙于裤外，或许正是当时社会状况下的无奈选择，后来演变成了一种习惯。

图片来源

图一　许边疆　摄影

图二、图五　许边疆　制图

图三　引自李元君主编：《美丽的锦绣——壮族服饰》，南宁：接力出版社，2012年2月版。

图四　许边疆　摄影、制图

参考文献

吴泽霖，陈国钧.贵州苗夷社会研究[M]. 北京：民族出版社，2004：333.

广西隆林壮族百褶裙
（资料来源：《美丽的锦绣——壮族服饰》）

图三　广西壮族隆林女性百褶裙功能图

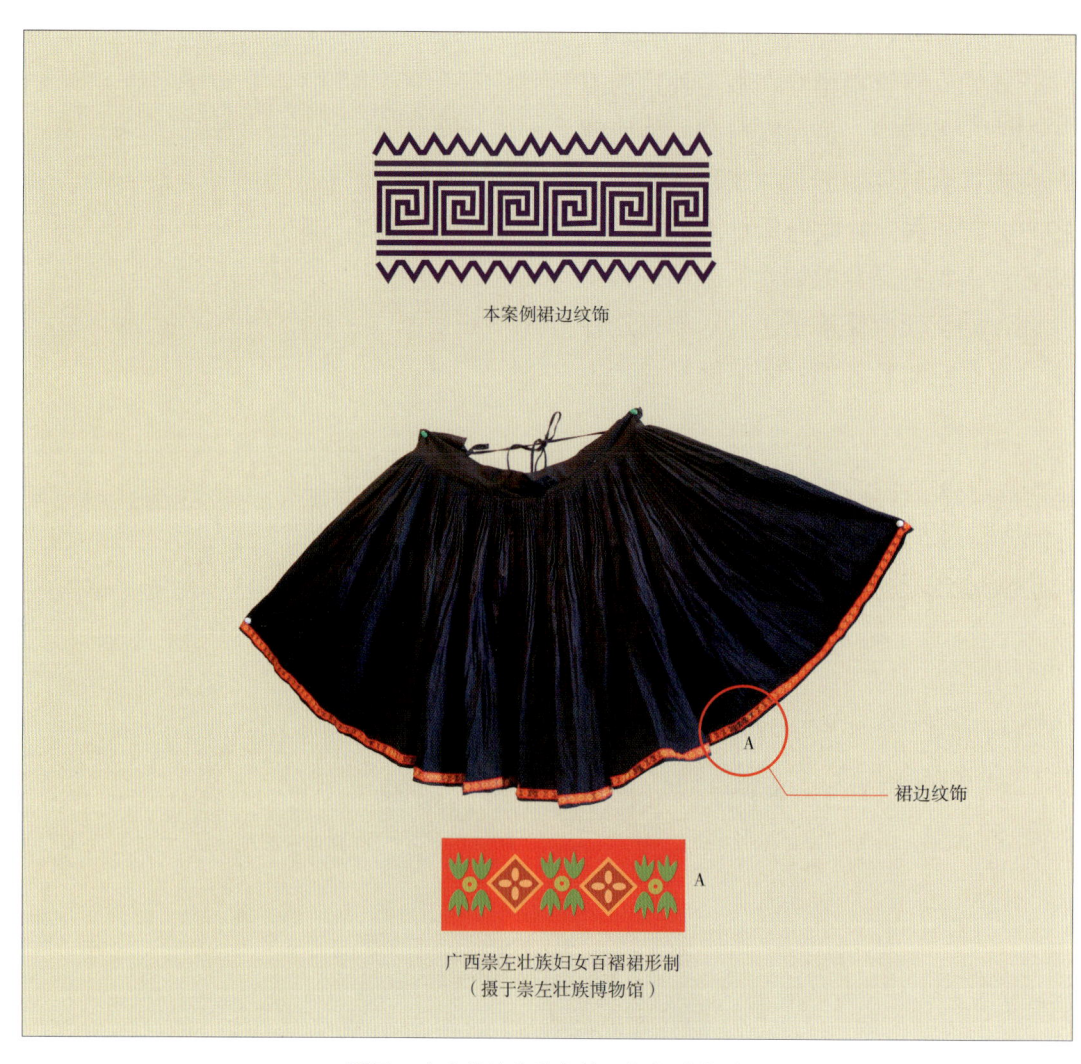

图四　广西壮族隆林女性百褶裙延展图

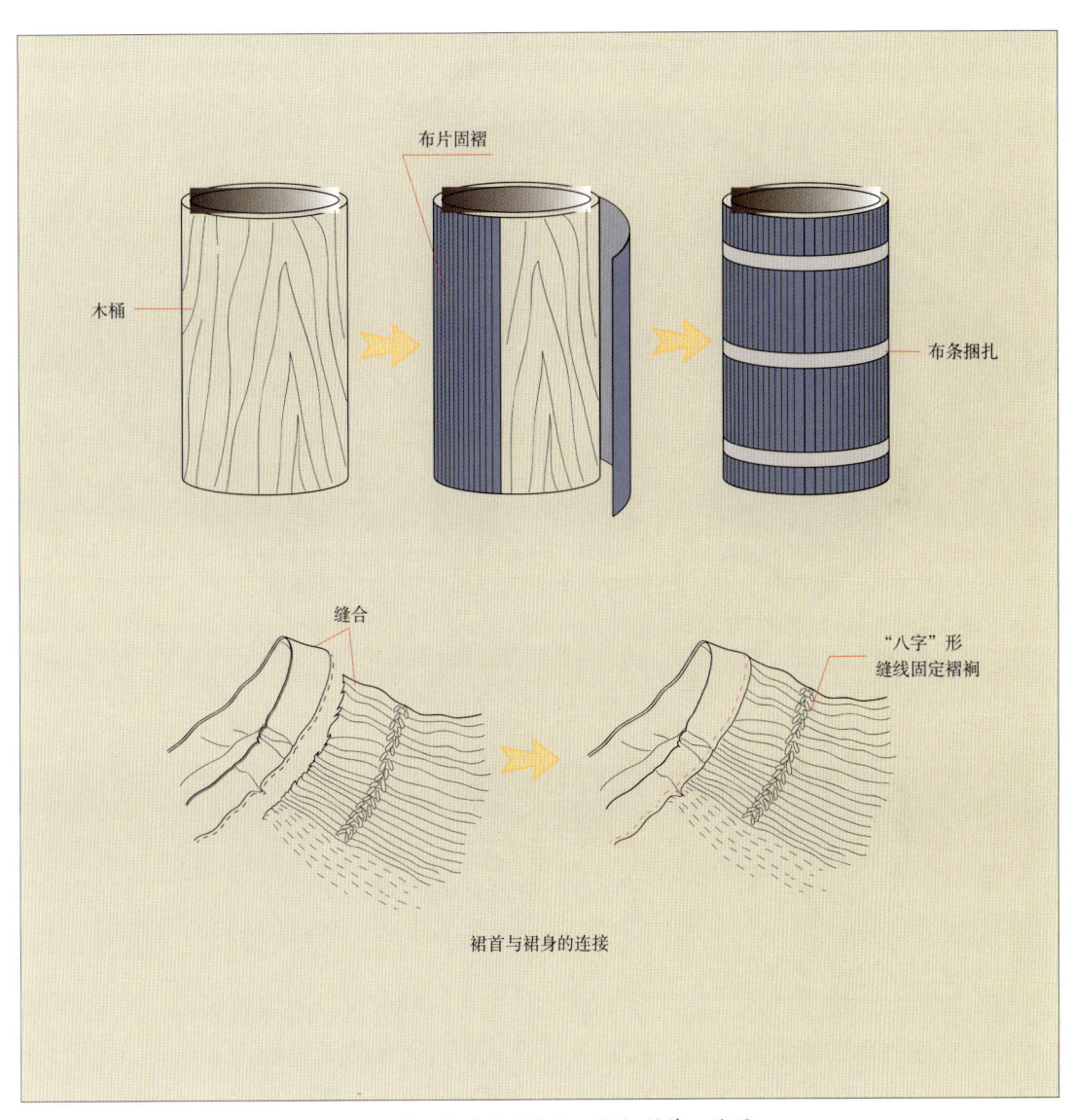

图五 广西壮族隆林女性百褶裙制作工艺图

广西壮族龙胜女性胸兜

图一　广西壮族龙胜女性胸兜主图

　　胸兜是壮族女性贴身的内衣，其形如缺一角的菱形。这种胸兜穿着方式是，长尖角位于胸下方，另两个尖角通过布带和布扣方便地拴结在人的后腰处，而胸兜上部布带则可环绕颈部拴结。本案例采自广西龙脊壮族生态博物馆，属于现代物品，经测量，其垂直长度34厘米，胸兜顶端长13厘米，上斜边22厘米。

　　从功能上看，案例属于女性夏季服饰。在龙胜，或许是为了凉爽的缘故，女性爱穿不镶边的对襟无领白布上衣（领口常饰蓝边），胸前仅钉两组布纽扣。就这种服装款式而言，倘若无其他内衣存在，那么人的胸部皮肤就会外露许多，这对传统女性来说并不适宜。为此，壮族人巧妙地附加一块美丽的遮胸布，女性在穿外衣前只需先简单地将这块布戴上即可解决这一问题。不仅如此，有了这块色彩艳丽或图案美观的花布之后，露出一角的胸兜便与外部白色素衣形成对比，它们彼此衬托，既有淡雅之感，又有秀丽之美。显然，案例在发挥实用功能的同时兼有审美价值。

龙胜胸兜色彩多为绿色或蓝色系列，布面上的纹样以小碎花为主。据说20世纪中期前，当地胸兜纹样都是以手工印染方式完成的，后期因工业印染布普及，传统布料便被成本低廉的工业印花布所替代，不过案例款式没变，龙胜壮族女性至今仍在沿用传统的胸兜，这表明案例存在设计上的优势。在广东连山考察期间，我们发现当地壮族女性也戴胸兜，而且上衣款式也是双排纽扣，但与龙胜相异的是，连山女性上衣是用蓝黑土布做成的，并非白布。或许是因为是蓝黑土布的缘故，连山胸兜装饰手法不再用印染方式，而是用织锦，用织锦装饰胸兜能给人以精美之感。重要的是，壮族人在设计胸兜时并没有大面积使用织锦，而只是在显眼的地方如胸前、颈部等部位使用，这表明壮族人不仅懂得设计与成本的关系，也理解服装装饰的价值所在。

图片来源
图一　孙林　摄影
图二至图四　许边疆　制图
图五、图六　许边疆　摄影

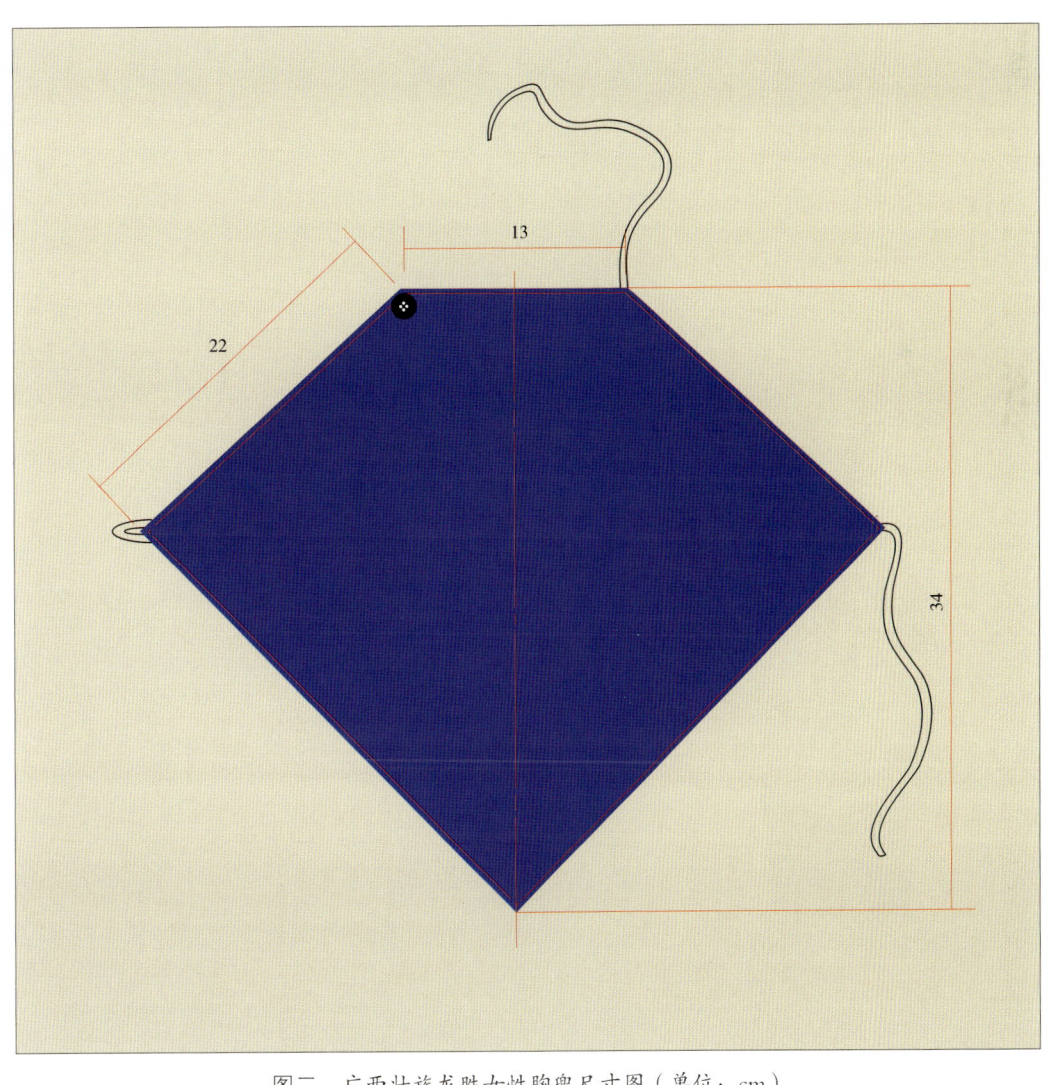

图二　广西壮族龙胜女性胸兜尺寸图（单位：cm）

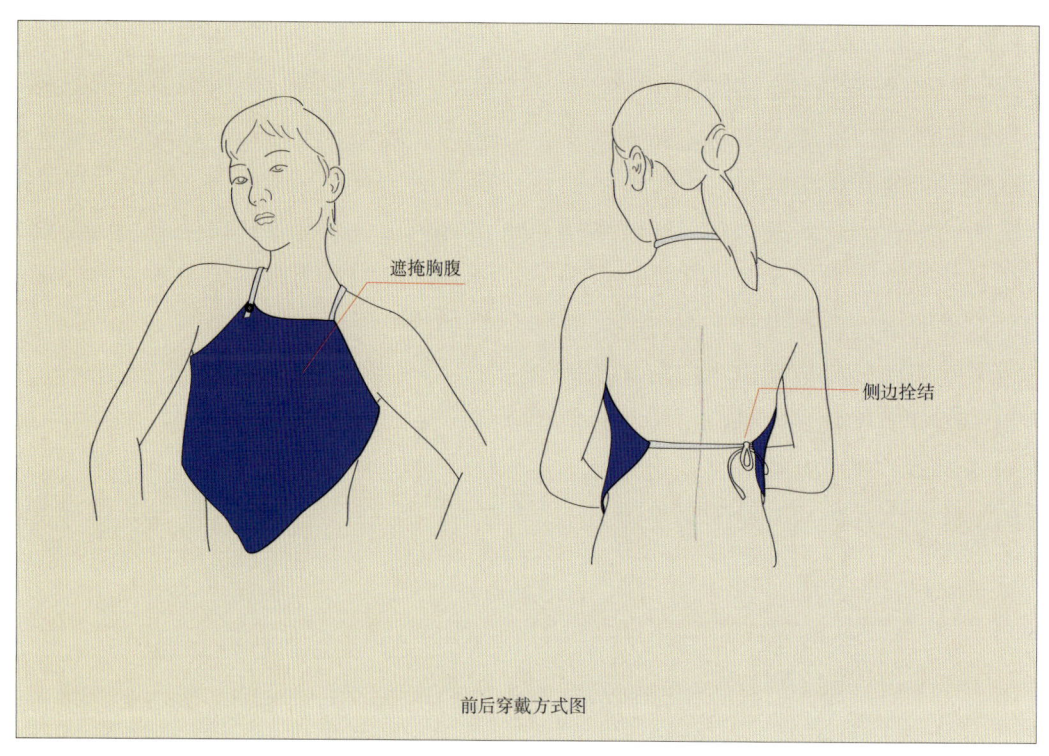

图三　广西壮族龙胜女性胸兜设计分析图1

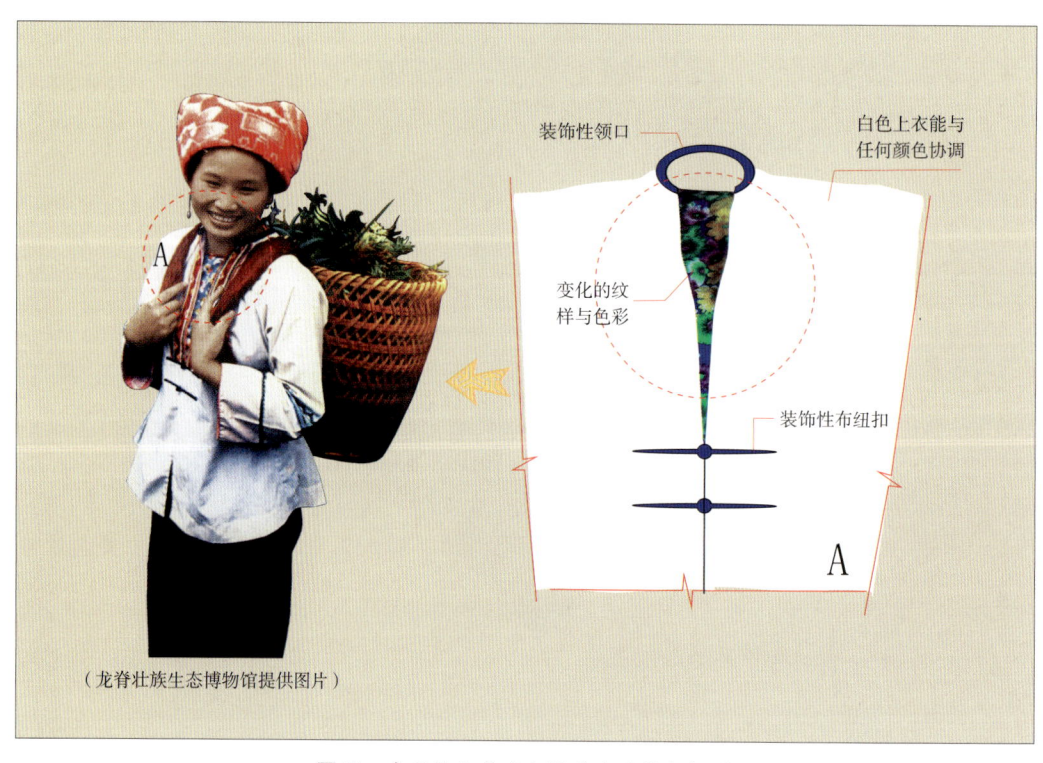

图四　广西壮族龙胜女性胸兜设计分析图2

不同纹饰的胸兜
（摄于龙脊壮族生态博物馆）

图五　广西壮族龙胜女性胸兜延展图

壮族胸兜形制之一
（广东连山壮族妇女胸兜）

壮族胸兜拴结方式之一

图六　广西壮族龙胜女性胸兜对比图

云南壮族文山州满襟围裙

图一 云南壮族文山州满襟围裙主图

围裙是女性穿在服装外面用来遮挡不干净东西的附加物，兼具装饰功能。本案例为云南文山州壮族女性常穿的一种传统围裙，现藏于广西南宁接力艺术馆。由于这种围裙能将女性胸部包围，故俗称"满襟围裙"。本案例有裙首、裙腰、裙脚、颈带和腰带等结构，其中颈带是用布缝成的细带，腰带则是布制宽带。

云南壮族女性满襟围裙一般都是左右对称的结构，整体形制以"品"字或"梯形"为多，裙首顶端与颈部距离大小不一，通常是裙首越接近人的颈部裙首顶端的宽度就越窄，这种宽窄变化是逐渐形成的，它存在一个流畅的边缘弧形，不像苗族围裙那样有折角突变。所以，本案例看起来更像一个无袖的上衣，而苗族围裙则像一个菱形肚兜。

壮族满襟围裙的装饰部位常设在裙首、裙腰、裙脚的边缘及腰带端头上，这些部位在显眼处，同时也是不易弄脏的地方，故是重点装饰区。概括来看，本案例装饰纹样有蝴蝶纹、凤纹（或鸟纹）、龙纹、如意纹及花草纹样，其中，蝴蝶纹被设计成单独纹样，以线性对称的排列方式刺绣在裙首上，而蝴蝶纹下面则是凤纹、如意纹和双龙朝阳，这些纹样都是以织锦的手法表现的。这里除了如意纹外,裙首上的凤纹、龙纹皆是"天"的象征,而裙身下部的花草纹则是"地"的暗示。在壮族人眼里,天地合一,阴阳共生,实则是夫妻和谐、家丁兴旺的象征。至于裙首上排列的蝴蝶纹,实际是"福迭(蝴蝶)绵绵"的暗喻,壮族人常用它来表达对家庭幸福与美满的祝愿。

总之,壮族满襟围裙十分重视裙首的设计,壮族妇女穿着围裙时胸口好像堆满了锦绣,加之色彩搭配又以红绿补色为主,因此裙首看起来十分醒目,具有浓郁的民族特色。

图片来源

图一、图五 引自李元君主编:《美丽的锦绣——壮族服饰》,梁汉昌摄影,南宁:接力出版社2012年2月版。

图二至图四 许边疆 制图

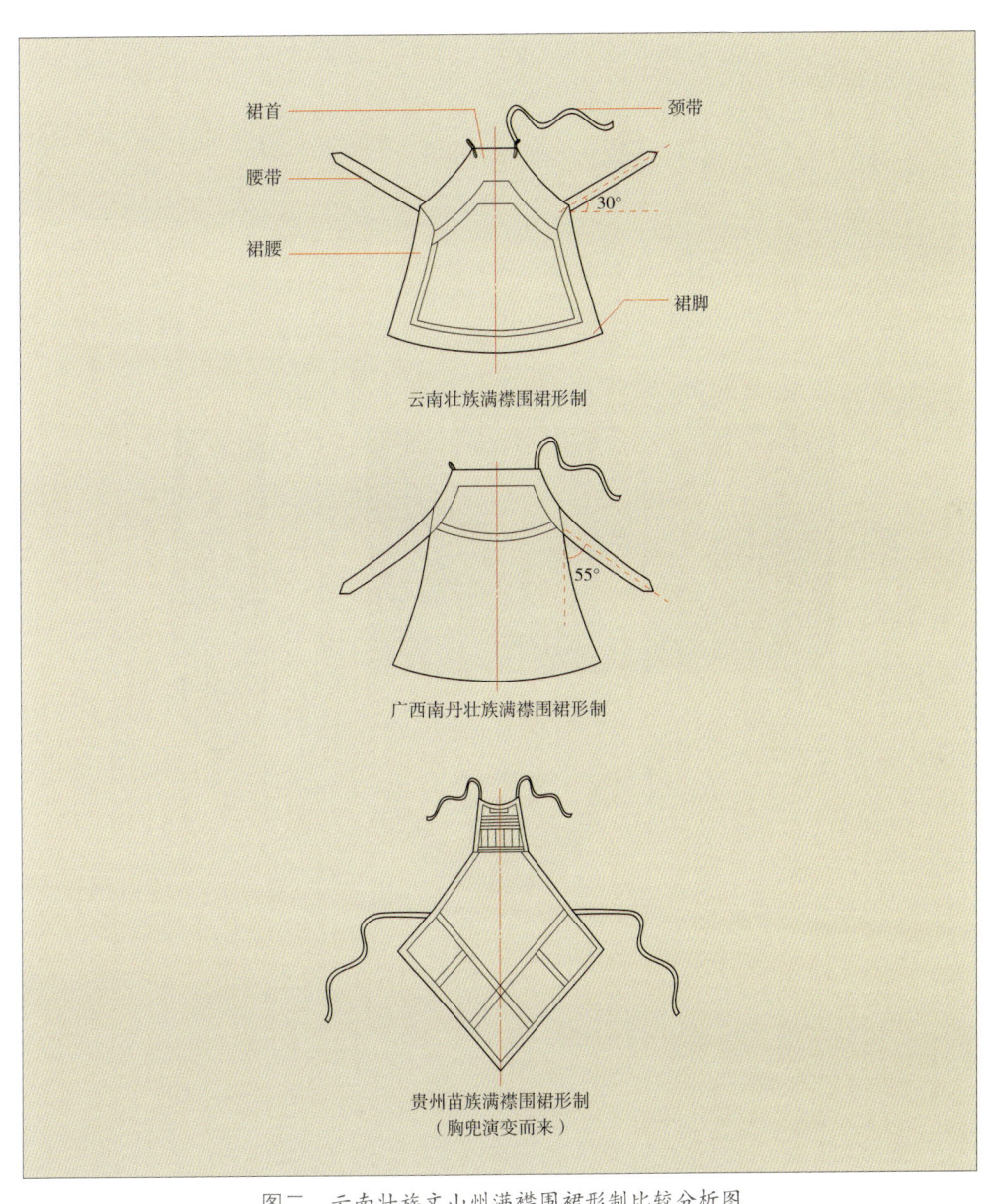

图二 云南壮族文山州满襟围裙形制比较分析图

图三　云南壮族文山州满襟围裙结构设计图

图四　云南壮族文山州满襟围裙装饰纹样图

壮族妇女满襟围裙襟部部分纹样
(资料来源:《美丽的锦绣——壮族服饰》)

图五 云南壮族文山州满襟围裙延展图

广西壮族男性服饰

图一 广西壮族男性服饰主图

与壮族女性服饰相比，男性服饰无论是款式还是装饰，都不及女性丰富。本案例采自广西百色民族博物馆，属于当地男性传统服饰。从款式上看，案例是对襟式上衣，短立领，长袖，下摆左右开叉，中部排列九颗布纽扣，前片上下缝制四个明袋；下身着宽裤管大裆裤，裤子无口袋，无门襟，裤裆无前后之分。头饰是用一条长形蓝巾帕层层包裹头部，然后留出一端头，让其垂挂于头侧面或后部；至于鞋子，壮族男子常穿布鞋。本案例无论是头服、上衣还是下装，皆用蓝色土布制成。

在云南文山州民族博物馆考察时，我们见到当地壮族男性传统着装与本案例有许多相似之处，它们同样是对襟式上衣，同样是大裆裤，但两者之间也存在一些差异。比如文山州男性外套上衣对襟的襟沿处、口袋边缘、领口及肩部都滚嵌两条白线作为装饰（也起到加强作用），这种造型能给人以线条分明的感觉。此外，该服饰面料相对内衣粗厚，用它做外套既御寒又耐磨，且适宜劳动时穿用，或许正是出于这个缘故，外套仅设计五颗纽扣。

桂北一带壮族男子也穿蓝色对襟衣，款式与本案例大同小异；而与桂北相邻的广东连山地区，壮族男子除穿蓝色布衣外，还有一种浅白色上衣，胸前也设九排纽扣，上下共计三个口袋，口袋顶部、衣领、袖口及对襟的襟沿处用咖啡色布条镶边，装饰性明显。此外，连山男子用白色绣花头巾（或印花）缠裹头部，缠头方法是将布层层盘缠，留下一端最后插入头包里。当然，壮族男子服饰也有右衽式，只是不及对襟式多。例如广西大新县过去的男子就穿一种右衽衫，这种右衽衫不设衣领，仅用布条锁边，而且这种上衣的衣纽是从右向下开至腰部又转向正中，形成了所谓的"琵琶襟"上衣。与该衣相配的是，人的小腿缠裹绑腿，可避免山中被荆棘扎伤腿，绑腿布或为蓝色，或为黑色。

概括来看，壮族传统男子服饰特色较为明显，因地域和生活习俗不同，壮族男性服饰也存在一些差异，随着社会的发展，如今壮族男性服饰已基本现代化了，大部分人着装与汉族无异。

图片来源
图一、图四　许边疆　摄影
图二、图三、图五、图六　许边疆　制图

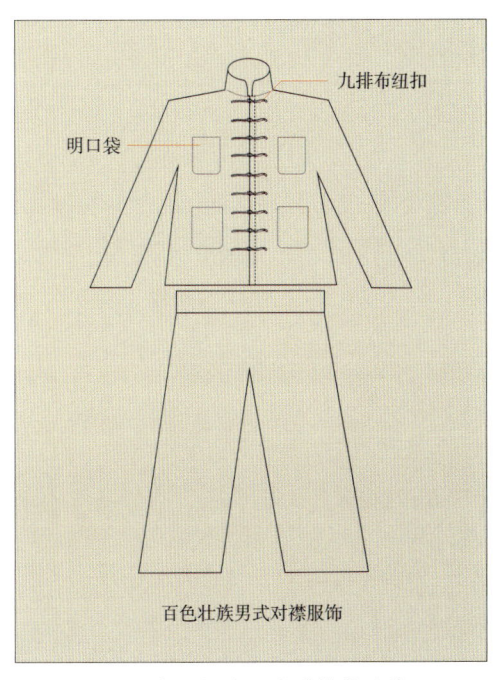

图二　广西壮族男性对襟式服饰

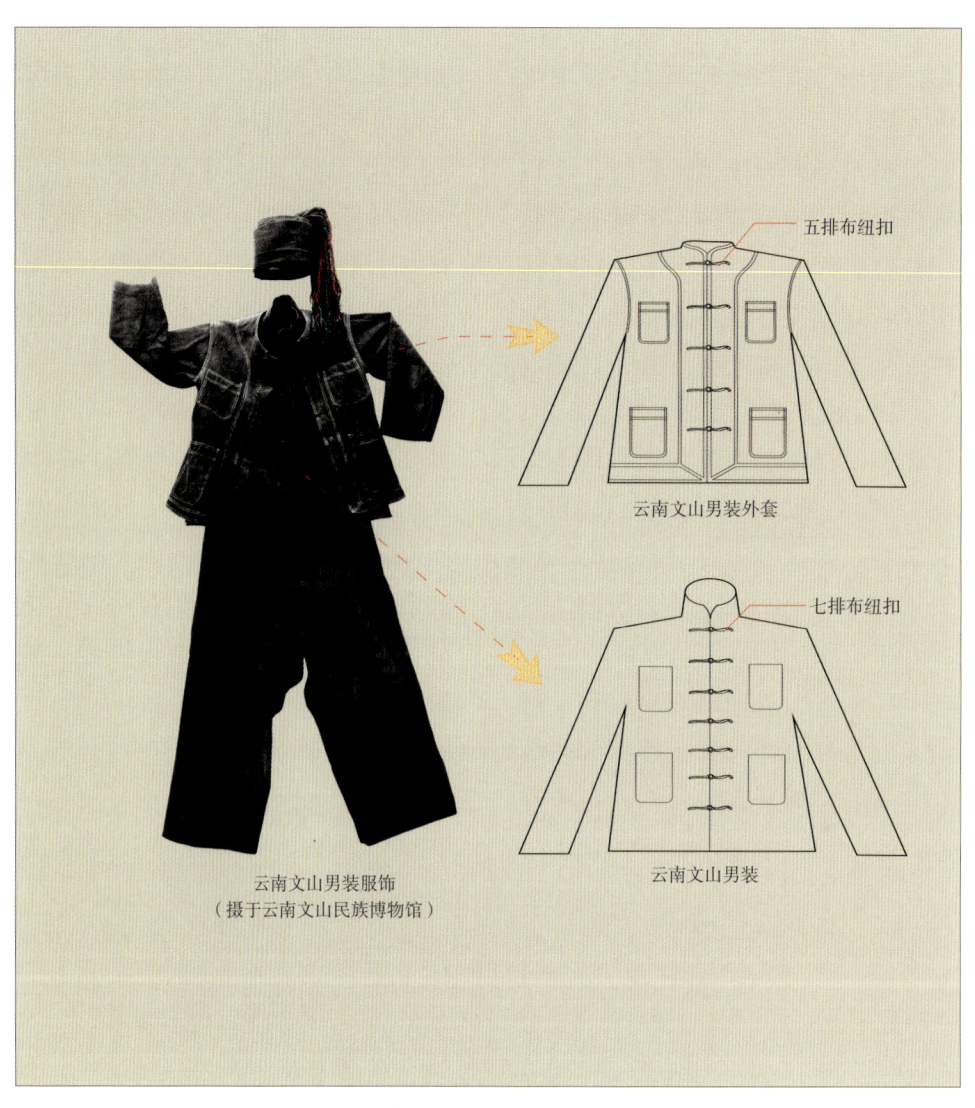

图三　广西壮族男性服饰延展图1

图四 广西壮族男性服饰对比图

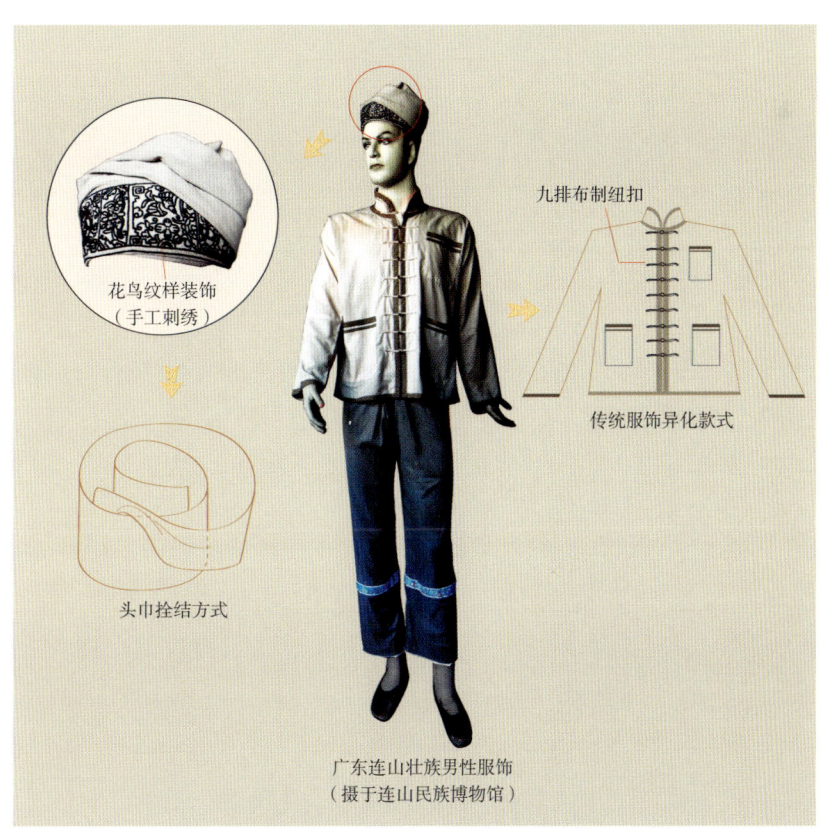

图五 广西壮族男性服饰延展图2

第二章 壮族传统服饰

113

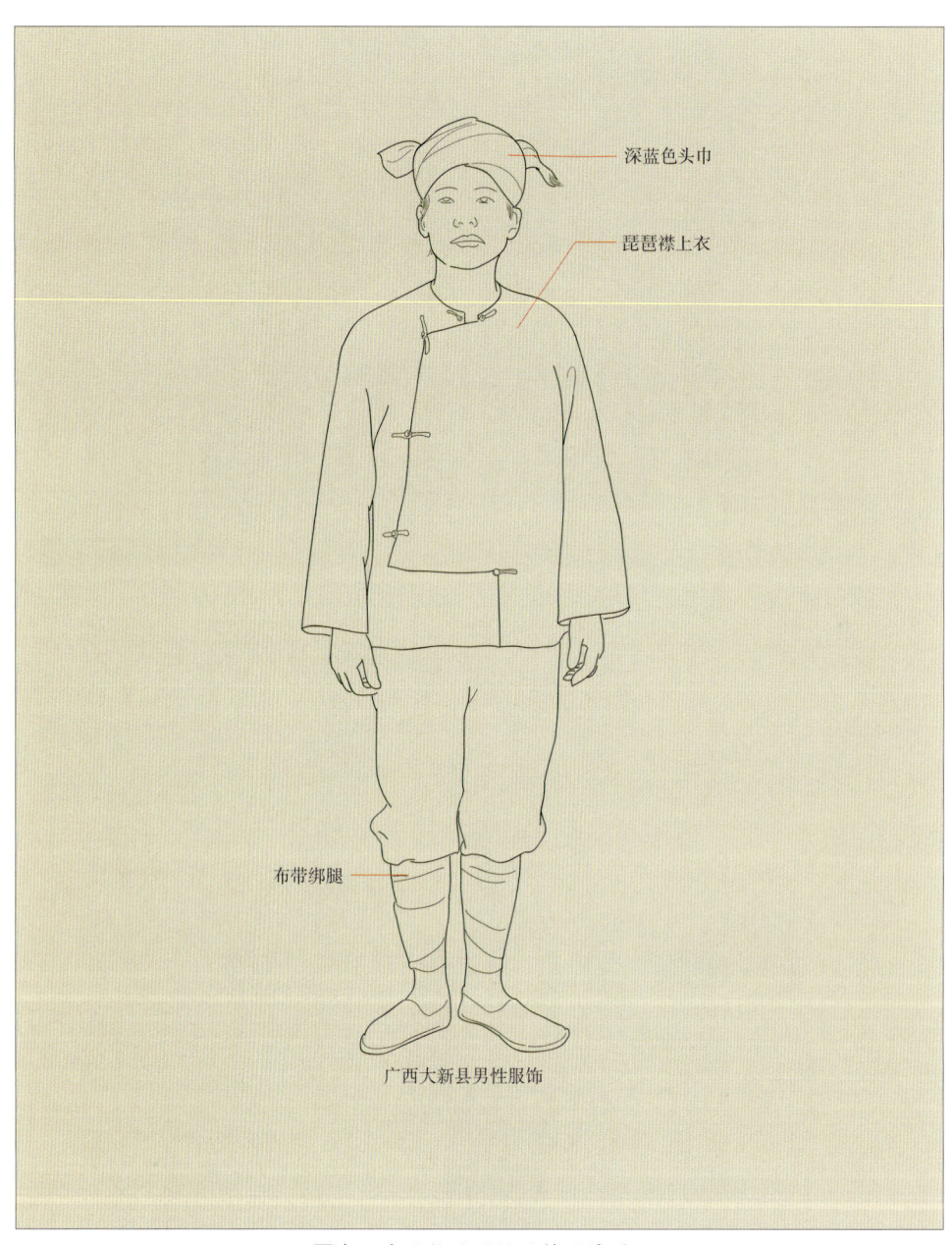

图六　广西壮族男性服饰延展图3

广西壮族儿童服饰

图一 广西壮族儿童服饰主图

从调研情况看,壮族儿童服饰既有成人服饰的影子,又有自身的特点,本案例即为壮族儿童典型传统服饰,现藏于广西民族博物馆。从服饰结构上分析,男孩常穿对襟式上衣,女孩为右衽式,与成人习俗一致。相异的是,男孩上衣只缝制两个口袋,布纽扣不超过五颗,头上常戴富有装饰性的帽子,比如本案例是钉有罗汉像的刺绣长生保命帽;女孩上装则用鲜艳的花蕊盘扣布纽,纽扣数量也不及成人多,加上领口、襟沿、腰腹部及手臂处装饰的彩色花带,整个服饰显得生动、活泼。事实上,本案例女孩服饰与广西西林一带女性服饰近似,当地成人女性上衣分内衣和外衣,外衣衣袖宽而短,内衣衣袖窄而长。由于衣袖袖口皆镶有花边,故内、外衣袖层次感得到强化,这种服装款式也体现在当地儿童的服饰上。

在广东连山考察时,我们发现,当地博物馆收藏的壮族儿童服饰与西林有明显不同:男孩虽然也穿蓝色服装,但领口、袖口、裤子下方都嵌有花纹彩带,布纽扣是几何形盘扣,共计三颗;女孩则穿对襟式蓝色上衣,下身穿深蓝色裤子,领口、袖口及裤脚略加装饰,显眼的倒是胸前三颗红色的花形盘扣,表现了孩子活泼好动的天性。

此外,云南文山州壮族儿童服饰也有自己的个性,特别是男孩的开裆裤,裆部被做成一种近于圆形的开口,方便孩子随时解便。

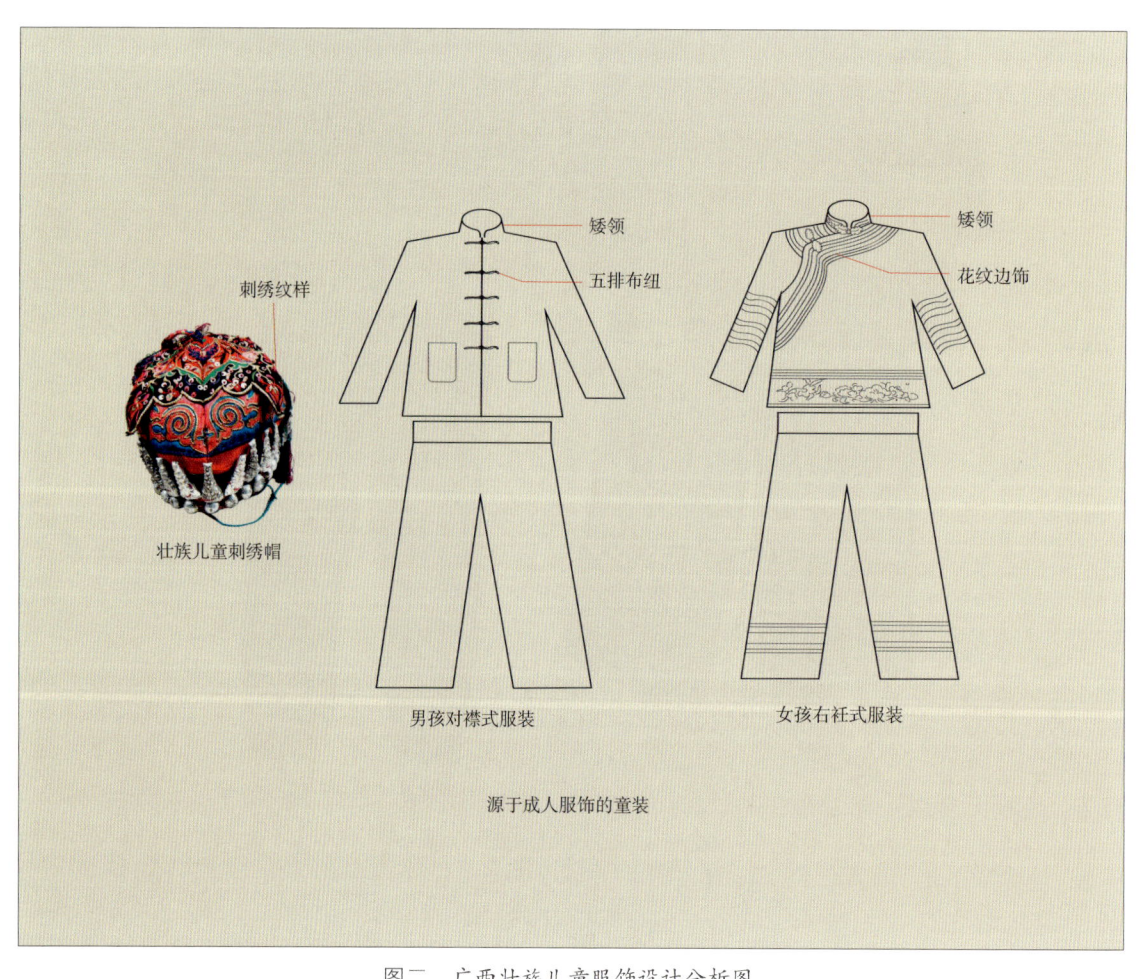

图二　广西壮族儿童服饰设计分析图

由于这种裤子通体是用黑色土布缝制而成，加之表面无装饰，为了避免儿童服饰的呆板与乏味，人们便用色彩艳丽、纹样丰富的高帮绣花鞋与之搭配。这类鞋实际就是一种靴子，表面绣满了花卉、蝴蝶等寓意美好的纹样，鞋底用布料制成，穿着舒适，鞋帮沿口可触及膝盖，能抵御风寒，是儿童秋冬季节用鞋。

总之，壮族因支系多、分布广，生活习俗及审美观念也有所不同，这导致成人服饰存在差异，这种现象自然也会对儿童服饰产生影响。

图片来源
图一、图六　许边疆　摄影
图三　梁汉昌　摄影
图二、图四、图五　许边疆　制图

广西西林马蚌那岩壮族女孩服饰
（梁汉昌摄影）

图三　广西壮族儿童服饰对比图

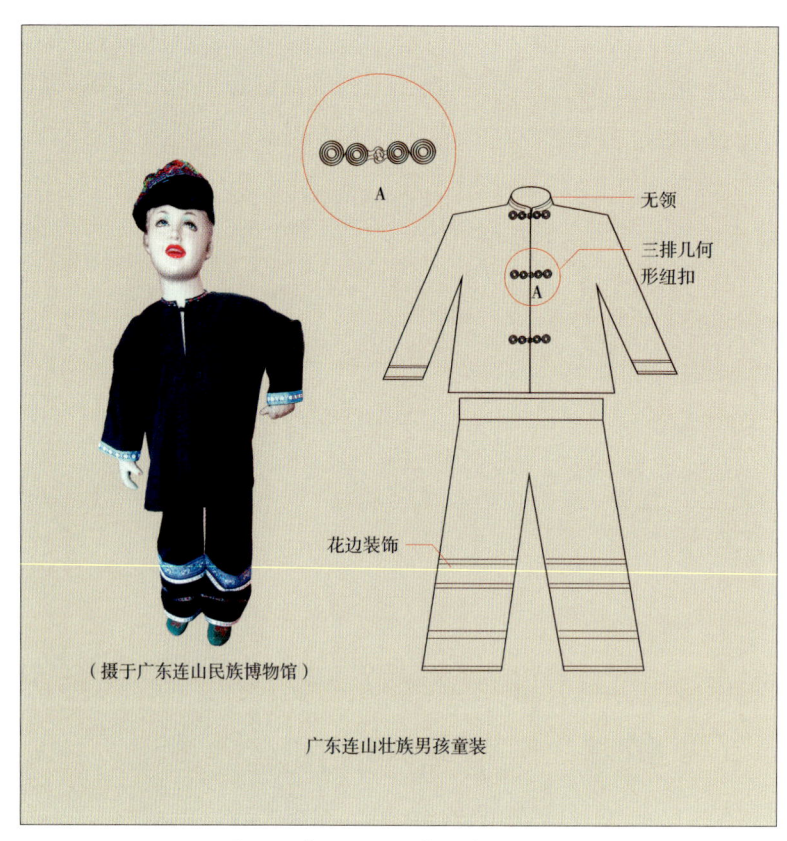

图四　广西壮族儿童服饰延展图1

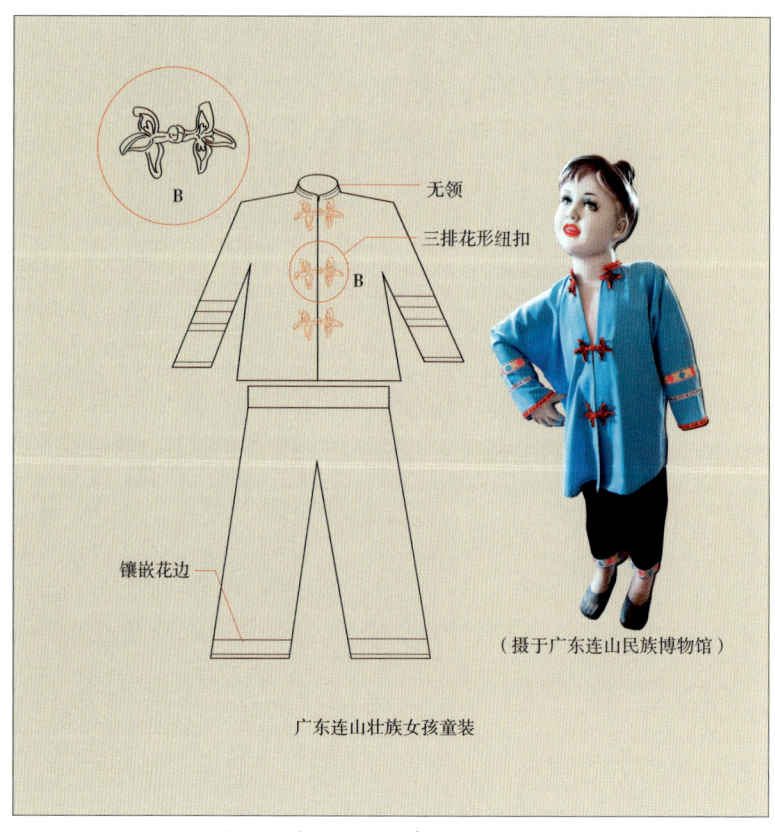

图五　广西壮族儿童服饰延展图2

图六　广西壮族儿童服饰延展图3

广西壮族大新花带

图一　广西壮族大新花带主图

　　壮族花带是一种服饰装饰带，或扎于腰部，或用于头帕。本案例采自广西崇左壮族博物馆，为大新县壮族女装腰部花带，长128厘米，宽6厘米，中部纹饰长25厘米，案例通体用棉线手工织成。

　　本案例所配服饰，是流行于大新县和江州北部的服装款式。过去，人们俗称这种服饰为僮装，传说出自唐代，故又称黑唐装。实际上，这类女性服饰有黑、蓝、白三色，当地女性一般在节庆日或外出做客时着黑衣，平日在家或劳动时就穿蓝色或白色服饰，本案例便是与黑色衣服搭配的一种服饰。从服饰款式特征看，年轻女性常穿右衽衣，着短衣长裙，上衣形制短而紧，衣长及腰，与裤头相接，年纪较大的女性则穿对襟衣。另外，年轻女性服饰的颈边、袖口、襟底边常绣有彩色花边用于装饰。从设计学角度分析，如果一体化的黑色服饰腰部系上彩色花带，无疑能将人体分出上、下两大部分，这种做法能给人以上身短于下身的视觉感，使人体显得修长，同时也因花带子的存在而让服饰平添了视觉驻点。正因为如此，壮族人仅在案例中部设置纹样，视域外的部位则设计为素面。本案例使用方式是，先将有纹样的部位放置在腹部，然后再将带子的两端系于后背，打结即可。不过，在当地还有一种彩绳编结而成的花带，这种花带形制较细，用法与本案例相反，它是在身子的前方打结，同样是一种装饰。

本案例纹样为菱形几何纹，是壮族人最爱用的纹饰之一。在壮族人眼里，菱形、圆、点等图案往往是人命魂的象征，这些图案在壮族剪纸中也被大量应用。当然，菱形几何纹也能给人以理性之美。除几何纹外，壮族花带也常用花卉图案，这类花带色彩对比强烈，能与颈边、袖口、襟底边饰形成呼应关系。

明代徐霞客在《徐霞客游记》里曾云："自下雷至胡润（今大新下雷），半披发不束。""……裙用百骈细裥，间有紧束以便行走，则为大结以负于臀后。"由此可见，壮族人腰部束带早已有之。实际上，腰带不仅有它的实用功能，也能让女性形体变得凹凸有致，使一些结构原本简单的服饰变得丰富起来，从而成为服饰重要的组成部分。

图片来源
图一　许边疆　摄影
图三　引自李元君主编：《美丽的锦绣——壮族服饰》，梁汉昌摄影，南宁：接力出版社2012年2月版。
图二、图四、图五、图六　许边疆　制图

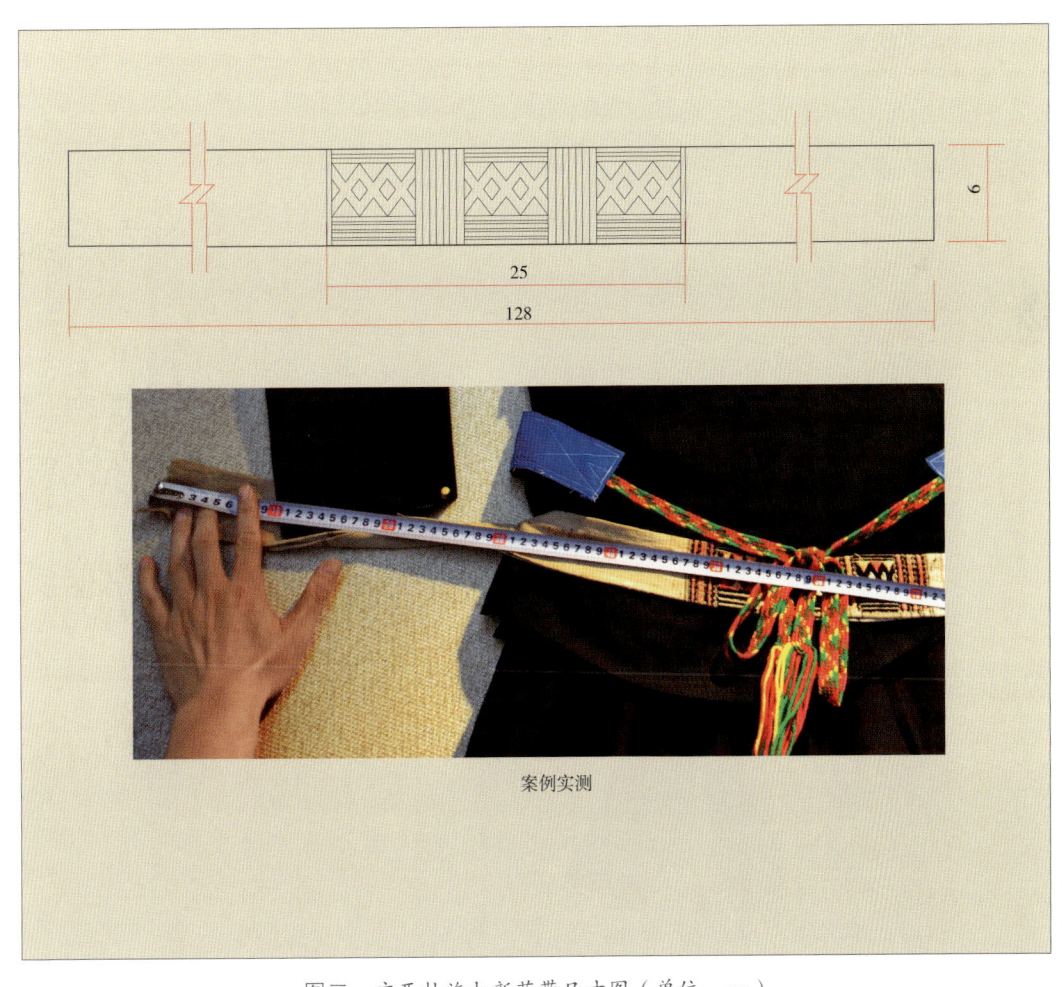

图二　广西壮族大新花带尺寸图（单位：cm）

广西大新花带功能图
(资料来源：《美丽的锦绣——壮族服饰》)

图三　广西壮族大新花带功能图

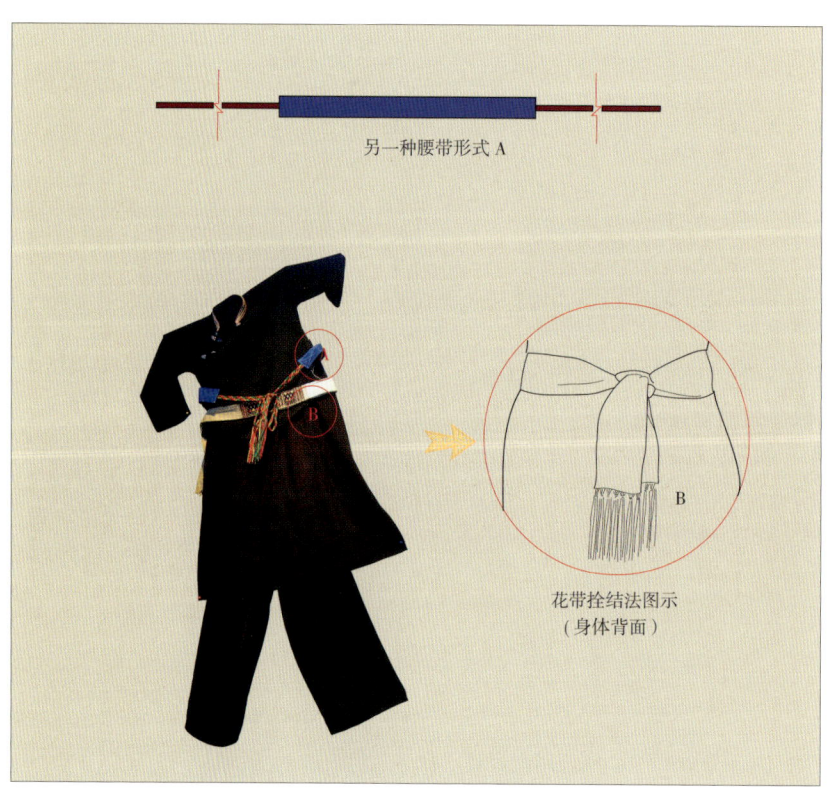

花带拴结法图示
(身体背面)

图四　广西壮族大新花带拴结示意图

本案例菱形几何纹

图五　广西壮族大新花带纹样图

壮族不同的花带纹饰

图六　广西壮族大新花带延展图

第二章　壮族传统服饰

广东壮族连山女性勒额

图一　广东壮族连山女性勒额主图

勒额是妇女的一种头饰，束于头额之上，具有装饰、护发、御寒等功能。在岭南，类似于这种勒额的头饰至少在汉代就已出现，例如广东佛山澜石东汉墓出土的歌女舞俑，其额头上便围有一条狭窄的帛巾。唐宋时期，军人或武士也常以布抹额，有些甚至还成了部队的识别标志。到了明清，女性勒额在全国许多地方都流行，并有"勒子""齐眉"或"遮眉勒"等不同的称呼。本案例采自广东连山县，属于民国时期遗物，现藏于连山民族博物馆壮族器物陈列室。

经测量，本案例长42厘米，最大宽度8.5厘米，中部宽5厘米，厚约0.5厘米。案例用蓝绿色锦缎做面料，深蓝色棉布为里，绳边制作而成。由于勒额讲究装饰性，故表面常用精美刺绣纹样或其他附件美化，如本案例就是用平绣法、抢针法等富有民间特色的手工针法来完成的装饰。其装饰题材是"喜鹊登梅"，寓意吉祥、喜庆和美好，是中国家喻户晓的传统纹样之一。在该馆考察时我们还见到不同装饰手法的勒额，比如有些勒额是用刺绣法和金属件混合装饰；有些则是用大红的面料绣上花卉，色彩显得十分浓艳。不同的使用对象选用不同的装饰手法：年轻人用的勒额在色彩上多采用石榴红、朱红、青色和绿色，年纪大的多用黑色、深蓝色或深红色。

本案例使用方式是：先将勒额的中部放在面部额头前，再用双手分别持一端的绳系，绕过鬓发把绳拴结即可。广东连山位于中国的南方，常年平均气温比北方高，因此当地壮族人用的勒额与北方相比存在一些差异：一是勒额的宽度往往不及北方大，尤其是寒冬用的勒额，北方的能将两耳遮住，南方的却罕见这种形制；二是勒额的厚度也不及北方大，在北方有些勒额甚至用动物皮来制作。显然，壮族人用的勒额尽管也有一定的御寒功能，但更多的是倾向于装饰，并兼有阻止头发散乱的功能。

从设计学角度分析，壮族勒额在形制与纹样上善用对称和均衡的装饰方法，其外部曲线的变化既平缓又顺畅，左右对称的形式及等量的图案给人以灵秀之美，特别是在结构设计上，案例充分考虑了人的使用方式及与头型的匹配关系。

图片来源
图一　许边疆　摄影
图二至图六　许边疆　制图

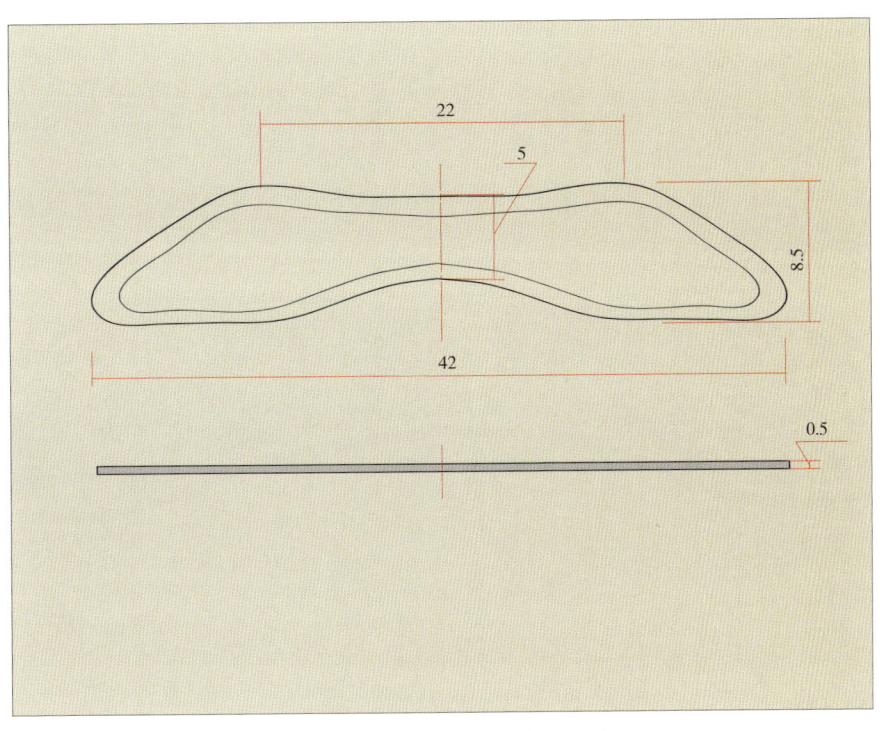

图二　广东壮族连山女性勒额尺寸图（单位：cm）

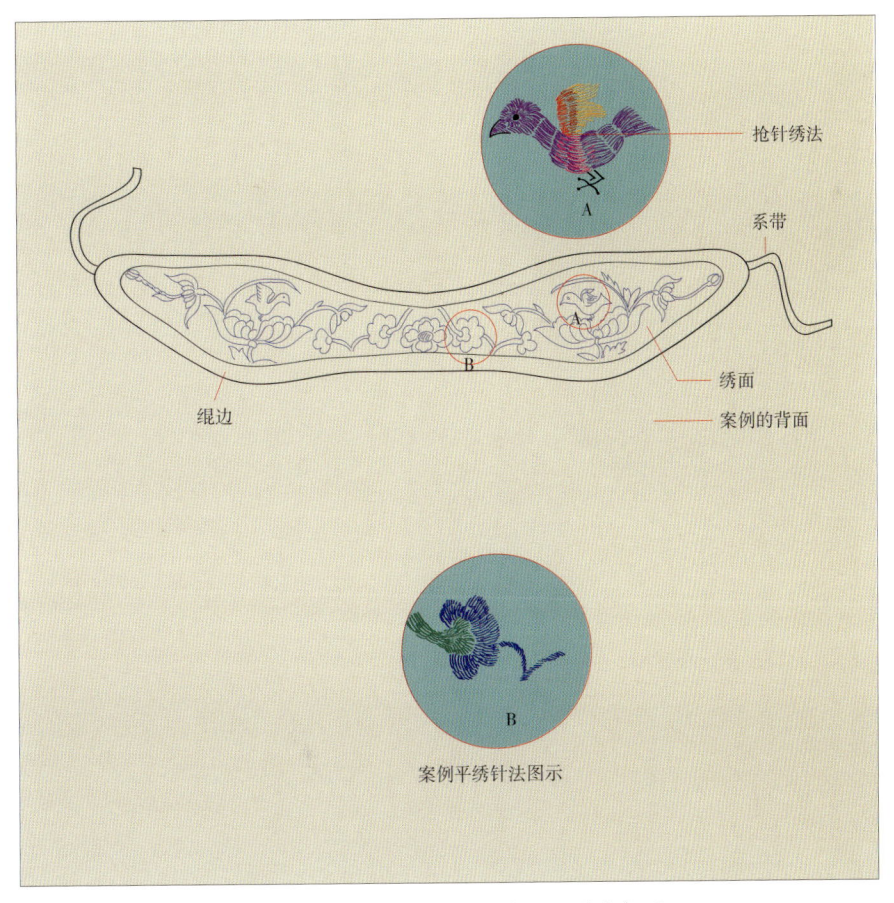

图三　广东壮族连山女性勒额设计分析图

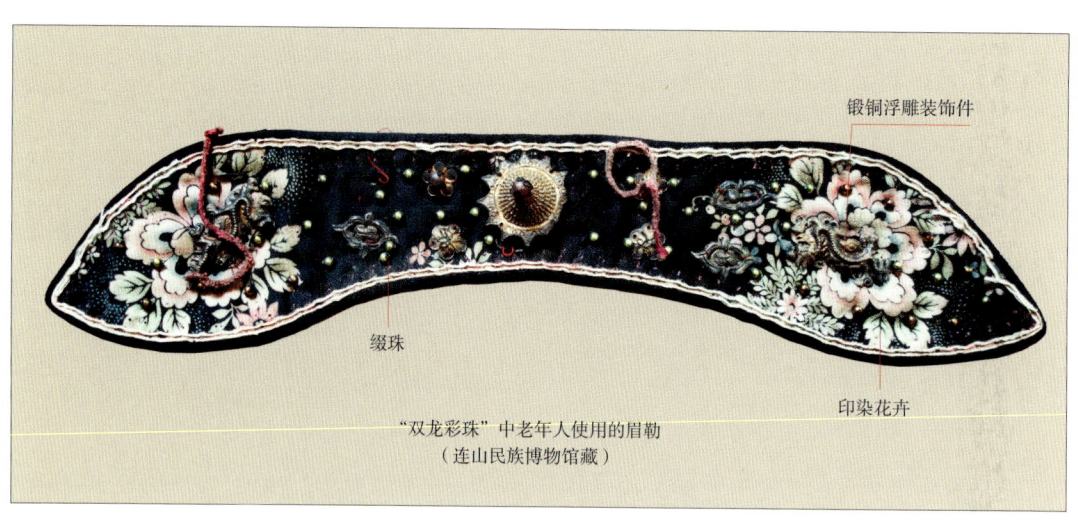

锻铜浮雕装饰件

缀珠

印染花卉

"双龙彩珠"中老年人使用的眉勒
（连山民族博物馆藏）

图四　广东壮族连山女性勒额对比图1

壮族传统妇女眉勒功能图
（拍于广东连山民族博物馆）

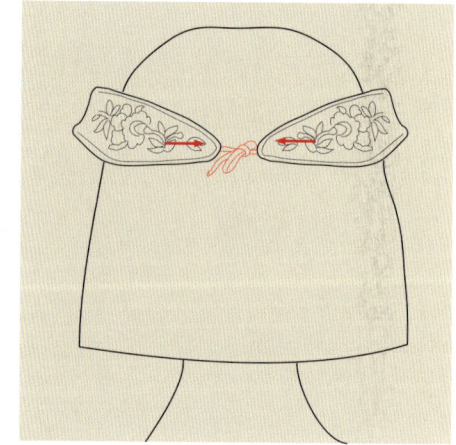

妇女眉勒使用方式图

图五　广东壮族连山女性勒额功能图

北方眉勒形制之一

图六 广东壮族连山女性勒额对比图2

广西壮族桂西南头巾

图一　广西壮族桂西南头巾主图

　　壮族传统女性头巾式样繁多，且民族特色浓郁，本案例即为桂西南女性头巾，现藏于广西崇左壮族博物馆。案例结构由花带、巾面和衬里组成。经测量，花带长59厘米，宽3厘米；头巾面长33厘米，宽14厘米；衬里长35厘米，宽16厘米。案例用当地土布制成，并饰有锦纹。

　　如果将案例展开，其形如"T"，上端是细长的花带，下端是巾面和衬里。案例使用方式是：双手各持花带的一端，将头巾正中贴在前额上，然后双手伸向脑后拴结花带，再将头巾面和衬里向后翻过，头巾就会自然地搭在头上部。从实际使用情况看，此类头巾面宽不一，无标准尺寸，有些长的头巾甚至能垂落在人的脑后，并在头的两侧自然形成一个翘角，从而构成了富有民族区域特点的头巾形态。从设计学角度分析，壮族女性使用这类头巾的优点是：其一，在劳动中，既可遮挡阳光又能防止灰尘弄脏头发；其二，这种头巾不会形成封闭空间，因而透气，与南方较热的天气相适宜；其三，垂在脑后的衬里布具有擦汗功能；其四，黑白相间的条纹及彩色锦纹具有装饰作用。从历史看，壮族人比较喜爱几何纹样，比如本案例中的三角形纹样、菱形纹样、矩形纹样，这些纹样在壮族铜鼓上也时有出现。另外，从织锦工艺角度看，几何纹也易于织造。

　　历史上，不同壮区的女性头巾是有差异的，比如湖南江华壮族女性的头巾是小方巾，上面常绣鸟兽、花卉等纹样，色彩也十分鲜艳，但当地老年妇女则用青色头巾将头发扎成锥形；再比如桂北龙胜一带壮族女性头巾，多是艳丽的印花或提花毛巾。更有意思的是，广西贵港壮族女性的头巾与围裙是一体化的，平常用作围裙，若天冷或风大时，可将围裙临时转化为头巾。多样化的壮族女性头巾，表明壮族女性不仅热爱生活，而且聪明睿智。

图片来源
图一、图四　许边疆　摄影
图二、图三、图五、图六　许边疆　制图

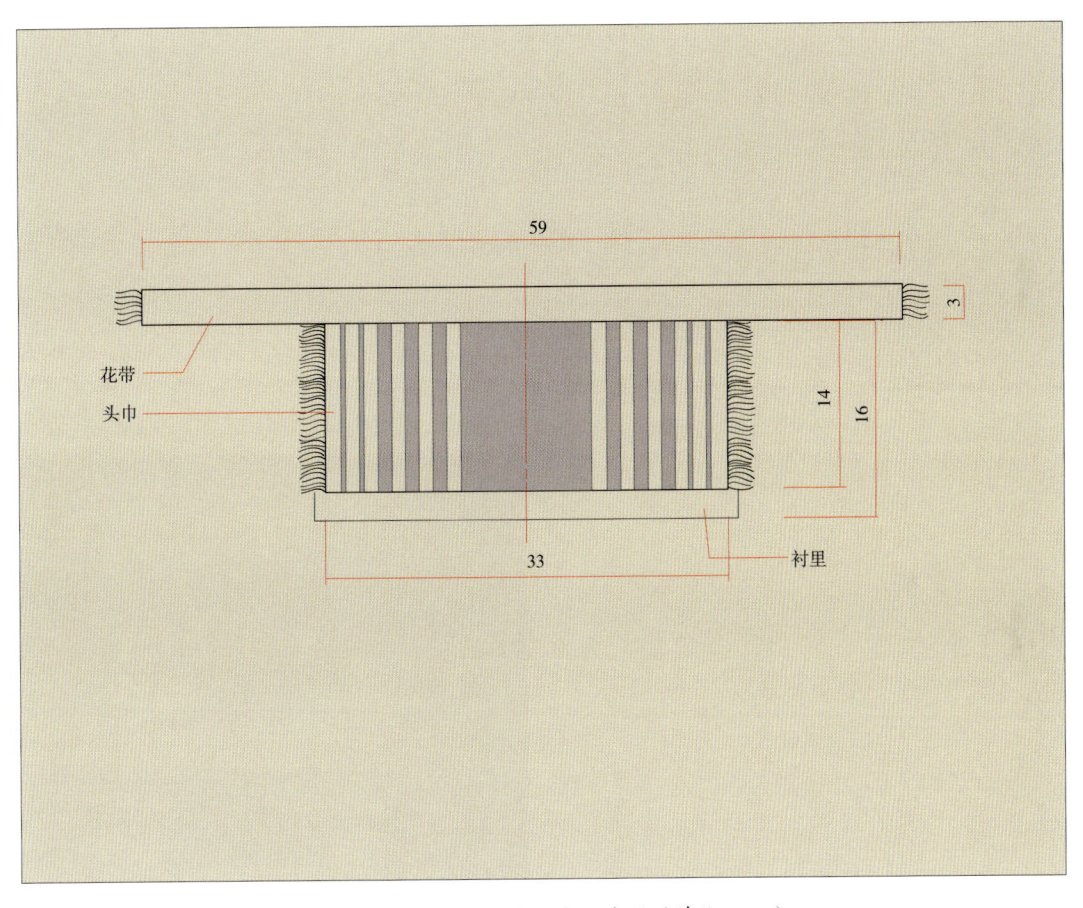

图二　广西壮族桂西南头巾尺寸图（单位：cm）

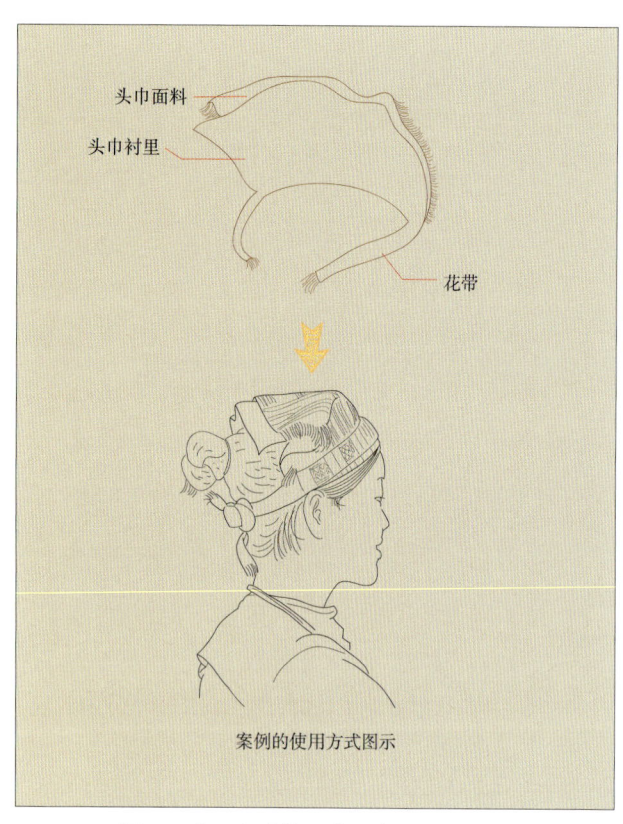

图三　广西壮族桂西南头巾使用方式图

本案例使用方式图示
（摄于广西民族博物馆）

图四　广西壮族桂西南头巾功能图

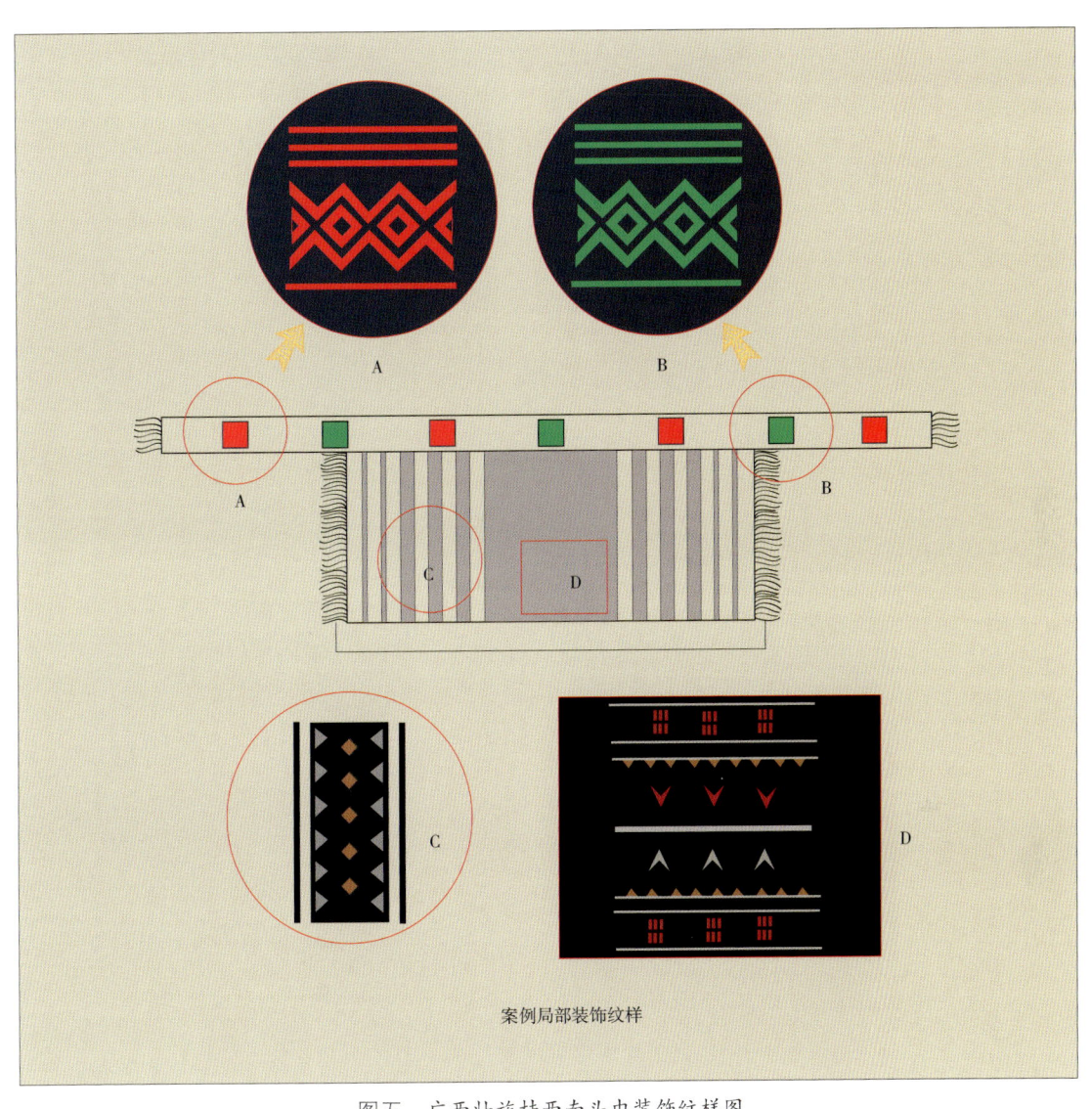

案例局部装饰纹样

图五 广西壮族桂西南头巾装饰纹样图

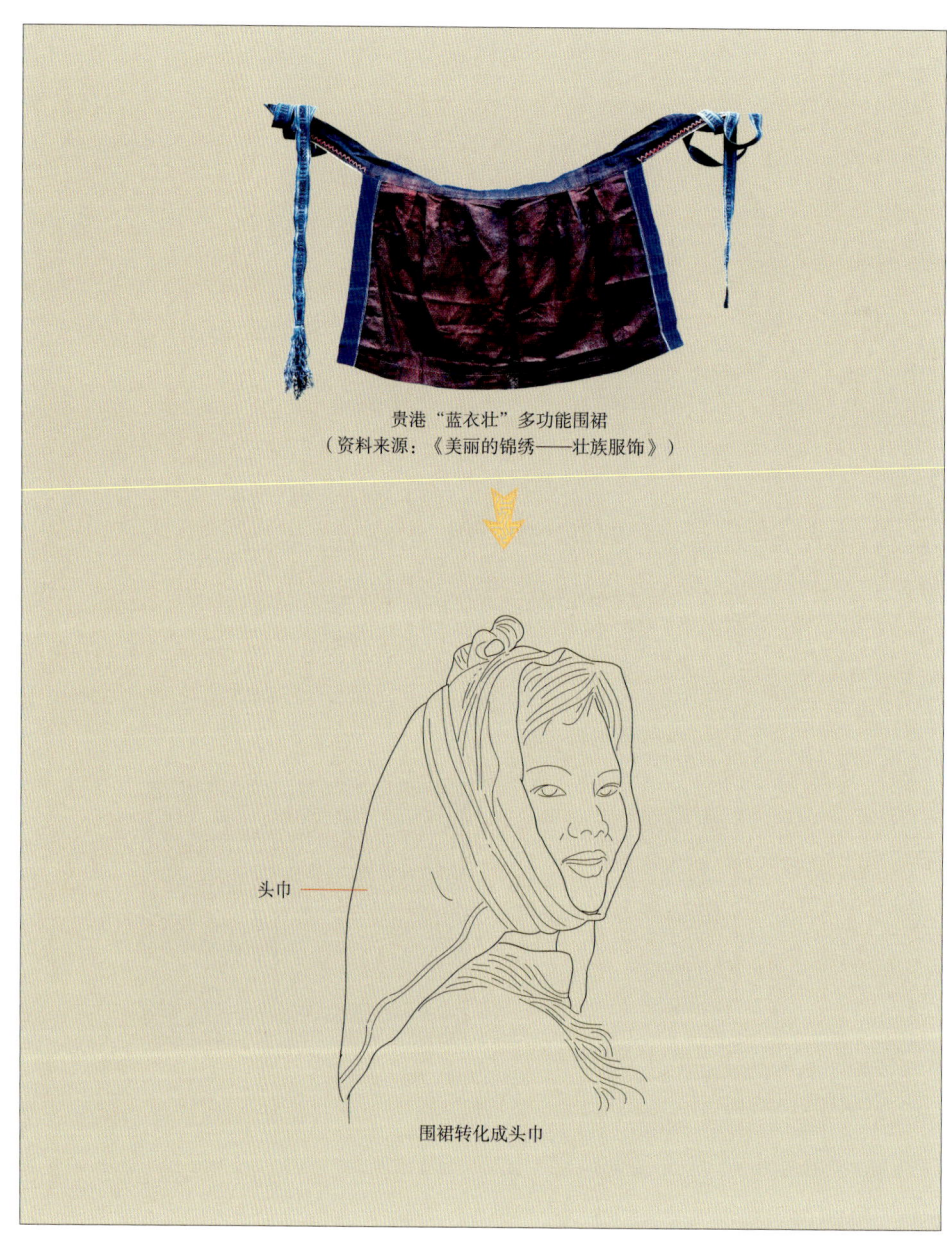

贵港"蓝衣壮"多功能围裙
（资料来源：《美丽的锦绣——壮族服饰》）

头巾

围裙转化成头巾

图六　广西壮族桂西南头巾对比图

云南壮族文山州象形童帽

图一 云南壮族文山州象形童帽主图

象形帽，是指帽子的形制模拟某种自然物象而来，比如动物、植物。在壮族童帽中，这类帽子最为常见。本案例采自云南文山州民族博物馆，为鱼形童帽。

本案例帽面用红色棉布制成，帽里则为柔软的细薄布，两者形成内外夹层（可铺一层薄薄的棉花用于保暖）。同汉族一样，壮族人视红色为喜庆之色，儿童帽的外层常用大红布来制作，倘若要用蓝黑布，其表面会用不同颜色的线（或鲜艳的布贴）绣出花草、蝴蝶、缠枝等富有吉祥寓意的纹饰，色彩追求丰富艳丽，这是壮族象形帽共性之所在。或许出于实用功能的需要，壮族象形帽一般都设计成对称结构，本案例就是用两块大小、形状皆一致的红布，通过对缝连接而成。具体做法是：将红布裁剪成鱼形（包括帽子的前檐），然后用黄布包边，再用绿线以"X"的形式锁住黄布，从而凸显出一个立体形态。至于帽子细节的装饰，本案例有两种手法：一是贴布的形式，如帽子前额水浪花的装饰；二是用刺绣的形式来装饰花纹及鱼身结构。

云南文山壮族象形帽种类十分丰富，除鱼形帽外，还有孔雀帽、鸟巢帽、猫头帽等等。特别是文山侬支系童帽，孩子两三岁时常戴"都淌毕"，这种"都淌毕"尾部很像鸭子尾巴，故又称鸭尾帽。这种帽子一般采用较为鲜艳的缎子制作，帽面和帽里之间铺一层棉花用于保暖。帽的前檐缝有一块约3

厘米见方并有齿形的特制包布，包布上饰花草图案，包布两端稍向上弯卷，如翻滚的波浪，帽檐镶有金边。女孩4至10岁往往戴"都免曼"（一种头箍帽），这种帽的前额有一个含苞欲放的"转都"（荷花、帽果），帽子周边有各色彩线，帽顶钉上与帽箍相同宽度、绣有方块纹样的长布条，直搭到后脑勺。帽尾钉挂一些银制的鱼、虾等小动物和小响铃，走起路来叮当悦耳（刘德荣等编著：《新编文山风物志》，昆明：云南人民出版社2000年版，第59页）。

壮族象形帽是一类装饰趣味很浓的帽子，民族特点十分突出，每种款式不仅体现了壮族人的聪明才智，也寄托着真诚的母爱。这种设计方法对当今设计师无疑仍有启迪价值。

图片来源
图一　孙林　摄影
图二至图四　许边疆　制图
图五　许边疆　摄影

1-3岁儿童使用

图二　云南壮族文山州象形童帽功能图

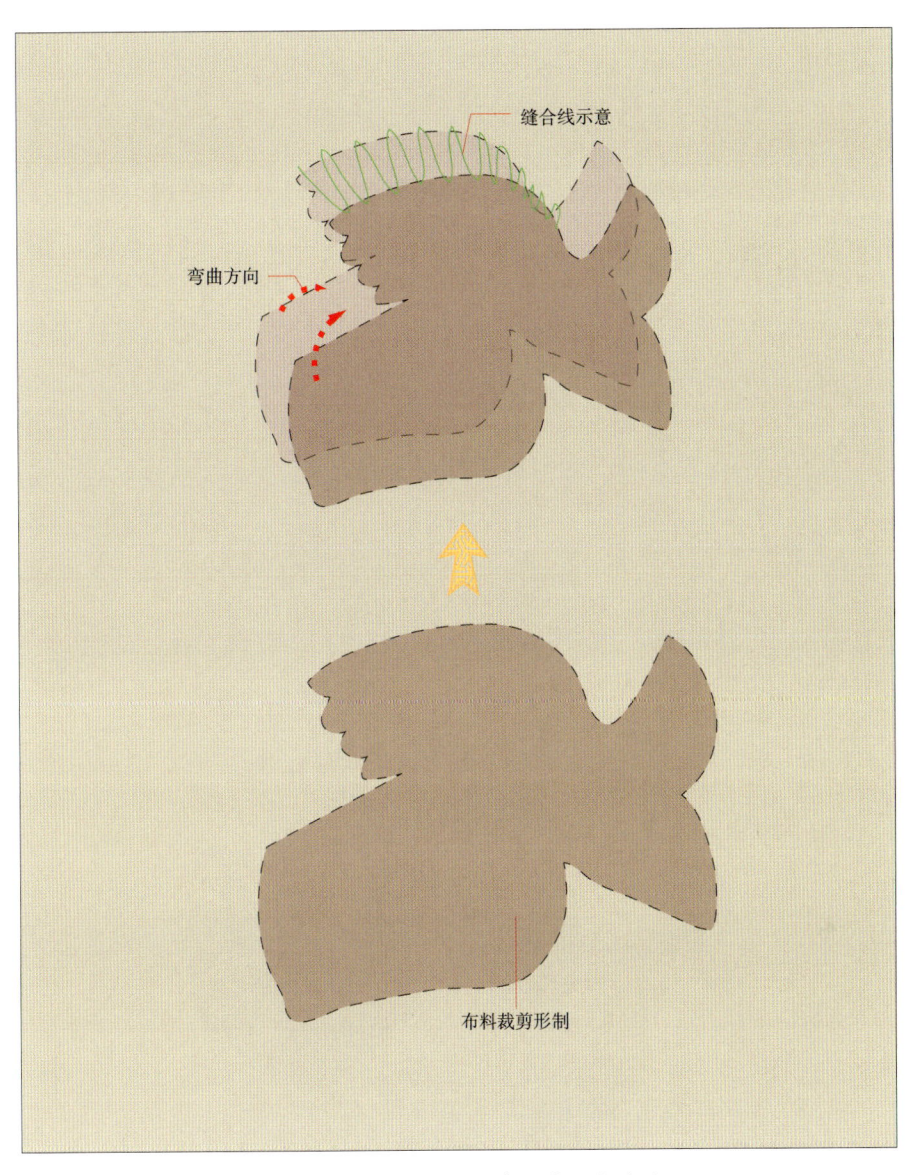

图三　云南壮族文山州象形童帽构造图

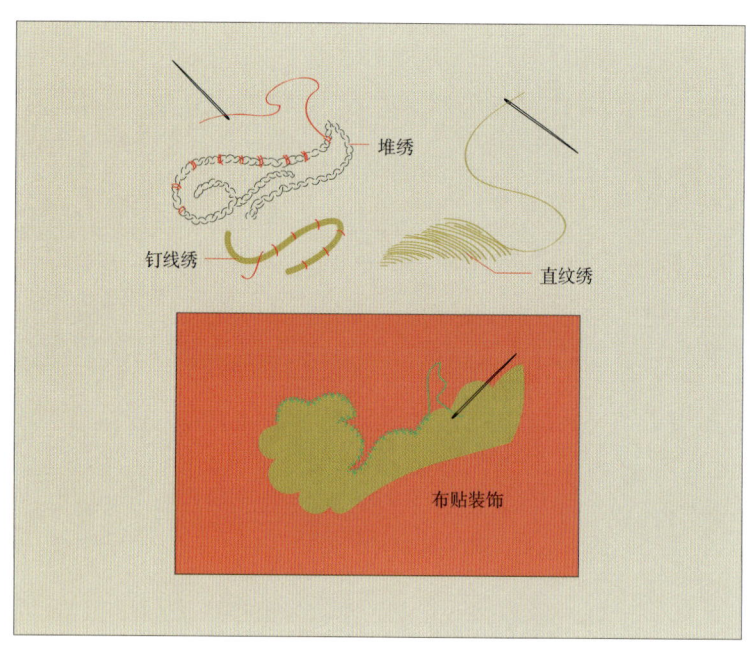

图四　云南壮族文山州象形童帽装饰手法图

云南文山州壮族象形童帽不同形制
（摄于文山民族博物馆）

图五　云南壮族文山州象形童帽对比图

广西壮族宁明刺绣童帽

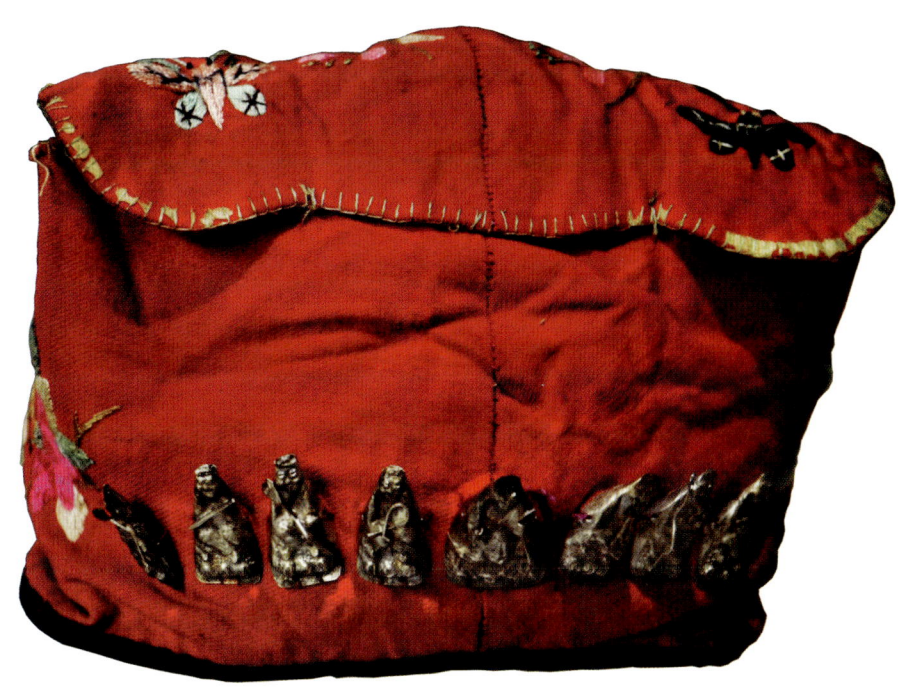

图一　广西壮族宁明刺绣童帽主图

　　壮族童帽大致可分为秋季布帽和冬季棉帽，儿童一般在夏季不戴帽子。本案例采自宁明县，属于儿童冬季帽，现藏于广西崇左壮族博物馆。案例高约13厘米，口径约15厘米，帽子外部面料为红色棉布，前端帽檐钉有银制八仙人物像，帽子背后绣有牡丹花、菊花、蝴蝶等纹样。

　　从结构上分析，案例是由两块"L"形布片以对称形式手工缝制而成。由于案例是冬季用品，故里外布料之间添加了棉絮，只不过因为桂南的冬季不太冷，棉絮不如北方童帽厚而已。另外，"L"形布片所构成的帽顶（可翻转固定）顶部两侧存在一定缝隙，该缝隙既不影响帽子的保暖性能，又能让部分空气进入。除实用性外，本案例装饰手法颇具地域特色，比如帽子额前钉有锻银八罗汉像，而八罗汉是家喻户晓的神话人物，佩这些银饰有长生保命之意。再比如，帽子背面绣有牡丹、菊花、蝴蝶，其中牡丹与蝴蝶是富贵的象征，而菊花则有长久、长寿之意。壮族人巧于构图，善于用强烈的对比色来表达色彩关系，为了将孩子打扮得漂亮，常在孩子服饰上加以刺绣工艺。从加工程序看，壮族绣花帽是先将布料绷在木框上完成纹样刺绣，再依据帽子形制及大小裁剪已有绣纹的布料，最后便是手工缝制。

　　壮族传统童帽形制多样，尤以模拟动物特征最为常见。例如广西上思壮族儿童"猫头帽"便是模拟猫的原形设计的，这种帽顶部有"猫耳"一双，孩子戴上它更增添了几分童趣。至于壮族童帽装饰的内容，常见的有花草、龙凤、麒麟、鱼鸟、蝴蝶、缠枝等寓意吉祥的传统纹样，有些甚至还直接绣上"长命百岁""富贵万年"的吉祥文字。不仅如此，壮族童帽多搭配银饰件，除了本案例的八仙人物外，还有"十八罗汉""菩萨坐像""大肚罗汉""鸣蝉""花蕾"等题材，内容可谓丰富多彩。

图片来源
图一、图三　许边疆　摄影
图二、图五　许边疆　制图
图四　　　　许边疆　摄影、制图

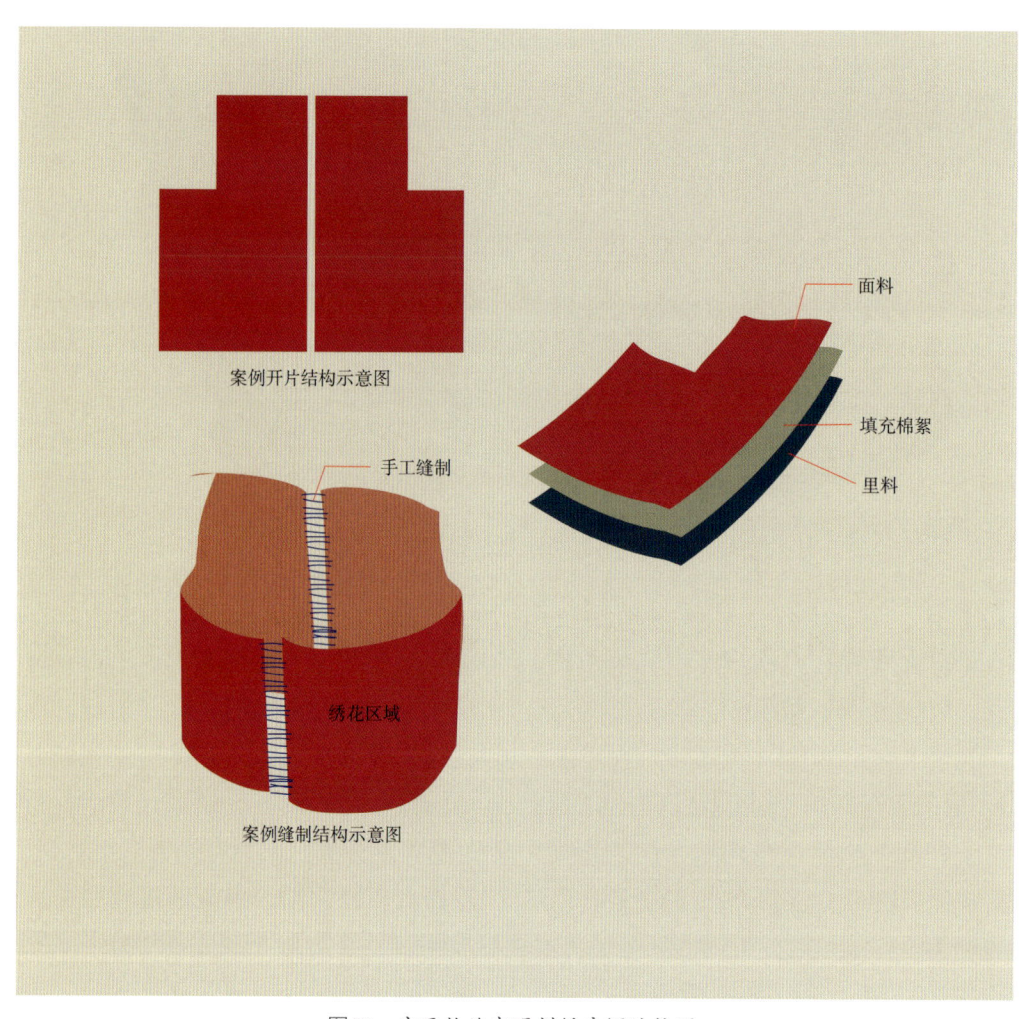

图二　广西壮族宁明刺绣童帽结构图

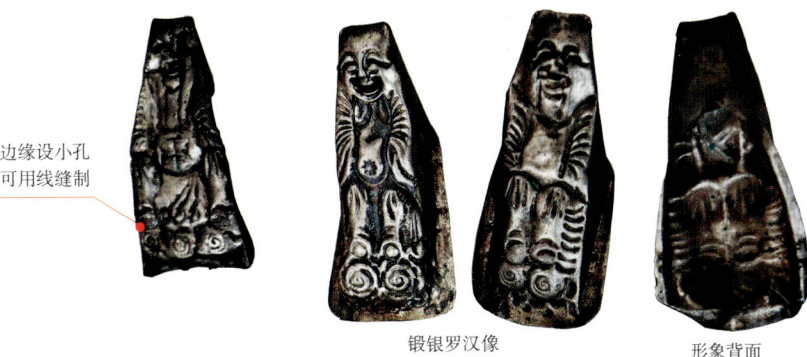

图三　广西壮族宁明刺绣童帽装饰附件图

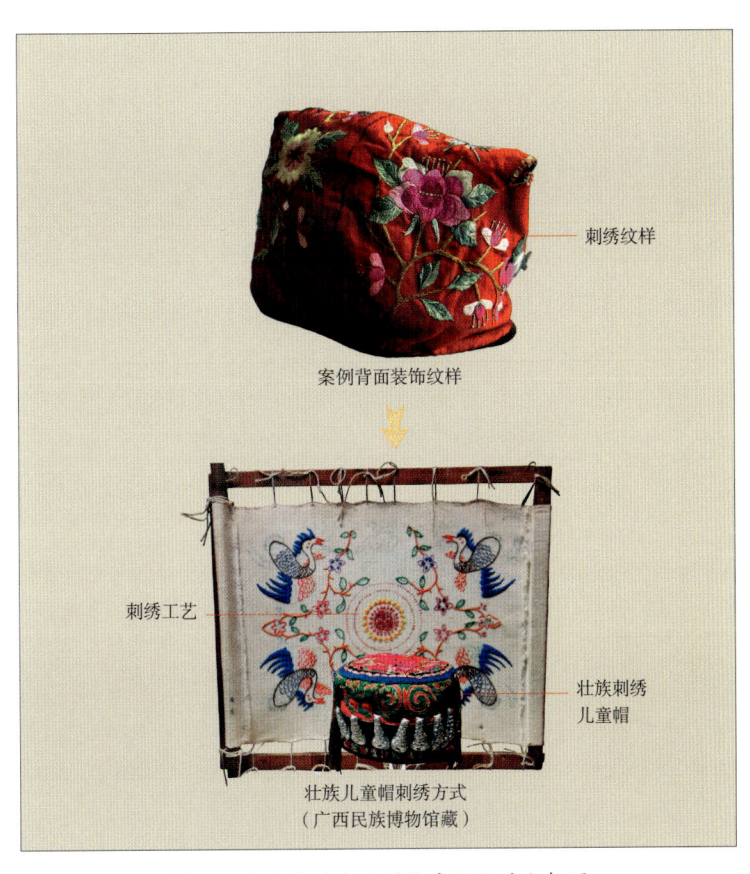

图四　广西壮族宁明刺绣童帽设计分析图

图五　广西壮族宁明刺绣童帽对比图

广西壮族龙胜绣花背带

图一　广西壮族龙胜绣花背带主图

背带是成人背幼儿用的一种布带，壮话叫"腊"，由于大多数背带都绣花，故有"绣花背带"之称。本案例采自广西龙胜县龙脊乡，现藏于广西龙脊壮族生态博物馆，用土布制成，横向长516厘米，纵向长126厘米，背带心48厘米，背带手两端宽度各24厘米。案例由绑带、背带心、背带手、背带屁股和背带尾巴组成，整体形制如"T"，背带心、背带屁股用传统图案麒麟、双凤、双蝶、花草等装饰。

对壮族人而言，背带是人背上的"摇篮"，它的出现应该与壮族女性勤劳有关——壮族女性常常一边劳作一边看护幼儿。从功能角度分析，48厘米见方的背带心是护佑幼儿身体的，屁股带则是托起幼儿臀部的构件，由于背带心和下部背带尾巴都设有绑带，因此只需以交叉的形式将绑带从成人背后延伸至胸前系牢即可。关于背带尾巴的设计，如果过宽则影响幼儿身体发育，反之会让幼儿裆部感觉不适，本案例选择15厘米的宽度是综合考虑的结果。本案例设有两条又长又宽的带手，将它们左右交叉围在大人腰部能很好地护住幼儿，不仅具有托举的作用，也具有捆绑功能。

实际上，壮族不同地区的背带功能是相同的，但背带形制和装饰手法却有差异。比如，本案例背带心图样是直接绣在土布面料上的，而广西隆林壮族背带心则是花中套花、图中套图，叠加多层用刺绣装饰过的布片，结构似铠甲，色彩搭配多采用红绿对比，视觉感强烈又厚重。在壮乡，背带通常是由小孩外婆亲手缝制，是当地青年男女订婚、结婚、生子三部曲中的重要一环，在壮族人眼里，只有夫妻有了孩子，这门亲事才算是最终敲定。

关于壮族背带的历史，清末徐珂在《清稗类钞》里曾说："襁褓始于三代，而今尚有之，襁，幅八寸，长一丈二尺，以负小儿于背；褓，小儿被也，粤妇之保抱小儿辄用之。"显然，壮族背带（即襁褓）历史久远。

如今，壮族人仍在使用背带，只不过花样更加繁多（批量生产），但设计原理却大同小异。

图片来源
图一、图七　孙林　摄影
图二至图四　许边疆　制图
图五、图六　许边疆　摄影

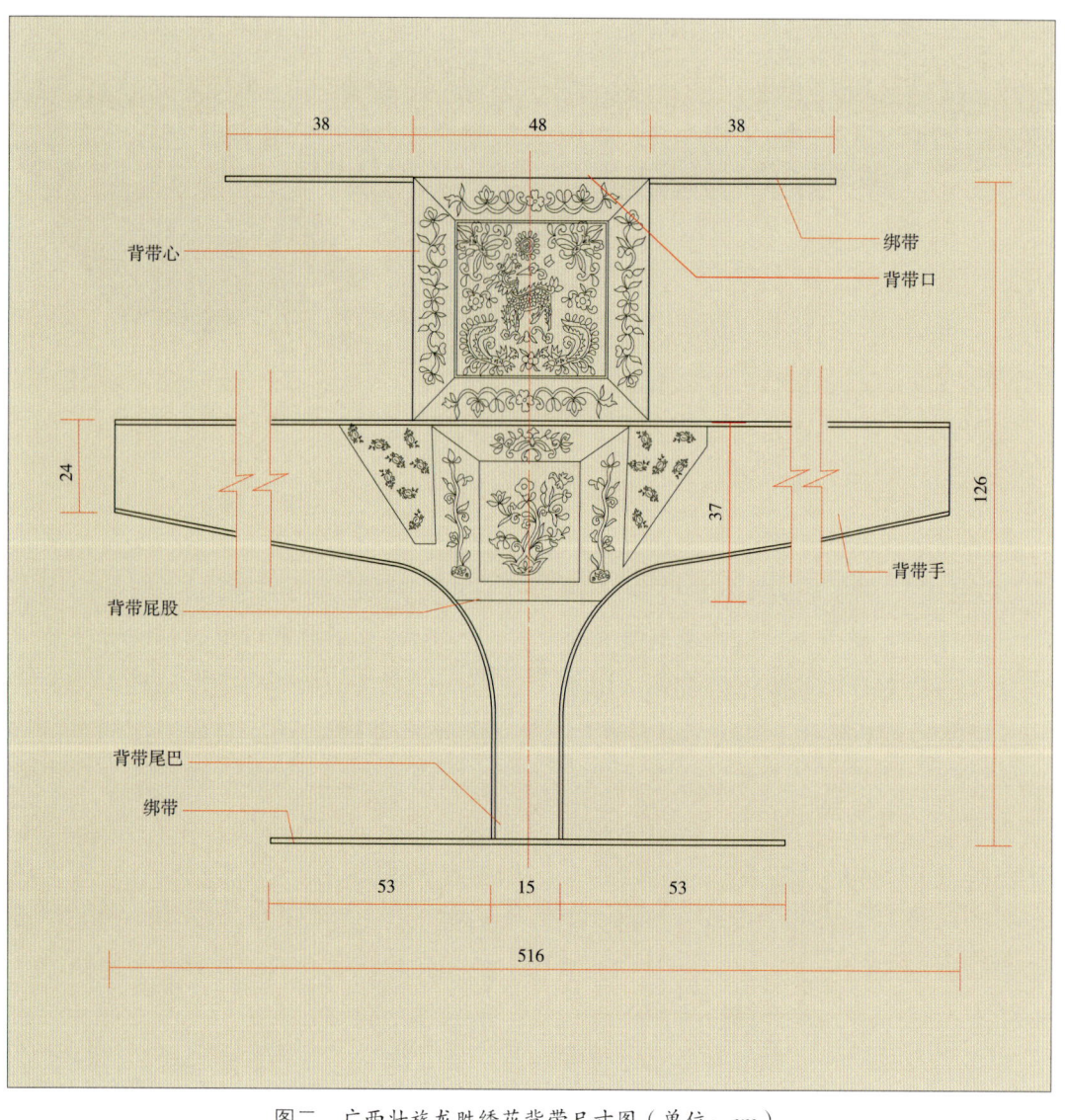

图二　广西壮族龙胜绣花背带尺寸图（单位：cm）

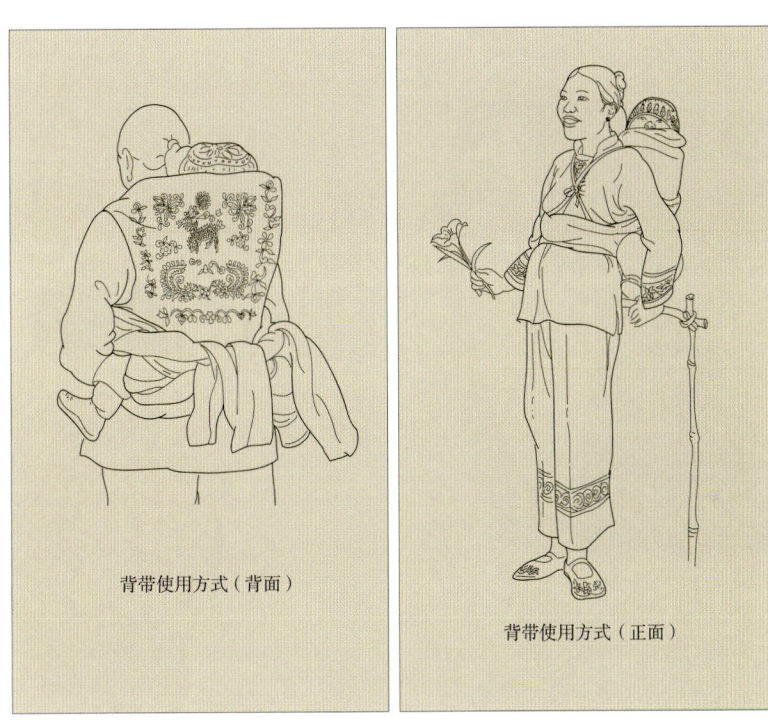

图三　广西壮族龙胜绣花背带功能图

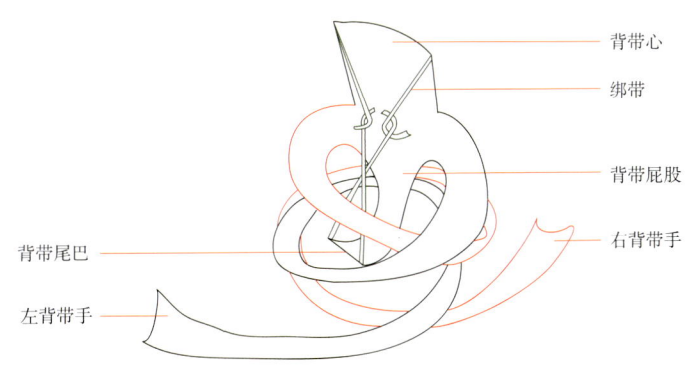

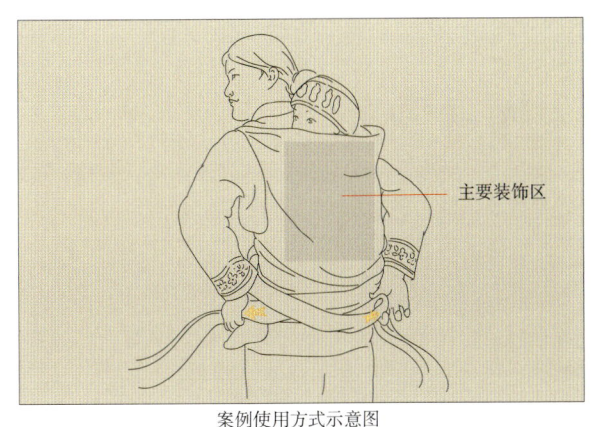

案例使用方式示意图

图四　广西壮族龙胜绣花背带使用方式图

第二章　壮族传统服饰

广西壮族崇左背带形制
（崇左博物馆藏）

图五　广西壮族龙胜绣花背带延展图1

当代壮族女性背带
（2014年正月摄于广西贺州南乡）

图七　广西壮族龙胜绣花背带延展图3

广西隆林壮族刺绣背带
（广西民族博物馆藏）

广西隆林壮族刺绣背带心
（广西民族博物馆藏）

图六　广西壮族龙胜绣花背带延展图2

广西壮族挎包

图一 广西壮族挎包主图

壮族传统挎包是一种壮锦平底布包,这种包主要流行于桂西与桂南。本案例采自广西民族博物馆,是用手工缝制成的壮锦挎包,包身长31厘米,高30厘米;包带全长96厘米,宽4.5厘米。此外,挎包下部两端各设有一束璎珞,璎珞长9厘米。

本案例为男女皆可使用的一种日常生活用品,既能悬挂于屋内墙壁之上供人们存放物品,也能外出随身携带。归纳来看,外出使用的方式有单肩挎式和斜肩挎式两种,选择何种方式，主要取决于个人的使用习惯。从设计学角度分析，案例带子总长96厘米，若以一般女性身高（南方女性平均身高157厘米）为例，无论是何种挎法，包身都会处在人手之旁。显然，这很方便人手取（或放）物。此外，本案例包形近于正方形，为了消除正方形呆板的视觉感，壮族人巧妙地在包身下部设计了两束璎珞，这两束璎珞能让人眼产生错觉，感觉包身被拉长，同时因人的走动导致璎珞不停地晃动，这给人带来了视觉驻点。

事实上，壮族挎包的形制与壮锦生产方式有关。传统壮锦常用竹笼机或小木机编织而成，幅宽一般不超过50厘米，如果是纵向对折布料来制作挎包，显然布幅过窄，因而只能横向对折布料。所以，将本案例形制设计成31厘米的长度，是由布料半成品尺寸所决定的，同时，30厘米见方的挎包也与

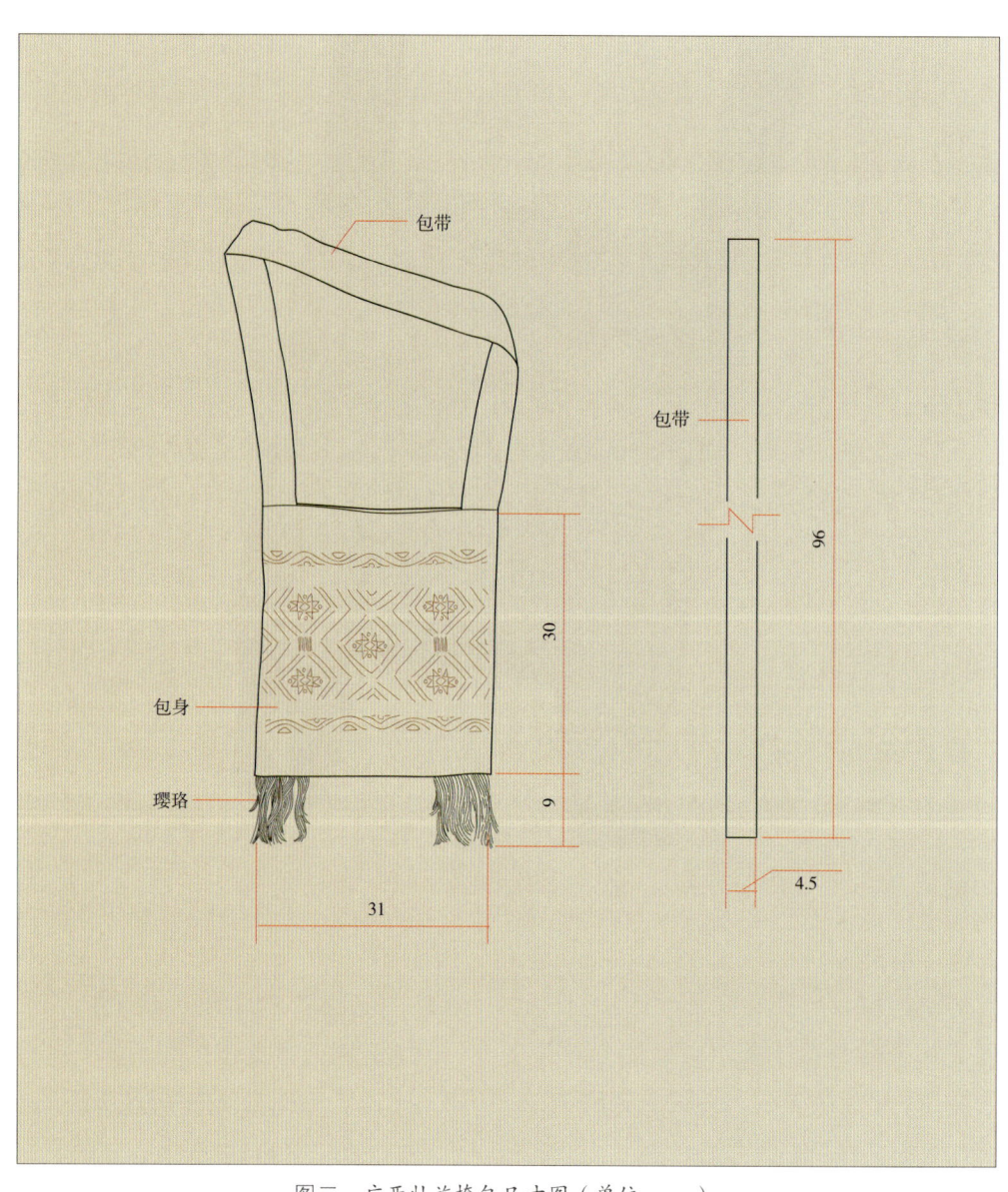

图二　广西壮族挎包尺寸图（单位：cm）

人的形体高矮相协调。从结构特征来看，壮族这类挎包大同小异，已形成了一种固定的模式，但布料及表面纹饰却变化多样。例如，本案例主体图案便是壮族人喜爱的八角星纹（又称太阳纹）和云雷纹，这类几何纹既可形成繁复的图形结构，也具有某种含义。另外，本案例编织方式采用了通经断纬工艺，这种工艺能让丝线的色彩随人意而变，为丰富挎包的设计无疑提供了技术支持。

如今，壮族挎包已成为本民族的一种物化视觉符号，壮族人不仅在继续使用这种挎包，而且还延伸出了许多新品种，已成为当地经济发展的重要组成部分。

图片来源
图一、图五　许边疆　摄影
图二至图四、图六　许边疆　制图

图三　广西壮族挎包功能图

图四　广西壮族挎包设计分析图（单位：cm）

图五　广西壮族挎包延展图

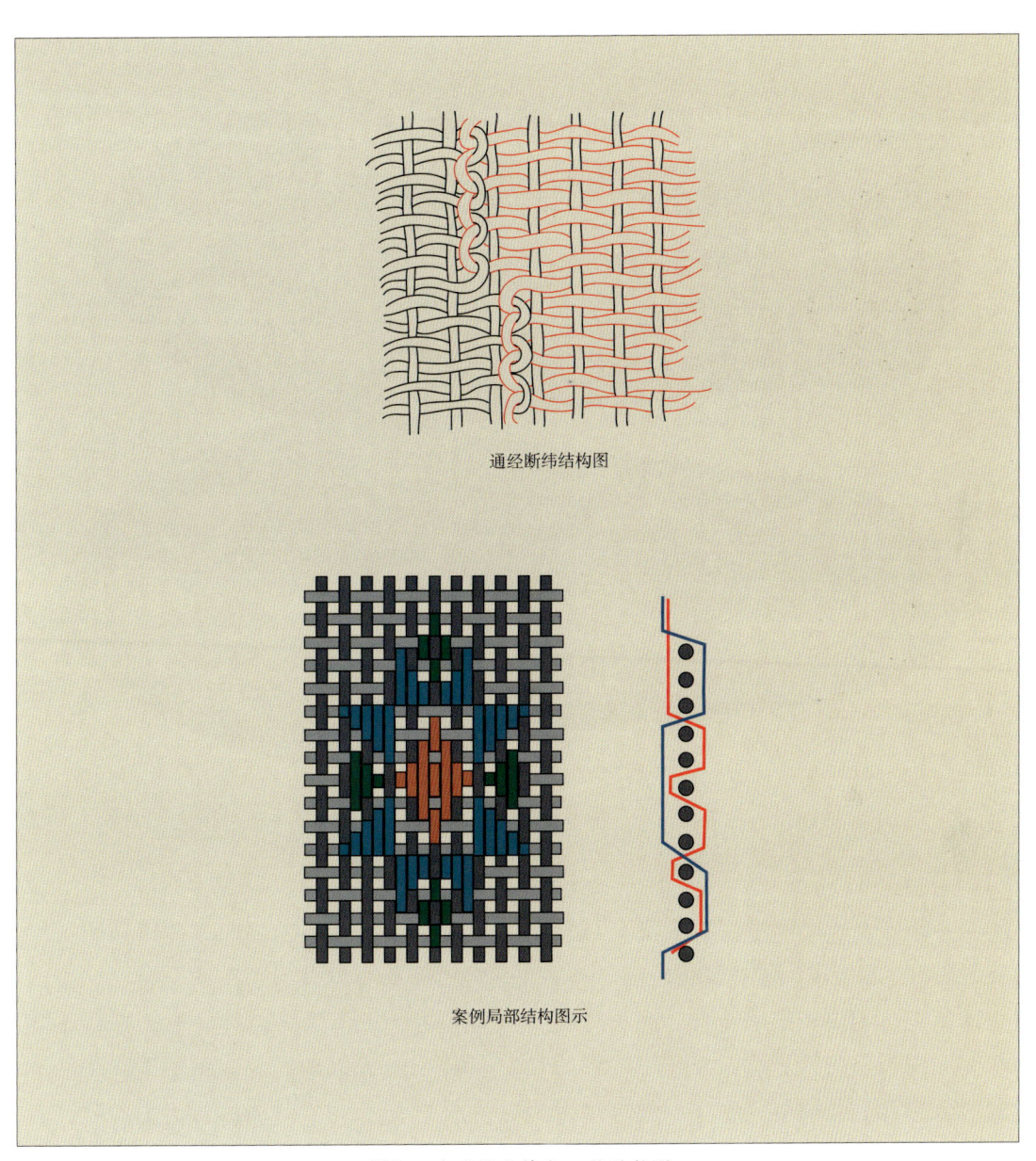

图六　广西壮族挎包工艺结构图

广东壮族连山平头绣花鞋

图一　广东壮族连山平头绣花鞋主图

过去，壮族女性穿的绣花鞋大都是自制的。概括来看，壮族成人绣花鞋可分为三类，即平头绣花鞋、翘头船形绣花鞋、回头绣花鞋，本案例即为平头绣花鞋，现藏于广东连山民族博物馆壮族器物陈列室。从实际情况看，壮族女性平头绣花鞋因鞋口形制不同，又可细分为大方口形、小方口形、尖口形三种，本案例即为尖口形。经测量，案例长约23厘米，宽约8.5厘米，大小与现代35码鞋相当。

平头绣花鞋的特征是鞋头与鞋底连接部位呈水平状，这类鞋应用面最广。除了鞋头具有这种特征外，平头绣花鞋款式主要体现在鞋口的变化上，如广东连山博物馆就藏有尖口形和小方口形平头绣花鞋，广西南宁民族博物馆藏有大方口绣花鞋，这些不同款式的鞋口给人以不同的审美感受，功能上自然也体现出差异。例如，对大方口鞋而言，鞋面较为宽大，故适宜脚形宽大者穿；相反，对于脚形较瘦的人，尖口鞋相对而言更为合适。当然，鞋子的选择与个人喜好往往关系也十分密切，一般来说，常做体力活的人爱穿大方口鞋，生活悠闲的人多穿尖口或小方口鞋。此外，年纪较大者，爱穿面料颜色深的鞋（如本案例），鞋面多用菊花纹、莲花纹甚至寿字纹装饰；年轻人鞋面常是亮底之上绣出鲜艳花纹，花纹图案常见的有喜鹊、蝶花、双狮滚绣球等。

壮族平头绣花鞋制作程序是：首先，分别加工鞋底和鞋帮。鞋底用多页袼褙重叠，再用麻线手工纳制；鞋帮则是用绣花面料与素面里料包裹单页袼褙缝制而成。鞋底做好后，再用木杵捶打鞋底各部位，使其变得既有硬度又富有弹性。接下来，将鞋底与鞋帮"合帮"，合帮方式有两种，一种是明着上鞋帮（能看到缝线），另一种是暗上鞋帮，本案例属于后者。

总之，壮族平头绣花鞋追求美观与实用的统一，比如壮族女性常爱穿的偏带式宽口平头绣花鞋，穿着既方便又舒适，其较宽的鞋头只要绣上一点花纹就能平添一种秀气感，深受农村女性的喜爱。

图片来源
图一、图三、图四　许边疆　摄影
图二　许边疆　制图
图五　广西靖西壮族博物馆提供

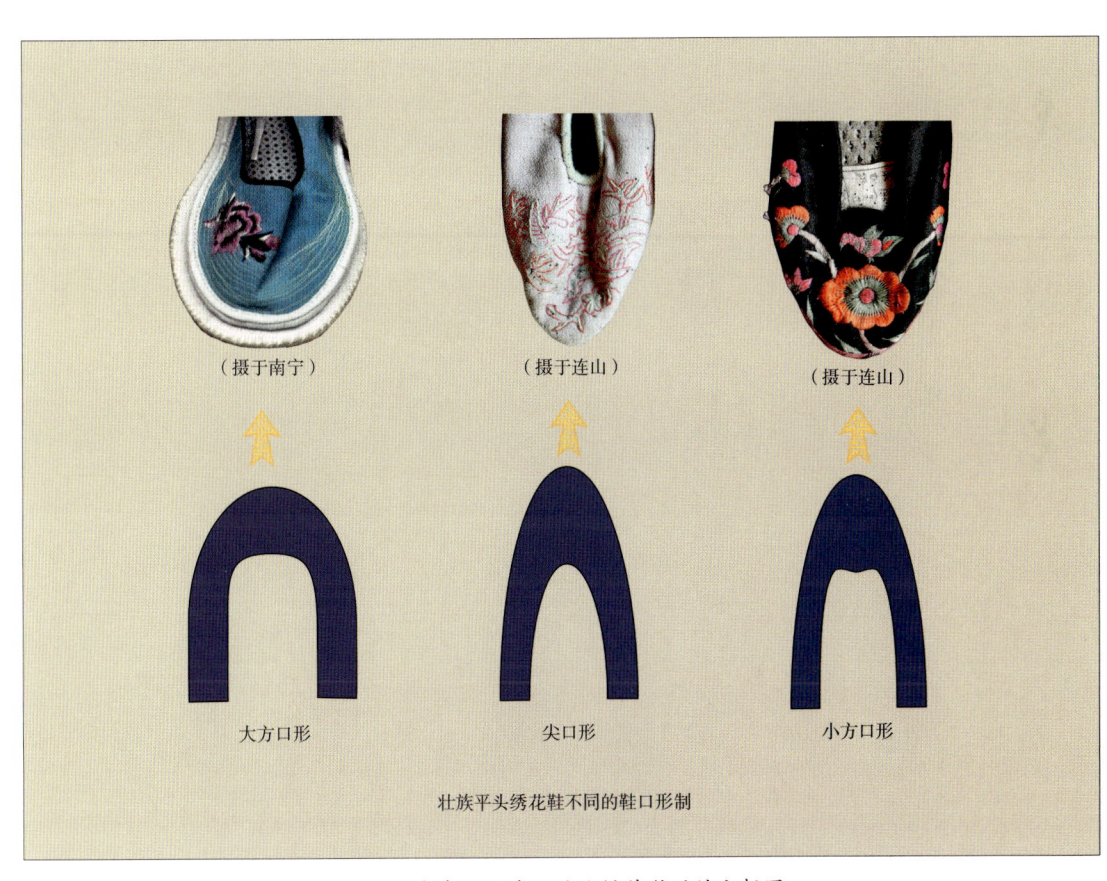

图二　广东壮族连山平头绣花鞋设计分析图

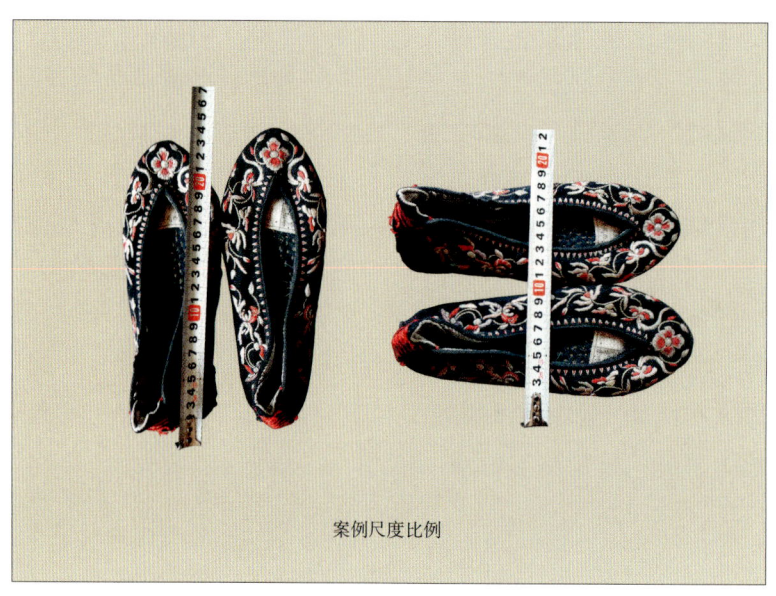

案例尺度比例

图三　广东壮族连山平头绣花鞋尺寸图

壮族年轻女性平头方口绣花鞋
（广西民族博物馆藏）

壮族中年女性平头方口绣花鞋
（广西民族博物馆藏）

图四　广东壮族连山平头绣花鞋对比图

图五　壮族平头绣花鞋制作工艺图

广西壮族靖西回头绣花鞋

图一 广西壮族靖西回头绣花鞋主图

壮族"回头绣花鞋",又俗称"钩头绣花鞋",是壮族妇女过去常穿的一种鞋,因鞋头形制有一个往回弯曲的"钩",故名之。本案例采自广西靖西壮族博物馆,案例属于民国遗物。从结构上看,回头绣花鞋与平头绣花鞋差异在于鞋头的构造方式上,回头绣花鞋鞋面虽然也是由两片鞋帮组成,但鞋头部位却形成了一个"V"字形,这个"V"字形空间便由鞋底延伸过来的布料来弥补,从而构成一个看似"回头"的式样。

实际上,回头绣花鞋鞋底制作与其他绣花鞋并无二致,也是用多层浆布拼成鞋底后再用粗而结实的麻或棉线一针一线地密集纳制而成。据说早期壮族回头绣花鞋鞋底曾用纱纸制作,纱纸是壮族人利用树皮制成的一种纸,这种纸有较高的韧性与厚度。本案例鞋面制作精致、细腻,尤其鞋口边缘用丝线刺绣镶边,这让案例看上去更加考究。壮族绣花鞋通常是在鞋头和两侧装饰,纹样多为花草,如本案例图案便是喜鹊登梅,这类题材也是中青年女性最为喜爱的传统纹样之一，寓意吉祥美好。在配色方面，案例丝线是绣在深蓝色的鞋面上，色彩组合用了大红等艳丽的颜色，但鞋子整体感觉并不俗气。鲜艳的绣花鞋是壮族年轻女性喜爱的式样。

从力学角度看，回头绣花鞋鞋头拼接处的受力状况呈倒"Y"形，而平头绣花鞋则为倒"T"形，在同等条件下，前者鞋帮与鞋底间的抗拉强度要优于后者。更显著的是，回头绣花鞋缝线汇集点是位于鞋头之上，平头绣花鞋则在脚趾部位，前者鞋头牢固度也明显大于后者，但前者制作过程相对复杂。

回顾历史，汉代已有履头上翘的结构，但多为尖头翘，且尖头是向上竖起的形制，这同壮族回头鞋仍有差异。到了唐代，鞋履足饰吸收了一些外来因素，尤其是翘头鞋得到了发展，衍生出了许多新的款式，如高片履、卷头履等式样。到了明代，汉人贵族女性缠足之风渐流行，偏远少数民族仍有自己的生活轨迹，故壮族回头绣花鞋应该是清代逐渐发展起来的一种款式。到了民国，这种回头绣花鞋就更常见了，壮区博物馆丰富藏品可证明之。

图片来源

图一、图六　许边疆　摄影

图二、图三、图五　许边疆　制图

图四　引自李元君主编：《美丽的锦绣——壮族服饰》. 梁汉昌摄影，南宁：接力出版社2012年2月版。

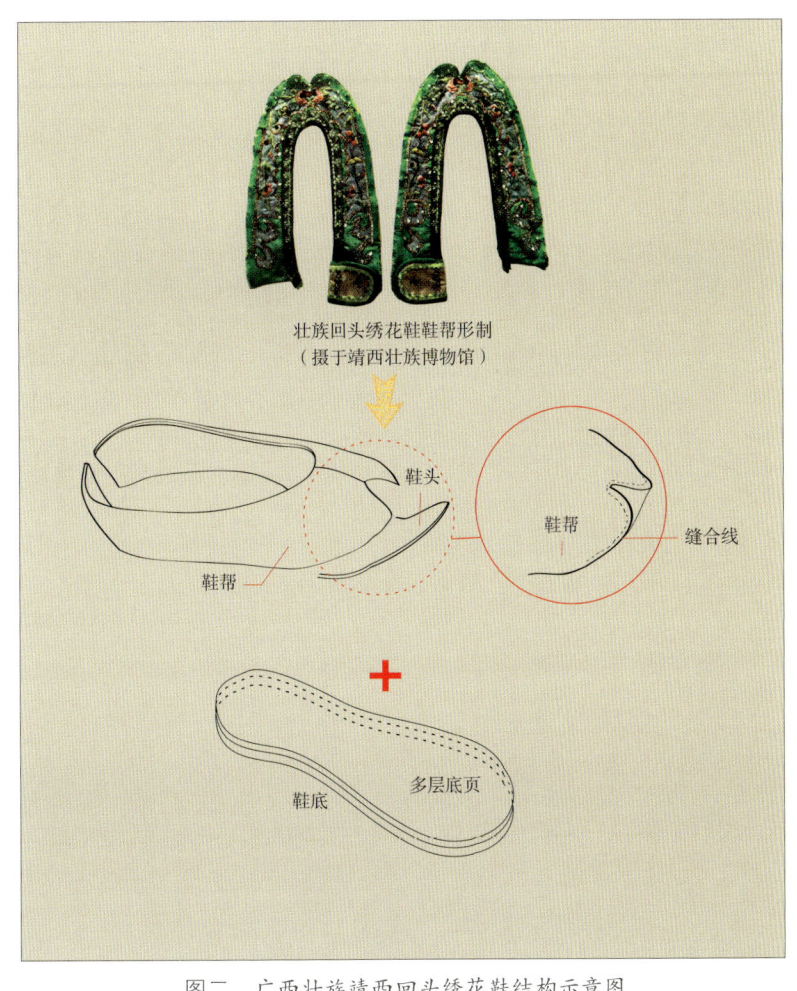

图二　广西壮族靖西回头绣花鞋结构示意图

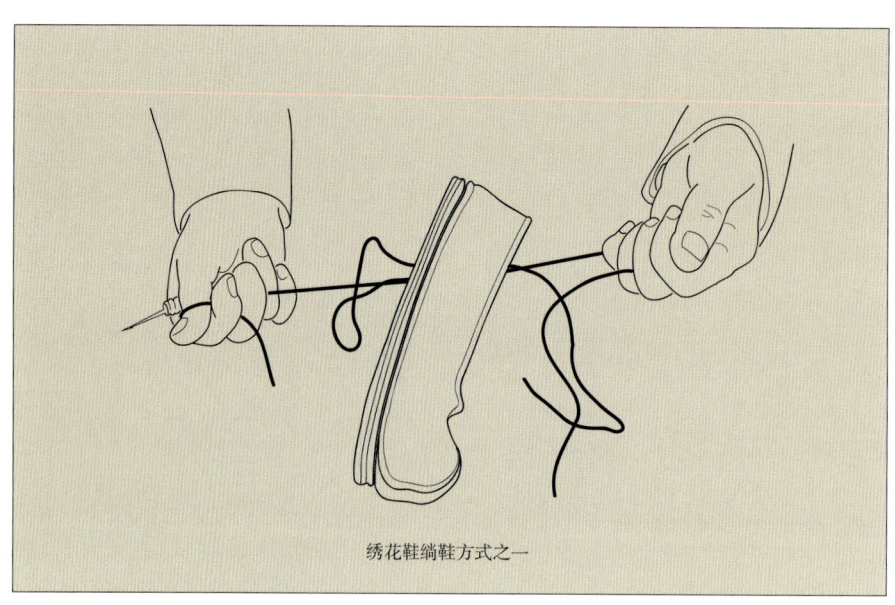

绣花鞋绱鞋方式之一

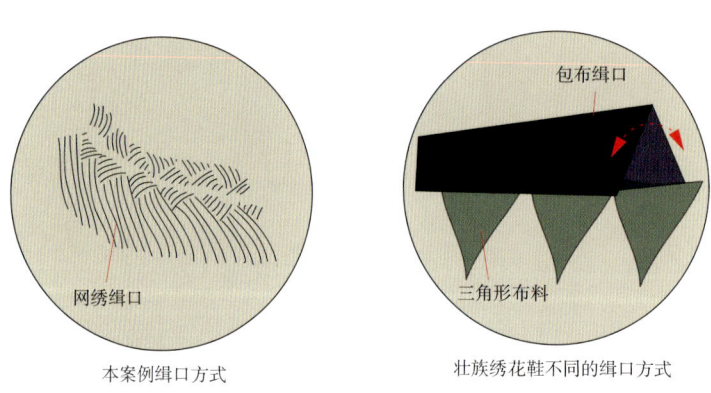

网绣缉口

本案例缉口方式

包布缉口

三角形布料

壮族绣花鞋不同的缉口方式

图三　广西壮族靖西回头绣花鞋局部结构图

贵州从江壮族妇女着"回头绣花鞋"

图四　广西壮族靖西回头绣花鞋延展图

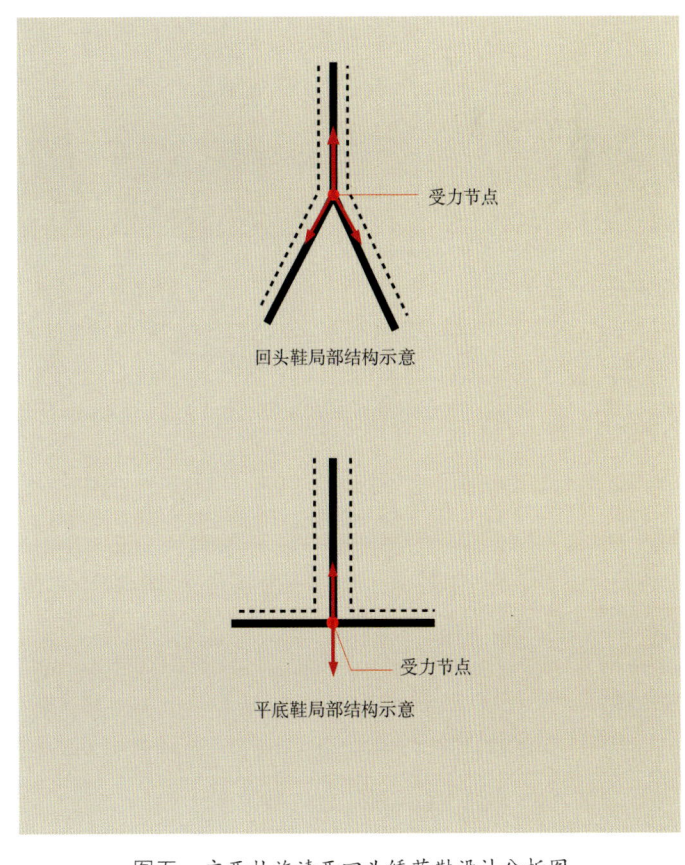

受力节点

回头鞋局部结构示意

受力节点

平底鞋局部结构示意

图五　广西壮族靖西回头绣花鞋设计分析图

第二章　壮族传统服饰

广西大新回头绣花鞋
（广西民族博物馆藏）

广西壮族回头绣花鞋
（广西民族博物馆藏）

图六　广西壮族靖西回头绣花鞋对比图

广西壮族翘头绣花鞋

图一　广西壮族翘头绣花鞋主图

翘头绣花鞋形如船，鞋头呈抬起状，故而名之。本案例采自广西民族博物馆壮族器物陈列厅，属于20世纪中期遗物。过去，壮族绣花鞋一般都是壮族人自己做，短则十多天，长则一个多月才能完成，如果壮族女性善于制作"绣花鞋"，会被视为心灵手巧的标志。

从工艺上看，本案例鞋面采用了多种绣法，如钉线绣、贴布绣、堆绣、平绣、轮廓绣等，鞋面布满了纹样。鞋头是用月季花纹样装饰，花枝顺着鞋的两侧延伸开来，并在中部与卷曲纹相遇，构成了一个完整的鞋头装饰。归纳来看，壮族翘头绣花鞋常用月季、牡丹花、菊花、荔枝花、蝴蝶、蜂虫、喜鹊、八宝纹等纹样来装饰，比如本案例接近鞋跟的地方就用了蝴蝶纹。更突出的是，案例鞋面沿口处用网绣法镶滚了一道与鞋面颜色不同的边饰，这使得案例装饰更加丰富。

壮族翘头绣花鞋的鞋底与鞋面是用浆布制成的，浆布是平日积累的旧碎布经糨糊的层层裱糊而制得。对于鞋底而言，浆布一般要用四至五页袼褙，每页袼褙又由三至五层布（布的厚度决定层次）粘贴而成，但鞋面仅需一至二页袼褙即可。有些绣花鞋为了外观更精美，鞋底周边往往还用布绳饰一道白边，以便遮掩其毛边，甚至在鞋底上还纳出花纹。从设计学角度分析，翘头绣花鞋的鞋头形制因向上抬起，自然会给脚趾上部带来较多空间，因而使人穿着较为舒适。

如将壮族翘头绣花鞋同历史上的鞋履比较分析，壮族翘头绣花鞋与汉代"翘尖履"形制颇为相似。例如，汉代这种鞋头就高高翘起，并且钩尖向后稍做弯曲状，而本案例鞋头虽然也向上翘，但却无明显的尖头伸出。历史上，秦国曾借助灵渠打开了与岭南交往的通道，服饰方面不同民族应该有相互影响，不过到目前为止,汉代"翘尖履"与壮族翘头鞋是否有渊源关系尚不清楚。当然,作为偏远地区的壮民,服饰即使有外族影响,也会因长期的生活习惯及审美差异而保留自身风貌,这是很自然的事情。

图片来源
图一　孙林　摄影
图二至图五　许边疆　制图

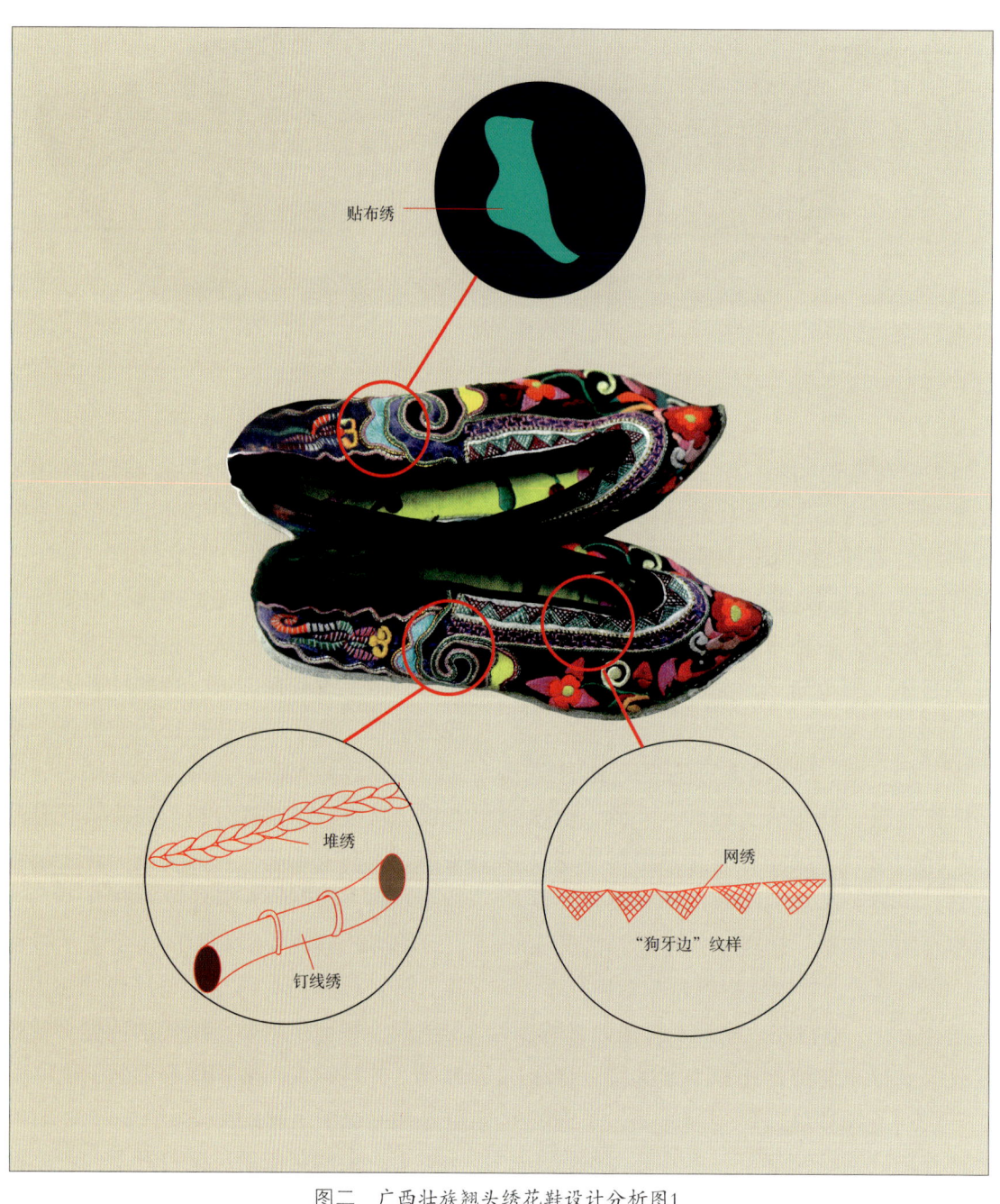

图二　广西壮族翘头绣花鞋设计分析图1

图三 广西壮族翘头绣花鞋制作工艺图

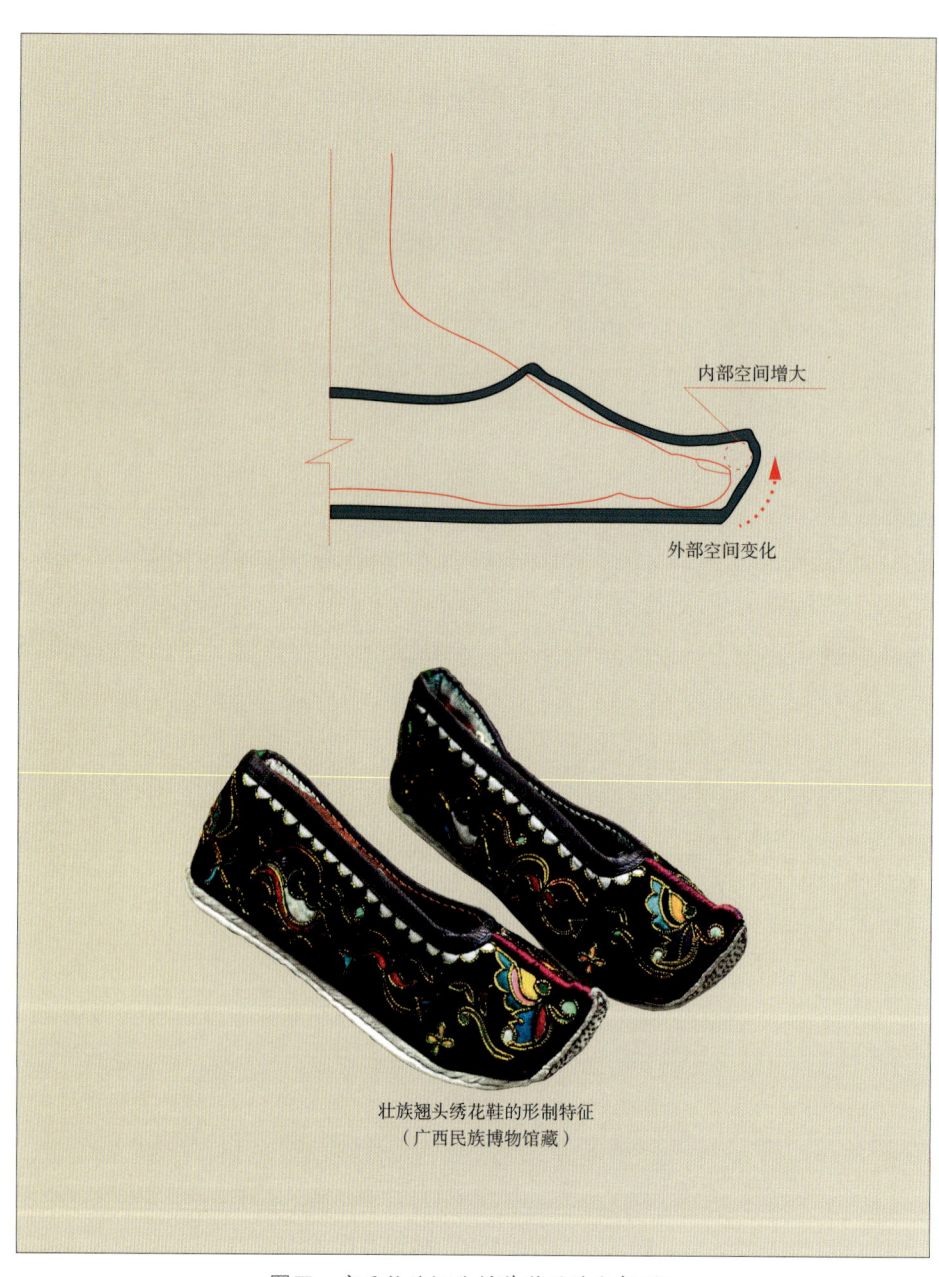

图四 广西壮族翘头绣花鞋设计分析图2

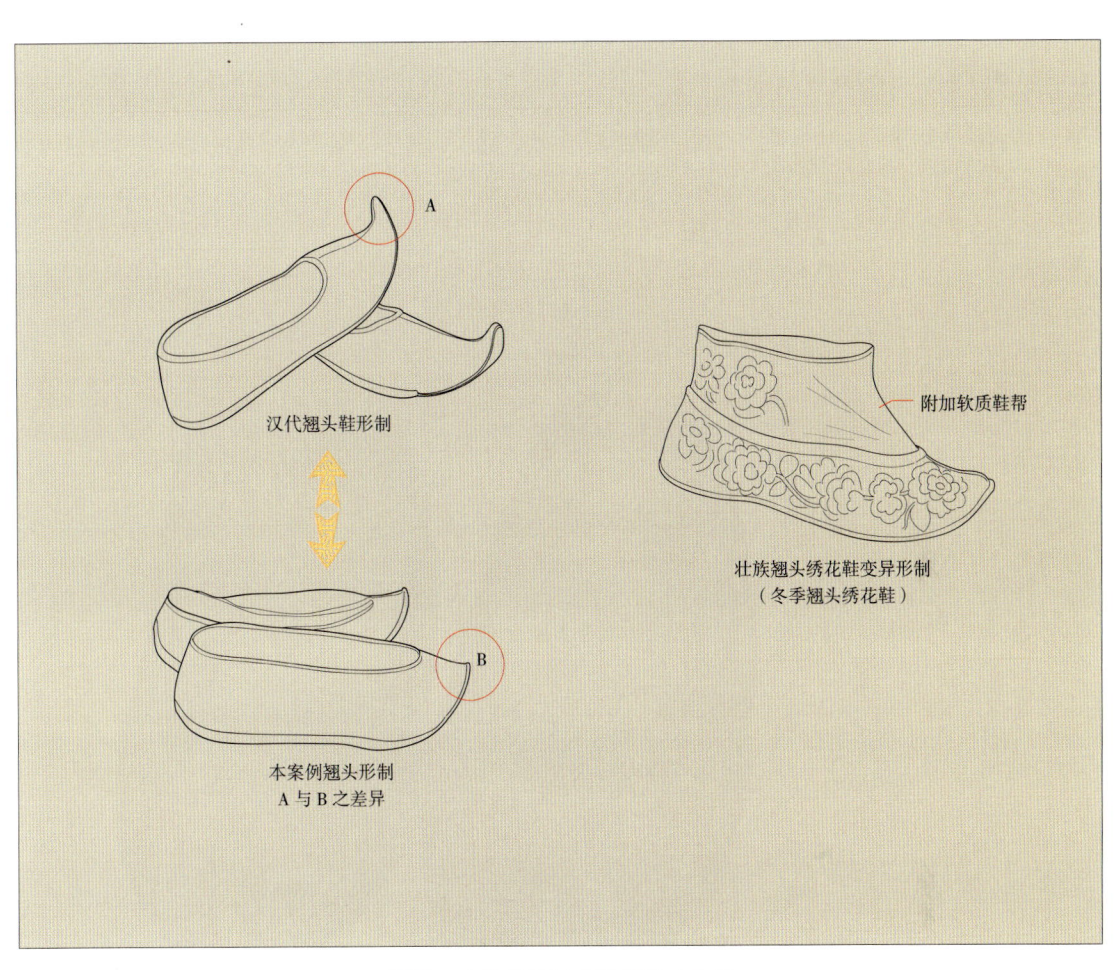

图五　广西壮族翘头绣花鞋对比图

广西壮族靖西连靴绣花鞋

图一　广西壮族靖西连靴绣花鞋主图

　　壮族连靴绣花鞋是一种特殊形式的鞋子，它既有美丽的刺绣鞋面，又有较高的护腿，是桂西南婴儿冬季用鞋。本案例采自广西靖西壮族博物馆，属于20世纪中期的产物。经测量，鞋底长11.5厘米，宽6.5厘米，护腿高19厘米，其结构由矮帮婴儿绣花鞋与棉絮连靴两大部分组合而成。

　　从生理发育特点看，孩子从出生至一岁是乳儿期，一岁至三岁则为婴儿期，本案例即是针对婴儿设计的用品。靖西地区常年平均气温偏高，不过冬季仍有一段时日气温相对偏低，这个季节的孩子还是要穿略厚的棉衣，婴儿更是如此。从款式特点看，案例中的绣花鞋与平日孩子春秋时节穿的单薄绣花鞋没多少区别，只是增加了一个连靴而已。所谓连靴，是用柔软的棉布裹着一层棉絮缝制而成，形如靴，故名之。它的使用方式是：用较粗的丝线沿着绣花鞋的口沿将连靴与鞋帮缝合成一体，构成一种既有绣花鞋之特征又有棉鞋之功效的复合鞋。为了穿着方便，案例鞋跟部位增加了一个鞋拔，大人凭借鞋拔就能方便地将婴儿的脚放进鞋子里。本案例突出的功能是，连靴能更多地护住孩子的腿部，尤其是连靴上端因外裤的包裹，能有效地阻止冷空气的侵入。

在现实生活里，靖西人对三岁以下孩童服装是不分性别的，孩子过了三岁，服饰才逐渐有男女之别，故本案例绣花鞋追求鲜艳花哨的装饰。本案例另一设计特点是连靴与绣花鞋可分可合，当天气转暖时，连靴可拆下，反之又能连上，这种设计不仅迎合了当地短暂冬季用鞋的需要，也能有效地延长绣花鞋的穿着时间，可节省服饰费用。事实上，当地妇女一旦知道自己有孕，就开始着手准备婴儿物品，像这种精美的婴儿绣花鞋就是她们利用闲暇时间完成的，一针一线都凝聚着母爱与智慧。

图片来源
图一　许边疆　摄影
图二至图四　许边疆　制图

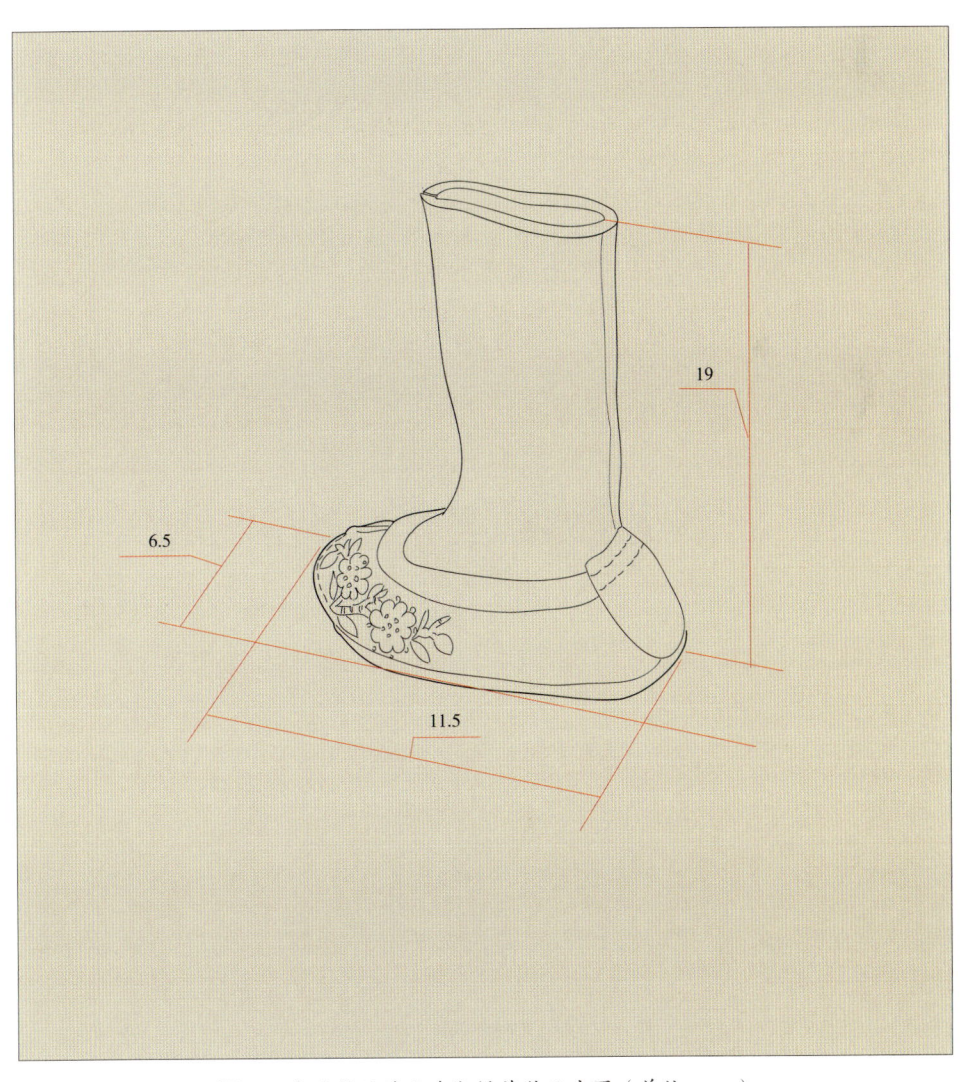

图二　广西壮族靖西连靴绣花鞋尺寸图（单位：cm）

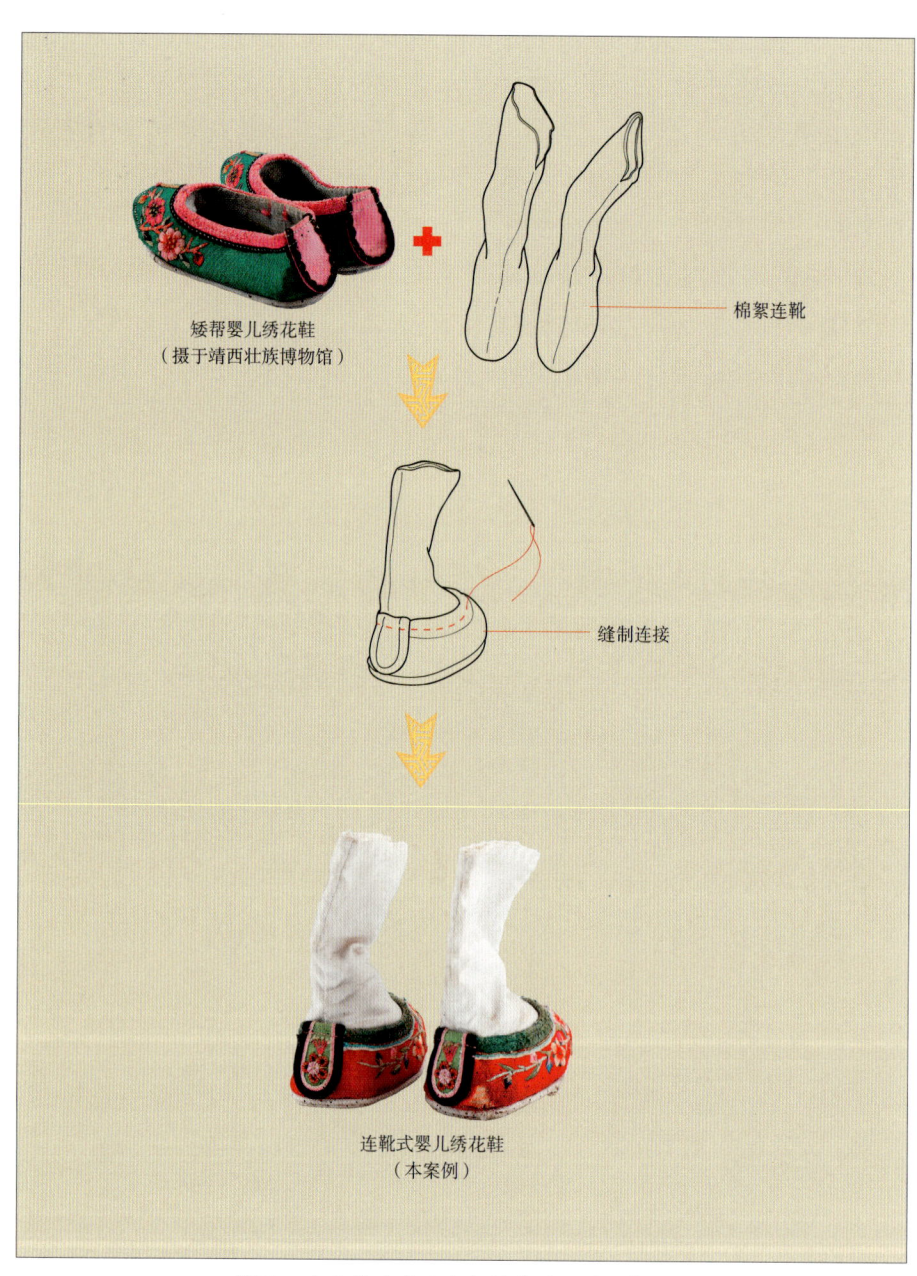

图三 广西壮族靖西连靴绣花鞋设计分析图1

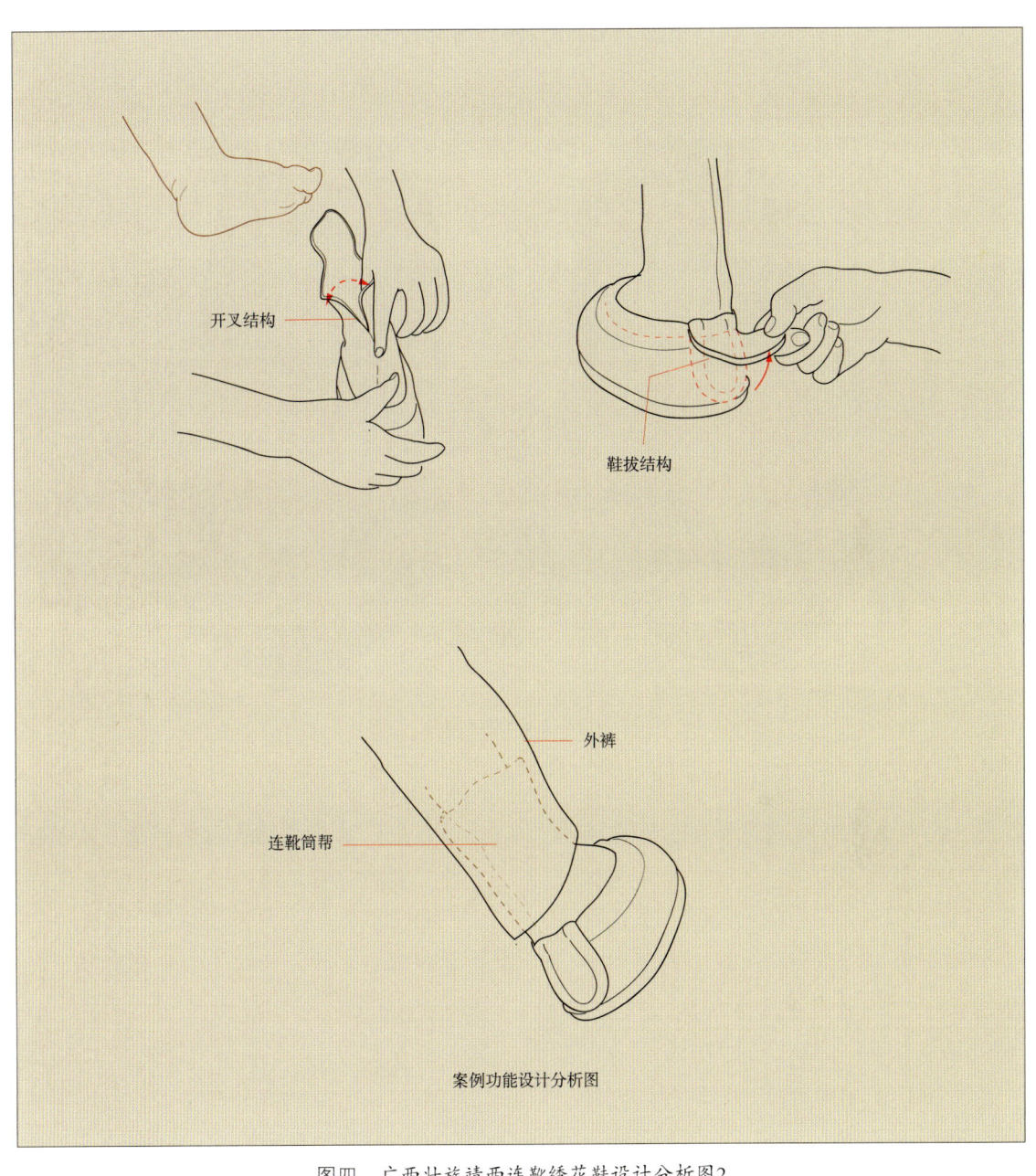

图四　广西壮族靖西连靴绣花鞋设计分析图2

广西壮族靖西虎头鞋

图一 广西壮族靖西虎头鞋主图

虎头鞋是壮族传统婴儿服饰，因鞋头形制模拟虎脸而得名。过去，壮族人虔诚地相信，虎头鞋具有护身之功能，婴儿穿上虎头鞋可趋吉避祸，特别是孩子周岁时，长辈送孩子虎头鞋有祝愿他健康成长之意。本案例采自广西靖西壮族博物馆，为当地婴儿夏季用鞋，结构有鞋头、鞋帮、鞋跟、鞋口、鞋带和鞋底。案例长约12厘米，宽约7.5厘米。

本案例鞋头形状近于倒三角形，红色面料用黄线、黑线、白线、蓝线及桃红色丝线绣有虎面，虎眼为黑白同心圆，鼻子呈蒜头状，眉如叶，嘴巴轮廓略成月牙形（内为黑线网格），虎耳及头部边缘用银丝线锁边，耳部背面再用白色兔毛镶嵌，整个鞋头造型显得夸张，具有浓郁的乡土气息。从成型方式看，案例鞋面是用两块对称的鞋帮缝制而成，虎面是另一块布料的附加，造型与北方虎头鞋明显不同。实际上，壮族婴儿虎头鞋变化主要体现在这块附加布上，归纳来看，其变化方式有三：一是外部轮廓形状的变化；二是布料颜色及材质的变化；三是形象特征的变化。尤其是形象特征，我们在广西百色民族博物馆考察时，发现该馆收藏的婴儿鞋很像虎头鞋，仔细观察，才发现绣的原来是蝴蝶形。这种现象表明，不同地区的壮族人在制作这类鞋子时并没有太多的框框限制，而是根据个人的喜好，在选择相同形式的同时赋予鞋子不同的内容，壮族狮形婴儿鞋也是如此。

从历史看，虎头鞋至少在汉代就已出现，比如《中华古今注》曰："至汉有伏虎头，始以布鞲繶，上脱下加，以棉为饰。"到了后期，虎头鞋更加流行了，如清代顾张思《土风录》曾说："儿生周岁，履虎头鞋。"（清顾张思：《土风录》（上集）[M]，扬州：广陵书社2003年版，第425页）虎头鞋（也有猫头鞋的说法）起初是汉人产物，早期属于宫中女眷所穿绣鞋，后来才由宫中传向民间，因此壮族虎头鞋应该是汉人影响的结果。不过，由于生活习俗不同及气候条件的差异，壮族虎头鞋有了自己的个性，归纳来看有以下几点：一是壮族虎头鞋无论鞋面还是鞋底都很单薄，这与其居住地常年气温偏高有关；二是北方虎头鞋鞋头绣面多与鞋面一体化，壮族的则分开；三是壮族虎头鞋常将"王"字绣在眼睛里，北方多绣在额头上；四是北方虎头鞋常用一缕彩色棉线扎在嘴巴下，壮族虎头鞋嘴巴无此特点，仅在耳部嵌有白色兔毛。

图片来源

图一　孙林　摄影
图二、图三、图六、图七　许边疆　制图
图四、图五　许边疆　摄影

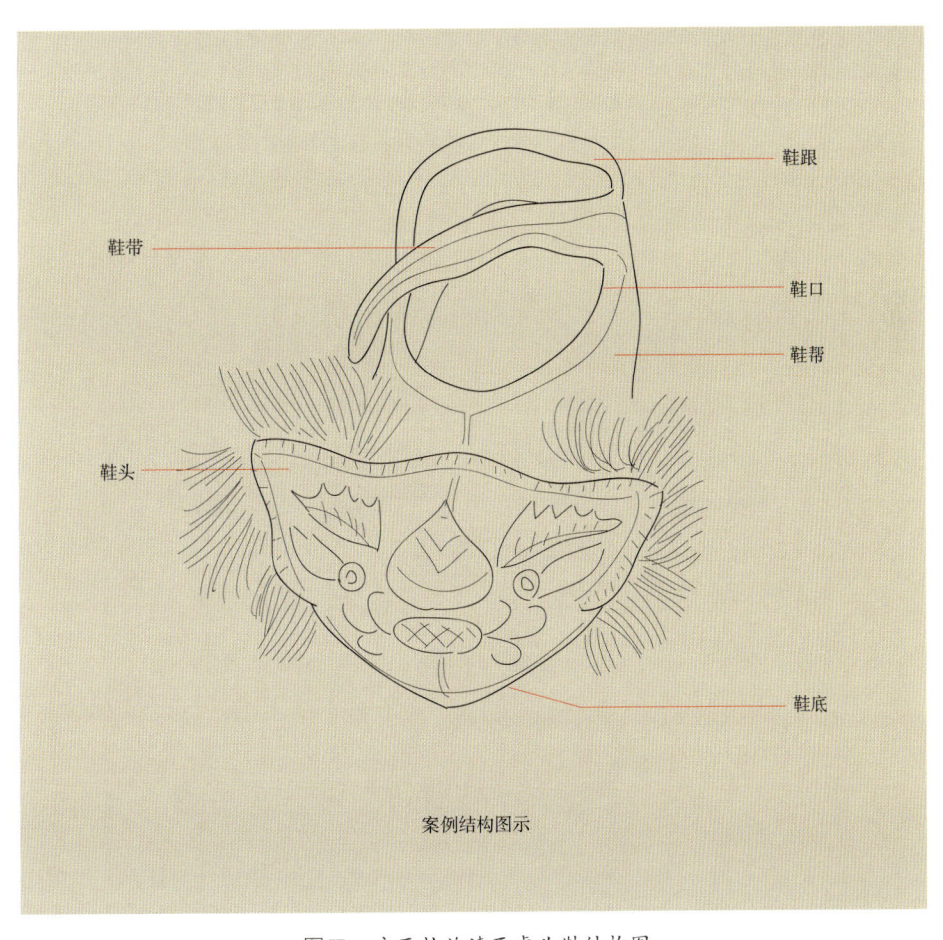

图二　广西壮族靖西虎头鞋结构图

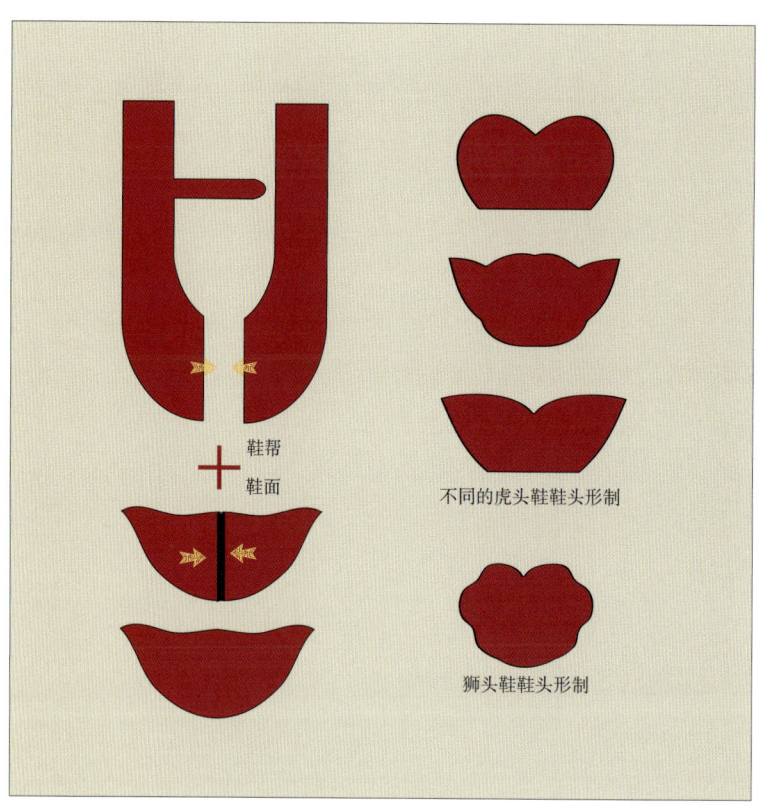

图三　广西壮族靖西虎头鞋结构分析图

图四　广西壮族靖西虎头鞋延展图1

图五　广西壮族靖西虎头鞋延展图2　　　　图六　广西壮族靖西虎头鞋局部结构图

图七　广西壮族靖西虎头鞋局部结构图

广西壮族龙胜麻草鞋

图一 广西壮族龙胜麻草鞋主图

麻草鞋，即用苎麻编结而成的鞋子。本案例采自广西龙脊壮族生态博物馆，鞋长25厘米，前掌宽9.5厘米，后掌宽7厘米，结构由前鼻、侧耳、后跟、后鼻、鞋底、系带等组成。

本案例主要结构是鞋底，其余是将鞋底与人脚连为一体的构件。由于这类鞋无保暖性，故多用于温暖季节。从气候看，龙胜除农历十一月至三月气温较低外，大部分时间都可穿麻鞋，因而麻鞋是他们的生活常用品。考古成果显示，壮族人穿麻鞋的历史不会晚于秦汉，例如广西罗泊湾一号汉墓殉葬的奴婢足上就穿有麻鞋。显然，壮区麻鞋历史久远。本案例穿着方式是：先将前鼻放在第一脚趾和第二脚趾间的空隙处，然后用绳系串联侧耳和后跟，再绕脚踝与脚背，系紧绳带即可。由于麻绳材质不够柔软，壮族人又将前鼻与侧耳部分用棉绳代替，避免了因麻绳摩擦皮肤造成的不适，也给案例带来了色彩变化，一举两得。事实上，案例中的前鼻、侧耳及后跟都靠近脚底受力点，这也决定了前鼻、侧耳及后跟所在位置。

本案例是纯手工制品，制作工具有鞋凳、鞋轭、鞋耙和鞋梯，其编织方法如下：首先，将若干麻绳固定在鞋耙齿上作为经绳，经绳的多少决定麻鞋的最大宽度，然后再将所有麻绳的另一端打结在一起，中间穿根小竹棍与腰间鞋轭相连；其次，编织纬线，纬线的穿编要依据鞋底宽窄变化不断地调整其在经线上的位置，为了编织棉质侧耳与前鼻，编织鞋底的过程中又穿插使用了部分彩色棉绳，当这些棉绳走到边缘时就被对折，预留一定空隙，然后再重新与经线交织，从而构成牢固的侧耳与前鼻。

壮族麻鞋是农耕社会的产物，不仅材料自种自收，麻鞋也可自行加工，一定程度上满足了过去人们的穿鞋需求。重要的是，本案例结构是依据人脚形态和行走方式来设计的，因而在许多方面与现代人体工学有着不谋而合的内容，关注它们无疑对当代设计师有一定启迪之价值。

图片来源

图一　孙林　摄影

图二至图六　许边疆　制图

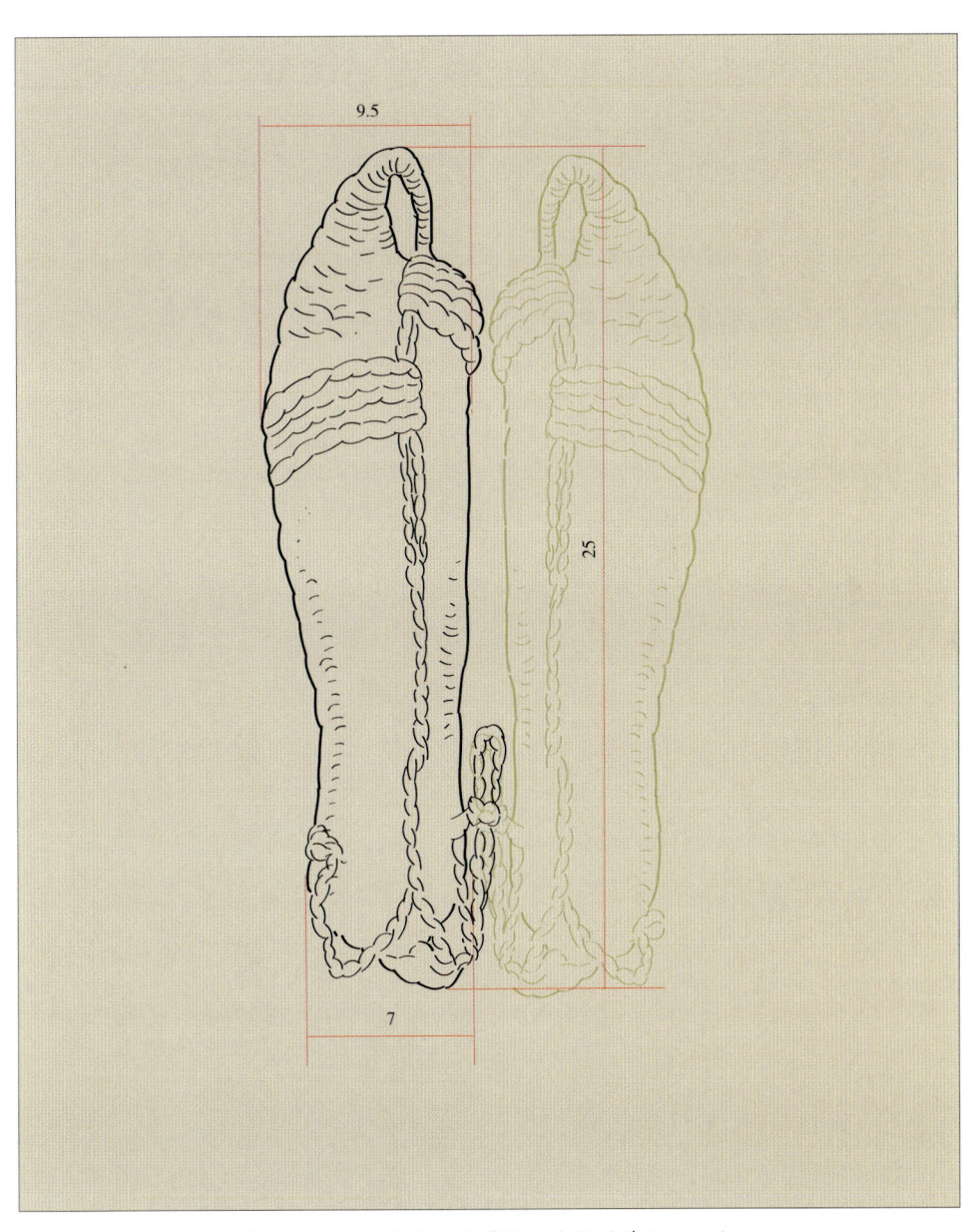

图二　广西壮族龙胜麻草鞋尺寸图（单位：cm）

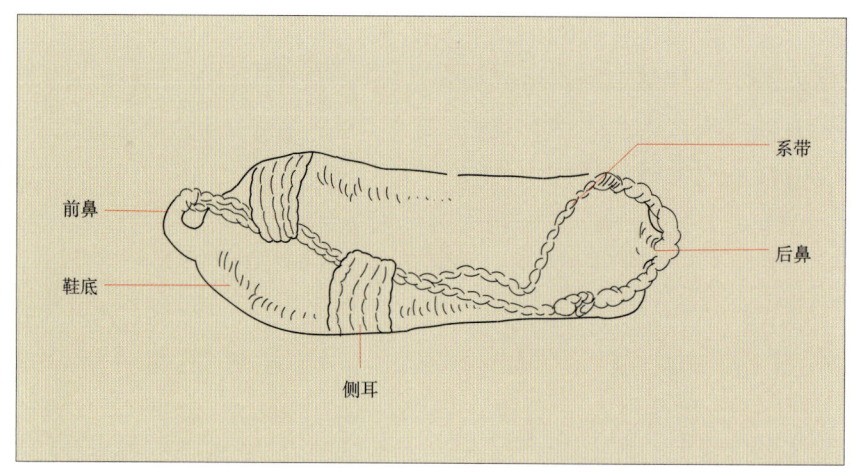

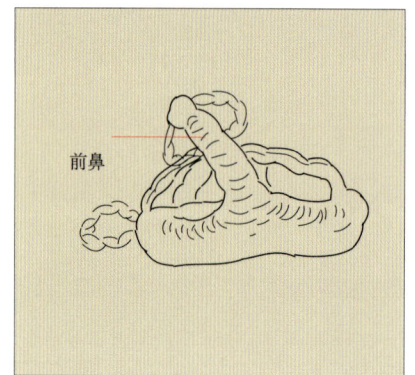
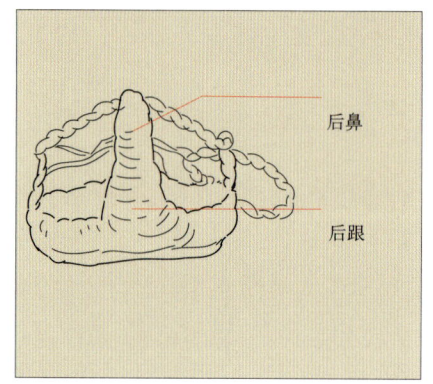

图三　广西壮族龙胜麻草鞋结构图

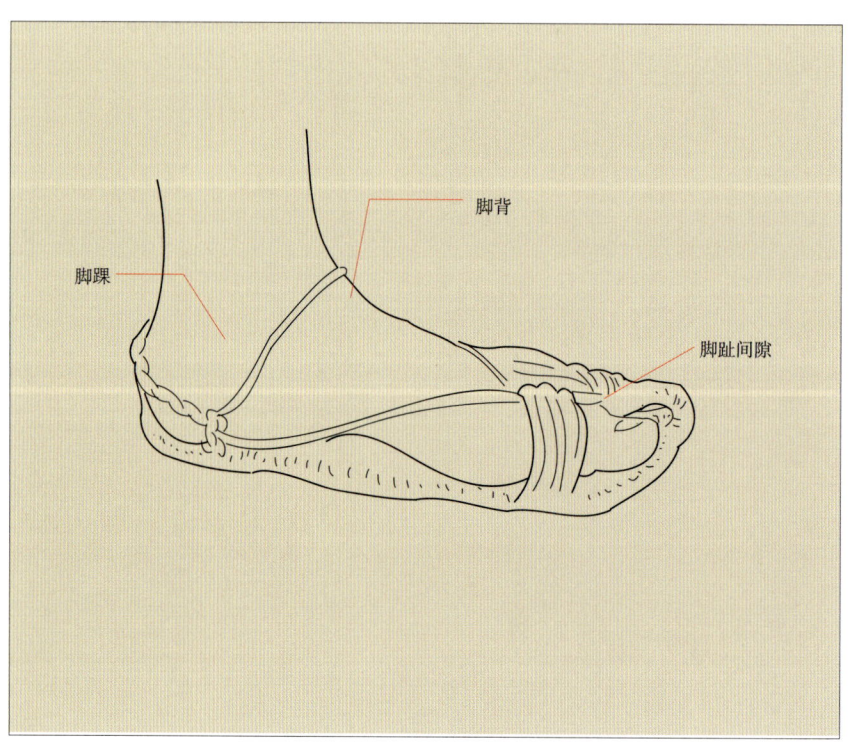

图四　广西壮族龙胜麻草鞋设计分析图1

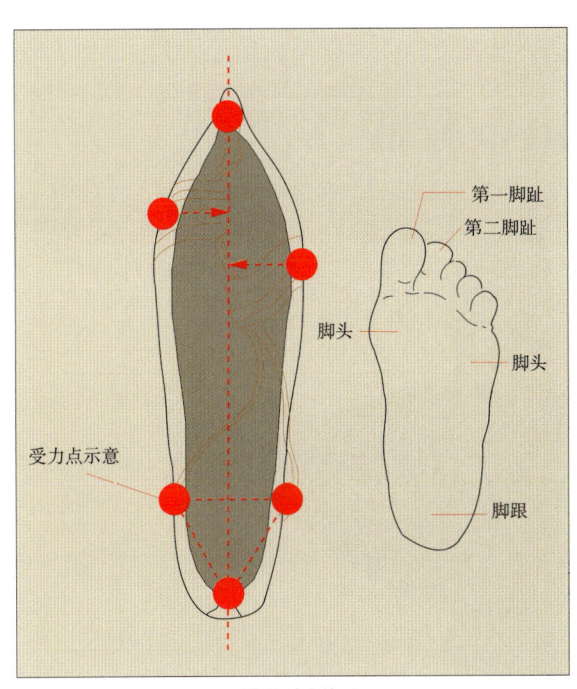

平衡的受力关系

图五 广西壮族龙胜麻草鞋设计分析图2

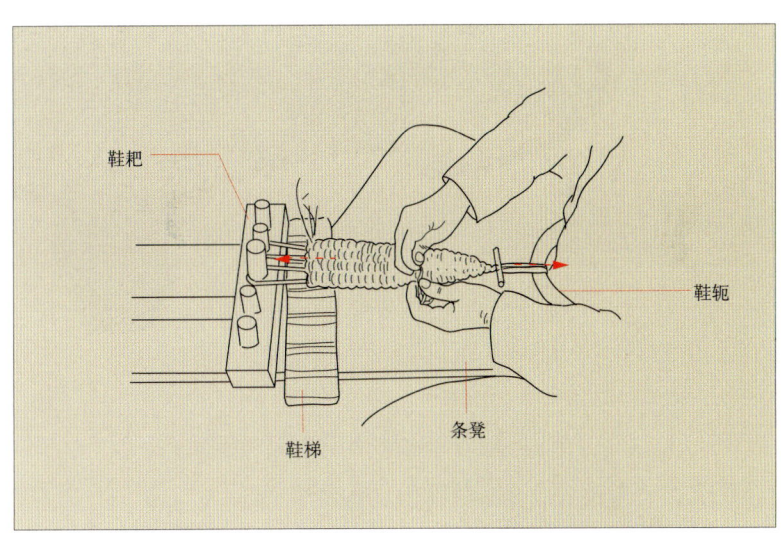

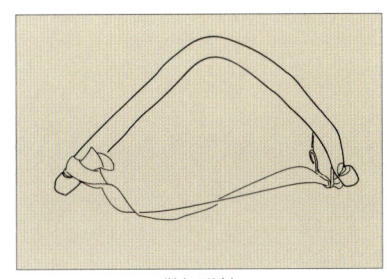

鞋楦形制

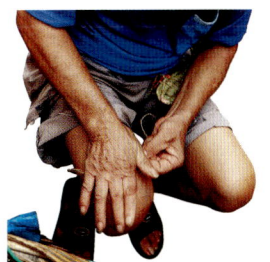

搓制麻绳

图六 广西壮族龙胜麻草鞋工艺图

第二章 壮族传统服饰

广东壮族连山布凉鞋

图一 广东壮族连山布凉鞋主图

壮族"布凉鞋"是用传统土布制作而成的鞋子,因鞋子属于夏季用品,故名之。本案例采自广东连山民族博物馆壮族器物陈列室,由前鼻、侧耳、鞋底、后跟及纽襻等结构组成。经测量,鞋底长23厘米,厚约1.5厘米;前掌宽8厘米,后掌宽6厘米;侧耳长4厘米,宽3厘米;后跟高5厘米。

从过去生活习俗看,壮族人热天多光足而履,范成大在《桂海虞衡志》里曾表述:宋代壮族"椎髻跣足,或著木屐,衣青花斑布"。布凉鞋虽与木屐不同,但无论使用功能还是设计原理,皆彼此相似,例如结构方面都尽可能地让脚部皮肤暴露在外,以便透气纳凉。不过,在穿着方式上,布凉鞋与木屐仍存在差异。本案例是借助前鼻、侧耳和后跟上的穿绳孔将鞋子与人脚绑成一体的,因此当地人也称其为"布草鞋"。据博物馆工作人员介绍,这种鞋子可分扣带和绑带两种,男女均可穿。从成型方式看,本案例鞋底是蓝土布经层层叠加后再用麻线加固而成,1.5厘米厚的鞋底不仅有一定弹性,且质轻,穿着舒适。当然,布凉鞋也有缺点,鞋底遇水就会浸透,是故这类鞋须在干燥地面上穿用。

从布凉鞋结构及成型特点看,案例同传统布鞋、草鞋有着千丝万缕的联系,我们可以这样说,鞋底是借鉴了传统布鞋的制作方式,鞋面则模仿了传统草鞋,案例兼具布鞋与草鞋之特点。本案例是用土布(或裁衣余料)制作而成的,成本低廉,在一定程度上满足了过去大众生活之需求。然而,随着社会的发展,这类布凉鞋已无法与大工业产品竞争,但就设计原理而言,案例与当今诸多凉鞋并无二致。

图片来源
图一　孙林　摄影
图二至图五　许边疆　制图

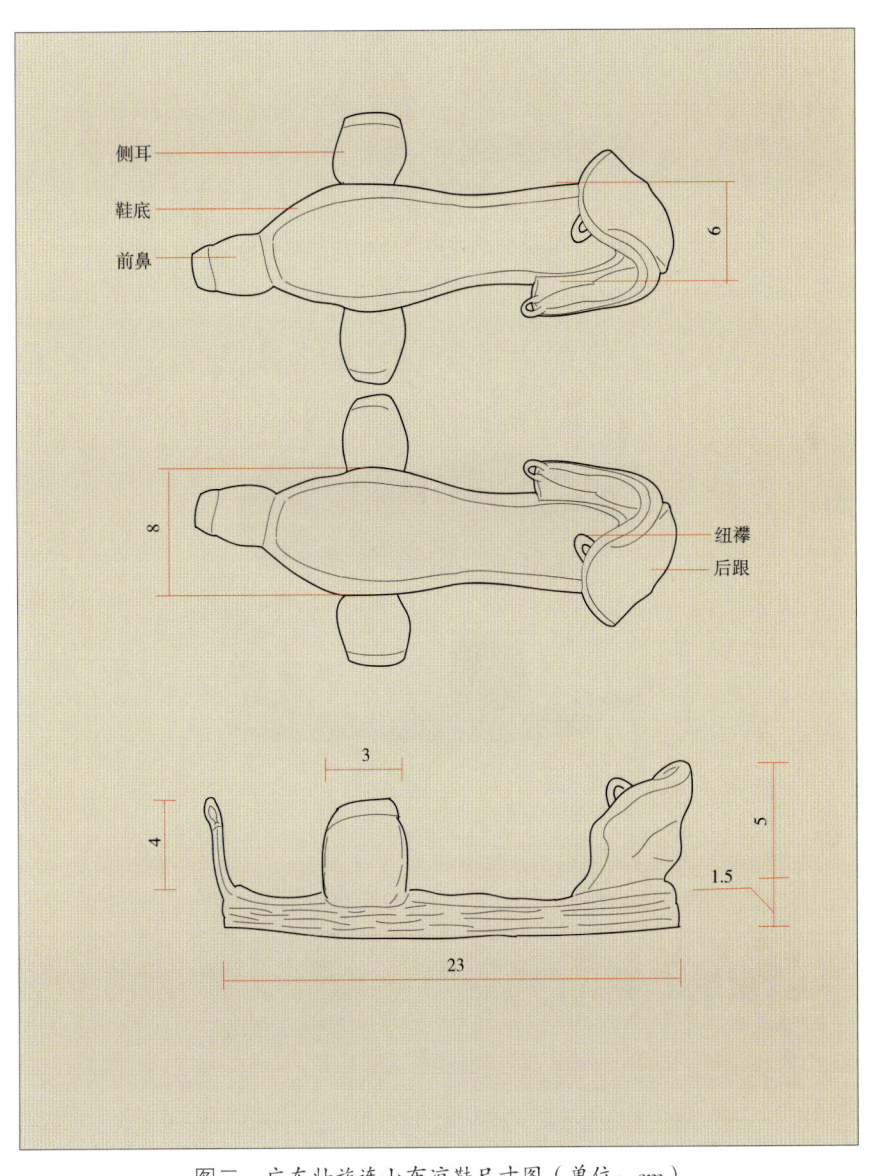

图二　广东壮族连山布凉鞋尺寸图(单位:cm)

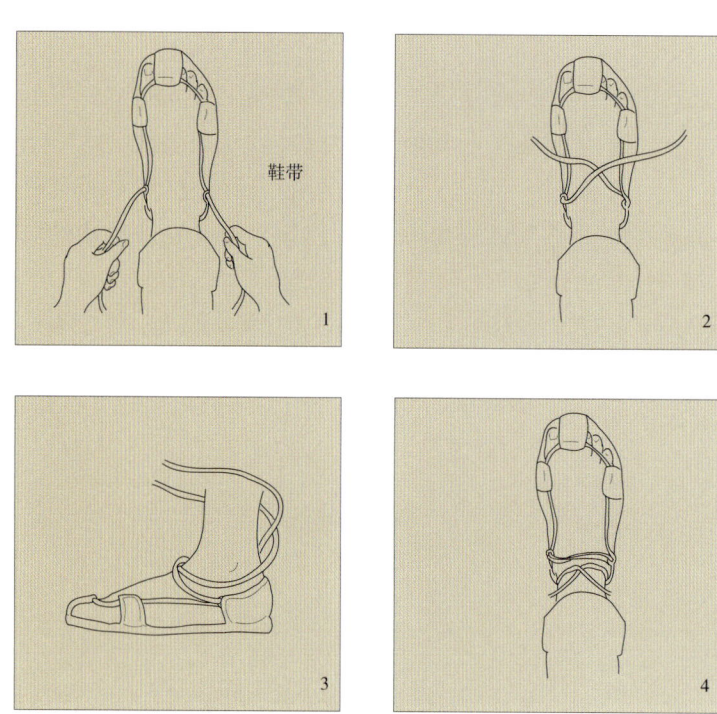

案例穿着方式

图三　广东壮族连山布凉鞋设计分析图

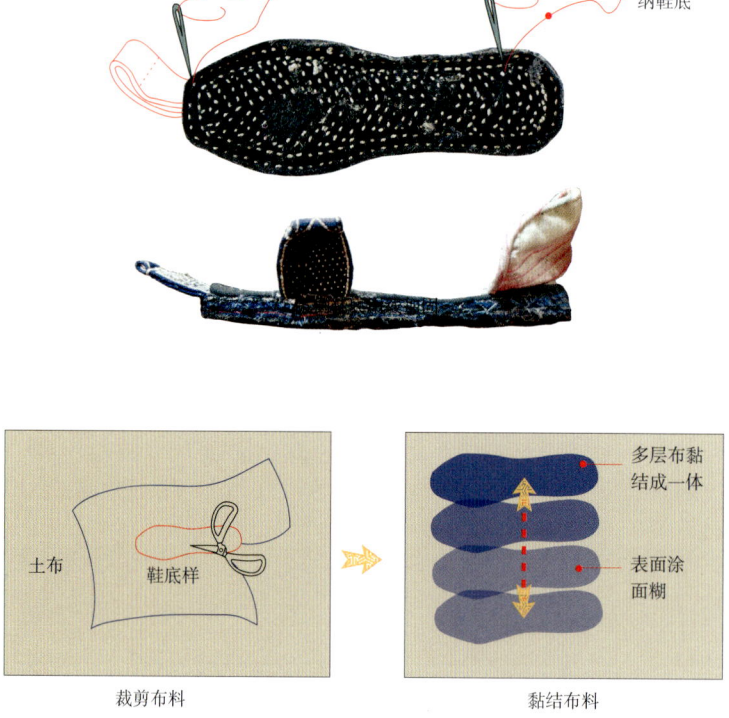

图四　广东壮族连山布凉鞋工艺图

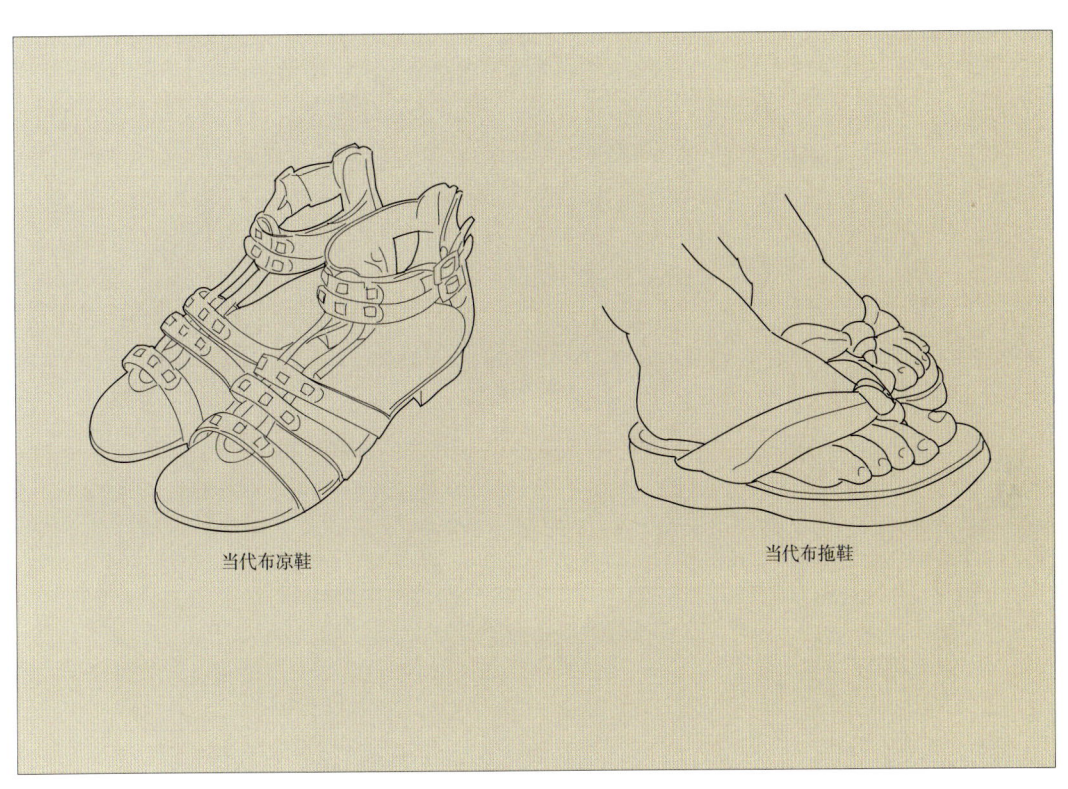

图五 广东壮族连山布凉鞋对比图

广西壮族婴儿口水围

图一 广西壮族婴儿口水围主图

"口水围",又俗称"围兜"或"饭单",是围在婴儿脖子上防止口水或食物弄脏衣服的一种生活用品。本案例为壮族婴儿传统口水围,现藏于广西民族博物馆。案例形制呈圆形,直径约24厘米,外部边缘有花边,中部设一个直径约7厘米的圆孔,圆孔与外部边缘之间开出一条向心的豁口。为了让内部结构与外部边缘特征一致,内孔周边也同样设计出圆形花边,环绕这个花边以交替的形式排列着桃形与石榴形两组纹样,这种组合让案例看起来犹如一朵由内向外张开的花。

"花"在壮族人心目中是生命的象征。壮族人认为,人的生育与花草有关,因此多用花形来表示生育及幼儿的命魂。本案例无论是形制还是内部的花草纹样,都与壮族的一些婴儿祈福剪纸相似。例如,本案例中的茼蒿花、玫瑰花、石榴花、缠枝花纹等,皆是求育符上常用的图案,因为壮族人相信,"花"是与主管子嗣的花王沟通的"桥"。至于鸟形与蝶形,鸟是神力的化身,花上长了害虫,需要神鸟去啄虫,虫没了,孩子也就健康了;蝶多用于为婴儿举行麽事(当地巫婆所做的一种法事),是守护婴儿命魂的符号。总之,案例上刺绣的图案实际是护佑孩子、祝福吉祥的符号,同时也是具有美感的视觉元素。当然,本案例首要功能是避免孩子口水或食物直接污染衣服,为此,案例设计出了可随意开闭的结构,以方便大人将案例套在孩子的脖颈部位,形成一个隔离区,从而达到护衣之功能。从结构上分析,案例开合端头分别设有盘扣和绳带,当案例摆放在孩子的胸前后,系上带子和布纽扣就会让案例闭锁,确保案例不会掉落。

婴儿口水围在不同的民族生活圈里几乎都有。例如,苗族的口水围在结构设计上与壮族雷同,但形制却存在微差;汉族口水围的装饰不仅与壮族相异,而且形制也不同。概括来看,汉族口水围多以"弯月"形最为常见,这类口水围的结构相对于案例来说要简单一些。另外,汉族传统口水围虽然也是以刺绣手法为主,但装饰区域多集中于孩子的胸前。今天,随着社会的发展,塑料口水围也越来越多,且产生了许多新的设计,口水围变得更加丰富多彩了。

图片来源

图一　许边疆　摄影

图二至图四　许边疆　制图

图五　引自马芳、肖丽编著:《民间手工刺绣》[M],长沙:湖南美术出版社2014年10月版。

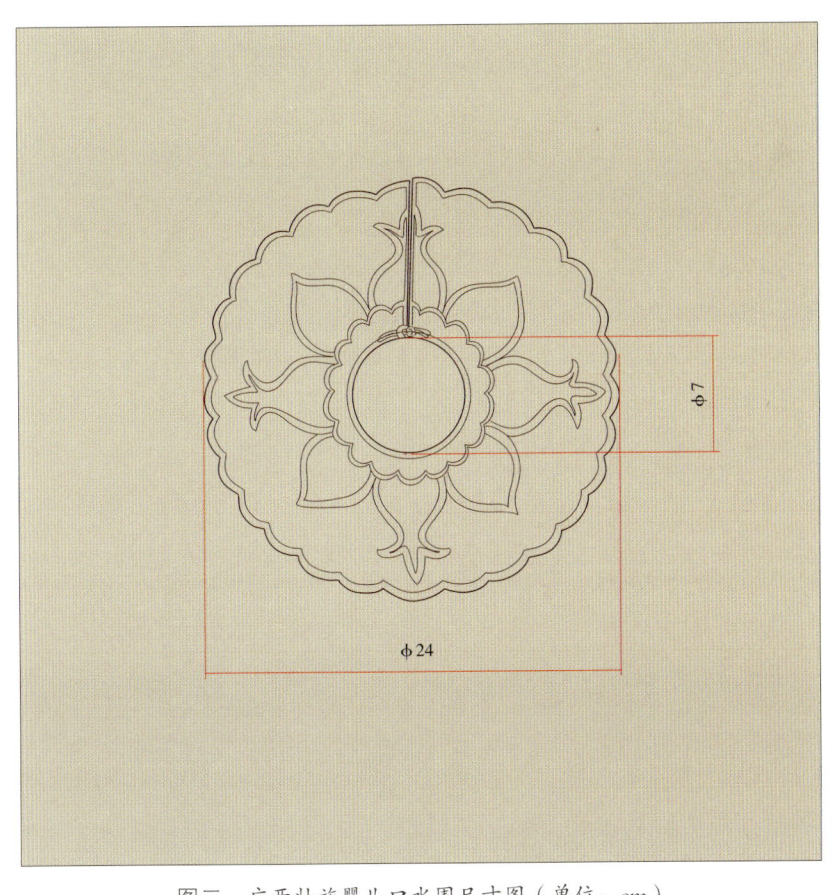

图二　广西壮族婴儿口水围尺寸图(单位:cm)

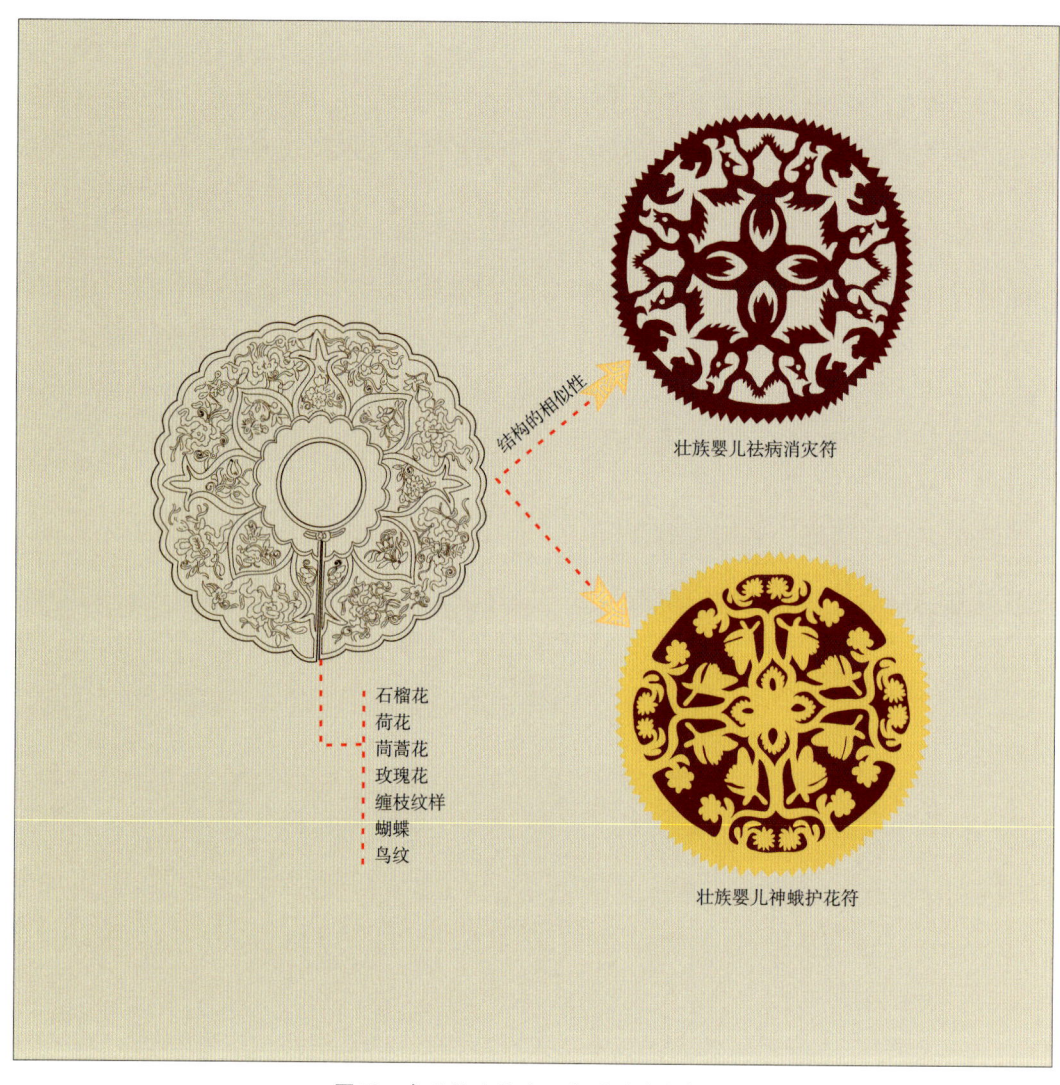

图三 广西壮族婴儿口水围设计分析图

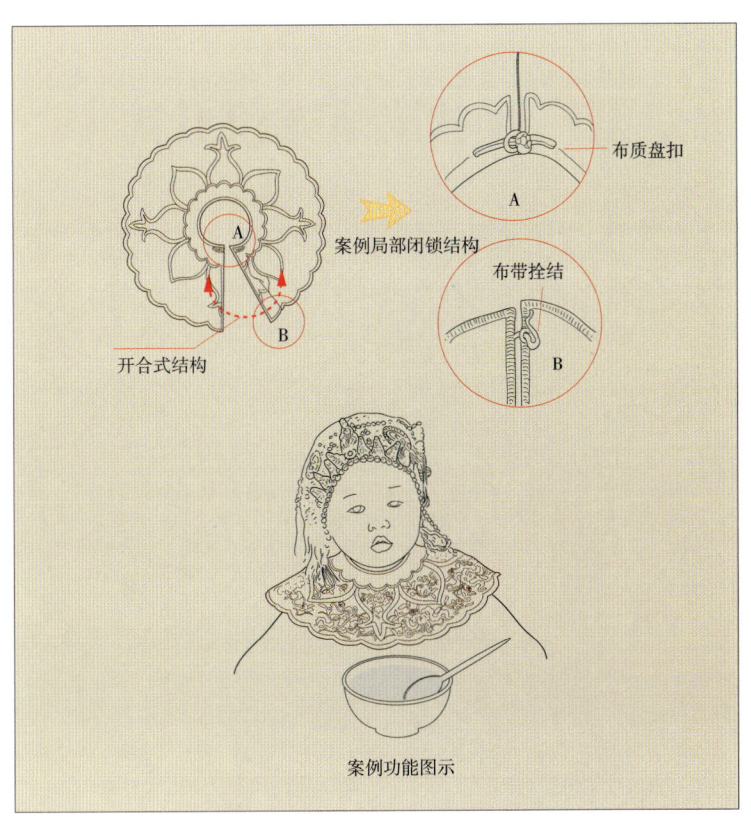

图四　广西壮族婴儿口水围功能图

图五　广西壮族婴儿口水围对比图

第二章　壮族传统服饰

183

清广西壮族蟒龙纹壮锦

图一　清广西壮族蟒龙纹壮锦主图

壮锦，俗称土锦，是指"壮族妇女用手工编织的锦，经线一般用白色棉纱，纬线用彩色丝绒"（中国社会科学院语言研究所词典编辑室编：《现代汉语词典》，北京：商务印书馆1997年版，第1656页）。本案例采自广西民族博物馆，为清末时期遗物，因纹饰似蟒龙斑纹，故名之。实际上，本案例属于几何纹，纹饰既有同心圆，也有正方形、三角形和回纹，这些皆是壮锦常用纹饰。壮锦几何纹一般不单独使用，常常是几种纹样综合搭配，比如本案例中的八角星图案就是用若干三角形和正方形组合而成；再比如，将一些回纹与同心圆结合，就构成了富有视觉新意的蟒纹。归纳来看，壮锦传统纹饰有几何纹、植物纹、字符纹、动物纹，许多纹样与壮族传统陶器、铜鼓纹样有着血脉联系。

壮锦生产工具主要是竹笼机或小木机，这些传统机械虽然效率低下，但比现代纺织机械织出的锦纹更富立体感。原因在于，传统壮锦织法多为三梭甚至是四梭组织结构，地纹组织被地纹纬与花纹纬紧紧包裹，从而导致平纹地组织藏于织物表面之下，这就使得纹样凸显出多个层次。相反，现代织机为了追求更高的生产效率，多采用二梭组织结构，即平纹地组织、纬向花纹组织的简单通经断纬结构，结果让纹样变得稀松或单薄。

壮锦源于何时尚待考。从广西民族博物馆藏品来看，多为清代或民国早期遗物，宋明时期及以前壮锦原物很难见到。据贵港市罗泊湾一号汉墓出土的大量麻布及大麻种子的报道，当时广西地区多种植大麻，尤其是到了宋代，广西麻布产量曾位居全国第三（《宋会要稿·食货六四》）。此外，宋范成大《桂海虞衡志》也曾云："练子出两江州峒，大略似苎布，有花纹者，谓之花练，土人亦自贵重。"由此推断，早期壮锦应该是麻与蚕丝的混纺物，后期壮锦才以棉纱为经、丝绒为纬，采取通经断纬方式交织而成，其时间不会早于宋代，因为广西植棉技术是在唐代以后才传入的。

壮锦是壮族人值得骄傲的一种非物质文化遗产，历史上与南京云锦、成都蜀锦、苏州宋锦齐名，为中国四大名锦之一。

图片来源

图一、图三　许边疆　摄影
图二、图四　许边疆　制图

图二　清广西壮族蟒龙纹壮锦纹样分析图

1. 小龙纹壮锦（广西民族博物馆藏）
2. 蟒纹变体壮锦（广西崇左壮族博物馆藏）
3. 寿菊连带纹壮锦（广西靖西壮族博物馆藏）
4. 动物纹壮锦（广西民族博物馆藏）

图三　清广西壮族蟒龙纹壮锦延展图

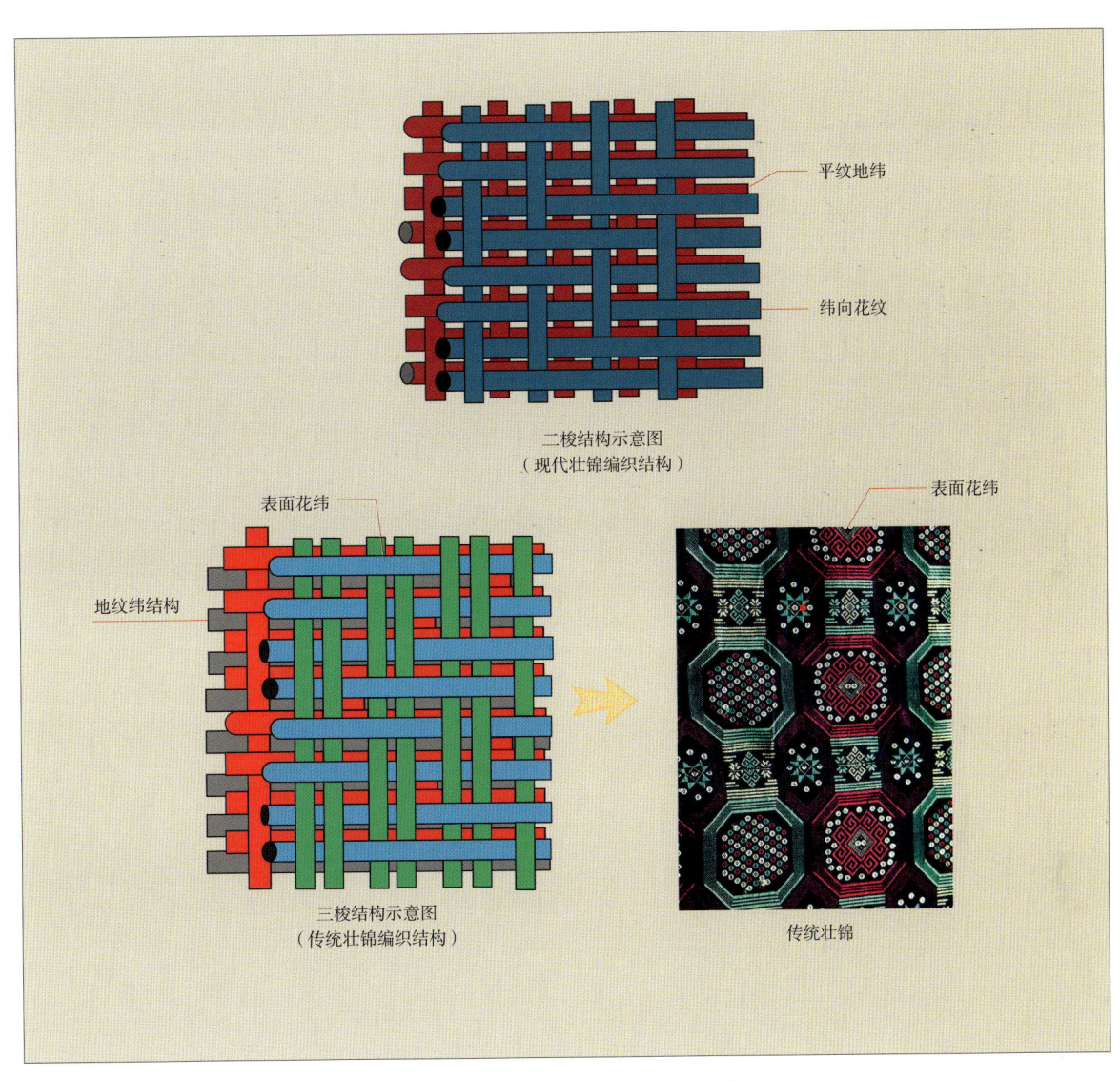

图四 清广西壮族蟒龙纹壮锦结构分析图

广西壮族崇左土布

图一 广西壮族崇左土布主图

土布，俗称"粗布"，是民间劳动者以棉花为原料，利用简易纺车、手工织布机纺织而成的一种布料。在西方纺织技术传入中国之前，这类布料在中国很普遍，壮族区也不例外。从染色种类看，壮族土布主要有浅蓝色、深蓝色、黑色及紫红色，本案例即为深蓝色土布，现藏于广西崇左壮族博物馆。

从壮族传统染色工艺看，染布所用的染料主要是蓝靛，蓝靛是从蓝草里提炼出来的一种植物性染料。在壮乡，无论山间还是路旁，都普遍生长着蓝草植物，尤其是秋季最为茂盛。蓝靛的制作方法如下：把成熟的蓝草放入大缸里，用加了石灰和少量生佛瑶（一种植物）的水浸泡，待植物腐烂后，再用木杵捣溶（14千克净叶配6千克石灰为一料，四料为一担），直到出现青蓝色泡沫为止，最后缸内沉淀物便是蓝靛。当然，染布还需配制染料水，染料水是蓝靛、碱水和烧酒的混合物。过去，壮族人用的碱水是蕨节叶烧成的灰加温水过滤而来，染布时，将土布放在染料水中浸泡，过一段时间后将布捞出，晾干，接着再浸，反复多次。土布浸泡的次数越多或浸泡时间越长，布颜色就越深，深到一定程度就趋于蓝黑色。实际上到了这一步，土布颜色仍不牢固，为此，壮族人把染好的土布与黄豆磨成的浆及山上采来的江棚（壮族土语音译，当地一种植物）混合一处煮沸，再用混有猪牛血的溶液沤泡。之后，就用清水洗净晾干，折叠起来，放在石板上用木槌轻轻捶平，接着再用石头碾实即显蓝色布匹。

壮族染色棉布源于何时，尚待考证。东晋常璩《华阳国志》曾记载，在宁州"有闽濮、鸠僚、僳越……有梧桐木，其华柔如丝，民绩以为布，幅广五尺以还，洁白不受污，俗名梧桐华布"。学者多认为，这里梧桐木即木本棉花。在我国，棉花事实上是从海外引进的，棉布的生产要晚于丝绸与麻布，对于较早就懂得棉花种植的民族——壮族，他们掌握棉布的纺织与印染技术也是极其自然的事。

概括来看，壮族土布生产工艺流程是：脱棉籽→纺线→织布→染色→成品。从设计学角度分析，壮族土布有以下优点及历史价值：一是土布色泽古朴，布料厚实耐磨，尤其是冬暖夏爽，透气吸汗；二是过去由于价格低廉，在相当长的时间内土布解决了人们的穿衣问题，成为大众生活必需品；三是染色土布为后来壮族及其他民族的蜡染、扎染等技艺的产生奠定了物质基础。当然，染色土布也有不足之处，首先是生产效率无法与大工业生产相比，其次是土布表面质地也不及机纺布细腻。但随着人们返璞归真意识的增强及消费的多样化、个性化的追求，传统土布又渐渐受到城里人的青睐。据广西隆林农村的调查，那里一些家庭仍保留着传统的织布机与传统染布工艺，自制的手工布除自用外，多在圩日出售，成了当地人一项重要的经济来源。

图片来源
图一、图三　孙林　摄影
图二、图六　崇左壮族博物馆提供
图四　广西民族博物馆提供
图五　许边疆　摄影

蓝草图示

加工蓝靛

蓝靛交易

图二　广西壮族崇左土布染料图

深蓝色土布
（崇左壮族博物馆藏）

图三　广西壮族崇左土布延展图

染布过程　　　　　　　用木槌捶布

（图片由广西民族博物馆提供）

生石灰与水产生化学反应生成氢氧化钙，氢氧化钙对蓝靛青进行腐蚀
$CaO+H_2O=Ca(OH)_2$

蕨节叶烧成的灰主要成分是碳酸钾，它能做洗涤剂及除污剂，让织物易着色
$K_2CO_3+2H_2O=K_2OH+H_2CO_3$

图四　广西壮族崇左土布工艺图1

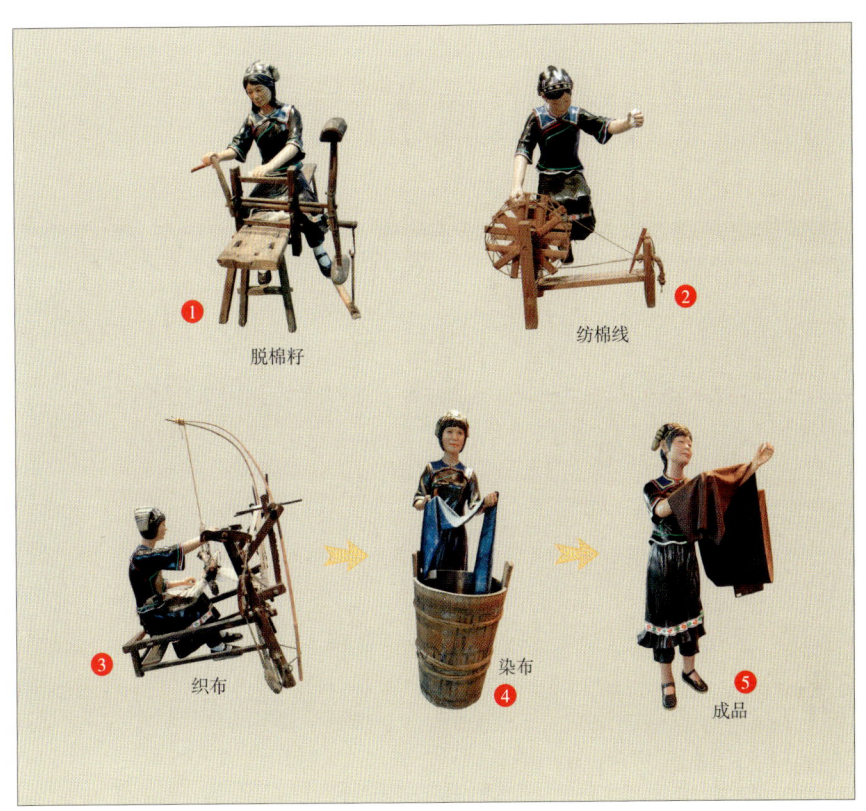

土布生产工艺流程图示
（人物道具摄于广西民族博物馆）

图五　广西壮族崇左土布工艺图2

崇左大新宝圩乡土布服饰
（图片由崇左壮族博物馆提供）

图六　广西壮族崇左土布应用图

广西壮族靖西扎染

图一　广西壮族靖西扎染主图

扎染，壮族人又俗称"疙瘩染"，它是壮族传统印染方法之一。本案例采自广西靖西壮族博物馆，属于当地典型的蓝靛扎染花布。

壮族扎染究竟源于何时尚无定论，但早期的扎染面料应该是丝织品或白麻布，因为壮族人养蚕、种麻的历史十分悠久，而印染棉布则是后期种植棉花的产物。从出土的一些实物，如贵港罗泊湾一号汉墓回纹锦来分析，当时已有黑、红两种丝线，这表明汉代存在着印染工艺。再比如，合浦汉墓出土的陶器有灶边染布的劳作场景，同样也能间接证明壮族先民早在汉代就已普遍染布了。因此，我们可以下这样的结论：壮族染布工艺技术的产生不会晚于秦汉时期。

概括来看，壮族扎染所用的工具与材料主要有布料、针、线、染料、染锅、柴灶、搅拌棍、水桶、剪刀等。其印染流程是：先在布面上画出图样，然后用针线依据图样缝缠、打结、捆扎，将那些不染的部位扎牢，形成"疙瘩"状；接着，将其投入靛缸里浸泡，每浸泡一昼夜就取出晾干，再置入靛缸浸泡，反复多次，每染一次，布料就色深一成，直至满意为止；最后，再将染好的布料漂水晾干，拆除线疙瘩即可。

事实上，中国传统扎染技法有多种，但壮族扎染主要是以平针缝绞法和卷针缝绞法为主，这两种技法的特点皆为"线"形，扎染纹样自然也是用"线"来表现。具体做法是：平针缝绞法是用大针沿着设计好的纹样走针穿缝，缝好后，终端留出约10厘米距离，剪断缝线，然后拉紧收拢打结即可印染；卷针缝绞法是利用针与布的卷缝得到斜线点状痕迹，这种点状痕迹所构成的纹样极富浪漫情趣。从广西壮乡实际考察情况看，壮族传统扎染布主要是用来制作门帘、床单、毛巾、桌围、帐沿、围裙以及儿童围兜等，纹样样式多集中于几何纹，如菱形、圆形、环形、方形、回纹等，也常见一些波浪纹和具象的花纹。此外，壮族扎染另一特点是，布料在染蓝的过程中往往要加入牛血和某些树汁，这样染出的蓝布颜色偏深，甚至会出现发黑的层次。

随着社会的发展，如今各种工业印染布对传统手工扎染产生了很大冲击，以至于我们在壮乡很难再见到一些手工作坊，古老的民间扎染工艺趋于消失，此一现象应引起多方人士的关注。

图片来源
图一、图四　许边疆　摄影
图二、图三、图五　许边疆　制图

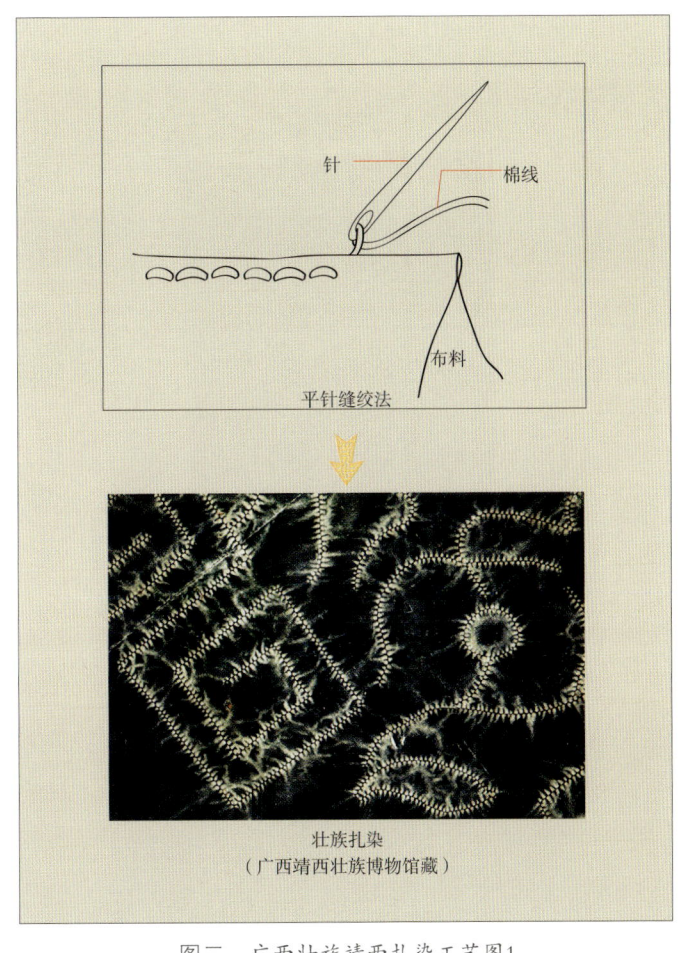

壮族扎染
（广西靖西壮族博物馆藏）

图二　广西壮族靖西扎染工艺图1

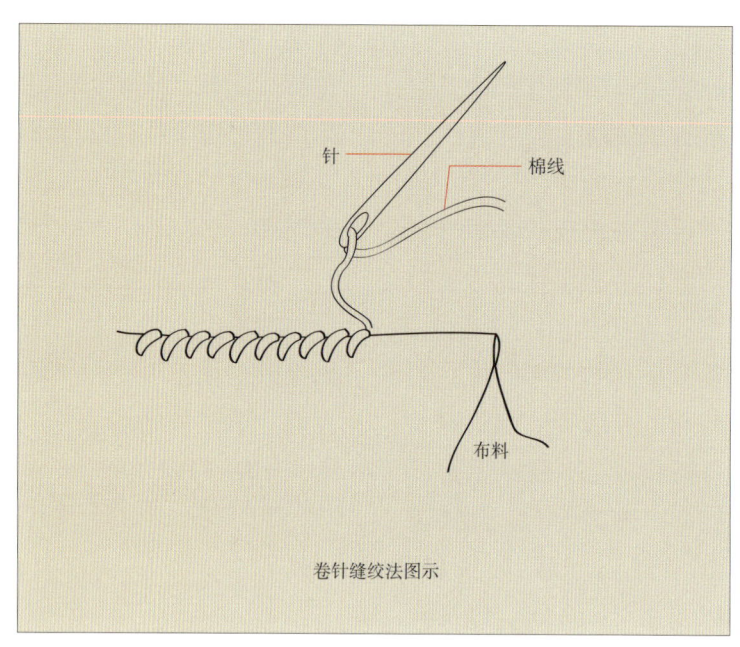

卷针缝绞法图示

图三 广西壮族靖西扎染工艺延展图

壮族扎染门帘
（广西靖西旧州壮族生态博物馆藏）

图四 广西壮族靖西扎染延展图1

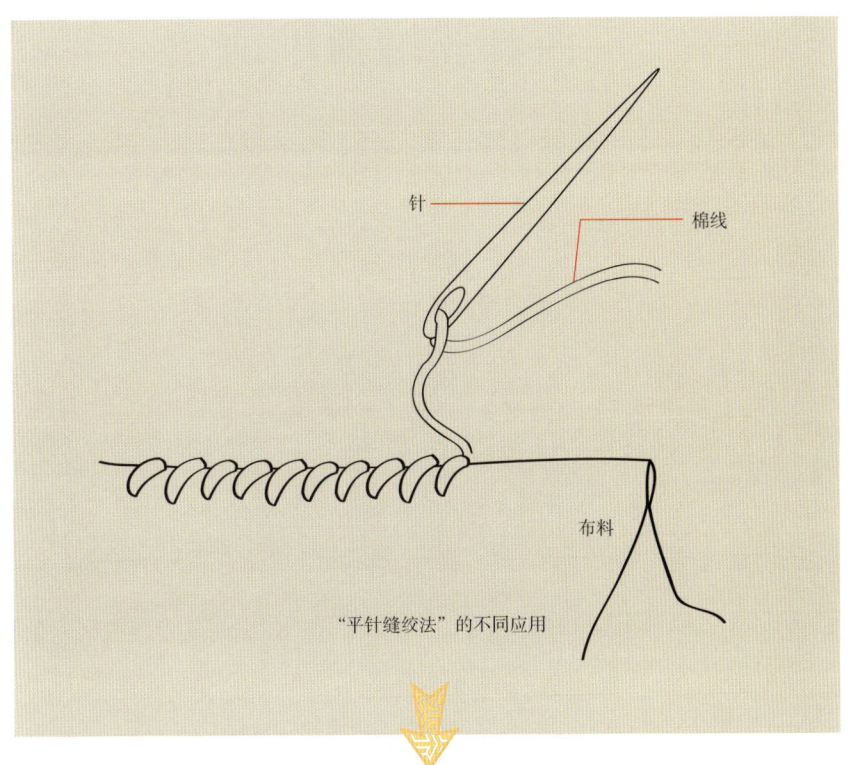

壮族扎染床单
（广西民族博物馆藏）

图五　广西壮族靖西扎染延展图2

广西壮族靖西堆绣

图一　广西壮族靖西堆绣主图

堆绣是用丝线编织成彩带，再将彩带绣于物品之上的一种民间工艺。本案例采自广西靖西壮族博物馆，属于民国遗物。从博物馆藏品看，背带、绣花鞋、荷包、绣球皆有堆绣的身影，尤其是绣球，精致的绣球大多是用堆绣工艺来装饰，在人们心中，堆绣工艺与绣球是紧密相关的。

从堆绣特点看，它实际是采用复线刺绣的方式完成的装饰，用这种工艺绣出的纹样具有浮雕般的视觉感，因而受到了大众的喜爱。堆绣基本材料是彩带，彩带又是用多种颜色的丝线经手工编织而成。据当地编织艺人说，编织彩带不仅是一门技术活，而且编织过程有些枯燥，如果不是特别喜欢，很难坚持下去。在旧州考察期间，我们见到编织彩带者的双手十指翻飞，犹如在弹钢琴，八股彩线不停地随人手变换，较长时间才能编出几厘米的彩带，难怪堆绣彩球价格要比平绣高许多。经解析，八股彩线的编织方式是：先分出两组线（每组四股），其中中部两股交叉线为不同颜色的线,编织时左右手同时取外部彩线与中部彩线交叉,接着再取最近处的两股彩线交叉,随后再用双手从外部取线,同时也将编好的线向外推,以此方式不停地轮回取线交叉即可。

彩带编好后仅是半成品,最终还需以下工序完成堆绣(以绣球为例):一是在裁剪好的布料上摹画图样;二是依据所画的图样用彩带盘花;三是用合适的丝线将盘出的花带绣在布面上;四是再用金丝线将设计好的布形锁边。壮族堆绣是用不同颜色的彩带来编制图案的,工艺有鲜明的地域性。据靖西壮族博物馆工作人员介绍,在当地,堆绣工艺能手黄肖琴老人近年来在当地政府的支持下已培养了几百名徒弟,这种师徒传授模式为保护濒临消失的技艺起到了积极的作用。

图片来源
图一、图二、图五、图六　孙林　摄影
图三、图四　许边疆　制图

图二　广西壮族靖西堆绣材料和工具

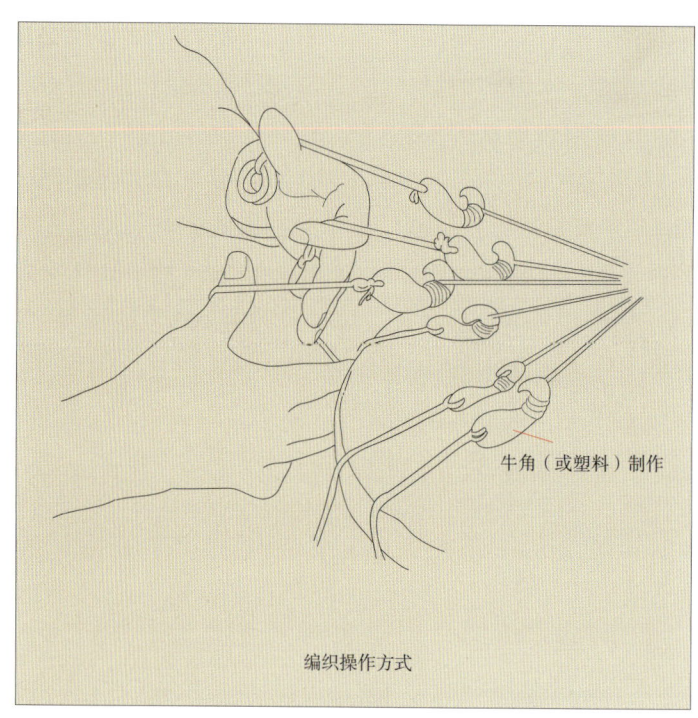

图三　广西壮族靖西堆绣编织方式图1

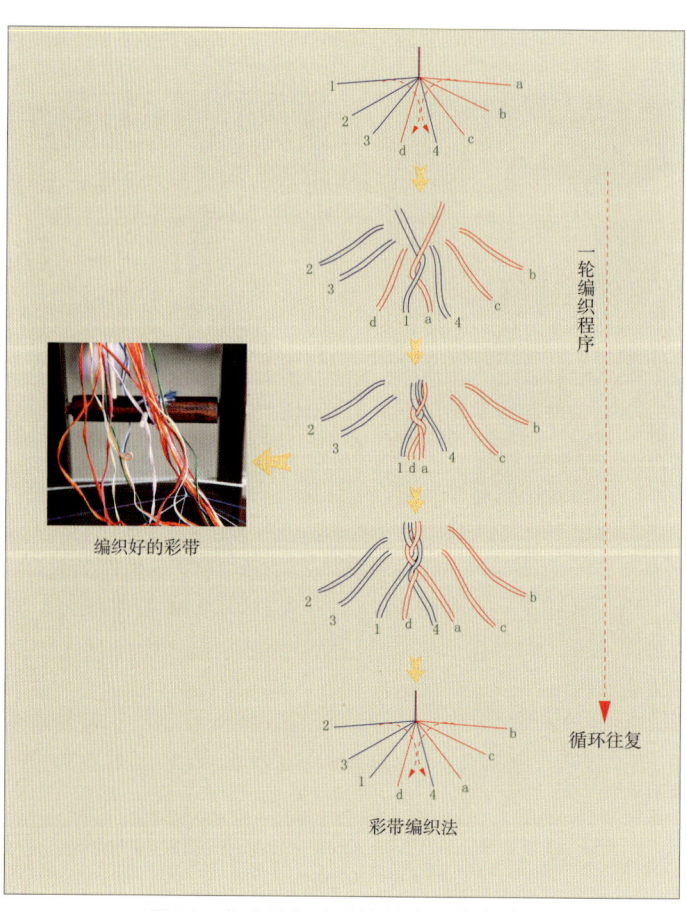

图四　广西壮族靖西堆绣编织方式图2

图五　广西壮族靖西堆绣工艺图1

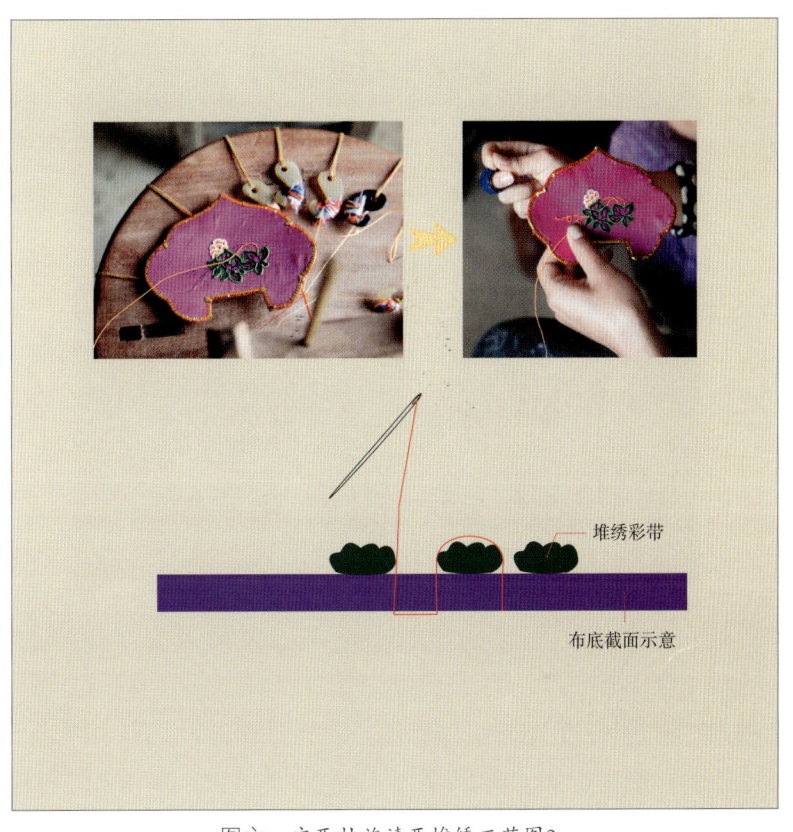

图六　广西壮族靖西堆绣工艺图2

广西壮族桂林儿童银牌

图一 广西壮族桂林儿童银牌主图

"银牌"是吊挂于胸前的一类银质佩饰。过去，壮族成人、儿童常佩戴银牌，其形制通常扁平，式样繁多，它不仅是服饰的一部分，也是壮族人的一种情结及内涵丰富的视觉符号。本案例采自广西桂林博物馆壮族器物陈列室，为壮族儿童服装配饰。

本案例由三部分组成，即银制项圈、银牌及吊件，其中银牌与吊件依附于项圈之上，彼此为不可分割的整体。经测量，银牌横向跨度18.5厘米，距项圈底部长度约16厘米，吊件总长14厘米。本案例使用方式是：先打开项圈上的挂钩，将项圈套在颈脖部位，将银牌置于胸前，吊件放在身后，然后再合上挂钩，银牌与吊件因自身重力而垂于人体前。壮族银牌制作工艺有锤打、扭、挫、磨、范铸、镂刻等手段。具体来说，先将白银原料反复锤打成薄片、银条或银丝，然后借助压、錾刻、镂等工艺加工出精美的纹样，最后通过焊接或编织方式再成型。概括来看，本案例纹样有算盘、幼狮、百家锁、钱币、几何纹、龟、农具、花生、葫芦、鱼、石榴、茶壶、狗、花卉等，项圈上錾刻"福如东海"等字样，吊件上有"长命百岁"等字样，这些纹样（或符号）皆有祈福之意。例如，"百家锁"是向左邻右舍募钱制成的，具有众生护佑孩子的寓意；"花卉"在壮族人眼里与"花婆"崇拜有关，他们将花形等同于幼儿的命魂（几何纹同样如此）；至于"石榴""花生"则是后代兴旺的象征；"钱币""农具""算盘""茶壶"是对美好生活的祝愿；"龟"无疑与吊件上的"长命百岁"相呼应。此外，壮族人用的银牌往往有十二生肖，本案例中就有"狗"的存在，这表明佩戴者属狗。从案例组成上看，构件种类繁多，形制不一，吊挂错落，它们以中部圆形和如意形银牌为中心，构成了近于对称的组织结构。

回顾历史，壮族银牌主要是供女性和儿童佩戴。在壮族人眼里，银饰不仅光泽闪亮，有装饰功能，而且还是一种辟邪镇恶的灵物，鬼神见了都会惧之，所以自古以来壮族人就爱佩戴它，希望它能护身辟邪，给自己带来好运。

图片来源
图一　许边疆　摄影
图二至图五　许边疆　制图

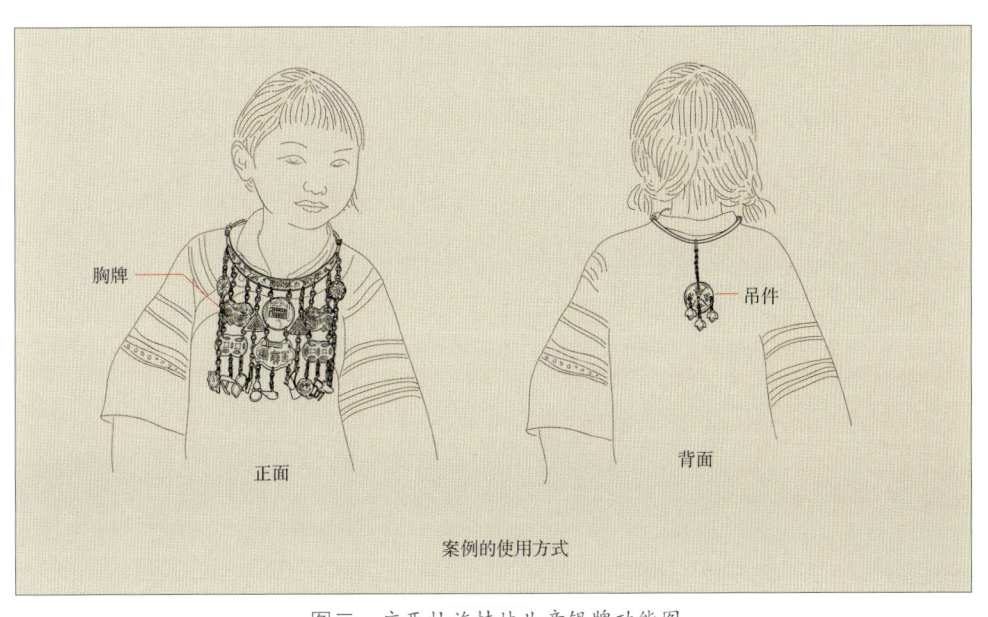

图二　广西壮族桂林儿童银牌功能图

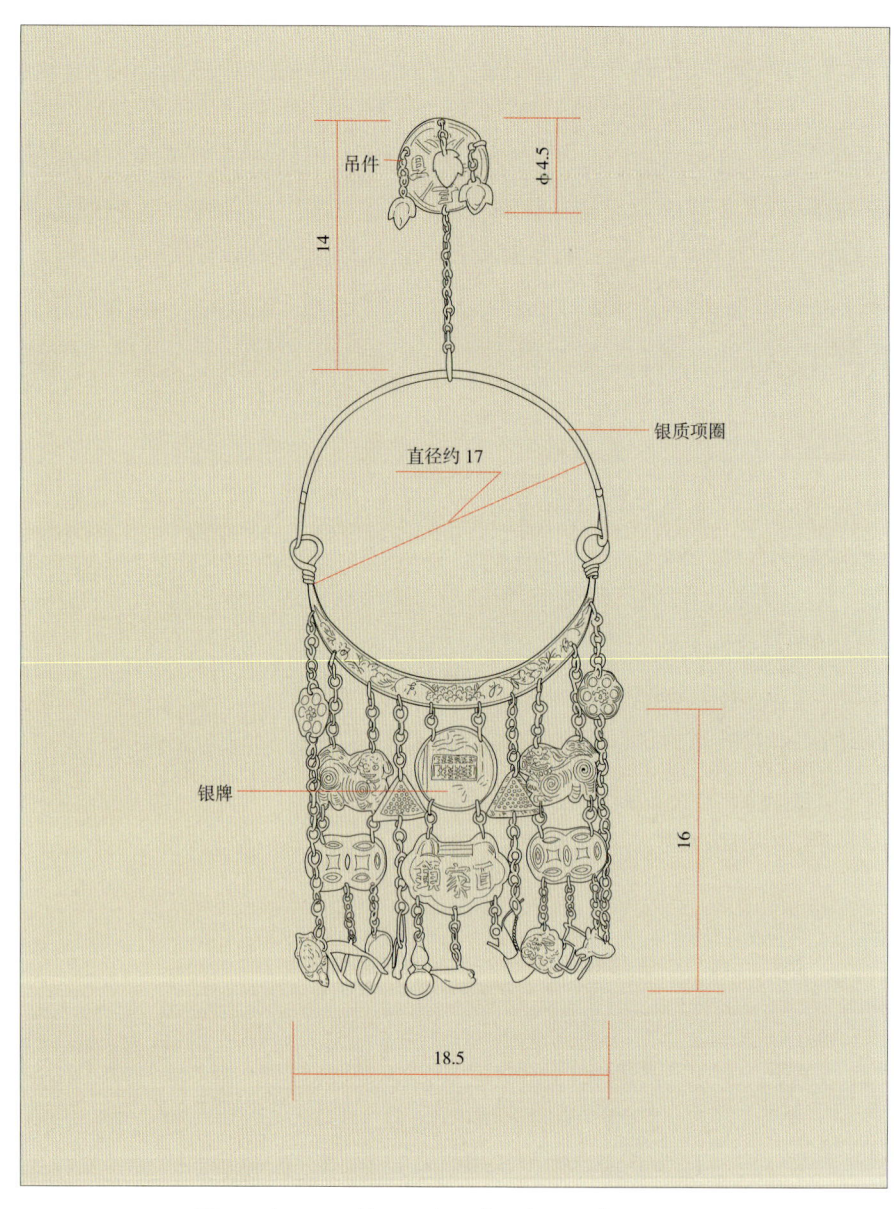

图三　广西壮族桂林儿童银牌尺寸图（单位：cm）

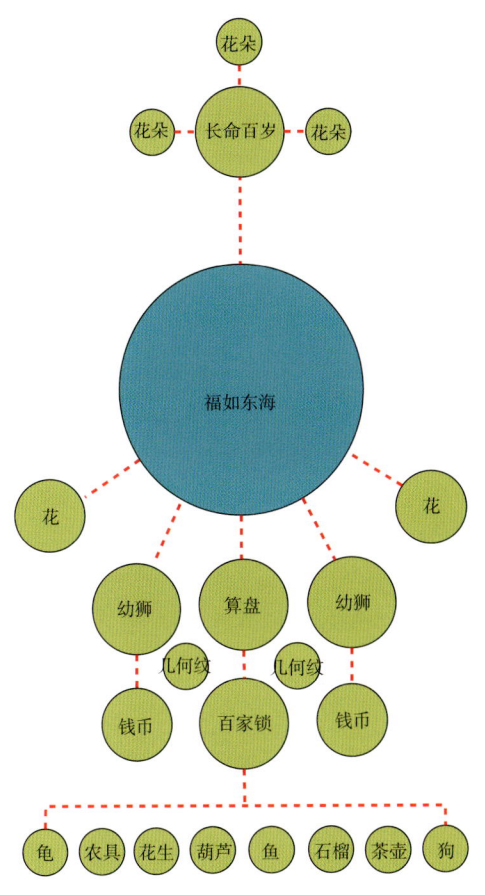

图四 广西壮族桂林儿童银牌设计分析图

链式银牌
（云南广南道侬壮族儿童银饰）

图五 广西壮族桂林儿童银牌对比图

广西壮族桂林珐琅银手镯

图一 广西壮族桂林珐琅银手镯主图

同许多民族一样，壮族女性也爱佩戴金、银首饰，银手镯便是其中之一。壮族银手镯，形制不仅有锥状手镯、角镯、宽带手镯等，工艺也有独到之处，比如珐琅银质手镯就是用复合材料加工而成的饰件，曾流行于桂北。本案例采自广西桂林博物馆壮族器物陈列室，属于当地女性珐琅银质护腕式手镯。

本案例尺度如下：径口7.5厘米，镯宽4.5厘米，厚约0.25厘米。案例外表有主、副装饰区，主装饰区是用银丝镶嵌而成的大花瓣，花瓣内填红色珐琅，花瓣外为蓝色珐琅；副装饰区是一排小瓣花，装饰手法与主装饰区雷同，不过其周边用银丝弯出了两排节奏感很强的折叠纹，颇有个性。此外，主、副区皆有凸起的大小乳钉纹，乳钉纹的存在让案例外表有了凹凸感，也使案例显得精致华美。实际上，壮族珐琅技艺源于汉族，但壮族工匠却创造出了许多具有民族自身特色的珐琅银质手镯。

珐琅是一种玻璃质釉料,成分主要是石英、四氧化三铅、硼砂、苏打和碳酸钾。这些原料被熔融后,就会产生一种近于无色的玻璃质釉层,如果再添加一些不同的金属氧化物,就能获得不同颜色的釉料。由于珐琅熔点不高(700℃左右),故适宜同金属结合起来制作首饰。珐琅工艺流程是:先准备珐琅釉料和金属胎体,然后点蓝与焙烧,最后进行表面处理。

珐琅银制手镯大约在明末清初流行于广西北部壮乡。过去,当地姑娘一般在十二三岁就开始佩戴一些银饰,出嫁之前男方还会赠送更多银子,银手镯自然是不可少的。从服饰学角度分析,当地女性常穿白色对襟上衣,这种服装如果配上银质彩色珐琅手镯就会显得格外典雅,尤其是手腕上戴的宽式手镯,形制给人以厚重之感,佩戴在手腕上能形成视觉驻点。

图片来源
图一　孙林　摄影
图二、图三、图五、图六　许边疆　制图
图四　许边疆　摄影

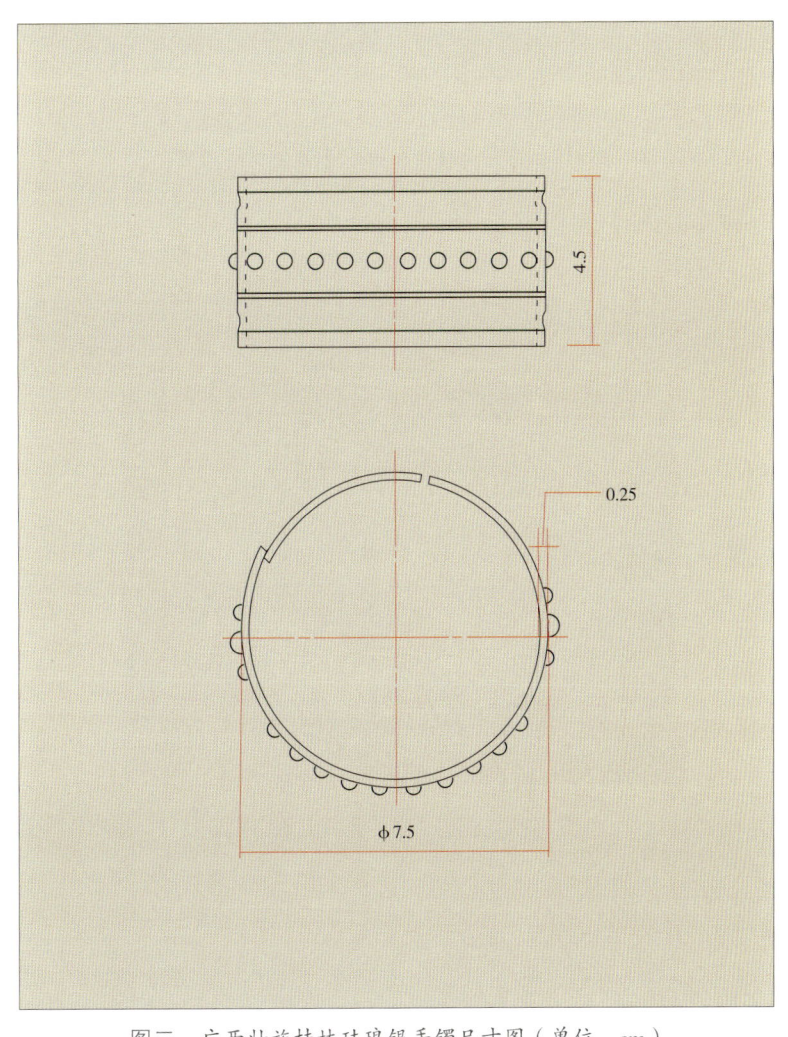

图二　广西壮族桂林珐琅银手镯尺寸图(单位:cm)

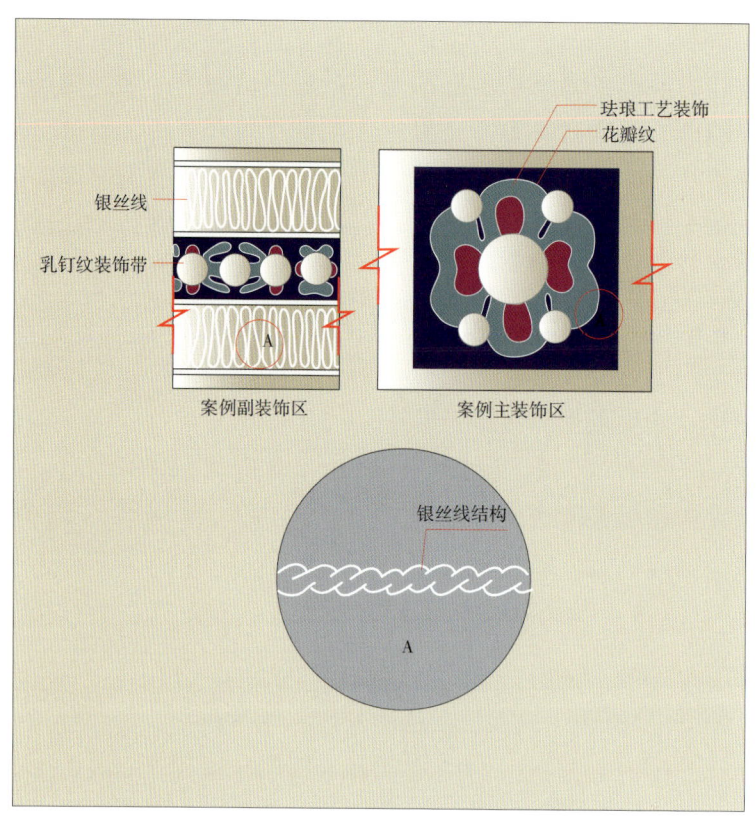

图三　广西壮族桂林珐琅银手镯装饰结构图

图四　广西壮族桂林珐琅银手镯延展图

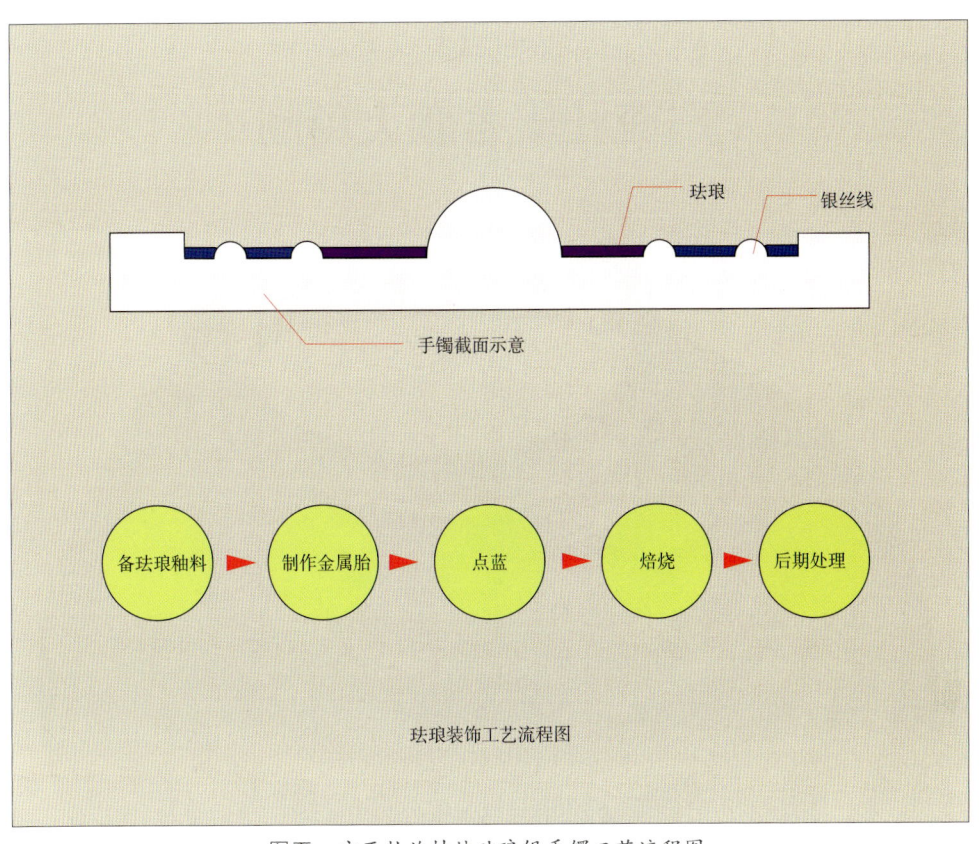

图五　广西壮族桂林珐琅银手镯工艺流程图

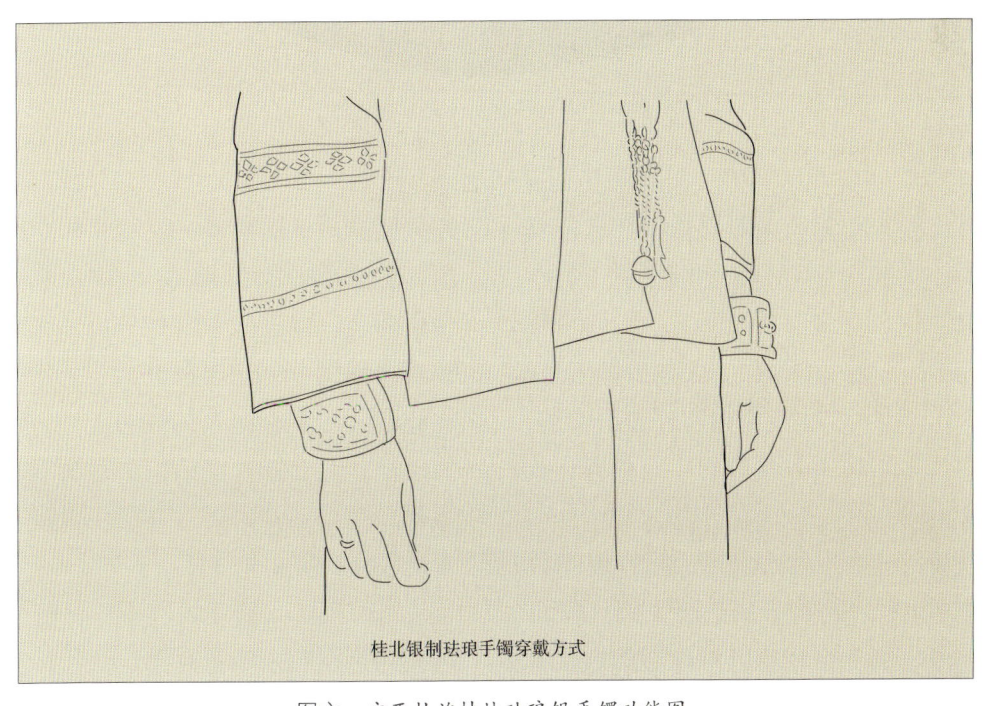

图六　广西壮族桂林珐琅银手镯功能图

广西壮族龙胜大项圈

图一 广西壮族龙胜大项圈主图

广西壮族龙胜银质项圈是悬挂在壮族女性胸前的一种装饰件，形态呈圆弧状，有单圈或多圈形式。对多层项圈而言，人们常称之为"银排圈"或"套圈"，圈数少则三个，多则九个，口径大小也是由内向外递次增加，本案例即为多层项圈，现藏于广西龙脊壮族生态博物馆。

经测量，本案例最大口径是29厘米，最小为12厘米，截面形制呈扁平圆弧状，后部则逐渐变细变圆，并以对称形式将端头弯曲成纽状，分别套在金属环上，再用皮带连接两端。从圈数看，龙胜壮族女性佩戴的项圈数多为奇数，即1、3、5、7、9，兼有少量偶数。以设计学眼光分析，奇数的排列形式在视觉上要比偶数更富于变化。当然，壮族女性佩戴银饰除装饰功能外，也是财富的象征，对有钱人家来说，银饰不仅成套地佩戴，而且项圈数可达9层，而普通人家的女性往往只戴1至3层。

回顾历史，桂北壮族女性流行佩戴银首饰大约是在明末清初时期，女性往往十二三岁就开始佩戴颈饰、耳饰，出嫁时男方也会赠送一些银首饰。至于数量与形制，根据个人情况而定，有些首饰表面素平，有些则雕有精美纹样，例如本案例就是以十二生肖为主题来装饰的，这类纹样家喻户晓，是人们喜爱的传统纹样之一。本案例纹样是用錾刻工艺成型的，该工艺需丰富的操作经验，成型时师傅击打力度的大小完全凭手感，若用力过大，錾出的痕迹就会过深，相反，纹理层次感就会不够，所以此项工艺是检验银匠师傅技艺是否成熟的重要标准。

过去，桂北壮族女性对胸部的装饰十分重视，除了佩戴项圈外，胸前还常挂一种胸牌，其形近于长方形，透雕鸟兽花卉图案，下沿有小链穗，人走起路来能发出声响，悦耳动听，显示出壮族人不平凡的银饰加工水准。随着现代生活的变迁及人们审美观念的变化，壮乡如今已很难见到女性佩戴这种传统银饰了。

图片来源

图一　许边疆　摄影
图二至图五　许边疆　制图

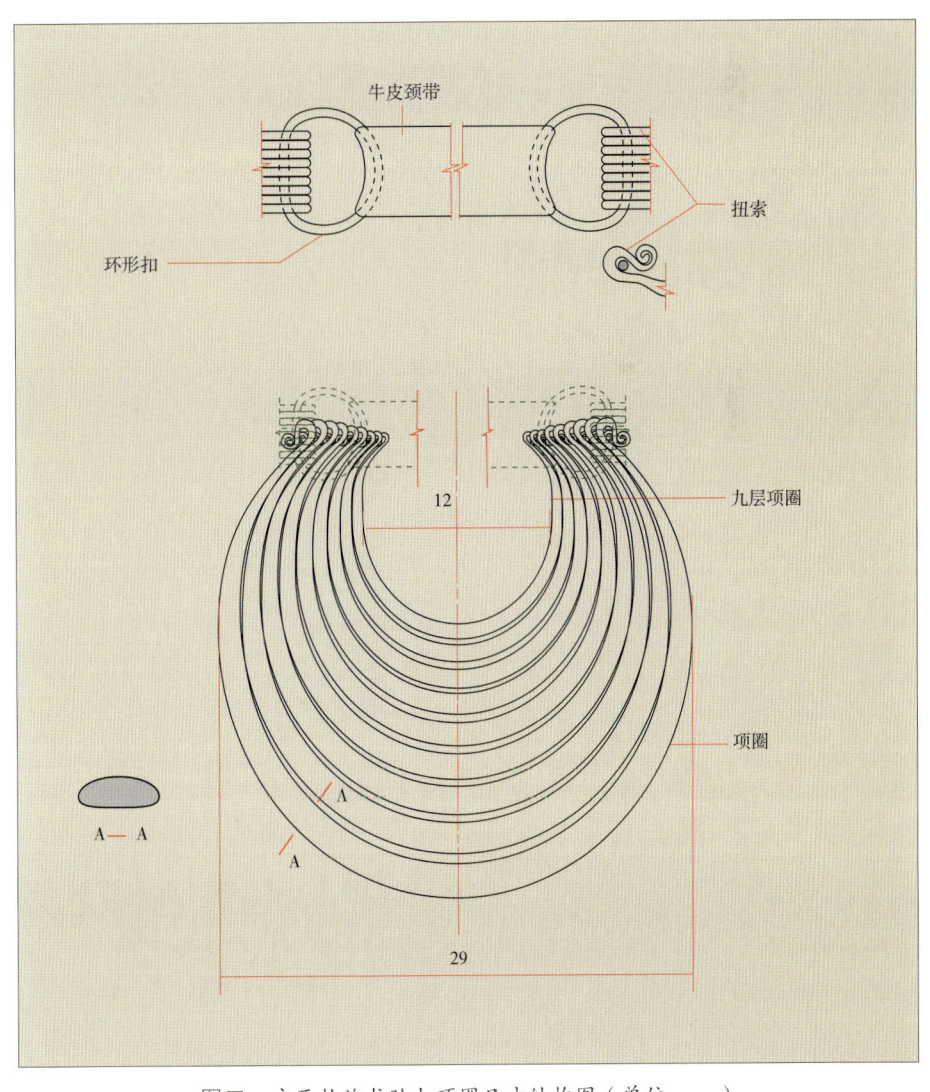

图二　广西壮族龙胜大项圈尺寸结构图（单位：cm）

图三　广西壮族龙胜大项圈功能图

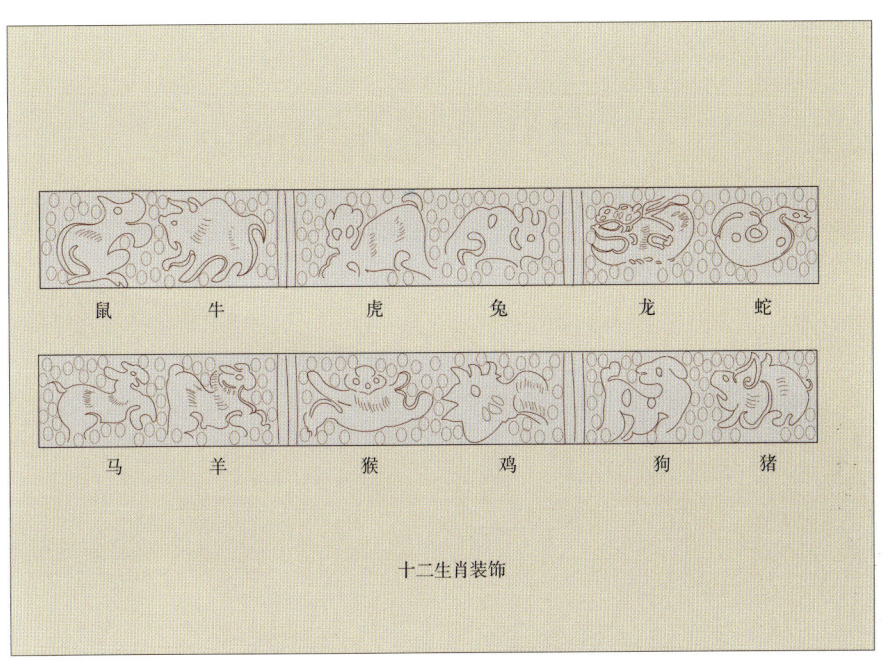

图四　广西壮族龙胜大项圈装饰纹样图

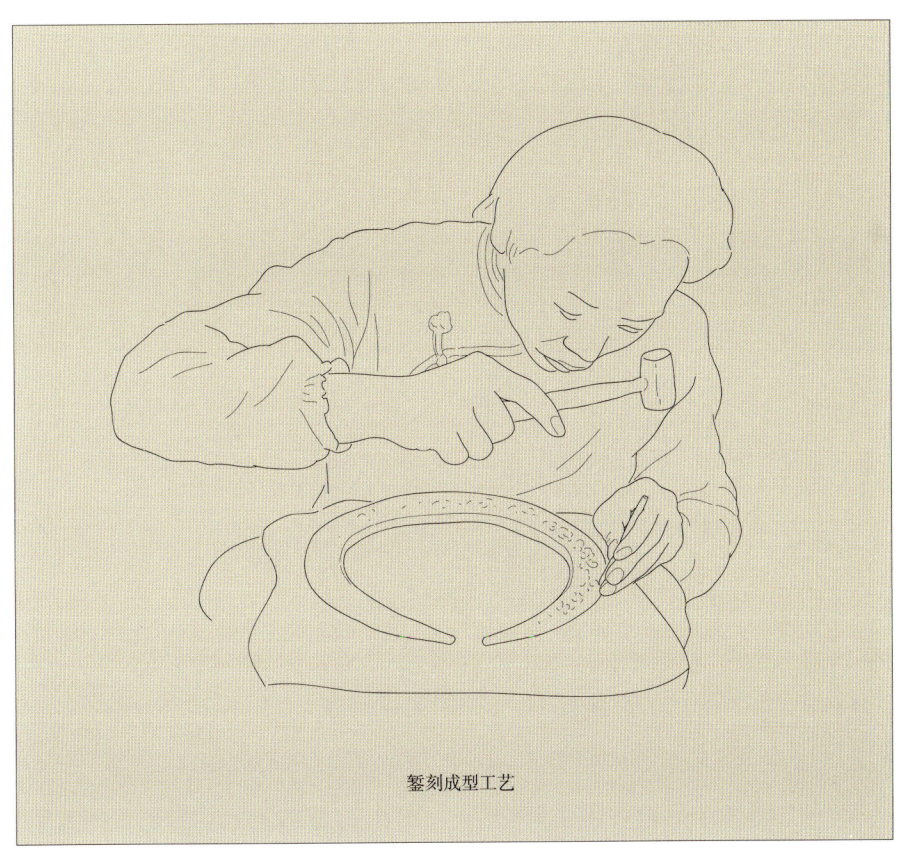

图五　广西壮族龙胜大项圈工艺图

广西壮族崇左蓑衣

图一　广西壮族崇左蓑衣主图

蓑衣是一种传统雨具，可像衣服那样穿在身上遮雨，由于早期蓑衣是用蓑草编织而成，故名之。本案例采自广西崇左壮族博物馆，用棕丝制成。经测量，案例上衣宽130厘米，腰部宽41厘米，下裳宽57厘米，总高120厘米，由上衣、下裳两大部分组成。

广西年降水量在1200—2000毫米之间，属于全国降水量较多的地区，因此当地壮族人十分重视雨具的使用，棕丝蓑衣便是其中之一。广西普遍栽植棕榈树，该树叶鞘纤维具有一定的抗拉强度和耐水性，纹理致密，是制作雨具的天然良性材料。从设计学角度分析，本案例显然借鉴了一般的服装结构，后又依据功能的需要和材料特点对结构做了异化。比如，案例无袖是为了便于穿戴，人们使用时只需将蓑衣披上并系上圆领和下裳部位的棕绳即可，可紧可松，调节自如。再比如，增大案例上衣的宽度能有效阻挡风雨从侧面的侵袭，并且因周边尺度加大，当系上圆形领口两端的棕绳之后，案例就会出现坡形，这种坡形无疑利于雨水的流淌和滴落。

本案例用纯手工制作而成，其加工工具有搓绳具、剪刀、竹针、顶针、铁耙、半圆刀等，生产工序有十多道，需100多张棕榈

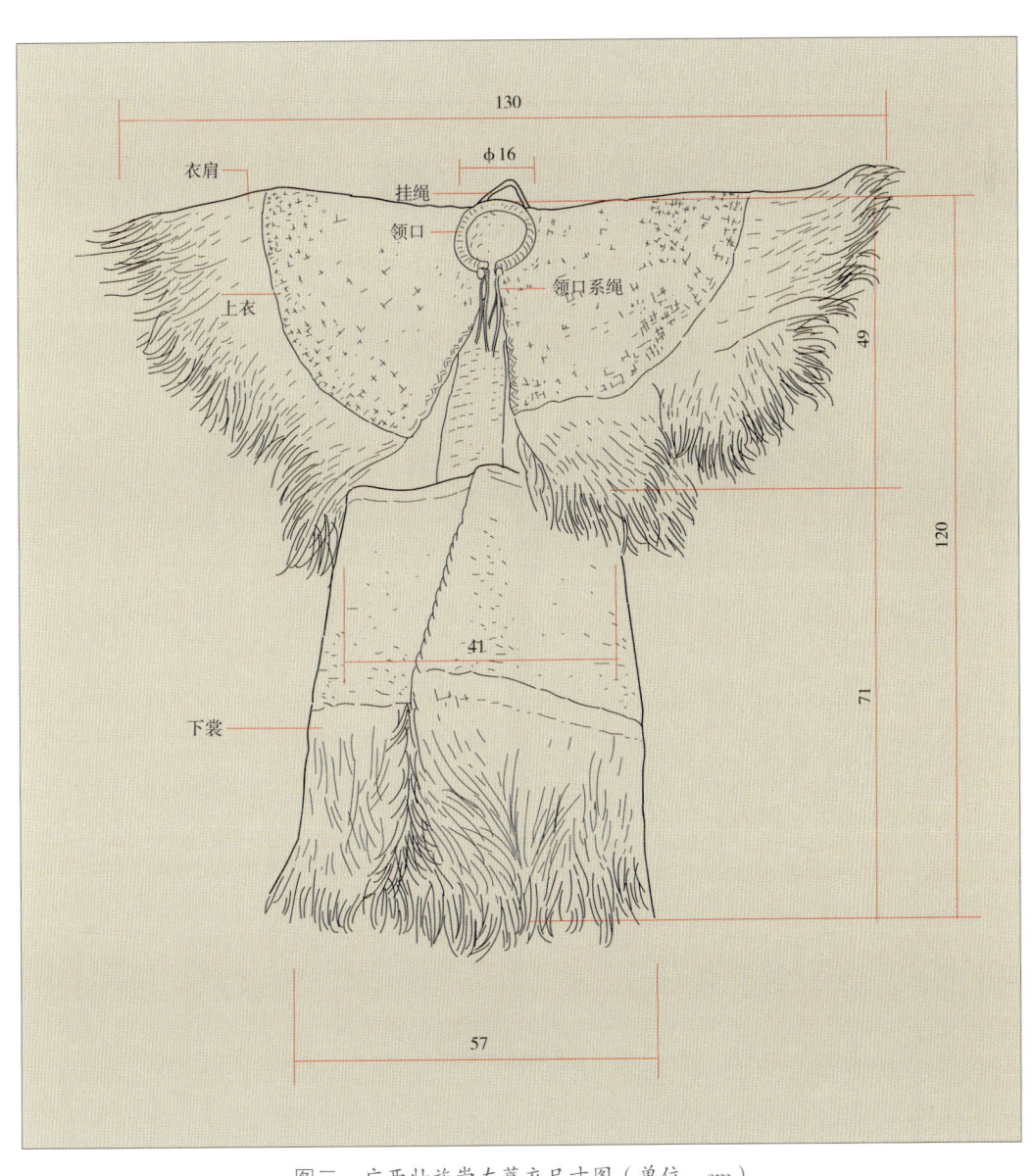

图二　广西壮族崇左蓑衣尺寸图（单位：cm）

片来制成，其主要成型方式是借助竹针将棕皮一片片缝制在一起形成衣裙状。为了使结构牢固，案例领口、衣襟等边缘处还需用棕皮包边细缝，蓑衣表面也需要棕绳缝制加强。

经现场模拟得知，本案例穿脱方便，其形体能有效地防雨，但尚需同斗笠配合使用。从历史来看，棕丝蓑衣在中国许多地方都存在，以本案例为参照，形制彼此间既有相似的地方，也存在差异性，这如同人们用相同的布料能裁剪出不同的服装款式一样。当然，随着现代防雨用具的普及，传统蓑衣让位于工业产品便成了历史必然。

图片来源
图一、图三　孙林　摄影
图二、图四至图九　许边疆　制图

棕榈树

图三　广西壮族崇左蓑衣原料来源图

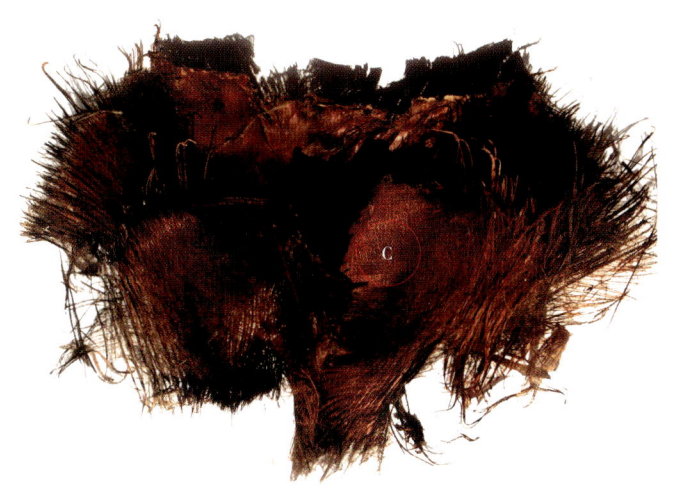

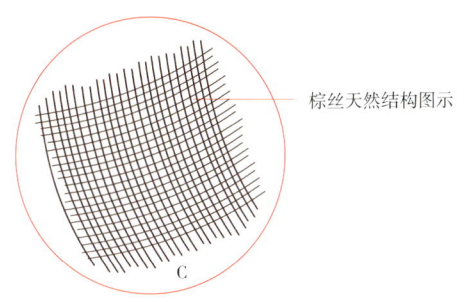

棕丝天然结构图示

图四　广西壮族崇左蓑衣原料结构图

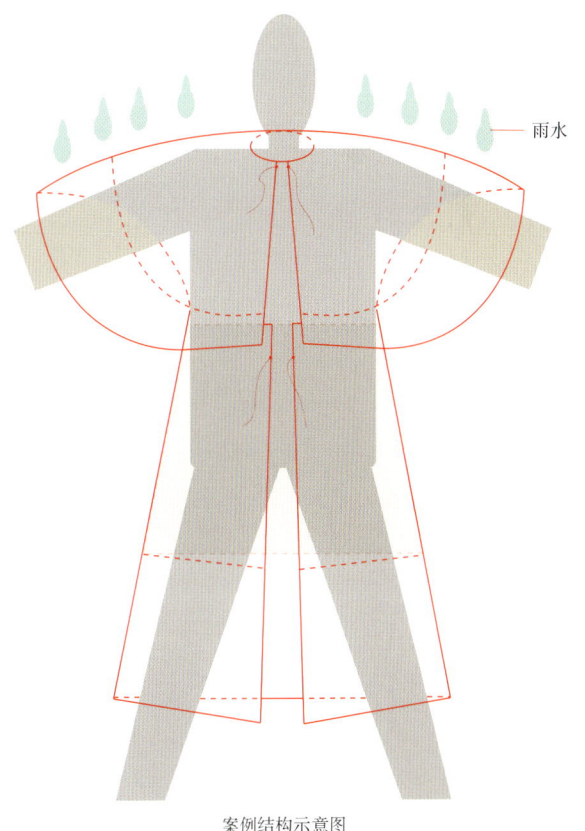

雨水

案例结构示意图

图五　广西壮族崇左蓑衣设计分析图1

第二章　壮族传统服饰

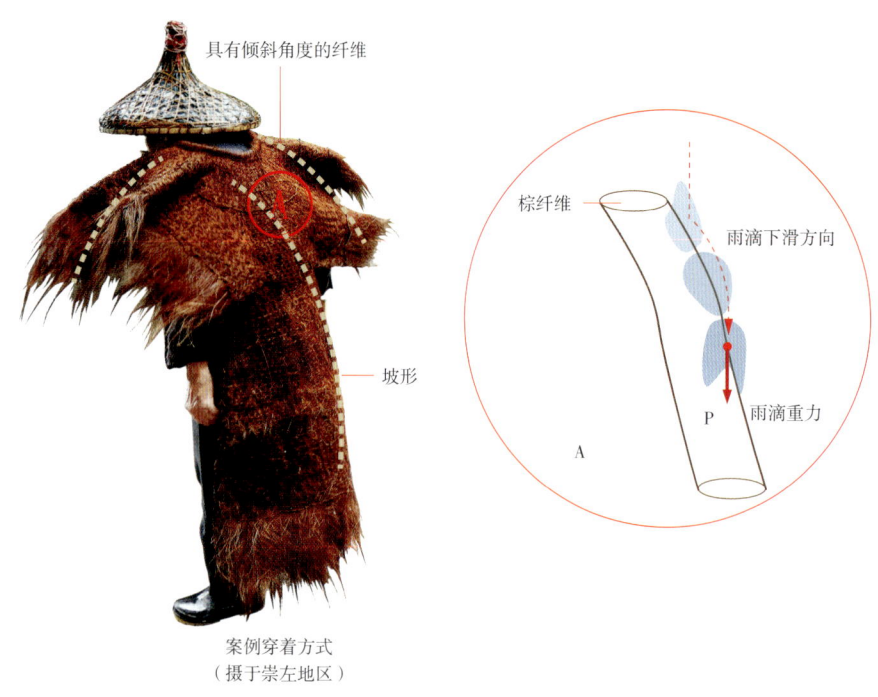

图六　广西壮族崇左蓑衣设计分析图2

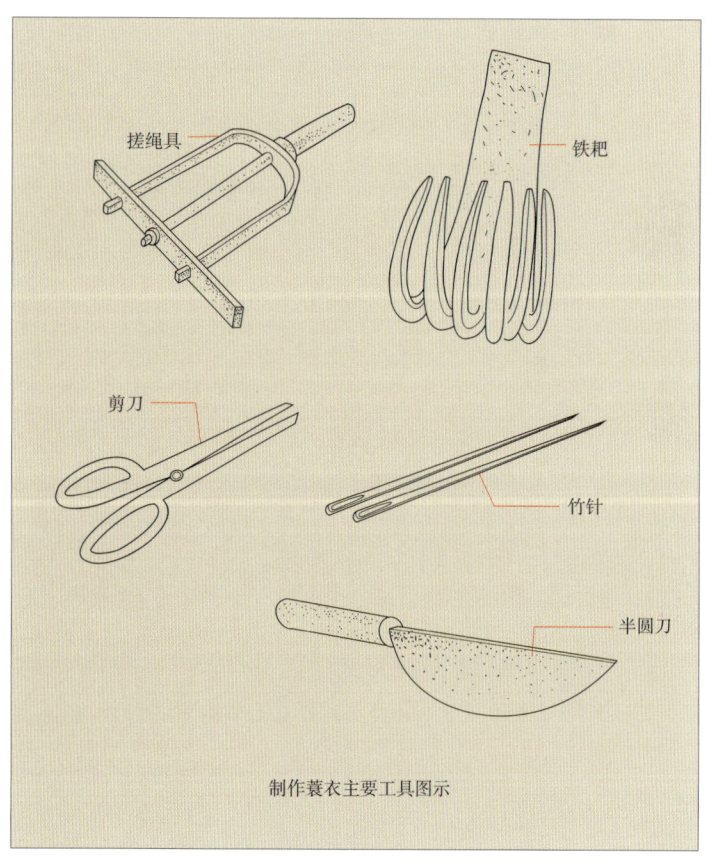

图七　广西壮族崇左蓑衣制作工具图

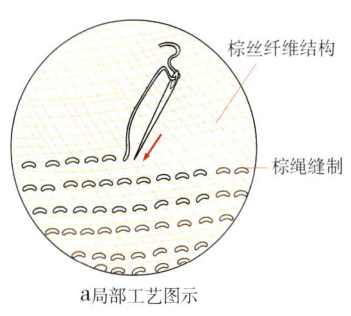
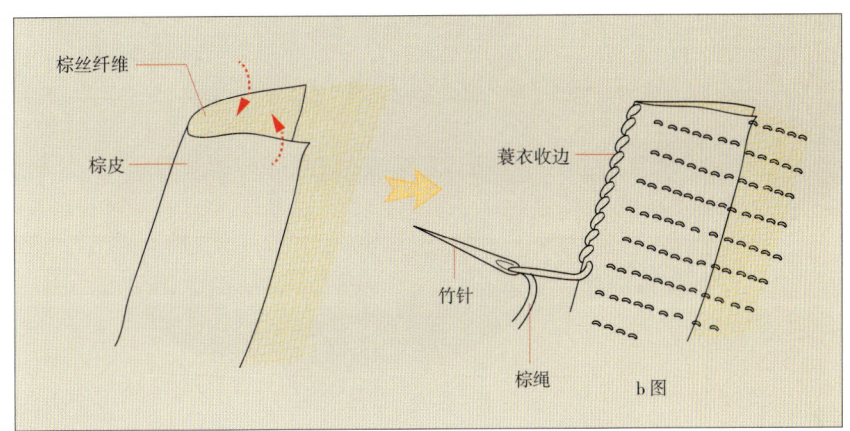

图八　广西壮族崇左蓑衣工艺图

图九　广西壮族崇左蓑衣对比图

广西壮族靖西牛皮木屐

图一 广西壮族靖西牛皮木屐主图

木屐，即用木板制成的鞋子，壮族人又称之为"板鞋"。这类鞋鞋底虽以木制成，但鞋面自古以来多样化，有棕绳鞋面、布质鞋面、藤条鞋面、皮质鞋面、帛质鞋面等等，花样繁多，本案例为皮质鞋面，现藏于广西靖西壮族博物馆。本案例长23厘米，鞋头最大宽度9厘米，后跟宽度7厘米，鞋底最大厚度3厘米。案例由鞋头、鞋帮、铁质外包头、爪钉铁掌、鞋底等结构组成。

从历史看，壮族人穿木屐的习俗不会晚于宋代。宋范成大撰写的《桂海虞衡志》里就曾记载壮族"椎髻跣足，或著木屐，衣青花斑布"。由此可见，壮族人穿用木屐的历史并不短。从设计学角度分析，本案例形制不仅考虑到了人脚的生理结构特点，也考虑到了行走时的种种状况。例如，人走路时脚部的着力点主要分布在第一跖骨下方和跟骨下方区域，为了让鞋底相应区域能承受更大的外力，本案例鞋底采用了厚薄不均的设计方式。具体来说，受力大的地方就加厚鞋底，受力小的部位则让其变薄。这样设计的优点是，一方面增强了鞋底强度，另一方面凹凸的鞋底也相应减小了触地面积，这反而有利于人在不平的路上行走（鞋齿易抓地）。本案例另一设计特点是，用若干金属件包裹木屐易损部位，比如鞋头，由于该部位常与硬物（如石子）碰撞，安装金属件能有效地延长鞋子的使用寿命。

本案例鞋面用牛皮制成。广西地区自古以来多饲养黄牛、水牛，牛皮加工技艺成熟。用牛皮做木屐，不仅美观，而且舒适耐磨。本案例鞋面制作方式是，先将牛皮裁剪成两片，然后用麻线缝制成一体，最后再用金属钉将皮质鞋面固定在鞋板上。

概括来看，广西传统木屐形制有两大类：一类是如本案例般用皮或布制成鞋面，鞋面形制呈"面"状；另一类是"丫"字形鞋面，即在木板上钻三个孔，然后用带穿系，其中一根是夹在大脚趾与二脚趾之间，另两根则延伸到鞋板的中后部，起到固定拉扯的作用。从实际情况看，壮族男女皆爱穿木屐，这与气候有关，因为广西地处中亚热带季风气候区，全年平均气温在 16.5°—23.1° 之间，气候温暖，雨水丰沛，冬少夏多，故木屐是一种便利的日用品。

图片来源

图一　孙林　摄影

图二至图六　许边疆　制图

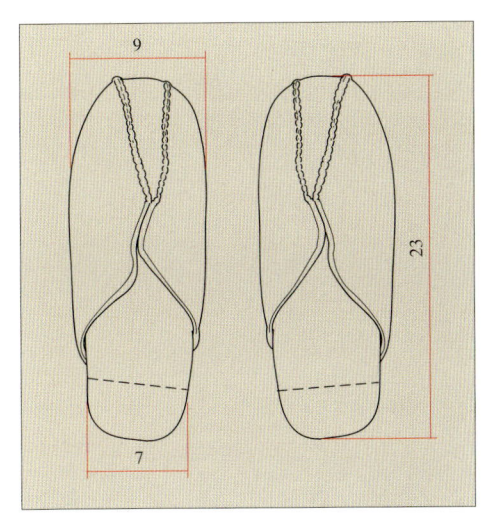

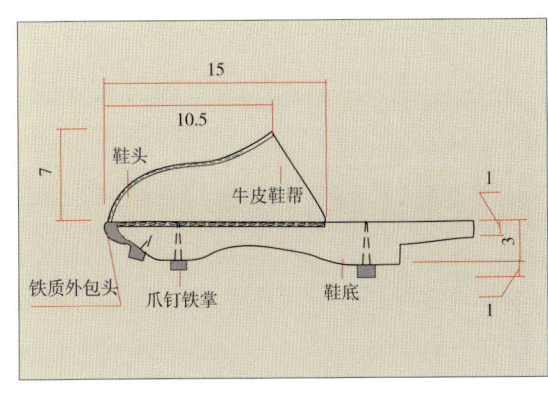

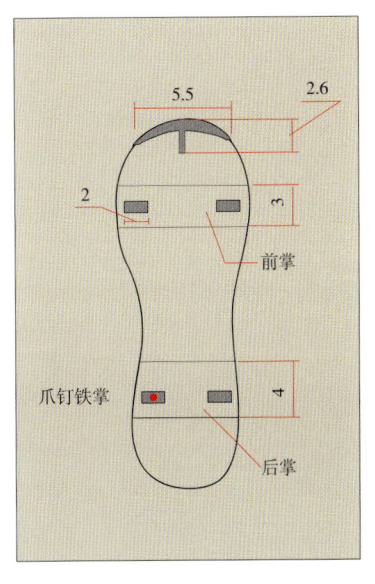

图二　广西壮族靖西牛皮木屐尺寸图（单位：cm）

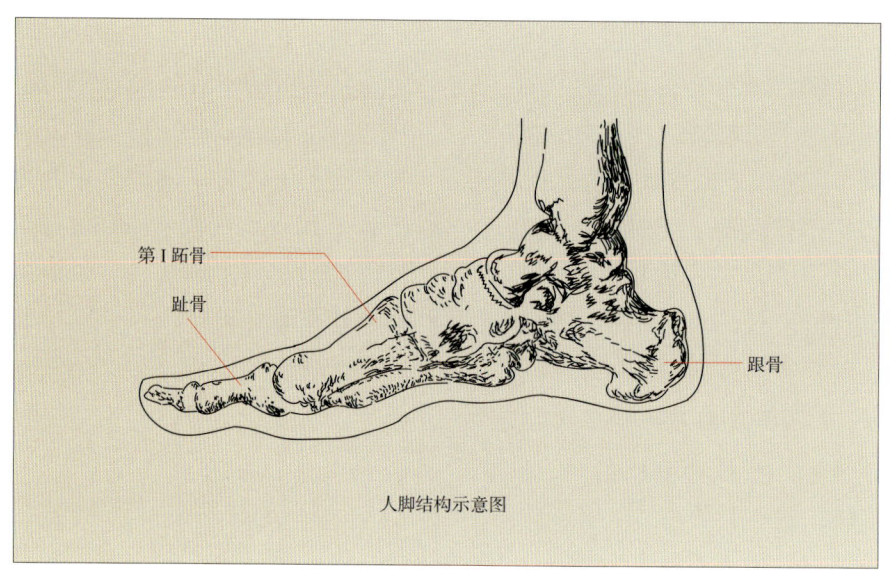

图三　广西壮族靖西牛皮木屐辅助分析图

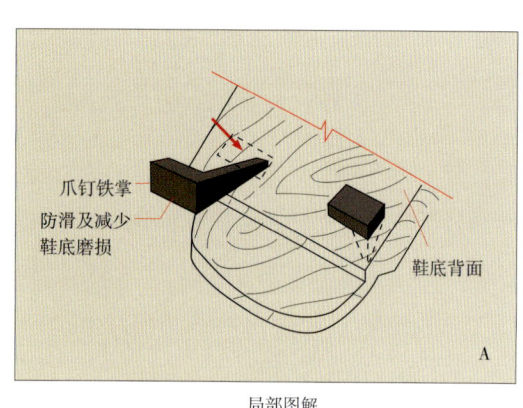

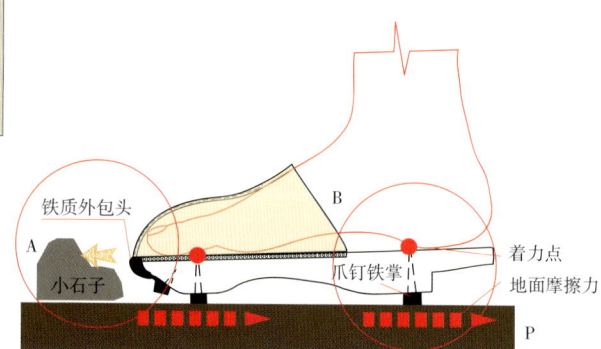

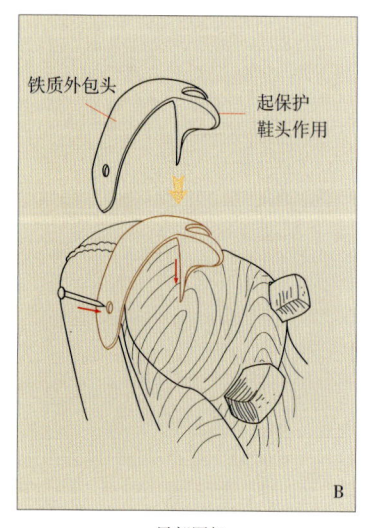

图四　广西壮族靖西牛皮木屐设计分析图

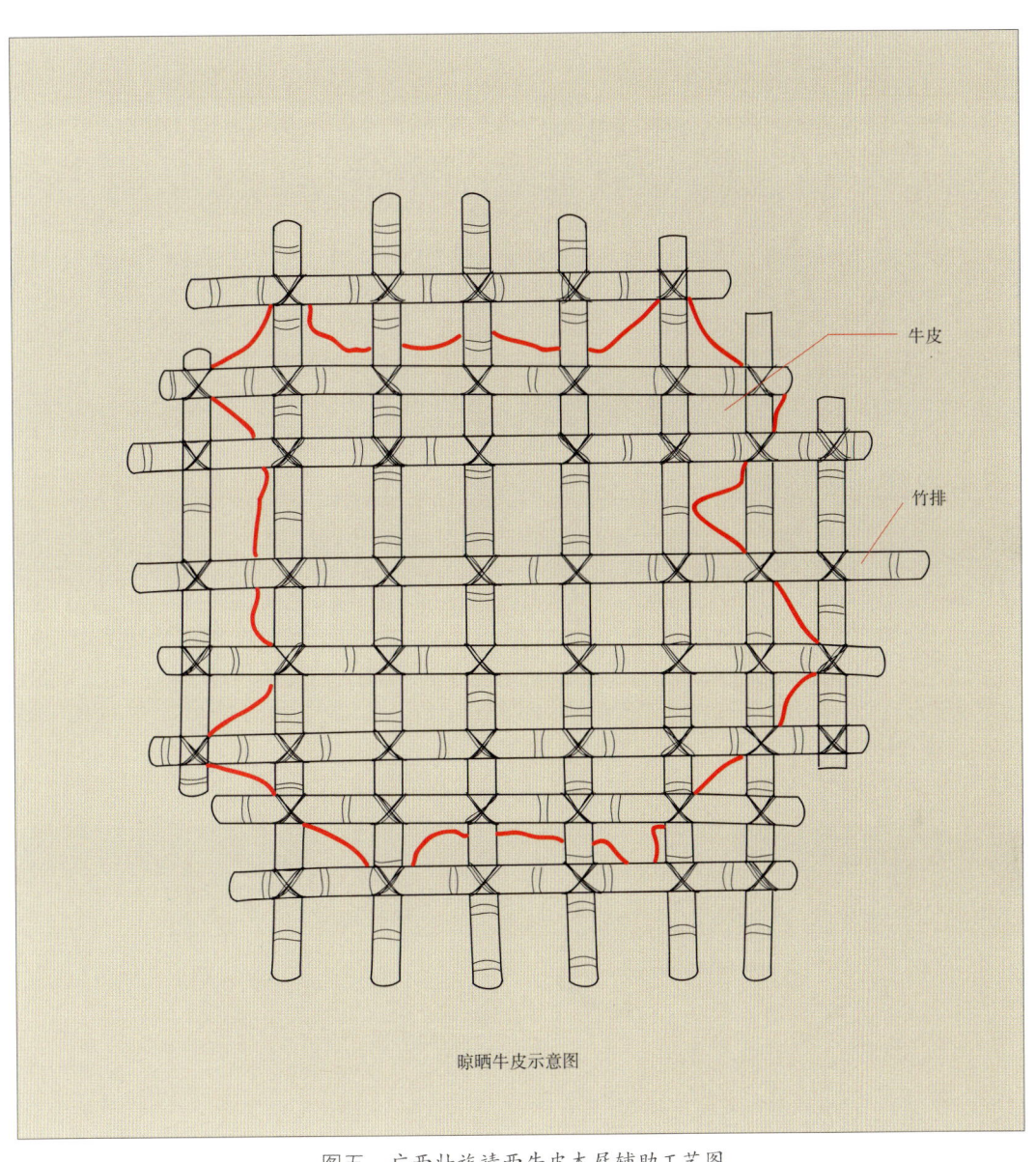

晾晒牛皮示意图

图五　广西壮族靖西牛皮木屐辅助工艺图

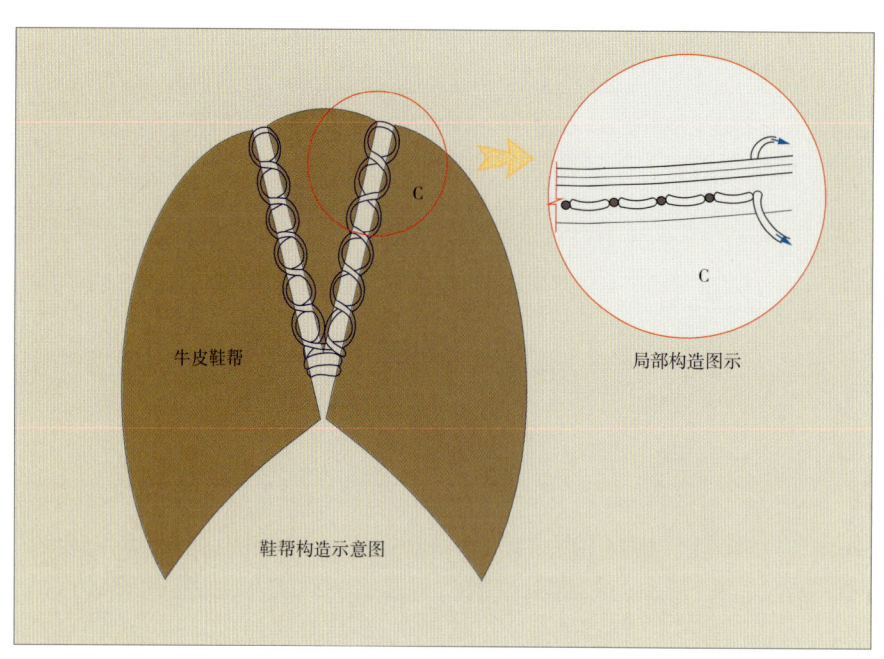
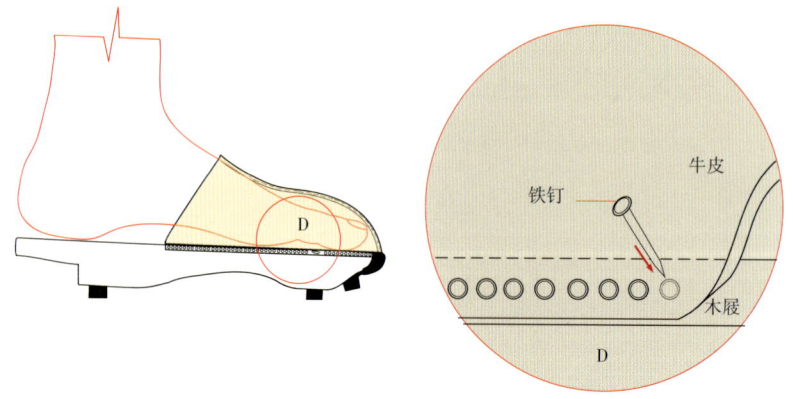

图六　广西壮族靖西牛皮木屐制作工艺图

第三章 壮族传统餐饮

广西壮族靖西驼背粽

图一 广西壮族靖西驼背粽主图

"驼背粽"是壮族人的一种形象说法，因形如人之"驼背"，故名之。本案例采自广西靖西，其形态呈长方体状，上面中部凸起，下面底部水平，四角向下低垂，长度一般近于成人之手。驼背粽是当地壮族人传统食品。

经实地调查，壮族人制作驼背粽所用的原材料是：一、上等的糯米；二、新鲜的柊叶；三、条块五花肉；四、绿豆沙；五、若干调味料。其制作工艺如下：（1）首先将糯米洗净，接着浸泡约三小时，然后在浸泡好的糯米中加适量的盐和油拌匀待用。（2）将新鲜的柊叶洗净，晾干。柊叶叶子大，有韧性，不易腐败，是包粽子的好材料。（3）加工五花肉。五花肉由于肥瘦相间，在蒸煮的过程中会有部分油脂渗进豆沙里，这有助于豆沙的提味。五花肉要切成条状，以适应粽形，切好后要拌入多种调料腌制。（4）将脱壳的绿豆打成豆沙，并加适量的油盐调味。

驼背粽的成型方式是：先将柊叶平铺，摊上已加工好的豆沙，并在其中放五花肉一块，用双手将五花肉包裹在豆沙里，然后用小半碗糯米平铺在柊叶上，随之放夹肉的豆沙，接着再用小半碗糯米覆盖其上，随之用柊叶包裹。包粽时需注意的是,用细竹篾捆扎时不可太紧或太松,太紧会将米粒挤进豆沙里,易出现夹生米;反之,柊叶会松散。当然,驼背粽形制是否漂亮,还得看个人包扎技巧和经验如何。

壮族驼背粽的蒸煮时间通常是在8小时左右,开始时是急火,水沸之后再转为慢火。壮族人吃粽子的风俗与汉人相比,既有雷同的地方,也有区别,比如壮族人过年是一定要吃粽子的,有"无粽不过年"之说。此外,壮族人还用粽子来祭供祖先,即将粽子摆在神台上,从年初开始,至正月十五止。在壮区(如靖西、德保一带),许多人相信,如果吃了祭供祖先的粽子,这一年可预防各种疾病。

除了驼背粽外,壮族还有其他形状的粽子,如羊角粽、枕头粽、方粽、三角粽等。不仅如此,粽子的内馅也随社会的发展而获得拓展,出现了腊肉粽、猪脚粽、八宝粽、莲蓉粽、香肠粽等,不过,品种虽增多了,但驼背粽形态依旧没变。

图片来源
图一、图三、图四　孙林　摄影
图二、图五　许边疆　制图

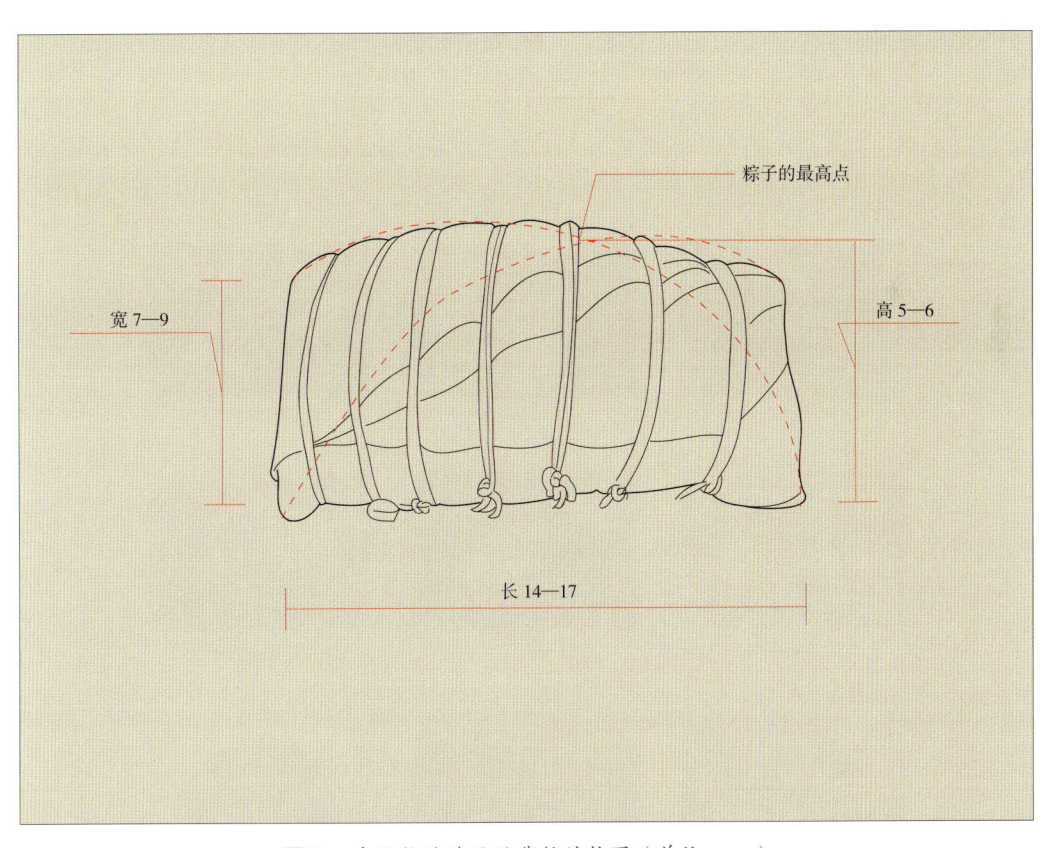

图二　广西壮族靖西驼背粽结构图(单位:cm)

图三　广西壮族靖西驼背粽原料图

图四　广西壮族靖西驼背粽工艺图

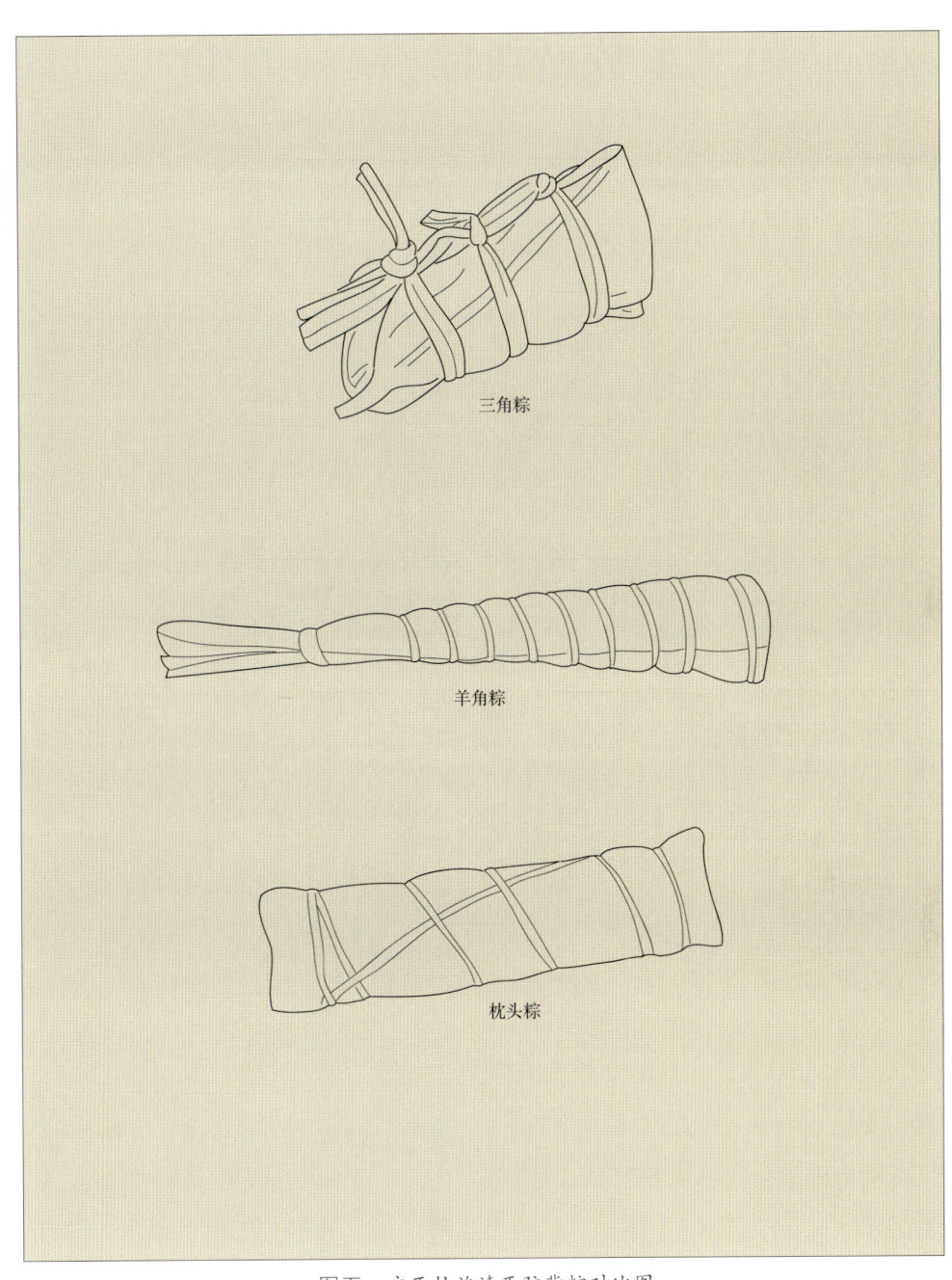

图五　广西壮族靖西驼背粽对比图

广西壮族靖西粽子——饺仑

图一 广西壮族靖西粽子——饺仑主图

广西靖西有一种特殊的粽子，当地人俗称"饺仑"。这种粽子与当地另类粽子不同，差异主要体现在：一是包装材料不同，饺仑用的材料是橹罟叶，而普通粽子用的却是柊叶；二是包装方式不同，饺仑粽形是编织出来的，柊叶粽子却是包裹成型。橹罟叶是一种灌木植物叶，有支柱根，因果实形如菠萝，当地人又俗称"假菠萝"，其叶可达1米多长，叶宽3—5厘米，叶聚集于枝顶，革质，叶缘及叶背中肋有锐刺。该植物主要分布在我国广西、广东、云南、海南等地，喜生于村旁、路边、山谷、溪边及海滨地区。

经实地调研，壮族饺仑制作方式如下：第一步，备料。原料有糯米、绿豆、猪肉及包装材料橹罟叶，其中糯米（当地香糯）需冷水浸泡5小时左右，捞出后加油盐拌匀备用。猪肉一般是选择五花肉，切块之后再用其他配料腌过。绿豆需煮过脱皮，橹罟叶则需洗净去刺（用小刀片将两边和中部的刺剔除掉），再用淡盐水浸泡几天，备用。第二步，编织饺仑。将泡好的橹罟叶撕成四瓣，做成宽1.5厘米左右的条形叶片，选择挑压方式编织成型。挑压法是一种基本编织法，其规律是挑→压→挑→压……叶片做垂直或斜向经纬交叉，以相互挑压的方式编织成型，该编织法易于掌握，主要工具是剪刀。第三步，灌装馅料。饺仓成型后需预留灌料口一个，以方便制作者将糯米、猪肉、绿豆等装进饺仓中，当馅料装满后再用其周边叶子封口。第四步，煮粽。将包好的饺仓放进大铁锅里用水煮，水不可太多，淹过粽子即可，一般是慢火煮3—5小时（量多时间长）。概括来看，壮族饺仓形体一般都不大，但形制多样，比如有四方锥体形、枕头形、四面四角形等形制。

与其他粽子不同的是，壮族饺仓一般是在端午节期间包，由于饺仓制作过程要比枳叶粽复杂得多，所以饺仓不及枳叶粽那么普及。从中医角度看，櫺笼叶具有补脾胃、固元气、益血、消痰、利头目之功效（注：《纲目拾遗》有记载），是故，壮族人认为，煮粽的过程能让粽叶里的有益成分融入粽馅里，吃了利于身体，是馈赠亲朋好友的佳品。

图片来源
图一　靖西壮族博物馆提供
图二至图五　许边疆　制图

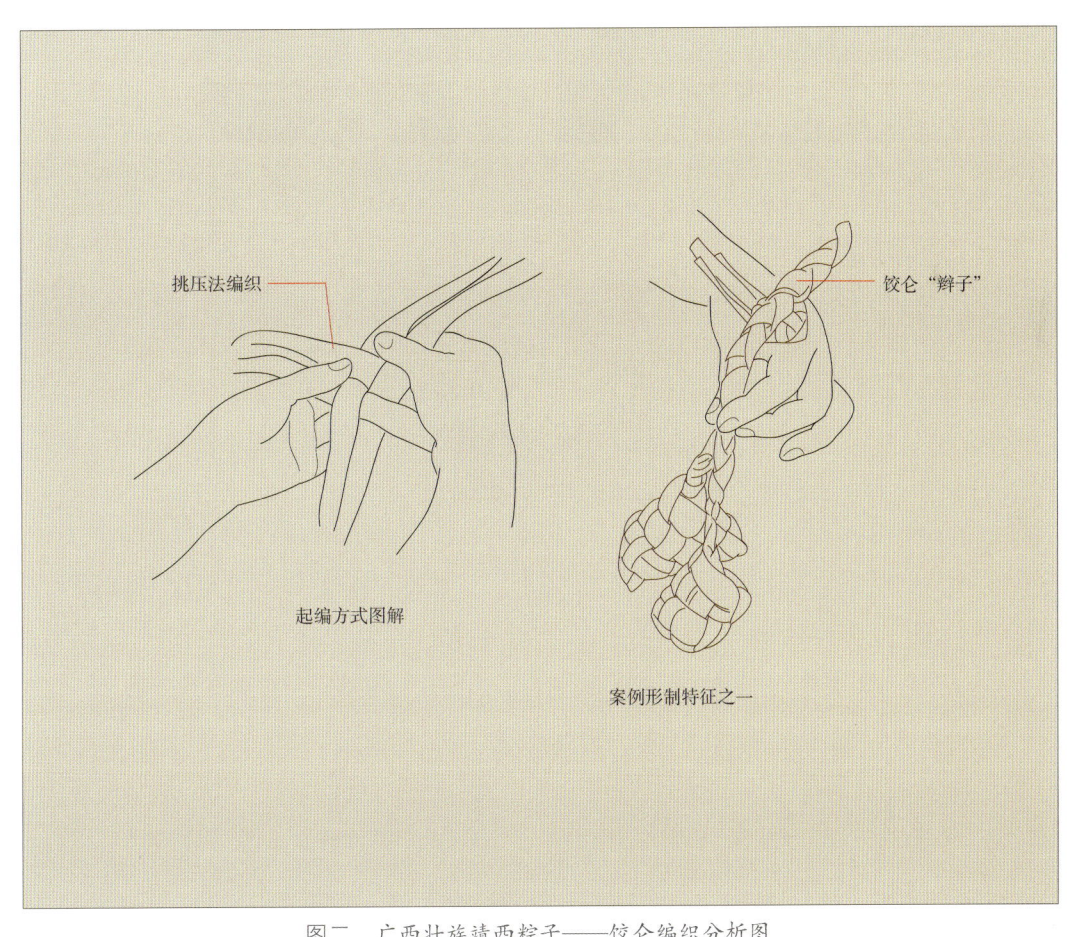

图二　广西壮族靖西粽子——饺仓编织分析图

草编饺仑成型

图三　广西壮族靖西粽子——饺仑工艺图1

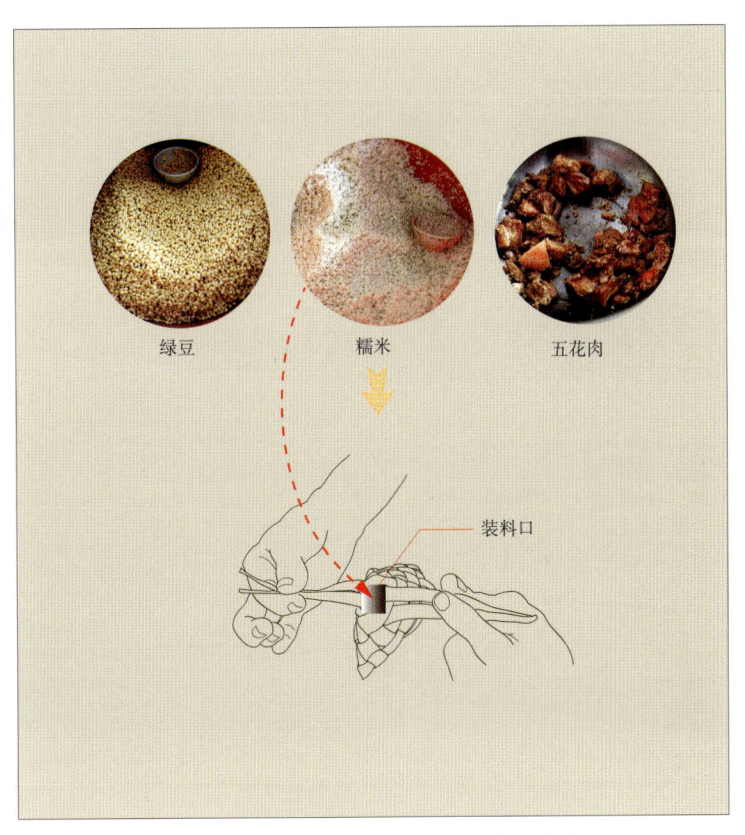

图四　广西壮族靖西粽子——饺仓工艺图2

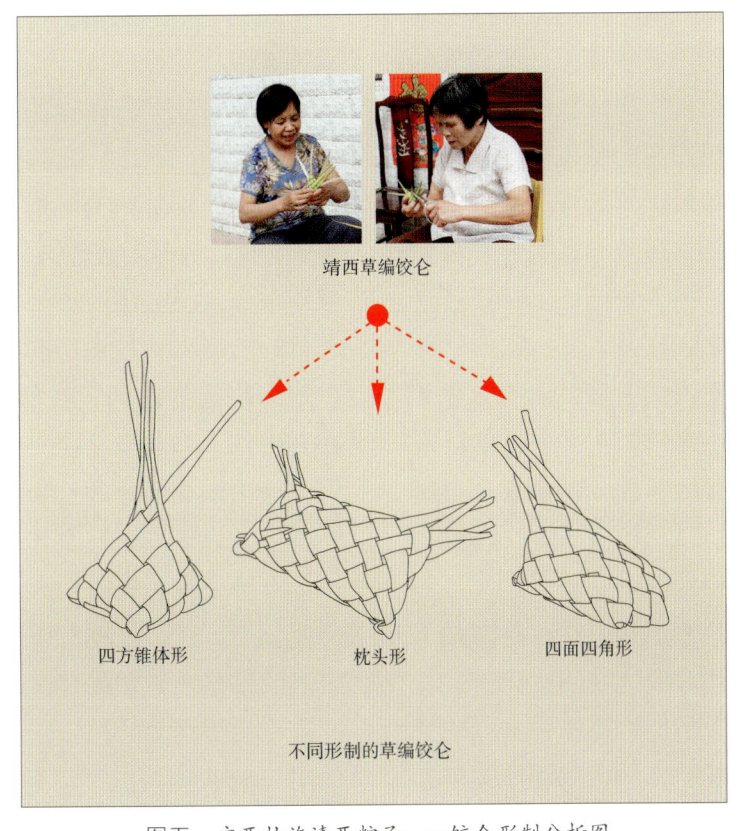

图五　广西壮族靖西粽子——饺仓形制分析图

231

广西壮族龙脊竹筒饭

图一　广西壮族龙脊竹筒饭主图

　　竹筒饭（又称香竹饭），是将大米及辅料装进新鲜竹筒烧熟的一种食品。本案例采自广西龙胜龙脊寨，属于当地壮族人传统饮食方式之一。用竹筒做出的米饭不仅具有植物的清香，且香软可口。竹筒饭产生的原因是过去特定的生存条件所致。据龙脊寨村民讲，他们的祖辈在过去无论是外出狩猎还是在田间劳动，都不携带锅灶炊具，为了简便，只带米外出。到了吃饭的时候，他们就顺手砍些竹子，将其中一段竹筒凿个口，把已泡好的米从竹筒口中倒入，加入适量水，再用东西堵住筒口，放在石块上，用柴火（或木炭）把竹筒里的米烧熟后食用。

　　从生长结构看，竹子本身就存在许多封闭的竹节，具有天然容器之特质。壮族人聪明地利用了这一点。他们将竹子分割成若干段，每段有两个竹节，其中一节被劈成供人握持的竹条（即手柄），并在这节端头凿出一个圆孔，作为入米口。在龙脊，当地人用的竹筒饭食物原料有香糯米、腊肉、胡萝卜块和少量食盐，具体做法是：将糯米事先用水浸泡一天，捞出，再拌入腊肉、胡萝卜和盐等辅料，接着用勺子把拌匀的原料装入竹筒中，待竹筒内腔被填占大约百分之八十后，就用一个大小适中的玉米棒芯紧紧地塞住入米口，然后将它放在特制的器具里用木炭火烧烤，烧烤的时间大约20分钟。这里需要补充的是，在装米之前一定要用水先浸泡竹筒，因为饱含水分的竹筒不仅能确保烧烤时筒身不被烧焦，而且烧烤过程中所产生的蒸汽也有助于青竹香味渗入米饭中。从物理学角度分析，在一个相对密封的型腔里，由于蒸汽的不断产生和循环运动，结果使竹筒里的食物获得均衡的热量，并且因蒸汽的不断作用而变熟。

　　壮族竹筒饭的制作方式虽不复杂，却充

满智慧。首先,壮族地区气候温暖,雨量充沛,竹子产量高,故竹子是一种极廉价的再生资源;其次,竹筒饭是先用竹子扮"锅"的角色,又供人当"碗"使用,用毕变成灶柴,最后又以肥料的形式回归自然,物尽其用,对生态环境没有负面影响。更为重要的是,用竹子当"锅"烧出来的饭没有化学有害物质,是一种乡村绿色食品,深受广大游客的欢迎。目前,竹筒饭已成为壮族人致富的方式之一,成为壮族竹文化不可分割的一部分。

图片来源

图一 许边疆 摄影
图二至图五 许边疆 制图

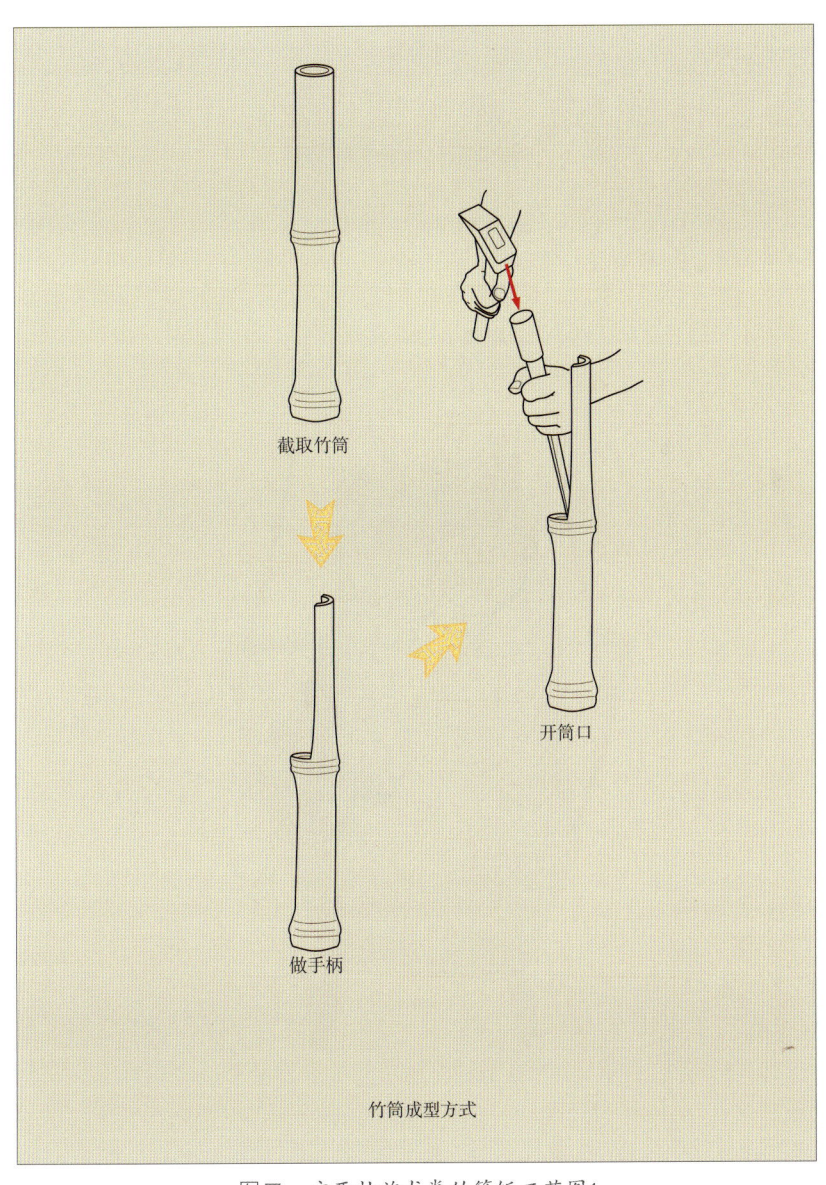

图二 广西壮族龙脊竹筒饭工艺图1

竹筒饭加工方式——填米
（摄于广西龙胜龙脊寨）

图三　广西壮族龙脊竹筒饭工艺图2

当代壮族人烤制竹筒饭方式
（摄于广西龙胜龙脊寨）

图四　广西壮族龙脊竹筒饭工艺图3

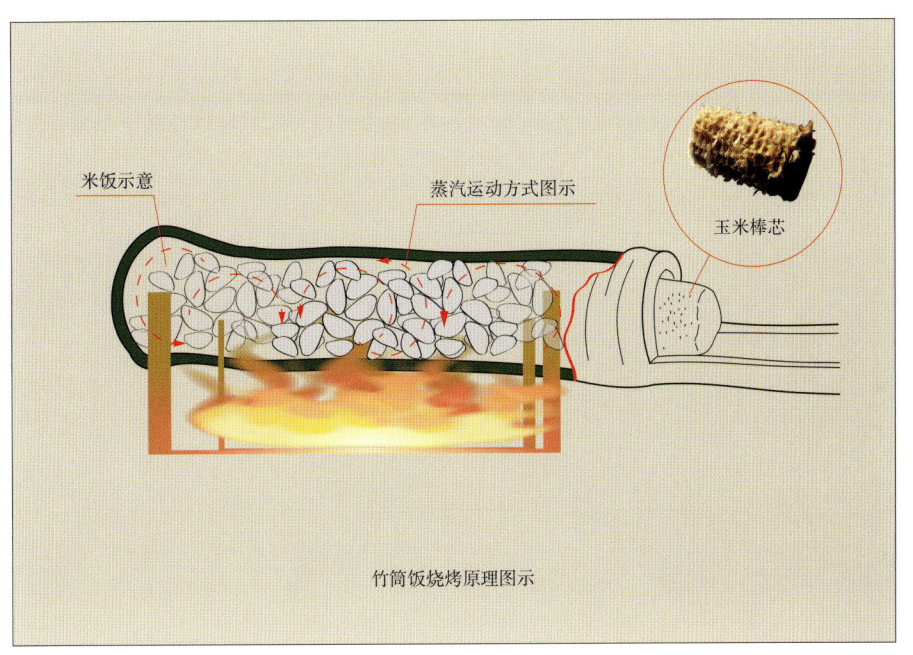

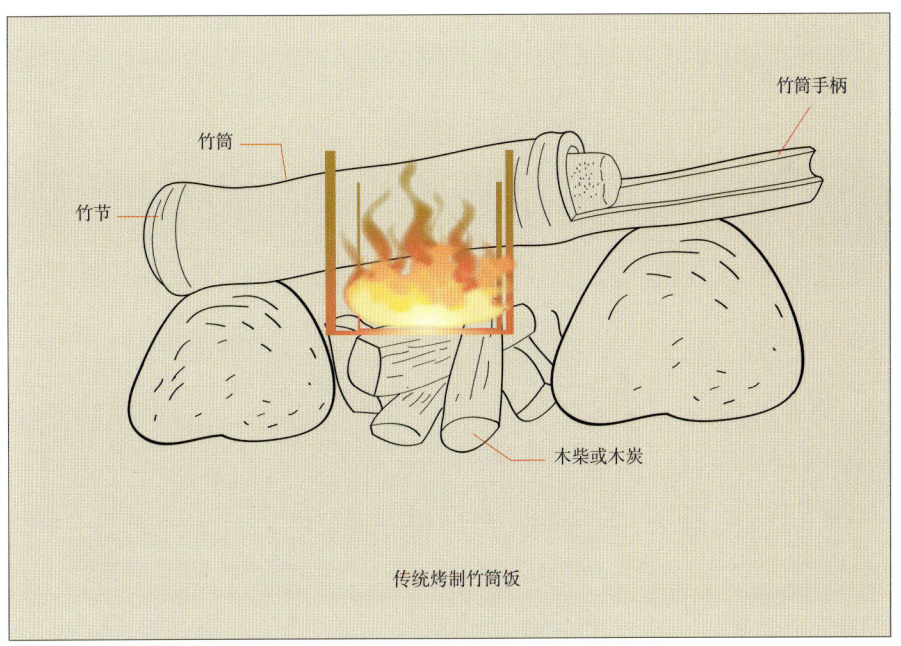

图五　广西壮族龙脊竹筒饭工艺图4

广西壮族五色饭

图一　广西壮族五色饭主图

五色饭，即由黑、红、黄、白、紫五种颜色的米做成的饭，这种饭又简称"乌饭"或"花米饭"，是壮族传统风味小吃之一。在壮乡，每逢农历三月三、清明节、牛王节、端午节等传统节日，家家户户一般都要做五色糯米饭，或招待客人，或作赶歌圩食用，或祭祖祭神。

从染料来源看，除白色米饭属于天然本色外，其他有色米饭的色素皆源于天然植物。比如，黑色米饭是用枫叶汁染成的，黄色米饭的颜色取自黄花汁（壮语称"花迈"）或黄栀子、黄羌等植物果实、块茎，红色染料和紫色染料则是从红蓝草中提取的，紫色染料是红蓝草煮出的浓汁（壮语称"棵斩"），红色染料则是红蓝草煮出的淡汁（壮语称"棵些"）。从工艺看，广西各地五色饭的制作过程大同小异。以靖西为例，被采集的植物叶要事先洗净，切碎，晾干，然后再用石臼捣烂后放入器皿中加一定量的水浸泡约24小时，待植物色素沁出，滤渣备用即可。事实上，壮族五色饭的染色过程是在煮饭前就完成的，不同颜色的米既有相似的染色法，也存在着某些差异。例如，染黑米、红米、紫米，是将洗净的糯米放入事先预热好的（摄氏50多度）染料汁中浸泡一天，这样就能让更多的染料渗进米中，但黄米却是通过双手将拌匀染料液的米不停地搓揉而上色，米的浸泡时间较短。米染完后，各种色米再晾一段时间，沥掉多余的水分，就可入笼蒸饭。在靖西，蒸五色饭的传统器具通常是陶甑或木甑，用这些器具蒸出的米饭不仅色泽鲜艳，质地柔软，而且还能散发出一股特有的清香，

图二　广西壮族五色饭原料图

美味可口。

壮族五色饭源于何时，尚待考证。清代《武缘县图经》里曾记载："三月三日，取枫叶泡汁染饭为黑色，即青粳饭也。"显然，清代已有五色饭的存在。此外，清代《侣山堂类辩》曾曰，"红花色赤多汁，生血行血之品"，"黄花饭或栀子有清热凉血等作用"。这说明，壮族先人因关注植物药性而将某些植物引入了饮食之中，借助中药知识来实现养生与饮食的结合，这正是中华民族传统饮食文化精髓之一，也是壮族五色饭得以延续下去的内因所在。壮族五色饭不仅能养生，而且还蕴藏着某些文化，除一些民间传说外，在壮族人眼里"五色"即象征"五谷"，在农历三月三吃五色饭即寓意当年粮食五谷丰登。

图片来源
图一　孙林　摄影
图二至图四　孙林　制图

图三　广西壮族五色饭工艺图1

蒸熟米饭
（靖西壮族博物馆提供）

五色饭

图四　广西壮族五色饭工艺图2

广西壮族崇左月饼模具

图一 广西壮族崇左月饼模具主图

月饼模具是一种食品加工器具，本案例即为壮族人使用的一种月饼木模，现藏于广西崇左壮族博物馆。从形制上看，案例整体呈扁平船形状，内设两个直径为7厘米的圆形凹槽，凹槽底部雕刻对称的植物花纹，型腔边缘则用弧形凹凸花边装饰。此外，本案例两端设有握柄，这是为方便人操作而设计的。

壮族同汉族一样，每年的农历八月十五要过中秋节，不过与汉族不同的是，在壮族人眼里，八月十五是祭拜月神的节日，这一天，壮族乡民除了杀鸡宰鸭、蒸粉做糕外，也制作月饼，用于赏月、祭月和拜月，这期间会举办一些活动。例如，广西靖西、德保一带要请月娘下凡与民同乐，不仅要举办灯会，家家户户门前还会摆放一些圆形食品，如月饼、柚子、葡萄、芋头等祭品，用这些果品及自制的"朝天香"来祭月，以表示天地同圆，如意吉祥。

经调研得知，改革开放之前的桂南，当地月饼生产原料是以糯米、黄糖、猪油为主，具体加工工艺是：先将当地产的香糯米炒熟，研磨成粉，然后用河沙铺地，在河沙表面覆上一层纱纸，再铺上事先磨好的糯米粉，让干燥的糯米粉吸收一些湿气（当地人叫"打地气"），接受地气的糯米粉会变得黏而松软。接下来，是将糯米粉倒入石臼中，加入糖浆，舂成疏松状后即可上桌打饼（月饼外皮）。崇左当地传统月饼馅料有多种，常见的有豆沙、冬蓉、水晶、芝麻、金蓉，木模纹样也有很多，但主要是花卉纹样或动物纹样，如老鼠偷葡萄等。当然，随着社会的发展，月饼制作材料开始由糯米粉变成麦粉，馅料种类也变得繁多，但成型方式依旧，仍然是传统的木模加工成型。从设计学角度分析，木模质轻，操作过程简单易学，且模具不易损毁。月饼做成后，崇左靖西人通常是用柴灶来烘烤月饼。

中秋节是多民族共享的节日，不同民族之间必然会存在一些共性的东西，广西民族博物馆同样收藏了不少汉人用的月饼模具，这些模具与本案例相比既有相似之处，也有差异，这表明自古以来壮族人与汉人的器具是在相互交融的状态下向前发展的。

图片来源
图一、图三至图六　孙林　摄影
图二　许边疆　制图

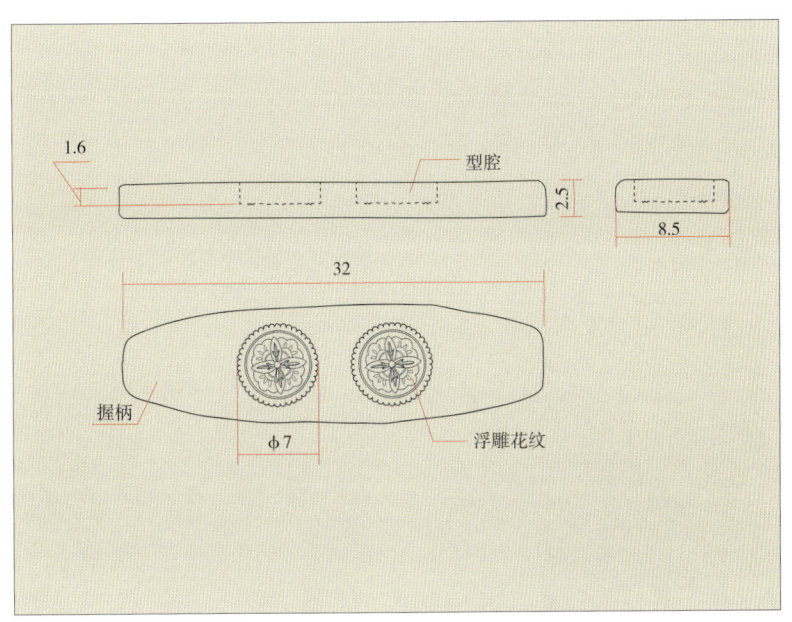

图二　广西壮族崇左月饼模具尺寸图（单位：cm）

靖西祭月"朝天香"

靖西中秋月饼祭月

图三　广西壮族崇左月饼模具延展图

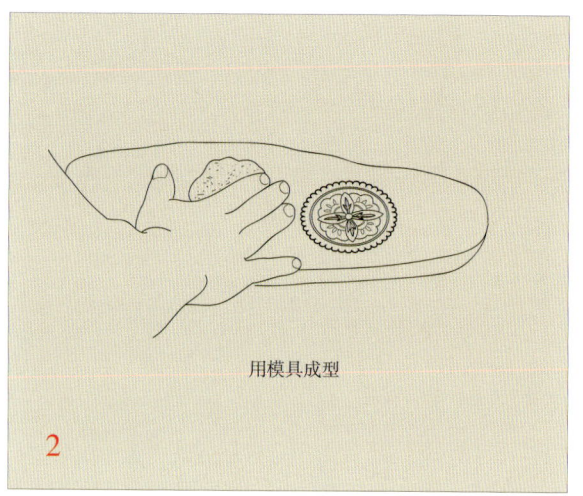
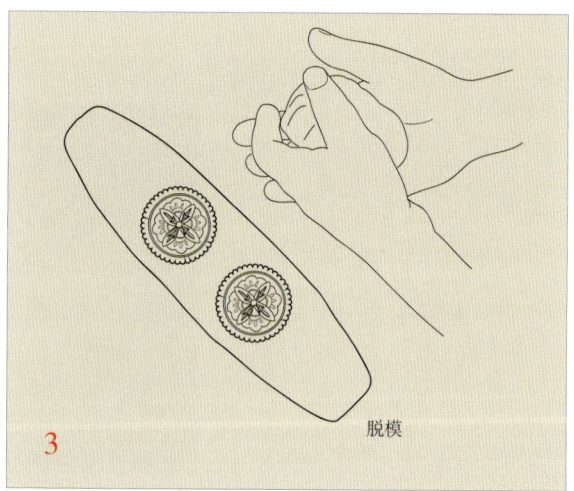

图四　广西壮族崇左月饼制作工艺图1

图五　广西壮族崇左月饼制作工艺图2

广西汉族月饼模具形制
（摄于广西民族博物馆）

图六　广西壮族崇左月饼模具对比图

广西壮族龙脊糍粑模具

图一　广西壮族龙脊糍粑模具主图

　　龙脊糍粑模具是用石头雕琢而成的一种食品加工器具，其形态呈圆盘状，内部刻有"囍"字，字体由环形花边图案包围，形成了一个完整的图文装饰结构。本案例采自广西龙脊壮族生态博物馆，经测量，案例外部直径39厘米，高6厘米；内部底盘直径25厘米，深4厘米。

　　糍粑是南方常见的一种食品，这种食品的加工原料主要是糯米，不过各地制作糍粑的方式却有不同讲究，比如龙脊壮族人做糍粑很关注味道的纯正与否，原料一般不与金属器物接触，而是遵循古法，用木甑蒸熟糯米，再用木臼或石臼舂制。所以，壮族糍粑模具自然会选择木或石，这是案例用石材制作的原因。从成型方式看，石材模具加工难度要大于木模，但石材模具不易变形，表面纹理耐磨，且糍粑脱模快捷、方便（磨具内需涂一层水或油），这是石材模具的优点。不足之处是，石材模具较沉重，操作起来相对费力。本案例雕刻手法为平雕，在中国传统石作技术中，平雕可分"阴活"和"阳活"，如果是用凹线来雕刻花纹则被称之为"阴活"，反之则为"阳活"。本案例显然是属于浅浮雕"凹线"雕刻，凹线成型的糍粑表面显示凸起的花纹。值得关注的是，案例环形卷草纹设计成七组，从编排技术看，若将七组纹样设计成形状、大小一致的布局，无疑要比六组或八组更有难度，壮族人却刻意选择七组，这其中含有一定的寓意。从民俗文化看，各民族既有自己的特点，也有共性的东西，比如七夕中的牛郎织女传说，壮族人将七夕这天视为壮家儿女能得到幸福的日子，常选择七夕为婚礼日，本案例用"七"数环抱"囍"，即寓意美好未来，由此可见案例具有特殊使用功能。从龙脊壮族人婚俗上看，有闯"十门"之说，即：一门为迎亲，二门是对歌，三门是出门，四门叫穿村过寨，五门为过河过桥，六门叫入门，七门是唱调，八门为回门，九门是回家，十门是入洞房。其中，九门习俗是：在成亲的第三天早上，岳母要亲自送新郎新娘一同回新郎家，这时候岳母要送两篮糍粑作为礼物，这种糍粑形制上与其他糍粑不同，除要表现团圆外，还要体现出喜庆与祝福。

本案例是一种生活器具，但背后却蕴藏着民俗文化，这说明一个事实，那就是自古以来民间器具设计不仅仅局限于满足人们的衣食住行用，同时也承载着百姓的精神寄托，这种精神寄托反过来又影响着民间的造物活动。

图片来源
图一　孙林　摄影
图二至图五　许边疆　制图

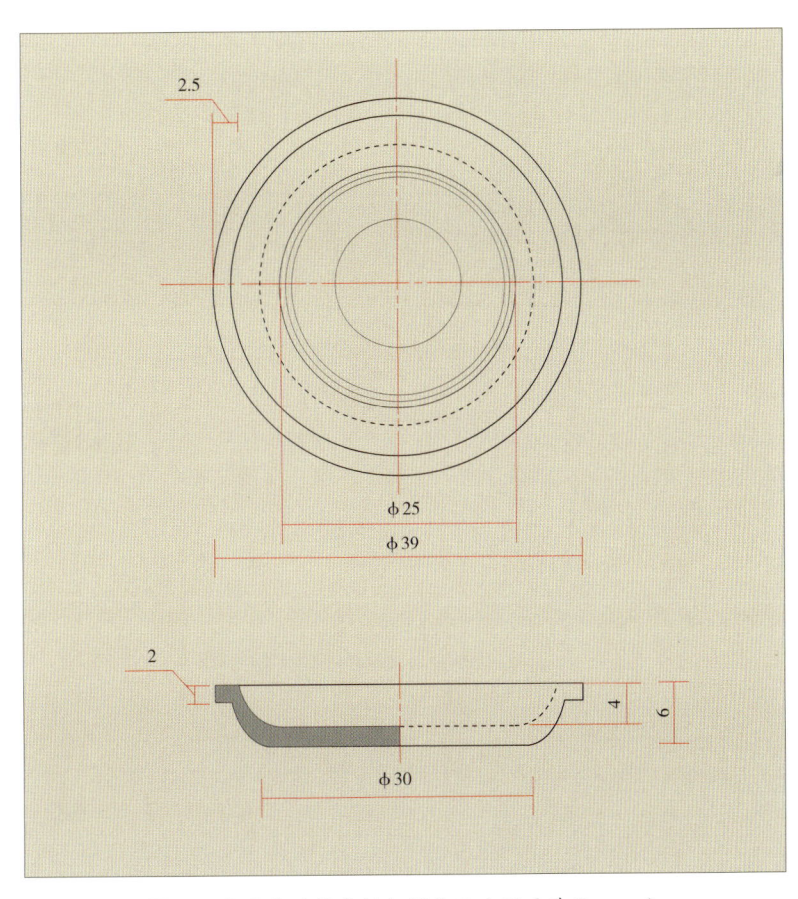

图二　广西壮族龙脊糍粑模具尺寸图（单位：cm）

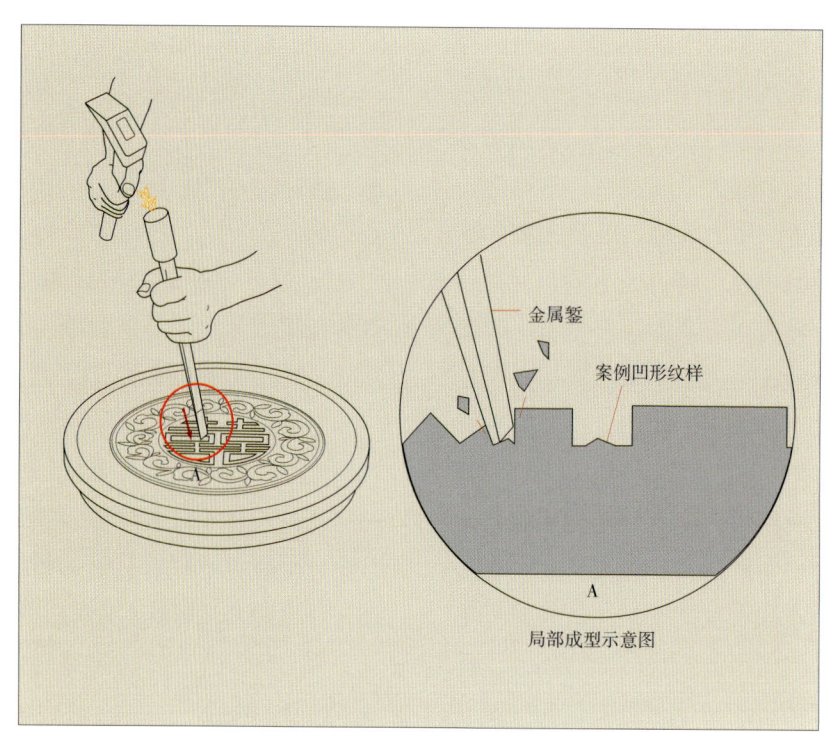

图三　广西壮族龙脊糍粑模具工艺图

七组卷草纹是对男女婚姻的美好祝福
（奇数为阳，偶数为阴，阴阳合一）

图四　广西壮族龙脊糍粑模具设计分析图1

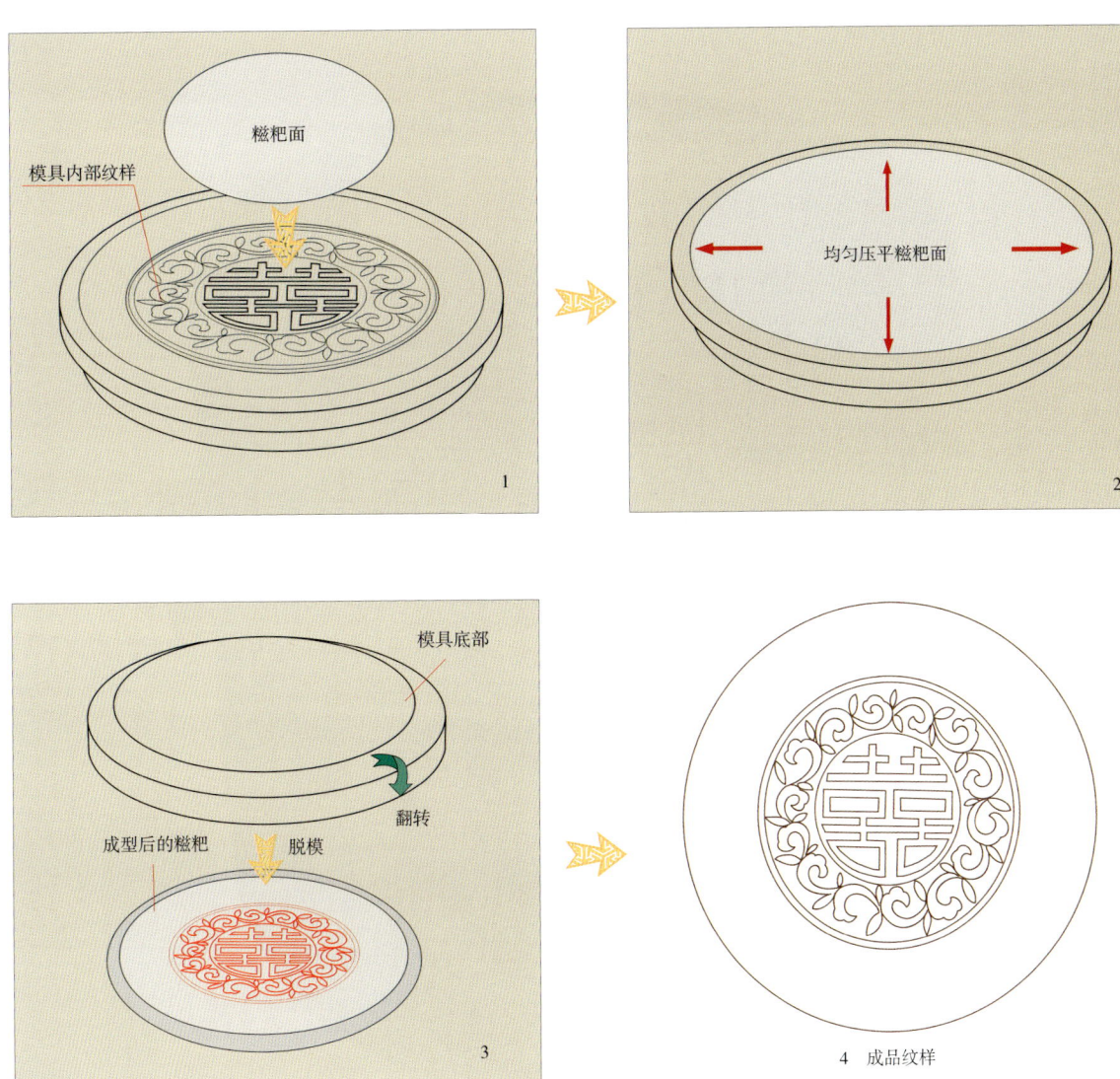

图五　广西壮族龙脊糍粑模具设计分析图2

广西壮族崇左饭甑

图一　广西壮族崇左饭甑主图

　　饭甑，俗称"甑子"，是壮族一种传统蒸饭器具。本案例采自广西崇左壮族博物馆，经测量，案例直径36厘米，高36厘米，壁厚3厘米，外部上端设有两耳，耳形呈倒角四边形，长、宽各为6.5厘米，进深1.5厘米。本案例是用一块圆木雕琢而成，内部下端用两根竹条以"十"字形方式固定，可担蒸箅。

　　崇左地区传统饮食是以稻米、玉米为主，辅以红薯、木薯、芋头、小麦、豆类，大部分是一日三餐，也有一日四餐的（中、晚之间加一餐），如天等县。过去，为了节省粮食，崇左壮族人早餐、中餐一般是吃粥，晚餐才吃干饭。概括来看，壮族人用米做饭的方式有焖、蒸、煮，本案例即为蒸饭用具。这里以糯米为例，介绍其蒸饭方式：一是先将米浸泡在冷水里约四小时，让米充分吸收水分，这样蒸出的米饭会颗粒饱满；二是做饭前，将案例置于有水的锅中，水量以不淹蒸箅为准；三是用柴将锅中水烧沸，然后在蒸箅上铺一层干净的棉纱布；四是把浸泡好的糯米放入饭甑里（需沥干水），加盖猛火蒸熟即可。从设计学角度分析，本案例设计优点如下：一是木桶具有较好的保温性能，热量不易散发；二是桶身是用整块木料雕琢而成，无衔接缝隙，不存在有害黏结剂；三是用木桶蒸出的米饭具有天然的木香味；四是蒸出的米饭颗粒成型。不足之处是木桶易滋生细菌或霉变，另外，做饭程序也不如现代电饭锅简单。

随着社会经济的发展，尤其是旅游业的发展，人们又开始重新认识壮族一些传统饮食制作方式，例如用本案例蒸出的米饭，口感与电饭锅迥异，而且与壮族一些传统食品如糍粑、驼背粽、米酒等有着不可分割的关系，因此，本案例仍具有开发和利用价值。

图片来源
图一　许边疆　摄影
图二至图五　许边疆　制图

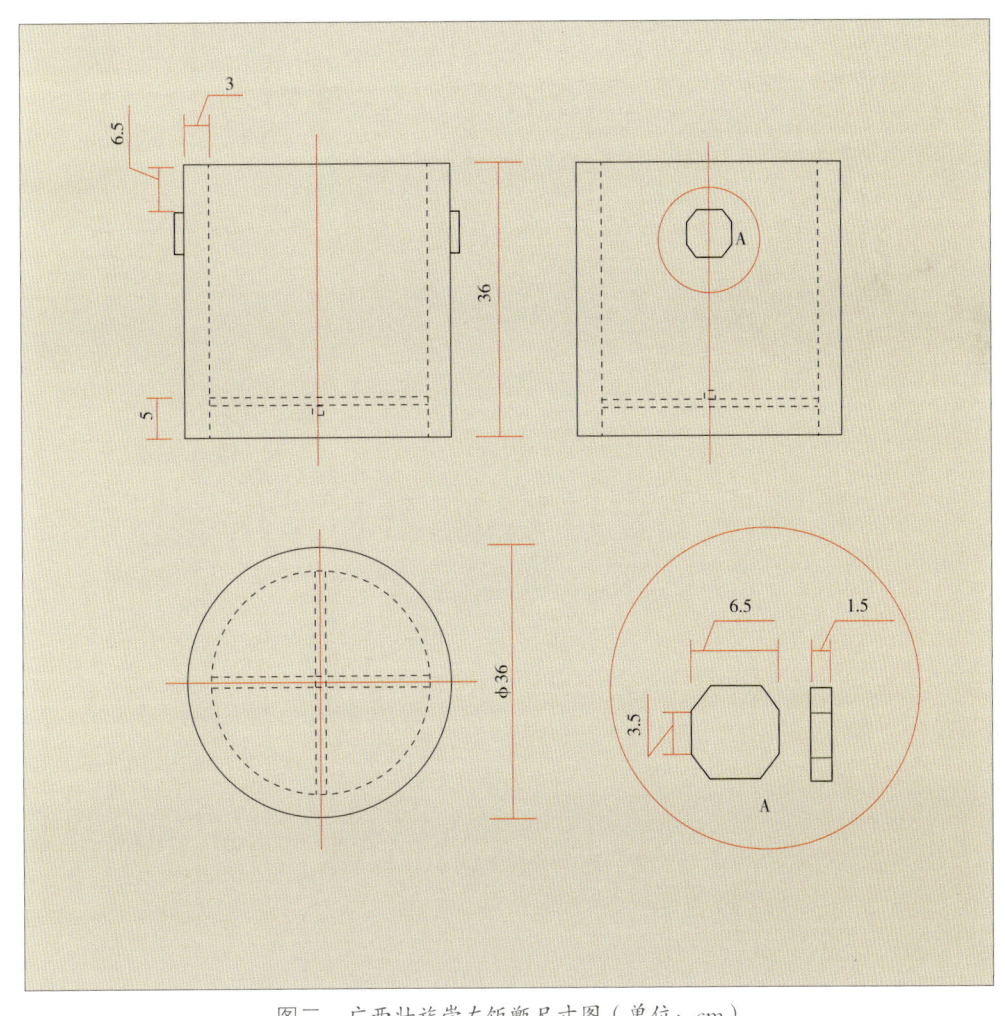

图二　广西壮族崇左饭甑尺寸图（单位：cm）

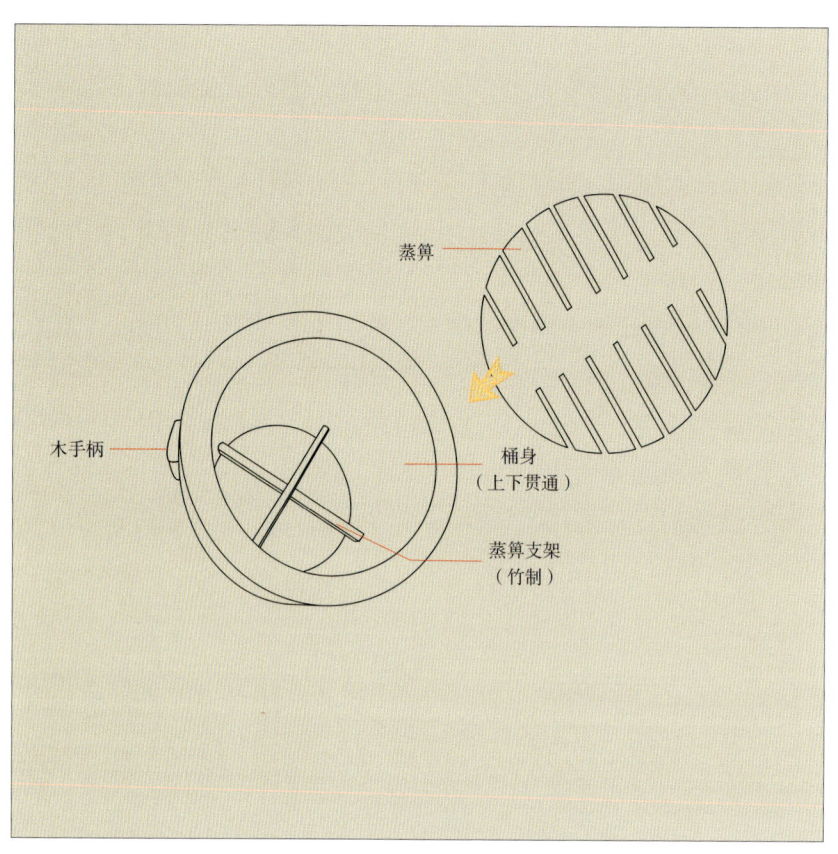

图三 广西壮族崇左饭甑结构图

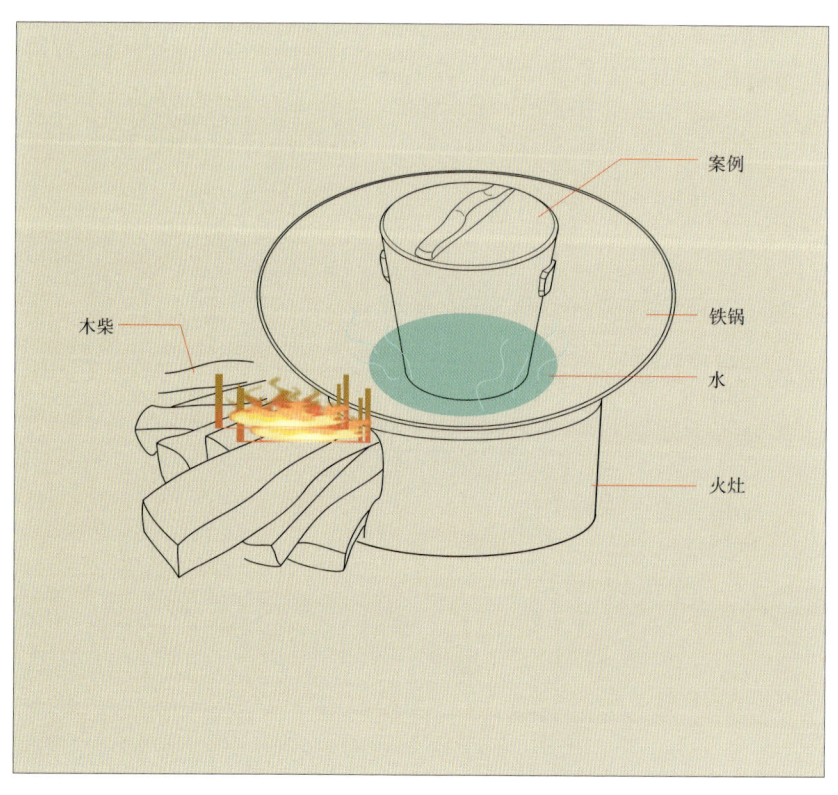

图四 广西壮族崇左饭甑使用方式图

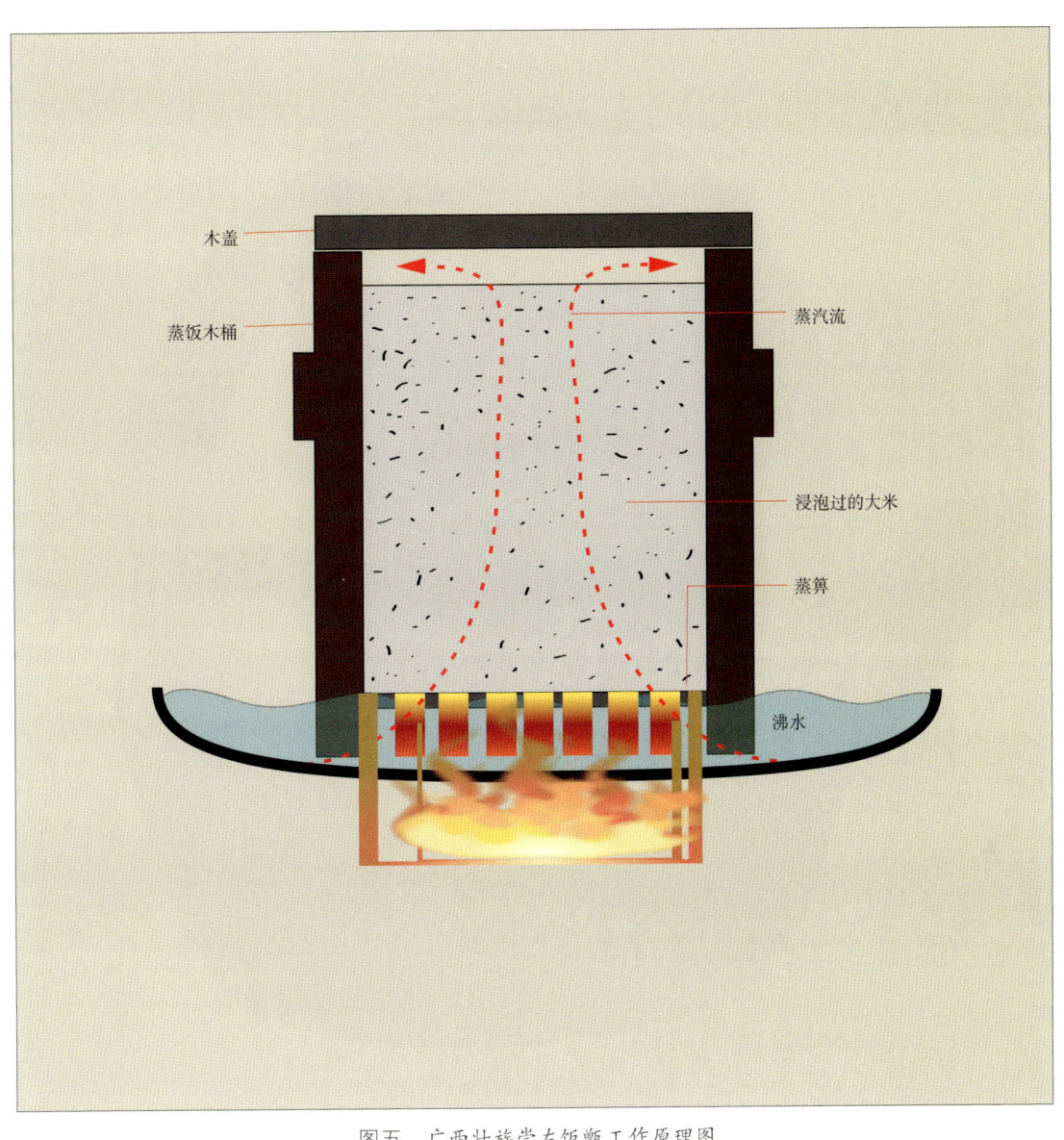

图五　广西壮族崇左饭甑工作原理图

广西壮族靖西龙腾夹砂陶壶

图一 广西壮族靖西龙腾夹砂陶壶主图

制陶是广西靖西传统工艺,龙腾村、荣老乡念者屯等都是壮族传统制陶区,至今已有数百年历史。本案例采自靖西壮族生态博物馆,它是当地人常用饮水器具。本案例由两大部分组成——壶盖与壶身,其中壶身含壶把、壶嘴,三者合为一体。经测量,该夹砂陶壶壶身高9厘米,壶身最大直径16厘米,壶盖直径11厘米,壶整体高度19厘米,案例通体无釉。

通过实际考察,我们了解到龙腾传统陶壶制作工艺如下:一是采泥。陶泥要选择黏性强、颗粒细的土。当地泥土有偏红、偏黄、偏黑三种,以红、黄为上,黑次之。对于好泥土,当地陶工都可采,任何人不能独占。二是采石。龙腾制陶泥料一般要掺入沙粒(俗称夹砂陶),这种沙粒来自石英,而石英则采自当地喀斯特地貌区的一些山下。成块的石英被采回后需用火烧之，以便将它软化松散，然后用石臼和木杵工具粉碎它，舂击石料约半小时。三是抟泥。抟泥是在光滑的石板面上进行。先将石粉均匀地撒在其上，然后再用双手反复揉泥，让沙粒均匀地掺入泥料中，沙量与泥料之比，全凭陶工经验（约1：4）。四是制坯。龙腾传统制陶全是采用转盘制坯（壮族人称它为"转"），转盘动力来自人脚，制坯时陶工一边驱动转盘，一边用双手拉坯。概括来看，拉坯有两个过程，即放置泥块找出中心与快轮拉坯成型。当然，拉坯过程还需借助一些辅助工具，如护布（当地语）、眉刮（当地语，即木制型板）、竹刀、竹刨等。五是阴干。壶坯成型后，需放置阴凉处三至四天，待坯形稍硬时，再用竹刨修整底部或其他，然后待烧。六是烧制（具体见火炉案例）。

从设计学角度分析，案例容水量约0.75升，可满足一至二人的饮水需要。在形制方面，案例把手比例与壶身协调，并具有一定的视觉扩张感。由于壶身肩部拐点位置较高，腹线内收，因此壶身整体形制饱满但不臃肿，实为当地经典之形制。从使用功能上看，案例把手直径接近2厘米，非常适宜人手的握持，特别是把手的高度与弯曲弧度，能使人手方便地穿过把手与壶盖间的空隙，给人使用带来便利。

当前，壮族人仍在生产这种茶壶，这得益于它良好的形制与结构。这一事实表明，任何产品只要设计合理就有延续下去的可能，或许这就是案例给我们的重要启示。

图片来源
图一　孙林　摄影
图二至图六　许边疆　制图（图片源于靖西壮族博物馆）

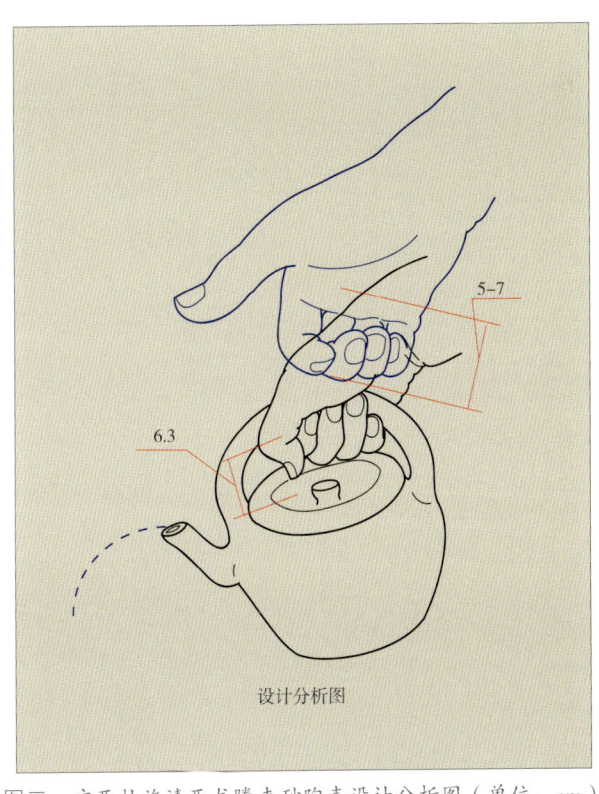

图二　广西壮族靖西龙腾夹砂陶壶设计分析图（单位：cm）

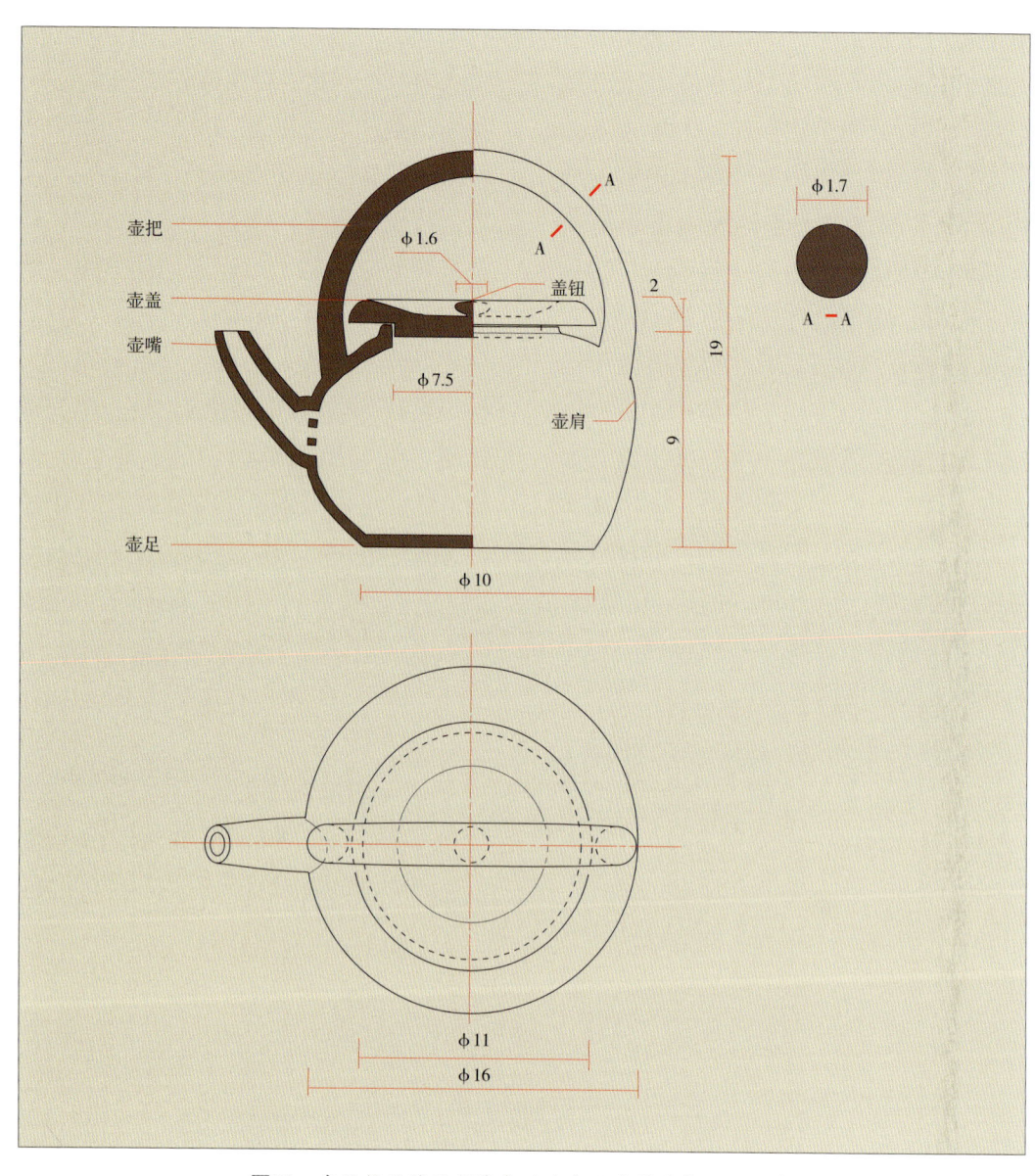

图三　广西壮族靖西龙腾夹砂陶壶尺寸图（单位：cm）

图四　广西壮族靖西龙腾夹砂陶壶工艺图1

图五　广西壮族靖西龙腾夹砂陶壶工艺图2

揉泥料

拉坯机

拉坯成型

夹砂陶壶成型方式

图六　广西壮族靖西龙腾夹砂陶壶工艺图 3

第三章　壮族传统餐饮

广西壮族龙胜酒提

图一 广西壮族龙胜酒提主图

酒提,又称酒勺子,是一种打酒用具。本案例为龙胜壮族人常用的一种竹制酒提,现藏于广西龙脊壮族生态博物馆。经测量,案例高21厘米,手柄长11厘米,竹筒直径8厘米,依据容积大小,本案例一次可装半斤酒。

第一次见到这种酒提时,我们不免会产生一些疑问,如:案例把手为什么会设计得如此短?虽然11厘米长的手柄足以满足人手的持握,但作为酒提,手柄应该更长一些,以便于伸入酒坛。经过与馆员交流,我们得知,这种酒提常与另一种辅助用具"酒葫芦"搭配使用。所谓酒葫芦,是指用竹篾编织而成的一种长筒形器具,其一端是封闭的圆锥结构,另一端则敞口,用案例打酒时,常将案例放入酒葫芦中,然后一手持酒提,另一手拿着酒葫芦,双手配合完成提酒之举。这种酒葫芦的设计优点是,当人没拿住酒提时,酒提也不会掉入酒坛里,因为外部有酒葫芦的保护。酒葫芦是用竹篾编织而成的,竹篾间的空隙能确保酒顺利地进入酒提中。

当然,用酒葫芦与案例搭配使用的意义不仅仅局限于此,当地壮族人除了爱喝低度的水酒外,也常用高度白酒炮制一些保健性

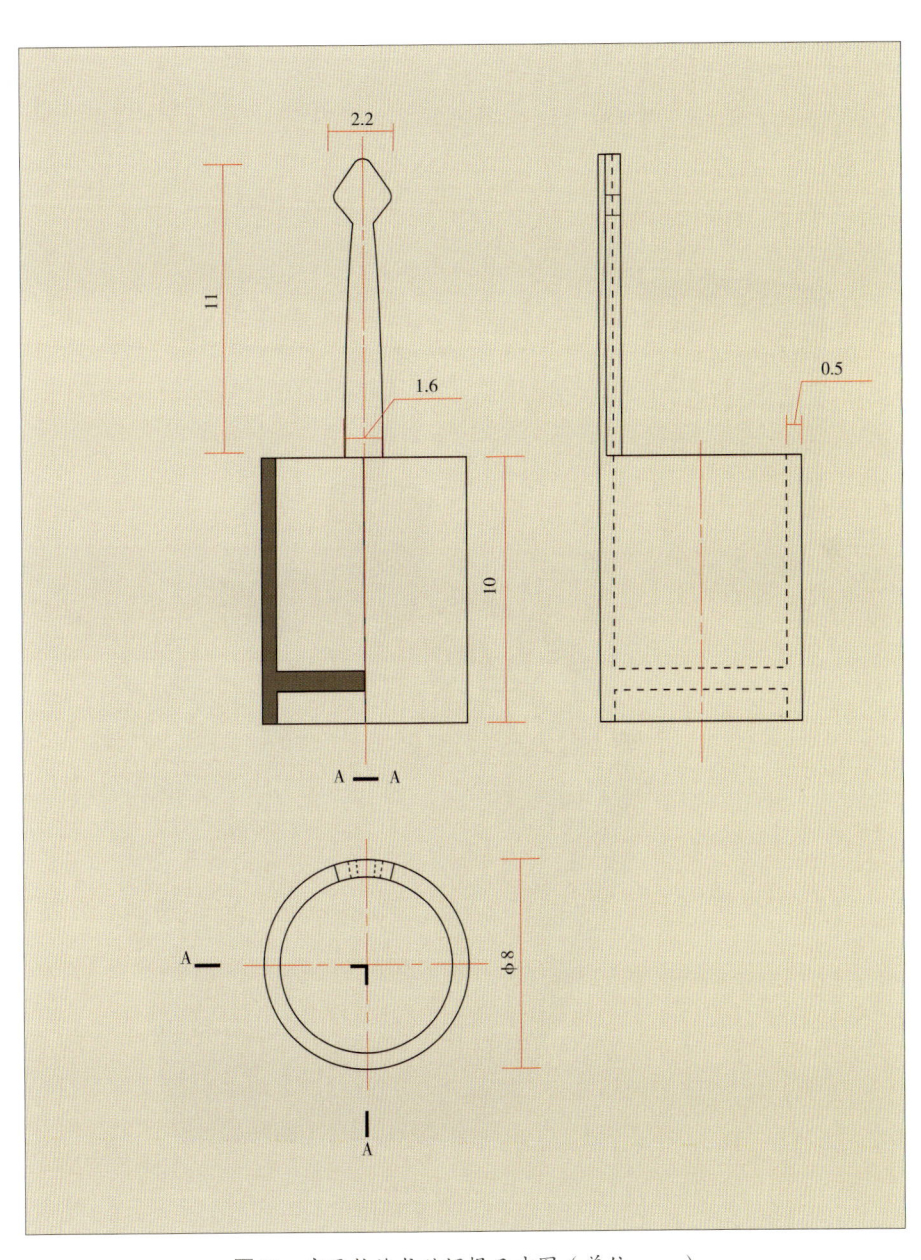

图二　广西壮族龙胜酒提尺寸图(单位:cm)

第三章　壮族传统餐饮

259

药酒。这些药酒通常是白酒与某些草药（或动物）长期浸泡而制得的，如果仅用案例从酒坛中提酒，酒中那些大小不等的固体物就会随之进入酒提里，为防止此种情况发生，壮族人设计了酒葫芦，巧妙地解决了这一问题。

本案例是一件典型的民间生活器具，材料和造物虽然显得平凡，但仍有许多不可忽视的优点，概括来看有以下几点：一是案例借助天然竹子形态获得了某种功能，从竹子结构看，它具有天生的器皿潜质，人们只需选择适合的竹子就能加工出如案例般舀酒器具；二是用竹材做酒具不会产生有害于人体健康的物质；三是就地取材，材料成本低廉，与大众生活相适应；四是案例手柄设计显然考虑了形制与人手的匹配关系，这对当今设计师无疑有良好的启示。

图片来源

图一　孙林　摄影
图二至图六　许边疆　制图

竹编酒葫芦

酒瓮

案例使用方式

图三　广西壮族龙胜酒提功能分析图

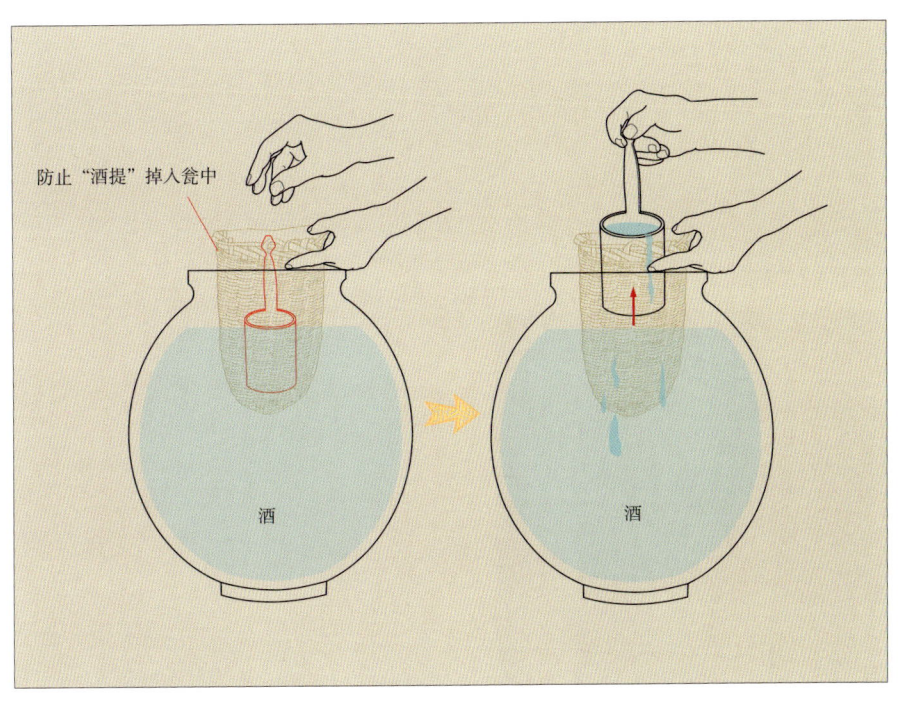

图四　广西壮族龙胜酒提设计分析图1

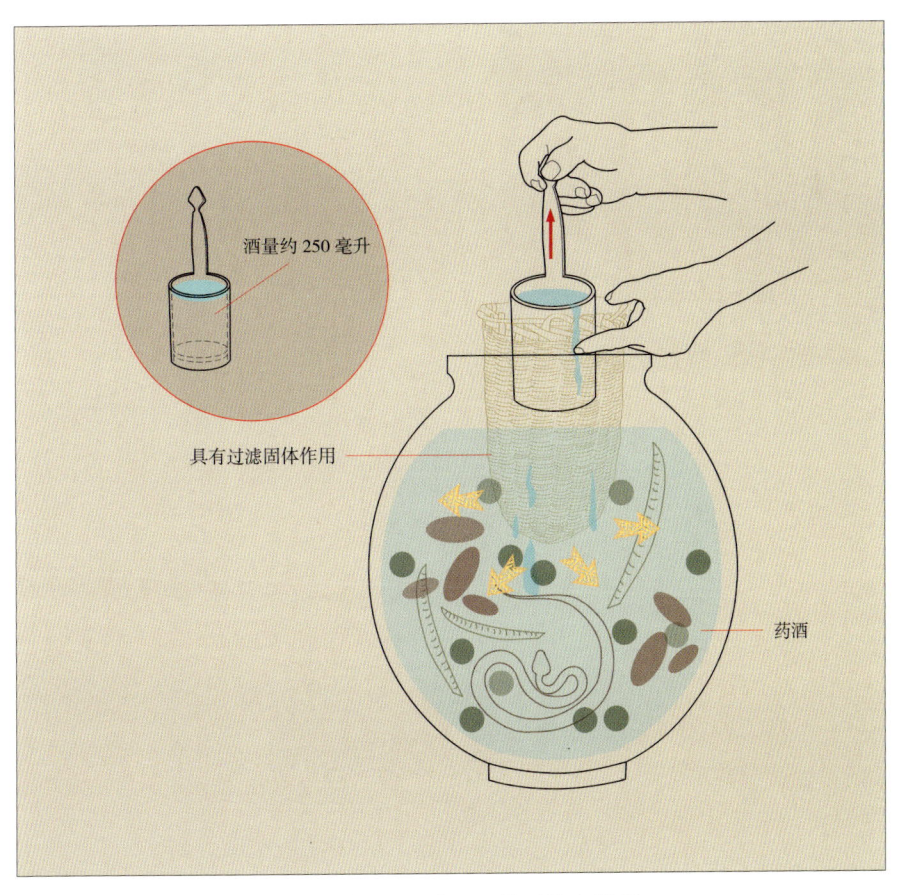

图五　广西壮族龙胜酒提设计分析图2

选择粗细合适的竹子

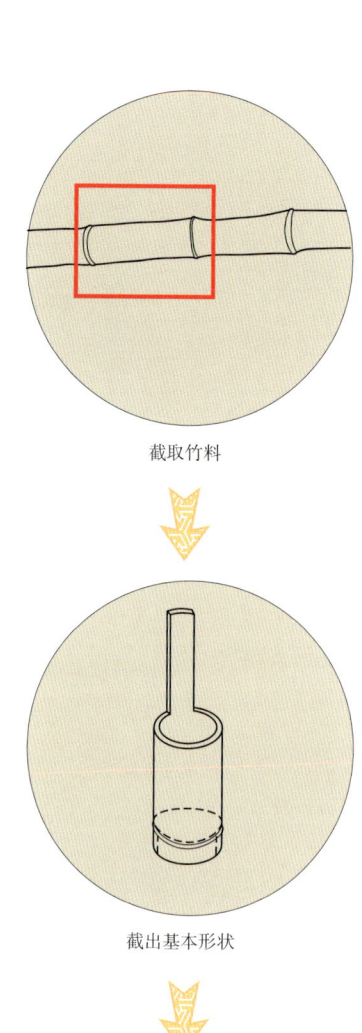
截取竹料

截出基本形状

精加工

图六　广西壮族龙胜酒提制作工艺图

广西壮族龙脊木酒壶

图一　广西壮族龙脊木酒壶主图

木酒壶是广西龙脊壮族人喝酒用的一种传统器具。这类酒具无论形制还是结构，都极具民族特色，是过去农耕生活的典型产物。本案例采自广西龙脊壮族生态博物馆，全长28厘米，高11厘米，壶体最大宽度23.5厘米，壶体壁厚约1厘米，壶底长13厘米，入酒口长15厘米。案例由壶嘴、壶把、壶身等组成，通体为木制，内外髹漆。

从历史看，广西壮民很早就掌握了酿酒技艺，如平乐、武鸣等地皆有战国酒器出土，不过龙脊壮族人自古以来多酿制水酒，这类酒度数不高，但酒性持久，若在不知不觉中喝多了易醉人。正因为龙脊水酒这种特点，决定了当地人的饮酒方式和酒具形制。从设计学角度分析，案例并不像一般的酒壶那样有明确的壶把和壶盖，不设计壶盖是因为一次饮酒量较大，饮酒过程无须浅斟慢酌；不设计壶把，而是巧妙地将壶把功能转移至其他部位，形成一种隐形壶把。如果仔细分析，这种壶把兼具两种功能，一是方便人手拿起壶体，二是避免斟酒时因案例倾斜使酒溢出。博物馆工作人员告诉我们，案例还有另一种使用方式，即壶嘴有时也是壶把，如果手握壶嘴，就如同水瓢，人可像饮水一样大口地喝酒。当然，这是特殊场合的饮酒法。在龙脊，我们还见过另一种酒壶，它是用竹子做成的，除形态与本案例不同外，设计思路与本案例基本一致。

龙脊壮族人很好客，每每有客人到来，必以酒相敬，气氛达到高潮时，还借助酒令喝酒，如独秀峰、两口酒、三里店、四望山、五仙桥、六合圩、七星岩、八角塘、九娘庙、乌石街等（都是周边地名）。在阵阵酒令声中，人们的饮酒方式往往会改变，比如开始大碗地喝酒，而本案例正是迎合这种需要而设计的。

图片来源
图一　孙林　摄影
图二至图六　许边疆　制图

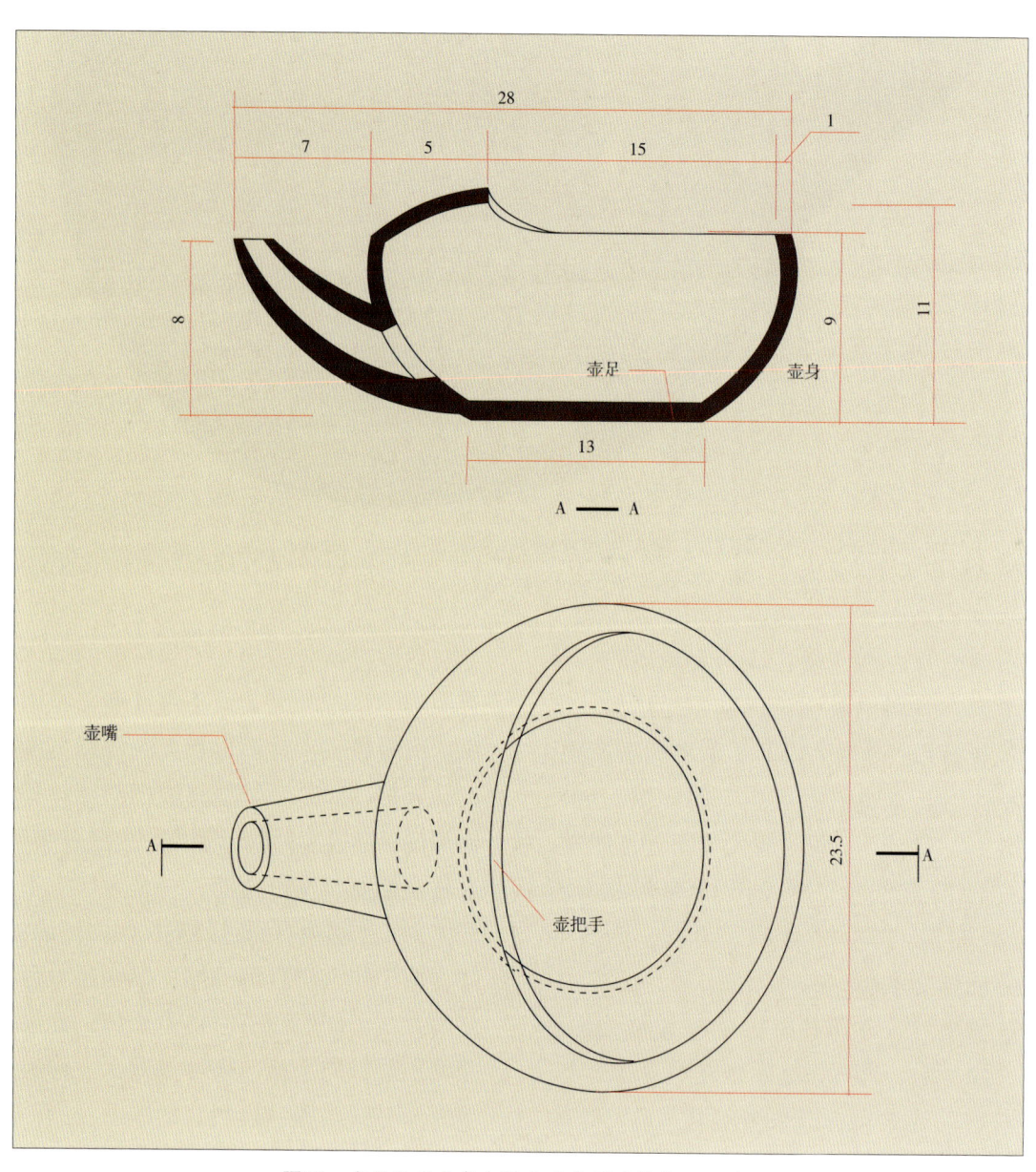

图二　广西壮族龙脊木酒壶尺寸图（单位：cm）

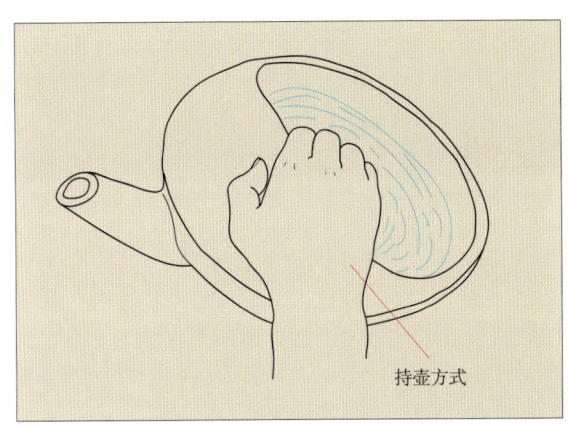

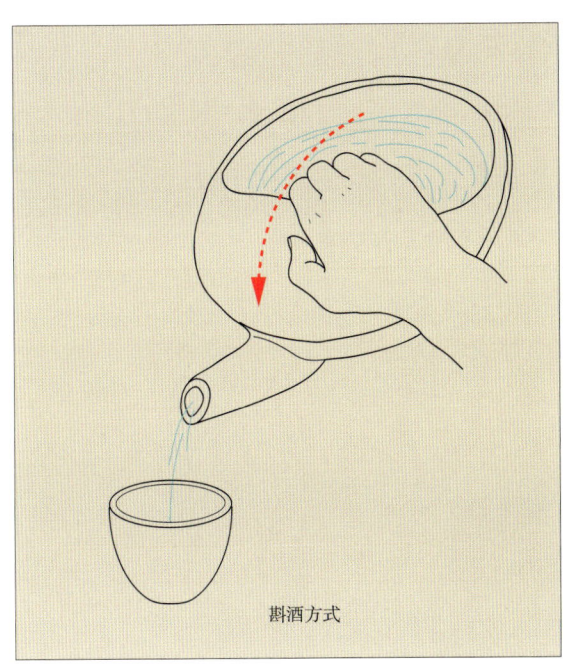

持壶方式

斟酒方式

图三 广西壮族龙脊木酒壶功能图

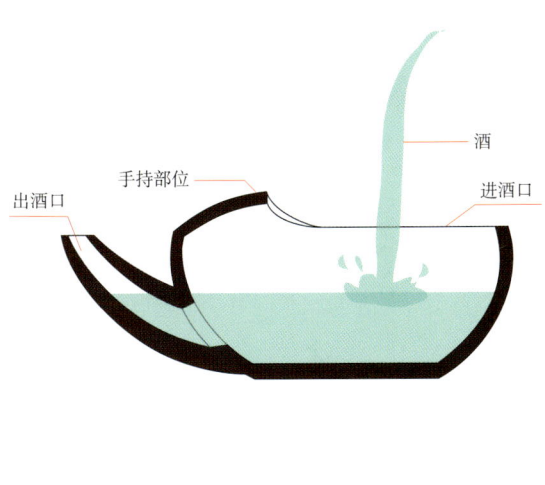

酒
手持部位
出酒口
进酒口

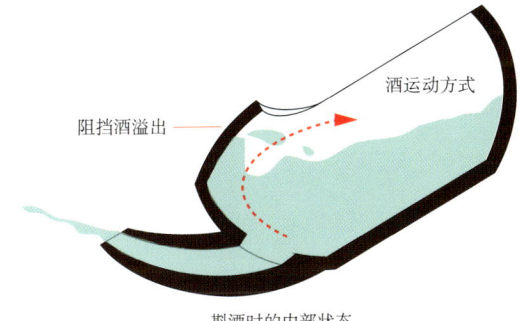

阻挡酒溢出
酒运动方式

斟酒时的内部状态

图四 广西壮族龙脊木酒壶设计分析图1

第三章 壮族传统餐饮

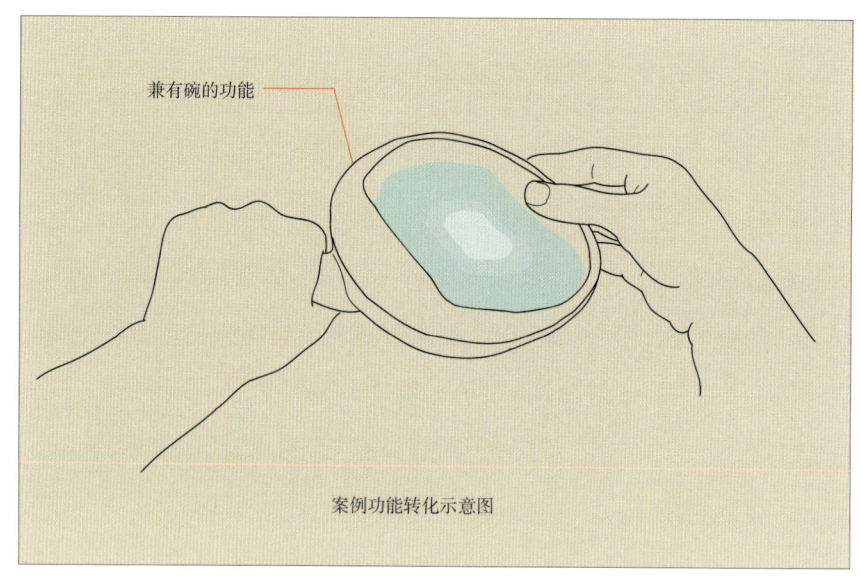

图五　广西壮族龙脊木酒壶设计分析图2

不同材料制作的酒壶
（龙脊生态博物馆藏）

图六　广西壮族龙脊木酒壶延展图

广西壮族龙脊藤编饭盒

图一　广西壮族龙脊藤编饭盒主图

藤编饭盒是用藤条编织而成的一种饮食器具，在桂北，当地壮族人曾用藤条这类天然材料来制作一些生活器具，本案例即为饮食饭盒，现藏于广西龙脊壮族生态博物馆。本案例形制呈圆筒状，有盒盖与盒身，盒盖直径14厘米，盒身高6.2厘米，盒足直径12厘米。

在我国，传统藤材编织业主要分布在华南地区，藤是椰子科蔓生植物（种类较多），群生于热带丛林之中。藤的茎，短的有几米，长的可过百米，粗细不一，细的直径仅有2—3毫米，粗的可达100毫米。藤材特点是：质地密实坚固，轻巧坚韧（比竹、木轻），易于弯曲成形，皮质外表爽洁，色泽自然，耐水湿，易干燥，不仅富有韧性，而且具有良好的弹性，是编织器具的好材料。从案例构造方式看，饭盒形体是用藤皮与藤芯完成的，具体来说，是先将藤条上的藤皮与藤芯剥离开来，然后再以藤芯为骨架，以藤皮缠绕藤芯的方式编结而成。实际上，藤材在水热的条件下极易弯曲，这种属性能让工匠们方便地采取绑、扎、编等方式制作器具。当然，仅用藤材编织出饮食器具尚不能用于实际使用（尤其是盛装液体的器皿更是如此），壮族工匠还需进一步用天然漆在编结好的器皿里外涂抹几层，凭借漆的黏性将器皿纹路间隙封住，从而获得能盛装液体的生活器具。在广西桂林博物馆壮族器物陈列厅，我们也见过此类器皿，它们编结方式与本案例相似。显然，藤编器具是过去壮族人常用的一类生活用具。

从设计学角度分析，本案例属于小容量饮食器具，其形体可单手持握，盒盖能方便自如地开合，既能满足孩童的生活需要，也能为成人所用。概括来看，本案例设计优点如下：一是方便携带，可在外出或田间劳作时使用；二是不易摔破；三是藤材具有隔热性，盛放热的食物不会出现烫手的情况；四是若干饭盒可叠加在一起，节省存放空间。当然，本案例也有缺点：一是器具表面凹凸不平，食物残渣不易清洗干净；二是藤编器皿的使用寿命不及陶瓷；三是制作一个藤编饭盒需较长的时间。尽管有这些不足，但藤编器具在一定程度上还是弥补了过去用品的不足。

图片来源

图一、图四　许边疆　摄影

图二、图三、图五　许边疆　制图

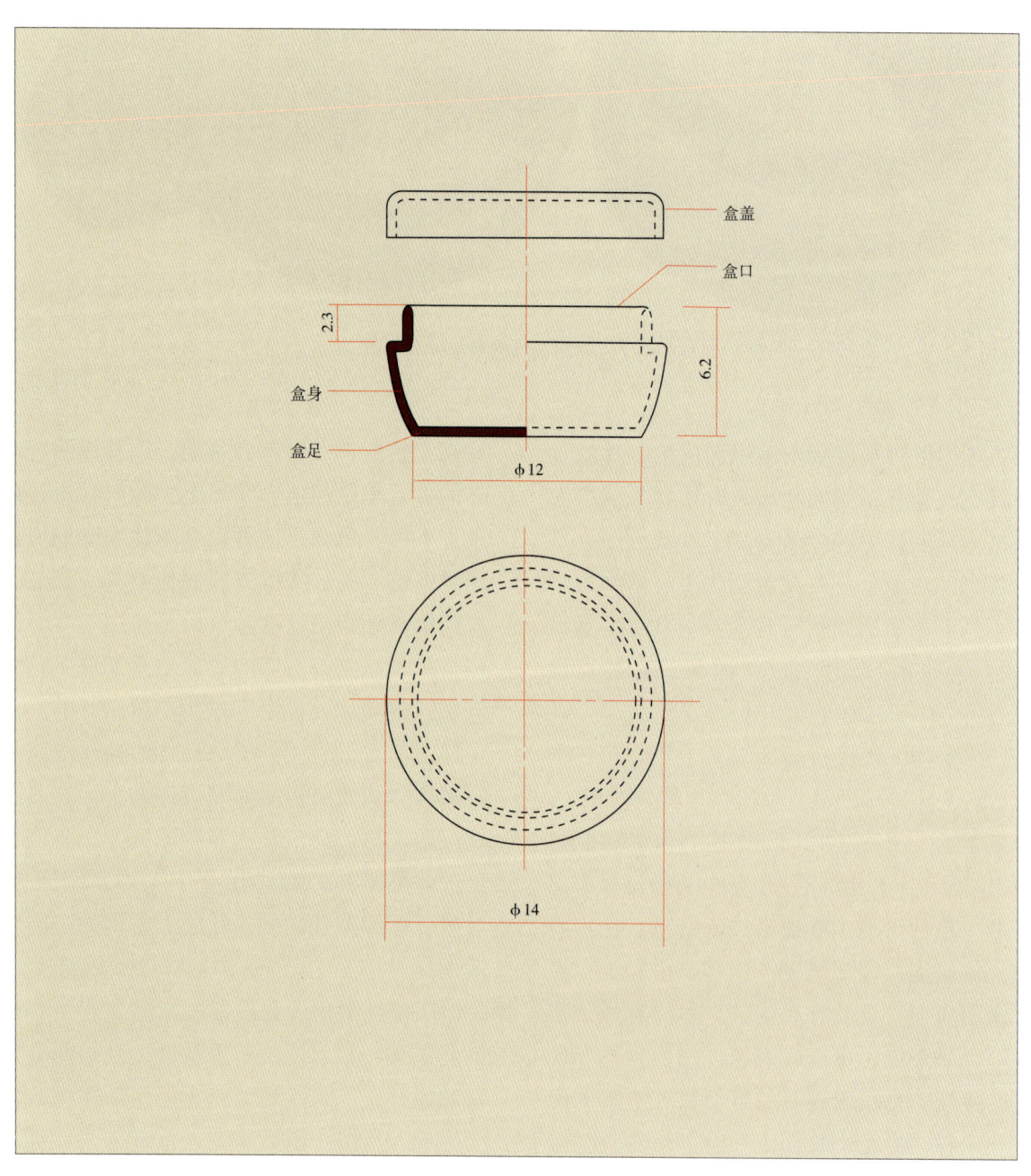

图二　广西壮族龙脊藤编饭盒尺寸图（单位：cm）

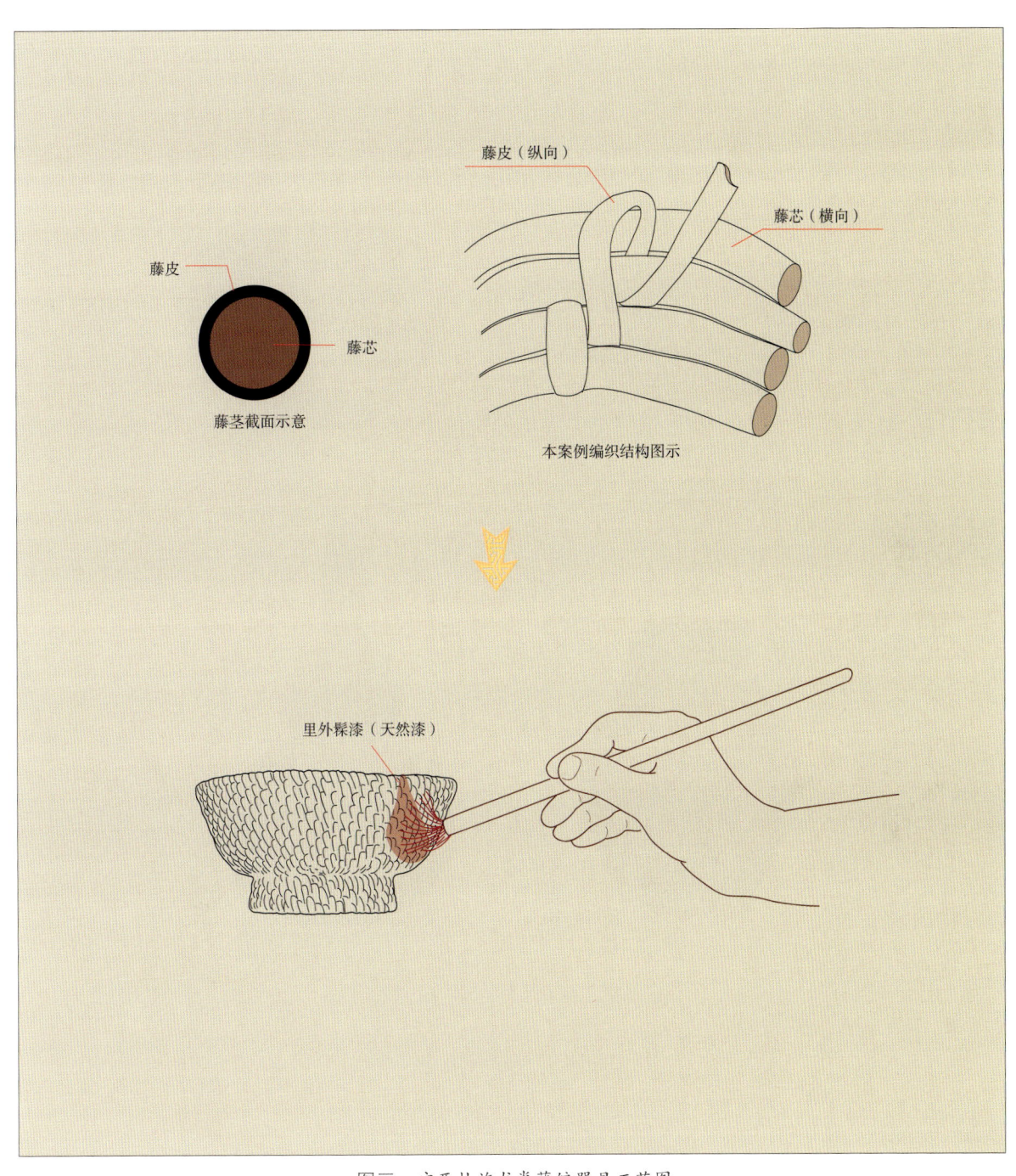

图三 广西壮族龙脊藤编器具工艺图

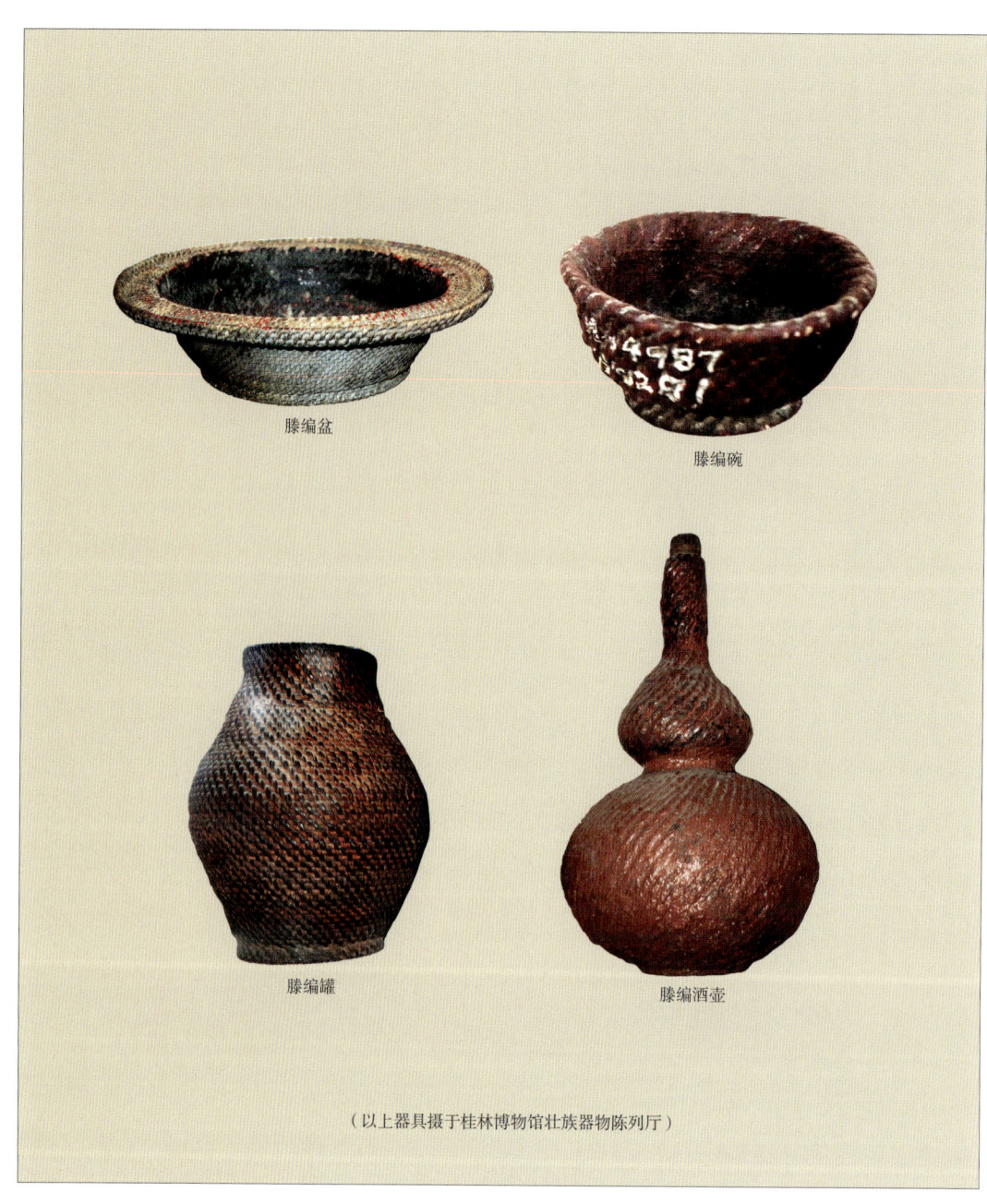

图四　广西壮族龙脊藤编饭盒延展图

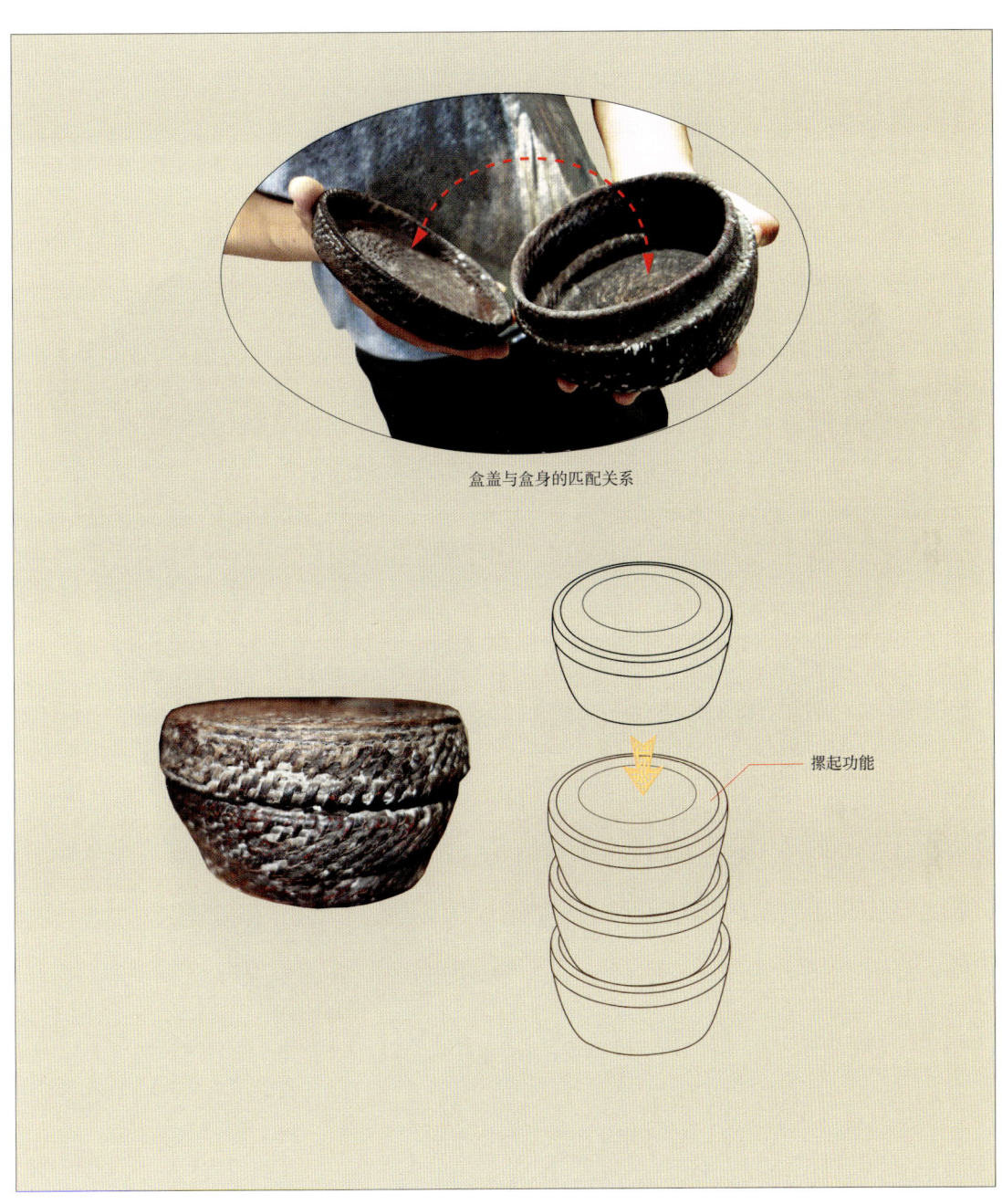

图五　广西壮族龙脊藤编饭盒设计分析图

广西壮族宜州筷筒

图一 广西壮族宜州筷筒主图

筷子是中国传统饮食用品，筷筒则是盛装它的器具。自古以来，中国人因使用筷子而创造出许多不同特点的筷筒，本案例即为一款民国壮族陶质筷筒，现藏于广西宜州民族博物馆。该筷筒外观为倒梯形，底部长17厘米，上方长28厘米，高23厘米，厚6.5厘米，通体用陶泥制成，无釉，材质呈棕红色。

从结构上看，案例共有四个储物空间，即左、右各一个，中间设大、小两个储物空间。左、右储物空间上端敞口，可插入筷子；中部上端则封闭，正面却开出一个椭圆孔和一个棒形孔，能存放一些小杂物。此外，案例正面以镂空方式设若干钱币形和矩形孔，侧面则挖四个小圆孔。从设计学角度分析，案例左、右储物空间被设计成上大下小的形状显然是出于功能上的考虑，因为其内部所产生的倾斜面能让筷子上端彼此分开，从而方便人手的插、拿。从生活情况看，刚洗净的筷子上会有一些水分，如果将这些筷子放入案例中，有利于案例尽快风干，以防霉变。具体来说，壮族人在案例周边设计了许多小孔，通过空气流通来消除筷子上的水分。除存放筷子的功能外，案例中部还设计了两个储物空间，它们既有实用价值，又能美化形制，同时还兼顾了烧成工艺，因为相对于不足 1 厘米厚的陶板而言，28 厘米的跨度无疑需要一个支撑结构，否则在烧制过程中易出现变形。

壮族人制陶历史悠久，用陶制作筷筒是他们聪明才智的体现。在壮乡，除了陶质筷筒外，还有其他材料的筷筒，比如龙脊壮族人用竹子造筷筒，他们巧妙地利用竹子的天然结构设计出了能满足生活需要的用品。将竹筷筒与本案例进行比较，前者形制因单纯追求功能而朴实无华，后者却因装饰而显得考究，这是两者区别之所在。

图片来源
图一　孙林　摄影
图二至图四　许边疆　制图
图五　许边疆　摄影

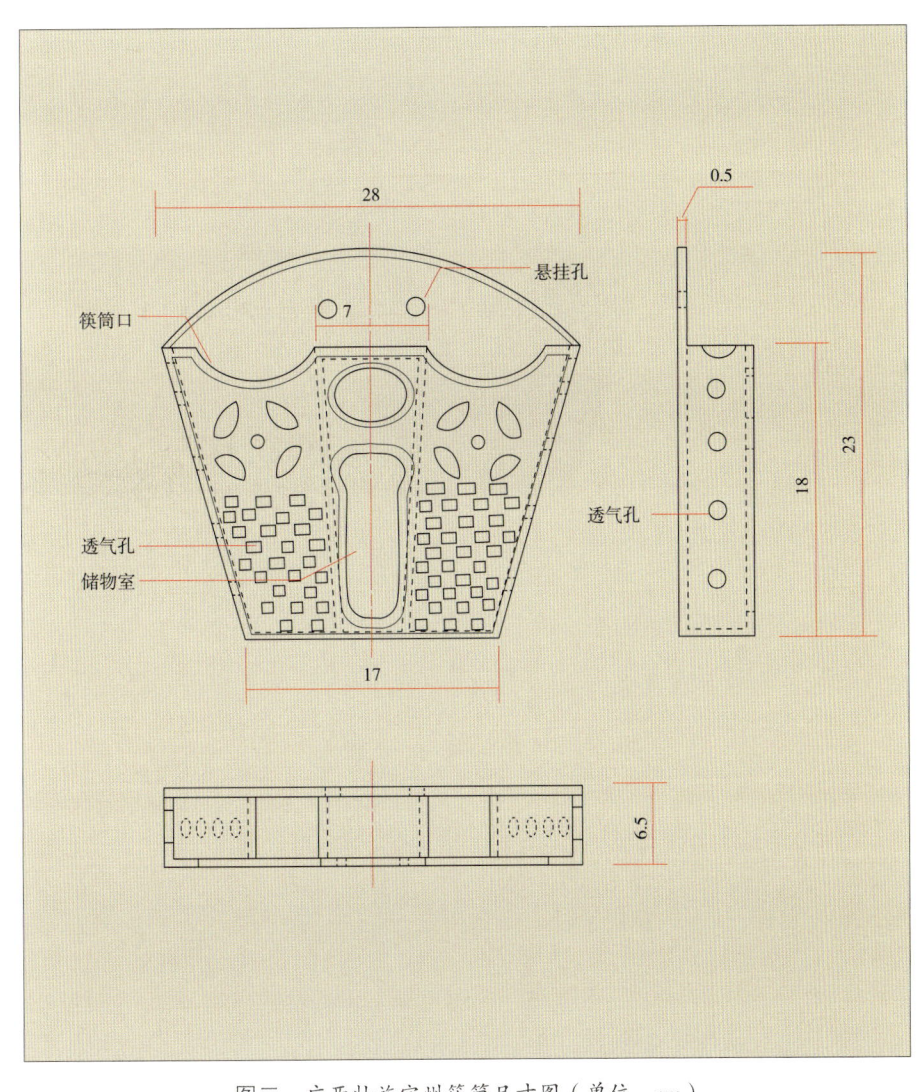

图二　广西壮族宜州筷筒尺寸图（单位：cm）

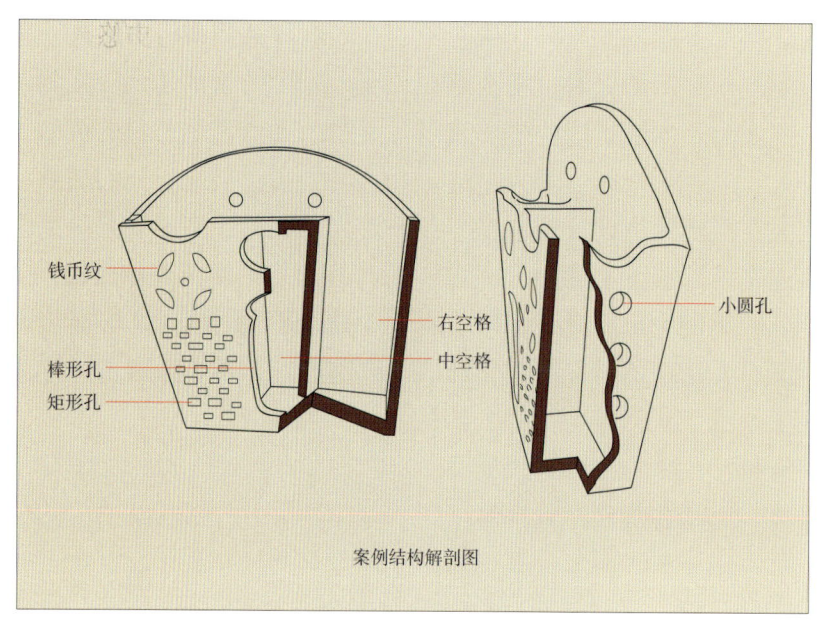

图三 广西壮族宜州筷筒局部结构图

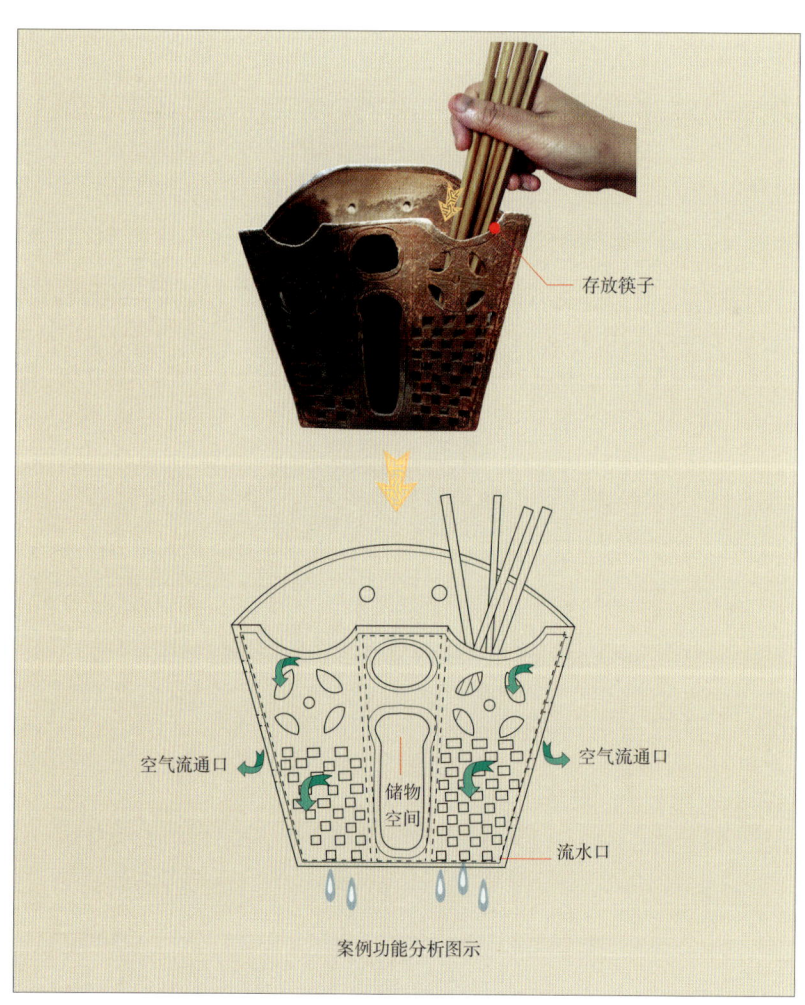

图四 广西壮族宜州筷筒功能图

广西龙脊壮族竹制筷筒

图五　广西壮族宜州筷筒延展图

广西壮族崇左葫芦水壶

图一 广西壮族崇左葫芦水壶主图

壮族葫芦水壶，是用天然葫芦与竹篾混合而成的储水（或酒）器。本案例采自广西崇左壮族博物馆，由葫芦、竹篾、篓耳、壶塞等组成。据该馆工作人员介绍，这种葫芦水壶是民国时期遗物。经测量，案例高28厘米，竹篓最大直径18厘米，竹篓高17厘米，壶嘴直径1.8厘米。

本案例的显著特点是天然物与人造物的巧妙结合，天然物是亚腰葫芦，人造物则是竹编器具。在我国南方，葫芦是一种常见植物，形态饱满，中部呈蜂腰状，上小下大，具有天生的容器属性，人们用它能造出许多不同功能的用具，水壶便是其中之一。从设计学角度分析，作为一种天然的贮水器，葫芦也存在某些不足，比如因为底部呈圆弧状，装满水的葫芦不能平稳放置，而壮族人通过添加竹篓的方式解决了这一问题。具体做法是：用竹篾顺着亚腰葫芦外形编织出一个竹篓，葫芦下部完全用竹篾封装，由于竹篓底部是平底，故装满水的案例就能平稳地放置在某一地方。不仅如此，壮族人将竹篾编织到葫芦身高的三分之二处，一则加强水壶上小下大的形制，二则留出部分光滑面易于人手的握持。从使用方式看，制作者在竹篾上安装了一对篾耳，系上绳带，可供使用者肩部斜挎，无论外出赶圩还是下田劳作，都能随取随用，方便饮水解渴，类似于行军之壶。

本案例虽然是一件实用品，却蕴藏着壮族人的造物智慧——尊重自然，顺应天成，巧用人工，它体现了壮族人崇尚人力加天成的造物思想。事实上，壮族人对葫芦历来就有一种特殊感情，比如在崇左壮族人的剪纸里，宝葫芦被视为盛装甘露的神物，有了宝葫芦，生命之花（尤指年轻人）就不会因缺水而枯萎。显然，民间造物背后往往还有某些观念和信仰的存在。

图片来源
图一　许边疆　摄影
图二至图四　许边疆　制图

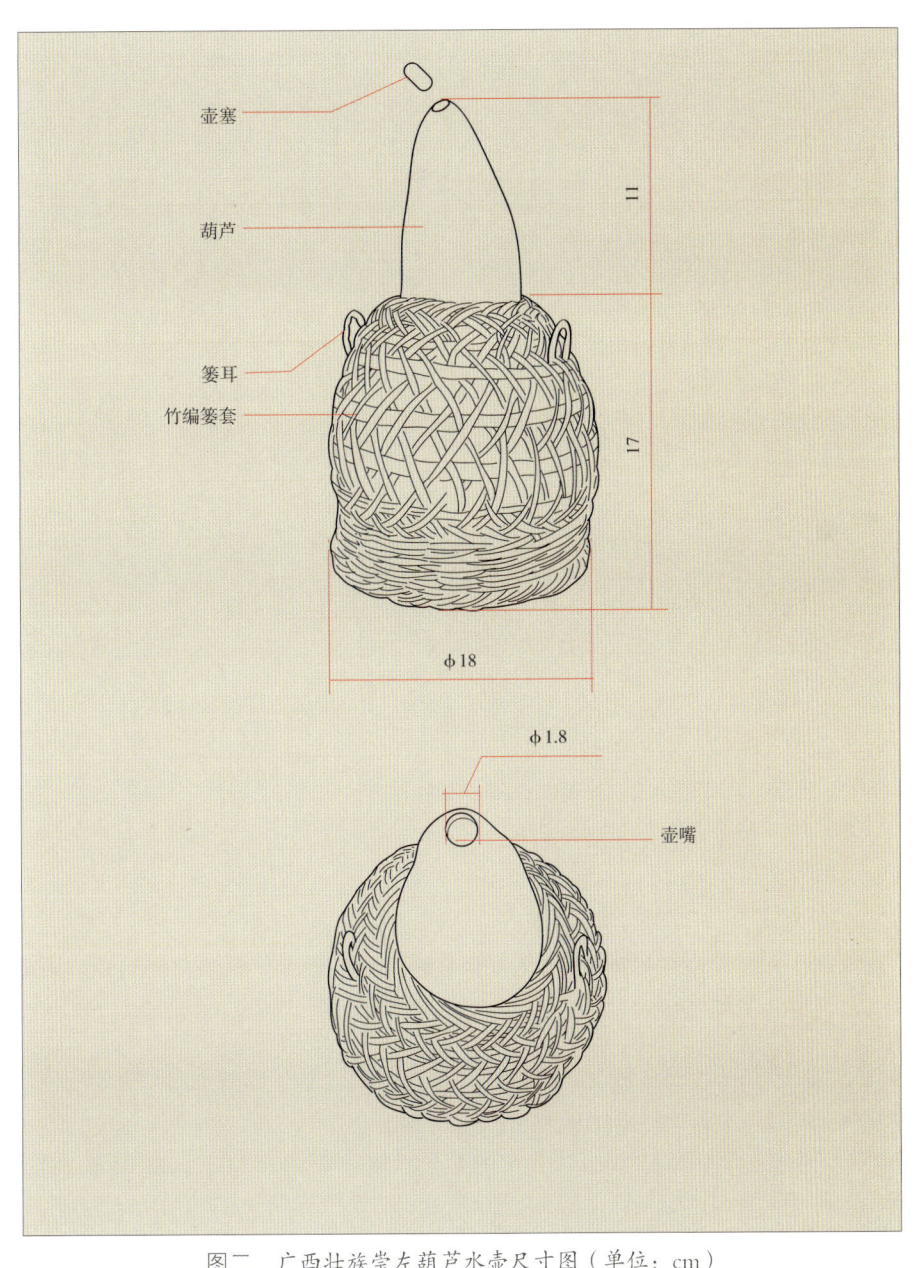

图二　广西壮族崇左葫芦水壶尺寸图（单位：cm）

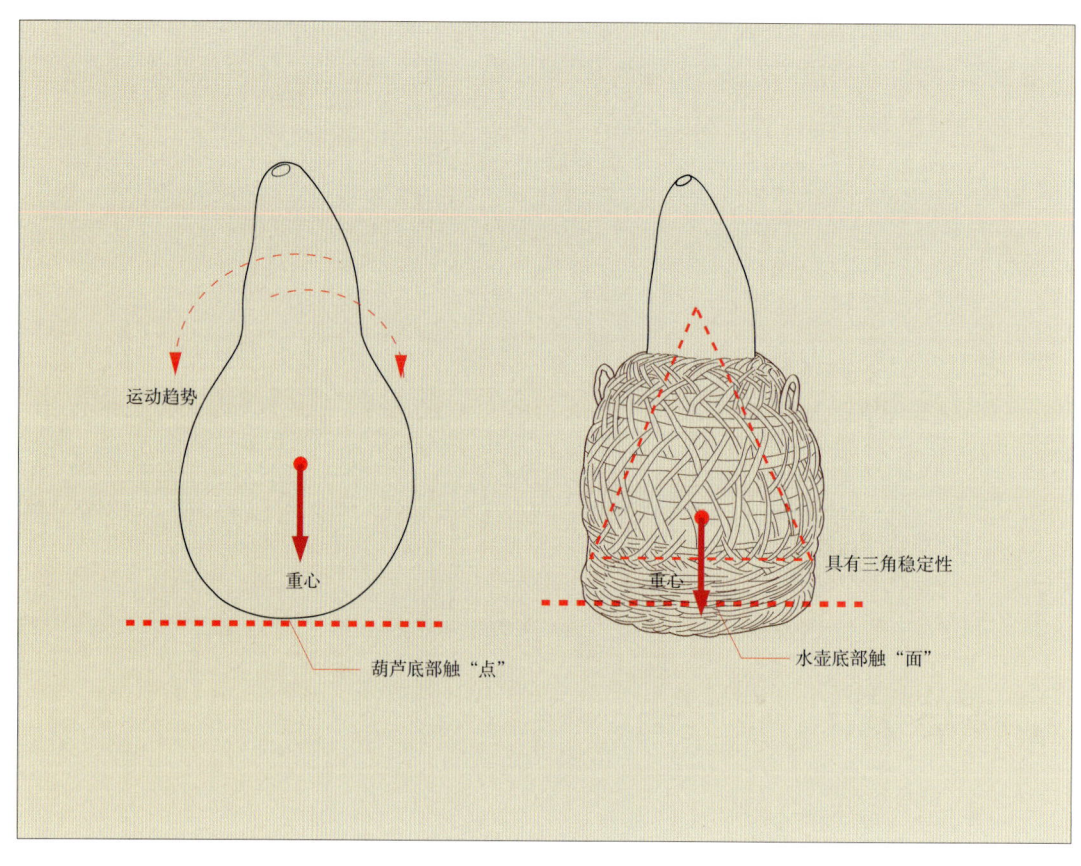

图三　广西壮族崇左葫芦水壶设计分析图

案例使用方式图解

图四　广西壮族崇左葫芦水壶功能图

广西壮族靖西蒸酒器

图一　广西壮族靖西蒸酒器主图

中国传统制酒工艺可分为发酵法制酒和蒸馏法制酒两大类,其中,用蒸馏法制成的酒俗称烧酒(或白酒)。自古以来,广西壮族很早就懂得了用种植的水稻、玉米、薯类等来酿酒。例如,周去非《岭外代答》云:"广右(即广西)无酒禁,公私皆有美坛……诸处道旁,率沽白酒。"这里的白酒即蒸馏酒。显然,广西很早就有了蒸酒工艺。明清时代,壮族白酒工艺更为精细,甚至出现了不同等级的白酒。《白山司志》卷九曾载,马山壮族"酒有单熬、双熬、三四熬之分,皆沽之于市……富厚家恒双熬,待客则用三四熬,贫人第饮,知单熬,名曰烧酒"。

以水稻酿酒为例,壮族酿酒有三个步骤:一是煮熟米,二是发酵,三是蒸熬。其中蒸酒器具常用陶甑,而靖西陶甑很像两个底部叠放在一起的小水缸，可分可合，上部为冷凝室，下部是蒸汽室。冷凝室底部有三个分别向上隆起的弧面，弧面下皆有开口，其结构要比蒸汽室复杂得多——蒸汽室仅在下凹的底部开出个直径 20 厘米的贯通口。

从尺度上看，冷凝室与蒸汽室存在匹配关系，比如，蒸汽室上部直径与冷凝室下部直径大小一样，皆为 36 厘米。此外，蒸汽室下部直径为 62 厘米、高 29 厘米，冷凝室上部最大直径 54 厘米、高 23 厘米，形成上小下大的组合关系，这无疑利于器具的稳定。从酿酒方式看，案例被放置在含水的铁锅里，蒸箅上放酒醅，然后用另一口铁锅放在冷凝室上端，并向锅内注冷水（俗称"天锅"）。蒸煮时，蒸汽室中的酒醅因加热而产生含酒精的蒸汽，接着蒸汽从弧面开口进入冷凝室，升至天锅底部就会快速冷却成酒浆，酒浆随即从冷凝室底部顺着小管流至甑外盛酒器内。需要补充的是，天锅内的冷水要不断地搅拌，若水温高了须立即更换冷水，以确保天锅低温。

回顾历史，壮族人不仅用这种技术制作白酒，也用它来提取樟脑、艾粉，这说明壮族人早已了解物质形态受热会变蒸汽的物理现象，而用瓦瓮来提取乙醇仅是壮族蒸馏技术应用成果之一。

图片来源
图一　许边疆　摄影
图二至图五　许边疆　制图

图二　广西壮族靖西蒸酒器构造方式图

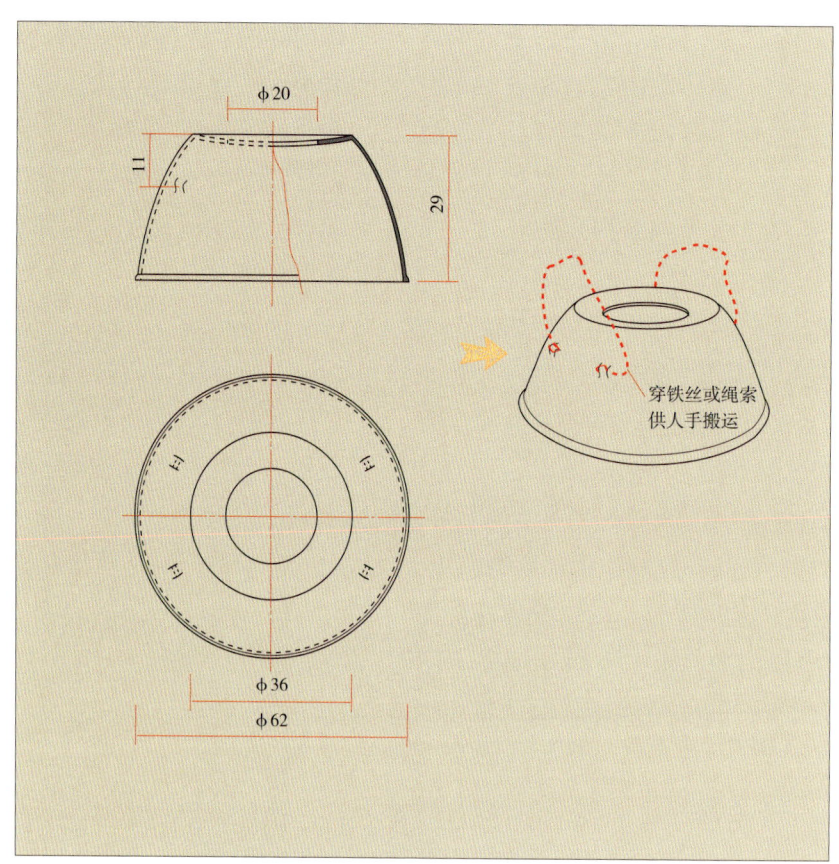

图三　广西壮族靖西蒸酒器尺寸图1（单位：cm）

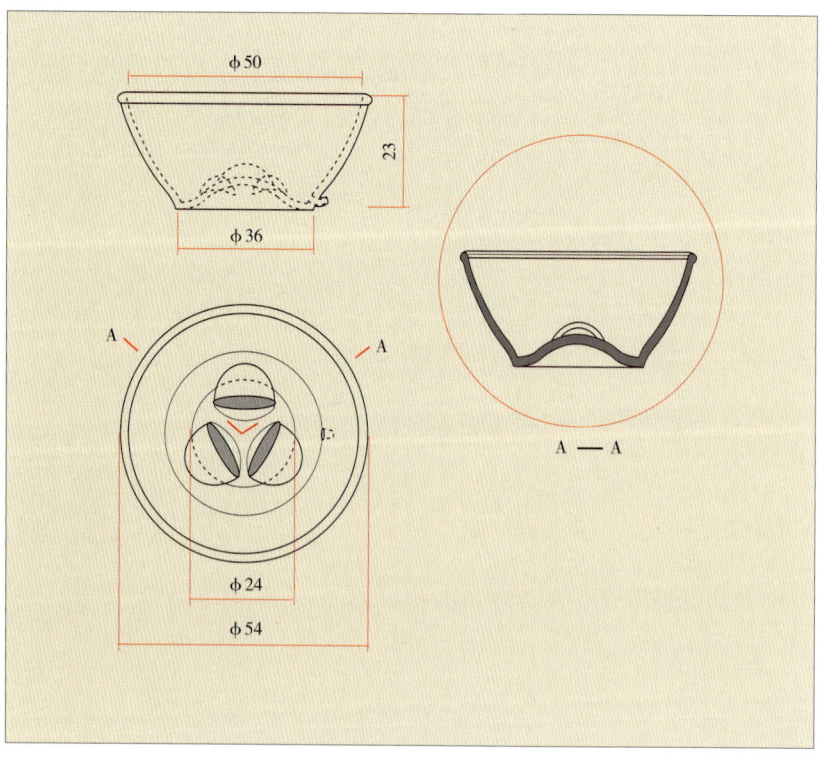

图四　广西壮族靖西蒸酒器尺寸图2（单位：cm）

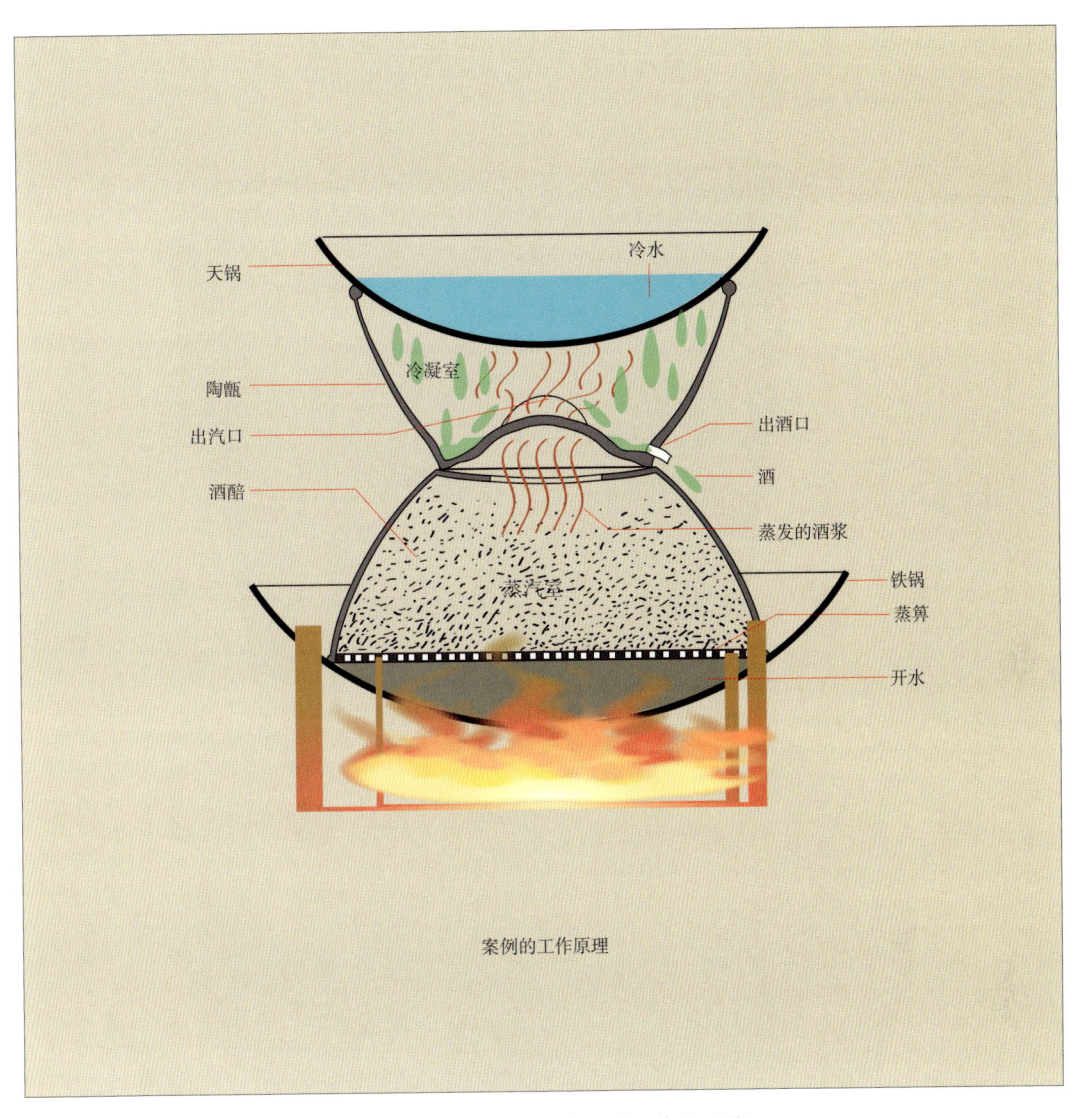

图五　广西壮族靖西蒸酒器工作原理图

广西壮族龙胜酿酒器具

图一 广西壮族龙胜酿酒器具主图

壮乡民间酿酒有两类，一是酒料经发酵后直接饮用的酒，这类酒一般度数不高，微甜，俗称"甜酒"或"水酒"；另一类是白酒，酒料发酵后再蒸制，酒有较高度数，故又称烧酒。本案例即为第一类酿酒器具，现藏于广西龙胜县龙脊壮族生态博物馆。概括来看，案例由柴灶、铁锅、木甑座、木甑、蒸箅、木盖等结构组成。其中，木甑呈倒立圆台形，上口径39厘米，下口径24厘米；木甑座直径35厘米，甑座中心有6厘米见方的贯通孔，若俯视看，形制似古钱币。

龙胜壮乡几乎家家都会酿制水酒，经考

察，当地酿酒原料有糯米、酒饼和泉水。其酿酒工艺如下：一是先将选出的优质香糯浸泡约10小时，然后放入本案例中蒸煮；二是将蒸好的米饭倒入盆中，摊干并淋入冷水放凉（约30℃），接着按5∶1的比例拌入酒曲，待拌匀后入坛让其发酵，发酵时间视环境温度与酒曲药力而定，通常为10天左右；三是充分发酵后，再以1∶1的比例和泉水混合，放入酒坛里密封。据当地人介绍，蒸米时既要控制好蒸米的水分，又要把握好火候，蒸熟的米饭以不结团为佳。从工作原理上分析，本案例关键的结构是木甑座，它的功能如下：一是借助木甑座上的圆形凹槽来支撑并稳定木甑；二是甑座内部弧面可有效地阻止沸水直接渗入米料中，同时又能引导蒸汽从中部方口不断地涌入木甑里，从而起到对蒸米水分的控制作用。

龙脊水酒酿好后，通常要放入地窖保存，封存得越久，酒味就越香浓。对于保存半年的水酒，当地人称"嫩酒"；封存一年以上的，则称"老酒"。老酒开坛后，色如碧玉，满屋飘香，味道醇厚。

龙脊壮族人与酒有着深厚的感情，婚丧嫁娶、农事节庆、祭神祭祖、奉迎贵宾都离不开酒，酒已成为当地壮族人民俗活动的重要组成部分。

图片来源
图一　孙林　摄影
图二至图五　许边疆　制图

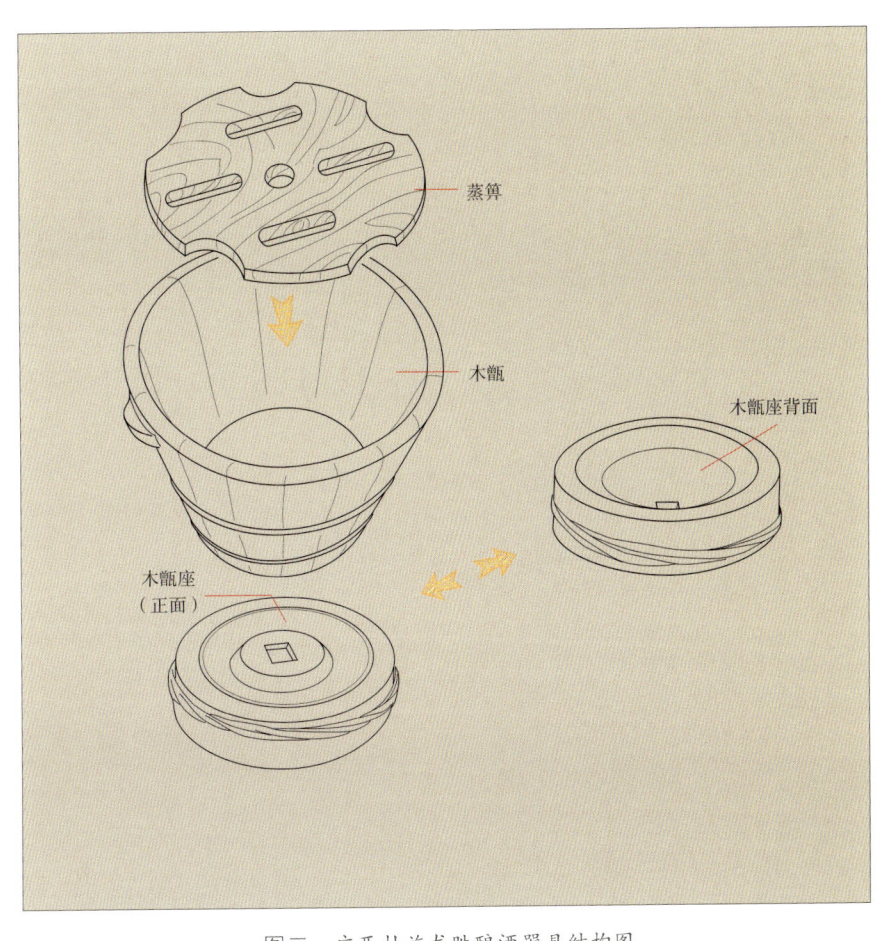

图二　广西壮族龙胜酿酒器具结构图

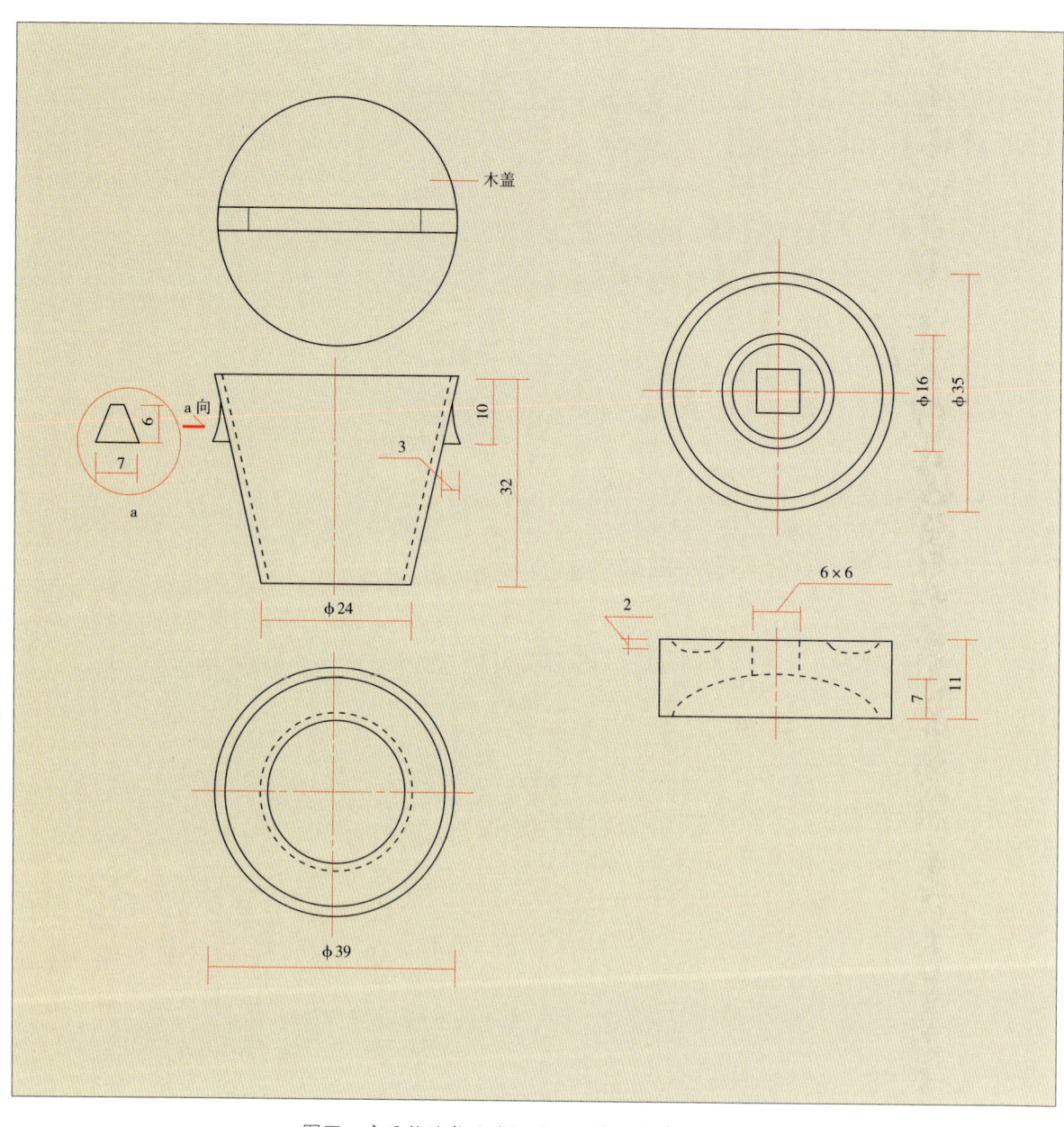

图三　广西壮族龙胜酿酒器具尺寸图（单位：cm）

图四　广西壮族龙胜酿酒器具功能图

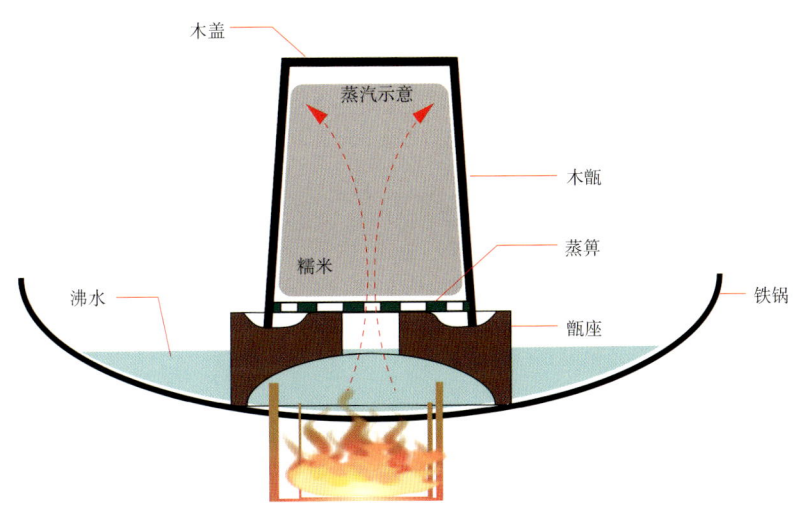

广西龙脊米酒制作工艺流程：

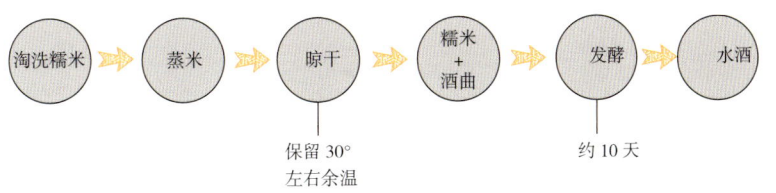

图五　广西壮族龙胜酿酒器具设计分析图

第四章 壮族传统生活用具

新石器时代广西壮族那坡三足陶罐

图一 新石器时代广西壮族那坡三足陶罐主图

三足陶罐是因罐子的底部有三足而得名，本案例即为三足陶罐。1997年，它出土于广西那坡县感驮岩遗址，属于新石器时代晚期遗物，现藏于广西博物馆。本案例罐口直径8.6厘米，罐高15厘米，腹部最大直径14厘米，足高5.4厘米，敛口、尖圆唇、深腹、底近平，三足微外撇，足的形制呈倒立式实心锥体状。

从器物表面纹饰特征分析，本案例体表饰复线水波纹、S形勾连曲折纹及若干短线纹，这些纹样装饰手段都是利用硬质木片（或竹片）做成的模板在陶泥尚未干结时用模板刻画而成，其多条并列的细线以流畅的划痕呈现，给人以律动之美，这说明当时古人已有较高的审美力。归纳来看，感驮岩遗址出土的陶器主要有三足罐、杯、高领罐、钵以及纺轮，陶器器胎一般很薄，火候较高，以夹砂灰褐色陶为主，其次为红色和红褐色陶。根据该遗址出土的炭化编织物、炭化稻、炭化粟及精细石器和骨器来综合判断，当时的经济生活方式应该是以采集和渔猎为主，原始农业已经产生，人们居住地开始变得相对稳定，主要是居住在易于获取水源的洞穴或阶地上。

从当时人们席地而坐的生活方式看，三足罐不仅比平足罐更易于平稳放置，而且罐底因空间的存在更方便人拿起。这类新石器时代的三足陶器除在那坡出土外，武鸣、大新也有类似器形，这说明它们同属一个文化圈。就广西周边地区而言，甚至云南、广东等地，这类器形出土均少见，这是一个值得研究的现象。

本案例成型方式应该是盘筑法，具体做法如下：先将陶泥搓成粗细一致的泥条，然后再用盘筑方式凭借指力压合成一体。据考古文献报道，感驮岩遗址曾出土有石拍，而石拍可能就是制作陶器的工具之一，因为广西三足陶器表面常有压印的痕迹（或肌理），这些压印痕迹往往是借助石拍、木拍甚至是纤维来完成的，一来这是成型工艺的需求，二来可兼顾装饰。

总之，正如本案例那样，无论是器物造型还是体表装饰，四千多年前的广西先人就已具备了高超的制陶技艺，这实在令人感叹。

图片来源
图一、图四　许边疆　摄影
图二、图三、图五、图六　许边疆　制图

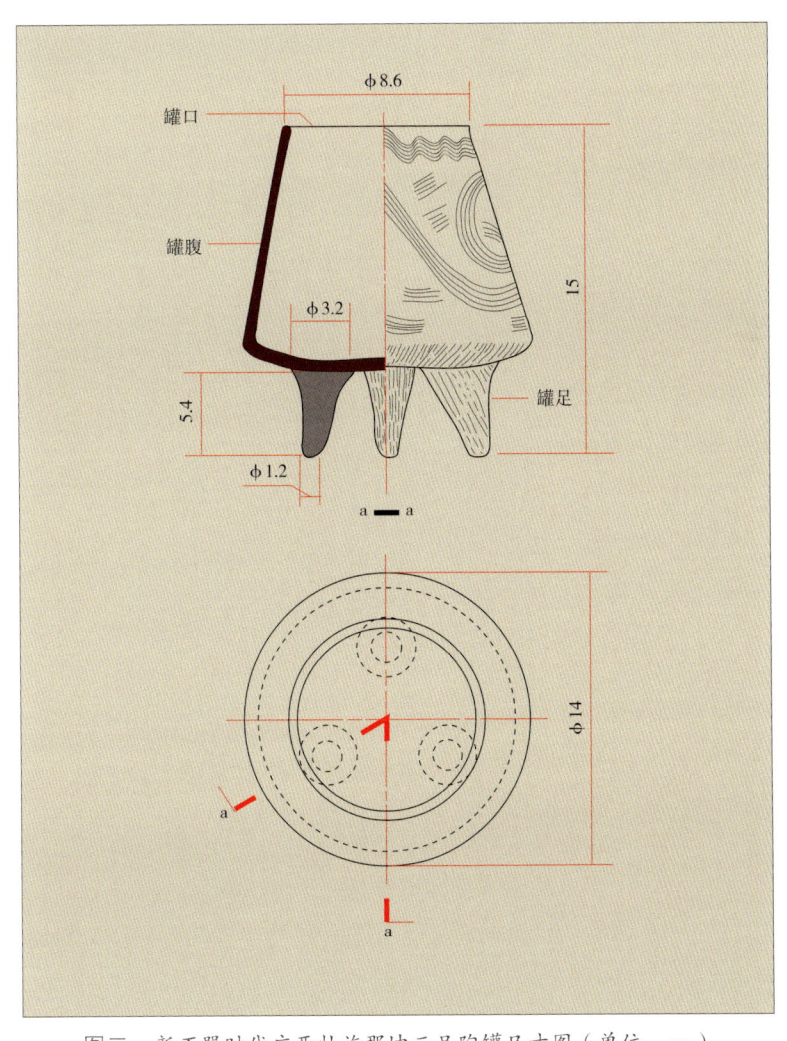

图二　新石器时代广西壮族那坡三足陶罐尺寸图（单位：cm）

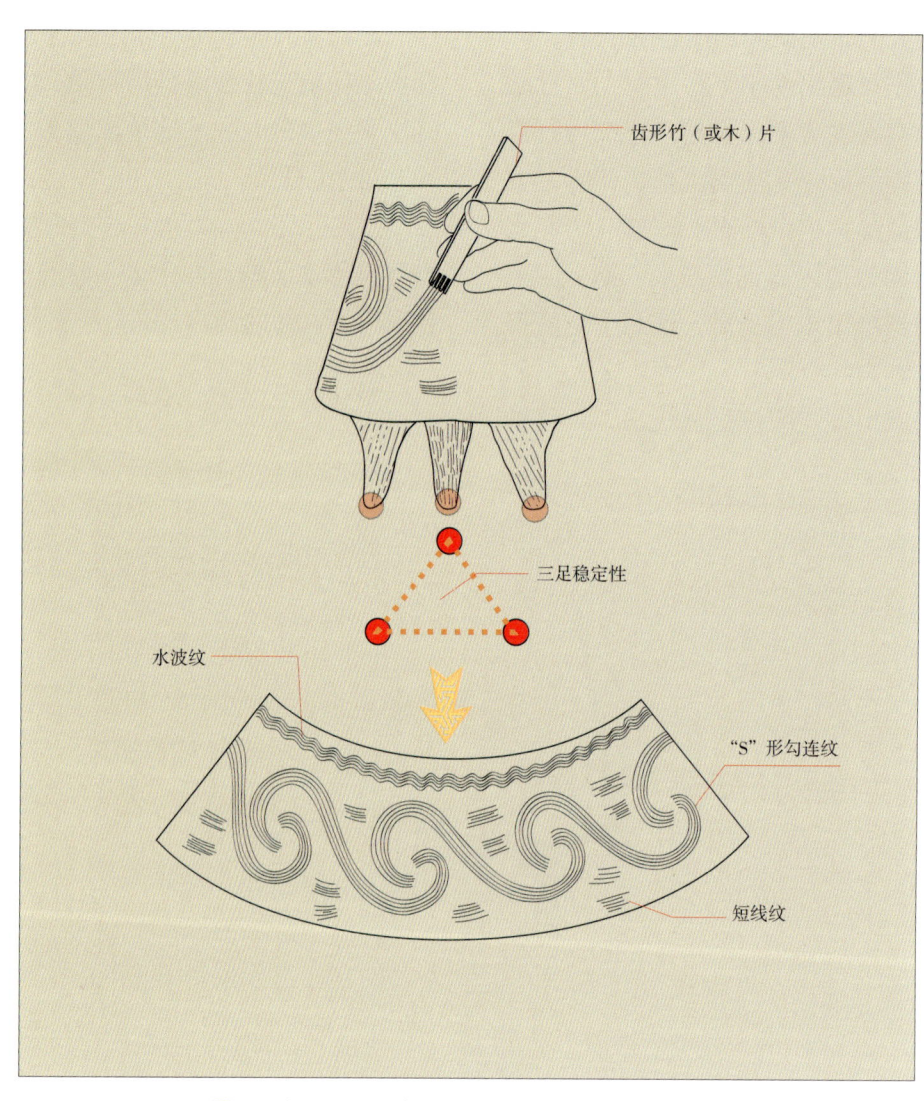

图三　新石器时代广西壮族那坡三足陶罐装饰纹样

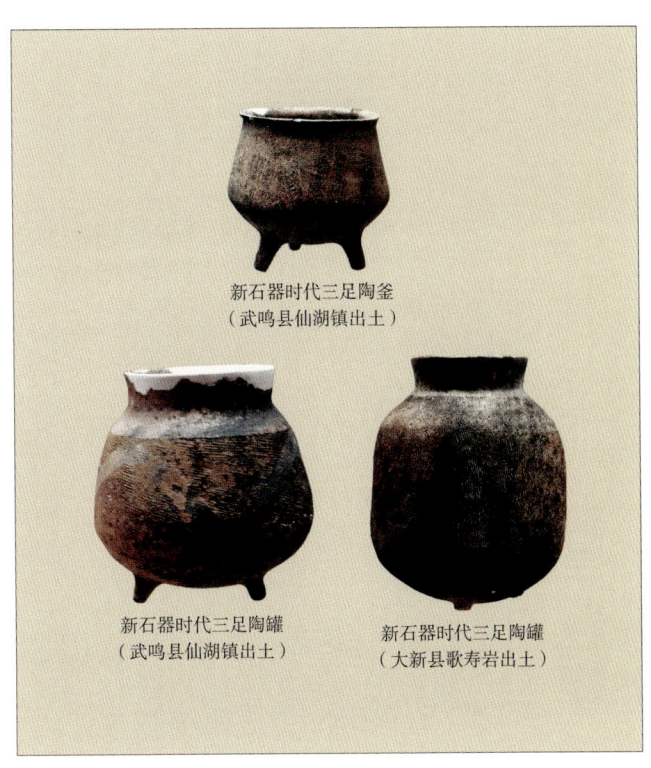

图四 新石器时代广西壮族那坡三足陶罐对比图

新石器时代三足陶釜
（武鸣县仙湖镇出土）

新石器时代三足陶罐
（武鸣县仙湖镇出土）

新石器时代三足陶罐
（大新县歌寿岩出土）

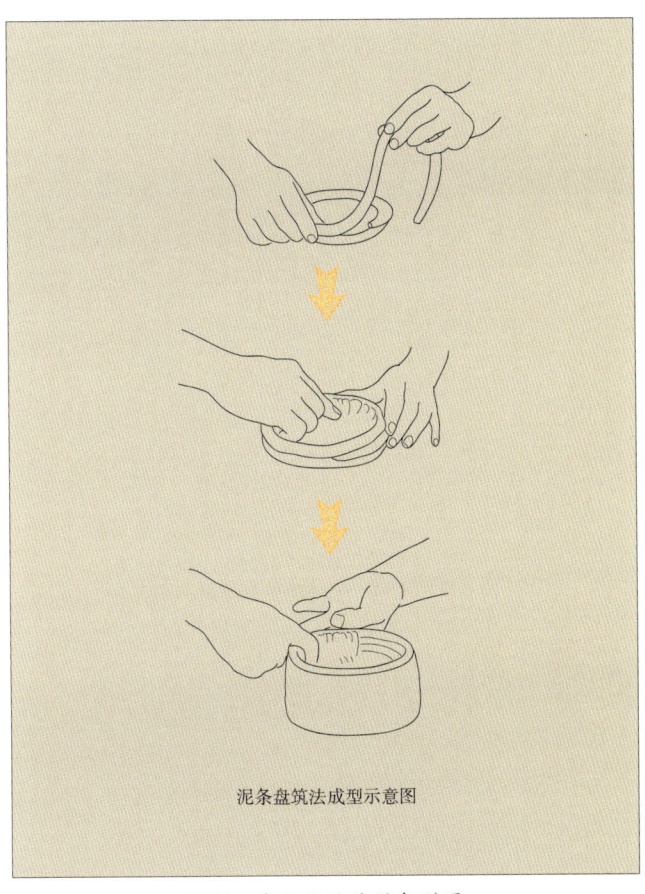

泥条盘筑法成型示意图

图五 广西壮族陶器成型图

第四章 壮族传统生活用具

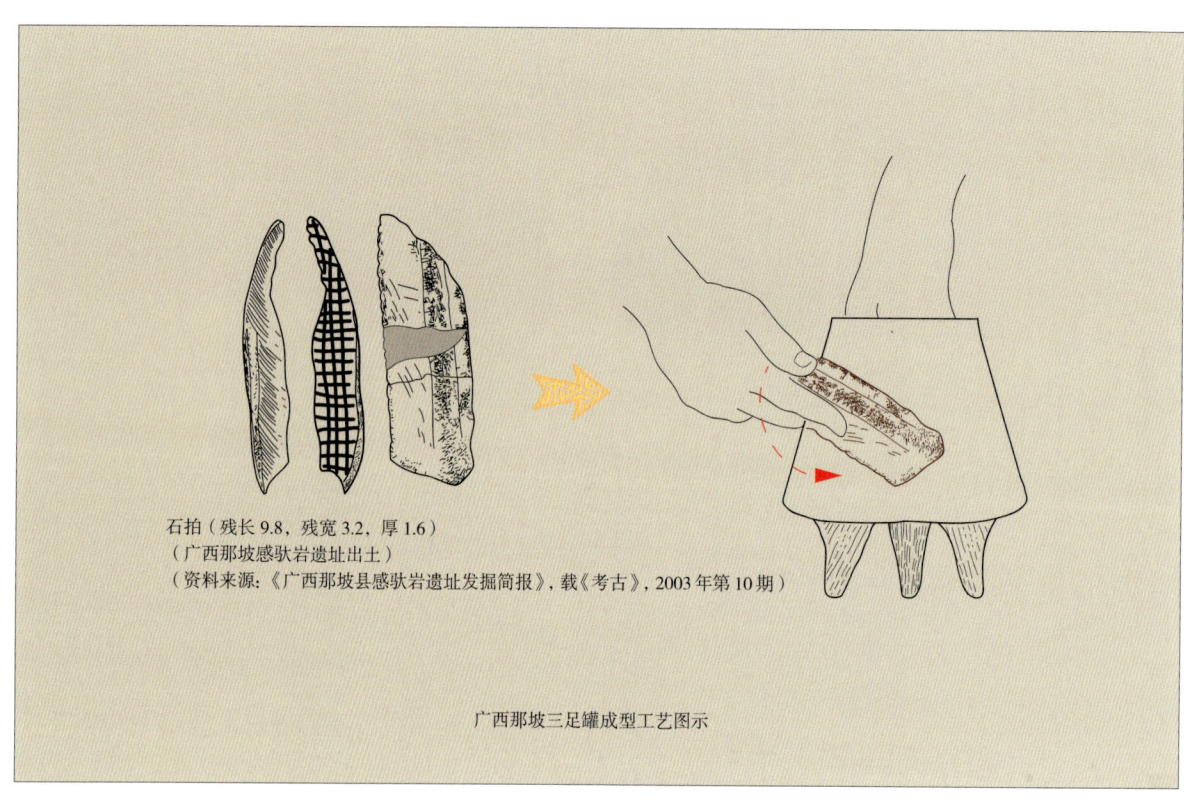

图六 新石器时代广西壮族那坡三足陶罐成型图（单位：cm）

西汉广西壮族合浦羽纹铜凤灯

图一　西汉广西壮族合浦羽纹铜凤灯主图

羽纹铜凤灯是一种青铜灯具，形态呈凤状，体表饰羽纹，故名之。本案例出土于广西合浦县望牛岭西汉晚期一号墓，出土时成双配对，现藏于广西壮族自治区博物馆。案例高33厘米，长42厘米，宽15厘米。从形制上看，案例是由烟罩、凤首、凤颈、凤身、凤尾、凤足、灯盘等结构组成，其姿态呈双足并立状，并在凤背上设圆形灯盘一个，通体用羽毛纹装饰。

在汉代，凤即为朱雀，乃四灵之一，也是南方七宿的总称，由于南方属火，故又称火凤凰。古人以凤为原型设计灯具造型应该是一个时代文化与审美风尚的自然选择。从案例结构看，凤颈是由两端套管衔接而成，

第四章　壮族传统生活用具

这样设计除了易于案例的成型外,也为灯具的使用带来了便利。例如,颈部转向使凤背灯盘操作空间可大可小,当需要插蜡烛照明或清理灯具内部烟尘时,可借助凤首的调节增大凤背空间;反之,则让其正对灯盘,以利于烟尘吸附。从设计学角度分析,凤嘴衔接喇叭形灯罩不仅美观,更重要的是扩大了吸烟口径,让更多的烟尘从凤嘴中进入颈部,从而将烟尘溶于腹腔水中。由此可见,两千多年前进行灯具设计时古人已经具有空气环保意识,这表明,古代壮族人在进行结构设计时不只关注照明功能,而是经过综合考虑的。

关于青铜铸造技术,考古成果告诉我们,早在春秋战国时期,壮乡的青铜冶炼技术已经成熟。例如,广西武鸣县马头乡春秋战国墓葬就曾出土铸铜石范和靴形铜钺。不过,本案例的成型模具不是石模,应该是后期常用的陶范,其工艺大致流程是:首先,用特制的泥做成待铸的实心内模,然后在其表面

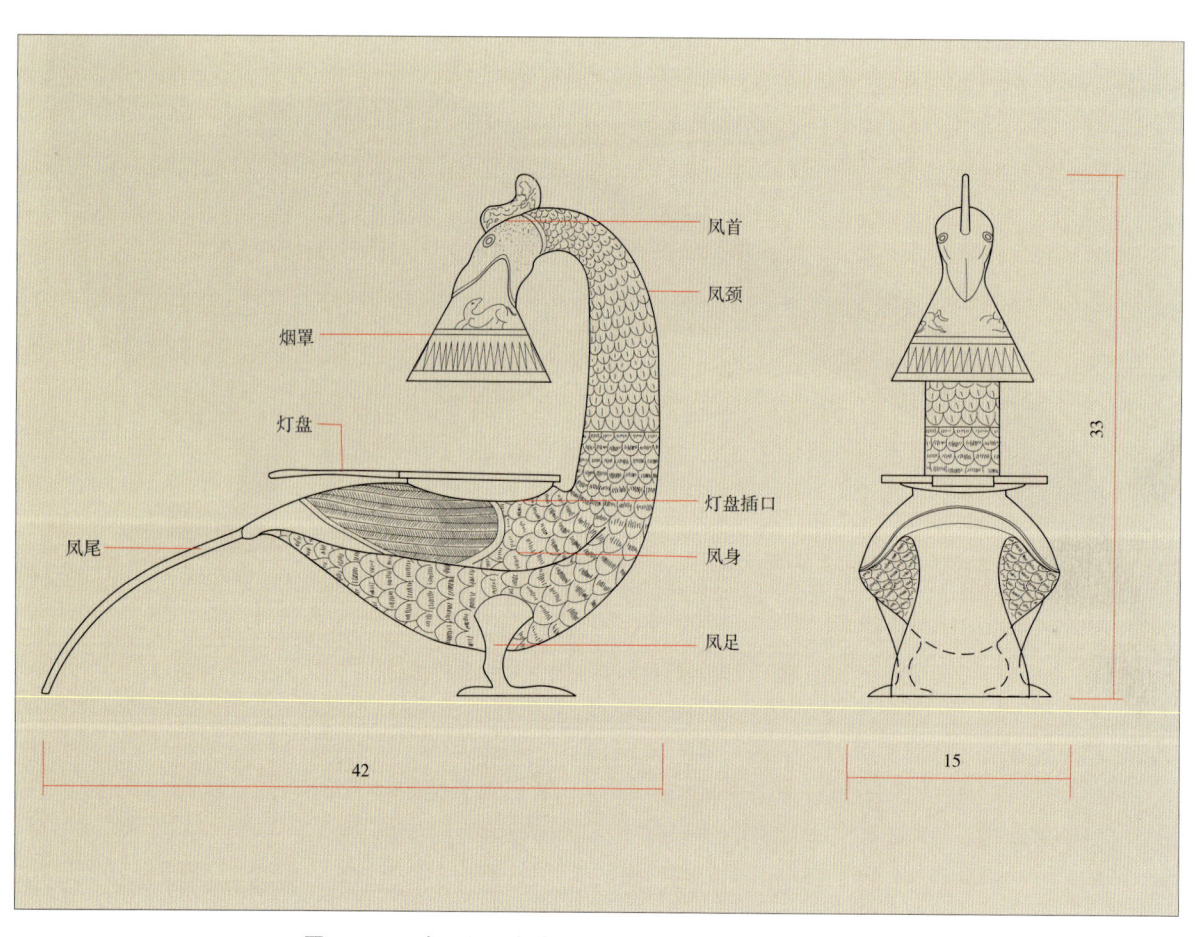

图二 西汉广西壮族合浦羽纹铜凤灯尺寸图(单位:cm)

精雕花纹。其次，在合适的时候，凭借内模再翻制外模，让外模的内表产生相应花纹。第三，刮去内模表面纹样，所刮厚度即为铸件厚度。第四，合模，由于本案例采用的是分铸法（包括凤足），根据成型难易程度，上部铸件需三块模范，下部则需两块，而且合模前要预留浇铸口和出气口。第五，阴干泥范，并用600℃左右的温度焙烧成陶。第六，浇铸，浇铸前要预热模具，浇铸后则将内模打碎。当然，本案例后续工序还有錾刻花纹，这种工艺能有效地丰富案例的外表。

本案例无论功能设计还是艺术表现，都凝聚着独特的民族匠心，尤其是导烟管的设计所蕴藏的环保设计思想，无疑在世界灯具史上占有重要地位。如今，这种灯具虽已走进历史博物馆，但其实用性、科学性与艺术性相统一的造物理念仍值得当今设计师学习和借鉴。

图片来源
图一　孙林　摄影
图二至图五　许边疆　制图

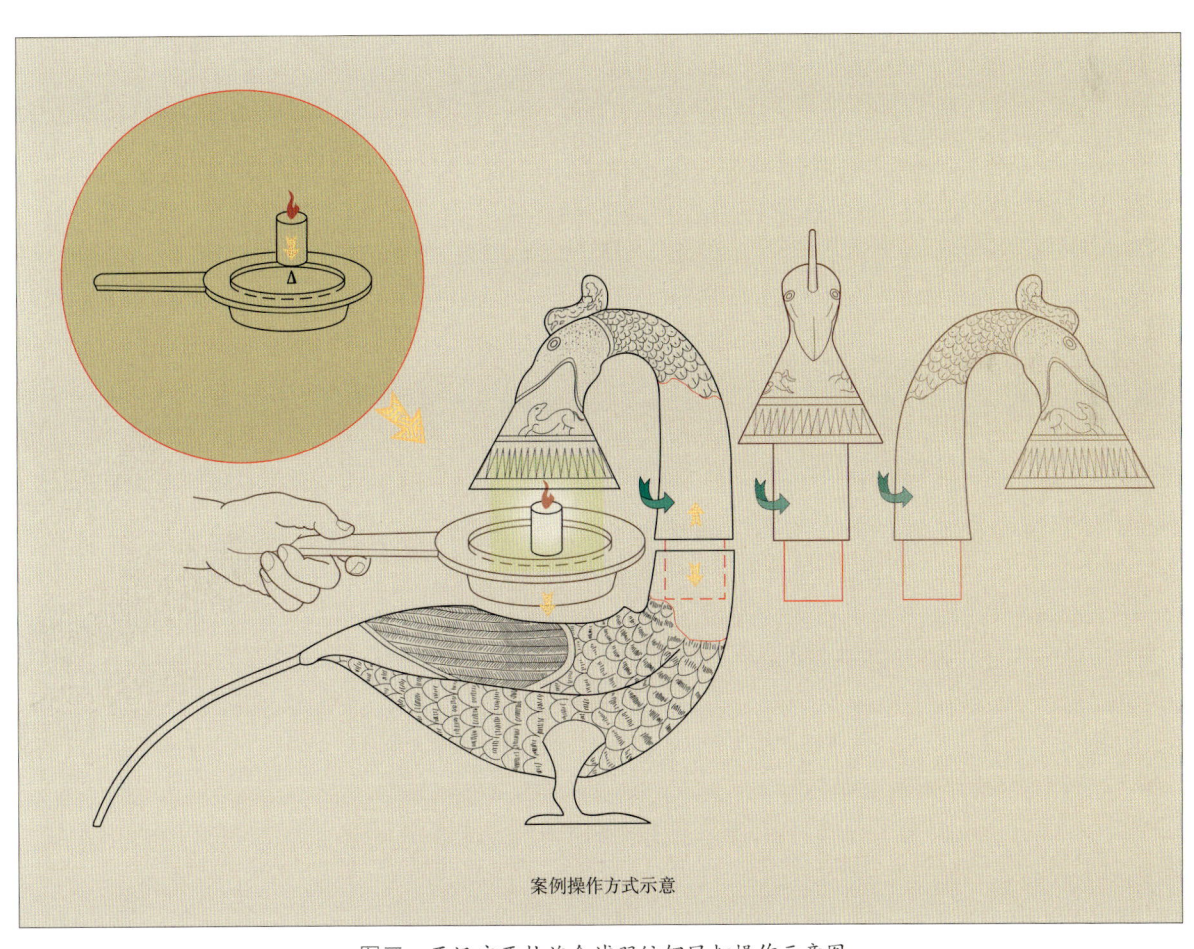

图三　西汉广西壮族合浦羽纹铜凤灯操作示意图

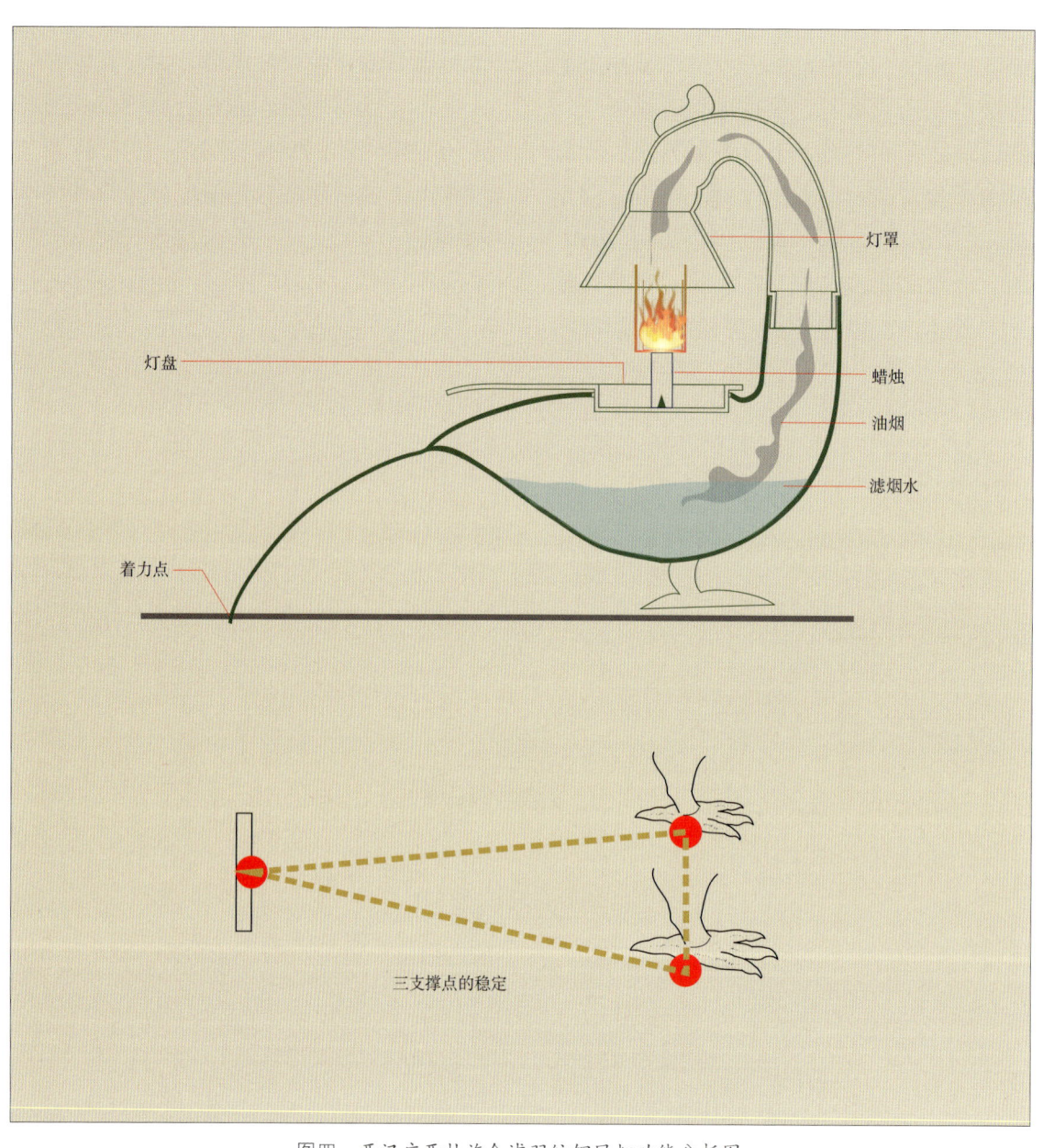

图四　西汉广西壮族合浦羽纹铜凤灯功能分析图

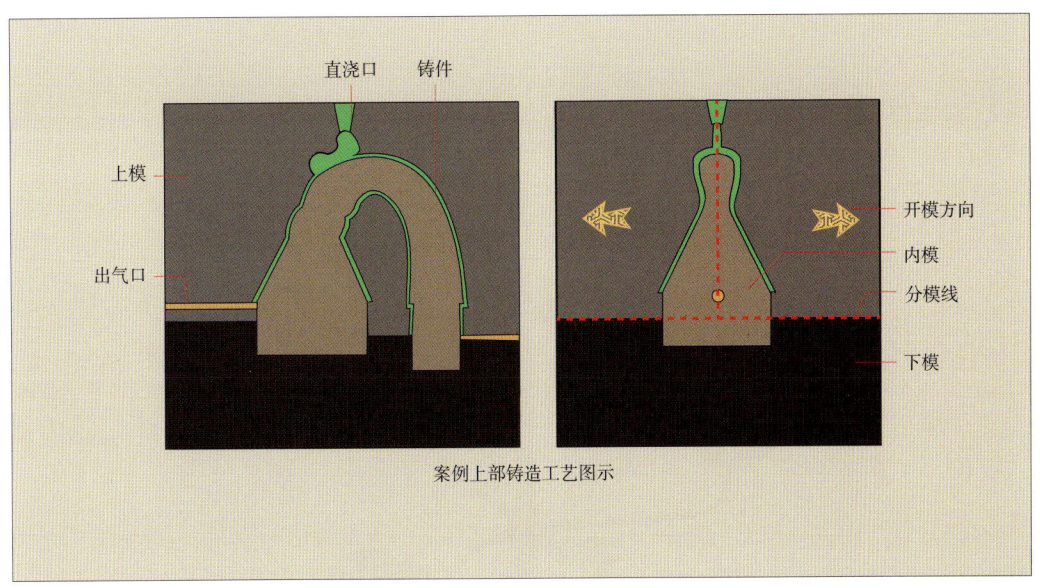

案例上部铸造工艺图示

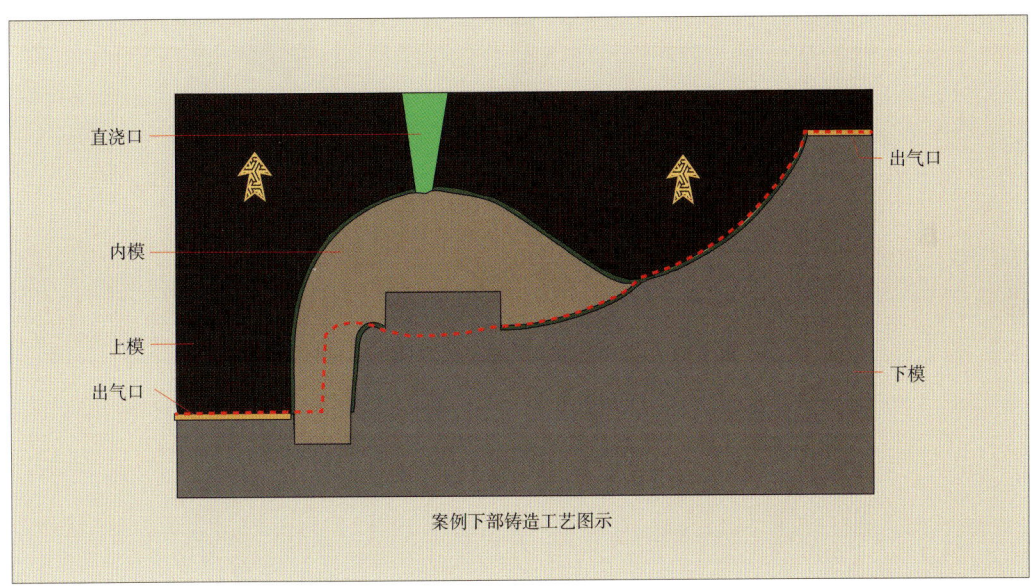

案例下部铸造工艺图示

图五 西汉广西壮族合浦羽纹铜凤灯工艺图

汉广西壮族贵港扶桑树灯

图一 汉广西壮族贵港扶桑树灯主图

扶桑树灯,又称"九枝铜灯",其形如桑树,故名之。本案例1976年出土于广西贵港市罗泊湾西一号汉墓,现藏于广西博物馆。归纳来看,案例由主杆、枝杈、灯盏、金乌、宝瓶座和覆盘底座等结构组成,其中枝杈分上、中、下三层,每层有三枝,每枝前端装桑叶形灯盏一个,盏内可插蜡烛。由于本案例顶端设计了一个具象的鸟,其"树"形概念由此得到强化。本案例通高58厘米,枝杈下层长22厘米,中层长16厘米,上层长11厘米,上、中、下按大小排列,而支撑枝杈的主杆上部直径是1厘米,下部直径为2.5厘米,以上细下粗的方式插在宝瓶座上。

作为古越人的一个分支,壮族先民很早就将太阳视为"天公",将大地看做"地母",对太阳顶礼膜拜,这在早期铜鼓、灯具及崖画上都有所反映。到了秦汉时期,由于北方人口南移及文化上的渗透,西瓯、骆越文化便有了中原文化的基因,壮族先人也相信太阳是由鸟背着,每天从东方的扶桑树上起飞,在天空里巡游一圈,然后落入西边大荒之中,再由乌龟驮着顺着一条不死的黑河重新回到东方,循环往复。本案例九盏灯即寓意九只待飞的鸟,而顶部的一只鸟即将起飞,正与《山海经》里所说"汤谷上有扶桑,十日所浴,在黑齿北。居水中,有大木,九日居下枝,一日居上枝""汤谷上有扶木。一日方至,一日方出,皆载于乌"的神话相吻合。

案例除具有丰富的寓意外,也有实用功能:一是巧妙地借助鸟与树叶形状设计出了易于摆放蜡烛的灯盏,每组灯盏以60°角相互交错排列,构成了上小下大的有序形态;二是每个铸件都以榫卯套扣的方式组合而成,这种设计既便于灯具的成型,也利于生产成本的降低;三是案例下部的宝瓶形适合人手的持握,而覆盘式底座则让灯具有了摆放功能。

实际上到了汉代,树形灯异彩纷呈,不仅广西有出土,其他地区也有发现。从设计学角度看,案例首先看重实用功能,比如壮族先人生活中喜欢席地而坐,就贵族大屋而言,错落有致的树形灯显然能满足不同角度的照明需要。同时,案例还具有重要的礼器功能,在汉代,灯被视为生命的象征体,汉代墓穴存放长命(长明)灯,以为死者驱除黑暗,超度灵魂。

图片来源
图一　孙林　摄影
图二至图六　许边疆　制图

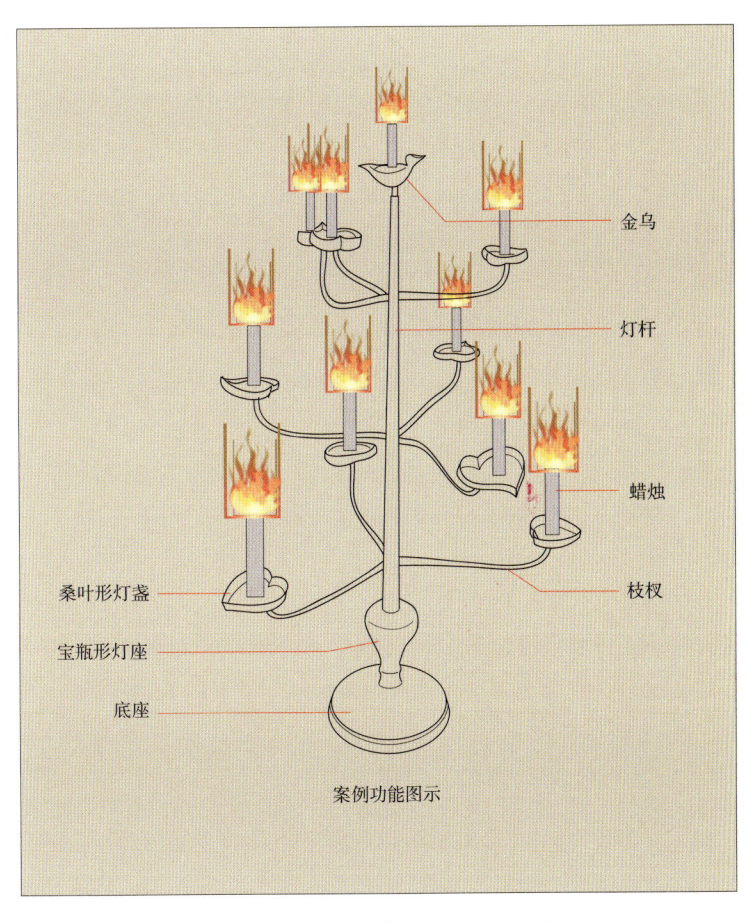

图二　汉广西壮族贵港扶桑树灯结构图

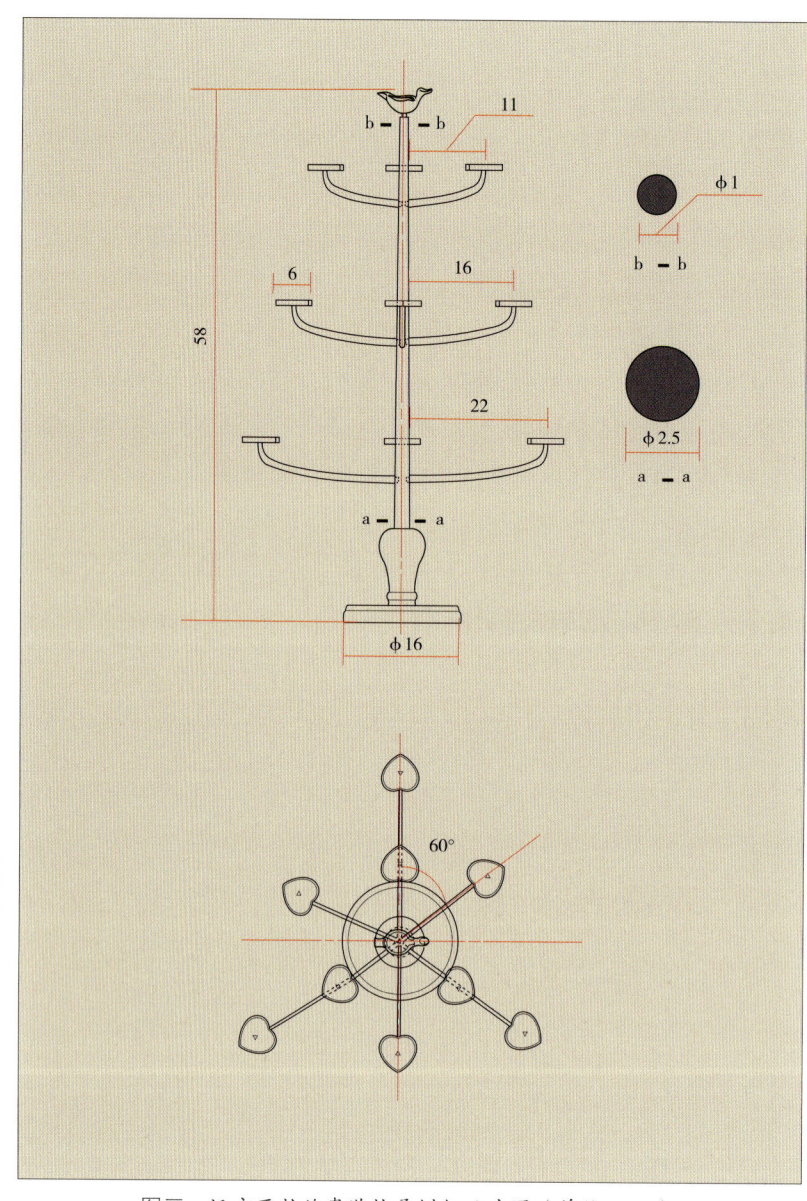

图三　汉广西壮族贵港扶桑树灯尺寸图（单位：cm）

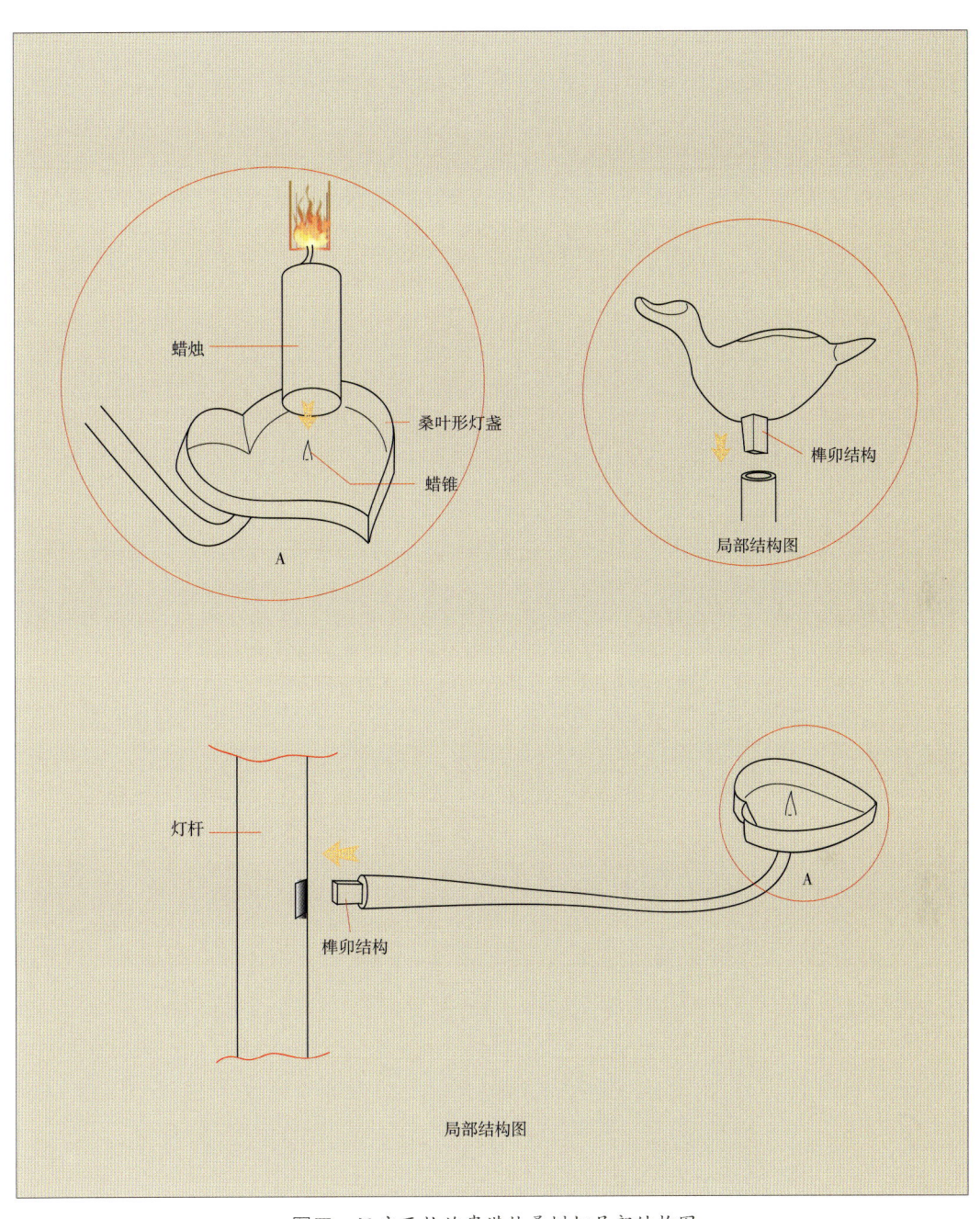

图四　汉广西壮族贵港扶桑树灯局部结构图

图五　汉广西壮族贵港扶桑树灯设计分析图

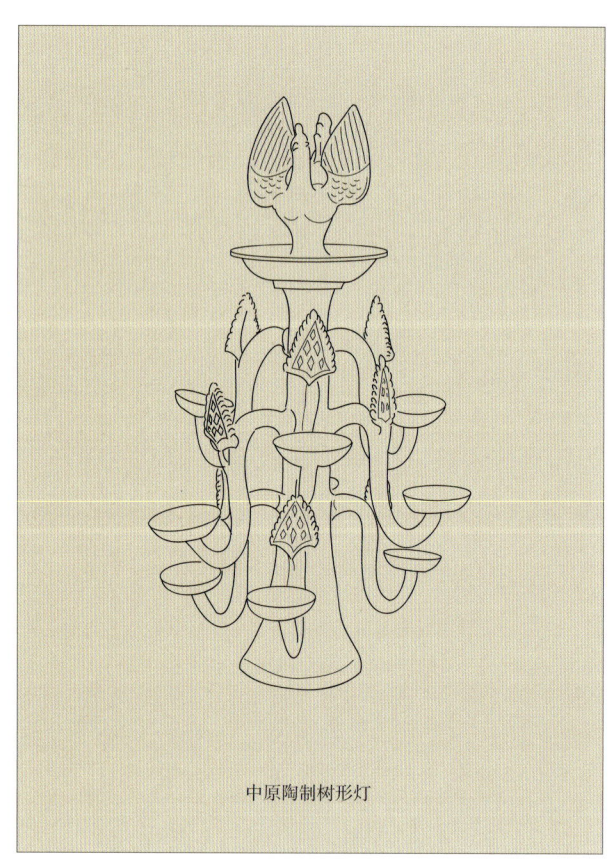

图六　汉广西壮族贵港扶桑树灯延展图

东汉广西壮族俑座陶灯

图一　东汉广西壮族俑座陶灯主图

　　俑座陶灯是以人形为灯座的陶制灯具,灯座人物双脚并拢,屈膝而坐,双手抚膝,裸体盘发,浓眉大眼,鼻梁高直,连鬓胡须,颈部短粗,形象颇为奇特,尤其是头上顶圆形灯盏一个,显示出其独特的灯具形制。本案例现藏于广西壮族自治区博物馆,1955年出土于广西贵港市高中工地 14 号汉墓。灯具通高 30 厘米，正面进深 19 厘米，灯盏直径 10.5 厘米。

考古成果显示，壮族原始陶出现的年代十分久远，早在九千多年前的甑皮岩人时壮族人就已懂得用精土制作夹砂陶器。到了秦汉时期，陶器品种就更多了，且产地遍布广西许多地方，如藤县、大新、那坡、龙州、平乐、桂林、容县，均有陶器出土。本案例属于红陶质，这表明它是在氧化氛围下烧制而成的。案例灯盏是用拉坯工艺成型，灯座则是用泥条盘筑法，即通过边盘边塑的方式来获得人物形象。灯盏与灯座均完成后，再将两者粘为一体，从而构成一个完整的灯具形态。由于本案例人物形象奇特，人们对此有不同看法，归纳起来有两种观点：一种观点认为，当时南海诸国及东非的奴隶被贩卖到岭南地区做家奴，这些家奴平日习惯于将器物顶在头上，于是主人就模拟他们的形象，在主人死后将这种俑灯也随之入葬，希望在阴间仍能得到这些家奴的伺候；另一种观点认为，灯座人物的身份是西域胡人，历史上贵港地理位置曾是中西文化交流融合区之一，因而出现胡人陶俑也是极其自然的事，20 世纪中期贵港地区陆续出土了一些汉代胡人陶俑就是一种间接证明。对上述两种观点，这里不展开讨论，因为它是一种复杂的社会现象，但有一点是很清楚的，即：两汉时期是灯具设计蓬勃发展时期，无论是以青铜为主的灯具设计还是陶质灯，造型、装饰、工艺及制作都达到了历史空前高度。例如，广西出土的陶质灯，除人物俑灯外，还有动物陶灯。这些现象说明，汉代陶俑具有很宽的设计思路及其创造。

图片来源
图一　孙林　摄影
图二至图六　许边疆　制图

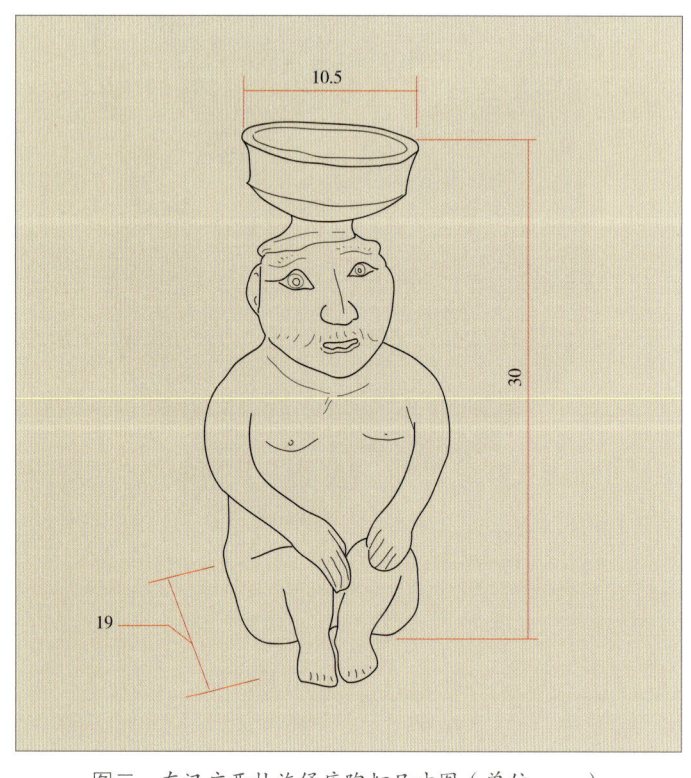

图二　东汉广西壮族俑座陶灯尺寸图（单位：cm）

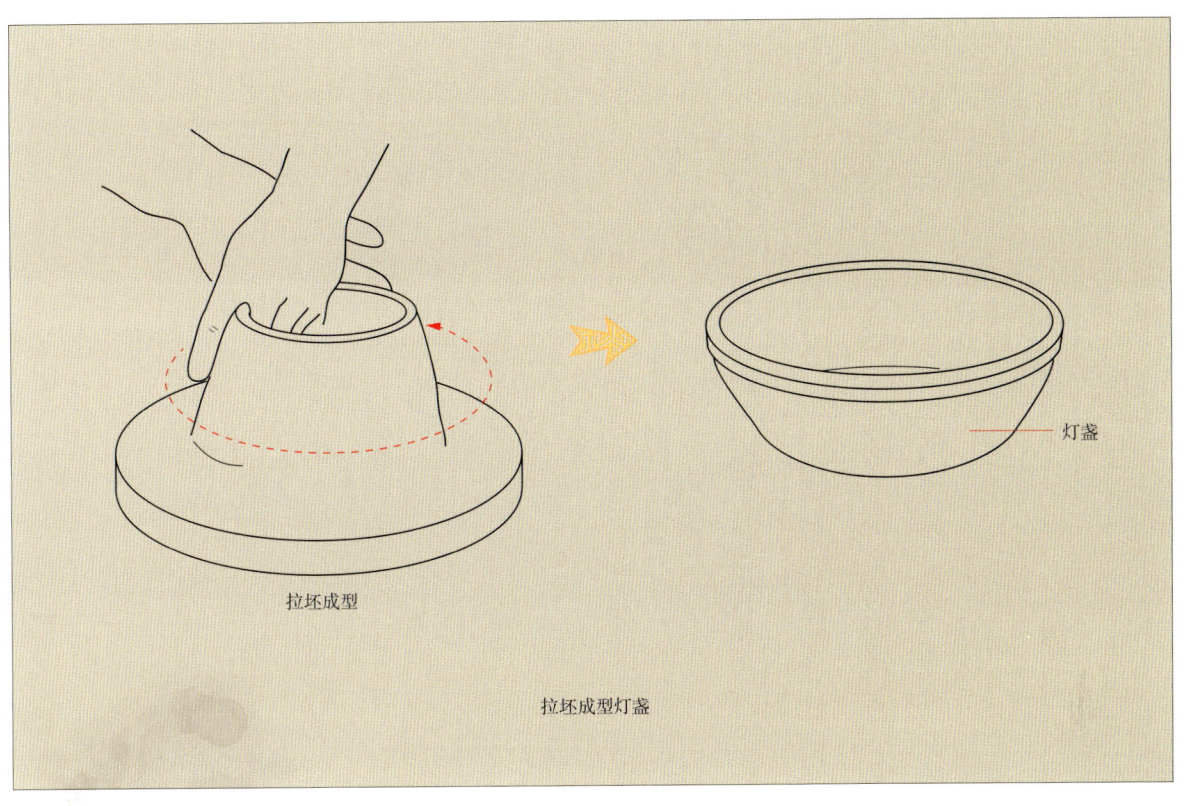

图三　东汉广西壮族俑座陶灯工艺图1

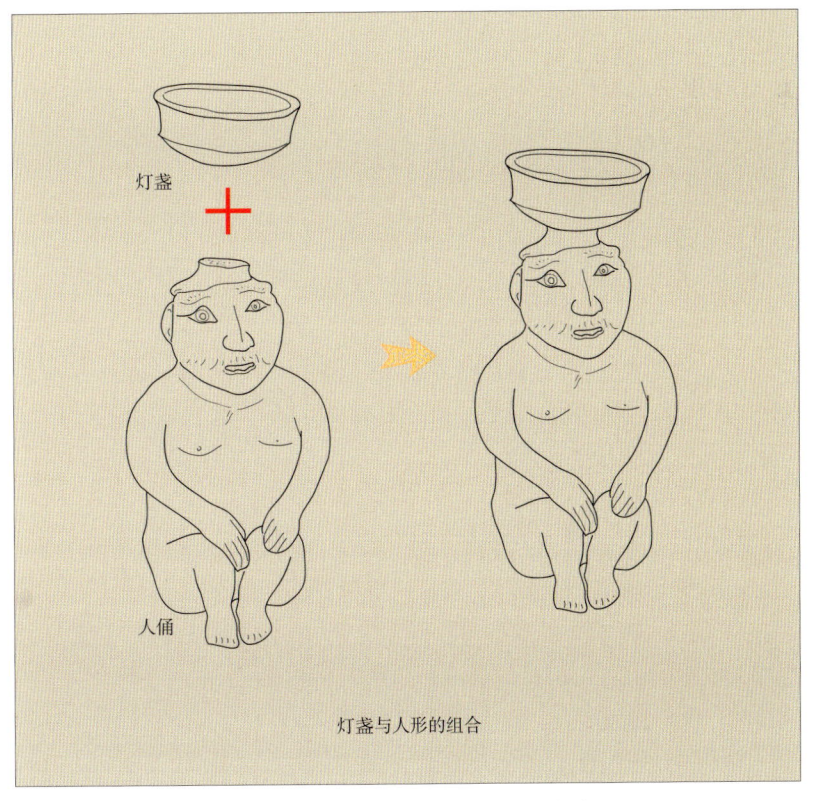

图四　东汉广西壮族俑座陶灯工艺图2

第四章　壮族传统生活用具

307

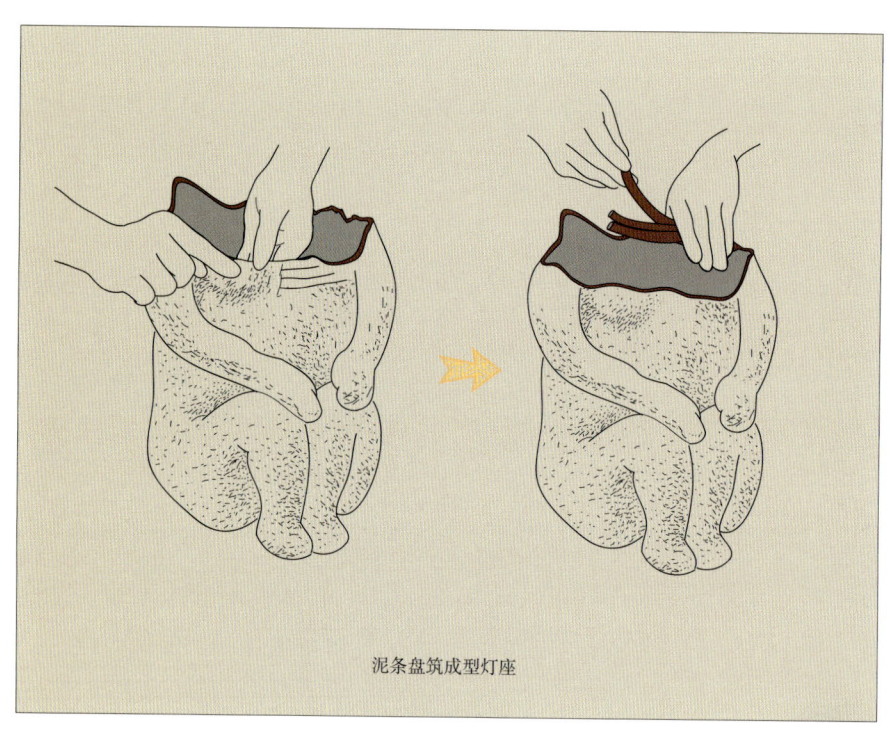

图五 东汉广西壮族俑座陶灯成型工艺图

图六 东汉广西壮族俑座陶灯对比图

广西壮族崇左竹梆

图一　广西壮族崇左竹梆主图

　　竹梆是一种通过击打而发声的响具,其用途很多。例如,在过去,人们可凭借竹梆敲击发声来召集村民聚会;夜间的更夫用敲击竹梆(或木梆)的方式向村民传递时间信息;乱世年代,竹梆是保家护寨的传声工具;和平时期,竹梆又是人们进行各种祭祀或娱乐活动的发声器。在壮乡,竹梆还有另一种用途,那就是将它悬挂在耕牛颈部,让其发出声响,这在一定程度上解决了放牛或耕地时所遇到的实际问题。本案例采自广西崇左壮族博物馆。

　　概括来看,案例结构由三部分组成:一是梆筒,二是木槌,三是吊绳。梆筒选用一节天然竹子制作而成,长约24厘米,直径9.5厘米,梆筒两端为封闭状,中部开一个长20厘米、宽4.5厘米的口,开口对应部位设固定金属纽5个,其中有两个在筒身端头的外部,另三个以等间距形式设在筒内,外部金属纽可拴结吊绳,内部纽则用来悬挂木槌。木槌是一字形排开,共计三个。从工作原理分析,案例是用绳索悬吊在牛的脖颈上,牛吃草或跑动时因运动而导致梆筒晃动,梆筒晃动时又将能量传递到木槌上,结果导致木槌击打筒身发出"笃,笃……"的响声,放牛人依据这种声音来判断牛所在的方向和位置，避免牛走失。

从设计学角度分析，本案例虽然是一件很普通的民间实用器物，但它有以下设计优点：一是巧妙地借用了竹子天然的内空结构；二是凭借简单的工具就能完成竹梆的成型加工；三是竹子唾手可得，价格低廉；四是竹梆具有稳定的结构，不易损毁。当然，案例也有不足之处，比如竹材无论振幅还是表面硬度，都不及金属大，在同等条件下，案例的发声自然也不及金属铃声大。

图片来源
图一、图四　孙林　摄影
图二、图三、图五、图六　许边疆　制图

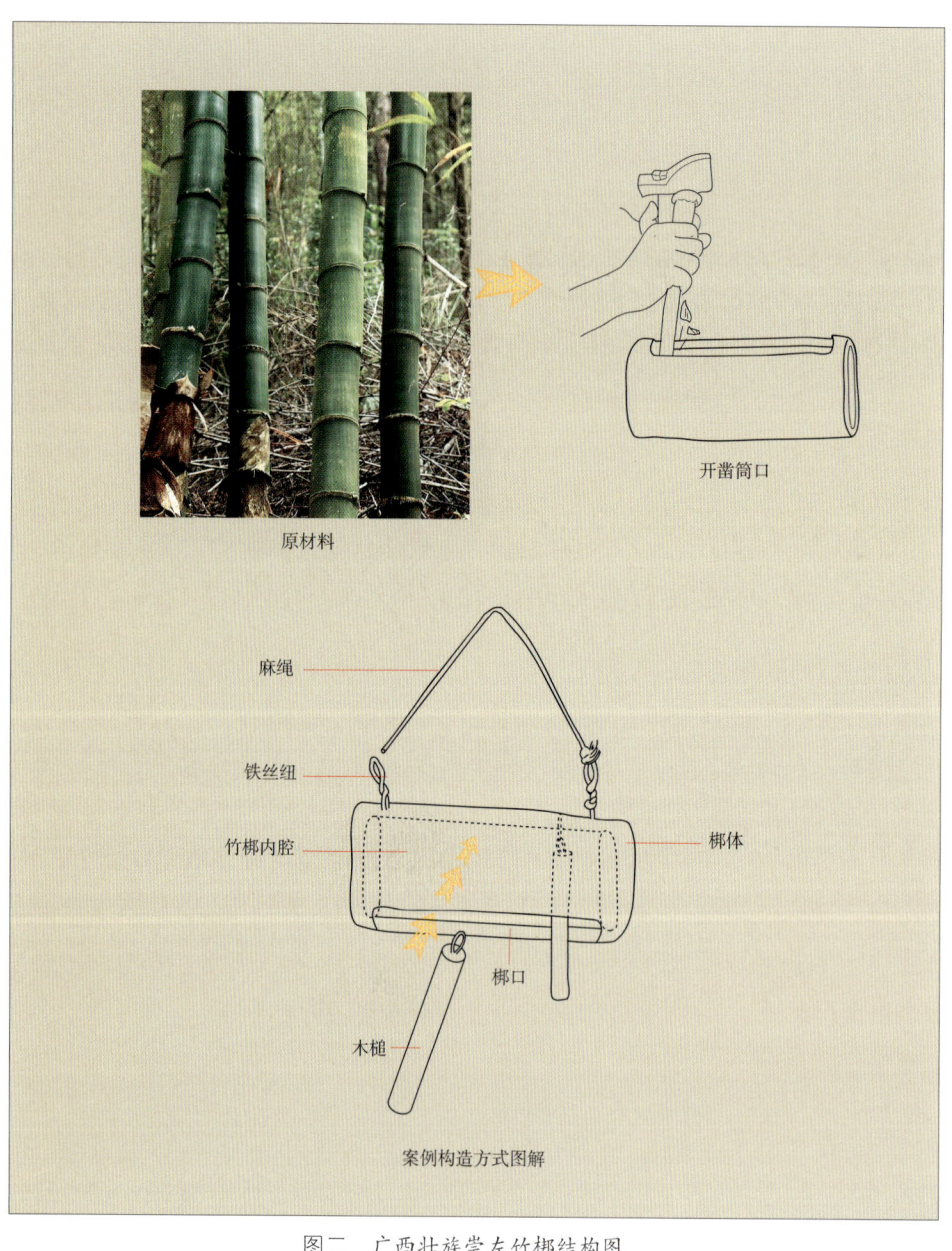

图二　广西壮族崇左竹梆结构图

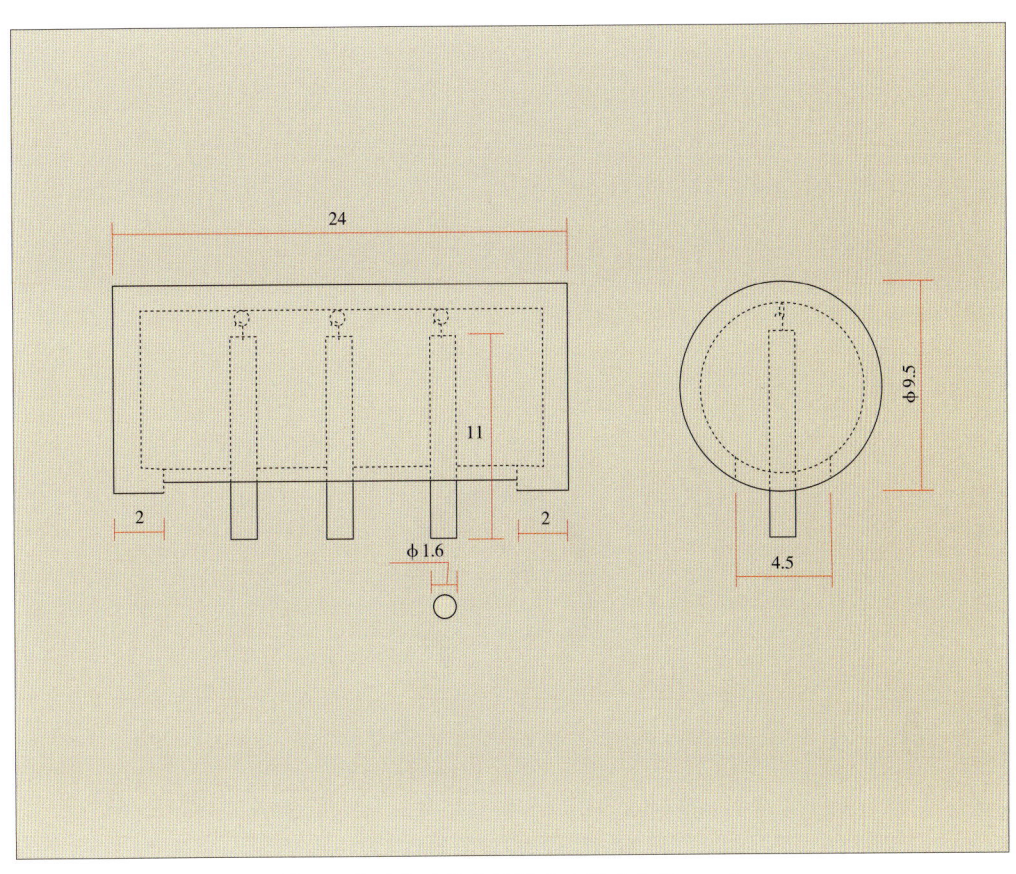

图三　广西壮族崇左竹梆尺寸图（单位：cm）

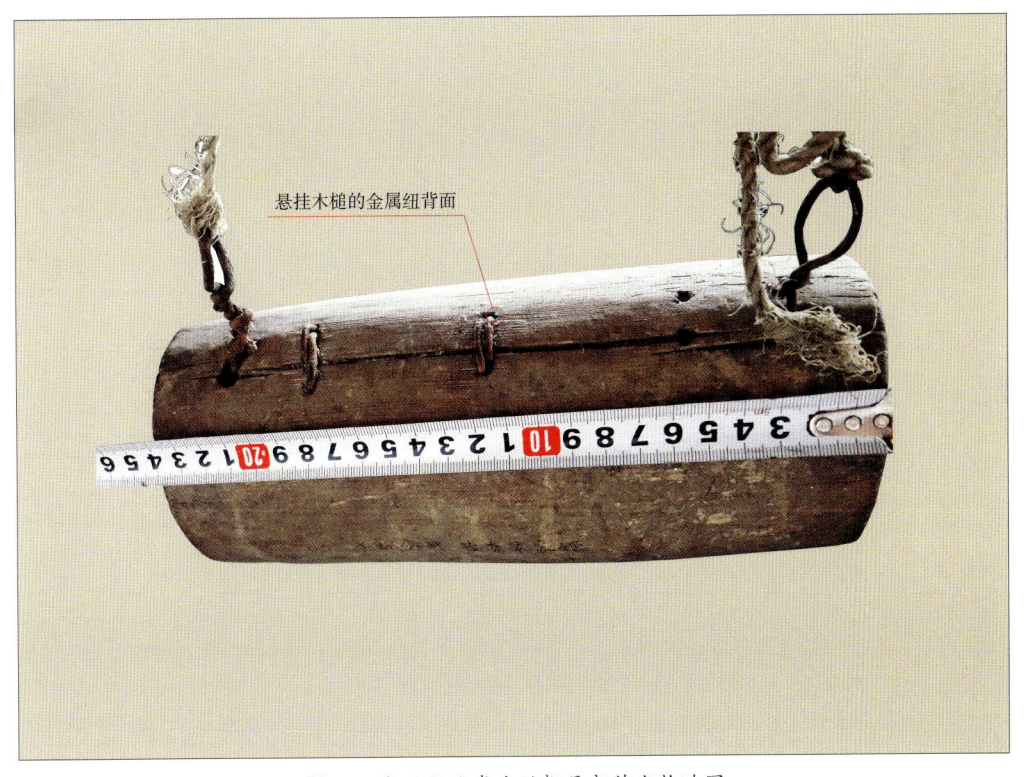

图四　广西壮族崇左竹梆局部节点构造图

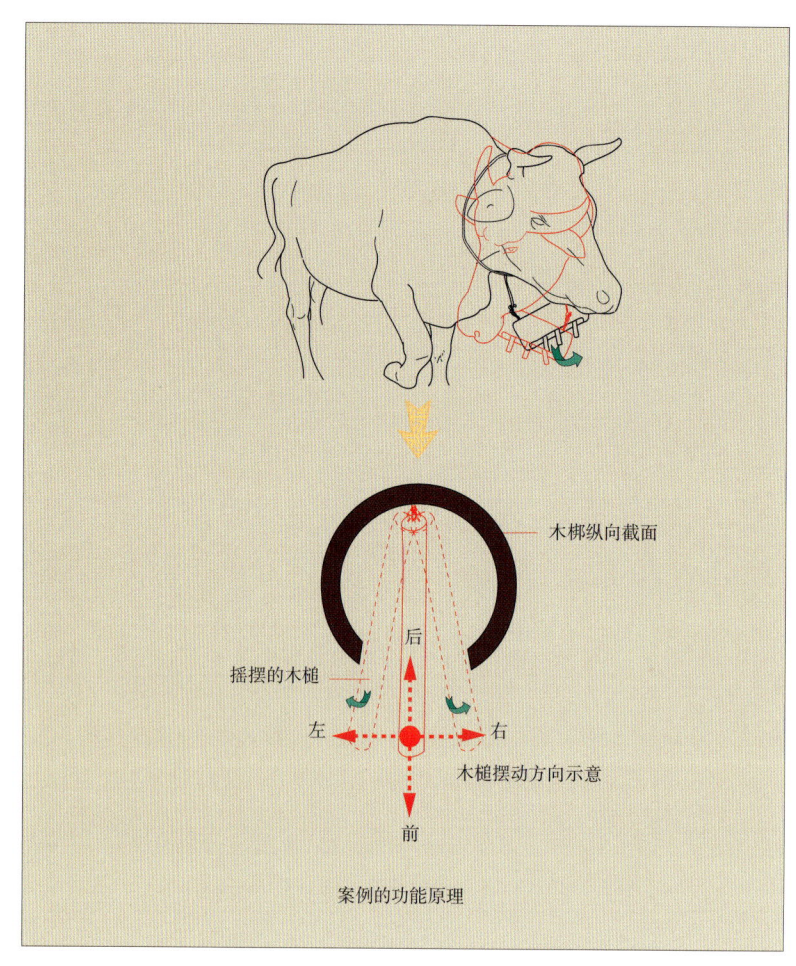

图五　广西壮族崇左竹梆设计分析图

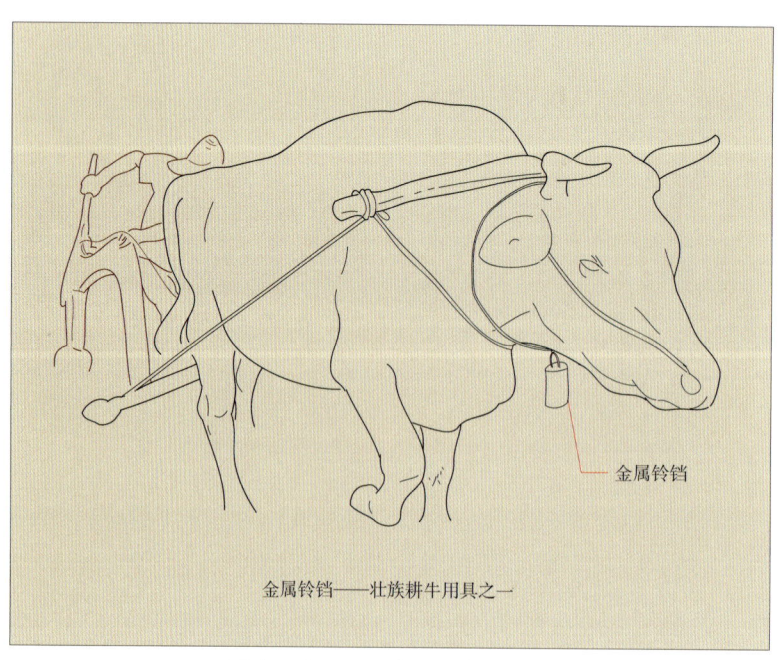

图六　广西壮族崇左竹梆延展图

广西壮族崇左摇篮

图一　广西壮族崇左摇篮主图

广西竹资源丰富，竹器手工业自然也发达，种类有生产工具、生活用具、娱乐器具、建筑构件等，品种繁多。本案例采自广西壮族崇左博物馆，为传统婴儿小睡床，俗称摇篮。经测量，案例口边沿长、宽分别为90厘米和60厘米，底部长、宽分别是65厘米和22厘米，深26厘米。

本案例上部口呈椭圆形，下部底座为长方形，上部空间大于下部。之所以要这样设计，一是椭圆形摇篮空间紧凑，形态圆滑；二是长方形篮底更方便婴儿睡觉；三是增大的开口便于大人抱取孩子。这里值得关注的是案例底部通透的空间设计及周边竹制圆管的排列，透过这些设计，我们能感悟到壮民的造物智慧。具体分析如下：首先，案例底部是用竹条编织而成的通透结构，这种结构利于空气的流通，显然对婴儿健康十分有益，并且也容易清洗案例底部的污垢。其次，为了避免冬季风对婴儿的侵袭，案例又配备了活的竹垫，结构密实的竹垫可随时放入摇篮底部，既起挡风作用，也能增强摇篮底部的支撑力度。三是如果在夏季使用，摇篮上部空隙能使空气有效地流通。四是摇篮上部每根竹条都套有竹管，活动的竹管加上有序的排列，不仅使案例整体形制富有变化，也为婴儿提供了安全的玩件——因为晃动的竹管会发出响声，给婴儿带来欢乐。同时，一排圆形的竹管也为大人晃动摇篮提供了把手。

本案例是为两岁以内婴儿提供休息的器具，使用方式多样，既可用于室内，也可用于室外；既可用于夏季，也可用于冬季；既可悬挂，也能放置在地面上。悬挂时，大人可从任何方向轻晃摇篮；用扁担肩挑时，可在野外行走。正因为案例有许多设计优点，壮族人目前仍在使用它。可以预见，这种使用灵活、价格低廉、材料环保又有生活情调的竹制器一定会延续下去。

图片来源

图一　许边疆　摄影
图二至图六　许边疆　制图

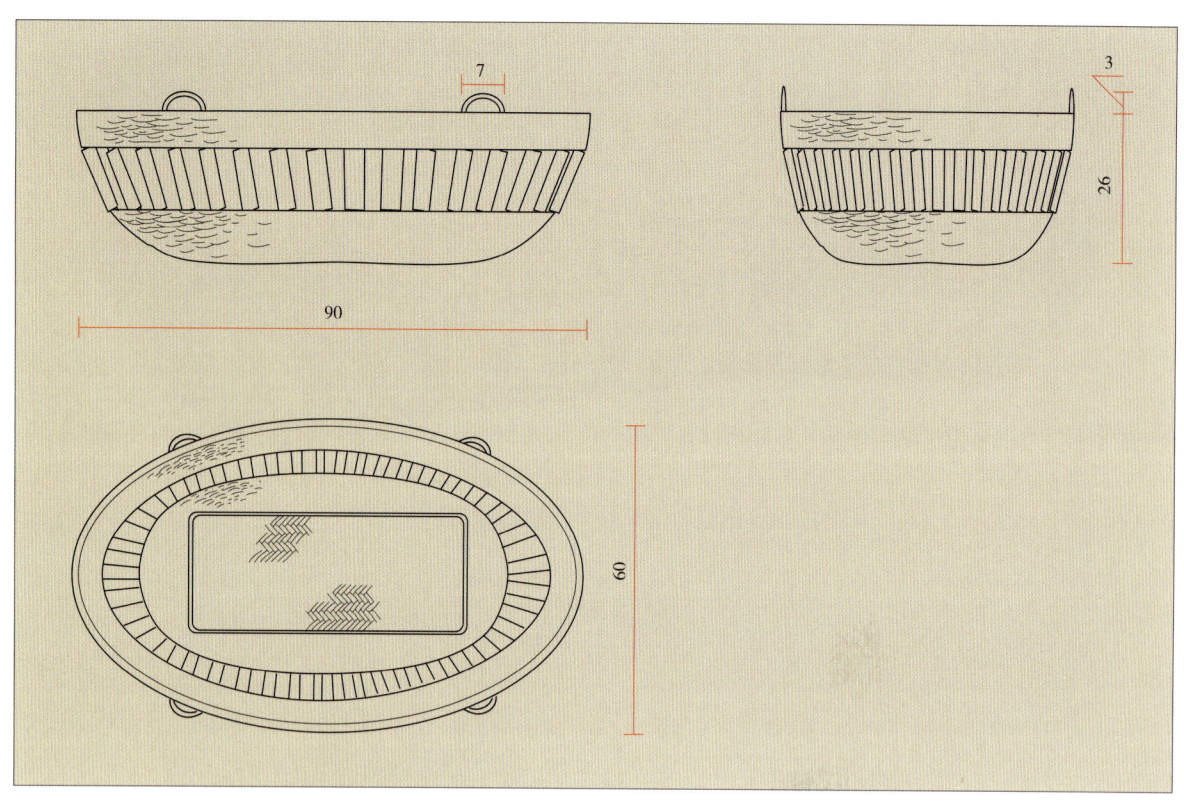

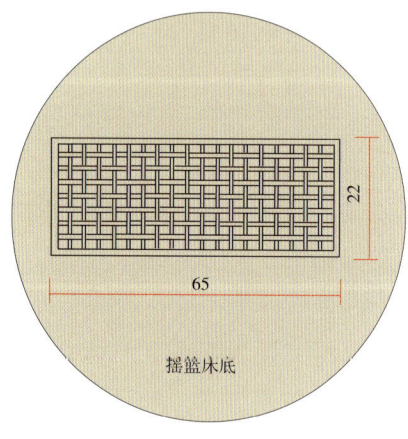

图二　广西壮族崇左摇篮尺寸图（单位：cm）

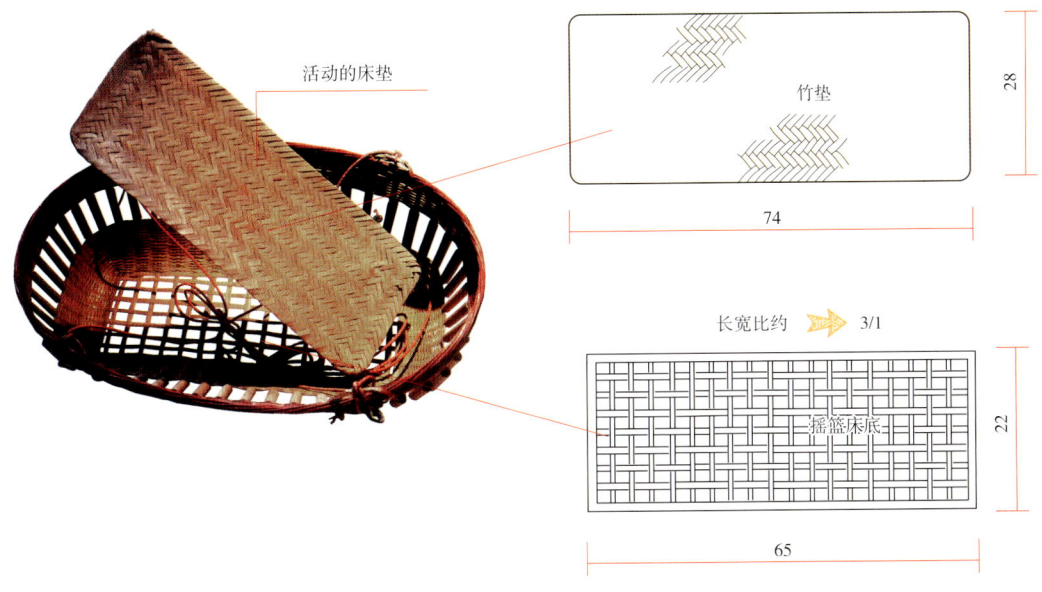

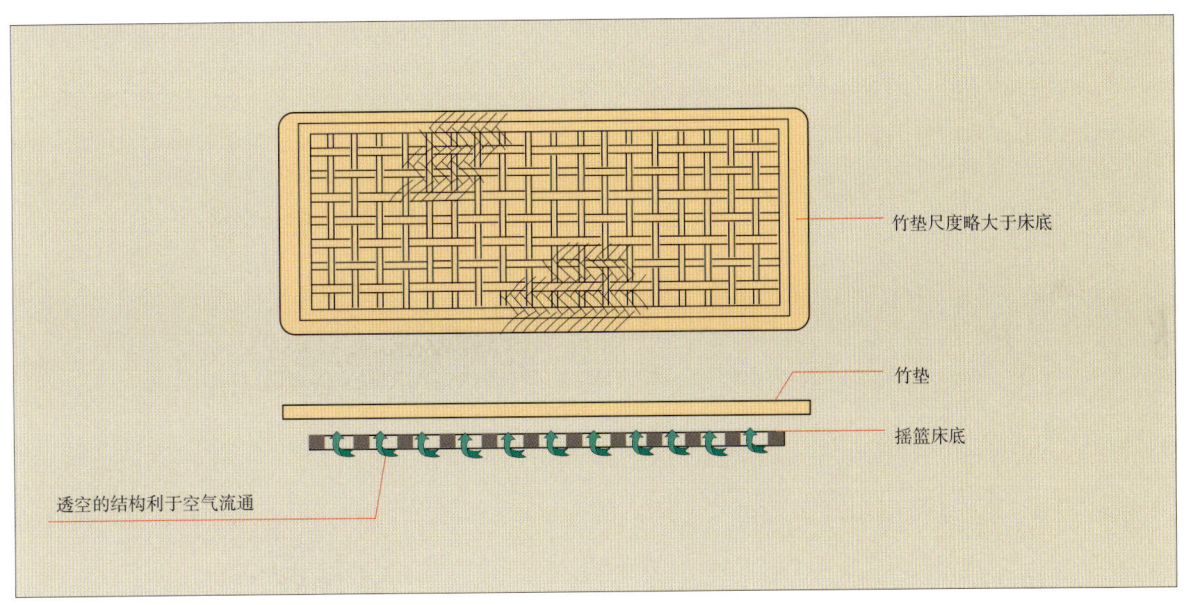

图三　广西壮族崇左摇篮结构分析图（单位：cm）

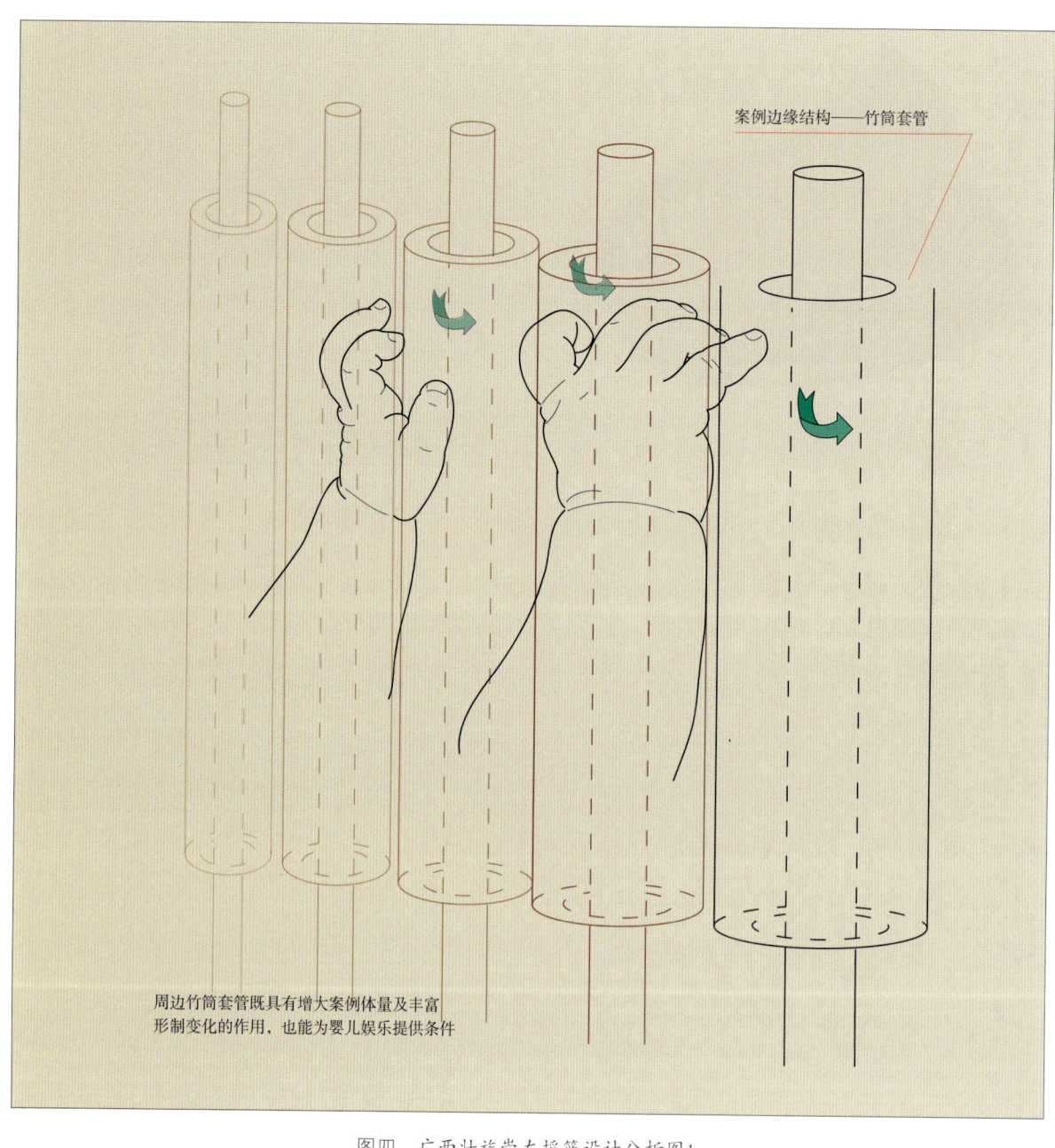

图四　广西壮族崇左摇篮设计分析图1

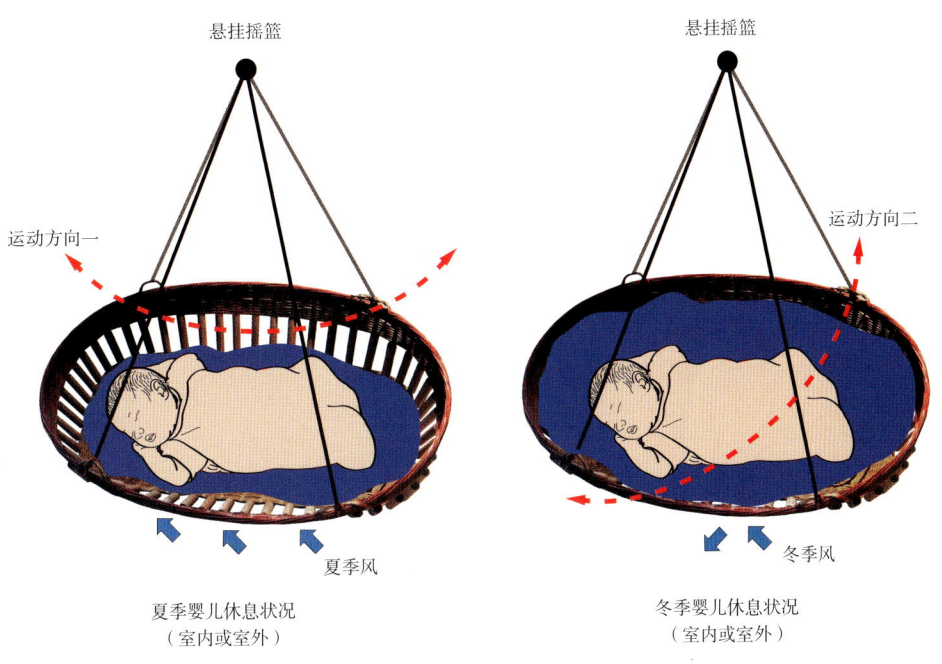

图五　广西壮族崇左摇篮设计分析图2

案例的另一功能

图六　广西壮族崇左摇篮设计分析图3

第四章　壮族传统生活用具

广西壮族学步车

图一 广西壮族学步车主图

学步车是一种辅助性工具,能为婴儿学走路提供帮助。本案例采自广西民族博物馆壮族器物陈列厅,由扶手、扶手架、转动轴、传动棒、前轮与后轮、固定轴杆、车身架、摆杆、击打棒、响窝等组成,所有构件皆用木料制成。经测量,车身长53厘米,宽25厘米;后轮直径12厘米,前轮直径8厘米;扶手高43厘米,长34厘米。

从身体发育规律看,婴儿十二个月前后便开始学习走路,是故,本案例使用对象应该是十二至三十六个月之间的孩子,这一年龄段的孩子除了学步要求外,还有娱乐需求。换言之,为孩子设计的学步车既要有实用性,也要兼备娱乐功能,二者需统一,本案例即属于此类器具。从结构上看,案例设有一对发声机关,当孩子推动车身时,轮子的转动带动了传动棒的旋转,接着传动棒又作用于摆杆,使摆杆翘起,一旦传动棒施力解除,摆杆前端的击打棒就会落在响窝里发出声响。有趣的是,这种声响因两组响窝的存在,听起来既有规律又有节奏感，从而能引发孩子的玩耍兴趣，这样孩子就会在玩乐中不知不觉练习走路了。

作为学步车，本案例有以下几个特点：一是案例的扶手高度及宽度皆适宜孩童的生理特点；二是孩童必须以站立的方式使用学步车，能避免现代学步车孩子踮脚走路习惯的养成；三是可起到眼、手、足协调发展的作用，利于孩子学站、练走，能促进孩子身体健康成长；四是具有娱乐功能；五是通体用天然材料制成。当然，本案例也有不足之处，比如孩童摔倒时，身体有可能触及扶手，这对年龄不足两岁的孩子而言，存在一定风险。

然而，世上无完美器具，就像当代婴儿学步车，尽管它能将婴儿限制于其内，并有滑轮让婴儿自由地滑行，但一些研究者也指出，由于婴儿常用脚尖触地滑行，很容易导致足关节变形，如果长期使用这种学步车，会让婴儿失去大运动的机会。归纳来看，大运动锻炼包括爬、站立、弯腰、行走，这些运动能增强婴儿身体各部位活动的协调性，从这个角度说，本案例仍有开发潜力。

图片来源
图一　孙林　摄影
图二至图五　许边疆　制图

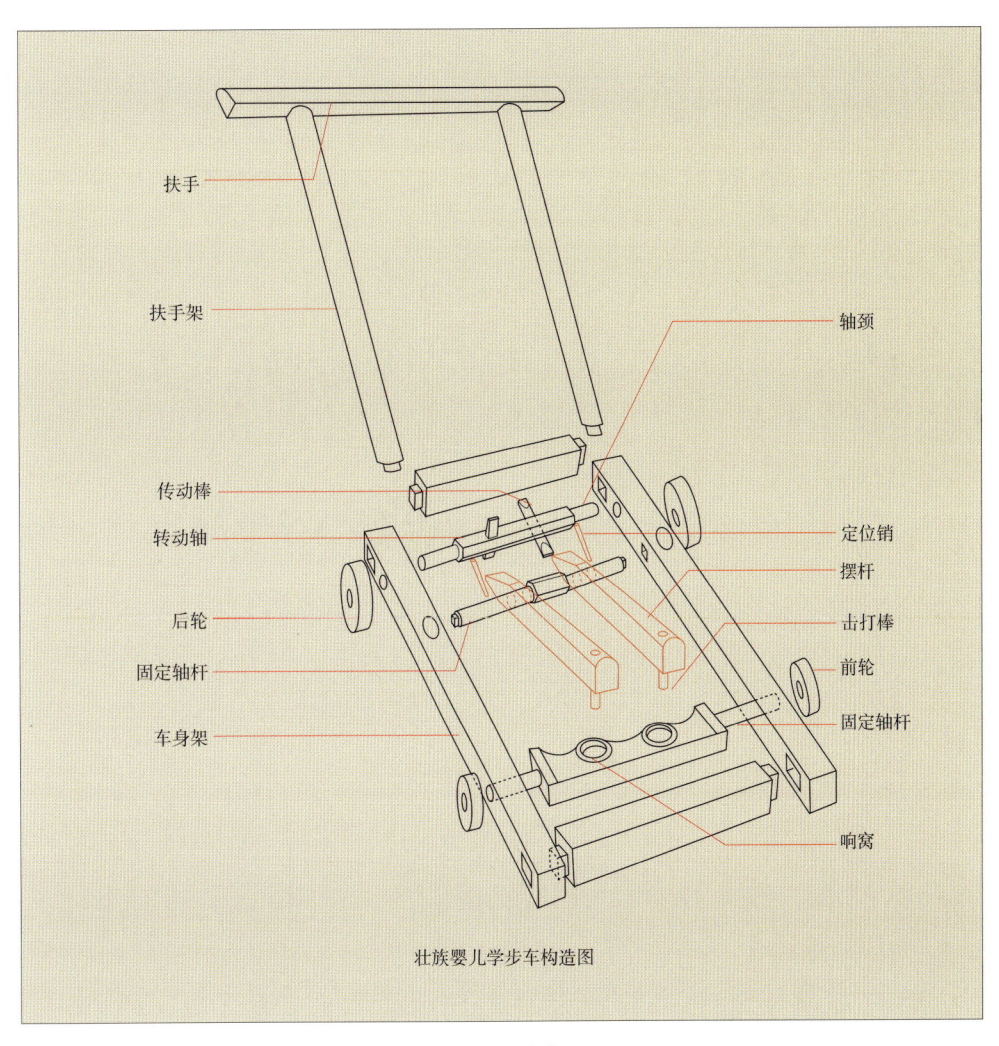

壮族婴儿学步车构造图

图二　广西壮族学步车结构图

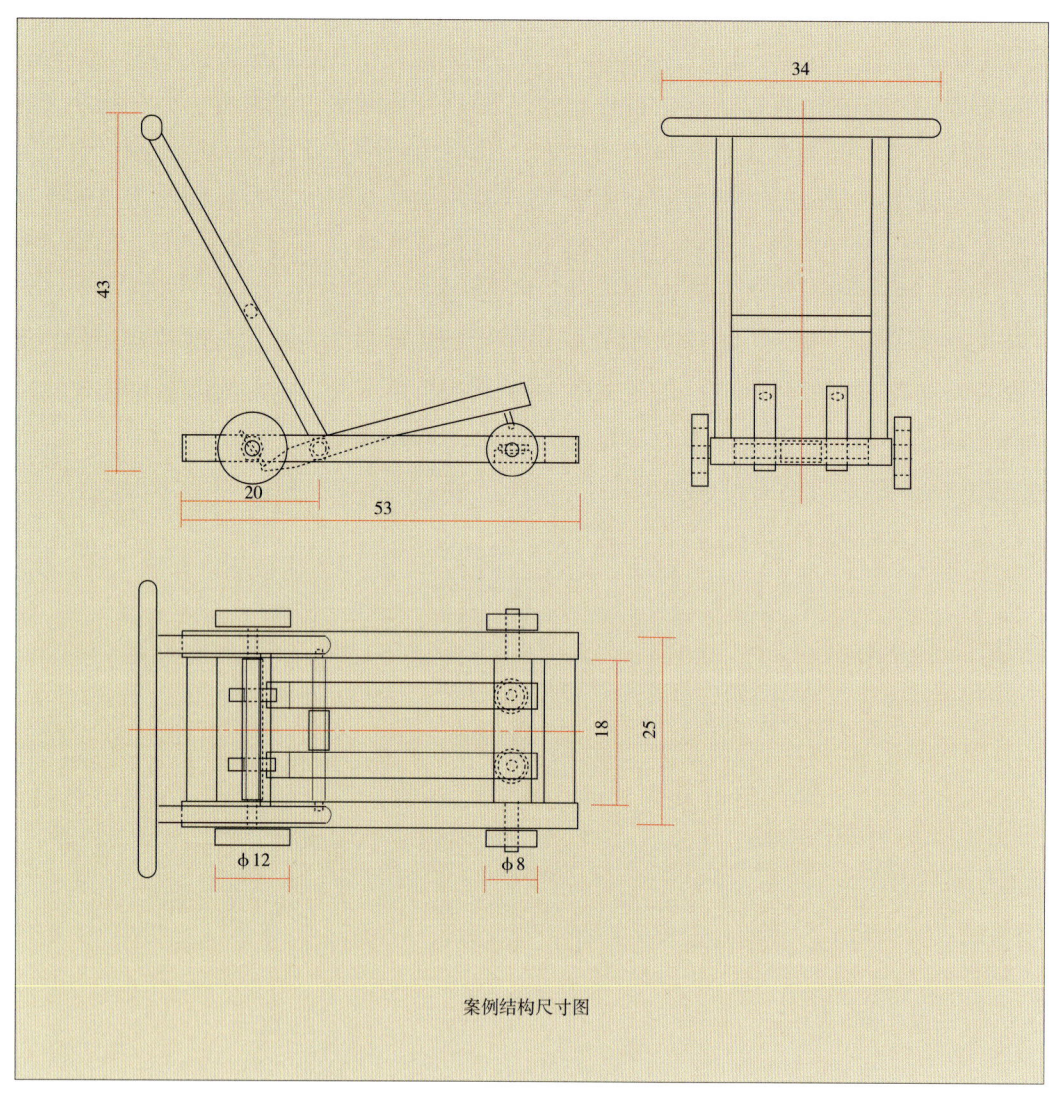

案例结构尺寸图

图三 广西壮族学步车尺寸图(单位:cm)

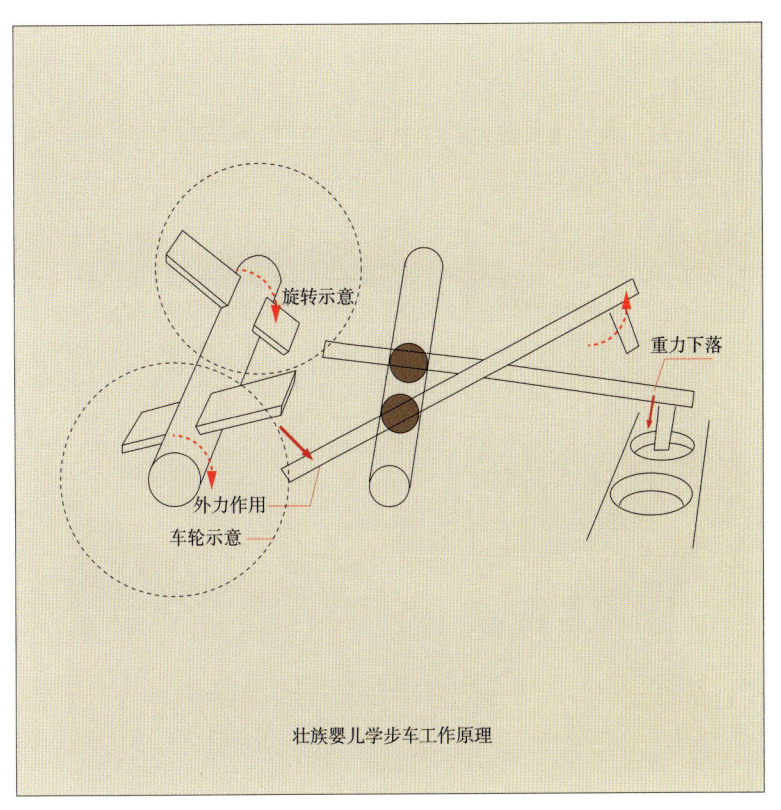

图四　广西壮族学步车设计分析图

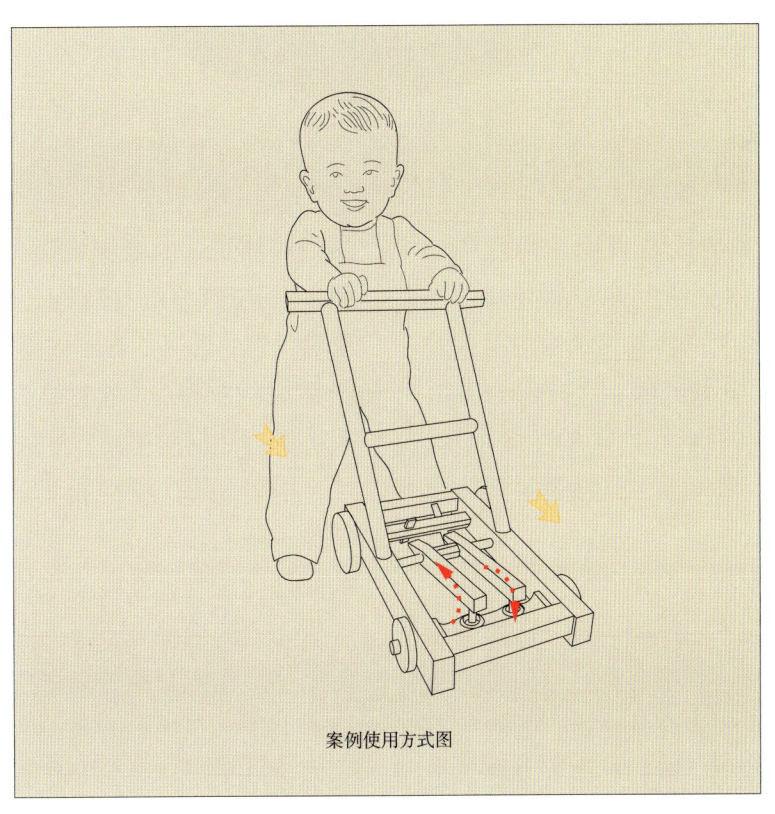

图五　广西壮族学步车功能图

广西壮族靖西夹砂陶炉灶

图一 广西壮族靖西夹砂陶炉灶主图

靖西壮族陶制炉灶是当地一种传统灶具，以木炭为燃料，当地人曾普遍使用。本案例采自靖西壮族生态博物馆，由炉身、炉膛、气孔、燃料入口、燃烧室、贮灰室等组成。经测量，案例高14厘米，炉身直径18厘米，燃料口长9厘米、高6厘米。案例材料为当地夹砂陶，不施釉。

从设计学角度看，本案例有以下特点：一是形制近于圆筒，内部用炉箅分出燃烧室和贮灰室两个空间，其中燃烧室空间是贮灰室的两倍，以利于木炭充分燃烧；贮灰室不仅能起到排灰的作用，也存在空气交换，是提高热效能的重要条件之一；二是案例既可从炉门加炭，也能从炉膛上部加炭，灵活方便；三是较密封的底部（仅几个气孔）利于炉膛保温；四是炉灶形体不大，可灵活搬动。案例不足之处是炉膛过小，提供热能有限，只能做生活辅助用具，比如煲汤或熬制中药。

本案例生产流程如下：取泥和碎石→原料加工→制坯→阴干→挖陶窑→入窑烧制，前面部分流程已在陶壶案例提及，这里仅就未做介绍的后部流程做一介绍。当地夹砂陶所用窑炉实际是原始的半穴式露天窑，即在坡地上挖一个4平方米左右的椭圆形坑，坑深不过半米，坑上架一排直径3厘米左右的木条，南部开一个火口，然后将器坯叠放在横木上，一次20至30件不等，器坯裸露，接下来便是烧制。靖西夹砂陶烧制工艺可分为两个阶段，第一阶段用阴火，第二阶段用阳火。所谓阴火，是指杂草放进火坑内缓慢烘烧，火势不可太旺，否则会使器坯爆裂。每烧完一把草需停一会儿，这样持续约4小时，其间要做几次排气，即用草在器物表面明烧约2分钟，作用是补加火候，让器坯受热均匀。此后是阳烧。所谓阳烧，是将草盖在器坯上直接点火明烧，其过程是不断地加草，大约1小时后陶器就可烧成。该阶段如果控制时间能得到不同色泽的陶器，时间长陶器呈灰白色，时间短则显铁红色。

靖西传统制陶业是以家庭作坊形式存在的，现在受工业产品冲击很大，不过像案例这样的产品仍在生产。这说明，任何材料（如夹砂陶）都有其长处和短处，只要找到问题的关键点，就能制出不乏特色的产品来，且拥有一定市场。

图片来源
图一　孙林　摄影
图二至图四　许边疆　制图
图五、图六　靖西壮族博物馆提供

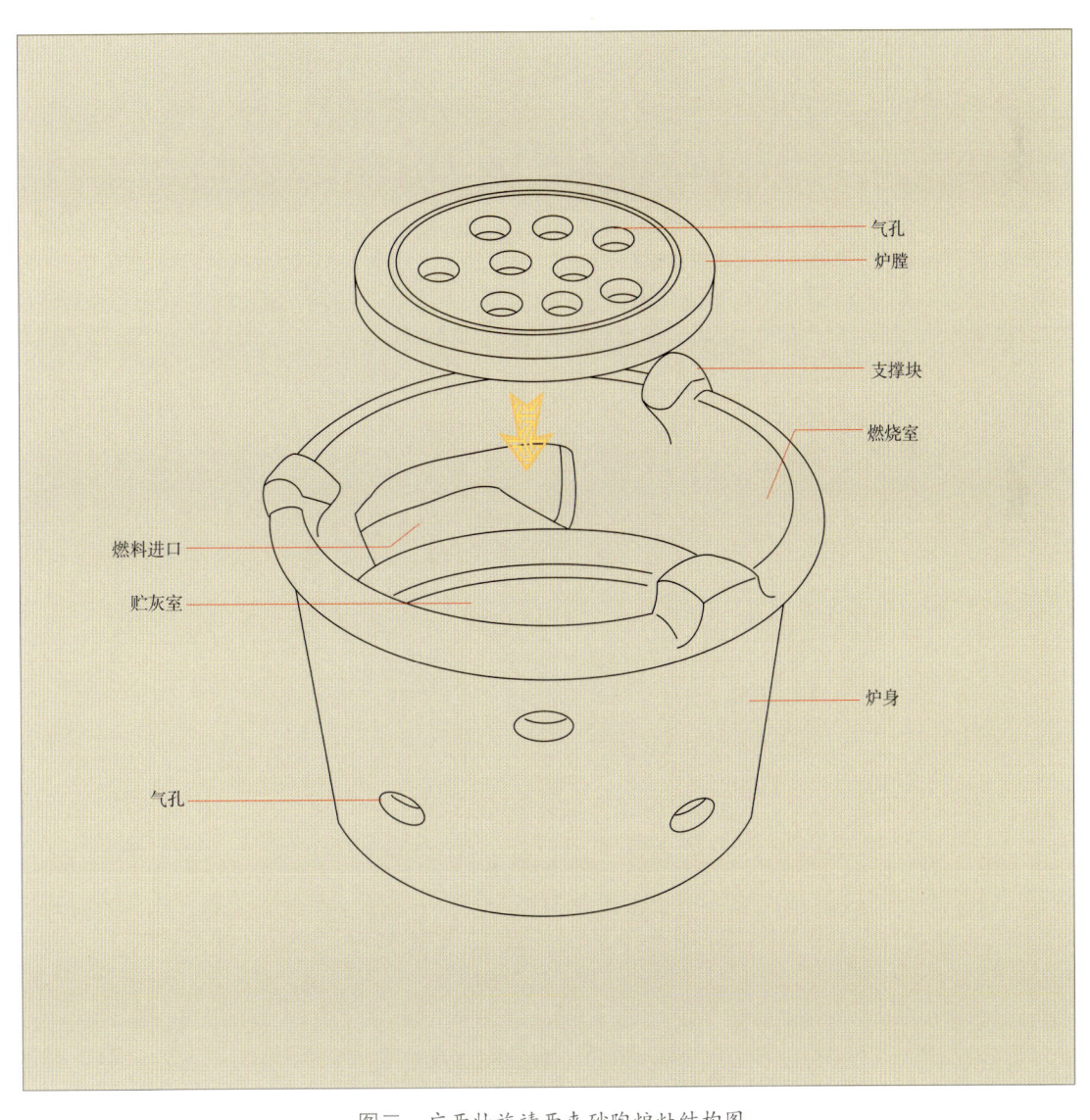

图二　广西壮族靖西夹砂陶炉灶结构图

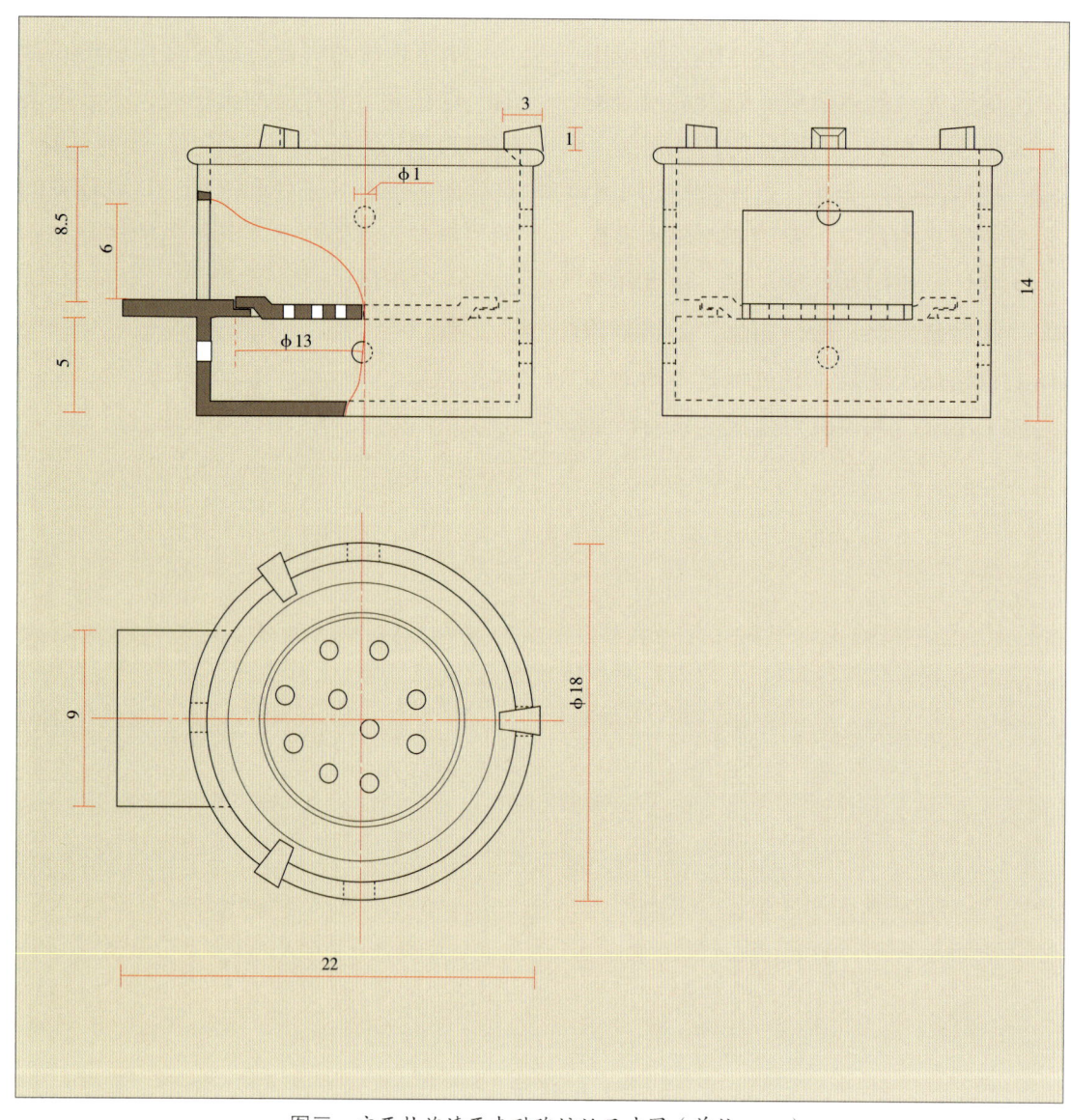

图三 广西壮族靖西夹砂陶炉灶尺寸图（单位：cm）

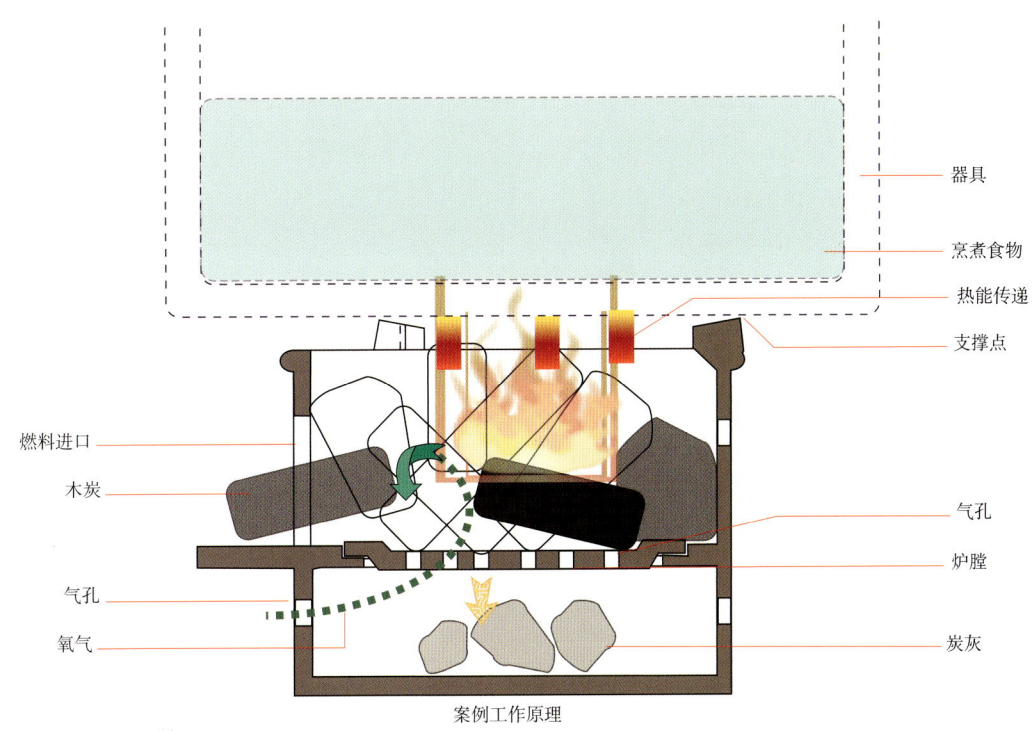

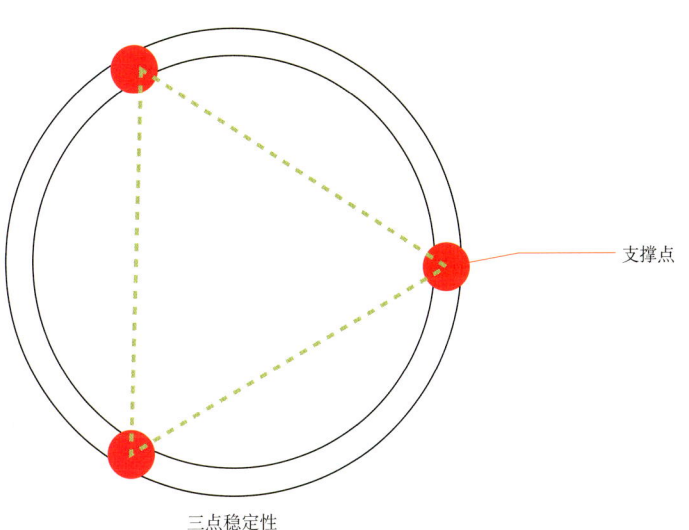

图四 广西壮族靖西夹砂陶炉灶设计分析图1

图五　广西壮族靖西夹砂陶炉灶工艺图1

图六　广西壮族靖西夹砂陶炉灶工艺图2

广西壮族靖西洗子陶盆

图一 广西壮族靖西洗子陶盆主图

洗子陶盆是给刚出生婴儿洗澡用的一种陶制器具，该案例采自广西靖西壮族博物馆。从器形上看，案例前半部分为一盆形，后半部分则如传统雕花椅，尤其是后部的镂空盆栏，更似雕花椅背。本案例功能区设在前部，该区可用来盛水，方便婴儿洗身。经测量，案例长28厘米，宽23厘米，高19厘米，其中盆高11厘米。案例通体用陶烧制而成，外表施黑釉。

概括来看，案例由盛水槽、泄水槽、盆栏、盆身、盆足、泄水口等组成，其中，后槽为封闭式水槽，顶部设泄水口，背部有镂空花形，该花形主要是为满足烧成工艺而设（内外气压平衡），同时也有一定的装饰性。本案例水平截面为八边形，四长四短，形如长方形截去四角。在过去，壮族是农耕民族，人口需求较大，为了家庭和家族利益，人们特别重视生育，也常以"具有生儿育女福相"之语夸奖女子。从壮族分娩礼仪看，孕妇生产一般要由接生婆帮助完成，丈夫不可入内。孩子（壮族称"勒惹"）生下后，接生婆先将脐带和胎衣用稻草或芭蕉叶包好（以备野外深埋），然后再将橘子叶、黄皮叶熬成的温水倒入洗子盆里，一手托着婴儿，一手用布蘸着盆里的水擦洗婴儿身体，待将婴儿身体洗净后，就用一块新白布将孩子包好，送到产妇身边，此时孩子父亲才可进入产房。如果生的是男孩，就向外婆家送一只公鸡报喜；如果是女孩，则送一只母鸡来报喜。外婆闻讯后，会很快拿着猪肉、活鸡、鸡蛋等礼品亲自送到产妇家，壮族人称之为"送月粥"。

从中医学角度分析，橘子叶熬成的水具有"消肿散毒"的作用，而黄皮叶熬出的水则有"解秽恶，消风肿，治疥癞，去热散毒"之功效（注：《岭南采药录》里有记载）。显而易见，本案例的主要功能是为新生儿的身体解秽除垢。另外，本案例形制也具有中国传统器具常见的一般属性，即在满足使用功能的同时，往往赋予它一些象征意义。例如，本案例中的镂空盆栏是由寿星、童子、松树、祥云、寿龟、钱币等纹饰构成，而盆

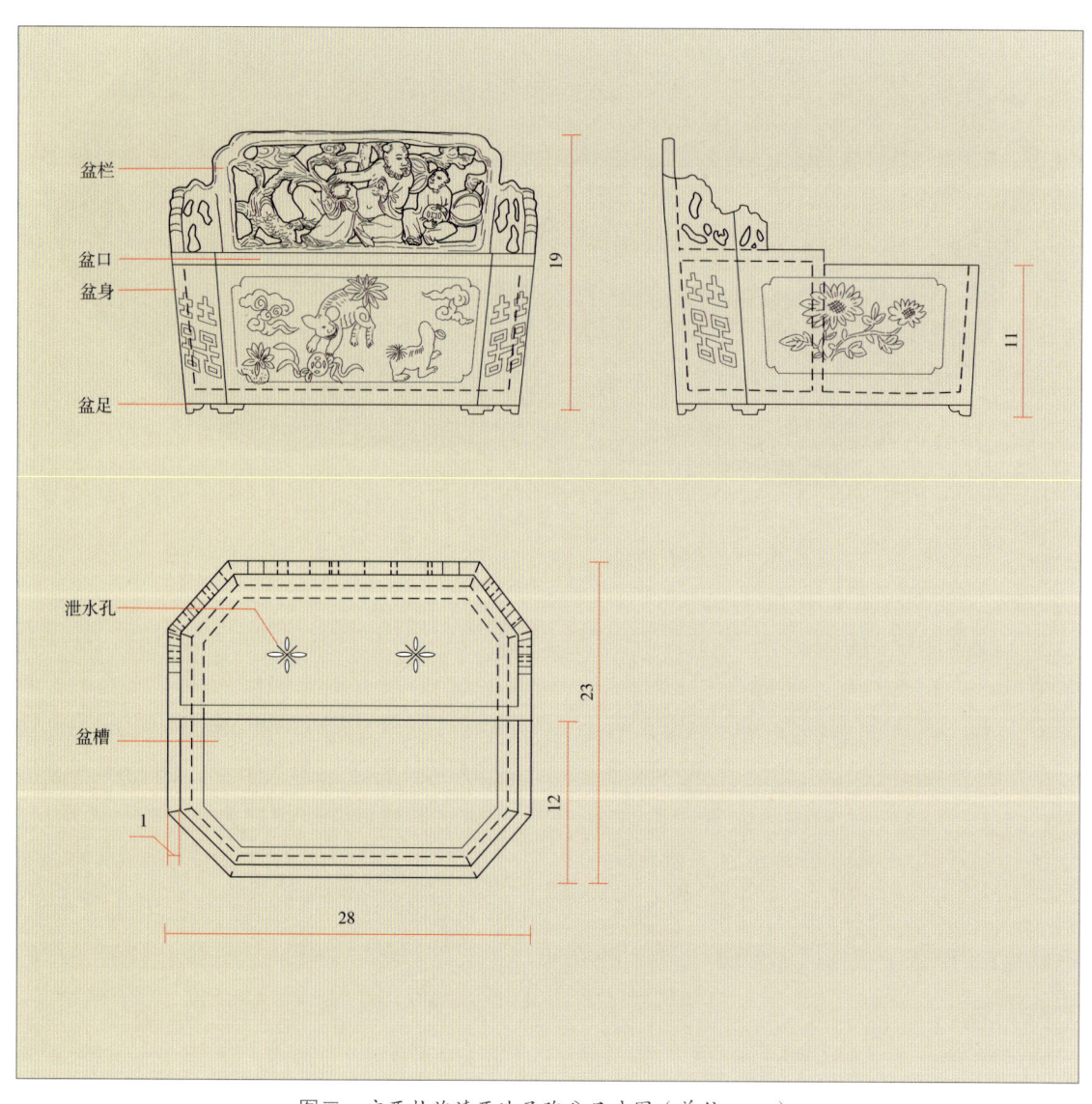

图二　广西壮族靖西洗子陶盆尺寸图（单位：cm）

的侧面则有菊花、葫芦、双喜、虎、虎崽、祥云、绣球等纹样，是壮族人十分熟悉的内容，这些形象皆有祝福的寓意，希望孩子能健康成长。不仅如此，本案例还巧妙地将功能性结构与某种寓意结合起来，使器形内涵更丰富，比如将后半部形体做成雕花椅状，椅面之下是回收洗婴水的空间，这样设计不仅能将干净水与脏水分开，而且通过"椅靠"与"依靠"之谐音，祝福孩子健康无忧，幸福长寿。

本案例虽是一件民间传统实用器具，但案例所蕴藏的设计思想仍值得我们借鉴。具体来说，设计师在设计工业化产品的时候，不妨借鉴一下寓意于物的设计方法，或许这是解决现代工业产品冷漠面孔的有效途径之一。

图片来源
图一　孙林　摄影
图二至图五　许边疆　制图

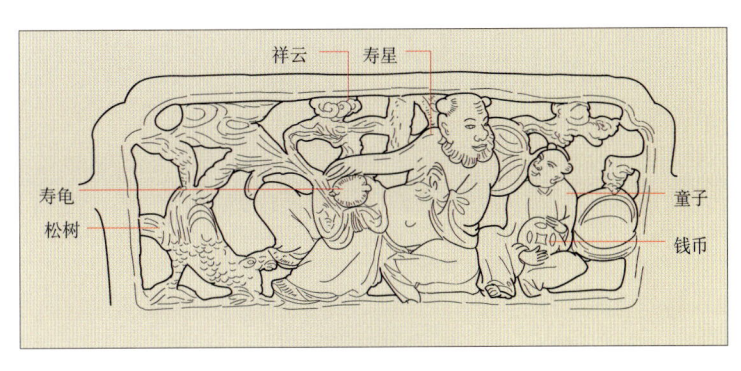

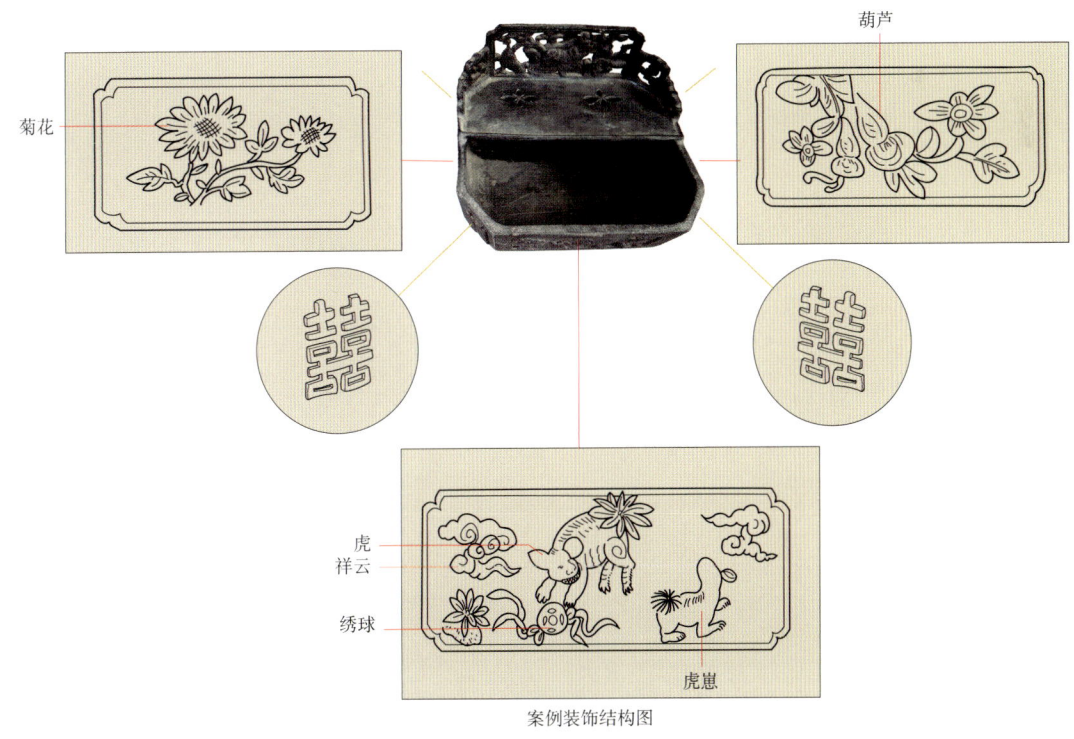

案例装饰结构图

图三　广西壮族靖西洗子陶盆装饰图

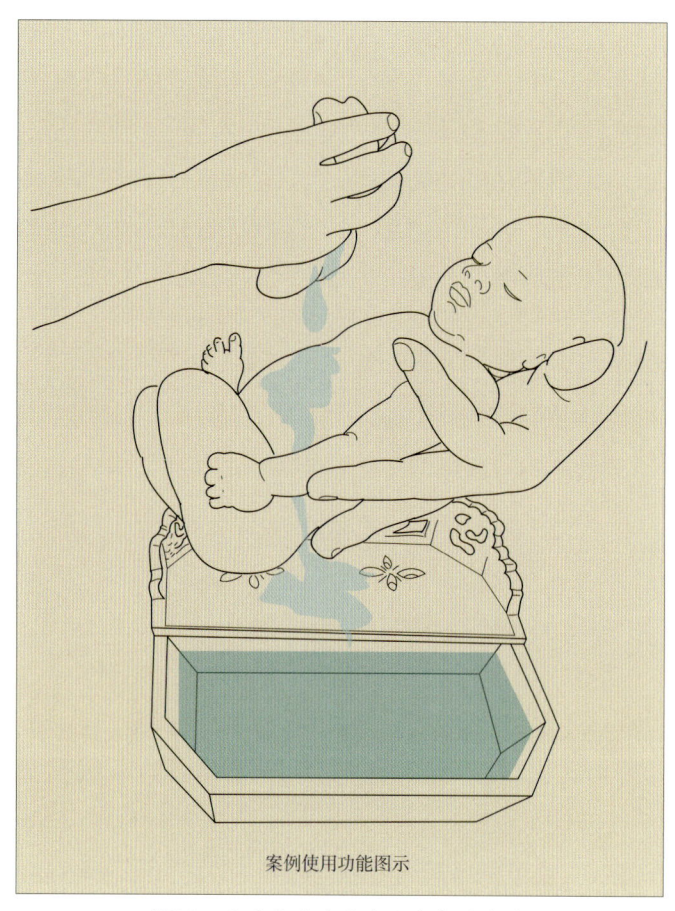

图四　广西壮族靖西洗子陶盆功能图

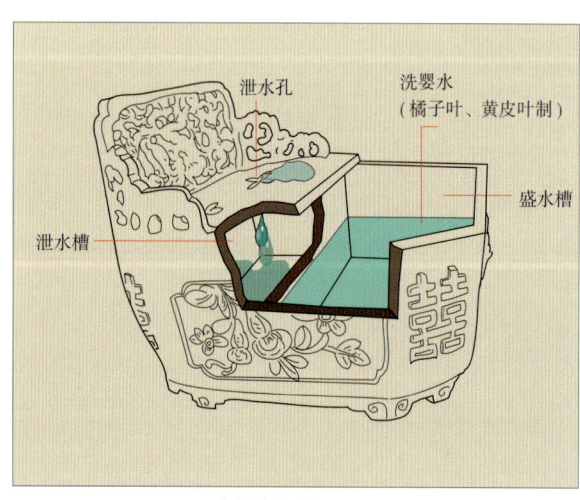

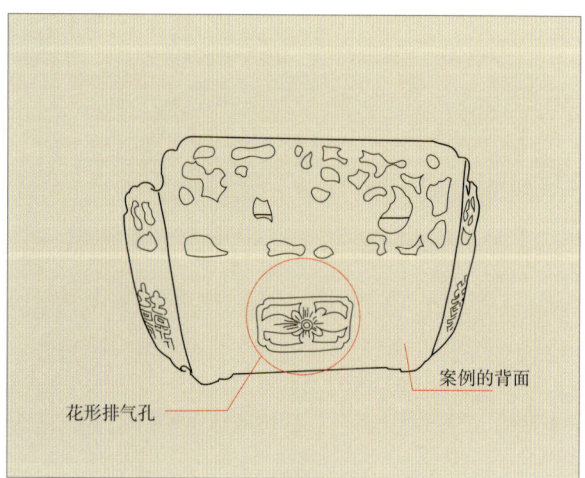

图五　广西壮族靖西洗子陶盆结构图

广西壮族靖西油灯

图一 广西壮族靖西油灯主图

油灯是民间日常生活照明器具。本案例采自广西靖西壮族博物馆，案例通高19.5厘米，灯盏高约3厘米，灯座足径10厘米，承盘口的口径为13厘米。该灯是用陶泥成型，外表施以墨绿铅釉。

本案例由灯盏、灯柱和承盘三部分组成，

因灯盏形如碗状，因而又称之为灯碗。灯盏是存储燃油和插放灯芯的，灯柱可供人手握持，承盘则是稳定上部构件的基座。案例通体无多余成分，形体显得简洁而质朴。从成型方式看，灯盏与灯柱是用拉坯工艺一次成型的，而承盘则是拉坯工艺之后再成型，最后再将两个坯体组合成一体，完成案例的全部成型。这里要提及的是，灯盏中部留有一个直径约0.7厘米的贯通孔，该孔洞不仅能保证烧成时灯柱中气体的顺利排出（避免灯柱爆裂），而且也为灯芯留下了插孔。本案例使用方式是：先将灯芯插入灯盏孔洞里，

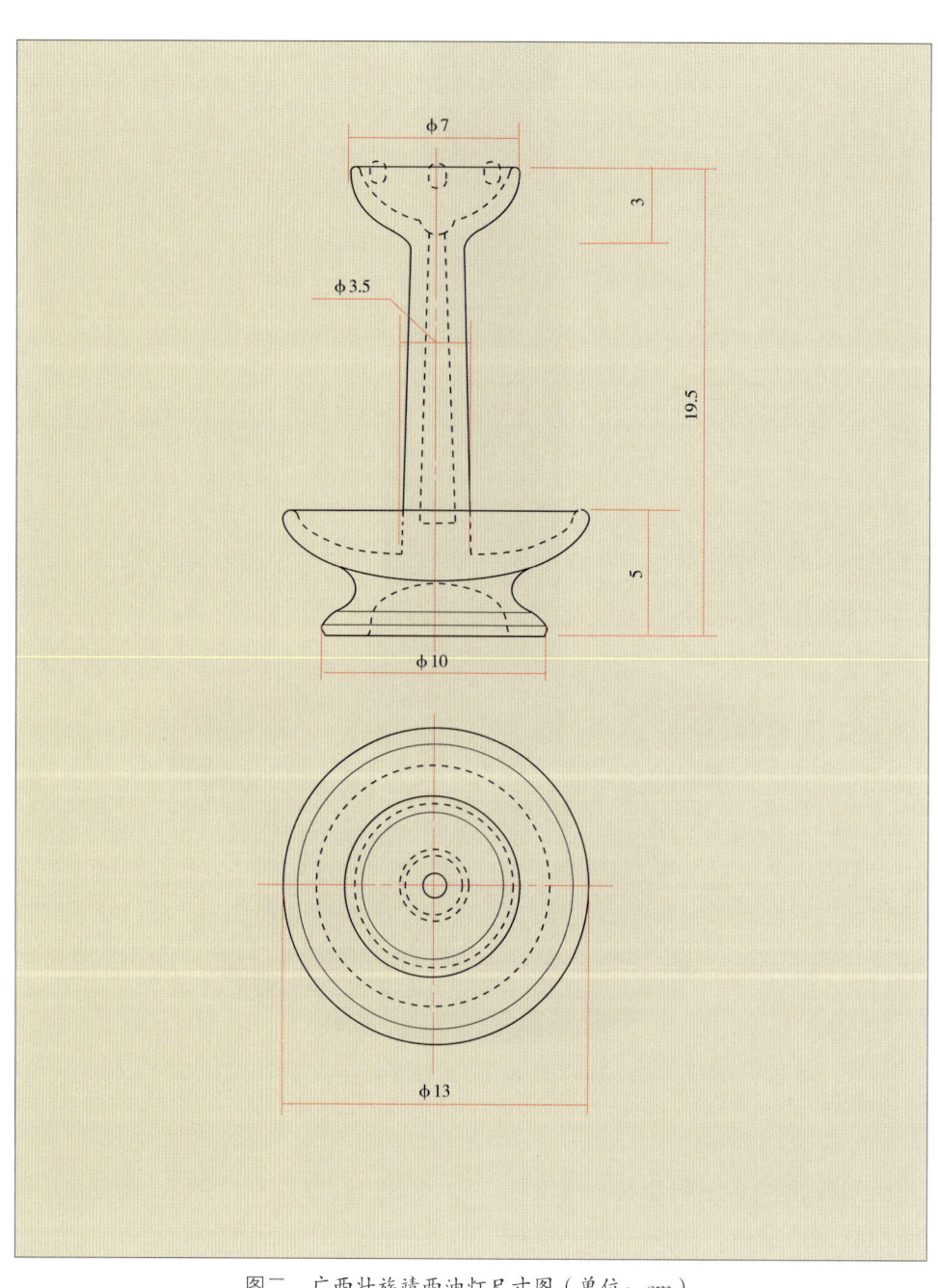

图二　广西壮族靖西油灯尺寸图（单位：cm）

然后向灯盏内加注豆油或菜油，由于灯盏沿口有三个等距离分布的陶枝，故能阻止灯芯的滑落。此外，本案例体积不大，使用者既可双手捧着，也能单手握持，移动十分便利。从人机工学角度分析，将灯柱的直径控制在3—3.5厘米，显然是人手握持物体的适宜范围。

事实上，类似于本案例的灯具在许多地区都存在，只不过形状或成型材料不同而已，比如有的灯具是瓷做的，有的外表则用纹样装饰，可谓花样繁多，但油灯的组成结构大致一样，这表明案例结构存在着一定合理性。当然，本案例也存在某些不足，如照明度低、油烟污染室内环境、油料损耗大等，这些不足显然是导致案例被社会淘汰的根本原因。

图片来源
图一　许边疆　摄影
图二至图五　许边疆　制图

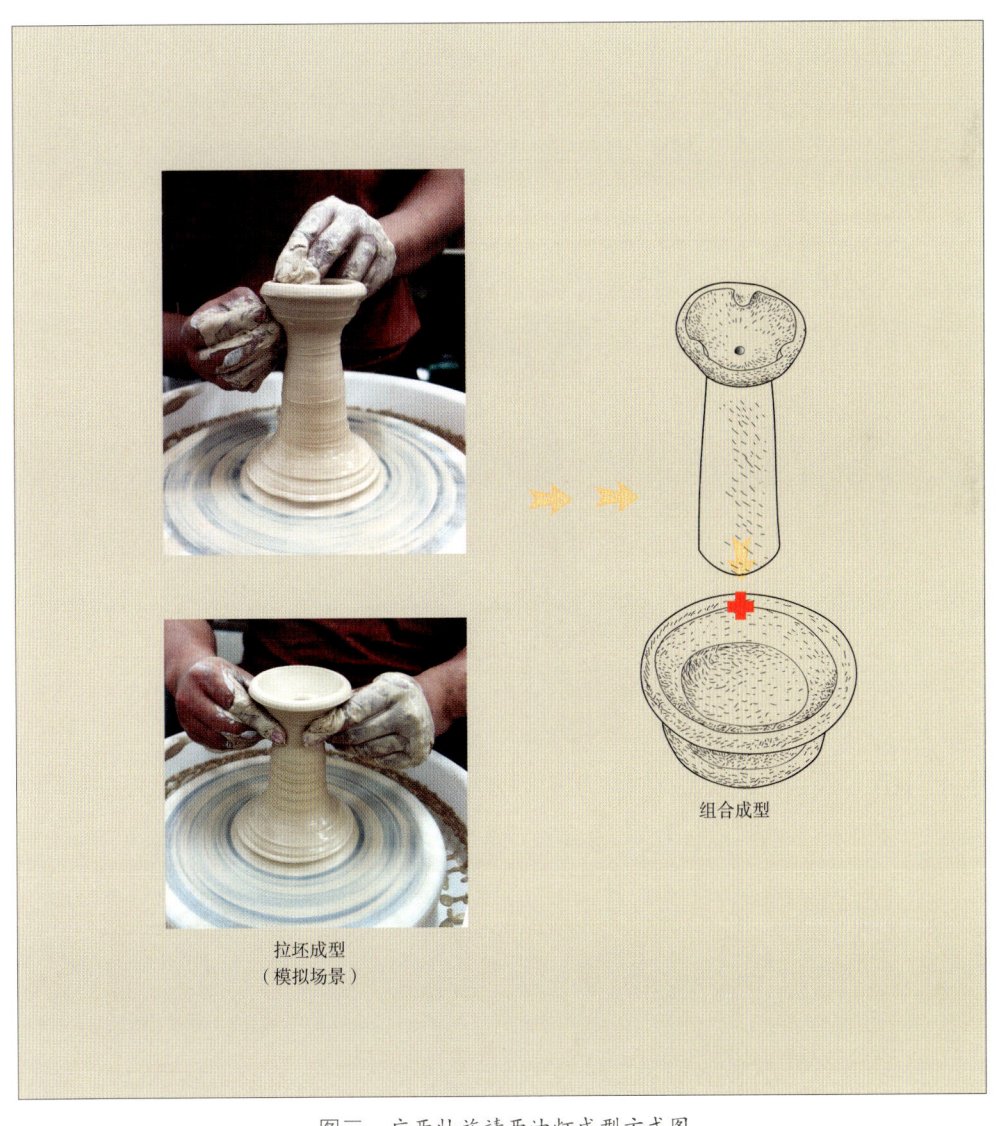

图三　广西壮族靖西油灯成型方式图

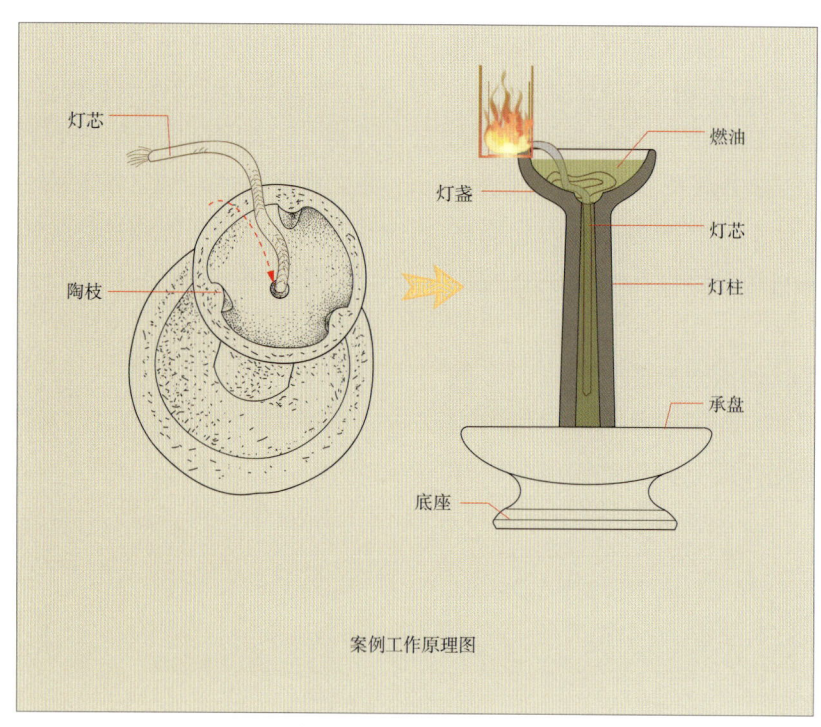

图四　广西壮族靖西油灯设计分析图1

图五　广西壮族靖西油灯设计分析图2

广西壮族靖西蜡烛台

图一 广西壮族靖西蜡烛台主图

陶制蜡烛台是壮族人的一种祭祀用具。在壮乡，自古以来壮族人便崇拜多神，一些祭祀活动都会用到此类器具，比如春节来临之际，要先给神龛上的祖先牌位敬香，点燃蜡烛并摆上供品。再比如，壮族人扫墓时，全家老小要带着供品来到墓前，修整好墓堆后便点燃香烛，摆上供品，依长幼顺序给祖宗敬酒，跪拜祖先。小小烛台显然与壮族人生活息息相关。本案例采自广西靖西壮族博物馆，为陶制，属于当地传统器具之一。

本案例由烛插、灯盏、灯柱、承盘、底座等结构组成，高25厘米，底座直径12厘米，灯柱最大直径4厘米，灯盏直径8厘米。案例截面形制呈圆形，表面旋转痕迹表明该器具是用手工拉坯成型的。靖西是壮区主要产陶地之一，当地陶器有泥陶和夹砂陶之分，本案例即为泥陶制品,这种原料质地较细腻,一般是选龙窑烧制,烧成温度较高。从器型特征看,案例上下结构是由灯盏、灯柱与灯座组合而成,即分别做出这些构件,然后再用陶泥粘成一体。壮族人烧窑前一般要举行祭祀仪式,祭品常用白鸽、白狗、公鸡等,点火时间通常是在晚上六点,第二天清晨再加柴烧火,2至3小时即可烧成。壮族人烧窑有个风俗,家中若有女人坐月子者则不可进出窑口或在窑边干活。

本案例形制完全遵从于实用功能,比如烛插起到稳固蜡烛的作用,灯盏可承接流淌下来的蜡液,灯柱能供人手持握,灯座则是灯具摆放的基础。从形制上看,这种灯具与传统油灯有着某种关联。

本案例使用方式是成双配对,例如靖西县旧州镇中秋节之夜,家家门口都要竖起一根高杆,杆顶插一个大柚子,柚子上插满已点燃的香,门前再摆放一张小供桌,上面有果品、月饼,其中就有一对蜡烛台。当蜡烛被点燃后,周围香烟缭绕,增添了浓郁的节日气氛。

图片来源
图一、图五　许边疆　摄影
图二至图四　许边疆　制图

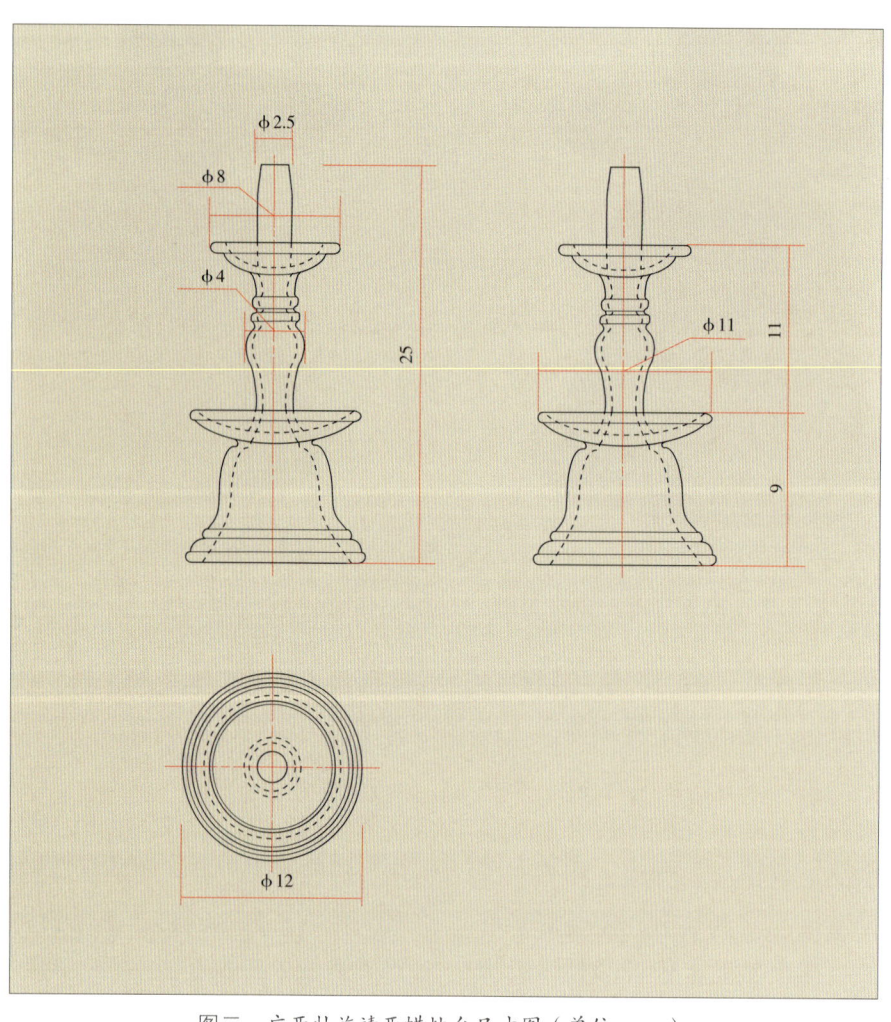

图二　广西壮族靖西蜡烛台尺寸图(单位:cm)

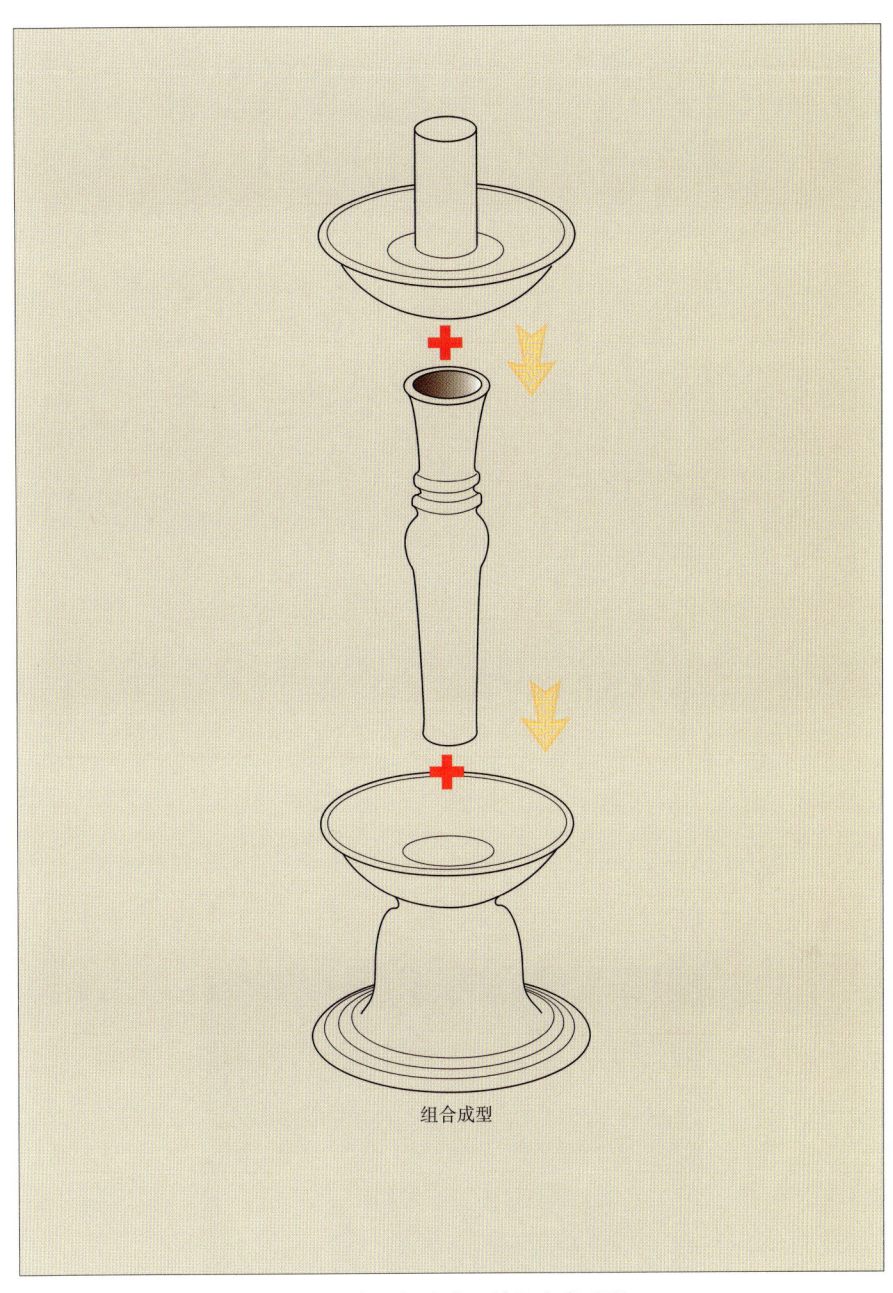

图三　广西壮族靖西蜡烛台成型图

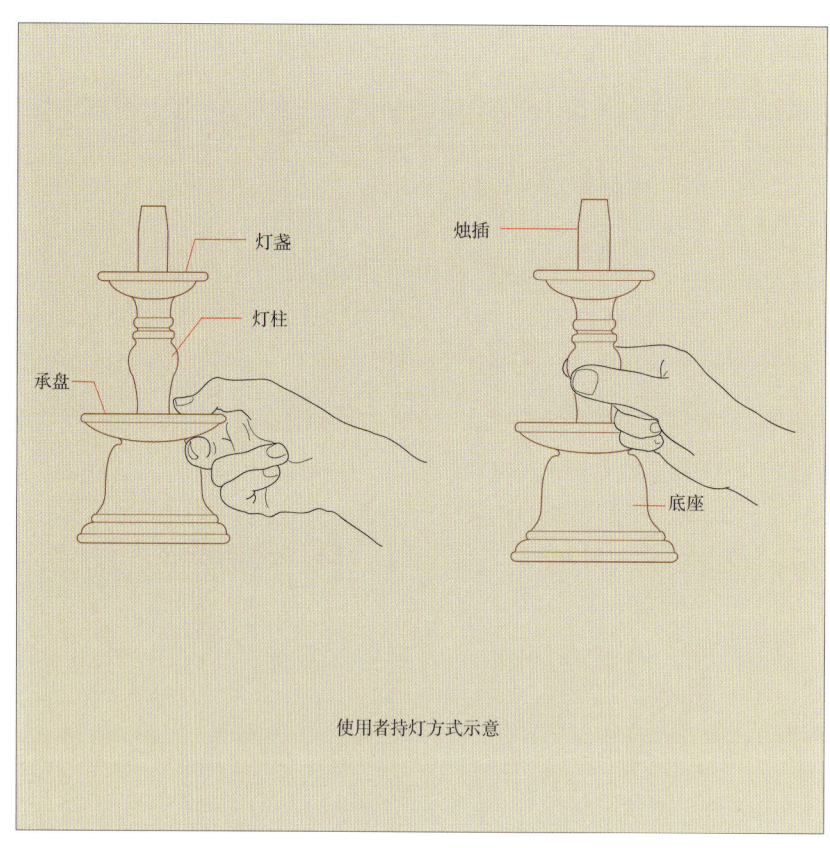

图四 广西壮族靖西蜡烛台设计分析图

图五 广西壮族靖西蜡烛台功能图

广西壮族崇左扁担

图一　广西壮族崇左扁担主图

扁担是一种挑运物品的传统用具，多用竹或木制成。本案例采自广西崇左壮族博物馆，案例形制呈条状，中间宽，两端渐窄，中部凸，两端翘起。经测量，本案例长119厘米，中部宽7厘米，两端宽3.5厘米。案例是用当地"龙头竹"（又称牛角竹）制成，这种竹质地坚硬，形体高大，适宜制作扛挑器具。

本案例造型简洁，形制遵从功能，概括来看其特点如下：一是案例形制三高两低，扁担中部被设计成向上凸起的弧形，这显然有利于扁担与肩部的匹配，翘起的两端也能提高扁担的使用效能。二是端头吊钩结构被设计成"活体"。所谓"活体"，是指吊钩结构由挂钩、连环及套环组成，且每个连接点彼此可动，这种构造有利于人调整两端货物间的重量平衡。三是有限的长度。本案例总长为119厘米，这个尺度显然不及大部分人的身高，自然也小于人张开的双臂。从使用方式看，人用扁担挑重物时，双手（或单手）可分别抓住两端的吊钩或绳索，以便于寻找扁担的重心位置，而119厘米长的扁担无疑

在人手可及范围，当一端物品偏重时，只需调整肩膀与扁担的触点即可找到平衡。实际上，扁担是杠杆平衡原理的一种具体应用，扁担的着力点就相当于杠杆的平衡支撑点，两端重物则是相互对抗的作用力，当人找到平衡支撑点时，实际也就找到了扁担两端等同力的力矩位置，这是实现挑担行走的必要条件。

本案例结构看似简单，却有着极其重要的作用，对壮族人而言，凡山路崎岖、水陆相伴、舟车莫及之处，常用扁担来运送物品，因此，自古以来扁担就是重要的运输工具。此外，由于搬运的物品不同，壮族扁担还衍生出许多不同的类型，如挑稻草的扁担须有更长的形制，挑重物的扁担则有较粗的截面，本案例因形制偏短，故适宜那些较轻或体积较小的东西。总之，结构轻巧、使用方式灵活的扁担，蕴藏着我国古人"物我合一，人器合一"的设计思想。

图片来源
图一　许边疆　摄影
图二、图四、图五、图六　许边疆　制图
图三　孙林　摄影

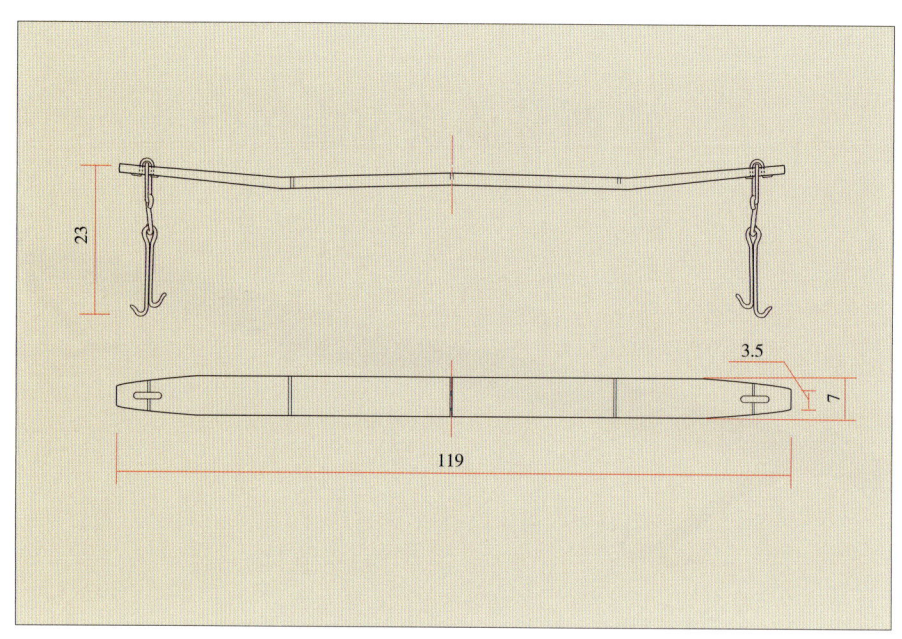

图二 广西壮族崇左扁担尺寸图(单位:cm)

图三 广西壮族崇左扁担材料图

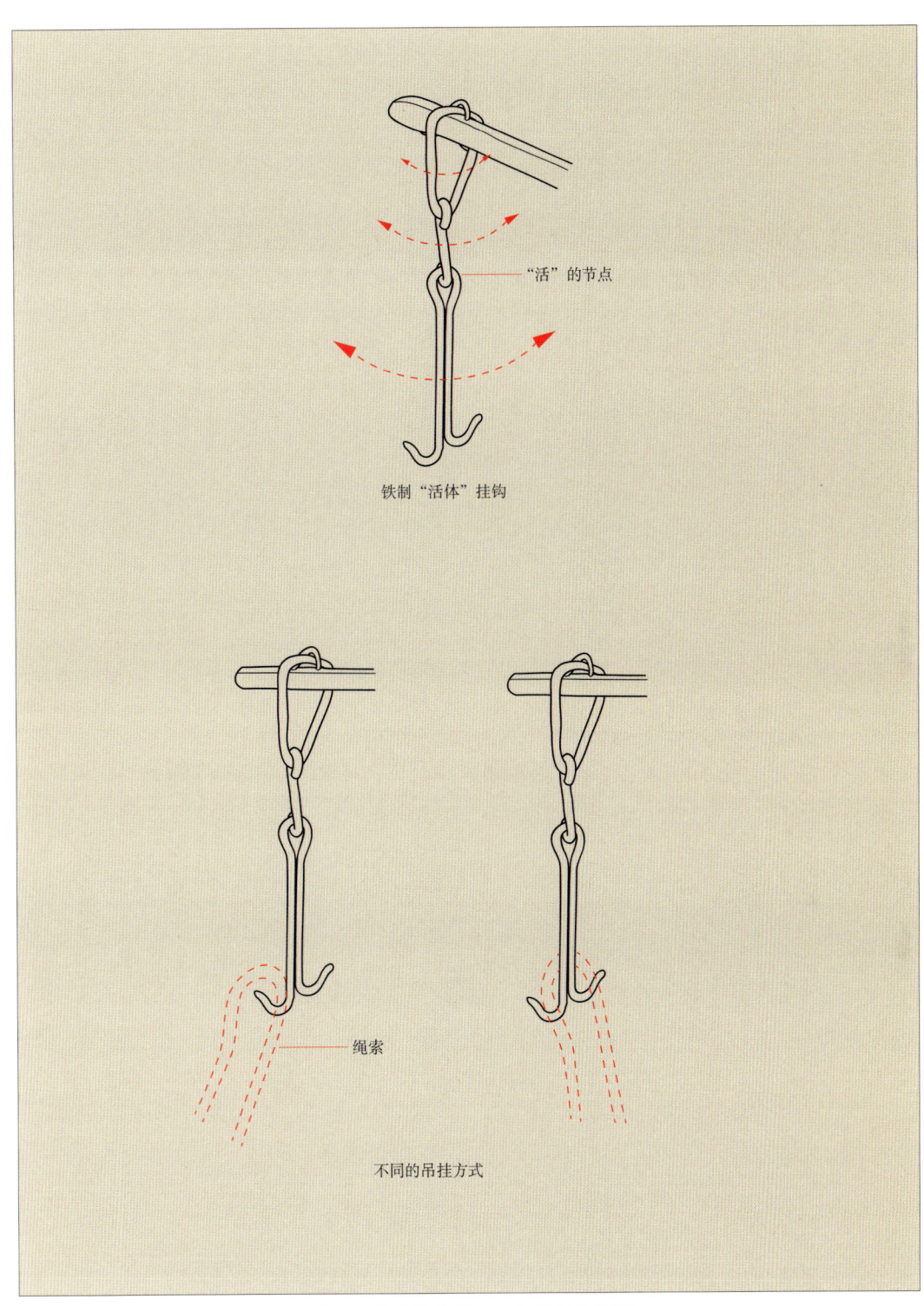

图四　广西壮族崇左扁担局部结构图

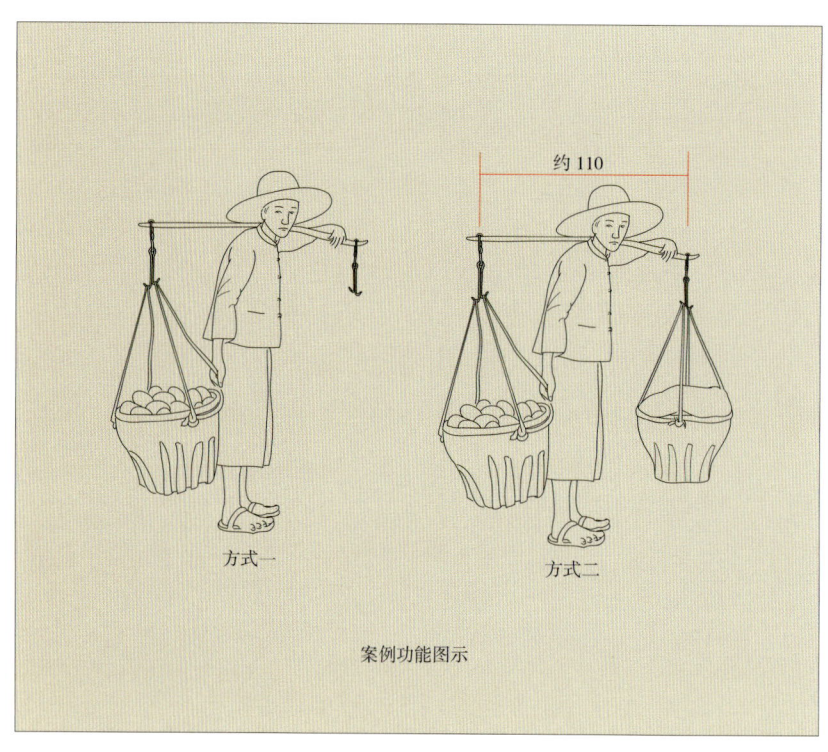

图五　广西壮族崇左扁担功能图（单位：cm）

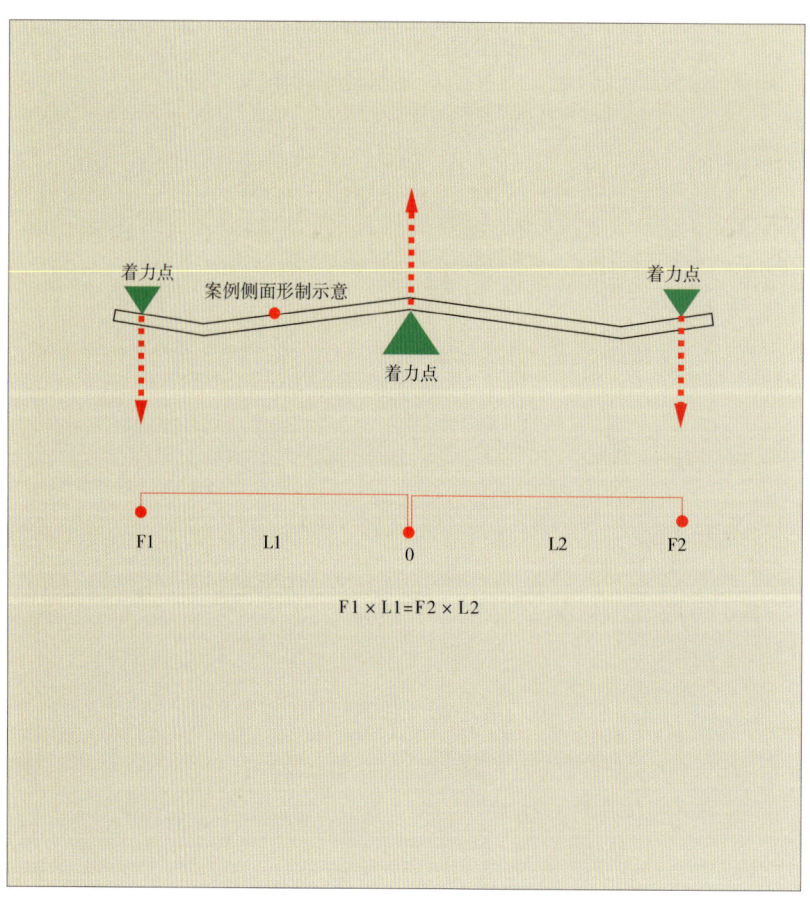

图六　广西壮族崇左扁担工作原理分析图

广西壮族崇左篓

图一 广西壮族崇左篓主图

元王祯在其《农书》里曾将篓定义为"析竹为之,上圆下方,挈米谷器",意思是说,篓是用竹篾编制而成的上圆下方的用于提挈米谷的器具。简而言之,篓的形制特征是口为圆,底为方。不过,我们在广西崇左壮族博物馆也见到一种篓,这种篓的形制虽与王祯所说的篓相吻合,但结构上仍有其独特之处,概括来看有以下两点:一是本案例由内篓和外篓两层结构组成;二是篓底被附加了一个"十"字形木构件。

从结构上看,"十"字形木构件端头皆有一个贯通孔,从这些贯通孔穿插竹篾,就能将"十"字形构件与外篓捆绑成一体,并顺势扎出篓筐的把手。从力学上分析,这个把手是人们提携案例时的着力点,其承受的重力正是箩内物品之重量。显然,"十"字形构件的功能是托起箩底,在保护竹编箩底的同时,最大限度地提高箩筐的载物能力。本案例箩口直径20厘米,外箩长、宽均为26厘米,高22厘米,"十"字形木托的截面尺度为(2×3)厘米。如果将案例形体设想为上、下两部分,那么上一部分形制似圆台,下一部分为正方体。依据形体大小,我们估算该箩筐可满载近10千克的稻米,显然男女均可使用。换言之,它是当地壮族人赶圩买卖或走亲访友的一种肩挑运具。

本案例主体材料是竹,局部用了少量的木,这表明壮族人善于应用材料之长处,比如竹篾有良好的韧性与弹性,适宜编织成型,而木料成型方式灵活,具有一定的刚性和抗压力,如果将竹与木结合使用,就能发挥各自的长处。再比如,用木料做箩底,除了能增强箩底的强度外,也能提高案例底部的耐磨性。不难看出,本案例是单纯从实用角度出发完成的造物设计。

图片来源

图一　许边疆　摄影

图二至图五　许边疆　制图

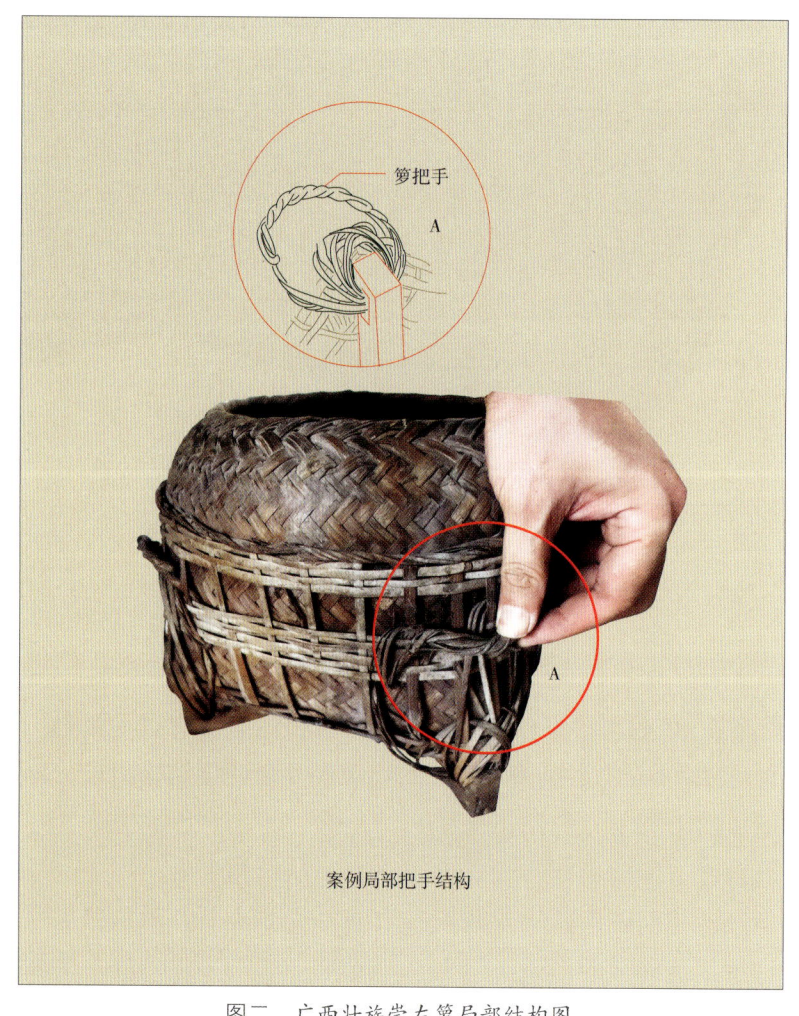

图二　广西壮族崇左箩局部结构图

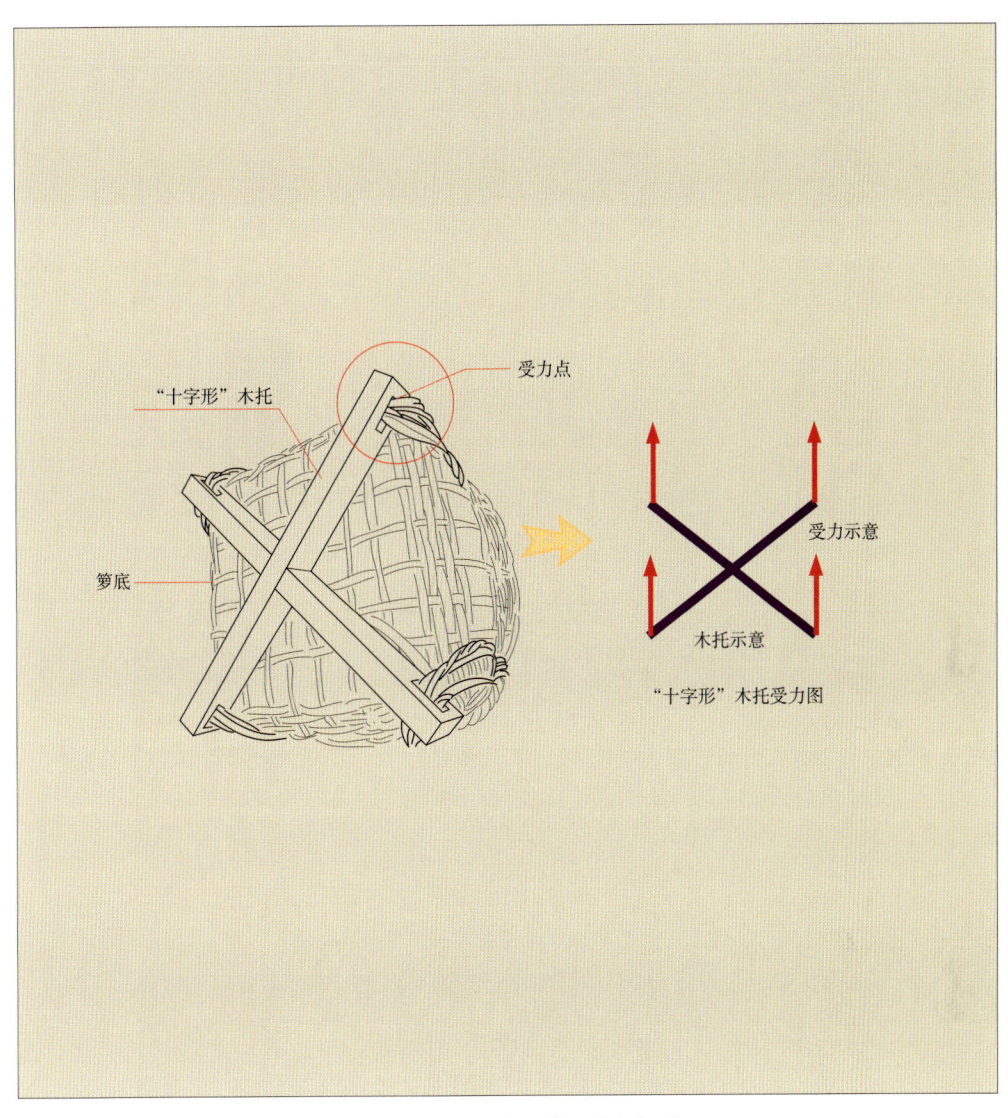

图三　广西壮族崇左箩设计分析图

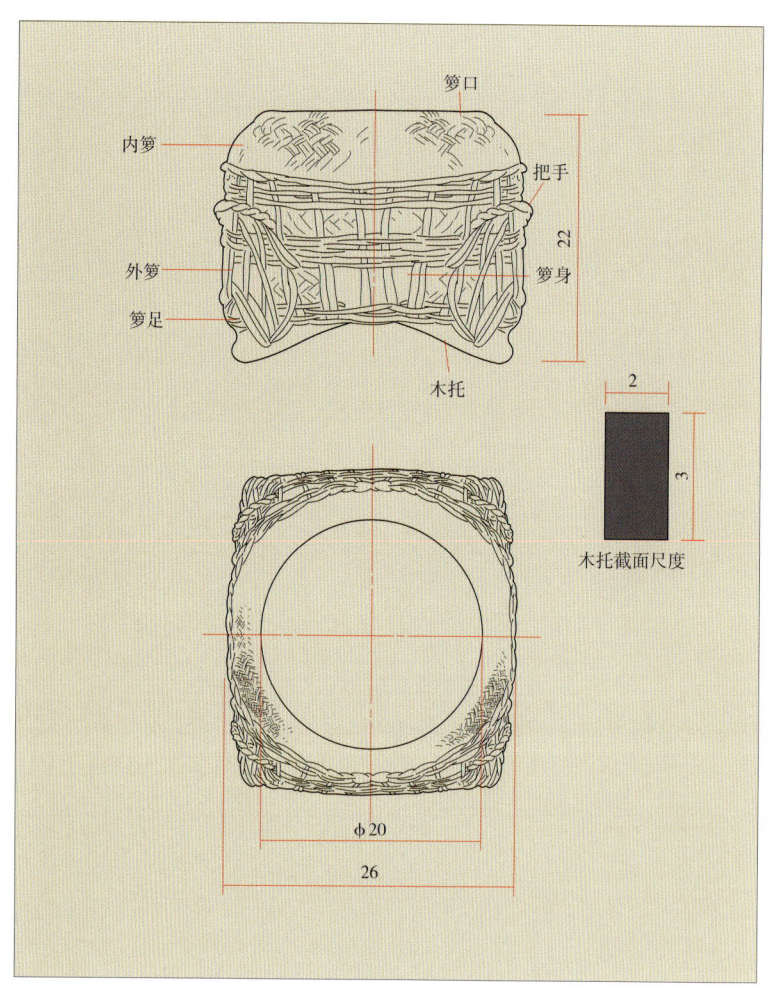

图四　广西壮族崇左箩尺寸图（单位：cm）

案例功能示意图

图五　广西壮族崇左箩功能图

广东壮族连山鸡篓

图一　广东壮族连山鸡篓主图

本案例是壮族人用来承载雏鸡的一种竹编器具，现藏于广东连山民族博物馆壮族器物陈列厅。从器形上看，篓身上部呈圆形，下部近于方形，篓身顶部中间开有一个直径10厘米大的圆孔，圆孔周边用两根交叉的竹条充当提手。乍一看上去，案例很像一个竹编菜篮，篓口有10厘米大的口径，是一种具有特定功能的器具。本案例上部最大直径38厘米，底部长、宽均33厘米，篓身、提手高度分别为19厘米和15厘米。

从设计学角度分析，这种尺度的安排显然是从人的实用角度考虑的。具体来说，即使让案例装满雏鸡，总重量也不会太大，假如是成年女性的话，一定能轻松地提起案例而不会感到太重。正因为如此，案例提手的设计只用了两根宽2厘米、厚度不足0.5厘米的竹条交叉构成。从尺度上判断，直径10厘米的篓口不仅能满足人手的进出，也能防止雏鸡从篓内逃出，这是兼顾两者关系的一种适当选择。从雏鸡形体大小看，篓身高度不必设计得过高，19厘米的篓身高度足以满足雏鸡的装载。本案例的另一设计特点就是它的透气性，竹编容器良好的透气性无疑有利于雏鸡的存活。我们在博物馆考察过程中，博物馆馆员钟先生向我们介绍，这种器具在当地虽然多用来装雏鸡，但也有人用它来装鱼。由此可见，该器具具有功能延展性。

从形制上看，案例上部形态呈饱满的球状，下部则为方形，方圆间实现了有机衔接。

物理学告诉我们，圆形容器内部空间开张度最大，空间利用率自然也高；与此相异的是，方形容器具有相对稳定性，用方形做容器的底部显然有利于器具的放置。自古以来，中国人就对圆形、方形有着深刻的理解，除了赋予它们某些文化内涵外，也成功地利用圆、方形态来造物，广东壮族连山鸡篓便是典型的案例。

图片来源

图一　许边疆　摄影
图二至图五　许边疆　制图

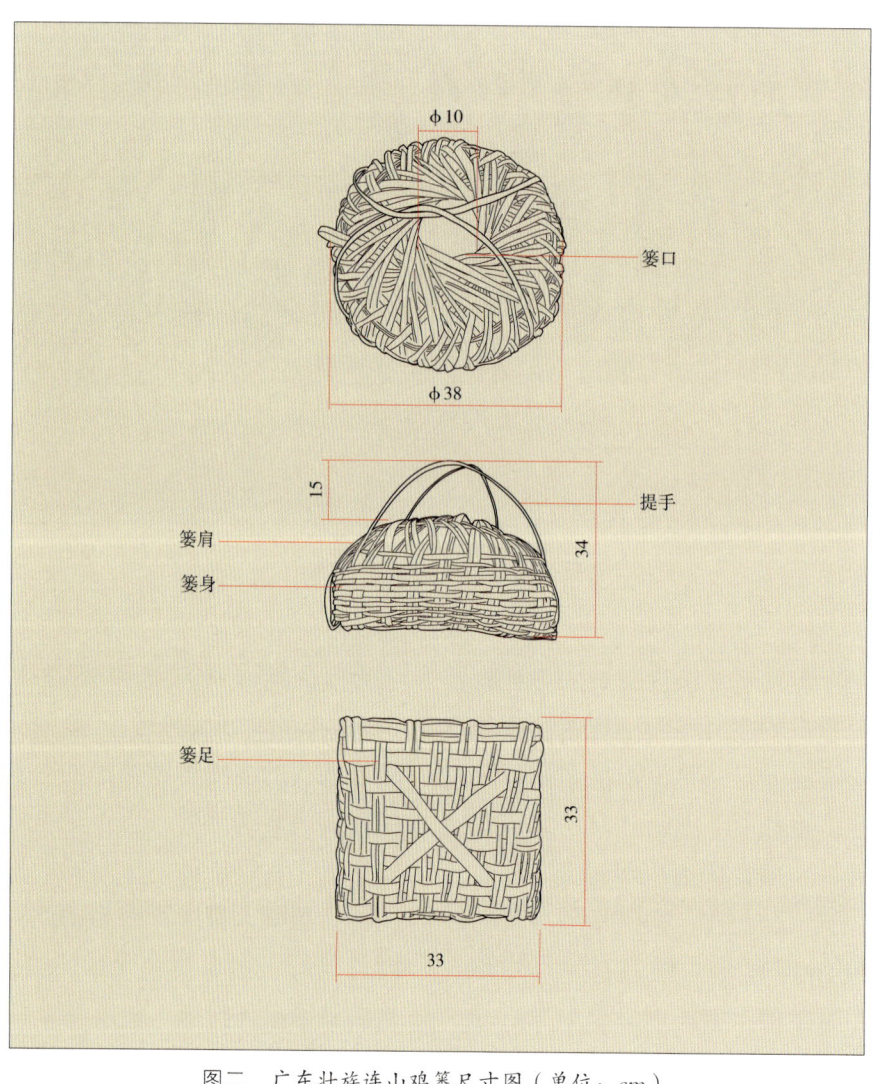

图二　广东壮族连山鸡篓尺寸图（单位：cm）

图三　广东壮族连山鸡篓功能图

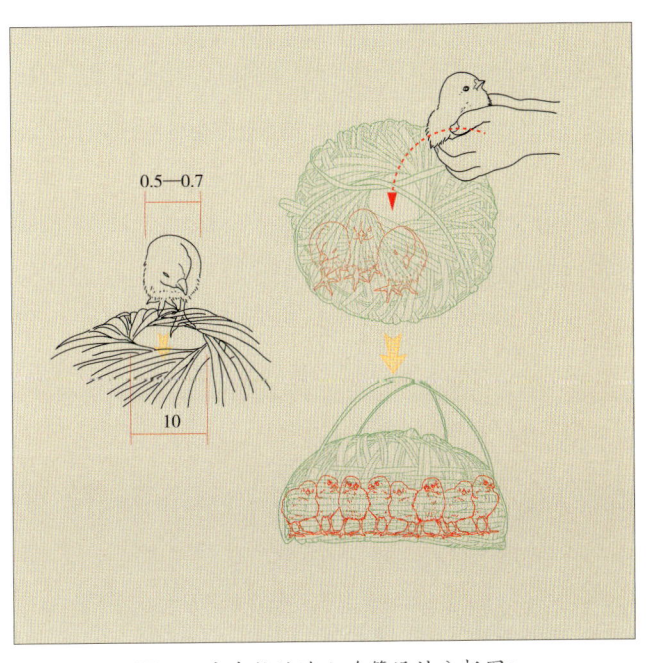

图四　广东壮族连山鸡篓设计分析图1

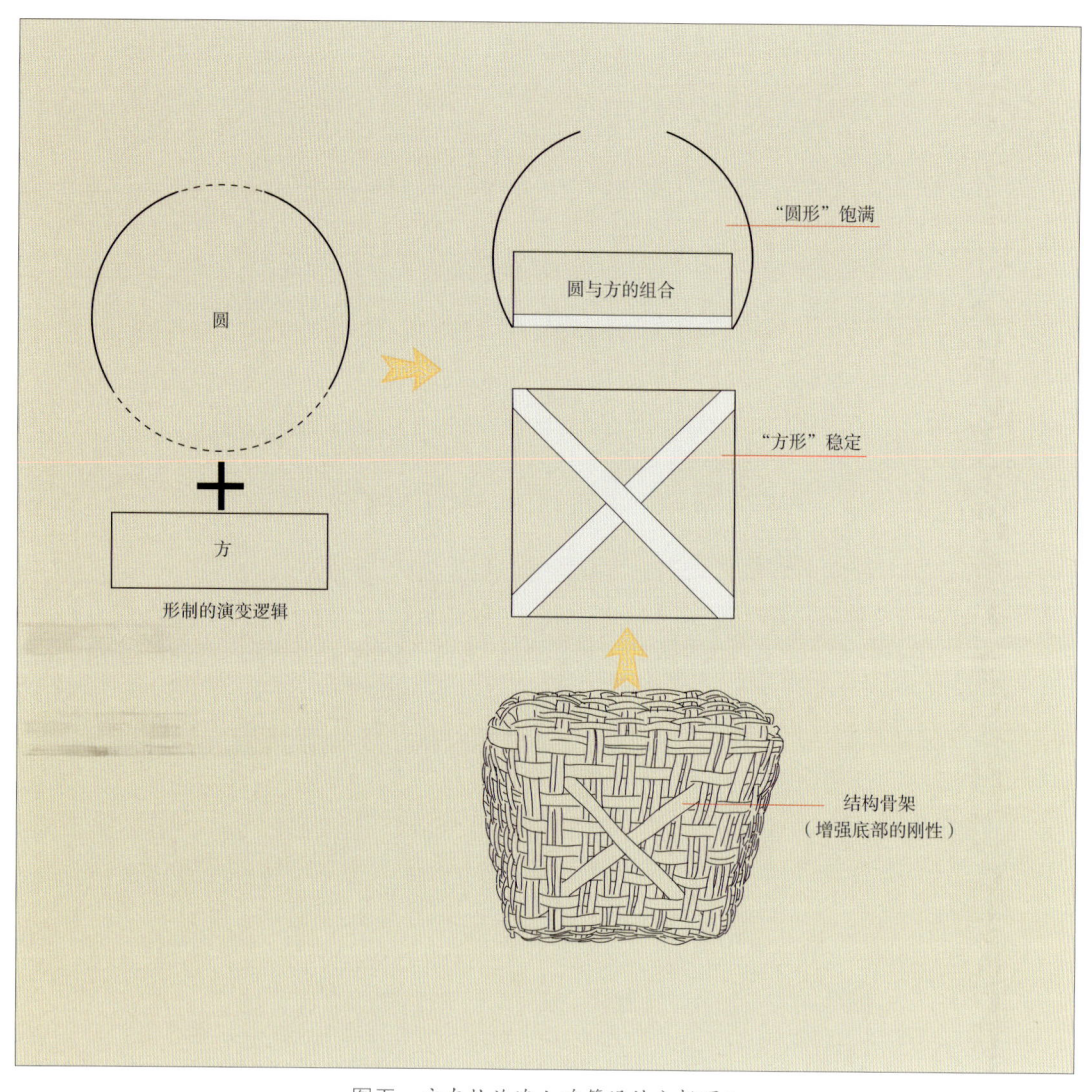

图五　广东壮族连山鸡篓设计分析图2

广西壮族贺州南乡鸭笼

图一　广西壮族贺州南乡鸭笼主图

竹编鸭笼，即用来存放家禽鸭子的一种专用竹编器具。在广西贺州南乡，无论是村寨还是农村集市，都常见这种用具，本案例采自南乡镇旺村。在当地，竹编鸭笼形制通常有大小之别，不同尺度的鸭笼装鸭数相异，但鸭笼结构及编结方式却雷同，这说明案例结构已成定制。本案例长52厘米，笼口直径38厘米，提手高度19厘米，案例整体呈圆筒状。

从设计学角度分析，本案例是利用竹条的天然弹性及其韧性编织而成的一种中空器具。其笼身编织法采用的是"井字花形"，该花形是用四根相同的竹篾做平行斜交叉式排列，让中间空花构成菱形。由于这种编织法能使竹篾均匀紧密地排列，承受力强，故常用于载物器具的制作。此外，为了更有效地提高器具的载荷量，本案例采用了笼体骨架与提手一体化的设计方式，即凭借一根较长的竹条通过弯曲的方式来形成笼体骨架与提手，让案例的结构得到强化。本案例的实用功能是装鸭子，搬运方式或肩挑，或人力车推拉（现多用机动车）。通常，一个笼子可装1—2只鸭子，鸭子是直接从圆形笼口塞入或取出。为了方便笼子的打开和关闭，案例设置了特殊的机关，具体结构是：靠近笼口上方的提手部位套上一个可以上下移动的小竹圈，当需要关闭笼盖时，就将这个小竹圈套在笼盖上的硬竹条上（即插销上），由于笼盖下方伸出的竹条是插在铁丝做成的绊索里，上下会形成同向拉力，这样笼盖就会紧紧地贴在笼口上，笼口被彻底封闭。想要打开笼口时，只需将上部竹圈上移，就能方便地打开笼口。

我们在当地考察时发现，制作这种器具的人一般都是在闲暇时间编织，编织的数量十分有限，常常是自编自用，原料也多来自自家的房前屋后。当然，每逢圩日，有些农民也会多编几个鸭笼挑到禽苗市场去出售贴补家用，每只鸭笼（或鸡笼）可卖7—8元，一圩下来能赚70—100元，情况好的会更多一些。总的来看，对于这种当地手工产品而言，它产生的唯一动因便是出于生活需要，因而其形制与结构的设计存在着许多合理性，例如笼身结构简约，提手功能便利，笼盖开关巧妙。正因为如此，即便在当代工业产品花样繁多的今天，案例仍具有生存的空间或意义。这表明，好的设计唯一的活力是来自那准确无误的需要，把它同模糊的需要区别开来是设计的关键。

图片来源

图一　孙林　摄影

图二至图五　许边疆　制图

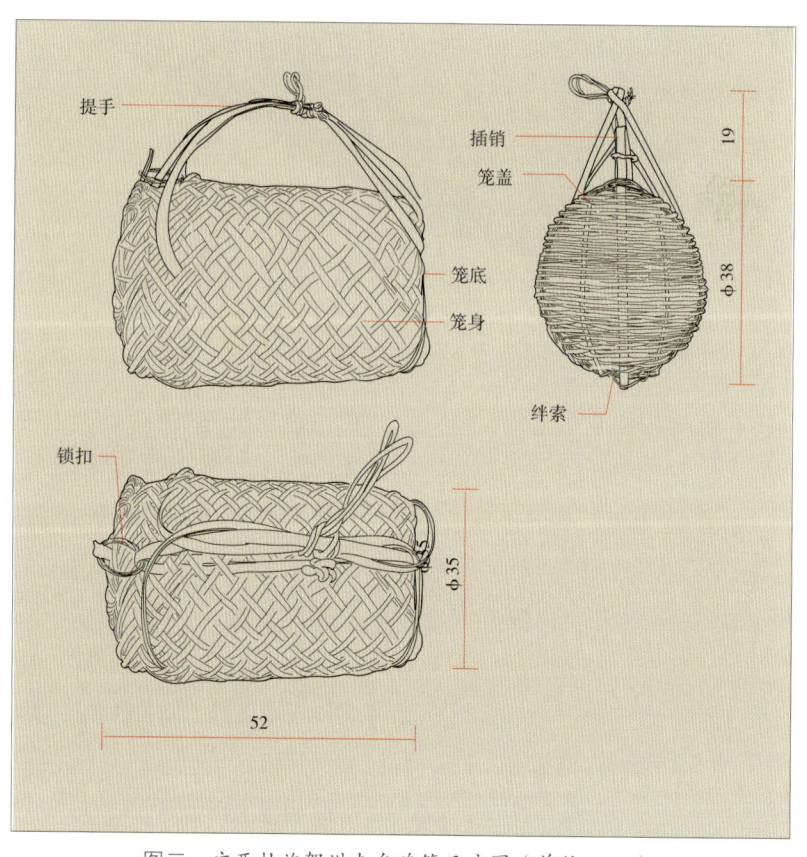

图二　广西壮族贺州南乡鸭笼尺寸图（单位：cm）

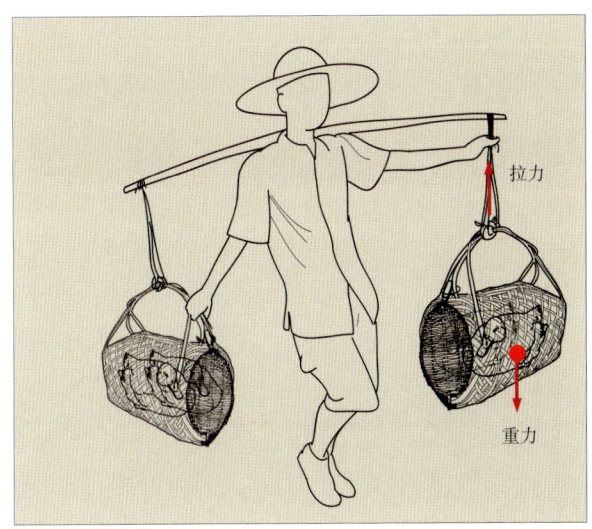
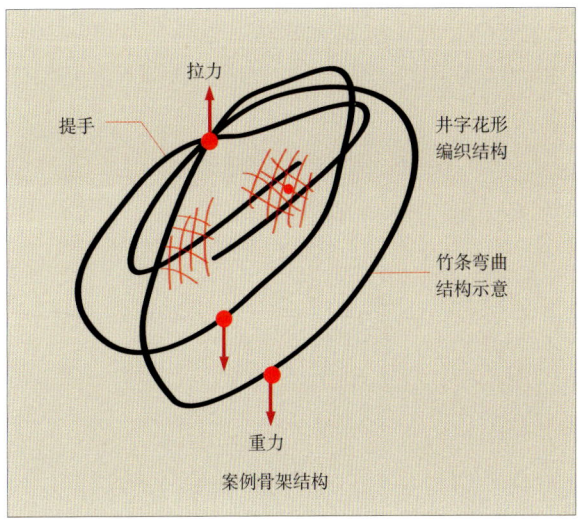

图三　广西壮族贺州南乡鸭笼功能图1

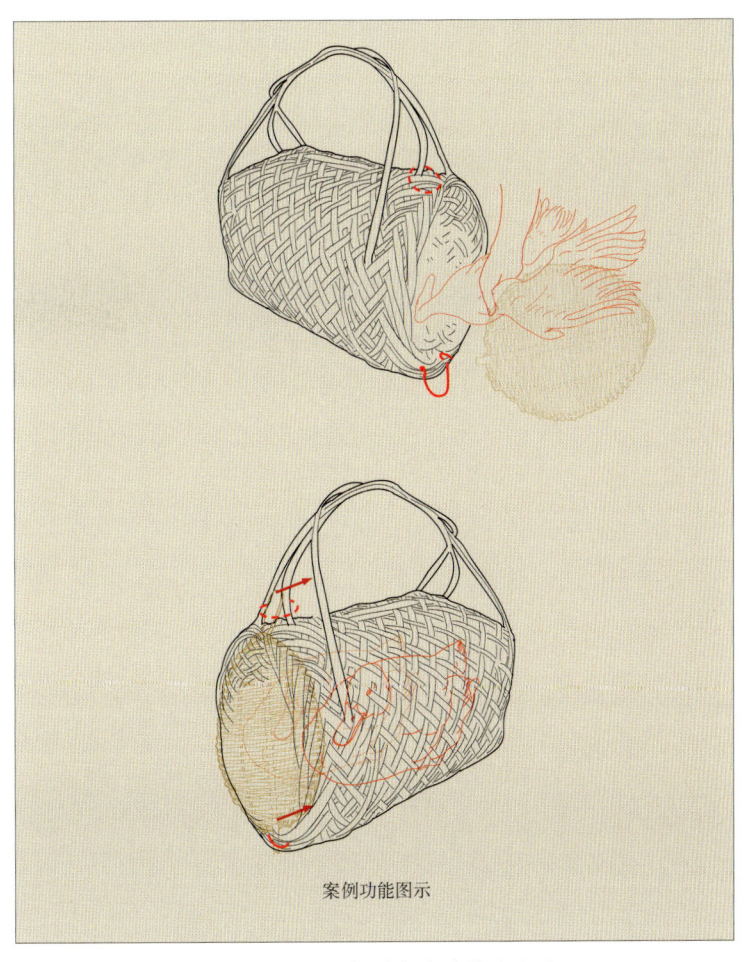

图四　广西壮族贺州南乡鸭笼功能图2

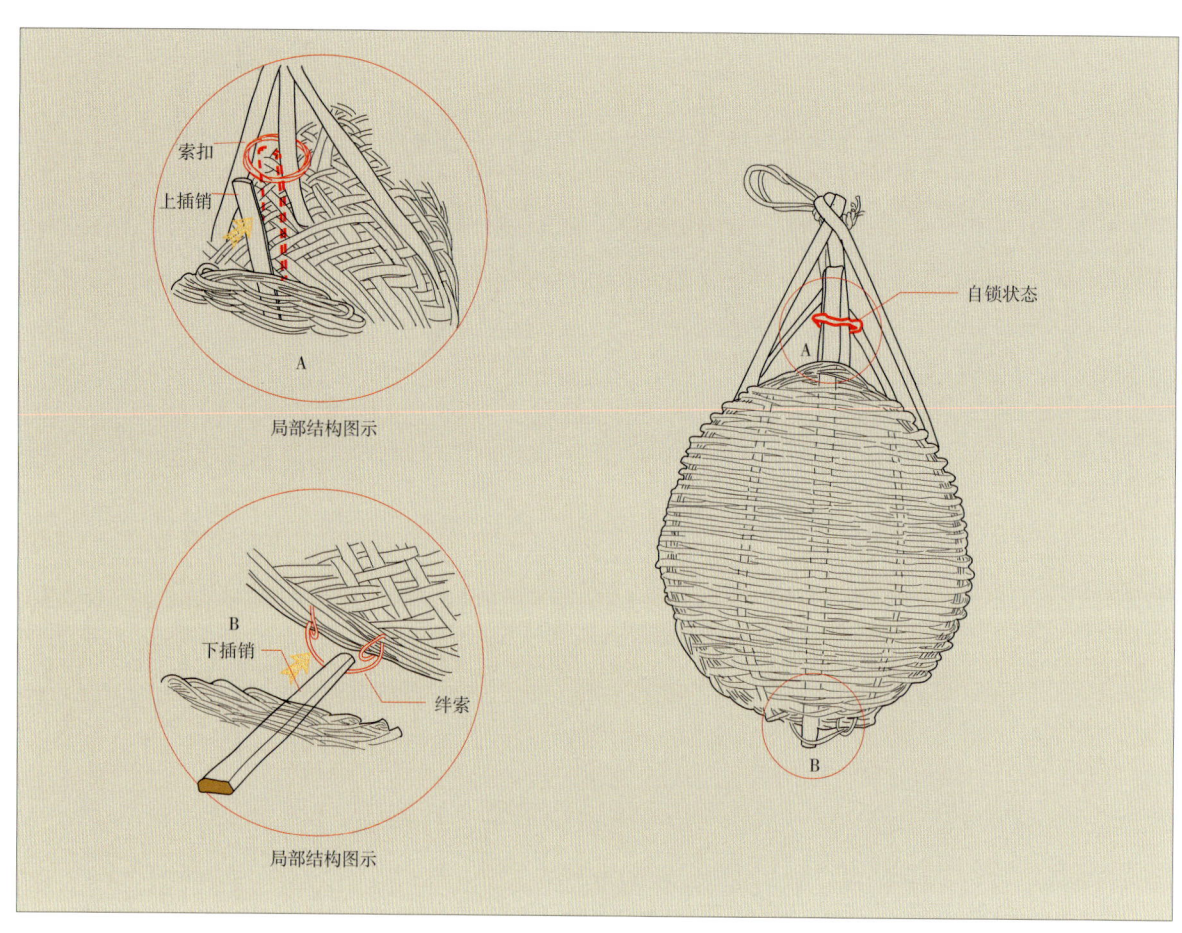

图五　广西壮族贺州南乡鸭笼设计分析图

广西壮族龙脊皮箩

图一　广西壮族龙脊皮箩主图

皮箩，即用竹篾编织而成的一种竹具，中空，可用于粮食或杂物的搬运，本案例采自广西龙脊生态博物馆。案例水平截面呈四角圆弧方形，整体结构由箩盖和箩筐两大部分组成，箩筐高40厘米，长、宽各31厘米；箩盖高17厘米，长、宽分别为33厘米。

过去，龙脊山区运输条件不足，肩挑是运送物品的有效手段，皮箩自然也要迎合这种需要来制作。通过计算，我们得出案例有效容积约0.04立方米，若以稻谷为例，案例满载重量约25千克，一对皮箩总装量近50千克。人机工学告诉我们，男性成人肩挑负重应小于60千克，显然，案例能满足这一需要。本案例底部结构十分特别，除用了四根竹条做底部边缘骨架外，又用了两根较宽厚的竹条以交叉形式来托底，这样就形成了十二根向上弯曲的竹条，并延伸至皮箩腹部，从而起到加强底部的作用，也为提高载物力创造了条件。从形制特征看，案例沿口及下腹部皆用竹条做骨架，尤其是下腹部竹条的应用，不仅起到了加强案例形体的作用，同时也巧妙地预留出一个小空隙，该空隙既可穿绳索，又能对绳索移位加以限制，显然有利于人对案例的操控。

壮族皮箩相似于汉族的箩筐，正如元王祯《农书》里所记载的：筐"竹器之方者。《诗》注云：筐，筐属，可以行币帛及盛物"（元王祯撰：《农书译注》[M]，缪启愉、缪桂龙译注，济南：齐鲁书社2009年版，第538页）。此话意思，筐是方形的盛物竹器，可以赠送礼物和盛放物品，壮族皮箩当然也有此功能。从实际情况看，本案例除用于粮食的搬运外，也兼搬运其他物品，比如龙脊壮族男女结婚就要用皮箩，因为男家在迎娶新娘的头一天须派人送聘礼，聘礼就装在皮箩内，由若干身强力壮的小伙挑着，一长溜地行走在梯田石板道上，远望之，皮箩上的红双喜字十分显眼，场景极富生活情调。

图片来源

图一　孙林　摄影

图二至图六　许边疆　制图

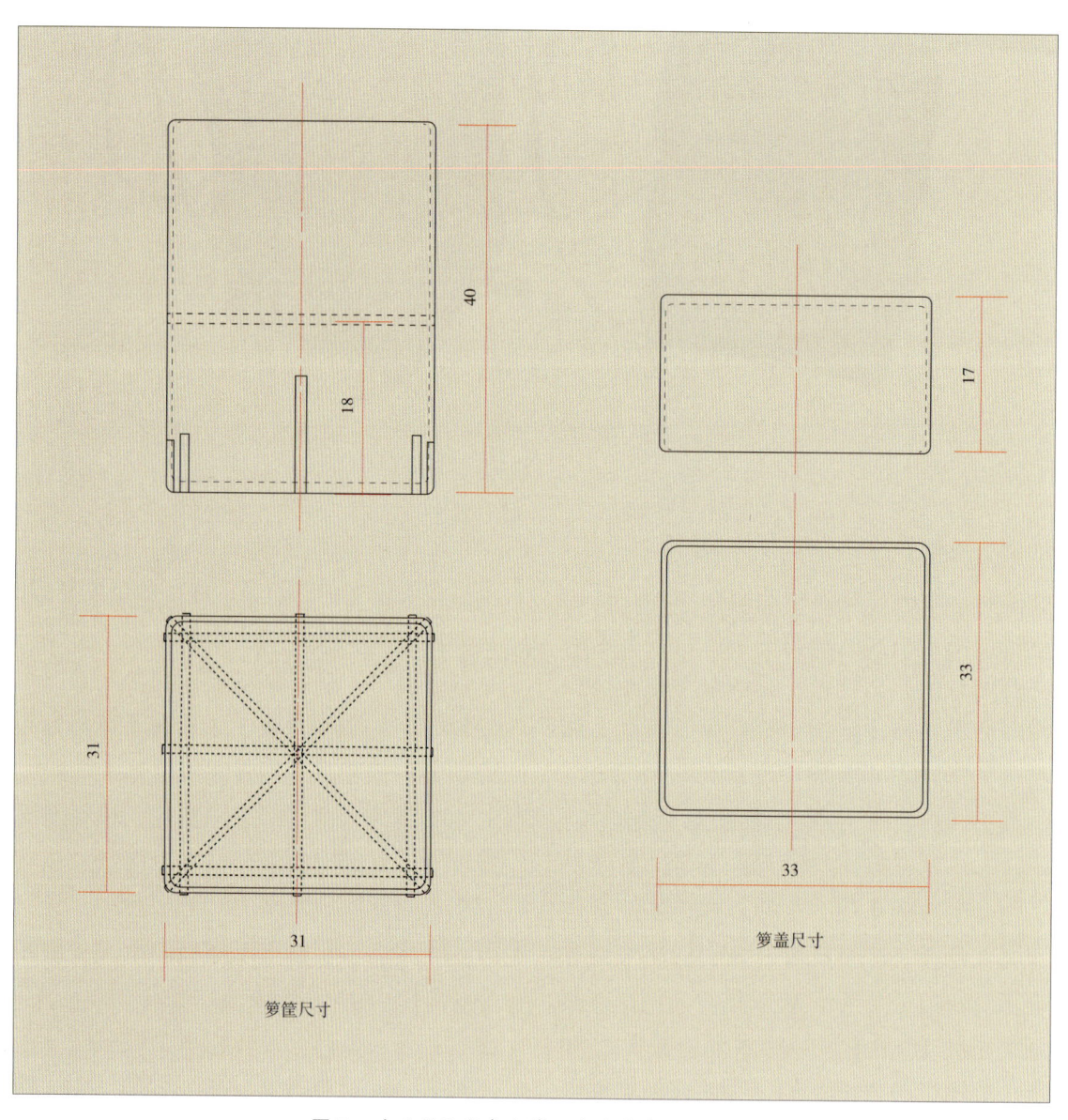

图二　广西壮族龙脊皮箩尺寸图（单位：cm）

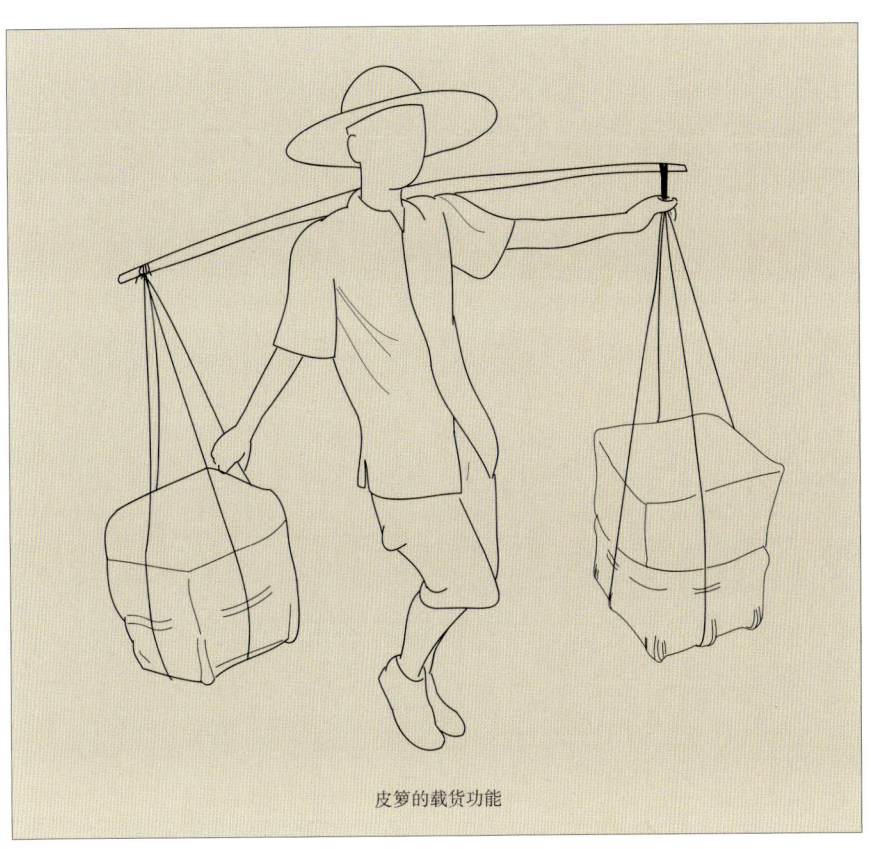

图三　广西壮族龙脊皮篓功能图

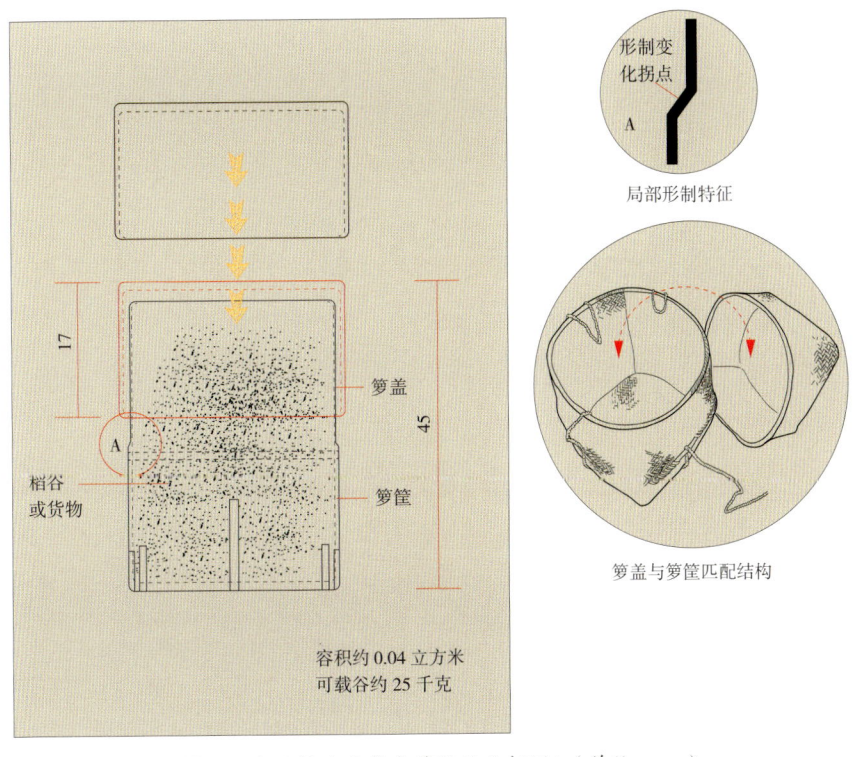

图四　广西壮族龙脊皮篓设计分析图1（单位：cm）

第四章　壮族传统生活用具

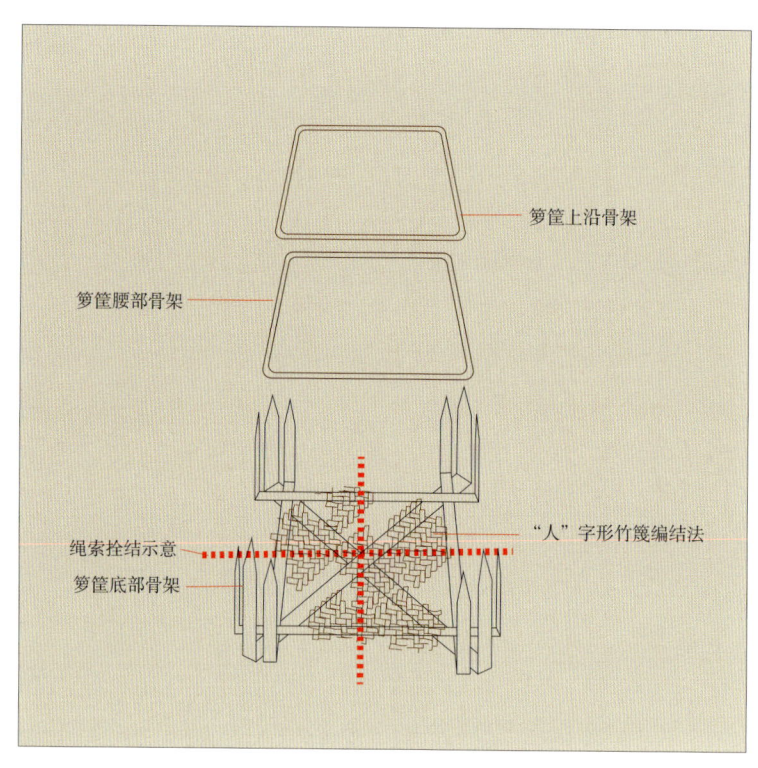

图五　广西壮族龙脊皮篓设计分析图2

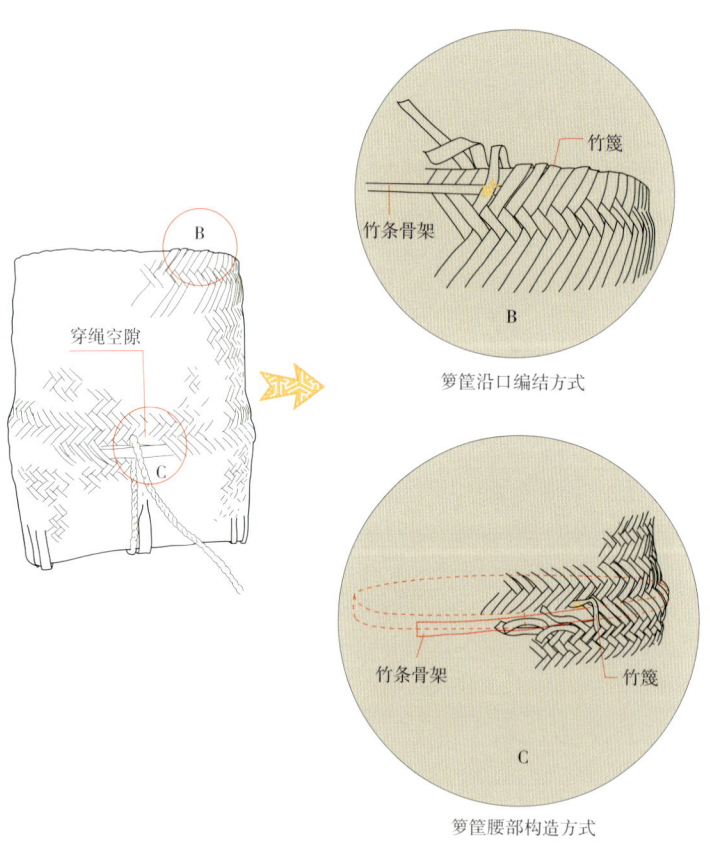

图六　广西壮族龙脊皮篓局部结构图（单位：cm）

广西壮族大化贡川纱纸

图一 广西壮族大化贡川纱纸主图

贡川纱纸属于皮纸的一种，造纸原料主要是纱树皮。纱树学名"构树"，属桑科落叶乔木，树皮纤维细长，有韧性，因而是上等造纸原料。据当地人说，两至三年生的构树皮最好，这一时间段的树皮皮质既不粗糙，也不过嫩。从化学成分上看，构树皮果胶、抽出物含量偏多，木质素含量较低，是故，树皮极易用石灰沤熟成浆。概括来看，贡川壮族人造纸工艺流程如下：纱皮与石灰浸泡→煮纱→洗纱皮→碾料→搅纱→加纸药→捞纸→压榨→晒纸→揭纸→切纸。以下是工艺具体操作过程：

首先是泡料。当地人将纱皮用清水浸泡一至两天，待柔软后，剔除纱皮里的黑点或腐坏部分，再置于石灰水中浸泡20小时左右，然后放入锅里蒸煮。蒸煮方法是：先将锅内平铺一层纱皮，再加一层烧碱，不断重复，直至锅满，纱皮与烧碱配比通常是5∶1，若以半吨纱皮料计,煮8小时左右即可。民国前,这道工序用的是石灰,蒸煮后需堆积平地自然发酵二十余日才能成浆,效率明显不如烧碱。

接下来是洗纱和碾料。洗纱是用木杈将纱皮放入池子中漂洗,这期间要放入漂白粉,让纱皮颜色由黄逐渐变白,变色后的纱皮再放进碾纱池里,用机械刀碾纱,直至纤维分散为止(约30分钟)。随后工序是搅纱和加纸药,这道工序是造纸的关键环节,具体工艺如下:将一定量的纸浆料倒入纸槽内加清水搅匀,然后再添加一定比例的纸药(一种植物胶水)和石灰膏,用竹竿搅拌约半小时(电机约5分钟)即可,搅拌太久会破坏胶水黏性,对纸质影响很大。加浆、加药数量及搅拌次数全凭人的经验。该工序完成后,随后便是捞纸。

捞纸是纸成型的过程,壮乡捞纸槽一般是用石头凿成。捞纸时,人双手握住纸帘的帘框,先在槽中舀纸浆,随后抬起,前后摇

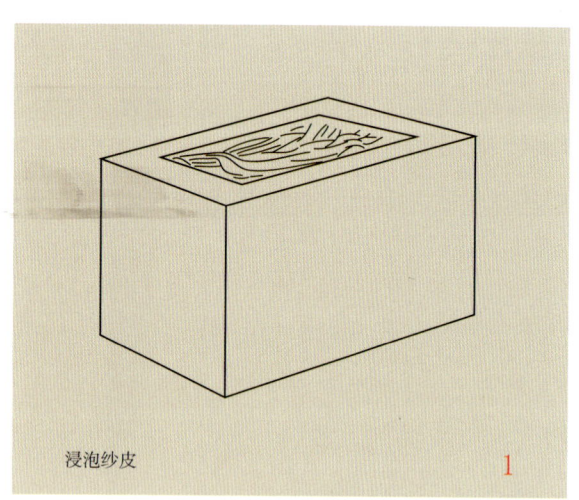
浸泡纱皮　1

2　煮纱皮

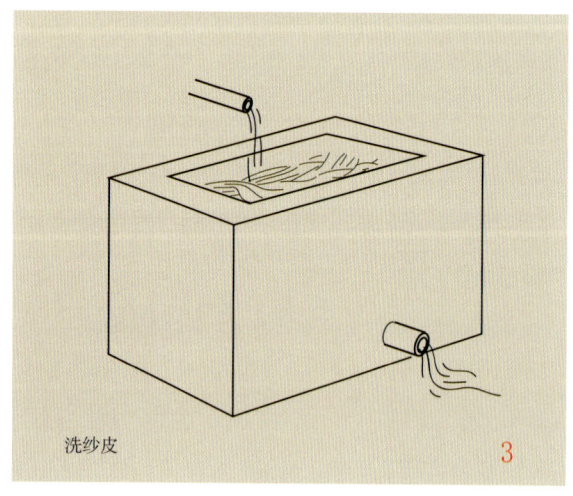
洗纱皮　3

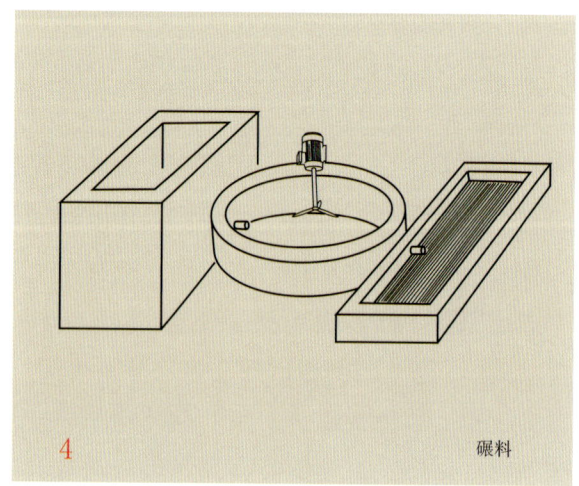
4　碾料

图二　广西壮族大化贡川纱纸工艺图1

动七至八次,再左右晃动三至四次,去掉多余纸浆,纸帘上便形成了湿纸页,此时将纸帘正面向下平铺于纸架上,就能完成纸的一次成型。如此重复下去,当湿纸积累到30厘米厚时,装上压板除水,次日就可进入晒纸环节。

晒纸,包括揭纸和切纸,皆是后期整理阶段。归纳来看,贡川晒纸有两种方式:一种是贴在墙上,由阳光自然晒干;另一种是"黄牛"裱纸,"黄牛"设备呈人字形,属于自制设备,不仅"晒"纸效率高,而且利于纸质的提高。

贡川纱纸,常见的有1.3尺、1.5尺和1.8尺三种规格,计量方式是40张为一刀,10刀为一把,20把为一担,这是壮族人特有的传统计量法。

图片来源
图一　孙林　摄影
图二至图四　许边疆　制图

捞纸　5

湿纸叠放　6

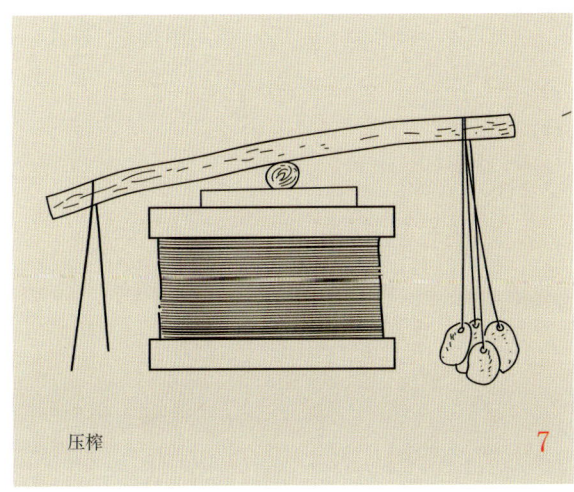
压榨　7

8　晒纸

图三　广西壮族大化贡川纱纸工艺图 2

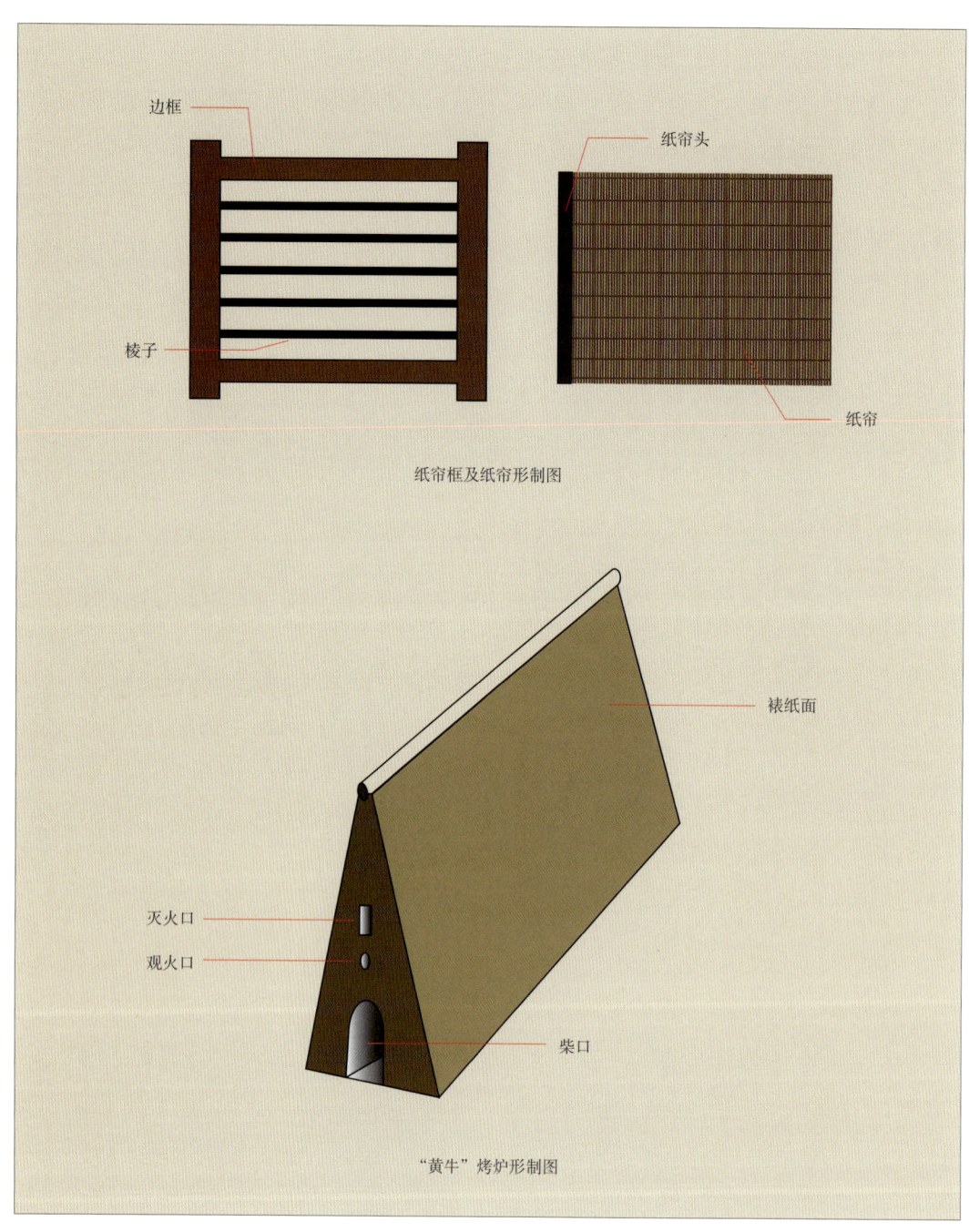

图四 广西壮族大化贡川纱纸工具图

广西壮族龙脊背篓

图一 广西壮族龙脊背篓主图

背篓是广西壮族人运送物品的工具，其形如圆台，可双肩背负行走。本案例采自广西龙脊壮族生态博物馆。经测量，案例篓口直径 48 厘米，篓身高 48 厘米，篓底最大直径 31 厘米，背带最大宽度 11 厘米。据博物馆工作人员介绍，这种背篓当地人仍在使用。

从结构上看，案例由篓底、篓身、篓口、背带四部分组成。篓底是用三根宽竹篾做骨架（即强筋篾），与编织篓身的细竹篾相互叠压形成一体化结构；篓身则是以纬篾为骨架，穿插"人"字形经篾构造而成，当"人"字形竹篾由下至上延伸到一定高度时，将延伸的经篾向下扭转（多余长度剪去），再以缠绕纬篾的方式锁口，从而完成篓口的收边。本案例另一制作特点是棕丝背带的设计。棕丝背带材料源于棕榈树，这种材料有较高的抗拉强度和柔韧性，尤其是纤维被同向排列之后，其拉伸强度会明显提升，并有一定弹性，是制作背带的好材料。

作为背篓，本案例背带安装方式是：先将较细一端的背带从篓底处穿插而过，再相互拴结在一起，另一端宽边则分别用铁丝结扎在篓口边缘处。壮族人之所以要将背带做成宽窄不一的形态，主要是出于功能上的考虑，宽背带（最宽处11厘米）明显能减弱负荷对肩部产生的压力，而细背带则利于从竹篾间隙中穿插捆绑。

龙脊属于山区，蜿蜒的青石板小路更适于用肩背的方式运送物品。从实际情况看，本案例可承载不同物品，例如搬运赶圩的商品、运送收获的作物、携带走亲访友的礼品等等，甚至还能充当背负孩子的用具。在龙

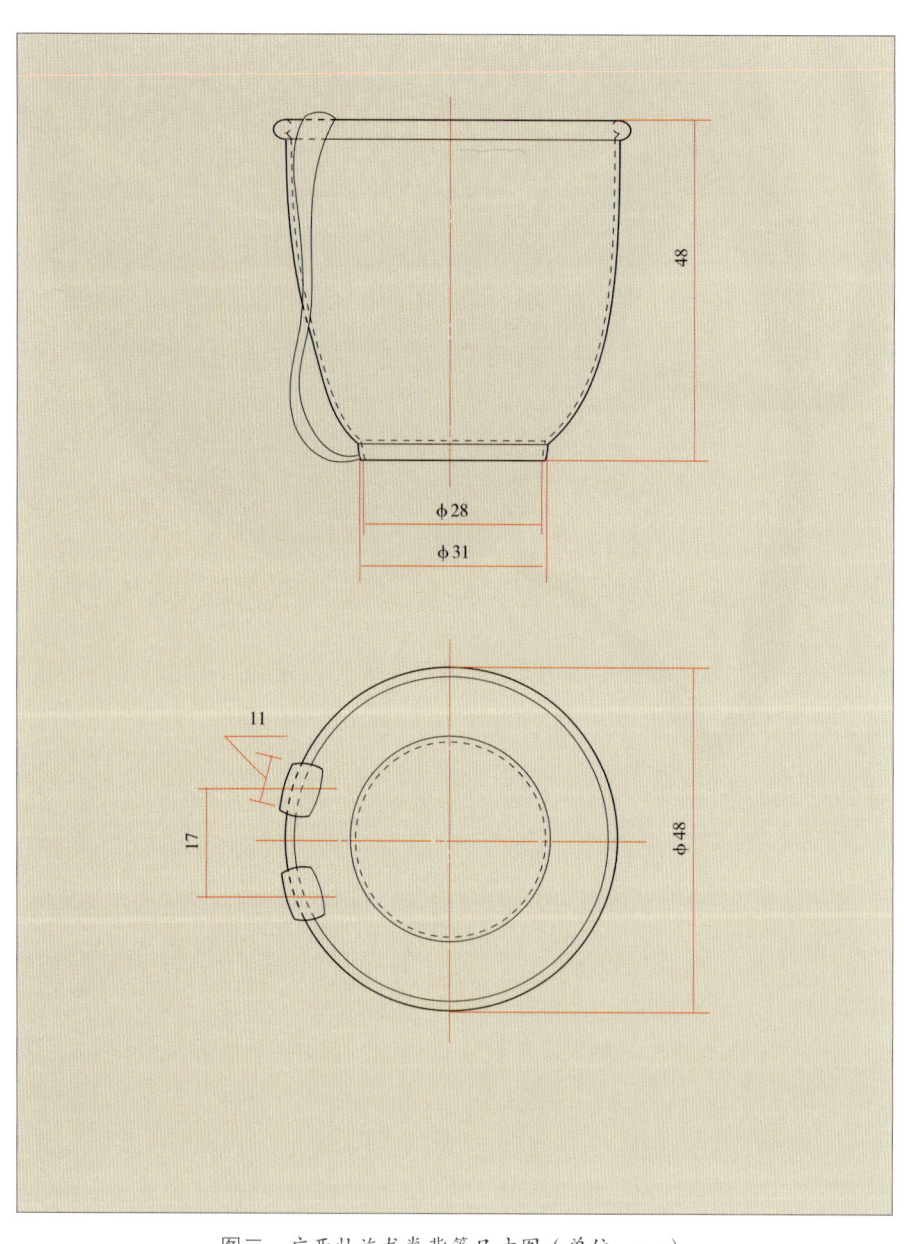

图二　广西壮族龙脊背篓尺寸图（单位：cm）

胜和平乡江柳村考察时，我们曾见过老师用这种背篓帮助孩子背书包。更有趣的是，当地政府还用这种工具创造出了一种民间体育运动项目——"背篓投绣球"，即农历三月初三这天，全县组织不同的队伍汇集在一起，在规定的场地和时间内，看哪个队能将更多的绣球投进本队队员身后的背篓内，投进球最多者即为胜者。显然，这项体育活动是案例功能的一种延伸，为案例增添了新的内容。

图片来源
图一　许边疆　摄影
图二至图五　许边疆　制图

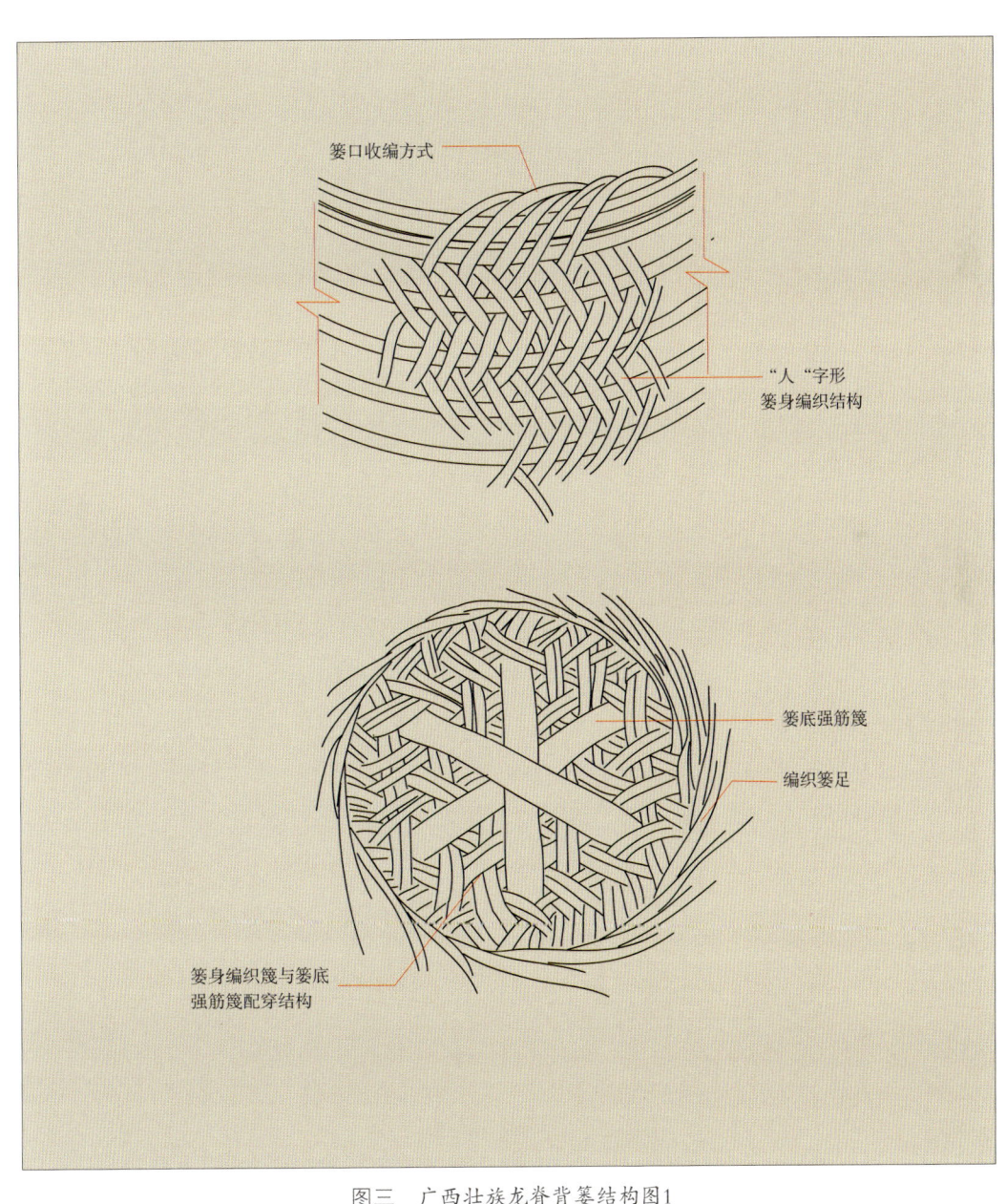

图三　广西壮族龙脊背篓结构图1

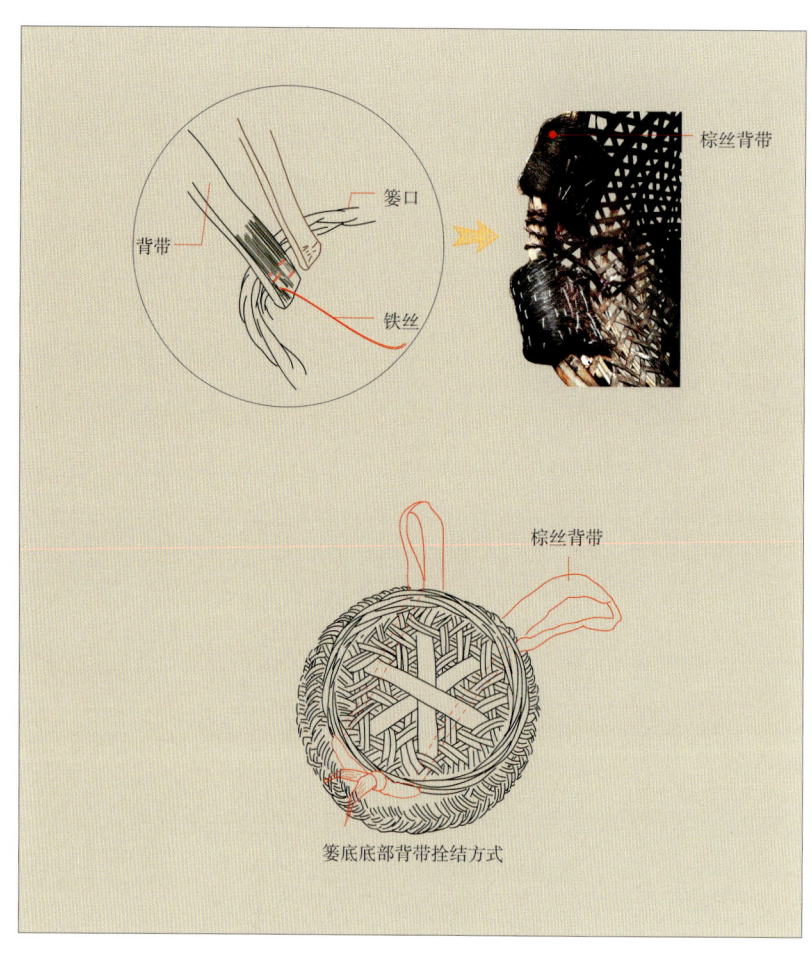

图四　广西壮族龙脊背篓结构图2

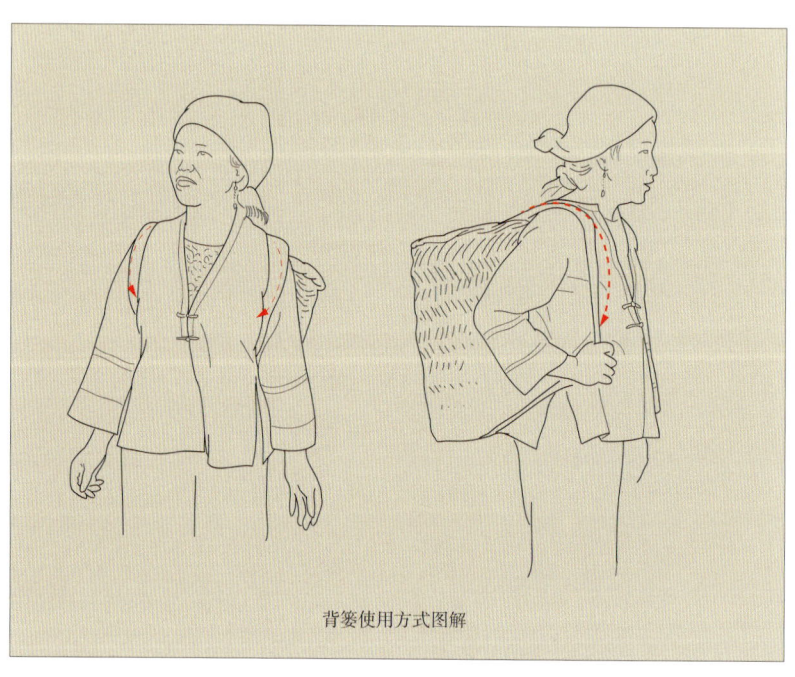

图五　广西壮族龙脊背篓功能图

广西壮族靖西腰篓

图一　广西壮族靖西腰篓主图

广西竹资源丰富，壮族人利用竹材创造出了许多竹产品，腰篓便是其中之一。简单来说，腰篓是拴系在腰间的一种容器。本案例采自广西靖西壮族博物馆。经测量，案例口部直径 20 厘米，高 24 厘米，篓身上部直径 16 厘米，下部直径 12 厘米，形制近似于半椭圆体。

据博物馆工作人员介绍，这种竹编器具是一种多功能用具，它的使用方式是：通过两根绳索的拴结将它挂在腰间，无论是放东西还是取东西，都很方便。在靖西，这种腰篓使用场合如下：一是女性采茶时用，不过装茶叶的腰篓要比案例大，但形制一样；二是男或女外出砍柴时可将柴刀插于腰篓内，既不会掉出，也便于使用。从设计学角度分析，半椭圆状的腰篓放在人腰处是适宜的，如本案例既可摆放在腰前，也可放在身后，劳作时可灵活自如地处置。在结构方面，本案例特点之一便是定位棒。所谓定位棒，实际是根普通的小木棍，直径约1.5厘米，长度略大于篓身直径，它是在编织篓身时径直插入其中的，其作用是两端拴结绳索，同时也承担篓内的负荷（如果将绳索直接拴在竹篾上，极易损坏篓身）。当然，如果篓内放的是砍刀器具，定位棒也能起到对砍刀的限制作用。本案例另一设计特点是，可以事先将案例绳索的一端固定在木制绳扣上，绳索的另一端则做成环形套，当人要用腰篓时，只需将一根绳索快速地套在木扣上即可，拴系方式可谓简单灵活。

据说这种腰篓已使用数百年了，过去，小巧轻便的腰篓是人们上山打猎、采药或砍柴必带的用具，外出时只需将腰篓系于腰间即可。小小的器具陪伴着壮族人"日出而作，日落而息"，背后蕴藏着浓浓的乡土生活趣味。

图片来源
图一　孙林　摄影
图二至图五　许边疆　制图

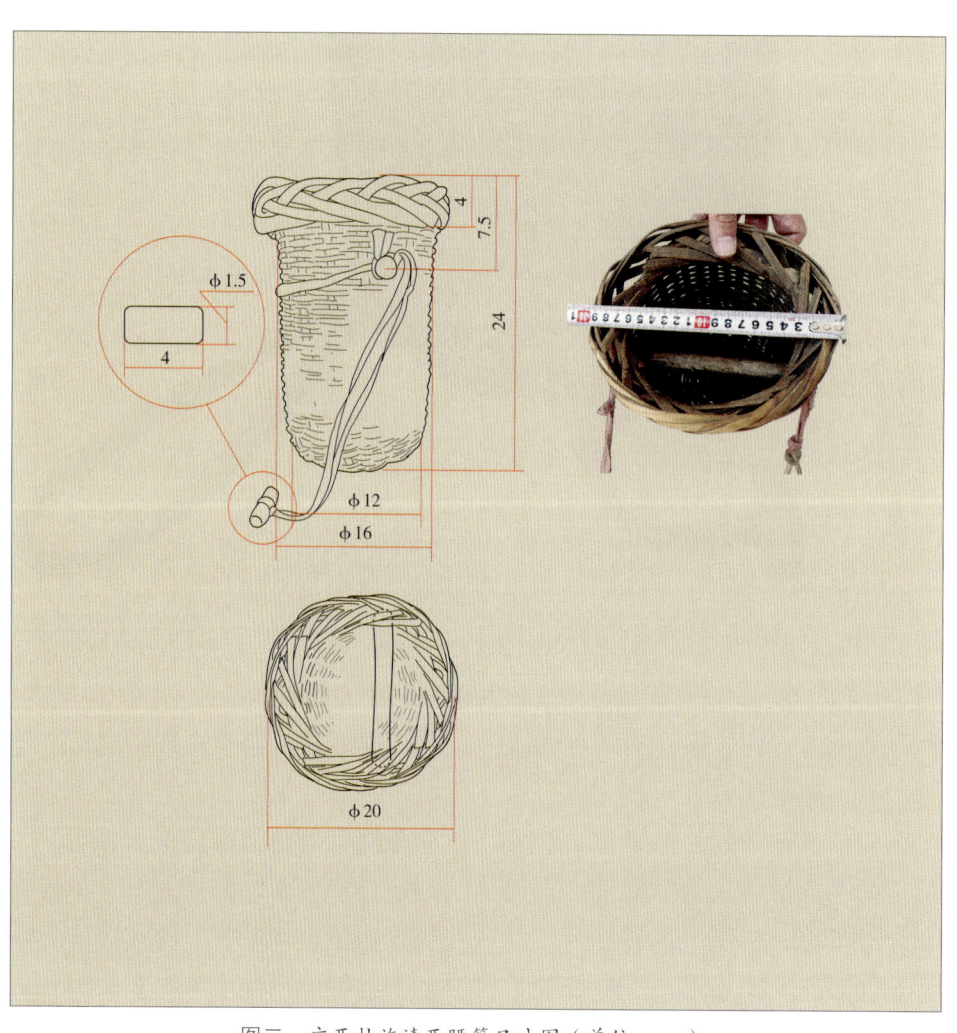

图二　广西壮族靖西腰篓尺寸图（单位：cm）

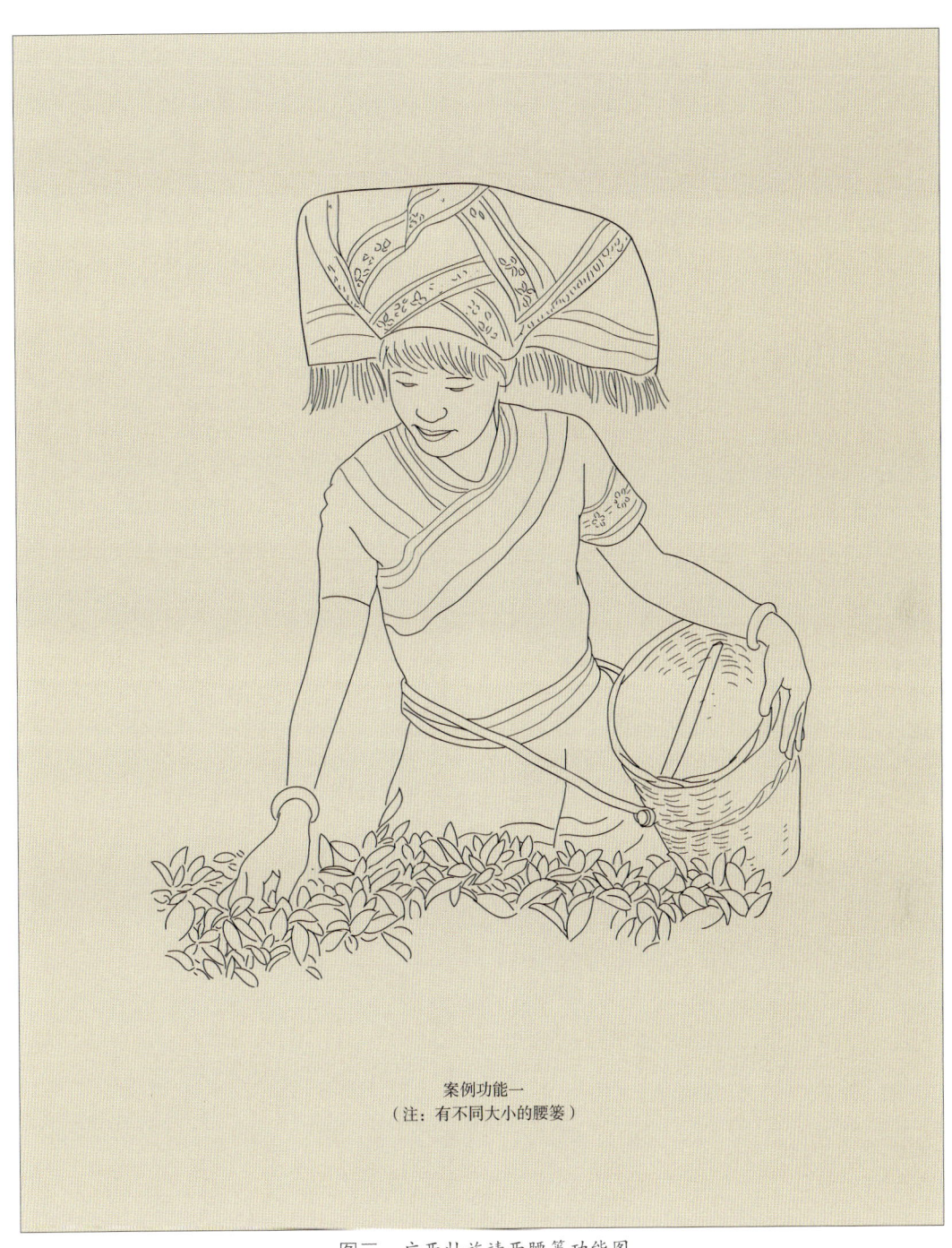

图三　广西壮族靖西腰篓功能图

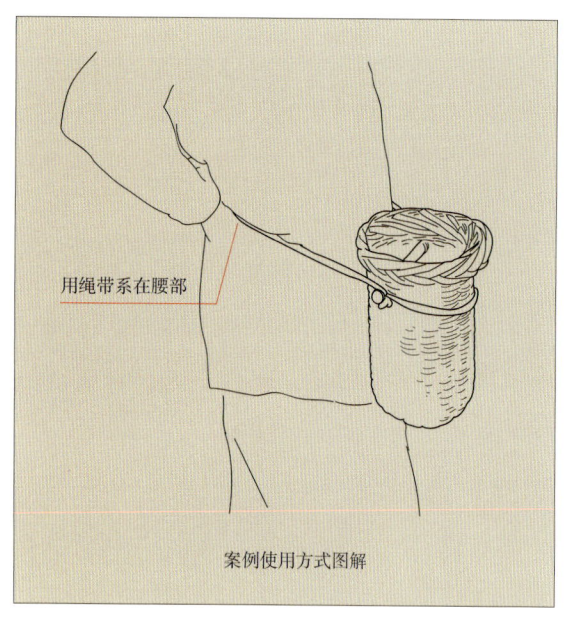

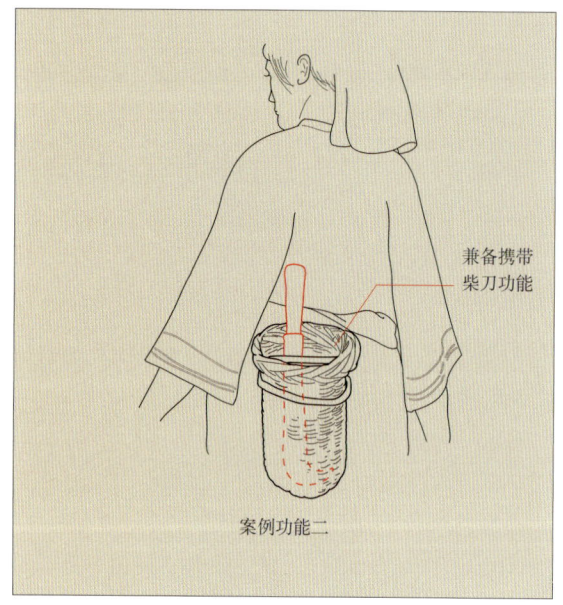

图四　广西壮族靖西腰篓使用方式图

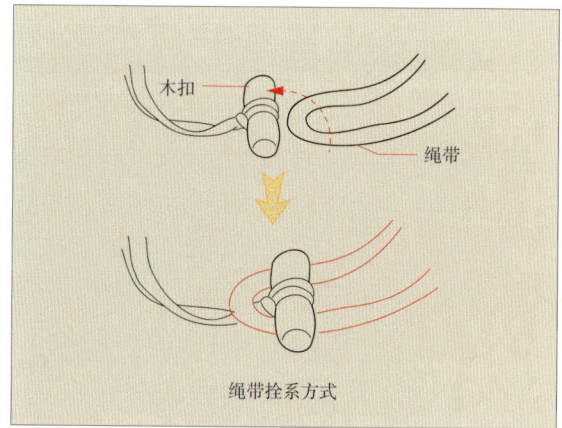

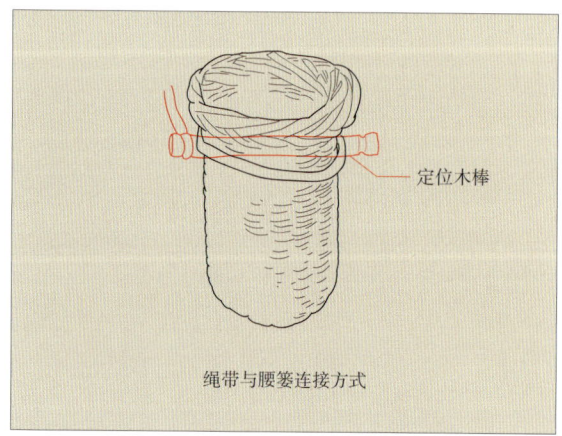

图五　广西壮族靖西腰篓局部结构图

广东壮族连山"猫叹气"

图一　广东壮族连山"猫叹气"主图

"猫叹气"是拟人化的称谓,它实际是一种家庭储藏食物的用具。这种用具常被吊在空中,即使猫、鼠或其他类型的动物闻到食物香味,馋涎欲滴,也无法偷吃装在器具内的食品,只能是一声叹息。概括来看,传统"猫叹气"存在不同的种类与形制,材料可分木、竹、柳、藤等，本案例即为木制"猫叹气"，现藏于广东连山民族博物馆壮族器具陈列室，属于民国时期遗物。

从形制上分析，案例是一个带盖子的木桶，桶身由八块弧形木板用木钉组合而成，其中有两块木板是同手柄连成一体的，彼此间有牢固的结构关系。由于案例使用方式是悬挂于空中，所以体积设计不可过大，否则不利于人手的操作。经现场测量得知，案例桶高23厘米，上部直径26厘米，下部直径23厘米，形制近似于圆台。如果不考虑木桶的壁厚，经粗略计算，案例容量不足10立方分米，若以水为参照物，其承载物不足10千克，这种容量的设计显然同一般成人的生理条件是相匹配的。另外，为了更有效地防止动物偷吃食物，本案例还配置了木质桶盖。从设计学角度分析，案例所配桶盖至少有以下功能：一是打开桶盖和关闭桶盖都方便自如；二是桶盖具有一定的密封性，不仅能防止动物偷吃，也兼有防尘功能；三是桶盖的

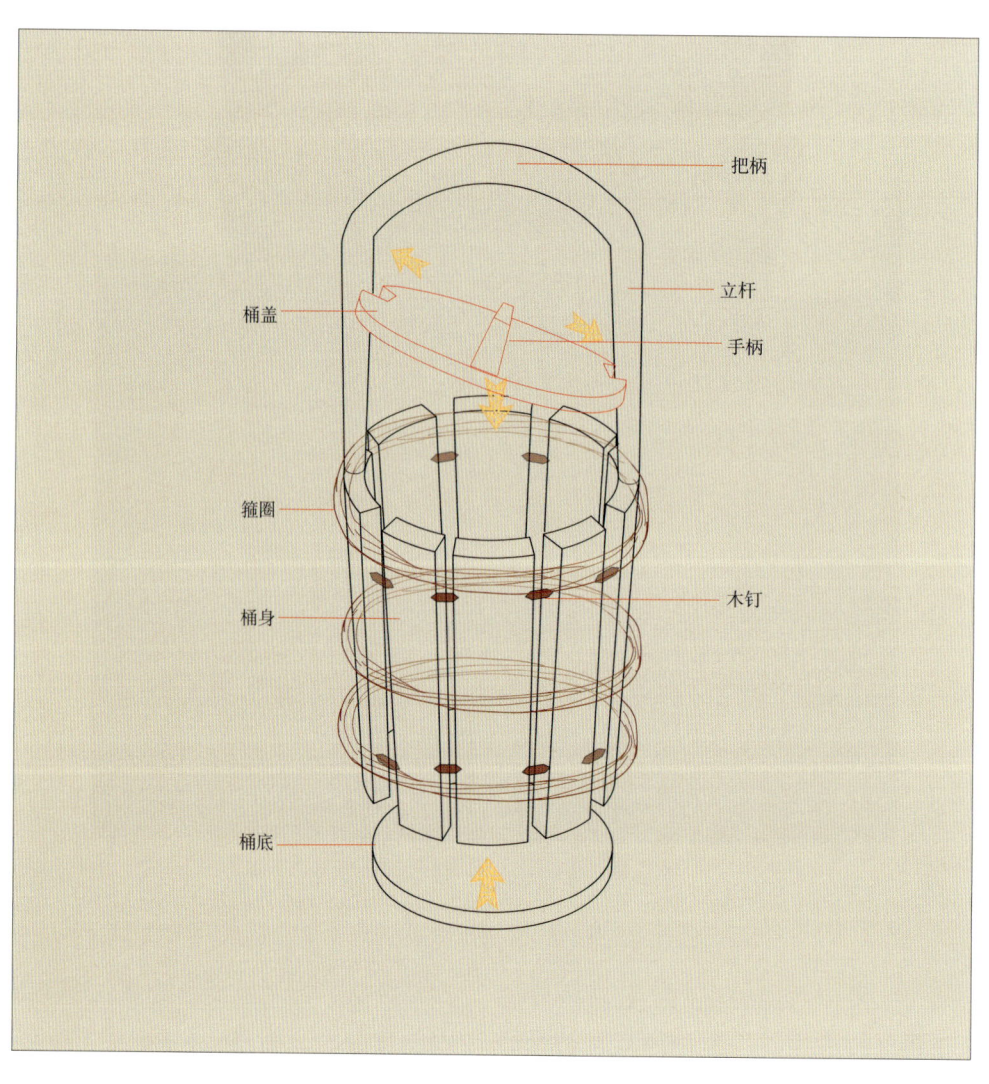

图二　广东壮族连山"猫叹气"结构图

密封性不易被一般动物破坏。要做到以上三点，就必须在桶盖的结构上下功夫。事实上，本案例桶盖既没有增加额外附件，也没有消耗太多的加工工时，仅在桶盖的相对边缘处各设计一个方形豁口，豁口大小与圆形立杆尺度一致既能解决桶盖的开合问题，又能借助立杆形体对桶盖起到定位作用，即使桶身倾斜一点，桶内食物也不会洒出来。显然，这样设计桶盖，案例不仅可以吊起来使用，也能摆放在桌子上，猫、鼠只能望桶兴叹。

壮族木制"猫叹气"可储存多种食物，比如咸鱼、腊肉、剩菜剩饭……符合壮族人勤俭节约的生活习惯。从功能上看，尽管案例保存食物的周期有限（特别是在夏季），但在过去艰苦的年代，壮族人使用这类器具的确能有效延长食物的保存时间，最大限度地避免食物浪费，是故它是过去普通人家常见物品之一。

图片来源
图一　孙林　摄影
图二至图五　许边疆　制图

图三　广东壮族连山"猫叹气"功能图

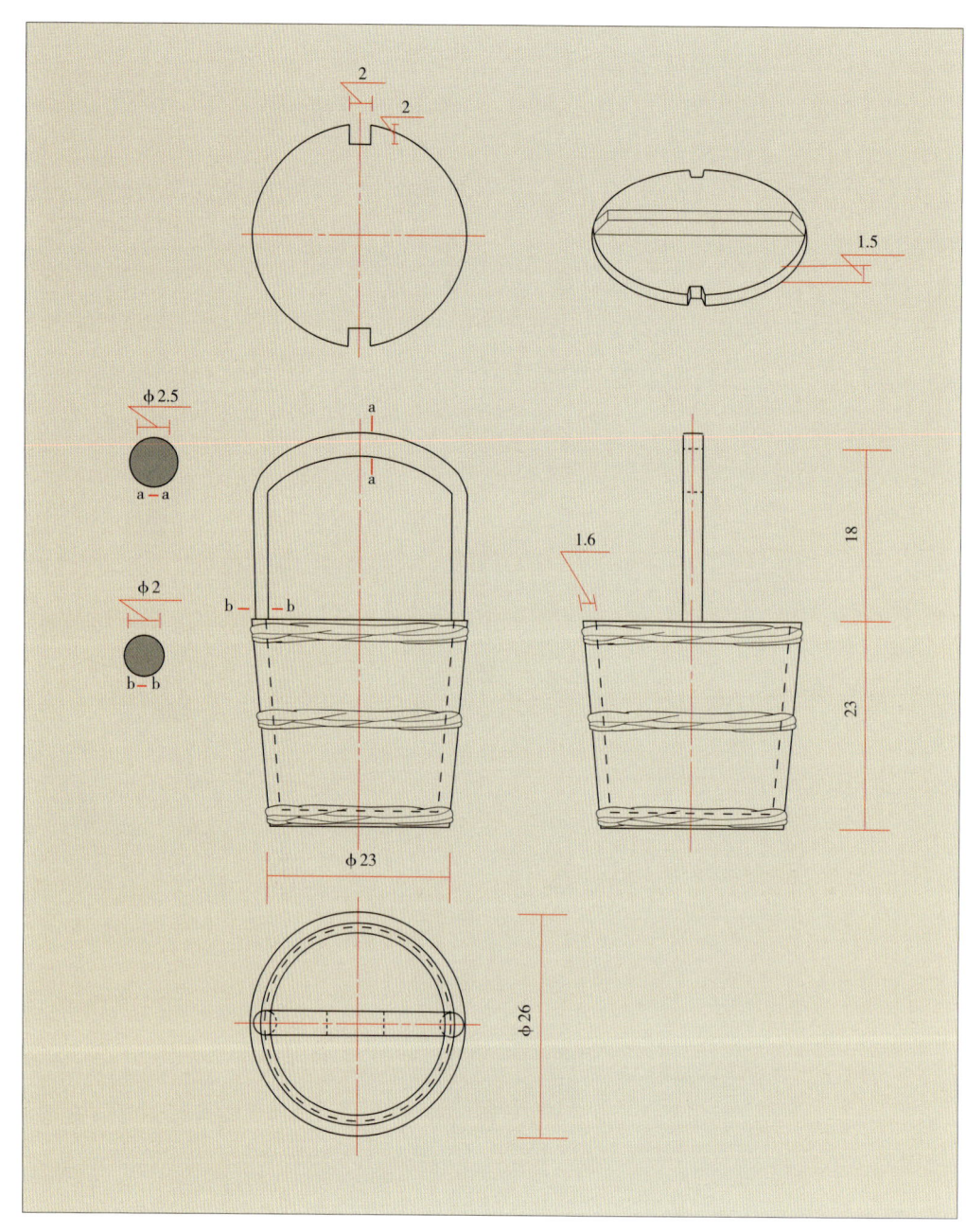

图四　广东壮族连山"猫叹气"尺寸图（单位：cm）

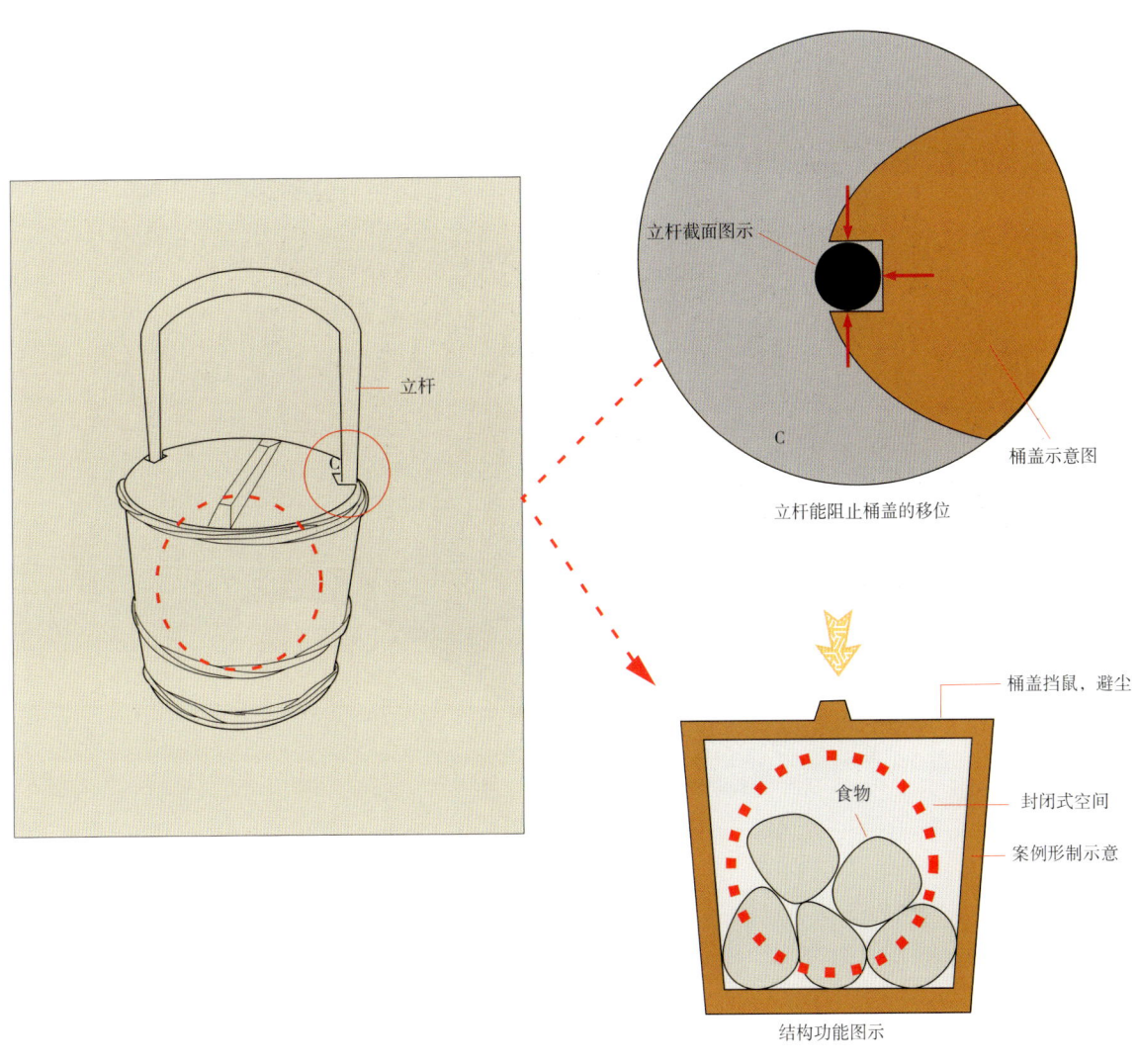

图五　广东壮族连山"猫叹气"设计分析图

广西壮族龙脊蝗虫篓

图一　广西壮族龙脊蝗虫篓主图

蝗虫篓，是装蝗虫的器具，也可做孩子喂养蝈蝈的玩具。蝗虫，俗称蚂蚱，对农民而言是一种害虫。本案例采自广西龙脊壮族生态博物馆，是用竹篾和细竹丝编织而成，形态如鱼篓，肚腹呈椭圆状，篓口以"人"字形编织结构锁口，颈部收敛。经测量，篓口直径约 7 厘米，通高 14 厘米，腹部最大直径 10 厘米。

本案例属于小型器物，可单手握持。据博物馆工作人员介绍，蝗虫篓颈部可拴系一根绳带，当地人做农活时可系于身上，随时将捕捉到的蝗虫放进篓内。由于篓口颈部事先被塞入一束草茎，故篓内蝗虫不再有机会逃脱。这里需详述的是案例篓口，当地人用一种丝状草茎将案例篓口封住，具体方法是：先将草茎理成束状，用手指操作，形成一个中部有空隙而四周密实的植物团，继而将杂乱的一端先塞入篓内，让有序的端头朝外。这样做的结果是，捕捉到的蝗虫被塞进篓里后，只能在篓内活动，无法从杂乱无章的草茎中穿过，原理很像鱼篓内的倒稍，虫子只能进不能出。不过，龙脊壮族人也有其他形制的蝗虫篓，这说明当地壮族人造物有很大的灵活性。

龙脊是山区，当地人居住的房屋是依山而建的干栏建筑，上层住人，底层饲养家禽，村民们干完农活，往往会将抓获的蝗虫一同带回家去，用它们来喂养家禽。此外，当地人也有吃蝗虫的习俗，他们先将捕获的蝗虫放在篓内养两天，待其排尽粪便后，下沸水锅将其烫死，再去掉脚齿、翅膀、内脏，并且晾干。食用时，把晾干的蝗虫放入油锅里，小火慢炸，待蝗虫变成厚重的红色时就撒盐出锅。据现代科学研究，蝗虫肉不仅富含蛋白质、碳水化合物、昆虫激素等活性物质，还含有维生素A、B、C和磷、钙、铁、锌、锰等微量元素，是一种很好的天然食物。不仅如此，蝗虫还有药用价值，如《本草纲目》曾记载，蚂蚱能治小儿惊风、发热、哮喘、气管炎，也能预防心脑血管疾病。

除以上功能外，案例也可作为孩子的玩物，大人将那些能鸣叫的昆虫捉进篓内，供孩子娱乐。

图片来源
图一　孙林　摄影
图二至图四　许边疆　制图
图五　许边疆　摄影

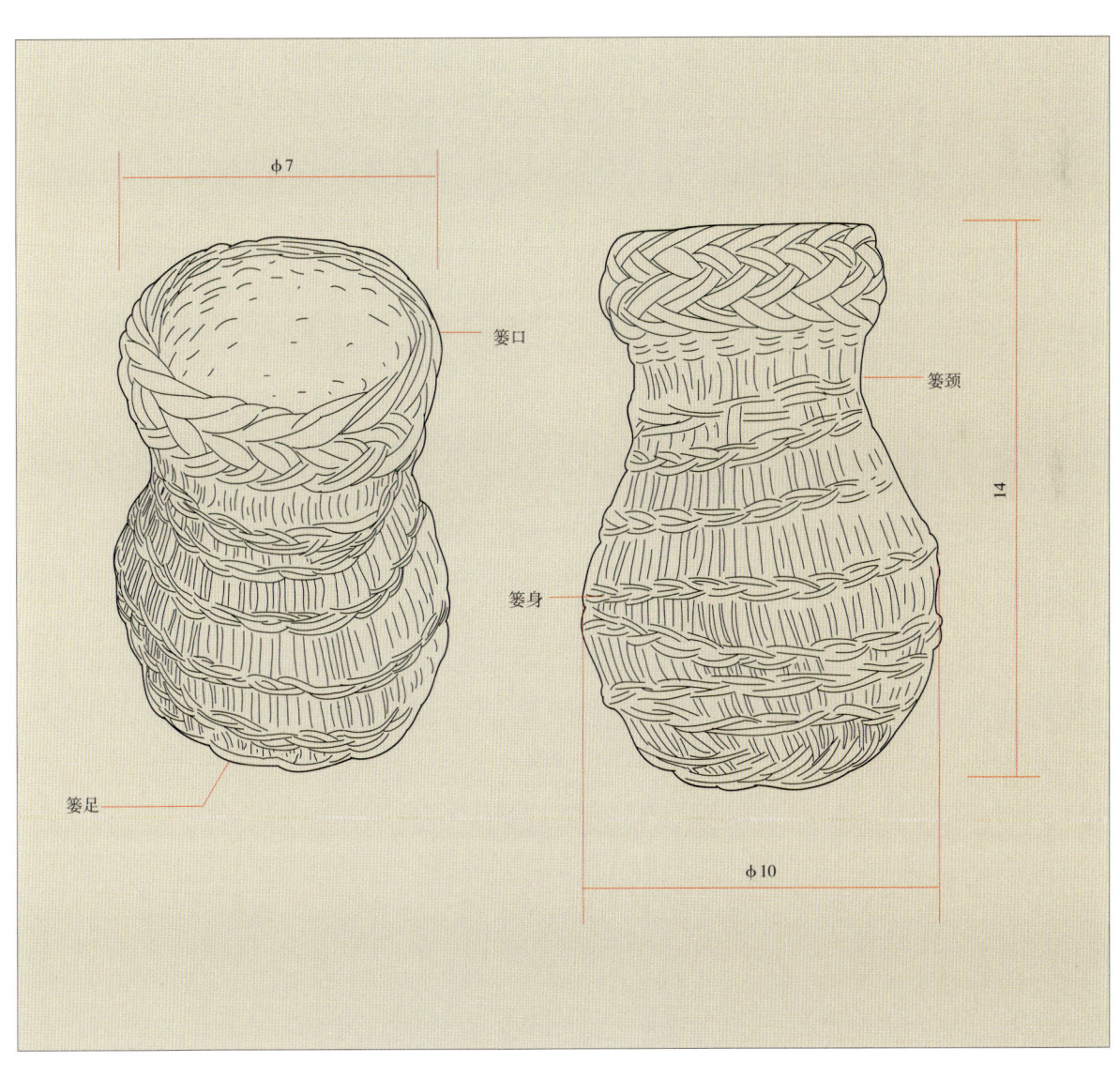

图二　广西壮族龙脊蝗虫篓尺寸图（单位：cm）

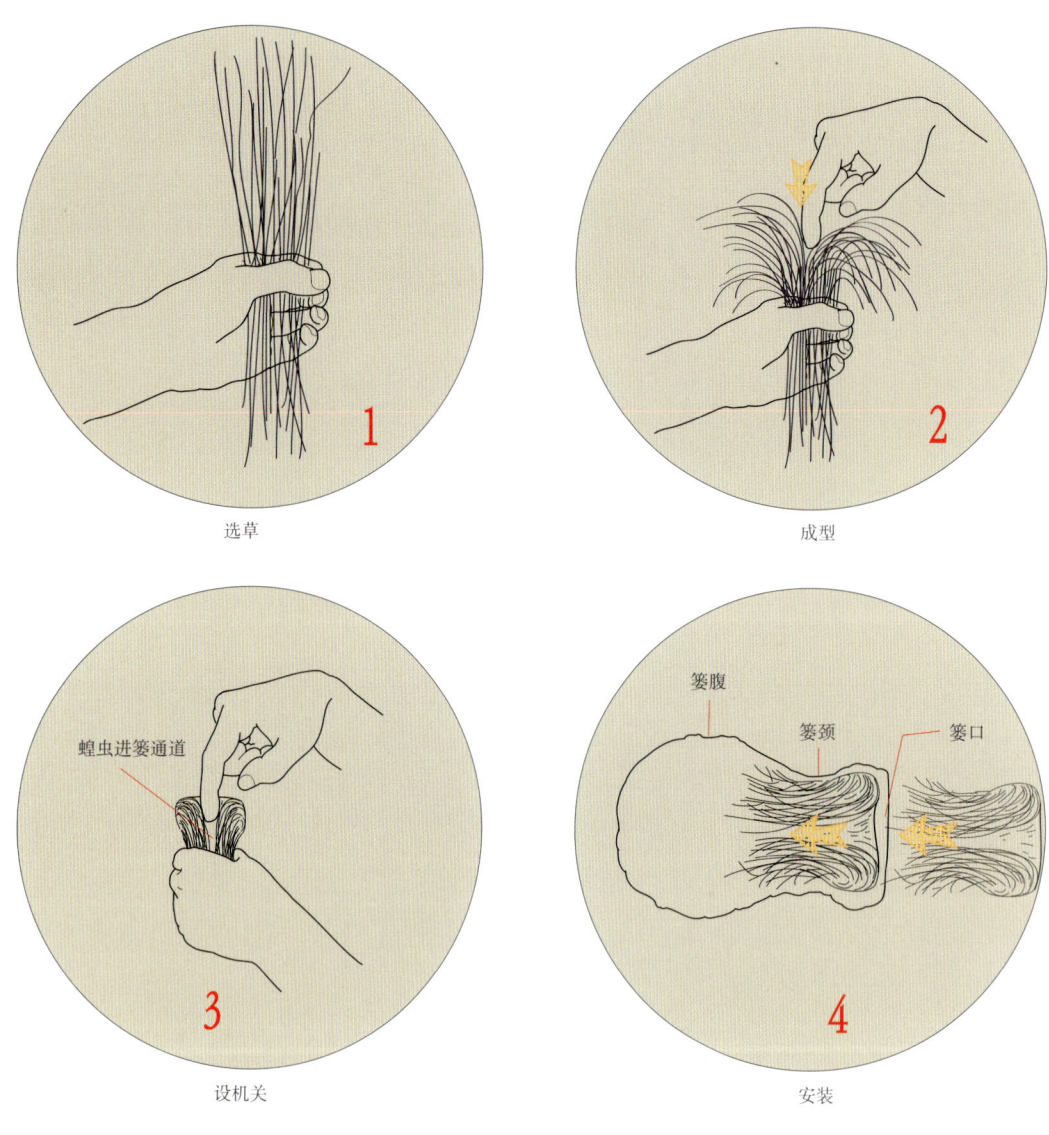

案例装置过程示意

图三 广西壮族龙脊蝗虫篓设计分析图1

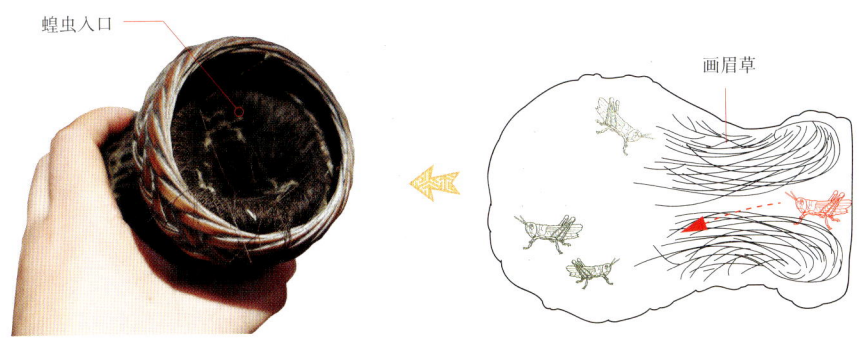

图四　广西壮族龙脊蝗虫篓设计分析图2

图五　广西壮族龙脊蝗虫篓延展图

广西壮族龙脊捕鼠器

图一 广西壮族龙脊捕鼠器主图

本案例为壮族民间传统捕鼠器，现藏于广西龙脊壮族生态博物馆。案例形如"甘"字，第一次遇见时很难将它与捕鼠器产生关联。从结构上看，案例下部是一块整木（为了稳固）做成的长方体木盒，木盒顶部两端分别直立一根滑杆，滑杆上端又用一根横向木杆连接它们，从而构成一个完整的框架结构。本案例活体构件在中间部位，其形可视为带长柄的木槌，锤头两侧各设一个凹槽，凹槽刚好卡在两边直立的滑杆上，可上下移位。由于锤头顶部连着一根长木柄，木柄穿过上部横向木杆，故只要拉动木柄就能让锤头上下移动，这是实现捕鼠的关键机关。本案例高70厘米，底部木盒长35厘米，宽20厘米，锤头与木盒合在一起的高度为21厘米。

从设计学角度分析，案例的捕鼠机制是

将老鼠引诱到木盒里,再借助老鼠在盒中的奔跑动作,带动盒体上部滑杆晃动,滑杆一旦晃动就会引发一系列其他构件的反应,其中最先受到影响的构件便是卡住锤柄的木销。木销虽小,作用很大,木销插入木柄较深,木销便不易脱落,反之则难以锁住木柄。显而易见,木销插入木柄的深度要适当,做到既能锁住木柄,又会因微小震动而立即脱落(反应速度是成功捕鼠的关键),一旦木销脱落,锤头便因自身重力快速下落,来不及反应的老鼠便立即被擒。

龙胜地区山多田少,作物多以梯田方式耕种,粮食收获实属不易。为了减少鼠对粮食的盗食,当地壮民历来重视灭鼠,捕鼠器自然是重要手段之一。事实上,从田野考察情况看,不同的民族都有自己的捕鼠手段。在河池,我们曾见到一种毛南族人制作的捕鼠器,形制与本案例迥然不同,但设计同样巧妙,令人赞叹不已!

从捕鼠特点看,本案例有以下优点:一是捕鼠成本低;二是器具操作简单,可反复使用;三是不会像化学药剂灭鼠那样带来人畜中毒的危险;四是形体轻巧,可随意投放不同地点。总之,这类捕鼠器对当今设计师仍有借鉴价值。

图片来源
图一　孙林　摄影
图二至图六　许边疆　制图

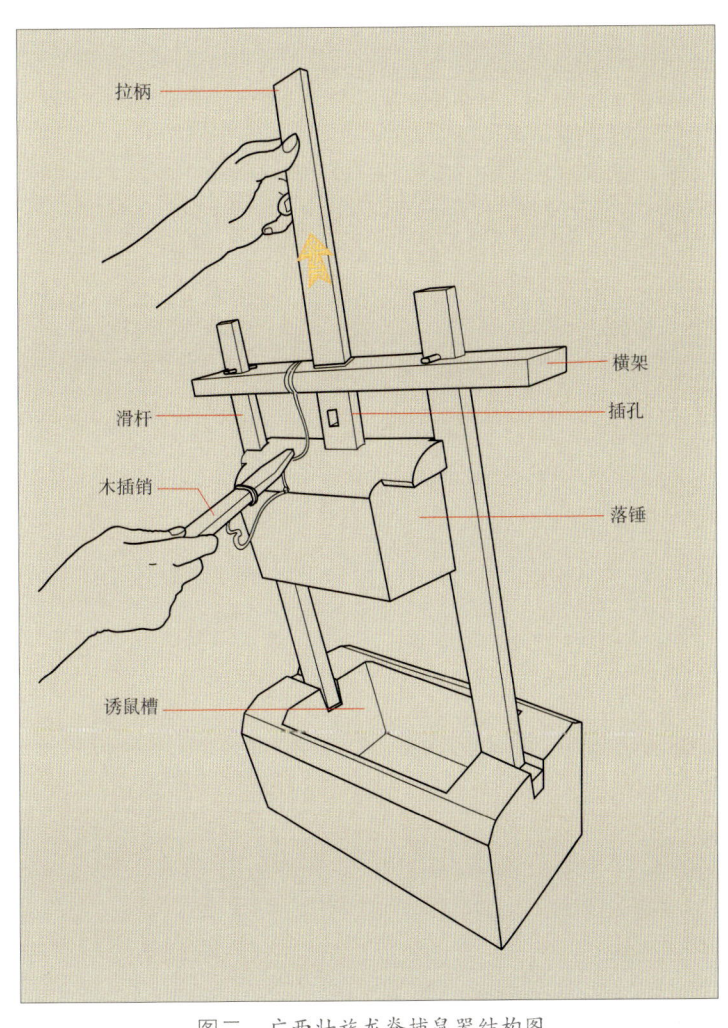

图二　广西壮族龙脊捕鼠器结构图

第四章　壮族传统生活用具

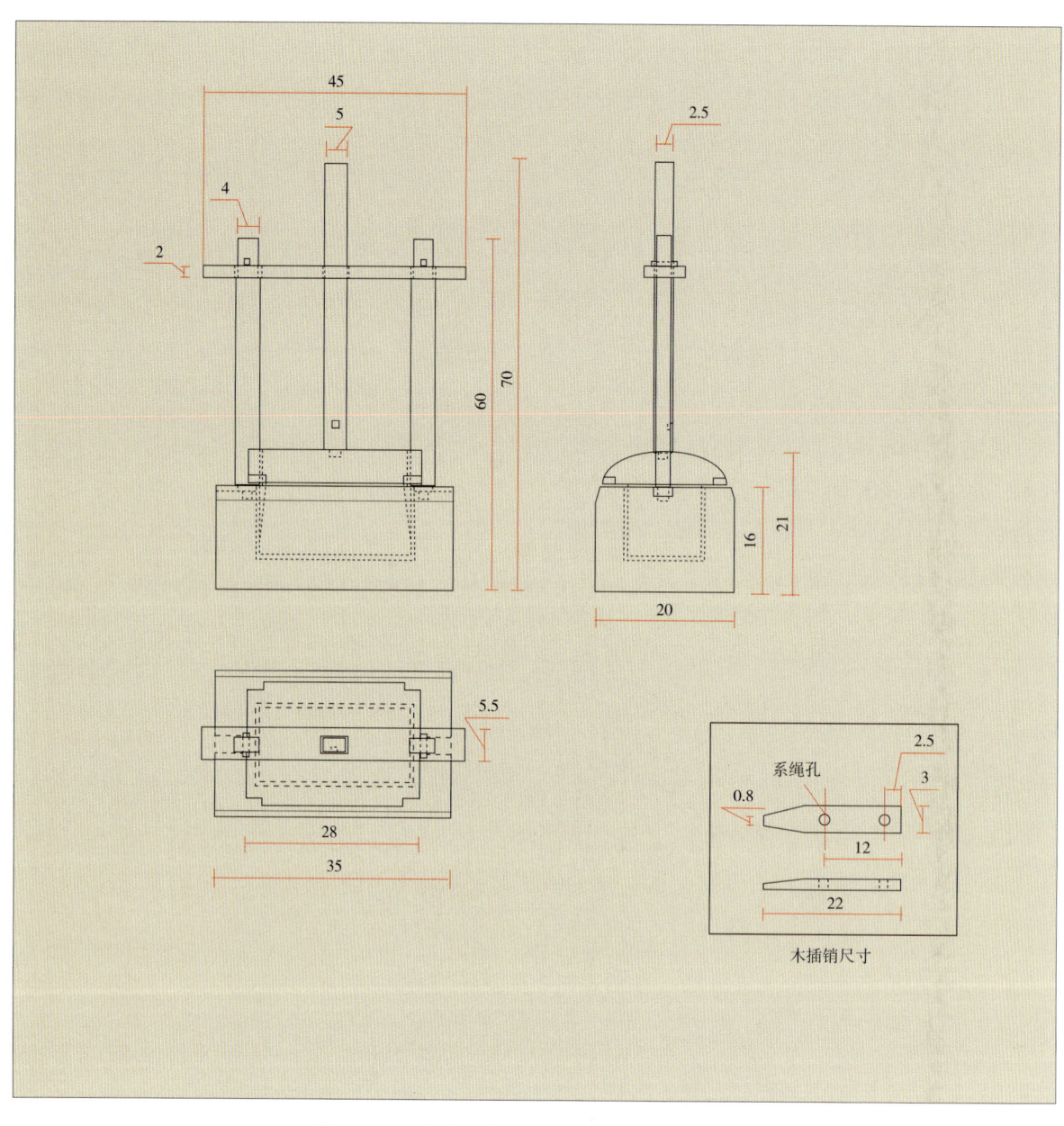

图三　广西壮族龙脊捕鼠器尺寸图（单位：cm）

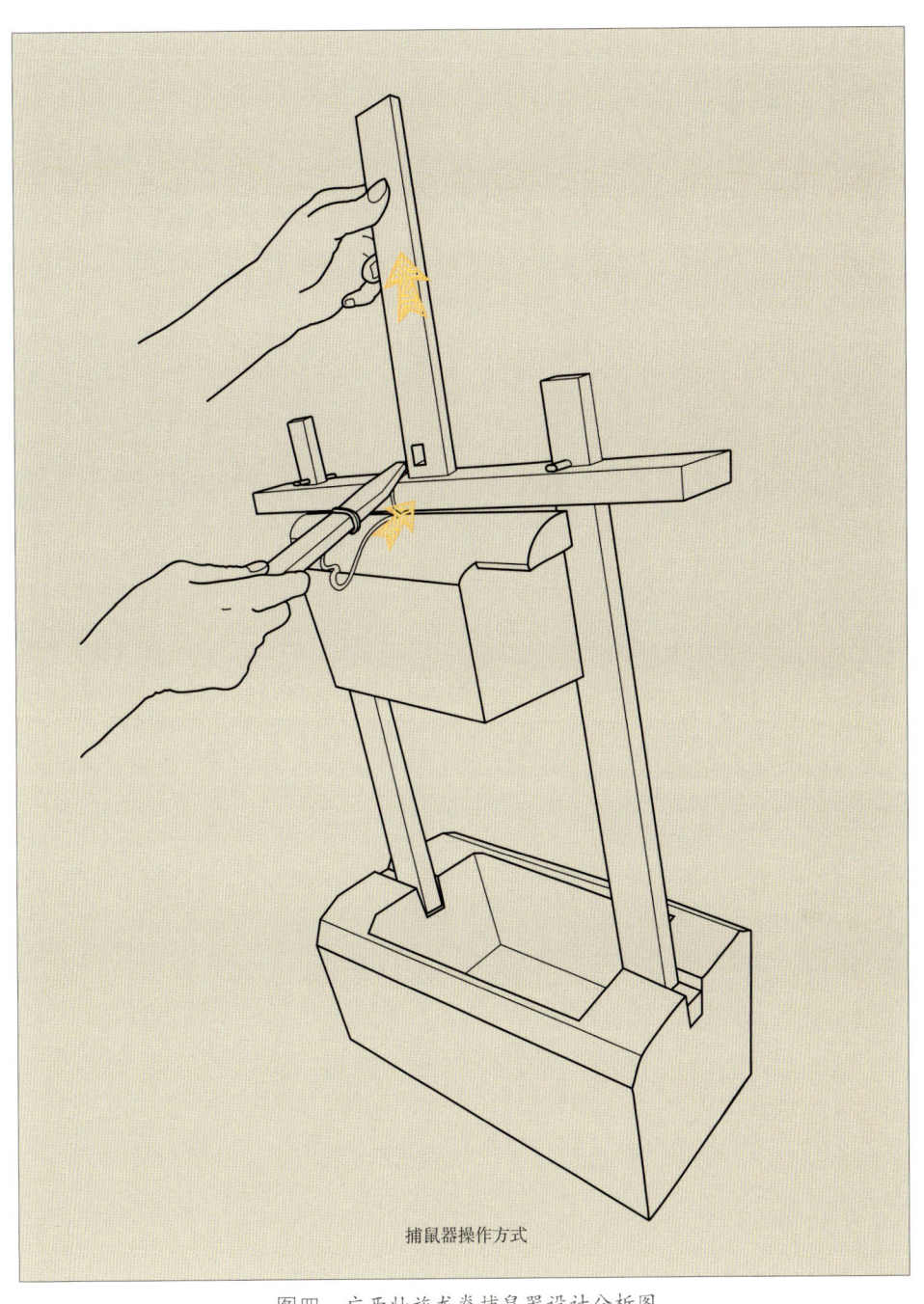

捕鼠器操作方式

图四 广西壮族龙脊捕鼠器设计分析图

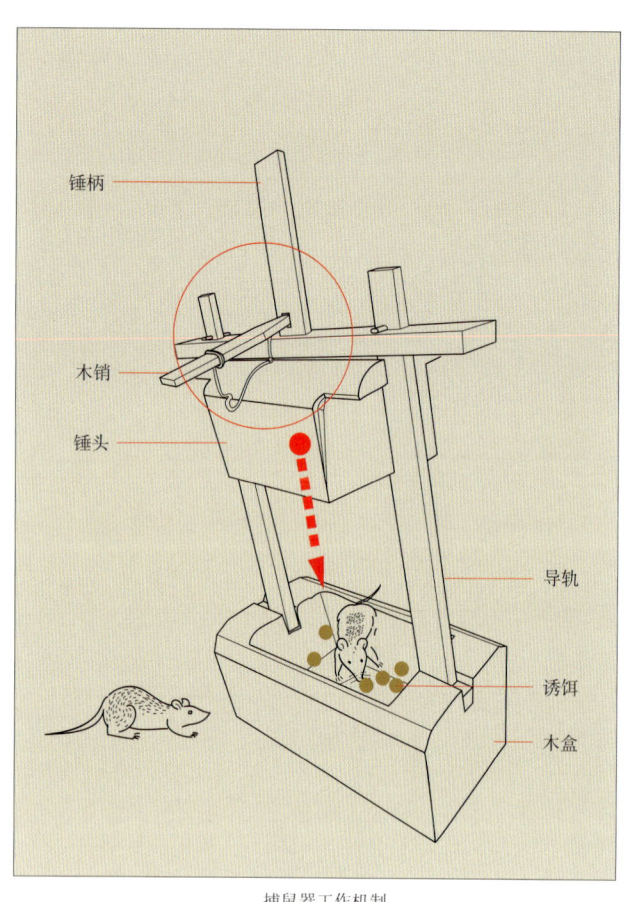
捕鼠器工作机制

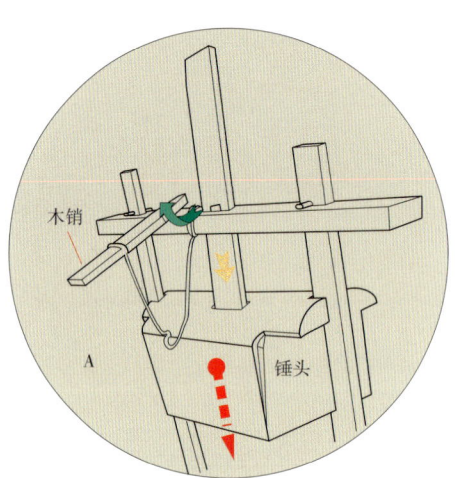
木销脱落方式示意图

图五 广西壮族龙脊捕鼠器工作原理分析图

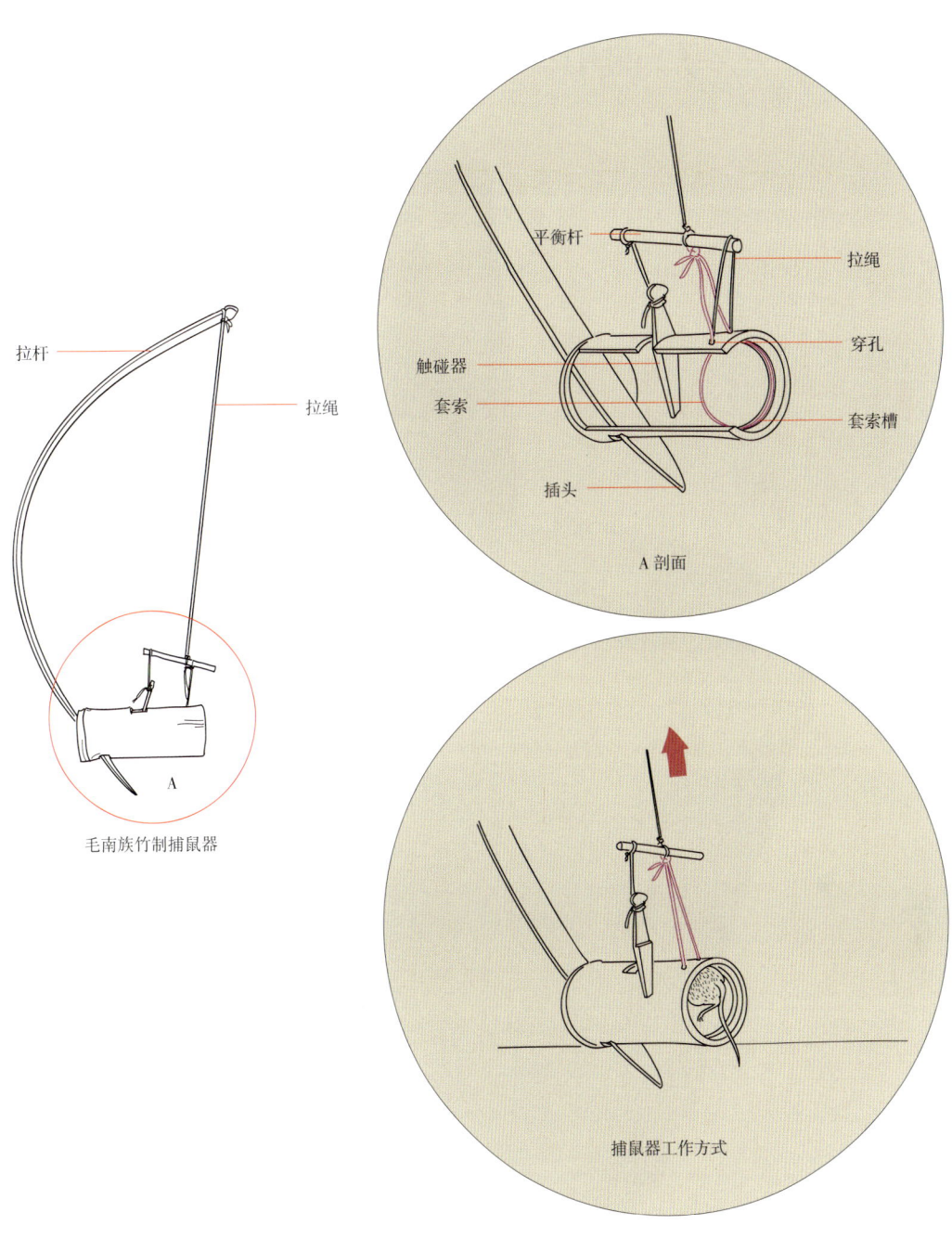

图六　广西壮族龙脊捕鼠器延展图

广西壮族龙脊木潲桶

图一 广西壮族龙脊木潲桶主图

木潲桶是运送家畜食料的一种器具，广西龙脊壮族生态博物馆就藏有此类用具。据该馆工作人员介绍，它是当地壮民养猪时用的工具，也兼做他用。从外观看，案例与水桶有些相似，不同之处是把手形制。经测量，案例把手长16厘米。另一相异之处是，案例桶口设有木盖，且这个木盖边缘开有豁口，豁口尺寸与把手立杆相匹配，在一定角度下，立杆能起到控制桶盖移位的作用。本案例桶高31厘米，桶口直径31厘米，桶底直径24厘米，把手立杆高度21厘米，桶口直径与桶身高度刚好相等。

在博物馆，我们对案例使用方式做了模拟，发现其把手形制很方便人手持握。显然，壮族人在制作把手时很细心地考虑了把手与人手的关系问题，把手形态既利于人手提携，又方便桶身倾斜。不过，本案例桶口不设流口应该与它的使用方式有关。据考察，本案例主要是用于猪的喂养，猪饲料一般为半液体状，用案例投料时既可直接将饲料倒入食盆里，也可用木舀子与案例配合使用。具体来说，人可以一手握着案例把手，另一只手借助其他工具舀出猪饲料。与江浙一带木潲桶比较，案例除不设流口外，形体也稍大于江浙木潲桶。当然，有流口的木潲桶便于液体饲料流出，但也会相应增加制作的工时。

本案例另一设计特点是木桶盖的自锁功能。也就是说，它不仅能避免桶内流体因桶身的晃动而溢出，也能提高桶盖与桶身间的密封性能，这显然有利于饲料的储藏。总之，作为一件劳动用具，其主导思想是功能设计。事实上，当地壮族人并不追求花哨的结构，而是着重于器具实用性的考虑。基于这种思路设计出的民具自然会存在一些设计上的合理性，我们关注它，无疑对当今设计实务会有良好的启迪作用。

图片来源
图一　许边疆　摄影
图二至图六　许边疆　制图

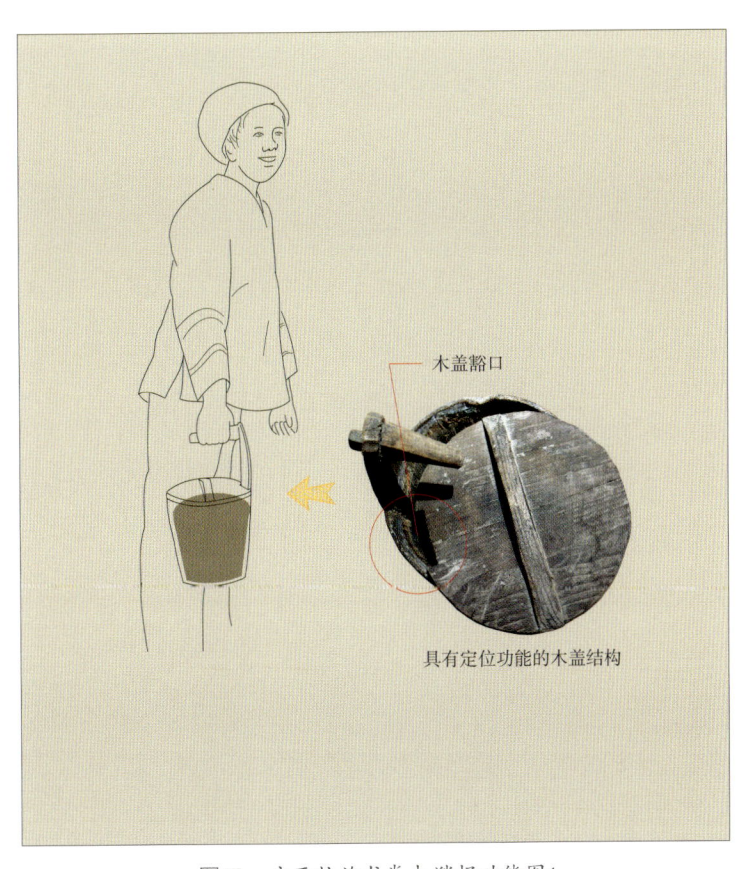

图二　广西壮族龙脊木潲桶功能图1

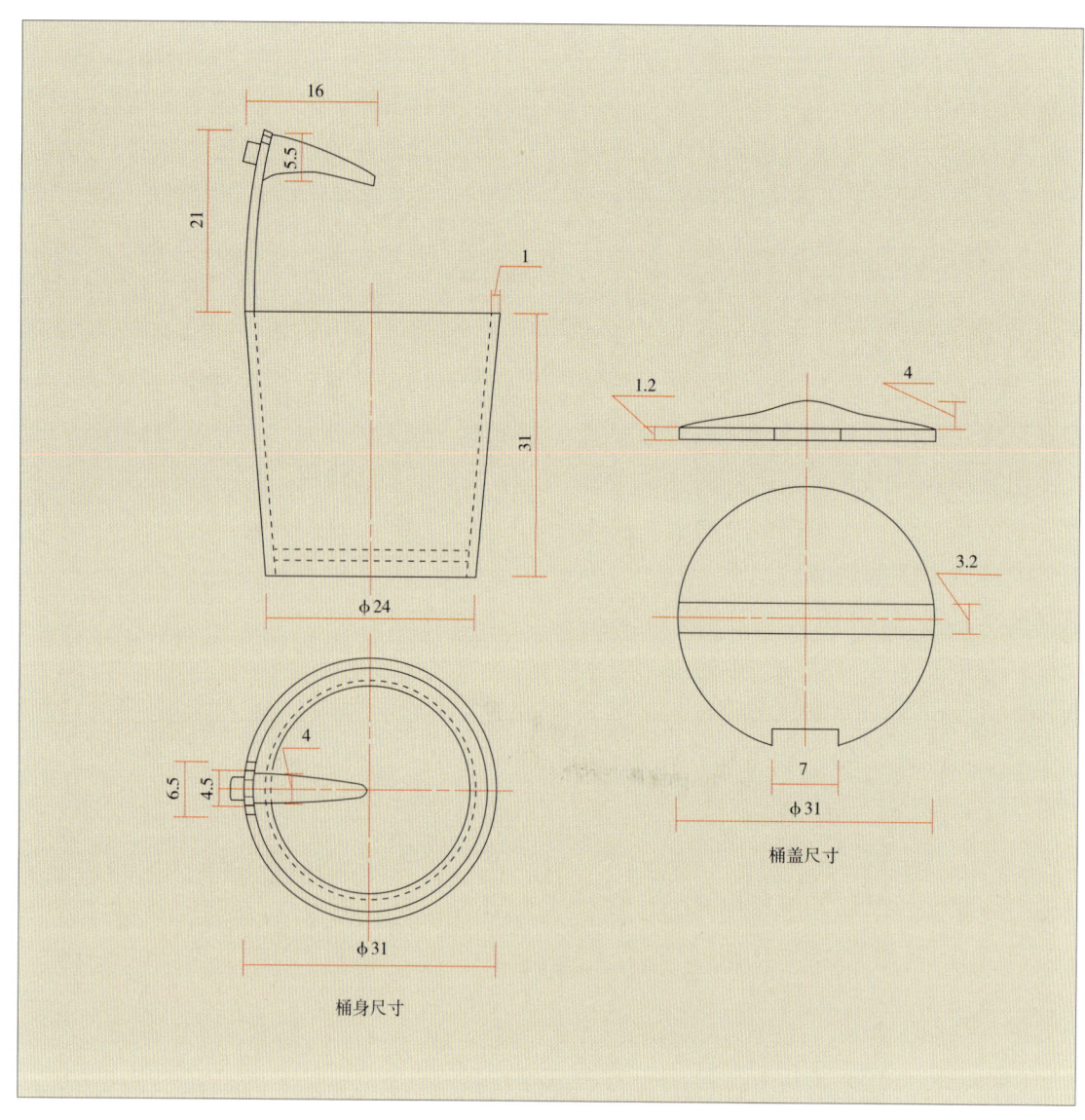

图三　广西壮族龙脊木潲桶尺寸图（单位：cm）

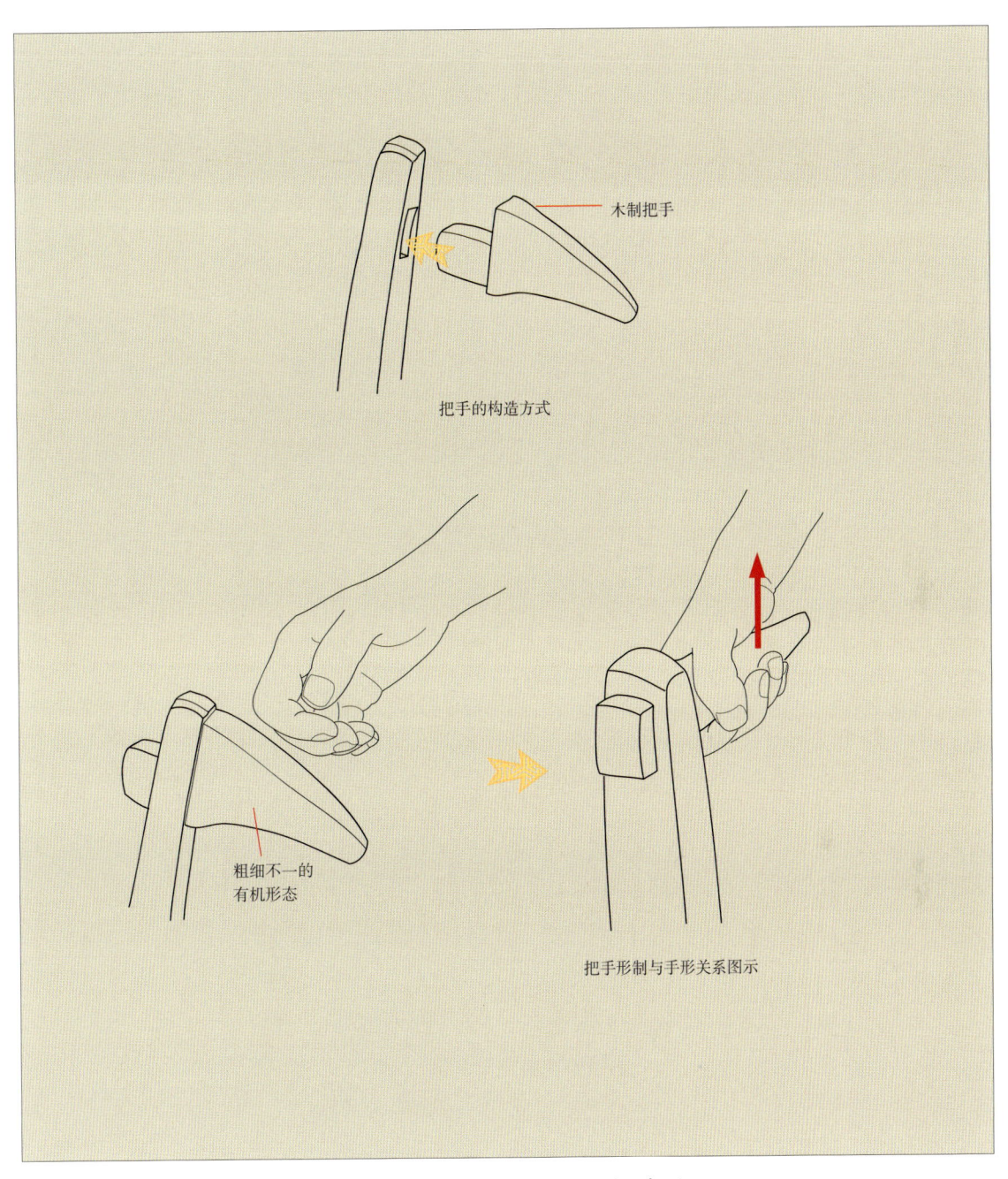

图四　广西壮族龙脊木潲桶设计分析图

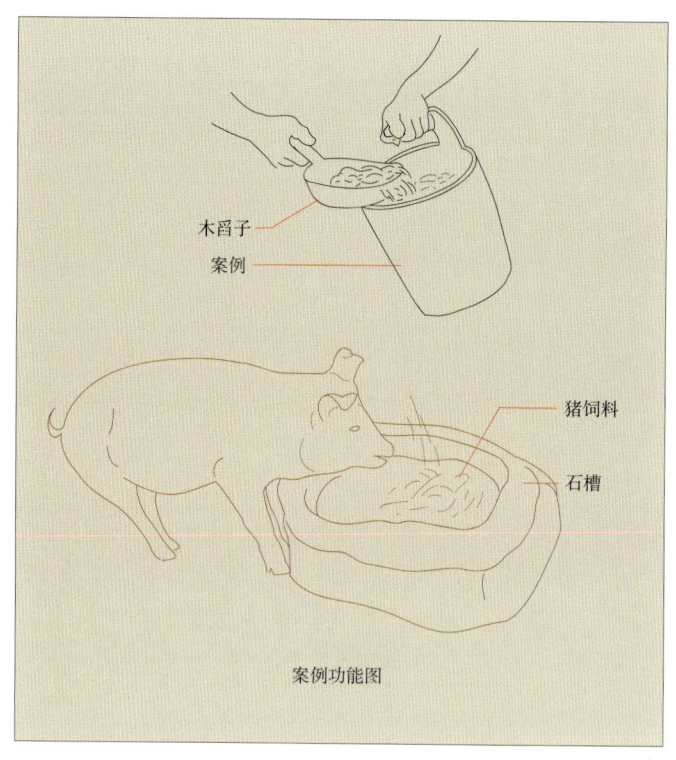

图五　广西壮族龙脊木潲桶功能图2

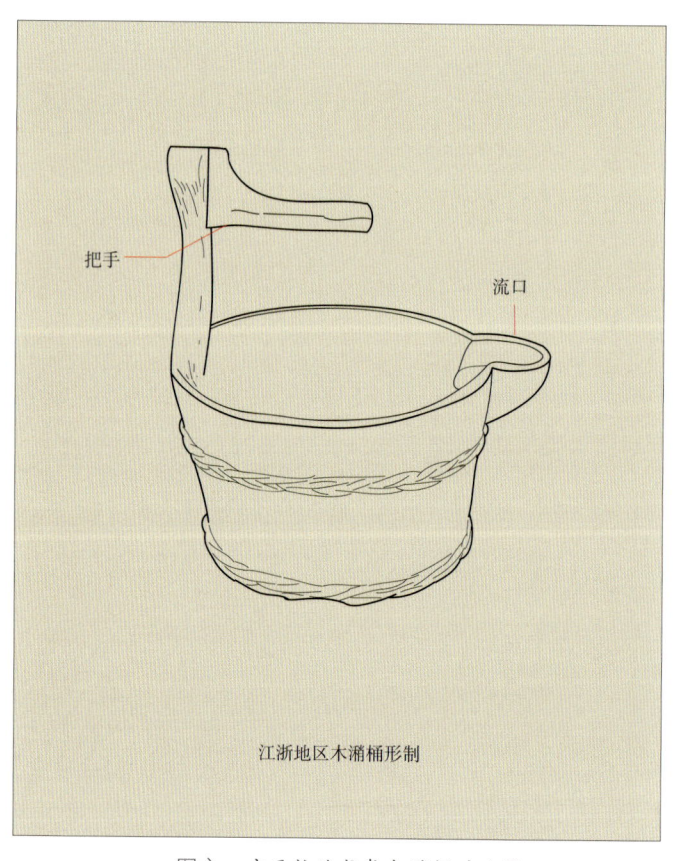

图六　广西壮族龙脊木潲桶对比图

广西壮族龙胜木酒桶

图一　广西壮族龙胜木酒桶主图

广西龙胜壮族人一般都爱饮酒，尤其是度数较低的水酒，这种生活习俗自然会衍生一些相关的器具，本案例即为装酒或运酒的木酒桶，现藏于广西龙脊壮族生态博物馆。从外观看，案例呈圆台状，上部直径20厘米，下部直径26厘米，桶高27厘米，口部配有吻合的木盖。由于案例是肩挑器具，故需配对使用。

从设计学角度分析，盛装液体的酒具应具备以下条件：一是具有良好的密封性；二是材料对酒无污染；三是器皿能方便地打开或封装；四是便于携带或储藏。本案例是用木板拼合而成，其造型存在许多合理性，现分析如下：一是案例桶身是用天然树脂粘接而成，外表髹漆，故可避免酒水渗出；二是桶身上下用两个大小不等的金属圈加固，在提高密封性能的同时，也强化了案例的抗冲击强度；三是桶盖与桶身呈"咬合"状，这种结构设计能有效地防止酒水因桶身晃动而溢出。

本案例主要功能是运送酒水，在山区人们常选用挑担的方式来搬运物品。这里，如果我们对本案例容量进行估算，一桶酒的容量约为6.5升，以8人为一席计，人均可分得约0.8升，一担酒可满足一席普通人的饮用。显然，本案例容积大小是由人的需求来决定的。当然，本案例不仅是一种运酒器具，也可视为一种酒的外包装，例如桶身上的四个金属环纽，既可用来穿绳，方便人们挑担搬运，也能将绳索与桶盖上的金属环相连，从而形成一种四面包围的捆扎结构，使桶身与桶盖更加牢固地合为一体，可谓一种结构、多种用途。该结构对当今实务设计无疑具有启迪价值。

图片来源

图一　孙林　摄影
图二至图五　许边疆　制图

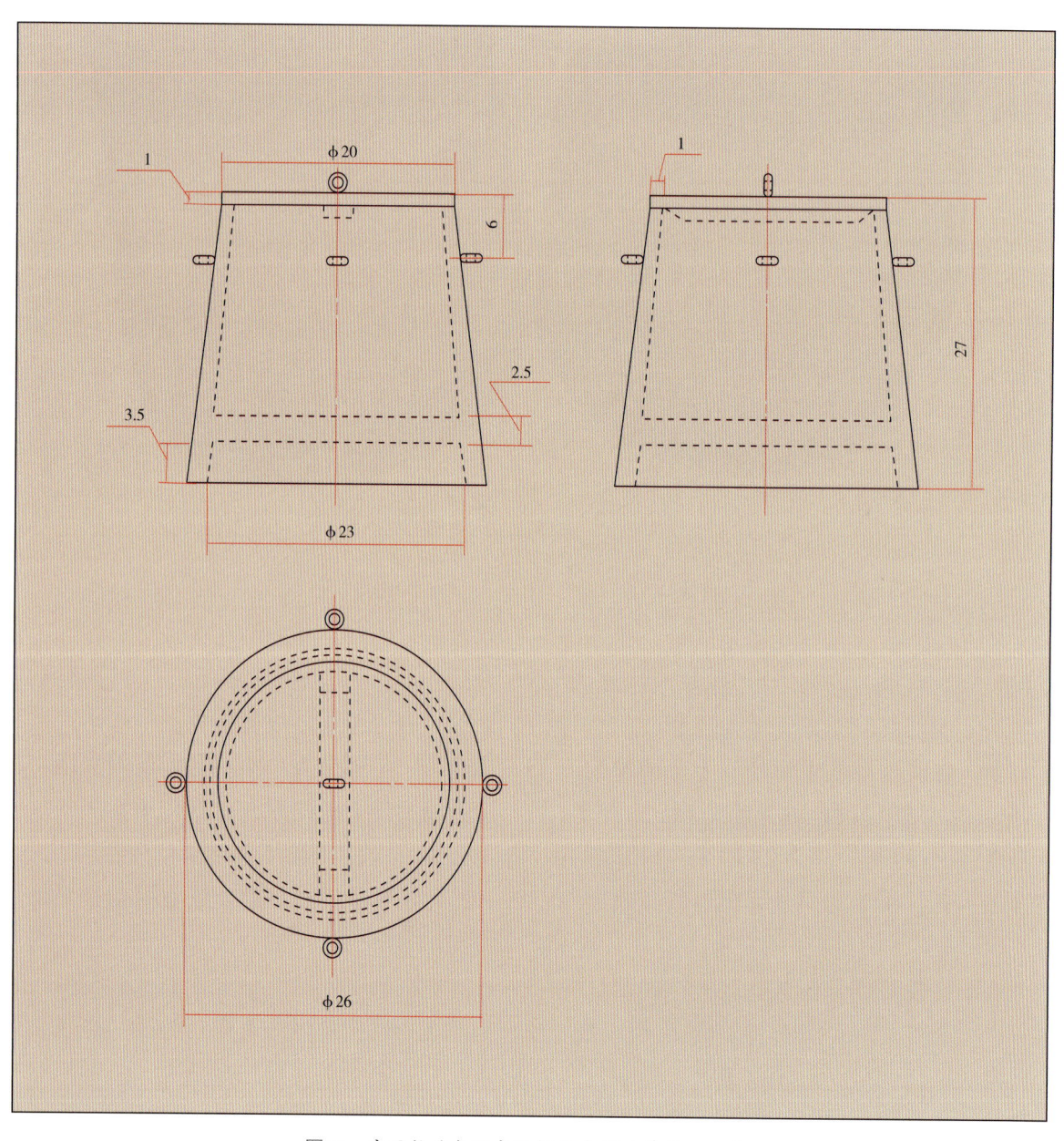

图二　广西壮族龙胜木酒桶尺寸图（单位：cm）

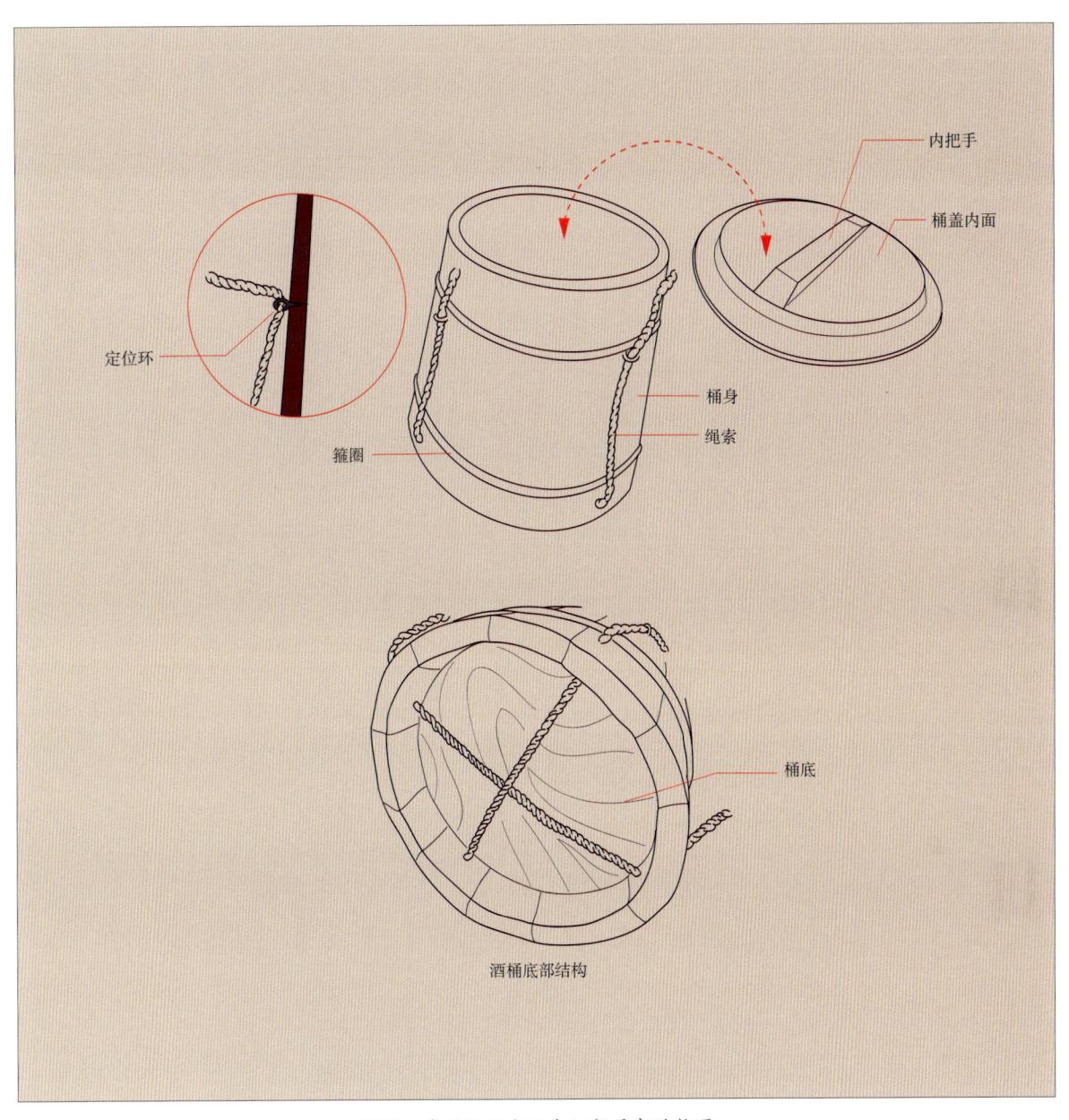

图三　广西壮族龙胜木酒桶局部结构图

图四 广西壮族龙胜木酒桶功能图

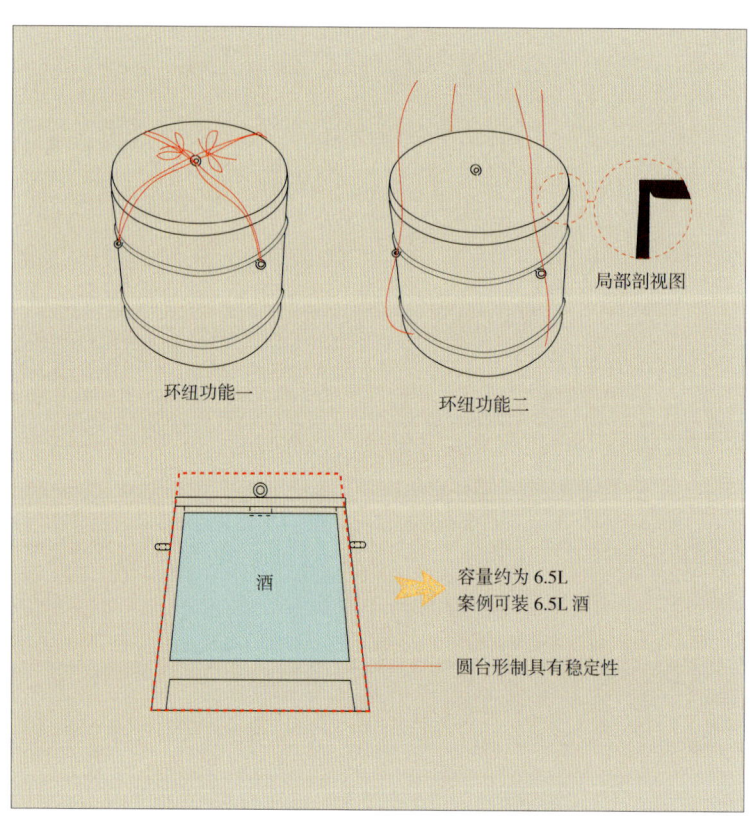

图五 广西壮族龙胜木酒桶设计分析图

广西壮族靖西木杵

图一 广西壮族靖西木杵主图

木杵是壮族人用来加工食品的一种工具,其形制是两头粗、中间细,截面呈圆形的棒体。本案例采自广西靖西壮族博物馆。案例全长59厘米,粗端直径6厘米,细部直径3.5厘米,属于小型工具。

本案例是用椆木制作而成。在当地,椆木又被称为"眯舰""费艳"(壮语),主要产于广西和云南。由于该种木料质地细致、均匀,具有较强的抗磨性和抗腐蚀性,因而是制作木杵的好材料(当地人也用它做砧板)。从功能上看,木杵主要是舂糍粑、舂稻米或染布的工具,也兼做其他,因而它是多功能器具。其多功能属性自然也导致木杵大小不一,对于较大的木杵而言,需要人们双手操作;反之,则用单手即可。当然,无论形制大小,其工作原理皆是一样的,即通过上下运动产生的撞击力来完成对物的做功。从设计学角度分析,将案例设计成两端粗、中间细的形制,目的在于便于人手持握中间位置,完成两端部位的做功。既然是供人手持握,中部尺度就必须依据人手的生理情况来设计,而案例3.5厘米的中部直径显然能满足所有成年人手持握木杵的需求。此外,力学知识也告诉我们,在其他条件相同的情况下,物体质量越大其向下产生的冲击力就越大,这是两端设计较粗的内在原因。从田野考察情况看,壮族人也使用一些特殊形制的木杵,这类木杵自有其特点,劳动方式也略有差异。

壮族人何时开始使用木杵已无法考证。

从河姆渡遗址出土物来判断，木杵在中国出现的时间已很久远，且被应用于许多方面，如捣实建筑体的墙壁、夯实地基……显然，杵是自古以来就存在的用具。

如今的壮乡，人们仍在使用木杵制作食物，尤其是在制作糍粑的时候，壮族人会使用木杵舂糍粑。由于用木杵舂糍粑时肢体上下运动，有一种劳动的节奏感，壮族人从中获得了灵感，创作出了一种特有的民族舞蹈——舂堂舞，从而使木杵的使用功能又得以延展，成为民族舞之道具。

图片来源
图一　孙林　摄影
图二至图七　许边疆　制图

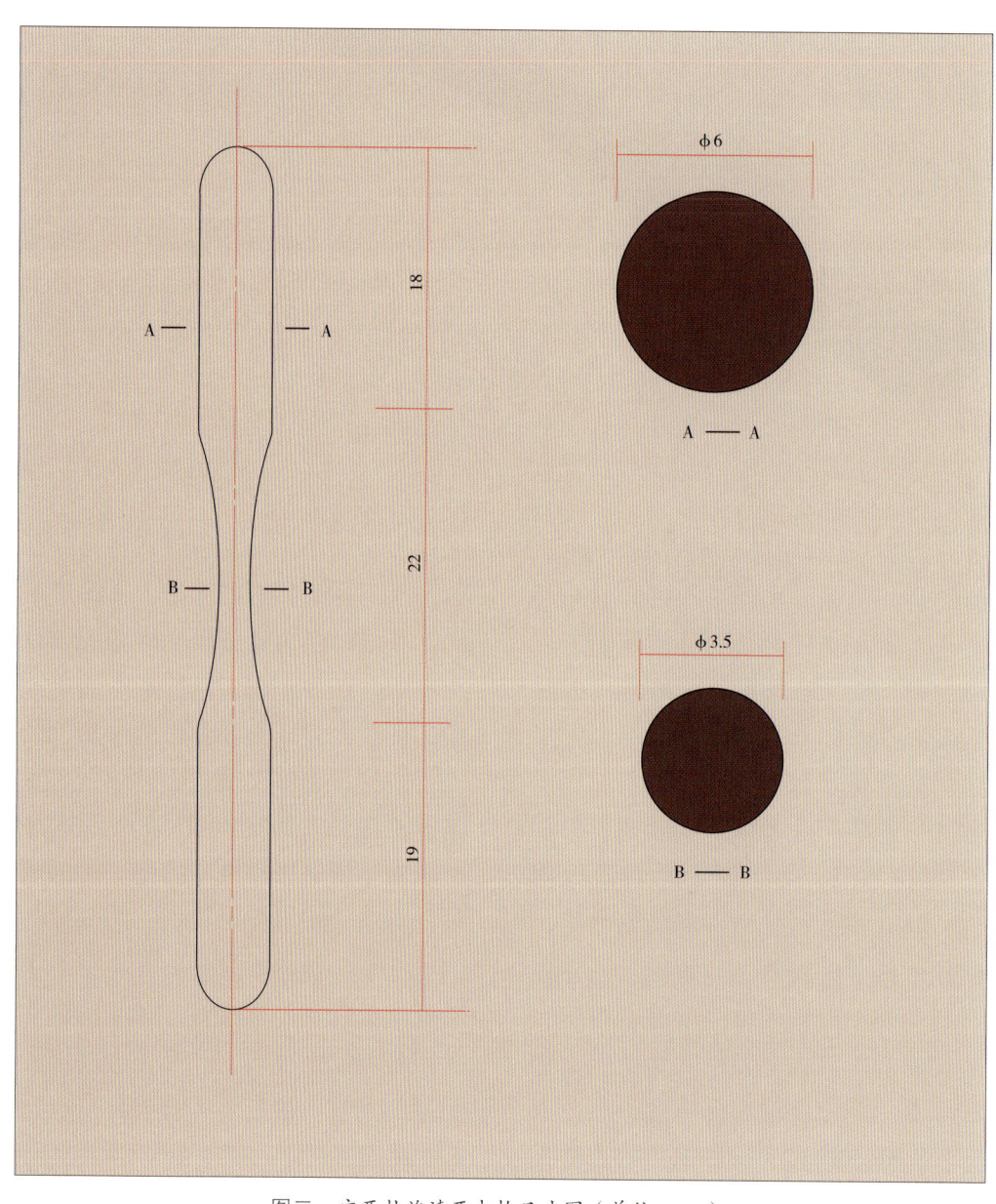

图二　广西壮族靖西木杵尺寸图（单位：cm）

案例与石臼（或木臼）配合使用

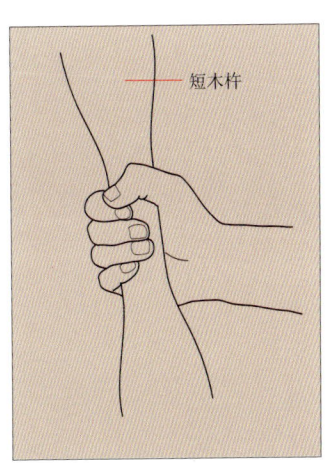
短木杵
单手操作法

长木杵
双手操作法

图三　广西壮族靖西木杵功能图1

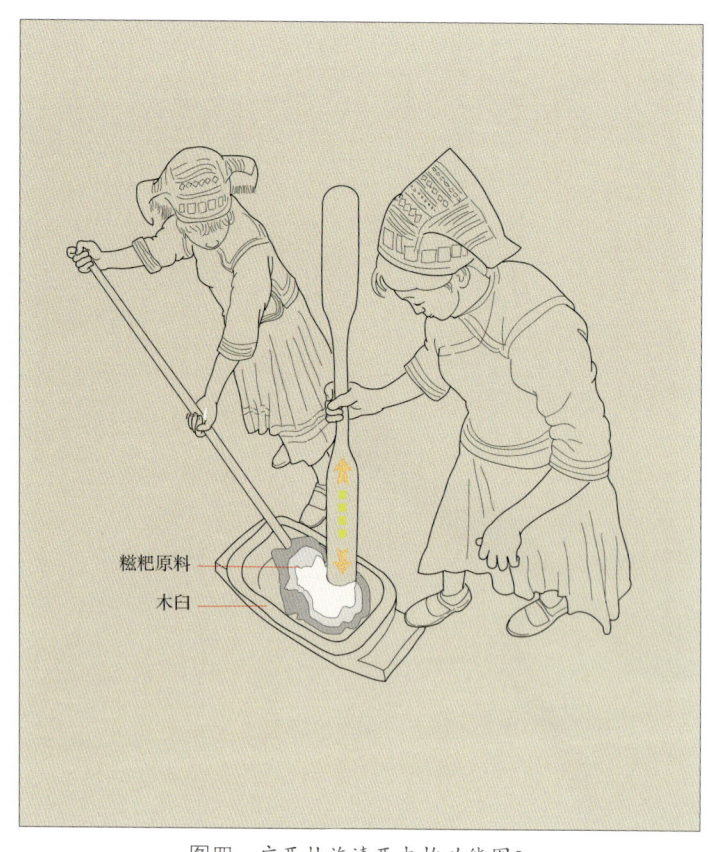

图四　广西壮族靖西木杵功能图2

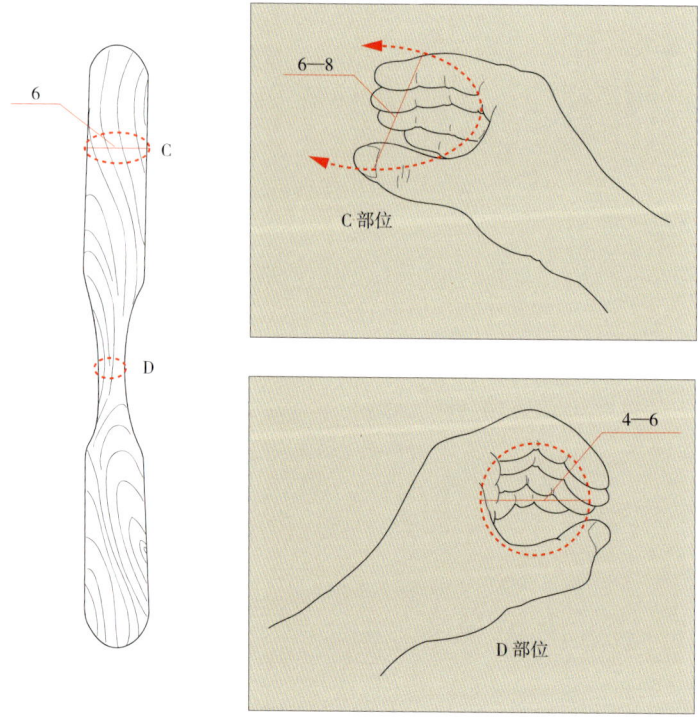

图五　广西壮族靖西木杵设计分析图（单位：cm）

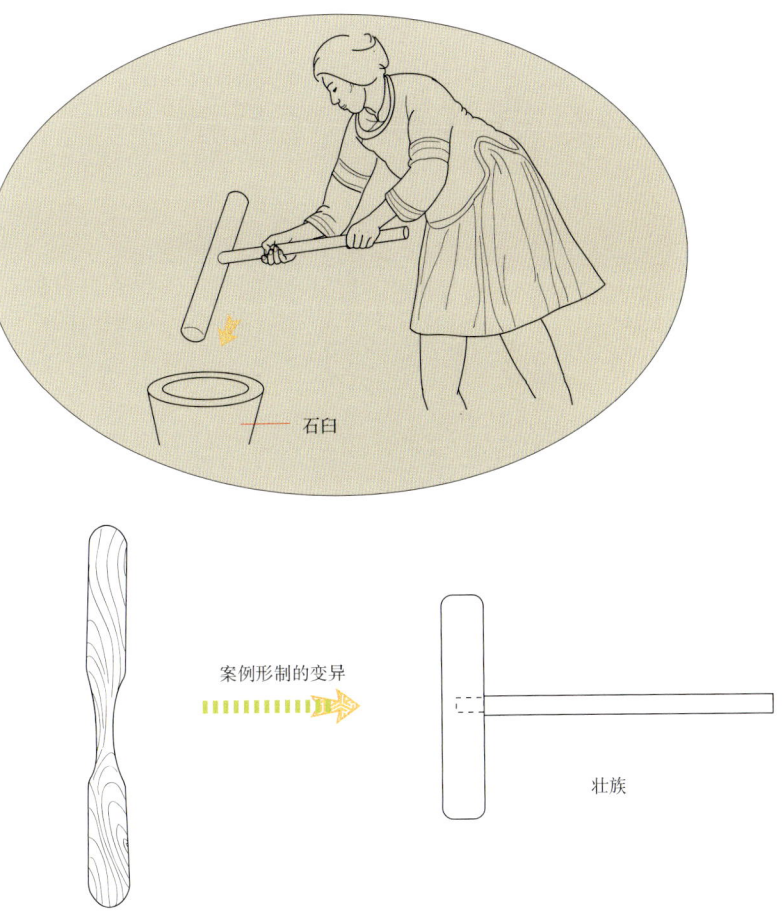

图六 广西壮族靖西木杵延展图

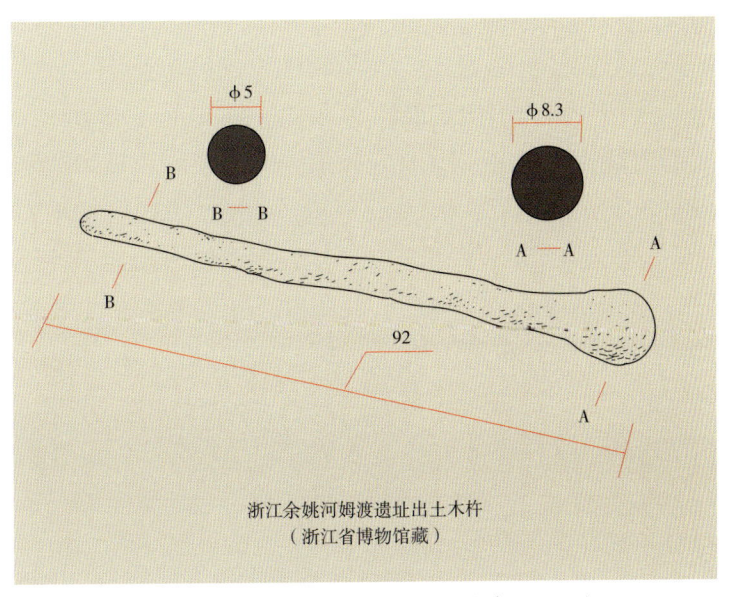

图七 广西壮族靖西木杵对比图（单位：cm）

广西壮族崇左木臼

图一 广西壮族崇左木臼主图

壮族木臼是用来舂糍粑或谷物的器具。本案例采自广西崇左壮族博物馆,案例中部木槽呈椭圆形,其底部两端各延伸出一段木板,乍一看去,仿佛是木板上放置了一个木盆,形态特异。经测量,案例总长85厘米,宽39厘米,高23厘米,其中木槽长71厘米,宽39厘米。依据木槽容积大小,案例一次能加工10—15千克糍粑。

本案例是用楠木制成的。广西南部多产红毛山楠,该树种长得高大,胸径可达1米,材料易加工、耐腐蚀且不易开裂,是制造木臼的好材料。本案例是用一段整木制作而成,其加工流程如下:一是先依据木臼大小选取木料,初步加工成粗坯;二是用斧、锤、凿等工具在粗坯顶部"挖"木,使其成为半椭圆形的槽,槽内要铲平,以利于舂糍粑;三是根据内槽形制加工外部结构。本案例外部形体不追求精致,主要是以功能为主。从设计学角度分析,稳固的案例是保障工作顺利进行下去的条件,为此,壮族人对案例结构做了以下统筹:一是在木槽底部设置一块长形木板,这样就能扩大案例的占地面积,同时也为操作者提供脚踏,更利于案例稳定;二是除匀称的形体外,案例被设计成上轻下重的结构,这样能使案例重心下移;三是放弃所有构造节点,让案例结构一体化,避免器具散架现象的出现。总之,案例形制简洁,结构合理,操作方便,是壮族人常用的生活器具。

木臼是农耕时代的产物,它的产生至少可追溯到唐代。江西萍乡就曾出土过唐代巨型木臼实物(高0.9米,槽口直径0.8米),形制虽与案例不同,但工作原理却相同。从现实看,形制小的木臼可以拿在手中使用(如春蒜木臼),大的却需多人合作(如壮族"谷榔")。不仅如此,还有多种相异材料做成的臼,如石臼。这些不同类型的臼表明一个道理,即凭借某种原理能设计出许多相异器具,且不乏自身特色。

图片来源

图一　孙林　摄影

图二至图八　许边疆　制图

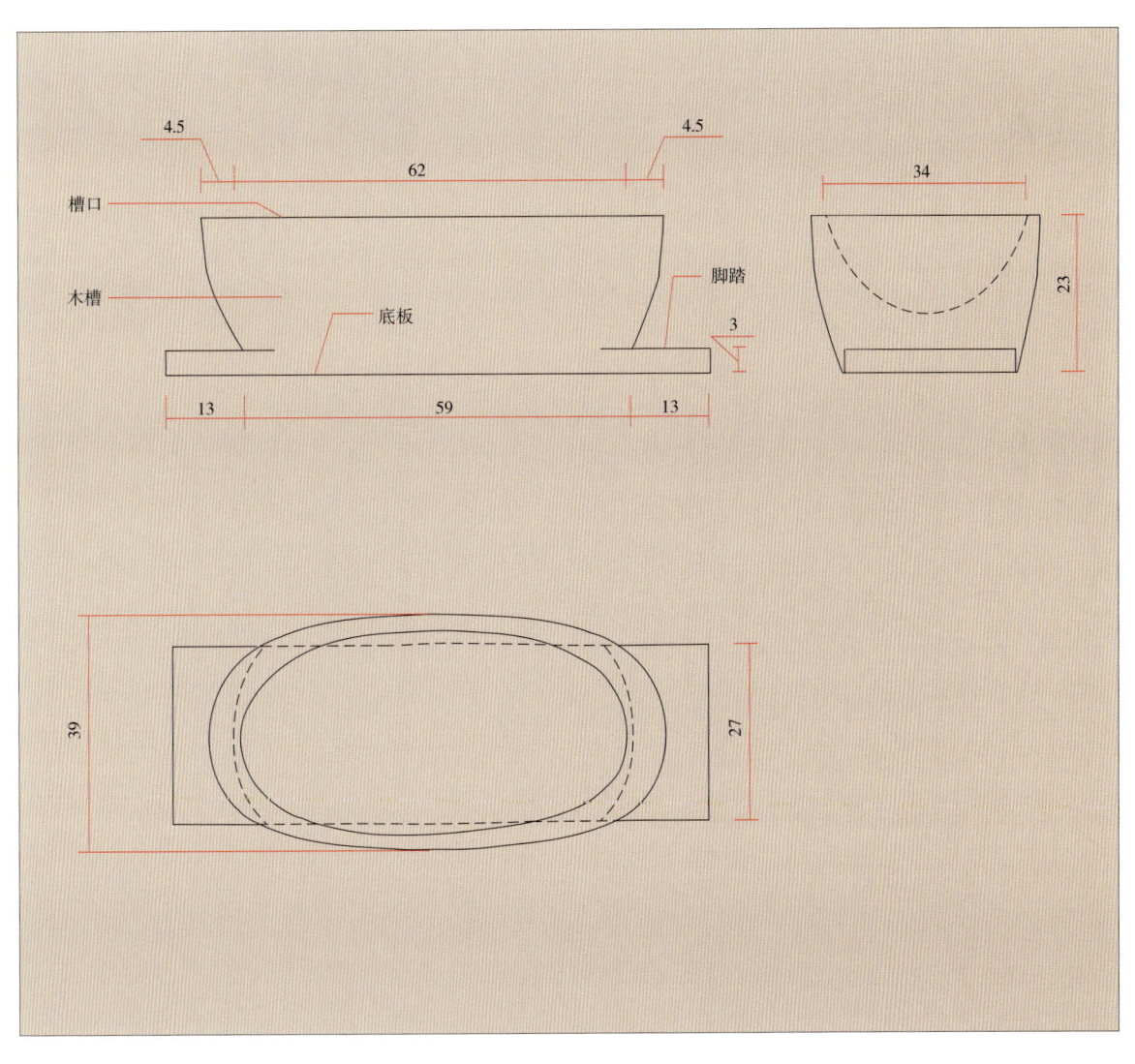

图二　广西壮族崇左木臼尺寸图(单位:cm)

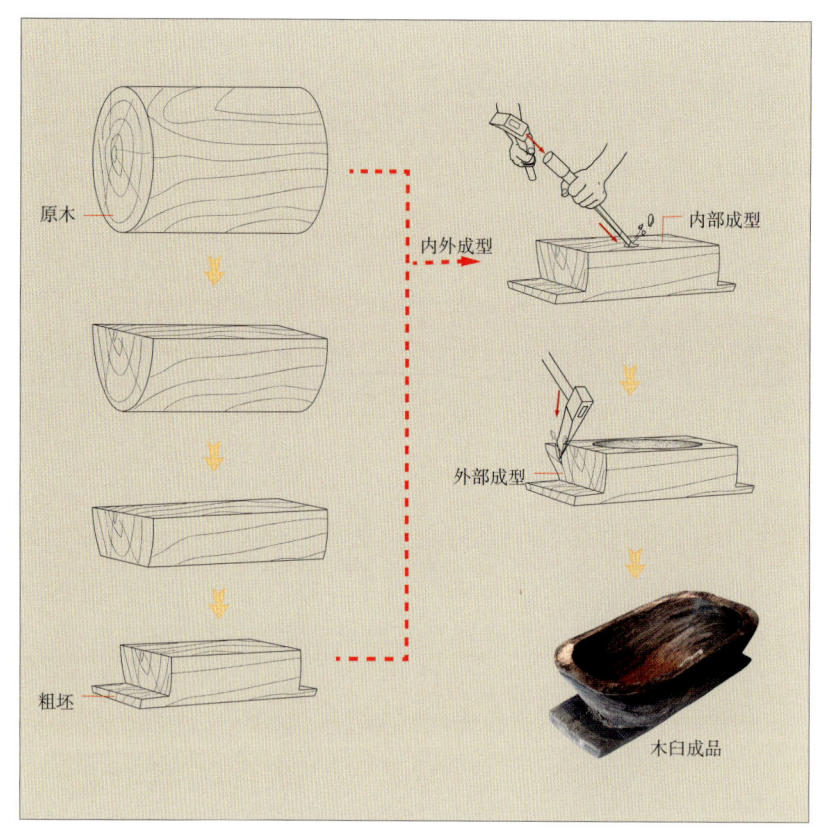

图三　广西壮族崇左木臼成型工艺图

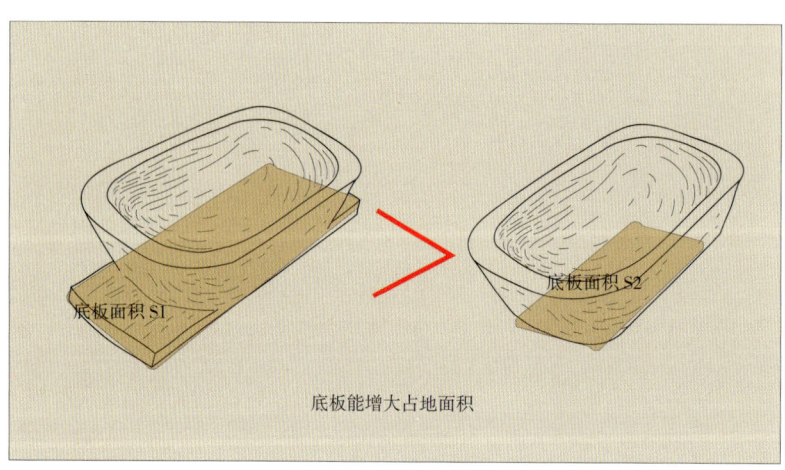

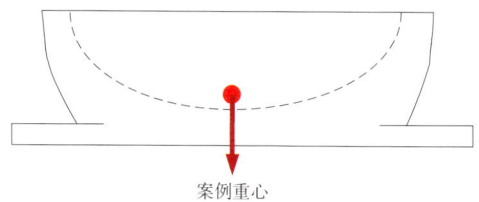

图四　广西壮族崇左木臼设计分析图

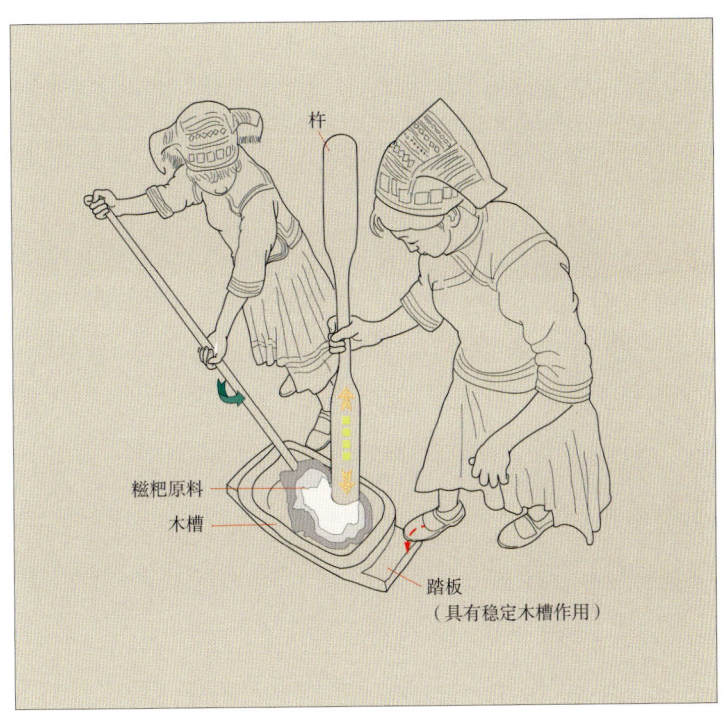

图五　广西壮族崇左木臼功能分析图

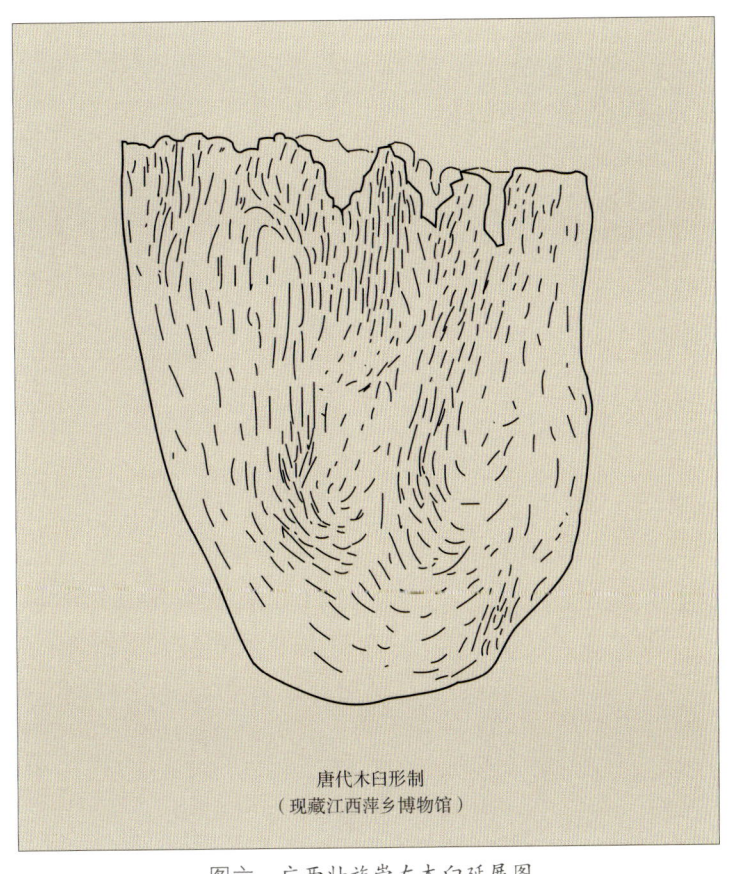

图六　广西壮族崇左木臼延展图

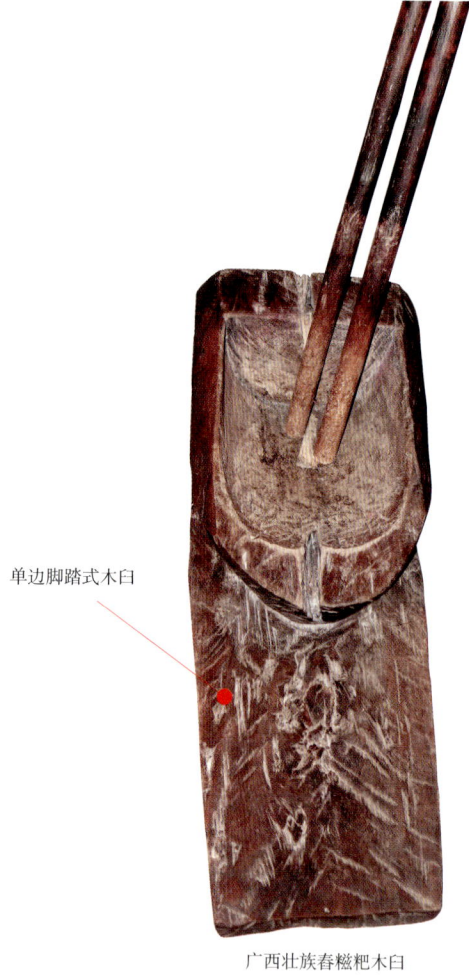

单边脚踏式木臼

广西壮族舂糍粑木臼
（广西民族博物馆藏）

图七　广西壮族崇左木臼对比图1

毛南族石臼
（广西桂林博物馆藏）

图八　广西壮族崇左木臼对比图2

广西壮族崇左斗

图一　广西壮族崇左斗主图

斗是中国传统计量器具，主要用于粮食方面。这种器具不仅操作方便，且计量准确，是我国古代杰出的发明之一。本案例采自广西崇左壮族博物馆，案例形制为圆台形，斗身下端设木质手柄和金属拉环各一对。经测量，案例斗口直径22厘米，斗足直径32厘米，斗身高32厘米，斗壁厚约1厘米。

如果用圆台体积公式计算的话，案例容量约15.908升，以米的比重0.8克/立方厘米计，案例一次可装12.72千克大米；若减去误差，案例一次可装12.5千克大米。从设计学角度分析，圆台是一种稳定性较好的形制，将案例设计成这种形制既利于案例平稳放置，又便于将稻谷倒出，尤其是斗足底部以"十"字形的方式打入四根金属棒，这样不仅能提高案例底部的耐磨性，也能因触地面积的减少而利于案例水平放置。另外，案例设有两组不同形制的把手，这是针对案例使用方式而设计的。具体来说，当双手抬起案例时，则用木质手柄；如果是倾倒谷物，就选用"活体"金属拉环,因为它能让案例方便地倾斜。由此可见,中国传统民间器具的设计往往是围绕着其使用功能展开的,自然与人关系紧密。

在中国,斗的历史十分悠久。例如,《汉书·律历志》曾云:"十升为一斗。……斗是聚升的量器。"从元王祯《农书》插图来看,汉族斗形制多为正四棱台形,斗口尺度要小于斗足,在广西民族博物馆考察时我们也见过此类斗。当然,汉族也有圆台形斗,不过其形制与壮族圆台斗相比还是有差异的,这表明中国各地斗形制存在多样化的情况。需提及的是,中国历史上还有一种斛的存在,斛可谓是一种大斗,起初容量为本案例的十倍,后期减半,但斛形同样是圆台或正四棱台,显而易见,圆台和正四棱台是制作计量器理想的形制选择。

图片来源

图一、图六　孙林　摄影

图二至图五　许边疆　制图

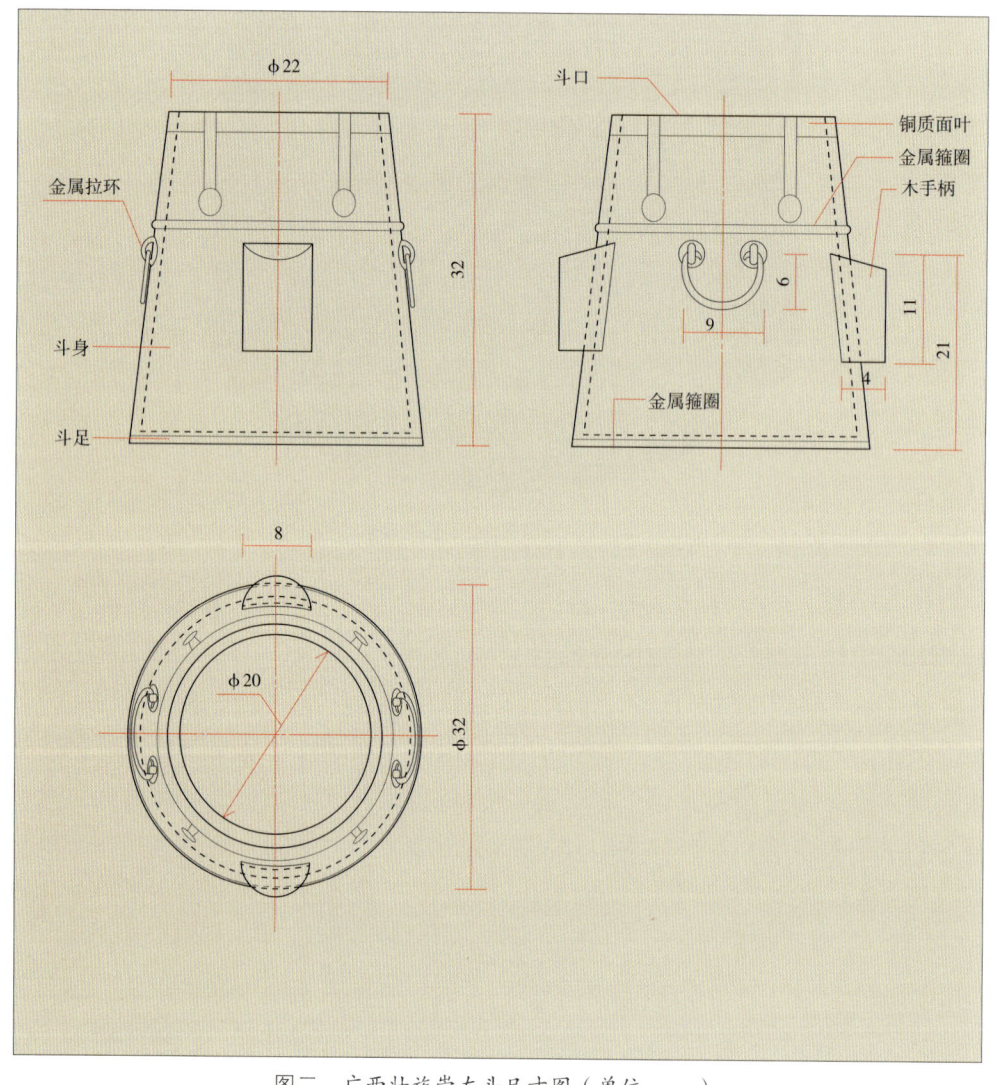

图二　广西壮族崇左斗尺寸图(单位:cm)

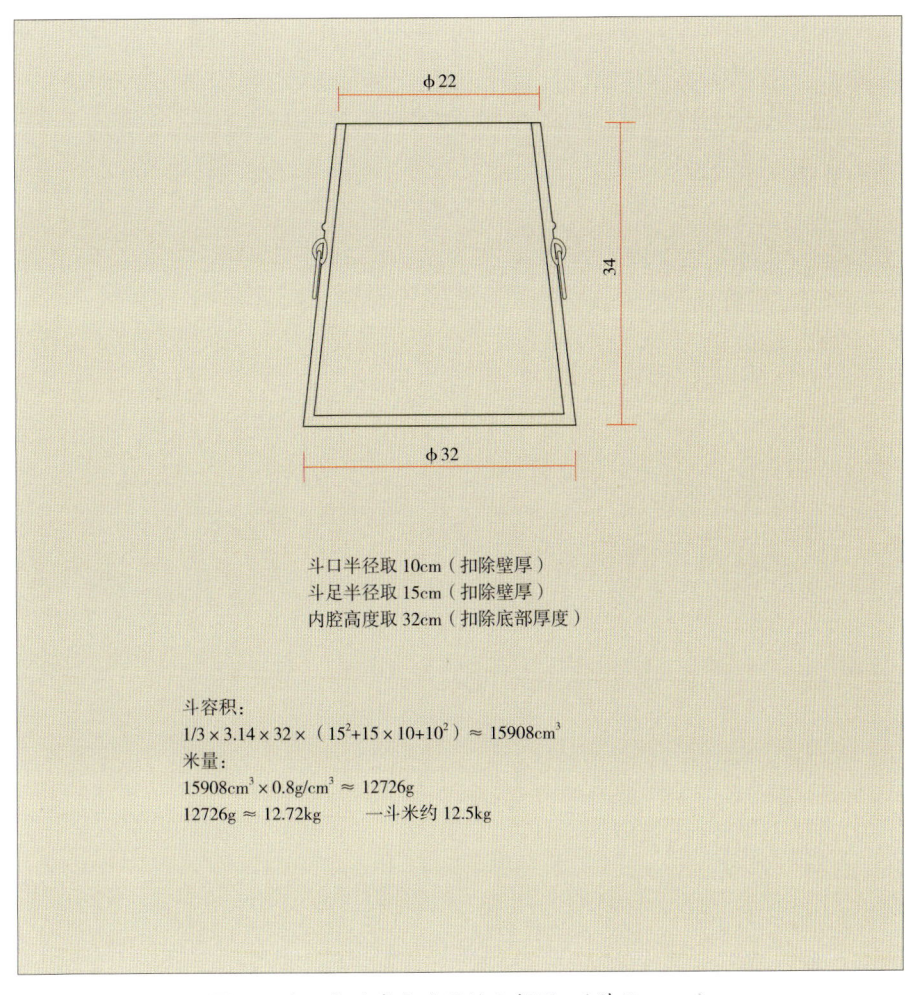

图三　广西壮族崇左斗设计分析图1（单位：cm）

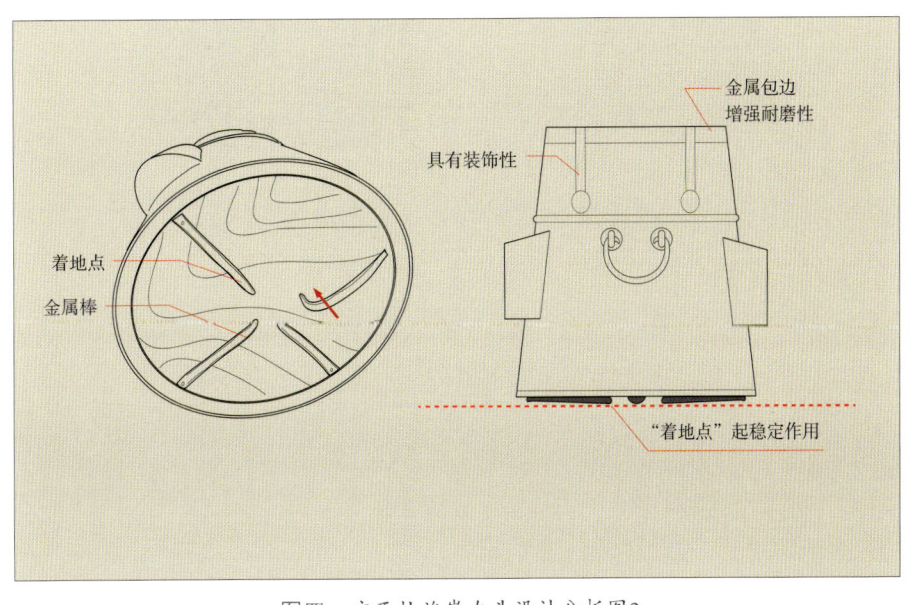

图四　广西壮族崇左斗设计分析图2

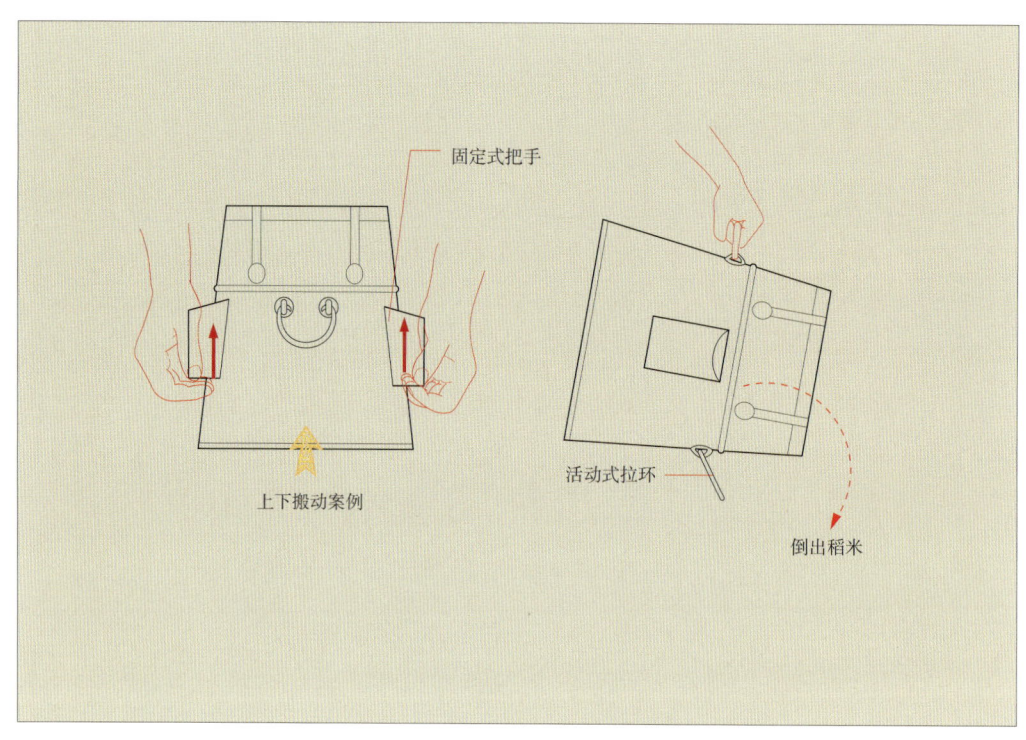

图五　广西壮族崇左斗设计分析图3

图六　广西壮族崇左斗对比图

广西壮族崇左书箧

图一 广西壮族崇左书箧主图

书箧是旧时读书人用的一种书箱，这类书箱既有木制的也有用竹篾（或藤）编制而成的，本案例即为木制书箧，现藏于广西崇左壮族博物馆。概括来看，昔日的书箧可分为两大类，一是学生书箧，二是成人书箧。用者不同，书箧形制与大小自然也存在差异，本案例属于学生用具。

本案例是由五块木板构成的非封闭式箱体，木板厚约2厘米，前板高26厘米，侧板高41厘米，后板高55厘米，书箧内部有效容积约（30×25×18）立方厘米，空间设置与书籍形态大小有密切关系。从形制上看，案例正面雕有双喜鹊纹，侧面则用花果植物纹装饰，这些纹样暗喻读书人将来会喜事临门，心想事成。此外，本案例侧面木板与背面木板还雕有龙头，这里龙头形制既有一定的实用功能，又包含着某种寓意，具体如下：一是中国民间历来就有望子成龙的愿望，壮族人也不例外，在书箧上设置龙头便是这种意愿的反映；二是将龙头形体延伸到箱体之外，既可以起到形制变化作用，同时也为使用者的握持提供了手柄，是一举两得的设计。这里需说明的是，案例龙头属于民间"草龙"，形制上与"帝王龙"有着明显差异。

根据本案例上所刻"民国贰年吴海有缘人艾氏敬献"字样分析，案例已有百余年历史。事实上，书箧在我国很早就已出现，例如《三国志·魏志·胡质传》曾记载："家无余财，惟有赐衣书箧而已。"更引人关注的是，20世纪中后期在北京张宜泉后人家中发现了"曹雪芹书箧"，其箱长70.5厘米，宽23厘米，深51厘米，同样为木制书箧，箱体两边设耳环，可供人肩挑或牲口驮。显然，成人用的书箧要比学生书箧大，使用方式当然也与学生书箧迥然不同。

图片来源

图一　许边疆　摄影

图二至图六　许边疆　制图

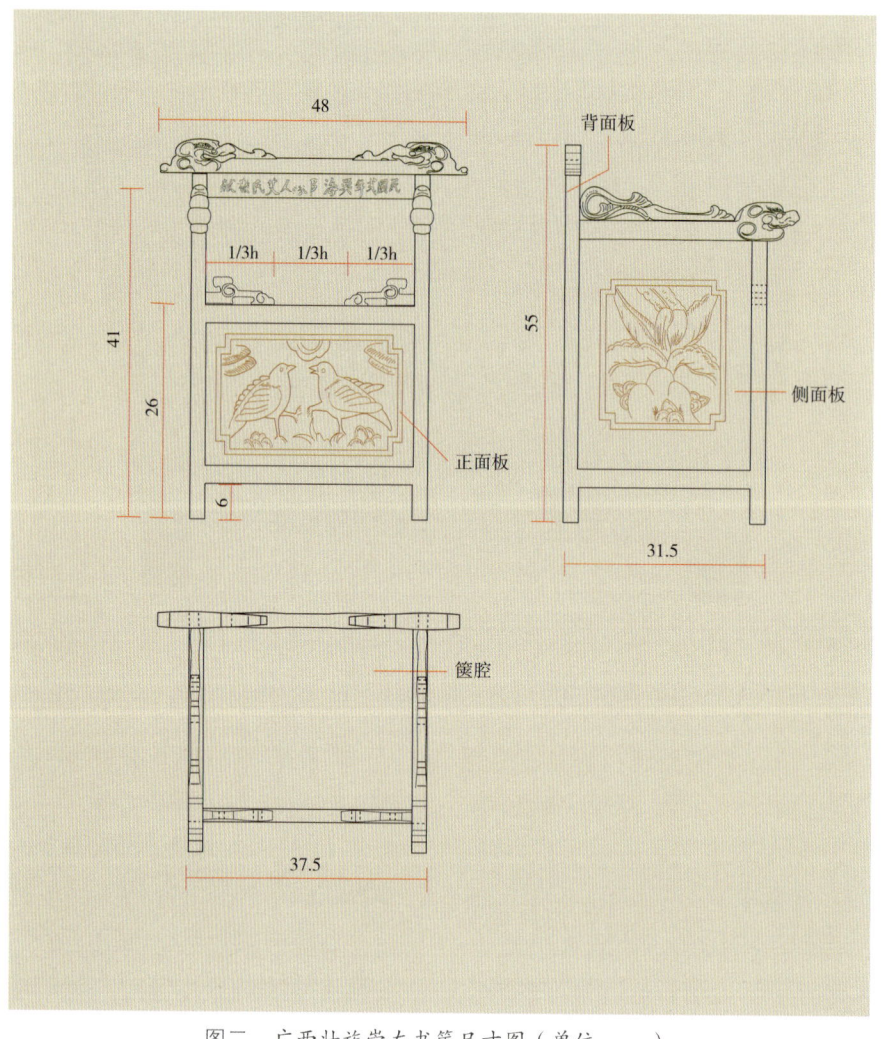

图二　广西壮族崇左书箧尺寸图（单位：cm）

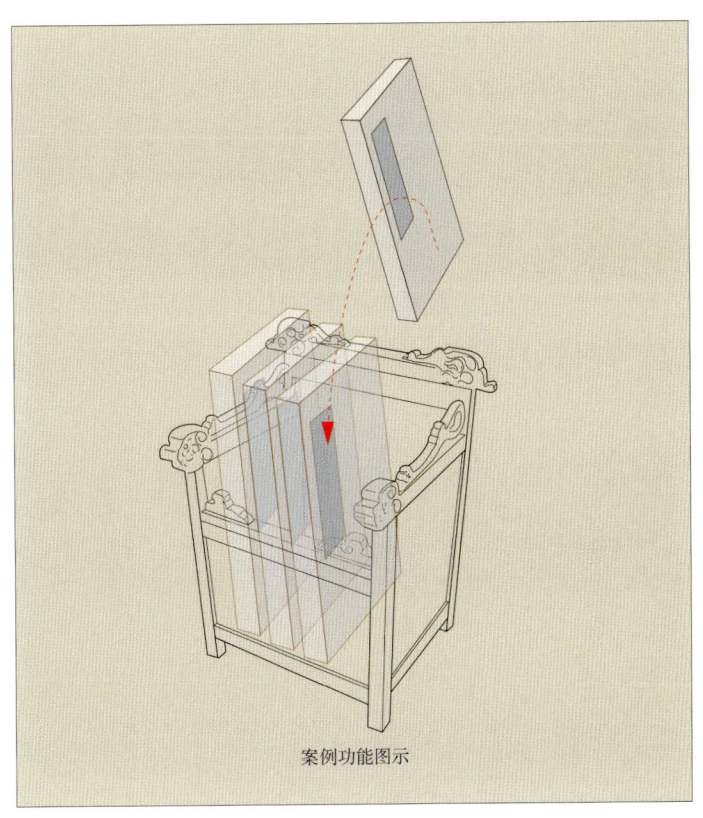

图三　广西壮族崇左书箧功能图

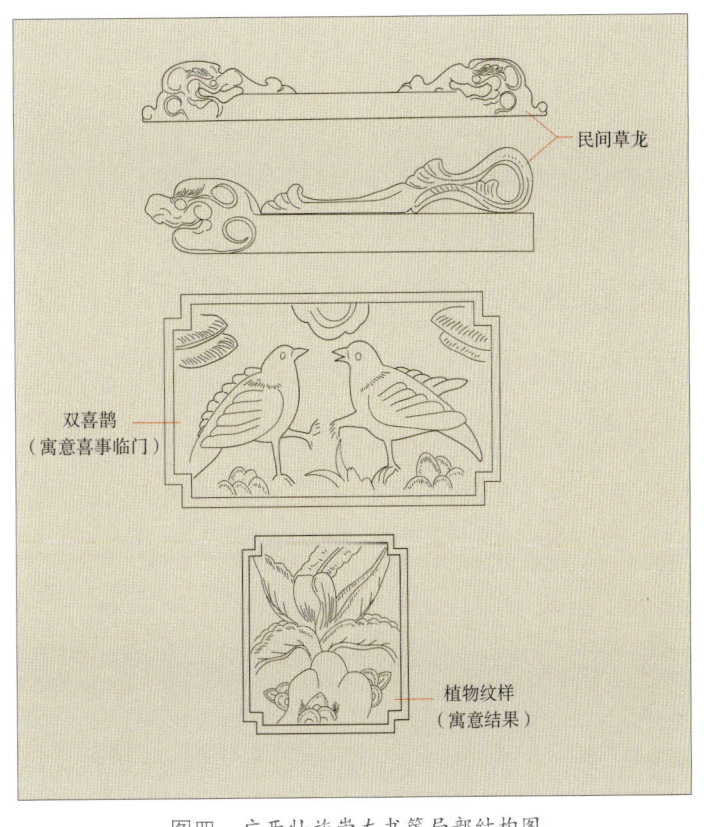

图四　广西壮族崇左书箧局部结构图

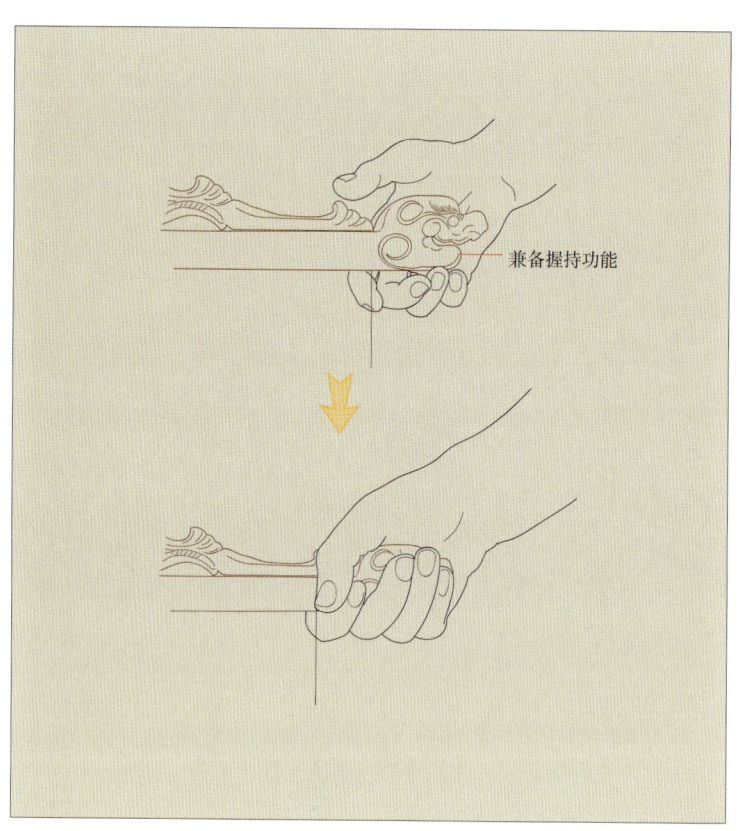

图五　广西壮族崇左书箧设计分析图

汉族成人用的竹编书箧形制

图六　广西壮族崇左书箧延展图

清广西壮族靖西熨斗

图一　清广西壮族靖西熨斗主图

"火炭熨斗"是将燃着的木炭放在熨斗里，待其底部温度达到一定值时就熨烫衣服的一种器具。本案例即是火炭熨斗之一种，采自广西靖西壮族博物馆，属清末遗物。在广东连山，我们发现连山民族博物馆壮族器物陈列室也藏有此类器物，形制与案例一样，壮族人曾称之为"钴鉧"。

经测量，案例长 12 厘米，宽 11.5 厘米，一侧高 4.5 厘米，另一侧高 7 厘米，沿口起伏不平，越靠近手柄部位沿口越高，整体呈高低不一的喇叭形。从功能上看，加大案例把首部位口沿的高度能有效避免木炭火星灼伤人的危险。另外，为了更好地保护操作者的手臂，将案例铜柄设计成空心结构能方便地插入木柄，确保使用者的安全。本案例是用铜材铸造而成，铜材具有良好的热传递性能，当斗身加入燃着的木炭时，木炭热能就会传递到铜材里，继而又通过铜的热传递将布料纤维加热，使纤维分子受热软化，并在压力作用下重塑。

从历史文献及出土实物看，熨斗是中国人的发明，比如晋代杜预在《春秋左氏经传集解》里曾写道："药杵臼、澡盘、熨斗……皆民间之急用也。"再比如，杜廼松所著《中国古代青铜器小辞典》也曾介绍汉魏时期铜熨斗有"熨斗直衣"等铭文。由此看来，熨斗在中国出现的时间不会晚于1700年。从装饰特点看，壮族人使用的木炭熨斗与汉族人熨斗有着文化上的共性，例如本案例斗身上有变体"寿"字，"寿"字边上饰回纹，这些都是壮、汉民族乐用的文字图案。

本案例造型以实用为主，兼顾外表装饰。在中国，早期熨斗仅限于贵族阶层使用，后来才向民间扩散。从装饰特点看，案例应该是清代遗物，清代曾有仿古铜器之风，熨斗纹饰受早期青铜器影响也是自然而然的事。壮族火炭熨斗衰落缘于西方电器的发明，电熨斗不仅使用方便，且熨衣效果更好，是故，铜熨斗消亡便成为历史的必然。

图片来源

图一　孙林　摄影

图二至图六　许边疆　制图

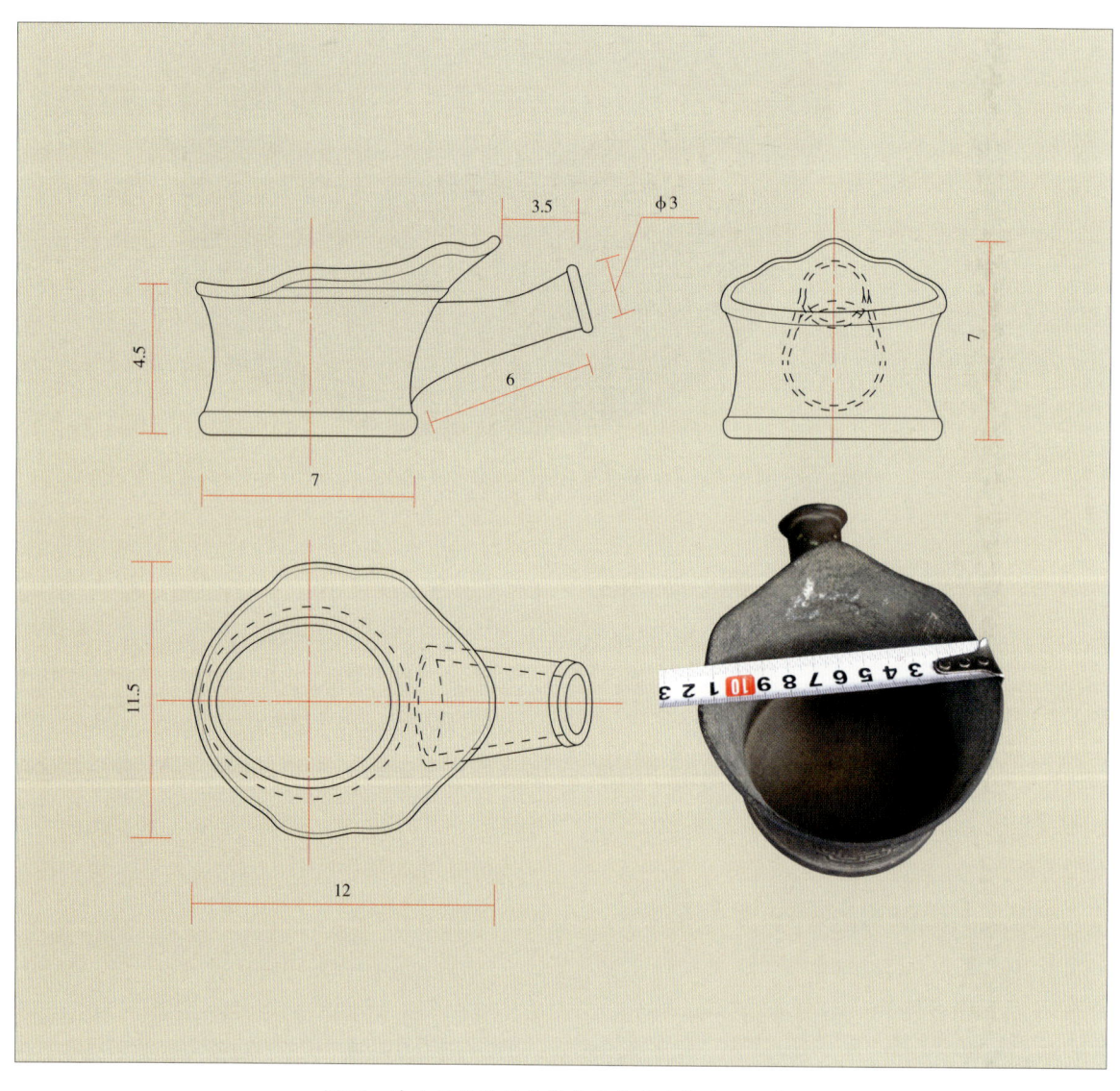

图二　清广西壮族靖西熨斗尺寸图（单位：cm）

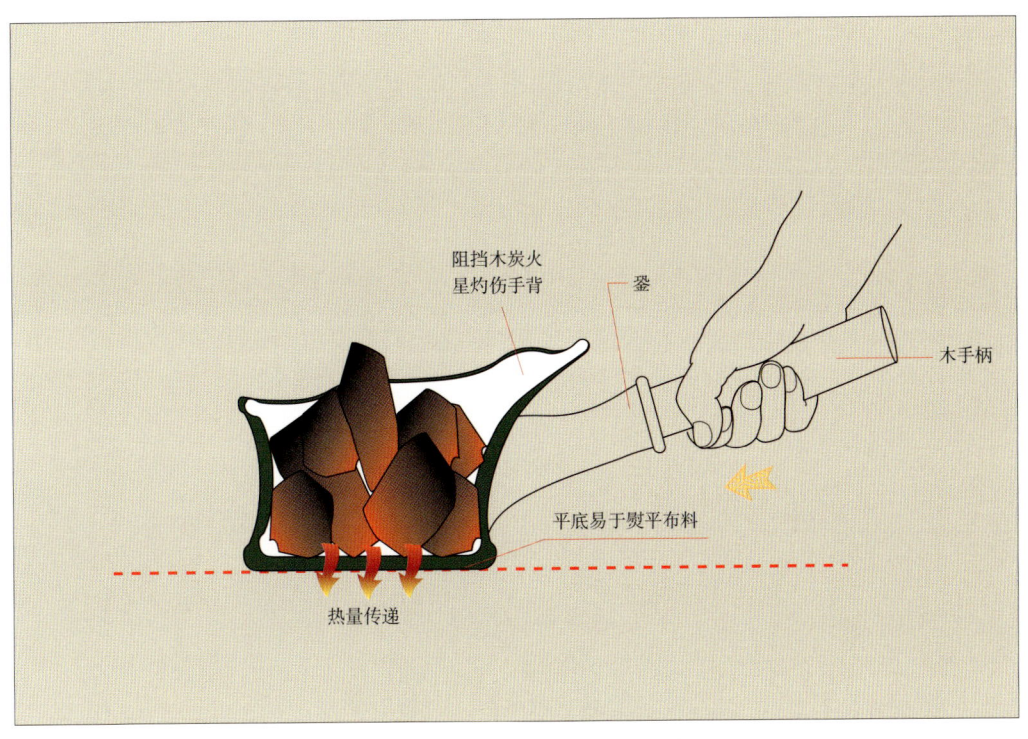

图四　清广西壮族靖西熨斗功能分析图

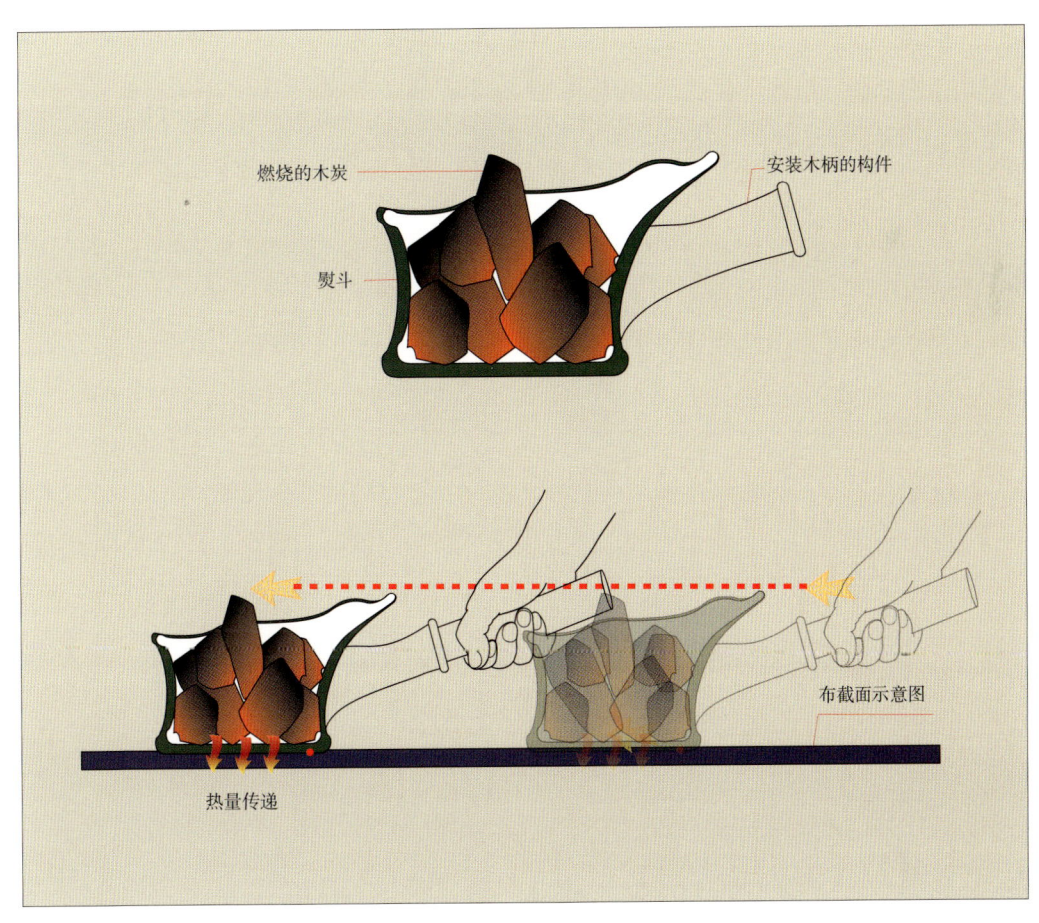

图三　清广西壮族靖西熨斗设计分析图1

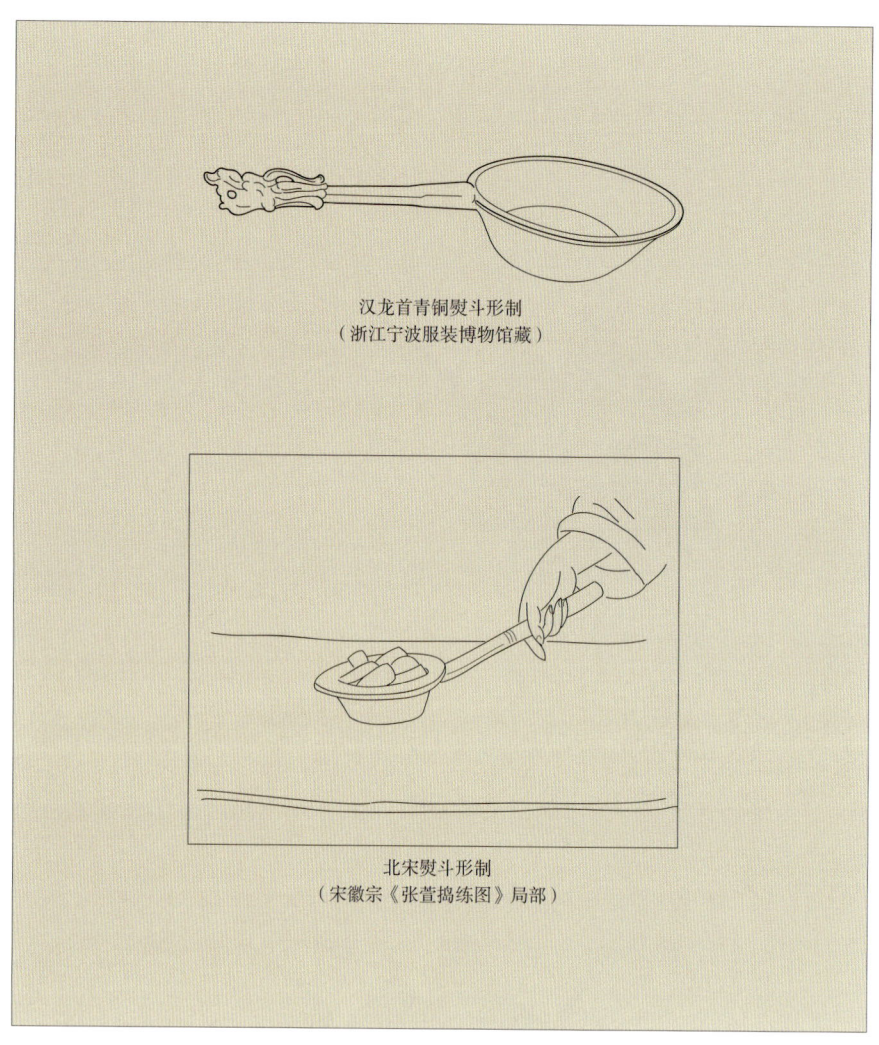

图五　清广西壮族靖西熨斗延展图

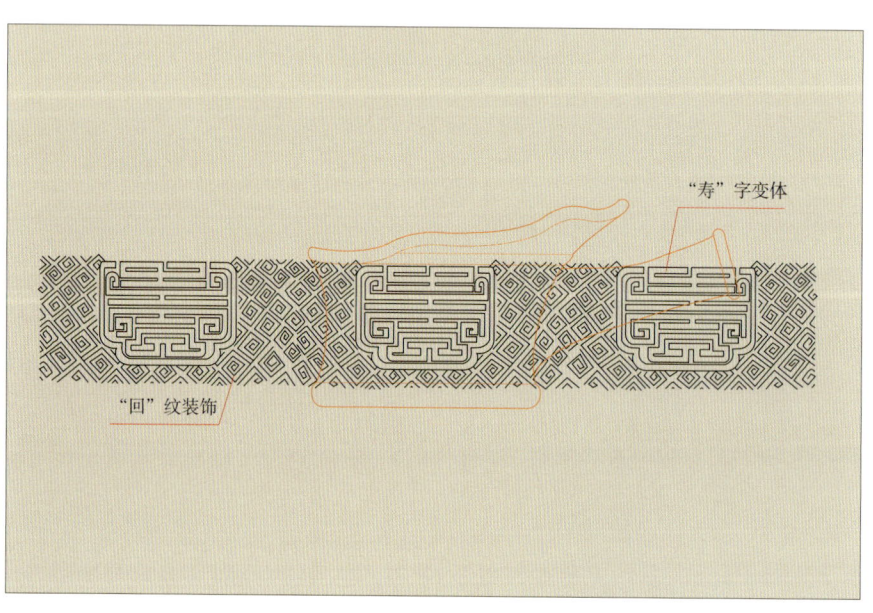

图六　清广西壮族靖西熨斗设计分析图2

广东壮族连山鼎锅

图一　广东壮族连山鼎锅主图

20世纪中叶，广东连山壮族人曾普遍使用一种炊具——鼎锅，这种锅形制很像早期青铜鼎，故而得名。该锅造型特征是：上部为扁圆鼓形，下部似弧形漏斗，锅口直径要小于锅底，锅体外部铸有两对相向的锅耳，锅耳可穿铁丝，供人手提携。本案例采自广东连山民族博物馆壮族器物陈列室，案例通体用生铁铸造而成。

本案例锅口直径37厘米，锅底最大直径43厘米，锅身与锅底总高27厘米。据该馆工作人员介绍，鼎锅是20世纪连山壮族山民常用炊具之一，山民用它来烹煮食物，尤其是春节煮粽子，是非常适宜的。从成型方式看，案例为砂型铸件，这种成型工艺既能生产结构简单的铸件，也能成型复杂的；既可铸造单件，也能批量生产。工艺流程大致是：先做砂芯和模具，然后再将砂芯与模具装配在一起，接着用化铁炉熔化铁水，以后是浇铸铁锅、拆模、清砂等一连串工序。关于这种鼎锅的生产，我们在广西柳州考察时，巧遇了一位当年在柳州铁锅厂工作的老师傅（覃姓），他说20世纪60年代广西生产这种鼎锅，最有名的是柳州、陆川、全州三地，其中他们厂产品最多，甚至还出口到越南。鉴于这三地皆与连山相距不远，我们推测连山的鼎锅可能来自这些产区。

从设计学角度分析，锅底被设计成漏斗状弧形，显然有利于热能的吸收；而锅身被设计成向中部收敛的形制，则有利于食物的保温。为了便于金属鼎锅的挪移，案例外表铸有四个锅耳，可用铁丝穿插。事实上，这种鼎锅还存在着大小不等的型号，有1号、2号……5号之分，不同型号的锅能满足人们不同的需要，或者是适应烹煮不同的食物，这与我们在连山民族博物馆看到的鼎锅系列基本一致。

广东连山地处粤北，冬季寒冷，壮族山民有一家人围坐在屋内火塘边吃饭的习俗，鼎锅正是为了适应这一生活方式需要而设计的。然而，随着近几十年社会的变迁和发展，高技术含量的灶具对传统器具带来很大冲击，传统鼎锅变得越来越少，以至于最终走进了历史博物馆。

图片来源
图一、图五　孙林　摄影
图二、图三、图四、图六　许边疆　制图

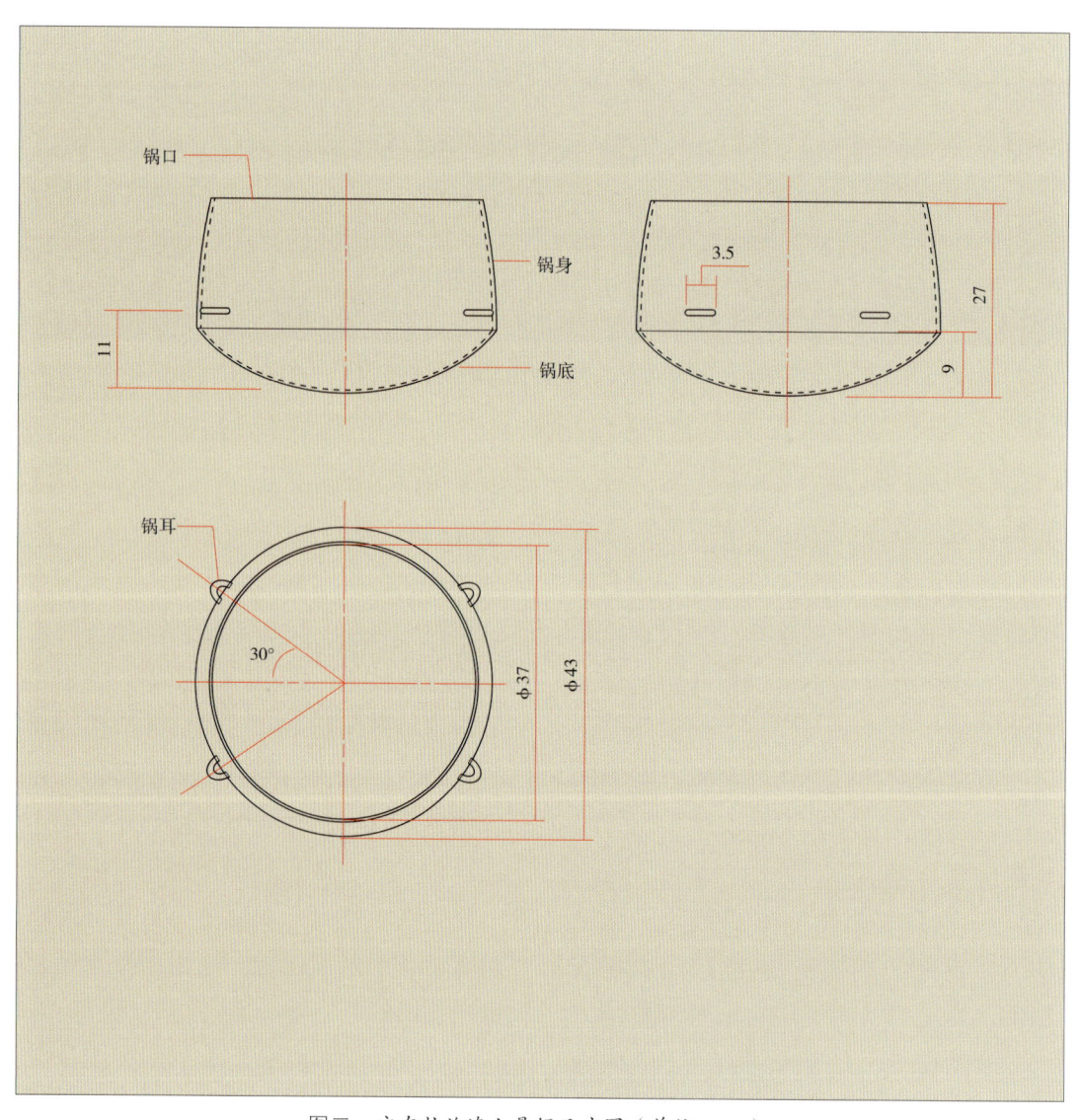

图二　广东壮族连山鼎锅尺寸图（单位：cm）

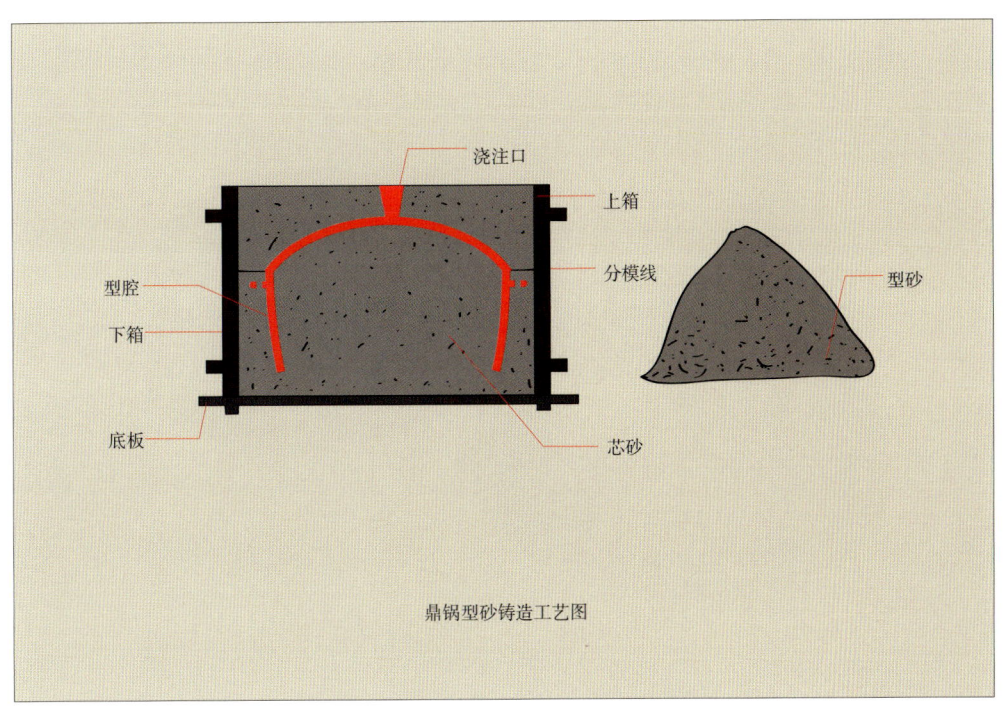

图三 广东壮族连山鼎锅成型工艺图

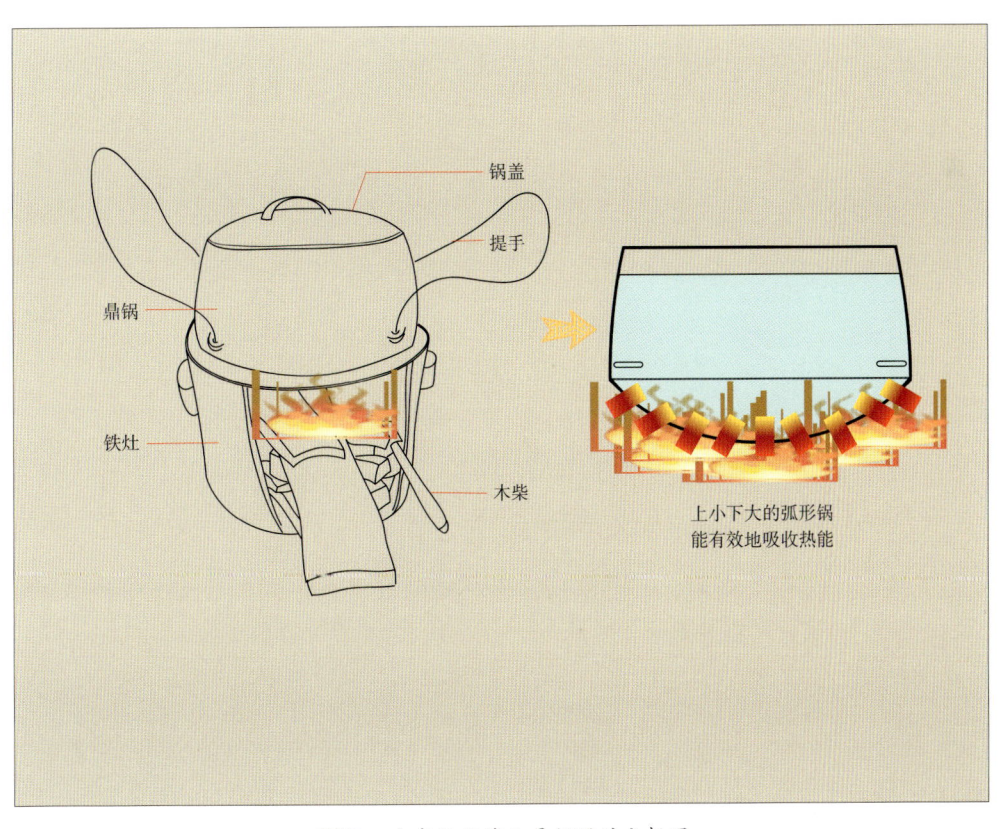

图四 广东壮族连山鼎锅设计分析图

不同规格的鼎锅形制
（广东连山民族博物馆藏）

图五　广东壮族连山鼎锅延展图

图六　广东壮族连山鼎锅功能图

广西壮族靖西锡制蜡烛台

图一 广西壮族靖西锡制蜡烛台主图

广西自古以来就产锡，明宋应星在其《天工开物》里就详细记载了广西采锡的情况，并将采锡分成两个步骤——选矿和熔炼。实际上，汉代的时候广西壮民就已掌握冶锡工艺了，例如汉时期的铜鼓就有锡的添加。从锡的属性看，它是一种熔点较低、质地软、可塑性强的一种金属，易于成型。正因为如此，中国传统锡制品种类有餐具、酒具、茶具、祭具、文具、烟具及装饰品等，本案例即为蜡烛台，现藏于广西靖西壮族博物馆。

经测量，本案例高18.5厘米，上托盘（10×8×2）厘米，下托盘（14×12×2.5）厘米，台架最大宽度7厘米，案例由上托盘、下托盘、台架、蜡锥等结构组成，其中蜡锥是插蜡构件，上托盘则有承接蜡滴之功能，下托盘可方便人手持握，台架则是上托盘与下托盘的连接体。对于民间器具而言，它们除了满足实用功能外，还常常添加一些视觉符号或纹样，以此来表达一种美好祝愿，比如本案例台架就是个"福"字。

从制作工艺看，传统锡制品大都是用模具熔铸而成，其所用模具有石范也有陶范，对于结构不复杂的器具来说，模具往往由锡匠自制。归纳来看，锡制品成型特点如下：

一是熔点低,可塑性好;二是先浇铸器具的单体,然后再焊接成一体,焊接前既能使用专门工具对铸件进行加工,如捶打、磨平等,也可以在焊接后用工具再进一步处理。

明宋应星在《天工开物》里将广西锡的来源分为两大类,一类是产于南丹河的"水锡",另一类是河池的"山锡"。无论何种锡矿,其熔炼过程都是借助"洪炉"实现的。从宋应星对当时工艺过程的表述看,壮族先人对锡的冶炼工艺有着丰富的实践经验,比如在熔化锡砂时要添加一定量的铅,可大大降低锡砂的熔点,当含铅的锡被生产出来以后,又用加醋的办法在232℃的状态下将铅除去。

不过,由于锡的生产成本较高,在实际生活中它不及铁、铜的应用面广,这也是不争的事实。

图片来源
图一　孙林　摄影
图二至图五　许边疆　制图
图六　引自明宋应星著:《天工开物》插图,潘吉星译,上海:上海古籍出版社2008年4月版,第152—153页。

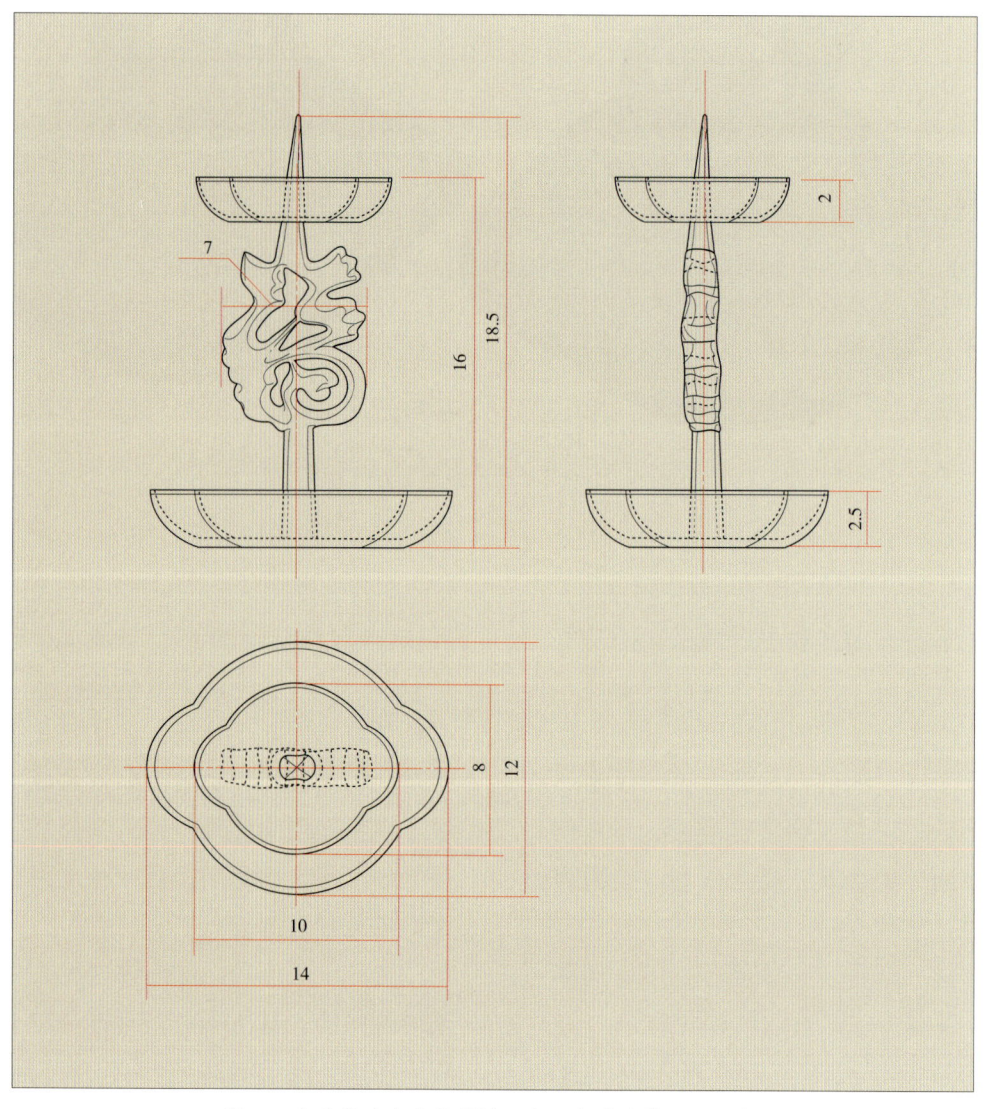

图二　广西壮族靖西锡制蜡烛台尺寸图(单位:cm)

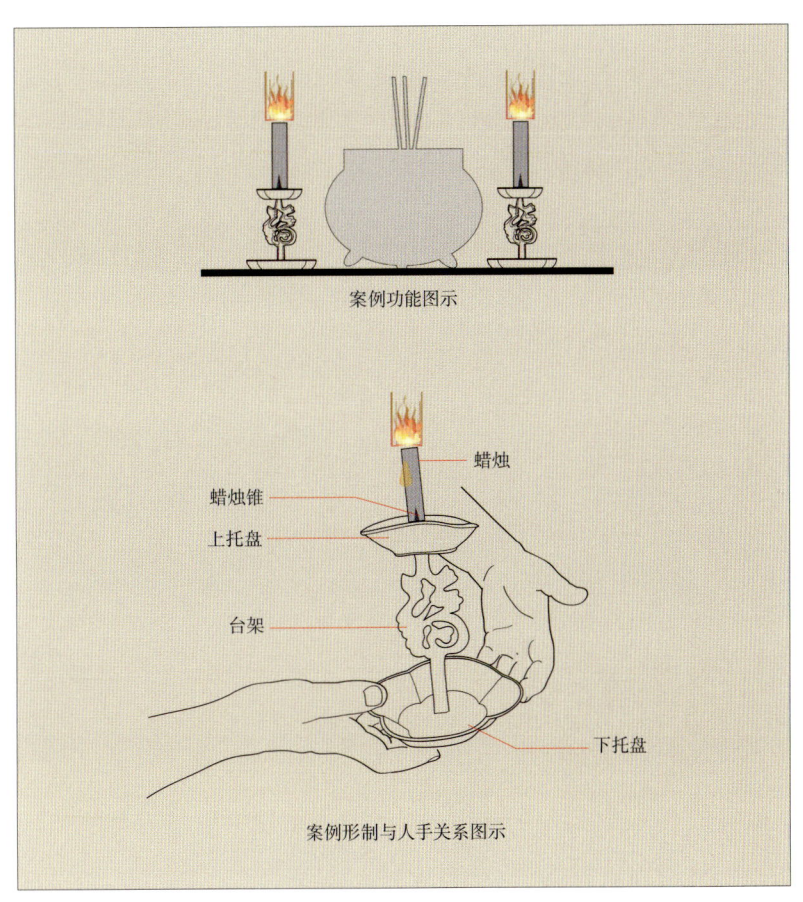

图三　广西壮族靖西锡制蜡烛台设计分析图

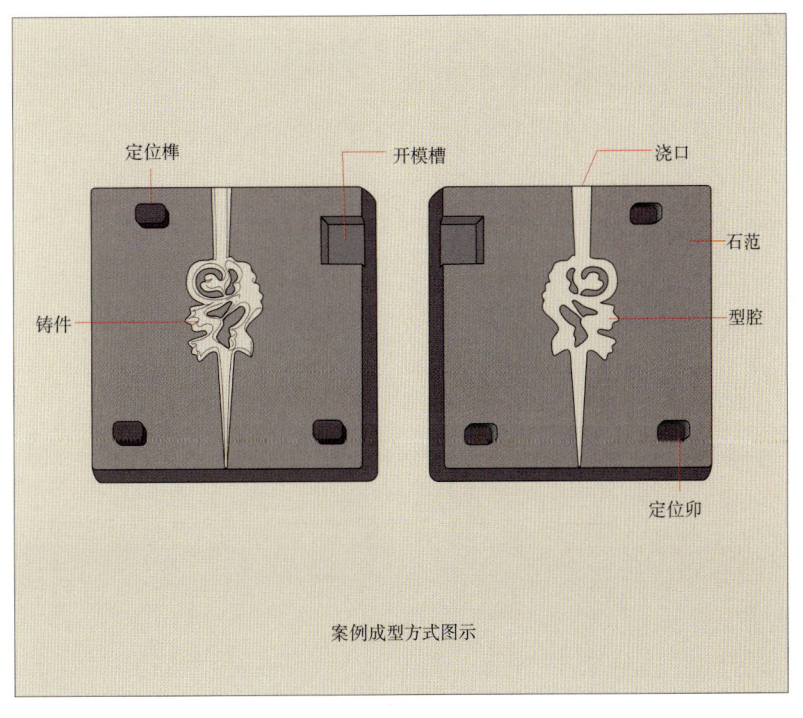

图四　广西壮族靖西锡制蜡烛台工艺图

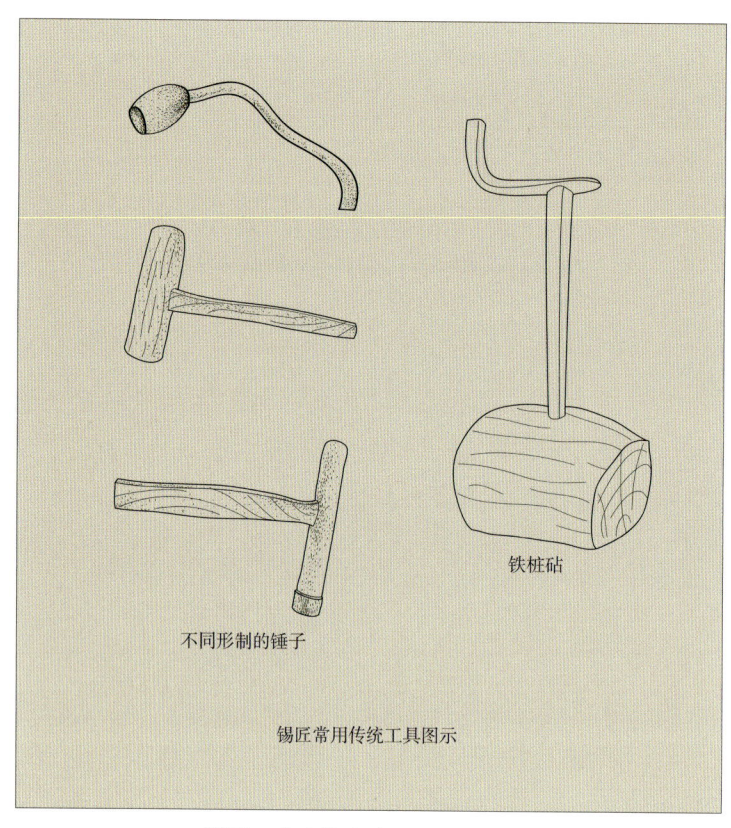

图五　广西壮族靖西锡匠工具图

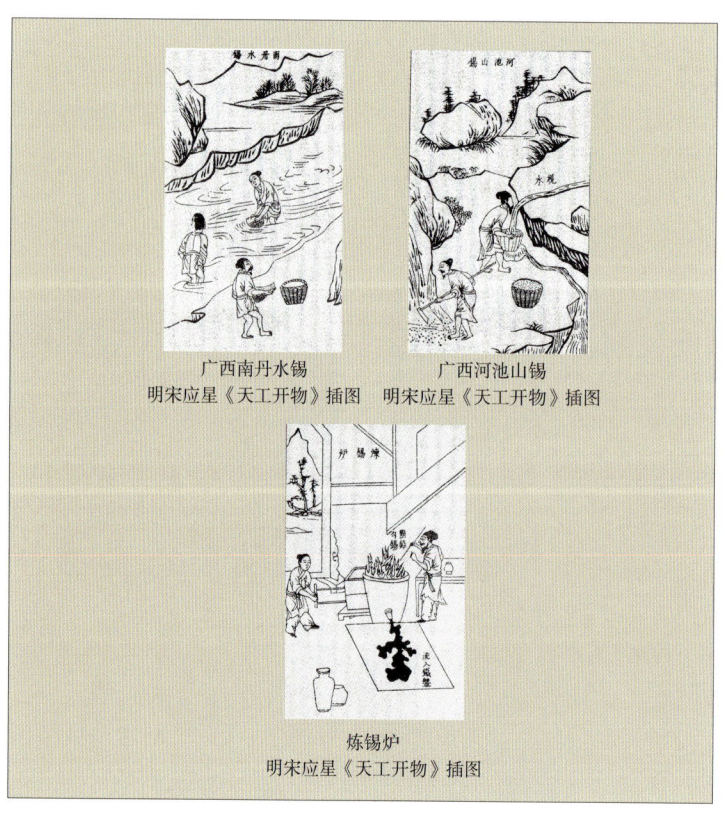

图六　广西壮族靖西锡制蜡烛台延展图

广西壮族靖西药碾

图一　广西壮族靖西药碾主图

药碾是中医碾药的一种工具。广西自古便盛产中药材，素有"川广云贵，地道药材"之称。据1983至1987年的广西中草药资源普查结果可知，广西中草药植物有4623种（包括亚种、变种和变型），排全国第二位，数量上仅次于云南，其中植物药4064种，动物药509种，矿药物50种。（中药资源普查办公室：《广西中药资源名录》[M]，南宁：广西民族出版社1993年版，序言第1页）中草药资源丰富，客观上促进了药材加工器具的发展，本案例即为民国时期手工碾药工具，现藏于广西靖西壮族博物馆。从结构上看，案例由两大构件组成，即碾轮与碾槽，其尺度分别是：碾轮直径19厘米，最大厚度4.5厘米；碾槽外部长38厘米，宽8.5厘米。案例通体用格木制成。

从设计学角度分析，案例中的碾轮形制似车轮，碾槽被设计成船形，这是出于功能上的考虑：一是轮状形制适宜运动，配上碾槽底部的弧形，碾轮在双手驱动下易于槽中滚动，这是提高工效的条件之一；二是将碾轮截面设计成中部厚、轮沿窄的形制，能明显减少碾轮与药材的接触面，在相同力（来自人力）的作用下会产生最大碾压力，加之碾轮侧面与碾槽空间呈上大下小状，故碾轮在滚动的同时也对侧面药材产生剪切力；三是碾槽内部形制是两端高、中间低，这利于碾轮向前做功，然后又处于相对放松状态回轮，一张一弛让劳动过程充满节奏感。

壮族药碾源于何时，尚待考证。就历史而言，新石器时代已出现石磨盘，该工具虽不是用来研磨药材的，但工作原理与药碾相似。到了唐代有了瓷碾和银碾，它们或碾茶，或碾药，功能与后期药碾一致。到了宋代，尤其是明代，药碾已成为药铺必备器具。换言之，这一时期药碾已在民间普及开来。

壮区传统药碾很有特点，且造型多样化，例如本案例槽足是块状结构，而龙脊博物馆收藏的药碾则为板式槽足。这些案例说明，壮族人在造药碾时既遵循药碾的工作原理，又不拘泥于单一模式。

图片来源
图一　孙林　摄影
图二至图四　许边疆　制图
图五　许边疆　摄影

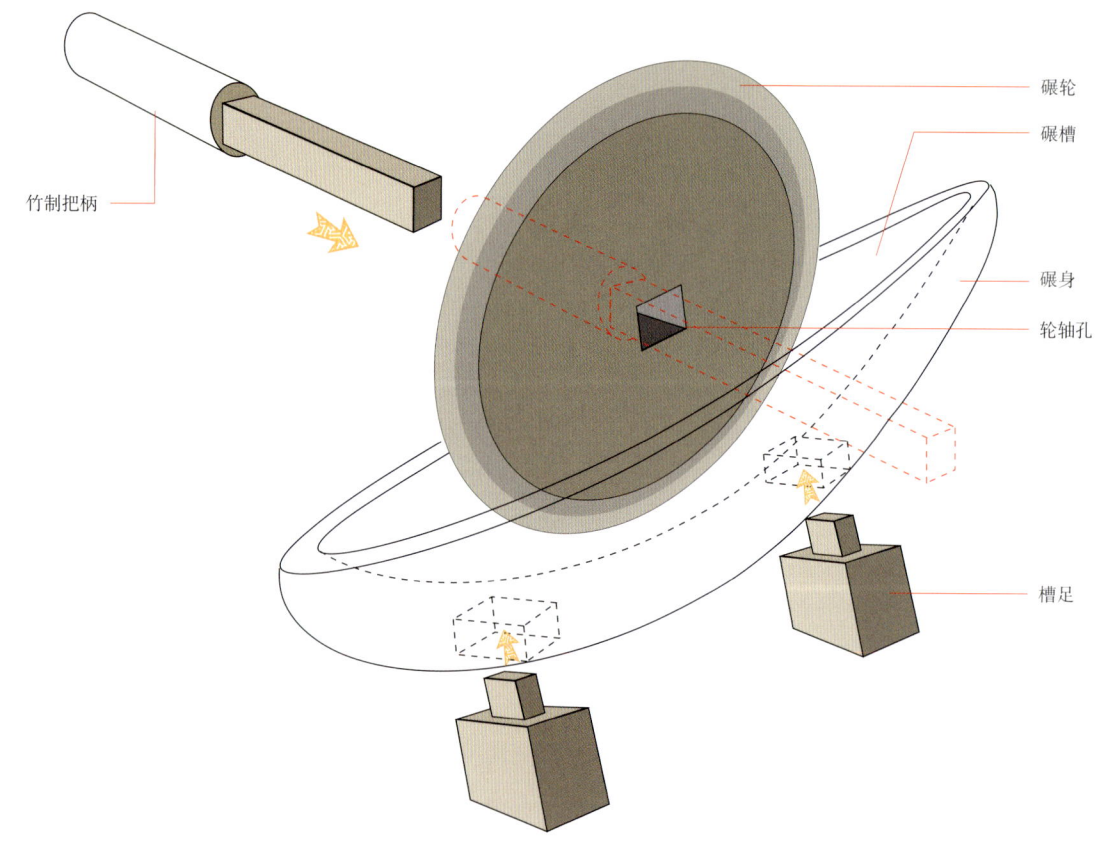

图二　广西壮族靖西药碾结构图

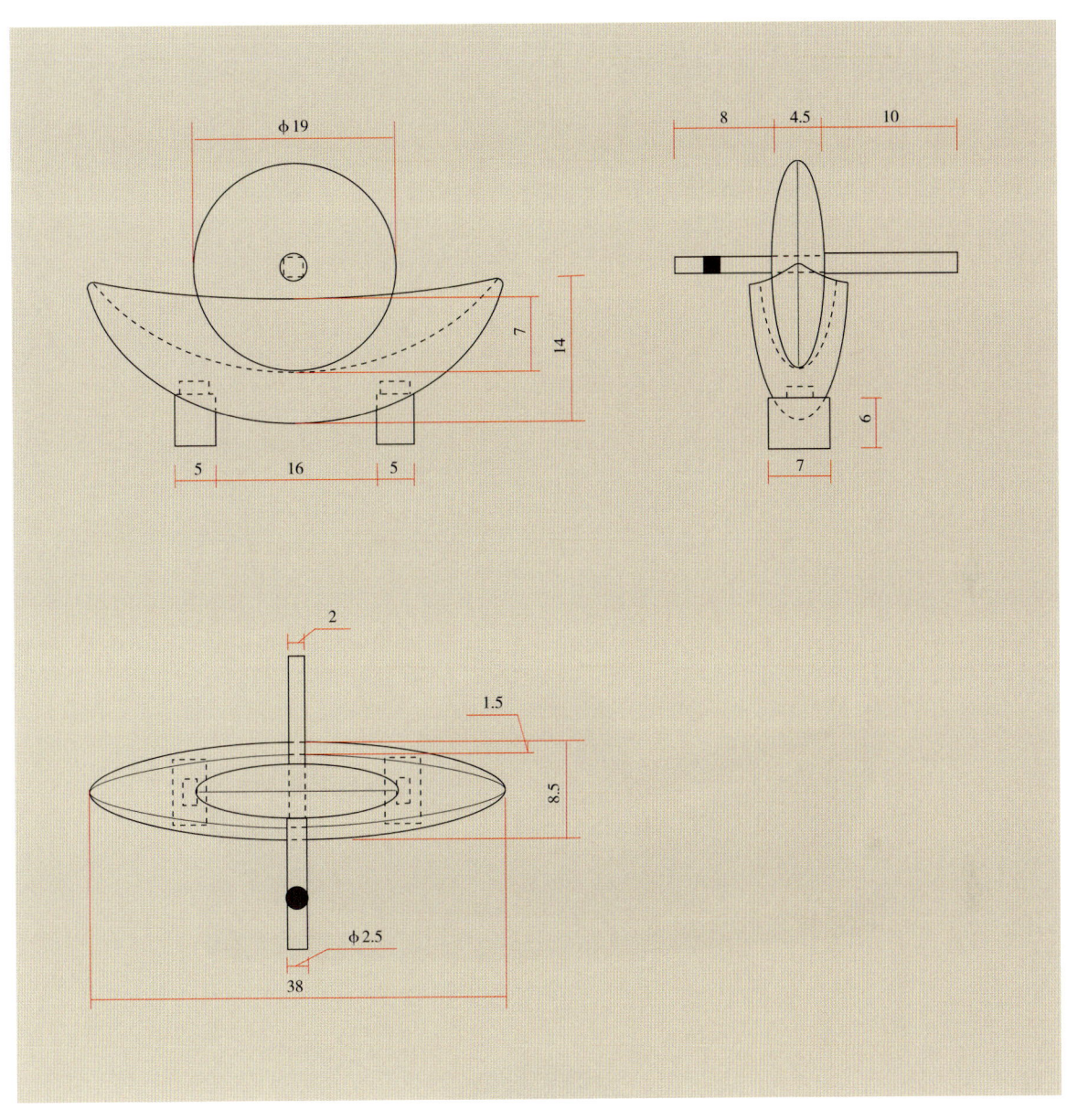

图三　广西壮族靖西药碾尺寸图（单位：cm）

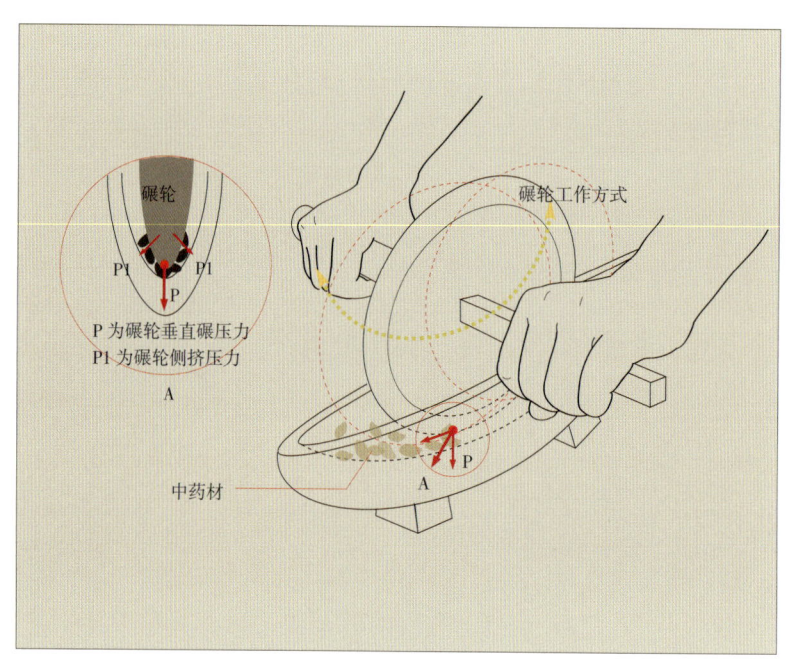

图四　广西壮族靖西药碾功能分析图

民国时期广西壮族木制药碾
（摄于广西龙脊壮族博物馆）

铁制药碾形制
（摄于广西靖西）

图五　广西壮族靖西药碾延展图

民国广西壮族靖西刺绣桌围

图一　民国广西壮族靖西刺绣桌围主图

桌围是一种挂在桌腿前方的装饰布。本案例采自广西靖西壮族博物馆，长89厘米，宽85厘米，形制近于正方形。根据案例表面所绣的"民国五年腊月"馈赠字样推断，案例是民国初期遗物。

本案例结构有肩围、系子、围裙、围边，其中肩围绣"寿桃""书剑""佛手如意"，围裙绣"麒麟""蝴蝶""牡丹花""绣球"，围边则用圆形"寿"字和长形"寿"字装饰。这些纹样皆有祈福之意，比如寿桃象征长寿，书剑意指德高望重，佛手等同福寿，牡丹花寓意富贵，蝴蝶暗喻多福，圆形寿字和长形寿字则表示圆满长寿。以上纹样皆是民间家喻户晓的图案，如果将它们以某种方式组合成一体，就会形成特定图案语义，例如将两种"寿"字排成带状，可象征"双寿万代"；红底围裙中的五个生动麒麟则有祥瑞之意，也比喻某人品德高尚。根据以上纹样之构成，本案例应该是给某人祝寿时馈赠的礼品。除了对纹样的解读外，本案例还有其他功能：一是框架结构桌腿间的空隙可用案例掩盖之；二是堂屋大桌处在人的活动中心区，节日期间或某种特定庆典活动时需将桌子装饰一番，而桌围正好能满足这一要求。

本案例使用方式简单，只需将案例拴在桌子上端的两角即可。从成型工艺看，案例可分面料和衬里，面料为红色平纹土布，表面用钉线法绣出麒麟、绣球、蝴蝶和寿桃，围边则用灰色平纹土布，用直针法绣出寿字；衬底是浅色土布，它主要起到加强或保护面

图二　民国广西壮族靖西刺绣桌围尺寸图（单位：cm）

布的作用。本案例钉线法是用特制色线作为绣线完成的刺绣，具体做法如下：先将色线依据图样平铺在面料上，边铺边用丝线扎牢在绣底上，针距3—4毫米，线要扎得整齐，并与色线呈"十"字形结构。至于直针法，是用线从图案的一端走到另一端，以排线的方式绣出纹样。从成形原理看，将线进行不同方向的排列就会产生图案的结构变化，而变化的图案又与对象特征关系密切，一旦表现对象结构固定下来，形象特征便自然显现。

本案例既是一件实用品，也是一件装饰物。随着社会的发展，桌围不仅没有消失，还涌现出许多新的品种，已成为当今室内设计的视觉元素之一。

图片来源
图一　孙林　摄影
图二至图六　许边疆　制图

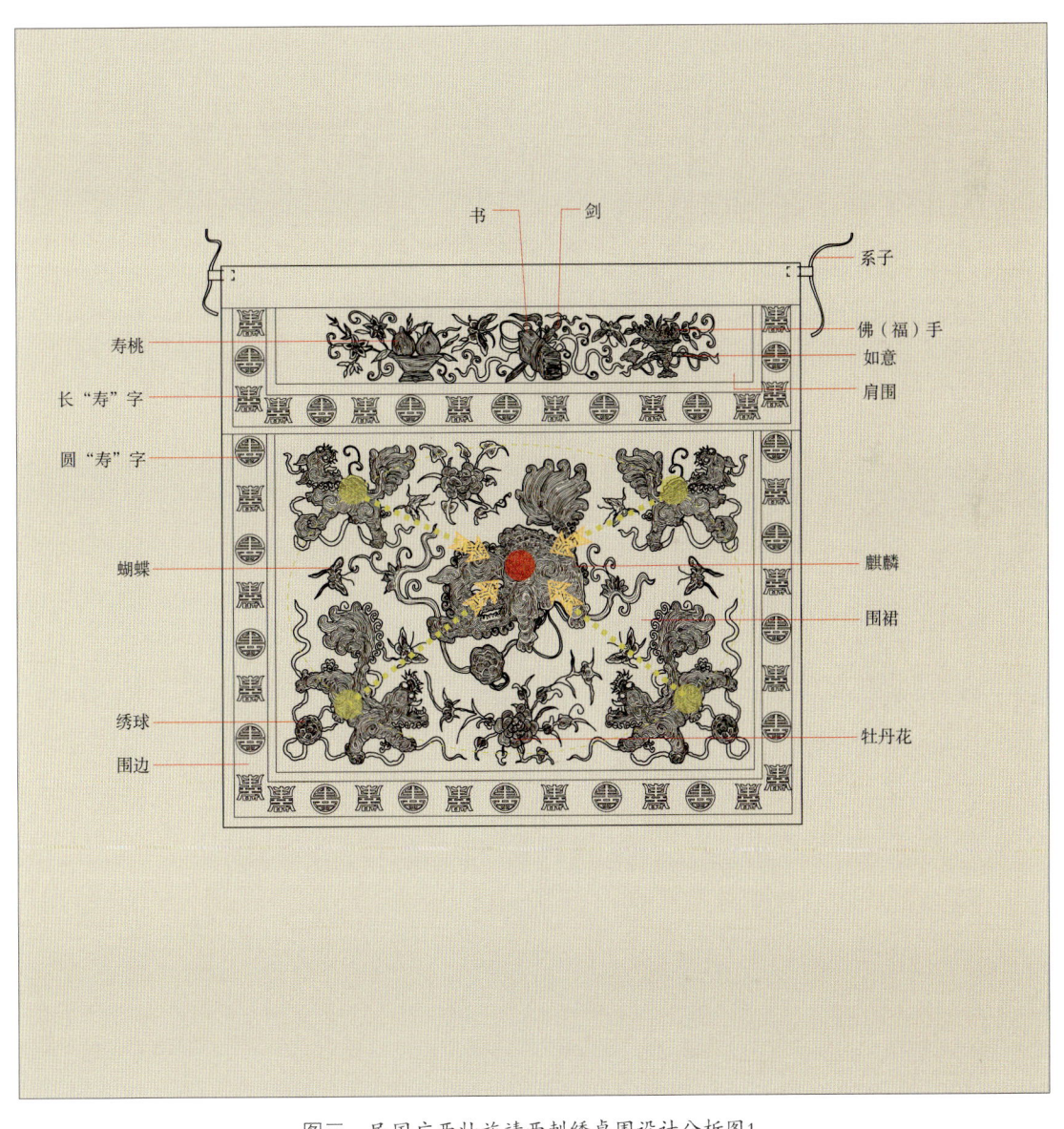

图三　民国广西壮族靖西刺绣桌围设计分析图1

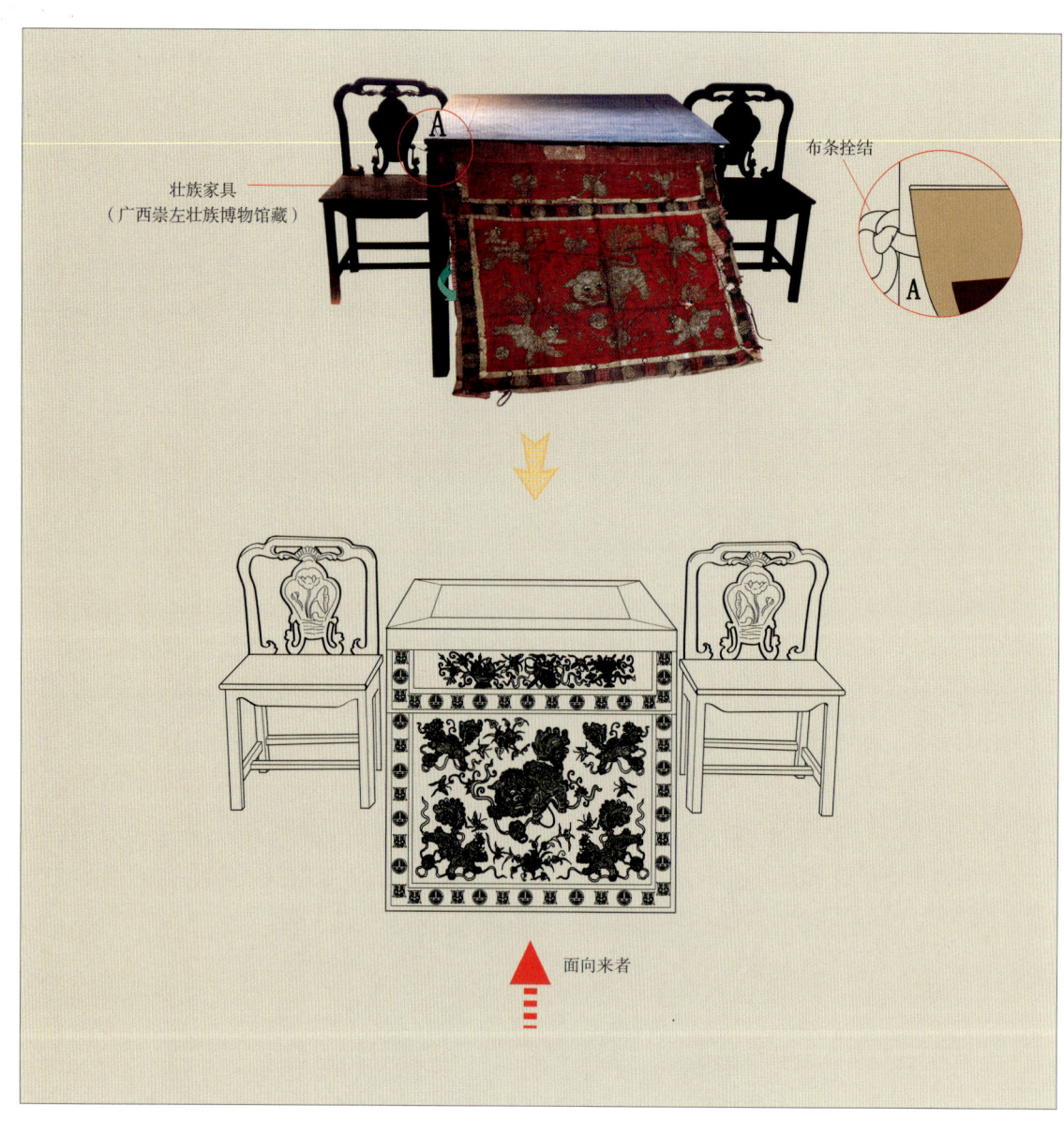

图四　民国广西壮族靖西刺绣桌围功能图

 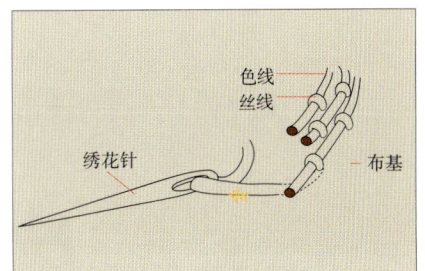

针法：钉线法刺绣

 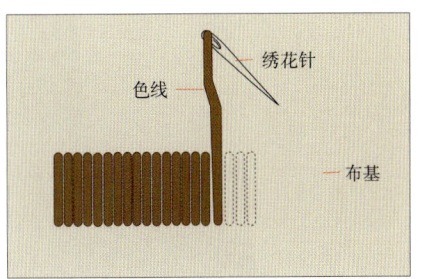

针法：直针法刺绣

图五　民国广西壮族靖西刺绣桌围设计分析图2

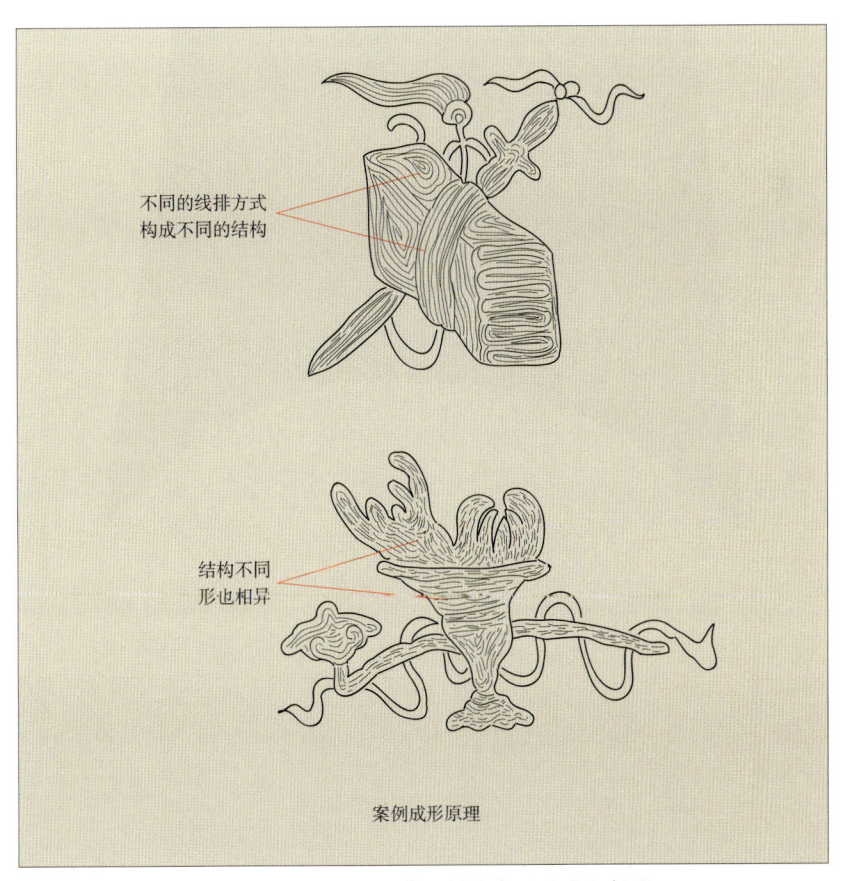

图六　民国广西壮族靖西刺绣桌围设计分析图3

第四章　壮族传统生活用具

433

西周广东壮族连山小甬钟

图一　西周广东壮族连山小甬钟主图

甬钟是编钟一类的乐器，其形扁如合瓦，因舞面上的柱筒被俗称"甬"而得名。本案例采自广东连山民族博物馆壮族器物陈列室，出土于连山三水镇，经鉴定，甬钟属于西周时期遗物。概括来看，案例由甬、环纽、舞、钟面、铣、乳钉、鼓等结构组成，其中钟面分出枚、篆、钲三区。枚总计36个，皆以3数成一组的形式等间距排列在案例两面；钲部与篆带则是以单阳线云雷纹形式装饰。本案例通高33.2厘米，甬长9厘米，铣间 19 厘米，鼓间 10.6 厘米，舞修 13.9 厘米，舞广 7.5 厘米，壁厚 0.4 厘米。本案例形制偏小，故称为"小甬钟"。

目前最早的甬钟就是西周甬钟。关于壮区甬钟来源，学术界有三种观点，一是南来说，二是北来说，三是南北交流说，其中"南来说"的甬钟发展脉络最为清晰和完整，本案例即为西周中晚期南方典型甬钟。从形态上看，案例已有斡（即纽）的存在，而斡的出现是甬钟悬挂方式由直悬变成侧悬演奏的标志。换言之，这种侧悬方式更利于演奏者敲击案例中鼓部和侧鼓部。从物理学角度分析，案例合瓦的形制能产生两侧的棱线，棱线是钟体转折部位，也是刚性部位，当甬钟被敲击时，震动状态的棱就会起到阻尼作用，结果让音波加速衰减，消除哼音。重要的是，由于中鼓音震动波节是侧鼓音的震动波腹，反之亦然，从而为案例带来"一钟双音"的功效。不仅如此，钟体上那些规律性的排列乳钉对高频振动同样起到了衰减作用，它们

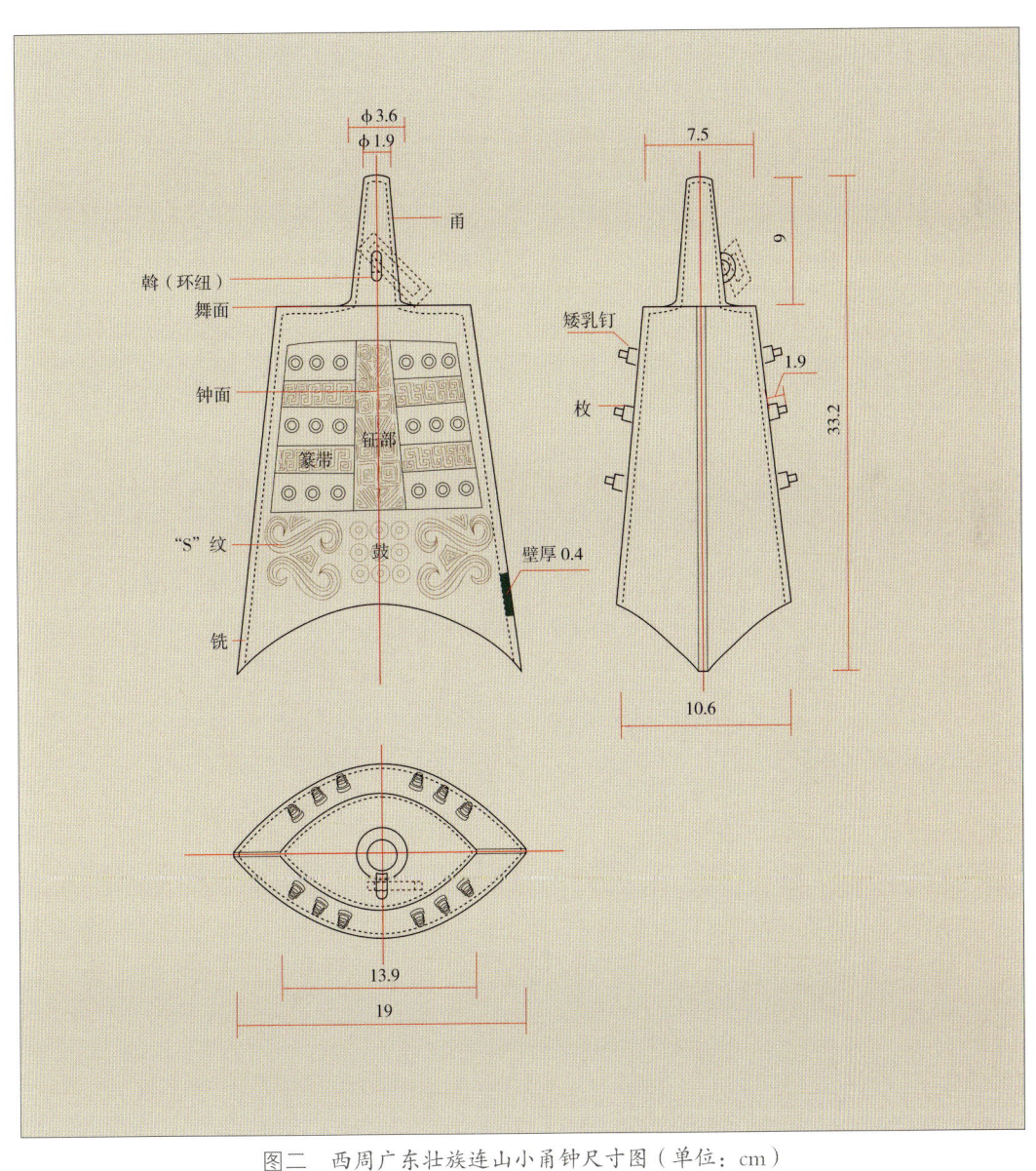

图二　西周广东壮族连山小甬钟尺寸图（单位：cm）

能促使钟壁进入稳定振动状态，对音质和音色皆有影响。

事实上，古人对钟的铸造工艺与音律间的关系已有很深的理解，例如《周礼·考工记·凫氏为钟》就有"薄厚之所震动，清浊之所由出，侈弇之所由兴""钟已厚则石，已薄则播，侈则柞，弇则郁，长甬则震"之记载。本案例0.4厘米厚的钟壁，不仅表明当时已具备高超的青铜铸造技术，也是乐律理论成熟的间接反映。

关于案例的成型方式，我们推断是多模铸造法。具体来说，是用四块对称的外模拼合成外范，然后再与内范组合，从而构成易于浇铸和脱模的结构关系。甬钟是社会礼乐文化的产物，广西壮区除存在甬钟外，后期还衍生出一种新钟——羊角钮铜钟，羊角钮铜钟地域特色更加浓厚。

图片来源
图一、图四　孙林　摄影
图二、图三、图五　许边疆　制图

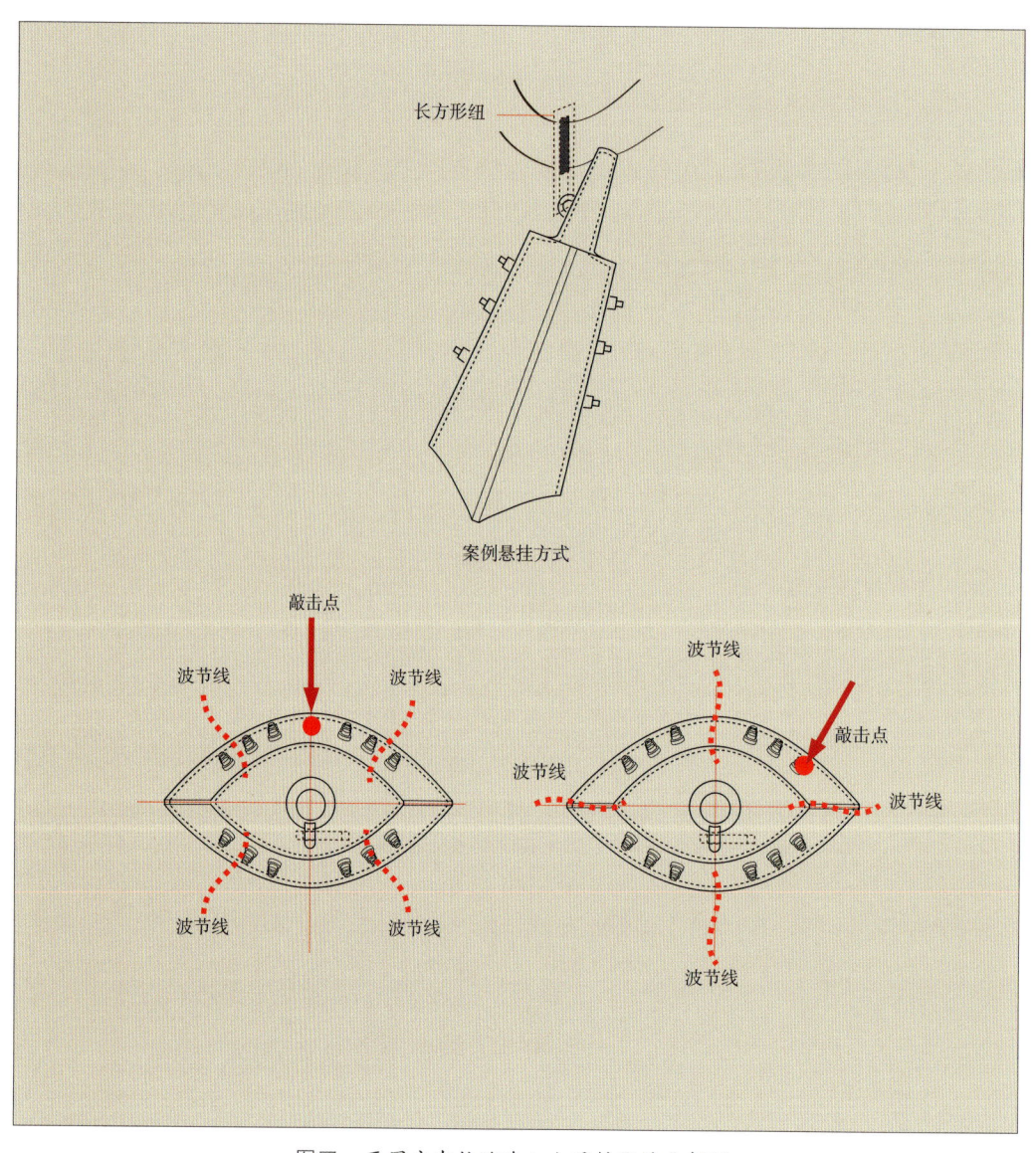

图三　西周广东壮族连山小甬钟设计分析图

二十四颗矮乳钉小甬钟
（广东连山民族博物馆藏）

图四　西周广东壮族连山小甬钟成型工艺图

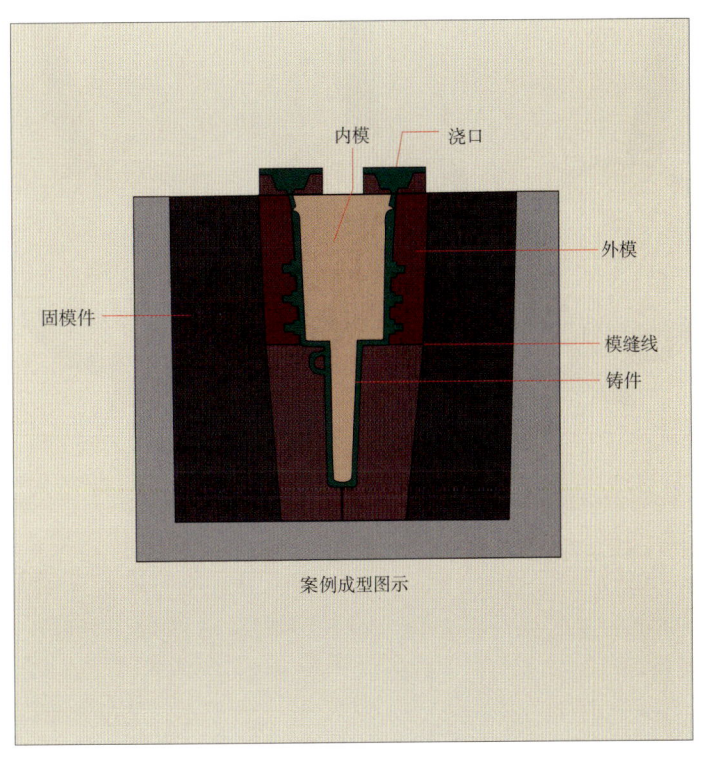

案例成型图示

图五　西周广东壮族连山小甬钟延展图

广西壮族崇左天琴

图一 广西壮族崇左天琴主图

天琴,壮语又称"鼎叮""马玲马琅",是壮族民间传统弹拨乐器,主要流行于龙州、崇左、凭祥、防城港峒中、板八一带。本案例采自广西崇左壮族博物馆,案例结构由琴筒、琴杆、琴轴、琴马、琴弦等组成。经现场测量,琴筒最大直径18厘米,厚11厘米,琴体高98厘米,琴轴长8.5厘米,琴杆下部宽度约4.2厘米。

从结构上分析,案例琴筒是用葫芦制成,半球形,筒面为梧桐薄板,这种材料质轻,不易变形，故常用来做乐器。据博物馆工作人员介绍，传统天琴的筒身或用葫芦或用麻竹筒制作，筒身表面饰油漆。壮族天琴有两个琴轴，分别设在琴头的两边，琴轴除了固定琴弦外，还起到调节琴弦张力大小的作用。天琴音色清脆、甜美，具有浓郁的民族特色，其定弦分别是根据人声音和曲调调式的不同定为5—1线或5—2线。演奏时，旋律的进行多以四度音、五度音为主，动律较大，可欢快活泼，可轻盈跳跃。

天琴演奏方式有两种：一种是坐着弹，即将琴筒放在右上腿位置，用右手拇指按在靠近琴筒一端的琴杆上，食指来回拨动发音。坐弹时，右腿常搭在左腿上，右脚悬挂脚铃，可随节拍摆动，因而是口、手、脚并用。技法上，天琴能弹出单音、双音、八度音、琶音、

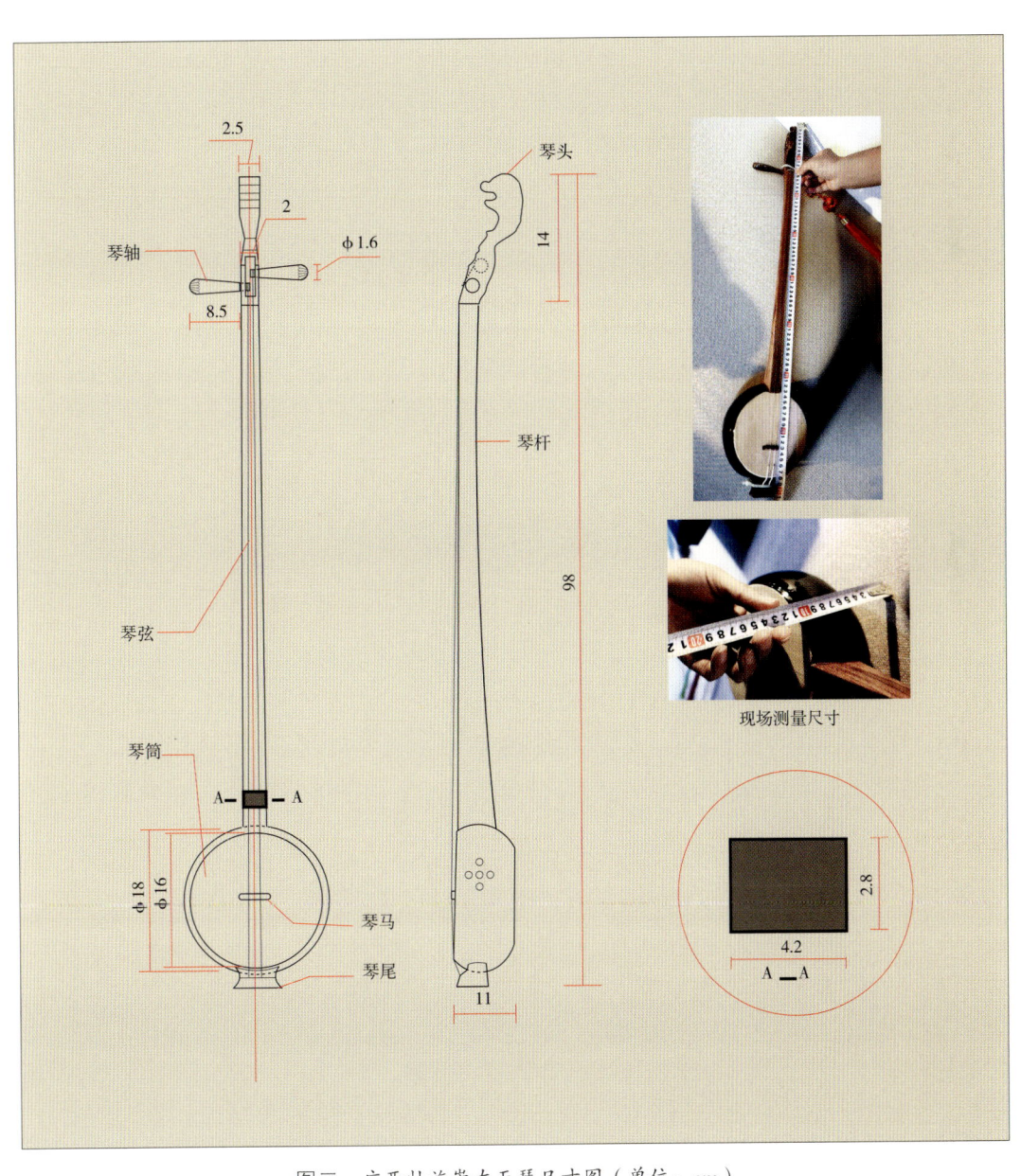

图二　广西壮族崇左天琴尺寸图（单位：cm）

上下滑音、抖音，有较强的艺术表现力。另一种是站姿（或边跳边弹奏），即将琴体按在右前腹（也可用绳带挎着），边弹边唱边舞，动作常常是上三步、退三步，甚至在跳到激动时琴体也能当道具用。总的来看，天琴既可单人演奏，也能组群表演，深受壮族人喜爱。天琴传统曲目有《弹叮》《盼月亮》《情歌》《离别歌》《欢乐曲》等。

壮族天琴源于何时，尚无定论。清光绪九年修撰的《宁明州志》曾记载："女巫……以交鬼神为名，以'匏'为乐器，状如胡琴，其名曰'鼎'……凡患病之众，延其作法，

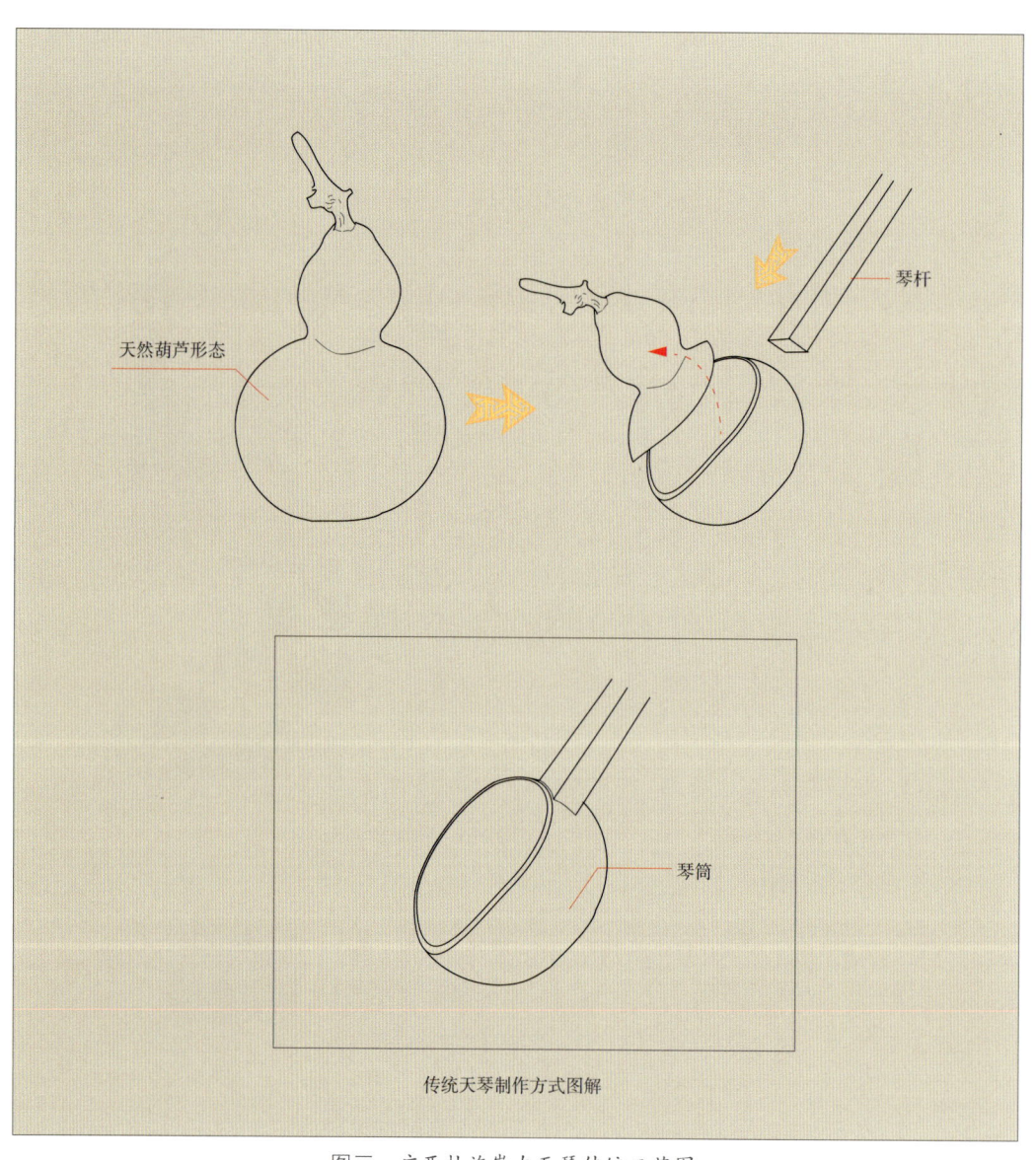

图三　广西壮族崇左天琴传统工艺图

则手弹其所谓'鼎'者口唱其鄙俚之词。"这里"鼎"即为天琴。显然，早期天琴是壮族人用于祭祀活动的一种器具，年代应该很久远。除二弦外，目前还有改良品种三弦或四弦天琴，琴弦材料也有改进，不仅有尼龙弦，还有金属弦，这让古老的乐器有了更加悦耳的声音。

图片来源
图一、图六　孙林　摄影
图二至图四　许边疆　制图
图五　许边疆　摄影

图四　广西壮族崇左天琴演奏方式图1

广西龙州壮族演奏天琴
（崇左壮族博物馆资料图片）

图五　广西壮族崇左天琴演奏方式图2

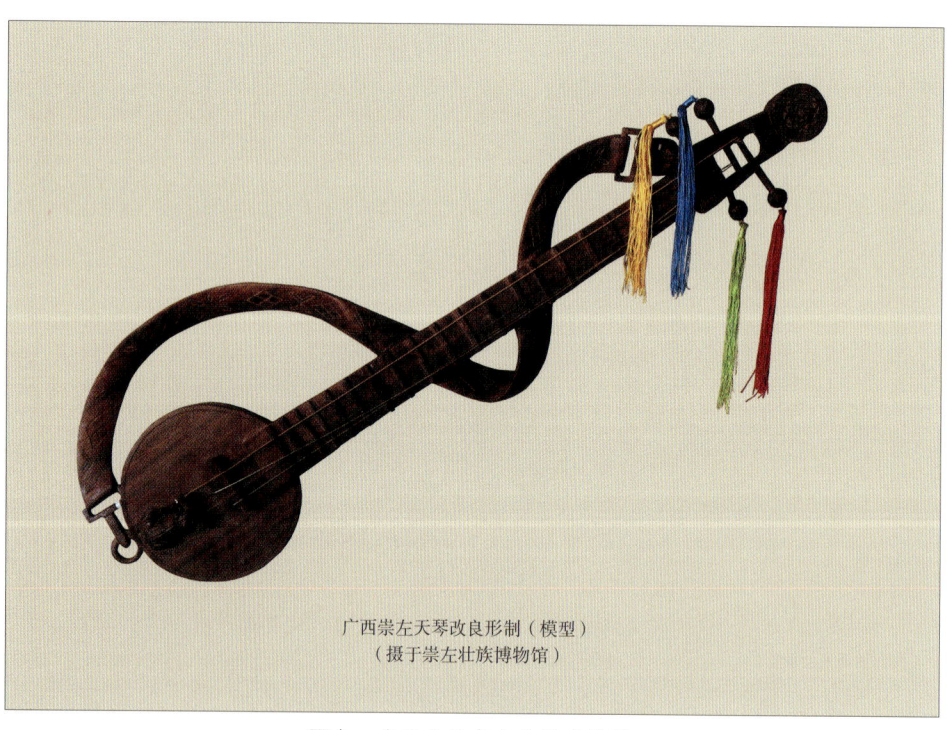

广西崇左天琴改良形制（模型）
（摄于崇左壮族博物馆）

图六　广西壮族崇左天琴延展图

广西壮族桂林瓦琴

图一　广西壮族桂林瓦琴主图

瓦琴，壮语"铮银"，是一种擦奏类弦鸣乐器，因形制像扣瓦而得名。由于其琴弦有七根，故又被称之为"七弦琴"，属于壮族古老民间乐器之一，曾流行于桂西、桂北等壮乡。本案例采自广西桂林博物馆壮族器物陈列室，主要用桐木制成，琴箱截面呈半圆筒状，两端敞口通透，其内胶合杉木底板一块，板面上开弯月形及小圆孔一个，可供人手持握。琴箱之上有岳山，岳山之间立七个在面板中部斜向排列的琴马，形如人字，起支弦作用，并与七个琴柱一一对应。本案例琴长63厘米，底宽16.4厘米，中高7厘米（不含岳山），琴马间距约5.5厘米，琴柱高6.8厘米。

本案例形态古朴，发音厚实，近似于中胡。演奏时，常将琴体斜横在人的胸前，坐奏（或席地盘腿而坐）、立奏均可，也可边走边奏。具体操作方式是，左手持案例底板孔洞，右手运弓，低音弦在内，高音弦在外，或独奏，或合奏，或为歌唱者伴奏，其弓法有连弓、分弓、长弓、跳弓和碎弓。由于瓦琴琴面弧度较大，因而演奏中多用级进音程，大跳旋律反而较少。此外，瓦琴也能用手指或弹片拨弹演奏，这是其优点，但传统瓦琴共振板厚度近1厘米，发音量小，宛如姑娘低声哼吟，后来人们设法将共振板减薄，结果演奏时的发音量有明显提高。从音乐学角度分析，传统瓦琴设有七弦，只发七个音，按五声音阶定弦，音域仅九度，所以对于一些复杂的乐曲而言，其表现力就会受到一定的限制，甚至是无法表现。

壮族瓦琴源于何时，目前不详。历史上广西东兰、凤山及巴马一带是瓦琴流行区，那里的民间传说也只能间接印证当地瓦琴的兴旺是在明代初期，如果仅以此来判断，瓦琴的历史不会少于600年。从实际情况看，几百年来瓦琴在结构上并无太大变化，仅局部材料有变化，如早期的琴弦多用棕丝或马尾搓成，后改为羊肠弦，再后来就是如案例般用钢丝弦。作为一种民间乐器，瓦琴过去的存在土壤是民间百姓，人们在劳动之余或农闲时节，常借助瓦琴自娱自乐；每当逢年过节、婚嫁喜庆或贵客临门，自然也离不开包括瓦琴在内的民间乐器来助兴。如今随着社会的发展，传统瓦琴也在不断地被改良，例如在保留原有特点的基础上加大共鸣箱，增强其发音量。再比如，将传统的七根弦改为十六根，使音域得到拓展。另外，在演奏方式上，改手持琴为平放琴，并借鉴了二胡、提琴、古筝等弓法或指法。这一系列改良设计无疑大大提高了瓦琴的艺术表现力，从而让这一古老的壮族民间乐器又焕发出了新的光彩。

图片来源

图一　孙林　摄影

图二至图五　许边疆　制图

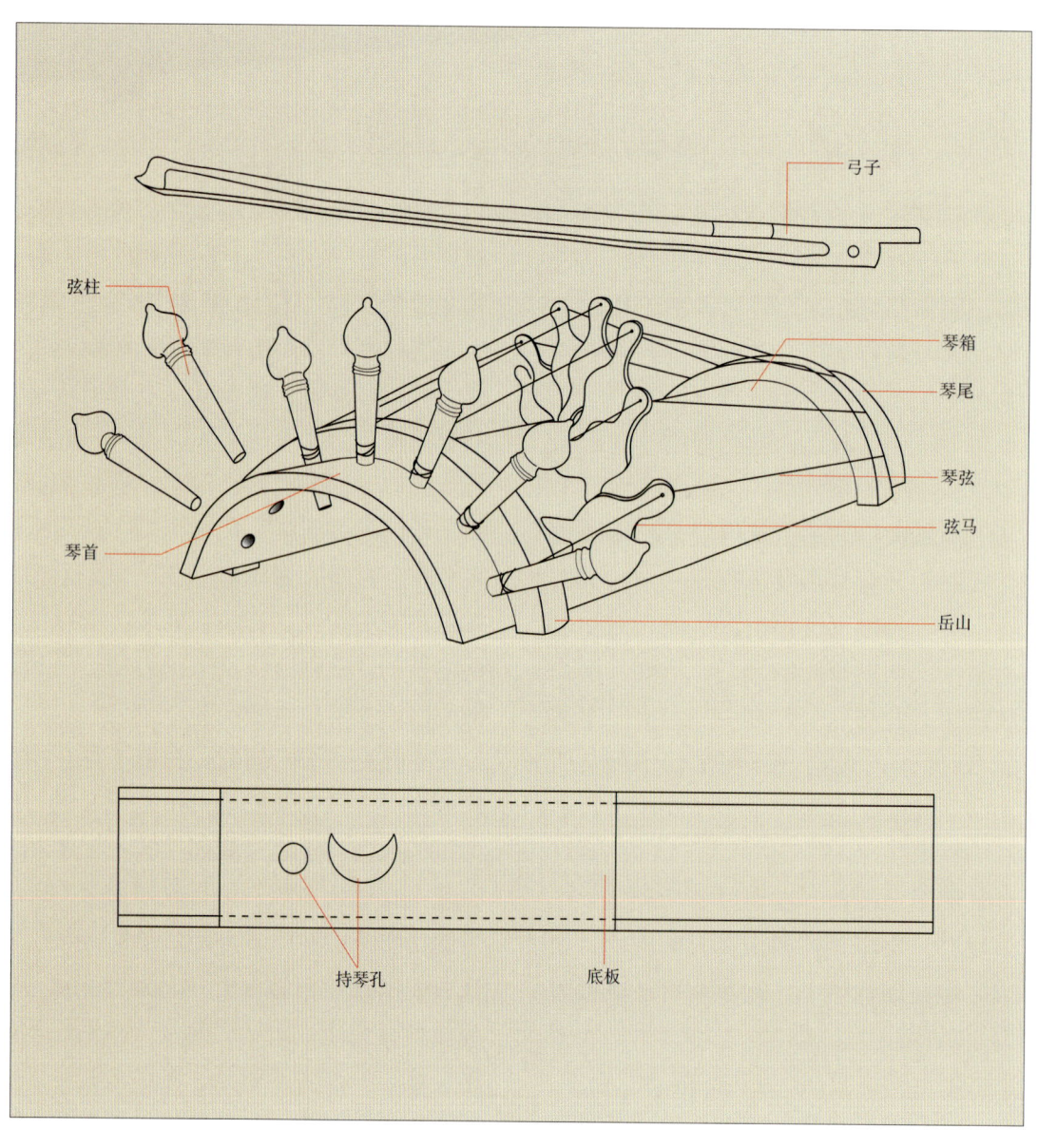

图二　广西壮族桂林瓦琴结构图1

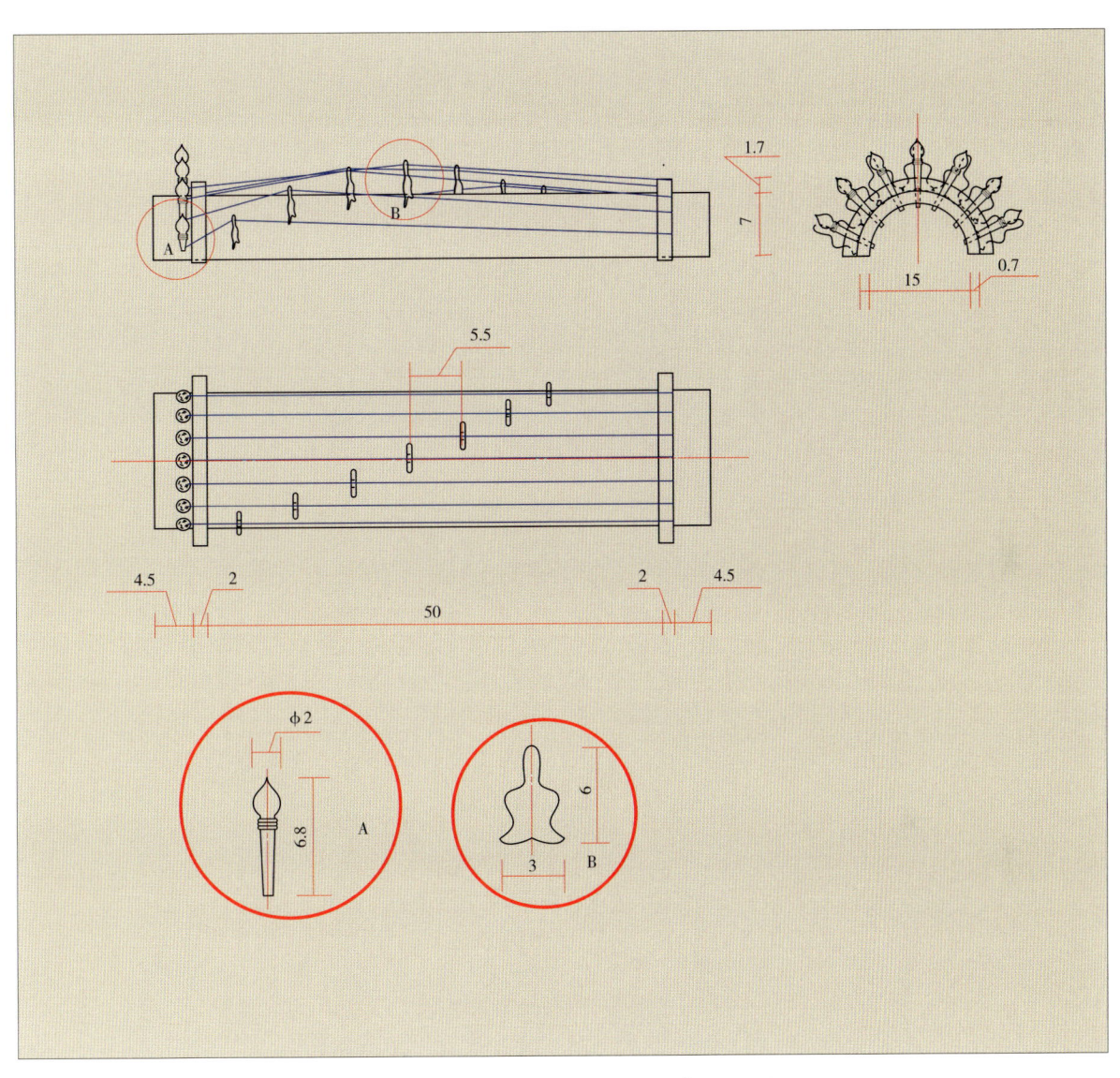

图三 广西壮族桂林瓦琴尺寸图(单位：cm)

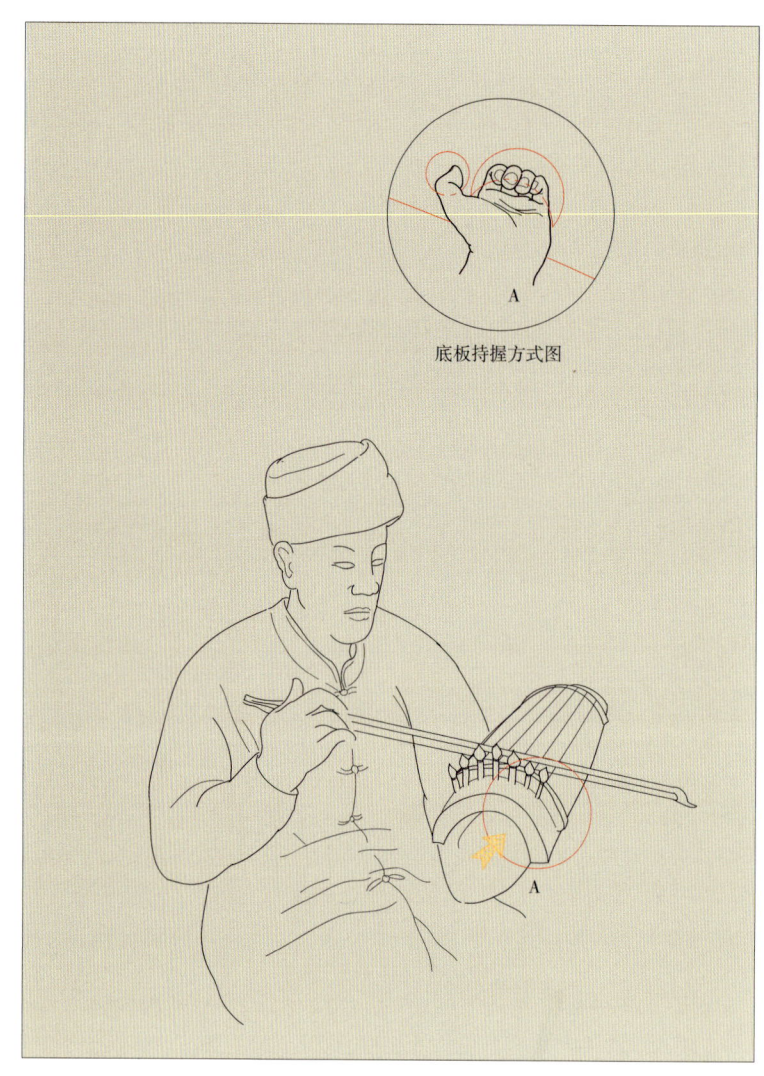

图四　广西壮族桂林瓦琴演奏图

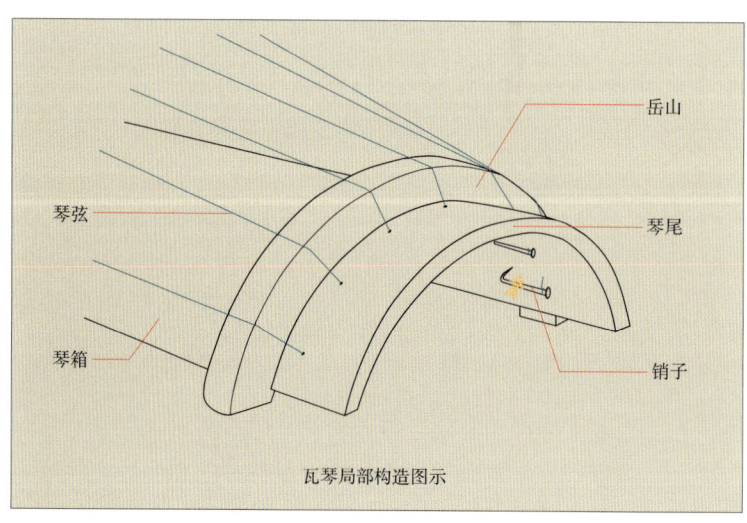

图五　广西壮族桂林瓦琴结构图2

广西壮族靖西凤琴

图一　广西壮族靖西凤琴主图

壮族凤琴是一种大型弹弦乐器，琴体形制呈昂首欲飞的"凤"状，故而得名。本案例采自广西靖西壮族非物质文化遗产器物陈列馆，案例结构由琴身、琴弦、琴码、旋钮、立架、基座等组成。经现场测量，案例通高226厘米，正面长117厘米，琴身厚9.5厘米，琴身高 161 厘米。

从结构上看，案例正、反两面的琴弦分别是 28 根。琴弦安装方式是：先将弦的一端固定在翘起的"凤"尾上，另一端则越过琴码，在共鸣箱下部用一排铜制的金属轴凭借其上部旋钮加以固定。金属轴是用木板加固的，每个金属轴的端头有一个能旋动的纽，琴弦即捆绑其上，演奏前可通过旋钮来调节琴弦的张力大小。有趣的是，共鸣箱也是"凤"之身体，结构用薄木板做成，内部中空，琴弦位于其外部两侧。据该馆工作人员介绍，凤琴的演奏方式是站立操作，演奏者双手各持一竹制的富有弹性的拨片来击打琴弦。在音效上，壮族凤琴音域较宽，低音区发音粗厚、饱满，中音区发音圆润、明亮，高音区发音清脆。除单独演奏外，本案例主要是充当伴奏乐器。从形制特征看，壮族凤琴颇有西方竖琴的影子，至于两者之间是否有血脉关系，尚无确切资料佐证。但无论如何，壮族凤琴应该是近现代产物，案例中的金属部

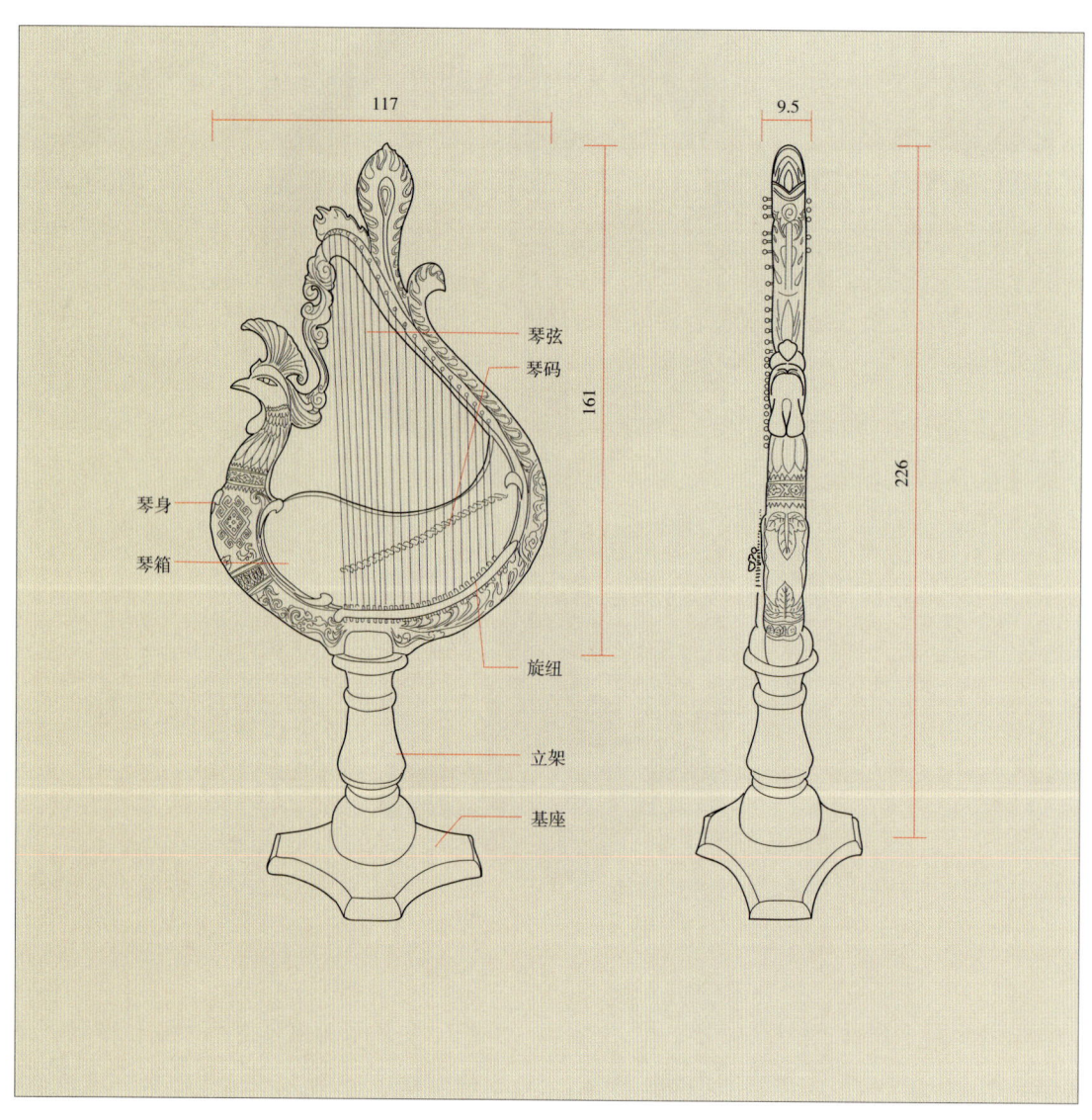

图二　广西壮族靖西凤琴尺寸图（单位：cm）

件能间接地印证这一点。

壮族凤琴的琴身、立架、基座皆为木质构件，将琴身设计成凤形，赋予了案例雕塑之美。从壮族发展史看，壮族人对凤凰有自己的理解，如壮语将凤称做"雏弘"，意指通鬼神、传送天意的神物，是九天皇帝的化身，而壮语称皇帝为"佬弘"，与凤凰词汇一样，都有"弘"字，正因为如此，过去壮寨后山都要建"敖厅弘"，实际就是祭祀凤凰神的场所。显然，凤凰是壮族先人崇拜的对象之一。另外，在壮族人眼里，凤也是美的化身，他们往往将凤比喻成能歌唱的美丽姑娘，所以用凤来做琴身是极其自然的事。

图片来源
图一　孙林　摄影
图二、图三、图五　许边疆　制图
图四　许边疆　摄影

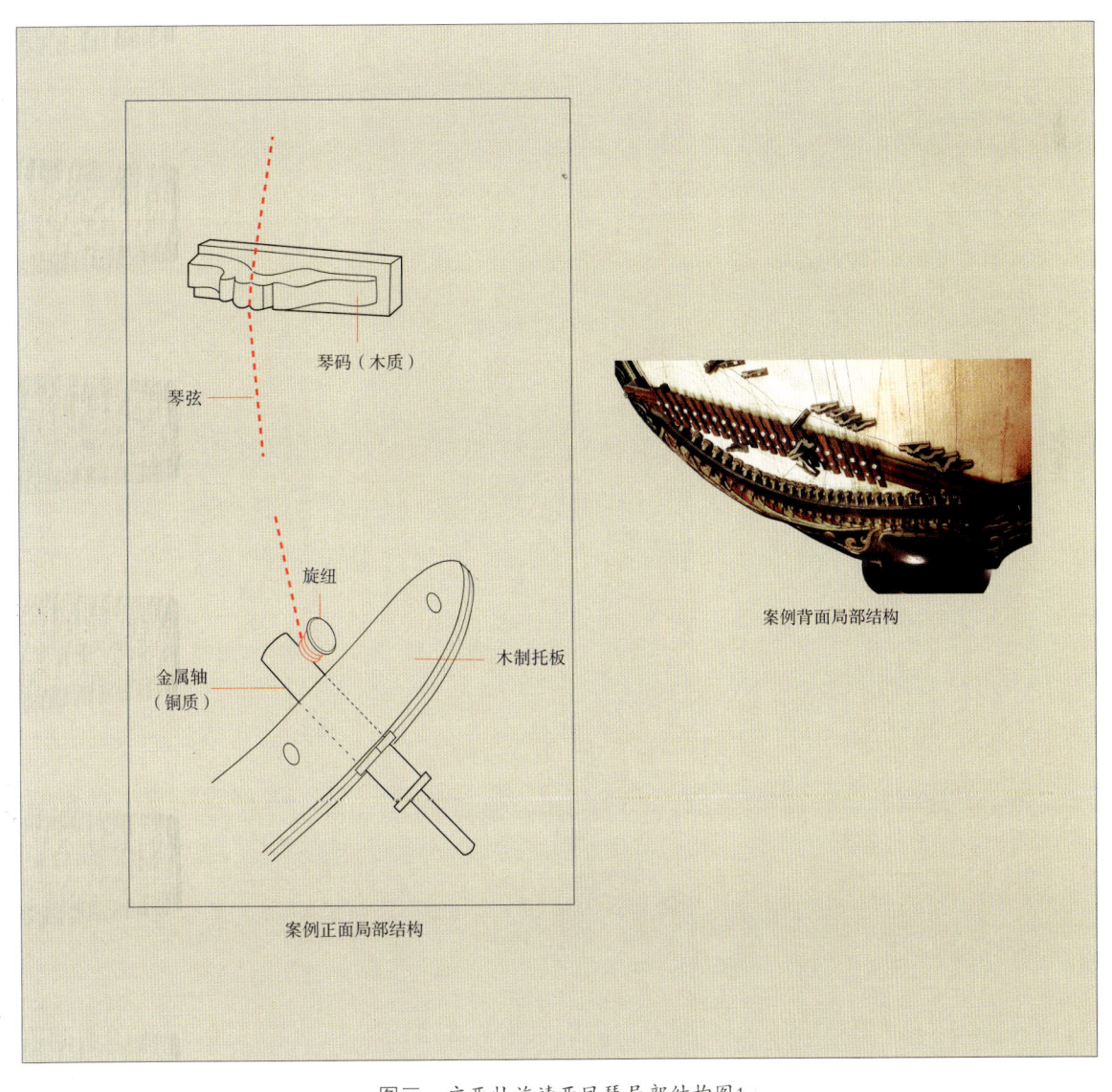

图三　广西壮族靖西凤琴局部结构图1

琴箱内部结构

图四　广西壮族靖西凤琴局部结构图2

案例演奏方式图示

图五　广西壮族靖西凤琴功能图

广西壮族靖西葫芦胡

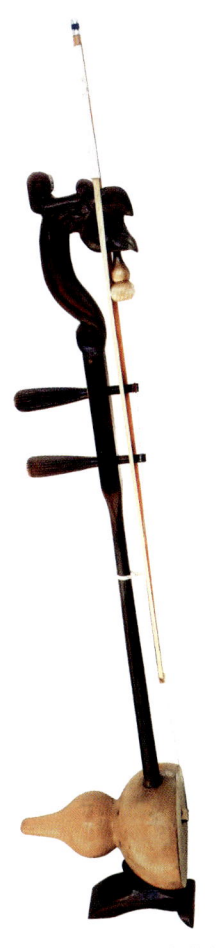

图一 广西壮族靖西葫芦胡主图

葫芦胡又称"冉卜",是壮族常见的一种弓拉弦乐器,因琴筒是用天然葫芦制作而成,故得名。本案例采自广西靖西壮族博物馆,全长103厘米,板面直径15厘米,琴弓全长83厘米,其形制主要由琴筒、琴头、琴杆、琴弦、琴弓、琴码、出音孔、弦轴等结构组成。

从结构上看,本案例与二胡乐器十分近似,比如它们有相似的琴杆与弦轴,再比如两者所用的琴弦皆为二根弦。当然,它们外观也存在一些差异,最显著的地方便是琴筒不同,本案例琴筒(即共鸣筒)是用大小合适的天然葫芦壳制作而成,具体制作方法是:先削去葫芦的底部,然后再用桐木薄板封住这个缺口,并在薄板表面安装琴码。为了能让琴筒与琴杆固定,在大肚葫芦的腹部打出两个对应的贯通孔,然后将琴杆穿过,并与琴尾相连,使之成为一体。从设计学角度分析,本案例琴尾的底部被设计成弧形,这是迎合实用功能的结果,因为在演奏过程中案例是被置放在人腿之上的，由于葫芦形凹凸不平，在演奏过程中为了能够进行良好的操控，壮族人便将琴尾设计成底部内凹的弧形，从而让琴尾与人腿之间有合理的匹配关系。

本案例演奏方式同样是采用坐姿，琴筒置于左腿之上，用左手食指、中指、无名指和小指按压琴弦，右手执马尾弓沾松香夹于两弦之间拉奏。壮族葫芦琴一般是按五度关系，将弦定为 a、e1 或 d1、a1，合奏音域为两个八度，其发音坚实，音色浑厚，既可用于器乐合奏或戏剧伴奏，也能独奏，是壮族八音乐队合奏时必备的器具之一，极富浓郁的地方特色。

本案例琴弦是金属弦，这种弦拉力好，音质也好，据说金属弦以银质丝最佳。另外，有些葫芦胡也用丝弦，丝弦发音要比金属弦柔和、细腻，但弦丝易断，音准度也相对较差。在靖西壮族博物馆考察时，我们还见到过三弦葫芦胡，这种三弦乐器的结构和形制虽与本案例相同，但三弦乐器的艺术表现力无疑要比本案例更强些。据该馆工作人员介绍，壮族葫芦胡起源于古代的奚琴，其历史与马骨胡相近，大约是在清乾隆年间萌生，迄今已有两百多年的历史了。

图片来源
图一、图五、图六　许边疆　摄影
图二至图四　许边疆　制图

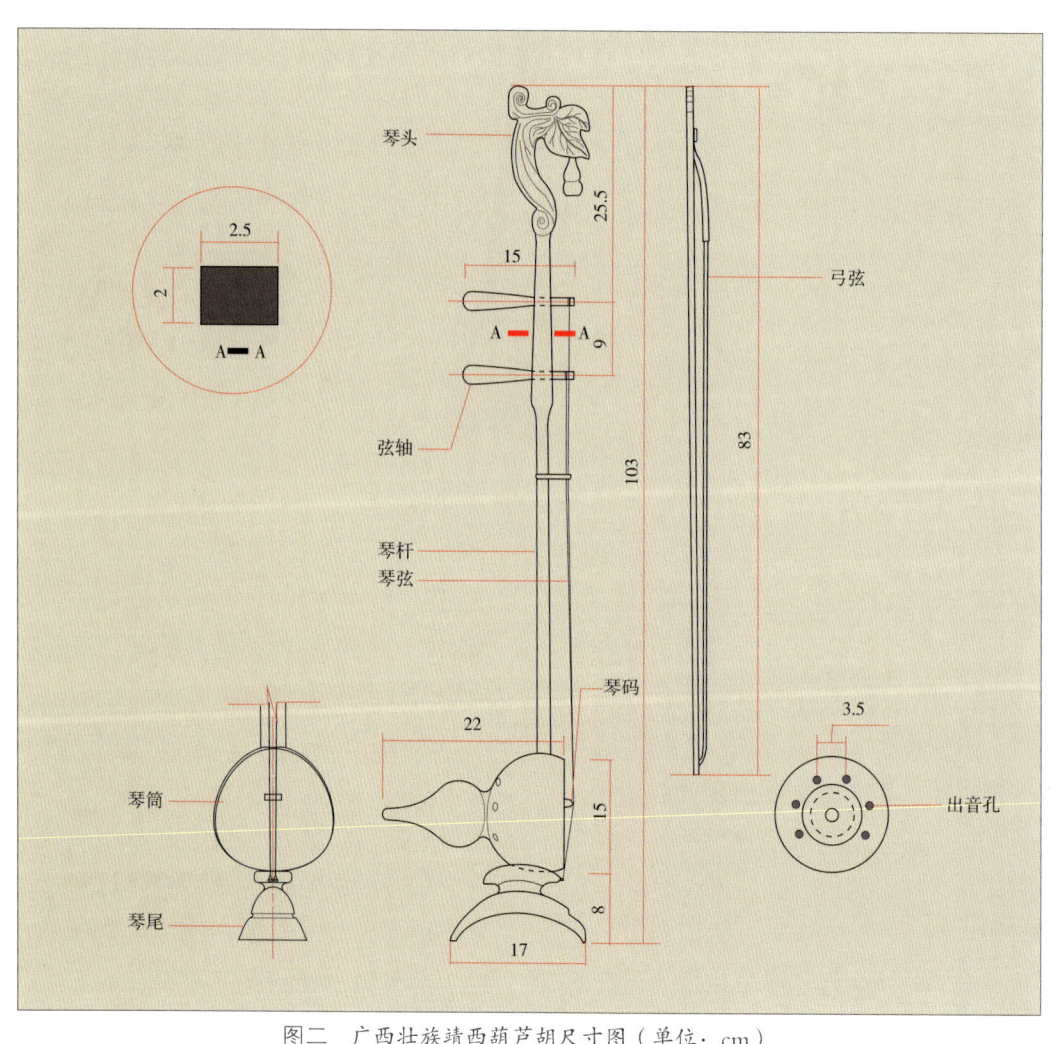

图二　广西壮族靖西葫芦胡尺寸图（单位：cm）

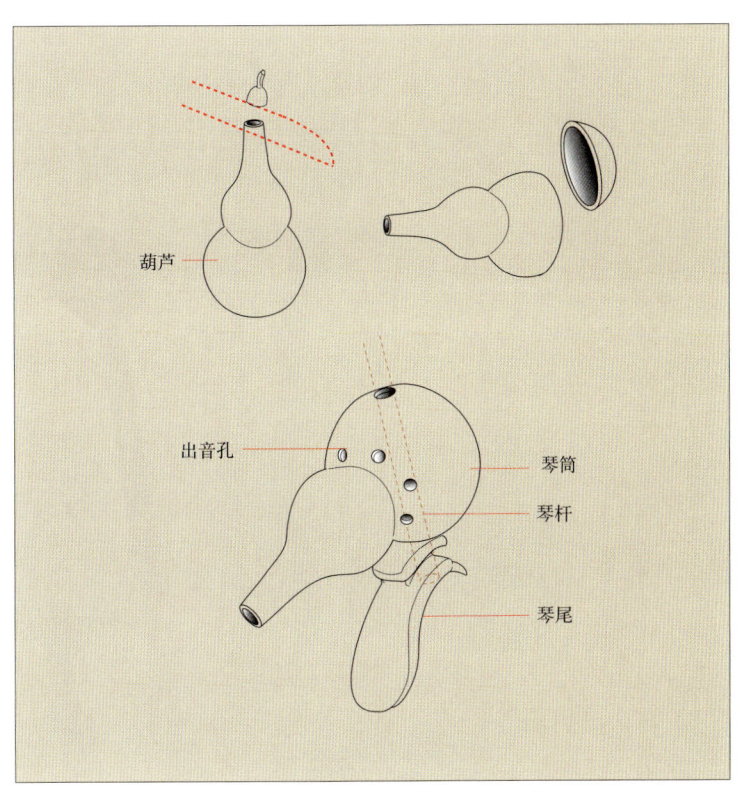

图三　广西壮族靖西葫芦胡构造方式图

图四　广西壮族靖西葫芦胡功能图

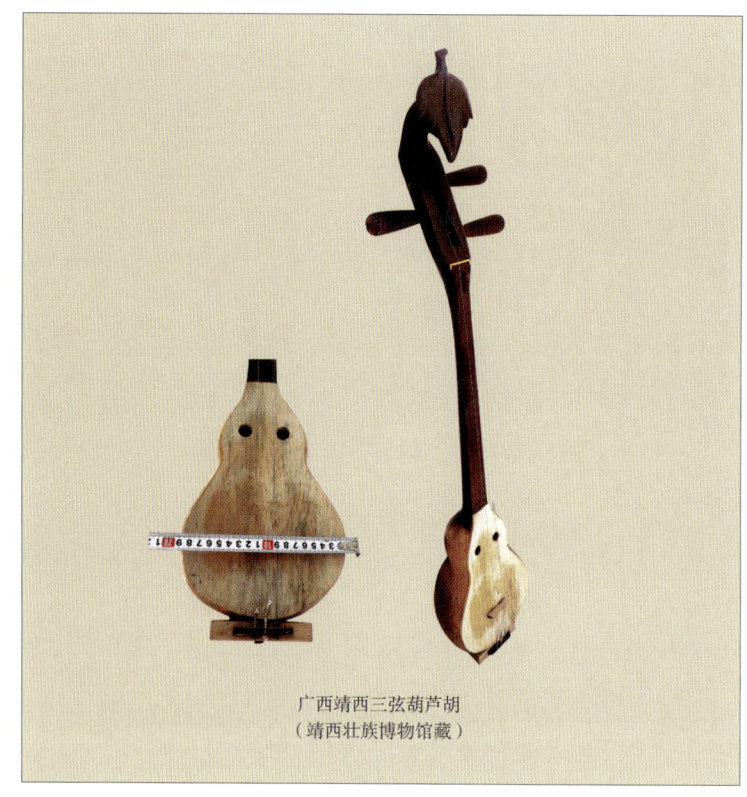

图五　广西壮族靖西葫芦胡延展图

图六　广西壮族靖西葫芦胡演奏图

广西壮族靖西立式马骨胡

图一　广西壮族靖西立式马骨胡主图

马骨胡，壮语又称"冉督"，意思是说这种胡琴是用马或牛的骨头制作而成。这种乐器的筒身虽不大，但发音高而尖，音色悦耳动听，因此，既可用来做器乐合奏，也能作为独奏器具。本案例采自广西靖西壮族博物馆，整体形制呈站立式，高度约187厘米，琴筒距离地面高度105厘米,琴筒是选用马腿骨制作而成。案例由琴头、琴颈、琴身、琴腿、琴足、琴弦、弓弦、琴筒、弦轴等结构组成。

从形制上观察,案例形态是依据马的结构特征制作而成,换言之,胡琴立架是马结构高度提炼的结果。事实上,壮族传统马骨胡多为手提式乐器,演奏方式以坐姿为主,而本案例形体较为特殊——立式琴体,故演奏过程中也必须以站立的姿势进行。从设计学角度分析,采取站姿演奏方式显然能将人的双腿解放出来,有利于表演者更加灵活自如地操作;不足之处是,案例不及手提式胡琴那样方便携带。在靖西壮族博物馆的考察过程中,我们还发现,除了馆藏的马腿骨琴筒外,还有马头骨胡琴,这些"哩马"(小马)头骨被修整后,壮族人借助蛋清黏合剂用蛇皮或鱼皮蒙住一端,让另一端敞口构成出音

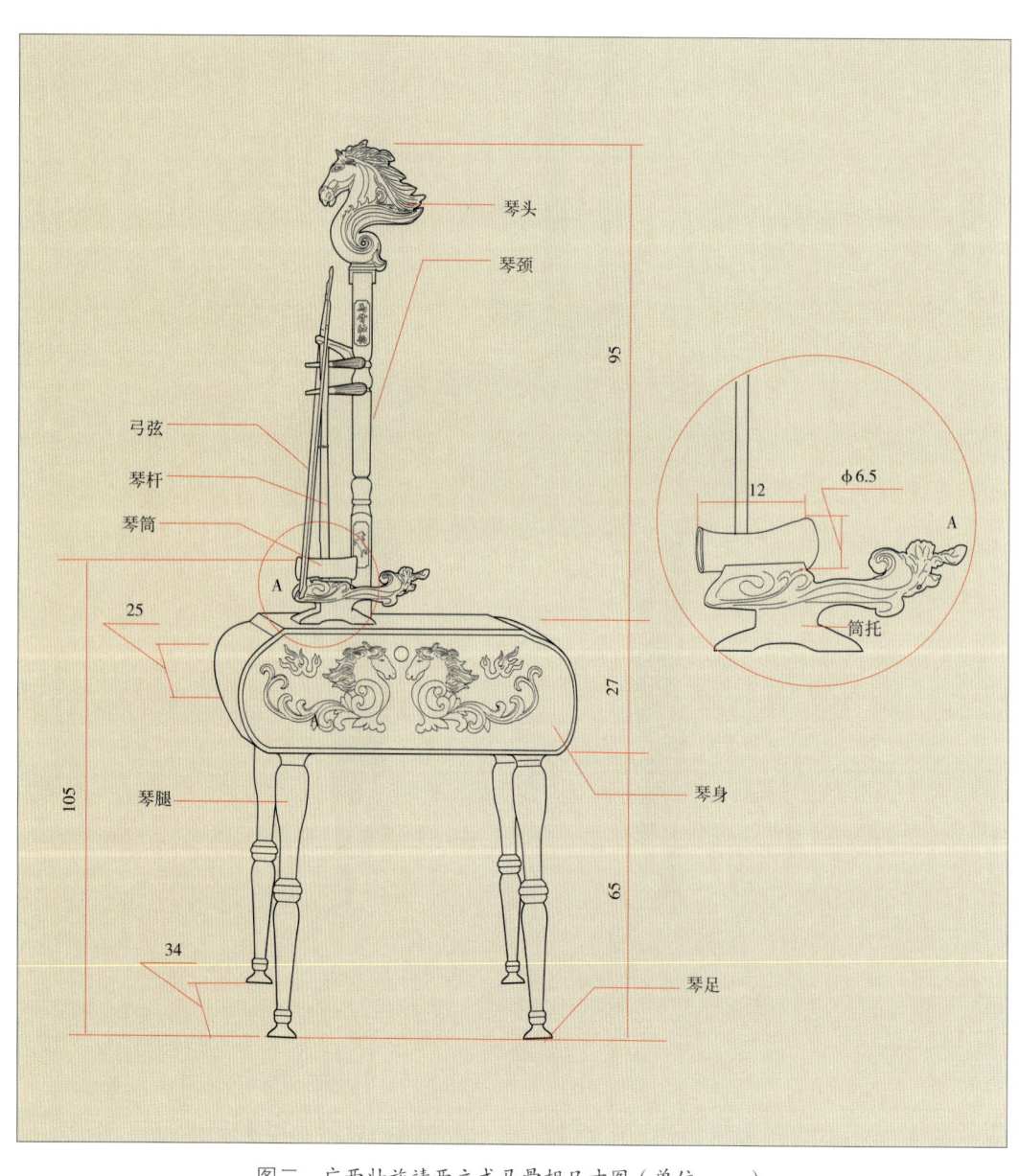

图二　广西壮族靖西立式马骨胡尺寸图(单位:cm)

孔，从而制作出多种形制的马骨胡。当然，马骨能制作胡琴，牛骨同样也行。在壮乡，人们不仅用牛头骨、牛腿骨制作胡琴，甚至还用牛角来制作胡琴，种类可谓繁多。

从结构上分析，本案例形制可视为由琴架与手提式马骨胡组合而成的器具，其中琴筒长12厘米，最大端口直径约6.5厘米，大小与手提式马骨胡相近，演奏时能发出清脆明亮的音色，常以五度关系定弦为a1、e2，音域a1—d4。在"八音"合奏与壮剧伴奏中，案例也常用反五度或四度定弦。

壮族马骨胡究竟源于何时尚待考证。我国著名音乐史学家杨荫浏先生（1899—1984）在其《中国古代音乐史稿》中曾提到"少数民族地区也出现了不少拉弦乐器，如广西壮族的马骨胡等"。据当地一些老艺人回忆，马骨胡一直是壮族民间器乐合奏——"八音"的主要伴奏乐器之一，而壮族"八音"合奏演出的历史不少于两百年，是故，壮族马骨胡至少在清代早期就已出现。如今，这种民间乐器仍为壮族人所使用，演奏的曲调主要有《迎客调》《喜调》《采茶调》《八板调》《正调》《武将调》《苦调》《八音调》等，齐奏的曲调有《壮乡春早》《壮山驼铃》等。

图片来源

图一、图四、图五　许边疆　摄影

图二、图三　许边疆　制图

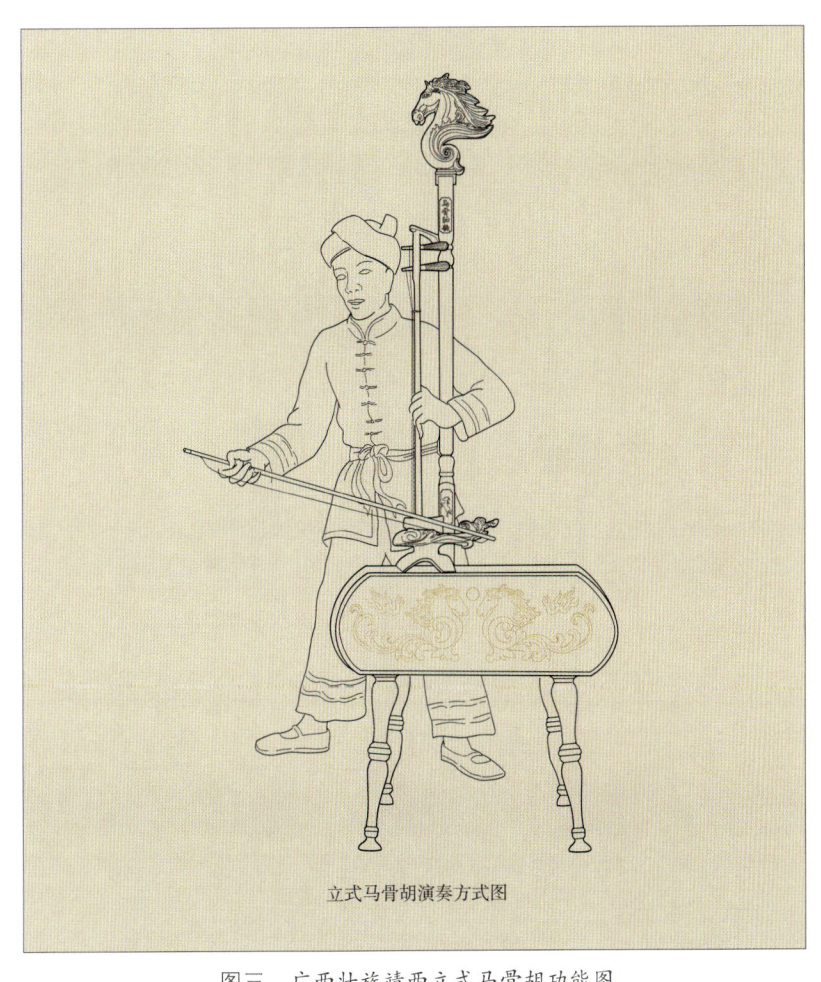

立式马骨胡演奏方式图

图三　广西壮族靖西立式马骨胡功能图

马骨胡形制之一
（靖西壮族博物馆藏）

图四　广西壮族靖西立式马骨胡延展图1

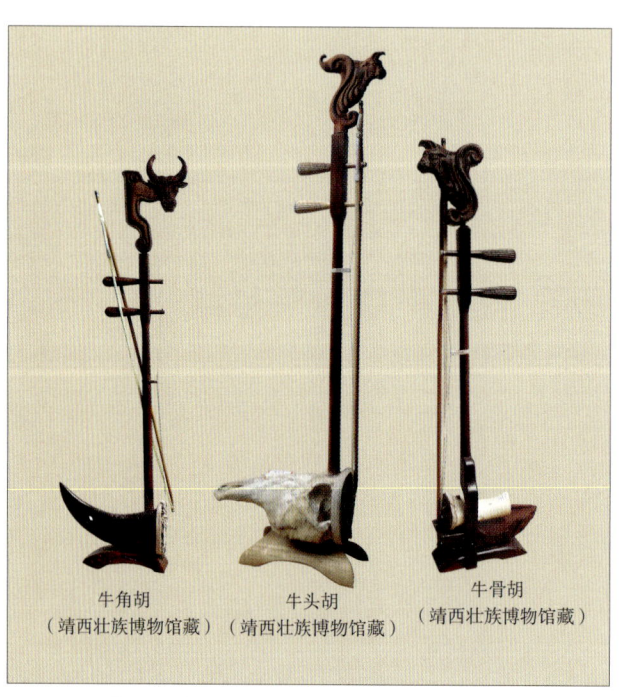

牛角胡　　　　牛头胡　　　　牛骨胡
（靖西壮族博物馆藏）（靖西壮族博物馆藏）（靖西壮族博物馆藏）

图五　广西壮族靖西立式马骨胡延展图2

清广西壮族靖西板榻

图一　清广西壮族靖西板榻主图

板榻是一种狭长的坐卧之具。本案例采自广西靖西壮族博物馆，案例长 182 厘米，坐面高 53 厘米，背板高 103 厘米，侧面宽 57 厘米，为铁力木所造。铁力木是一种常绿大乔木，主要生长在广西、云南及南亚等地，材质坚硬，色泽与纹理皆美，是制作高档家具的好材料。

在广西，人们使用板榻家具较为普遍，原因如下：一是广西属亚热带季风气候区，常年气温偏高，降水多，故喜用凉爽的原木家具；二是板榻既有坐的功能，也可供人躺卧，从案例尺度上看，182 厘米的长度可满足三人同坐，也能成为临时"床榻"。概括来看，壮族板榻形制可细分为两种类型：一种是板榻的靠背呈"山"字形（如本案例），这类板榻靠背中间高，两边矮，加之结构呈对称状，故案例形体既显得庄重又富有形制上的落差变化，同时背板上的雕刻纹样也能产生视觉驻点；另一种是平直靠背型，广西崇左壮族博物馆就藏有此类板榻，这种板榻形制敦厚、稳重，纹样常被雕刻在板面前端的花牙子上。

过去，壮族家具多为家庭作坊式生产，木匠在家随便择一空地就可作为工作场地，其所用工具有刨、锯、凿、斧、刀、钻、墨斗、墨线、尺子、规、矩、木马架等，如果木匠到别处做工，一般是自带工具。壮族从事家具生产的均为男性，且多为家传，个别是拜师学艺，拜师学艺者要随师三年方可出师。

从我国家具发展史看，最早的板榻形体

较矮，而且仅供坐用，后来随着社会的发展，尤其是到了宋明时期，古人坐姿发生了变化，出现了"垂足而坐"的生活习惯，于是榻的高度也由低逐渐变高，在南方还出现了既能坐又能躺的板榻。时至今日，这种板榻在壮区还一直在使用，成为人们日常生活不可或缺的用具。

图片来源
图一　许边疆　摄影
图二至图五　许边疆　制图
图六　靖西壮族博物馆提供

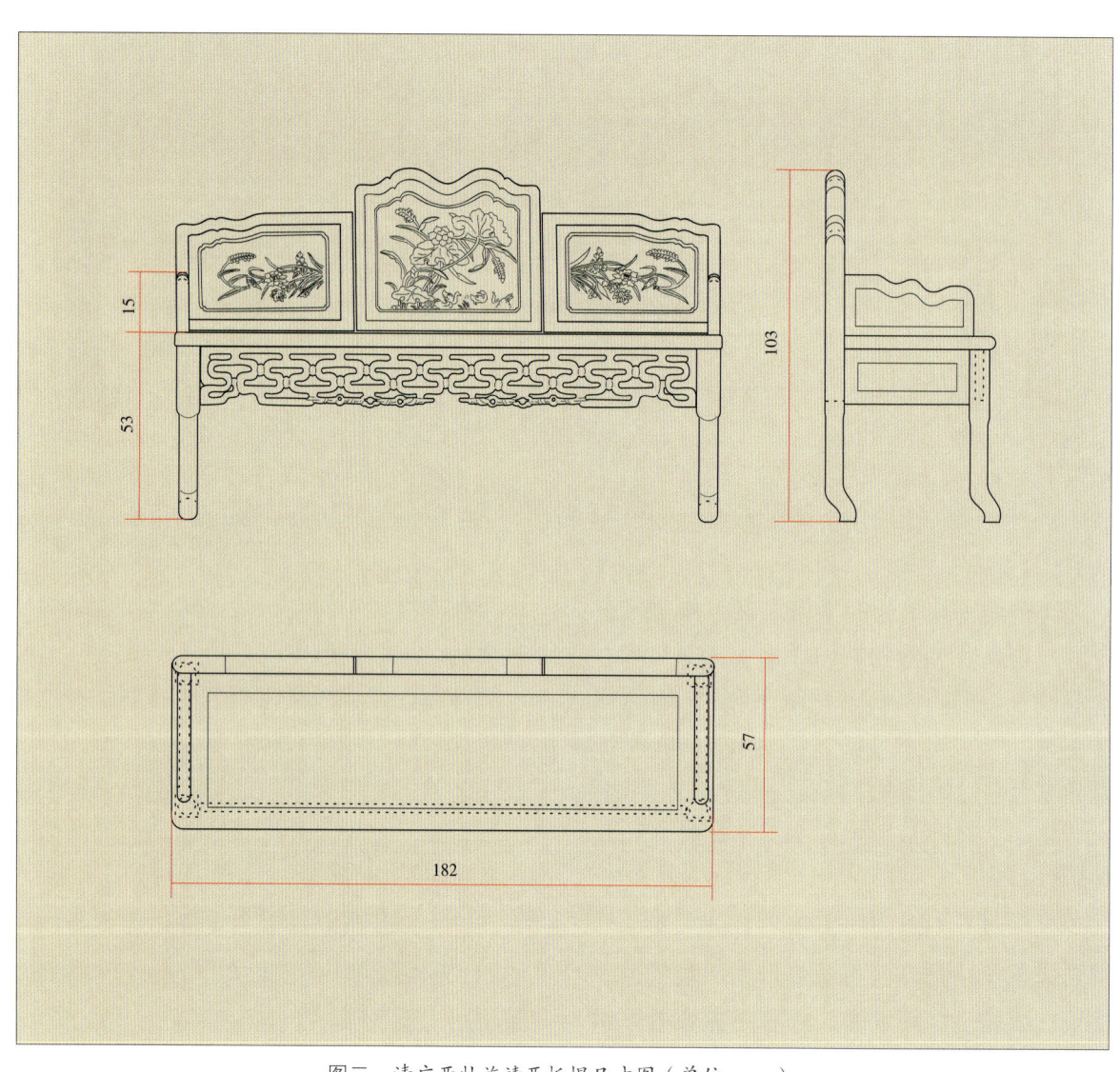

图二　清广西壮族靖西板榻尺寸图（单位：cm）

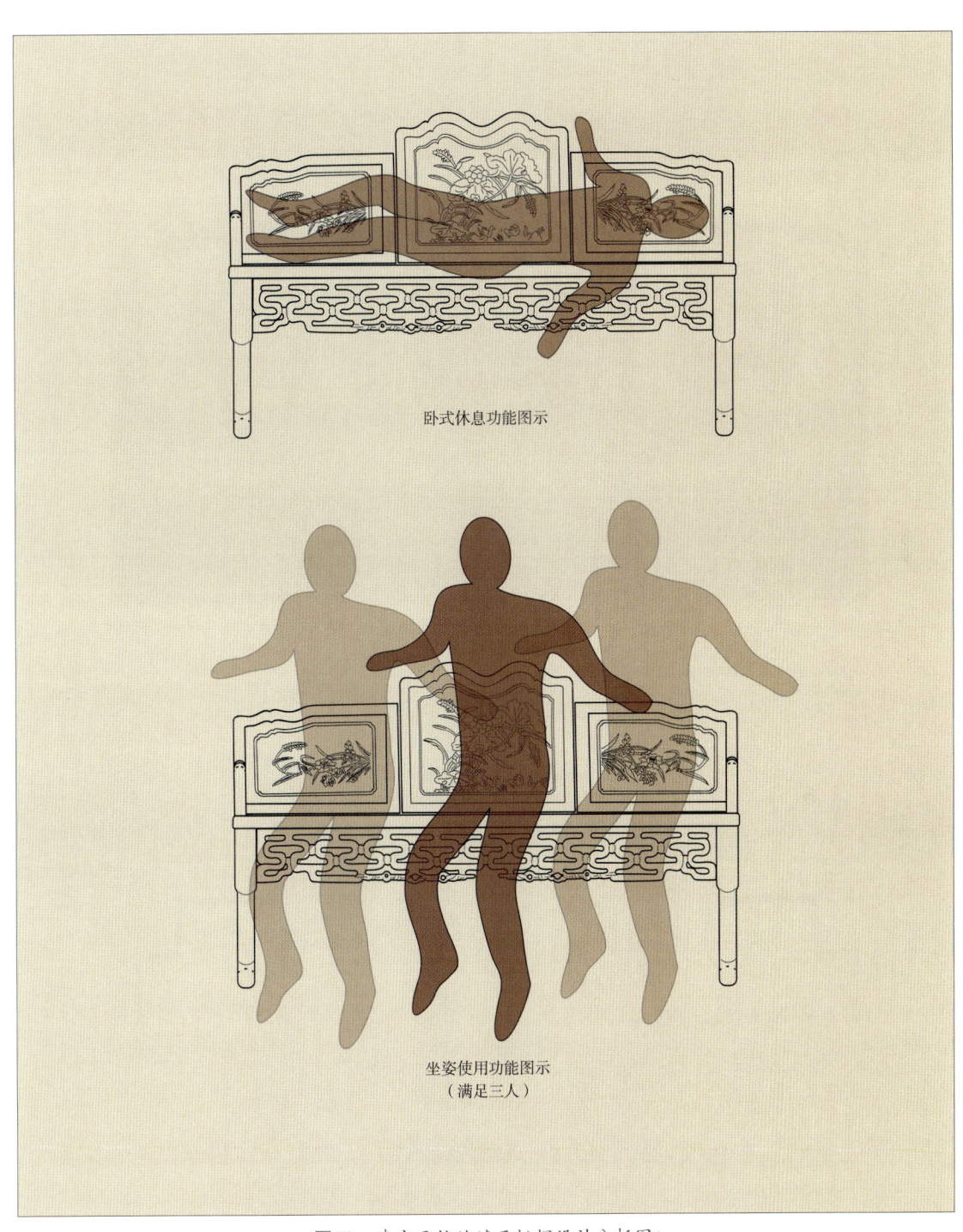

图三　清广西壮族靖西板榻设计分析图1

靖西壮族雕花板榻局部

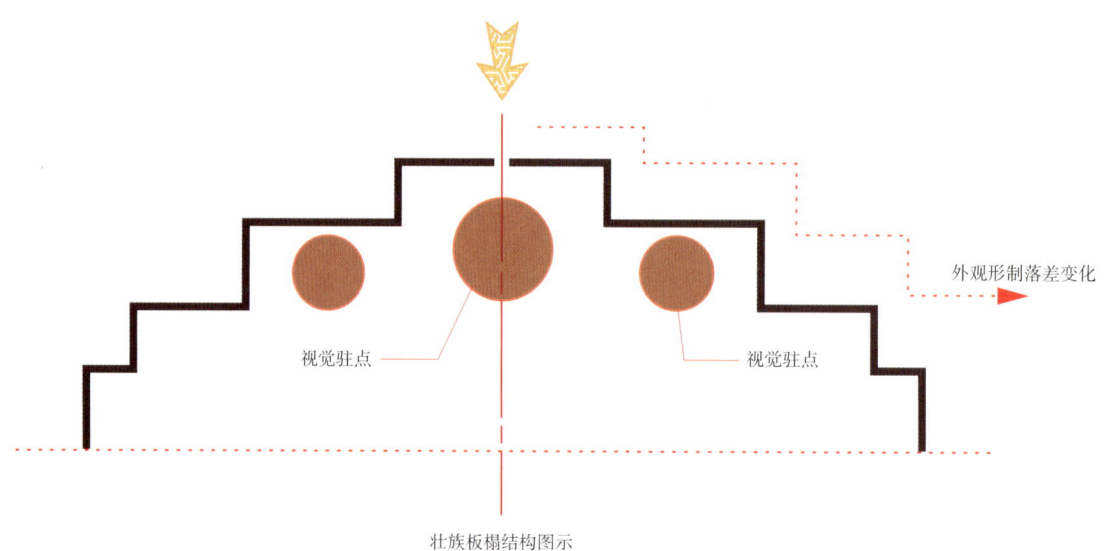

外观形制落差变化

视觉驻点　　视觉驻点

壮族板榻结构图示

图四　清广西壮族靖西板榻设计分析图2

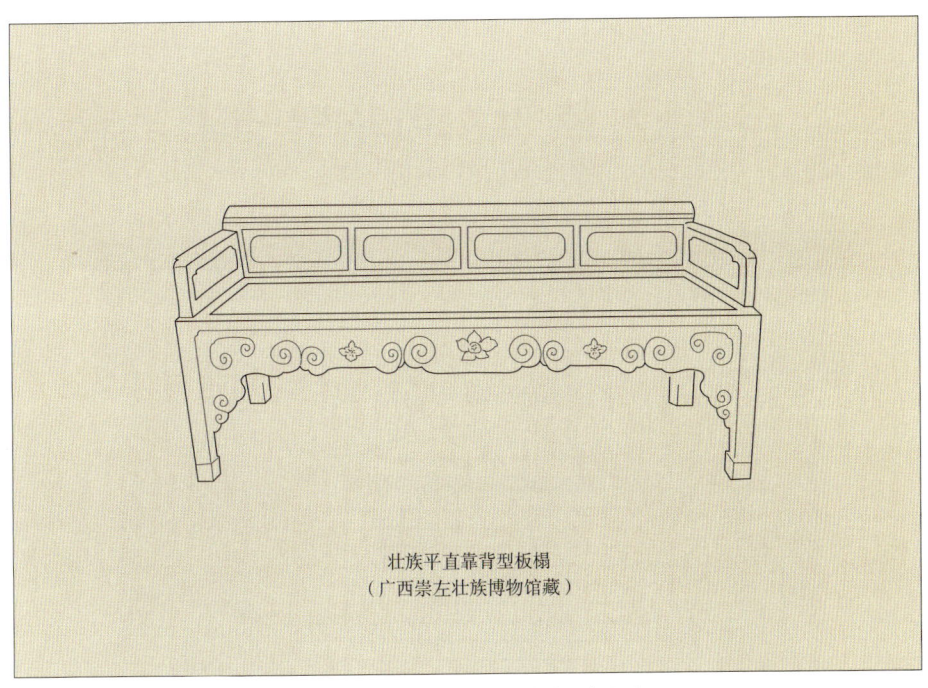

壮族平直靠背型板榻
（广西崇左壮族博物馆藏）

图五　清广西壮族靖西板榻对比图

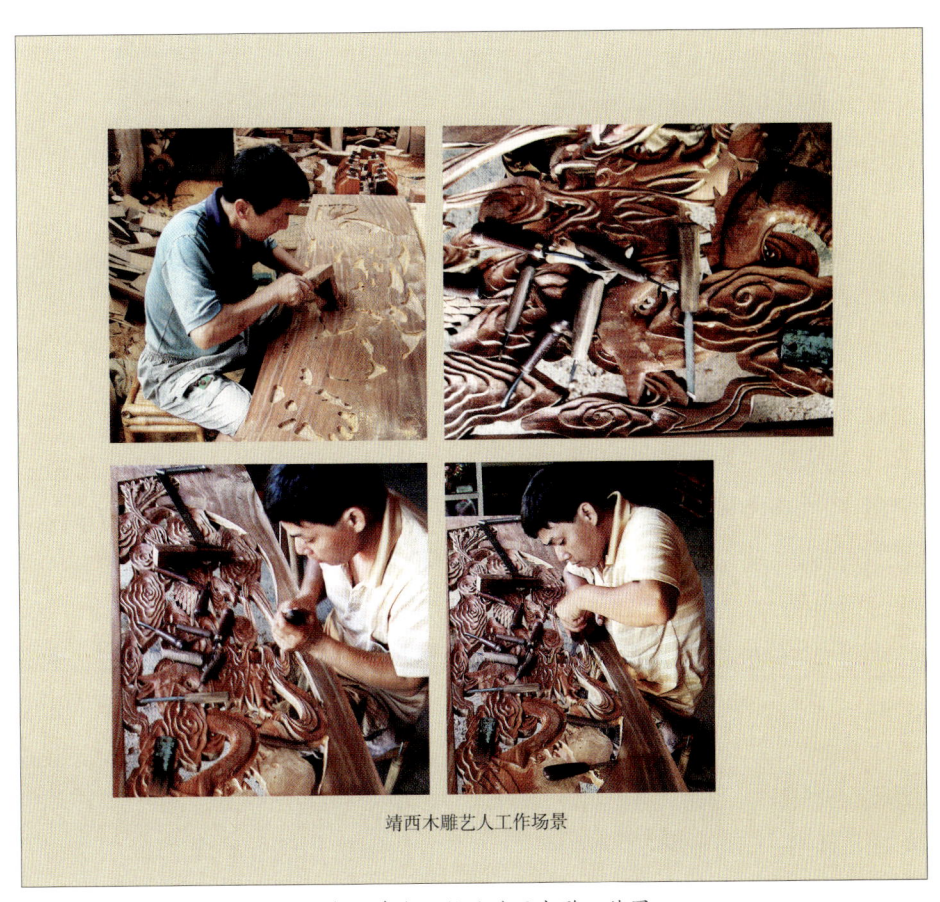

靖西木雕艺人工作场景

图六　清广西壮族靖西木雕工艺图

广西壮族崇左雕花架子床

图一　广西壮族崇左雕花架子床主图

"架子床"是床的一种形式，因床沿四角立有柱子而得名。这类床在我国南北地区皆有，曾流行于明清时期，不过不同地区的架子床形制上有差异。本案例采自广西崇左壮族博物馆，属于壮族人传统架子床，其结构由床身、床足、围栏、围板、门围子、门罩、楣板、倒挂牙子等组成，其中楣板有内外之分。该床长205厘米，宽166厘米，高228厘米，床身无束腰，床足间嵌有绦环板，绦环板表面用卷草纹装饰。

作为一种重要的生活器具架子床，床的显眼处是装饰重点，比如本案例正面由楣板、门罩和门围子构成，上面布满壮剧场景、凤凰、花卉、果实、祥云、蝙蝠、瑞兽等各式纹样，这些纹样皆是民间熟悉并喜爱的图案，有祝福寓意。从设计学角度分析，将门罩、门围子设计成镂空的形式，除装饰的需要外，更重要的是利于空气的流通。在南方，气温常年偏高，人们休息时多需凉爽，而四边通透的围栏是确保空气流通的条件。此外，壮族人架子床还须满足挂蚊帐的功能。据该馆工作人员介绍，壮族人过去用的蚊帐是用柠麻纺织而成的，先用柠麻织成空隙较大的白麻布，再染成蓝色，最后缝制成蚊帐。所以，本案例顶部设有悬空的围杆，这种围杆可用来拴系蚊帐。

本案例另一设计特点是宽厚的床沿。经现场测量，案例床沿距离地面55厘米，厚12厘米，床沿与床板间的高度差约10厘米，这种设计让床身显得厚重，也为使用者提供了一种便利的坐具。换言之，55厘米高的床身及12厘米宽的床沿既是床体的一部分，也兼备凳子之功能。

壮族架子床一般无顶盖，形制上也有本民族之特点，例如本案例楣板设倒挂柱头，柱头形制由荷花构成，其构造方式与壮族干栏建筑吊瓜十分相似。再比如，门围子边缘用竹节形来装饰，壮族人除生活里与竹子关系密切外，因"竹"与"祝"谐音，故他们常用竹子来表达祝福之意。

图片来源
图一　孙林　摄影
图二至图六　许边疆　制图

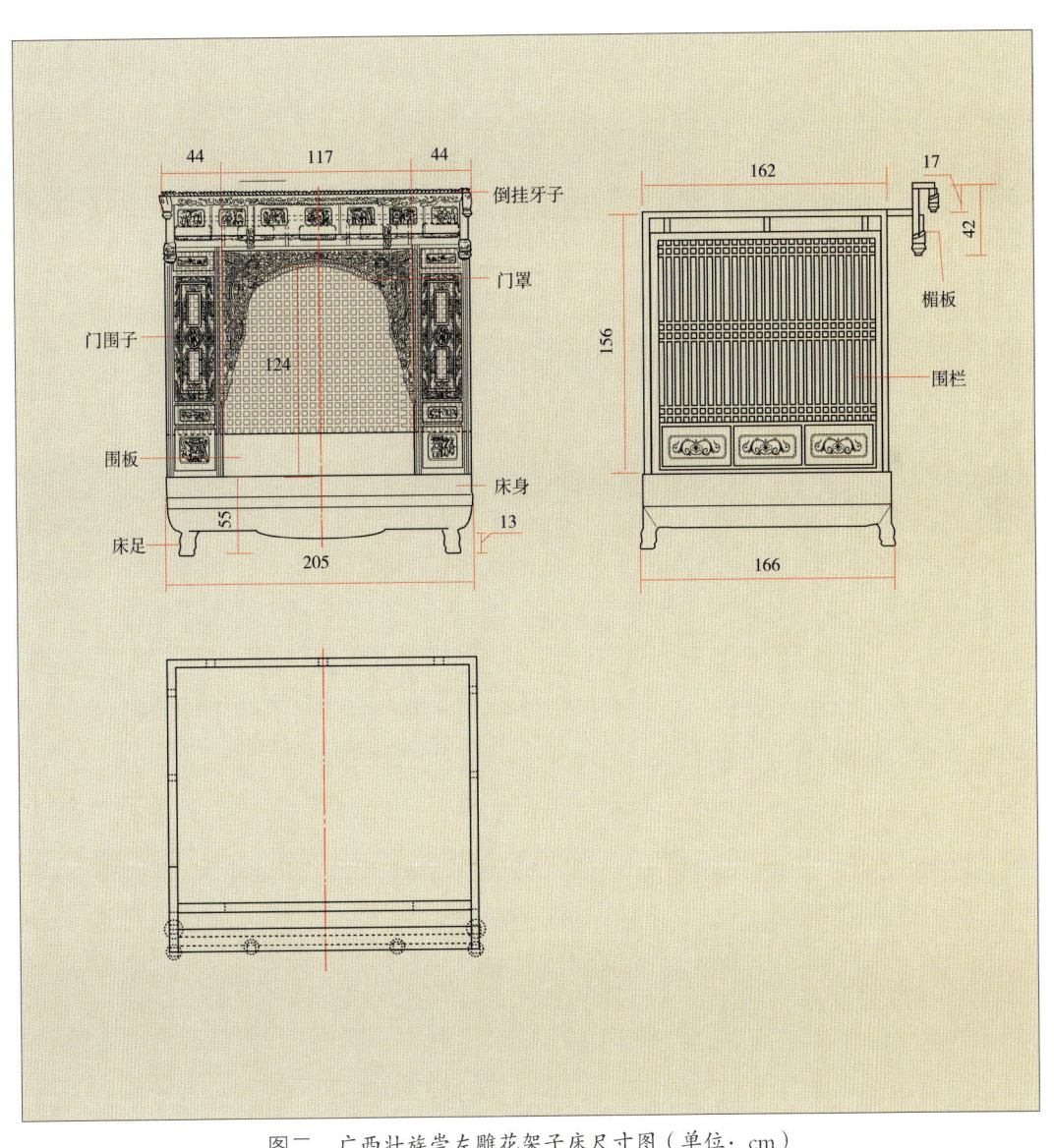

图二　广西壮族崇左雕花架子床尺寸图（单位：cm）

第四章　壮族传统生活用具

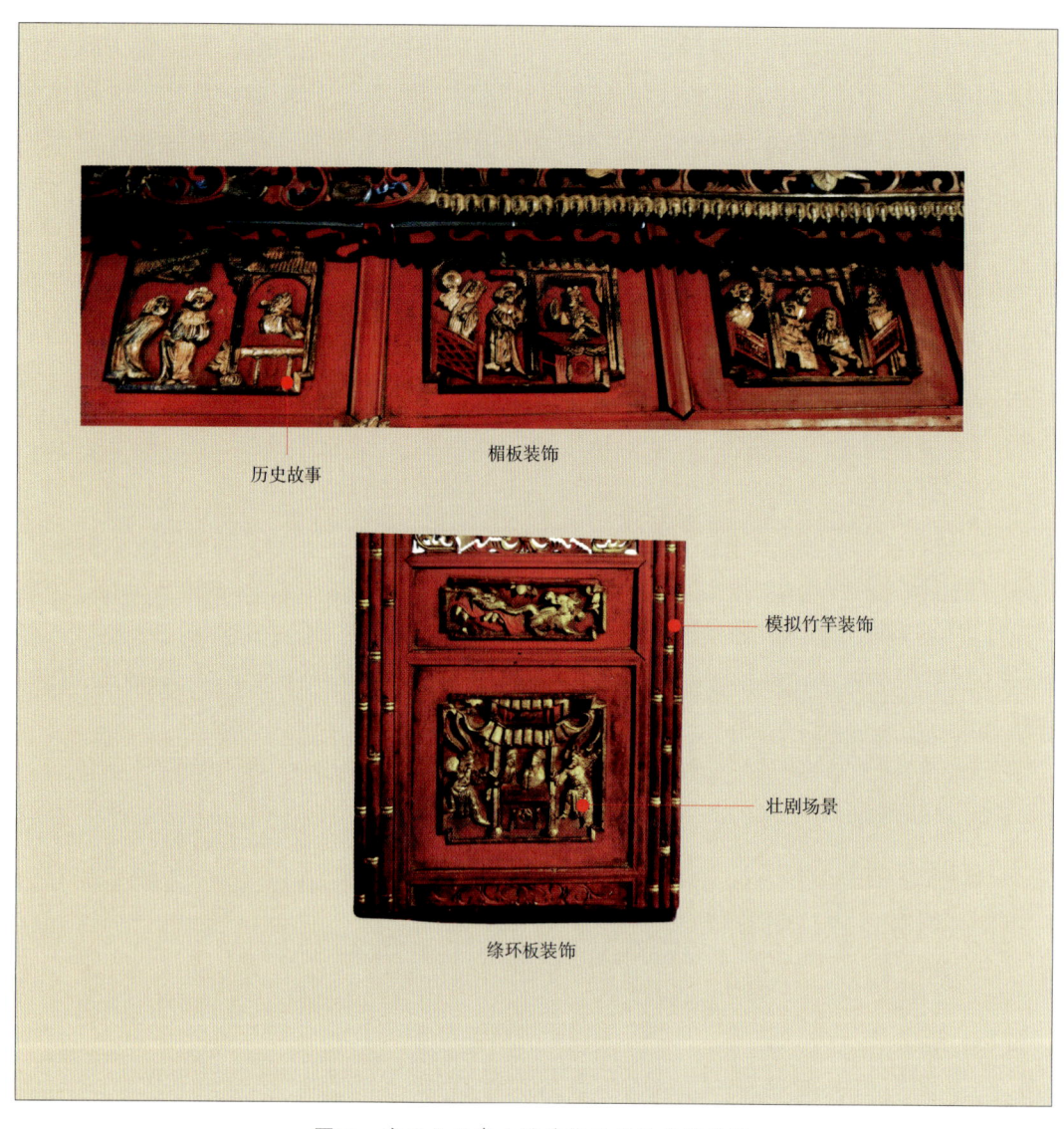

图三　广西壮族崇左雕花架子床局部装饰图

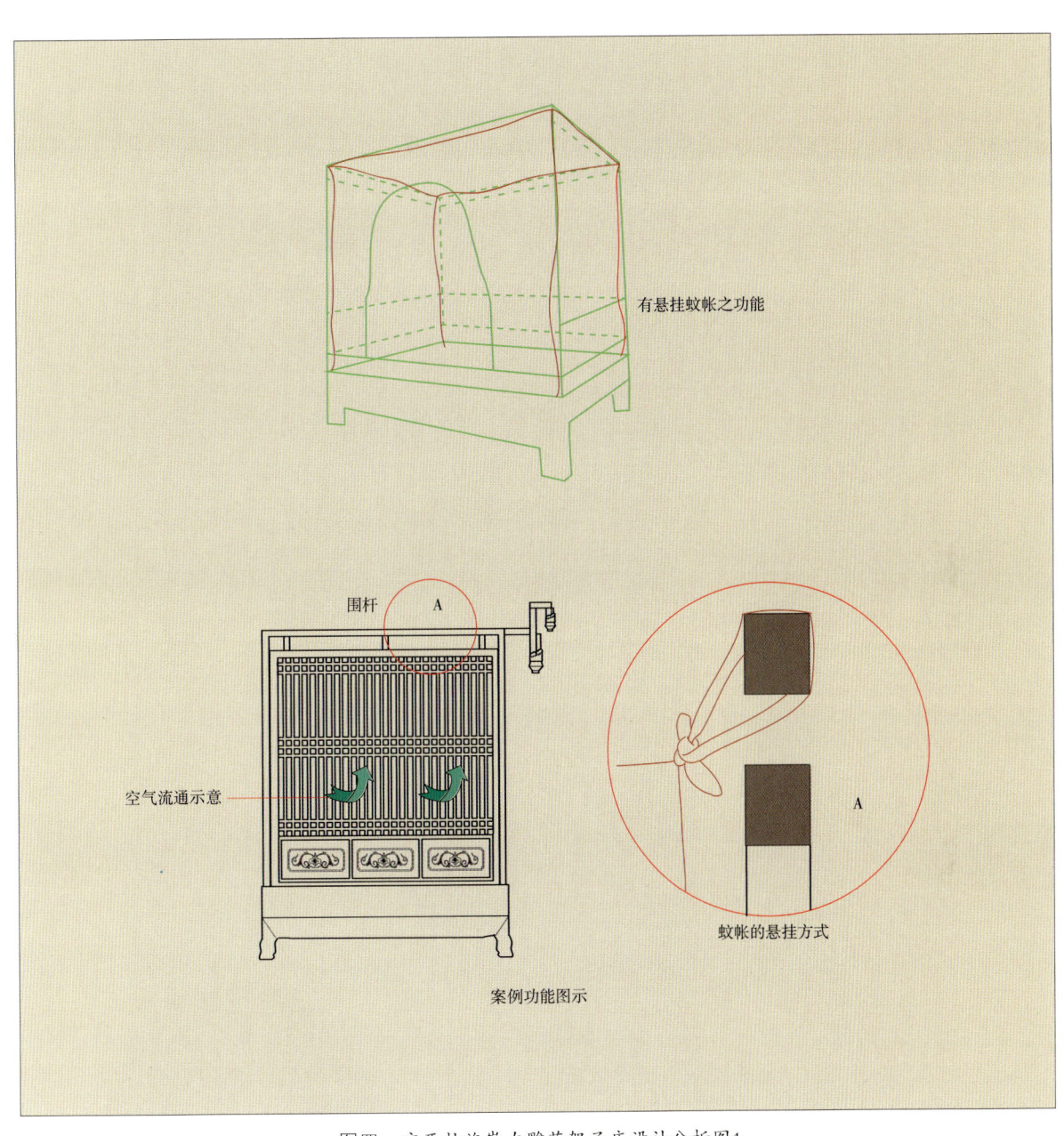

图四　广西壮族崇左雕花架子床设计分析图1

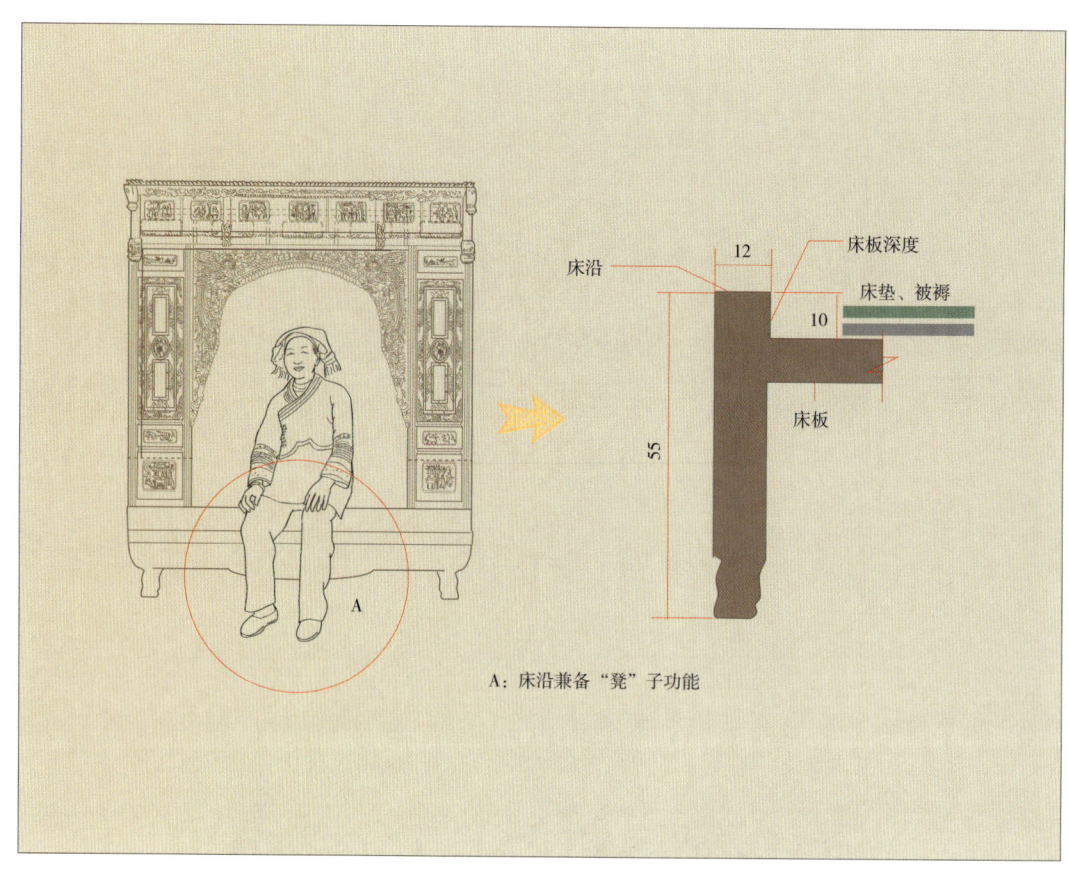

图五　广西壮族崇左雕花架子床设计分析图2

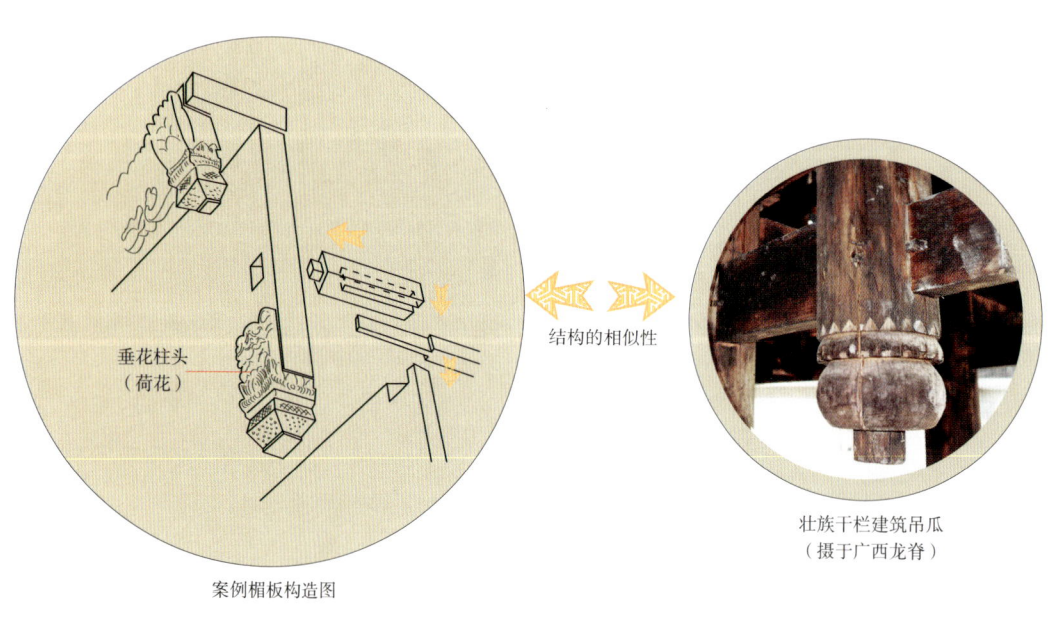

图六　广西壮族崇左雕花架子床设计分析图3

广西壮族崇左靠背椅

图一　广西壮族崇左靠背椅主图

靠背椅是一种只有靠背、没有扶手的椅子,本案例即为壮族传统靠背椅,现藏于广西崇左壮族博物馆。经测量,案例椅背宽49厘米、高40厘米、厚3.5厘米,座面长51厘米、宽40厘米、高51厘米,通体用铁力木制成,其结构有椅背、座面、前腿与后腿、券口及步步高赶枨等。广西自古产铁力木,这种树木木质坚硬而沉重,髓线细美,清李调元曾在《南越笔记》中记载："铁犁木理甚坚致，质初黄，用之则黑。黎山中人以为薪，至吴楚间则重价购之。"

壮族铁力木家具多为本色。归纳来看，本案例形制有以下特征：一是比例匀称，尺度适宜；二是造型稳重，收分有致；三是局部雕镂，结构统一。若用人机工学理论去分析，49厘米宽的椅背与人体肩宽基本相当，从数据看，中国人肩宽一般在43厘米左右。（赖维铁编著：《人机工程学》[M]，武汉：华中工学院出版社1983年版，第44页）此外，案例座面高度51厘米，而人的小腿长度与足高之和约48厘米，座面高度与人体尺度是匹配的。本案例靠背板与座面基本呈90°的直角，这同江浙一带明式靠背椅有明显差异，后者常存在一定的倾角（即大于90°），之所以会产生这种差异，主要是由于壮族靠背板不高的缘故（40厘米），搭脑

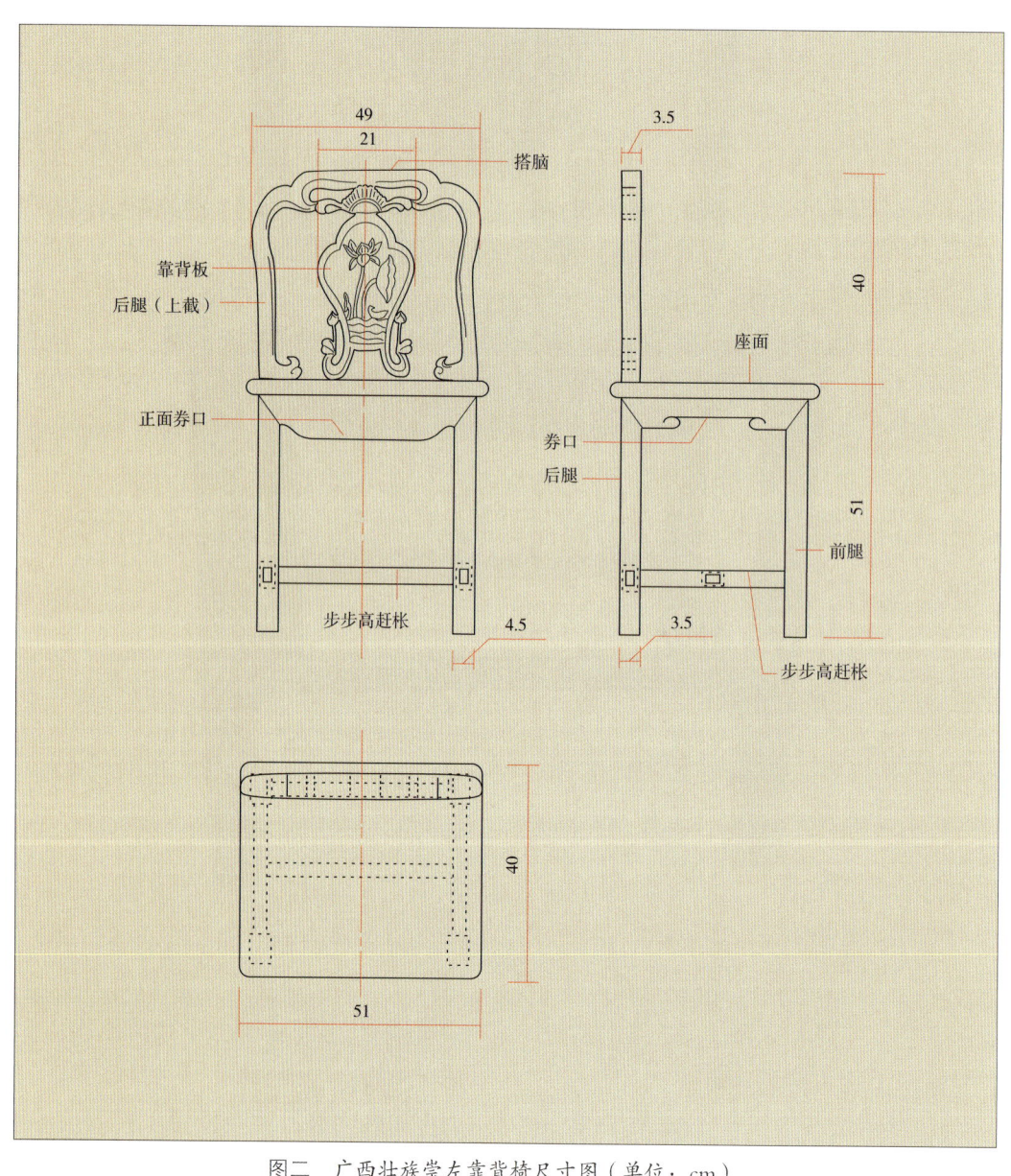

图二　广西壮族崇左靠背椅尺寸图（单位：cm）

位于人肩部偏下的位置,故无须让靠背板倾斜。

本案例正面靠背板是装饰重点,崇左博物馆藏品基本都是这种式样,其装饰手法或平面浮雕,或镂空雕刻,题材是壮族人喜闻乐见的东西,如荷花、水禽、葫芦、鹿、蝙蝠、钱币以及如意形等。从设计学角度分析,靠背板位于显眼处,自然是装饰的重点。除具象形态外,壮族人也用几何形来装饰靠背椅,不过这种形态较为理性。

本案例常与茶几搭配使用,这一点与汉人雷同。从历史看,汉族家具对壮族家具有很大影响,尤其是历史上一些达官贵人南迁使壮汉文化进一步交融,正因为如此,壮族一些家具既具有汉式特征,又兼备自身个性。

图片来源

图一、图五　许边疆　摄影
图二、图三、图四、图六　许边疆　制图

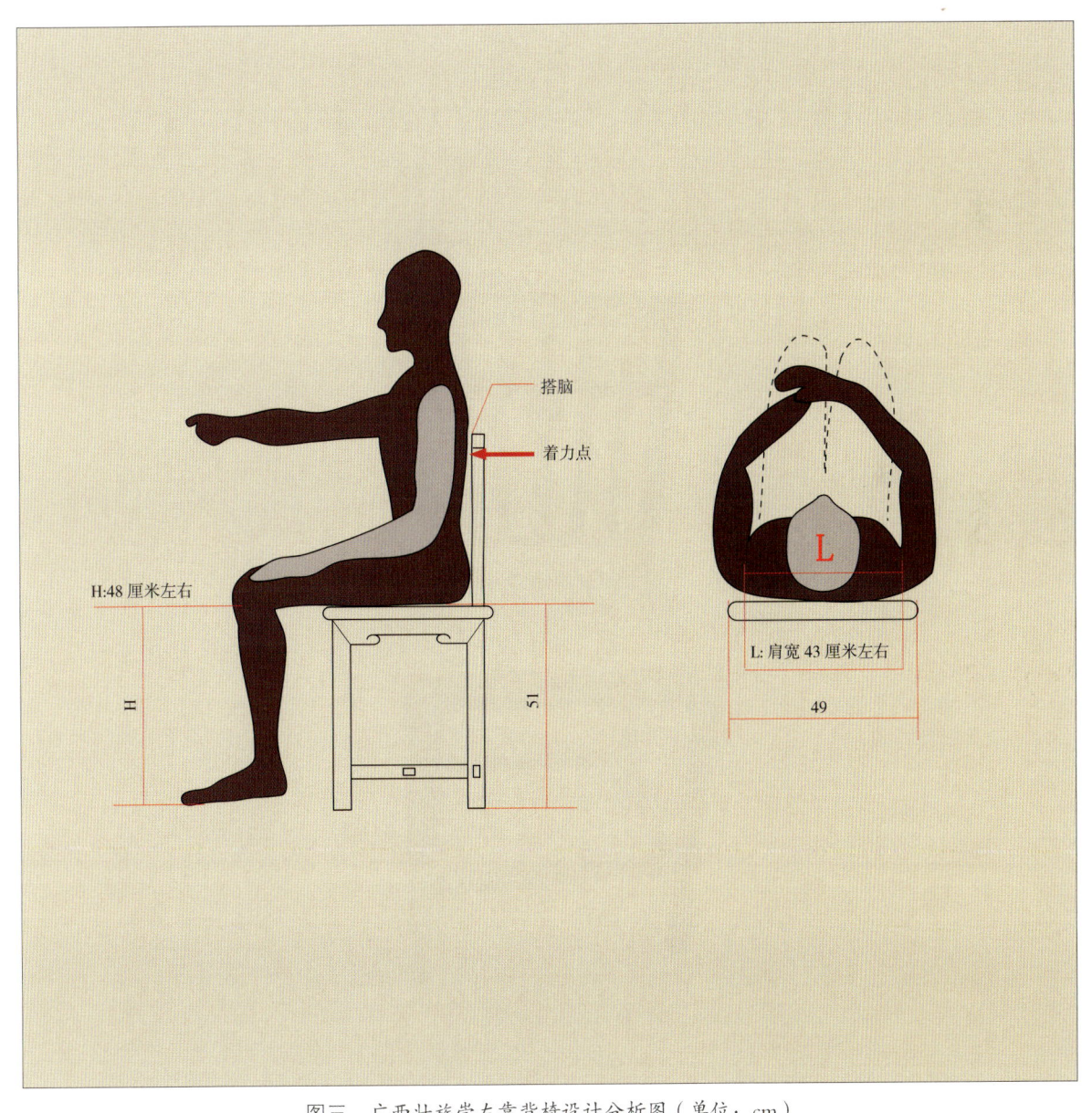

图三　广西壮族崇左靠背椅设计分析图(单位:cm)

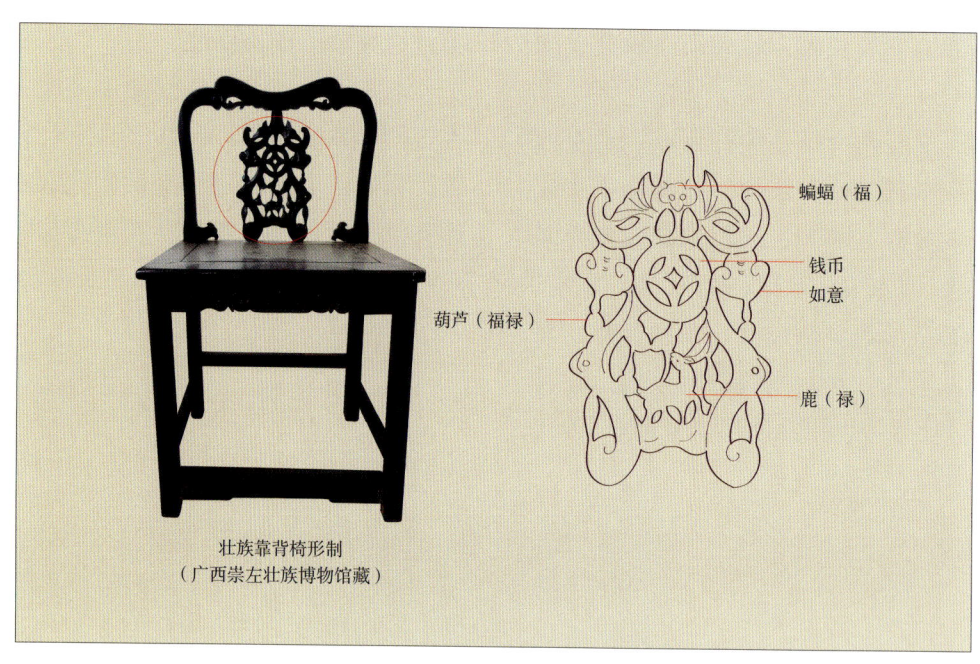

图四　广西壮族崇左靠背椅延展图

图五　广西壮族崇左靠背椅对比图

图六　广西壮族崇左靠背椅使用方式图

广西壮族崇左草墩

图一　广西壮族崇左草墩主图

草墩，即用天然植物稻草编织而成的一种民间坐具，又俗称草凳子。本案例采自广西崇左壮族博物馆，形制呈圆柱体状，直径34厘米，高17厘米。无论形制还是编结方式，案例都属于典型的壮族传统草墩。

在广西农村，稻草是一种普遍存在的原料，人们凭借自己的智慧就地取材就能编织出许多有用的东西，比如草鞋、草箩、垫床草荐以及本案例草墩等等。过去，草墩是壮族人普遍使用的一种坐具，当地许多人都会编，其优点如下：一是案例自身重量轻，除老幼者外，一般人都能随意搬动它，这为使用提供了便利。二是用稻草编织出的墩子，表面既有弹性又有适当的硬度，人坐在上面感觉舒适。三是用天然稻草编织的坐具不会产生有害物质，绿色环保。四是将若干草墩叠放在一起，节省占地空间。由于编织草墩主要靠双手，无须太复杂的工具，故人们因陋就简，能做到随编随用。从制作工艺看，草墩编织方法有很多，本案例即用五股草辫结法编织而成，具体方法如下：一是先搓一根大约30厘米长的稻草绳做草扣，然后再搓两根约40厘米长的稻草绳,草绳粗细自选,如本案例草绳直径约4厘米。二是将两根约40厘米长的草绳错位叠压在一起,再用另一根约30厘米长的草绳从它们中间穿过,留一头为扣,另一端与它们大致等长,这样就形成五股辫,接着用脚踩着草扣,两只手边加草边像编辫子似的将每股绳编成一体,直至达到需要的长度。三是编到一定长度时要转窄,就像女人的辫梢,这样便于草墩卷起后将窄辫子缠绕在腰间。四是用力将编好的草片卷起来,形成一个圆柱体,达到需要的直径后,再用细藤条捆扎紧即可。有些人为了使草墩结构更紧密,附加一种方式,即每卷一两圈就用穿上绳子的竹针缝一遍,让草墩结构更牢固。当然,常用的工具还有木槌,如果用该工具在捆好的草墩表面捶打一番,

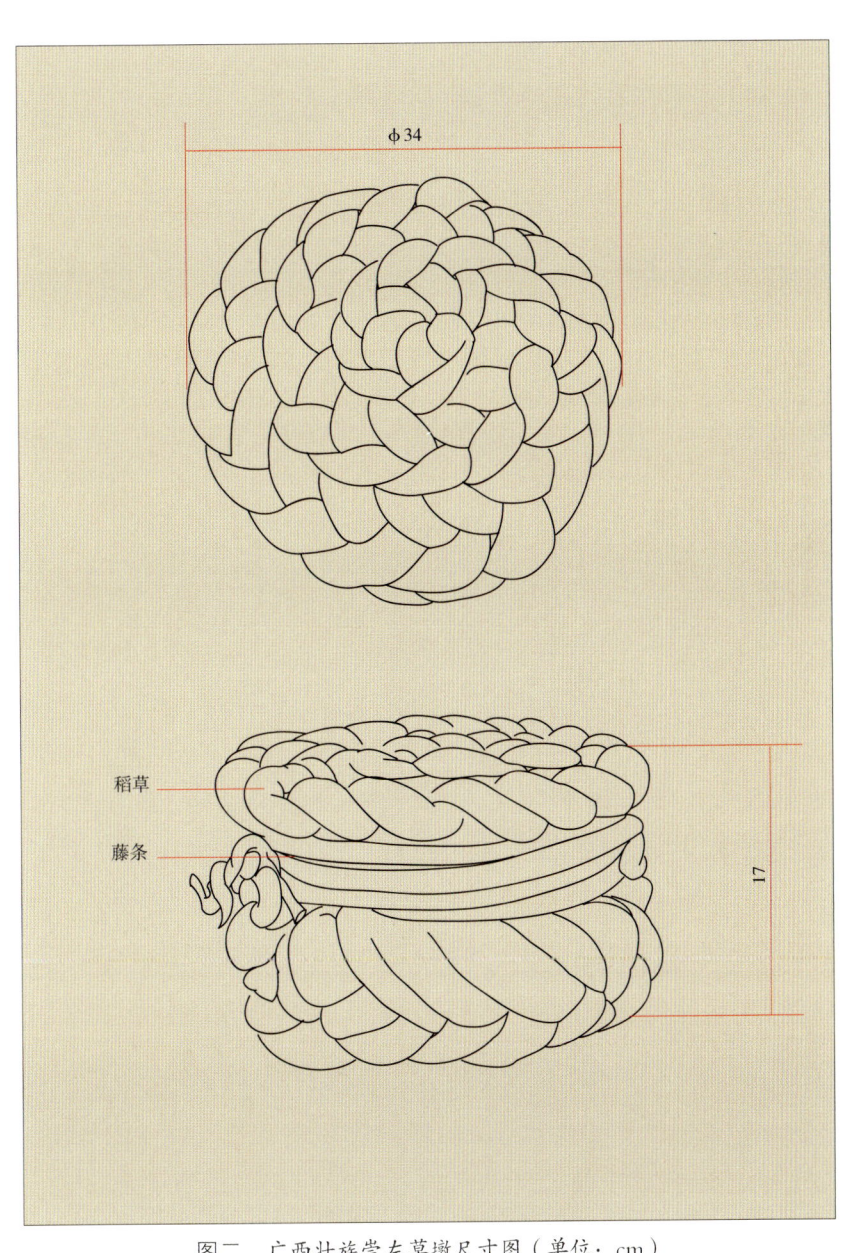

图二　广西壮族崇左草墩尺寸图(单位:cm)

第四章　壮族传统生活用具

会使草墩平整，不易歪斜。

从设计学角度分析，草墩只能被视为一种辅助性家具，原因就在于稻草易吸水，且一旦受潮就易腐烂，是一种难以持久保存的材料，壮族人使用它，主要是看中了草墩制作简单，材料低廉，使用方便。不仅如此，壮族人还将草墩用于生活的其他方面，例如云南文山壮族男女新婚就有踢草墩之习俗，过程大致是：新娘在跨入堂屋之前，门槛上事先放着四个相互连接的新草墩，新娘进屋时必须把草墩踢开，若能一脚踢开，则说明新娘有本事，办事利索，否则就被视为办事拖泥带水，本事低下。

随着社会的发展，现在草墩面临着新的发展机遇。我们在实际考察时遇到当地一位销售草制品的老板，他告诉我们说，草墩经济实用，放在客厅、书房、卧室，有田园风味，如今大城市人越来越喜爱天然材料制作的东西，如果草墩能制作得精美些，就一定能打开市场。这位老板的话，或许能给中国当代设计师一些有益的启示。

图片来源
图一　孙林　摄影
图二至图六　许边疆　制图

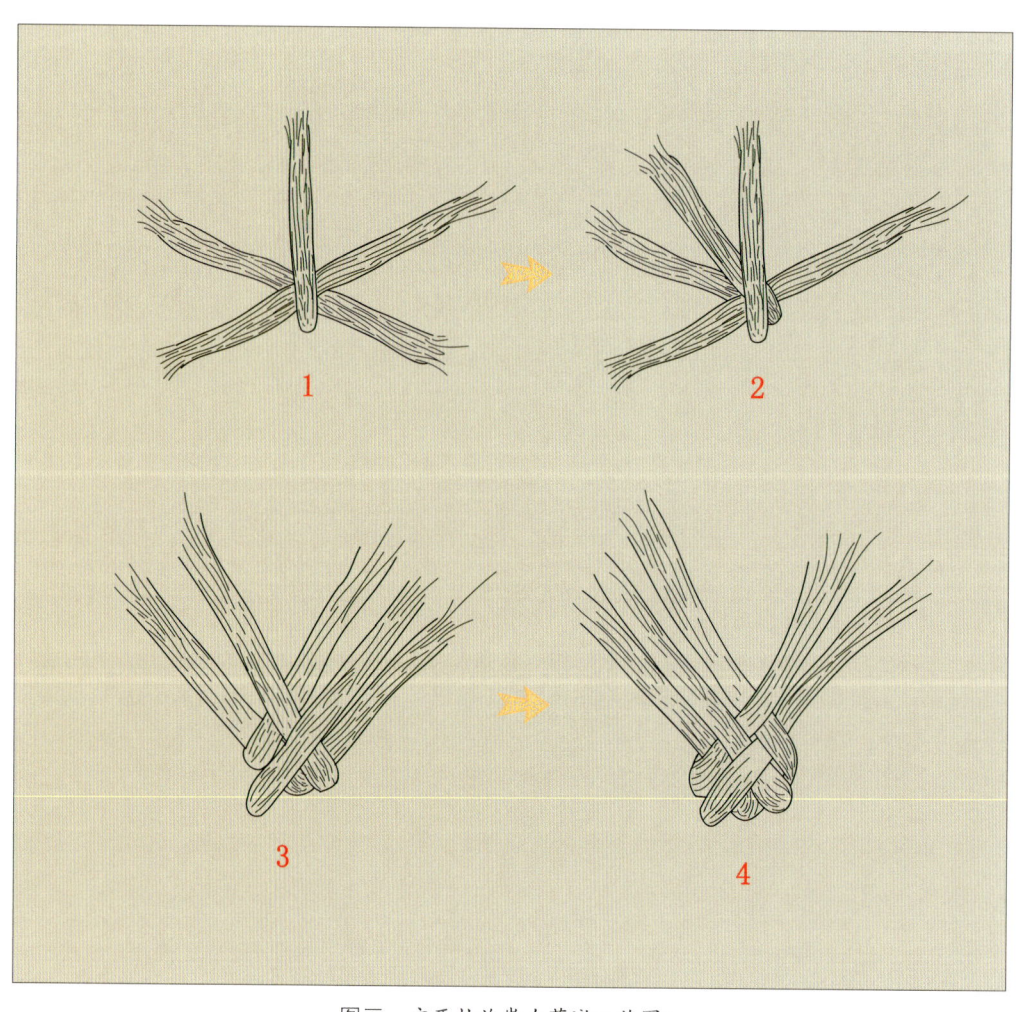

图三　广西壮族崇左草墩工艺图1

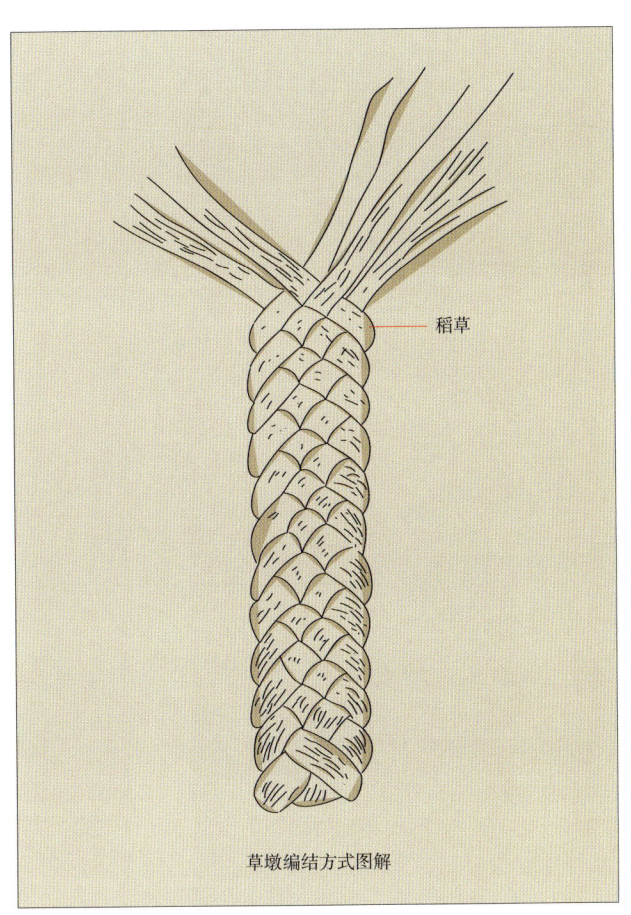

草墩编结方式图解

图四　广西壮族崇左草墩工艺图2

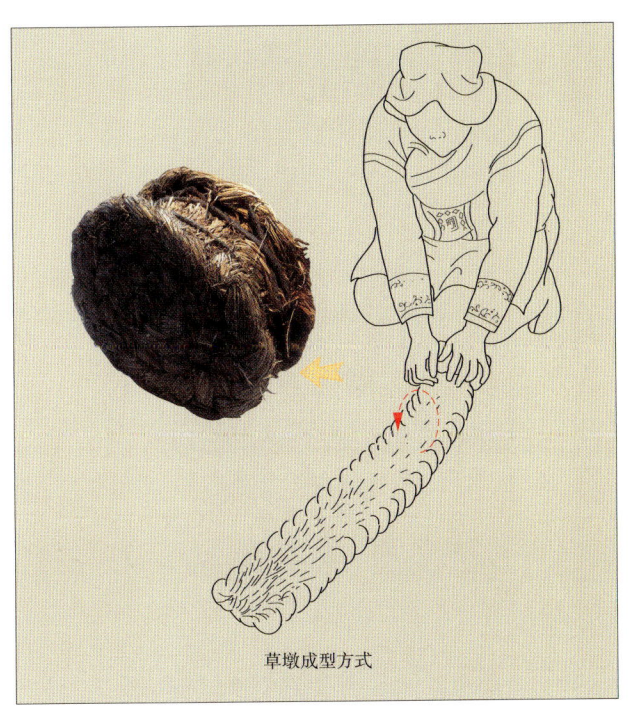

草墩成型方式

图五　广西壮族崇左草墩工艺图3

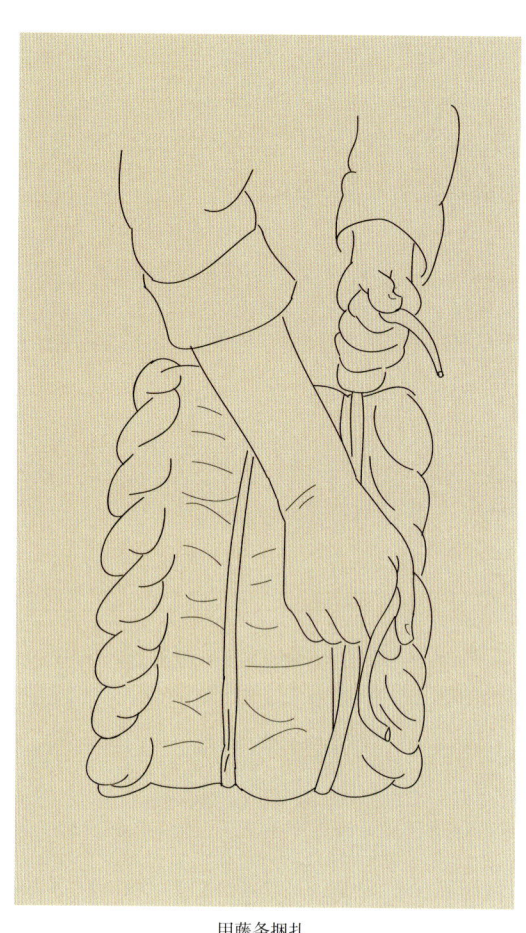

用藤条捆扎　　　　　　　　　　　　　用木槌整形

图六　广西壮族崇左草墩工艺图4

广西壮族崇左石礅

图一 广西壮族崇左石礅主图

石礅是用整块石头打制而成的一种坐具,也兼做他用。本案例采自广西崇左壮族博物馆,形制呈腰鼓状,顶部直径大于底部,体表以浅浮雕手法饰有不同纹样,纹样结构可分上、中、下三层:最上层由乳钉纹、钱币纹、如意纹等纹样构成;中部则是传统的八宝纹;底部是荷叶纹。经测量,案例上端直径32厘米,肩部最大直径40厘米,底部直径20厘米,高45厘米。案例通体用石灰岩青石雕琢而成。

本案例的使用方式是或放置庭院中,或摆放在廊亭里,或置于公共场所,这得益于石材之特点:一是石料耐风雨的侵蚀;二是石材具有较高的硬度;三是石材沉稳、厚重。作为一种生活器具,案例十分适宜在户外使用。壮族石礅形制多样,受汉文化影响明显,例如本案例中的"暗八宝"便是道教八仙掌故里的衍生物。事实上，在中国历史上，道教一开始就是以华夏民族的风俗礼仪与西南少数民族的习俗交织在一起演绎而成的一种宗教仪范，汉人熟知它，壮族人也同样如此。在民间，人们将"暗八宝"视为辟邪、呈现吉祥的视觉象征符号。

作为一种坐具，案例形制自然要考虑它的实用功能，其45厘米的高度与同类木椅尺寸相仿，显然能满足大多数成年人的需求；而上端直径大于底座，除给人的腿部提供更多进深空间外，也能让案例形制显得挺拔秀美。总的来看，壮族石礅可分为修饰型石礅和素面型石礅两大类。

广西地区多为喀斯特地貌，喀斯特地貌发育的物质基础便是碳酸盐一类的岩石，这类岩石抗压强度高，表面硬度却不及花岗岩，故适宜雕凿石礅。随着社会的发展，如今在一些广场、公园甚至是城市路口，我们常见到一些类似于案例的石礅，其中有些石礅已不是往日的坐具，而是演变成了其他的功能性构件（如路障），成为环境设计的一部分。

图片来源
图一　许边疆　摄影
图二、图三、图五　许边疆　制图
图四　许边疆　摄影　制图

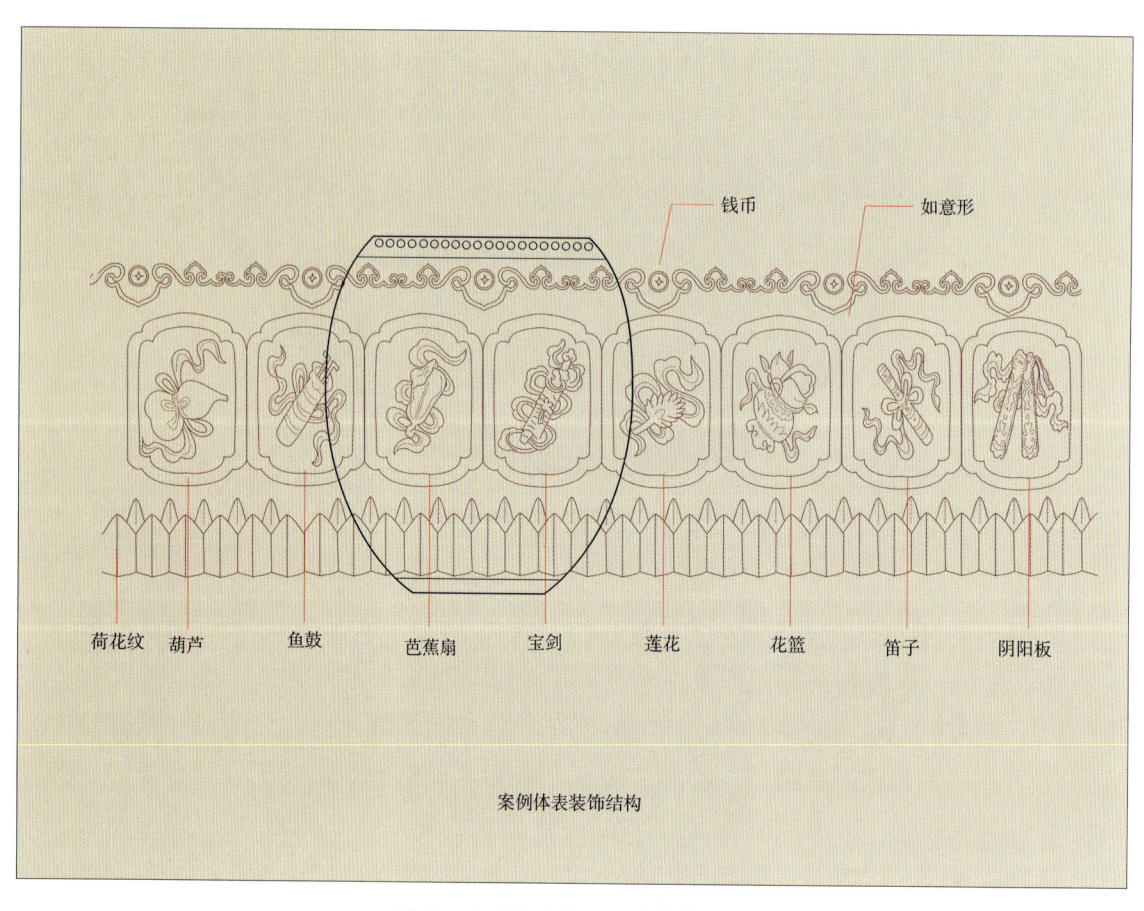

图二　广西壮族崇左石礅装饰纹样

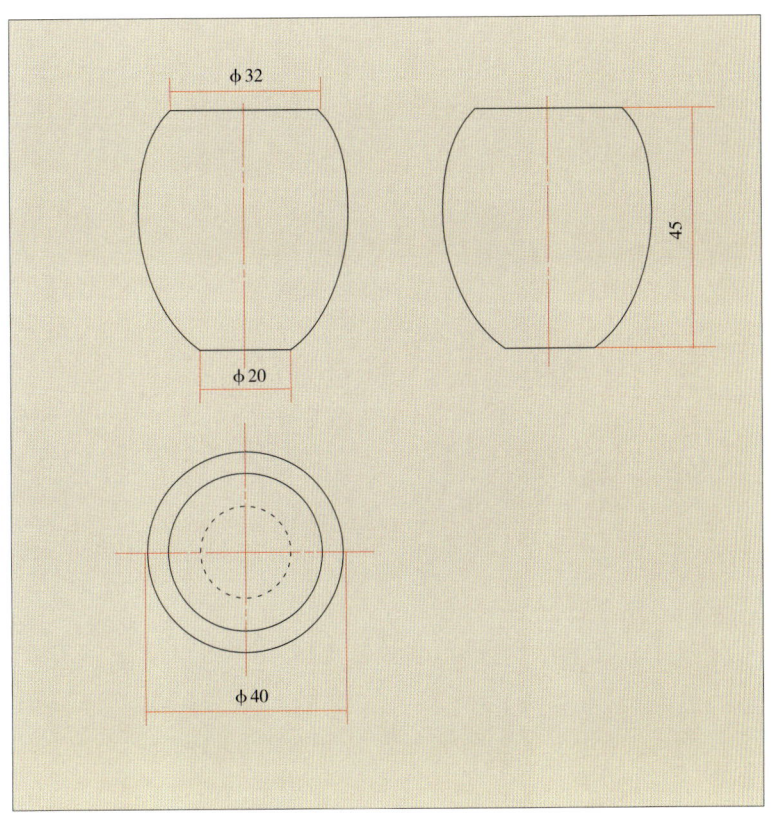

图三　广西壮族崇左石礅尺寸图（单位：cm）

石礅使用方式图

图四　广西壮族崇左石礅功能图

第四章　壮族传统生活用具

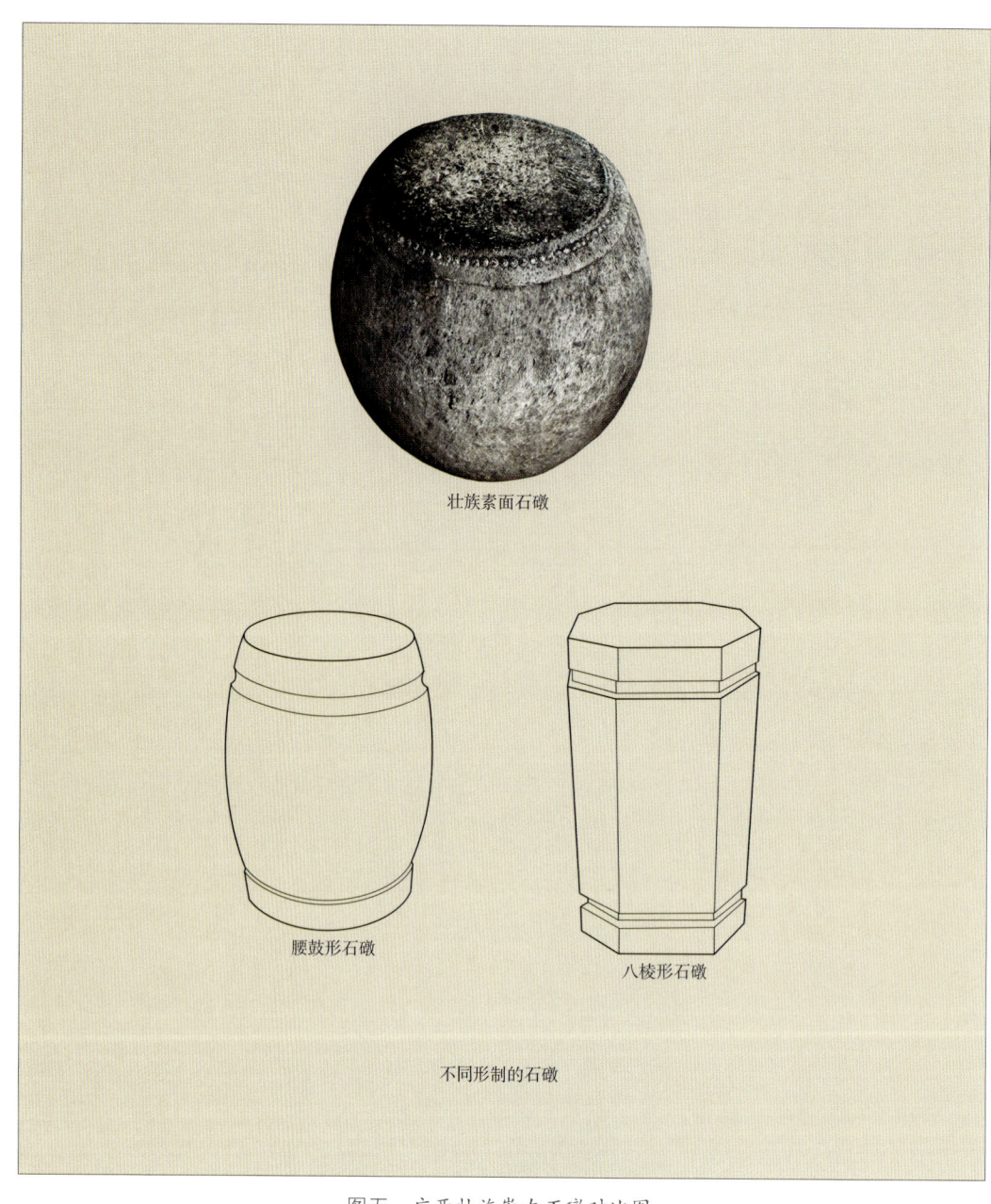

图五　广西壮族崇左石墩对比图

广西壮族拔火罐

图一　广西壮族拔火罐主图

壮医治病疗法独特而丰富，归纳来看，可分外治法、内治法和其他疗法，拔火罐便属于一种外治法。本案例采自广西民族博物馆，是用竹筒制作而成，形制大小不一，口径介于3至5厘米之间，高度或10厘米，或7厘米左右。从形制特征看，案例一端留节作底，另一端开口，中间略粗于两头，表面刮去青皮，并用砂纸磨光，罐口光滑而平整。

壮医外治法是通过皮肤的外部刺激达到治疗目的的。外治法作用一是调气，二是祛毒。当然，壮族外治法又分两种情况，一种是内病外治，另一种则是外病外治。壮医拔罐疗法即为内病外治法，如颈椎痛、腰痛、发烧感冒等等。壮医这一治疗思想是依据人体生理、病理特点和病因、病机理提出来的，例如气病在临床上往往表现为身体疼痛，借助拔罐或其他手段，就能起到调节、激发或通畅人体之气，加速邪毒化解或排出体外。是故，壮医历来重视人体经络穴位，在长期的临床实践中，他们通过拔罐、针灸、刺血、刮痧等疗法，对病人施以调气治疗，以此增强人体抗病能力。从物理学角度分析，当拔罐内部空气被排出，就会形成真空负压，其产生的吸拔之力，能使案例紧紧吸附于皮肤表面，让皮肤充血，从而使经络气血得以疏通，达到防治疾病的目的。

本案例设计优点是：材料廉价，携带方便，不易损坏，形制简洁。由于案例是用天然竹筒制作而成，使用前也可放入药液里煎煮，煎煮后的拔罐不仅能改善人体局部血液循环，也能借助药液的渗透获得药物疗效作用。壮族拔火罐有大有小，选用哪种大小的罐子通常是根据人体的不同部位来决定，比如背部或大腿部位因肌肉丰厚，多以大罐为主；相反，小罐多用在小腿和手臂处。壮族人拔罐时间一般控制在15分钟左右，拔罐后皮肤上会留下紫斑，大约在两周内消失。

除竹制拔火罐外，壮族还有传统的牛角拔火罐。牛角拔火罐优点是不易开裂漏气，但同案例一样，牛角因材质不透明，因而不适宜刺血拔罐。

图片来源
图一　孙林　摄影
图二、图三、图四、图六　许边疆　制图
图五　广西民族博物馆提供

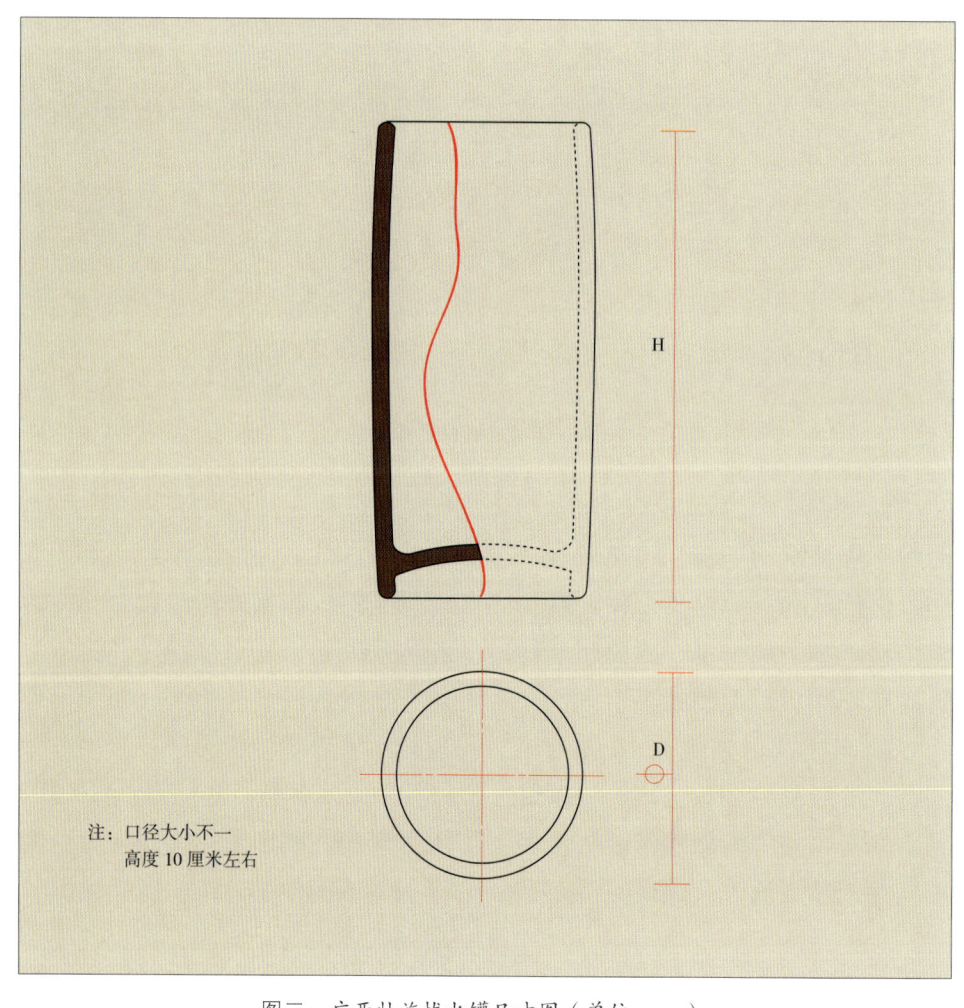

图二　广西壮族拔火罐尺寸图（单位：cm）

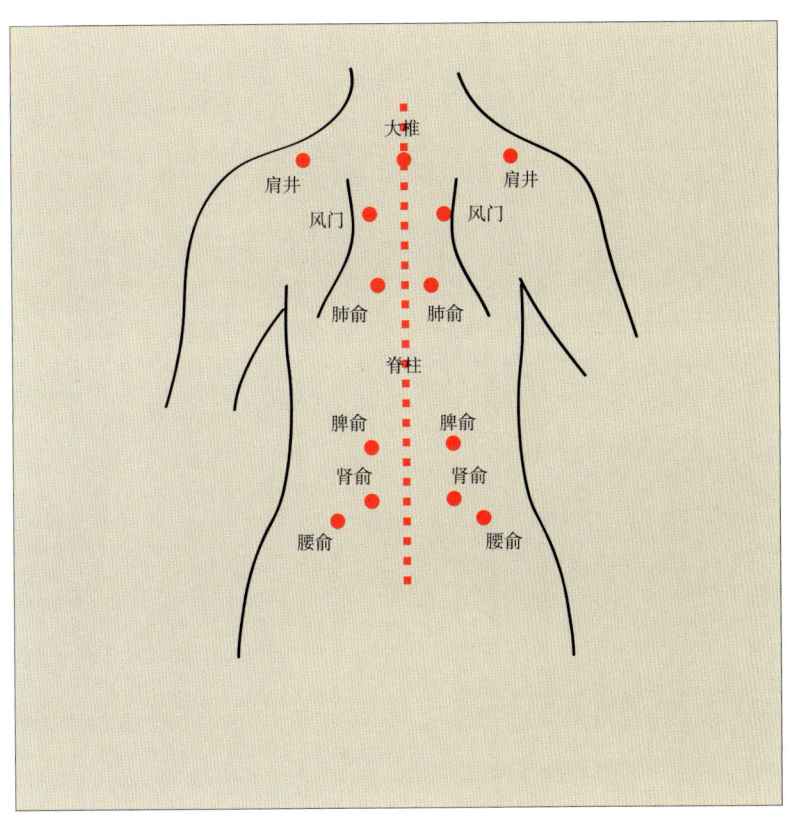

图三　广西壮族拔火罐人体穴位图

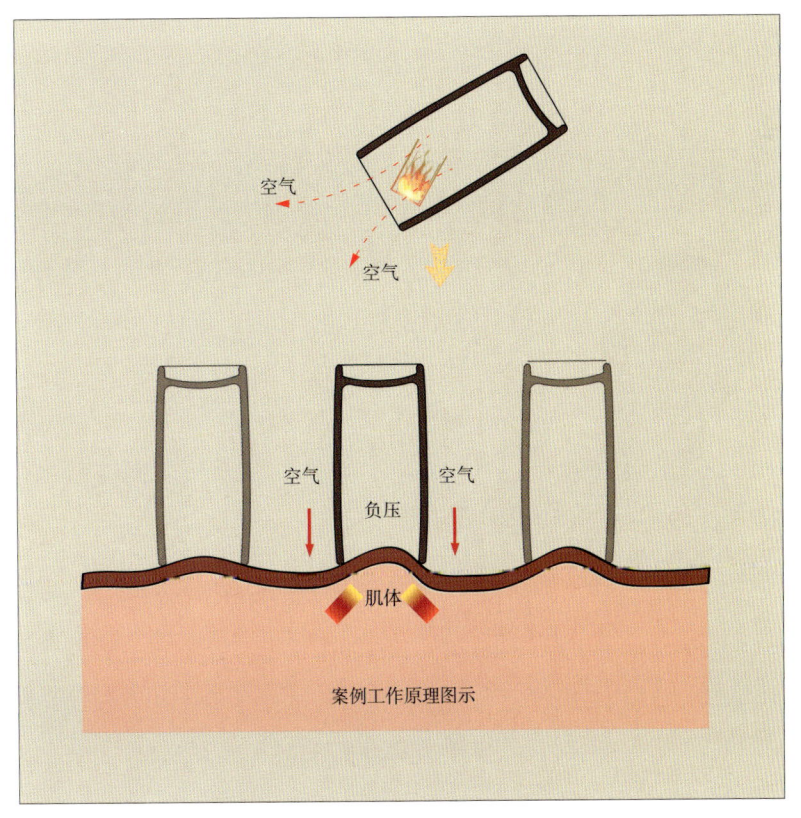

图四　广西壮族拔火罐功能分析图

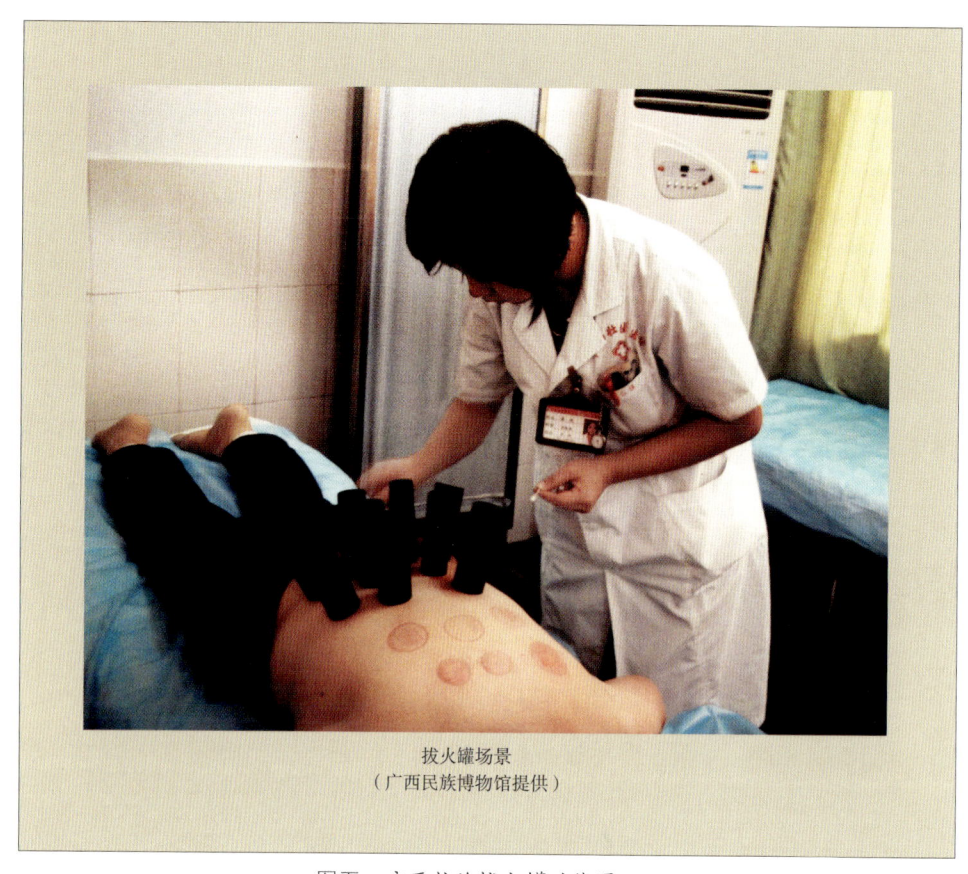

拔火罐场景
（广西民族博物馆提供）

图五　广西壮族拔火罐功能图

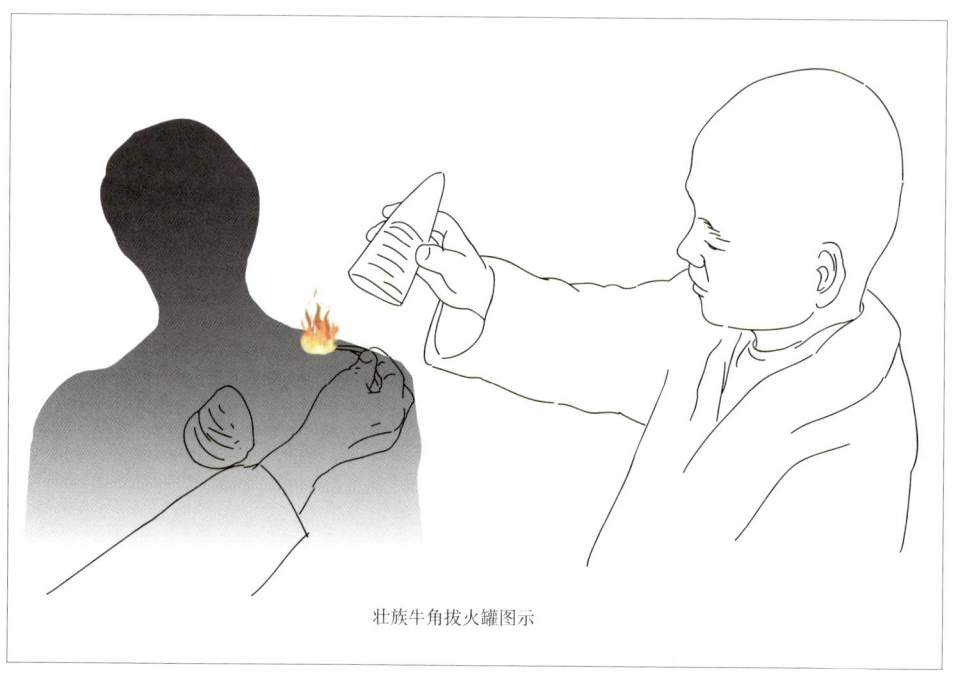

壮族牛角拔火罐图示

图六　广西壮族拔火罐延展图

广西壮族崇左藤编绳筐

图一 广西壮族崇左藤编绳筐主图

筐子是一种容器,既可装东西,也能搬运物体。通常,筐子是由筐口、筐身、筐底组成,不过壮族人有一种特殊的筐子,这种筐子底部仅有一个藤编的圆环,圆环四周连接四股藤编绳子,可用于物品的搬运。本案例采自崇左壮族博物馆,俗称"藤编绳筐"。

经测量，案例高约83厘米，圆环直径25厘米，绳子宽度约3.5厘米，通体用藤材编织而成。

广西崇左藤编是壮乡的佼佼者，当地藤材有鸡藤、牛皮藤、大黄藤、小圆藤等，这些山藤材质坚硬，有弹性，抗拉强度大，是编织物品的优质材料。粗略来看，壮乡藤编产品有藤席、藤碗、藤箱、藤茶几、藤帽、藤盒、藤箧、藤椅等，本案例属于一种配合扁担使用的藤编承载工具。从实际使用情况看，无论用案例搬运软质物品还是硬质物品，只要物品外部尺寸大于25厘米，皆可放置在环形底座上，并且借助底座上的四股藤编绳索，能方便地将物品固定住。为了确保案例有足够的抗拉强度和承载力，案例成型的主体材料是藤芯，经过处理的藤芯，材料既柔软又不易折断，且具有较大的抗拉强度。本案例加工方式是：先将十二根长藤条并列在一起，在其中部用藤皮捆扎出手柄，然后

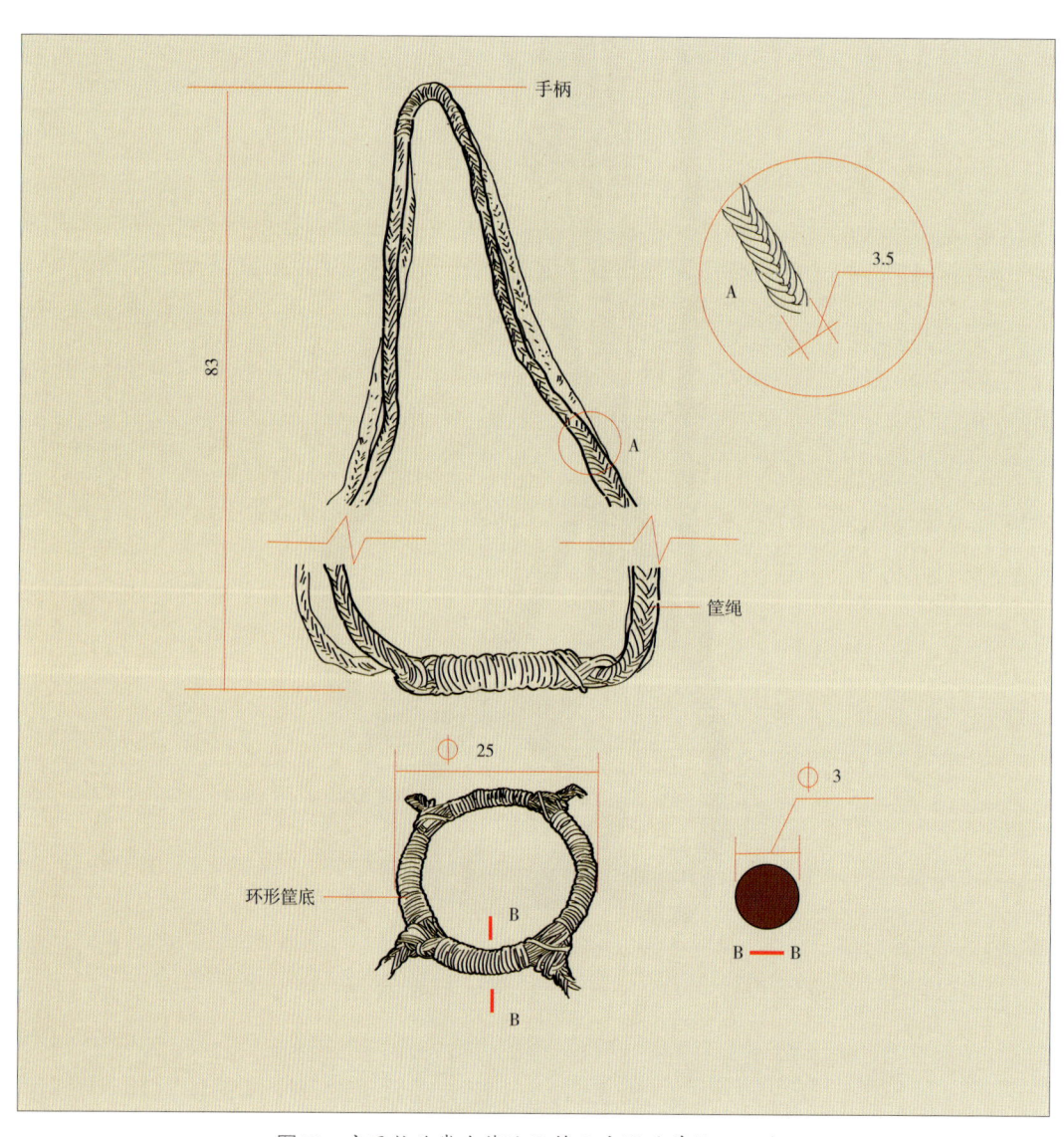

图二　广西壮族崇左藤编绳筐尺寸图（单位：cm）

再将没有捆扎的藤条分出四股,以"三股辫"的方式分别编出四股绳索,当藤编绳索延伸到一定长度时,弯曲所有的藤条,并使之成为圆环形,最后再用藤皮包裹并加固之。

本案例结构设计巧妙,形制独特,尤其是藤编环状底座,能灵活地适应各种载物之形态。除此以外,本案例绳索是以"三股辫"的方式编结而成,该结构不仅有很强的抗拉性,同时也兼备一定的刚性和弹性,作为一种载物器具之构件,无疑具有良好的功能属性。

图片来源
图一　孙林　摄影
图二至图五　许边疆　制图

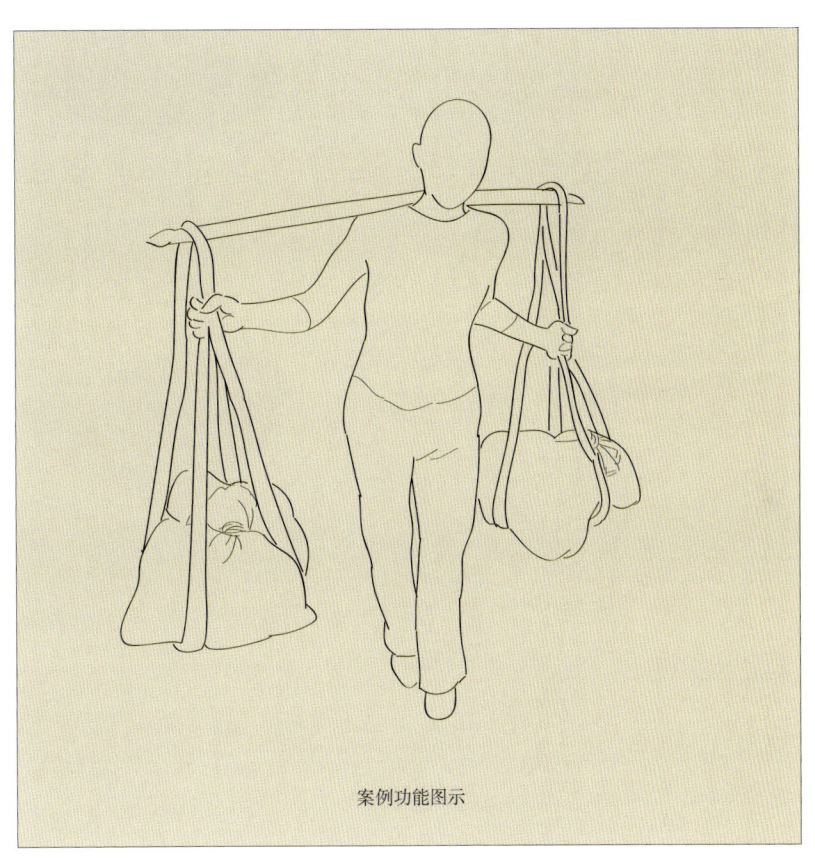

案例功能图示

图三　广西壮族崇左藤编绳筐功能图

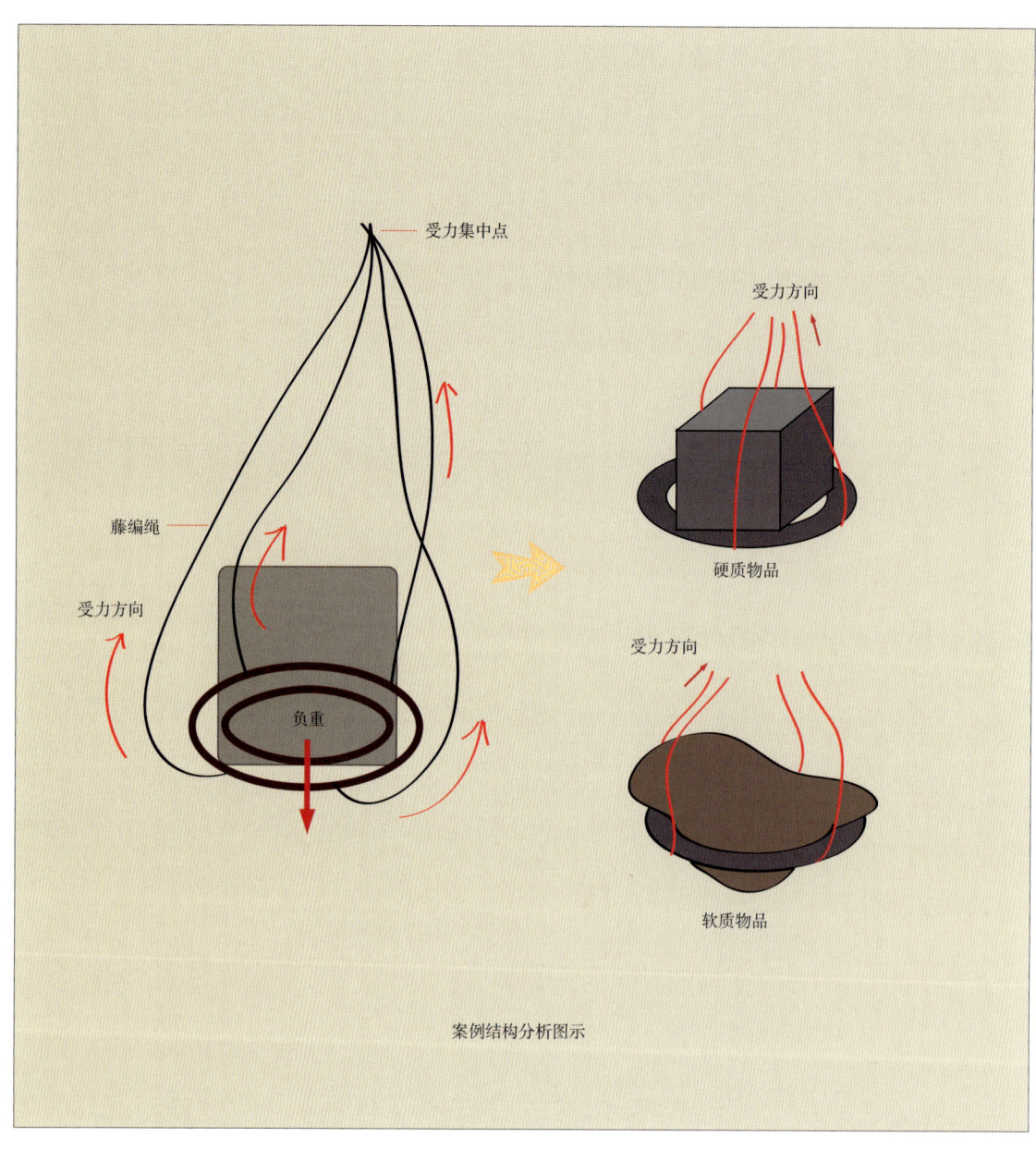

图四 广西壮族崇左藤编绳筐设计分析图

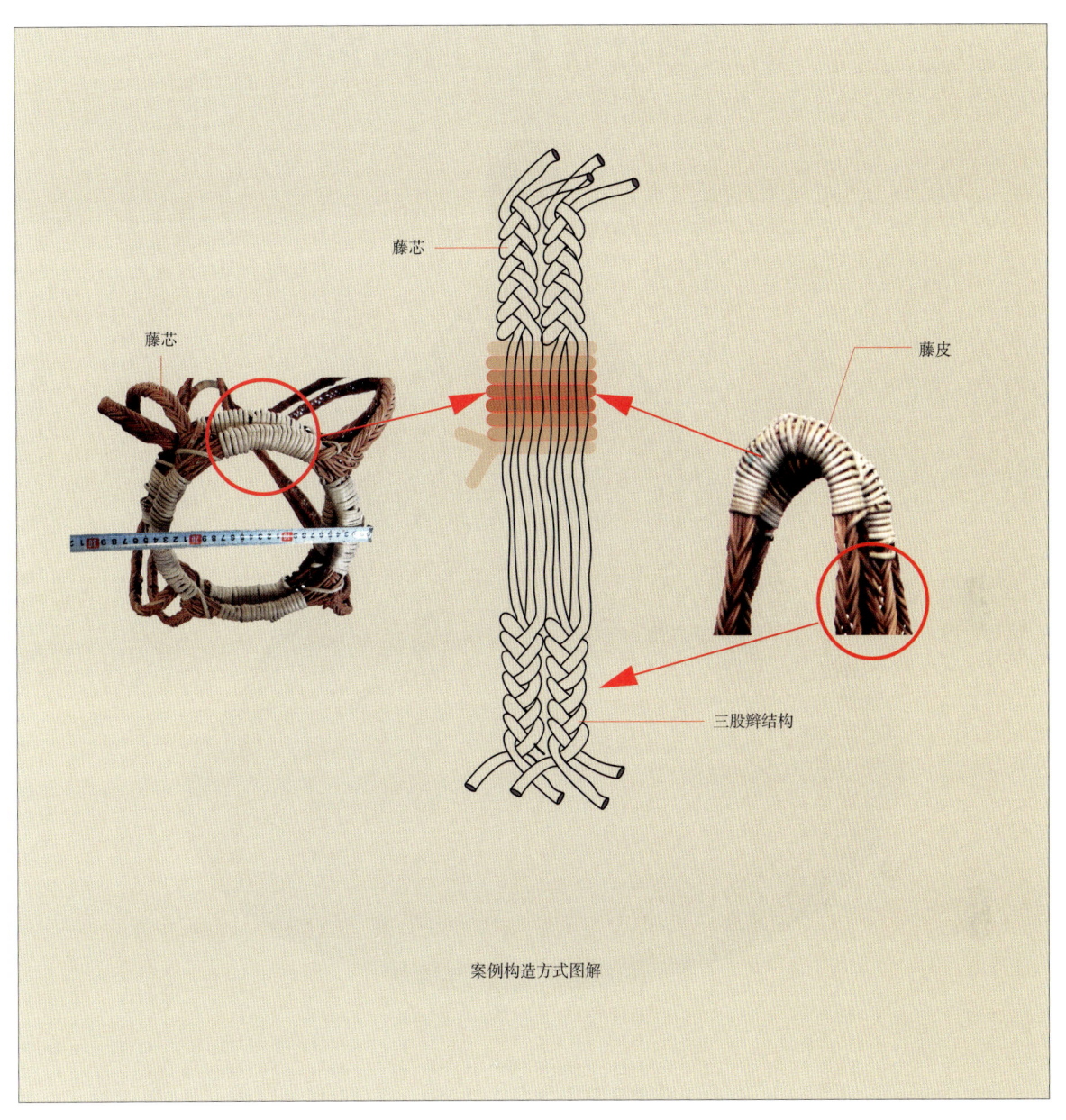

图五 广西壮族崇左藤编绳筐成型工艺图

清广西壮族崇左藤编军帽

图一　清广西壮族崇左藤编军帽主图

清代军帽种类多样，形制特别，异于先代，有皮革头盔、金属头盔、缎（或呢）帽、藤编帽、竹编帽等等。若以季节划分，又可分为凉帽与冬帽。中国地域辽阔，环境差异大，这是导致清军军帽多样的客观原因，本案例即为桂军使用的藤编军帽，现藏于广西崇左壮族博物馆。其案例尺寸如下：高30厘米，帽檐口径30厘米，盘带高度约9.5厘米，顶珠高4.3厘米。

从形制上看，案例与其他地区的同类军帽大同小异，比如北方也有藤材编织成型的斗笠军帽，但本案例构造方式与北方藤编军帽仍有差别：北方藤编军帽是用藤皮上下穿插编织而成，每根藤皮宽度、厚度一致，帽子外面再裹红色绫罗；本案例则是用藤条以倾斜排列的方式组合成一体，也就是说每排列一根藤条就用藤皮和藤条将其扎牢，藤皮捆扎的部位是帽檐，藤条捆扎的则是帽顶。

从设计学角度分析，上下捆扎无疑能使帽子结构变得牢固，同时也因捆扎方式不同产生相异的肌理，从而丰富了案例外部形制。本案例使用对象应为下层军官，依据清代规制，顶珠是区别官职的重要标志，一品为红宝石，二品为珊瑚，三品为蓝宝石，四品用青金石，五品为水晶，六品用砗磲，七品为素金，八品用阴纹镂花金，九品为阳纹镂花金。

本案例属于清军凉帽，即斗笠帽。概括来看，清军早期斗笠帽形制扁而大，后期则小而高。在广东连山民族博物馆壮族器物陈列室考察期间，我们也见到一种清军斗笠帽，这种斗笠帽是用竹薄片组合而成的，其构造方式与本案例基本相同，只是材料不同而已。这表明，清军军帽既有统一的形制，也有灵活的变通，比如广西地域常年气温偏高，雨水多，加上盛产竹子和藤材，故军帽是根据当地实际情况选择适宜的材料。

军人统一着装，无疑能强化部队的整体感，体现出军令的服从与指挥，这种模式至今不变。

图片来源

图一　孙林　摄影

图二、图三、图五、图六　许边疆　制图

图四　许边疆　摄影

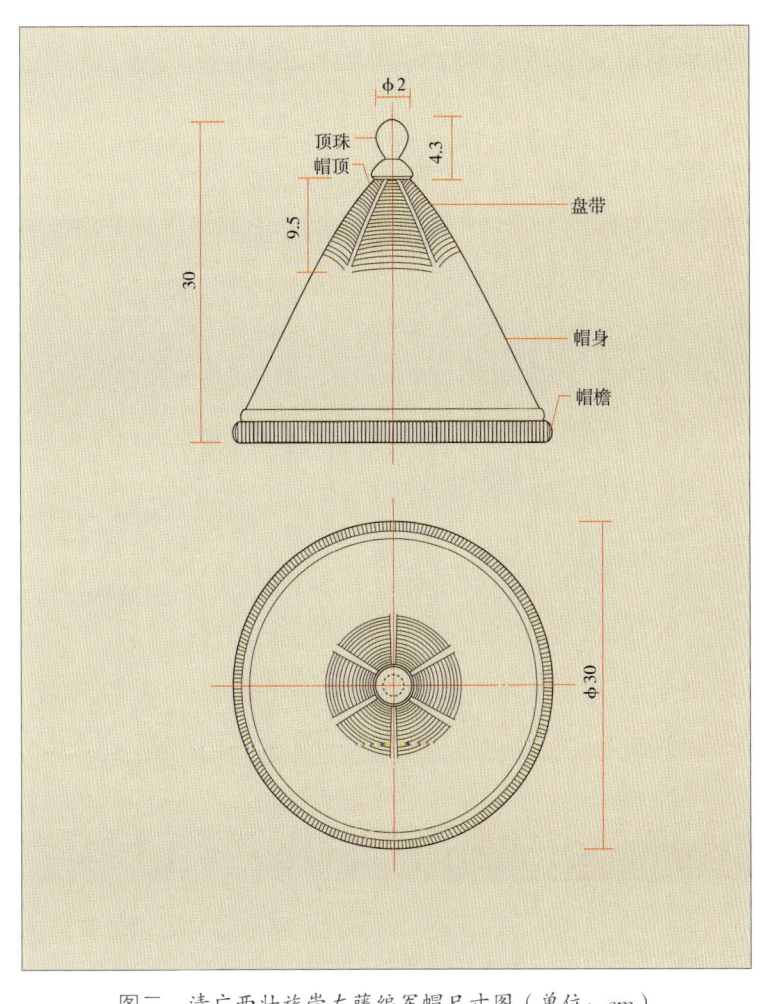

图二　清广西壮族崇左藤编军帽尺寸图（单位：cm）

北方清军藤皮编织帽结构

图三　清广西壮族崇左藤编军帽对比图1

清军服饰图
（清《纪功图卷》局部，此画作于康熙十六年，作者不详）

图四　清广西壮族崇左藤编军帽延展图

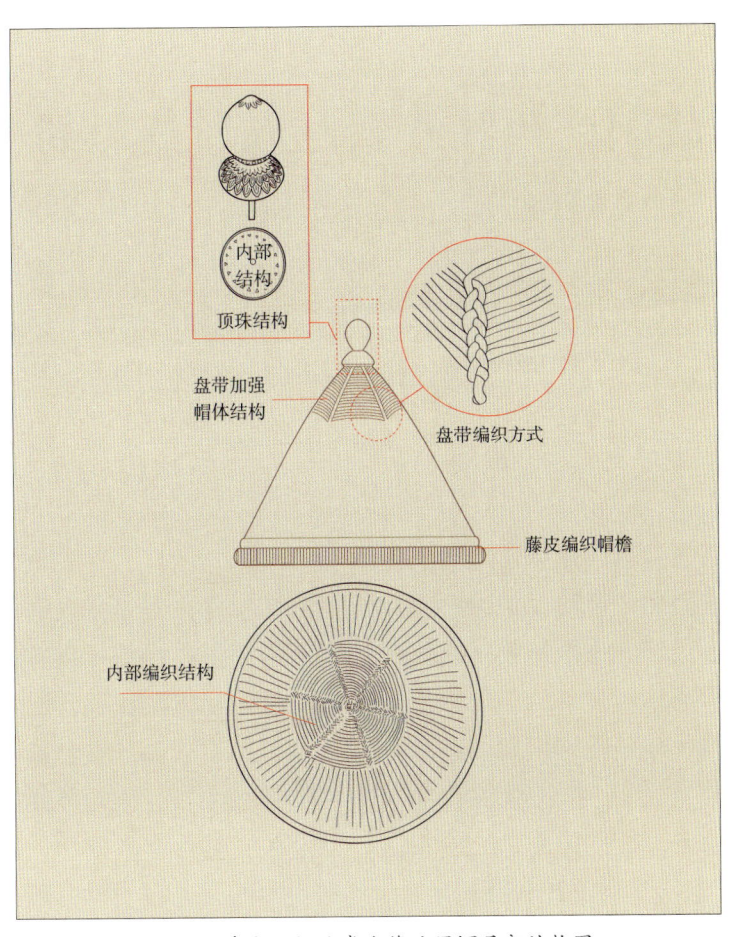

图五　清广西壮族崇左藤编军帽局部结构图

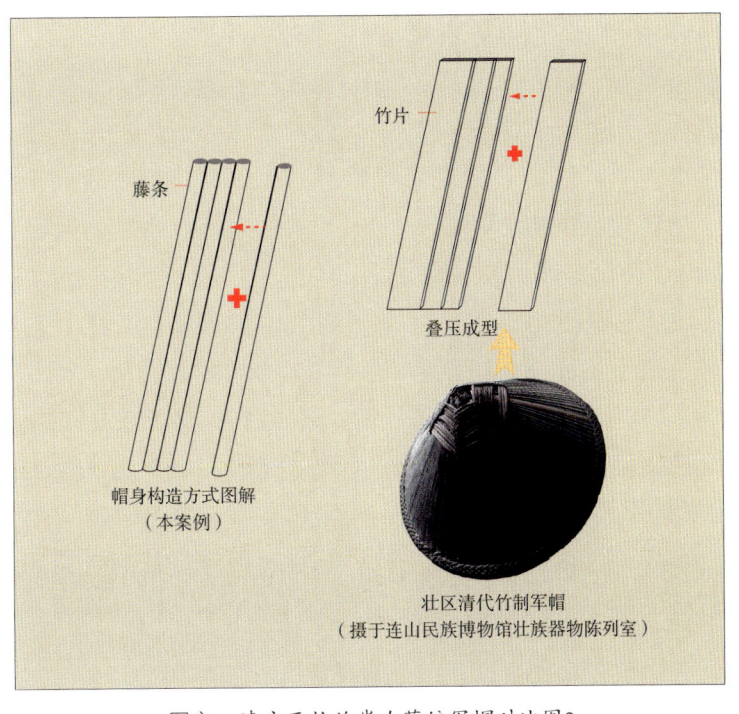

图六　清广西壮族崇左藤编军帽对比图2

战国广西壮族崇左人形茎短剑

图一　战国广西壮族崇左人形茎短剑主图

剑是古代近战格斗武器，剑身通常为双刃，既可横斩，又能直刺。目前，中国发现最早的青铜短剑是商后期北方草原牧民所使用的多种短剑，而中原地区发现的最早青铜短剑则属于西周晚期，至于南方广西、云南等地最早青铜短剑实物则是春秋战国时期的。本案例采自广西崇左壮族博物馆，形制特别，剑柄为带冠人形茎。案例全长32厘米，中部最宽尺寸6厘米，剑身厚约0.3厘米，通体是用青铜材料铸造而成。

从形制看，案例剑柄带冠人形茎中部束收，近格处缓延，剑格中弧，剑身虽无脊，但体表饰三角纹。最为突出的是，剑柄人头两耳佩粗大耳坠，全身着衣，双臂弯曲，下身系裙，间接反映了骆越贵族的服饰特征。从设计学角度分析，由于短剑是实用性兵器，其茎部形制自然要考虑人手的握持，在将茎部设计成人形的同时，人形特征须与持剑者手形兼顾。显然，除了14厘米长的茎能满足人手的握持外，案例借助人形两边弯曲的双臂，巧妙地为持剑者的手心提供了支撑体，这更利于持剑人用手牢固地握住剑茎。本案例成型工艺应该是石范铸造法，理由是：其一，广西武鸣县元龙坡战国墓曾出土石质铸范实物，这是壮族先民用石范铸造青铜器的直接证据；其二，本案例属于小件青铜器，且铸造结构并不复杂，对于这类器物早期多用石范铸造，例如云南省剑川海门口青铜时代初期遗址曾发现石质钺范。1983年，在剑川沙溪同时代墓葬中也发现铜钺双合石范。从铸造技术看，用石范制模虽不容易，但它耐高温，并可多次使用，因此就简单的工具和兵器而言，在当时无疑是一种较好的工艺选择。

本案例属于偏茎剑，这类剑是在春秋战国时期逐步流行起来的一种剑形，特别是春秋之后，南方吴、越两国相继崛起，因其地处江南水乡，不利于车战，故格斗时多为步兵和水兵，这就在客观上刺激了剑的发展，当时吴越铸剑水平是远超中原诸国的。广西、广东、湖南位于长江以南，历史上是古代"百越"族的聚居地，这一地区出土的春秋战国时期的青铜器证明，有些青铜器无论是形制还是纹样，都与中原相似，这说明该地区的土著先民在经济与文化上都与长江流域有着密切往来。当然，岭南地区也存在着一些具有当地民族特征的青铜器，本案例即是典型一例。此外，短剑除了具有格斗功能外，在战国时期它也是一个人的身份象征物，本案例茎形是身着骆越贵族服饰的人，此形象代表了持有者的身份和地位。从历史发展情况看，秦汉后期由于铁剑、铁刀的流行，青铜剑被逐渐排挤，以至于到了魏晋南北朝时期，青铜剑就基本从军队中退出了历史舞台。

图片来源

图一　孙林　摄影

图二至图六　许边疆　制图

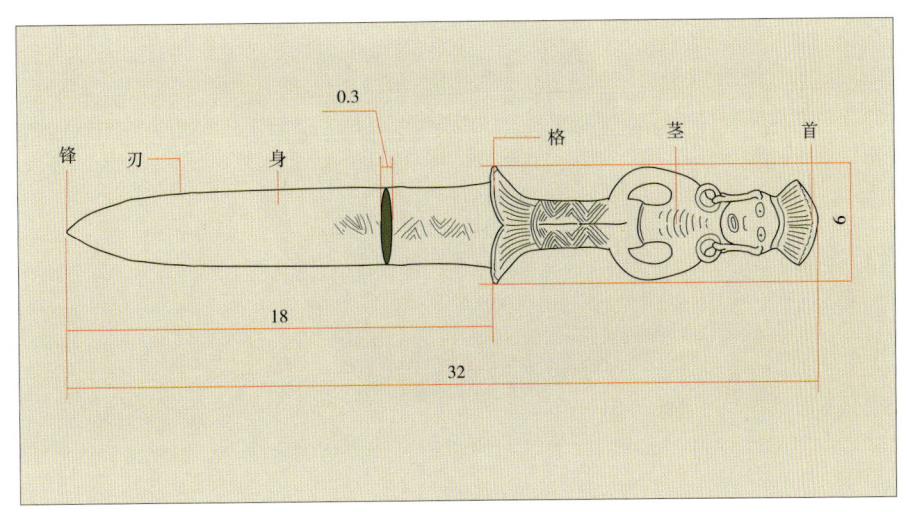

图二　战国广西壮族崇左人形茎短剑尺寸图（单位：cm）

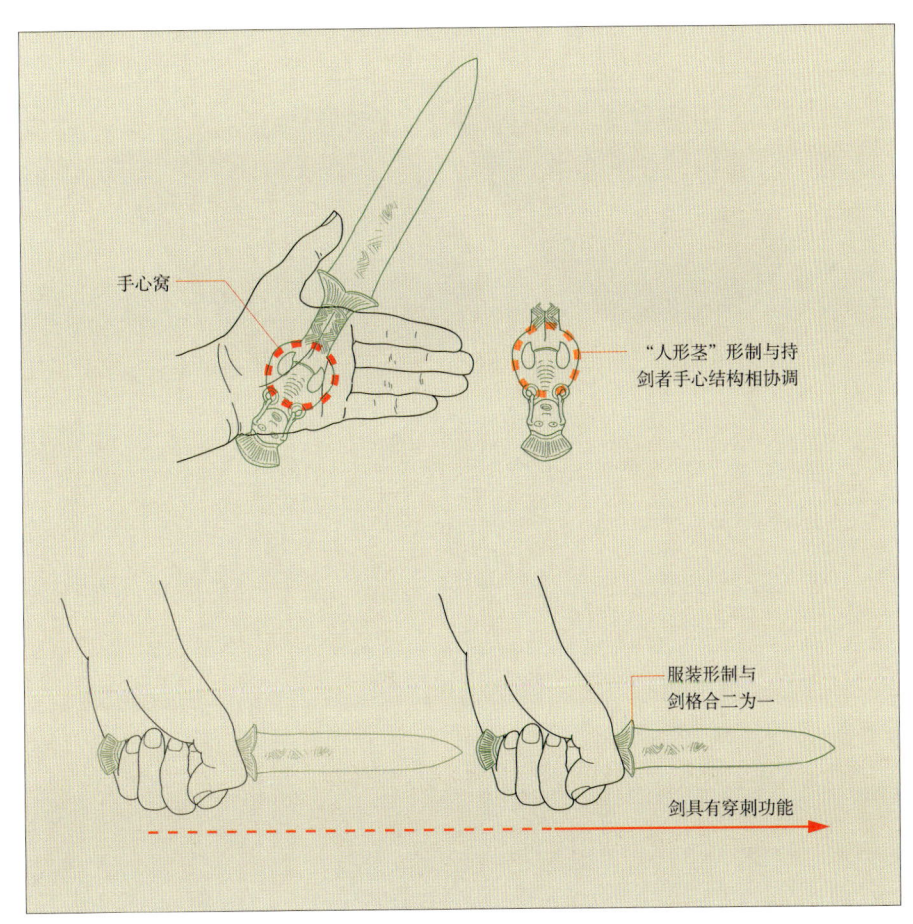

图三　战国广西壮族崇左人形茎短剑设计分析图

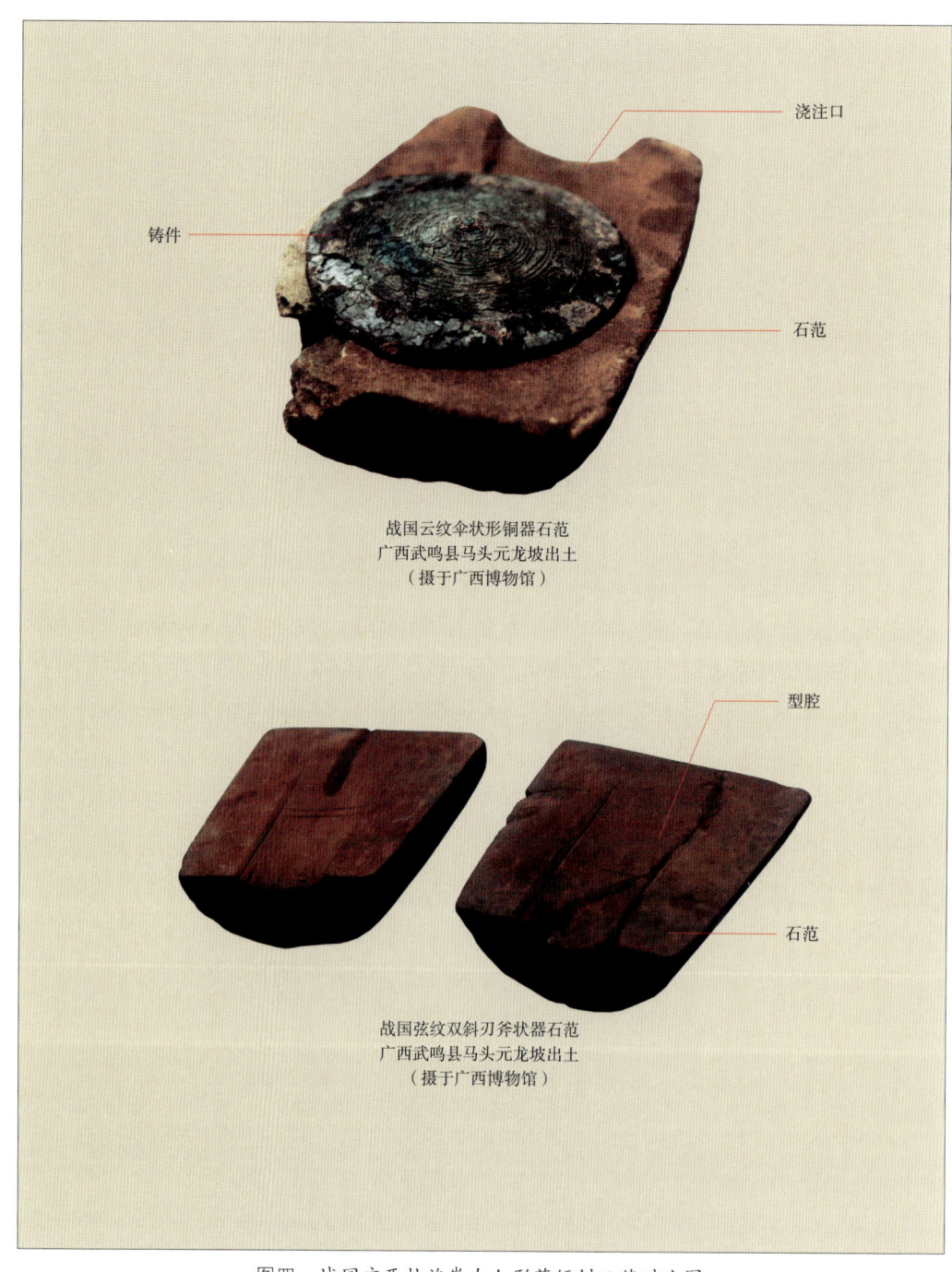

图四　战国广西壮族崇左人形茎短剑工艺对比图

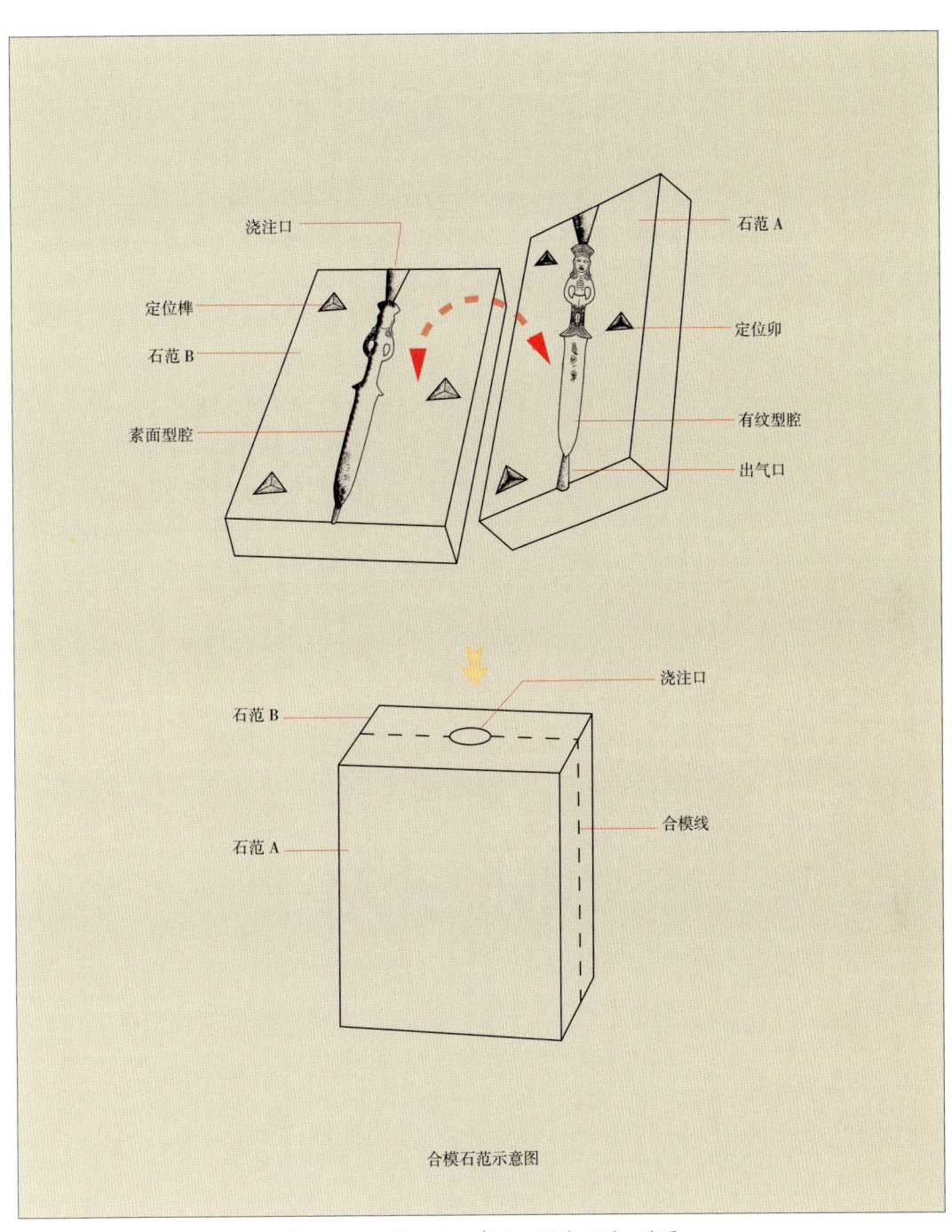

图五 战国广西壮族崇左人形茎短剑工艺图

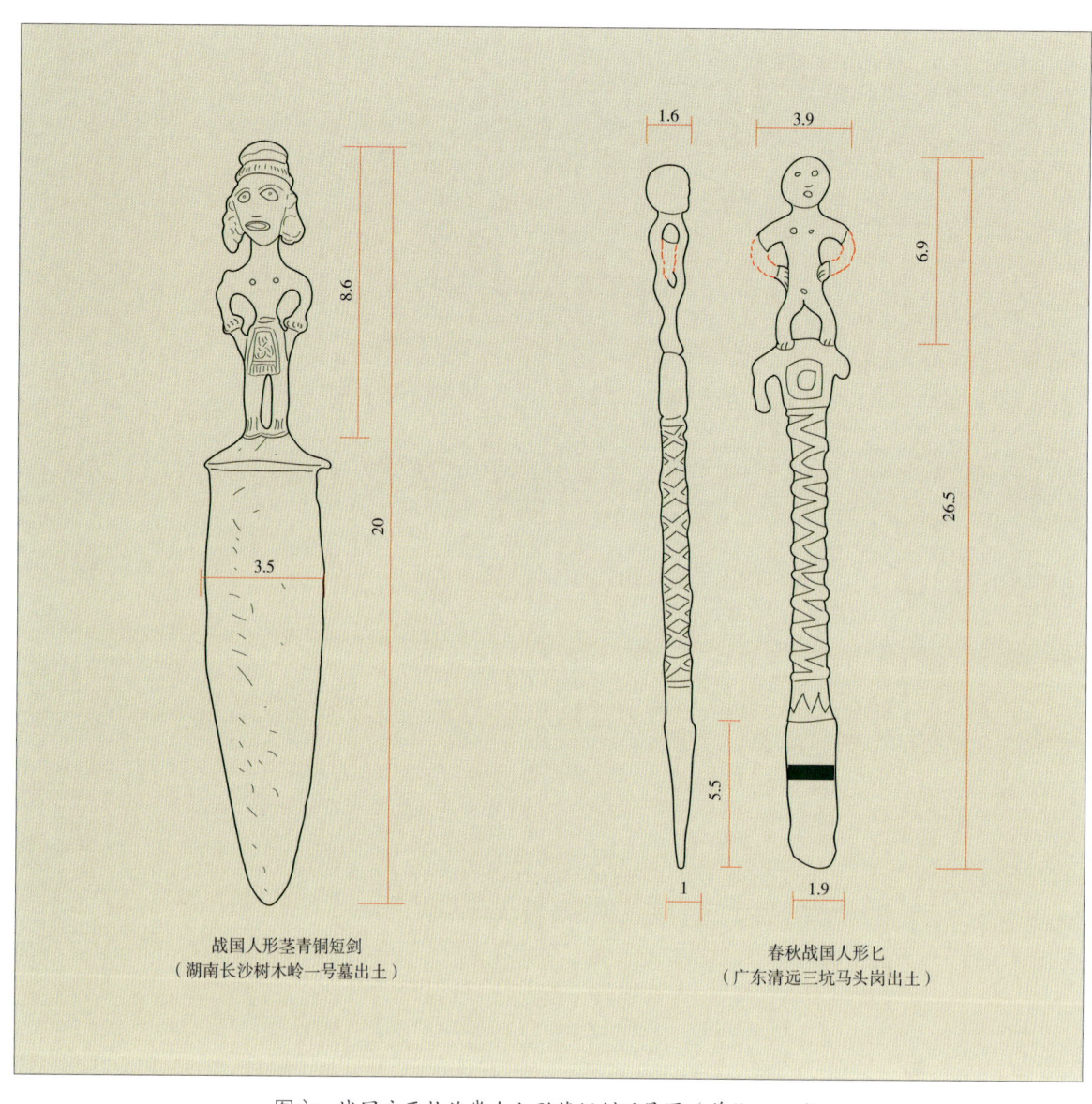

图六 战国广西壮族崇左人形茎短剑延展图(单位:cm)

西汉广西壮族崇左环首剑

图一　西汉广西壮族崇左环首剑主图

所谓"环首剑",即剑的柄端呈环形状结构,故名之。本案例采自广西崇左壮族博物馆,为西汉时期遗物。案例剑身长76.4厘米,最宽处2.66厘米,环外径5.68厘米,环内径4.13厘米,剑身最厚0.58厘米,刃厚0.33厘米。案例通体用青铜铸造而成,剑身双刃,刃部直线骤收成前锋。

文物考古成果显示,早在春秋战国时期,壮族先民就已掌握冶铸青铜的技术。比如,广西武鸣县马头乡春秋战国墓曾出土铸铜石范。再比如,广西北流市铜石岭西汉冶铜遗址发现铜锭,含铜比例最高可达96.64%,显示出很高的铜冶炼技术。从历史看,春秋战国时期是青铜剑成熟期,秦汉之后因铁剑、铁刀的流行,导致青铜剑逐渐衰落(汉代为铜铁并用时期),魏晋南北朝时期的军队不再使用青铜剑。事实上,青铜剑的优势在于"刺"而不在于"砍",正因为如此,秦汉时期的剑体被明显加长,有些可达90厘米左右,显然,这么做是为了便于远距离刺杀。问题是,剑体加长又容易折断,特别是与持砍刀的敌手搏斗时,长剑折断是极危险的事,因此到了汉代,细长的铜剑便逐渐演变成一种礼器。从案例形制特征推测,本案例象征功能要大于实用功能,这一推断能得到花山岩画的佐证。花山岩画有当时壮族先民古骆越人祭祀或节庆的场景,人们或举环首剑或将它系于腰间翩翩起舞。

历史表明,环首剑是壮族先人普遍使用的剑形之一,广西各地出土的实物可以印证。从设计学角度分析,壮族先人青睐于这种剑的理由如下:一是环形可以起到平衡配重的效果,尤其是后期环首剑转变为环首砍刀后,这种配重效果更加明显;二是环首剑具有一定的审美特征,即长形剑体配上圆环能给人以美感,特别是环中配上坠挂饰物,效果更加明显;三是环首剑易于成型,除剑体用铸造法外,剑环可用焊接法连接。

总之,环首剑是壮族先人智慧的产物。

图片来源
图一　孙林　摄影
图二至图六　许边疆　制图

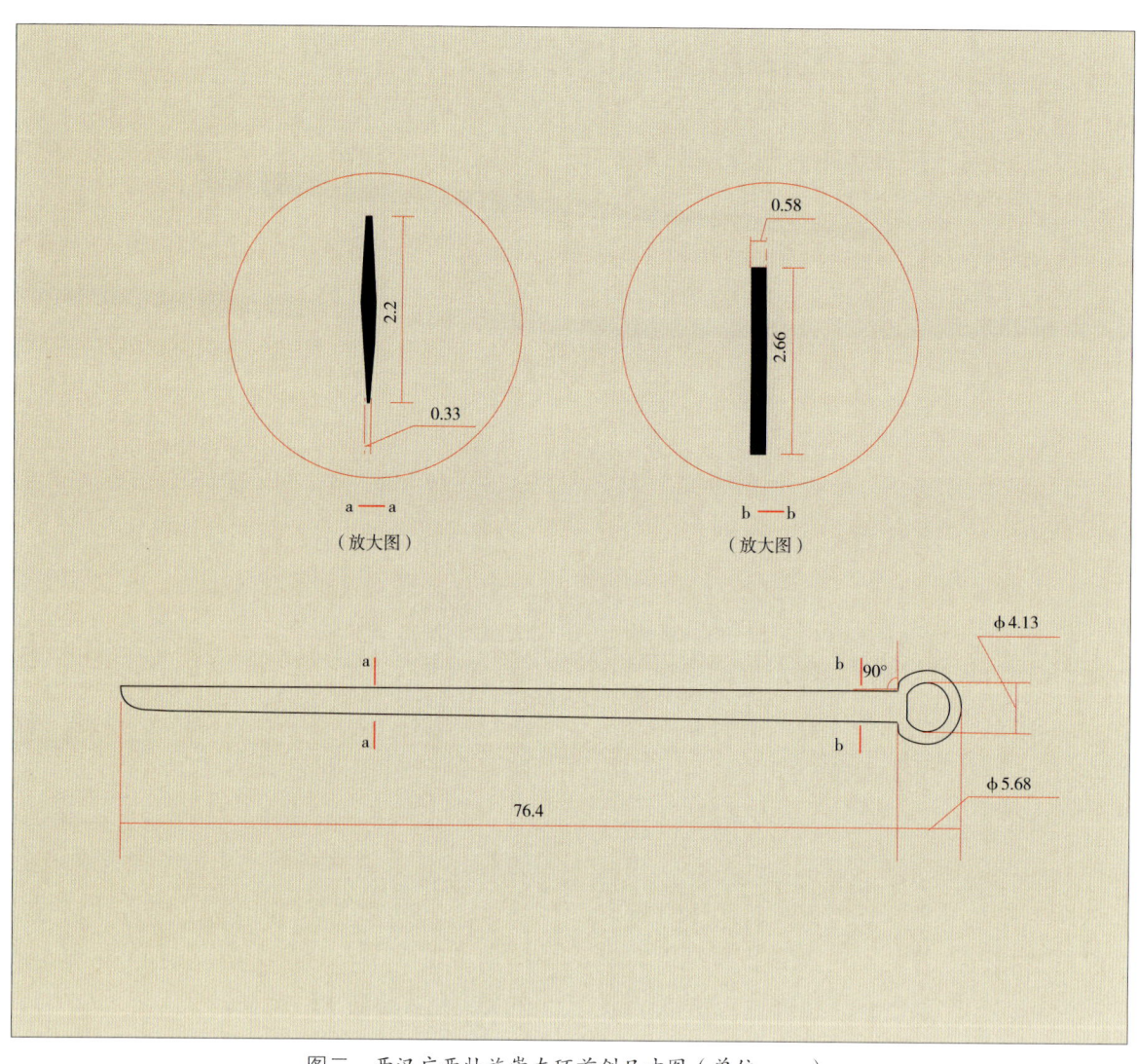

图二 西汉广西壮族崇左环首剑尺寸图（单位：cm）

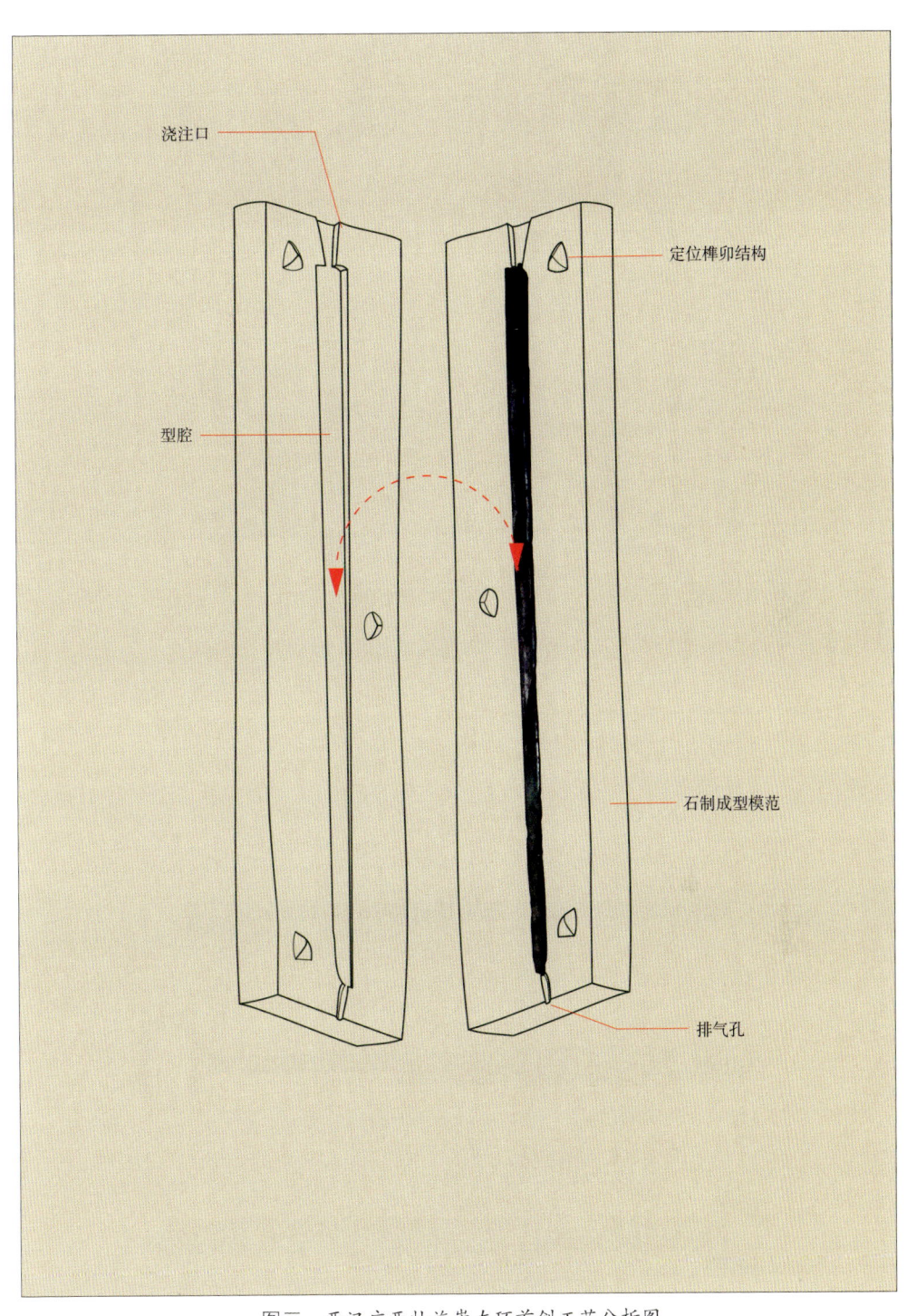

图三 西汉广西壮族崇左环首剑工艺分析图

图四　西汉广西壮族崇左环首剑对比图1

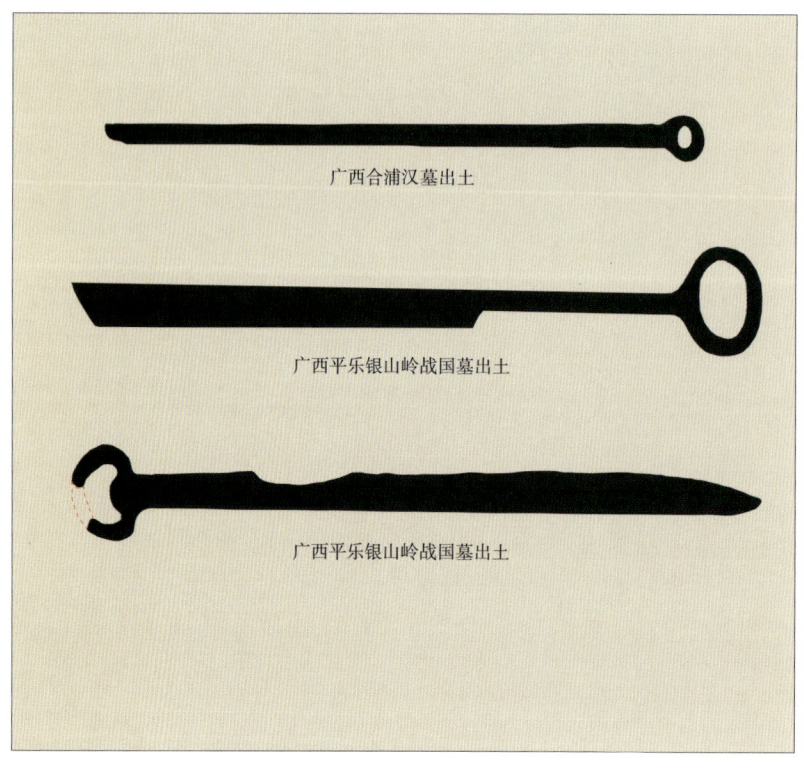

图五　西汉广西壮族崇左环首剑对比图2

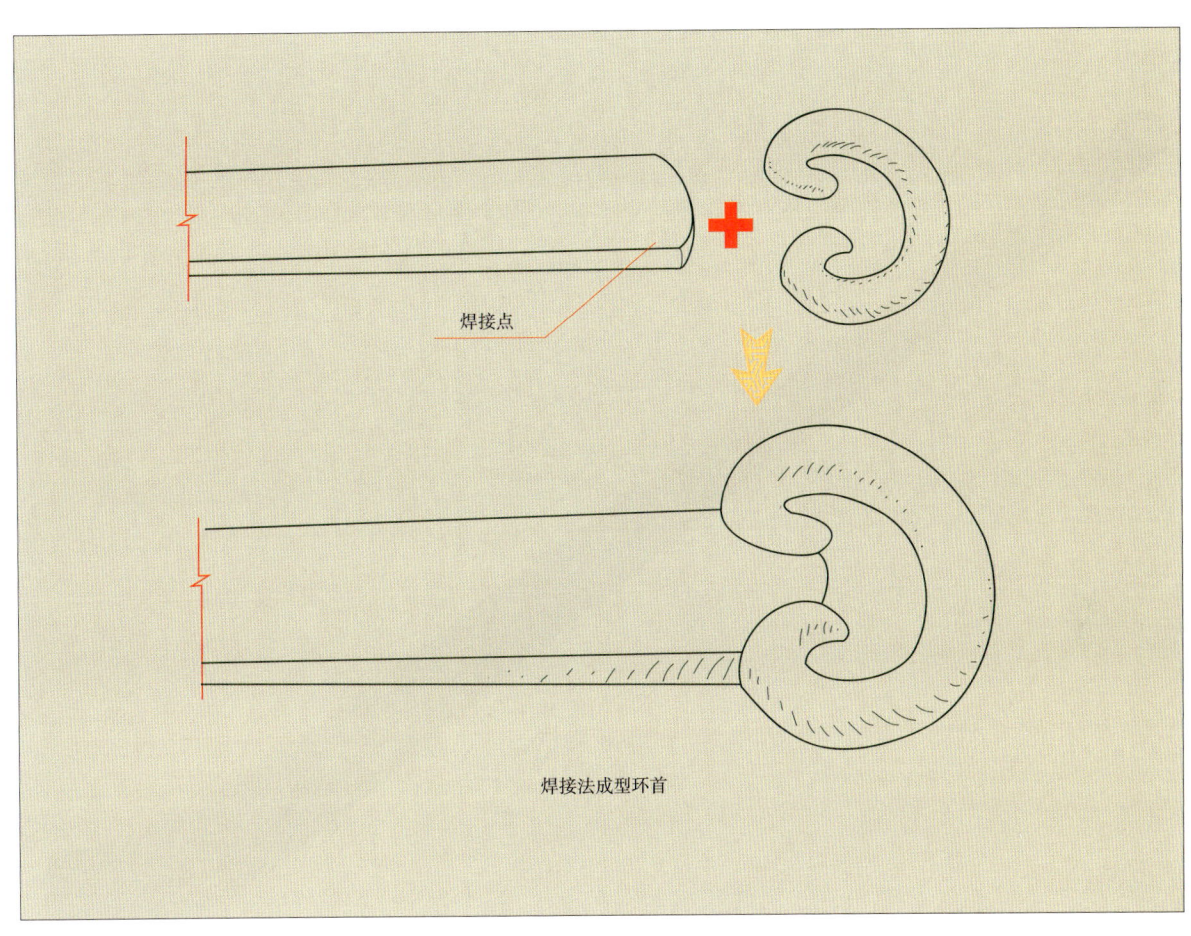

图六　西汉广西壮族崇左环首剑局部成型图

清广西壮族崇左大刀

图一　清广西壮族崇左大刀主图

在现实生活里，人们常将"大刀"概念与"长刀"概念混为一谈。比如称呼长柄大刃的刀既为"长刀"，又为"大刀"，其实它应该是一种"长刀"，例如历史上关公用的偃月刀即为长刀；而短柄长刃的刀则被误称为"长刀"，实际它是双手握柄的"大刀"。本案例即为短柄长刃的大刀，现藏于广西崇左壮族博物馆，属于清代遗物。

从形制上看，案例刀刃与刀柄长度几乎对等，刀柄是用藤皮包裹的，柄首有直径约3厘米的环，刀刃宽大厚重，刃口前部弯曲而后部较直，刃首不做尖形状，而是呈一定倾斜角度的平线形。显然，本案例只能做砍劈动作而不能向前刺人。我们在广东连山民族博物馆壮族器物陈列室里也见过此类大刀，二者除刀柄外部结构及护手形制不同外，其他特征基本相似，这说明，它是壮区一种流行兵器。事实上，壮区环首形刀历史悠久，例如战国时期的广西花山崖画就有这种刀形的存在。显然，案例是这种刀形的延续，也间接证明了其设计方面的合理性。我们不难看到，即使到了民国，这种刀或类似于案例的大刀仍被人们使用。

历史上，壮区冶铁业萌生得很早。1987年广西文物工作队曾在平南县六陈镇附近发现了多处汉代冶铁遗址，遗址里炉室底部就有陶片、铁矿石、炼渣、风管等遗物的发现，这些遗物表明，岭南的冶铁铸造业不会晚于汉代。另外还有一个不容忽视的客观因素，那就是岭南冶铁技术的发展应该是受到了楚国的影响，因为在湖南长沙发现的春秋时期的铁器甚多，这些铁器显示出当时楚人高超的冶铁技术。更为重要的是，除冶铁技术外，他们还学会了钢的冶炼。从当时社会发展情况看，楚悼王拜吴起为相，"南平百粤"，楚国南部实际行政控制区已延伸至广西北部，楚国冶铁技术传入岭南也是情理之中的事。

总之，在漫长的岁月里，无论是花山崖画里的环首刀还是清代钢铁大刀，它们间似乎有一条割不断的线。

图片来源
图一、图四 许边疆 摄影
图二、图三、图五 许边疆 制图

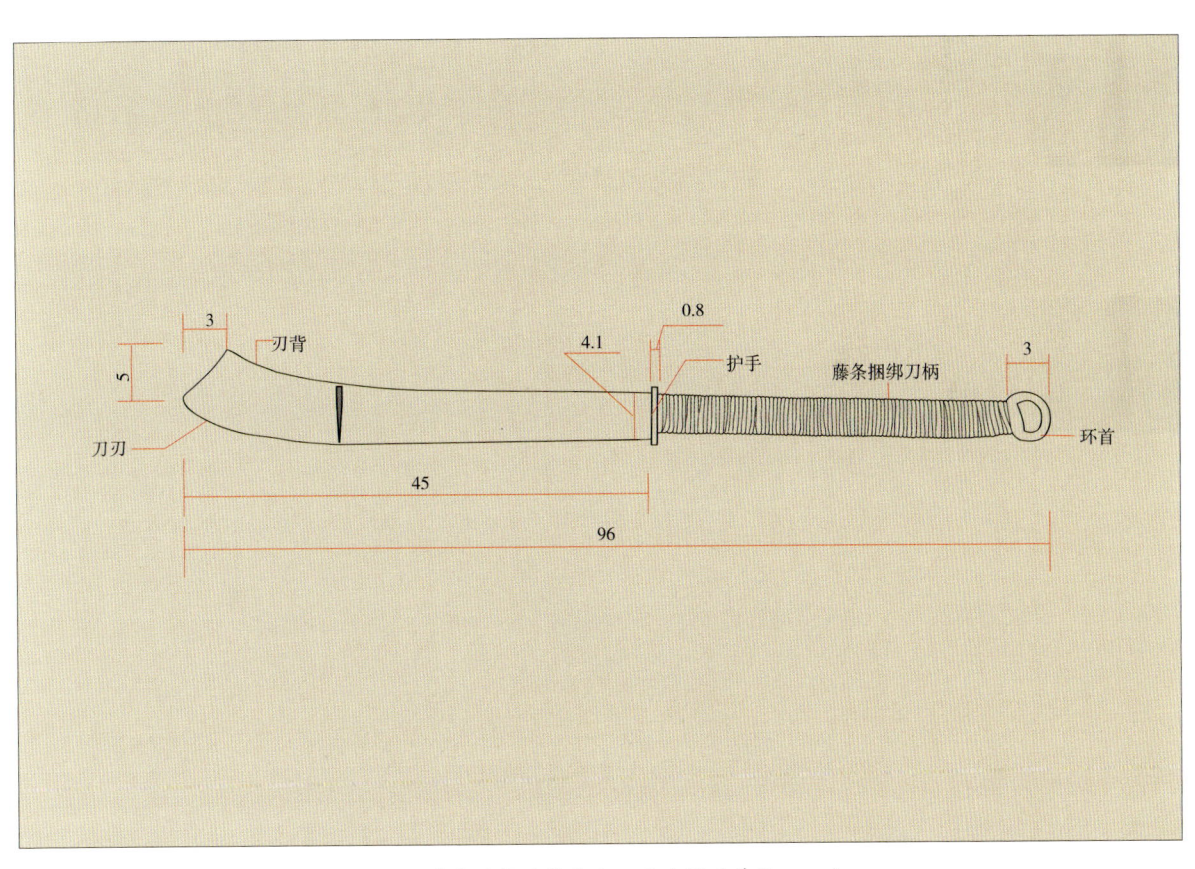

图二 清广西壮族崇左大刀尺寸图（单位：cm）

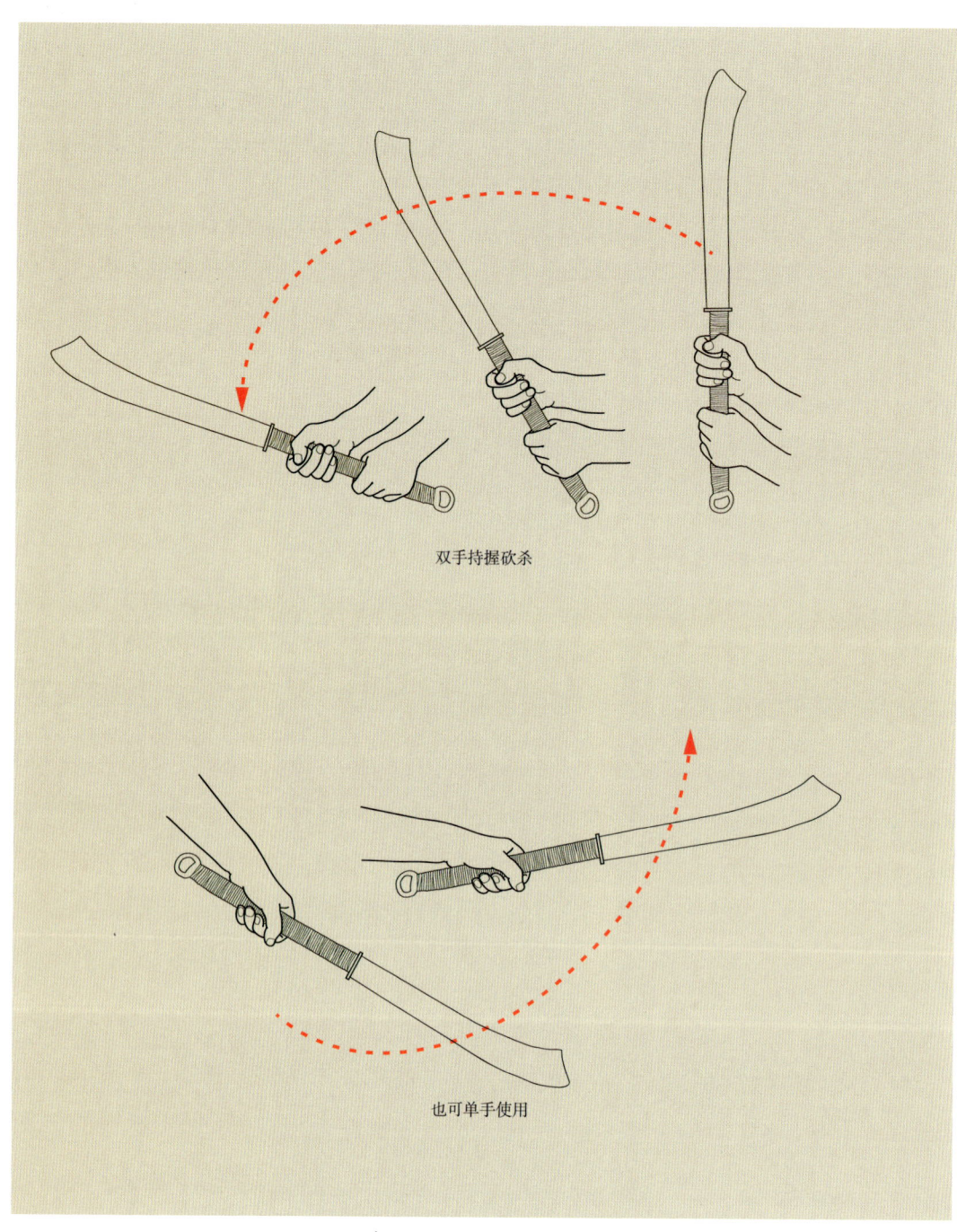

图三　清广西壮族崇左大刀设计分析图

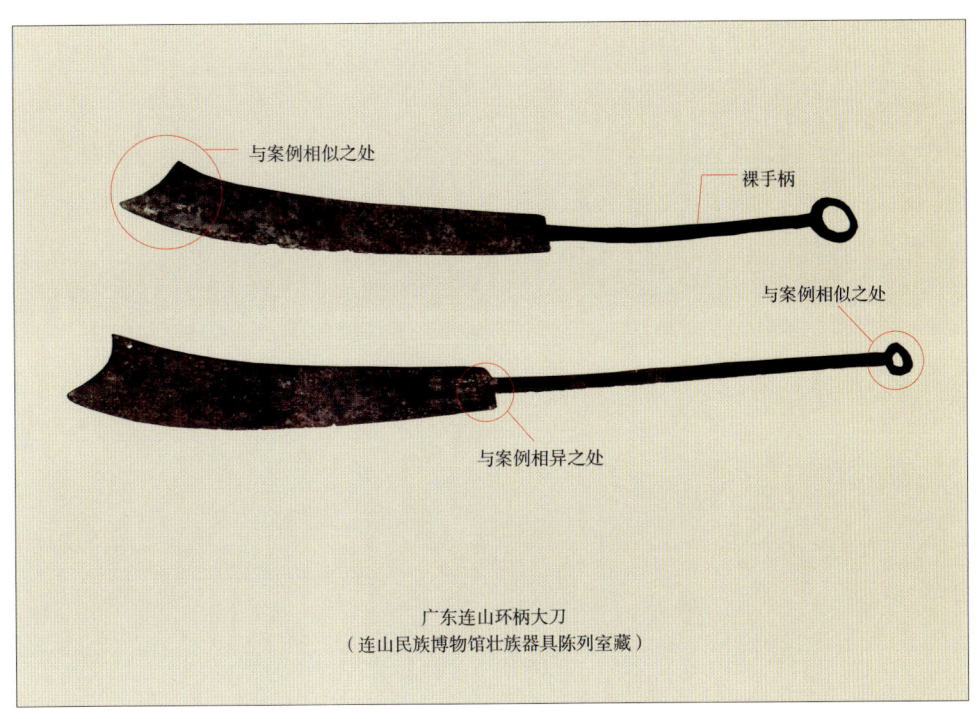

图四 清广西壮族崇左大刀延展图

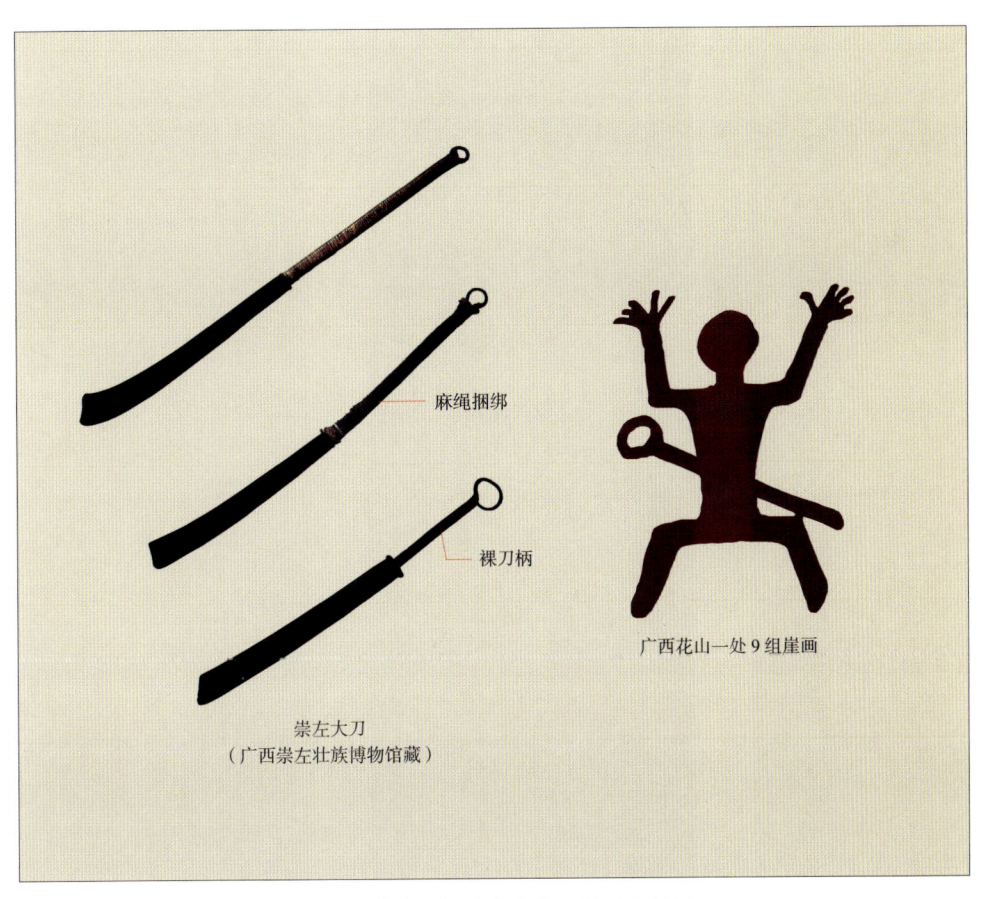

图五 清广西壮族崇左大刀设计分析图

第四章 壮族传统生活用具

第五章 壮族传统生产工具

旧石器时代广西壮族百色石斧

图一　旧石器时代广西壮族百色石斧主图

石斧是一种用砾石、石核或石片打制而成的工具。在原始社会，石斧的功能是多方面的，如挖掘植物根茎、砸开坚硬的果实、屠宰较大的动物、砍伐树木、制作竹木工具等。本案例采自广西壮族自治区博物馆，属于百色旧石器时代石斧，长19厘米，最宽处13厘米，厚8厘米，重量1652克。案例右上端光滑，左侧和下端则为重叠的石片疤，端部刃口较尖利。

本案例是砾石手斧，属单面加工（另一

面稍做处理），形制具有旧石器时代典型特征，这表明壮族祖先当时已懂得单面打制砾石能获得锋利刃口的道理。本案例形制虽简单，工艺粗糙，但已包含一定的技术成分和人为主观意识，因此我们说这种原始器物已具备了设计的基本属性。从设计学角度分析，案例右上端留有光滑的石皮，显然是为了方便人手握持；而将案例下端设计成尖形刃口，则有利于器物的垂直砍砸，如果用来敲击，就又具备了砍削功能。由此可见，案例是一件多功能原始器具。从广西多地出土的该类旧石器时代石斧大致有以下几类：一是凸刃砍砸式；二是直刃砍砸式；三是尖状形石斧；四是刮削功能石斧。成型石斧的方式除直接锤击法外，也有碰砧法，但基本都是单向打击，无修理台面。

20世纪中叶，广西百色、南宁、玉林、钦州、桂林、柳州等地都有此类石斧的出土，如百色百谷、上宋村、杨屋、那模等遗址，柳州白莲洞遗址等。这说明，早在几万年前（甚至更早）的广西，壮族祖先就已懂得制作一些简单工具从事生产劳动，这一事实有力地动摇了美国哈佛大学考古学家莫维士（H. L. Movius）的"两个文化传统"理论，该理论将旧石器时代早期的非洲、中东和欧洲人同亚洲其他地区人分割开来，并错误地认为东亚、东南亚及印巴次大陆北部是一个"文化滞后的边缘地区"。广西旧石器时代手斧的出土，证明东亚地区同样存在年代久远的手斧文化，这类手斧形制合理，功能多样，并具备一定的制作技术，在人类历史长河中有不容忽视的历史意义。

图片来源

图一　许边疆　摄影
图二至图五　许边疆　制图

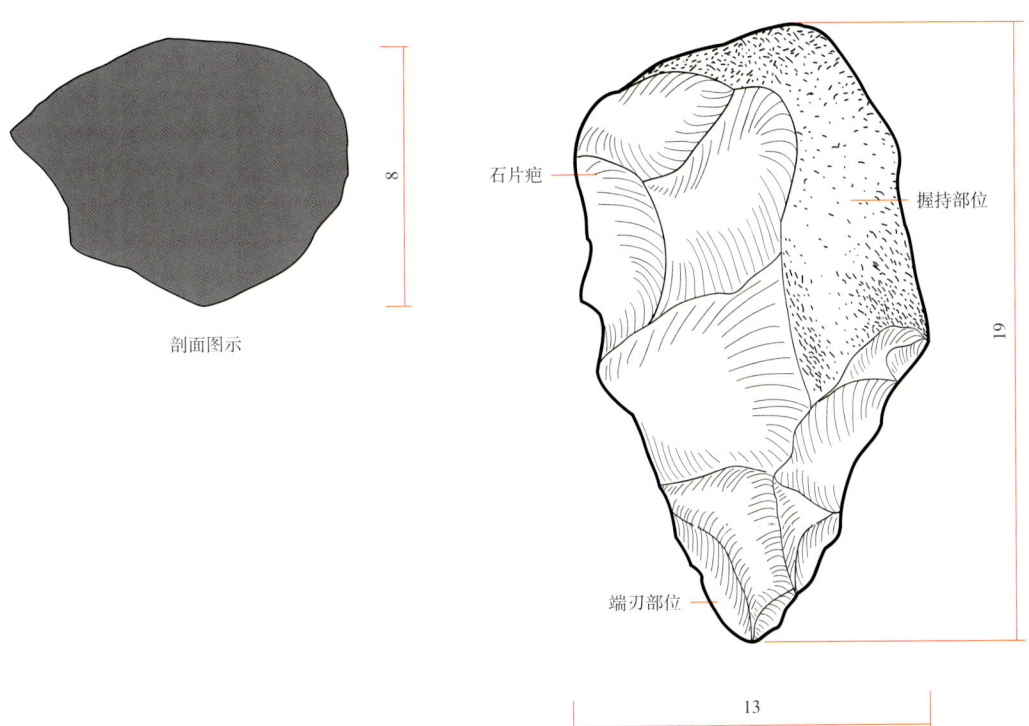

图二　旧石器时代广西壮族百色石斧尺寸图（单位：cm）

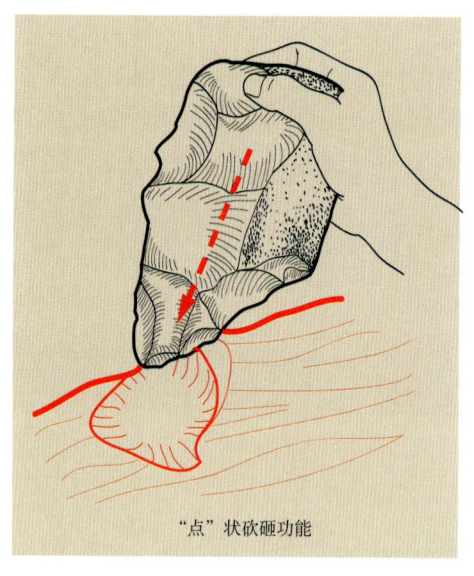
"点"状砍砸功能

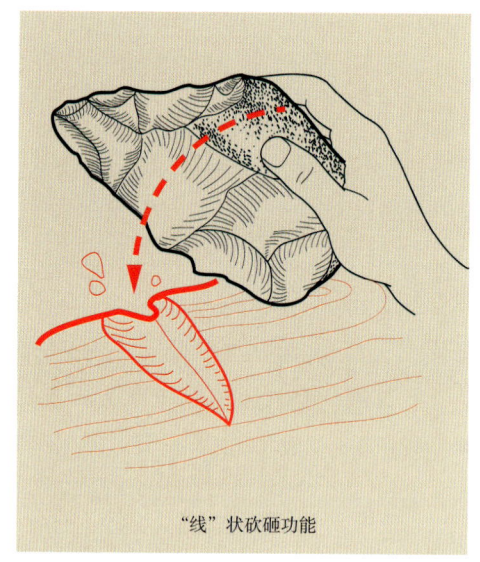
"线"状砍砸功能

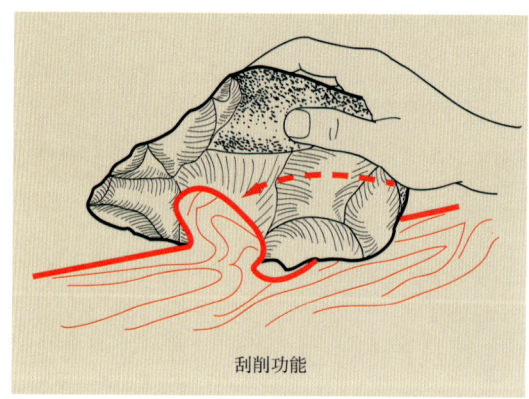
刮削功能

图三 旧石器时代广西壮族百色石斧设计分析图

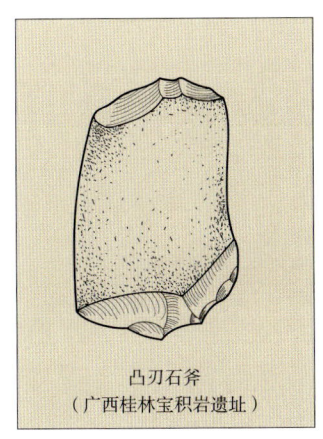
凸刃石斧
（广西桂林宝积岩遗址）

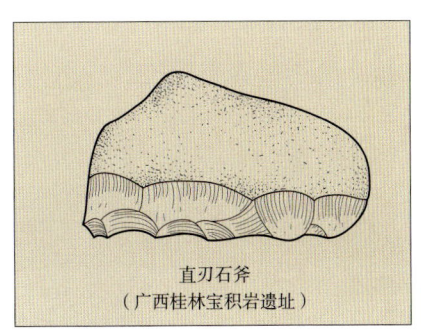
直刃石斧
（广西桂林宝积岩遗址）

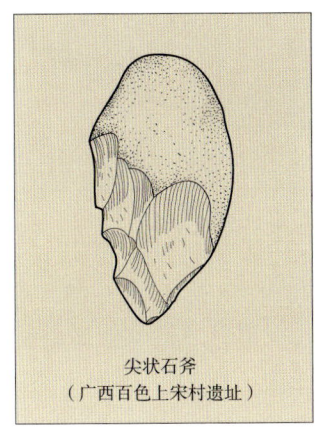
尖状石斧
（广西百色上宋村遗址）

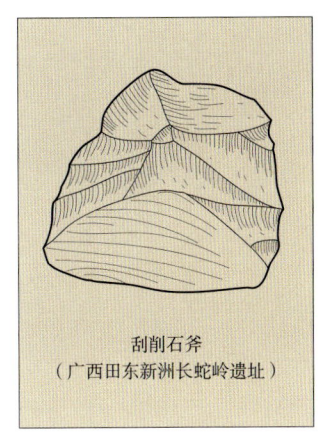
刮削石斧
（广西田东新洲长蛇岭遗址）

图四　旧石器时代广西壮族百色石斧对比图

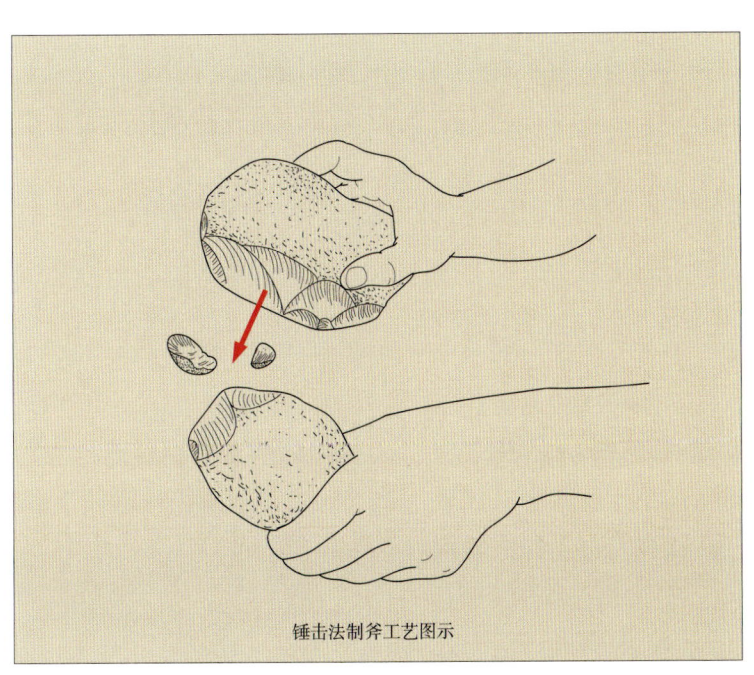
锤击法制斧工艺图示

图五　旧石器时代广西壮族百色石斧工艺图

第五章　壮族传统生产工具

新石器时代广西壮族南宁穿孔蚌刀

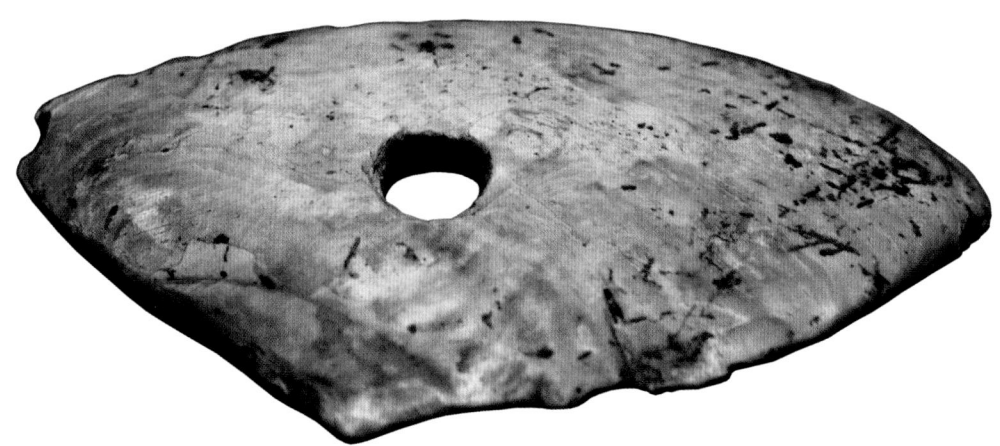

图一　新石器时代广西壮族南宁穿孔蚌刀主图

"穿孔蚌刀",是人类早期利用天然贝壳加工而成的刀具,因形体之上有贯通孔,故名之。本案例采自广西南宁博物馆,案例出土于南宁邕江贝丘遗址,属于新石器时代遗物。从形制特征看,案例呈三角形鱼头状,上厚下薄,中部偏右处设贯通孔一个,洞孔直径约1.1厘米,蚌刀长13厘米,宽7.5厘米,厚约1厘米。

考古成果告诉我们,早在五千多年前,广西稻作农业就已经产生,例如广西资源县延东乡晓锦文化遗址曾出土新石器时代晚期炭化稻米。从逻辑上推论,稻作农业的形成必然会出现相应的收割工具,那么,本案例是收割工具吗？我们将案例与社会后期的禾剪形制进行比较,发现两者很相似。比如,案例刃口对面有贯通孔一个,壮族套绳式禾剪刃口对面也有一个贯通孔；再比如,案例形体呈鱼头和薄片状,而套绳式禾剪除了有半圆形或弯月形外,形体也是薄片。套绳式禾剪的使用功能告诉我们,只要在案例的孔洞中系上绳索,就能像禾剪那样去收割稻谷。具体操作方式是：将绳索套在手掌中部,然后用中指和食指夹住案例,割稻时就用食指和大拇指勾住谷穗茎秆,让茎秆紧挨在刃口上,稍用腕力即可切断稻秆。从设计学角度分析,贝壳形态呈两瓣卵圆形状,背缘隆起,壳体质薄,开口处为刀刃状,天生具有切割属性,这些特质自然会吸引古人去尝试用贝壳来做工具。

本案例是采用磨制法成型的,因为蚌壳主体成分是碳酸钙,材质虽硬但很脆,不宜用敲击法来改变形状。从使用角度分析,古人之所以要研磨蚌壳,是为了设法减小原蚌壳形体的弧度,以获得趋于直线的刀口形制,这样更利于收割谷穗。当然,我们也不排除古人在孔洞中安装硬质手柄的可能。

图片来源
图一　孙林　摄影
图二至图六　许边疆　制图

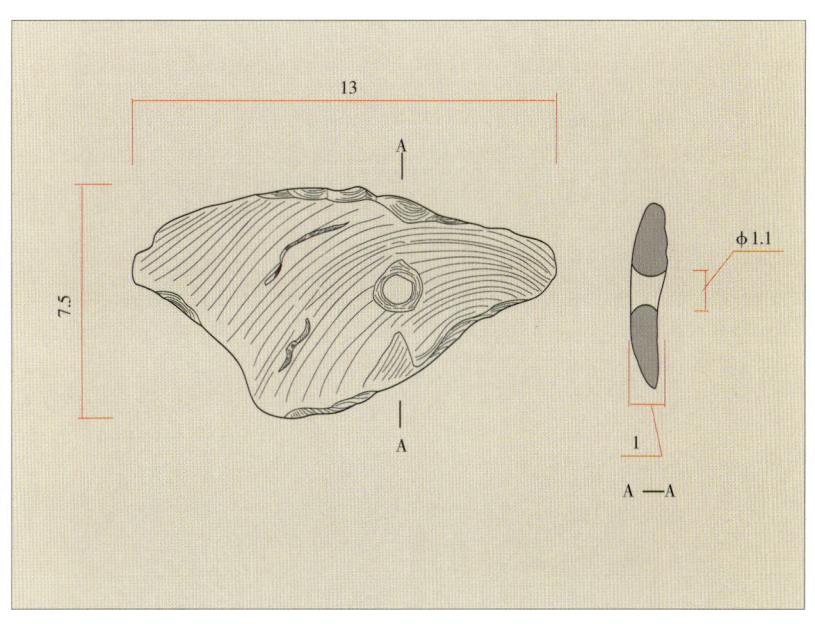

图二　新石器时代广西壮族南宁穿孔蚌刀尺寸图（单位：cm）

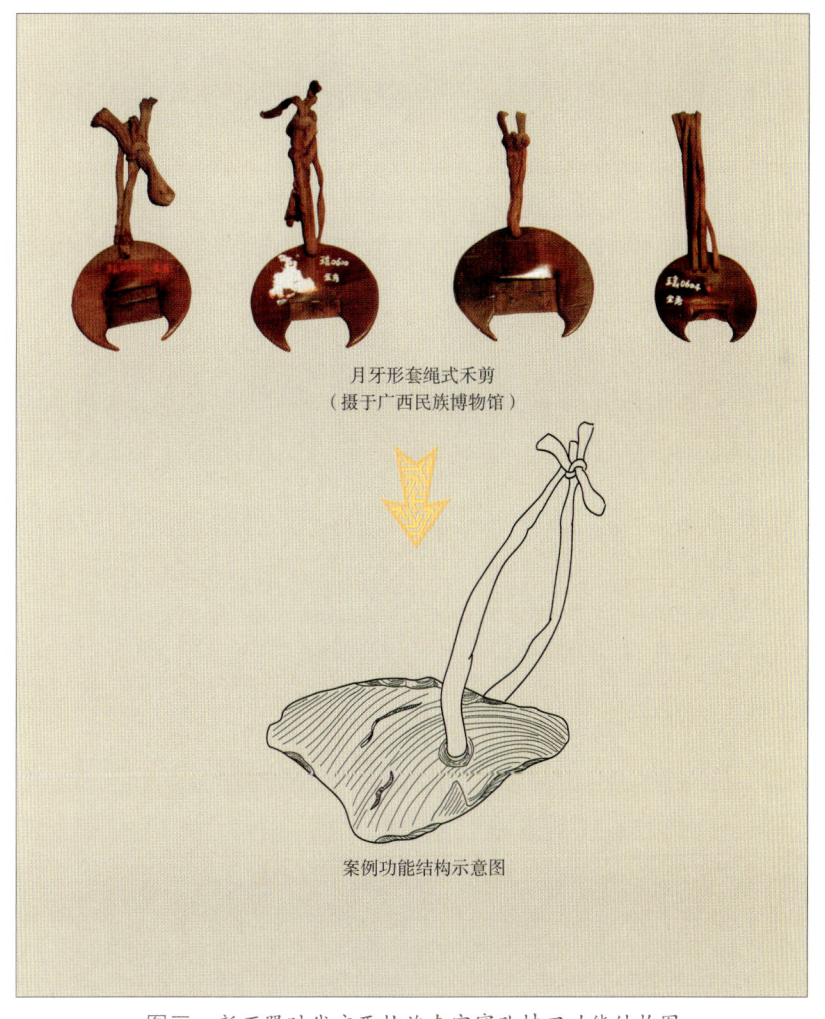

月牙形套绳式禾剪
（摄于广西民族博物馆）

案例功能结构示意图

图三　新石器时代广西壮族南宁穿孔蚌刀功能结构图

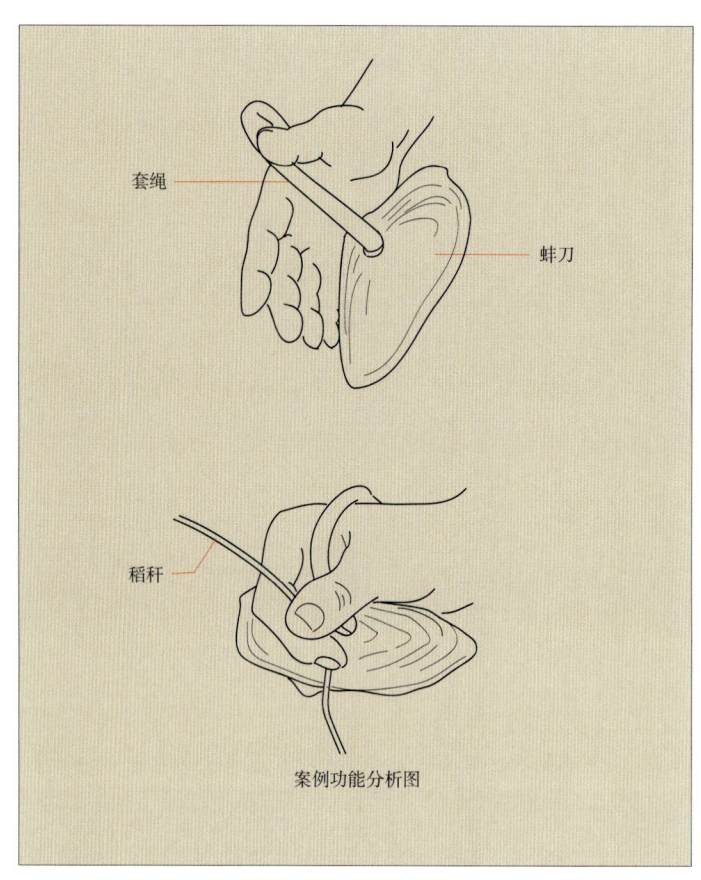

图四　新石器时代广西壮族南宁穿孔蚌刀功能分析图

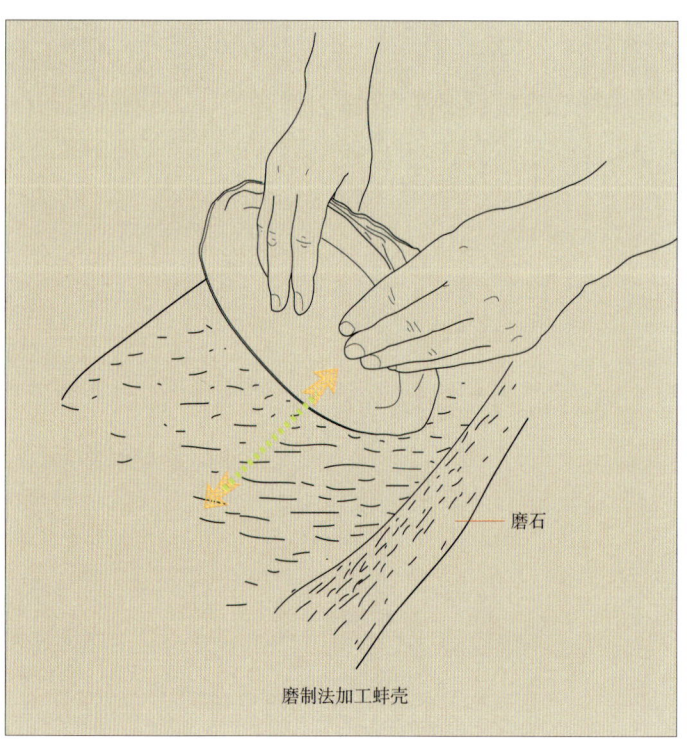

图五　新石器时代广西壮族南宁穿孔蚌刀成型工艺图

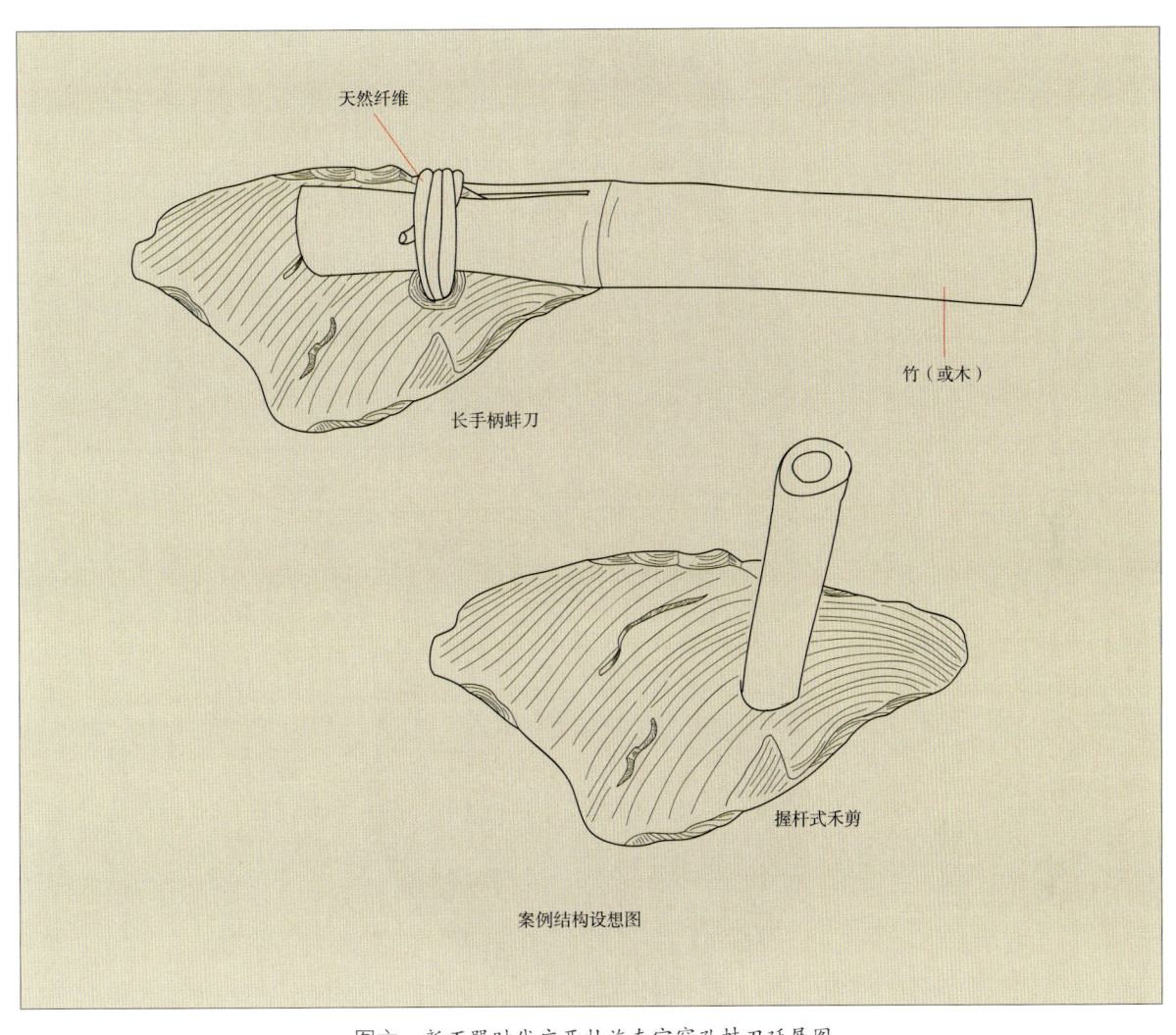

图六 新石器时代广西壮族南宁穿孔蚌刀延展图

新石器时代广西壮族桂南工具型石铲

图一 新石器时代广西壮族桂南工具型石铲主图

石铲是一种原始的翻土耕作工具。本案例采自广西博物馆,属于新石器时代遗物,出土于桂南。经测量,案例长23.2厘米,刃口宽9.6厘米,肩宽7.2厘米,厚1.5厘米,其中柄长3.2厘米,柄最大宽度3.7厘米。石铲形制呈直腰形,通体用板岩石打造而成。

桂南出现石铲是壮族农业文明起源的重要标志之一。石铲的出现表明那个时期的壮族先人已摆脱完全依赖捕捞水生动物或狩猎生活的方式,开始进入相对稳定的凭借双手从事种植的新时代。人们利用石铲翻土、松土、开沟渠、理埂及平整土地,开创了具有鲜明地方民族特色的早期"那"文化(即稻作文化)。从形制上分析,案例刃口呈弧形,弧形石铲更易于掘土,因为桂南地区多为红土壤，草木茂盛，土质相对北方黄土更加坚实，这也是广西石铲多为弧刃的主要原因。此外，案例仅设短柄，这类石铲须安装手柄才能方便使用，手柄或为木，或为竹（通过藤条捆绑），桂南袖肩型石铲肩部形态是安装手柄的典型结构。

归纳来看，壮族石铲根据功能可分为两大类，一是工具型石铲，二是祭祀型石铲。用途不同，石铲形制自然有差异，如齿肩型石铲就不是为实用而设计的，其过于夸张的形态应该是某种观念的产物。再比如，有些石铲长度仅几厘米，无实用价值，显然是祭祀型石铲。

从逻辑上推断，工具型石铲的出现应早于祭祀型石铲。也就是说，祭祀型石铲是从工具型石铲演变而来的。换言之，工具型石铲形制特征会在祭祀型石铲中反映出来，但祭祀型石铲的某些特征却在工具型石铲中不存在。需要补充的是，祭祀型石铲无论如何变化，其形制特征依旧会保留工具石铲的某些"基因"，比如祭祀型石铲下部弧形仍是工具型特征，但这种弧形已无刃口（端口为平面），这恰恰证明祭祀型石铲已放弃了实用价值，仅在形态上与工具型石铲保持着血脉联系。

图片来源
图一、图三　孙林　摄影
图二、图四、图五、图六　许边疆　制图

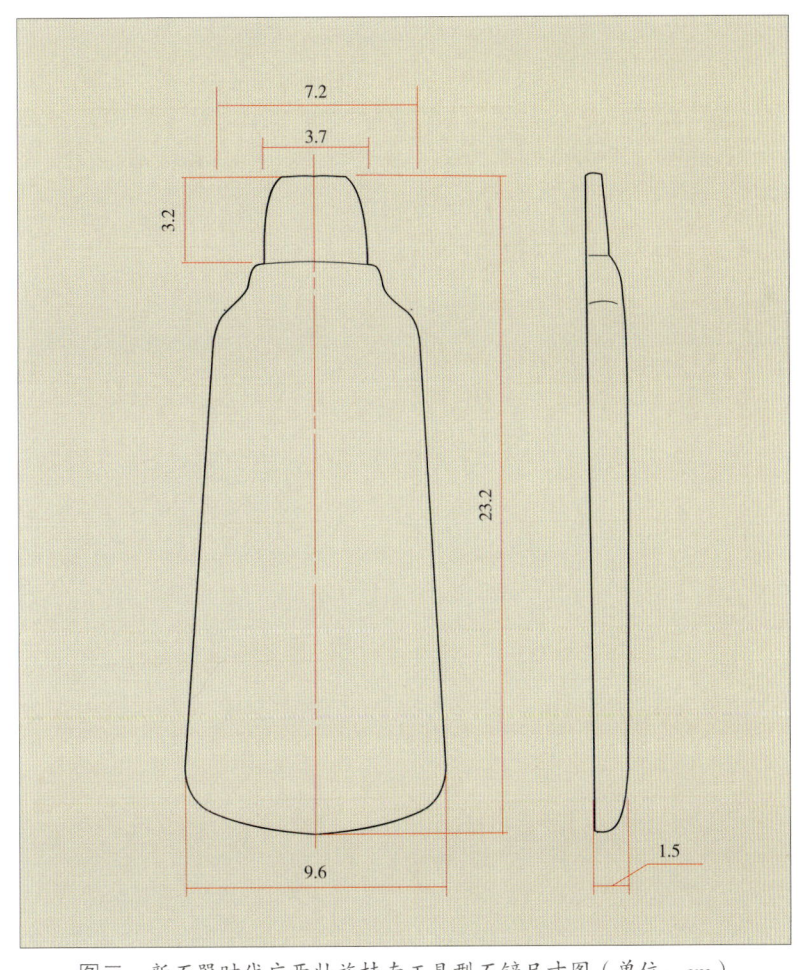

图二　新石器时代广西壮族桂南工具型石铲尺寸图（单位：cm）

新石器时代广西靖西工具型石铲
（广西靖西壮族博物馆藏）

图三　新石器时代广西壮族桂南工具型石铲延展图1

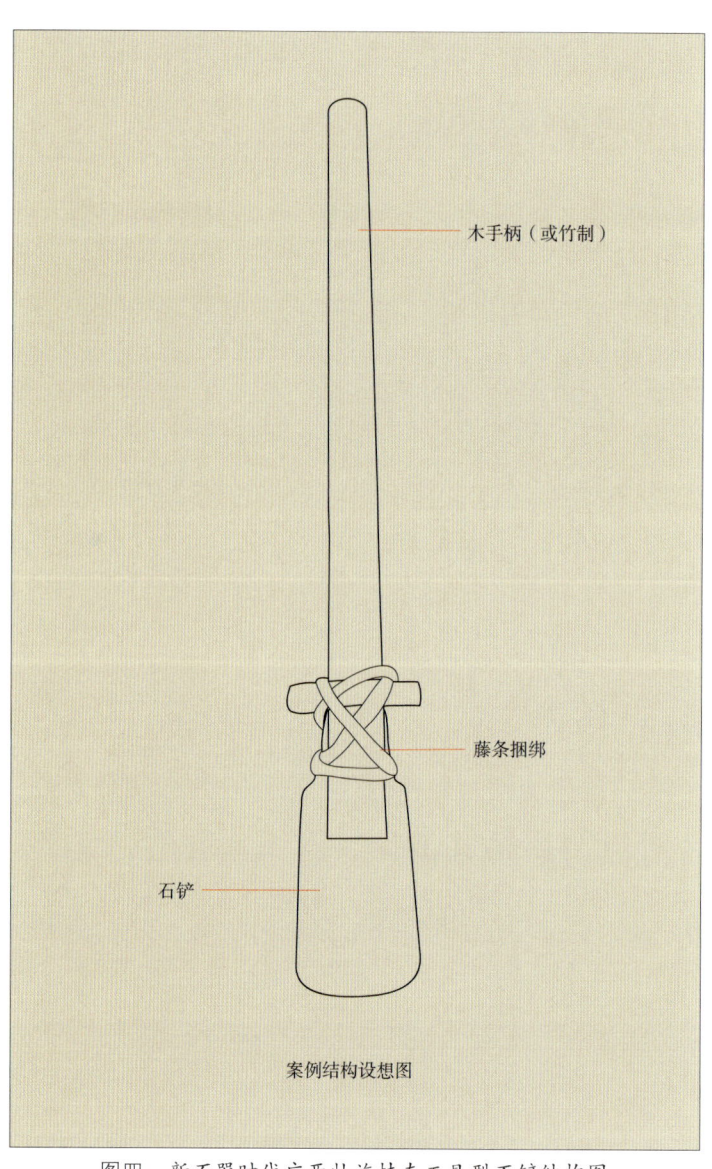

图四　新石器时代广西壮族桂南工具型石铲结构图

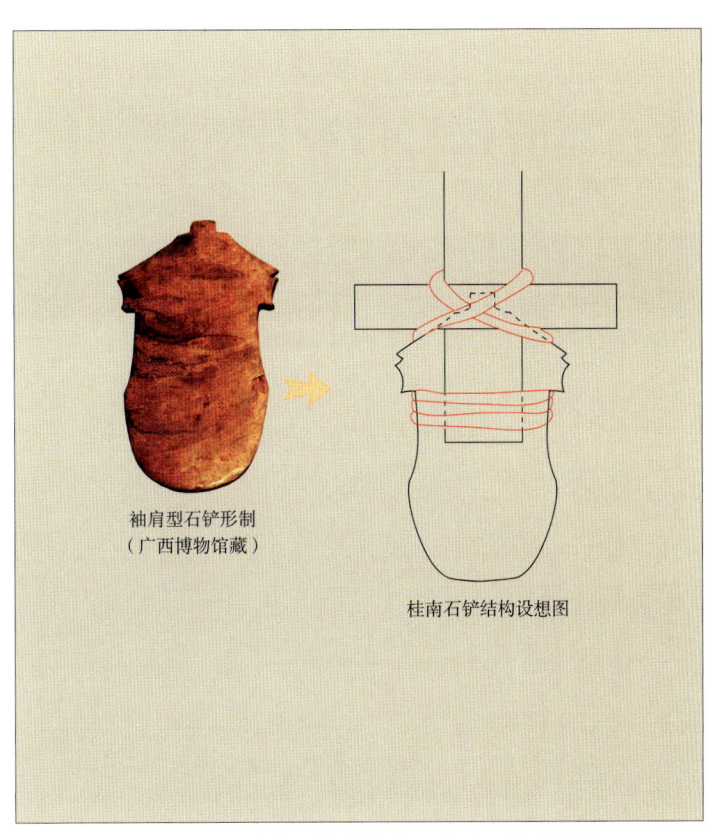

图五　新石器时代广西壮族桂南工具型石铲延展图2

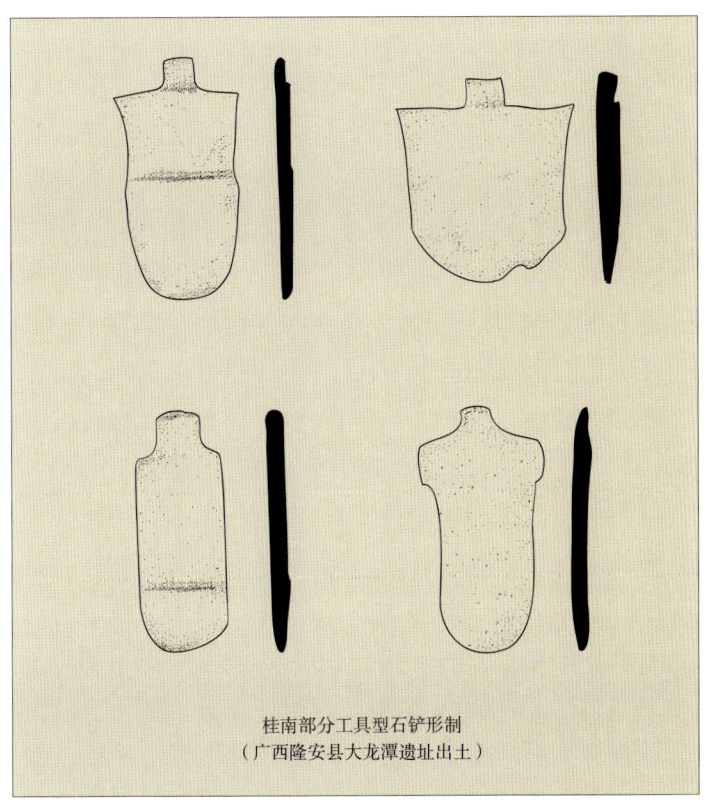

图六　新石器时代广西壮族桂南工具型石铲延展图3

新石器时代广西壮族大新陶纺轮

图一　新石器时代广西壮族大新陶纺轮主图

陶纺轮是一种原始纺纱工具，其主体用陶制成，故得名。本案例出土于广西大新县，属于新石器时代遗物，现藏于广西崇左壮族博物馆。从案例外表看，两个独立的陶纺轮分别呈青灰色和灰黄色，形如圆饼。其中，青灰色陶纺轮直径 3.6 厘米，灰黄色陶纺轮直径 3.7 厘米，厚度彼此相当（约 1.5 厘米），中部皆有一个小圆孔。

在现代人眼里，新石器时代陶纺轮结构并不复杂，但它却具备机械属性，其工作原理是：先在纺轮中部圆孔处插入一根细木杆，然后在细木杆底端系上植物纤维，当人手用力让轮盘旋转时，系有纤维的轮盘便在自身重力作用下，形成一种旋转加纵向牵拉的复合力，正是这种复合力让零乱的纤维得以牵伸拉细。当然，在旋转牵拉的过程中，促使轮盘转动的力也在不断地衰减，当力消耗殆尽之后轮盘便会停下来。从工作方式看，轮盘停止转动时也是纺纱者借此机会将拈好的纱线缠绕在轮杆上的时候，这为下一步持续纺纱奠定了基础。总之，案例是在"转—停—转"周而复始的动作中完成纺纱的。

这里需提及的是，考古资料显示，不同地区出土的陶纺轮表面纹样虽然有别，但纹样组织结构却存在共性。具体来说，纹样大都是以纺轮为中心展开的，这种设计不仅能满足装饰需求，同时更具有实用功能，人们通过纹样特征的显现度可判定纺轮速度大小，这为有效控制纺线力度提供了参照。

与今天纺织技术相比，陶纺轮纺织效率

十分低下,但它的出现却是人类纺纱技术史上重要的里程碑,因为从壮族后期手工纺车来看,两者工作原理仍然相同,只不过纺车工作效率大大提高了而已。显然,小小的案例蕴藏着古人的智慧。

图片来源

图一　许边疆　摄影
图二至图六　许边疆　制图

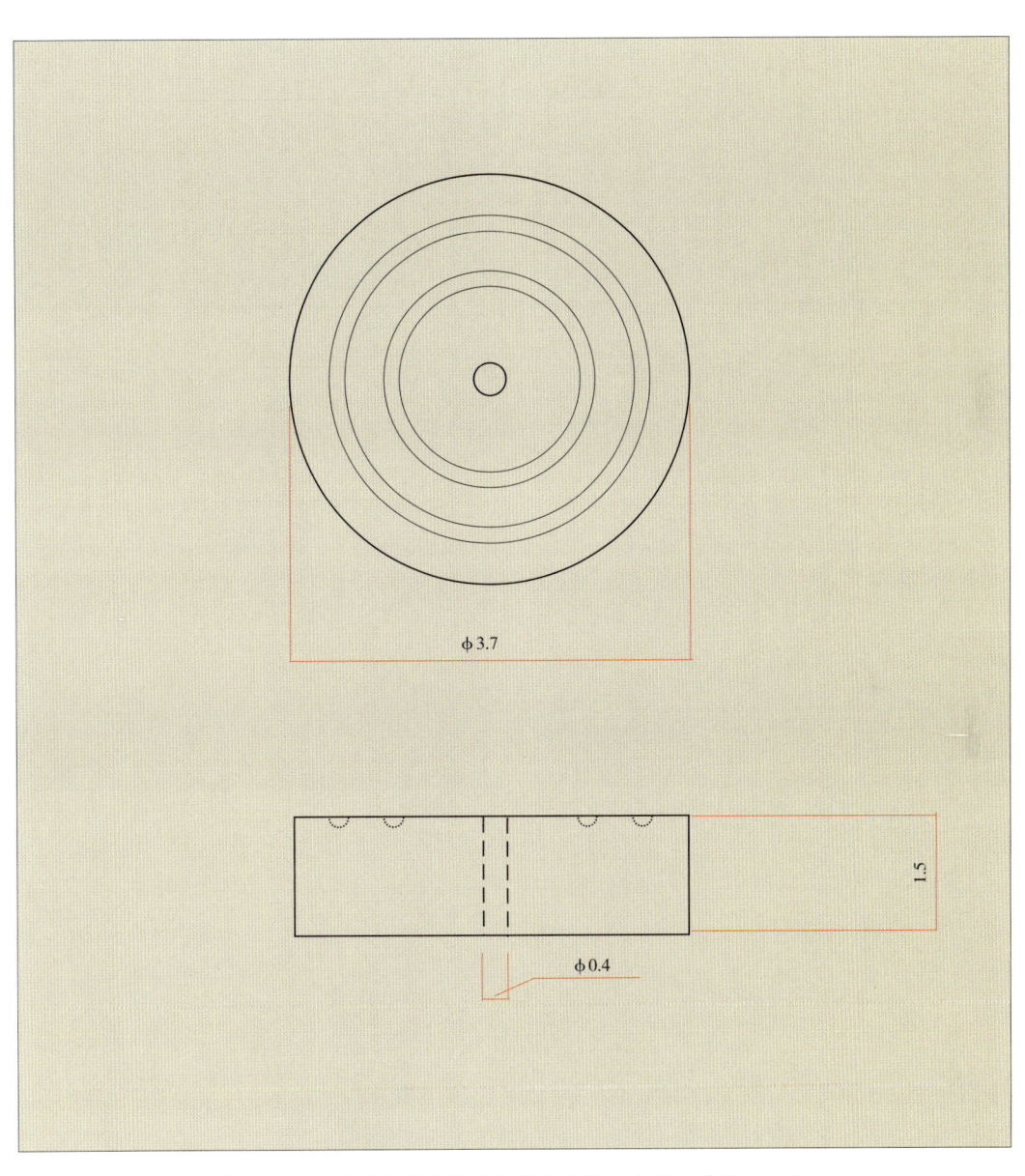

图二　新石器时代广西壮族大新陶纺轮尺寸图(单位:cm)

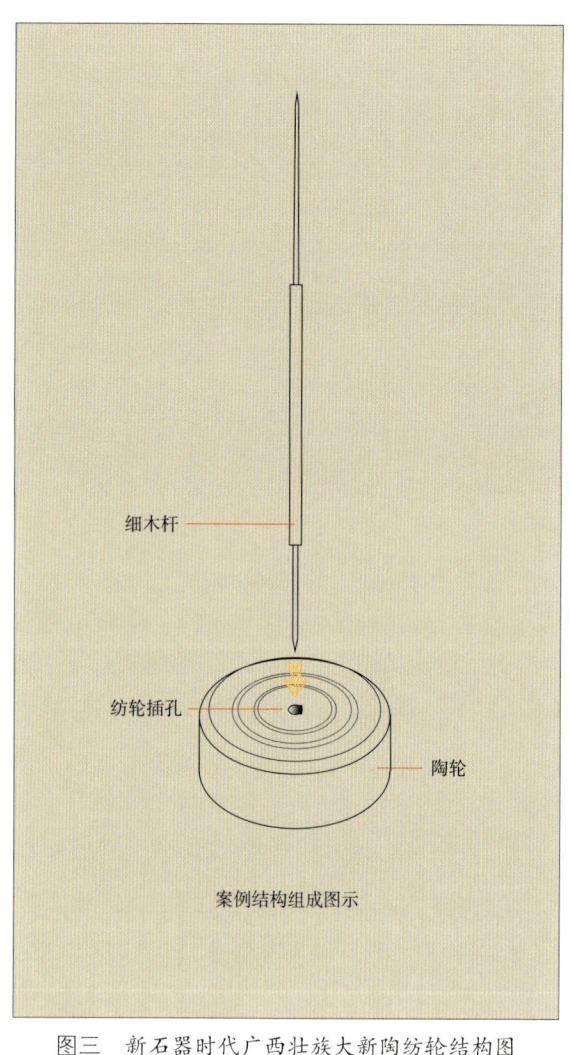
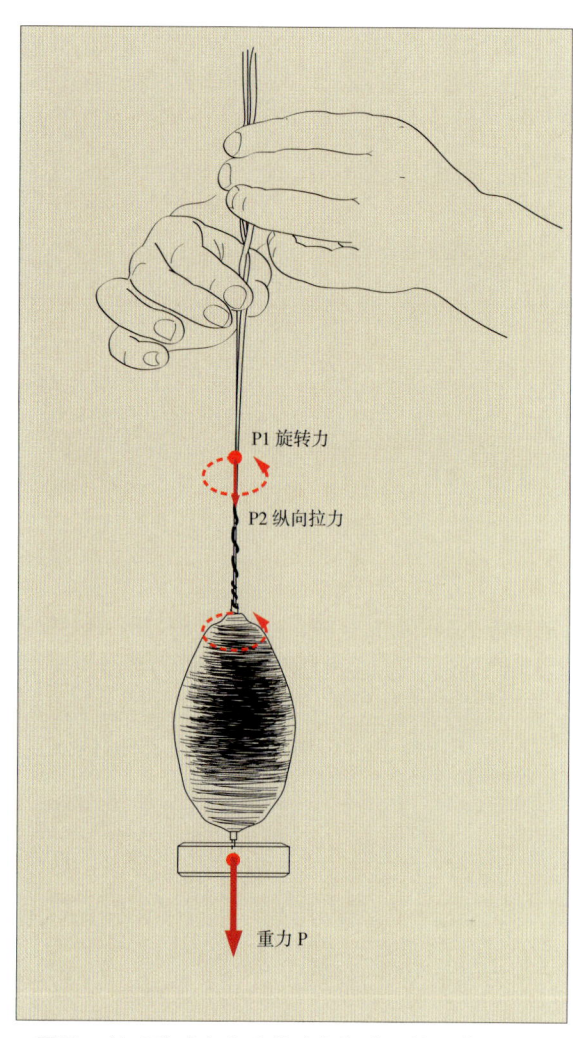

图三　新石器时代广西壮族大新陶纺轮结构图　　　图四　新石器时代广西壮族大新陶纺轮工作原理图

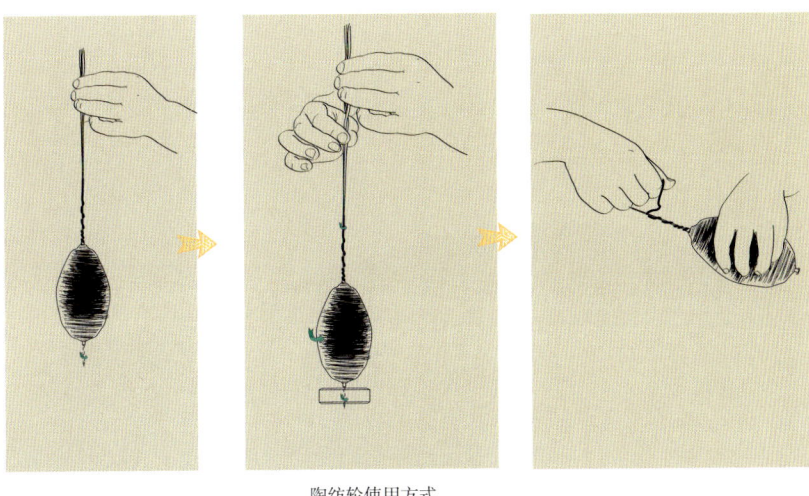

陶纺轮使用方式
（一个环节图解）

图五　新石器时代广西壮族大新陶纺轮功能分析图

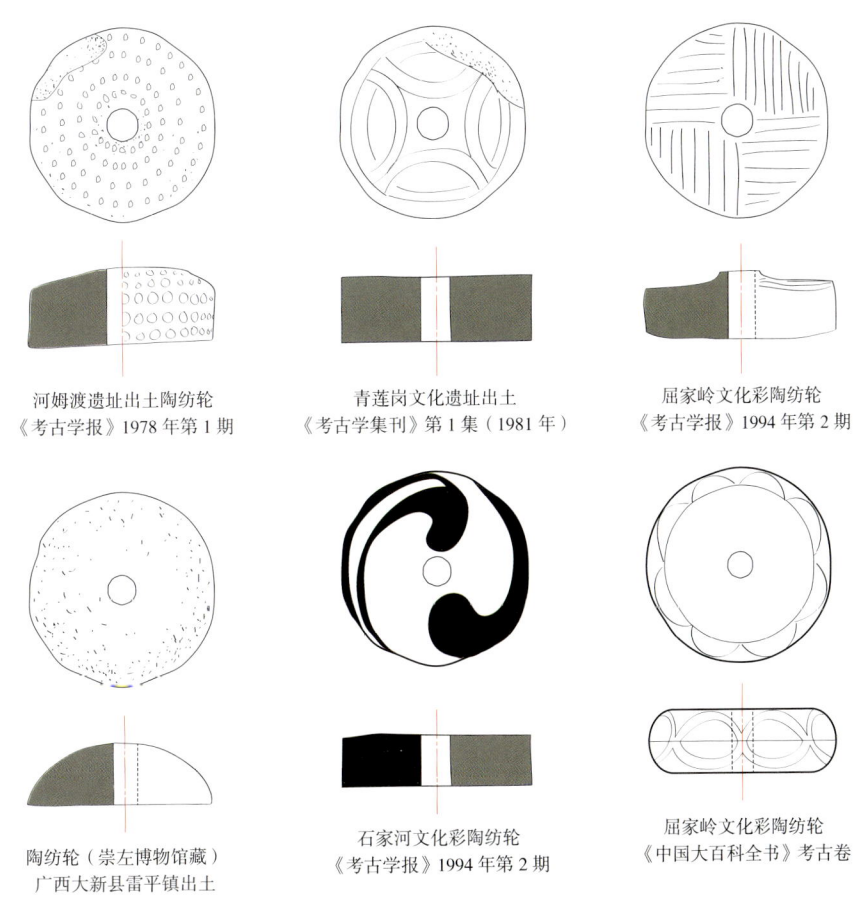

河姆渡遗址出土陶纺轮
《考古学报》1978年第1期

青莲岗文化遗址出土
《考古学集刊》第1集（1981年）

屈家岭文化彩陶纺轮
《考古学报》1994年第2期

陶纺轮（崇左博物馆藏）
广西大新县雷平镇出土

石家河文化彩陶纺轮
《考古学报》1994年第2期

屈家岭文化彩陶纺轮
《中国大百科全书》考古卷

图六　新石器时代广西壮族大新陶纺轮延展图

新石器时代广西壮族大新穿孔石器

图一 新石器时代广西壮族大新穿孔石器主图

穿孔石器是人工磨制的原始工具，形状近似于不规则的扁圆形，中部有一个贯通孔，故得名。本案例采自广西崇左壮族博物馆，出土于大新县雷平镇新益村，属于新石器时代遗物，是一种多功能劳动器具。

经测量，案例外部最大直径16.2厘米，中部孔洞直径3.5厘米，厚4.3厘米。案例外表呈灰黄色，材料属于砾石，磨制成型。本案例形态最大特征便是中部贯通孔，这应该是为安装手柄而设计的。从形体大小及重量上分析，案例并非是人体装饰物，而是一件劳动工具。从广西出土的新石器时代遗物来看，既有陶罐、网坠、石斧、蚌刀、磨棒、磨盘……也有陶纺轮、动物遗骸（猪、羊、牛等）、果核、稻谷……这些遗物说明，新石器时代壮族区已有了原始农业。换言之，当时社会处于农业与采集、狩猎、饲养、捕捞共存状态。由此推断，案例孔洞应该是安装手柄的结构，有了手柄，古人就能更方便地从事劳作，去做一些诸如刨坑埋种、挖掘植物根茎、敲击坚硬果壳甚至是制作陶器的工作。从形态上分析，案例表面光滑，制作工艺比较考究，从钻孔痕迹分析，其中部贯通孔是借助磨棒从两面相向研磨而成。

总的来看，本案例应该属于新石器时代早期遗物，因为壮族最古老的石斧（旧石器时代）要比本案例粗糙得多，而新石器时代后期的石斧（尤其是祭祀型石斧）又明显比本案例精致，是故，案例正处于不规则加工向着规则几何体加工的过渡期。从功能上看，案例可归为新石器较早时期综合砍砸器,后来随着社会的发展,这类器具又衍生出许多功能相异的石器,如手斧、大石片石铲、石凿、石钺、石锛等等,有些不仅仅用于耕地、砍伐、狩猎及生活劳作,甚至还用于战争。

图片来源

图一　孙林　摄影

图二至图五　许边疆　制图

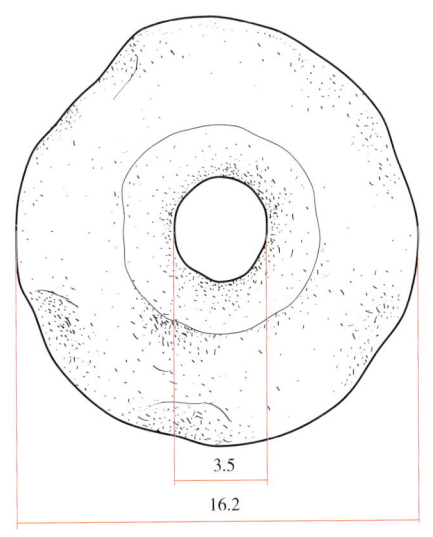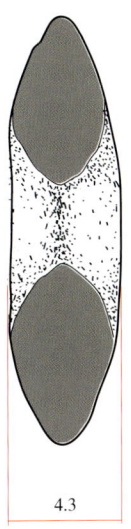

图二　新石器时代广西壮族大新穿孔石器尺寸图（单位：cm）

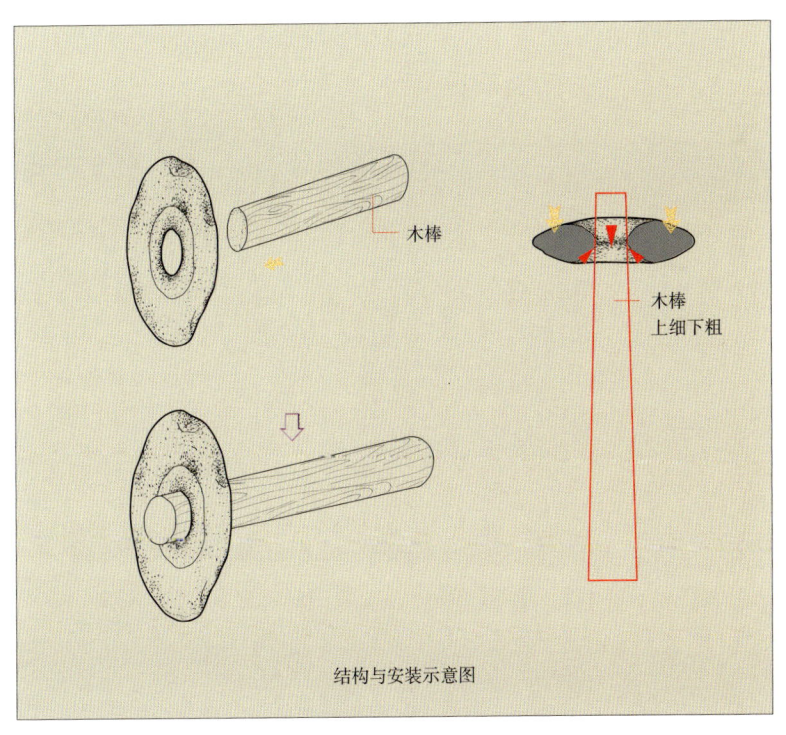

图三　新石器时代广西壮族大新穿孔石器设计分析图1

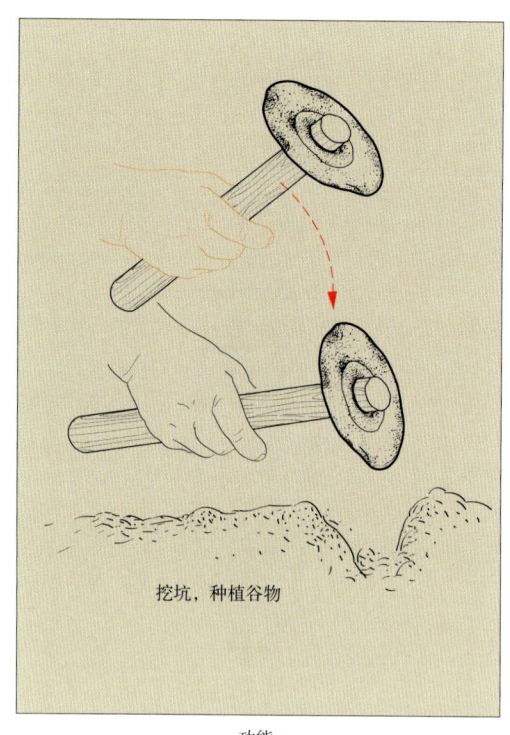
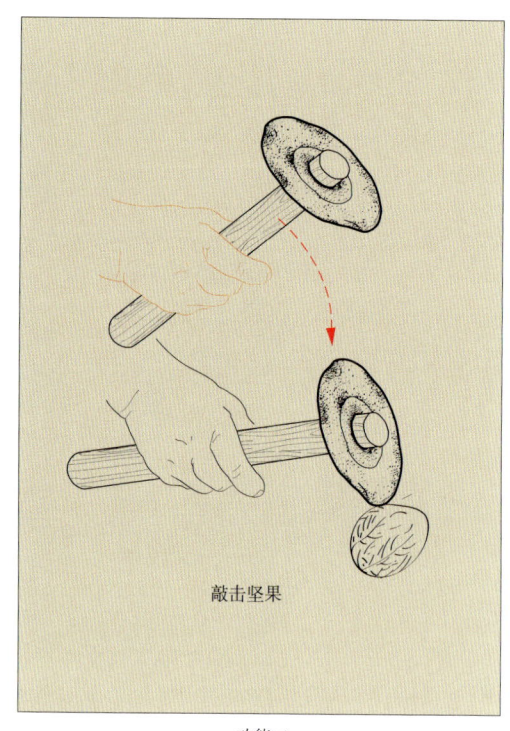

功能一　　　　　　　　　　　　　　　　功能二

图四　新石器时代广西壮族大新穿孔石器设计分析图2

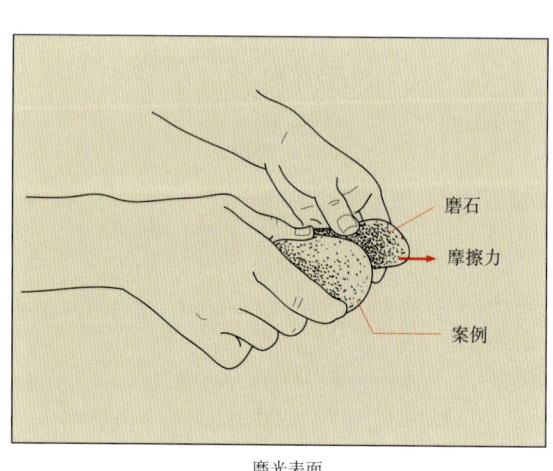

磨光表面　　　　　　　　　　　　　　　研磨钻孔

图五　新石器时代广西壮族大新穿孔石器工艺分析图

民国广西壮族靖西铁刃木锸

图一　民国广西壮族靖西铁刃木锸主图

"铁刃木锸",古时又称"铁刃木枕",其锸头多为锻铁制成,形制呈"U"字形,内有空槽,可与木锸组合,构成一种掘土翻地用的工具。本案例采自广西靖西壮族博物馆,为民国时期遗物。经测量,铁刃长22厘米,宽14厘米,厚2.8厘米,铁刃与木锸组合后的长度为40厘米,木锸最大厚度5厘米。案例结构由铁刃、木锸、把柄及系绳槽等组成。

从历史看,早在秦汉时期广西地区就已广泛使用铁制农具了,如铧、锸、锄、斧、铲、镰等,其中以锸和锄最常见,这可能与它们使用范围广有关。从形制上分析,铁锸呈"U"字形,外部边缘有弧刃,刃的两侧上折为直裤形,内部成凹槽,可安装木锸。汉刘熙在《释名·释用器》里曾将木锸称为"叶"("其板曰叶,像木叶也"),而安装"叶"的铁锸在《说文解字》里叫作"銎"("銎,河内谓臿头金也")。显然,铁刃木锸是我国古代普遍使用的一种农具。后来,随着社会的发展,一些地区的铁刃木锸渐已发生形制或结构上的变异,甚至有些地区已被其他农具所取代。广西地处南方,历来产水稻,由于这类工具与稻田劳作方式相适宜,故一直沿用到20世纪中期才退出历史舞台。从设计学角度分析,本案例铁刃长22厘米,组合后的长度可达40厘米,从这么长的工作面来看,案例显然是挖掘松软泥土的工具,正因为如此,案例锸面上部两肩被设计成对等形式,且单边宽度仅为6厘米,而6厘米宽的踏脚意味着使用案例工作时无须施加太大的脚力。当然,作为挖泥工具,案例一定会遇到泥的阻力,长期使用会导致铁刃表面磨损。为了提高铁刃的功效及使用寿命,铁刃形制是依据实际受力情况来确定的。具体来说,由于铁刃前端受力最大,两边受力是由下向上衰减,故铁刃肩宽也被设计成由下向上的收敛形制,这样设计不仅能满足实用要求,而且金属用量少,可降低工具生产成本。

同壮乡早期铁刃木锸相比,案例铁锸长度与刃口长度之比明显加大,铁刃也不及过去敦实。例如崇左壮族博物馆收藏的南北朝时期的铁刃木锸,刃口长度约为铁锸长度的2/5,这说明早期铁刃木锸能承受更大撞击力,自然应用范围也更广些。不过,这种看上去很具优势的早期铁刃木锸，对某些特定劳动场所（如稻田泥水作业、稻场扬谷）或许不是最佳选择，于是依据劳动条件，人们对旧工具做出改良，本案例就属于这样的工具。

图片来源

图一　孙林　摄影

图二至图六　许边疆　制图

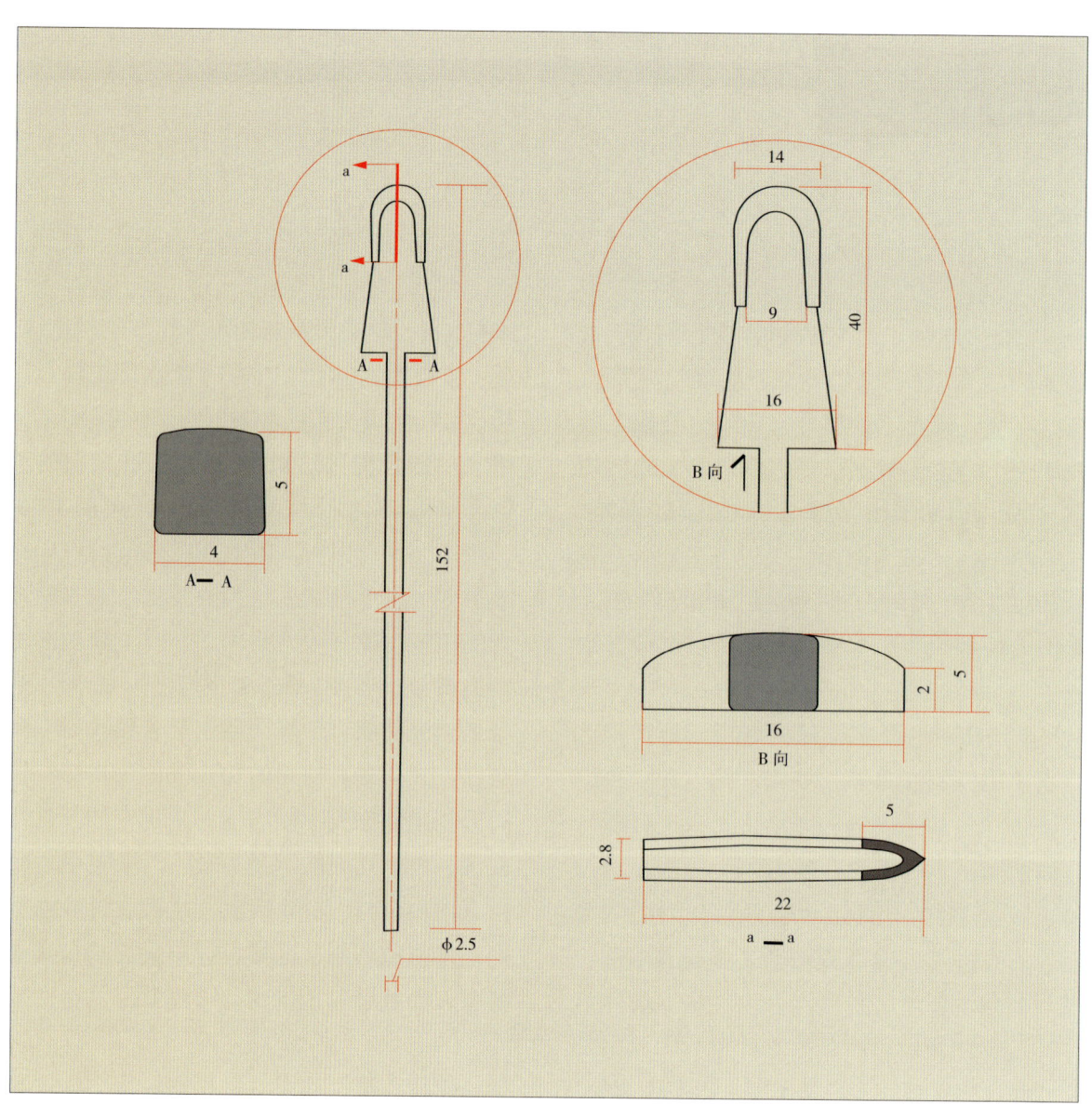

图二　民国广西壮族靖西铁刃木锸尺寸图（单位：cm）

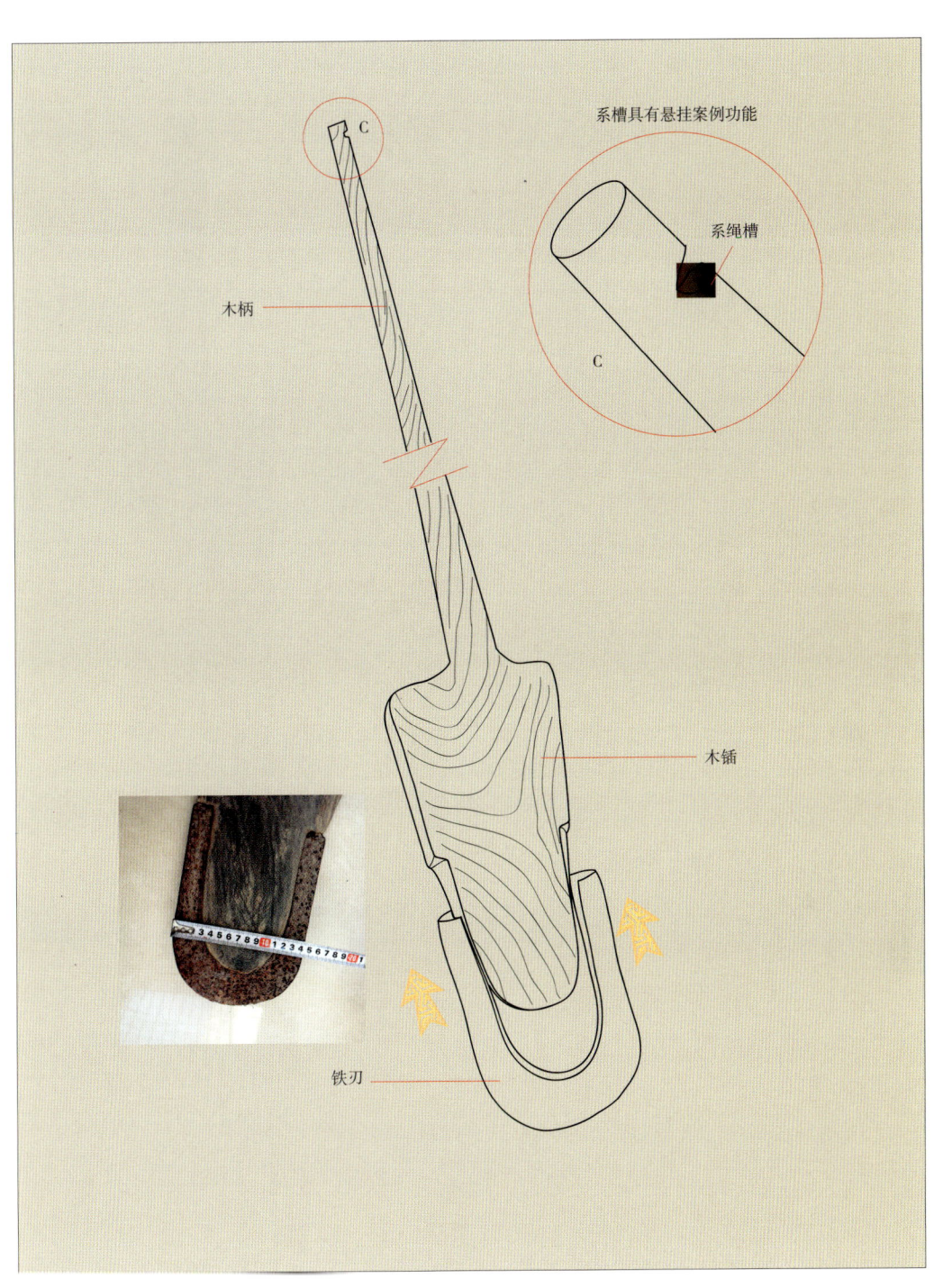

图三 民国广西壮族靖西铁刃木锸结构图

案例工作方式图解

图四 民国广西壮族靖西铁刃木锸功能图

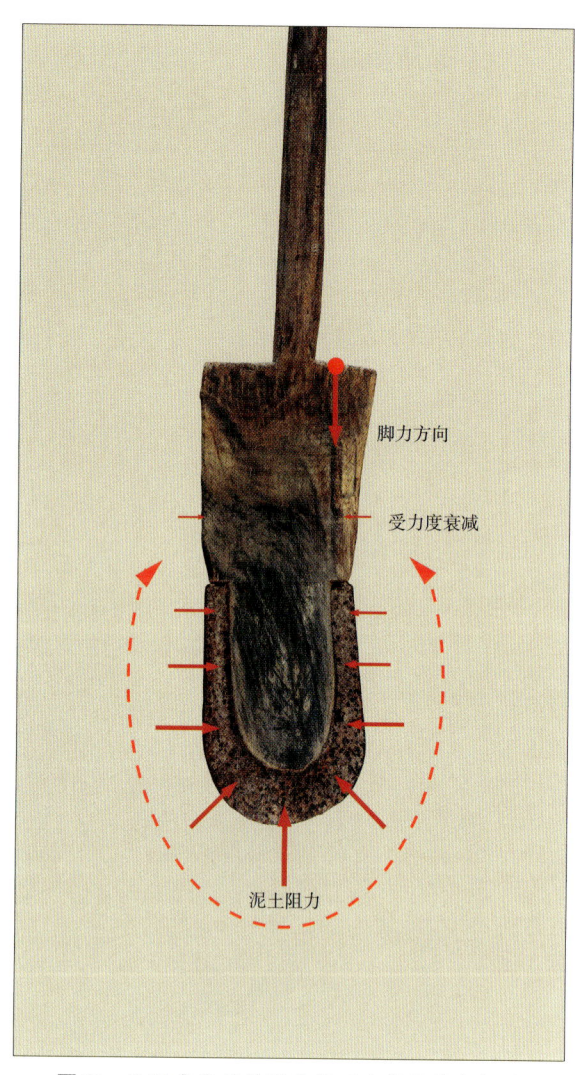

图五 民国广西壮族靖西铁刃木锸设计分析图

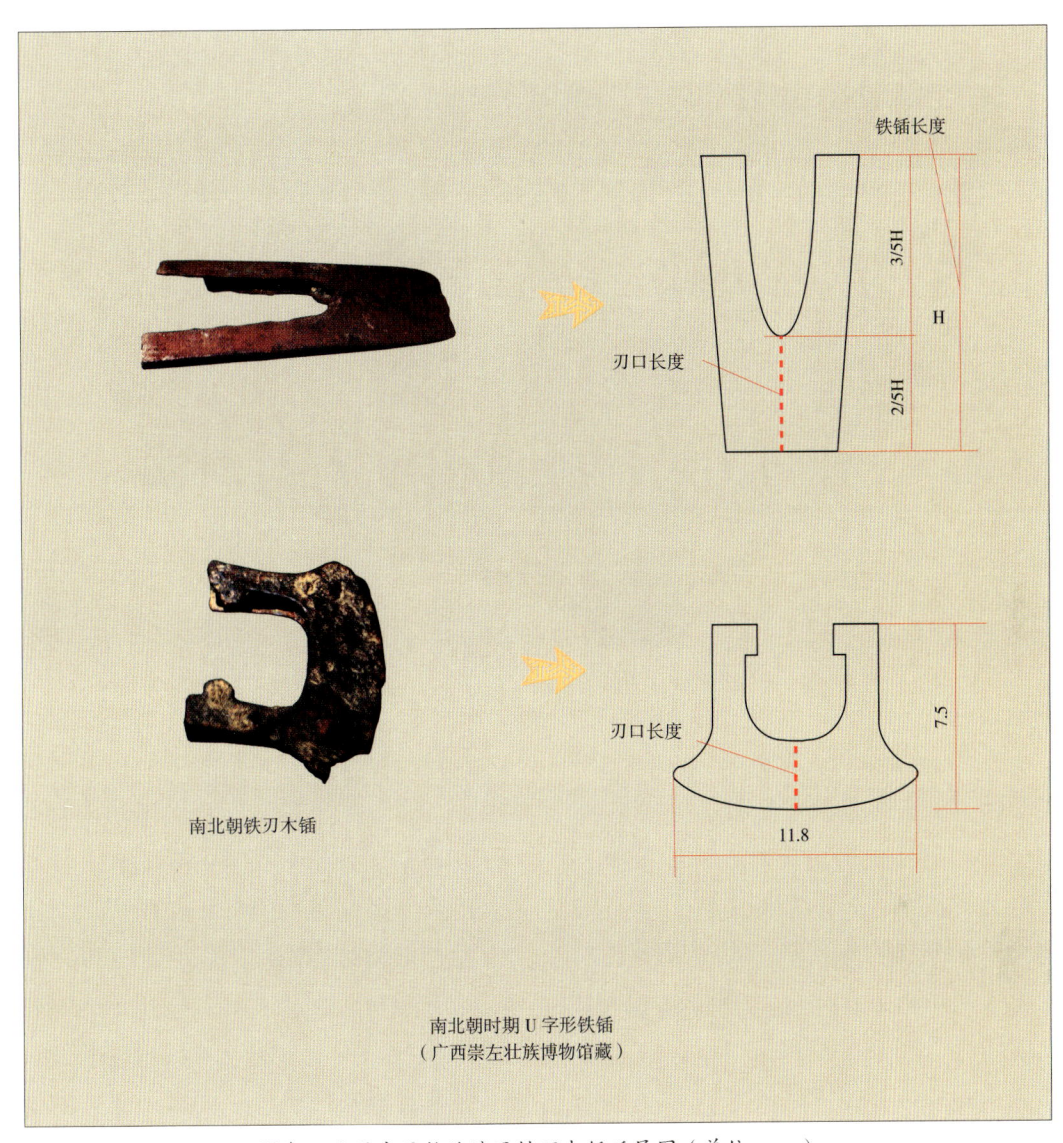

图六　民国广西壮族靖西铁刃木锸延展图（单位：cm）

广东壮族连山禾桶

图一 广东壮族连山禾桶主图

"禾桶",是将附着在茎秆上的谷粒脱下来的一种辅助性工具。在粤地,"禾桶"又被称之为"拔桶"。本案例采自广东连山民族博物馆壮族器物陈列室,案例形制呈方斗状,通体用木板制作而成,节点采用榫卯结构,形体十分牢固。经测量,本案例主体上部总长146厘米,宽132厘米;下部边长112厘米,宽110厘米;高61厘米,水平截面形制近于方形。

从稻作生产方式看,收割之后的稻穗须脱粒才能进入下一步加工。就脱谷而言,最初是靠人手捋,劳动过程既辛苦又低效,于是人们便发明了一些简陋工具,广西横县西津出土的新石器时代石杵就是早期脱谷工具之一。后来,人们又设计出了许多相对高效的脱粒工具,如元王祯《农书》里记载的"连枷"、明《天工开物》里的圆形木桶和脱粒石板等等,它们不仅能用来脱粒,而且功能上还有细微差异。例如,"田稻交湿不可登场者,以木桶就田击取"(明宋应星著:《天工开物》[M],潘吉星译注,上海古籍出版社2008年版,第35页),而"晴霁稻干"时,"则用石板甚便也"。由此可见,农业社会后期所用的脱粒工具已多样化,设计开始考虑更多的因素,如稻谷类型、气候,甚至是地形。广东连山气温长年偏高,多种植籼稻,当地人戏称它是"掼谷"稻,显然这与脱粒方式有关,本案例即为"掼谷"的工具。从设计学角度分析,将案例形制设计成上大下小的"斗"形,主要是为了获取"坡形"侧面,而"坡形"侧面有利于人在掼稻时产生较大的撞击力,从而提高脱粒效率。从实际使用情况看，当地人还用一种"木排"的辅助工具与之配套使用，"木排"可减少击打稻谷的接触面，故相应提高了做功效率。

本案例是连山壮乡村民常用的一种脱粒器具，其设计优点如下：一是形制规则，易于制作，木匠可就地取材加工；二是案例形制既方便人摔打成束的稻捆，又能在顶端边缘灵活地安插竹编席子，起到阻挡谷粒飞出禾桶之外的作用；三是尽管案例主要功能是脱粒，但也能存储谷物，它实际是一种多功能器具；四是其工作效率虽不及牛碾脱粒，但牛曳石滚压场往往会磨去稻子的壳尖，从而削减稻谷生机，而为了获取来年的良种，人们宁愿选择摔打法而不用滚碾法。当然，本案例也有明显不足，例如太耗费人的体能，生产效率也无法企及机电设备。

图片来源
图一　孙林　摄影
图二至图七　许边疆　制图

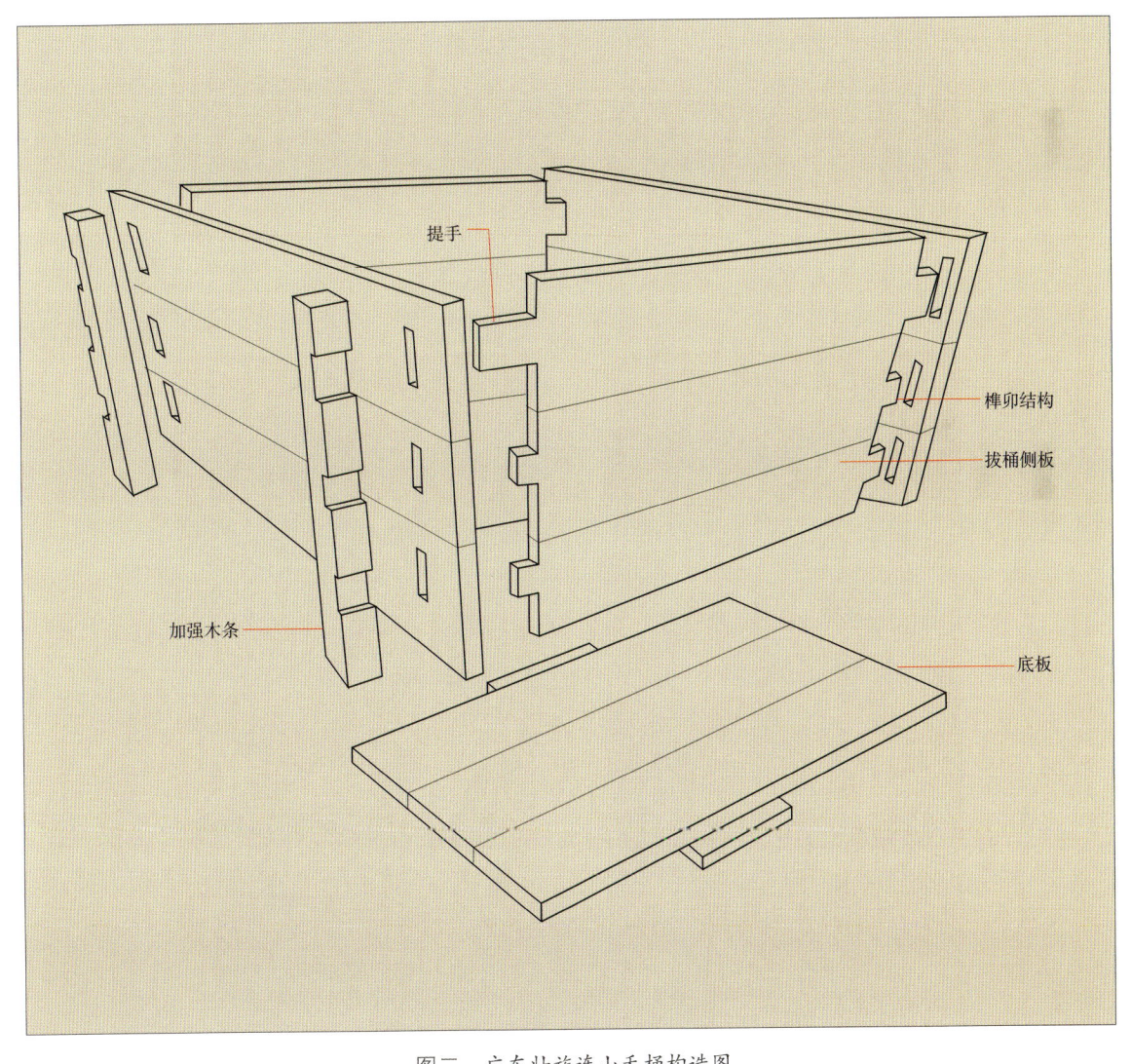

图二　广东壮族连山禾桶构造图

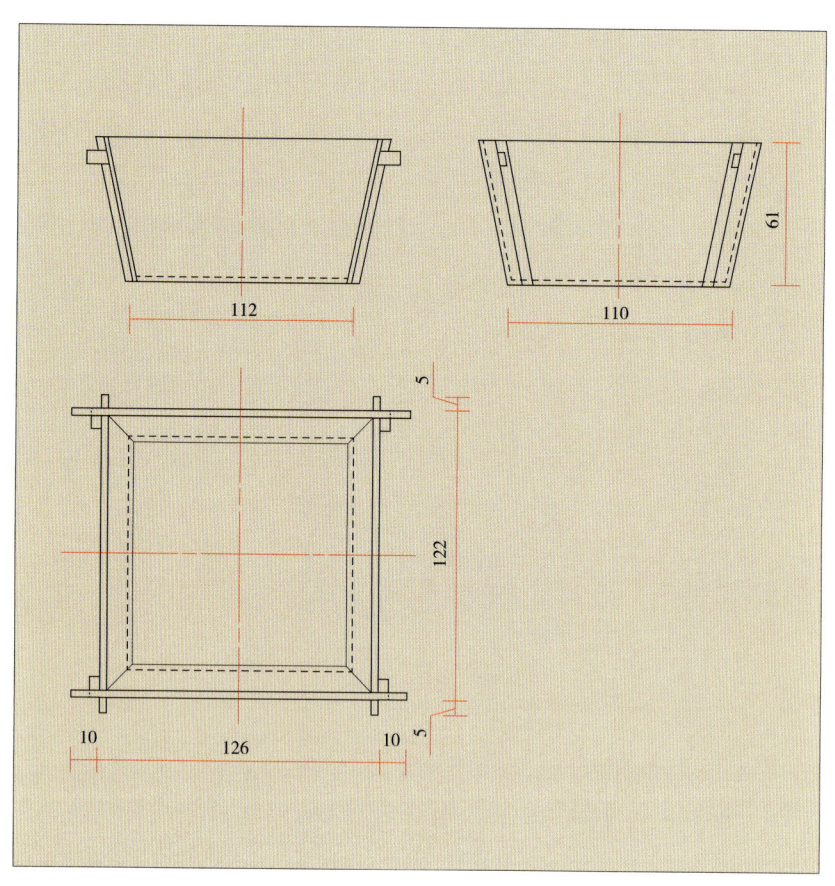

图三　广东壮族连山禾桶尺寸图（单位：cm）

稻场上击稻
[明]宋应星《天工开物》插图（摹画）

湿稻田里击稻
[明]宋应星《天工开物》插图（摹画）

图四　广东壮族连山禾桶延展图

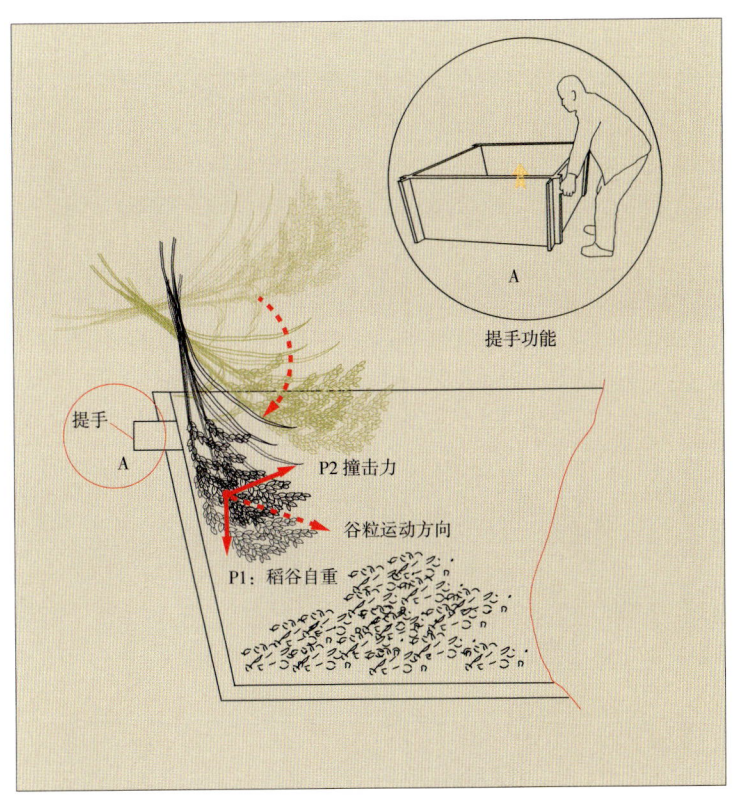

图五　广东壮族连山禾桶设计分析图1

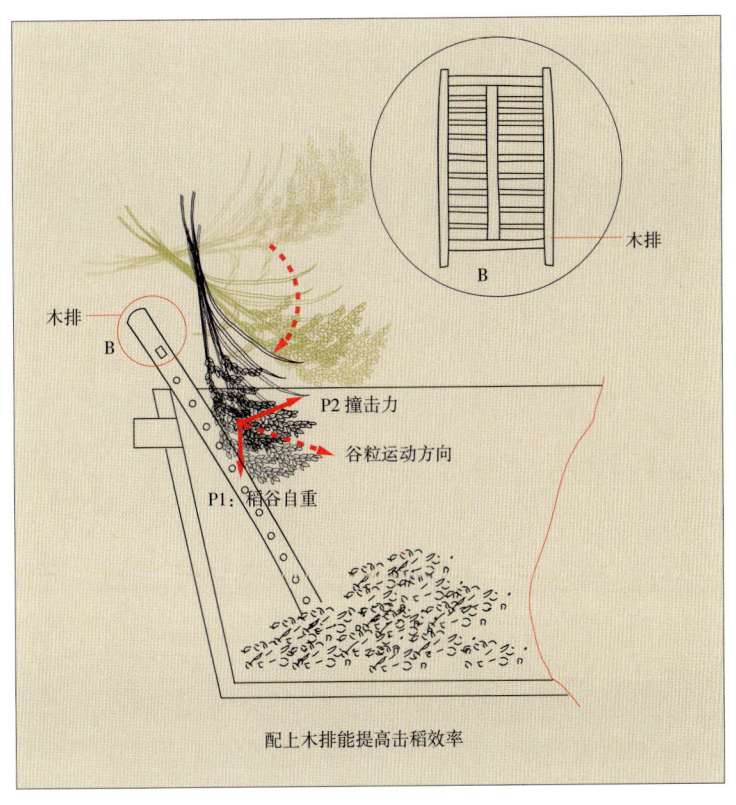

图六　广东壮族连山禾桶设计分析图2

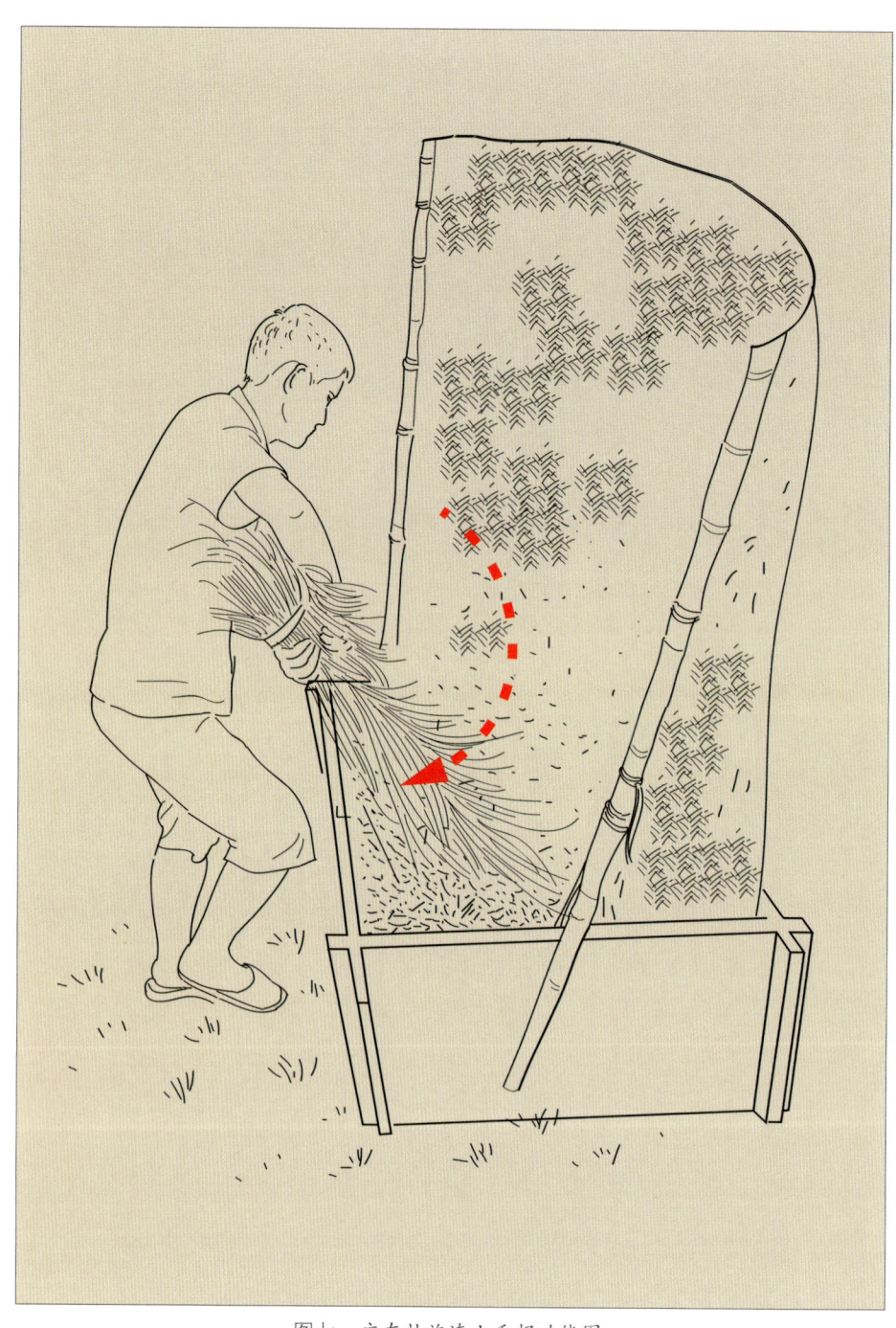

图七　广东壮族连山禾桶功能图

广西壮族船形打谷桶

图一　广西壮族船形打谷桶主图

所谓"船形打谷桶"（壮族人称"榔"），即形如船一般的脱谷器具（也可舂糍粑），这类器具通常是用质地耐磨的木材制成，如杉木、泡桐木等。本案例采自广西南宁民族博物馆壮族器具陈列厅，案例用独木刳成，上部长204厘米，下部长125厘米，上宽45厘米，下宽35厘米，高36厘米，无论正面或侧面，其形制皆趋向于倒梯形。本案例是桂西南及云南文山壮区极富特色的一种传统农具（后来演变成了一种民间舞蹈道具）。

自古以来，壮族有些农具受到了汉族或其他民族的影响，如犁、锹、镰刀、龙骨车、石磨等等，但有些农具因壮区独特的地理环境而具有鲜明的个性，本案例打谷桶就是典型一例。从桂西南喀斯特地貌来看，那里"水事众而陆事寡"，水田烂泥较深，不便行动，壮族人受船的启发，设计出了能浮于水面的船形打谷工具，这种工具除两端安装供人握持的把手外，也能在水田面上被灵活地移动，脱谷过程十分便利。更有意思的是，由于案例通体是用一块整木雕琢而成，壁薄内空的形制有了打击乐器的潜质，当人们手握成束的稻秆有规律地击打谷桶时，就会发出阵阵有节奏的"咚咚"声，于是劳动过程平添了许多乐趣。受此启发，壮族人模拟打谷时的场景创作出了打榔舞。这种舞一般是在晒谷场上进行，表演者取偶数，双方以对等的形式站在案例的两边，手持棍棒道具（可随意选择合适的劳动工具），时而转身换步，时而互击棍棒，时而又敲打案例的边缘或内槽，舞步欢快，舞姿粗犷朴实，动作雄劲矫健，富有浓郁的生活气息。

壮族是水稻种植历史悠久的民族之一，长期的劳动实践自然会延伸出许多与水稻种植有关的农具。仅就打谷器具而言，形制就有多样，除了船形打谷桶及方形斗状脱谷桶外，还有小型竹编脱谷筐。这类筐体因尺度不大，可灵活地用手搬动，十分适合山区田块较小地方的稻穗脱粒。据我们田野考察得知，在广西南丹一带就有一种传统选种法，即在收割稻谷时，对于壮实的田禾先割去不同品种的杂穗，然后再对所选种稻进行单独收割，单独脱谷，而脱谷器就用这种小型脱谷筐。由此可见，壮族许多民间器具是依据使用功能而拓展的。

图片来源

图一　孙林　摄影

图二至图五　许边疆　制图

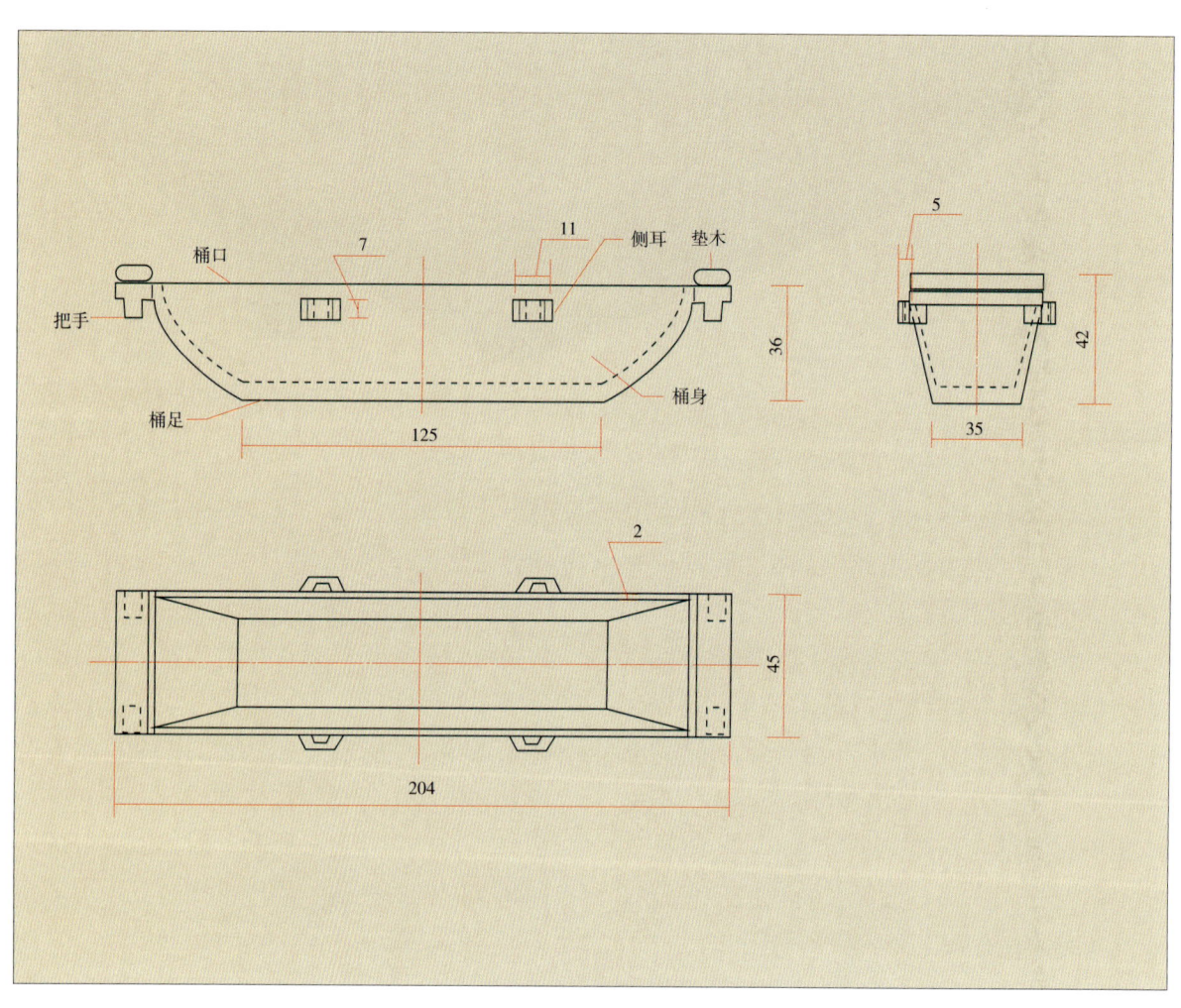

图二　广西壮族船形打谷桶尺寸图（单位：cm）

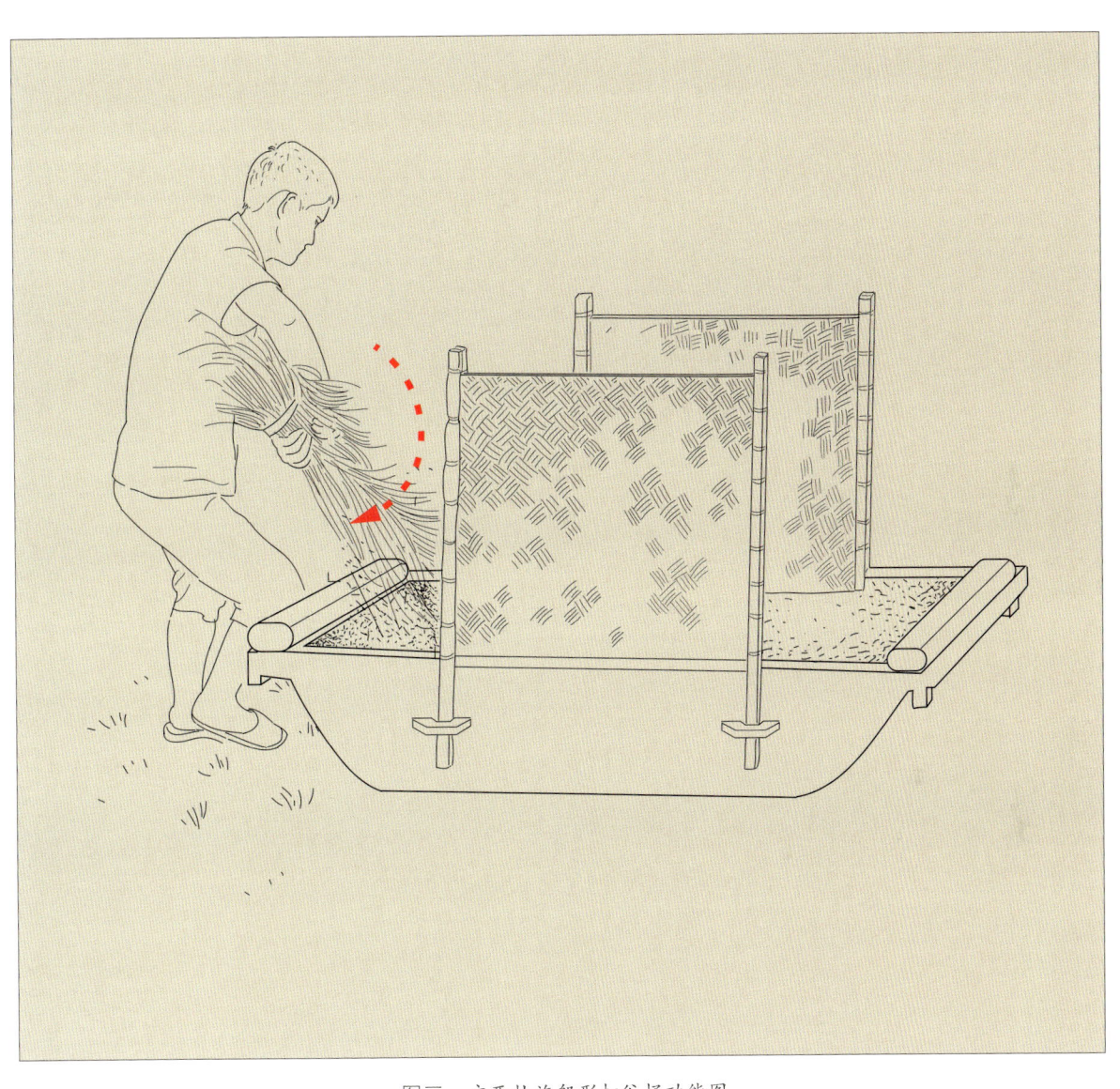

图三　广西壮族船形打谷桶功能图

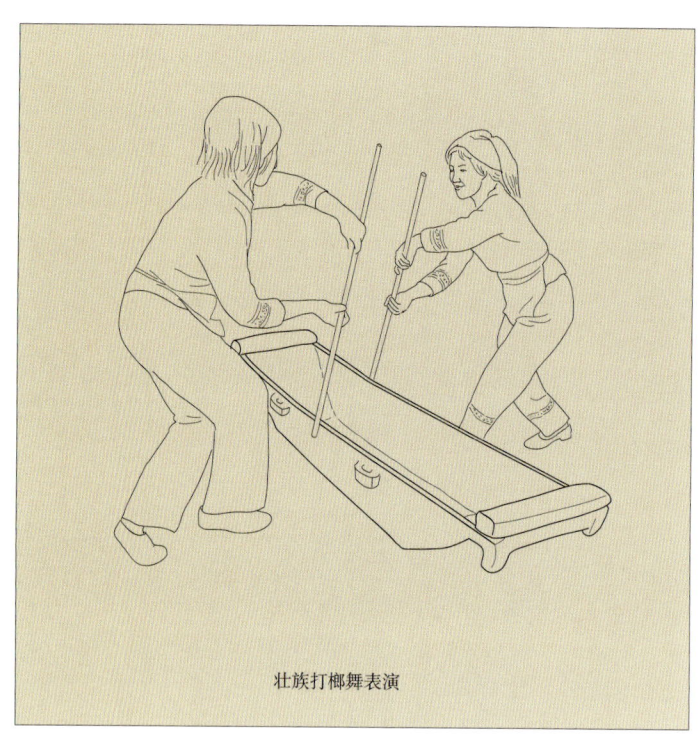

壮族打榔舞表演

图四　广西壮族船形打谷桶延展图

壮族箩筐式打谷"桶"

图五　广西壮族船形打谷桶对比图

广西壮族靖西扯凳

图一　广西壮族靖西扯凳主图

扯凳是制作传统鞭炮的一种工具。具体来说，在鞭炮制作过程中有个造"扯筒"的环节，所谓扯凳，即加工鞭炮的半成品所用工具，由于其形如板凳，故名之。本案例采自广西靖西壮族博物馆。经测量，案例的凳腿最大距离54厘米，最小距离33厘米，架高103厘米；扯板长43厘米，宽13厘米；吊板长35厘米，宽11厘米。案例由立架、扯板、吊板、吊杆、转轴、摇把、凳腿等结构组成。

鞭炮是中国各民族特殊场合下使用的物品，如逢年过节、婚丧嫁娶、金榜题名、新房落成、店铺开张等等，皆借助烟花爆竹来烘托气氛。概括来看，壮族鞭炮制作工艺如下：裁纸→扯筒→褙筒→洗筒→腰筒→上盘→钻引孔→插孔→扎引颈→结鞭→封装等。本案例的作用就是将裁好的爆竹纸卷成一个空筒。从设计学角度分析，扯凳的工作原理是利用上部吊板与下部圆形铁钎上的纸面摩擦来促使纸筒成型的，这个过程虽由人力来完成，但吊板上的灵活转轴却让人的劳动强度降低，这为妇女劳作提供了条件。本案例另一设计特点是吊板与扯板间的间隙可调节，若间隙小，卷出的纸筒就细，反之则粗。之所以要这样设计，是为了满足大小爆竹的生产需要：如果需要大的间隙，就将木榫插

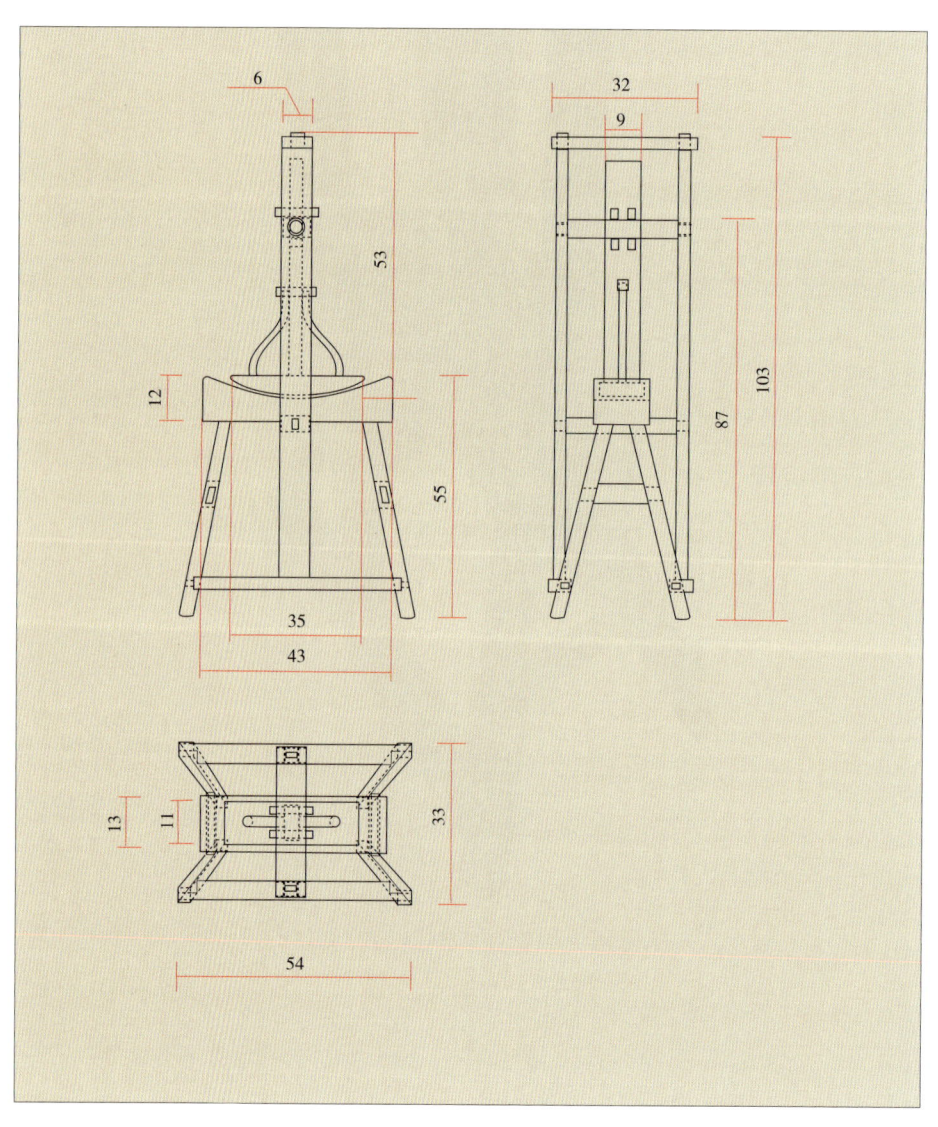

图二　广西壮族靖西扯凳尺寸图（单位：cm）

在下面孔洞中；反之，则插入上部。

　　壮族生产爆竹的历史与中原密不可分。从历史文献看，隋唐时期就有黑火药制成的爆竹，如南宋孟元老《东京梦华录》曾记载："隋炀帝益以火药杂戏，是爆仗之名。"到了北宋时期，火器的进步直接推动了爆竹的发展，《武林旧事》曾记载："至于爆仗……内藏药线，一爇连百余而不绝。"到了清代晚期，广西火药生产技术已走在了其他地区前面，比如清道光十六年（公元1836年）立的龙胜火药厂碑，清楚地记载着广西首创精制火药《加工程式十条》。该程式对火药制作给予了技术标准，并于清道光二十一年（公元1841年）由政府操作将该程式向全国推广。总之，火药技术的发展能间接地反映出壮乡爆竹的生产能力，事实上本案例看似是一件简单的生产工具，实际上已具备了机械加工的雏形。

图片来源
图一　孙林　摄影
图二至图六　许边疆　制图

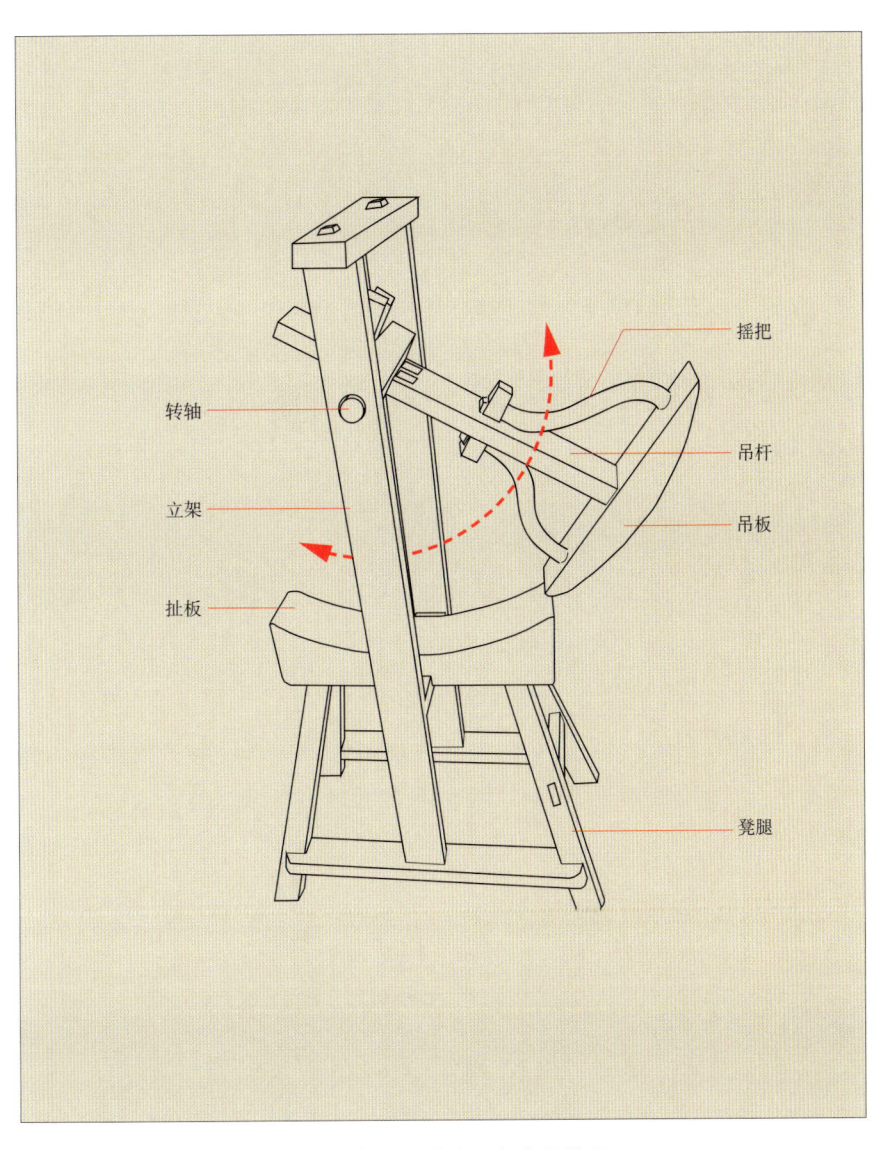

图三　广西壮族靖西扯凳结构图

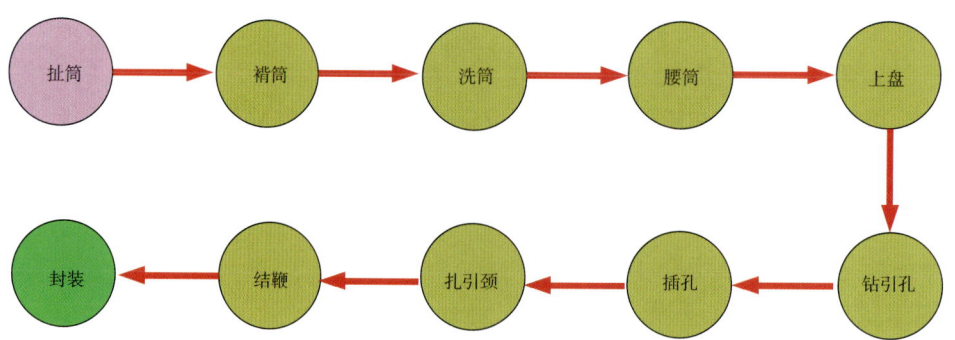

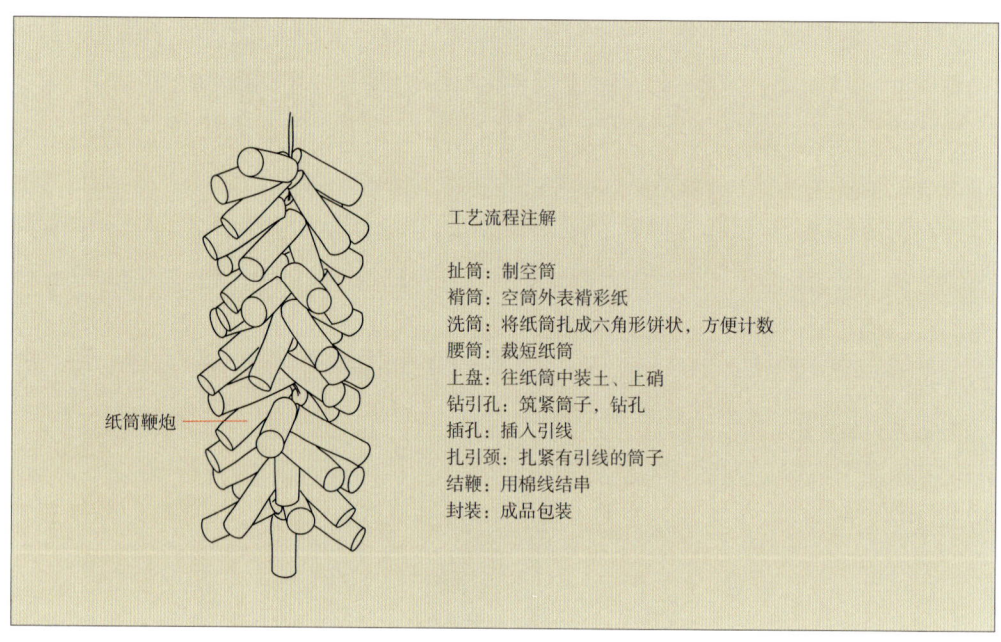

图四　广西壮族靖西鞭炮生产工艺图

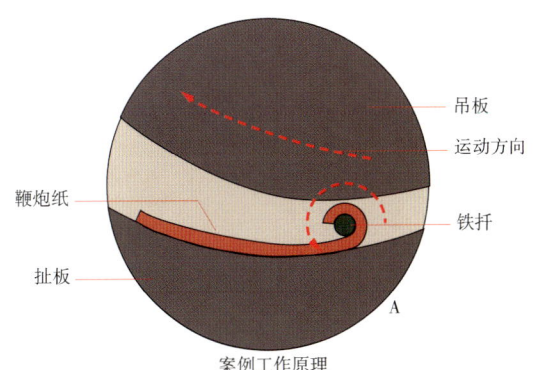

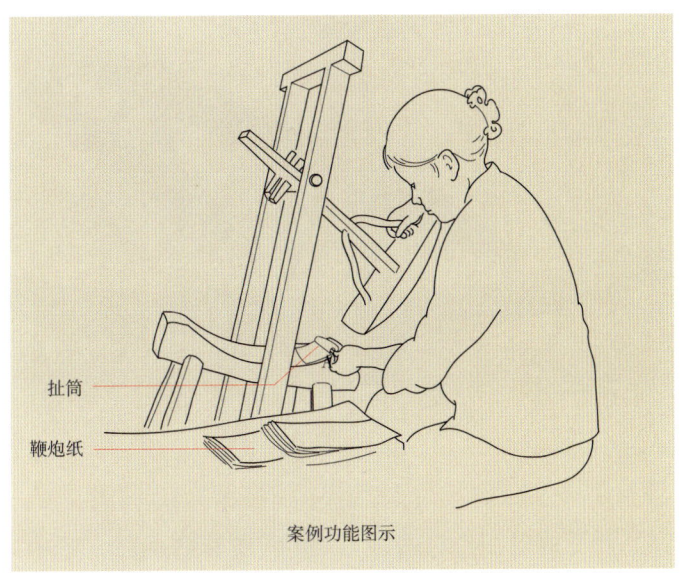

图五　广西壮族靖西扯凳功能图

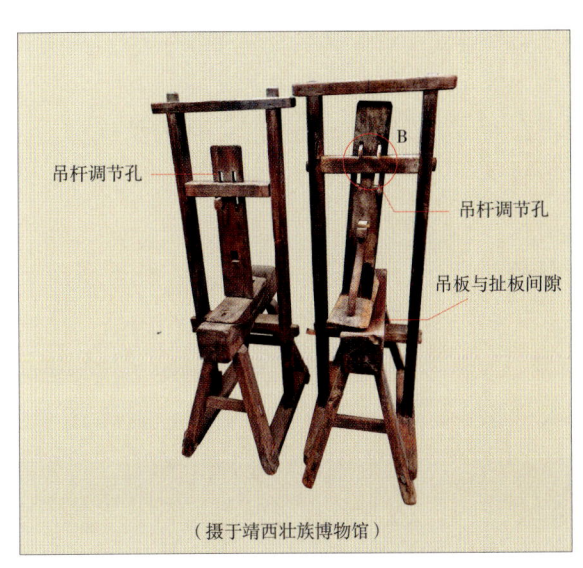

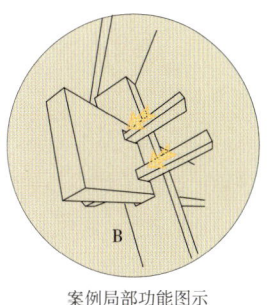

图六　广西壮族靖西扯凳设计分析图

广西壮族崇左犁

图一 广西壮族崇左犁主图

　　犁是一种耕作农具。元王祯曾在《农书》中引用了《释名》的解释："犁，利也。利则发土，绝草根也。"此话大意是，"犁"有锋利的含义，因为它锋利才能发土，截断草根。有趣的是，"犁"字由"利"字和"牛"字组合而成，显然犁是靠牛来牵引进行工作的。从形制上看，传统犁可分为两类，即直辕犁和曲辕犁。本案例采自广西崇左壮族博物馆，属于直辕犁，由犁梢、犁铧、犁辕、犁箭、犁盘等结构组成，其尺度是，犁梢与犁辕皆长144厘米，犁箭长54厘米，其中犁梢与犁辕呈35°夹角。

　　从设计学角度分析，本案例每个构件都是依据实用功能来设计的。例如，犁辕是动力牵引件，犁梢则是操纵杆，当两个构件长度被加大，彼此形成35°夹角后，就会构成一种省力的结构关系，具体分析如下：当操作者用犁耕地时，牵引力F就会产生一个逆时针方向的旋转力矩，它迫使铧尖入土，如果铧尖入土深度适宜，耕作者就可握犁梢平稳前进；如果铧尖入土深度不够，耕作者只需稍加用力将犁梢上抬，就能让铧尖更深入土。若铧尖入土太深，只需将犁梢向下压，铧尖就会抬起。从力学规律看，因犁梢力臂大于犁辕力臂，故案例操作过程是比较省力的。

　　从调查情况看，壮乡所用犁多为水田犁，且以直辕犁为主，结构呈三角状，坚固耐用。另外，我们所见的犁，尺度皆不统一，这说明犁的设计主要是由耕作环境决定的，例如龙脊山区属于梯田作业，将犁身设计得小一点显然便于转身操作。当然，水田犁与旱地犁也有区别，主要体现在犁底部位，前者铧底不着地，着地部位是龟头底部；后者则是铧尖、铧底皆触地。

关于壮族犁具的起源，尚需考证，不过依据某些线索推测，壮族犁具起源应不晚于秦汉，例如，云南文山州曾出土西汉句町国时期土著居民使用的铜犁犁板；再比如，壮族早期铜鼓上就有太阳、水牛、犁等纹饰。总之，对于稻作历史悠久的壮民而言，犁是一种重要工具，即使到了机械设备普遍使用的今天，有些地区的壮民仍在使用这种传统工具，比如龙脊梯田，因地块小、坡度大，机械设备实在是难以施展开来。

图片来源
图一、图六　许边疆　摄影
图二至图五、图七　许边疆　制图

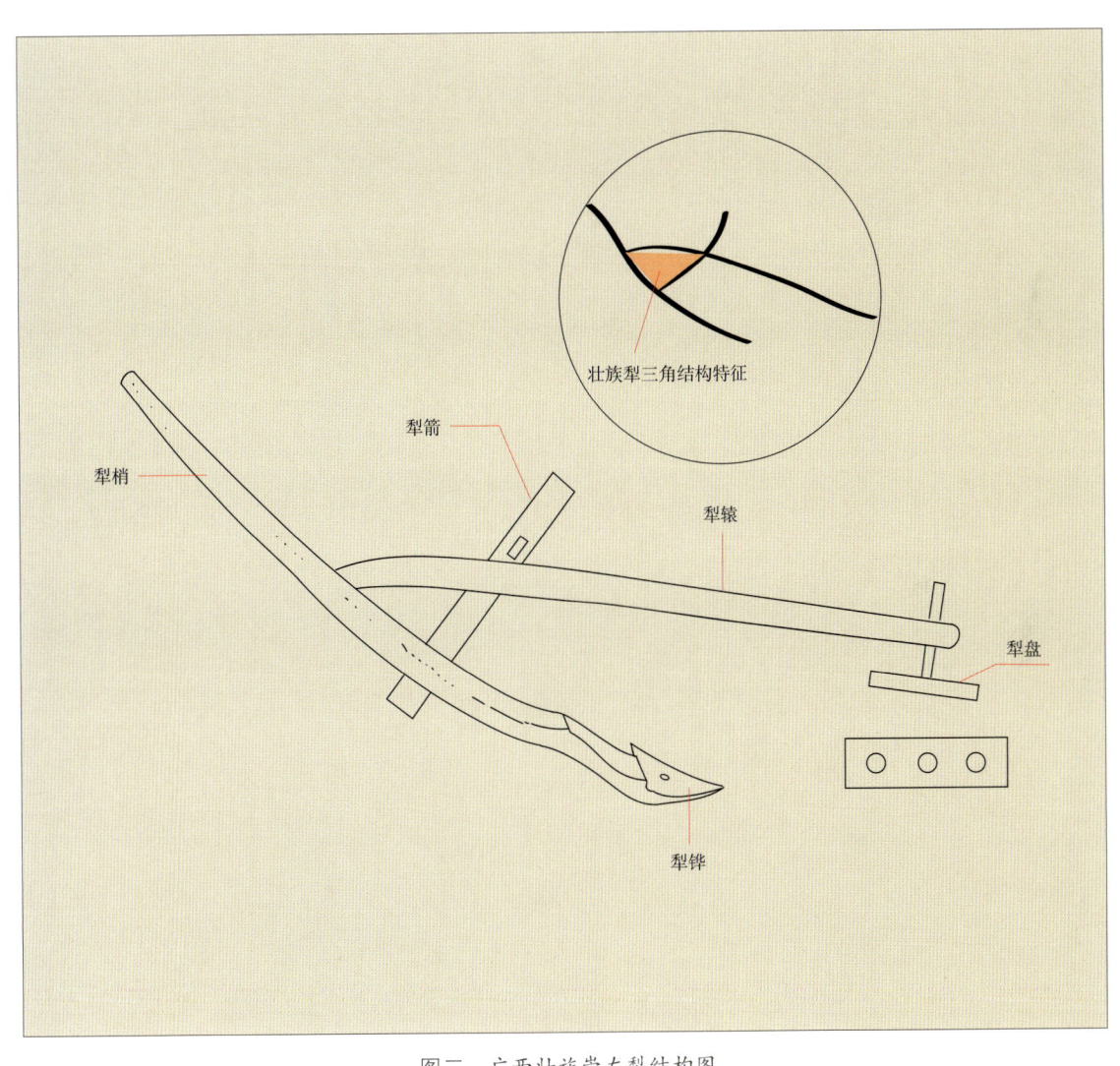

图二　广西壮族崇左犁结构图

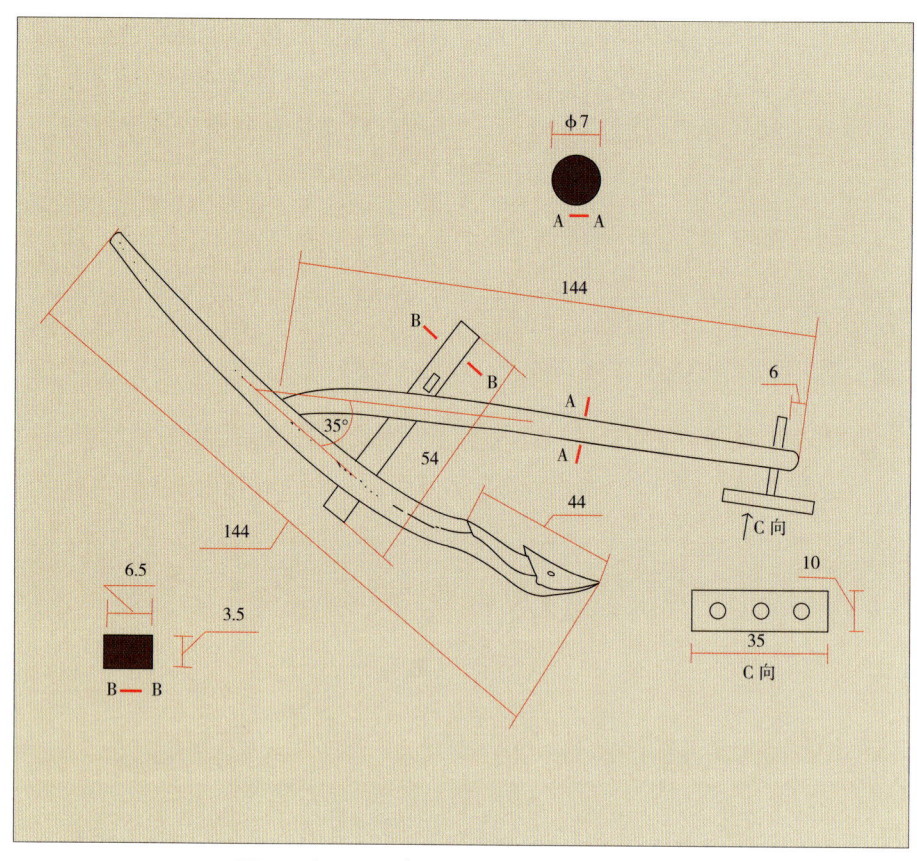

图三　广西壮族崇左犁尺寸图（单位：cm）

图四　广西壮族崇左犁功能图

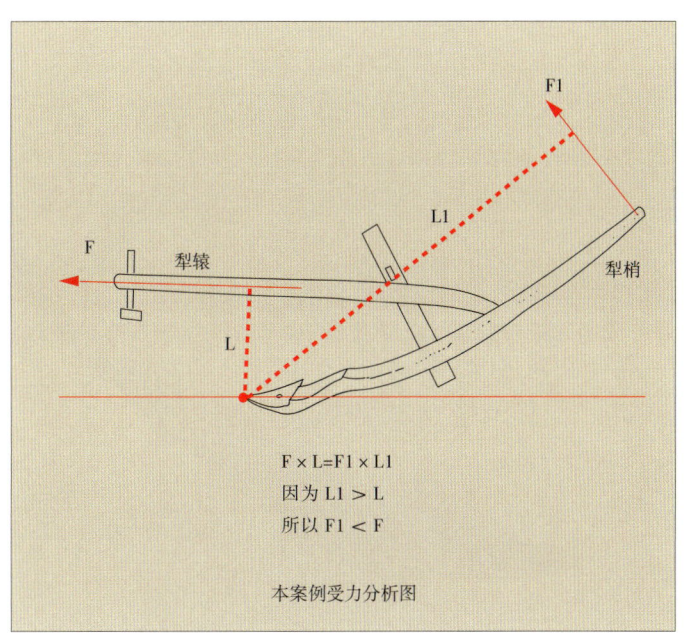

图五　广西壮族崇左犁设计分析图1

广西龙胜地区壮族犁
（摄于龙脊壮族生态博物馆）

广西靖西地区壮族犁
（摄于靖西壮族非物质文化遗产博物馆）

图六　广西壮族崇左犁延展图

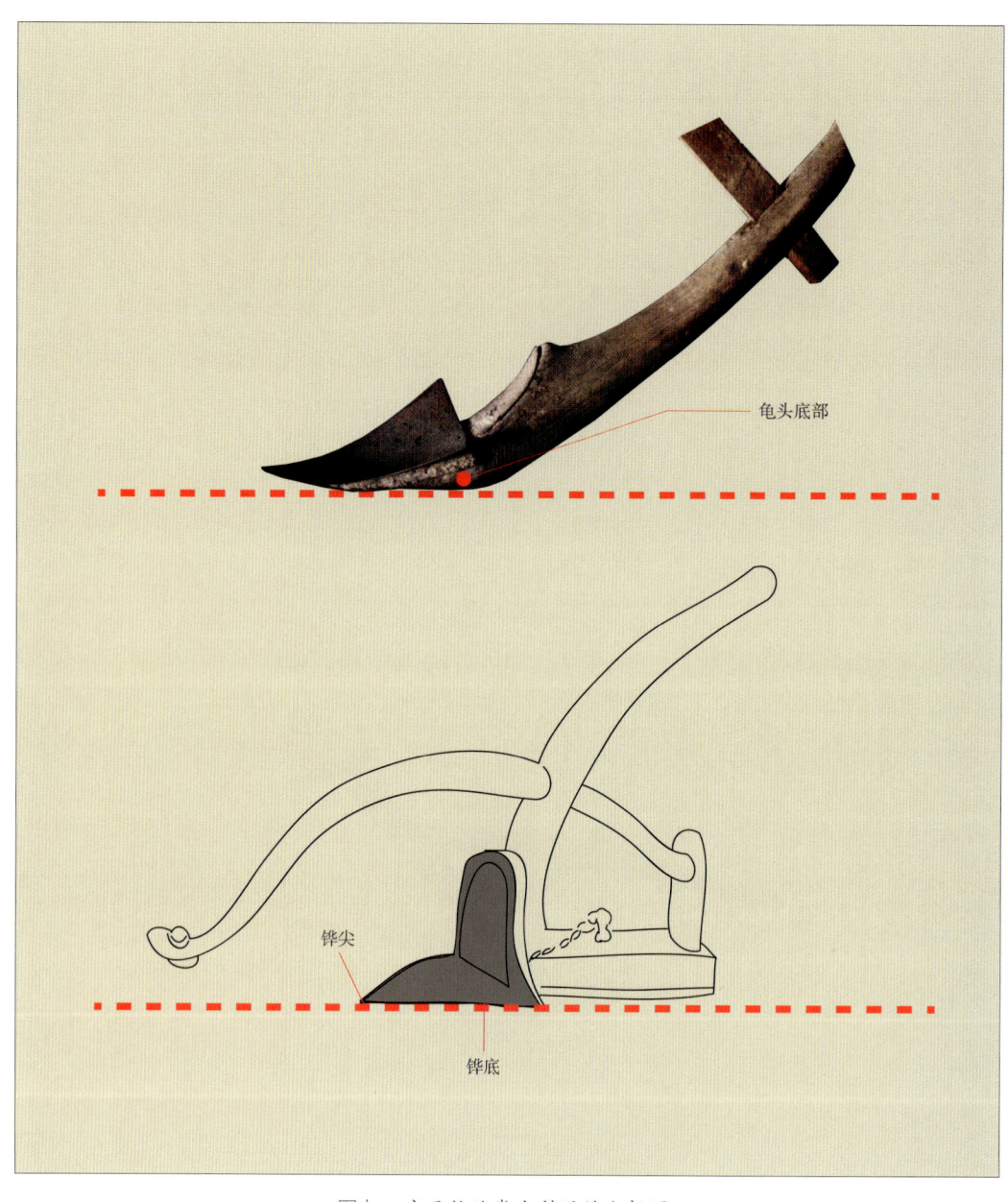

图七　广西壮族崇左犁设计分析图2

广西壮族靖西耙犁

图一　广西壮族靖西耙犁主图

壮族耙犁，是疏平稻田泥土所用的一种农具，相当于汉人的"耖"。广西自古以来就是水稻种植区，耙犁是稻作农具之一。本案例采自广西靖西壮族博物馆，由手杆、连杆、脊杆、耙齿、拉杆等结构组成，通体用木材制成。

从水稻发展史看，耙犁是水稻种植技术成熟的产物。例如，元王祯在《农书》里曾引用《种莳直说》，并将耙犁功能说得十分透彻，文章说：种稻"犁一遍，耙六遍"，"耙功不到，土块就粗，不踏实，种后虽然见到出苗，但苗根与土不相密接，不耐旱，有悬死、虫咬、干死等毛病。耙功做到家了，那土既细又实，扎根在细实土中，又经过碾压，使根土密接，自然耐旱，不发生那些毛病"。（元王祯撰：《农书译注》[M]，缪启愉、缪桂龙译注，济南：山东出版集团齐鲁书社2009年版，第343页）《种莳直说》虽出自汉人之手，但各民族对水稻种植技术的理解不会有太大偏差，壮族人用耙犁耙田就能说明这一点。

本案例手杆长45厘米，总高85厘米，耙齿高19厘米，耙齿与拉杆呈65°夹角。本案例属于畜力耙，动力来自黄牛或水牛，其操作方式是：牛在前拉，人在后操控案例，人畜配合完成耙田工作。从人机工学角度分析，人站姿适宜工作高度是6∶11（设备与人高度之比）（赖维铁编著：《人机工程学》

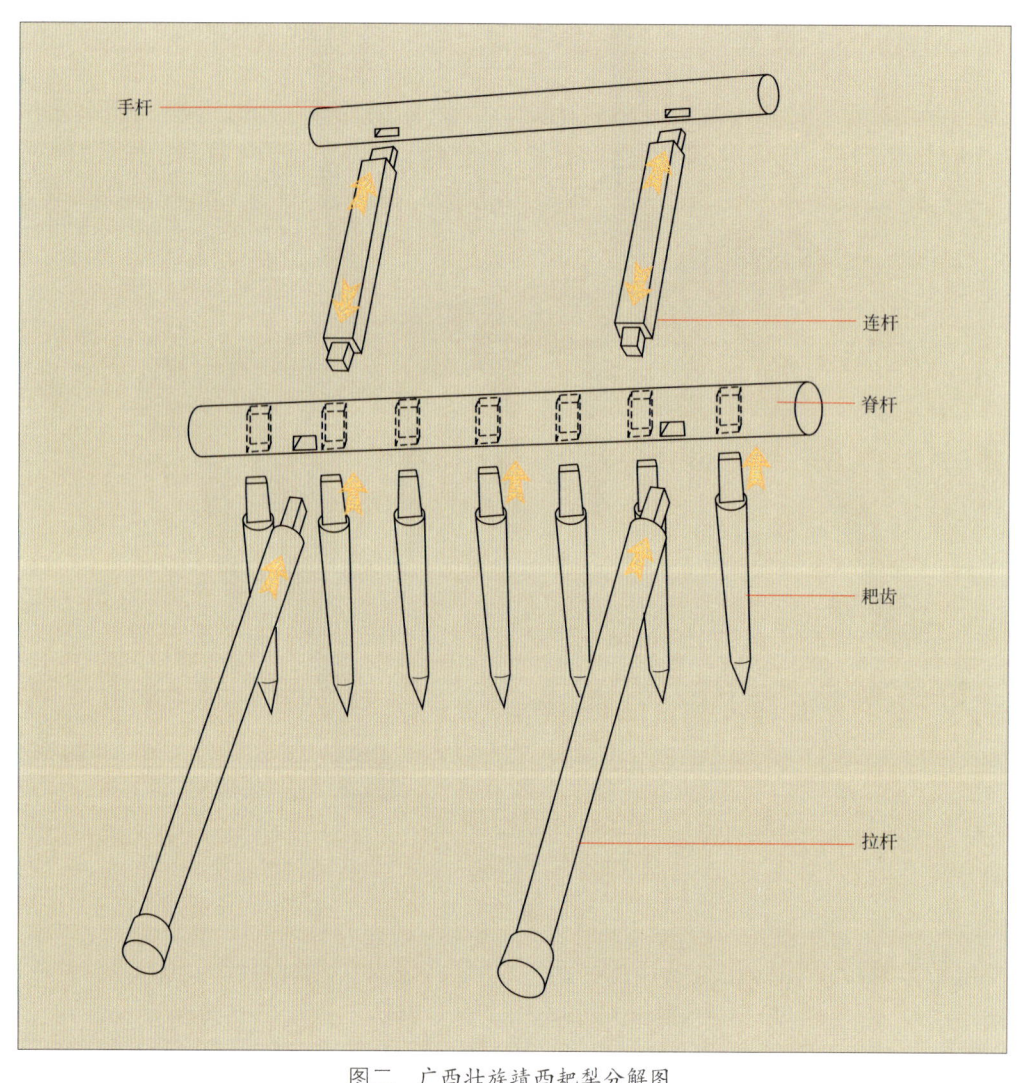

图二　广西壮族靖西耙犁分解图

[M]，武汉：华中工学院出版社1985年版，第56页），若取中国南方男性平均身高163厘米计（赖维铁编著：《人机工程学》[M]，武汉：华中工学院出版社1985年版，第40页），那么案例合理高度应为89厘米，鉴于耙田时人需略弯腰，故案例85厘米的高度应该是合理的设计。另外，当案例开始工作时，连杆趋于水平，耙齿则转换成与地面65°的角，这个角度显然正是案例做功所需要的。

广西靖西水稻种植一年分两季——春季早稻和秋季晚稻。早稻种植需在立春时犁地耙田，农历五月下旬就可收割早稻，接着再耙田，到了夏至时节开始晚稻插秧。所以，耙犁是壮族农村使用率较大的农具，即使在农业机械越来越多的今天，在壮乡仍能见到人们使用案例。究其原因，传统耙犁结构简单，维护成本低，同时耙田质量不亚于机械设备，因而对于小面积稻田而言，人们仍乐意使用它。

图片来源
图一　孙林疆　摄影
图二至图六　许边疆　制图

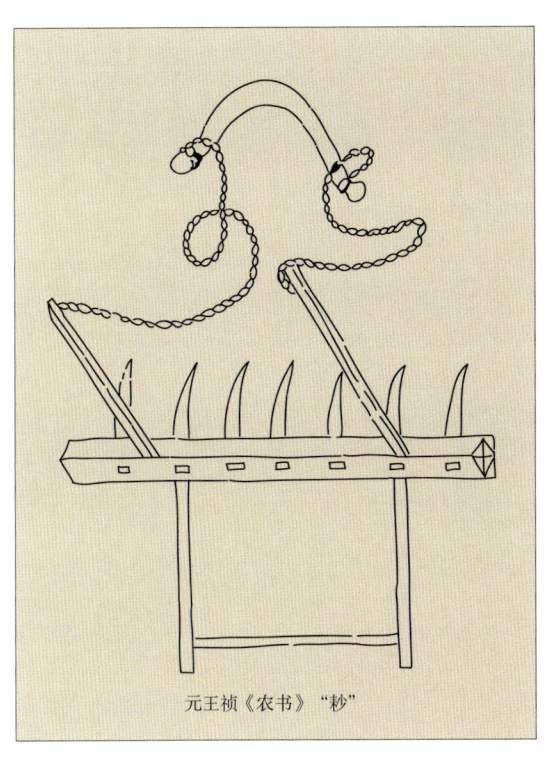

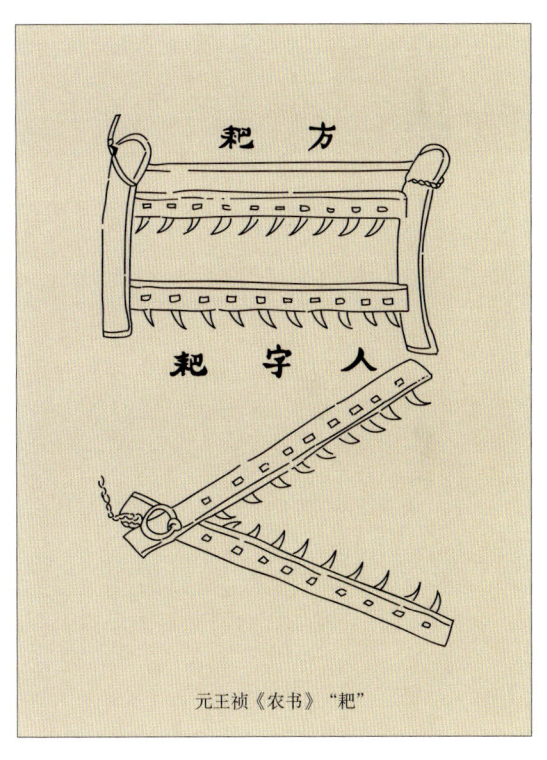

图三　广西壮族靖西耙犁对比图

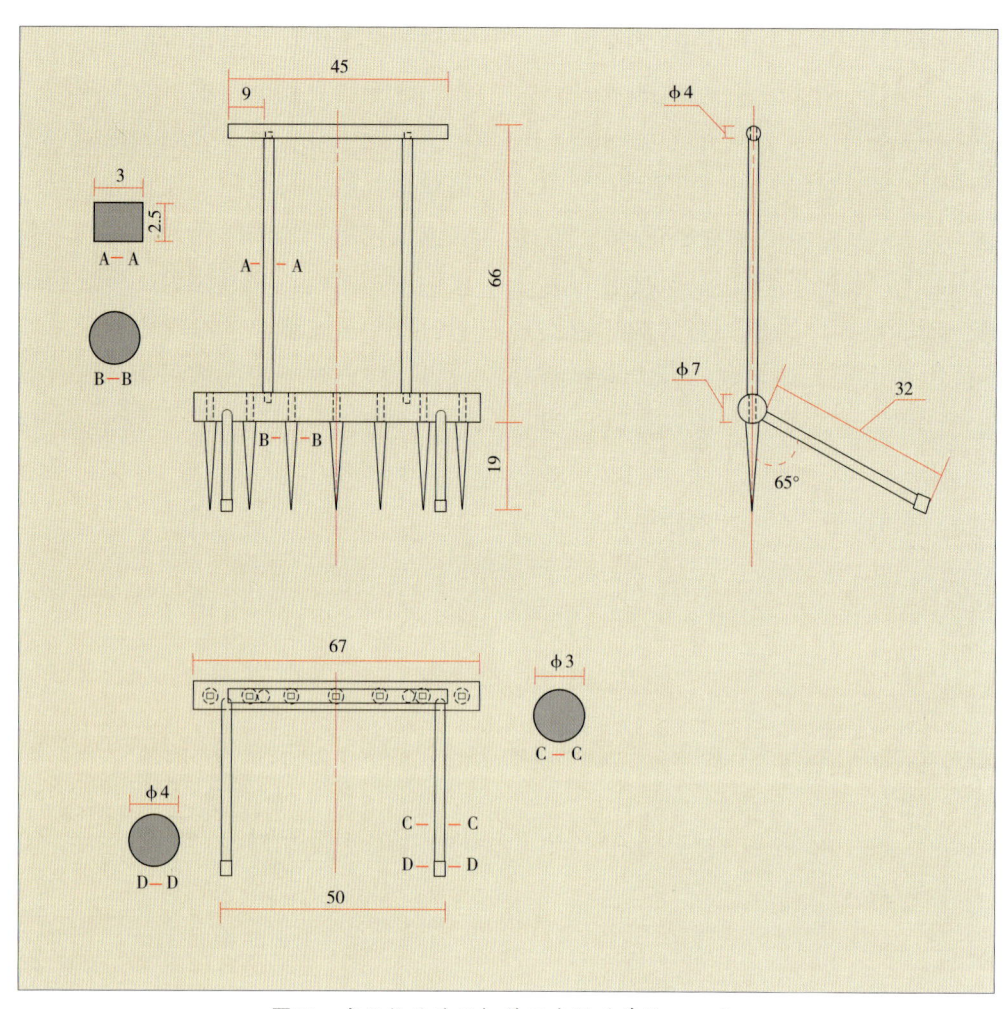

图四 广西壮族靖西耙犁尺寸图(单位:cm)

耙犁耕田图

图五 广西壮族靖西耙犁功能图

操作实景图

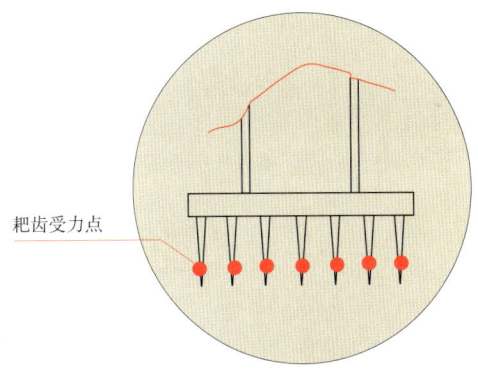

耙齿受力点

局部受力分析图

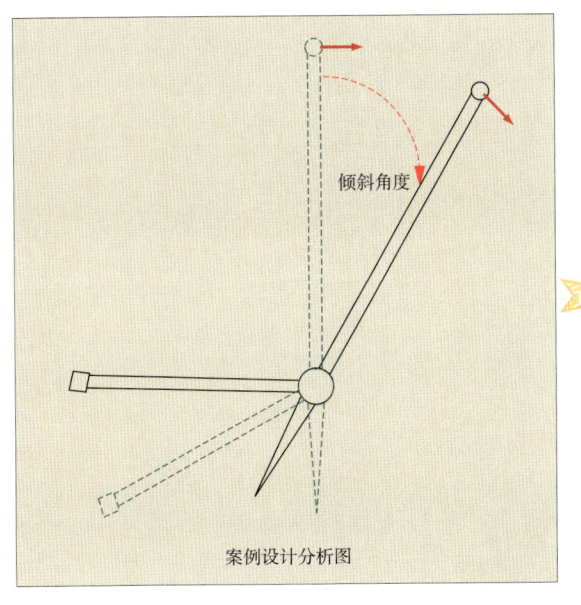

倾斜角度

案例设计分析图

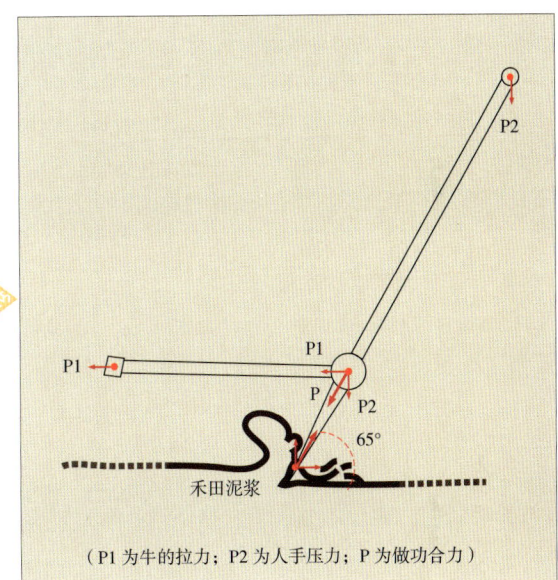

禾田泥浆

（P1为牛的拉力；P2为人手压力；P为做功合力）

图六　广西壮族靖西耙犁设计分析图

广西壮族来宾铁越刮

图一　广西壮族来宾铁越刮主图

越刮是壮族人使用的一种除草或松土工具。《现代汉语词典》里对"刮"如此解释："用刀等贴着物体的表面移动,把物体表面上的某些东西去掉或取下来。"(参见《现代汉语词典》,北京:商务印书馆1997年版,第457页)壮族越刮即有此功能。本案例采自广西民族博物馆,属于来宾地区传统铁制农具。

经测量,本案例长24厘米,宽13厘米,最大厚度0.7厘米;銎长5.5厘米,宽6.5厘米,厚4厘米。从考古情况看,战国时期广西便有了铁器,例如平乐县银山岭战国墓群曾出土194件铁器、灌阳县城子岭战国墓出土3件铁器等等,其中就有除草工具,不过形制上与本案例不同。本案例刮口呈弧形，整体形制呈扇状，其刃口与木柄夹角约80°，下端有矩形銎，可插长木柄。从功能上看，案例被设计成80°的角显然有助于草的清除（或松土），并对工作效能有利。此外，24厘米长的弧形刮口，既与苗间距相匹配，也是对垄形的适应。

本案例属于壮族民间小型工具，这种工具主要是通过师傅带徒弟式的家庭作坊进行生产的。从历史文献看，元代王祯所撰写的《农书》曾这样记载："尝质诸《考工记》，凡器皆有国工，粤独无鎛，何也？'粤之无鎛，非无鎛也，夫人而能为鎛也。'"这里的"鎛"实际就是一种除草工具，王祯的意思是，当时的越国没有鎛官，不是没有鎛，而是许多人能自制鎛的缘故，人们对这种农器太熟悉了，以至于民间多能冶制，故无须设国工。由此可见，至少在宋代时期岭南地区除草工具就已十分普及了，并且有许多家庭作坊存在。

从设计学角度分析，案例是随实用而设计的，形制与结构并无多余成分存在，这彰显了壮族劳动人民的聪明才智。事实上，关于除草工具在我国还有许多种类，它们形制虽然多样，却源于生产需求，这种功能决定形式的造物思想，对我们今天的设计实务来讲无疑仍有启迪价值。

图片来源
图一　许边疆　摄影
图二至图五　许边疆　制图

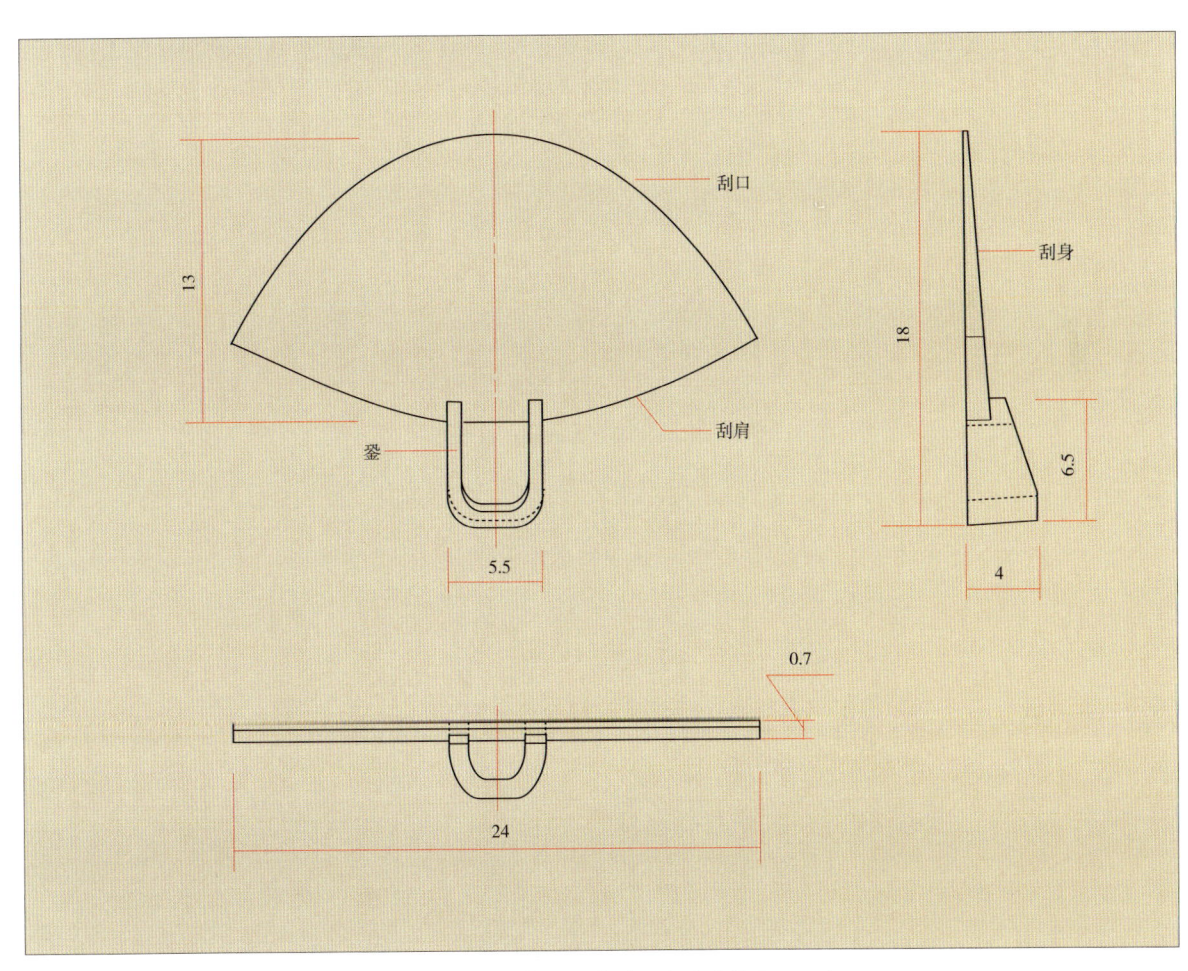

图二　广西壮族来宾铁越刮尺寸图（单位：cm）

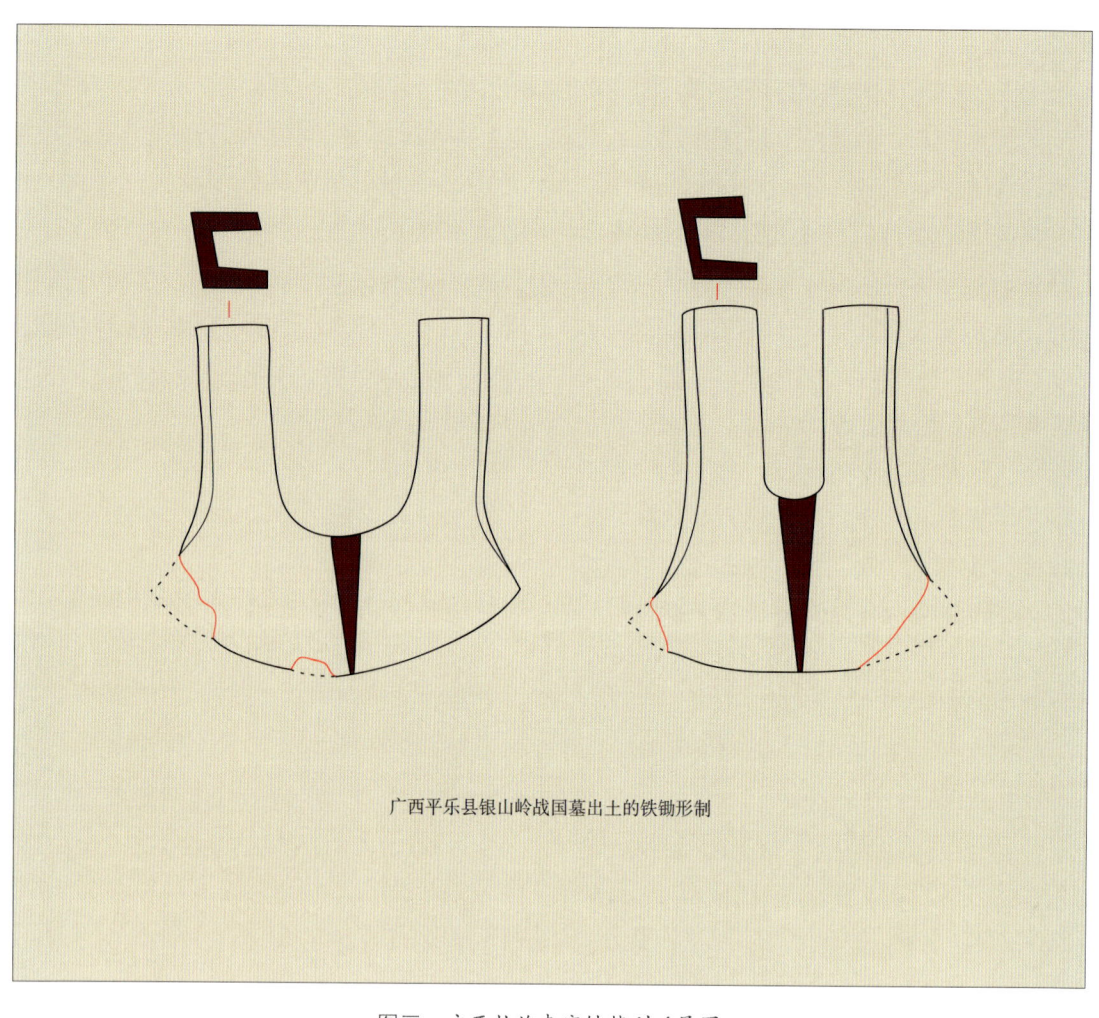

图三　广西壮族来宾铁越刮延展图

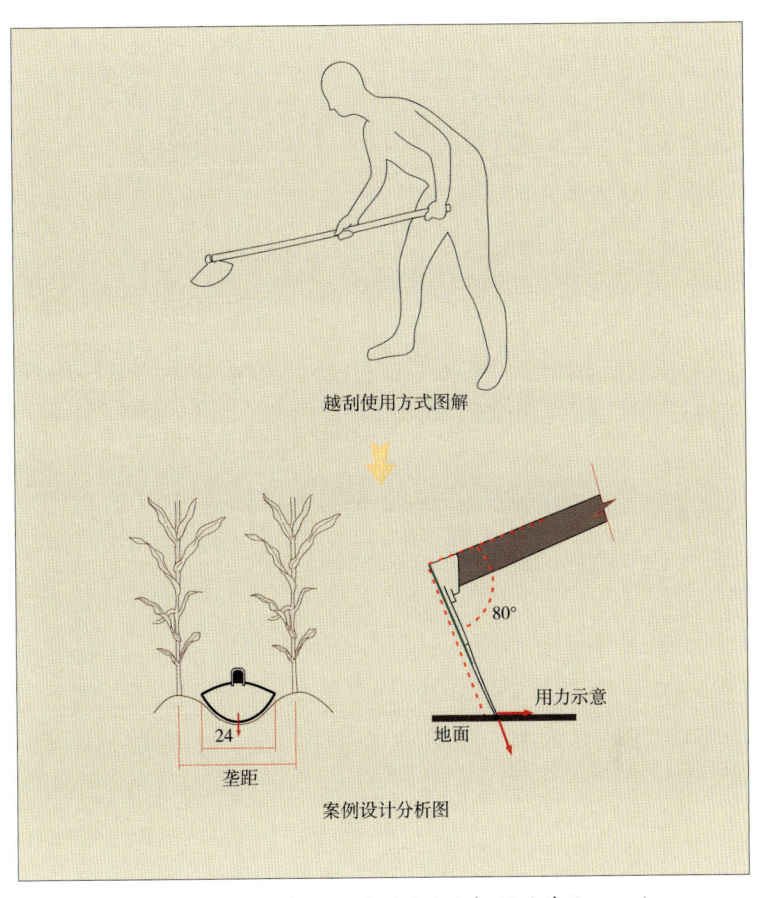

图四　广西壮族来宾铁越刮设计分析图（单位：cm）

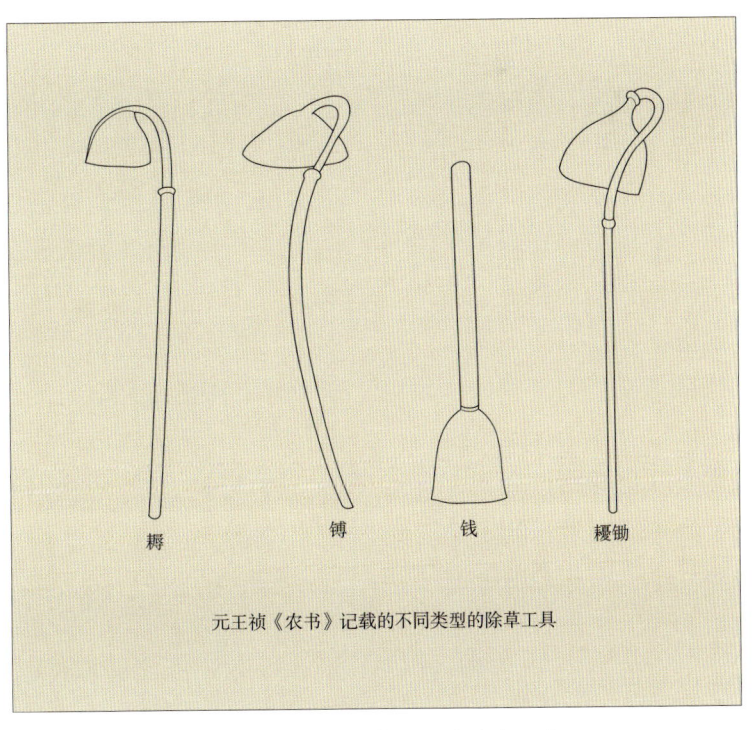

图五　广西壮族来宾铁越刮对比图

广东壮族连山磟碡

图一　广东壮族连山磟碡主图

壮族磟碡，俗称"木碾"，是磨平稻田泥土的工具，这类工具元王祯《农书》中曾有记载，不过北方磟碡多用石造，而南方磟碡多为木制。本案例采自广东连山民族博物馆壮族器物陈列室，为当地传统农具，其外部框架已遗失，仅存内部碾辊。经现场测量，该辊长132厘米，截面最大直径19厘米，通体用硬木制作而成。

从传统磟碡功能看，北方石质磟碡主要是用于旱田泥块的破碎（也可脱谷），而南方木磟碡多用于水田耕作，本案例即为水田磟碡。从形制上分析，壮族旱田磟碡与水田磟碡基本相似，比如碾辊截面形制皆呈多角形状（即觚棱），随地滚动。但两者间也存在一定差异：水田磟碡觚棱上设有泄口，而旱田磟碡却没有，之所以这样设计，是由当时的耕地条件决定的。从力学角度分析，案例在水田里工作时，因不间断地连续滚动而将尖锐的觚棱插入泥块中，由于觚棱上有泄口，受挤压的泥浆就会随之从泄口中涌出，从而有效地减弱泥水产生的阻力，同时这种挤压力也将泥块化为泥浆。从外部特征看，案例由一块整木雕琢而成，结构似乎有些复杂。这种结构优点如下：一是由于觚棱与转轴间没有节点，故觚棱不易折断，从而有效地延长了器具的使用寿命；二是完整的木料有利于榫轴的安装，本案例榫轴是一根较粗的金属棒，安装时仅将这根金属棒打入实木中即可。

广东连山是一个"九山半水半分田"的山区，稻田不像平原那样能连成片，而是小块水田，壮族人选择小巧的工具用于生产是由当地的劳动环境所决定的。例如，本案例长度仅1米多，自重不超过30千克，这样的工具既方便畜力的牵挽，又为操作者提供了耕作、搬挪或调转方向的便利。显然，本案例是一种有效的破碎泥块、平整水田的工具，其合理的设计成分仍值得当今设计师借鉴或参考。

图片来源
图一、图三、图四、图五、图六　许边疆　摄影
图二　许边疆　制图

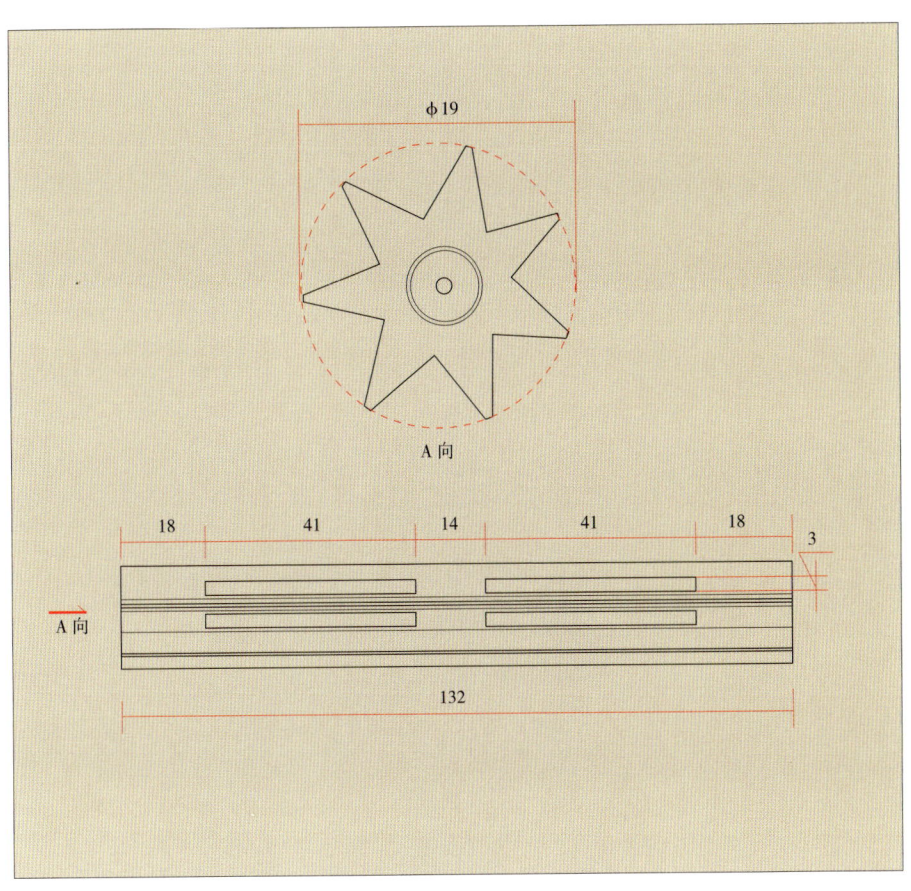

图二　广东壮族连山碌碡尺寸图（单位：cm）

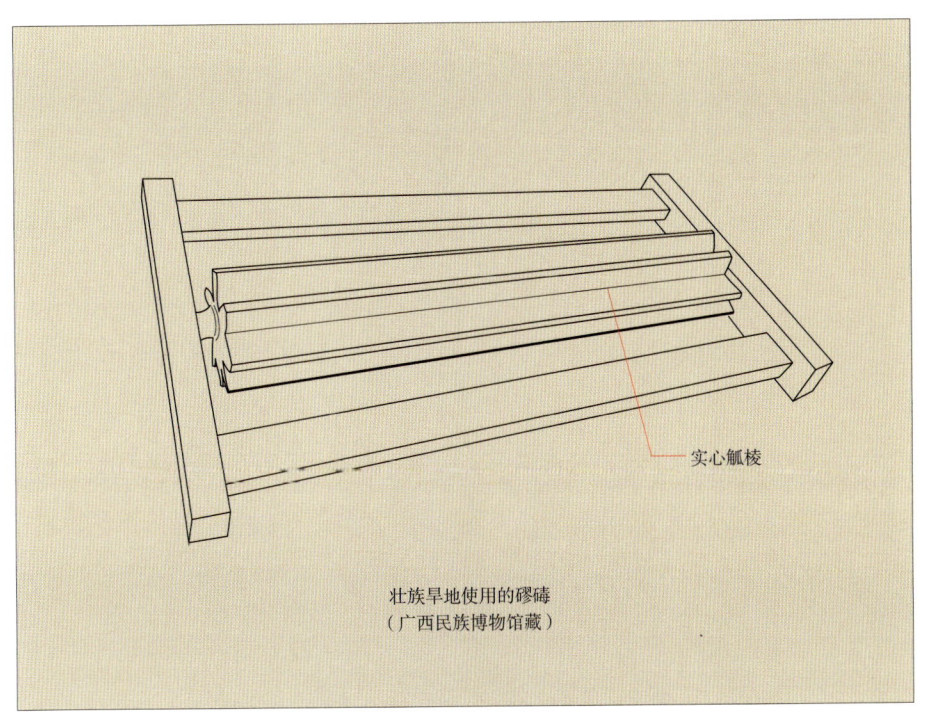

图三　广东壮族连山碌碡对比图

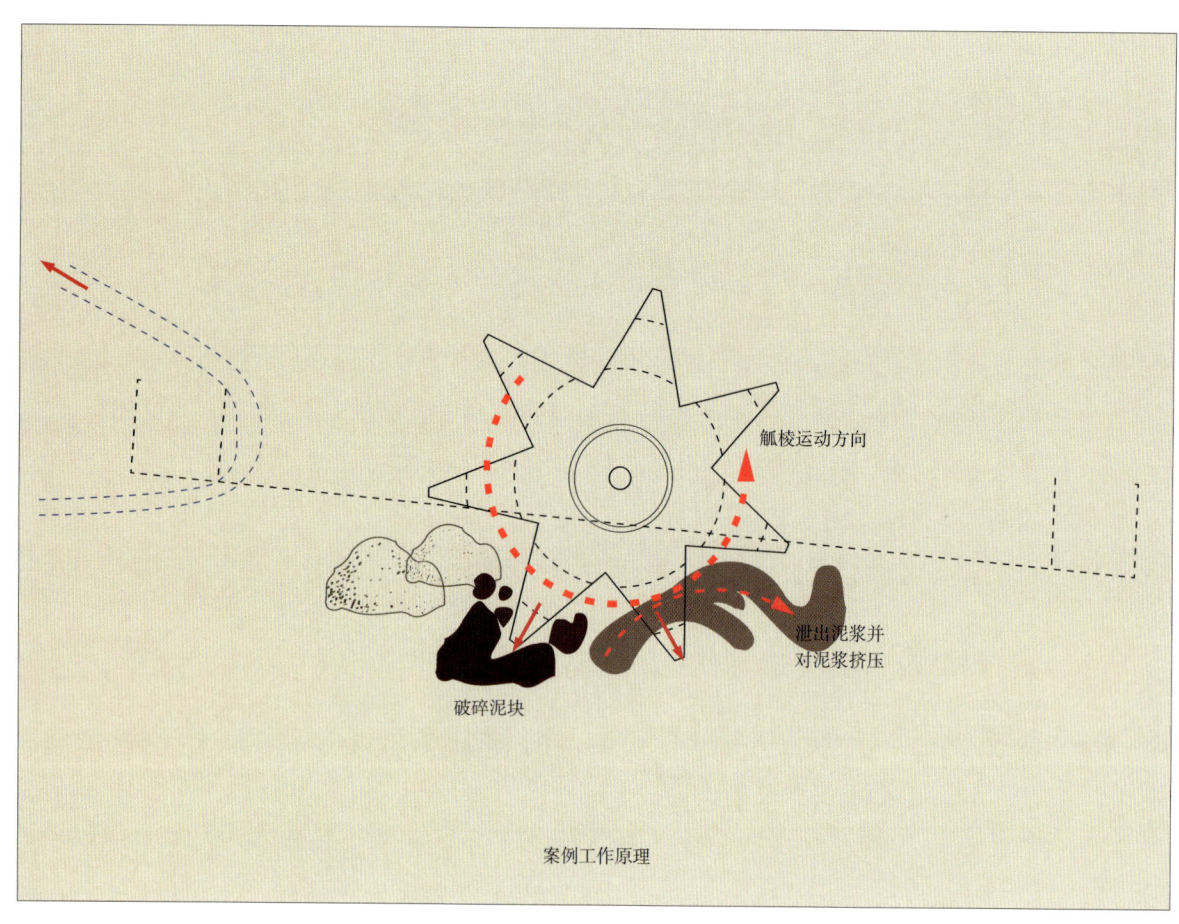

图四　广东壮族连山磟碡工作原理图

图五　广东壮族连山磟碡功能图

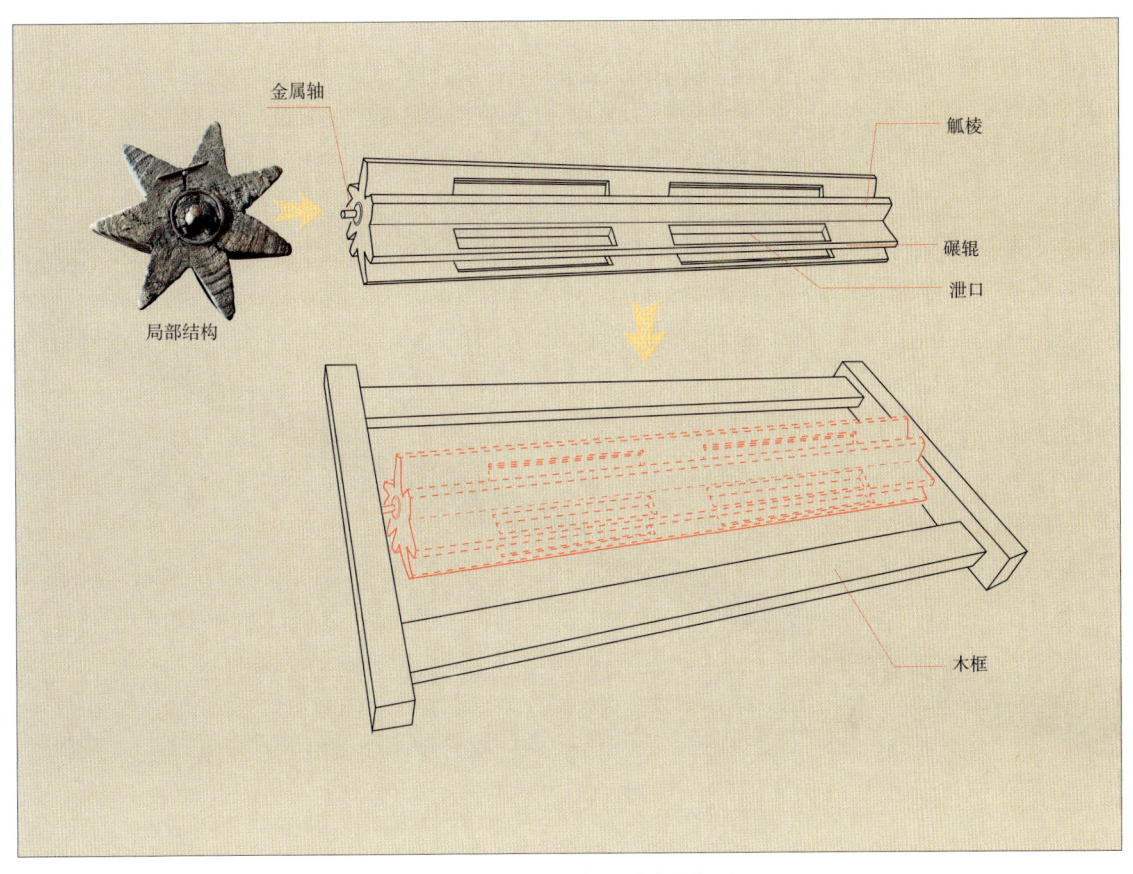

图六　广东壮族连山砻磙结构图

广西壮族崇左剥蔗器

图一 广西壮族崇左剥蔗器主图

自古广西就盛产甘蔗，据 2000 至 2009 年《中国统计年鉴》资料显示，2009 年广西甘蔗产量已达 7509.44 万吨，其中崇左地区产量接近 2000 万吨，位列第一，崇左是广西名副其实的产糖区。过去，广西壮族人收割甘蔗是用手工方式剥去蔗叶，不仅效率低，也有劳作之苦，因此壮族蔗农发明了一种专用工具——剥蔗器。该器具形制简洁，结构合理，能快速地去掉蔗叶，因而是当地蔗农常用工具。

本案例采自广西崇左壮族博物馆，案例结构由刮叶刀和手柄组成，刮叶刀呈"U"形，刀口位于其内侧，手柄则安装在刀背处。经测量，刀身长 11 厘米，"U"形刀口最大跨度 6 厘米，手柄及刀具全长 79 厘米。案例尺度与功能设计密不可分，现分析如下：一是案例属于单手操作工具，故形体不太重，否则难以长时间持握，这是案例特点之一；二是刀具是用铁片打造而成，刀口最大跨度为 6 厘米，由内向外呈开放状，这种设计显然能适宜蔗茎的粗细变化；三是 79 厘米长的手柄方便劳动者一手持甘蔗一手握手柄刮落蔗叶，试验证明，手柄太短或过长都不太适宜劳动操作，这里有个取值范围。本案例工作原理是凭借刀口的剪切力完成剥叶的，具体来说，当刀口卡在甘蔗茎上用力下拉时，刀口两边随之会出现剪切力，这种剪切力随着人手的运动而连续产生，这是上下蔗叶被连续割断的原因所在。另外，壮族人还将刮刀与手柄间的夹角设计成 95°，这也是为了追求最大功效而进行的设计。

壮族人何时开始使用这种剥蔗器，尚需考证。不过从设计发生学看，发明本案例纯粹是出于生产需要，正因为如此，案例形制与结构无拖泥带水成分,充分体现了功能与形态的高度统一,或许这正是本案例给当代设计师的重要启示。

图片来源
图一 孙林 摄影
图二至图六 许边疆 制图

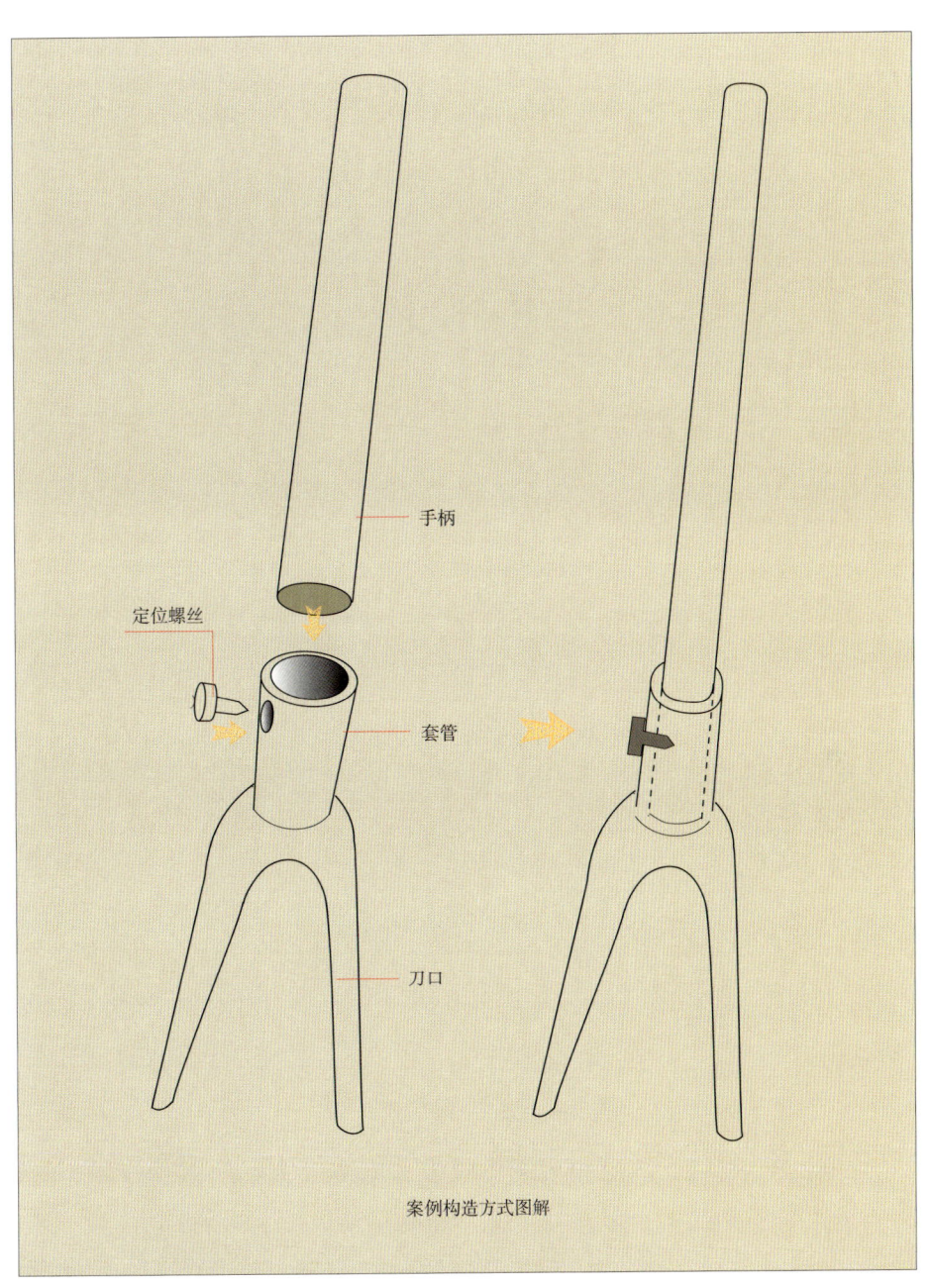

图二 广西壮族崇左剥蔗器结构图

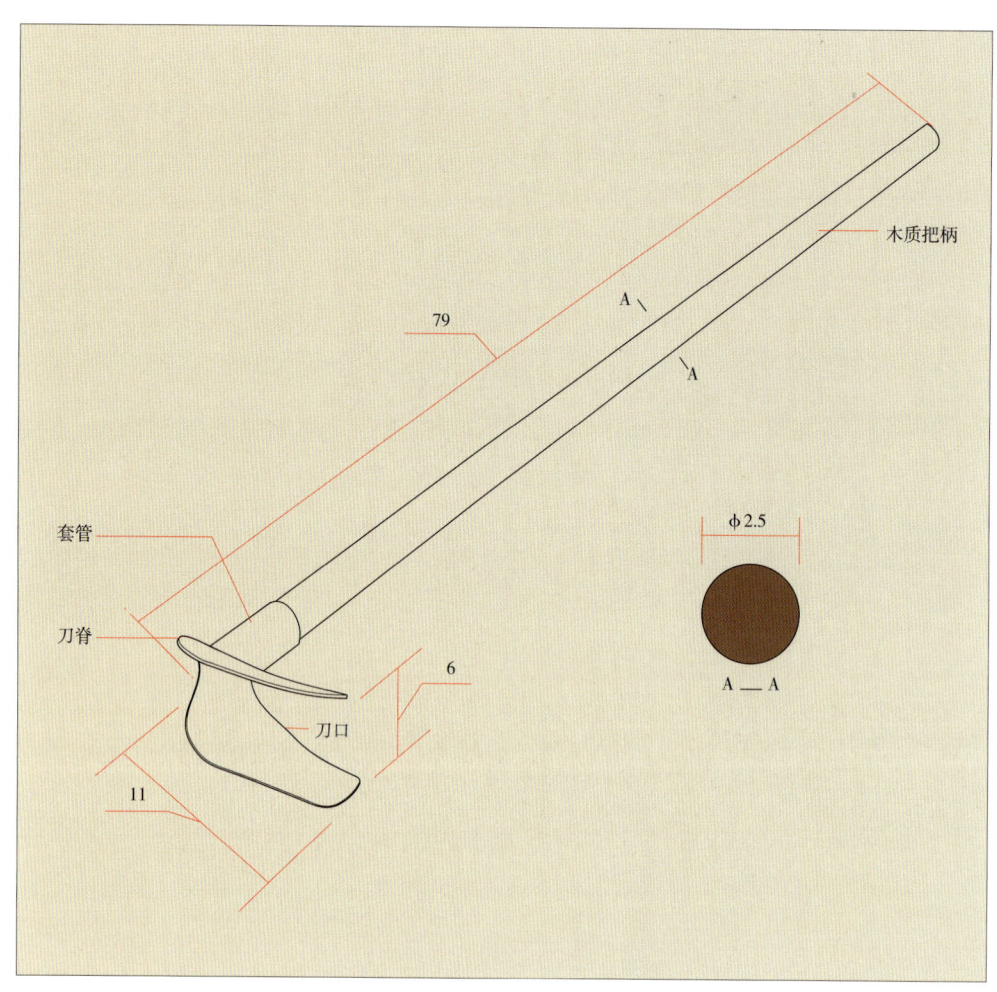

图三 广西壮族崇左剥蔗器尺寸图(单位:cm)

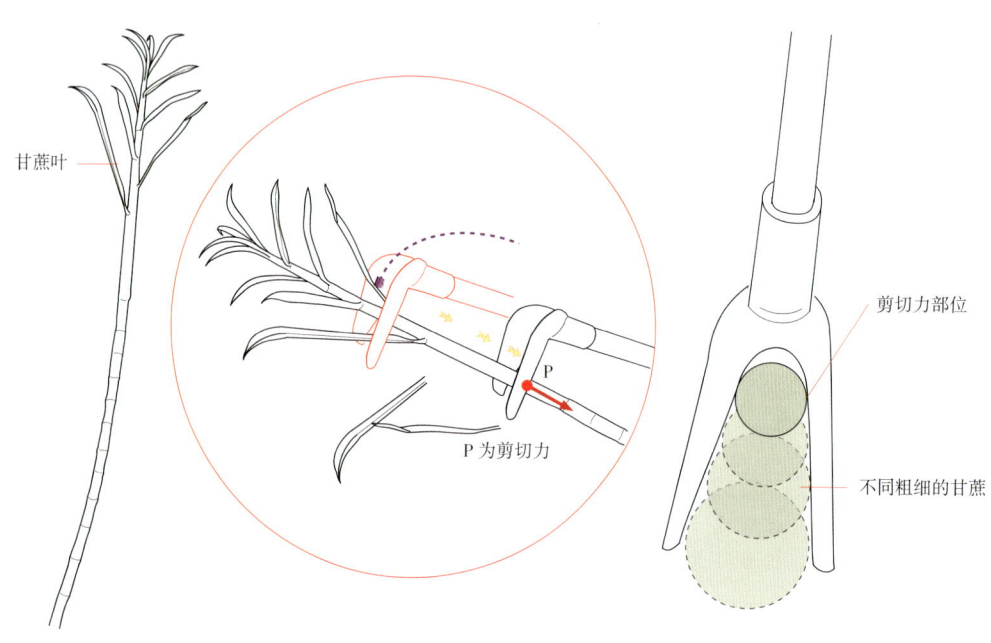

图四 广西壮族崇左剥蔗器功能分析图

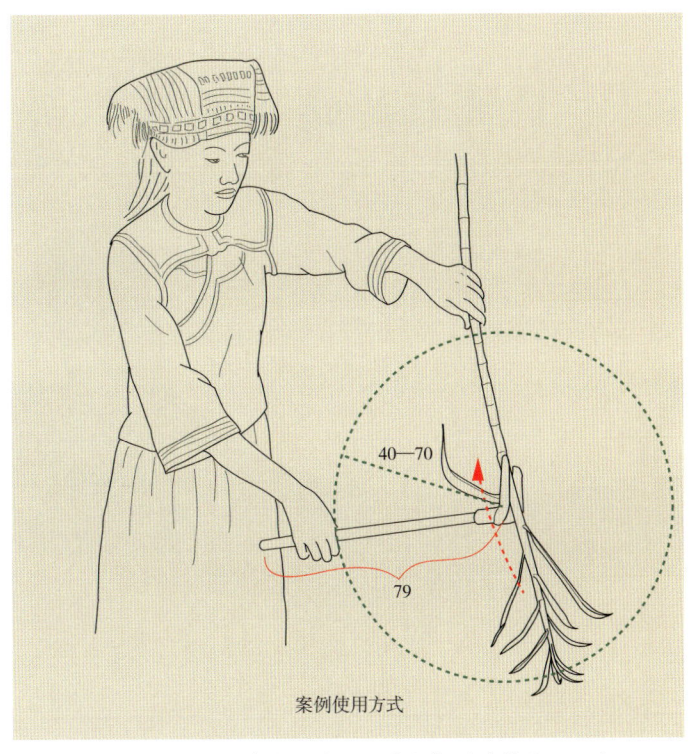

图五　广西壮族崇左剥蔗器设计分析图（单位：cm）

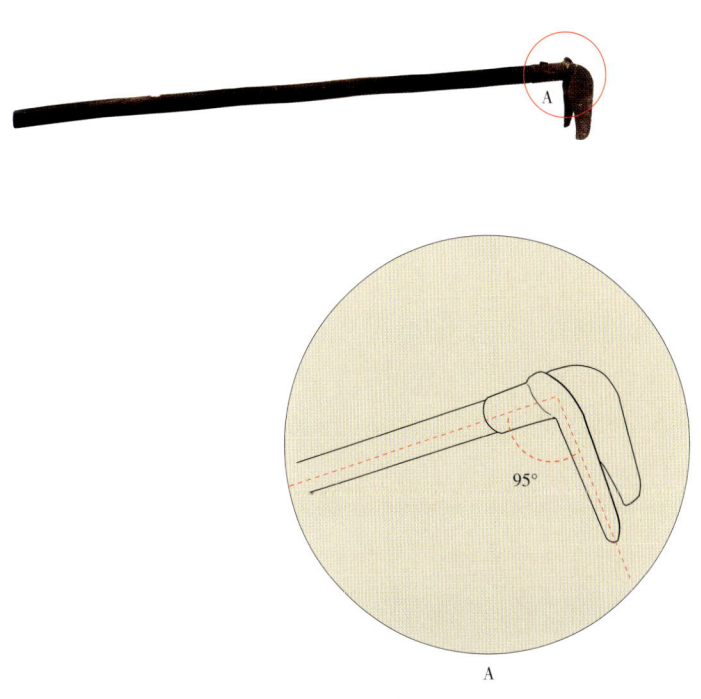

图六　广西壮族崇左剥蔗器形制分析图

第五章　壮族传统生产工具

广西壮族靖西禾剪

图一　广西壮族靖西禾剪主图

禾剪（又称手镰）是壮族人收割稻穗的传统工具，这类工具有显著的地域特征。从广西考察情况看，壮族禾剪可分为两大类，即套绳式禾剪和握杆式禾剪，其中套绳式禾剪又可细分为弯月形、半圆形和拱门形；至于握杆式禾剪，除手柄为硬质材料外，其他无规律可言。本案例属于握杆式禾剪，现藏于靖西壮族博物馆。从形态上看，案例犹如展翅的飞鸟，上端是一根竹管与木条合成的手柄，下端则为流线型木制剪身，一块金属刀片镶嵌其中。

经测量，剪身长16.5厘米，最大宽度4厘米，厚0.7厘米；手柄长7.5厘米，直径约2厘米，刀片长3.5厘米。据博物馆工作人员演示，人操作案例的方式是：用右手中指和无名指夹住剪身并握住手柄，然后用食指和拇指勾住谷穗茎秆，将其带到刀刃之上，再利用手腕的旋转力，让刀刃从茎秆上划过，从而快速地切断茎秆。由于刀片是在拇指下方，故使用起来十分便利。本案例形态属于流线型，这种有机形态不仅有一定的美感，而且在功能上也与人的手形十分匹配，显然造物之初壮族人就将物与人之关系本能地考虑了进去，在满足功能的前提下优化案例形制。从形体大小看，壮族禾剪是一种小巧型收割工具，剪身、手柄材料往往有木、竹、棉绳、牛角、铁，甚至还有铜、铝等有色金属，材料的综合应用是这类工具的普遍现象，比如本案例是用竹、木、金属复合而成。

壮族人为何用禾剪收割稻谷？概括来看，有以下几方面原因：一是与稻谷品种及其种植环境有关，如大糯、香糯等，这些品种穗大，茎秆长，不易被风吹倒，若用镰刀收割需不断弯腰，反而不如用禾剪割穗轻松；二是由于糯谷脱粒较难，壮族人便用禾剪割下谷穗，扎成谷把，悬于空中晾晒，以便将来进一步脱谷；三是与传统镰刀相比，禾剪能避免更多的粮食损失；四是能较好地保留稻子的茎秆，而茎秆可以编织其他物品，如草帽、草鞋等生活用品。

除割稻外，本案例也可用来割山草、薯藤、沟草、田基草等。显然，案例是一种多用途工具。

图片来源

图一　许边疆　摄影
图二至图五　许边疆　制图
图六　孙林　摄影

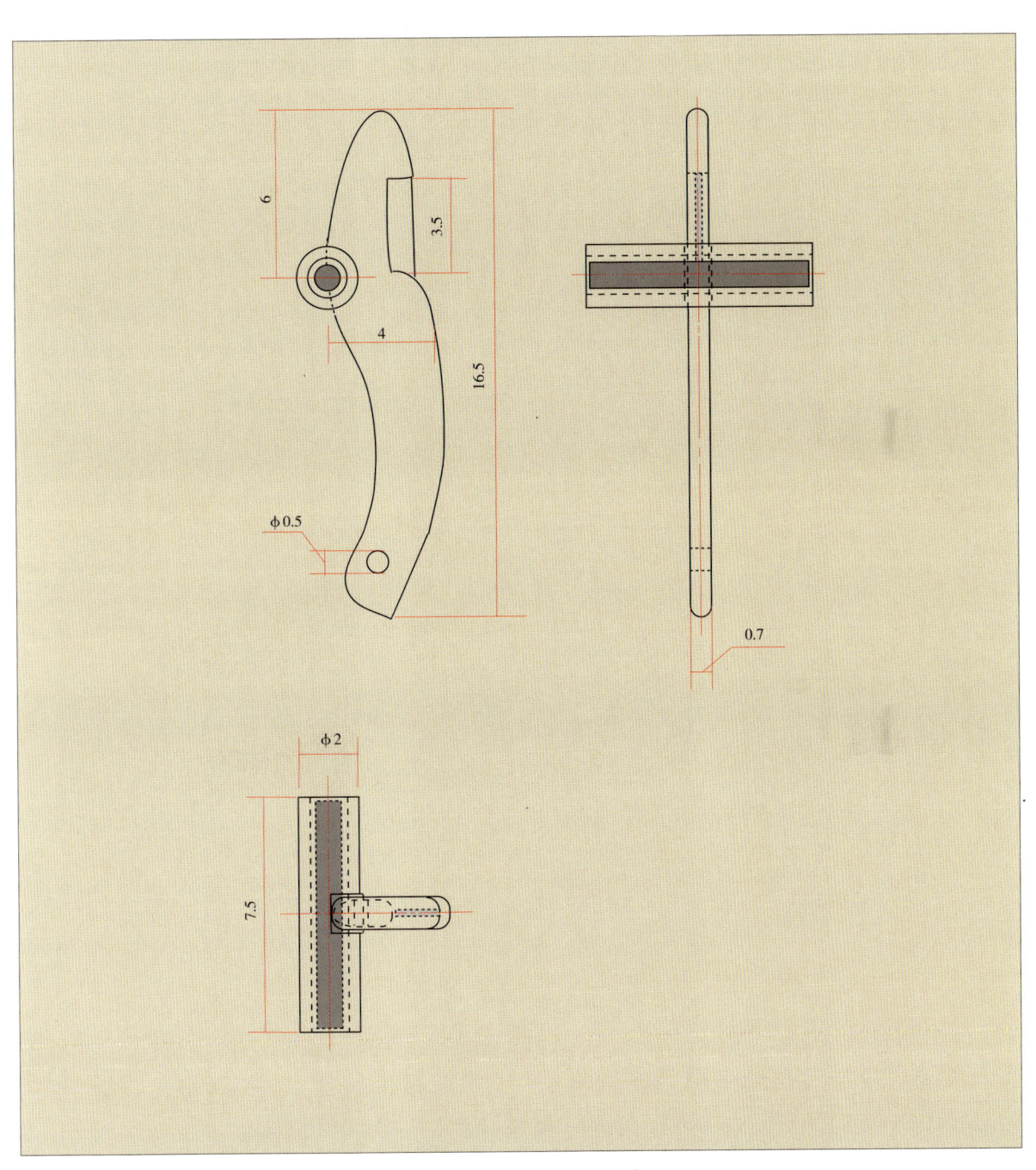

图二　广西壮族靖西禾剪尺寸图（单位：cm）

图三　广西壮族靖西禾剪功能图

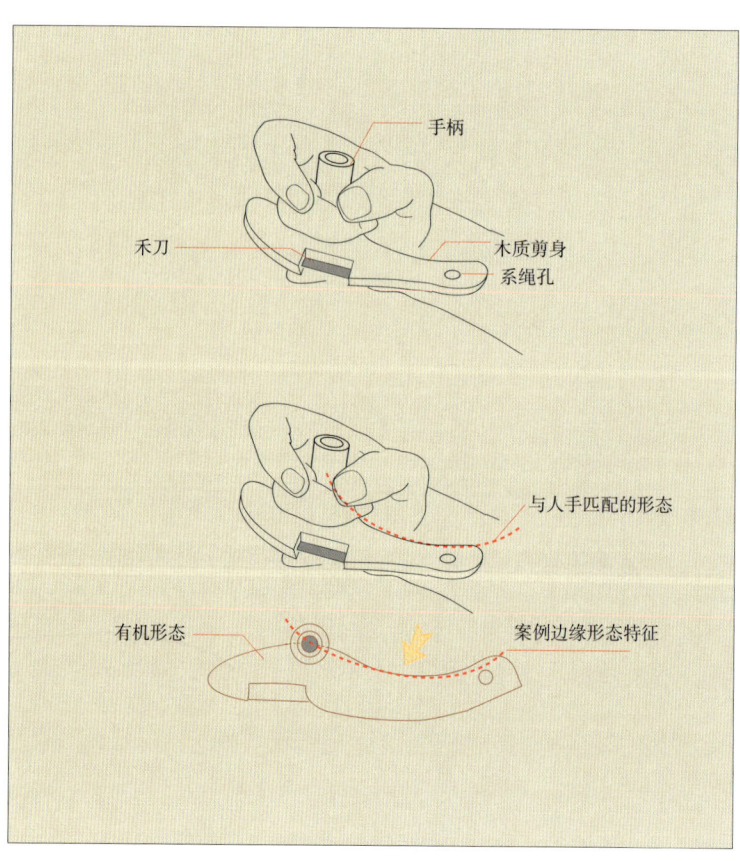

图四　广西壮族靖西禾剪设计分析图

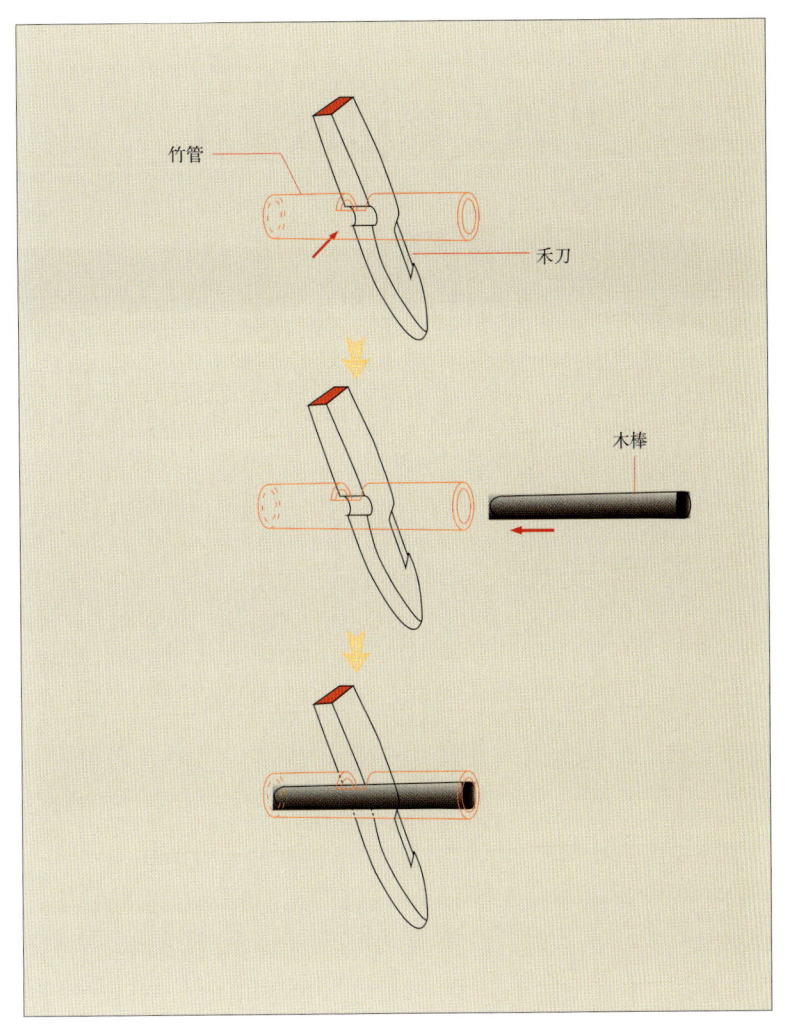

图五 广西壮族靖西禾剪结构图

用广西壮族靖西禾剪收割的谷穗

图六 广西壮族靖西禾剪收割的谷穗

第五章 壮族传统生产工具

广西壮族靖西镰刀

图一　广西壮族靖西镰刀主图

镰刀是一种收割工具，形状一般为弯月状的弧形，刀刃向下，有手柄相配。在中国，壮族先人最初使用的收割工具是蚌刀或石刀，铁镰的出现不会早于秦汉。事实上在后来，壮族人使用的铁镰已多样化，既有汉族式铁镰，也有本民族铁镰，本案例属于后者，现藏于广西靖西壮族博物馆。

经测量，本案例通长30厘米，刀柄长14厘米，刀身弯曲宽度9厘米，刀身最大宽度2.3厘米，厚0.3厘米，手柄端部直径约2厘米。案例形态犹如一片弯曲的植物叶，手柄与刀身用同一块铁打制而成。作为一种收割工具，案例除了具备镰刀的一般属性外，若仔细观察，其刀口部位还有一排细小的锯齿存在，显然，案例兼有"锯子"功能。从整体形制与局部结构分析，案例形制应该是受某些植物叶的启示，有些植物叶的边缘就是锯齿形。将镰刀刀刃设计成锯齿状，壮族镰刀便有了"刀"与"锯"的双重属性，这使案例在使用过程中既能割断较细的茎秆，也能锯断相对较粗的枝干，该设计无疑拓宽了案例的实用功能。

回顾历史，不同民族的劳动工具常常相互影响，镰刀也不例外。在壮乡，壮族人在使用本民族镰刀的同时，也兼用汉式镰刀，因为它们各有其特点。从现实看，中国地域太大，种植物及劳动方式不尽相同，自然会导致相异工具的出现，比如广西京族镰刀就很有自身特色。显而易见，自古以来各民族的劳动工具是在相互交融又彼此独立的状态下延续和发展的。

图片来源
图一　许边疆　摄影
图二至图五　许边疆　制图

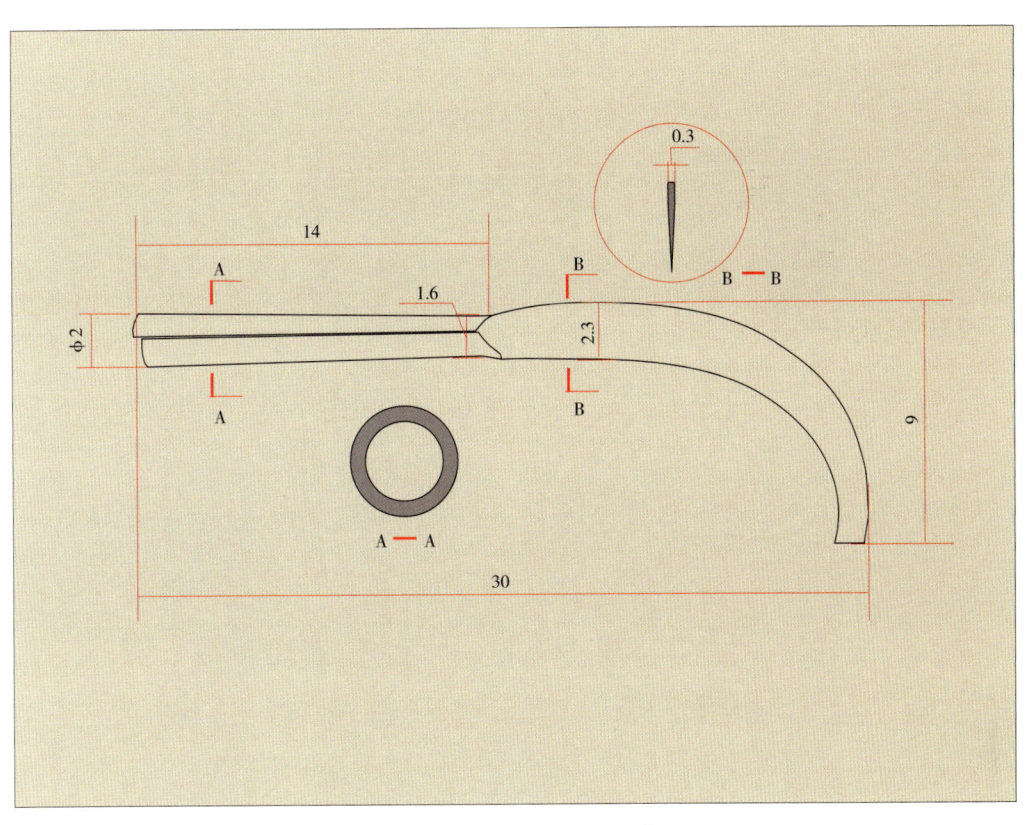

图二 广西壮族靖西镰刀尺寸图（单位：cm）

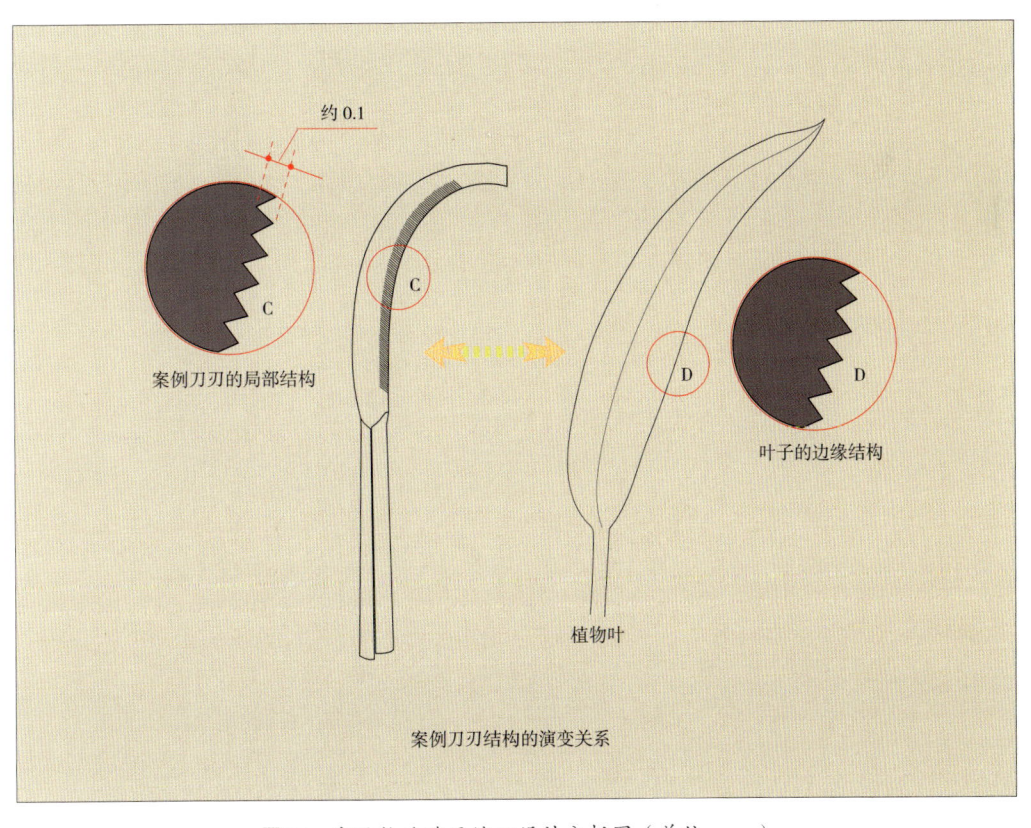

图三 广西壮族靖西镰刀设计分析图（单位：cm）

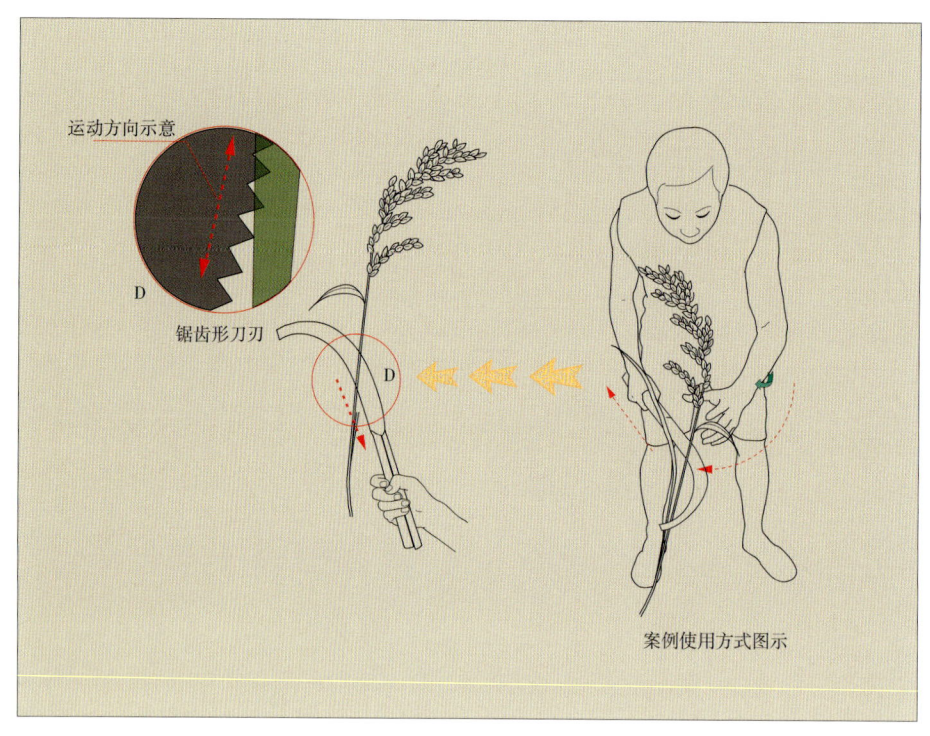

图四　广西壮族靖西镰刀功能图

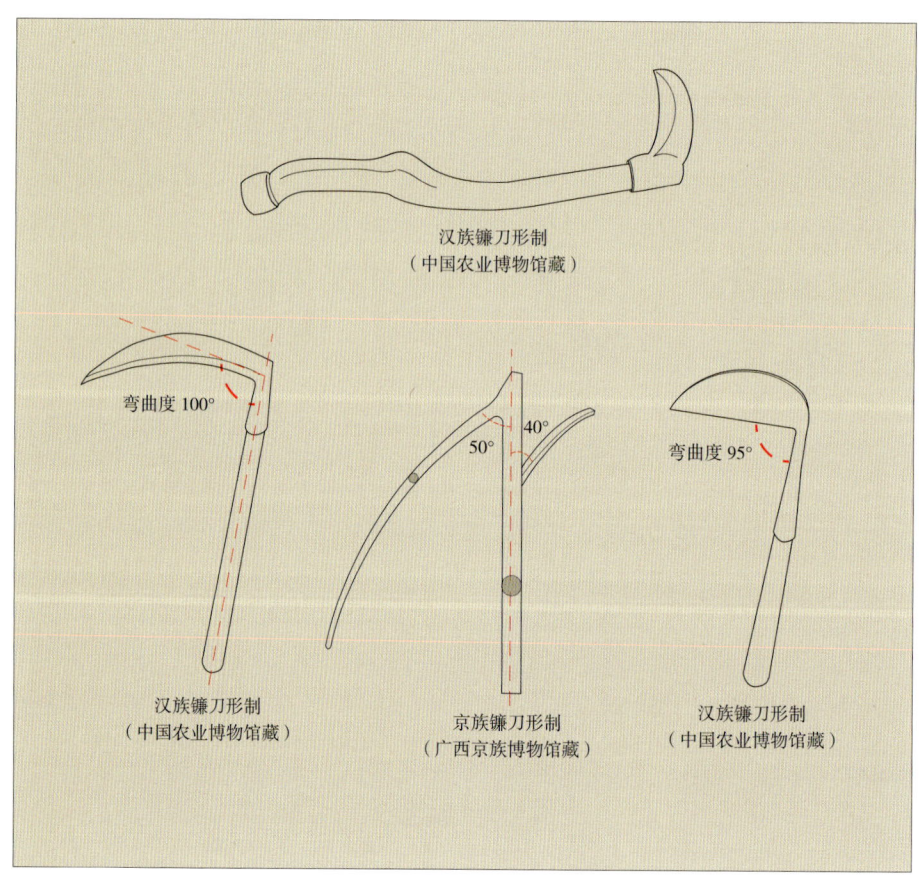

图五　广西壮族靖西镰刀对比图

广西壮族龙脊禾剪

图一　广西壮族龙脊禾剪主图

龙脊禾剪是一种握杆式禾剪，与靖西握杆式禾剪相比，两者有明显差异：龙脊禾剪的刀片是直接插在握杆上的，不存在剪身（或者说剪身与刀片是一体化的），而靖西禾剪则有剪身。本案例采自广西龙脊壮族生态博物馆，案例手柄长10.5厘米，刀口长8厘米，刀片宽7厘米，刀片最大厚度约0.3厘米，刀片与手柄之间呈60°夹角，乍眼一看，案例形如小铁铲。

如果我们近距离观察案例，不难发现其手柄并非是光滑的外表，而是呈现两条弯曲状的浅沟槽。对使用者而言，当手指握住手柄时，大拇指与食指就会自然地"嵌进"这些沟槽里，彼此形成吻合的结构关系。显然，这种手柄是依据人手的生理特点及持握方式来制作的，有槽形的手柄使操作者的劳动过程较为舒适。此外，本案例刀片与手柄呈60°夹角，倾斜的刀片能使割稻过程变得快捷和方便，这同样是从人手做功角度来考虑的。作为一种传统工具，案例蕴藏的设计思想同当今人机工学理论有着不谋而合之处。

龙脊壮族人生活在山岭绵延、不易种植水稻的山区，他们凭借双手历经漫长岁月，开发出了梯田稻作模式。他们习惯于种植那些高秆类、抗风强的水稻品种，当收获稻谷时，村民只需手握禾剪，将谷穗一根根"剪"

下,然后捆绑成把,挑回家,悬挂于屋檐下,待要食用时才舂出谷粒。

本案例结构由刀片和手柄组合而成,刀片形态与半圆形套绳式禾剪相似,换言之,案例刀片等同于套绳式禾剪剪身,只不过手柄是硬质材料而已。事实上,这类禾剪在广西地区还有不同品种,比如广西民族博物馆所藏的半圆形握杆式禾剪,其手柄就是一截竹棒,该品种可视为用竹棒替换绳索的一种禾剪。当然,其手柄无论形制还是结构,都不及本案例那么考究。再比如,广西有一种牛角握杆式禾剪,这种禾剪剪身呈月牙状,手柄却是用弯曲细长的牛角制成,形制颇具美感,但造物方式却与民族博物馆半圆形握杆禾剪如出一辙。

总之,在满足收割功能的前提下,壮族禾剪可分为两类:一类是单纯追求工具实用性,并不关注其形态之美;另一类则相反,如本案例,它不仅追求功能上的合理性,也在形态方面下了不少功夫。

图片来源
图一　孙林　摄影
图二至图六　许边疆　制图

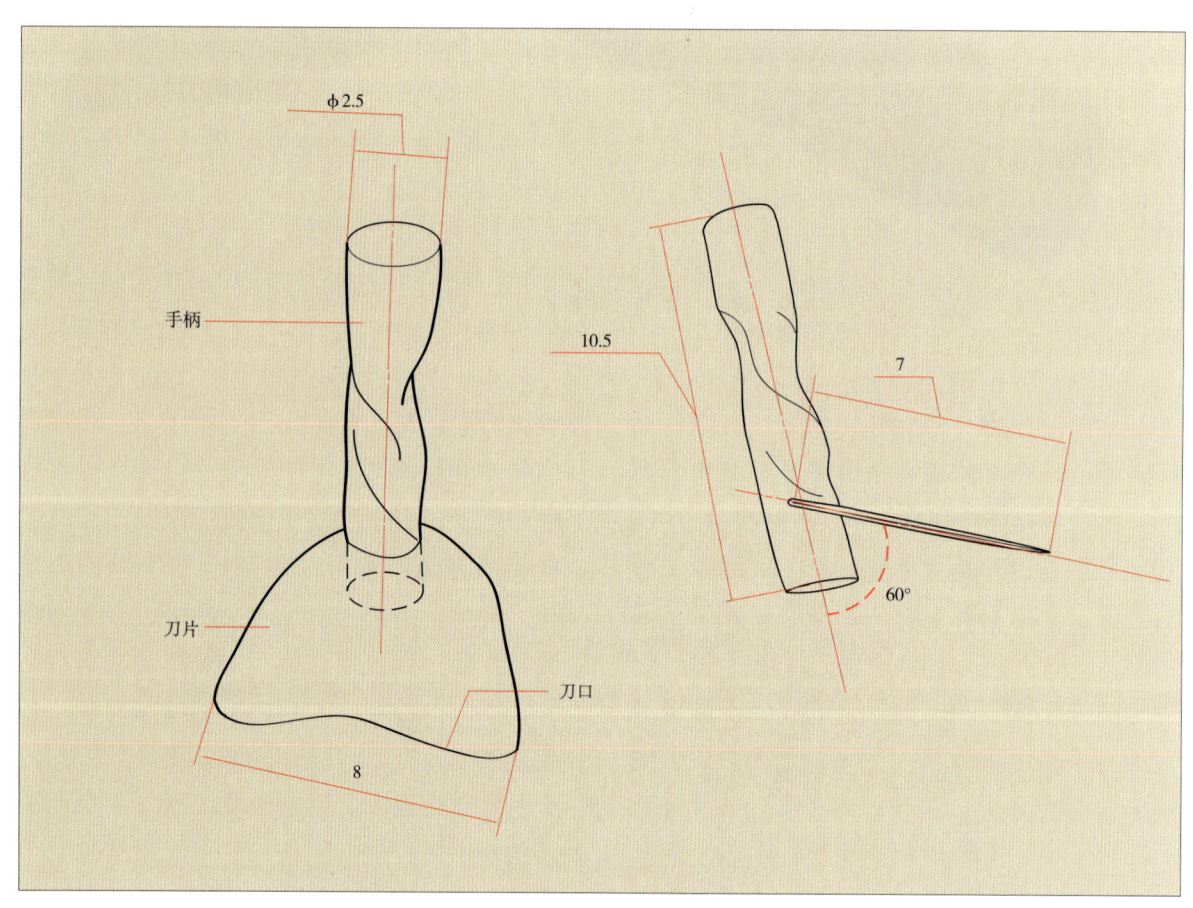

图二　广西壮族龙脊禾剪尺寸图(单位:cm)

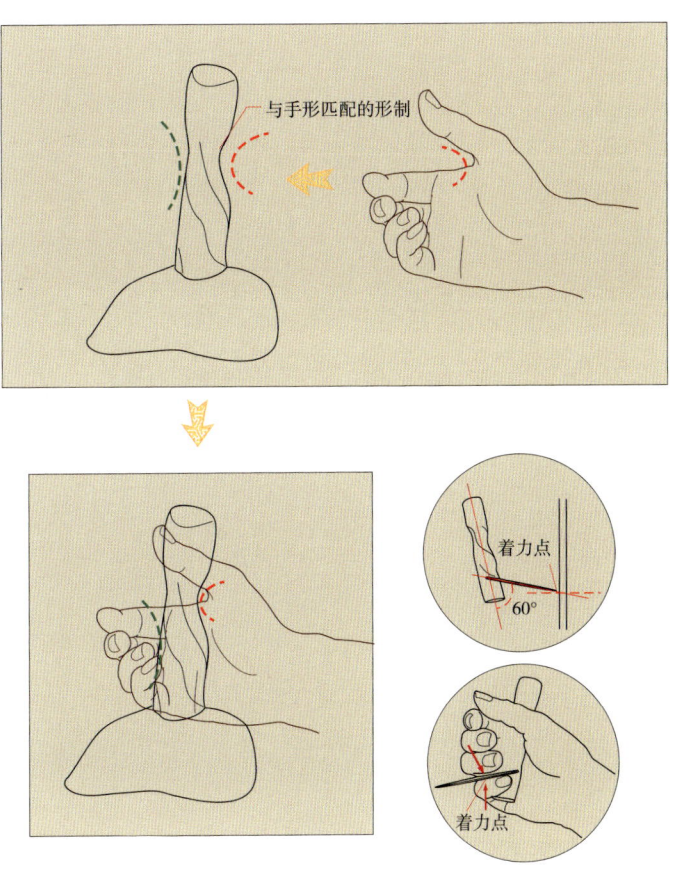

图三　广西壮族龙脊禾剪设计分析图

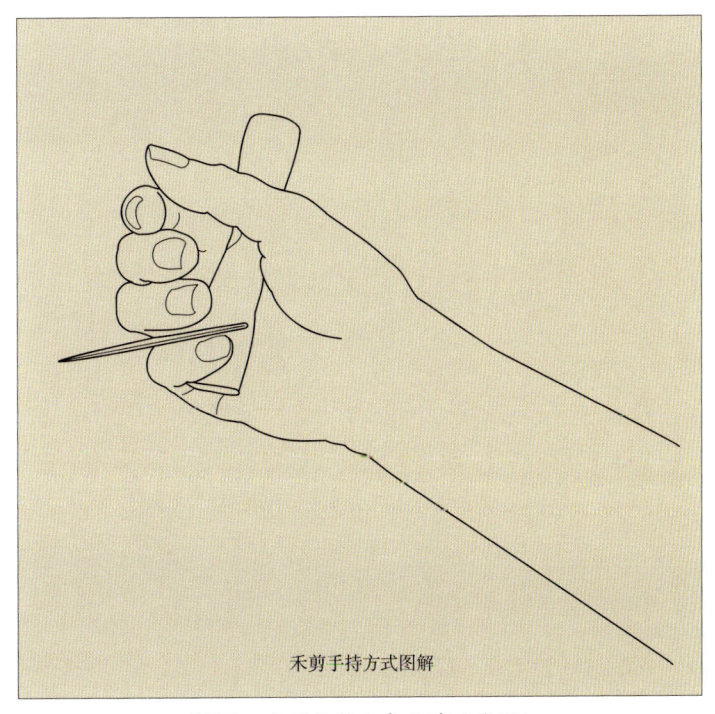

图四　广西壮族龙脊禾剪功能图1

图五　广西壮族龙脊禾剪功能图2

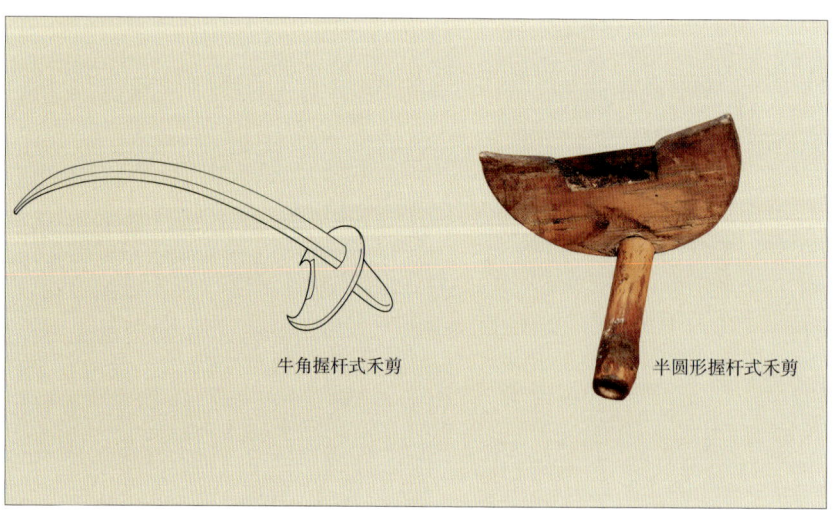

图六　广西壮族龙脊禾剪对比图

广西壮族靖西勾头砍柴刀

图一　广西壮族靖西勾头砍柴刀主图

勾头砍刀是壮族人常用的一种刀型，这种刀身由直逐渐变弯，最后在刀的端头形成个"弯月"状的刀鼻，故名之。本案例采自广西靖西壮族博物馆，案例总长 27 厘米，前端弯曲长度 12 厘米，承窝长 8 厘米，最大直径 3.5 厘米。案例有刀身、刀鼻、刀刃、刀背、承窝、手柄等结构。

本案例在设计上不仅具有直刃刀之属性，也兼备镰刀之功能，因而是两类刀具的复合体。从这一点看，案例既是生活用具（比如砍柴），也是生产工具（如制作竹器）。其使用方式是：面对较粗的灌木树枝时，可用勾头砍刀以劈砍的方式将树枝砍下；若要取下远距离的细枝杈，可举起刀具，借助弯曲的刀口将树枝用力地切断。本案例还有其他功能，如勾拉物体、刀劈竹篾等。为了便于携带案例，壮族人或用竹编腰篓，或用木制刀扣，两种方法皆安全便利。

勾头砍刀历史悠久，壮族人使用此类工具，汉族人也使用此类工具，但汉族勾头砍刀形制与壮族不同：汉族人用的砍刀刀背较厚，功能"或斫柴篓，可代镰、斧。一物兼用，农家便之"（元王祯撰：《农书译注》[M]，缪启愉、缪桂龙译注，济南：齐鲁书社 2009 年版，第 494 页）；而壮族砍刀刀背较薄，不能代替斧的使用。此外，汉族还有一种砍刀，结构与本案例近似，不过那是为保护刀刃而设计的。具体来说，砍刀在砍断物体时如果是刀口着地，那么，触地的不是刃口，而是前端弯曲部分，这样就避免了刃口的损伤。广西京族人也用砍刀，除砍伐竹木外，还常用它劈砍椰子。椰子树高大，椰子形如圆球，是故京族人砍刀无须勾头的存在。种种刀型说明，民间器具设计往往是功能决定形制。

本案例是锻打而成的小型工具。锻打时，

用火钳夹住刀坯,然后放在铁砧上用锤子锻打,一般要经过多次淬火才能打成。过去,壮族铁匠基本都是父子、兄弟间的家庭式作坊,也有亲戚、街坊间的合作,规模通常不大。如果是师傅带徒弟,学艺时间一般为三年,学艺期间仅供吃住,没有工钱,学成后,师傅要送给徒弟全套打铁工具,让徒弟自立。

壮族铁匠收费是以件论价的,有时也可采用换工的方式,即出售器具不收钱,购买者在农忙时节来帮忙做一至两天的工即可,出售方式灵活多样。

图片来源

图一　孙林　摄影
图二至图五　许边疆　制图
图六　许边疆　摄影

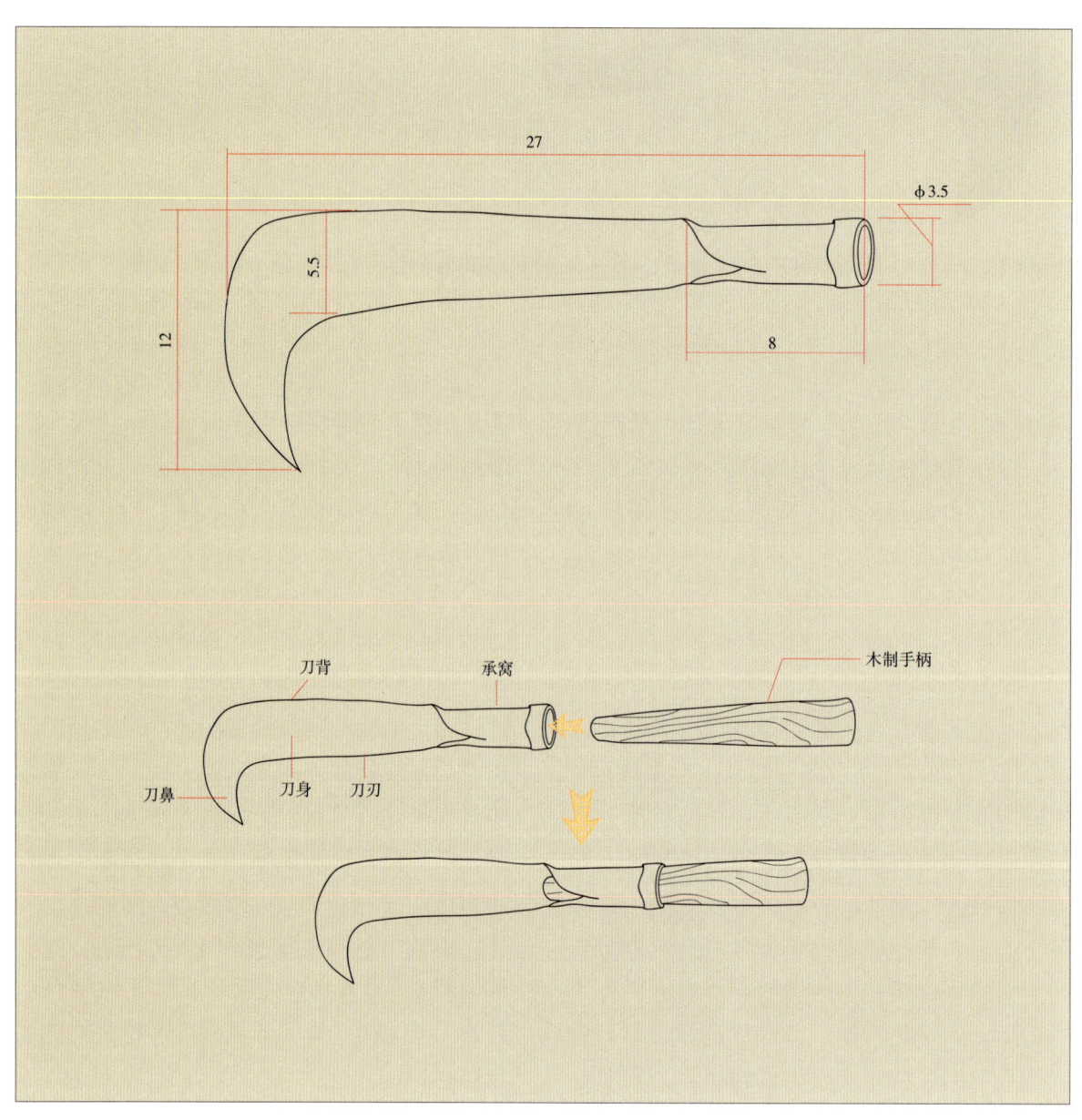

图二　广西壮族靖西勾头砍柴刀尺寸图(单位:cm)

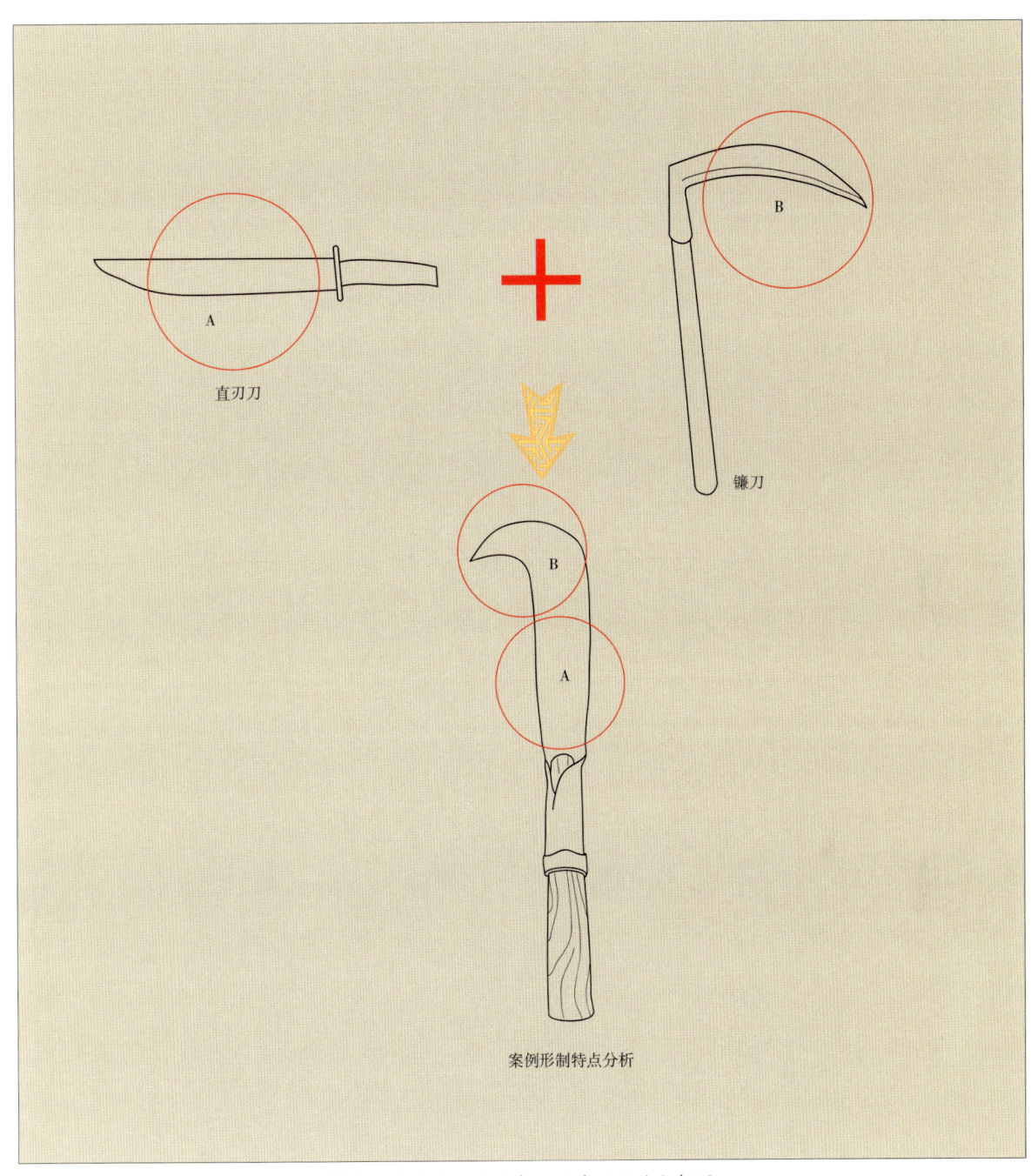

图三　广西壮族靖西勾头砍柴刀设计分析图

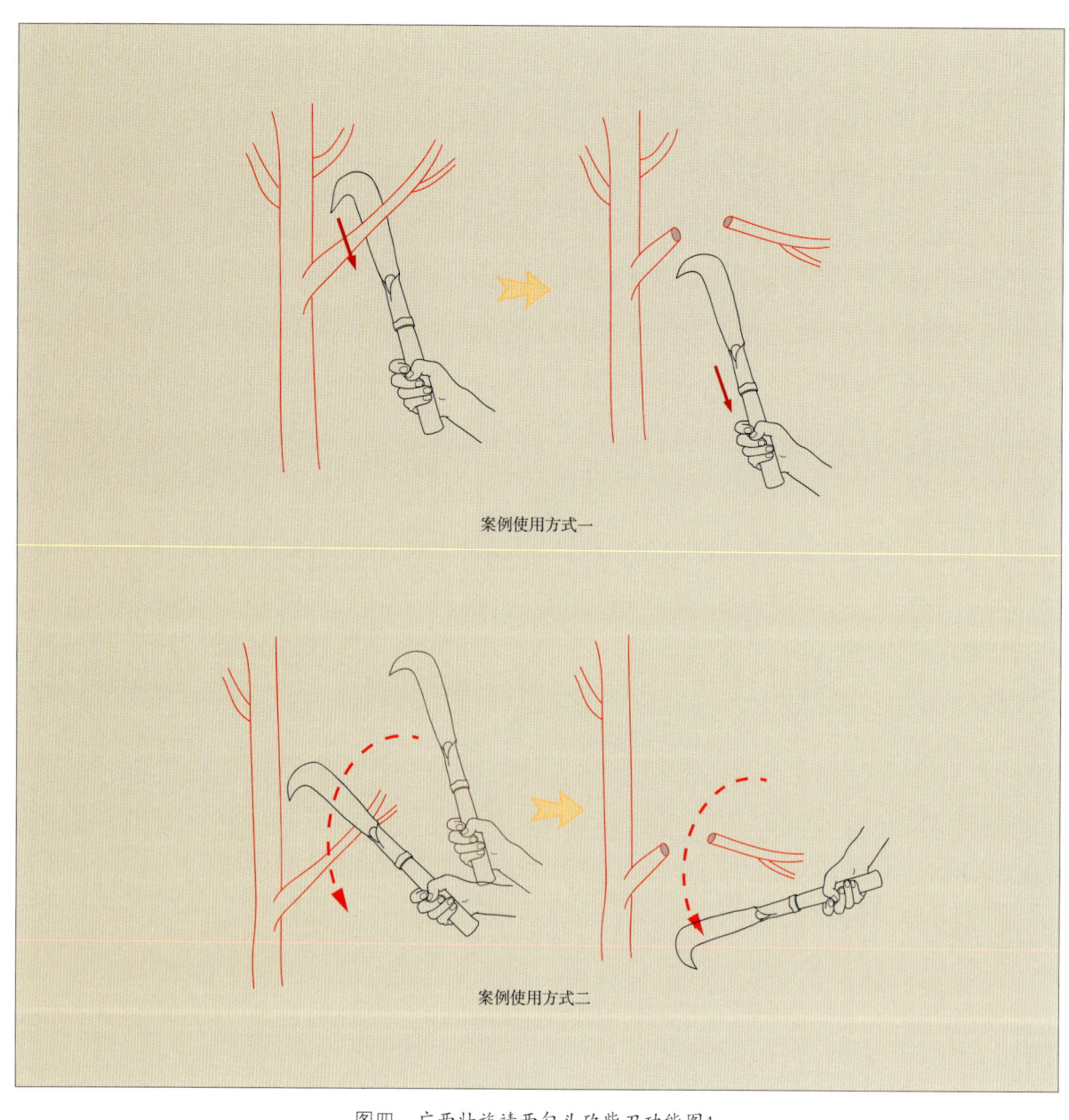

图四　广西壮族靖西勾头砍柴刀功能图1

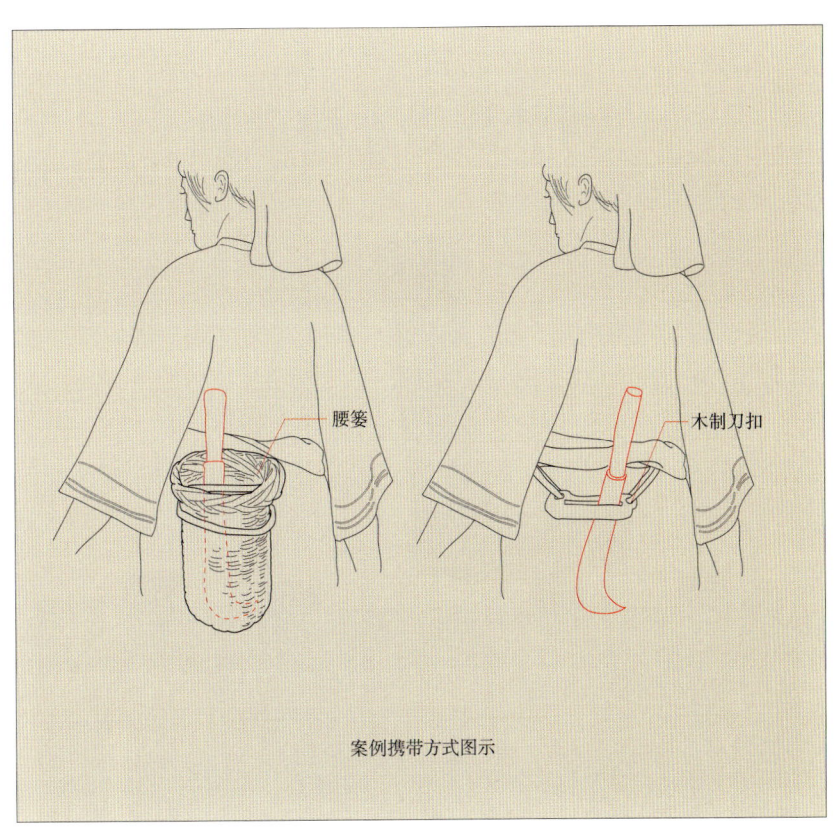

图五　广西壮族靖西勾头砍柴刀功能图2

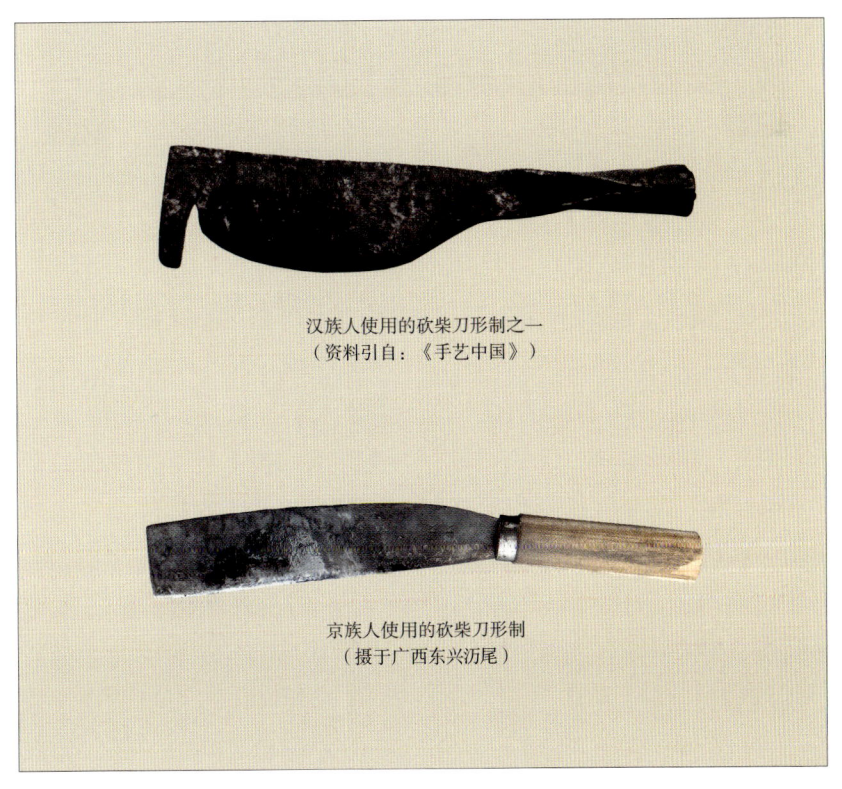

图六　广西壮族靖西勾头砍柴刀对比图

广西壮族崇左榨蔗机

图一　广西壮族崇左榨蔗机主图

榨蔗机是广西传统榨蔗取汁器具,这类器具通常用石材或木材制成,本案例即为石质榨蔗机,现藏于广西崇左壮族博物馆。案例长182厘米,宽93厘米,高110厘米;内部石辊直径70厘米,辊高42厘米。整个榨蔗机由立架、雄雌石辊、羊角杠杆、犁担、榫轴、木齿、轴盘(主图不全)等结构组成。

历史上,壮族榨蔗机的起源虽无明确记载,但依据一些间接文献能得出以下结论,即:三国时期壮族就已有压榨甘蔗器,如《三国志·吴孙亮传》注引《江表传》云:"亮(即孙亮)使黄门以银碗并盖,就中藏吏取交州所献甘蔗饧。"这里"交州"无疑是壮族先人的主要聚居地,而"甘蔗饧"则是用甘蔗汁熬制的一种糖。后来晋人嵇含也在其《南方草木状》里云:"交趾所生者(指甘蔗),围数寸,长丈余,颇似竹。断而食之甚甘。榨取其汁,曝数日成饧,入口消释,彼人谓之石蜜。"由此可见,壮族榨蔗的历史久远。

从设计学角度分析,本案例的工作原理是利用一对石辊的反向运动所产生的挤压力而实现的。由于石辊自身重量大,故需借助畜力才能长时间地工作,为此壮族人在榨蔗机上设置了很长的犁担,通过犁担的施力来带动雄辊轴的转动，继而又因木齿间的咬合使雌辊做相对运动。从材料属性看，木材具有很好的弹性与韧劲儿，而石材则具有更大的刚性，壮族人巧妙地在石材上做卯眼，再将木块打入其中，从而构成传动的辊齿，这既利于易损件的更换，同时又张扬了石材与木材各自的优点，规避了它们的不足。

实际上，壮族传统榨蔗机有木质和石质两种。在靖西壮族生态博物馆考察时，我们就发现该馆藏有木质榨蔗机，这种机的木榨构件通常是用铁木、金刚木、龙眼木等硬质木料做成，除材料同本案例相异外，其构造方式和工作原理与本案例基本一致，这说明壮族传统榨蔗机的设计技术已十分成熟。壮族榨蔗机（或作坊）一般是同族或全村人共享的财物，每年开榨前要举行祭祀仪式（停榨也要祭祀），然后再以几户为一组，从砍蔗、运蔗到入榨、制糖，彼此间要相互协作，体现了浓浓的乡情。

如今，随着工业化榨糖技术的进步，传统榨蔗机已退出了历史舞台，最终走进了历史博物馆。

图片来源

图一、图六　孙林　摄影
图二至图五　许边疆　制图

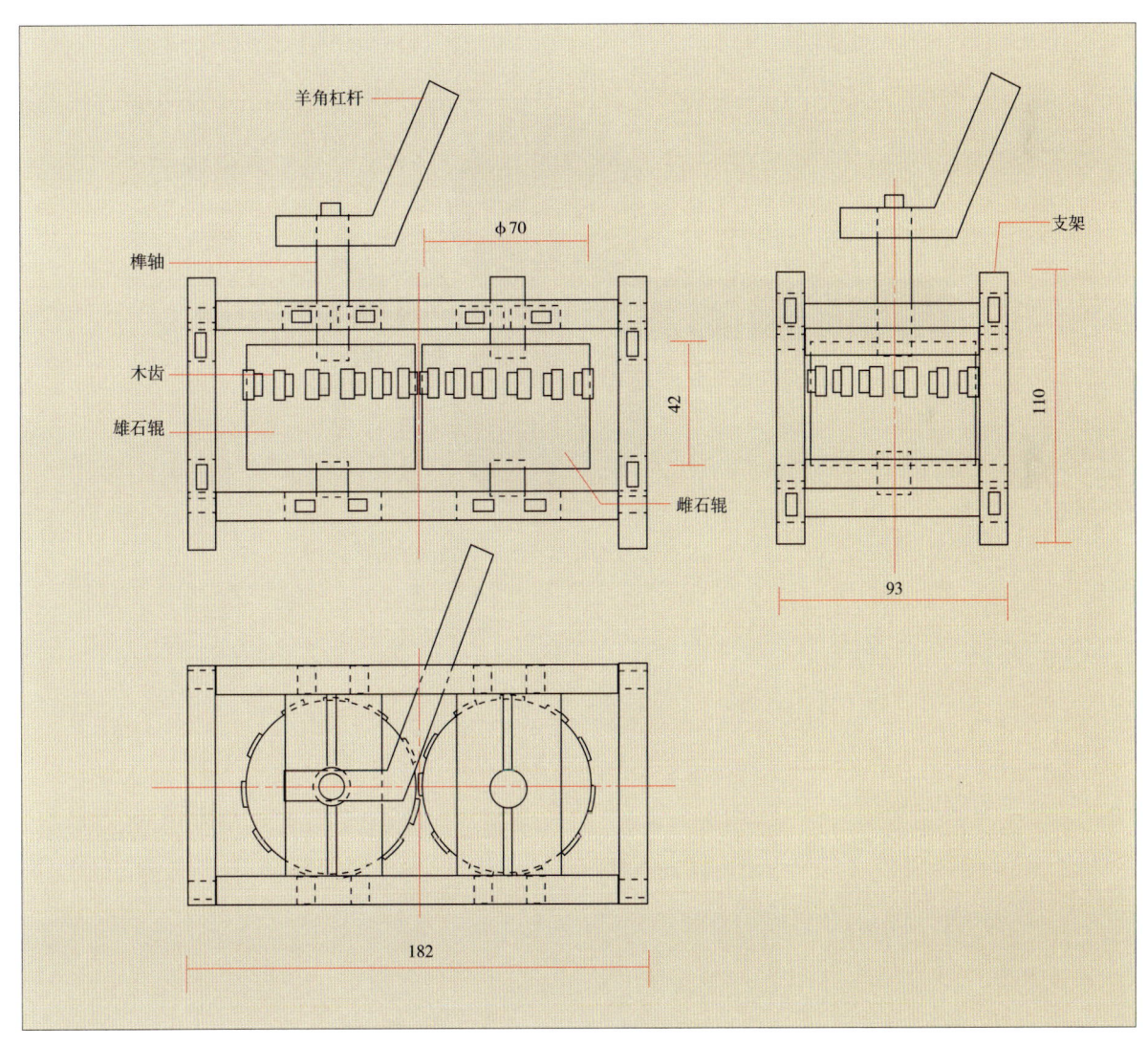

图二　广西壮族崇左榨蔗机尺寸图（单位：cm）

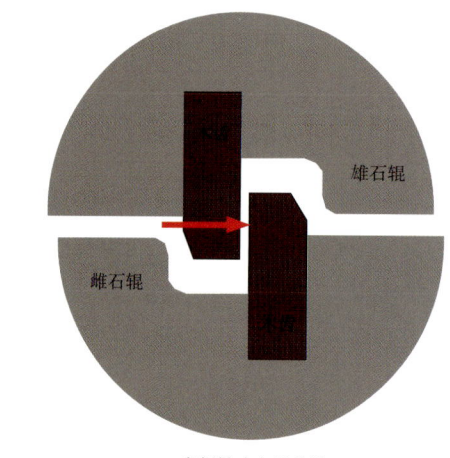

案例做功力学分析
（案例局部轮齿）

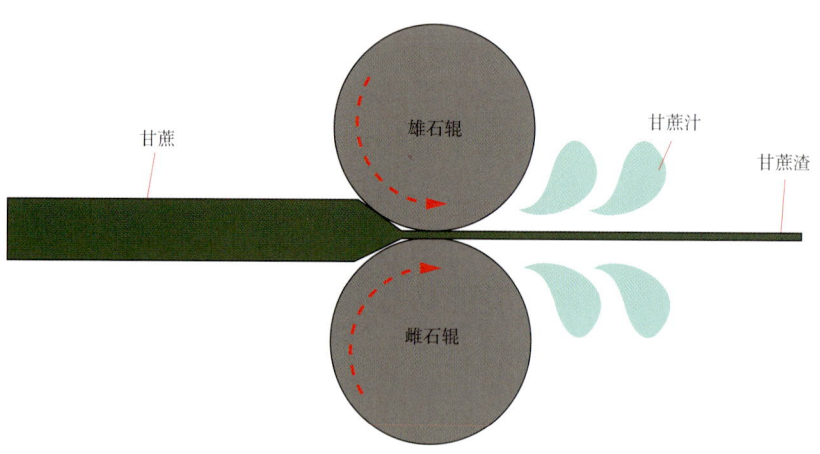

图三　广西壮族崇左榨蔗机设计分析图

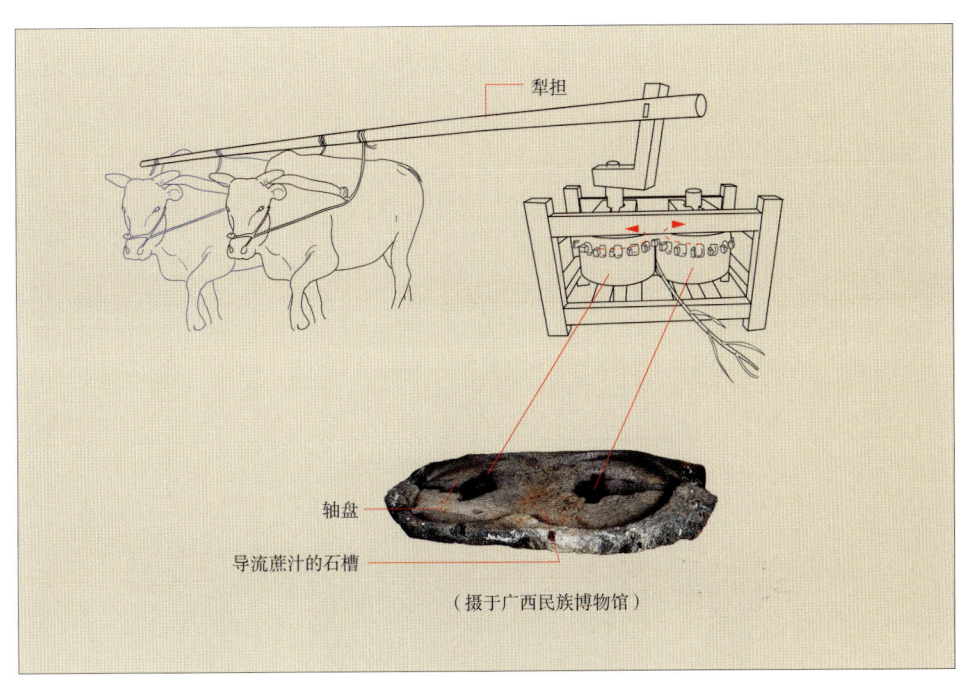

图四　广西壮族崇左榨蔗机功能图

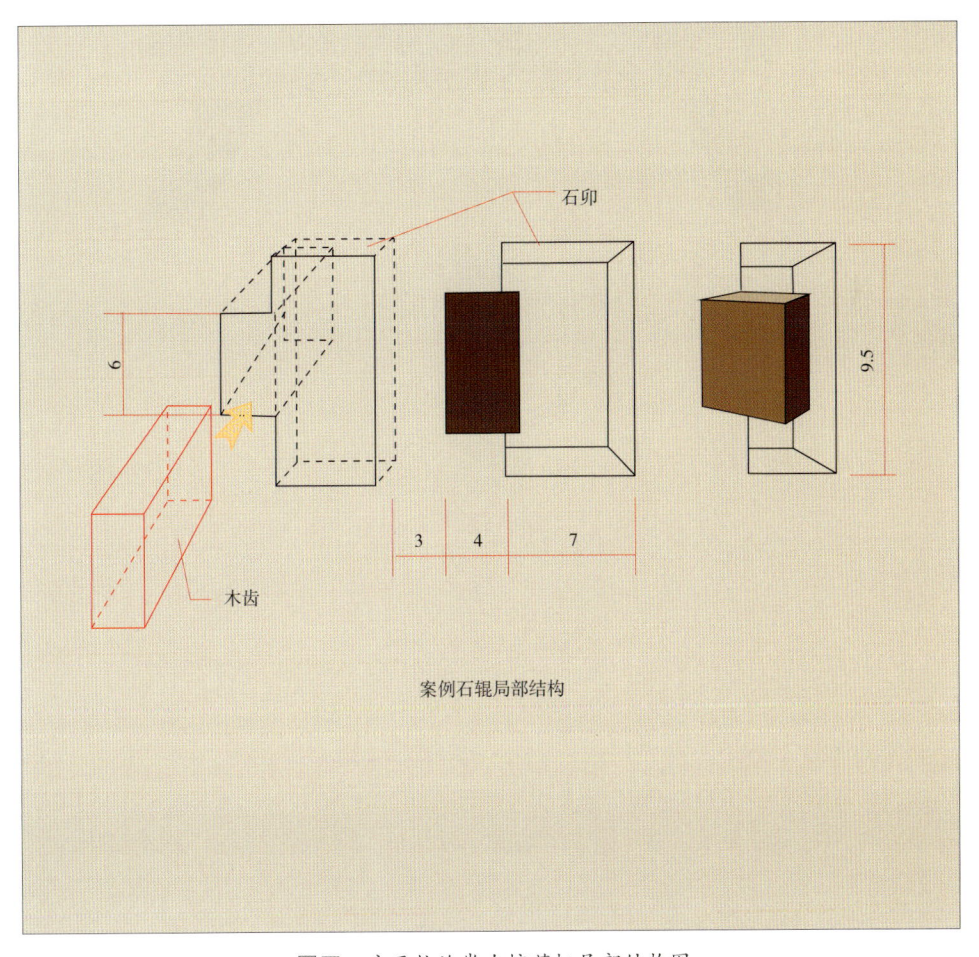

图五　广西壮族崇左榨蔗机局部结构图

第五章　壮族传统生产工具

壮族木礁式榨蔗机
（摄于广西靖西壮族生态博物馆）

图六　广西壮族崇左榨蔗机延展图

广西壮族南宁榨粉机

图一 广西壮族南宁榨粉机主图

榨粉机是壮族人制作传统米粉的一种工具,用它加工的米粉被当地人称之为"生榨米粉",壮语又称之为"粉拉馊",它是壮族人最爱吃的食品之一,历史悠久。本案例采自广西南宁民族博物馆,案例是用木料做成,结构由支架、榨筒、压枋、压杆和成型模具等构成。经现场测量,案例机身高80厘米,长142厘米,宽39厘米;压枋直径12厘米,高25厘米;榨筒内径13厘米;配用压杆直径7厘米,长180厘米。

经调研得知,案例的操作方式是:先将加工好的半生熟的胶泥状米膏成团地放入榨筒里,插入压枋,放上压杆,并让压杆的一端插在上支架横栏里,操作者双手握住另一端,用力向下拉,成团的米膏就会在压力的作用下从成型模具孔中挤出,接着掉进下面的汤锅里。这里值得关注的地方有：一是案例借助了杠杆原理，将上支架与压杆的接触点用作支点，结果榨筒因压杆的下压而受力；二是榨筒与压枋的关系形似活塞，当榨筒内部空间被压枋挤压时，空间不断变小，内压力却在不断增大，结果迫使米膏从模具缝隙中泻出；三是压枋上部形制被设计成圆滑的凹形，这是为了同压杆形制相匹配；四是在圆柱形压枋上部各设计一个盲孔，直径约3厘米，其功能是方便人手将压枋再提起。

至于壮族人的"生榨米粉"（因半生不熟而名之），其制作工艺是：先将用水浸泡过的米用石磨磨成米浆，放入布袋中沥去水分，接着让其微微发酵2至3天，使米浆略带一点酸味。然后，再用新米煮成熟饭，在石臼中将其捣成糊状，并以五分之一的比例

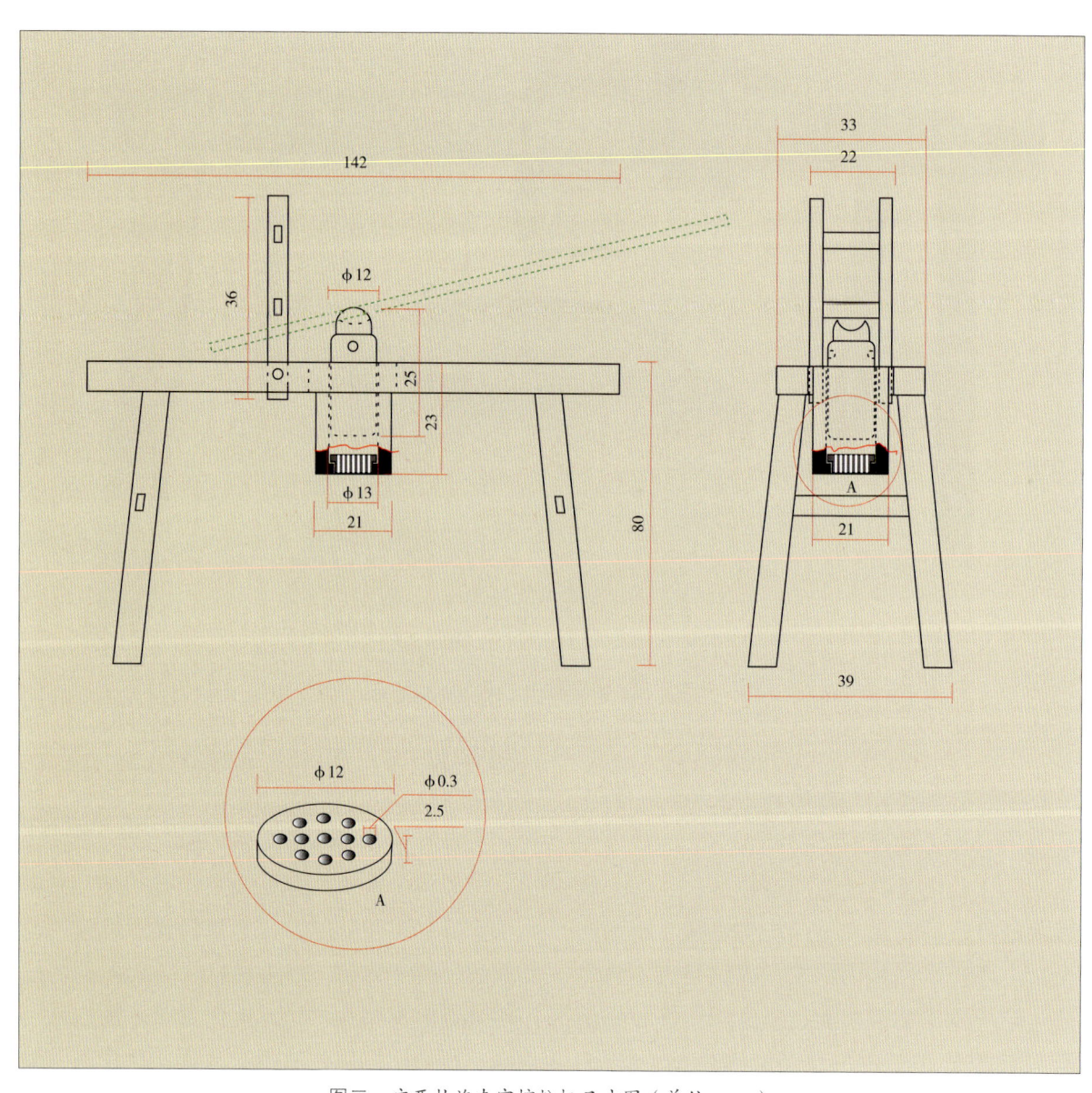

图二　广西壮族南宁榨粉机尺寸图（单位：cm）

同米浆粉混合，用手不断地搓揉，直至完全融合成膏状。壮族米粉的传统吃法是随吃随榨，吃的时候，将弄好的米膏放入案例中，经挤压的米线就会落入开水（骨头汤）锅里，不一会即可捞上，盛入碗里，加上调料，就成为一碗香味四溢的美食。

如今，米粉仍是南方非常普及的食品之一，但加工米粉的器具已今非昔比，过去那种费力的传统器具已被当今省工省力的螺杆机械所代替，用螺杆机械加工米粉时仅需用人手将原料放进设备即可，因而传统榨粉机被历史淘汰就成为一种必然。

图片来源
图一　孙林　摄影
图二至图五　许边疆　制图

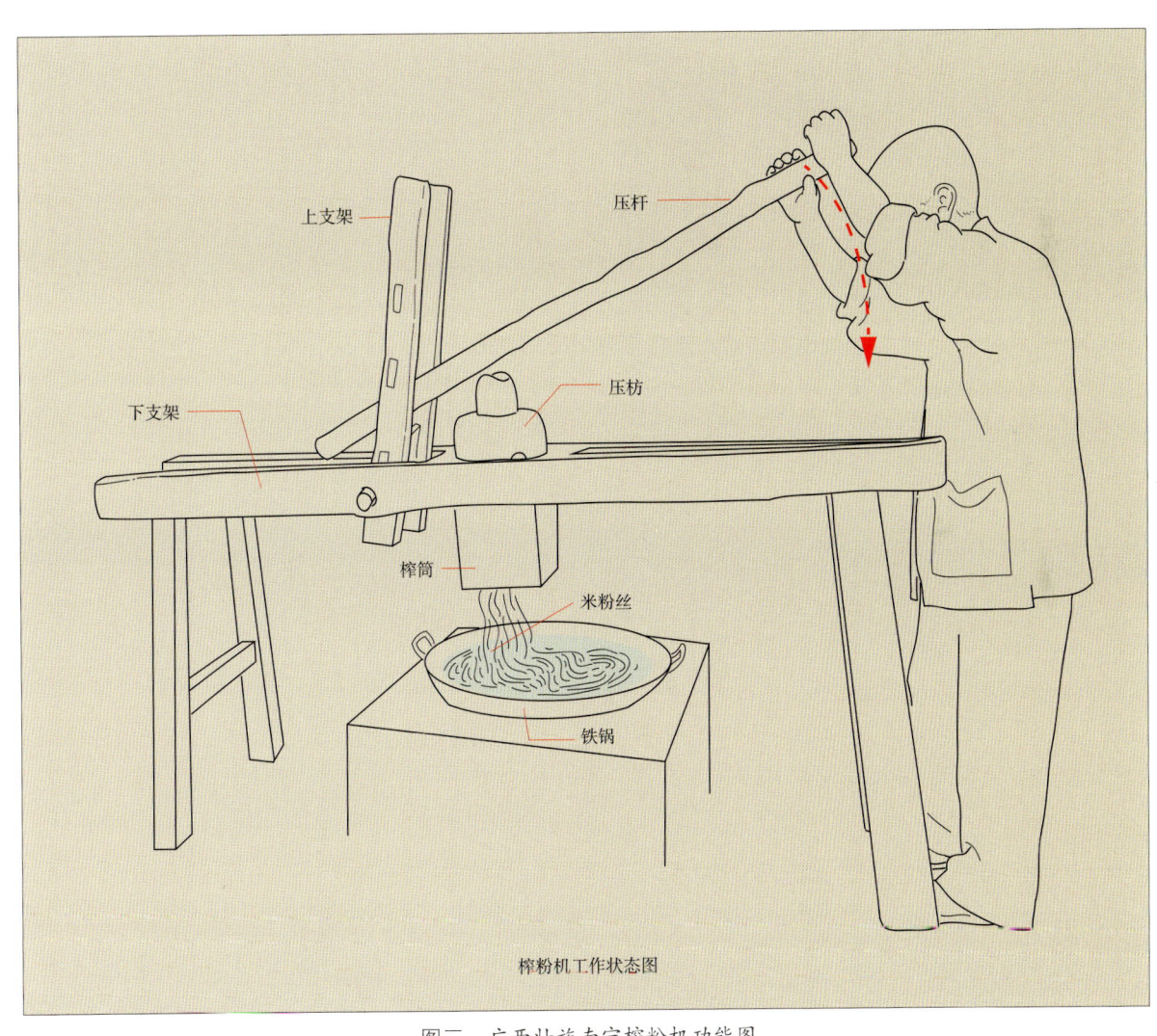

图三　广西壮族南宁榨粉机功能图

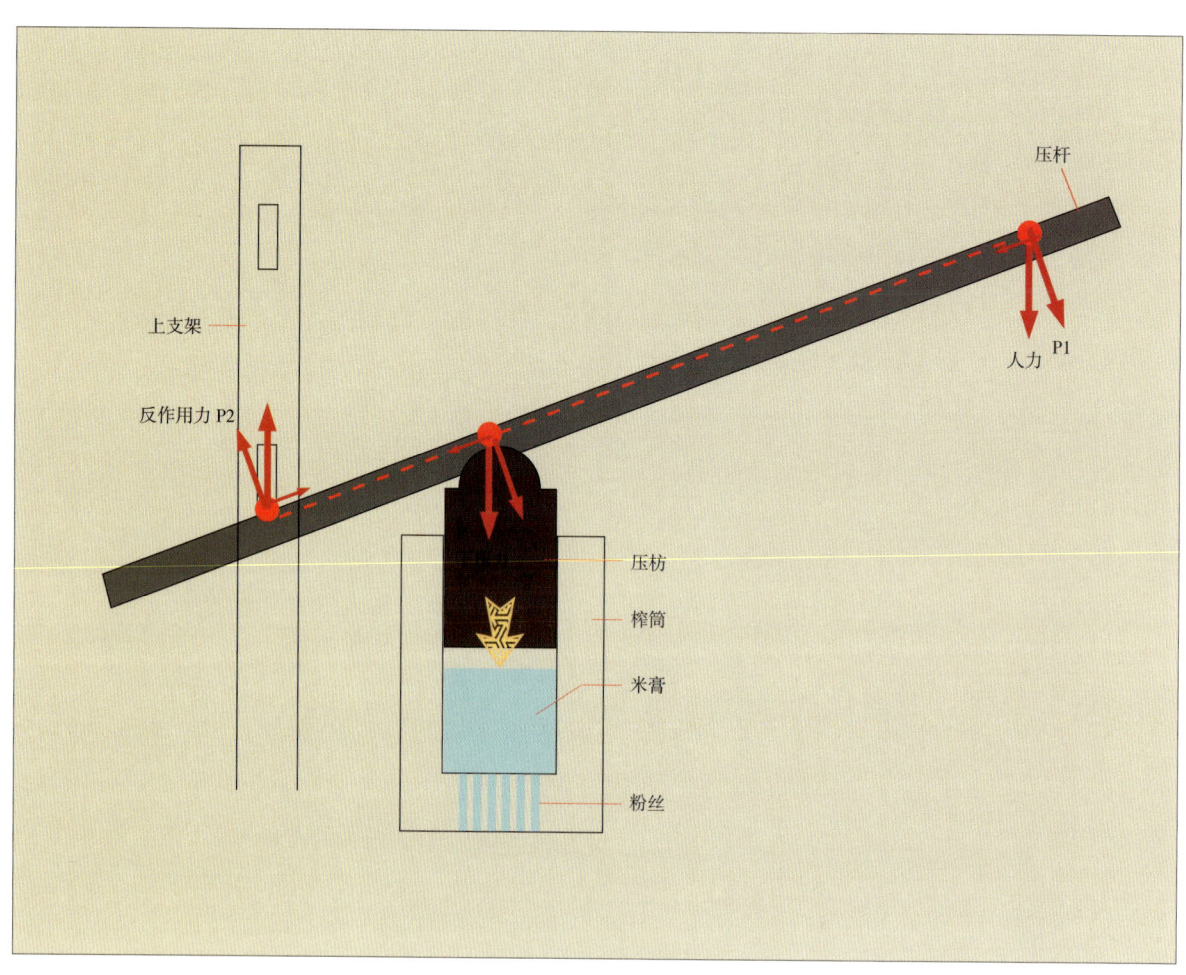

图四　广西壮族南宁榨粉机设计分析图1

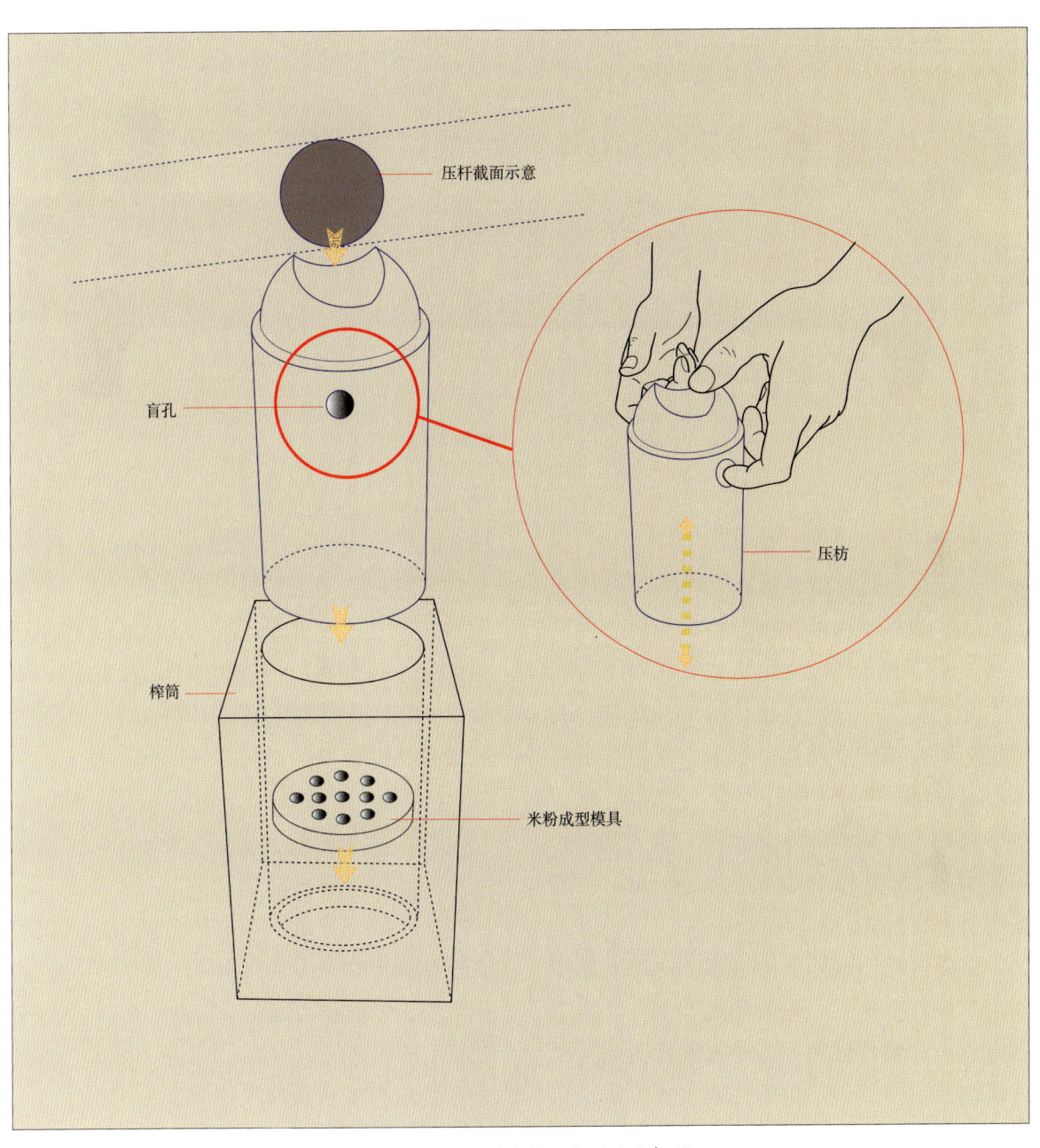

图五　广西壮族南宁榨粉机设计分析图2

广西壮族靖西榨油机

图一 广西壮族靖西榨油机主图

传统榨油机俗称"油榨""榨床",其榨油方式在古代文献里已有记载,如王祯《农书》、徐光启《农政全书》、宋应星《天工开物》中皆有表述。本案例采自广西靖西壮族生态博物馆,属于当地传统榨油器具,其结构组成有油槽、枋桯、机架、木楔、出油口、定位块、木槌(附件)等。经现场测量,本案例长386厘米,高43厘米,宽40厘米,内槽直径25厘米,油槽外形近于方形,内槽则呈中空管状。

根据当地榨油师傅的讲述,这类工具榨油工艺流程如下:一是先筛籽、炒籽,再用石碾或石磨碾碎油料;二是将碾好的油料放入锅内蒸,出笼后,再用稻秸包裹成饼,套上直径24厘米、高1.5厘米的铁箍(铁箍尺寸与机配套);三是把带箍的饼放入案例空槽中,并在案例左边插入若干木楔,再用木槌击打楔的顶部,让枋桯挤压油饼,直至油从出口流尽。榨完后,撤掉机体内部构件,取出油料饼渣,这种饼渣既可作饲料,也可肥田。这类榨油机与王祯《农书》里所描绘的"油榨"相比,除人工操作方式略有区别外,二者工作原理并无二样。事实上,在中国不同地区油榨机是普遍存在的,它们压榨原理虽一致,但形制与结构却多样化,这充分彰显了中国人的聪明与才智。例如,广西龙胜壮族使用的榨油机是从木槽的侧面打入木楔的,广西融水县杆洞乡家用榨油机是采用螺杆施压做功的。至于北方一些地区,传统榨油形式就更多样了。

从出油率来看,本案例自然不如现代新式榨油机。如果参照《天工开物》里给出的出油率,传统油榨最高出油率也仅33.33%(如胡麻、樟树籽等),黄豆出油率则低至7.5%,这是传统榨油机普遍退出社会的主要原因。尽管如此,有些山区壮族人仍在使用这类传统榨油机,究其原因:一是这类传统榨油机结构简单,操作方便,无须太多维护费用;二是操作过程仅凭人工,不用电力,且器具能随意搬迁;三是山区(尤其是分散居住的山民)交通不便,他们所需的油料更适易在家门口用传统法压榨,可随榨随用。

最后，可能还有一种情怀，那就是他们不愿轻易舍弃前辈们传下的这种谋生技艺。

图片来源

图一　孙林　摄影
图二至图十　许边疆　制图

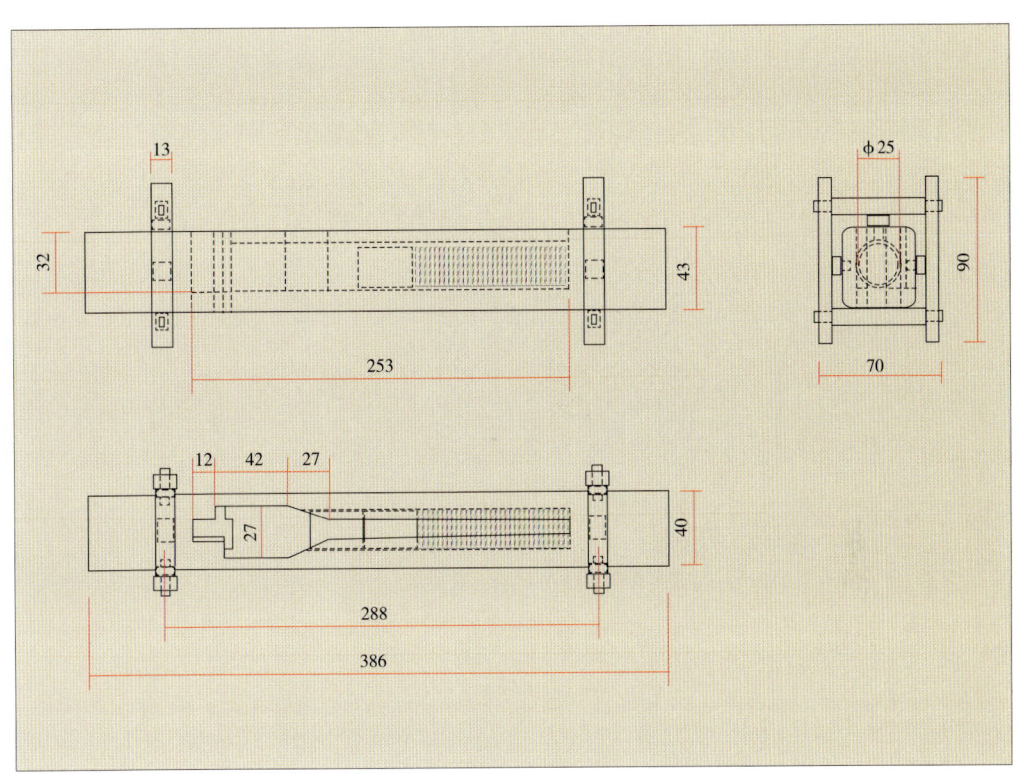

图二　广西壮族靖西榨油机尺寸图（单位：cm）

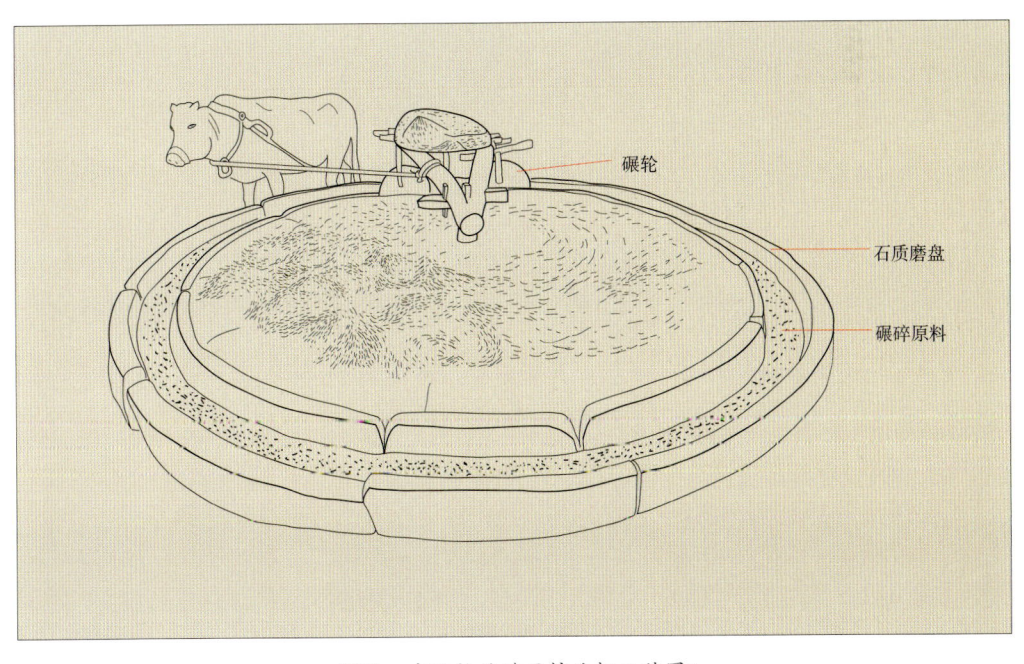

图三　广西壮族靖西榨油机工艺图1

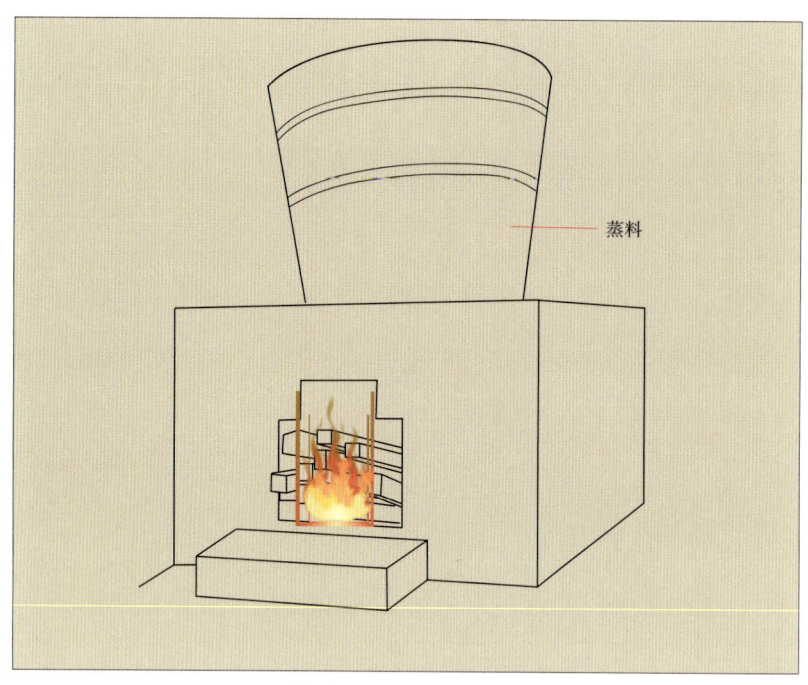

蒸碾碎后的原料

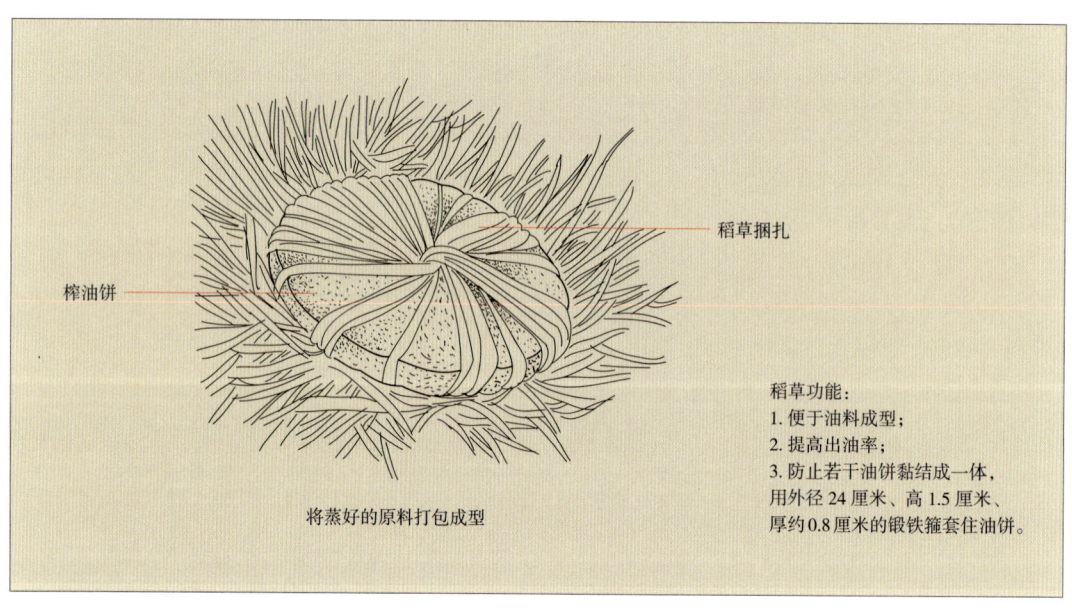

将蒸好的原料打包成型

稻草功能：
1. 便于油料成型；
2. 提高出油率；
3. 防止若干油饼黏结成一体，用外径24厘米、高1.5厘米、厚约0.8厘米的锻铁箍套住油饼。

图四　广西壮族靖西榨油机工艺图2

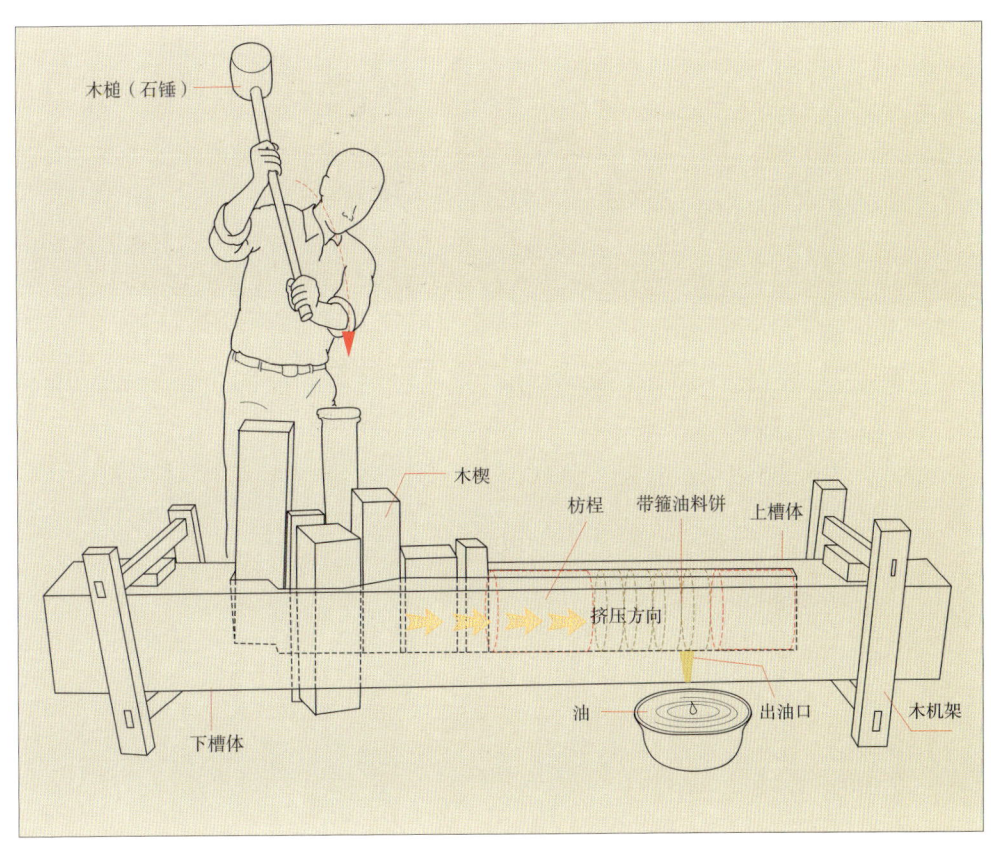

图五　广西壮族靖西榨油机工艺图3

图六　广西壮族靖西榨油机局部结构图

[元]王祯《农书》油榨插图

图七　广西壮族靖西榨油机对比图1

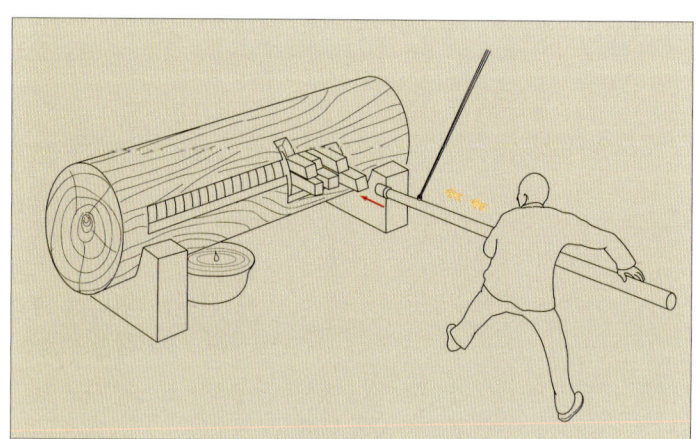

广西龙胜撞击式榨油机

图八　广西壮族靖西榨油机延展图

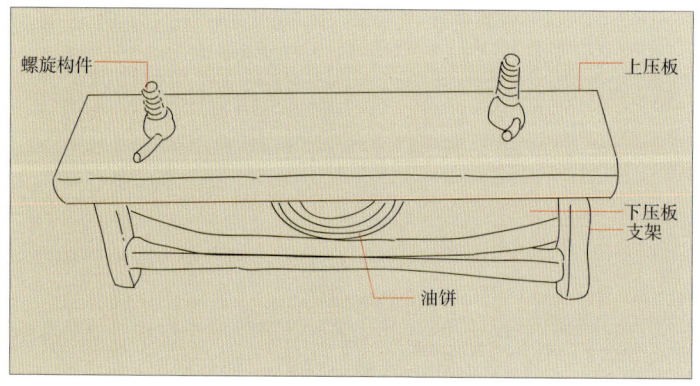

广西融水县杆洞乡壮族家用榨油机
（榨油机长105厘米）

图九　广西壮族靖西家用榨油机

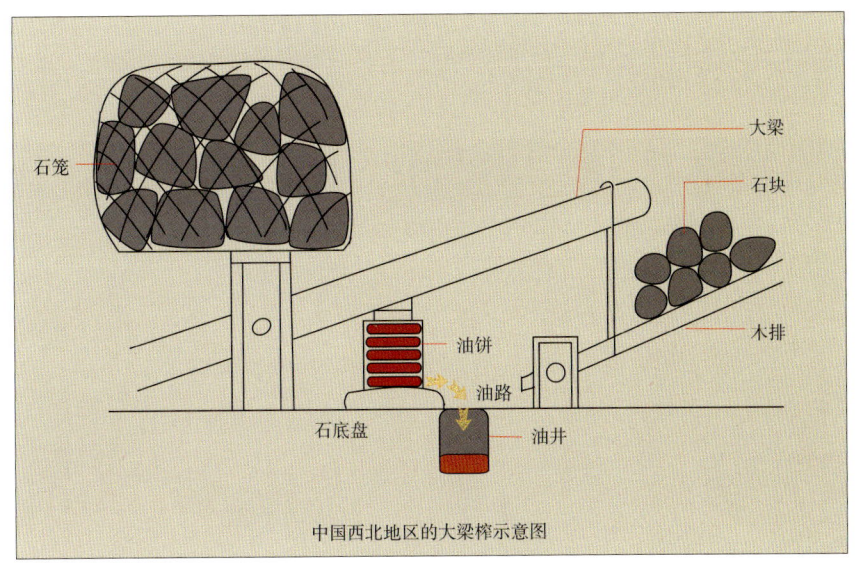

中国西北地区的大梁榨示意图

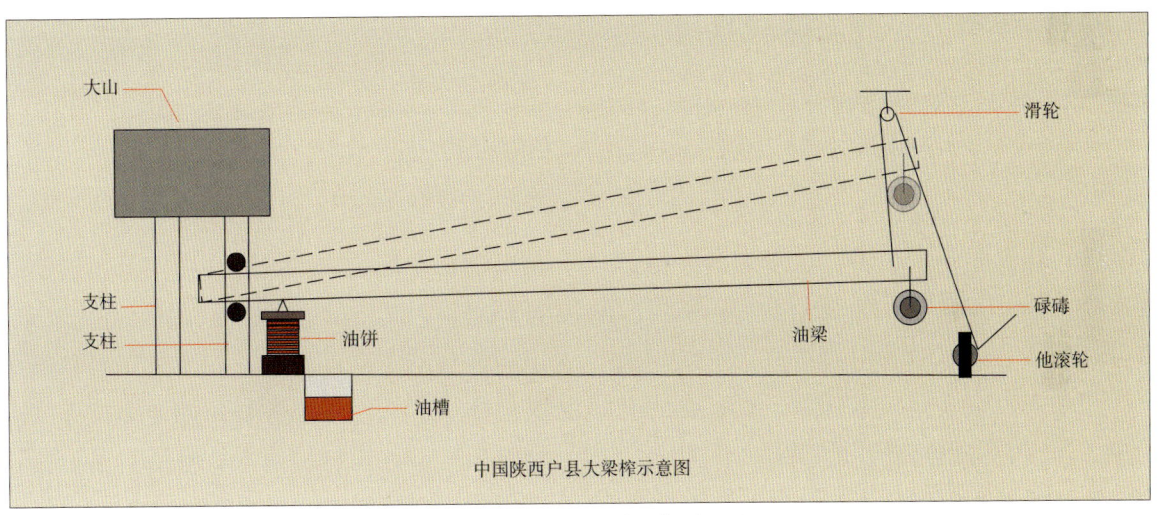

中国陕西户县大梁榨示意图

图十　广西壮族靖西榨油机对比图2

广西壮族那坡碓

图一 广西壮族那坡碓主图

碓，壮语叫 toi，是壮族人常用的一种舂谷脱壳工具。碓的结构一般由踏板、碓身、碓轴、轴架、木喙和谷臼等组成。本案例采自广西那坡县弄文屯，案例除了具备碓的一切特征外，它的独特之处是石制轴架。

经测量，案例体长 202 厘米，碓轴长 80 厘米，碓轴直径 15 厘米，木喙长 38 厘米，木喙直径 13 厘米，碓身直径 18 厘米，踏板宽 15 厘米，踏板厚 2.5 厘米，轴架高约 55 厘米。案例构造方式是：将碓身后半部削成平板，穿过碓轴并固定，然后碓身的头部装一段短木喙，喙与碓身呈 90°夹角，在距碓尾约 75 厘米处横安一段短轴，轴的两端插入固定的轴架（石制）里即可。舂谷时，操作者的脚踩下碓的扁尾，让碓首抬起，而后抬起脚，碓首便依靠其自身重力跌下，使喙打搓石臼中的谷物。从力学角度分析，踏碓是利用了力学中的杠杆原理，以碓轴为支点，以脚踏为动力踏动碓尾，转换为碓首自身下落的力量，从而实现舂谷目的。那坡弄文屯地处山区，这里村民历来就有用石材造器物的传统，村里随处可见石槽、石缸、石柱、石磨等，像本案例中的轴架，就是用石头凿孔而成。

在壮乡，碓的使用很普遍，除局部有些材料不同外，结构基本雷同。例如，在桂北我们见到的碓，轴架虽然也是用石材打造而成，但形制却为几何形，碓轴是从上插入轴架的。历史上碓源于何时尚需考证。从历史文献看，人们起初是用手拿着木棒将石臼中的谷物舂成米。正如《易·系辞》所说："黄帝尧舜氏做……断木为杵，掘地为臼。杵臼之利，万民以济。"显然，碓是在此基础上发展的。元王祯《农书》曾引用东汉哲学家桓谭《新论》中的话："杵臼之利，后世加巧，因借身重以践碓，而利十倍。"（元王祯撰：《农书译注》[M]，缪启愉、缪桂龙译注，济南：齐鲁书社出版2009年版，第561—562页）这表明，至少在东汉时期已有碓机的出现，其功效是杵臼的十倍。另外，王祯《农书》中还介绍了"埂碓"，即将谷臼埋入地面的一种陶瓷，由于埂壁圆滑（埂底换成石块），舂米时米会自然地在埂内翻滚倒流，可省去人工搅拌环节。

从以上文献得知，碓是我国历史久远的一种粮食加工器具，因地区不同，碓的制造方式也有差异，不过其设计原理并无二致。

图片来源

图一　许边疆　摄影
图二至图五　许边疆　制图
图六　摹绘元王祯《农书》插图

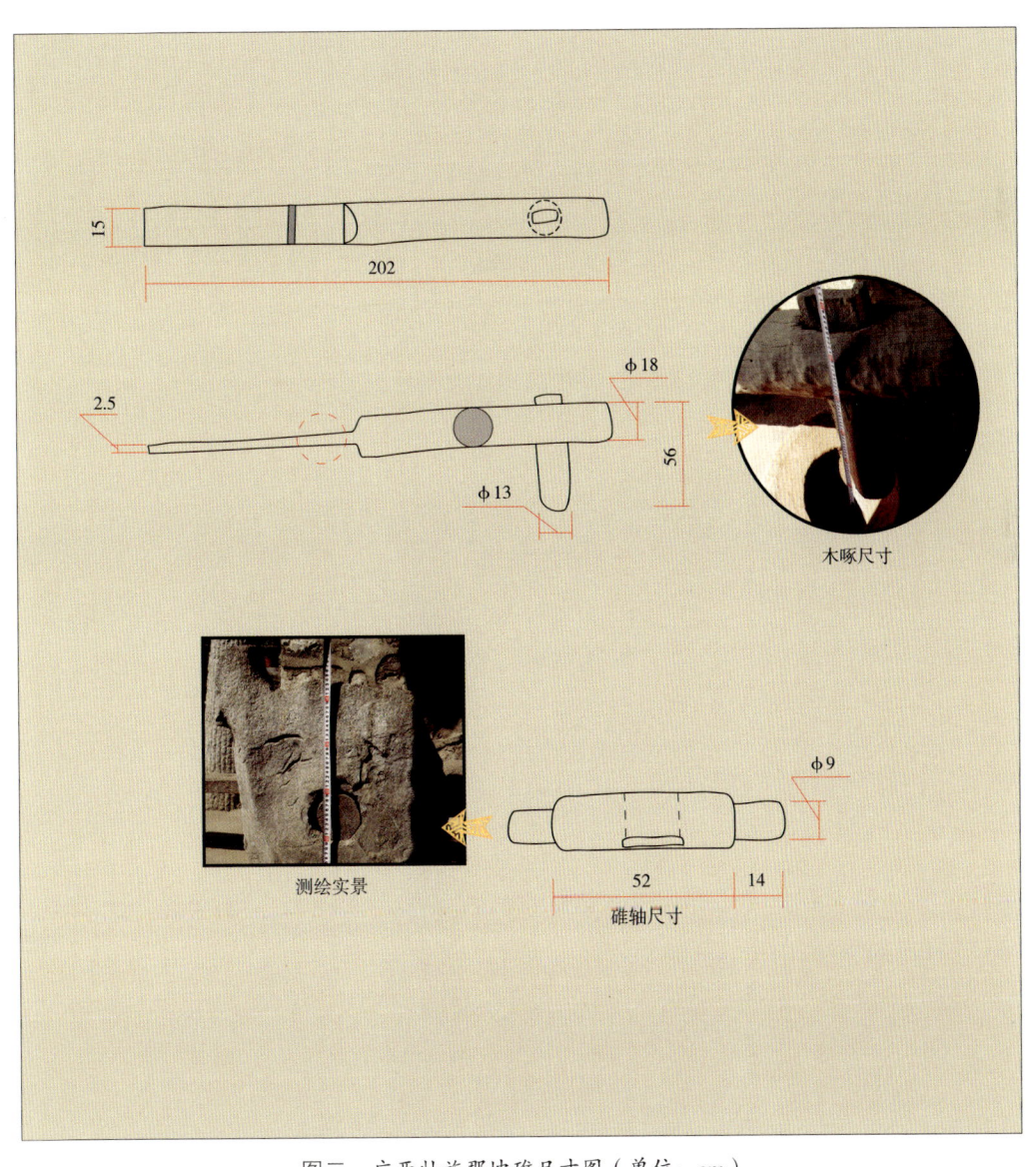

图二　广西壮族那坡碓尺寸图（单位：cm）

第五章　壮族传统生产工具

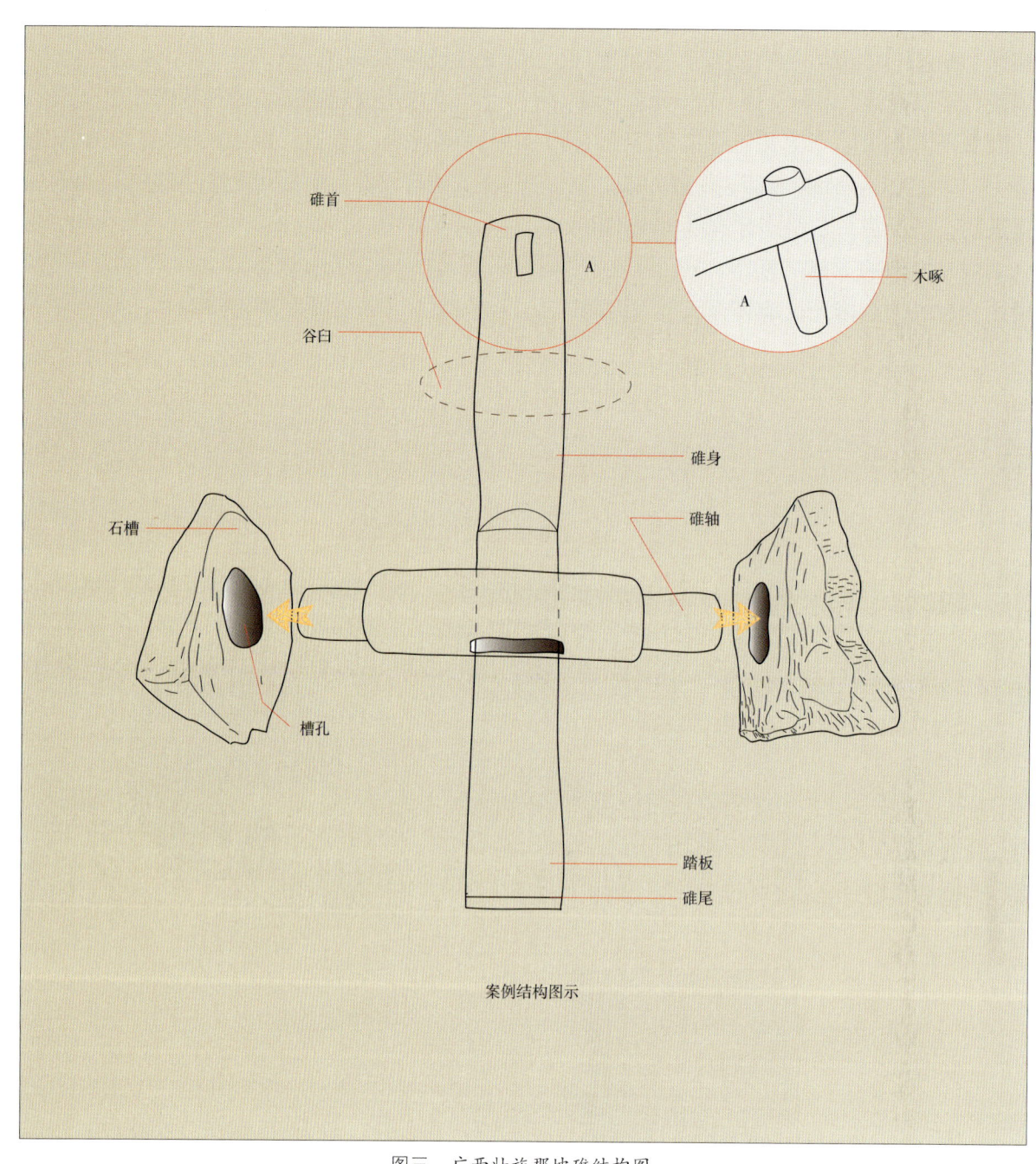

图三　广西壮族那坡碓结构图

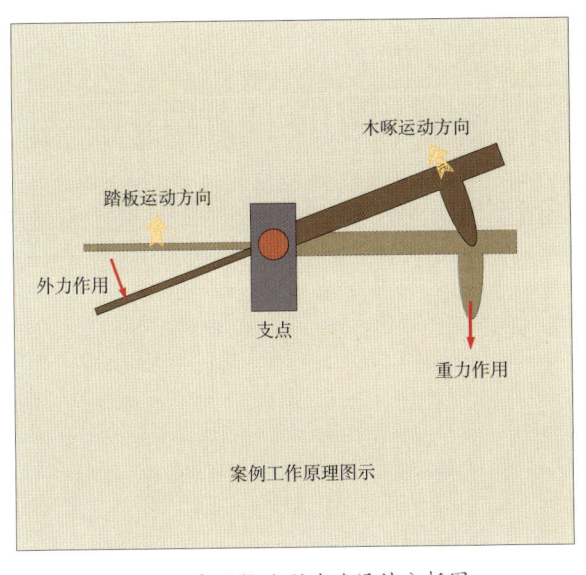

图四 广西壮族那坡碓设计分析图

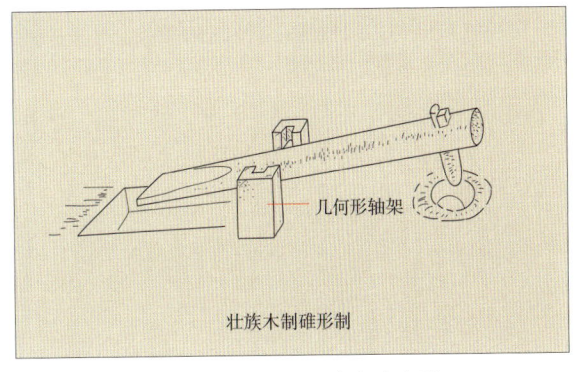

图五 广西壮族那坡碓对比图

图六 广西壮族那坡碓延展图

第五章 壮族传统生产工具

广西壮族龙脊冲锤

图一 广西壮族龙脊冲锤主图

"冲锤"是一种用手操作的劳动工具。与其他锤子相异的是,冲锤锤头是用木制成,手柄则为竹片材料。本案例采自广西龙脊壮族生态博物馆,属于当地壮民自制。经测量,案例锤头长21厘米,截面直径11厘米;手柄长56厘米,宽3.3厘米,厚1.8厘米,是用两根竹片叠加而成。

从现场测试得知,56厘米长的手柄及大约1.7千克重的锤头,既能满足成人单手操作,也能双手使用。实际上,案例是一种多用途器具，比如当地壮民用这种工具将竹或木砸入泥土中建栅栏；再比如，营造房屋时木匠师傅可用案例击打木构件或矫正歪斜的梁木，因本案例锤头面积较大，故不会将木梁损伤。同样，如果敲击金属薄板，只会改变金属薄板的外形，不会伤及金属材料，因为木材硬度不及金属。从材料属性看，案例突出的特点是竹质手柄，其设计优点如下：一是竹片不仅有较强的表面硬度，也有很好的弹性，这种弹性能赋予锤头更大的惯性力，从而提升其工作效能；二是竹片加工过程简单易行，生产成本低廉。本案例手柄与锤头的连接方式是：先用錾子在锤头中部打出具有一定深度的盲孔，然后再将两根并列的竹片插入盲孔中，并在空隙处加入木楔固定。

壮族人使用木槌的场合很多，如捶打糍粑用的工具有木槌，只不过这种木槌要比本案例小巧、精致，因为它是加工食品之器具。壮族人制作亮布也用木槌，但木槌手柄要比本案例短很多。总之，对于结构并不复杂的木锤，壮族人是根据功能来制作的，有些工具看似简陋（如本案例），但使用性很强，其中不乏许多合理的设计成分，这对当今设计师进行实务设计无疑仍具有借鉴价值。

图片来源
图一　许边疆　摄影
图二至图六　许边疆　制图

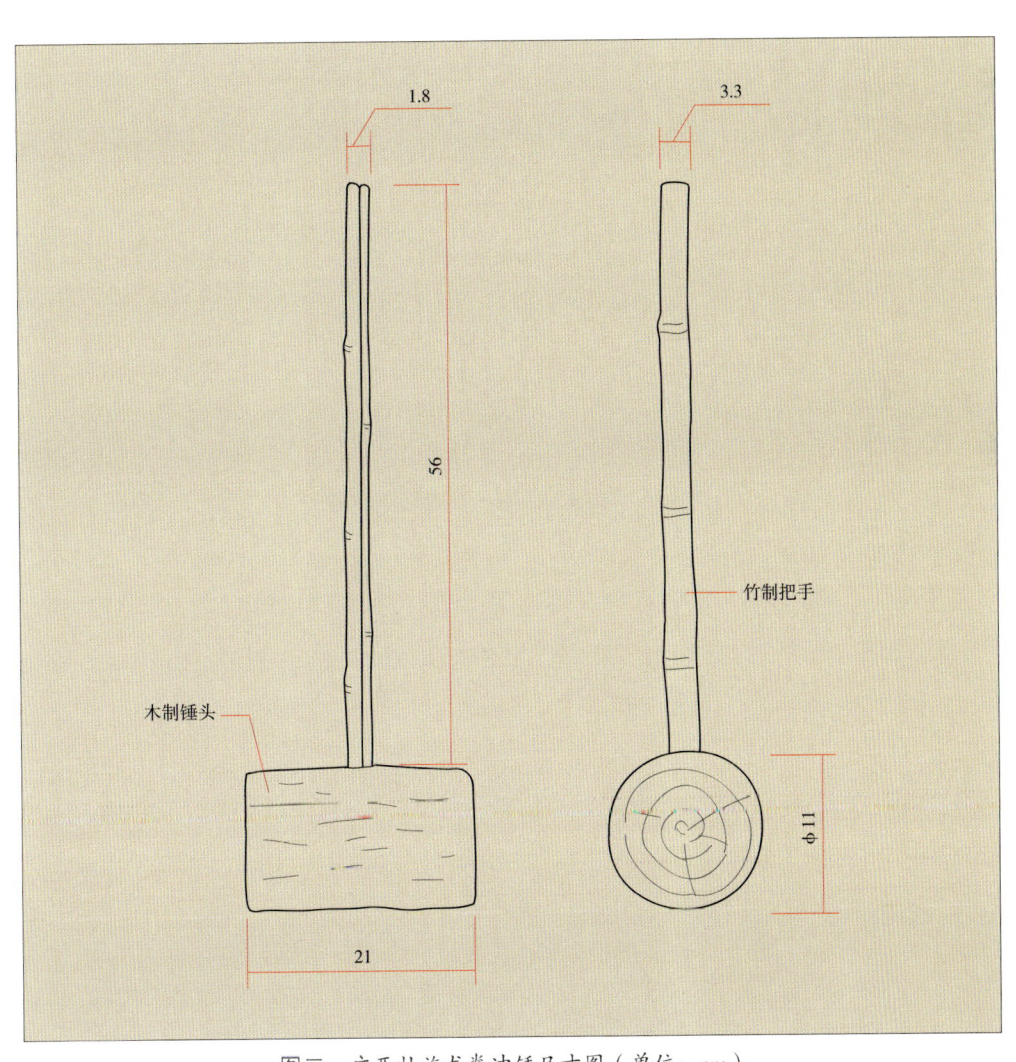

图二　广西壮族龙脊冲锤尺寸图（单位：cm）

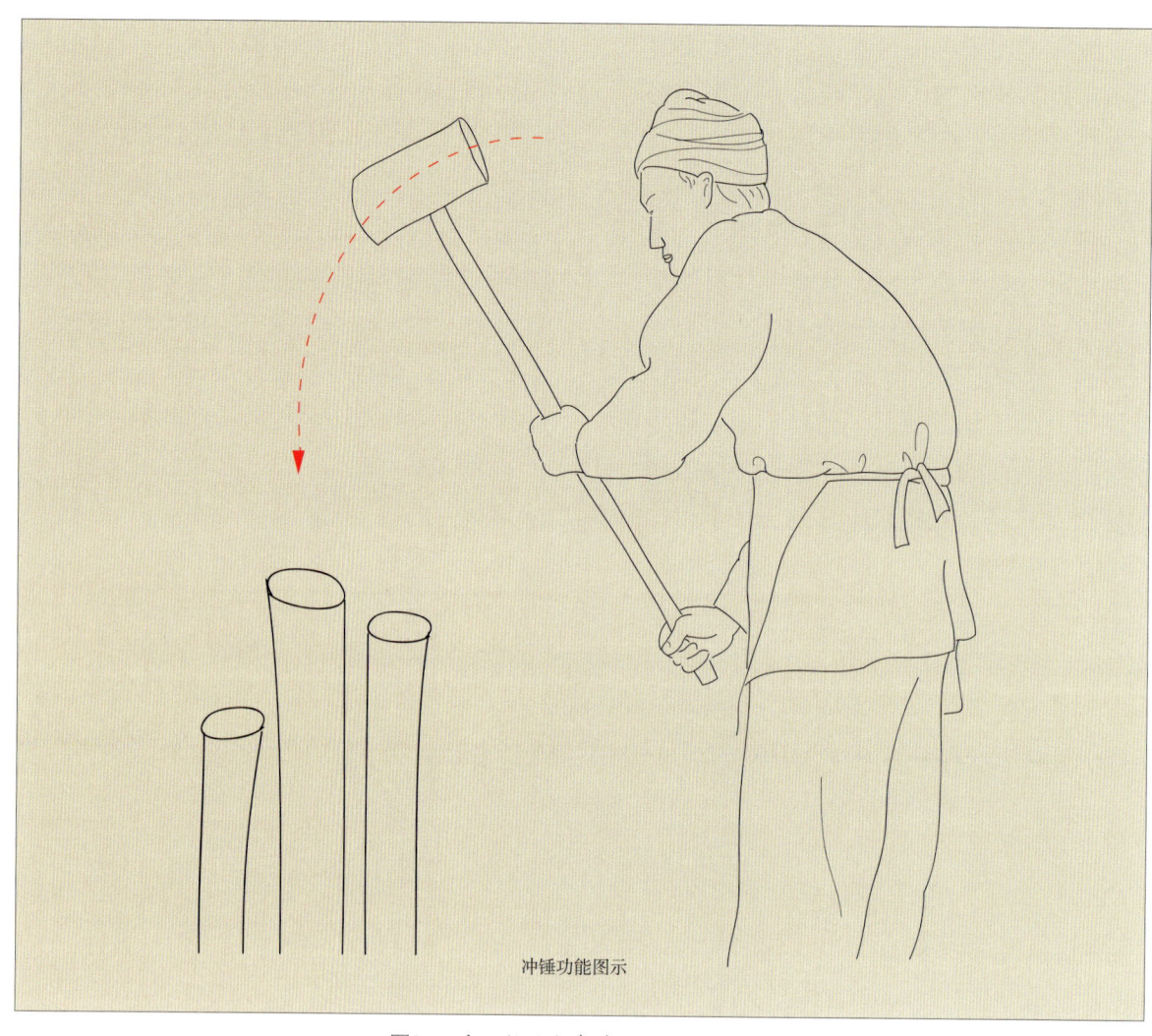

图三 广西壮族龙脊冲锤设计分析图1

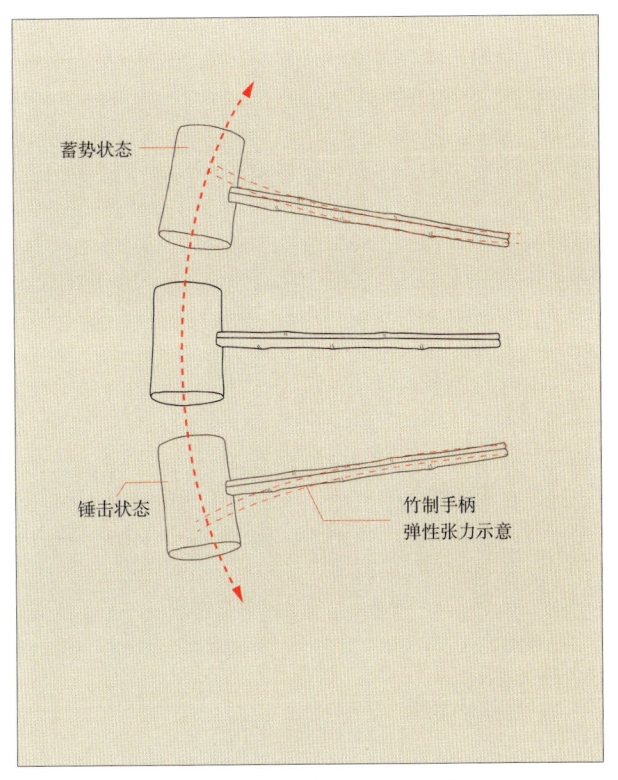

图四　广西壮族龙脊冲锤设计分析图2

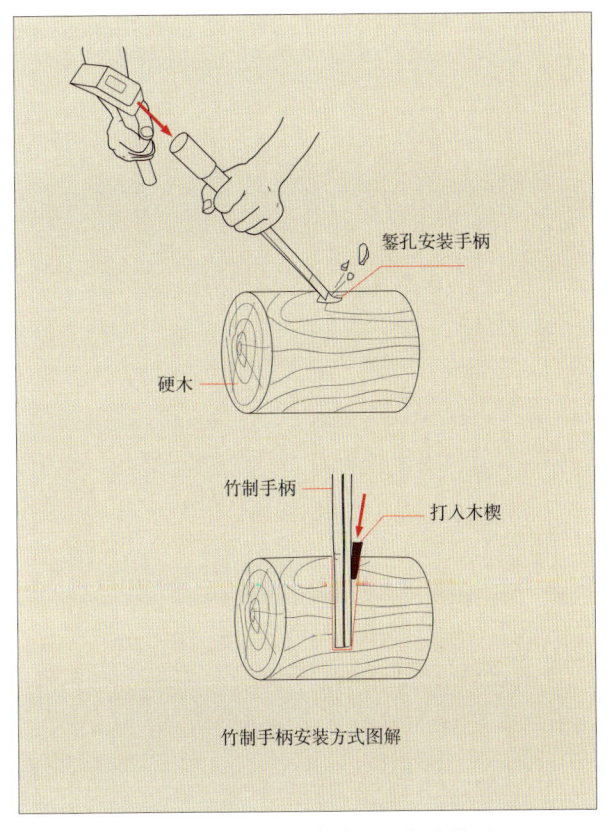

图五　广西壮族龙脊冲锤局部结构图

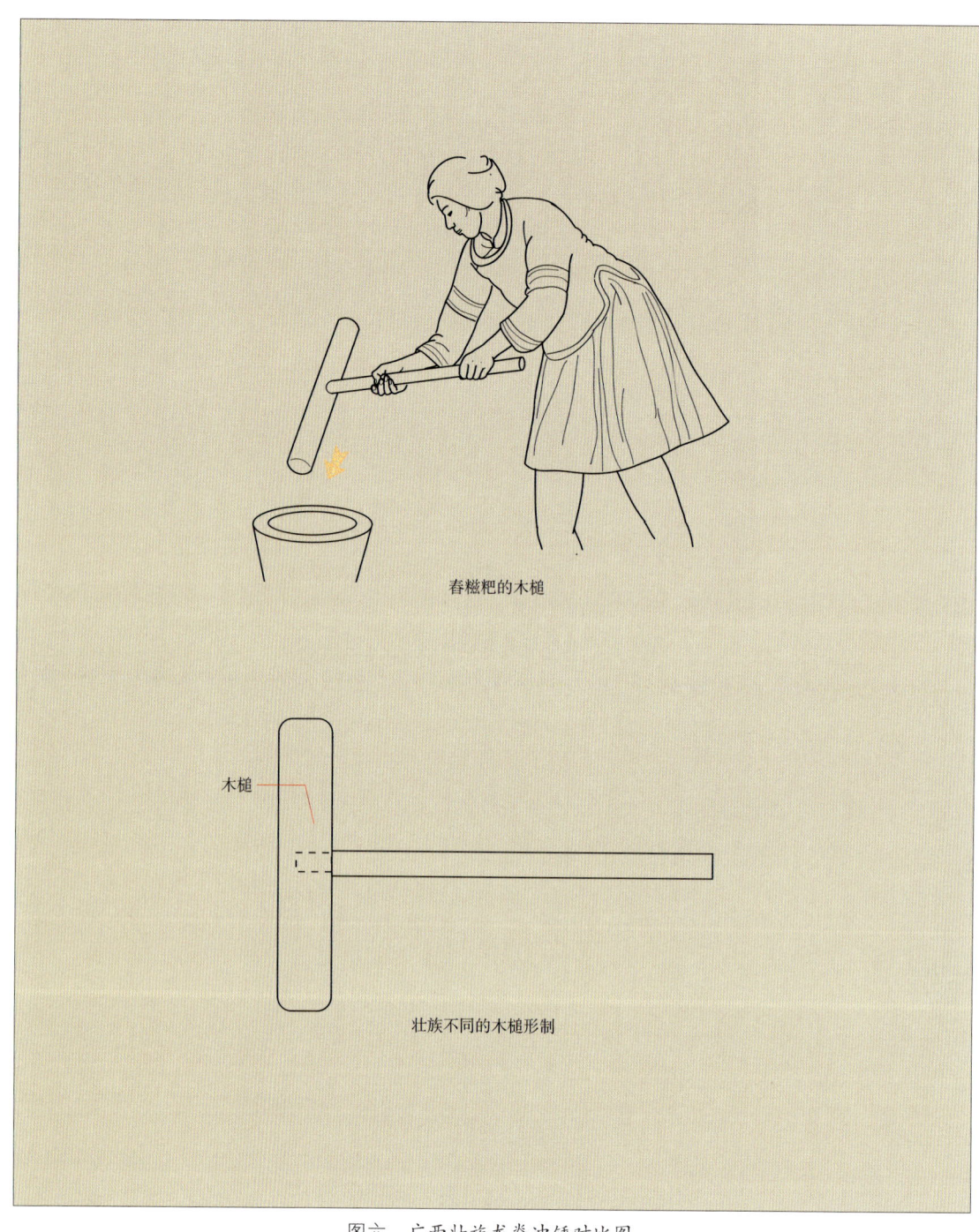

图六 广西壮族龙脊冲锤对比图

广西壮族崇左轧棉机

图一　广西壮族崇左轧棉机主图

　　轧棉机是将棉籽与棉絮分离开的一种工具，其做功的动力来自人力。本案例采自广西崇左壮族博物馆，属于过去壮族人世代沿用的棉花加工器具。经测量，案例长41厘米，宽33厘米，高102厘米，其中工作台面高78厘米，摆杆长90厘米，踏杆长64厘米。

据元末陶宗仪《辍耕录》卷二十四"黄道婆"条记载，乌泥泾人黄道婆，早年在海南学会了棉纺织技术，于1295至1296年间返回家乡传授纺织技术，其中就包括轧棉机，这说明轧棉机最初是从南方传入内地的。壮族居住地与海南邻近，棉花种植时间也早于内地，是故壮族人使用轧棉机的历史不会晚于元代。从历史文献看，早期轧棉机只有两

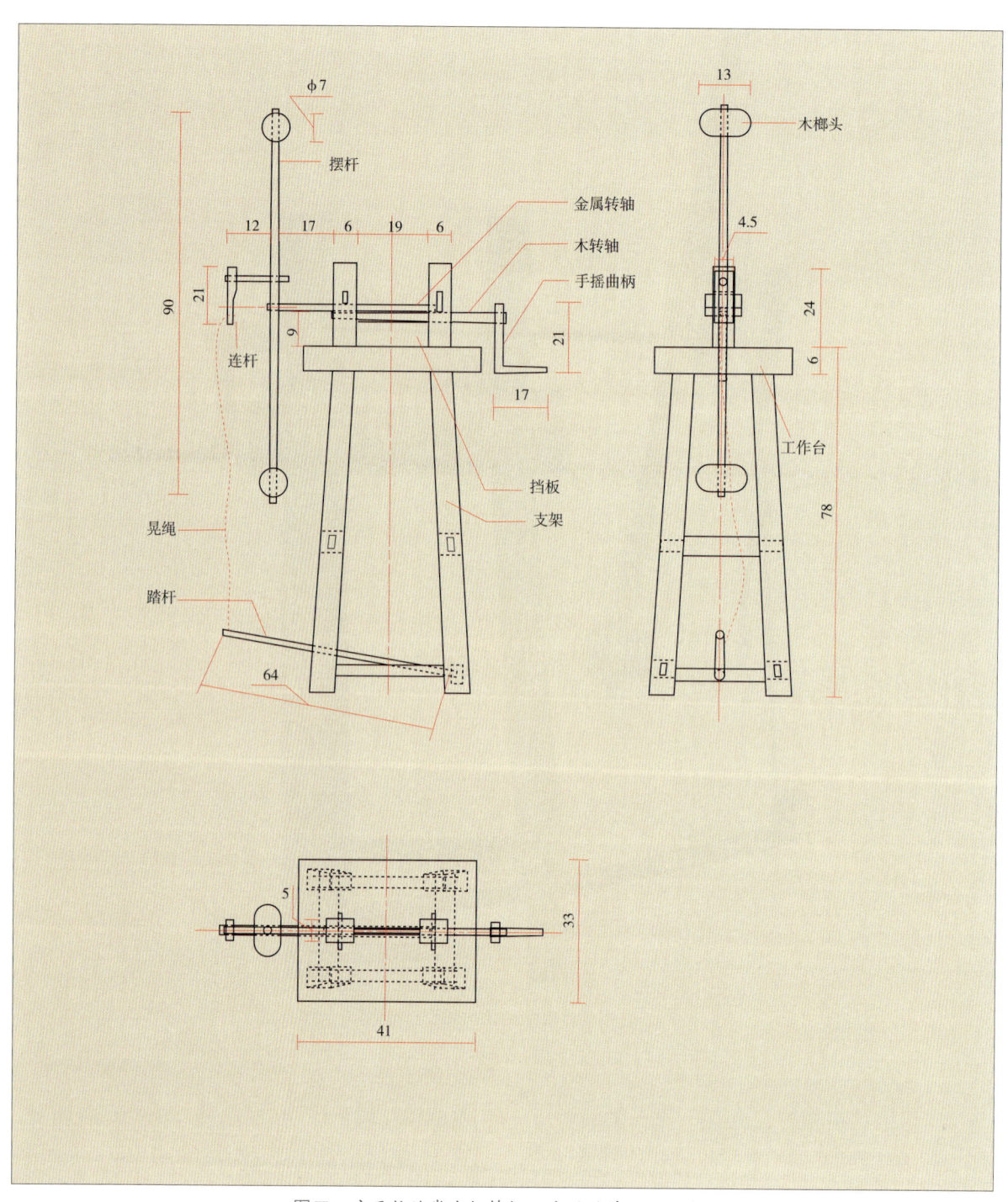

图二　广西壮族崇左轧棉机尺寸图（单位：cm）

个相向转动的辊子,如元王祯《农书》就曾提到这种工具,后来人们做了改进,增加了踏杆和"飞轮",这使得轧棉工作效率大大提高,并由过去多人的工作状况转变为单人操作。从力学角度分析,人踩踏杆后作用力就会通过晃绳传递到连杆上,接着又驱动"飞轮"旋转,"飞轮"因两端木榔头的惯性带动金属轴旋转,此时,操作者右手不停地摇动木手柄,左手配合将籽棉塞进两辊之间,结果相向运动的辊轴所产生的牵引力就会将棉絮不断地"带"过辊轴间隙,而体积大的棉籽便被卡了下来。

壮族人除了使用这种轧棉机外,还有简易的轧棉机,例如崇左壮族博物馆就藏有此类工具。这种简易轧棉机乍看上去很像长凳上立着一个木架,木架上设一对手摇式辊轴,操作时只需跨坐在"板凳"上面向立架,一手摇柄,一手向辊轴"喂"籽棉即可。由于该工具传动仅靠一只手柄,故工作效率不如本案例,但适宜家庭少量棉籽的加工。

本案例不足之处是单人操作的强度变大,另外,这种轧棉机是靠辊轴间的强牵引力促使棉絮与棉籽脱离的,因而极易损坏棉花的纤维,对后续棉纱质量有负面影响。正因为如此,本案例被后期机械设备所取代是一种历史的必然。

图片来源
图一、图六　孙林　摄影
图二至图五　许边疆　制图

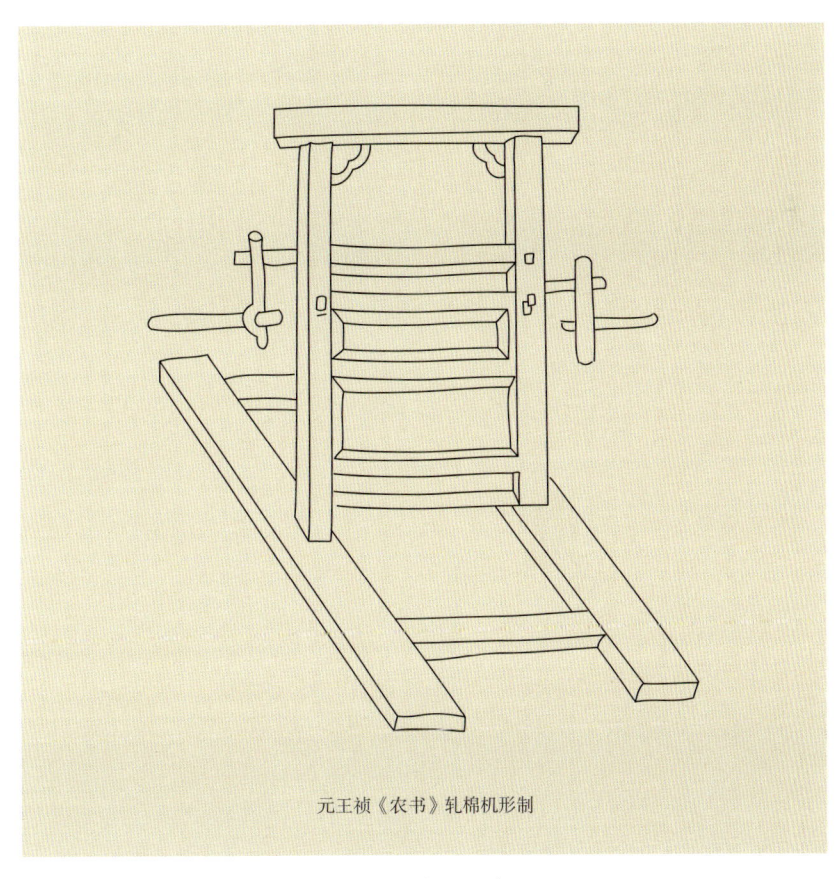

元王祯《农书》轧棉机形制

图三　广西壮族崇左轧棉机对比图

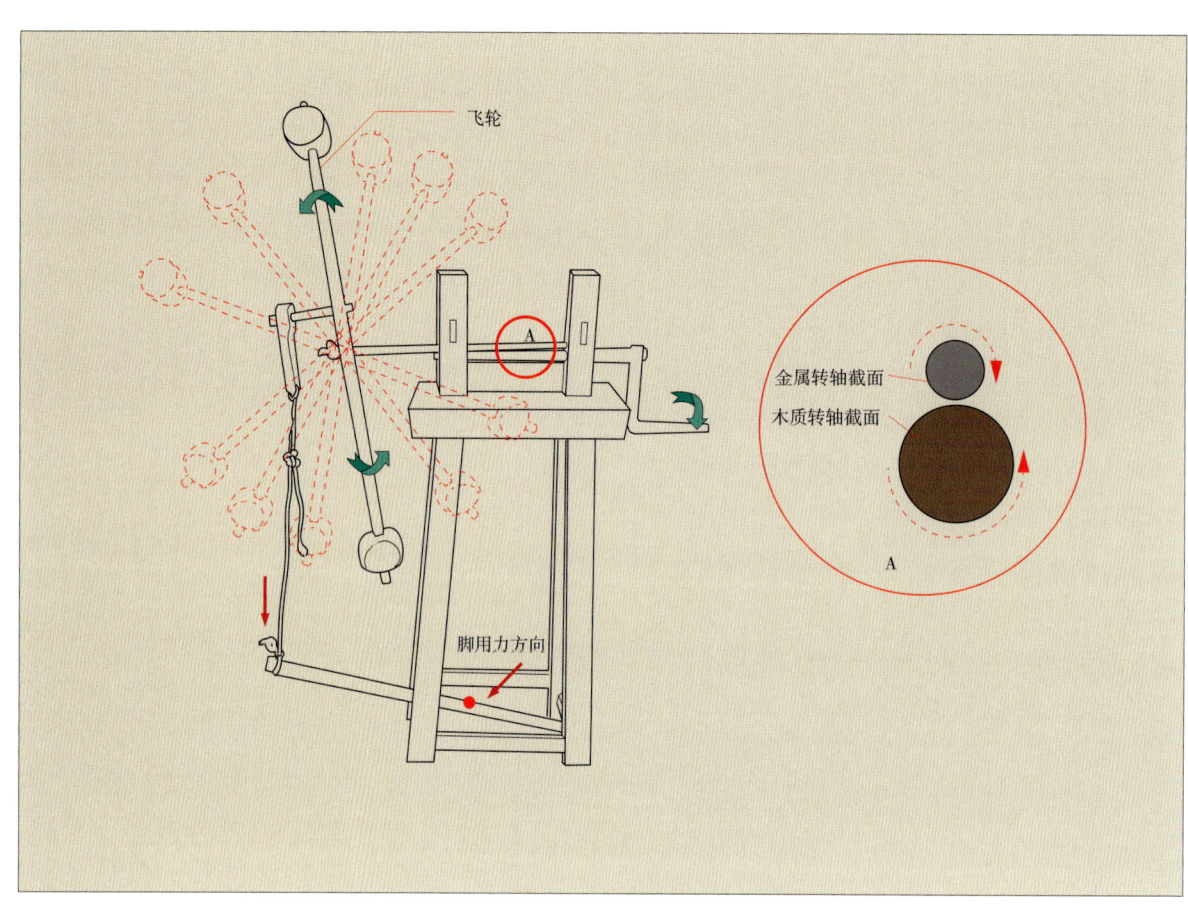

图四　广西壮族崇左轧棉机设计分析图1

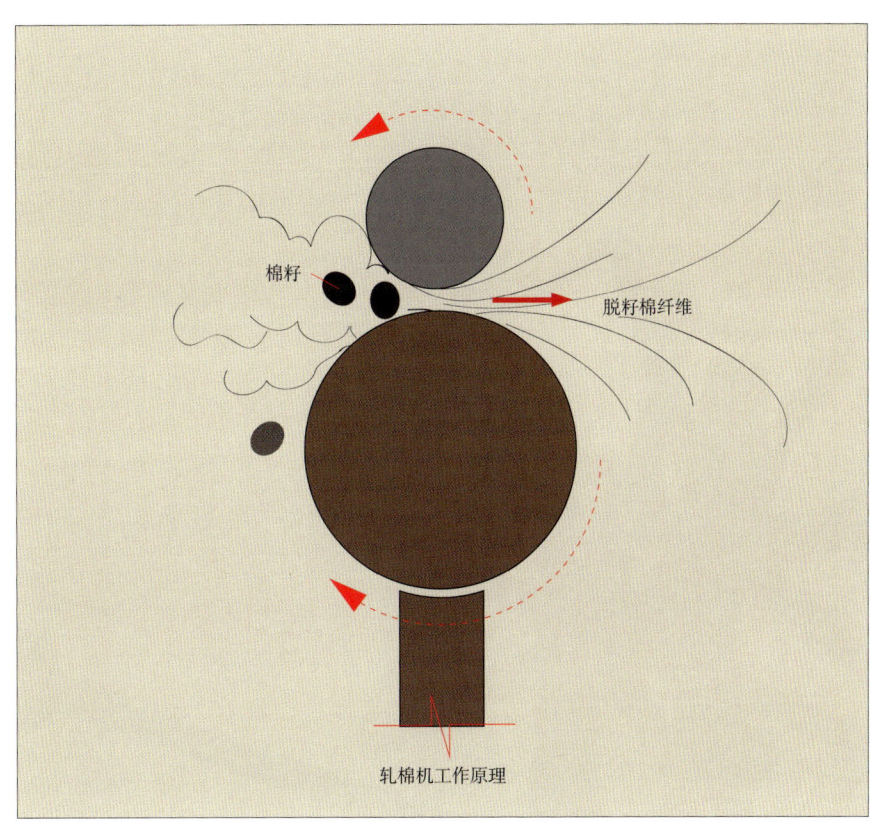

图五　广西壮族崇左轧棉机设计分析图2

图六　广西壮族崇左轧棉机延展图

广西壮族崇左纺线车

图一　广西壮族崇左纺线车主图

纺线车是将棉花纤维纺成线的一种传统工具。本案例采自广西崇左壮族博物馆，由绳轮、支架、摇把、车脚、"脚丫"、纺锭和弦等结构组成，其中绳轮的辐条是用八根木条制成，每根木条长49厘米，中部宽4.5厘米，端部宽3厘米，厚约1厘米，中部有一个直径2厘米的圆孔，可供轴杆插入。此外，案例支架高45厘米，宽52厘米，车脚和"脚丫"长度之和为76厘米，俯视看，其整体形制呈"丁"字形。

案例实际功能是纺棉纱的（线与纱概念不同，这里仍借用俗称"线"），但形制不如过去麻、苎纺车大。事实上，这类纺车在我国许多地区都存在，其源于何时虽无法考证，但棉线的纺织技术来自中国南方应该是无疑的，比如元初黄道婆（1245—1330）就是从海南岛带回棉纺技术的。另外，裴渊《广州记》曾云："采木棉为絮；皮圆当竹，剥古绿藤，绩以为布。"这里"古绿藤"即为"梧桐木"，是阿拉伯语棉花Kutum的音译（即亚洲棉），这说明棉花是从国外传入的。至于"木棉"，实为南方一种高大的乔木，蒴果内虽有绢状纤维，但不能纺纱，只能做填充材料。

从结构上分析，本案例支架呈一高一低状，机身整体向内倾斜一定角度，这利于纺线车效率的提高。此外，壮族纺线车"脚丫"张口也没有北方大，而且壮族纺线车对纺锭的材料有限制，必须用天然植物藤材。从工作方式看，案例设计原理犹如大小滑轮的传动原理，即利用绳轮与锭杆间的直径差来实现快速捻线。具体来说，当操作者摇动把柄转动绳轮时，绳轮上的弦就传动锭杆，继而带动线锭子的转动。绳轮转一圈，线锭子就要转若干圈，操作者通过右手与左手的相互配合，就会不断地将棉线纺出来。从全国范围看，各地手纺车工作原理基本一致，但绳轮材料和形制往往存在差异。

过去，在男耕女织时代，壮族手纺车曾对当地人的生活起到很大作用，小到一块手帕，大到御寒棉被，都离不开纱线的纺织。如今，随着科学技术的发展，传统纺线车已被大型机械设备所取代，手工纺车最终走进了历史博物馆。

图片来源

图一　孙林　摄影

图二至图六　许边疆　制图

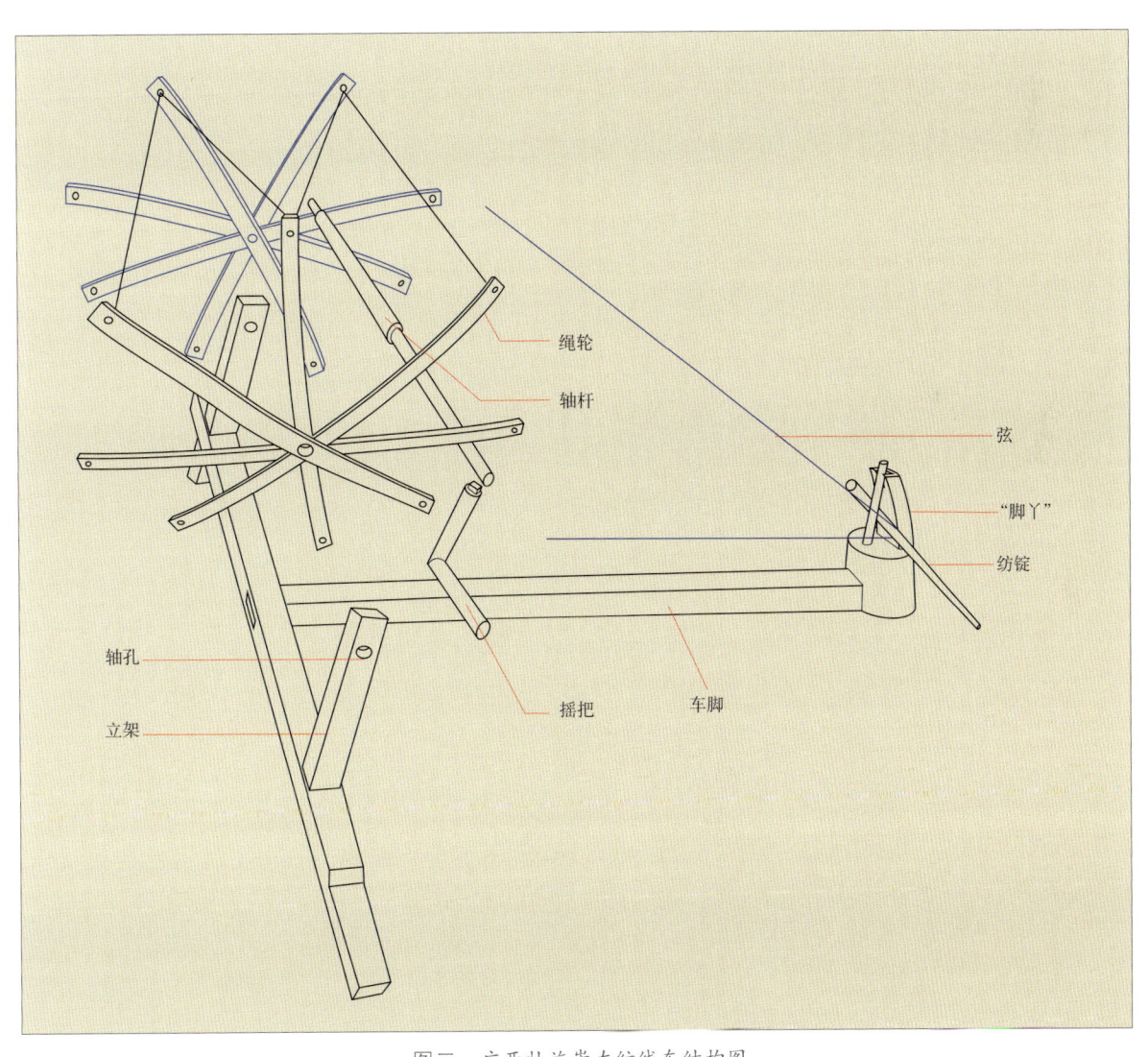

图二　广西壮族崇左纺线车结构图

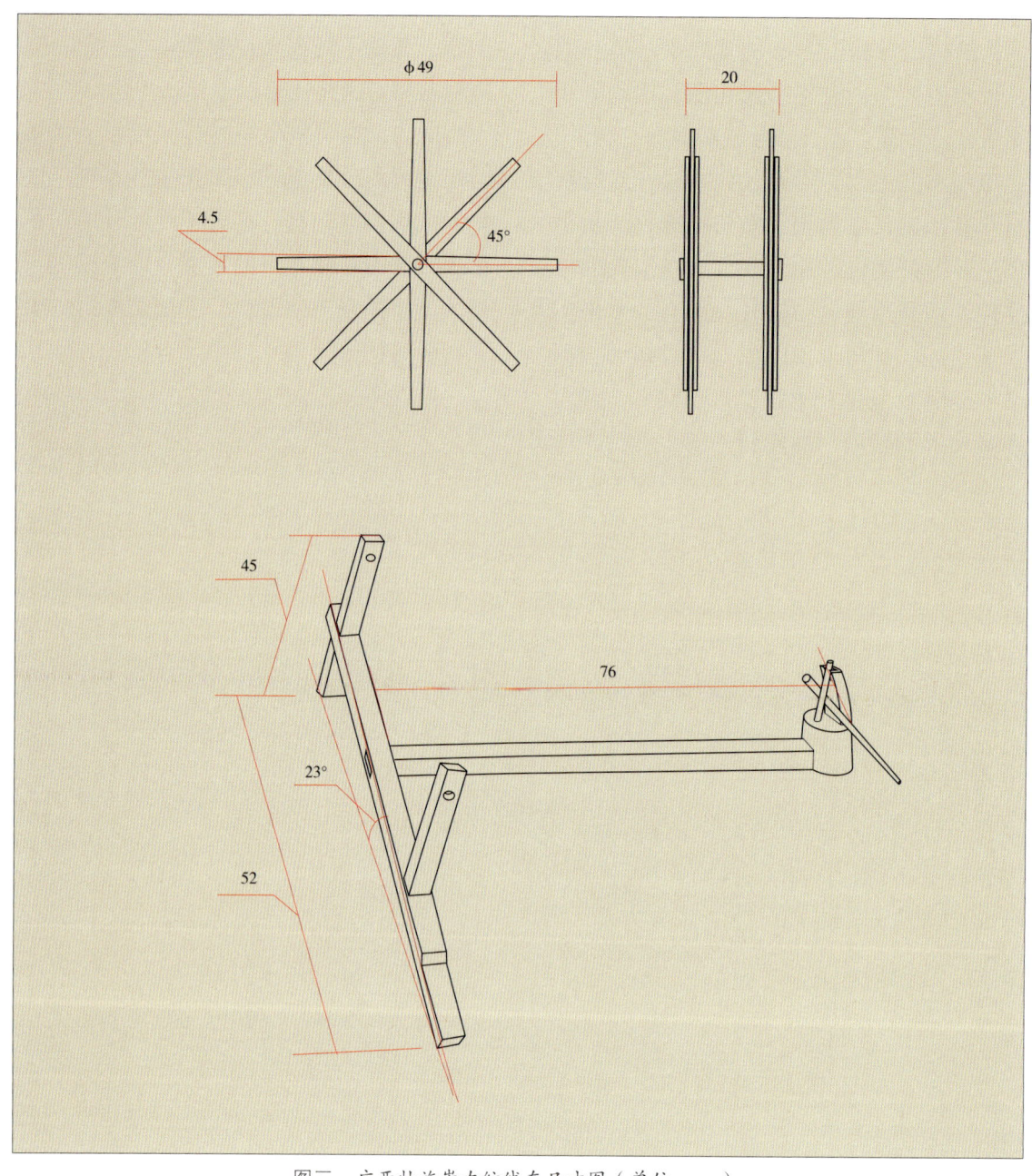

图三 广西壮族崇左纺线车尺寸图(单位:cm)

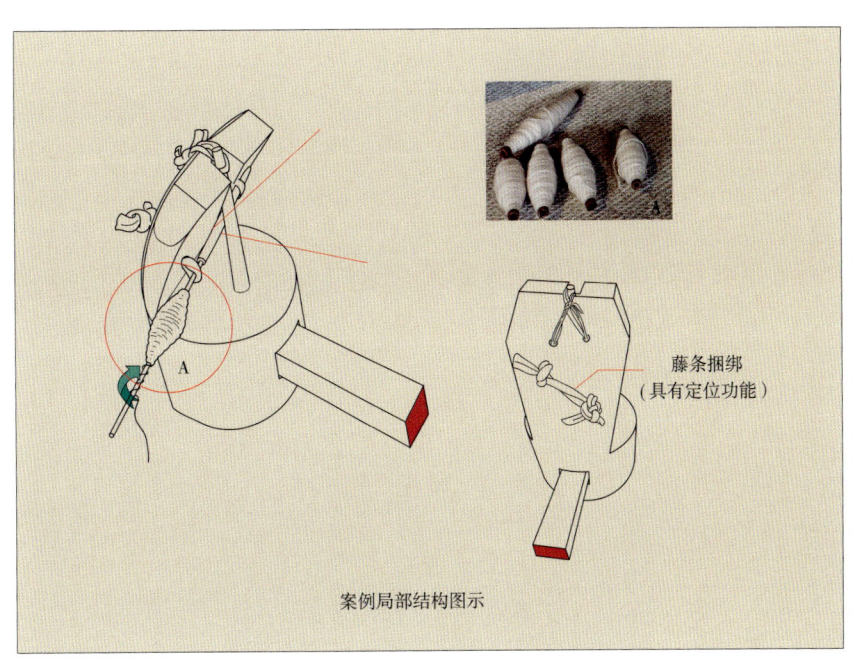

图四　广西壮族崇左纺线车局部结构图

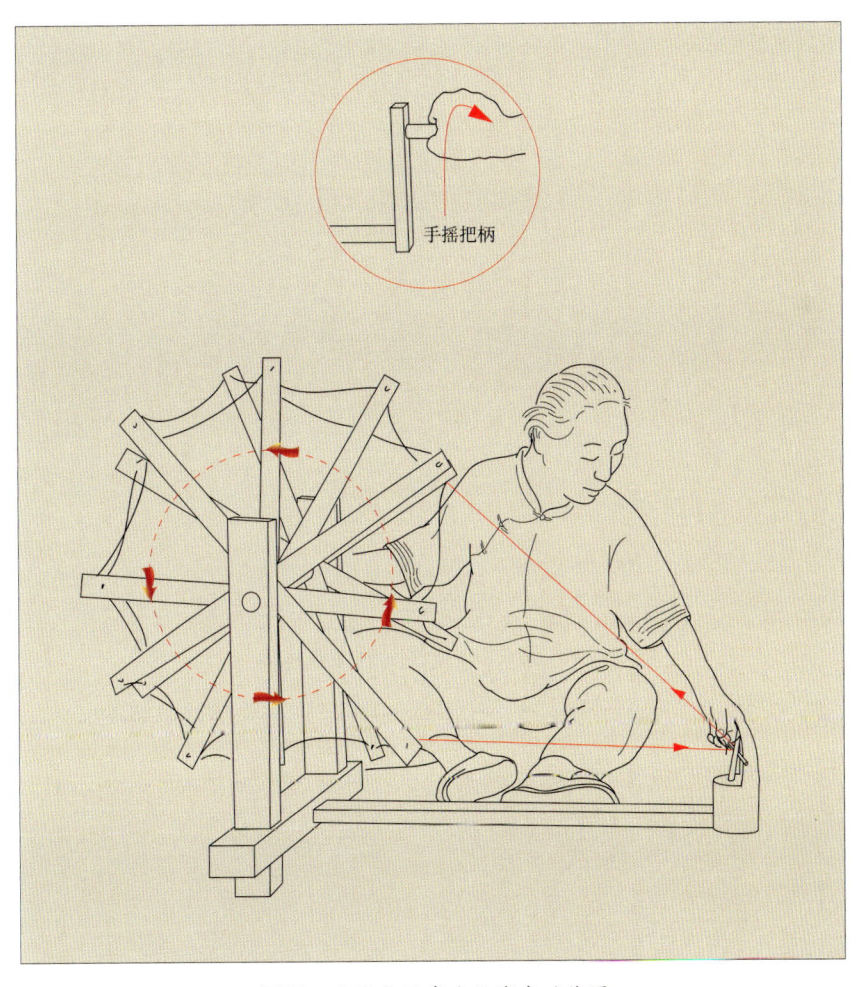

图五　广西壮族崇左纺线车功能图

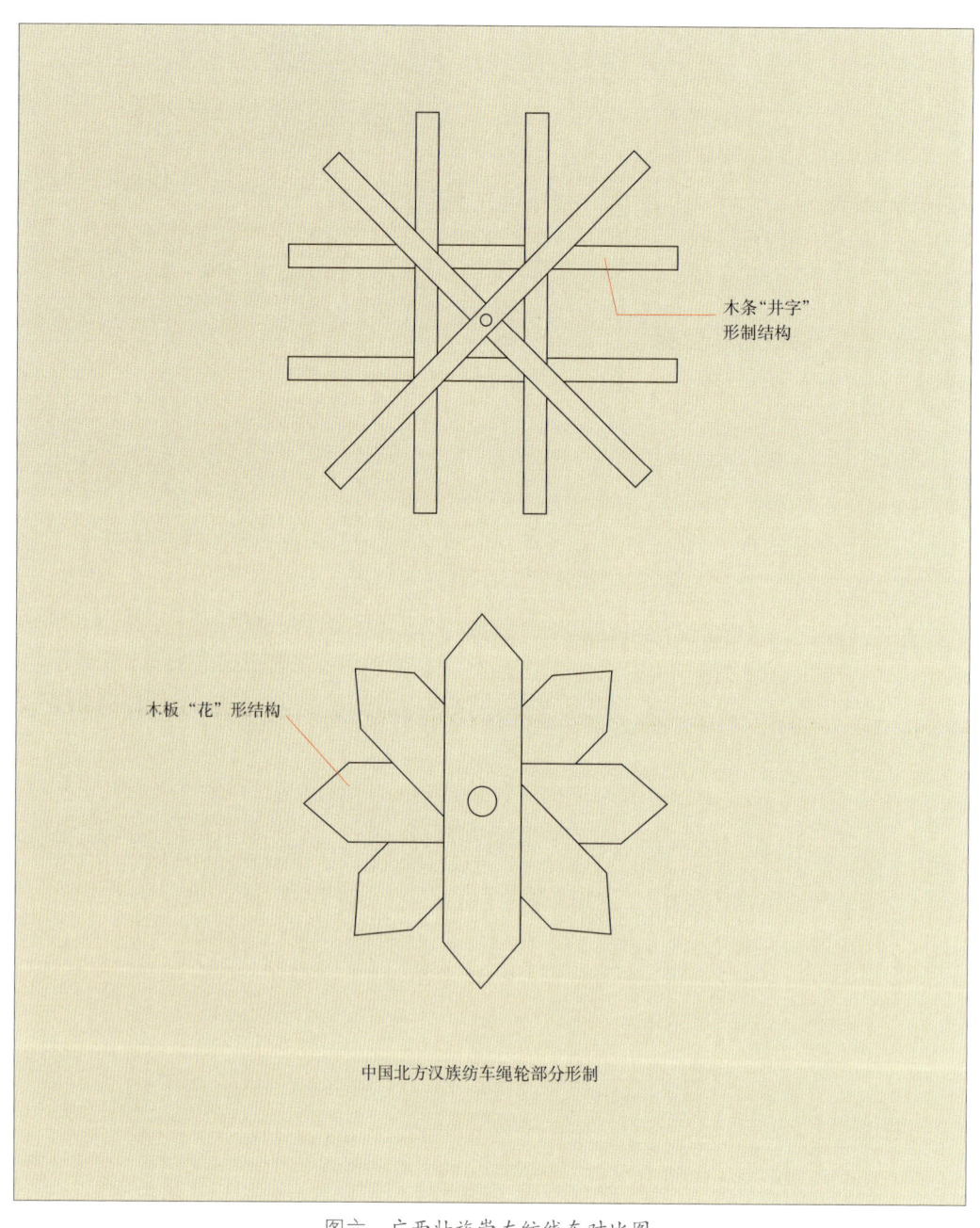

图六　广西壮族崇左纺线车对比图

广西壮族靖西织锦机

图一　广西壮族靖西织锦机主图

除竹笼织机外，壮族还有一种织锦机，这种织锦机既可以织锦，也能织平纹布。本案例采自广西靖西壮族非物质文化遗产陈列馆，属于典型的壮族织锦机。该机长176厘米，前端宽73厘米，后端宽86厘米，机架高135厘米，结构由卷经轴、提综片、平纹综框、平纹踏板、综框拉手、花纱架、打纬摆杆、卷布辊拉手、卷布辊、钢箔、梭子、坐板、机架等组成。

概括来看，本案例有五大系统功能，即开口、引纬、打纬、卷取、送经。开口部分可分为平纹开口和提花开口，其中平纹开口是由左右平纹踏板控制的，具体操作方式是：织工用左右脚分别踩对应的踏板，踏板一旦受力就会通过绳索带动综框拉手，从而使两个平纹综框上下交替升降，实现引纬打纬。从力学角度分析，此处应用了杠杆原理，凭借这种原理能让经纱有效地开口。这里需说明的是，如果在案例之上加上提花片综亦可织锦，提花片综是放置在平纹综框之后，由综杆和综丝组成从前到后的排列顺序，悬于机架之上。为了使经纬线交织得紧密，案例设置了筘。筘装置在摆杆上，织工借助摆杆的自身重力和运动惯性来打紧纬纱。本案例与壮族竹笼织机最大的区别是提花系统，本案例采用的是平行式花杆提综技术，而竹笼织机采用的则是竹编花笼提花技术。此外，在引纬、打纬和经纱系统方面，两者之间也有差别，本案例是采用梭子引纬和筘打纬，而竹笼织机是将梭子和打纬刀连在一起，既引纬又打纬。总的来看，在结构上本案例要比竹笼织机更合理，变换花形更方便，织工操作起来也更容易。

回顾历史，壮族人织布大致经历了从踞

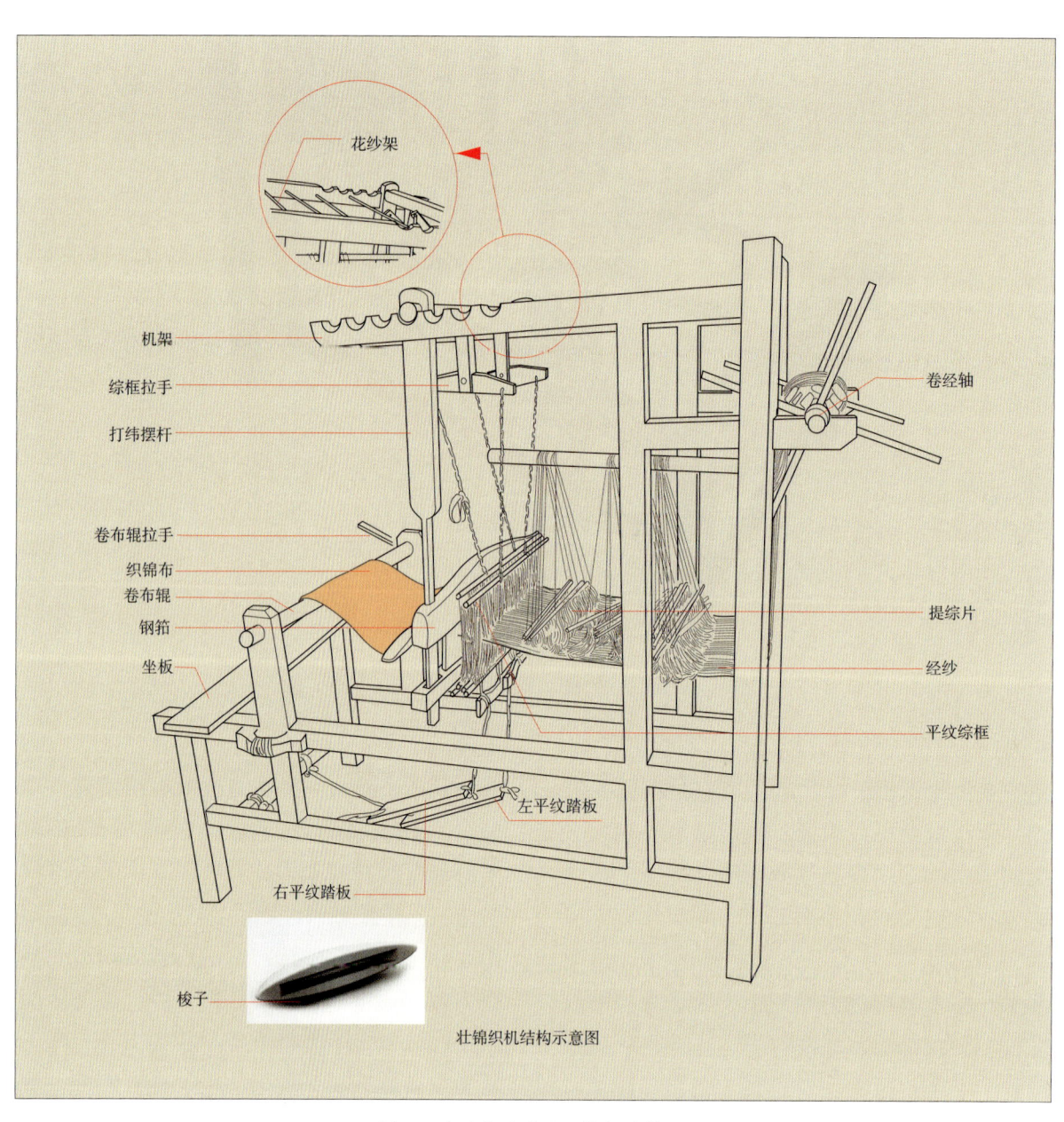

图二　广西壮族靖西织锦机结构图

织机到斜织机（如本案例）再到水平寇机的过程。人们起初是把一根根纱线依次固定在木棍上，另一端同样如此，然后就像编席子那样进行布料编织。后来，人们发现纬线的穿插是在奇偶数的经线中进行的，也就是说，一面全为奇数经纱，另一面全为偶数经纱。于是，人们受到启发，用一根木棍把所有的奇数经纱和偶数经纱分开，再用一扁平的木刀或骨刀将纬线打紧，就能更好地织出布来。正因为如此，后期社会的壮族人发明（或使用）了多种织布机。当然，无论织机形制如何，其织布原理大同小异。

图片来源
图一　许边疆　摄影
图二、图三、图四、图六　许边疆　制图
图五　靖西博物馆提供

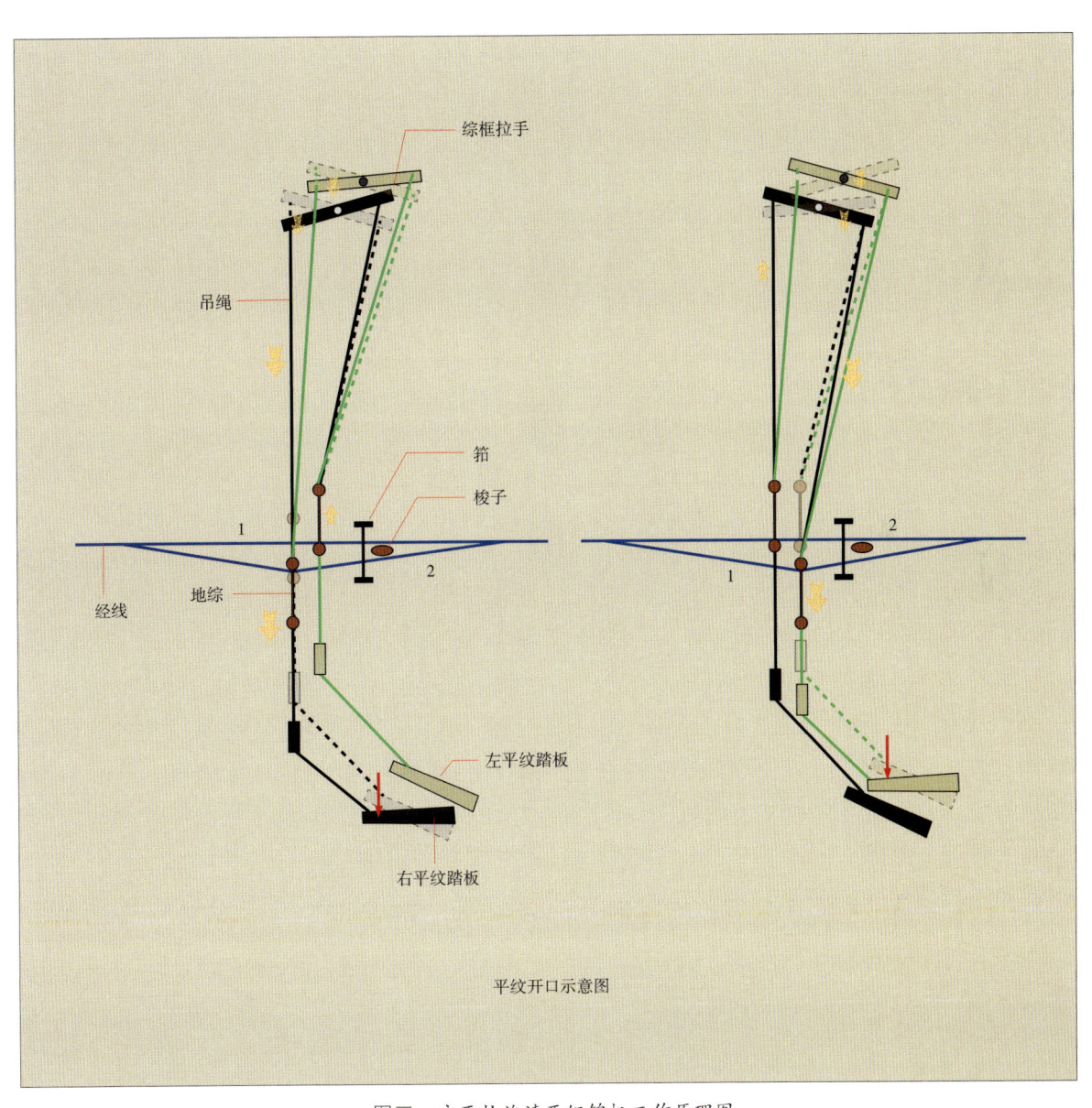

图三　广西壮族靖西织锦机工作原理图

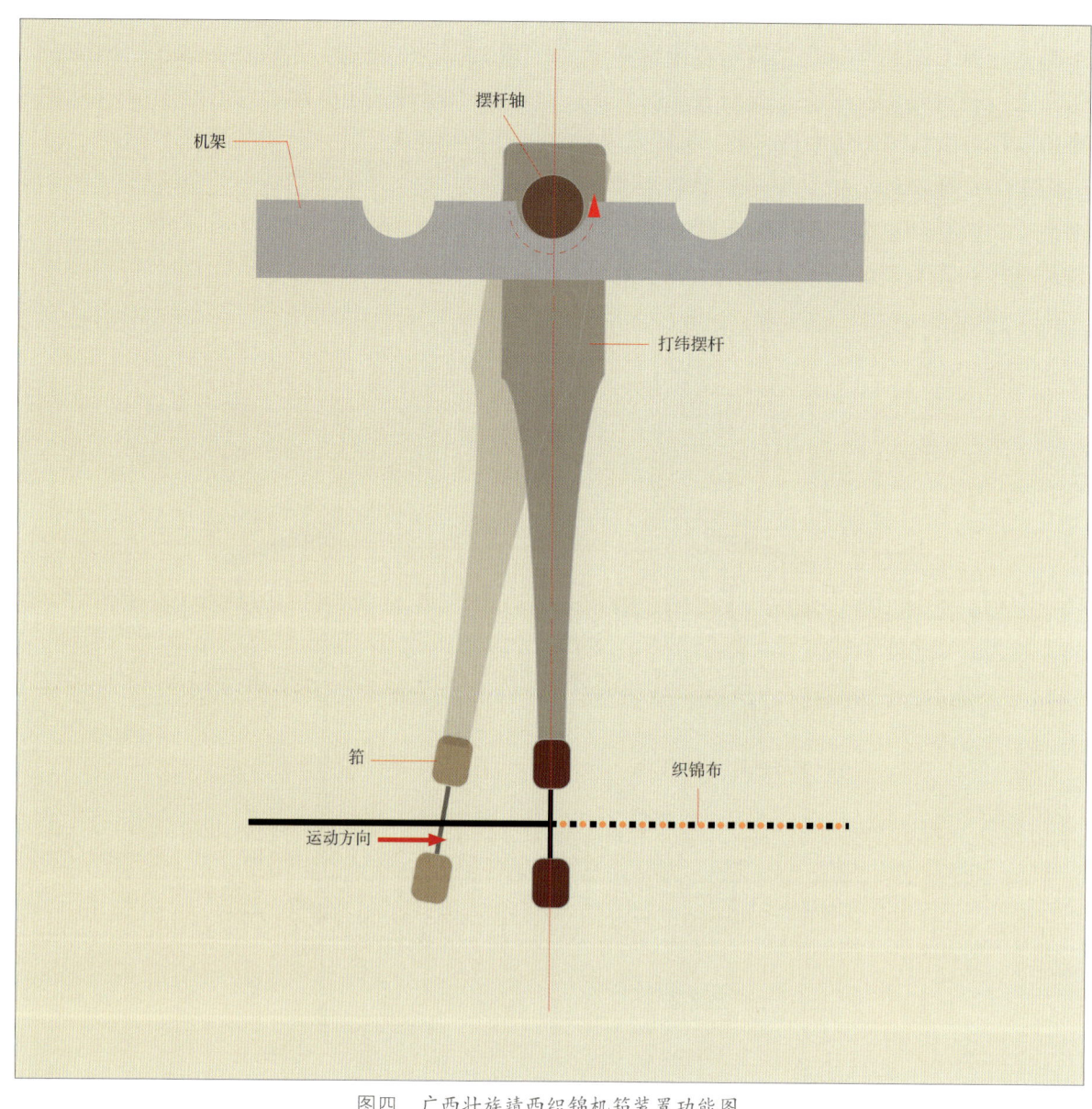

图四　广西壮族靖西织锦机筘装置功能图

广西靖西织锦机操作实景

图五　广西壮族靖西织锦机操作示意图

不同的壮锦织机结构
（广西崇左壮族博物馆藏）

图六　广西壮族靖西织锦机延展图

广西壮族宾阳竹笼织机

图一 广西壮族宾阳竹笼织机主图

壮族竹笼织机是一种传统织锦器具，机上有竹编提织花纹用的"花笼"，故得名。在广西，这类机的应用分布区域主要在忻城、宾阳至环江一带，本案例采自广西民族博物馆，为宾阳竹笼机。该机全长162厘米，联机立柱高146厘米，前端宽52厘米，后端宽74厘米，案例底座基架呈梯形状。本案例结构由提花吊手、提花竹笼、提花综杆、提花综线、坐板、绑腰、卷布轴、花踏板、地综线、地综杆、经轴、机架、纱踏板、重锤、纱吊手等组成。

案例突出的结构是两个"V"字形的摇臂架（提花吊手和纱吊手），它们在重锤和人力的作用下，借助杠杆原理能分别吊起竹笼和提升地综杆和地综线。就功能而言，竹笼起到了绷直综线和经纱的作用，方便提花杆操作；地综线和地综杆则是形成地综的平纹开口。从构成上看，竹笼是用多根竹针编织而成，大综线编织在竹针上能控制壮锦的提花开口顺序，而竹针根数则取决于花形的复杂程度，一根竹针控制一种提综运动（一般70~120根），一个循环内可反复使用。概括来看，竹笼织机显花操作有以下步骤：一是织表面花纬，即织工用脚踩下花踏板，

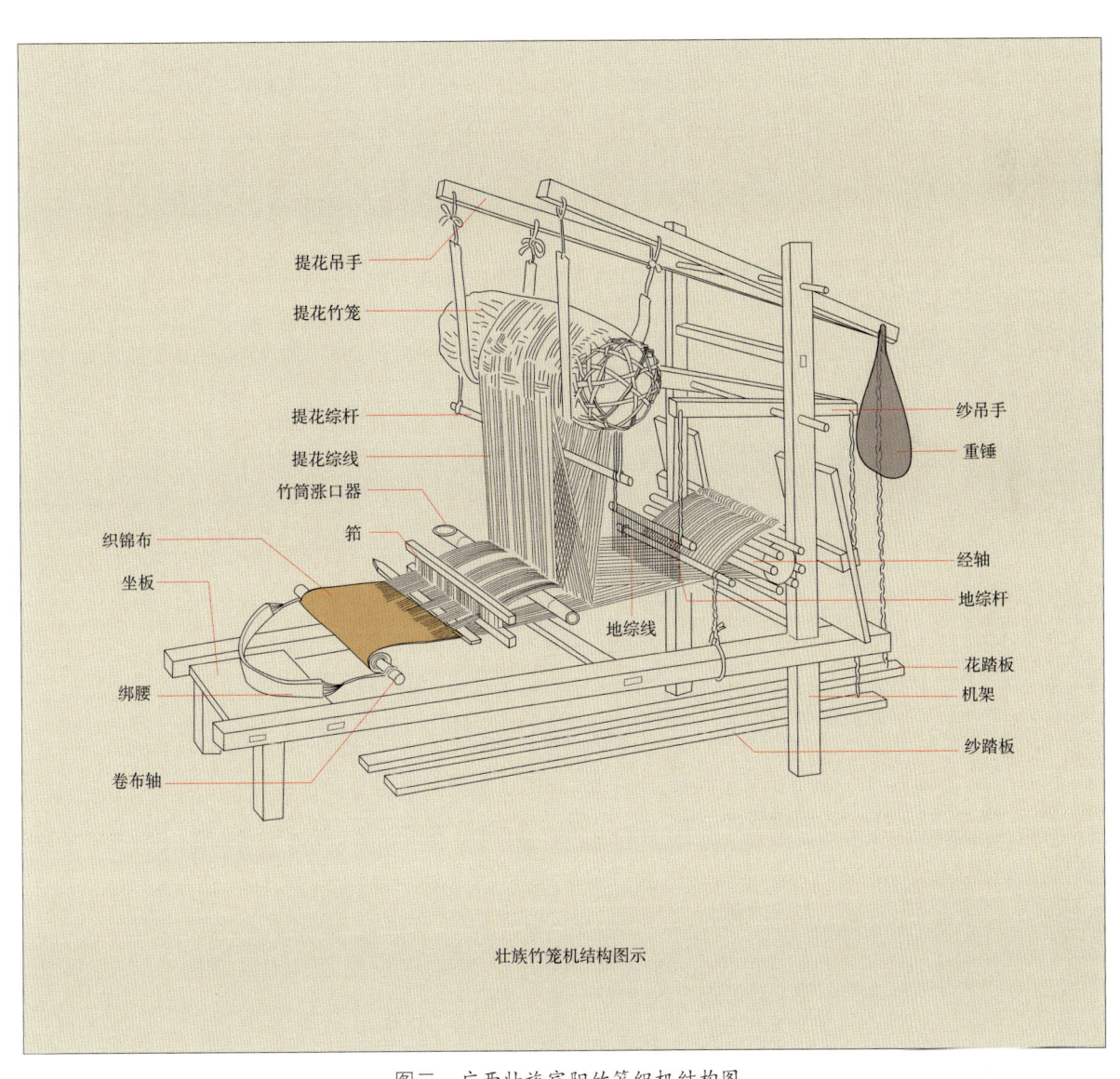

壮族竹笼机结构图示

图二 广西壮族宾阳竹笼织机结构图

吊起竹笼，让竹笼上的综线和经纱绷直，以便于提花杆进行经纱开口操作；二是取出竹筒涨口器，放入开口中，通过竹筒涨口器在水平方向前后推、拉前后综线，松开花踏板即可恢复上机准备时的状态；三是织底面花纬；四是恢复上机准备时的状态；五是织平纹地纬。以上五个步骤循环下去即可。

关于竹笼机织平纹的操作也有三个步骤：一是通过分经筒将经面分出上、下两层经面，使其形成自然开口，然后在筘前将纬线投入开口，用筘打紧纬线；二是织工用脚踏下纱踏板，通过"V"形纱吊手提升地综杆，形成一个交叉开口，再将纬线投入筘前的开口处通纬，接着脚松开纱踏板，让经面恢复

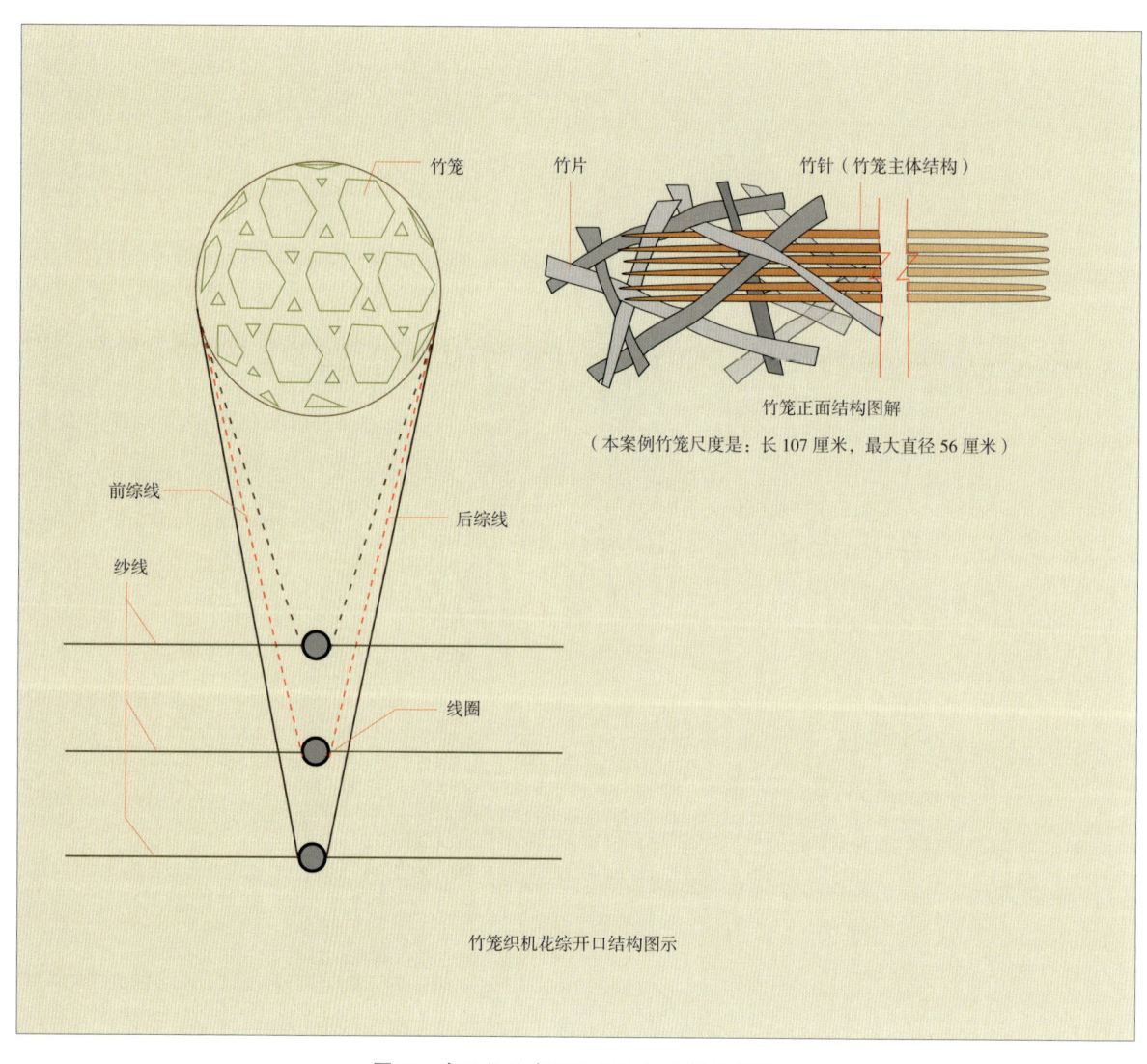

图三　广西壮族宾阳竹笼织机局部结构图

到自然开口状态;三是重复前面的两个步骤,完成平纹织物的织造。壮族竹笼织机的操作,需织工用腰背力量来控制经纱的张力大小,尤其是人手、脚及腰背需三位一体配合,因而劳动强度较大。

壮族竹笼织机织出的花纹全凭手工控制,能随意增减色线,直到满意为止,因而它织出的花纹显得生动活泼,有较强的立体感。这种器具既具有汉时期织机的综蹑机构,同时又保留了早期原始腰机综杆提花的某些特征,故本案例是壮族先民智慧的结晶。

图片来源

图一　许边疆　摄影

图二至图五　许边疆　制图

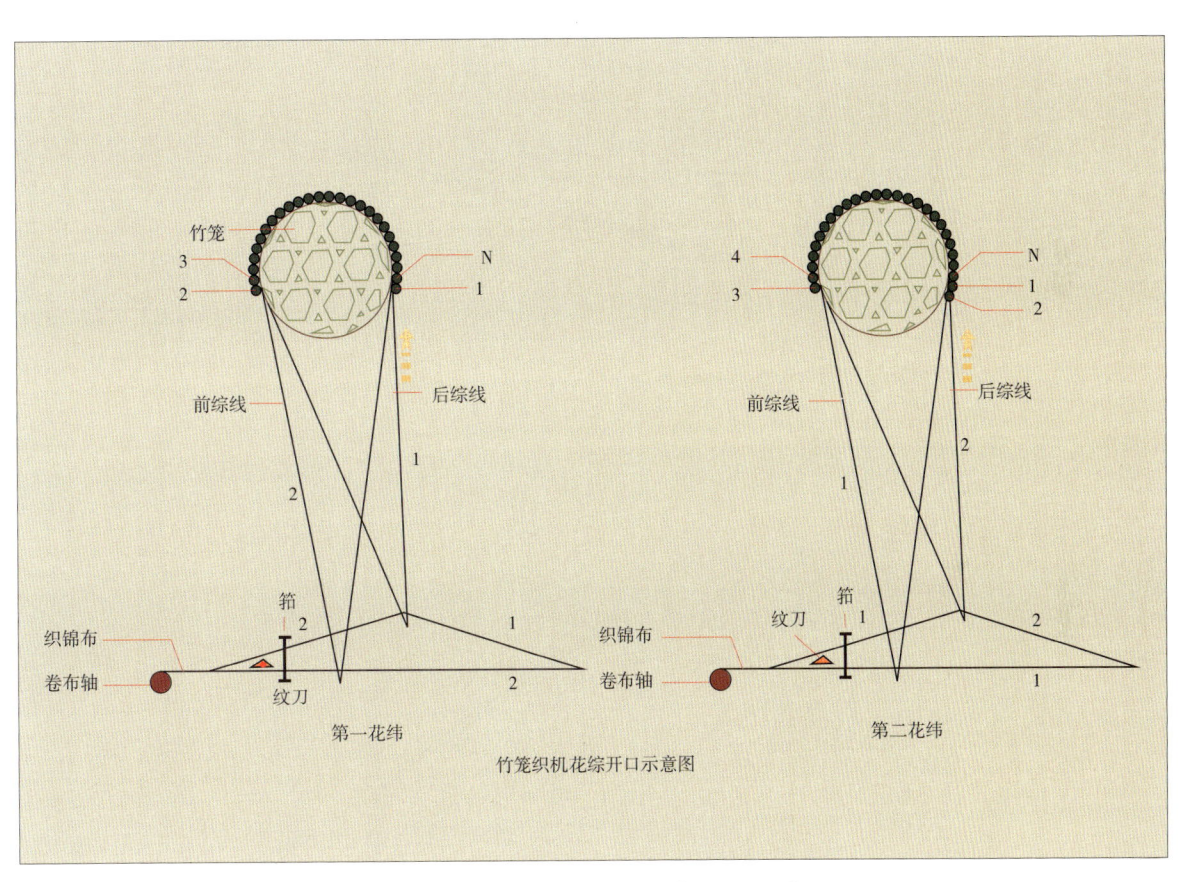

图四　广西壮族宾阳竹笼织机花综开口示意图

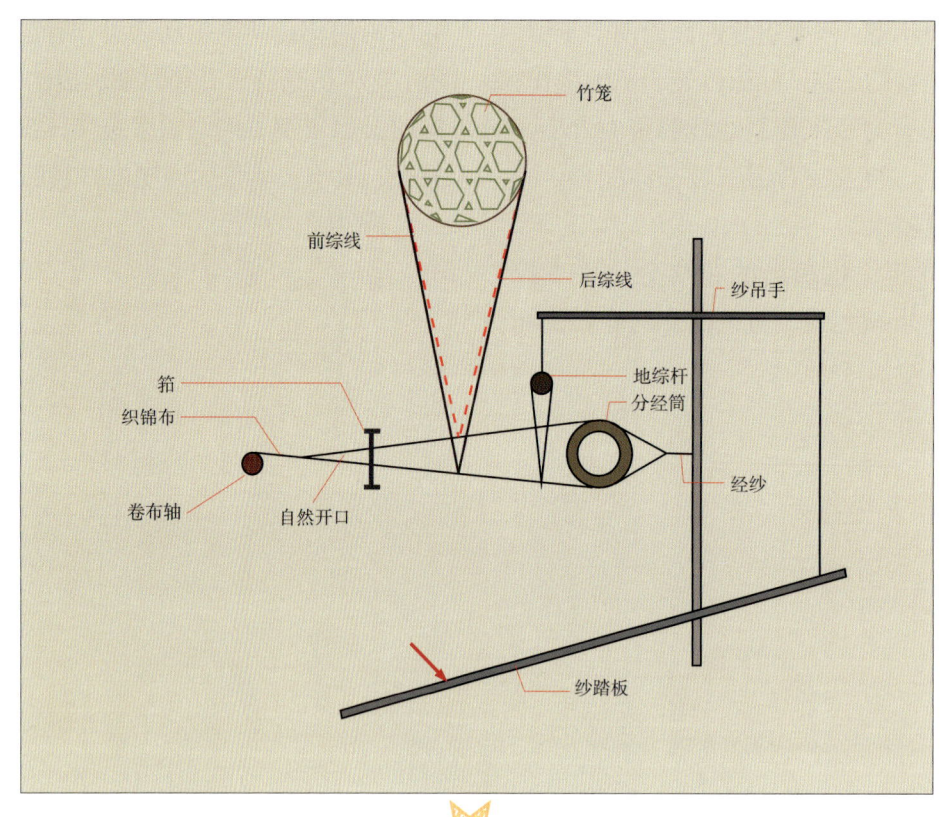

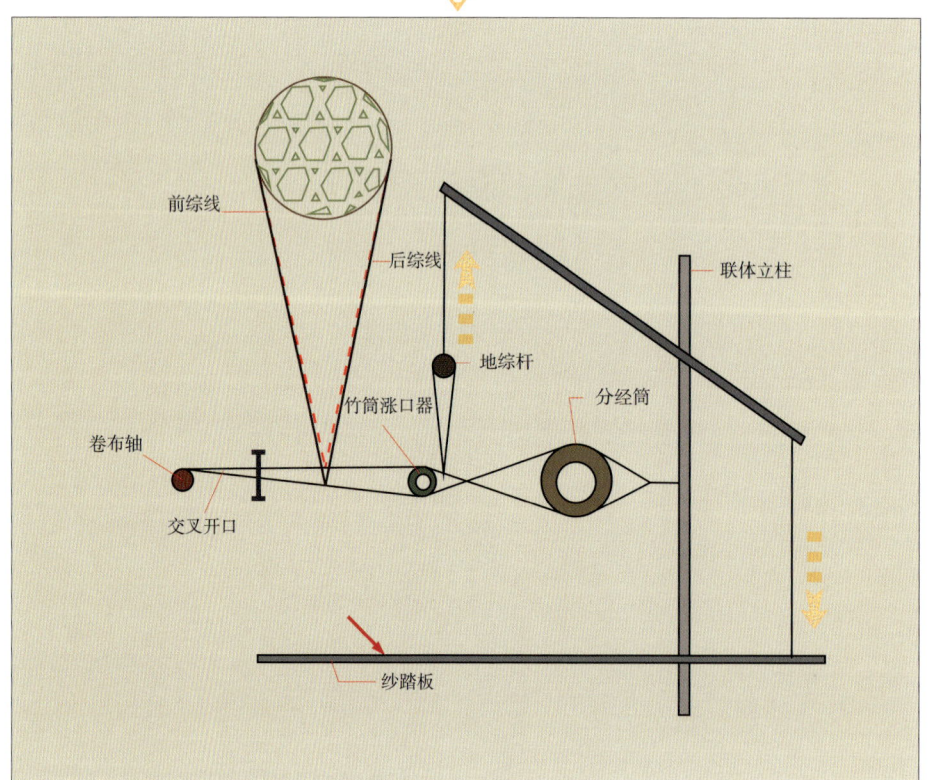

图五　广西壮族宾阳竹笼织机工作原理图

广西壮族靖西堆绣编织机

图一　广西壮族靖西堆绣编织机主图

　　壮族堆绣编织机是加工堆绣半成品的一种专用工具。具体来说,在做堆绣之前要用该设备将多根彩丝线编织成一条彩带,然后再用这些彩带来完成堆绣。本案例采自广西靖西县旧州镇,属于当地特有器具,其结构组成有工作台、卷线辊、扯线杆、立架、定位棒、导线器、坠子等。乍一看，它很像一个上面装有立架的圆凳子，尺度也相似。经现场测量，案例台面高67厘米，台面直径36厘米；立架高24厘米，宽21厘米。

在靖西，据堆绣传承人黄肖琴老人说，这种工具她们家已传承四代了。由此可见，这种器具已有一定历史。从工作原理上分析，案例卷线辊上安插一根扯线杆（小木棒），这根扯线杆既是固定八根彩丝线的端头，也是收卷已编织好的彩带的拉杆。正因为如此，卷线辊上要设两个盲孔，一个盲孔是用来插扯线杆，另一个盲孔则插定位杆，定位杆的功能是对卷线辊的转动起到限制作用。本案例是编织彩带的工具，而彩带的编织方式是多股丝线的相互交叉，由于丝线是软体材料，为方便人手操作，每根丝线的另一端都连着

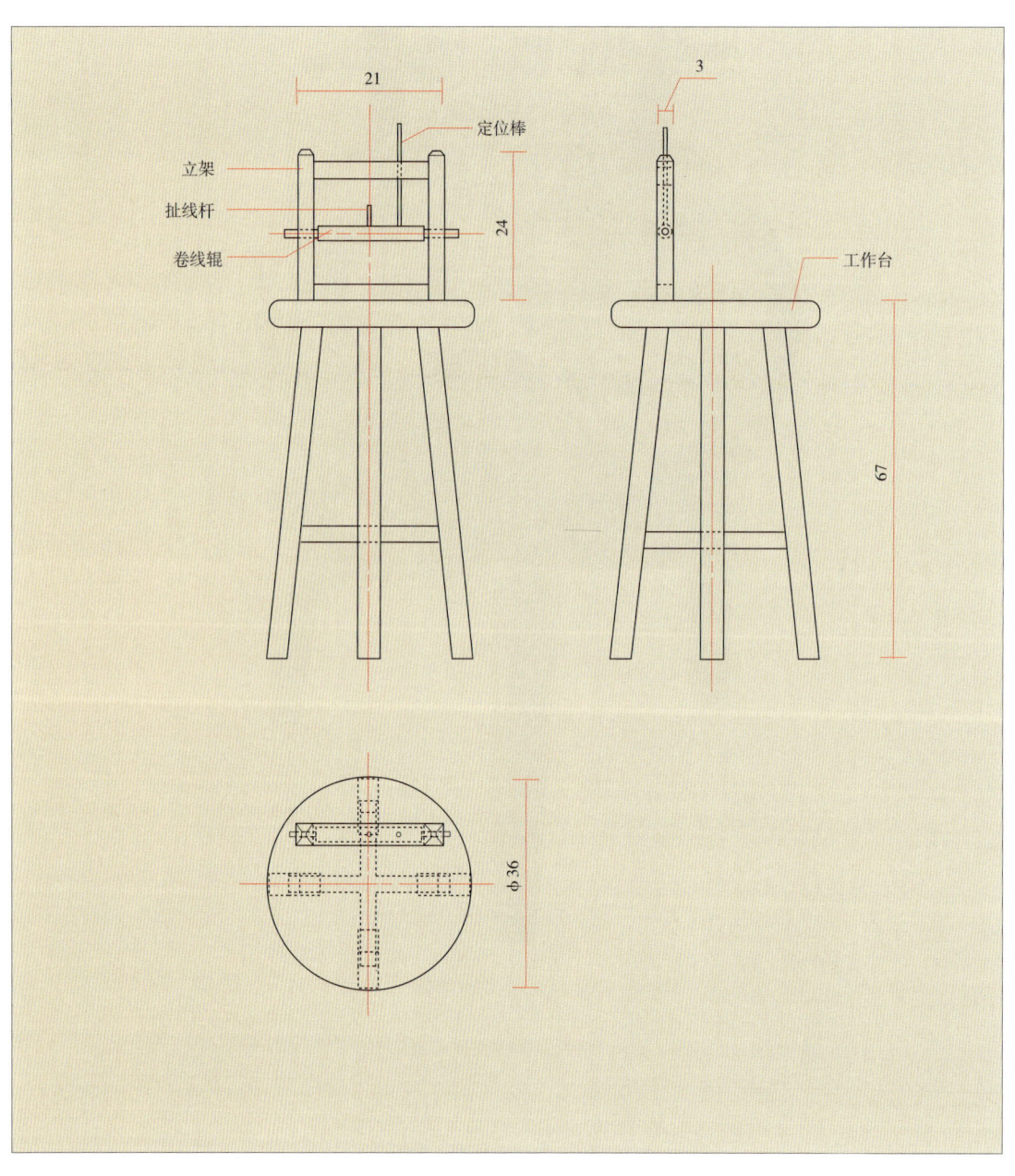

图二　广西壮族靖西堆绣编织机尺寸图（单位：cm）

一个导线器，其形如"小鸟"，薄薄的小片，常用牛骨制成。归纳来看，这个导线器功能有两个：一是缠绕一定长度的丝线，以便彩带能被不停地编织下去；二是连接一个金属坠子，这个坠子因自身重力的作用对丝线产生一种拉力，从而让丝线绷直，方便人手调换丝线所处的空间位置，这对彩带编织起到了不可忽视的作用。

壮族堆绣编织机的结构与功能是紧密相连的，它是壮族劳动人民在生产实践中逐步摸索出来的一项发明。在旧州，我们看到当地堆绣培训班老艺人精心培育下一代的场景，学员们坐在案例前认真听讲，反复操作。由于该工具能被人随意搬动，故不仅能在屋内操作，也能用在房前屋后、门前走廊等地操作，使用起来十分方便，且无须电力，显然是带动当地女性就业的一种好工具。

图片来源
图一　孙林　摄影
图二至图四　许边疆　制图
图五　靖西壮族博物馆提供

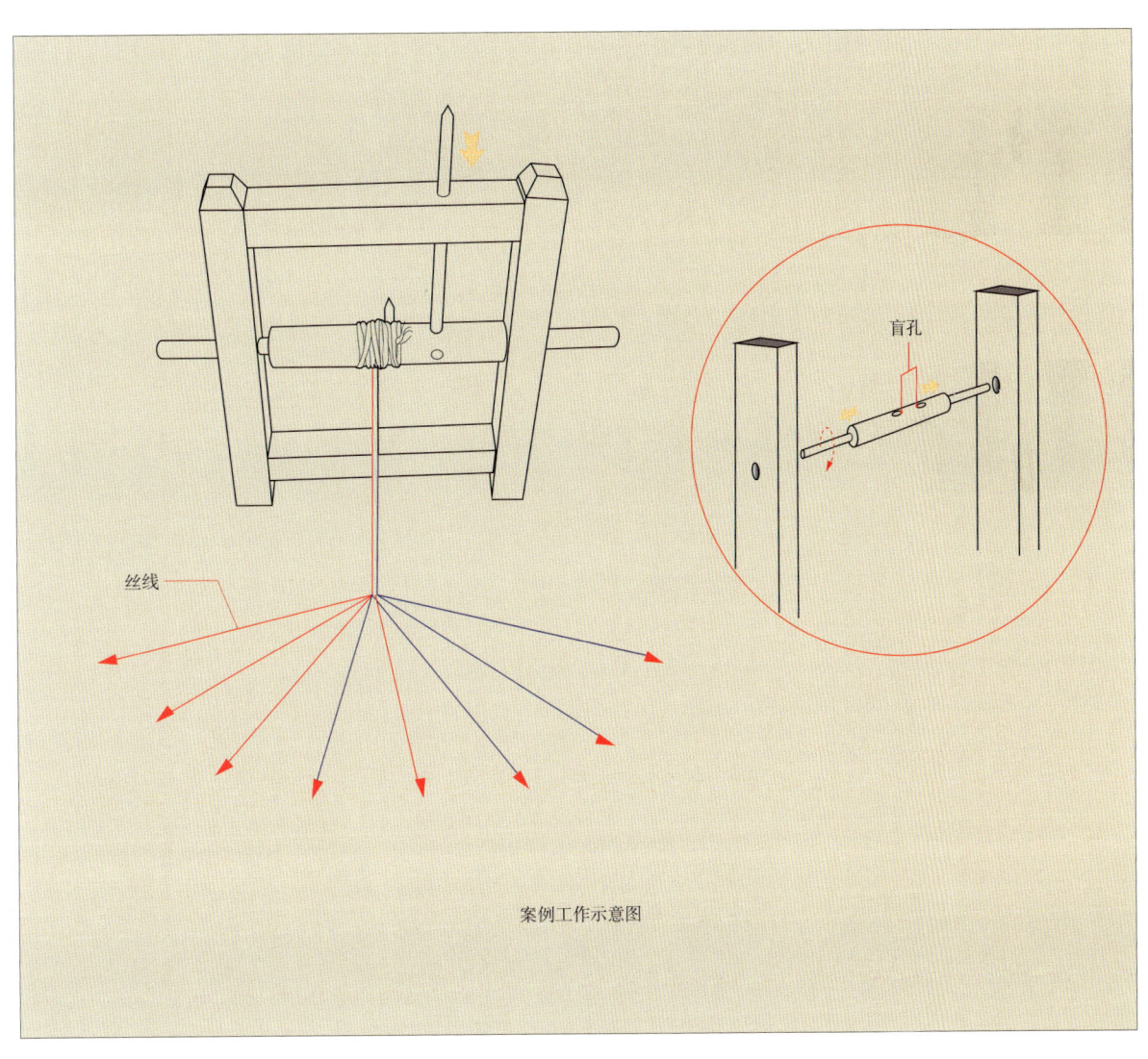

图三　广西壮族靖西堆绣编织机结构图1

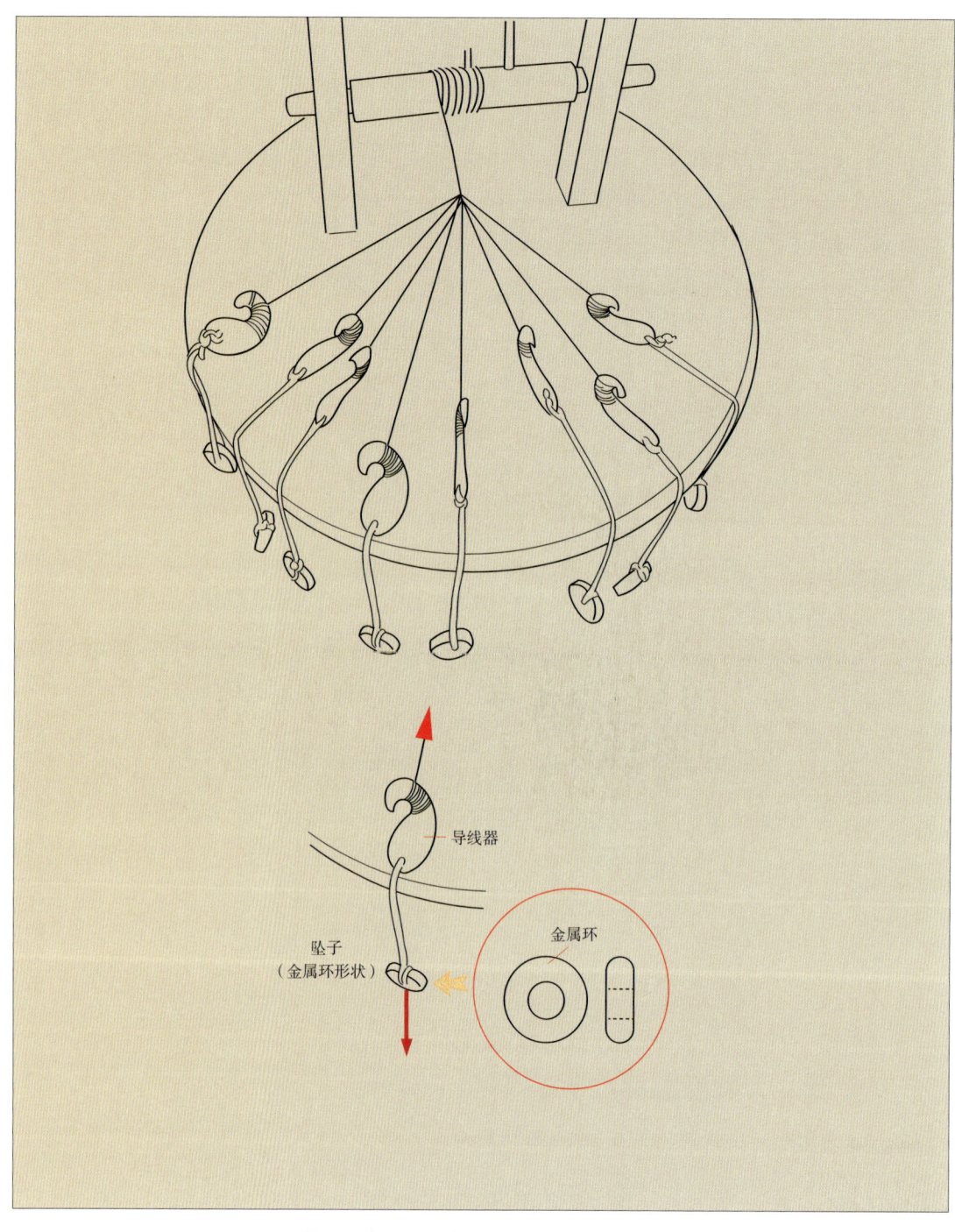

图四　广西壮族靖西堆绣编织机结构图2

图五　广西壮族靖西堆绣培训班场景图

广西壮族龙骨车

图一　广西壮族龙骨车主图

龙骨车，俗称水龙、翻车或水蜈蚣，是我国传统引水工具。本案例采自广西民族博物馆，为手推式龙骨车，其结构设前后两个木质链轮，环绕链轮的构件叫木链条（俗称龙骨），链条上装有若干木制刮水板，刮水板分上下两层，上层刮水板和龙骨裸露在外，下层则隐藏在木制槽内，为防上下龙骨绞缠，用一块木板将上下两层龙骨隔离开来，这块木板即为"行道板"。经测量，木槽长362厘米，截面宽22厘米，木槽高26厘米。

案例工作原理是：人拉动前链轮上的手柄，带动转轴向水面一方转动，结果驱动前后链轮转动，在前后链轮的带动下龙骨开始做循环运动，由于龙骨设有若干刮水板，当刮水板进入水域时，一定量的水就被带入木槽内，从而实现从低处引水至高处的目的。从物理学角度分析，案例汲水方式是利用了齿轮原理来实现的，关键结构是龙骨，该龙骨用"U"形和"I"形构件组合而成，其节点部位构造关系呈"活体"状，保证龙骨顺利地带动刮水板做循环往复运动，实现以链传动。

本案例形体与北方龙骨车相比明显要小些，这显然与广西地区喀斯特地貌有关。从实际情况看，广西虽然山多，但有些山脚是起伏不大的稻田，农民在汲水灌溉时无须太长的龙骨车，这也是壮区龙骨车多为手摇式的原因所在。从设计学角度分析，形制小的龙骨车便于搬运和安装，适于小块稻田灌溉，不足之处是体力消耗较大。

在我国，龙骨车是一种古老的引水工具，王祯《农书》和宋应星《天工开物》中皆有记载。例如《天工开物》里就绘有人手操作的龙骨车，形制结构与本案例基本一致，这表明传统龙骨车在农业社会占有重要地位。从日本文献记载看，中国龙骨车（当时称"翻车")在唐文宗大和三年（公元829年）以前就有了手转、足踏、服牛等三种类型的龙骨车。(唐耕耦：《唐代水车的使用与推广》，载《文史哲》〔J〕，1978年第4期）此后，这三种龙骨车在后期社会一直被沿用，直到20世纪中期才退出了历史舞台。

图片来源
图一　许边疆　摄影
图二至图四　许边疆　制图
图五　广西民族博物馆提供
图六　引自宋应星《天工开物》插图

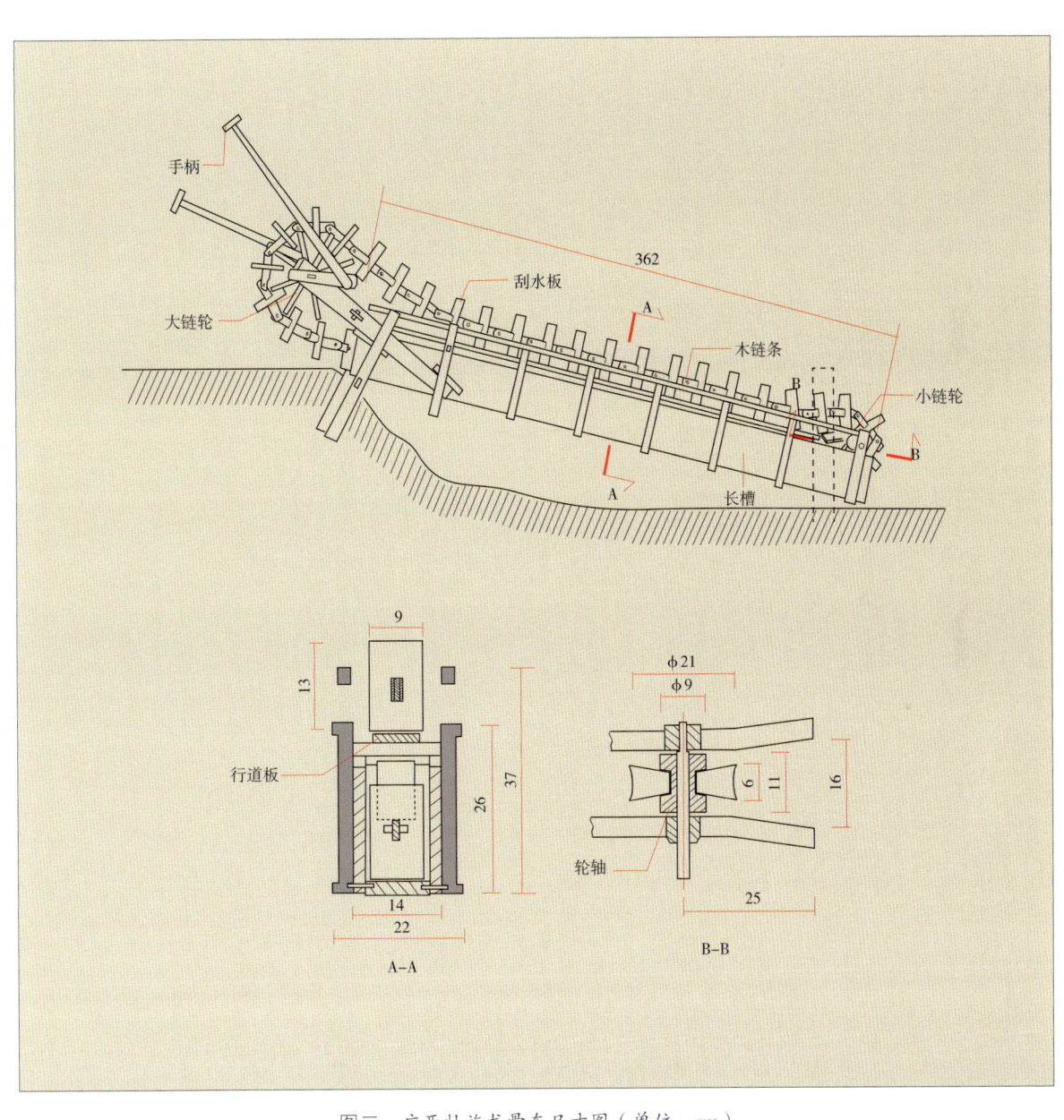

图二　广西壮族龙骨车尺寸图（单位：cm）

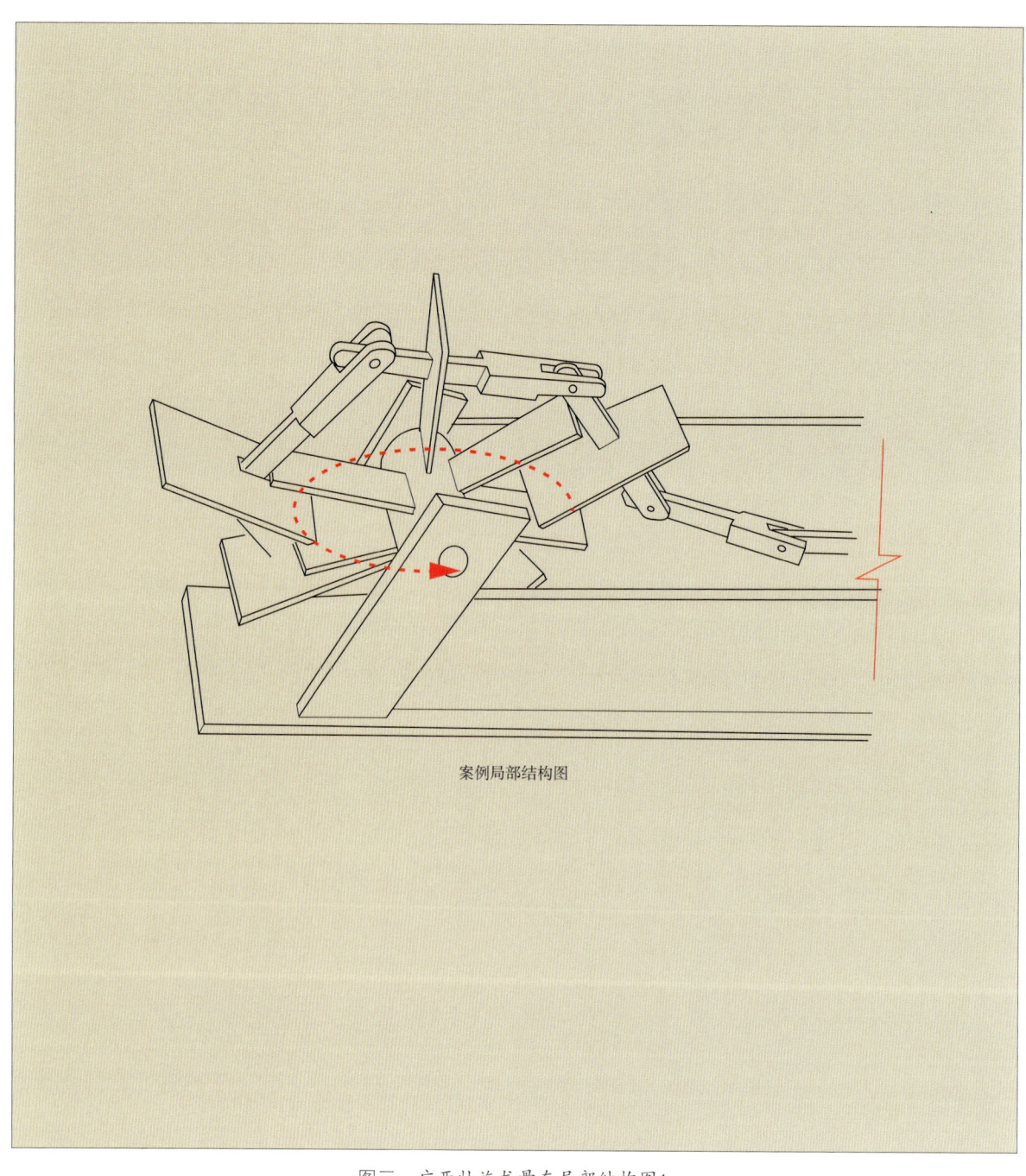

案例局部结构图

图三　广西壮族龙骨车局部结构图1

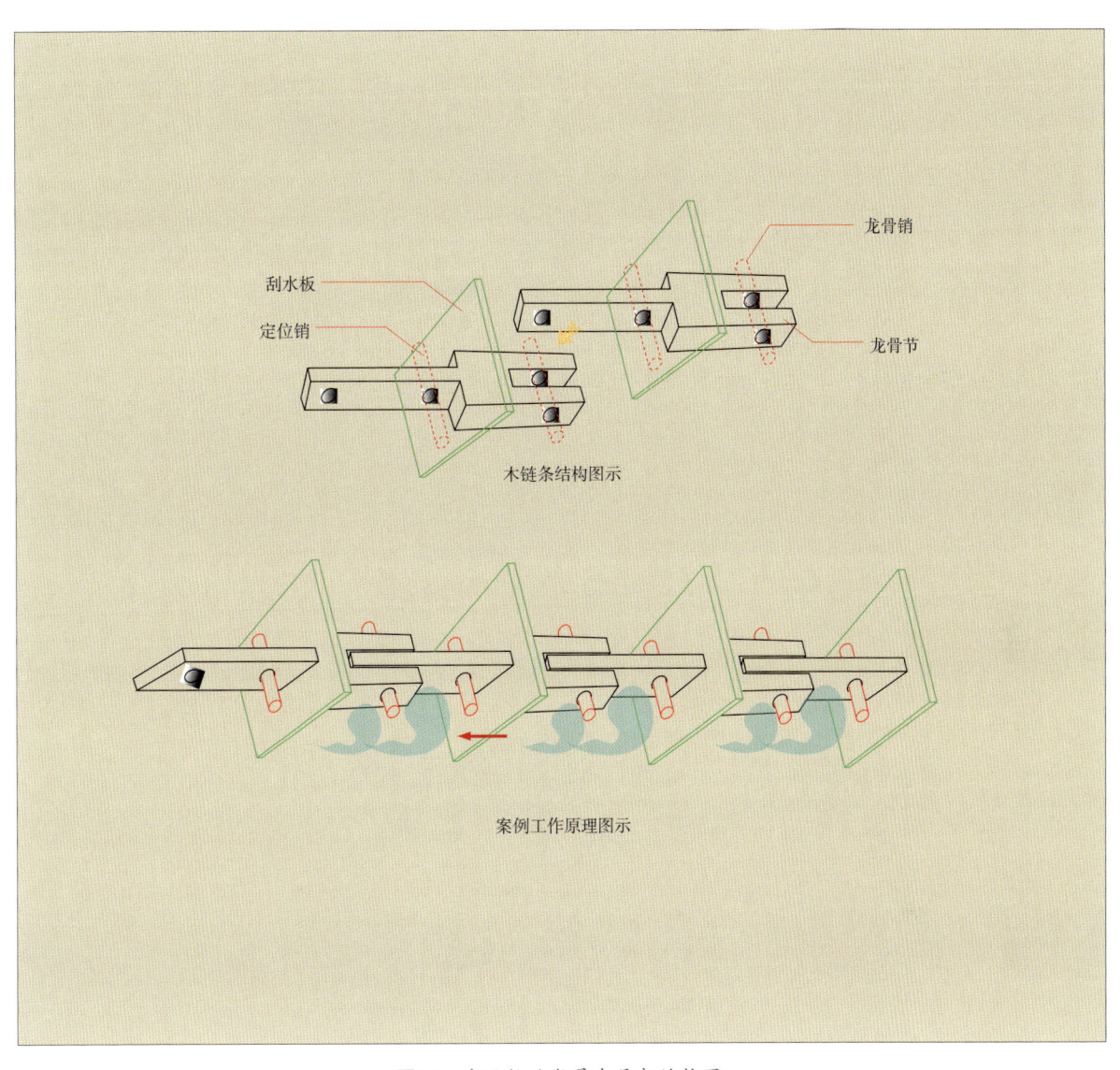

图四　广西壮族龙骨车局部结构图2

20世纪60年代壮族人用龙骨车汲水图
（广西民族博物馆提供）

图五　广西壮族龙骨车功能图

《天工开物》所绘龙骨车使用图

图六　广西壮族龙骨车对比图

云南壮族文山州筒车

图一　云南壮族文山州筒车主图

　　筒车是由水流驱动的一种提水装置,在壮乡又俗称"水车"。事实上,古代"水车"不仅指提水机械,也指驱动机械装置的水轮,为了避免歧义,这里借用王祯《农书》中的说法"筒车"。本案例采自云南文山州,案例结构由支架、轮轴、竹箭、竹圈、竹筒、叶片、拦水墙及承水槽组成，其中支架与轮轴用木料制成，其余（拦水墙除外）则为竹材。

据调查得知，壮族筒车制作流程如下：一是先筑拦水墙。拦水墙能让水流变得更集中，对叶片产生冲击力。二是竖桩建支架。一般是根据提水高度来决定轮子半径的大小，轮子定了，桩子高度也会相应确定。在壮乡，支架常用耐水杉木制作。三是安置轮轴。选两根粗木头，中间开一圆孔，然后将轴颈穿入孔中，再架在横杆上，并调整好水平度，最后用藤条捆绑固定。四是插装竹箭与编竹圈。竹箭必须用直的毛竹制作，直径约5厘米，三年生以上，方法是用刀将其一端削尖，插入木轴中（轴的两端分别设若干对竹箭），让轴两端的竹箭以交叉形式构成轮子，轮子内外还须编竹圈，以加强轮子整体结构。五是安装叶片及竹筒。叶片用楠竹片编成，可传递动力；竹筒则是一端开口的盛水器。

从力学角度分析，叶片数量与水量大小有关，在水量不变的情况下多装一些叶片，筒车转速就会增大，人们一般是选择每分钟转三至四圈。关于竹筒，它是两个叶片之间的构件，由于竹筒与竹圈之间形成锐角，竹筒一旦入水就能"喝"一定量的水，接着会随轮子升至顶部，因角度的变换将水倒入承

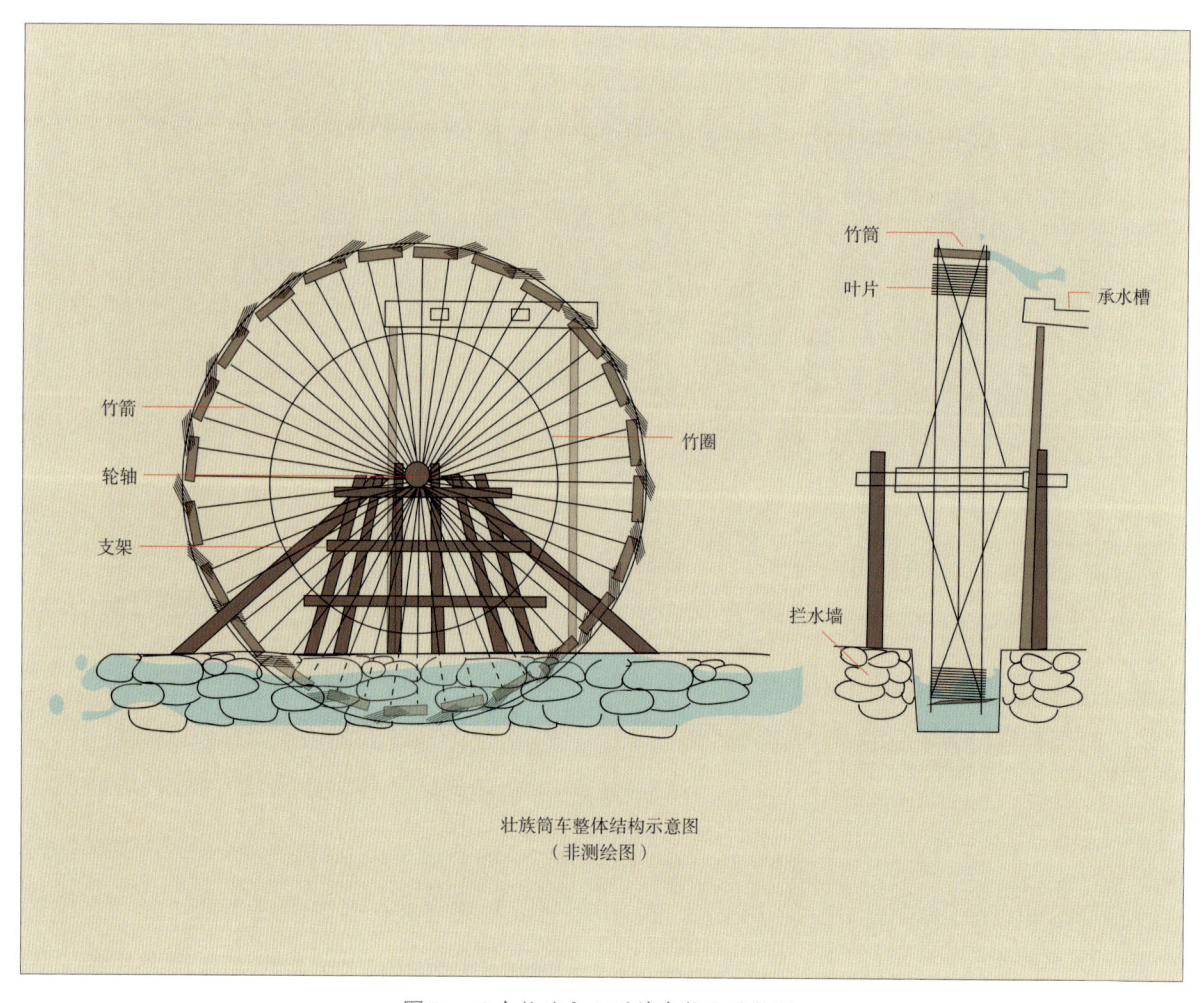

壮族筒车整体结构示意图
（非测绘图）

图二　云南壮族文山州筒车整体结构图

水槽里，以此循环往复，实现水的输送。从结构上看，壮族各地筒车基本相似，比如广西柳州博物馆展示的筒车模型便与案例基本一样，这说明壮族筒车制作方式已定型。

壮族筒车源于何时尚需考证。从历史文献看，《全唐文》卷九四八中陈廷章的《水轮赋》曾描述轮形提水机械，其工作原理与后来筒车基本一致。（清华大学图书馆科技史研究组编撰：《中国科技史资料——农业机械》[M]，北京：清华大学出版社1985年版，第149—150页）北宋李处权在《崧庵集·土贵要予赋水轮》中也说过："江南水轮不假人，智者创物真大巧。一轮十筒挹且注，循环下上无时了。"（清华大学图书馆科技史研究组编撰：《中国科技史资料——农业机械》[M]，北京：清华大学出版社1985年版，第160页）这里水轮即指"筒车"。此外，元王祯不仅在《农书》里对筒车有描述，而且还绘制了图样。总的来看，南北筒车在材料上有差异，比如甘肃兰州筒车完全用木料制成，而壮族筒车则以竹材为主，材料不同，结构上自然有差异。

图片来源

图一　云南文山民族博物馆提供
图二至图四　许边疆　制图
图五　许边疆　摄影
图六　[元]王祯《农书》插图

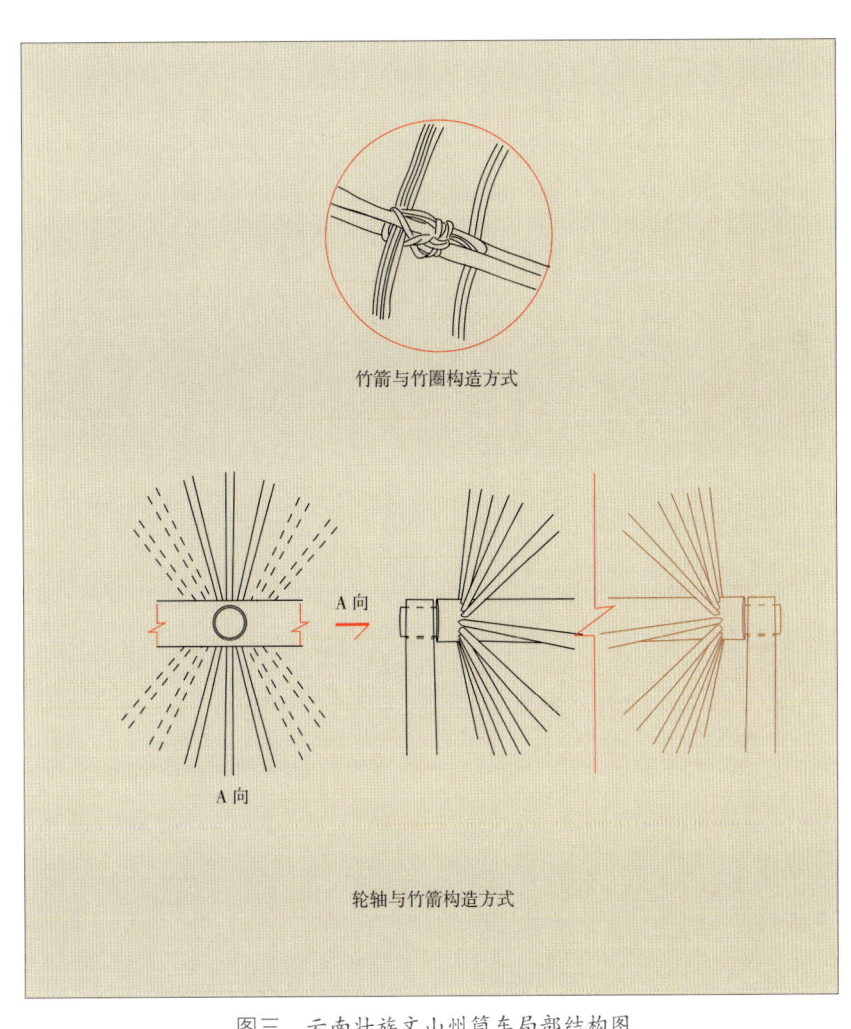

图三　云南壮族文山州筒车局部结构图

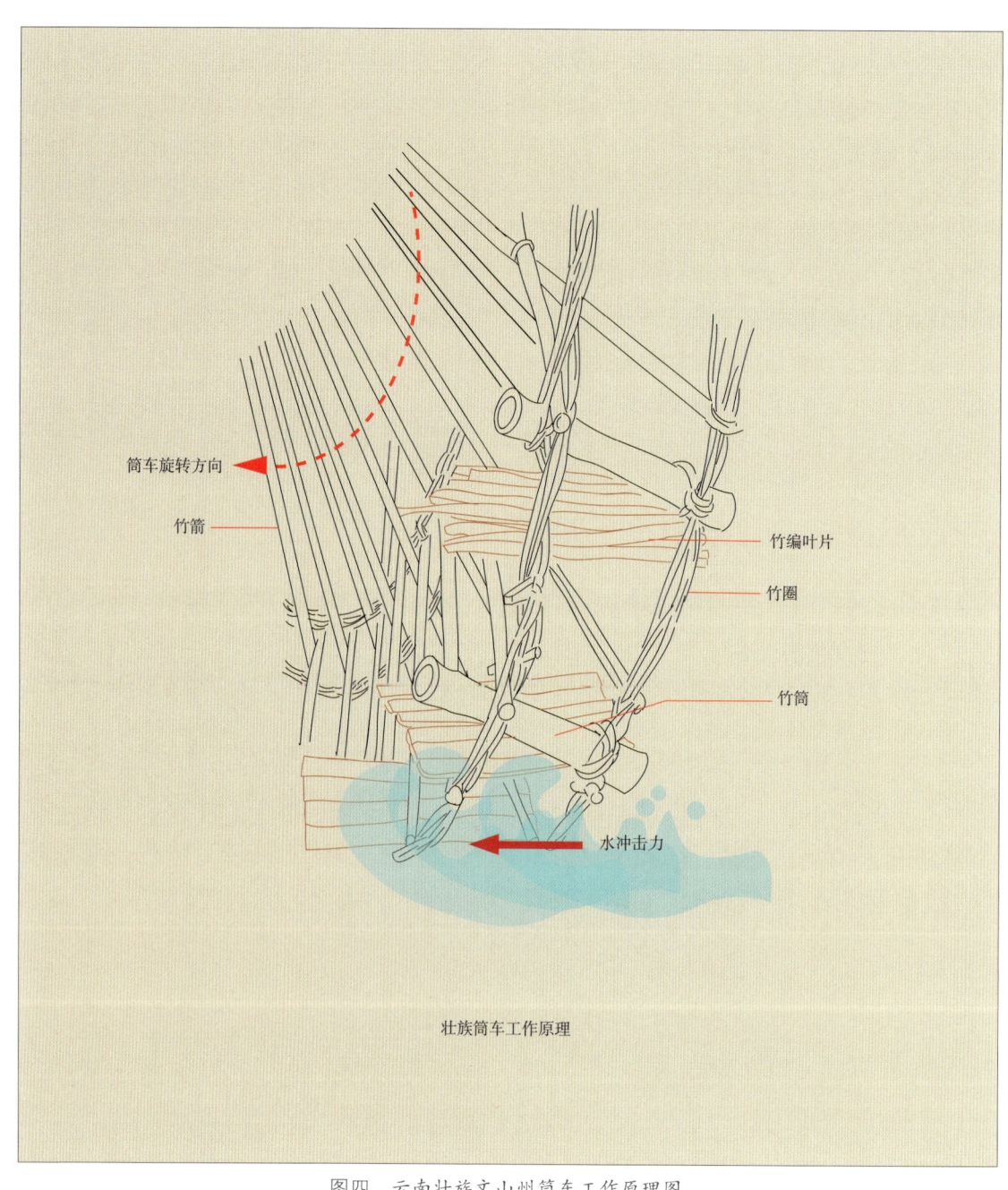

图四　云南壮族文山州筒车工作原理图

壮族筒车模型
（摄于广西柳州博物馆）

图五　云南壮族文山州筒车对比图

元王祯《农书》筒车插图

图六　云南壮族文山州筒车延展图

广西壮族插秧船

图一 广西壮族插秧船主图

插秧船是我国传统稻作农具之一,其形如船,故名之。早在几千年前,壮族先人就开始进行稻作生产,起初是旱地耕种,后来逐渐在水边或洼处蓄水种植,最后才发展成水田耕种。水田耕种的好处是稻谷产量高,但水稻种植程序却变得比以前复杂,尤其是插秧过程,劳动强度显著增大。于是,人们发明了插秧辅助器具,插秧船便是其中之一。本案例采自广西民族博物馆,为壮族传统插秧农具,总长75厘米,中部宽32厘米,船体高13厘米。由于案例两端宽度小于中部,底部尺度又向里收,故形体似船。

本案例主体结构由木板制作而成,上端接近中间的地方固定着一排竹片坐板,坐板后方立着一根宽6厘米的条板,这块条板的延伸体又将"船体"空间分割出前仓和后仓两大部分。从设计学角度分析,插秧船的设计灵感应该是来自江河中的船舶,因为稻田水的浮力对案例的工作效能起着关键作用。从工作原理上分析,人坐在案例的中间部位,两只脚能分别放在案例的外部两侧,在插秧时,案例便起到坐具的作用。相反,如果要移动案例,人只需略向上抬起身体,凭借腰部和脚的配合,就能对背后条板施以推力,结果在案例向后滑移的过程中,因水面浮力的作用而使案例移动变得顺畅和轻松,从而为插秧者腾出了新的作业区。更重要的是,案例前后设有仓位,这些仓位能储存较多秧苗,这为插秧者减少运送秧苗的次数提供了条件。

壮族插秧船源于何时尚需考证。据《中国农具史纲暨图谱》的作者周昕分析,插秧船是在秧马的基础上发展而来的。实际上,早期的秧马是拔秧农具,后人错误地认为秧马就是插秧器具,并常用王祯《农书》中的"秧马"插图来证明之,其实不然。王祯《农书》中虽有操作者在稻田里劳作的插图,但人们却忽略了苏轼的一句话。即:"系束稿其首,以缚秧。"(元王祯撰:《农书译注》,缪启愉、缪桂龙译,济南:齐鲁出版社2009年版,第449页)秧马前系着稻草,显然是为了缚秧用,因此,苏轼的话间接地表明"秧马"是一种拔秧农具。当然,如果从功能上分析,拔秧与插秧是两种截然不同的劳动,不同的劳动导致相异的劳动方式,而劳动方式的不同又必然会带来农具结构上的差异,例如南方用的秧凳,其结构就是由拔秧方式决定的。从逻辑上推断,插秧船的使用功能要比秧凳复杂许多,从这一点看,周昕先生的观点无疑是符合逻辑的。

尽管插秧船有其设计上的合理性,但其劳动效率却无法与当今机械相比。因此,本案例被自动化的插秧机所取代是一种历史的必然。

图片来源
图一 许边疆 摄影
图二至图四 许边疆 制图
图五 许边疆制图(摹绘周所著《中国农具史纲暨图谱》)

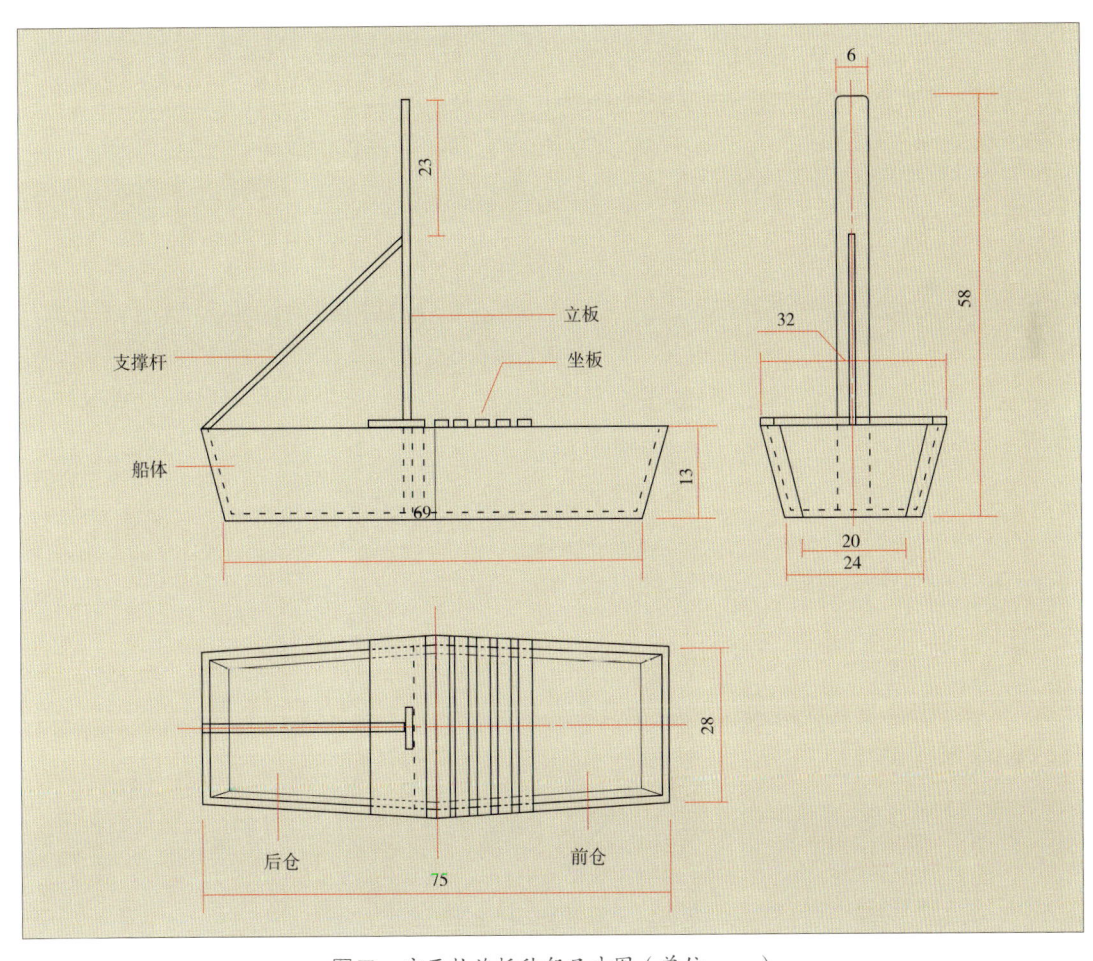

图二 广西壮族插秧船尺寸图(单位:cm)

图三　广西壮族插秧船功能图

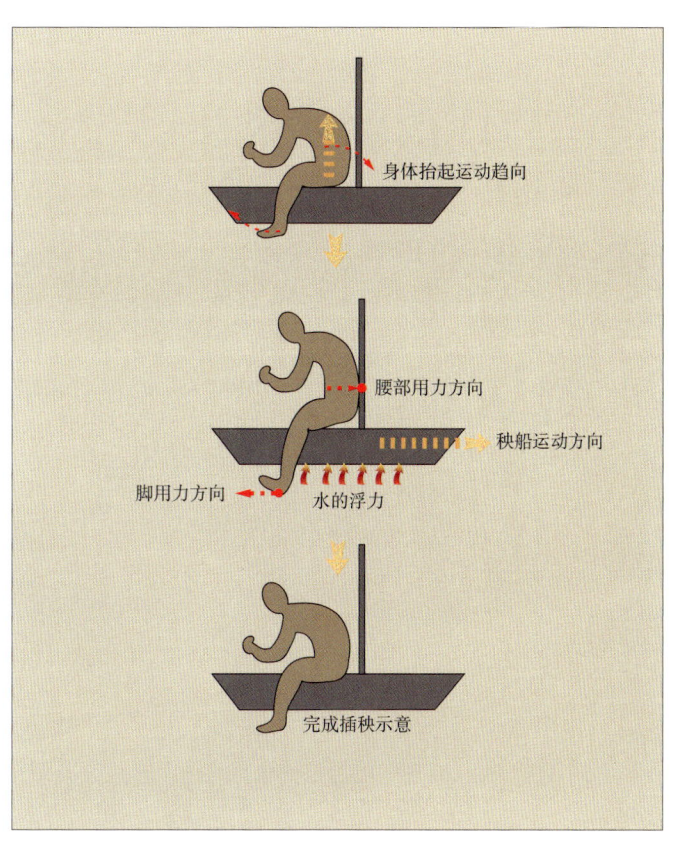

图四　广西壮族插秧船设计分析图

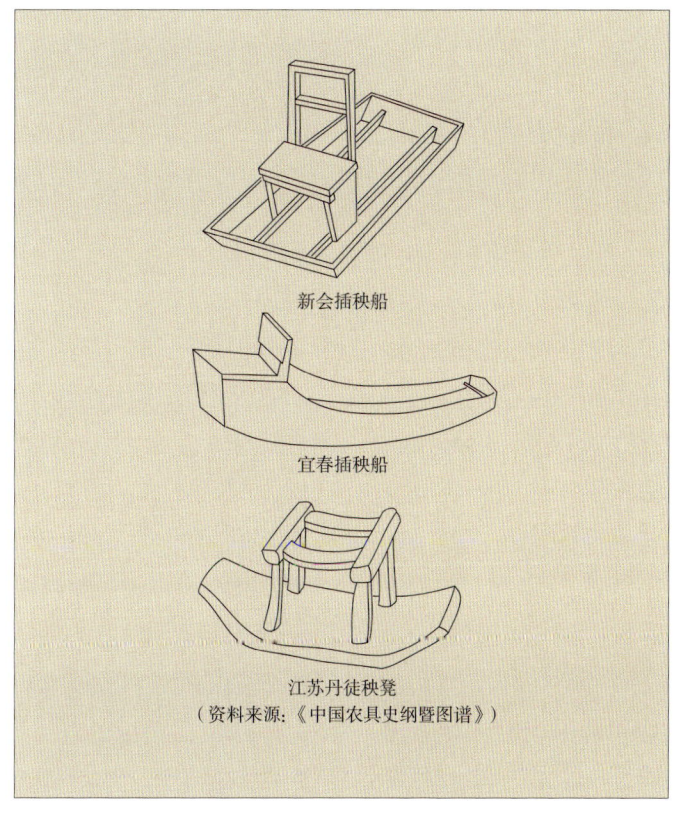

图五　广西壮族插秧船延展图

广西壮族戽斗

图一 广西壮族戽斗主图

戽斗是一种传统的汲水灌田农具,中国南北地区都有,但形制与结构却有差异。以材料划分,传统戽斗有木制的、竹制的、藤条编织的;若以使用方式来划分,戽斗又有单人操作、双人操作和四人操作三种类型,本案例即为广西壮族单人操作戽斗。其结构由戽斗身、戽斗口、定位销、吊绳、竹制手杆及支撑架等组成,器具主要由竹木复合而成。

本案例操作方式是:先用三根长木棍或毛竹支撑起一个三脚架,然后将戽斗和手杆上的绳索系在三脚架顶端的交叉点上,戽水时由一人操作,操作者双手紧握手杆,有节奏地前推后拉,不停地把戽斗插进溪水里,同时又利用戽斗的运动惯性将戽斗中的水送进田里。从设计学角度分析,案例是用一段整木雕琢而成,外部形态呈流畅的弧形,而内部则为凹槽。由于悬挂案例的绳索是被拴结在固定手杆的定位销上,因而使用者能十分便利地控制好戽斗,并利用固定支点和游移支点的变换关系,将戽斗中的水舀进稻田里。这里需指出的是,案例的形制呈长条形,舀水的过程是靠向前的惯性完成的,因而水的阻力不是由人力直接克服的,故而能大大节省人的体力。在壮乡，我们还曾见过另一种半球形竹编戽斗，这种戽斗是由两人操作的，每个人各持戽斗两侧的绳子，协调用力，一张一弛，让戽斗先在河塘中灌满水，然后再甩到岸上田地里。虽然这种半球形竹编戽斗也是利用力学中的惯性原理来完成工作的，但由于戽斗汲水时需靠人力克服水面阻力，因而这个提水过程既需技巧，又要体力。

概括来看，本案例的设计优点主要是节省体力，不足之处是它的使用场合往往局限于田间地头旁的小水沟。具体来说，案例更适宜将略低于水田处的水戽到稻田里，而竹编半球形戽斗则能将更低处的水"甩到"田地中。在桂南，山虽多（喀斯特地貌），稻田却趋于平坦，故很适宜用本案例来做田间灌溉。此外，在考察过程中我们也发现了与本案例相似的戽斗，它们形制相似，但结构略有不同。这说明，该类戽斗无制作标准，仅工作原理相同而已。

图片来源

图一　引自覃圣敏主编：《壮泰民族传统文化比较研究》，南宁：广西人民出版社 2003 年 12 月第 1 版。

图二至图七　许边疆　制图

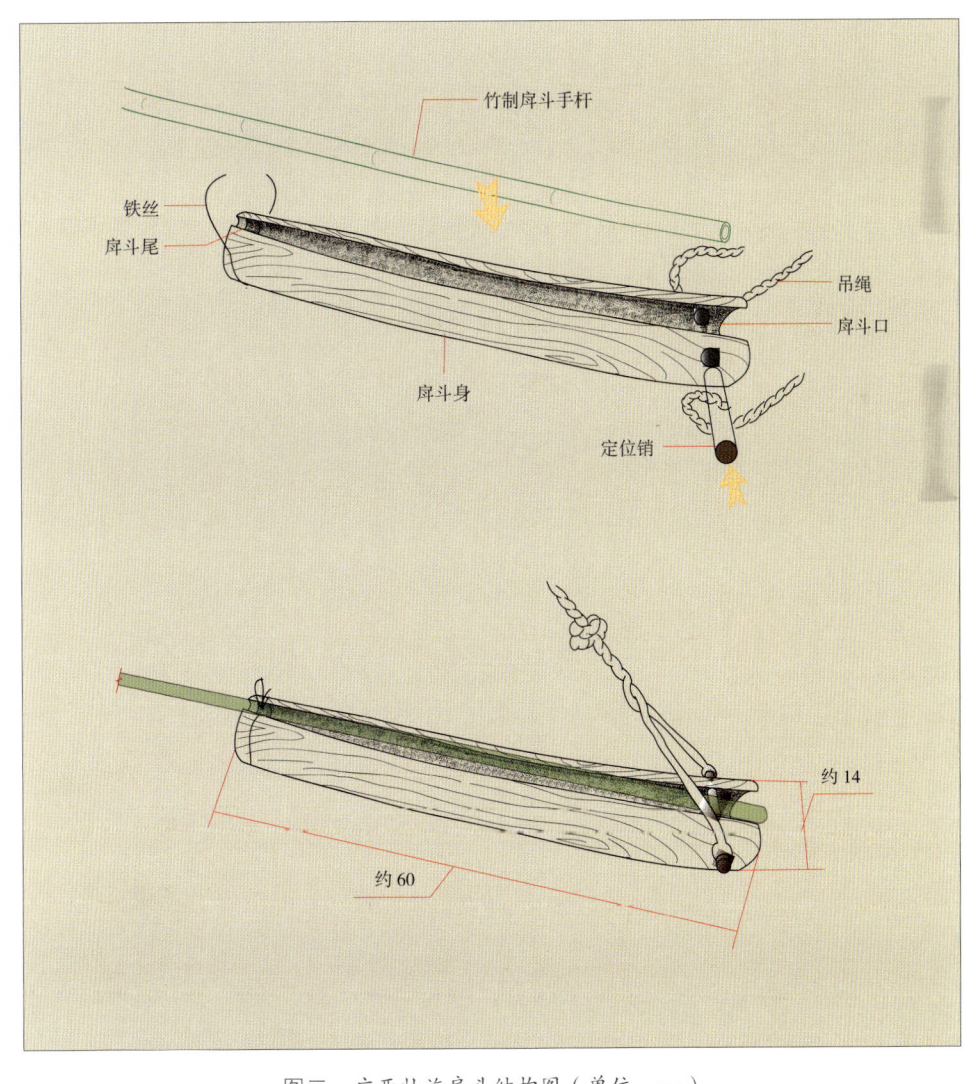

图二　广西壮族戽斗结构图（单位：cm）

图三　广西壮族庠斗功能图

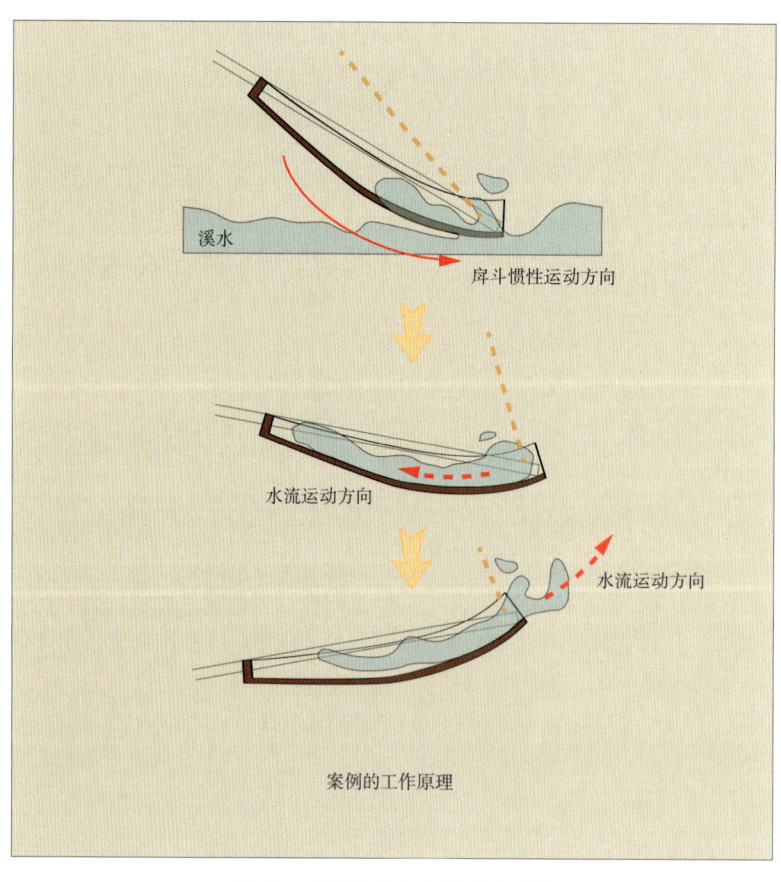

图四　广西壮族庠斗设计分析图

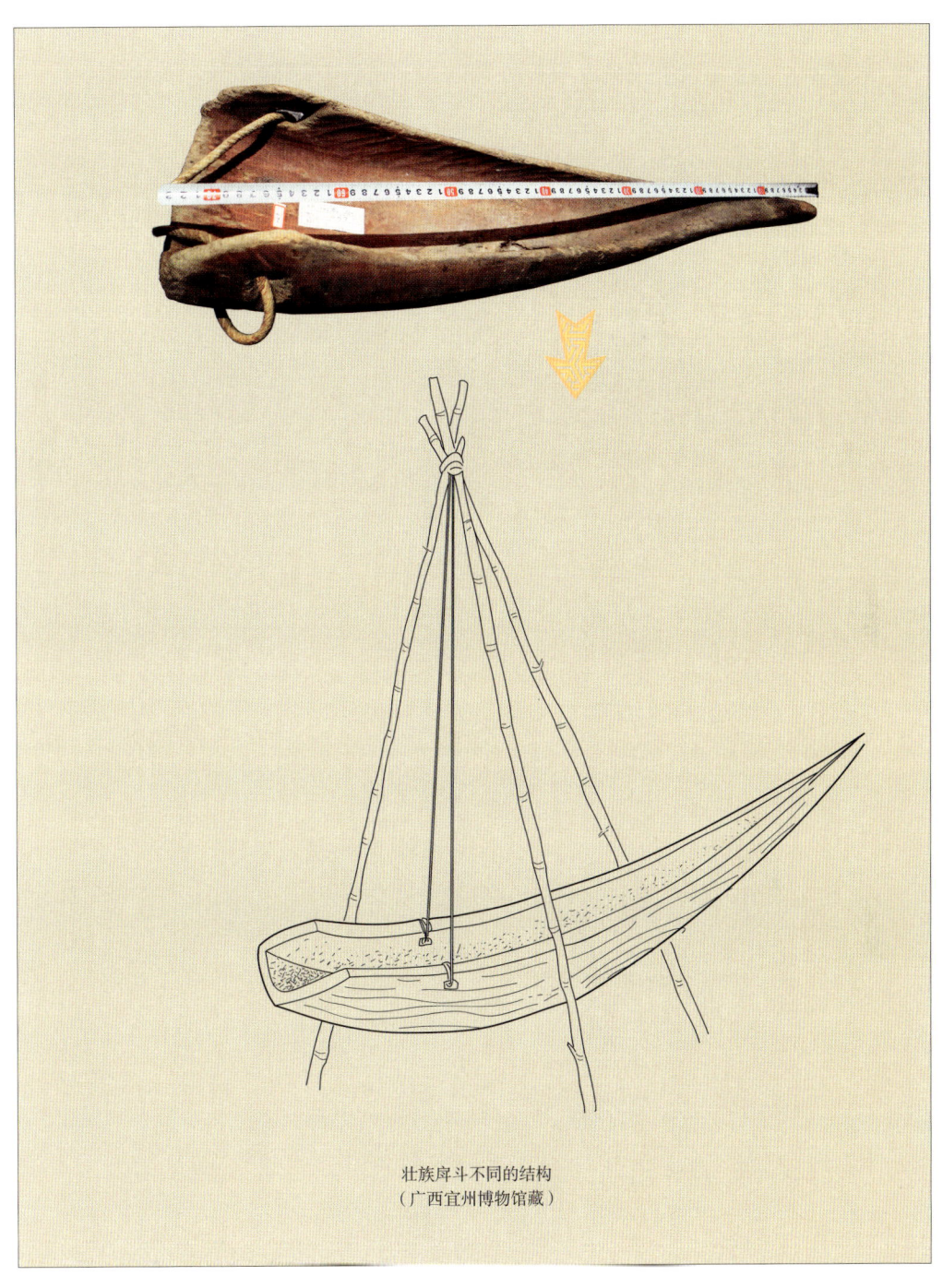

图五　广西壮族犀斗对比图

壮族民间厍斗形制之一

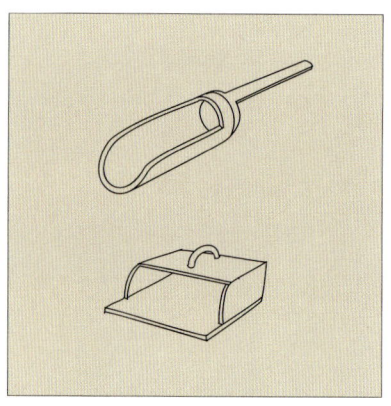

中国其他地区民间不同厍斗形制

图六　广西壮族厍斗延展图1

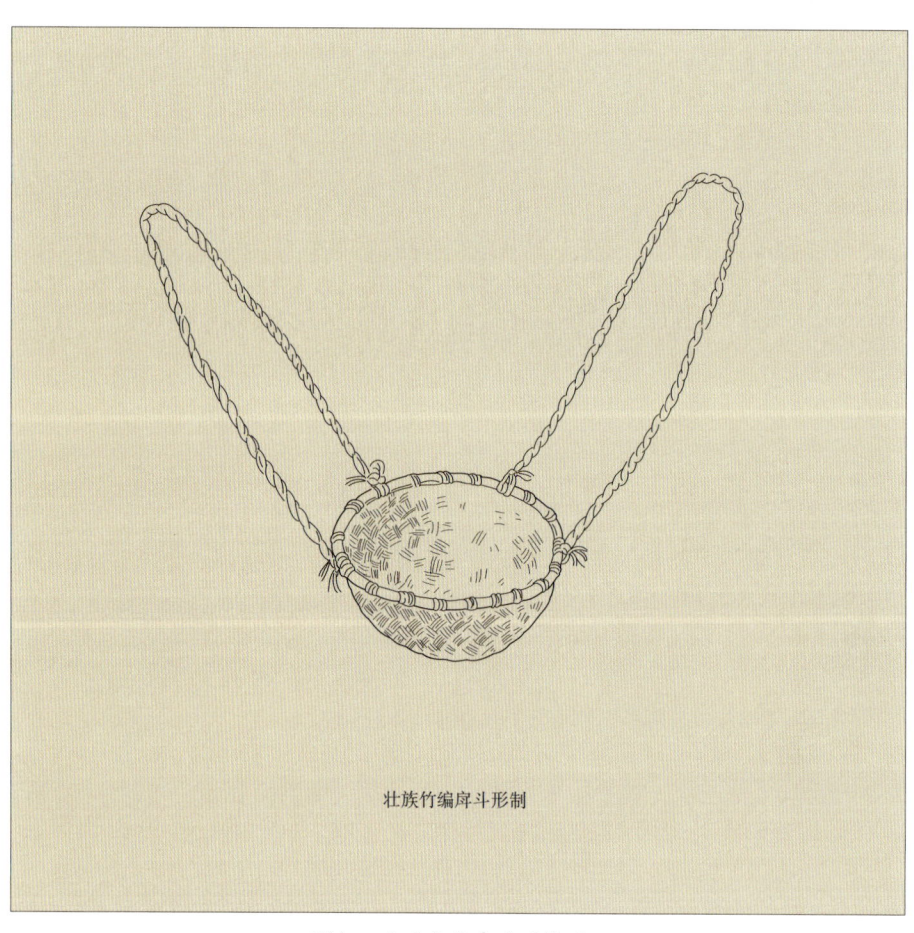

壮族竹编厍斗形制

图七　广西壮族厍斗延展图2

广西壮族靖西鱼罩

图一 广西壮族靖西鱼罩主图

　　鱼罩是一种捕鱼工具，形如鸡笼，其顶端与下端呈敞口状，一般是用竹条编结而成。本案例采自广西靖西壮族博物馆，高62厘米，顶端口径18厘米，下端口径47厘米。

　　历史上，壮族先人至少在汉代就能编出结构复杂的竹器，如1976年广西贵县罗泊湾一号汉墓曾出土4种竹器,即"竹笥、篓、筐、器盖等"(壮族百科辞典编纂委员会编:《壮族百科辞典》,南宁:广西人民出版社1993年版,第526页)。显然,壮乡竹编技艺基础深厚,而广西地区河溪密布,壮族人发明鱼罩是水到渠成之事。从功能上看,案例主要是用于浅水鱼塘或田间小溪捕鱼,捕鱼方式男女易学,只要双手抓住鱼罩上端,看准水中游鱼,迅速地将鱼罩插入水中,然后一手按压鱼罩,另一只手伸进罩内抓鱼。除浅水塘、河溪外,壮族人有时也在稻田里捕鱼。

从设计学角度分析,案例是由若干竹条构成,而竹条本身就具备一定弹性和硬度,当更多竹条被捆绑成一体时,这种材料的弹性与强度就会成倍提高,并能承受较大外部压力,这是将案例插入水中捕鱼的基本条件。

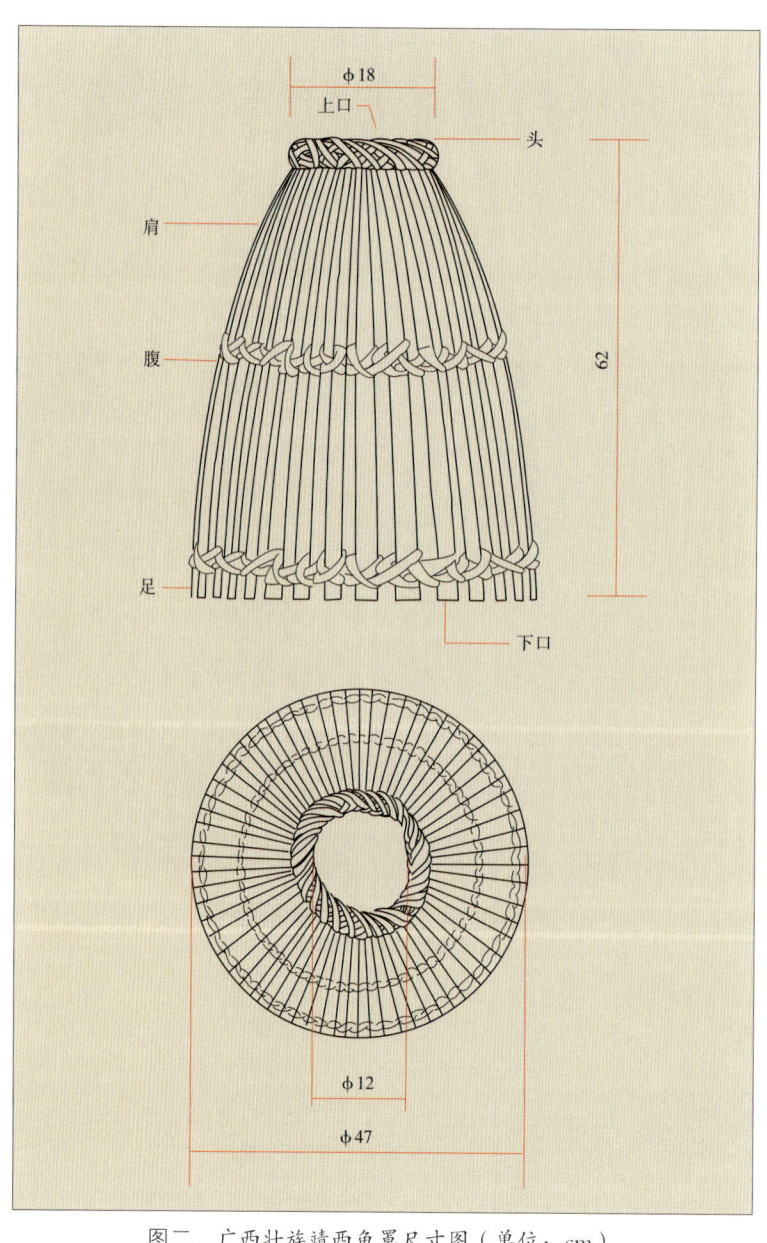

图二　广西壮族靖西鱼罩尺寸图(单位:cm)

此外，竹条间隙要控制好，如果间隙太大就会让某些鱼逃脱，因而适当的间隙是捕鱼的必要条件。本案例设计优点如下：一是材料可就地取材，价格低廉；二是编结方式简单，易学易会；三是结构符合力学原理，使用过程不易损坏。当然，它也有不足之处：一是只能在浅水区使用，捕鱼条件受限；二是捕鱼效率低下。

总的来看，鱼罩是一种较原始的捕鱼工具。有意思的是，如今壮族人又将案例演变成了一种游戏器具，在当地，我们曾见到人们用鱼罩来举办捉鸡比赛，参赛者手拿鱼罩，在规定时间内谁罩住的鸡最多谁即为赢家，活动充满乐趣。

图片来源
图一　孙林　摄影
图二至图七　许边疆　制图

鱼罩捕鱼方式

图三　广西壮族靖西鱼罩操作示意图

图四　广西壮族靖西鱼罩设计分析图1

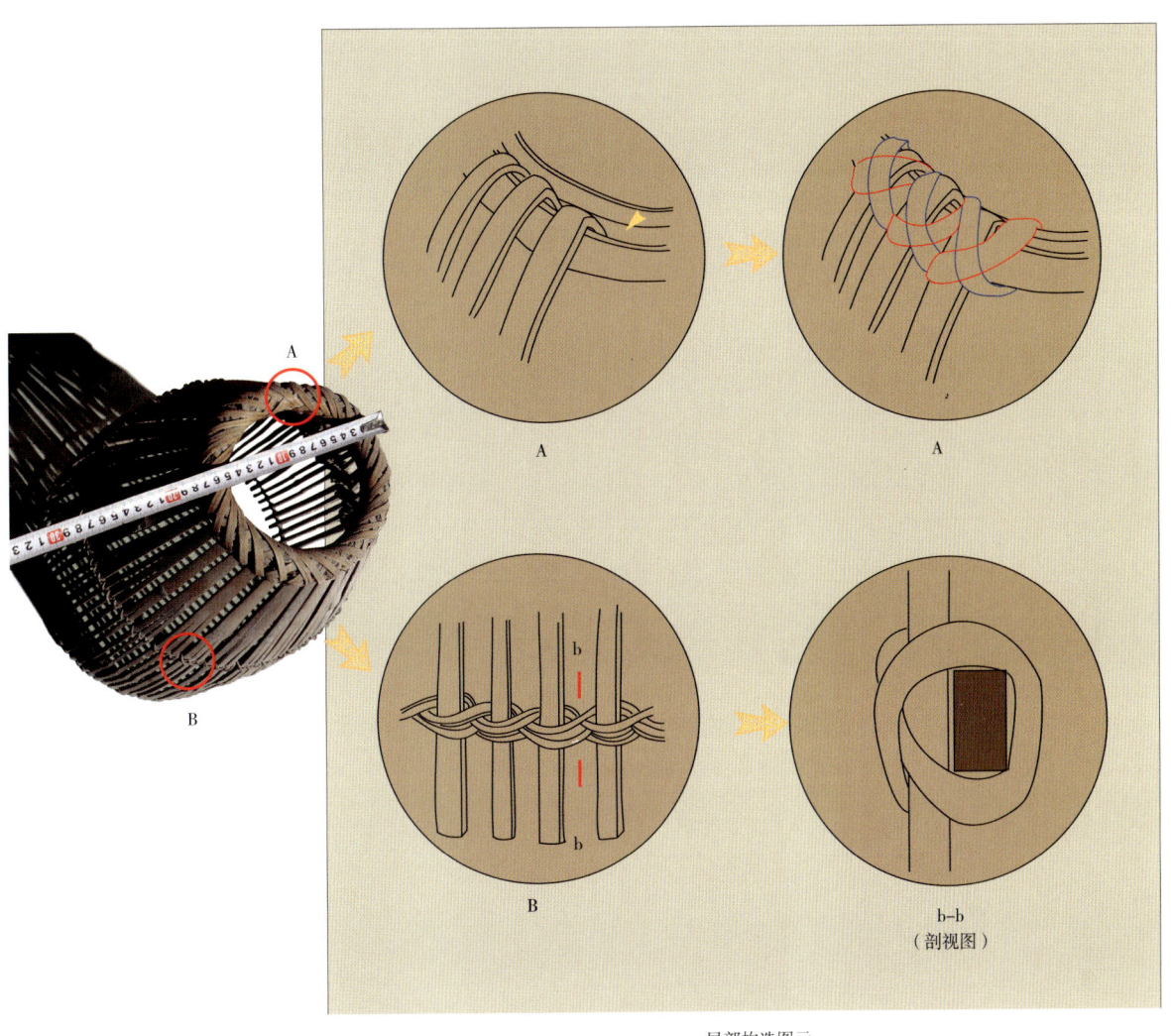

局部构造图示

图五 广西壮族靖西鱼罩构造方式图

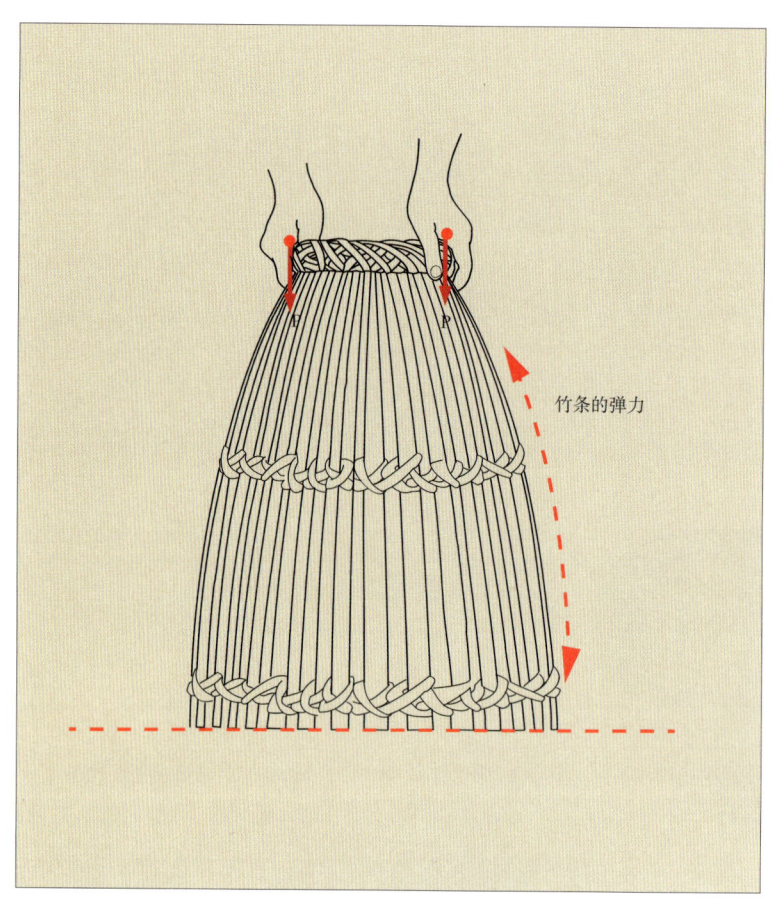

图六　广西壮族靖西鱼罩设计分析图2

图七　广西壮族靖西鱼罩延展图

云南壮族文山州肩板

图一　云南壮族文山州肩板主图

肩板，是人背负重物时放在肩上的一种辅助性器具。本案例采自广西民族博物馆壮族器物陈列厅，为云南文山州近代壮族劳动用具。从形制上看，案例很像旧时枷锁的一半，长方形木板中部边缘开一个半圆形口，开口两端再设一个小贯通孔用于拴结皮带与绳索。皮带宽约6厘米，皮带两端是以折叠方式被绳索贯穿，然后通过绳索的打结来固定皮带。

在云南壮乡，人用肩来背物品是过去传统的运输方式之一，至今仍然可见，比如箩筐、泥箕、布袋等等，本案例便是肩背物品的辅助器具。经测量，案例长42厘米，宽16厘米，厚2.2厘米，中部半圆开口直径14厘米，穿绳口径2.6厘米。从数据上分析，中部14厘米的口径显然是依据人的脖颈尺度来设计的，当木板口围住人的脖颈时，木板身刚好担在人的双肩上。之所以这样设计，其益处是能有效地分解负荷对肩部产生的压力。具体来说，人在负重时虽无法减轻总重量，但有了本案例之后，肩部承受的压力不再集中于一点，而是得到了分解，这样肩部单位面积所承受的压力显著变小，从而起到了减缓劳动强度的作用。

本案例使用方式是：先用木板架上的绳索拴好要搬运的物品，然后蹲下身来将木板放于肩部，同时将两只手臂搭在胸前的牛皮带上，在手臂向前下方施力的同时，腰部用力将物品抬起即可。

云南文山州地处山区，山陡路窄，挑担很不方便，人们常用肩来背东西。由于南方常年气温偏高，衣服单薄，负重的绳索挂在肩上往往会损伤肩部肌肉，劳动效率也会大大降低，因此，壮族人聪明地使用这种辅助工具。这里需提及的是，尽管本案例是件实用工具，但表面却雕满了纹饰，内容有回纹、钱币纹、寿字纹、三角形边饰及角花。这表明，即使是一件普通的劳动工具，仍然被人们赋予了一定的精神内涵，这种现象在中国传统民间器具里比比皆是。从案例装饰特点看，构图是随板形而定，内容与形式却具有民族风尚，例如中部开口边缘三角形边饰就曾在铜鼓上大量出现，案例中的回纹也是壮锦中常见视觉元素。显然，案例既是一件劳动辅助器具，也是壮族民族文化的一种载体。

图片来源
图一　许边疆　摄影
图二至图五　许边疆　制图

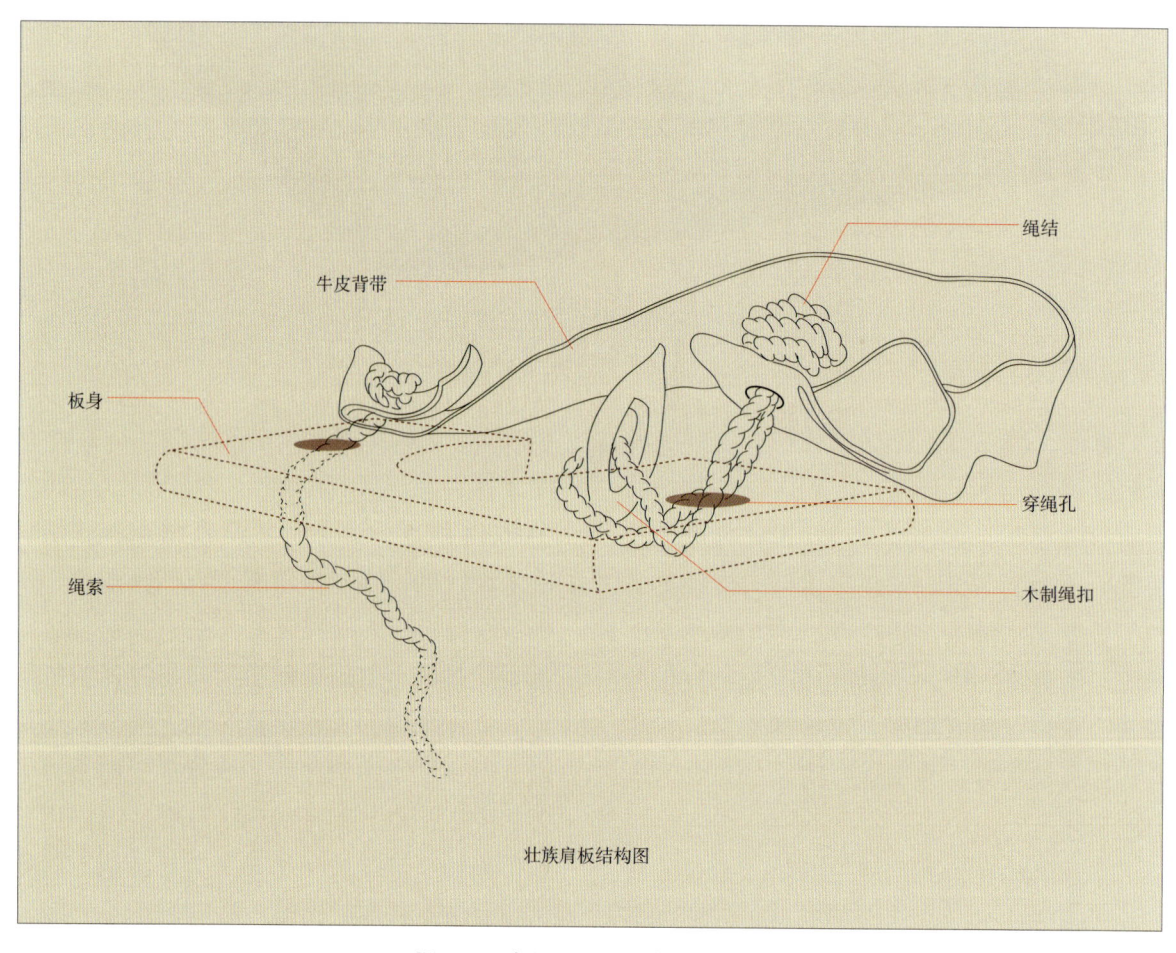

图二　云南壮族文山州肩板结构图

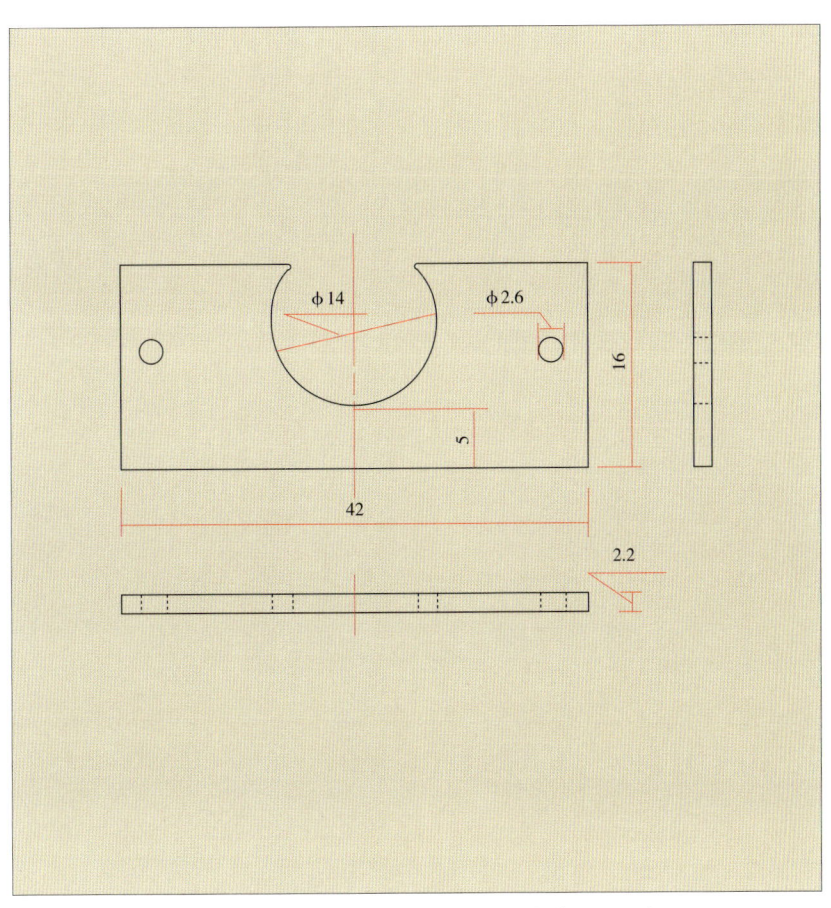

图三　云南壮族文山州肩板尺寸图（单位：cm）

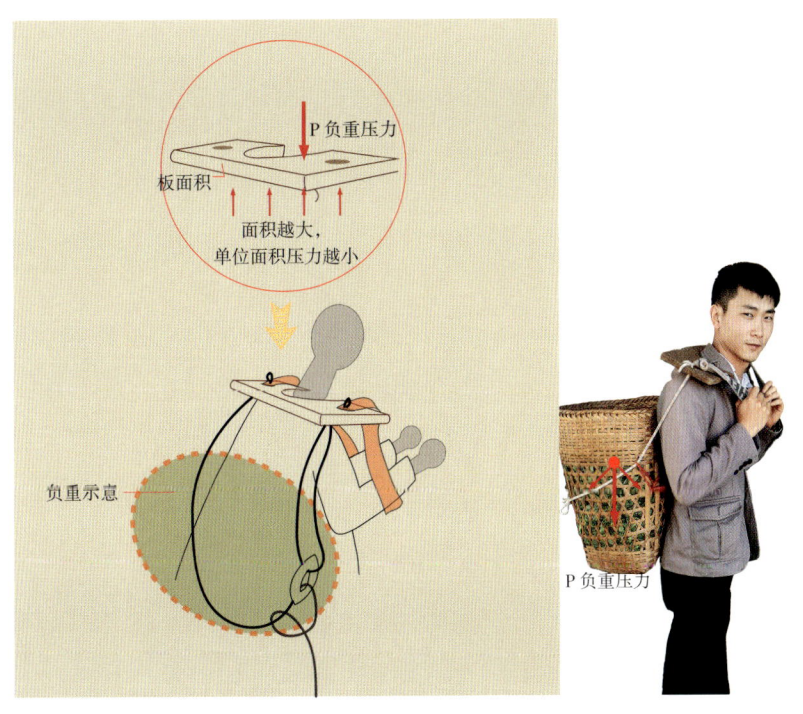

图四　云南壮族文山州肩板设计分析图

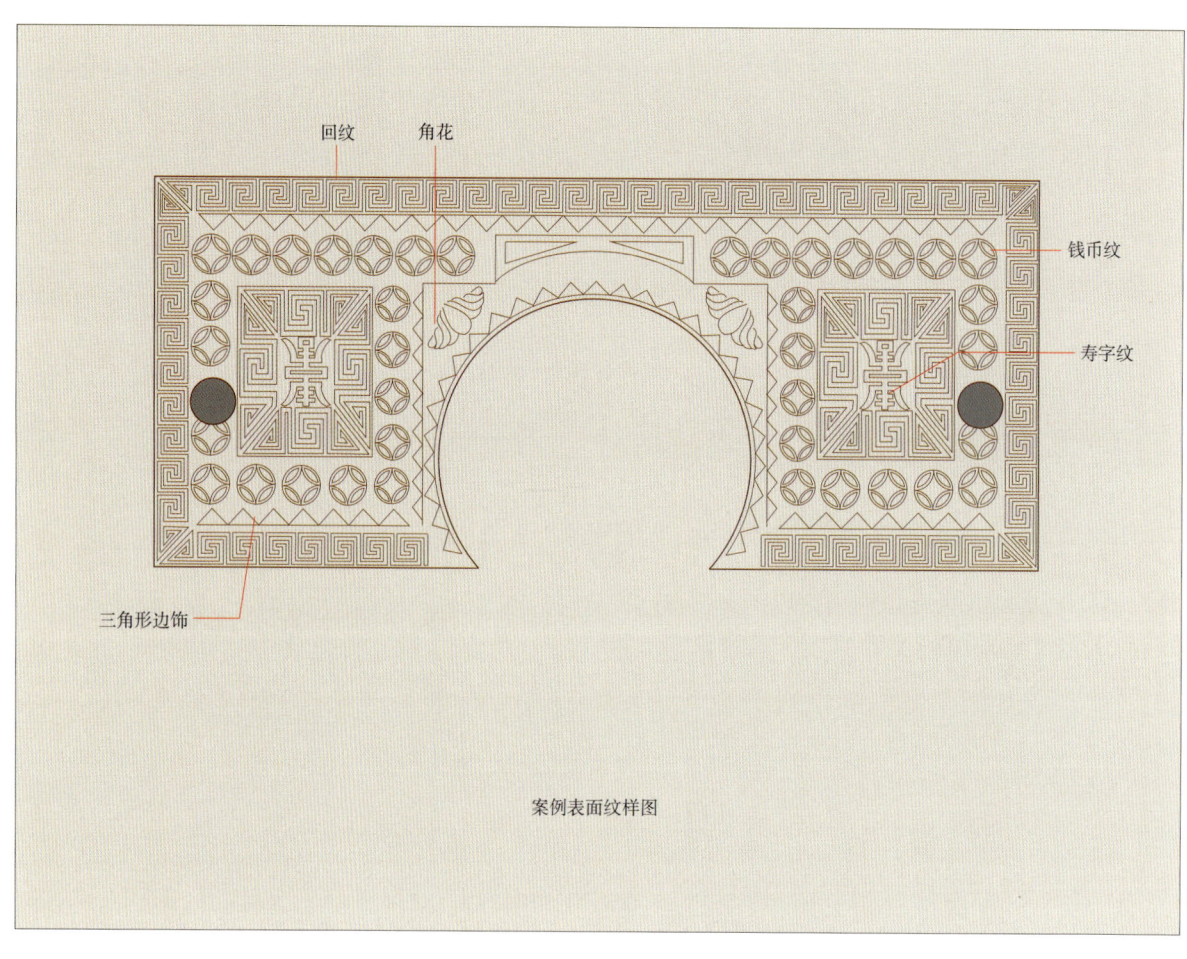

图五　云南壮族文山州肩板装饰纹样图

广西壮族崇左石磨

图一　广西壮族崇左石磨主图

石磨，即加工食品的一种传统器具，因上下磨扇皆为石质，故名之。在古代，石磨又被称之为"硙"，例如西汉史游《急就篇》里就曾记载："碓硙扇隤舂簸扬。"事实上，广西邕宁、武鸣等地早在一万年前就已出现原始石磨，这种石磨虽与后期石磨形制相异，但工作原理却相似。概括来看，传统石磨有旱磨与湿磨之分，旱磨多加工麦面，湿磨则以加工米浆、豆浆为主（油磨也属于湿磨），由于壮乡自古以来就是稻米产区，故壮乡石磨多为湿磨。本案例采自广西崇左壮族博物馆，经测量，案例上磨扇最大直径72厘米，高36厘米，磨眼直径5厘米；下磨扇直径与上磨扇对等，磨台最大直径107厘米，石槽深5.5厘米。案例由上磨扇、下磨扇、磨眼、磨脐、磨台、石槽、石卯、流口等结构组成。

从尺度上看，案例是介于传统小磨与大磨之间，这种规格的磨既能用人力去推，也能使用畜力。若用人力，至少需两人，其中一人边推边添料，正因为如此，案例上磨扇的侧面设有两个卯眼，以方便磨杆的插入。在靖西县考察时，我们发现当地石磨形制与本案例基本相同，甚至在广东连山地区也发现了此类石磨，这说明案例是壮乡较流行的一种石磨形制。从功能上看，壮乡有些石磨是磨米浆用的，有些则为油磨，前者与后者的差别在于油磨上磨扇的高度明显加大，因为上磨扇越高自重就越大，对研磨物的挤压力自然会相应增加。当然，磨齿设计也同样重要。就本案例磨齿而言，下磨扇磨齿是凸出的（上磨扇为凹进的），而且齿顶是处于同一平面之上，这种齿形设计刚好与旱磨的磨齿相反，且齿形深度也不及旱磨大。此外，在齿区数量上本案例有十二个，显然，它是多齿区结构，这也是壮族石磨特点之一。在中国，石磨齿区通常有六区、八区、十区和

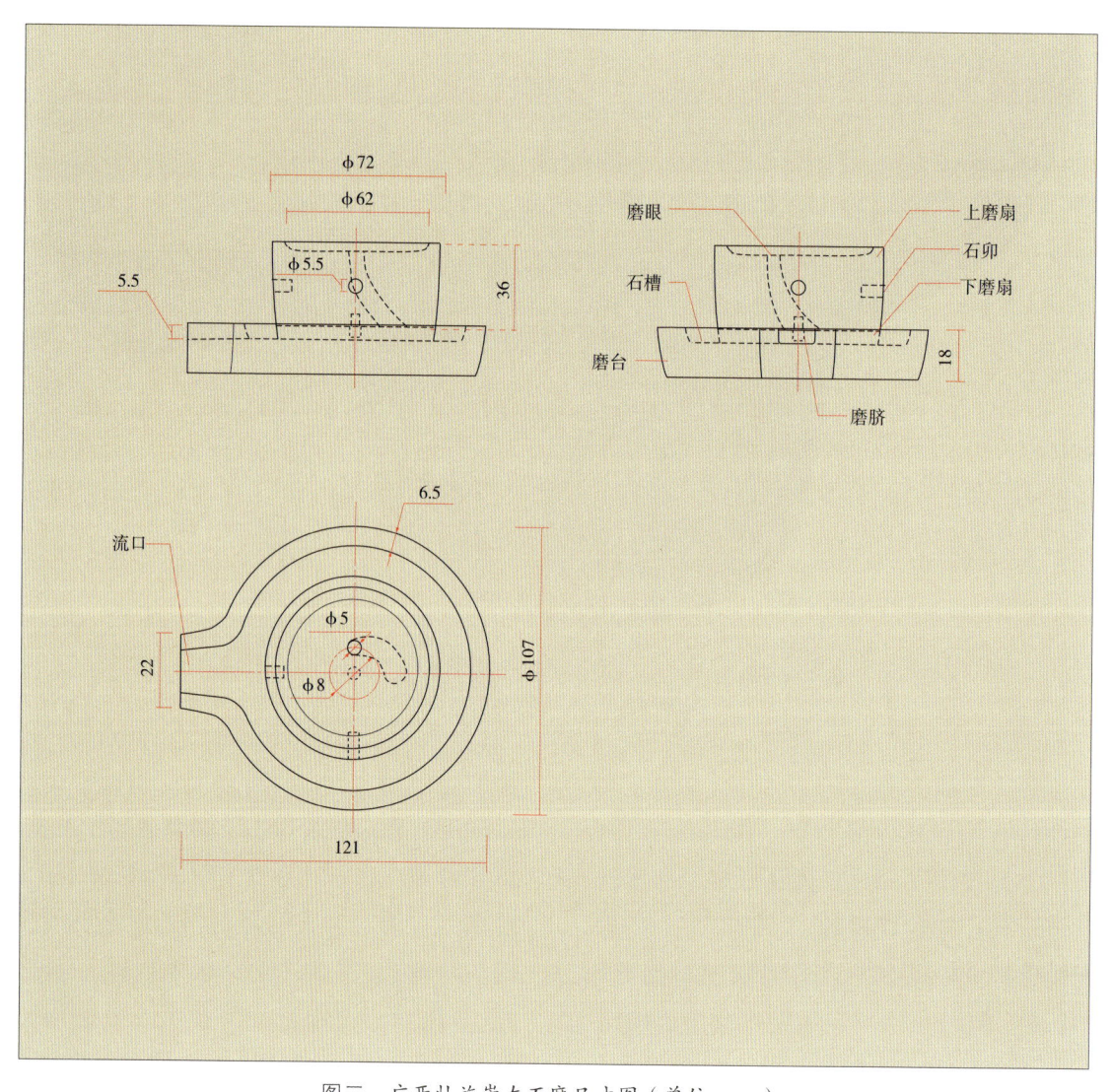

图二　广西壮族崇左石磨尺寸图（单位：cm）

十二区之分，其中以八区石磨最多。从实用功能角度分析，齿区越多磨齿密度越大，对于颗粒较小的粮食而言，磨齿数量多的石磨要比磨齿数量少的磨扇更具优越性，但齿区多加工成本及维护成本都会提高。

本案例工作原理是：通过上磨扇的旋转让上、下磨扇产生相对运动，当粮食颗粒处于上下齿之间的空隙时，因受到来自不同方向力的挤压、摩擦和刮削作用而逐渐破碎，并与水混合成较稠的糊状物从齿缝中流出，最后顺着石槽流到承接容器中。由于本案例形制属于中等大小，故可依靠人力去推动侧面的磨杆来实现操作。从实际情况看，壮乡还存在其他形式的磨杆结构，有些结构设计十分巧妙，极具地域特征，这间接反映了壮族人的聪明才智。

图片来源
图一　孙林　摄影
图二、图三、图五、图六、图七　许边疆　制图
图四　许边疆　摄影

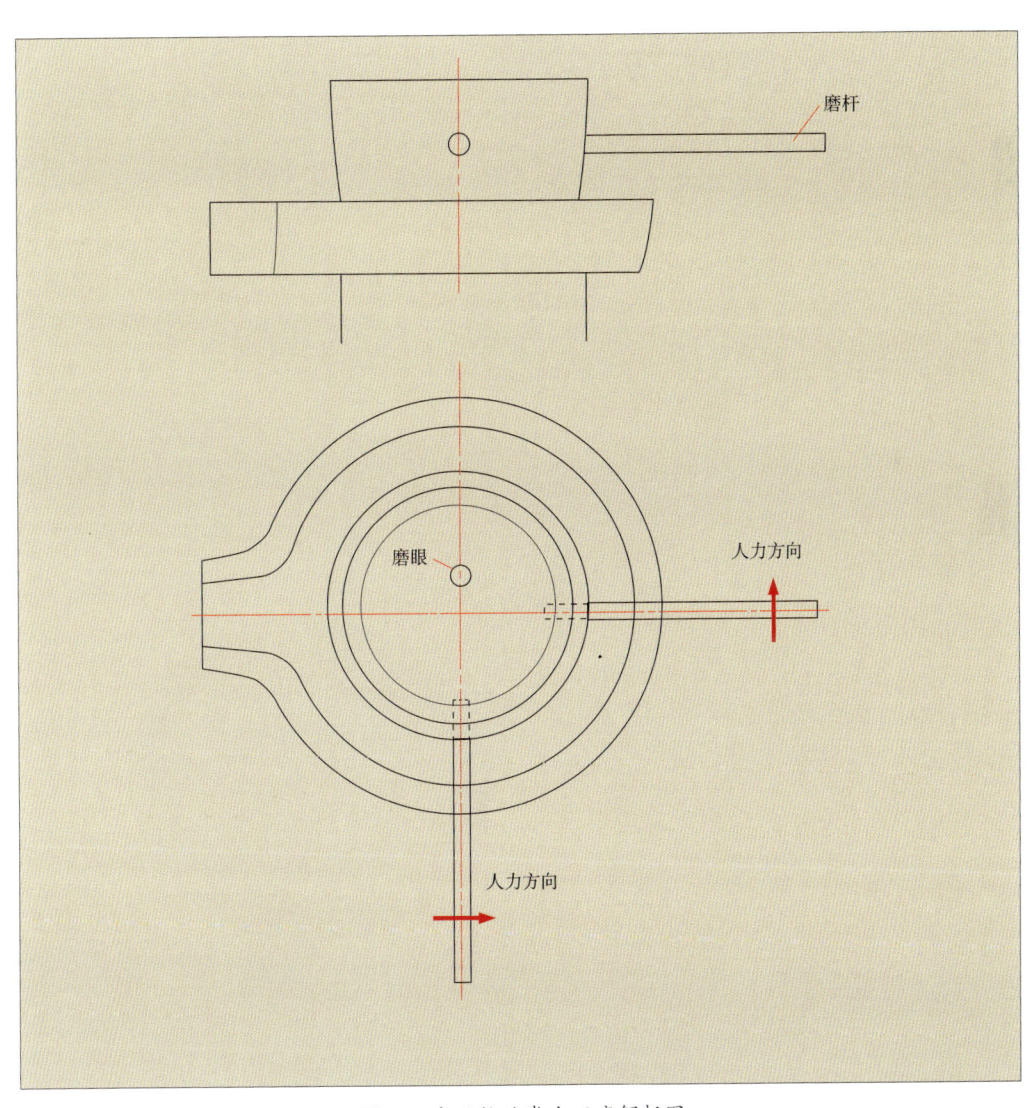

图三　广西壮族崇左石磨解析图

广西靖西龙临石磨上磨扇形制
（靖西壮族博物馆藏）

广东连山壮族石磨上磨扇形制
（连山民族博物馆藏）

图四　广西壮族崇左石磨对比图1

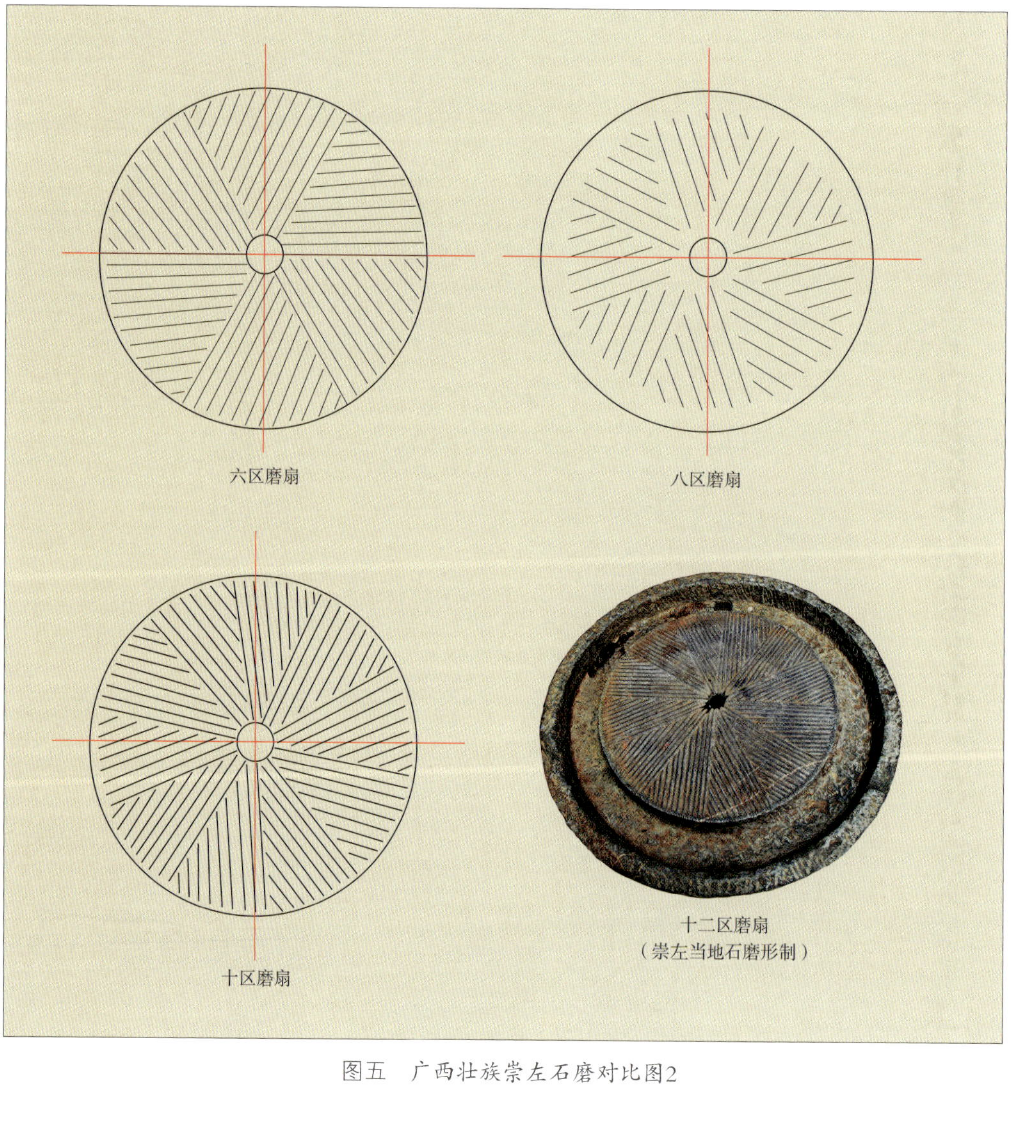

六区磨扇

八区磨扇

十区磨扇

十二区磨扇
（崇左当地石磨形制）

图五　广西壮族崇左石磨对比图2

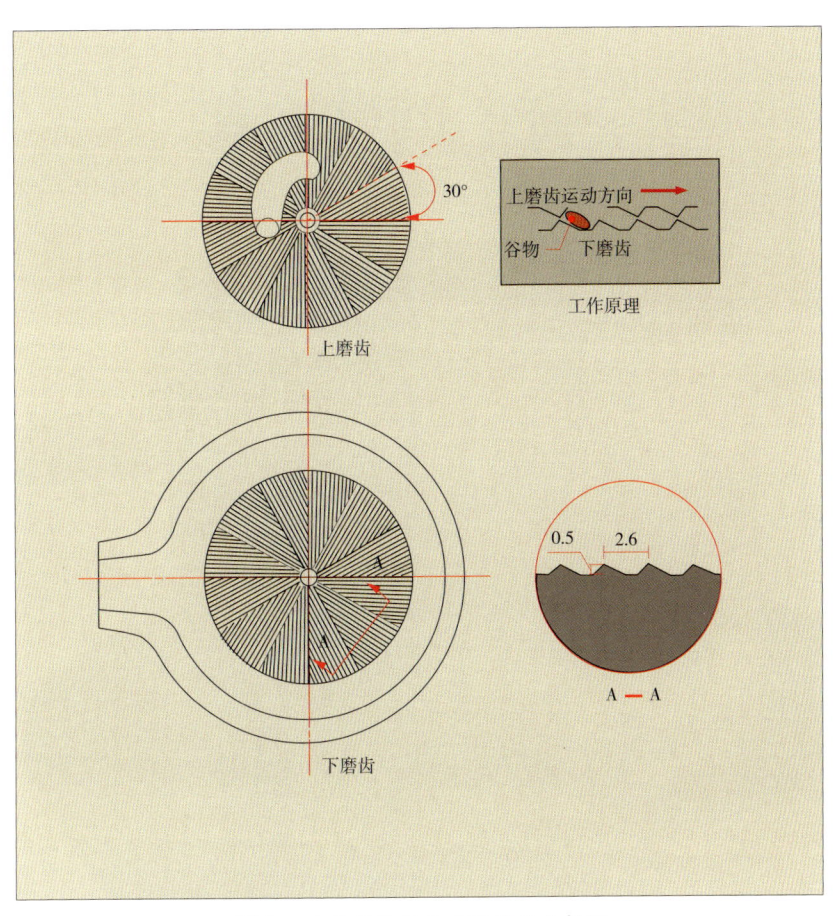

图六　广西壮族崇左石磨设计分析图

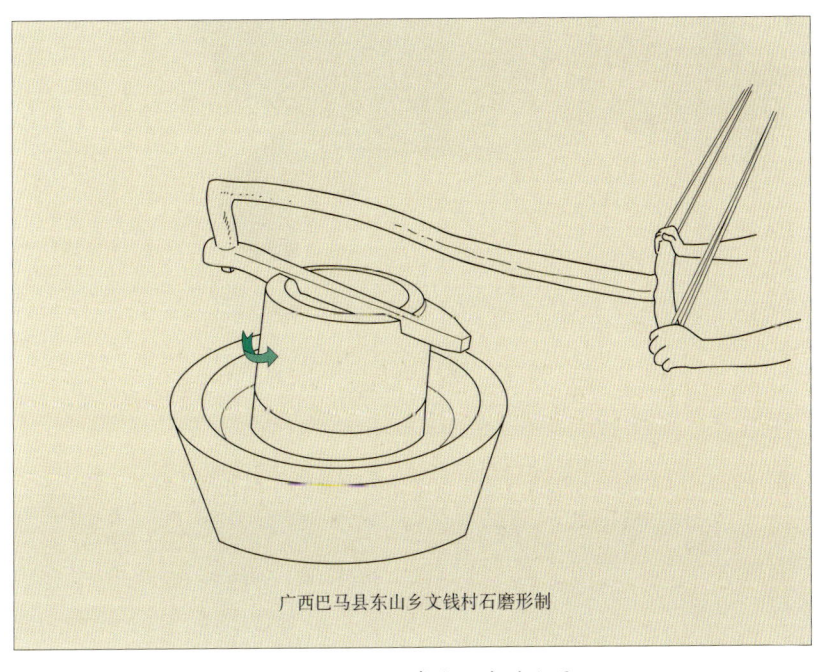

图七　广西壮族崇左石磨对比图3

广西壮族崇左竹磨

图一 广西壮族崇左竹磨主图

竹磨，又俗称竹砻，是壮族人用来碾磨谷物，使其去皮壳的一种传统粮食加工工具。竹磨结构通常是由三部分组成，即上部转动磨盘、中部固定磨盘、下部支撑体。之所以将这种器具称之为"竹磨"，是因为该种器具的主体结构是由竹材构成，故名之。本案例采自广西崇左壮族博物馆，磨盘上部直径47厘米，下部直径55厘米，磨台直径78厘米，磨高80厘米，下部支撑体是用9厘米粗的毛竹做成。

壮族人何时开始使用竹磨，具体不详，然而自古以来壮乡就盛产竹子，如宋周去非在《岭外代答》里就曾说"岭南竹品多矣"，有"斑竹""楠竹""罗汉竹"……显然，竹资源丰富是当地制造竹磨的先决条件。从设计学角度分析，竹磨是利用竹编外壳为依托，将许多竹条通过黏土固化成一体，从而构成上、下磨盘体。其中，上磨盘水平形制犹如放大的古钱币——外圆内方，其中部又横向插入一根两端有圆孔的木杆，这根木杆既能安插推杆又可防止上磨盘在转动时偏离中心轴。需要说明的是，由于上磨盘中部方孔是进料口，为了让谷粒能顺畅地落下，上扇磨盘内部形制便被设计成了漏斗形，方孔即为漏斗口。至于下扇磨盘，其形制是与上扇磨盘配对设计的，除了磨齿构造方式彼此相同外，下扇磨盘的中心轴设置尤为重要，该构件不仅可以控制上扇磨盘的转动，也能

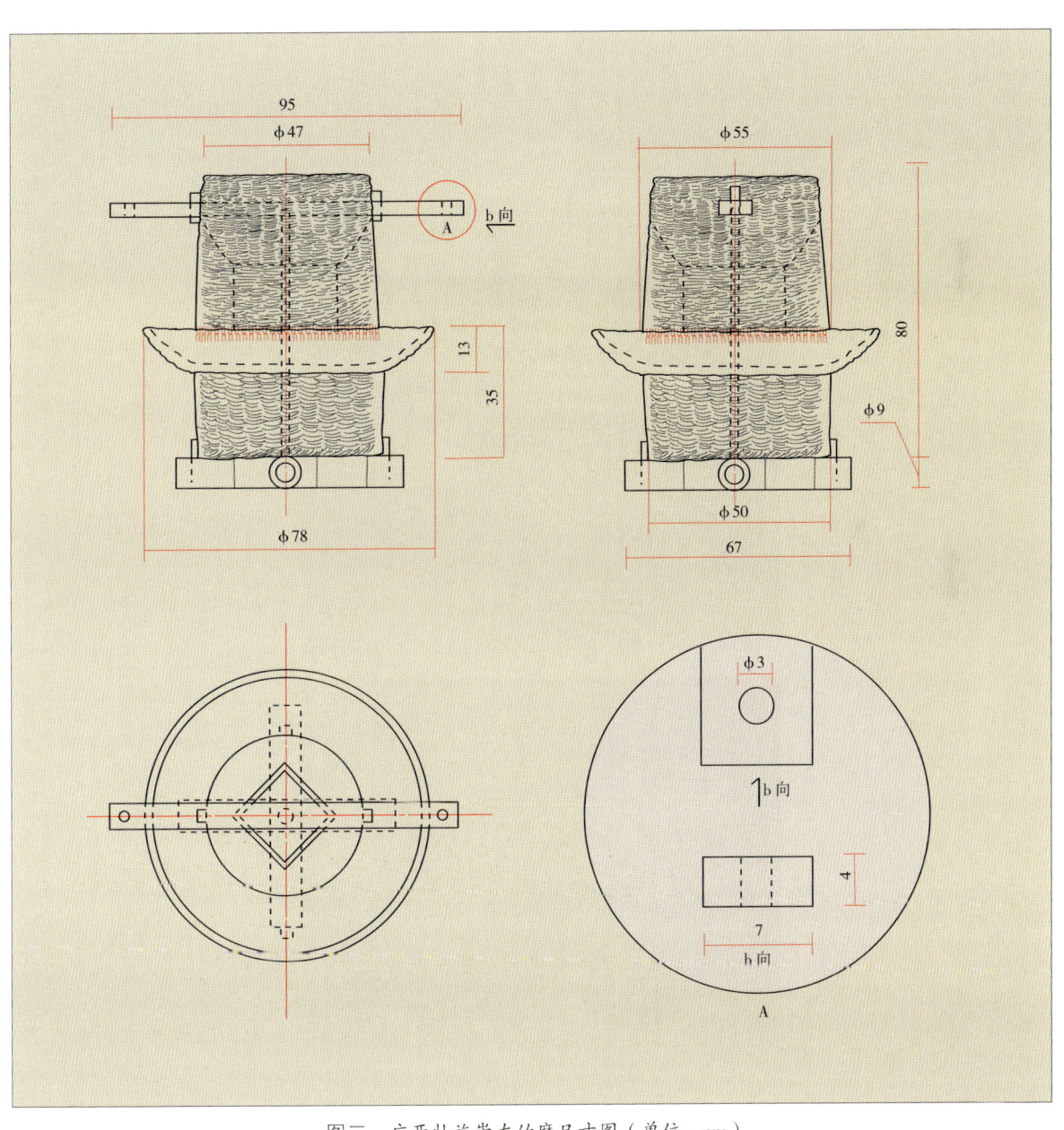

图二　广西壮族崇左竹磨尺寸图（单位：cm）

通过抬高或降低来调整两扇磨盘间的距离。据靖西编造竹磨的师傅介绍，造竹磨的材料要选择质优皮厚的老竹，因为老竹硬度高，能延长磨齿的使用寿命。事实上，真正的技术活就是给竹磨打磨齿，一个竹磨要用数百根竹条，且竹条盘旋必须分布均匀，否则磨米时磨盘既不稳定又很费力，且磨出的米会带很多谷壳。从案例做功原理看，脱谷壳实际是借助上下磨盘相对运动时所产生的剪切力来实现的。

壮族人使用的竹磨与其他民族的竹磨既有相同的地方，也存在一定的差异。相同的地方是器具的工作原理，相异之处是形制上或用料方面略有区别。例如，江西省抚州所用的传统竹磨，上下扇磨盘的磨齿是选用栎木块制作而成。再比如，海南岛黎族所用的传统竹磨，其磨盆形制很像一个平底大木盆，整个磨盘仿佛是被陈放在盆中，且下部支撑体用的是木桌，与本案例竹筒结构形成明显反差。从案例设计特点分析，由于它选用的材料是廉价的竹材和泥土，因而制造成本十分低廉，在过去落后的经济条件下，竹磨在一定程度上满足了壮族人的实际生活需要，是过去农家生活必不可少的一种工具。

图片来源
图一、图三　许边疆　摄影
图二、图四、图五、图六、图七　许边疆　制图

固定磨盘　　　　　　　　　　　　　转动磨盘

广西靖西个体自制竹磨场景

图三　广西壮族崇左竹磨制作工艺图

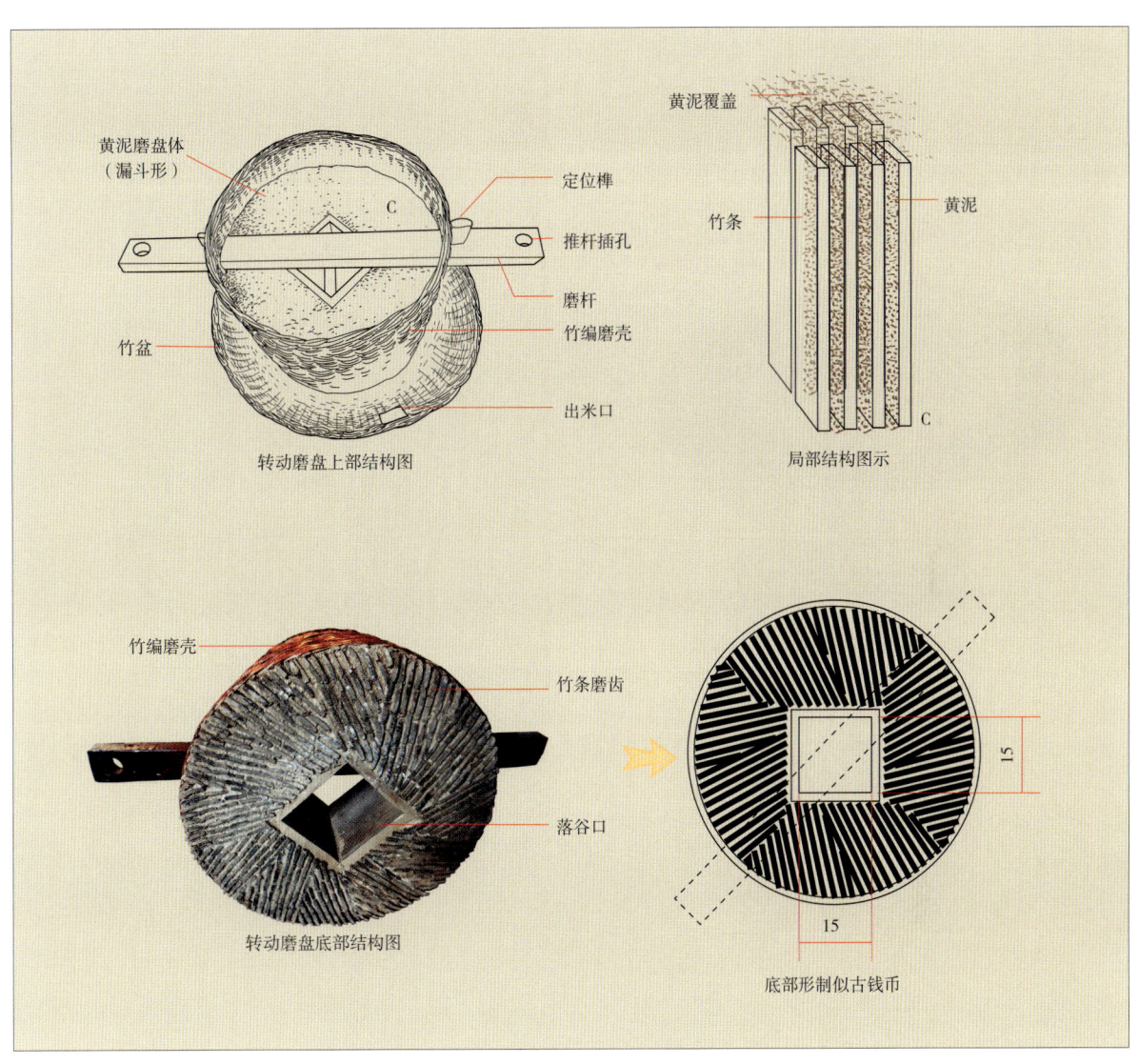

图四　广西壮族崇左竹磨局部结构图1

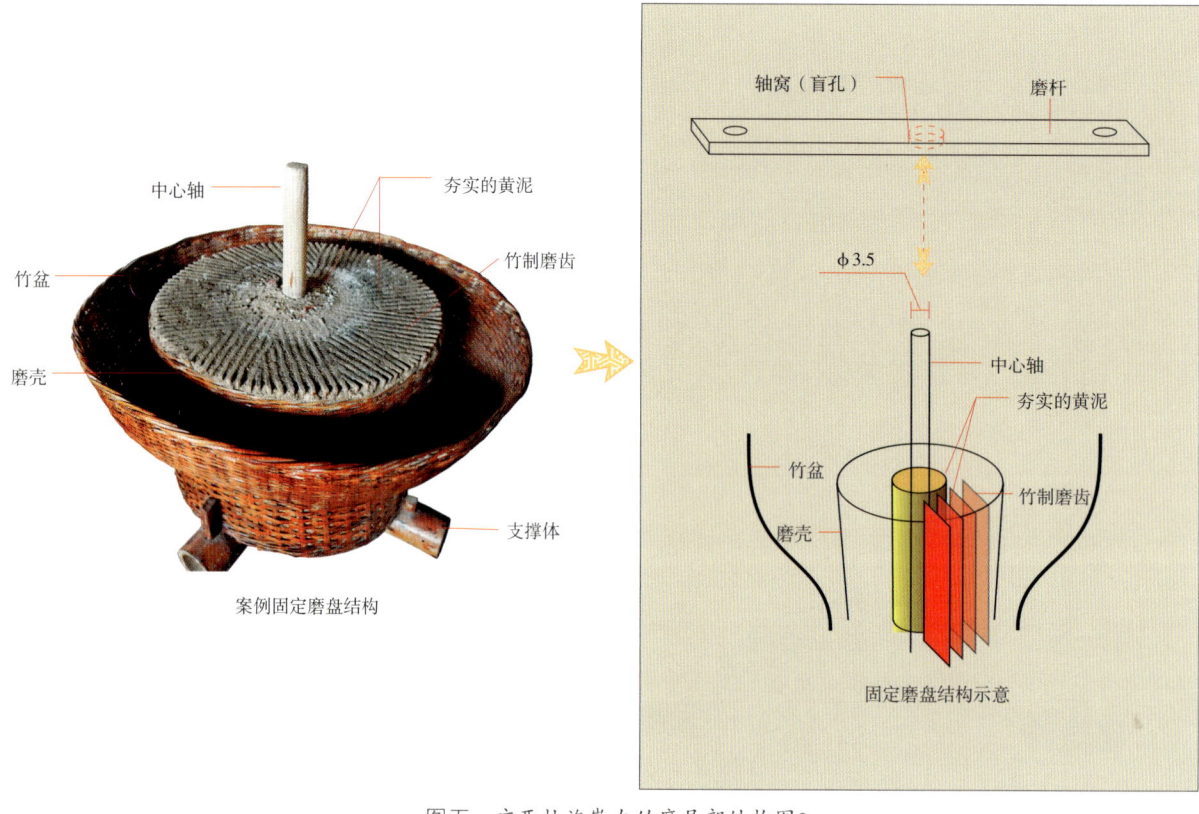

图五　广西壮族崇左竹磨局部结构图2

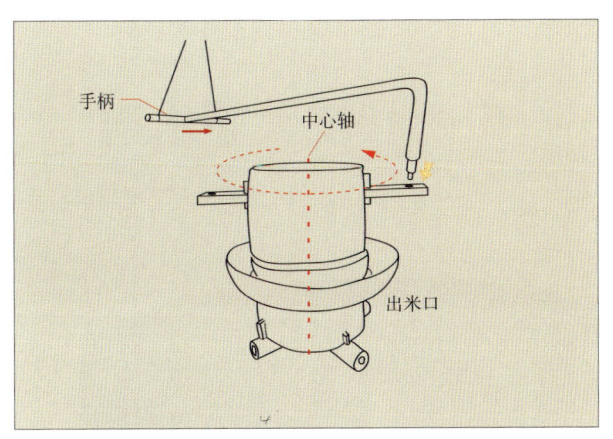

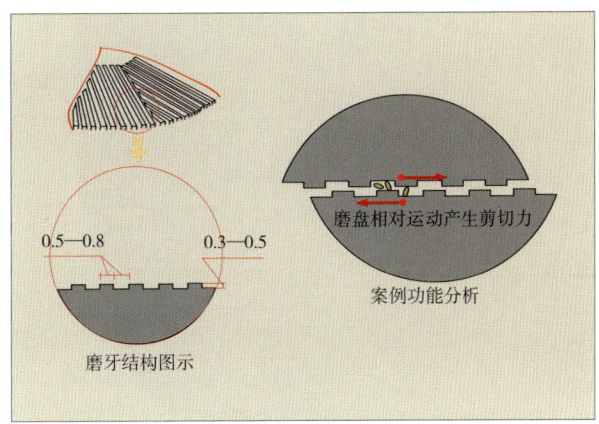

图六　广西壮族崇左竹磨功能图（单位：cm）

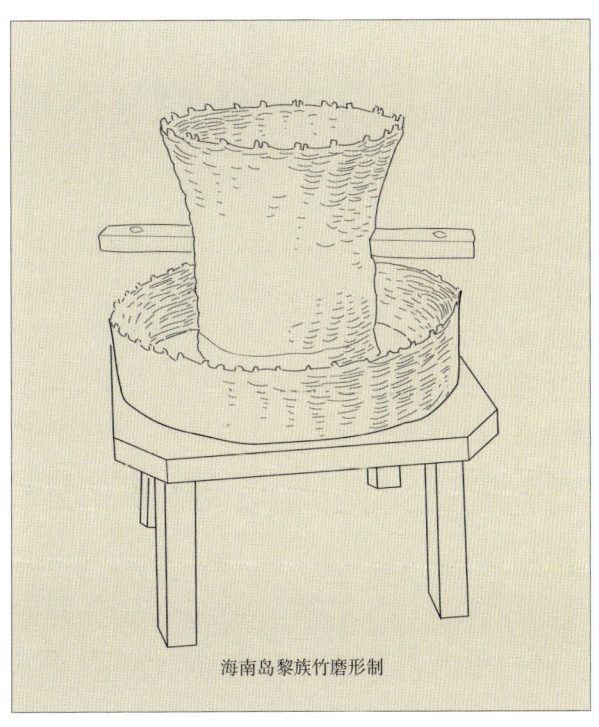

图七　广西壮族崇左竹磨延展图

广西壮族天等木磨

图一　广西壮族天等木磨主图

木磨又称"木砻",是磨谷去壳之器具。明宋应星在其《天工开物》"攻稻篇"里曾记载:"凡砻有二种,一用木为之,截木尺许,斫合成大磨形,两扇皆凿纵斜齿,下合植笋穿贯上合,空中受谷。木砻攻米二千余石其身乃尽。"此话大意是,木砻是截木制作而成,两扇磨盘皆凿出纵斜齿,下扇是用榫同上扇接合,稻谷从上扇孔中进入。木砻磨完两千石稻谷后就会损坏。在中国,木磨很早就已成熟,历史可谓久远。本案例为广西天等地区传统磨谷器具,现藏于广西崇左壮族博物馆。

案例形制犹如鼓形,上、下两扇磨盘大小基本对等,经测量,磨盘直径分别为53厘米和50厘米,单扇磨盘高度20厘米,其中磨齿被设计在上下磨盘的对接面上。与壮族传统竹磨相比,案例磨盘采用整块蚬木成型,完全不同于用竹、黏土等多种材料制成的竹磨。广西天等、靖西等地多产蚬木,这种木材表面硬度高、耐磨性好,故适易制作磨盘。从案例齿形分析,上下扇磨盘分出了十二个不同走向的磨齿区,每个区又包含若干齿槽,这些齿槽环绕中心轴呈向外放射状。由于每根齿槽能容下部分谷粒,所以,当上、下扇磨盘开始相对旋转时,谷粒就会在不同齿槽间翻滚,同时也因离心力的作用而使谷粒不断地从中部向边缘移动,结果谷粒在磨齿间力的作用下最终脱去外壳,成为"裸"米,就像用手搓掉花生衣那般。案例另一设计特点是，控制上扇磨盘的构件是"活体"，所谓"活体"，即可以从中心轴上将它随意拿掉。这种构造方式实际是利用上扇磨盘内部漏斗形上的定位槽将含有轴孔的轴杆嵌在其中，从而阻止它水平移位，但又不会妨碍其上下移动，故可灵活拆卸与安装。

事实上就木磨而言，我国许多地区都有此类器具，且设计原理基本一致，仅形制或结构有些不同。例如，美国学者鲁道夫·P.霍梅尔在研究中国民间器具时曾在江西农村见过一种六边形落谷口的木磨，该木磨转盘是用六块松木拼接而成，外部形制呈直桶状，且推杆插孔是设在上扇磨盘的顶部边缘处，与本案例迥然不同。这说明，中国人造物善于变通某些原理，找到通往造物目标的多种途径，或许这正是本案例给当代设计师的重要启示。

图片来源
图一　孙林　摄影
图二至图六　许边疆　制图

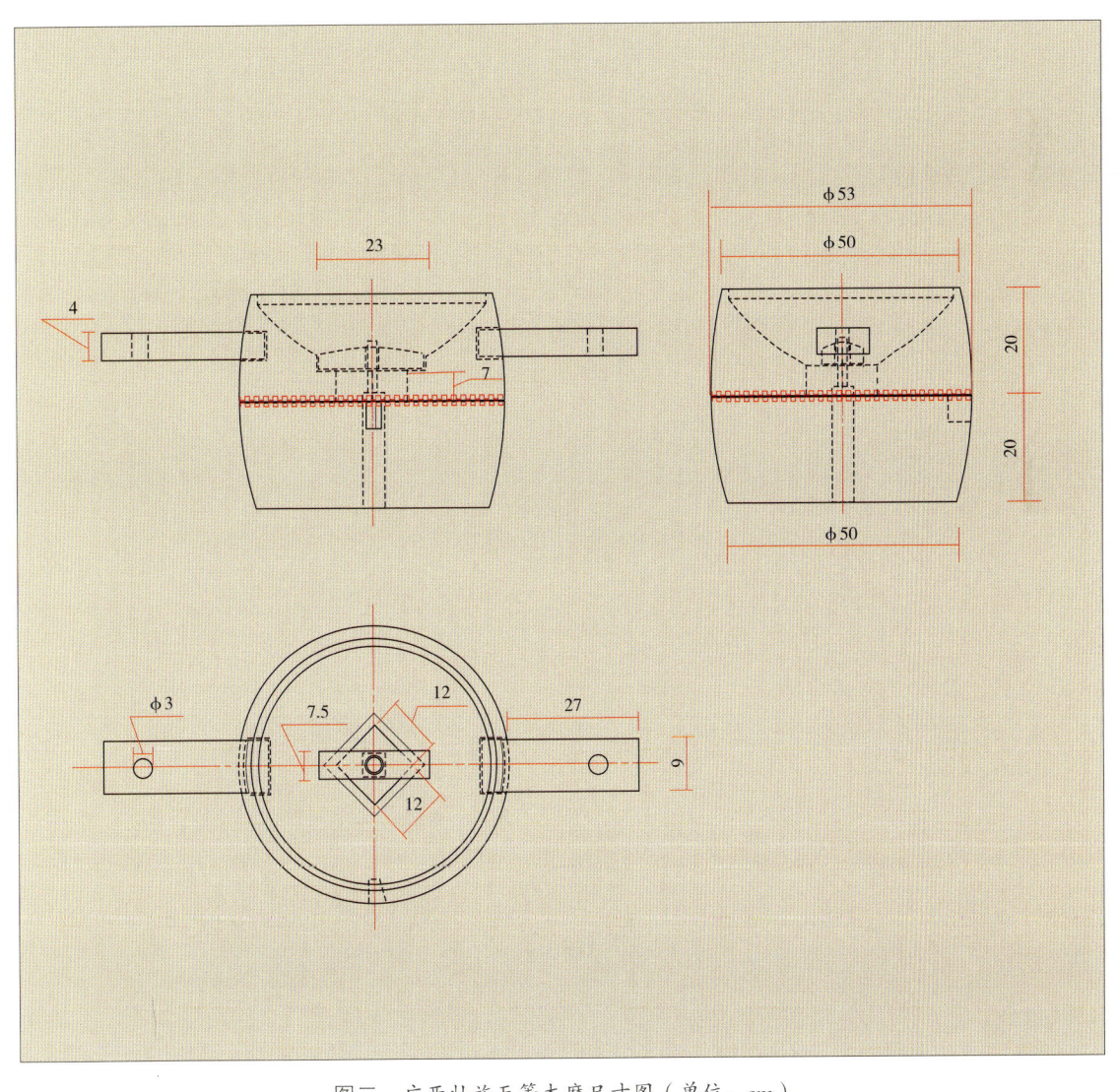

图二　广西壮族天等木磨尺寸图（单位：cm）

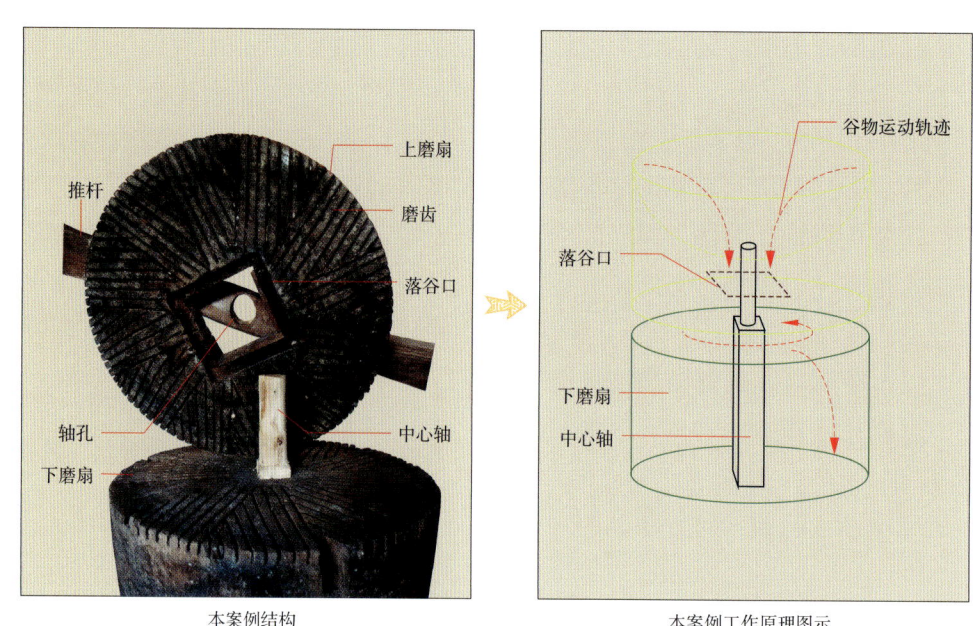

图三　广西壮族天等木磨设计分析图1

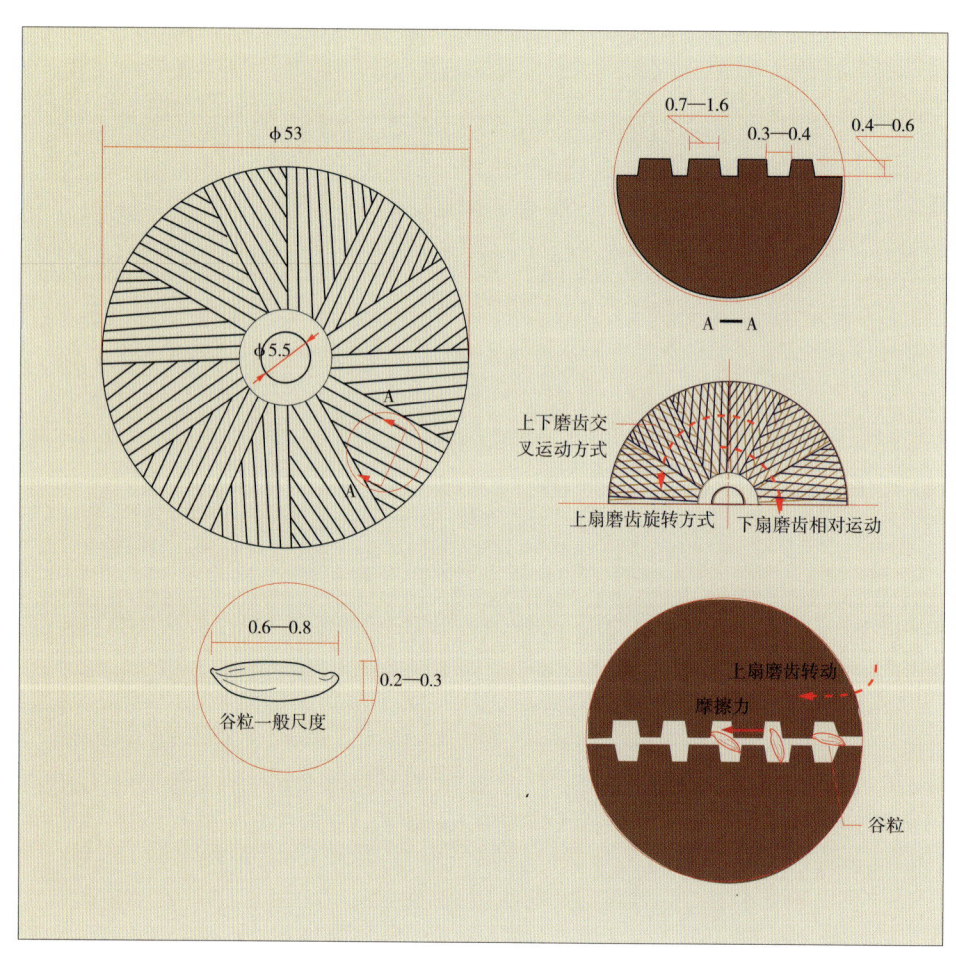

图四　广西壮族天等木磨设计分析图2（单位：cm）

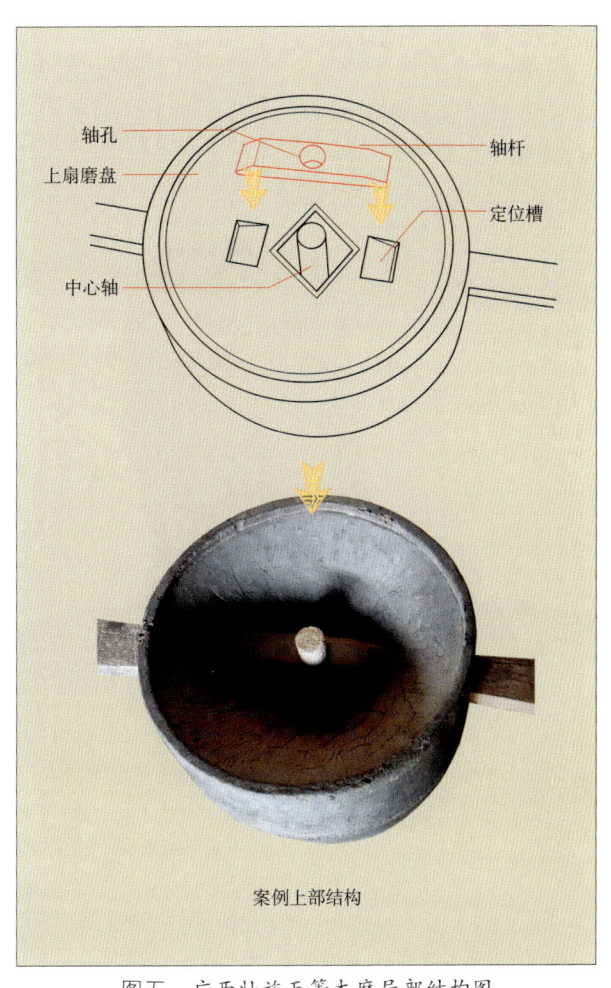

图五　广西壮族天等木磨局部结构图

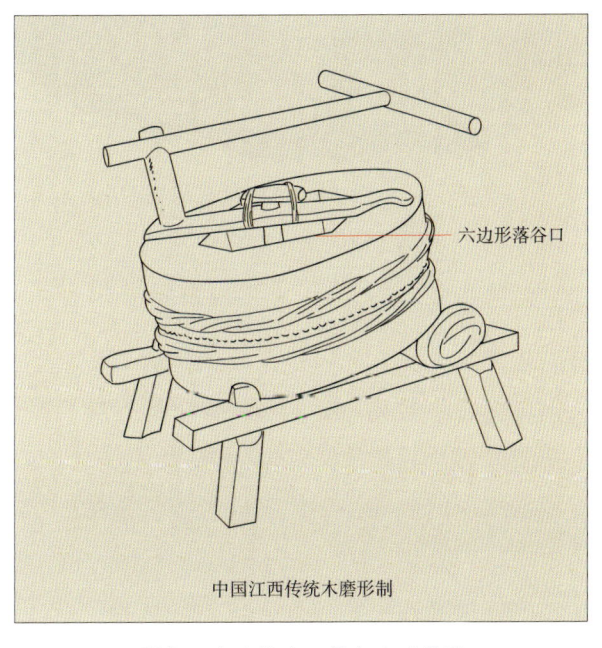

图六　广西壮族天等木磨延展图

第五章　壮族传统生产工具

广西壮族靖西旧州陶车

图一 广西壮族靖西旧州陶车主图

陶车,壮族人俗称"转",是一种传统制陶工具。在广西,这种制陶工具大约在新石器时代晚期就已出现,至今仍有少数陶工在使用它。本案例采自广西靖西旧州壮族非物质文化遗产博物馆,为当地典型的制陶器具。从结构上看,案例是由转盘和转轴构成的,其中转盘又分为盘和柱两大部分,由于两者是用一段圆木雕琢而成,故是一体化结构。

本案例盘厚3厘米,直径43厘米;柱高20厘米,直径30厘米。从功能上分析,案例转盘是需要同心旋转的,并且还需持续一定时间,对此,本案例采用了以下设计手段:一是将转轴形制设计成上尖下宽的圆锥体,尖部可插入转盘中部的孔洞里,由于尖部与孔洞的接触面小,故转盘旋转时产生的摩擦力也会相应减小；二是为了确保转轴的稳定性，转轴的下部是深埋于地下的，而且其截面形制被设计成了方形，这无疑有利于转轴的稳定；三是转盘孔洞的顶部常嵌入瓷片（或其他硬质材料），瓷片能延长转盘的旋转时间。据现场测量得知，本案例转轴的最大直径是6厘米，裸露在外的长度约18厘米（也是深入转盘的长度），当转盘旋转时，转盘因自身重力的缘故而与转轴的尖部构成了受力点，这个受力点显然也是影响转盘同心旋转的关键因素之一。

本案例启动方式是用脚踏或手拨动，动能源于人力。转盘旋转后，壮族工匠用它来成型陶器的程序是：先在转盘上撒一层石英粉或草木灰，防止泥坯与木转盘粘连；接着便在石英粉上按压一层约2厘米厚的陶泥，

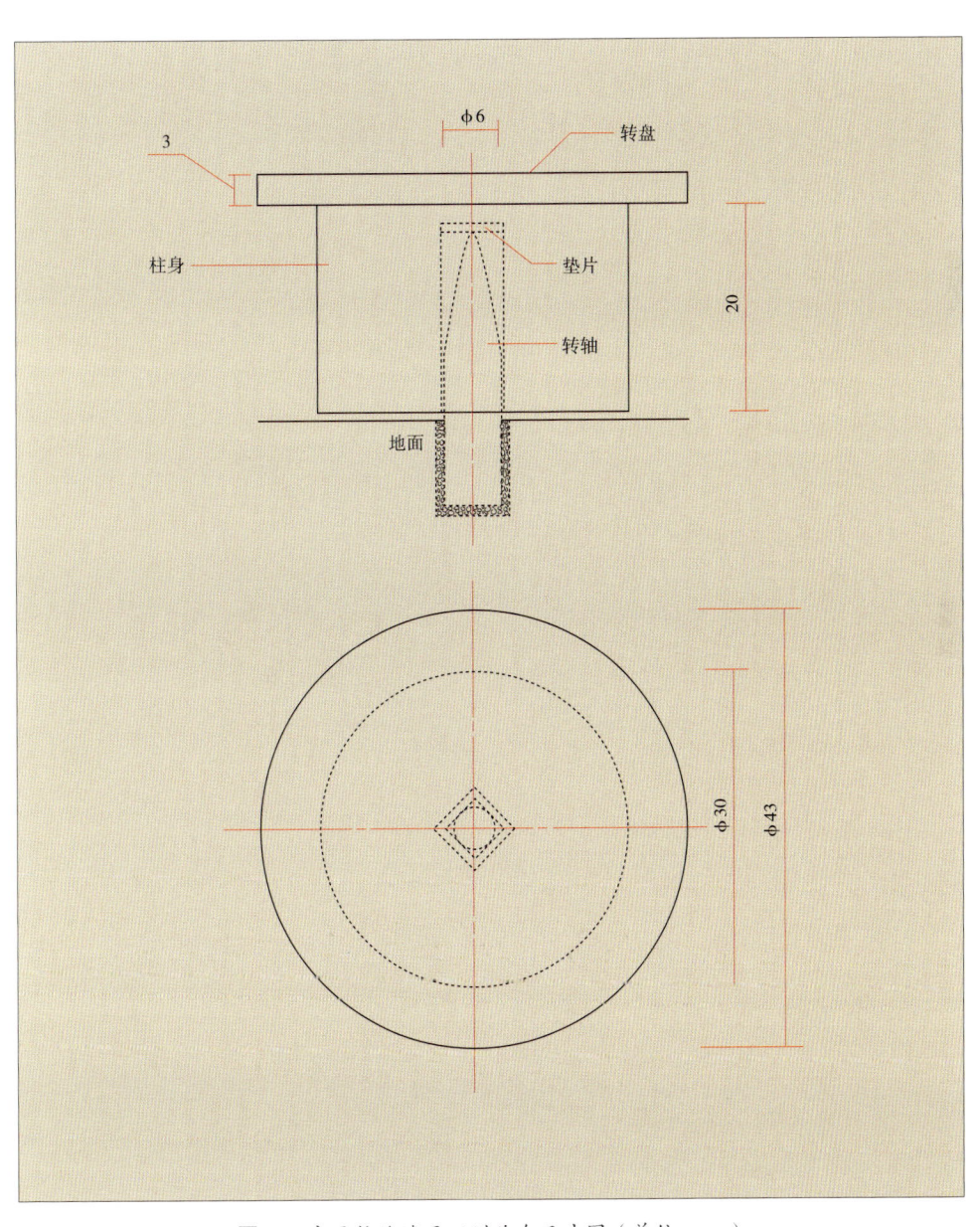

图二　广西壮族靖西旧州陶车尺寸图（单位：cm）

作为器坯底部，然后在上面添加成团泥坯，进而再用双手施水拉坯；拉坯的过程或裸手操作，或借助某些辅助工具进行，如刮板（壮语称"眉刮"）；最后是切下已成型的器坯。据靖西县荣劳乡念者屯的陶工介绍，在20世纪70年代以前，当地许多家庭都用这种传统陶车来生产陶器，其中一些陶器常被挑到中越边境平孟圩场去出售，越南边民也爱买他们制作的陶锅、炉灶等器具，但近几十年来，由于工业产品的冲击，传统的陶器生产日渐衰落，目前仅有少数作坊在维持。

图片来源
图一　孙林　摄影
图二至图四　许边疆　制图
图五　靖西壮族博物馆提供

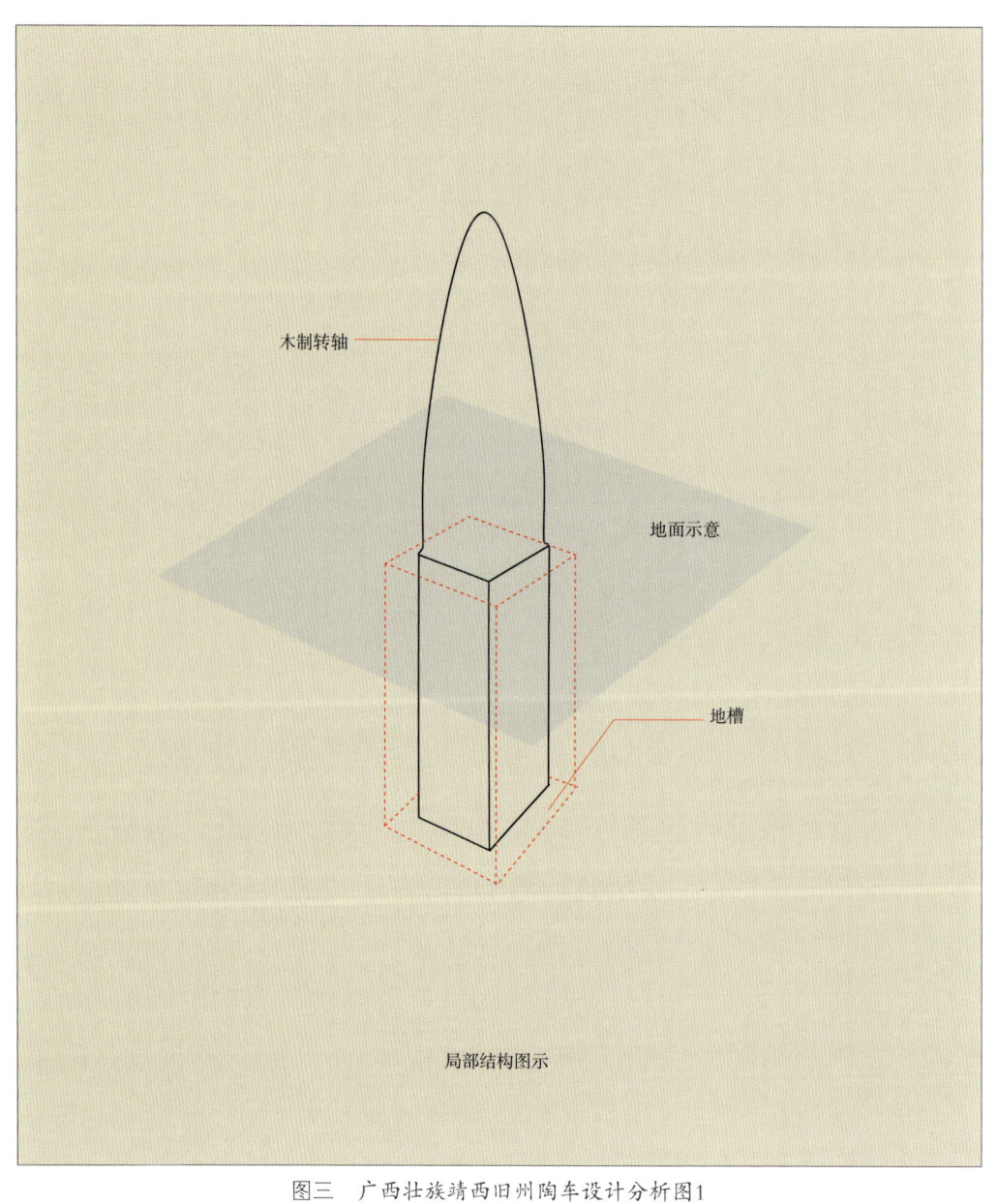

图三　广西壮族靖西旧州陶车设计分析图1

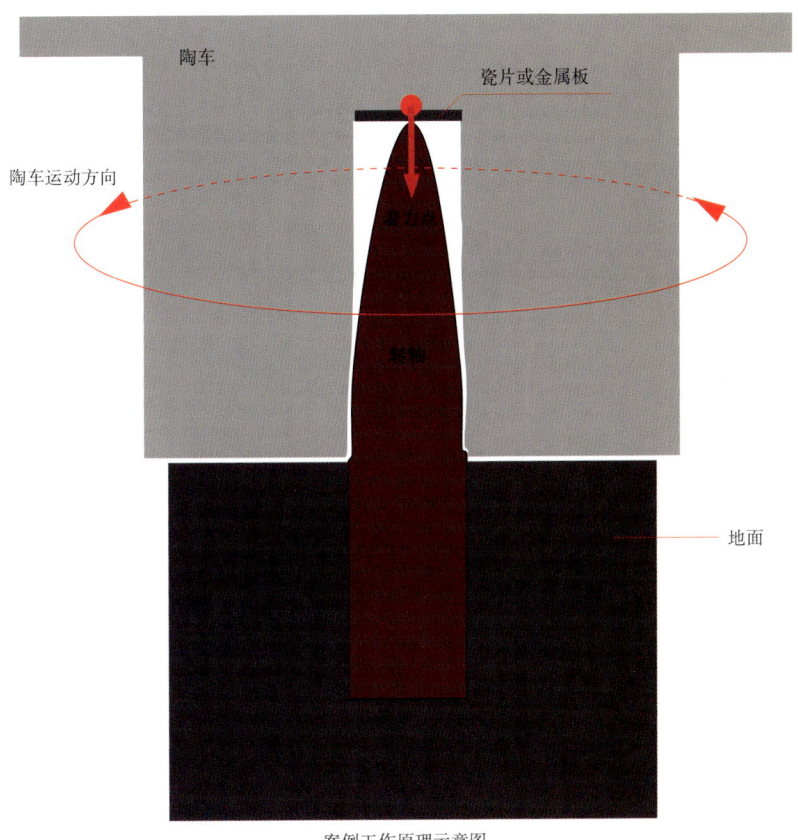

图四　广西壮族靖西旧州陶车设计分析图2

图五　广西壮族靖西旧州陶车制作流程图

广西壮族龙胜制瓦模具

图一 广西壮族龙胜制瓦模具主图

制瓦模具是用来成型屋瓦的一种工具。广西龙胜壮乡传统建筑屋顶基本都是用一种弧形的灰瓦铺设的,这类屋瓦尺度约15厘米见方,厚度不足1厘米,加工这类屋瓦的工具常为组合式模具。具体来说,因成型工艺的要求而分出两种模具——泥片成型模具和定型模具，本案例即属于此类模具，现藏于广西龙脊壮族生态博物馆。

泥片成型模具呈平板状，方形木板分别切去四角，中部挖个方形凹槽，乍一看，形如煎饼锅。经测量，木板长、宽各35厘米，厚6.5厘米，凹槽长、宽各20厘米，深度0.7厘米，为方便人手持握，方形模板设13厘米长的手柄一个。同该模板相异的是另一对成型模具，它们呈弧状，可相互扣合，凸起或下凹的中部各安装圆柱形把手一个。经测量，模板长17厘米，宽18厘米，厚约1.2厘米。

龙胜屋瓦所用泥料大多是从山坡开采而来的黏土，也有部分河泥，这些土被运到窑厂后先破碎、晒干，再用细孔筛去掉颗粒过大的杂质，洒上水，用牛蹄（或人工赤脚）踩踏至泥料稀软流散为止，然后将和好的泥料拢在一起陈放一段时间。当需取泥制瓦时就从泥料中切取，并用手充分揉泥，直至干湿度及黏度适宜就可压入泥模中。泥模填满后，用弓丝刮去多余泥料，再用竹刀在泥的两边各划一次，然后手握木柄翻转木模，成型的泥坯依靠自身重力便掉落在一块弧形模具上。接着，拿起另一块弧形模具，双手分

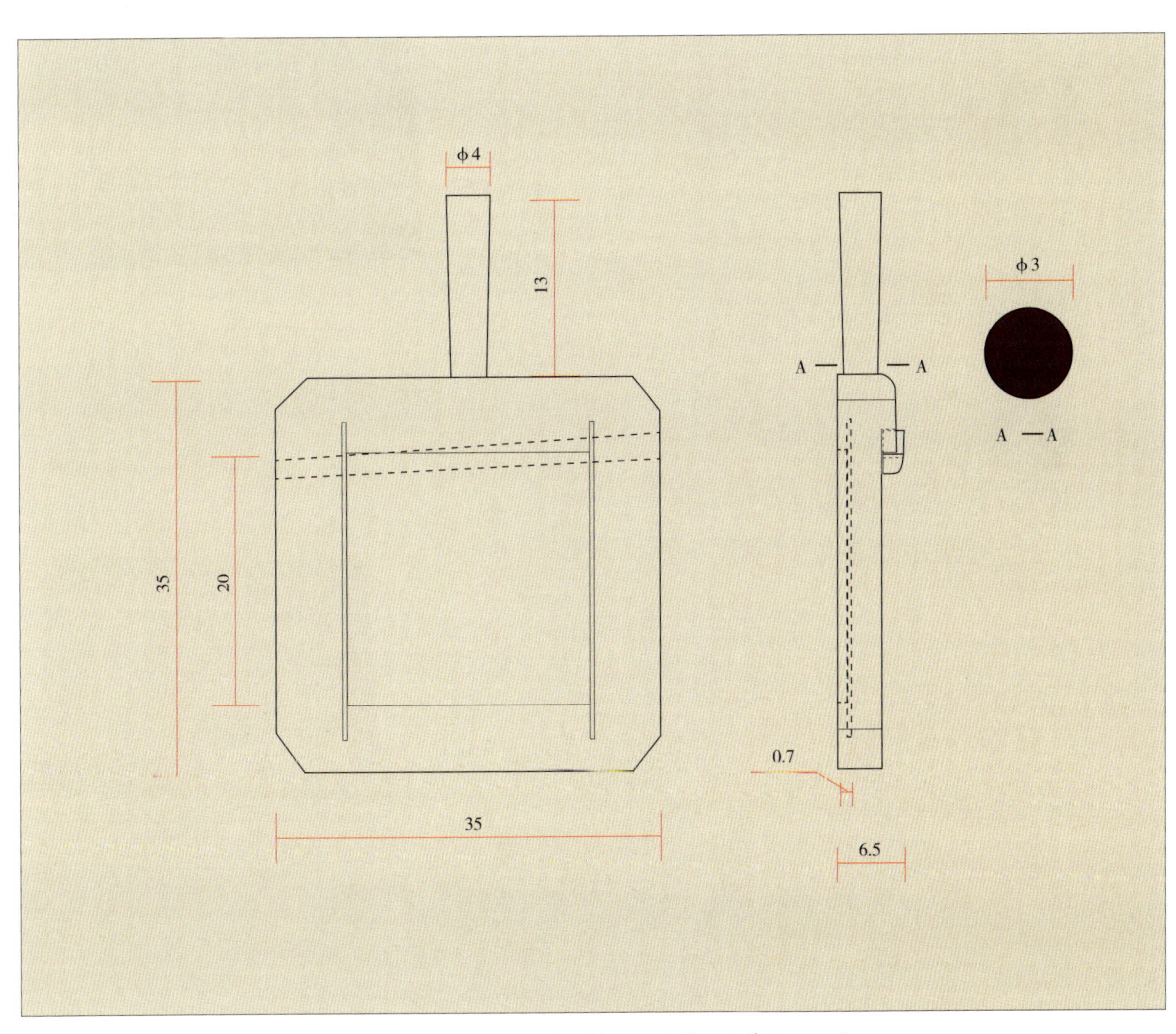

图二　广西壮族龙胜制瓦模具尺寸图1（单位：cm）

别握着这两块模具手柄,相向挤压,就能将原本平板的泥片挤压成弧形,最后是用弓丝沿着模边切去多余泥料,即可成型瓦坯。

该类模具成型的屋瓦呈圆弧状,当两片瓦平躺相接时(即凹面向上)就会存在一个缝隙,如果再用一块瓦反扣其上,就能将缝隙遮住,雨水只能顺着瓦底(构成雨水槽)流下,而不会进入屋顶内部。显然,这种瓦具有较好的避雨功能。此外,由于泥片成型模具内槽仅为0.7厘米深,用它成型的瓦很薄,这无疑对减轻屋顶负荷十分有利,是故,这种小瓦现在人们仍在使用。

图片来源

图一　孙林　摄影

图二至图六　许边疆　制图

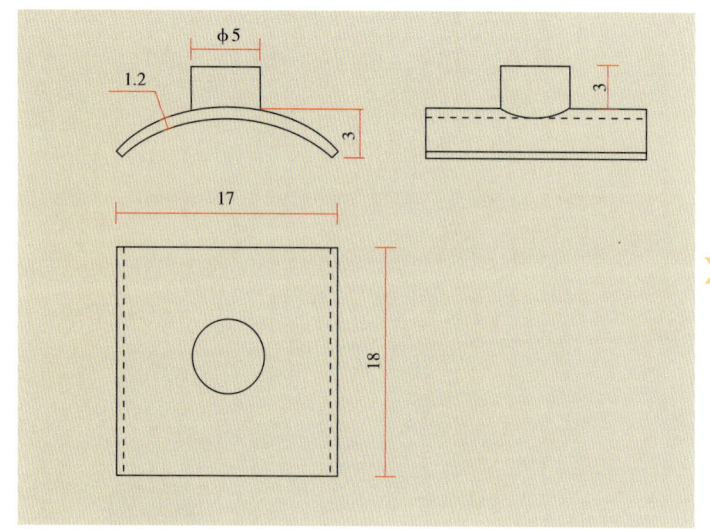

屋瓦成型模具——上部构件

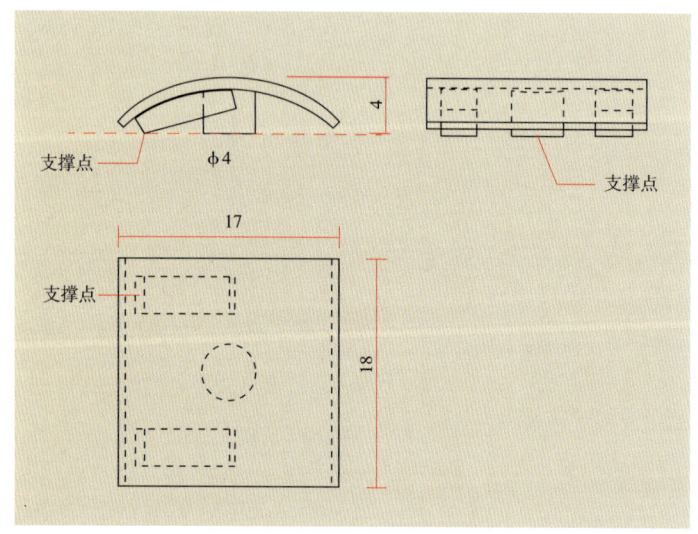

屋瓦成型模具——下部构件

图三　广西壮族龙胜制瓦模具尺寸图2(单位:cm)

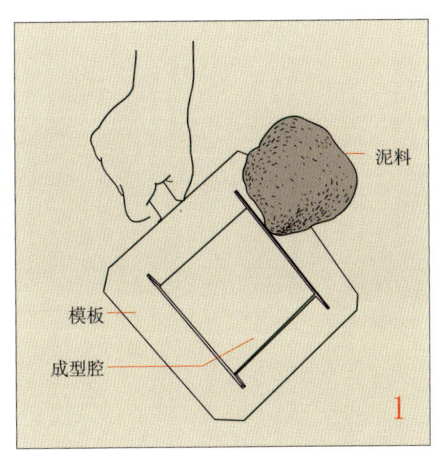
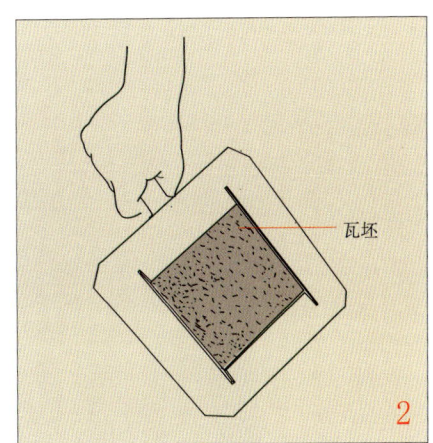
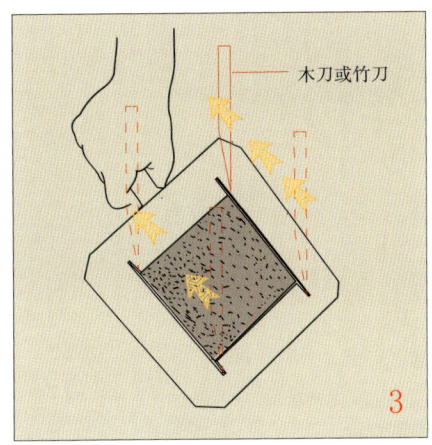
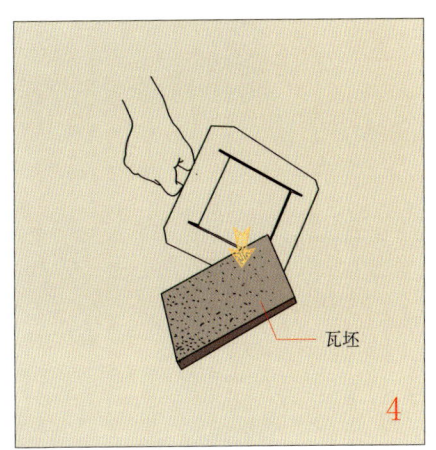

屋瓦第一步成型工艺

图四 广西壮族龙胜制瓦工艺分析图1

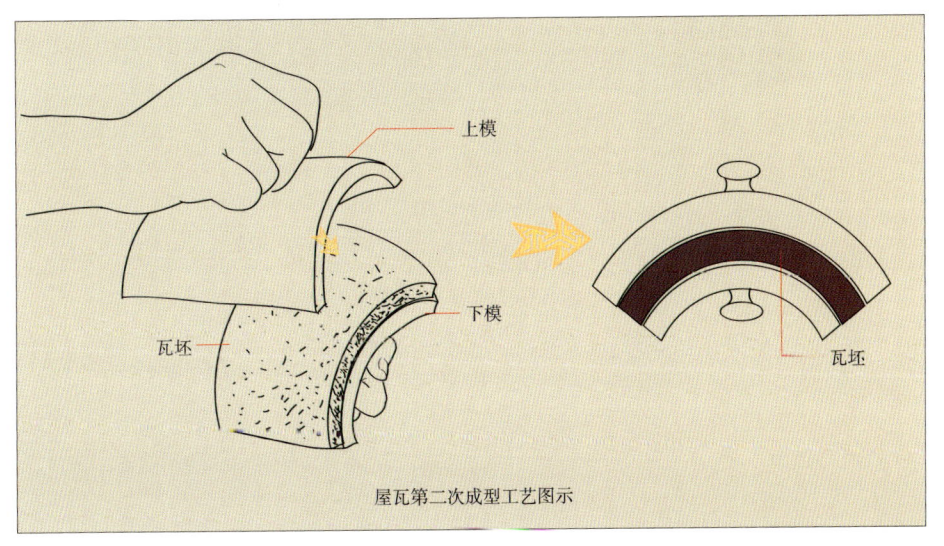

图五 广西壮族龙胜制瓦工艺分析图2

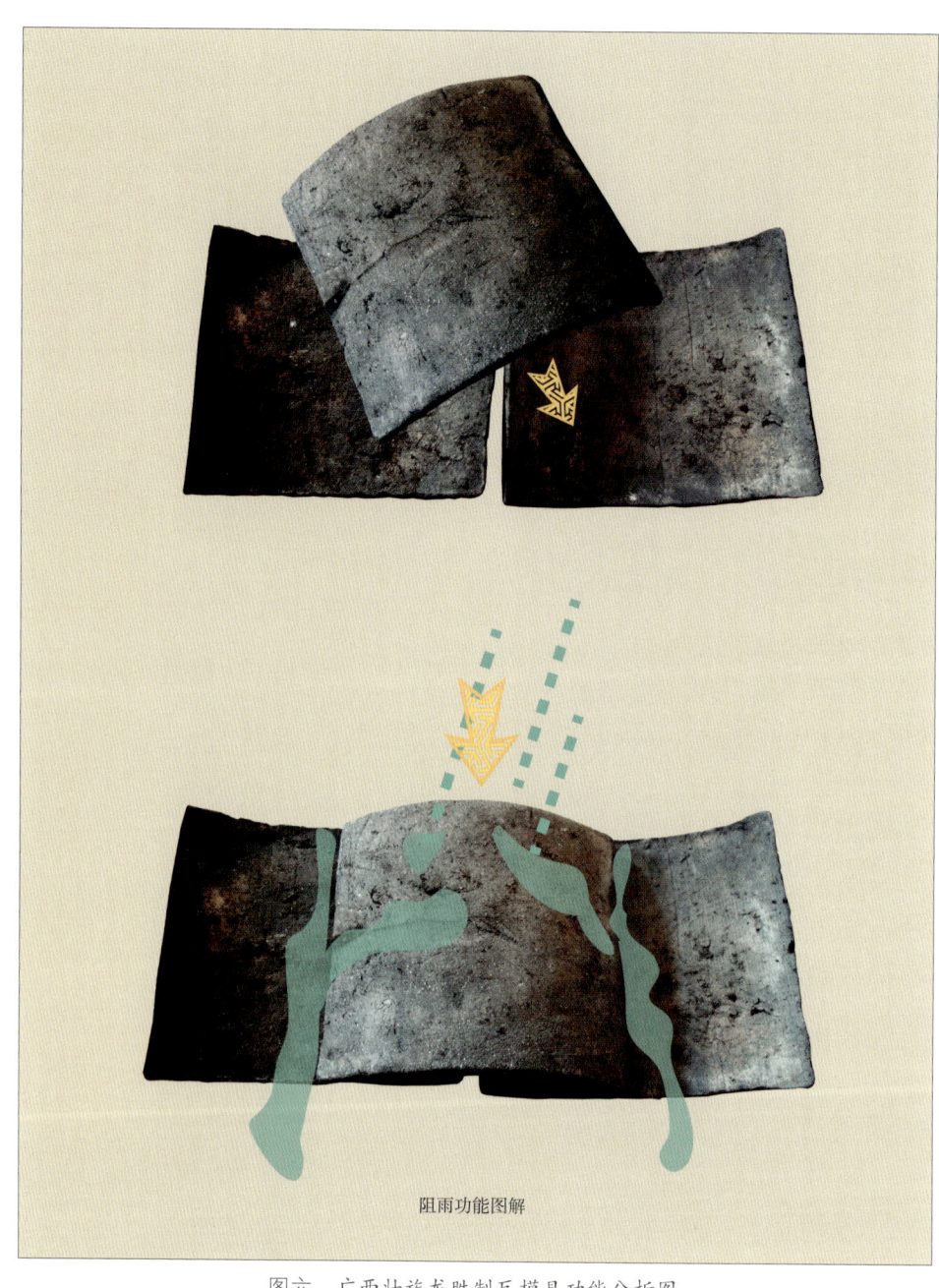

阻雨功能图解

图六　广西壮族龙胜制瓦模具功能分析图

广西壮族崇左制瓦模具

图一　广西壮族崇左制瓦模具主图

在广西，壮族人成型屋瓦的模具有多种，除平板式模具外，还有筒状模具，该模具是用若干细木条经铁丝串联而成，若将它平摊开来，很像早期书简；若将两端合在一起，则形如木桶。模具可分可合，端头各设手柄一个。

本案例采自广西崇左壮族博物馆。经测量，案例成筒之后的最大直径是23厘米，高26厘米，屋瓦界标高17厘米。关于屋瓦泥料的加工这里不再赘述（见其他案例）。本案例与平板式瓦坯成型的主要区别是：案例是借助切泥刀完成初步坯体的，而平板式瓦坯则属于模具成型。具体来说，当泥料被塑成规整的大泥块之后，先用切泥刀（绷有铁丝的工具）切出泥板，然后再将泥板环绕在案例筒形外部，让案例在转盘成型车上形成一个陶泥筒，此时为瓦坯初步成型，接下来是定型。定型工具是带把手的弧形板，人可手握定型工具适度拍打案例泥板，使之定型。这里需提及的是案例界标，它是一个巧妙设计，四根等间距平行分布于案例表面的细木条是确定屋瓦尺度的界"刀"，实际上在拍打泥坯时，每块瓦的尺度就已确定下来，这为后期分开瓦坯创造了条件——制瓦匠只需用手对着晾晒过的泥筒分割线轻轻挤压，即可裂出四块小瓦，可谓一模多瓦。

归纳来看，案例形制与结构完全是从功能需要设计的，例如，细木条串成一体的筒身可随意弯曲，当泥坯在其表面成型后，筒身通过收缩的方式就能从泥坯中撤出，从而让坯体顺利脱模。再比如，10厘米长的把手是依据手形来考虑设计的。此外，案例中的界标设计虽是一根微不足道的细木条，但它为产品大小的统一起到了至关重要的作用。从本案例我们可以得到以下启发，即：优秀的设计总是来自准确无误的需要，创作者把它同模糊的需要区别开来是成功的关键所在。

图片来源

图一　孙林　摄影

图二至图六　许边疆　制图

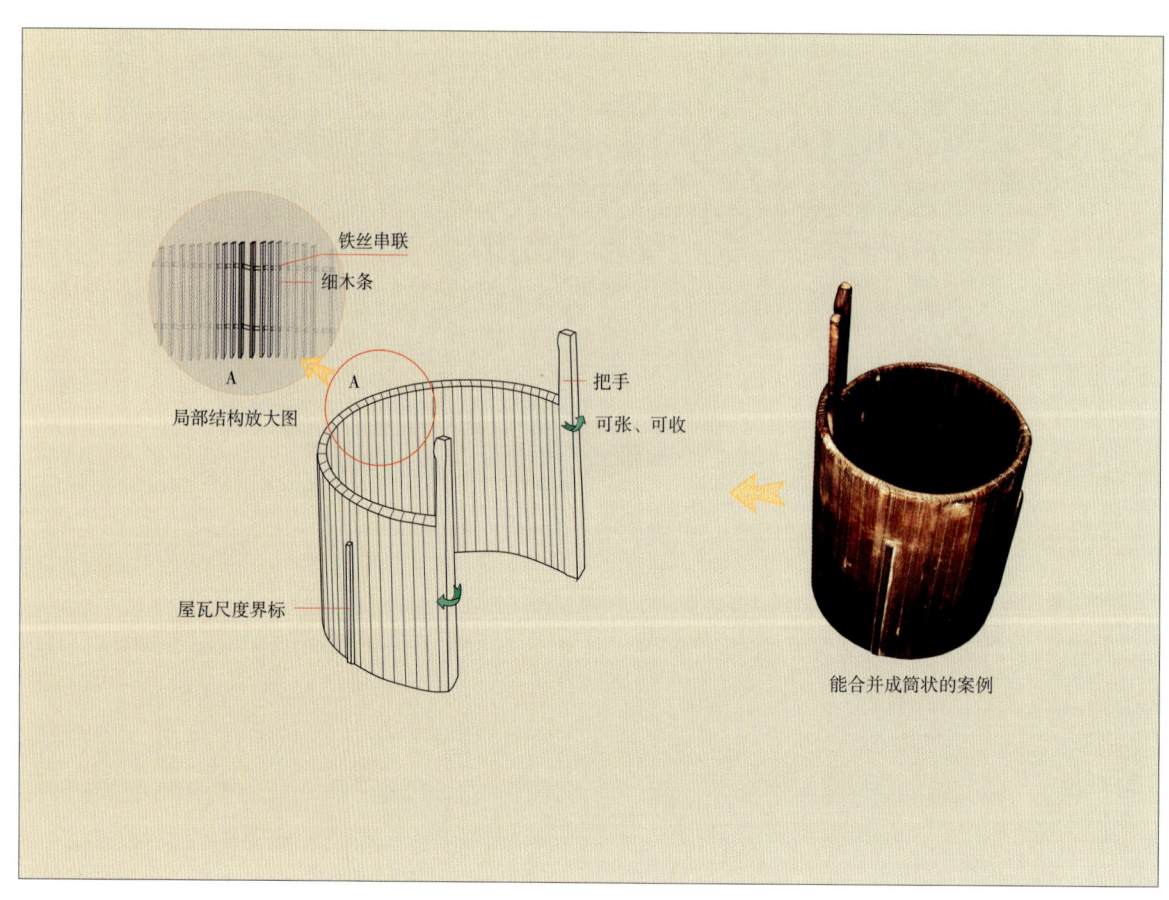

图二　广西壮族崇左制瓦模具结构图

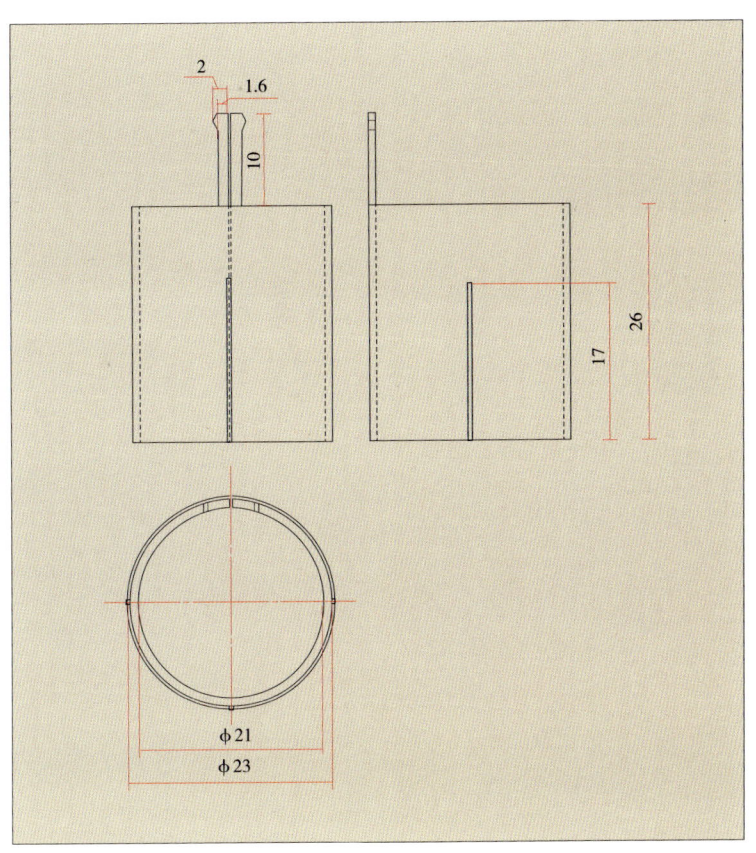

图三 广西壮族崇左制瓦模具尺寸图（单位：cm）

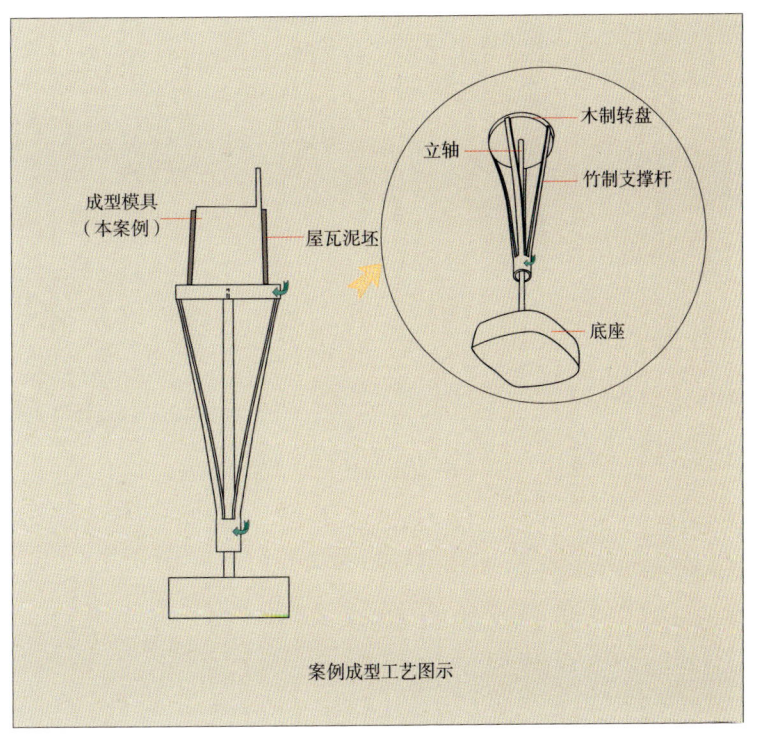

图四 广西壮族崇左制瓦转盘

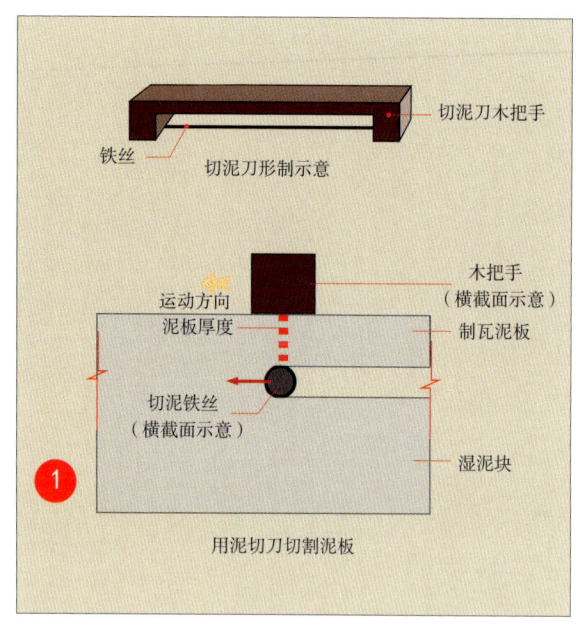
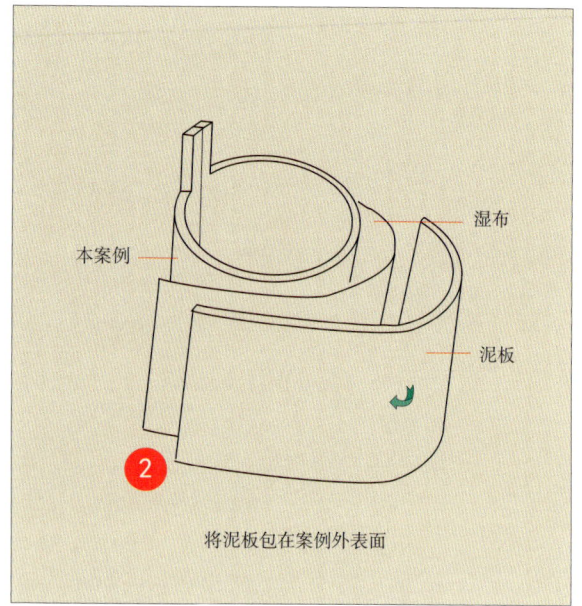
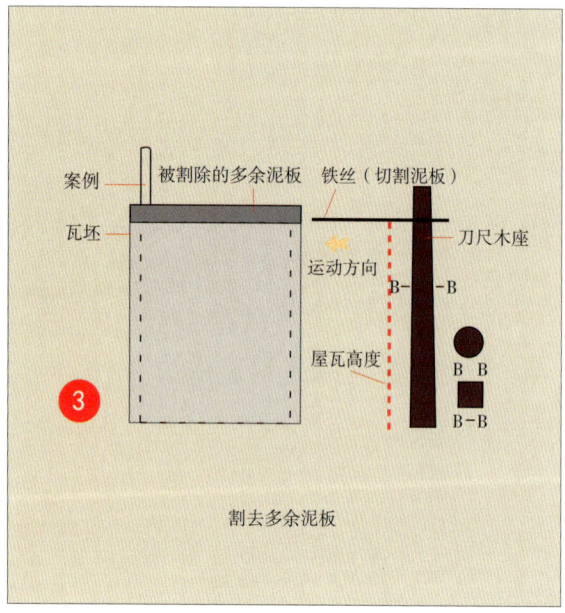
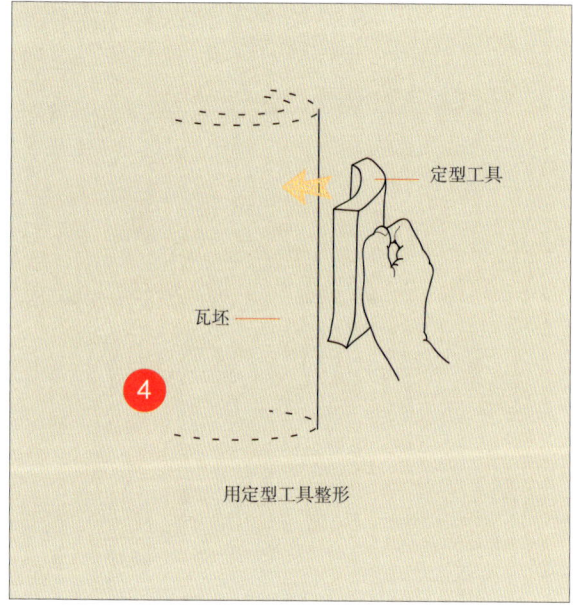

图五　广西壮族崇左制瓦模具工艺分析图1

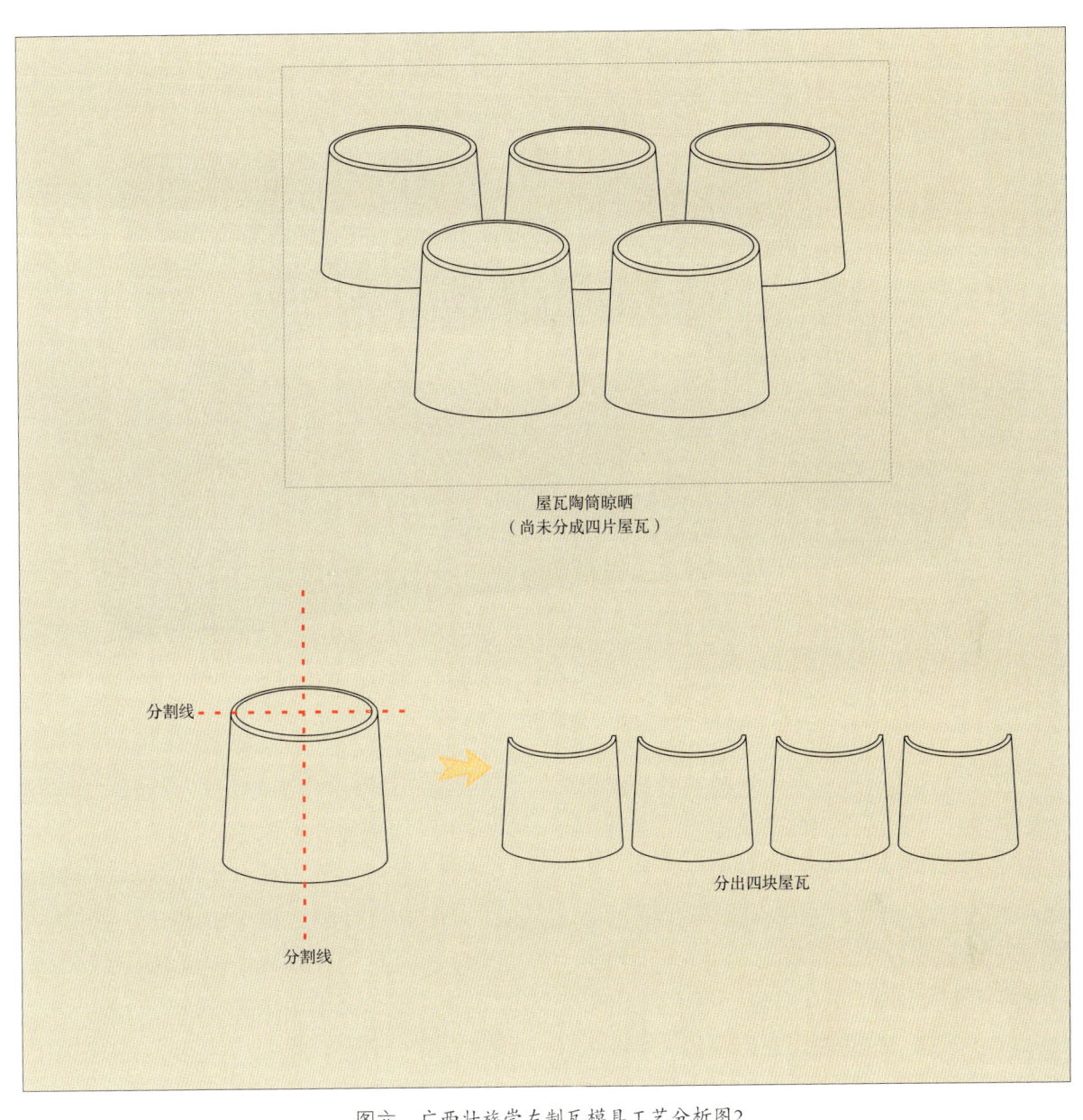

图六　广西壮族崇左制瓦模具工艺分析图2

广东壮族连山土砖模具

图一 广东壮族连山土砖模具主图

土砖模具是一种成型砖坯的工具。所谓土砖，是指没经过火烧的建筑用砖。这种砖起源虽无明确历史记载，但从司马迁的《史记》里我们能知道，早在4000多年前的中国，就已有黏土台阶的存在，而黏土台阶实际是夯实的大土块，其成型原理与土砖相似。从营建方式看，砖的使用要比夯实土墙（或土台）灵活得多，这是土砖和火烧砖产生的主要原因。由于土砖生产成本低于火砖，过去土砖的用量要明显多于火砖，例如广东连山壮族人用土砖建房便是一种普遍现象。本案例采自广东连山民族博物馆壮族器物陈列室，为土砖成型模具，长46厘米，宽26厘米，高12厘米，砖坯成型尺度为（31×20×12）厘米。

本案例是由四块木板组合而成，结构完全是依据功能设计的，简洁而无多余成分。模板节点采用中国成熟的榫卯技术加定位销，这种构造能让案例形体变得十分牢固。从成型工艺看，连山壮乡使用的土砖原料取自周边山坡之土壤，由于山地不平，故不可能像中原地区那样直接在平坦的地面挖泥成型土砖。连山泥土多为黏性较高的黄土，土质适宜砖坯制作，其生产程序是：采挖泥料后，先洒水踩踏和匀，然后再将泥土水量控制适当，水分过多或过少皆不利于成型。成型前，模具要先放入水中浸泡一段时间，以利于脱模，接着将适量的泥土投入模具中，当泥土被压实之后，用双手缓缓提起模具，泥坯因自身重力作用便与模具自然分离。有些地方，人们还往泥土中掺进谷壳或稻草茎秆，这些方法既能增加砖坯的抗压强度，也能明显提高砖的防水性能。砖坯制好后，放在阳光充足的地方晾晒（不可暴晒），干透即可。从实际调查情况看，壮乡土坯房砌筑方式主要有三种，即交错顺砌法、顺砌与侧立交替砌法、十字砌法等。

从设计学角度分析，土砖是一种十分经济的建筑材料，它不像火烧砖那样需耗费更多能源，因此被人们广泛使用。当然，这种砖也有不足之处，比如砖体的抗剪力不如火砖，也不耐水冲刷，尤其是房屋抗震性较差。尽管如此，目前壮乡尚有不少土坯砖房存在，因为对于短期使用的住房或者非居住性房屋，当地人出于经济上的考虑，还会选择土砖来建造，因而传统土砖仍然有其存在之价值。

图片来源

图一 孙林 摄影

图二至图七 许边疆 制图

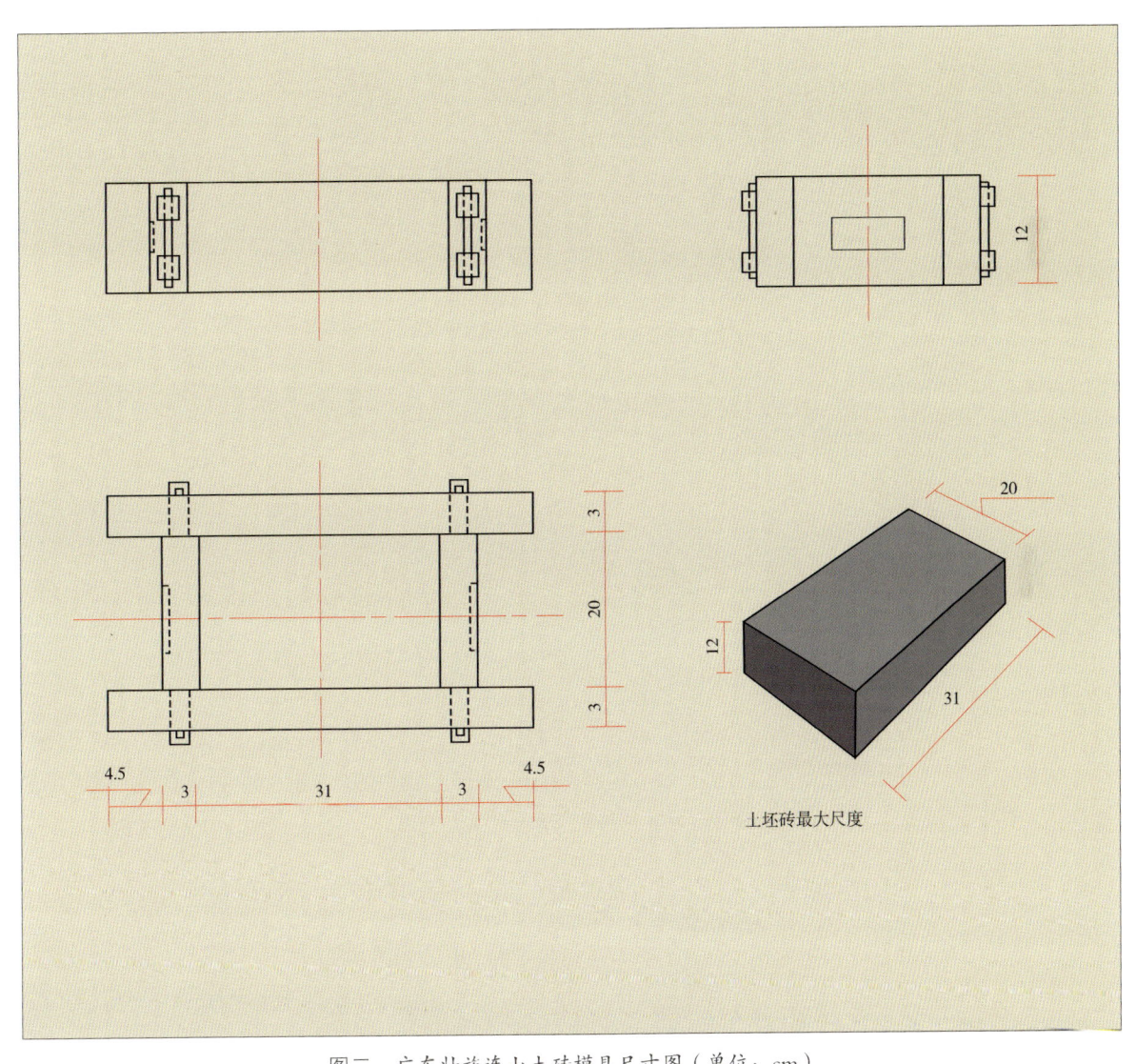

图二 广东壮族连山土砖模具尺寸图（单位：cm）

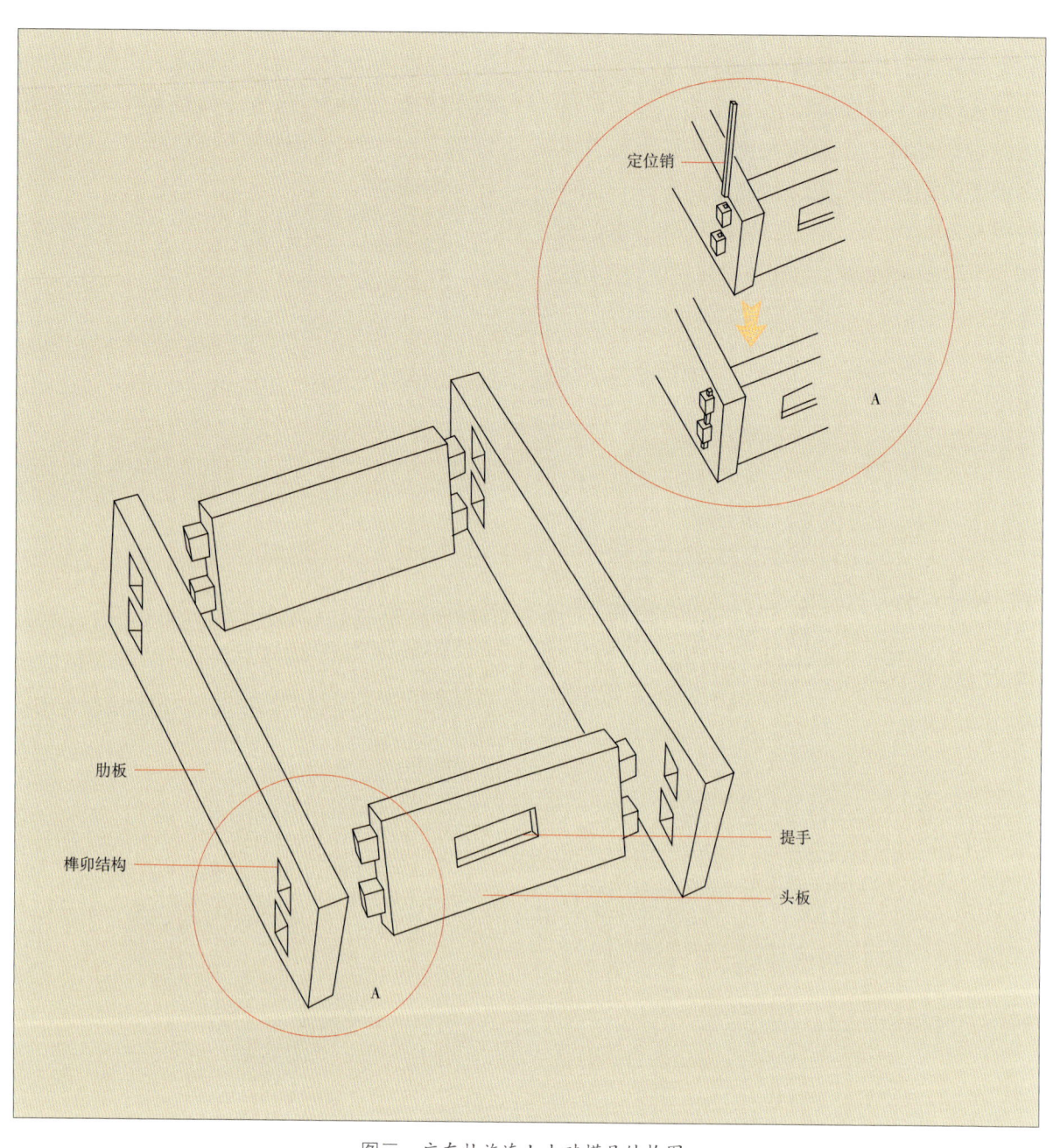

图三　广东壮族连山土砖模具结构图

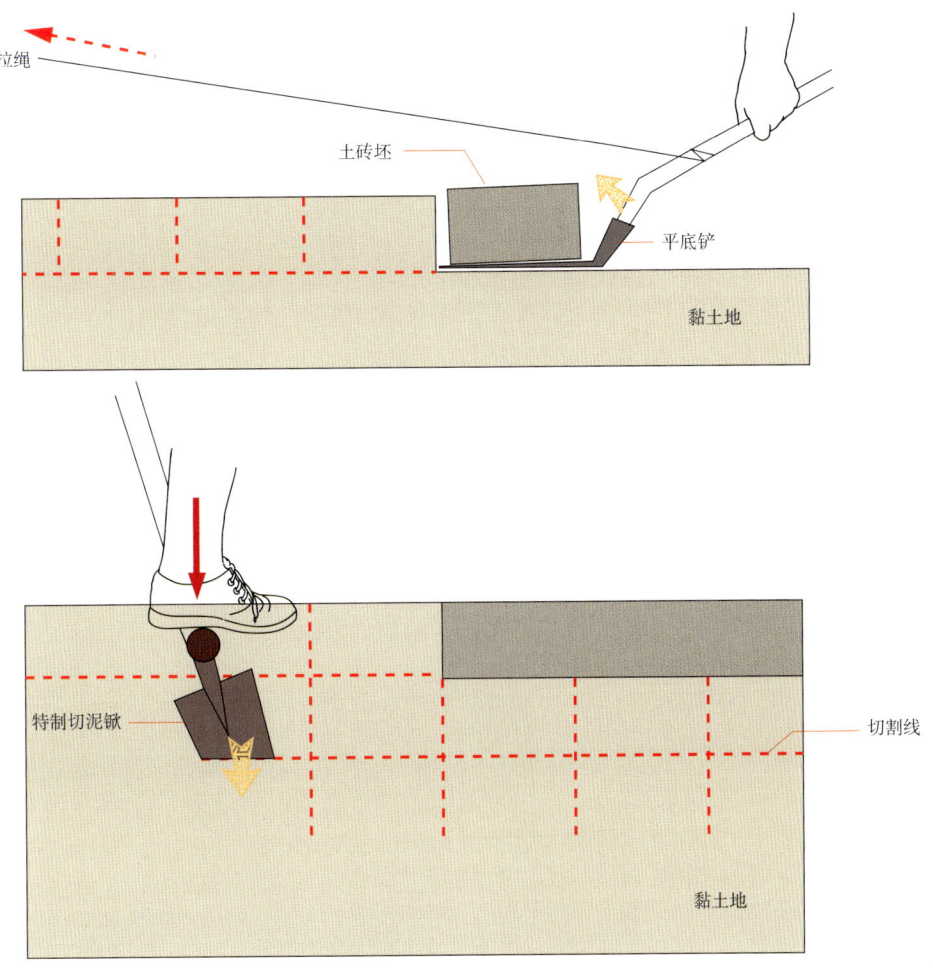

图四　广东壮族连山土砖模具延展图1

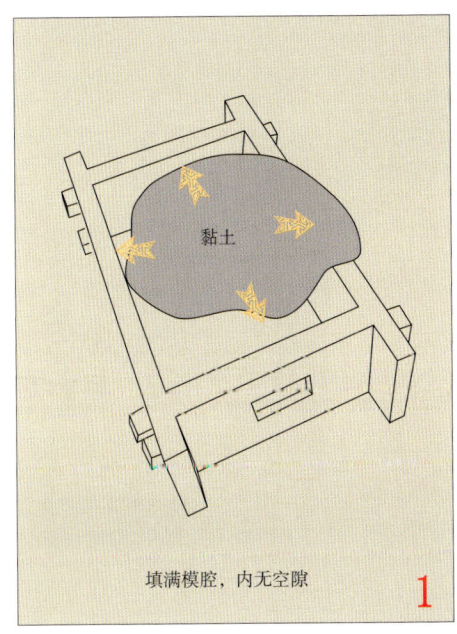
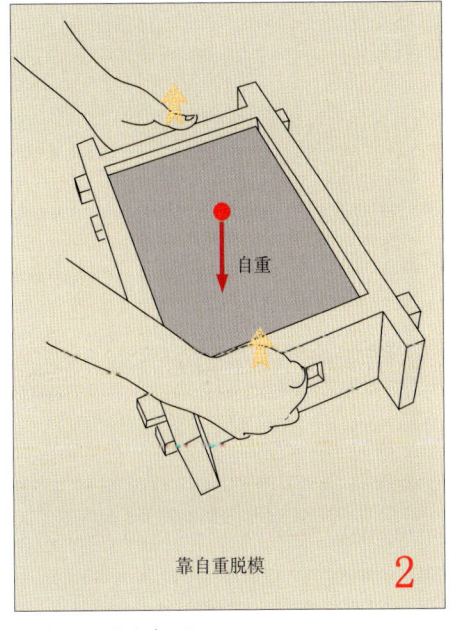

图五　广东壮族连山土砖模具设计分析图

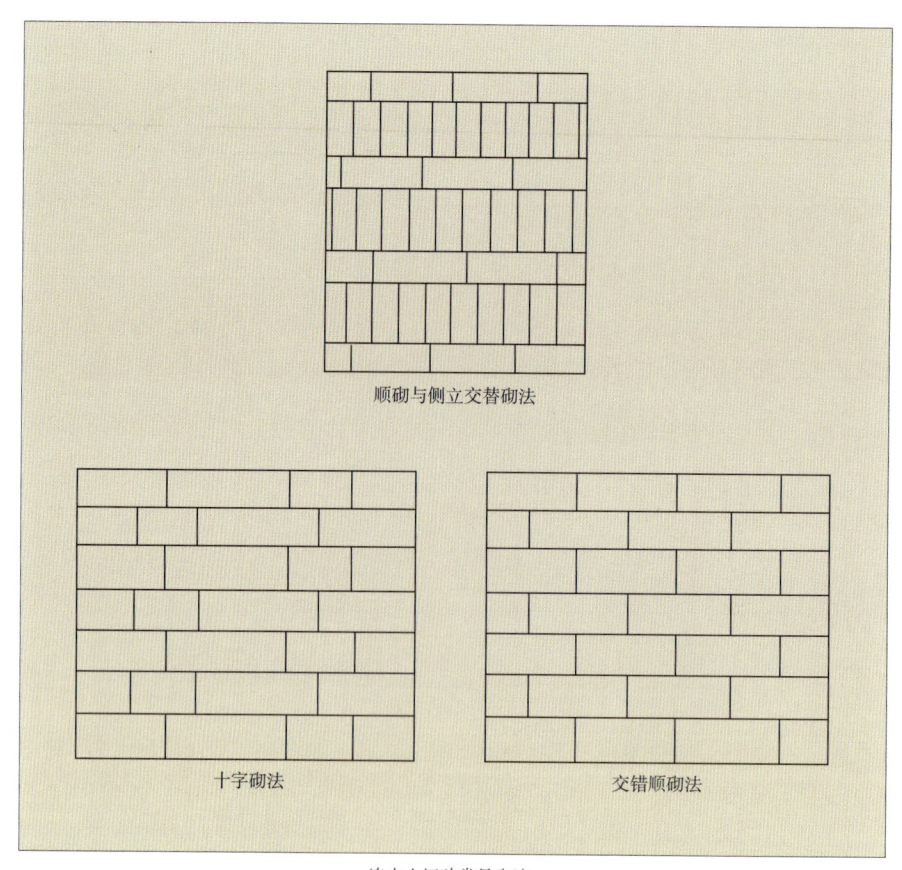

连山土坯砖常见砌法

图六　广东壮族连山土砖模具延展图2

土坯砖建筑图
（摄于广东连山福堂镇壮乡）

图七　广东壮族连山土砖模具所制砖应用图

广西壮族崇左弓弩

图一　广西壮族崇左弓弩主图

崇左传统弓弩既是当地壮民的捕猎工具，又是古老的军事竞技用具。本案例采自崇左壮族博物馆，案例由弩弓、弩身、弩弦、弩机等结构组成。据博物馆资料得知，这种弓弩（又称扁担）是用黄阳木制成的，而用黄阳木制成的弓弩具有良好的弹性。

经测量，本案例弓长97厘米，弩身长65厘米，厚2.8厘米，高6厘米；把手高11厘米。本案例结构特点如下：一是弩身截面为矩形，前端呈斜面，顶部刻有沟槽供稳定箭杆用，后部则凿有扳机孔用于扳机安装。二是扳机孔顶部设弦槽，弦槽位置下方则开出贯通孔内装扳机，射箭时可将弦绳用力拉至槽口，然后扣动扳机将弦顶出，即可发射箭体。三是槽口深度恰到好处，如果太深会加大扣动扳机的力量，易引起弩身晃动，这对射箭准确性将产生负面影响；相反，则挂不住弦绳。四是弩弓两端绳槽被制成表面光滑的凹槽，凹槽倾斜约55°，与弓弦有着良好的匹配关系，壮族人传统弓弦常用牛筋或麻绳弦。

就壮族弓弩而言，过去打猎用的弓弩与比赛用的弓弩存在一定差异：打猎用的弓弩弩身要比比赛用的弩身短些，因为较短的弩身方便猎人快速拉动弦绳，适时跟踪并瞄准猎物；而比赛用的弓弩面对的是固定箭靶，若使用较短弩身必然会缩短瞄准时眼睛与箭尾的距离,这不利于对箭靶的瞄准。所以,崇左博物馆既有较长的弓弩,也有相对较短的弓弩,这是由其功能决定的。归纳来看,崇左弓弩制作流程是:选材→制作弩弓→加工弩身→凿扳机孔→制作扳机→开箭槽→安装弓弩→加装弩弦→调试→修整→完成。由于弩弓是对称形态,必须具有相同曲率,故在弯曲弓坯时需成双配对进行。

在崇左,弓弩原本用于打猎,如今却演变成了一种体育运动项目。据博物馆工作人员介绍,弓弩射箭已列入崇左壮族传统体育运动竞技项目,比赛时谁射中的目标最多谁为胜,传统弓弩被赋予了新的意义。

图片来源
图一　许边疆　摄影
图二至图六　许边疆　制图

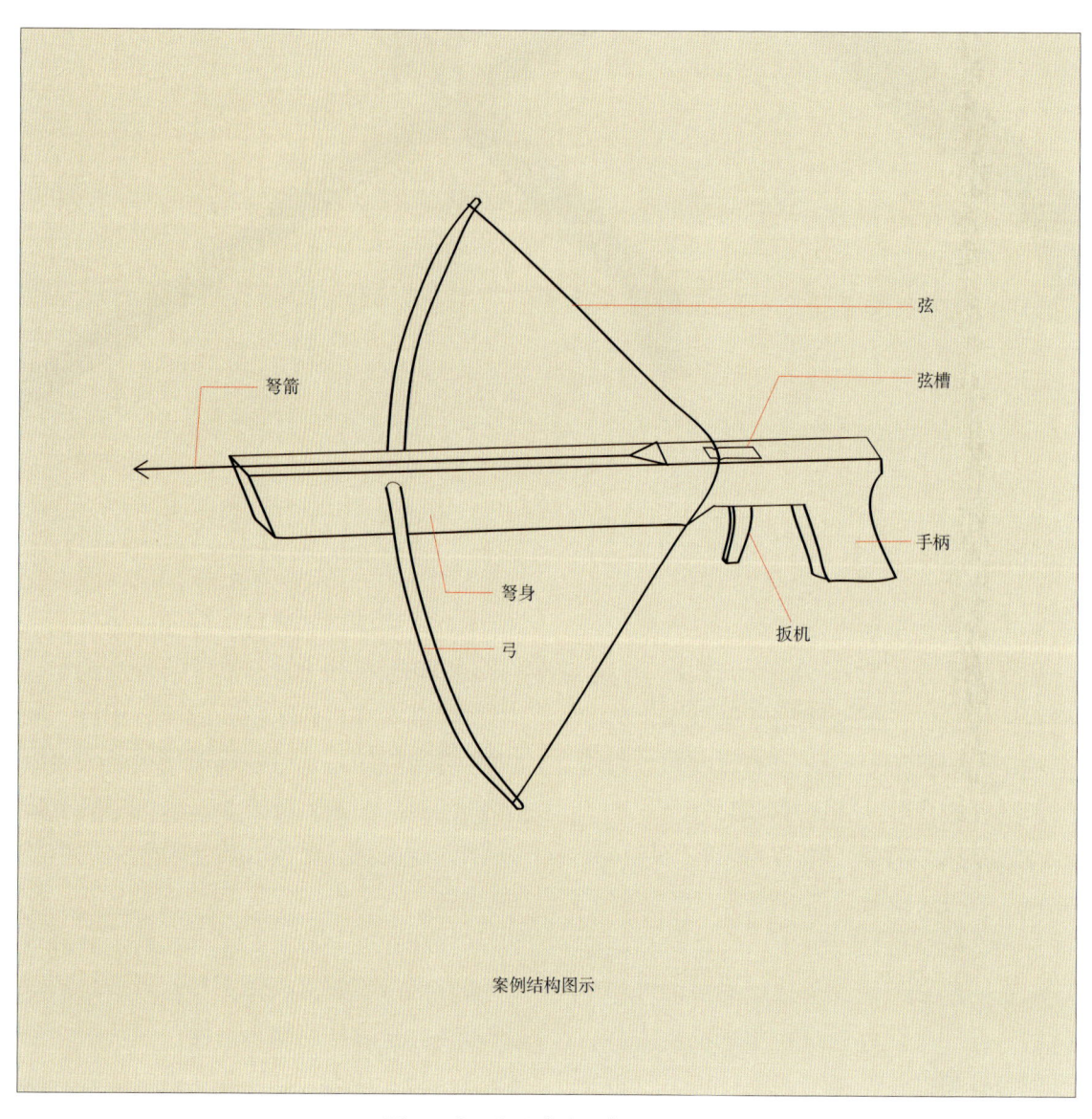

案例结构图示

图二　广西壮族崇左弓弩结构图1

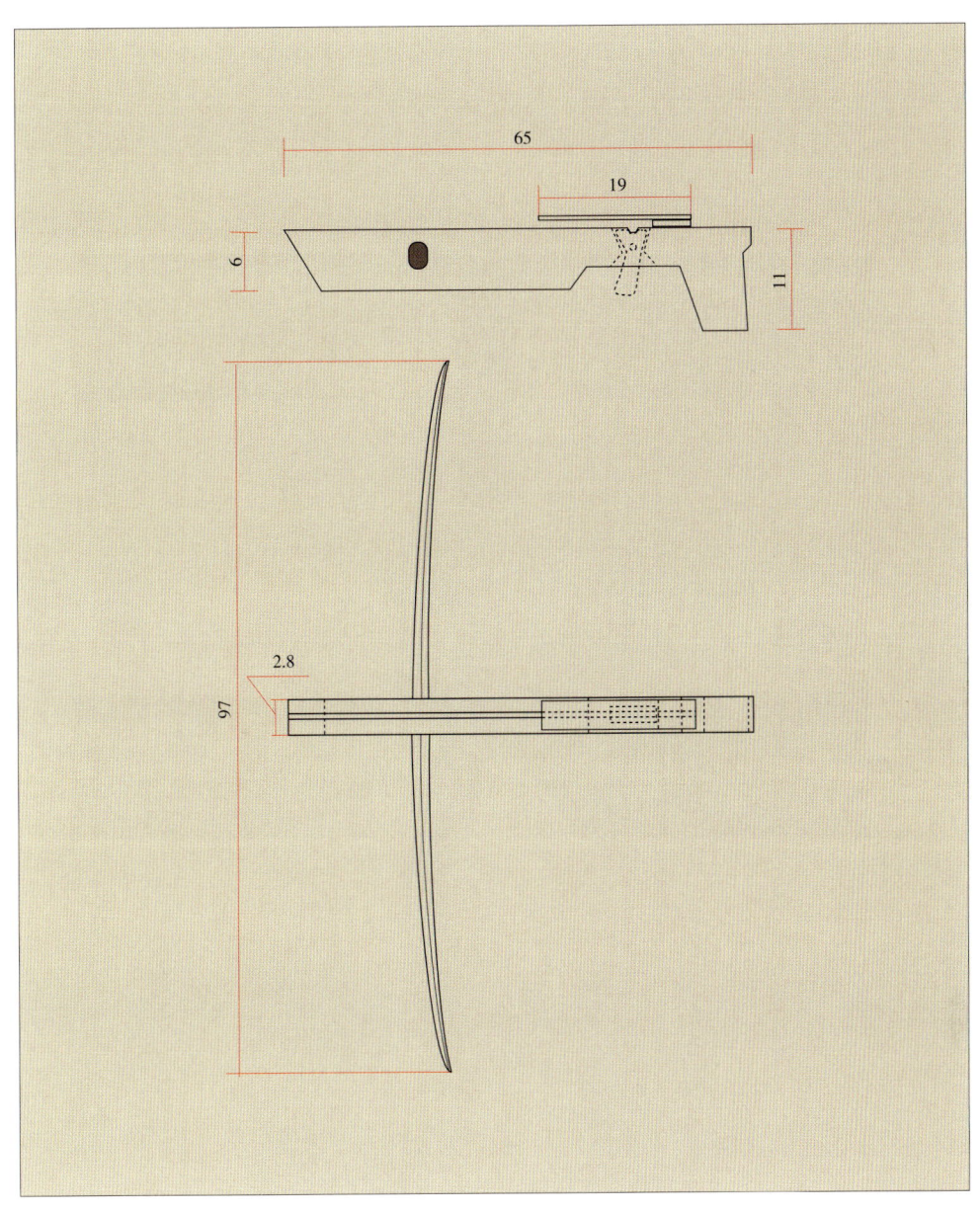

图三　广西壮族崇左弓弩尺寸图（单位：cm）

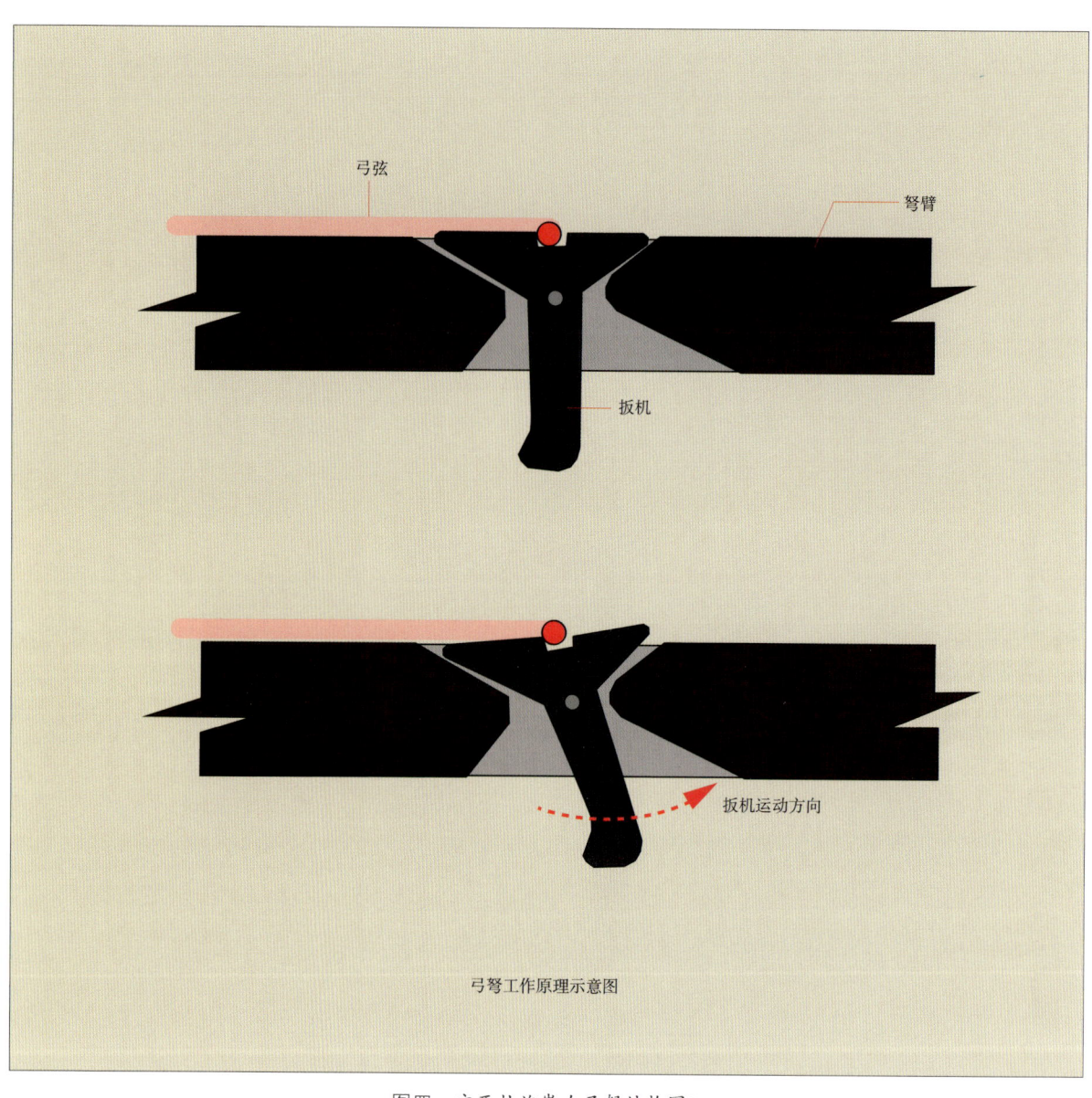

图四　广西壮族崇左弓弩结构图2

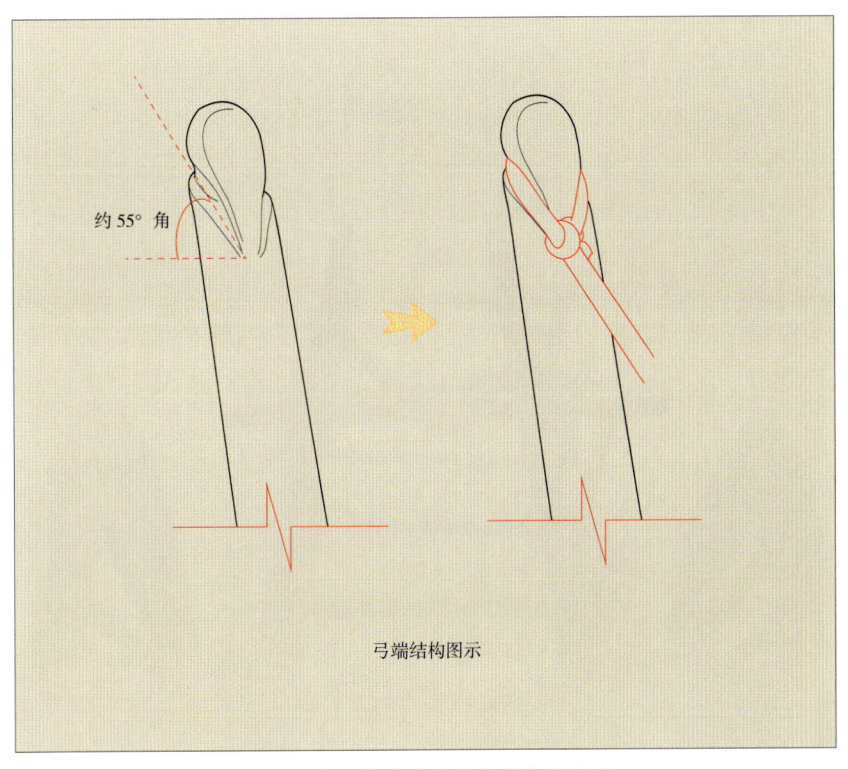

图五　广西壮族崇左弓弩局部结构图

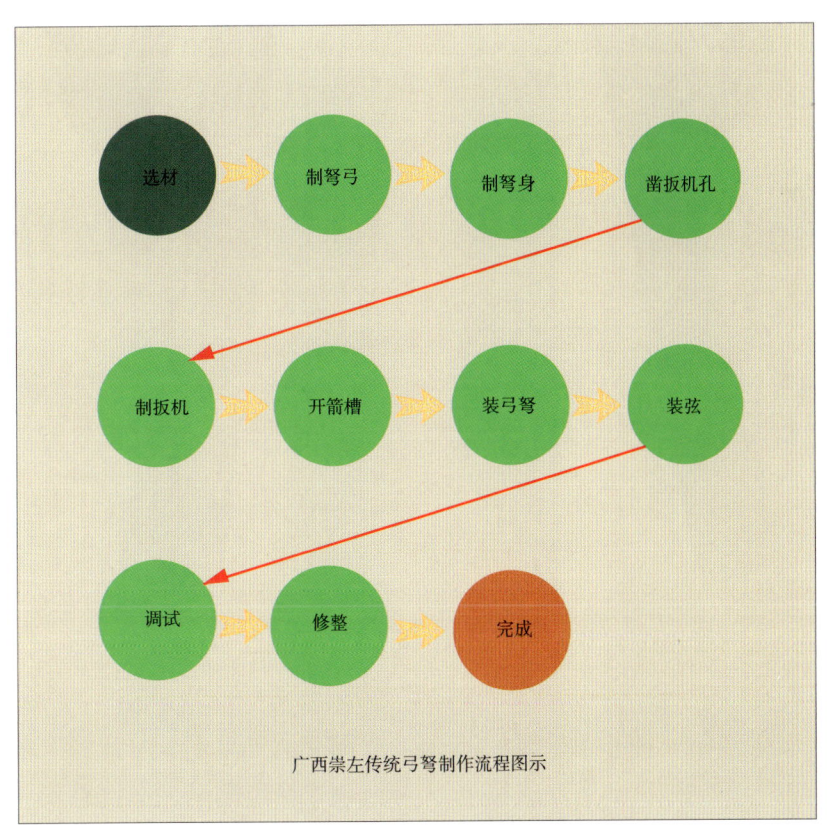

图六　广西壮族崇左弓弩制作流程图

广西壮族牛车

图一 广西壮族牛车主图

在中国,牛车曾经是一种非常重要的运输工具,几千年来,不同地区的劳动人民创造出了许多形制相异的牛车,极大地丰富了中国交通工具史。本案例牛车采自广西民族博物馆,经测量,案例总长454厘米,车架宽97厘米,车轮直径152厘米,轮牙厚度6

厘米，案例是由车辕、车帮、车牙、车辐、车毂、车轴及围杆等构件组成。

壮族牛车的显著特点便是它的大车轮，152厘米的轮径几乎与一般人的身高很接近了，据说壮族还有比这更大的车轮。从设计学角度分析，直径152厘米的大车轮若遇到比如20厘米左右的小水坑时，不必担心陷入坑里，车轮可一滚而过，这是大轮优势之所在。本案例车轮为硬木所造，轮牙是用若干个分件通过榫卯结构组合而成，其中16根车辐一端与车牙相连，另一端则插入轮毂中，从而构成一个完整的木轮结构。至于车轮与车身间的安装，壮族人巧妙地在车身下方做出个"U"形结构，凭借这个结构车身就能卡入轮轴，而轮轴两端装车轮，最后借助木楔定位即可。

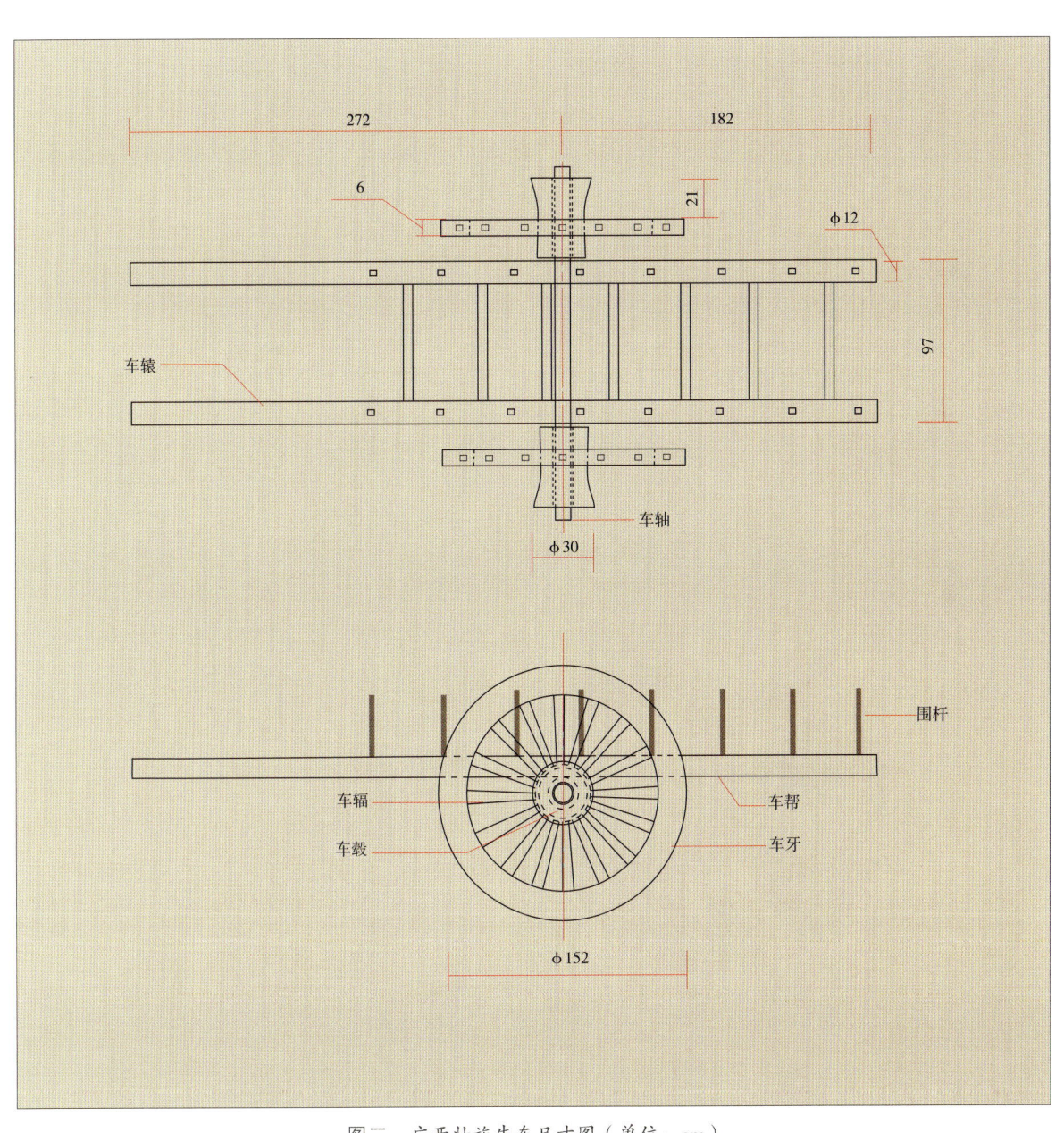

图二　广西壮族牛车尺寸图（单位：cm）

由于本案例车架宽度仅为97厘米，且车身过长，因此本案例的主要功能是运送物品，比如运送甘蔗、柴草、粮食、杂物等等。我们在广西柳州博物馆壮族器物陈列厅考察时，发现该厅陈列的壮族牛车模型与本案例形制基本相似，这说明壮族牛车形制与结构已成定式。

从出土文物看，壮族牛车历史悠久，例如广西博物馆陈列的东汉时期的陶制牛车模型便是物证，它清晰地展现了当时牛车的风貌。事实上，东汉以前牛车被人们视为低级别的车辆，尤其是载人车辆，远不及马车，或许是因为牛车不如马车跑得快的缘故。东汉以后，牛车身价开始逐渐提高，牛与马相比，不仅力气大，而且耐力好，行路稳健，故牛车在中国许多地区都存在。然而就壮族而言，他们主要生活在广西"八山一水一分田"的南方，地貌复杂，牛车更适宜用作运输工具，因此历史上壮区的牛车要多于马（或驴）车。

图片来源
图一、图六　许边疆　摄影
图二至图五　许边疆　制图

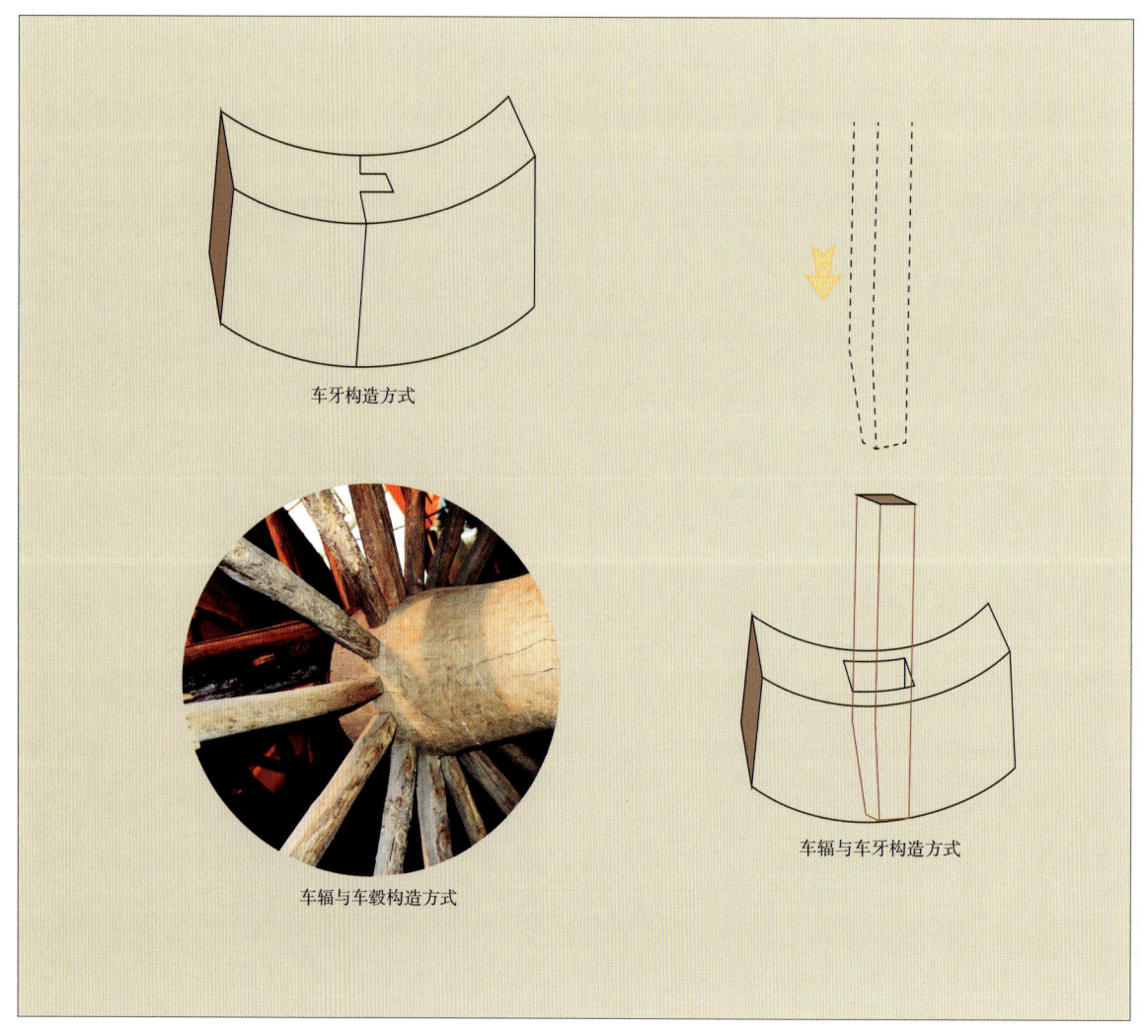

图三　广西壮族牛车局部结构图1

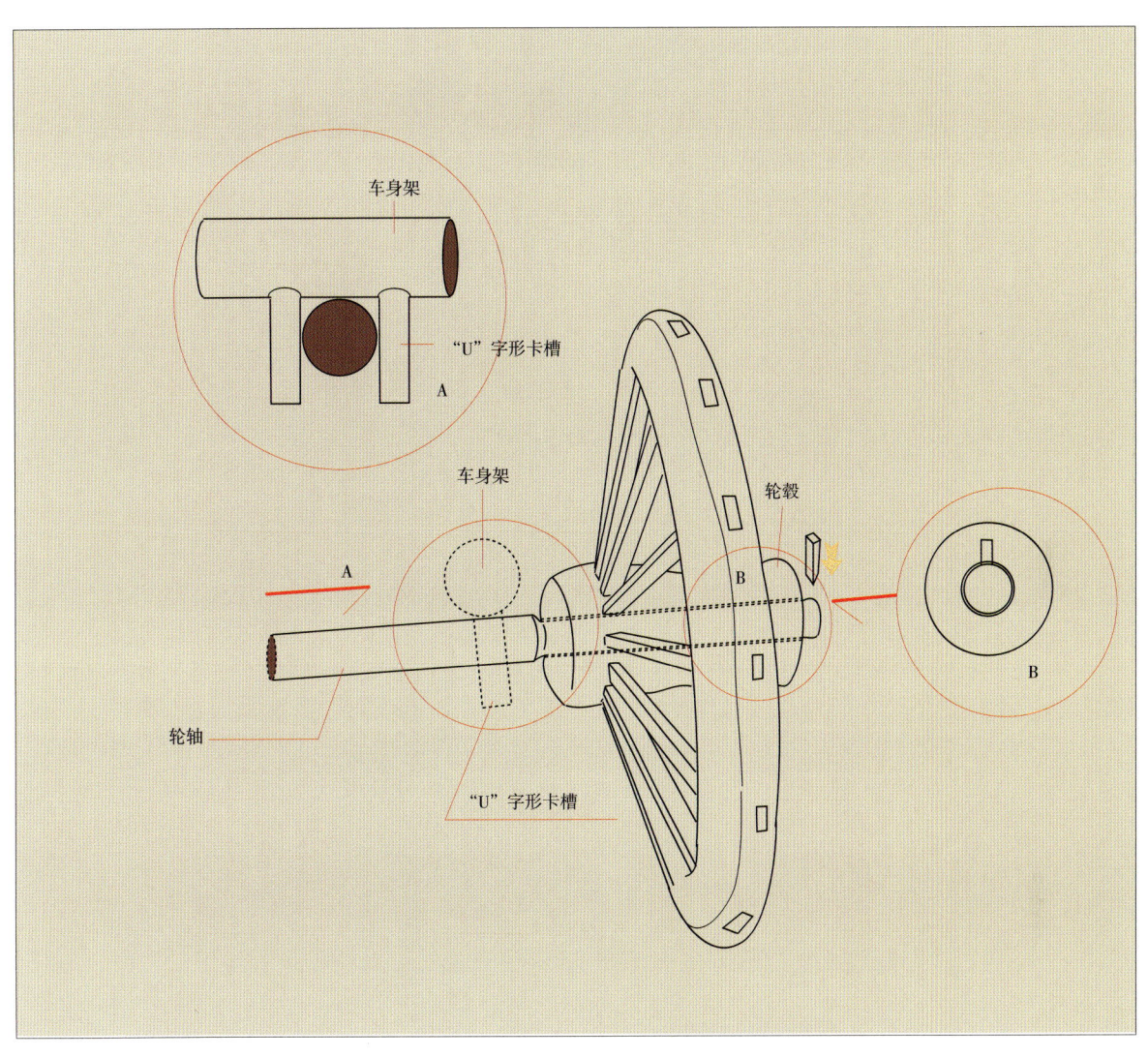

图四 广西壮族牛车局部结构图2

图五　广西壮族牛车功能图

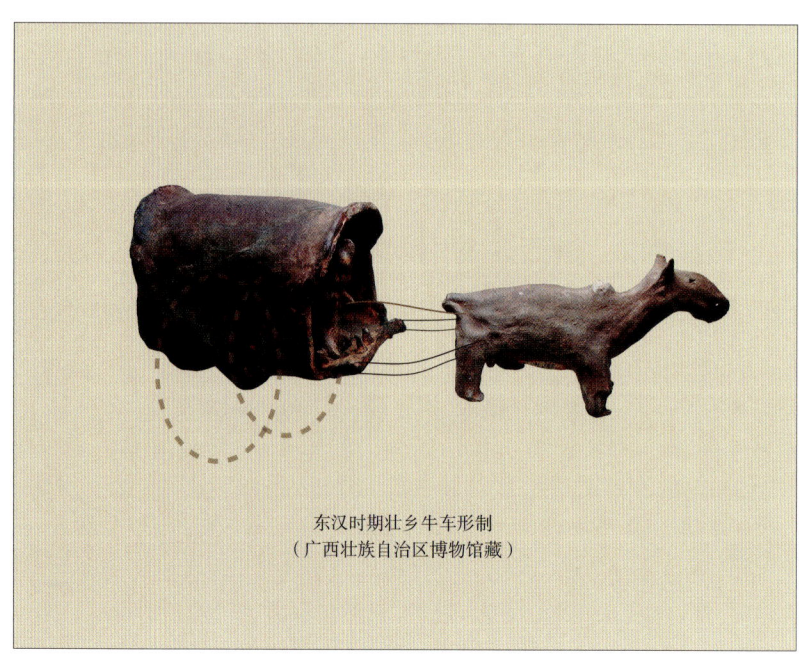

图六　广西壮族牛车对比图

广西壮族独轮车

图一 广西壮族独轮车主图

独轮车是壮族一种传统运输工具，它的使用特点是以独轮作为车辆的行驶轮具，由一人推动或一人推动、多人辅助的方式运送物品。本案例采自广西民族博物馆，属于近代工具，其结构由木轮、车轴、车辕、车帮、支架、挡杆、垫板、担板、绳索等组成。案例车身长202厘米，前端宽30厘米，后部车辕跨度75厘米，支架高23厘米。

概括来看，本案例设计具有以下特点：一是木轮部位重心偏低。由于车帮与车辕之间存在一定弯曲度，人在推车时能导致车轮重心下移，这样有利于车轮的稳定，降低了人操作的难度；二是木轮无轮辐，车牙窄，外包铁皮，形如药碾碾轮。之所以要这样设计，是因为狭窄的轮牙能让滚动的木轮减少地面阻力，甚至能将泥土切开（尤其是雨季），使行车顺畅。三是车帮与车辕宽度皆小，这种设计能满足案例在狭窄的道上或田垄上行走的需要。从工作原理看，案例独轮车车轮居中，左右对称，推车人手握车辕，利用平衡原理即可保持运动车体之平稳。更为突出的是，为了减轻手部负担，车辕之间系有绳索，绳索中部又拴结一块小木板，该木板可像扁担那样担于推车人之肩上，从而有效地减轻了推车人手臂之负担。

案例绝大部分是用木材制作而成，木材来源丰富，易加工、易组合，是我国古代造车首选之材。当然，木材也有不足之处，比如刚性方面就不及金属。壮族人为了提高木轮的耐磨性，轮牙上又附加了一圈铁箍，通过两种材料的复合来强化车轮的牢固度及耐磨性。

壮族人使用独轮车，其他民族的人也使用，但形制却存在差异。例如，新疆维吾尔族人所用的独轮车车体重心较高，无车帮和围板，承载面为平阔面板，主要是用来运送瓜果、葡萄或者泥土、沙石；华北地区汉族使用的独轮车，车轮几乎居中，轮罩呈平坦

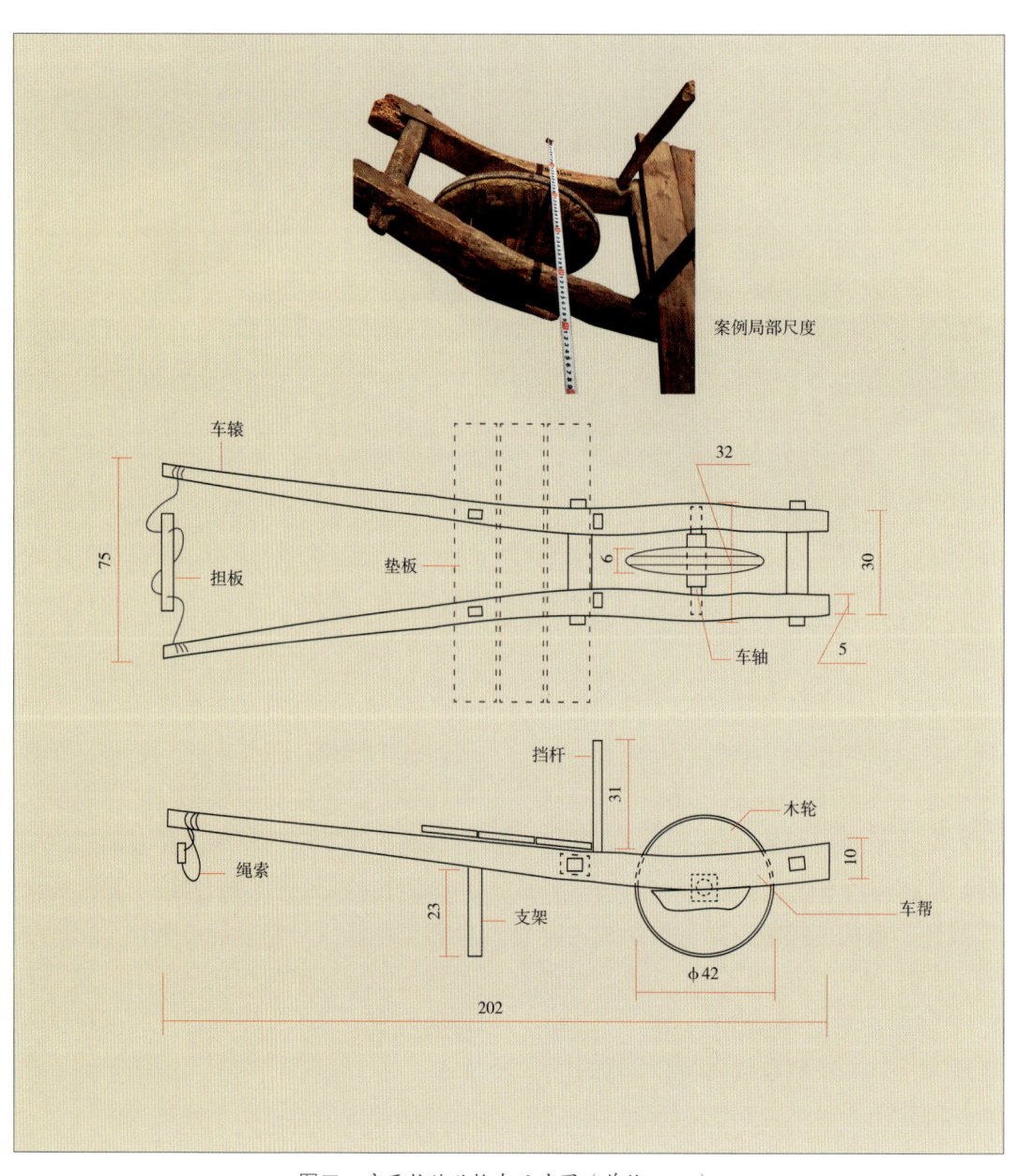

图二　广西壮族独轮车尺寸图（单位：cm）

状，前后设有支架，可平稳停车；山东平邑独轮车车轮较大，轮子同样居中，但设有轮罩，轮罩直框前倾，有车帮，既可载人，也可运物。由此可见，独轮车的形制设计与它的使用要求密不可分，就拿本案例来说，广西壮乡盛产甘蔗、稻谷、玉米等农作物，为了便于运送这些农产品，壮族人便在车辕与木轮之间放置一块木板，以此来提高独轮车的运输量，结果正是这种运输方式，成就了案例之结构。

图片来源

图一　许边疆　摄影

图二至图四　许边疆　制图

图五　资料来源：王琥等主编：《中国传统器具设计研究·卷一》，南京：江苏美术出版社2004年12月第1版，第268—272页。

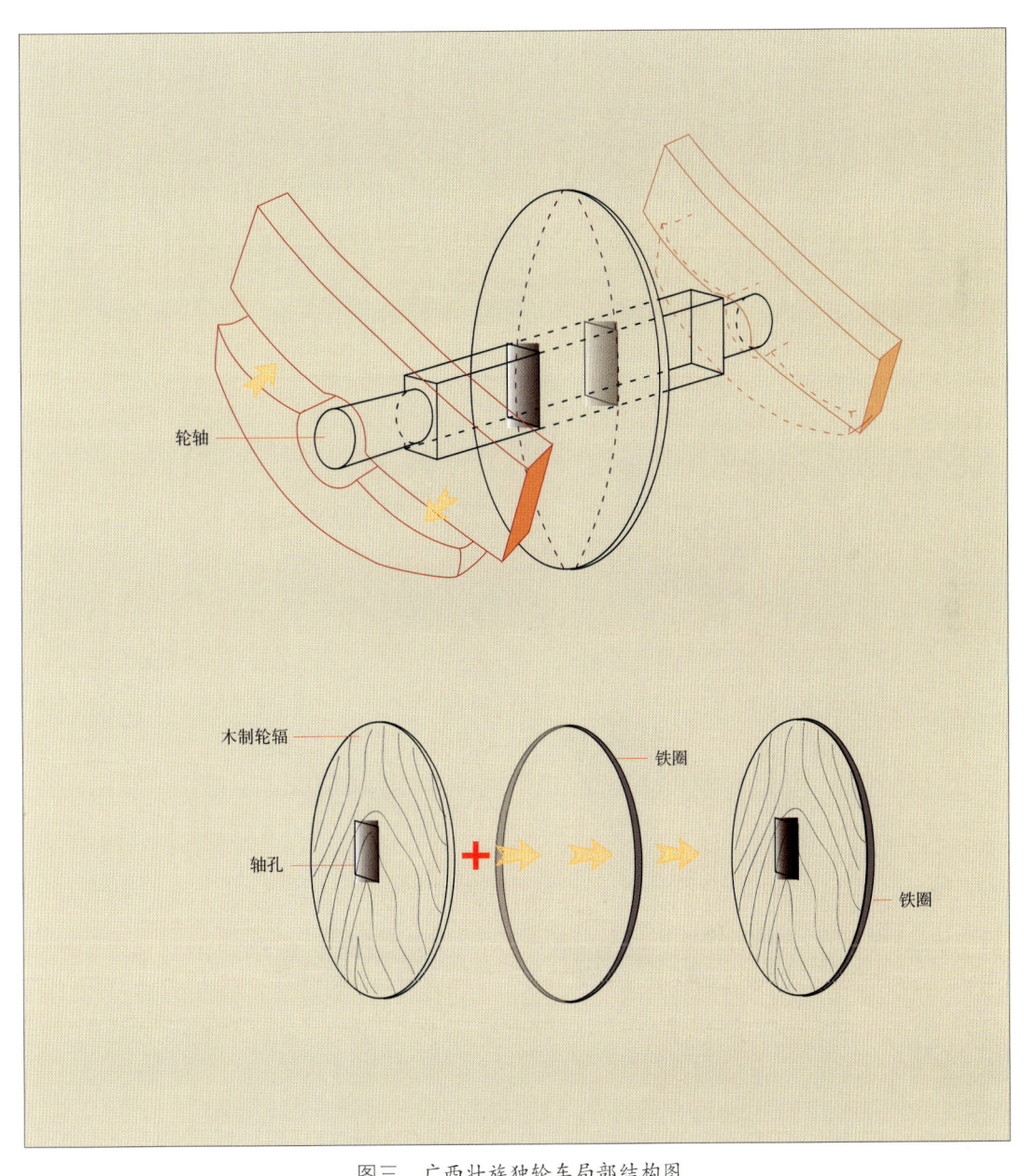

图三　广西壮族独轮车局部结构图

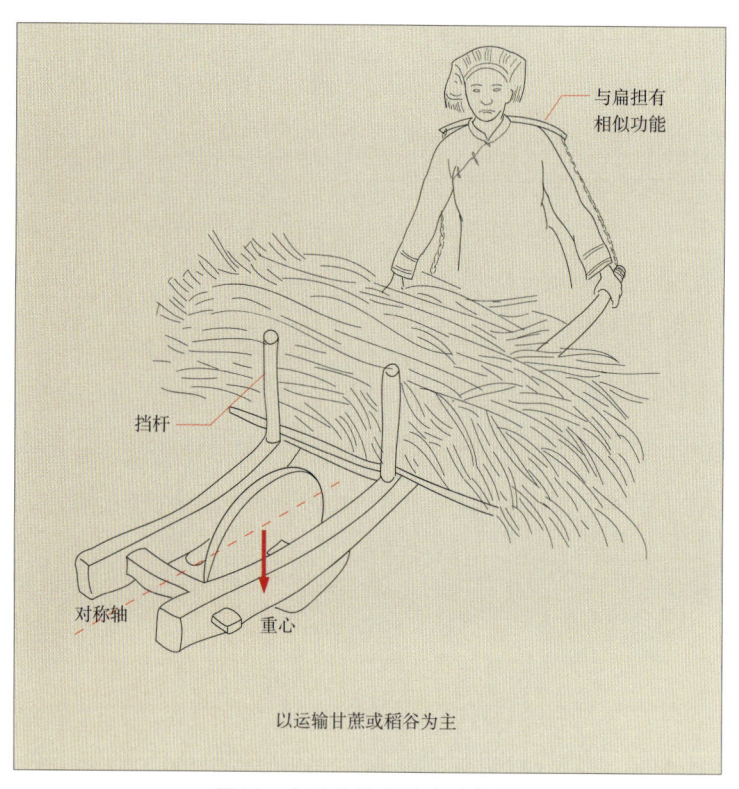

图四　广西壮族独轮车功能图

图五　广西壮族独轮车对比图

广西壮族崇左秧箕

图一 广西壮族崇左秧箕主图

秧箕，又称挑箕，是用竹篾与藤条混编而成的一种挑运器具。在壮乡，它主要用于田间秧苗的输送，也兼做他用，如搬运蔬菜、水果等。本案例采自广西崇左壮族博物馆，案例外部呈圆台形，上端口径48厘米，底部直径41厘米，进深20厘米，沿口设把手两个，尺度为（5×13）厘米。

壮乡自古就是水稻产区，自然会产生一些与之有关的劳动工具，本案例便是针对秧苗的移栽而设计的专用器具。从水稻生长特点看，移栽秧苗的高度一般是在15至30厘米之间，因而放置秧苗的秧箕不易设计得过深或口径过大，如果秧箕太深，空间利用率就会下降；如果口径过大，就会给挑担者带来不便，同时也会增加人的负荷量。从秧苗移栽过程看，秧苗是以成束的方式被输送的，20厘米深的秧箕在尺度方面无疑与站立摆放的秧苗相匹配，人们只需抓着秧苗的茎叶就能方便地排列它们，并且在运送过程中不会伤及秧苗。本案例负重结构是箕底竹片，"胡椒眼"结构仅起到围合空间及泄水的作用，案例结构显然是根据功能而设定的。此外，本案例设有一对把手，把手不仅能满足人手的提携，也能直接插入扁担供人担挑。从使用方式上看，对称的把手处在扁担中心轴上，它们能均匀分摊案例的负载，由于把手是用藤条编制而成，并以"8"字形结构穿越箩底，继而又将两个把手连成一体，因而该结构既能加强把手的抗拉强度，也能提高案例的承载能力。

本案例主要功能是运送稻秧，也兼具他用，由于案例形制与结构存在许多合理性，故人们至今仍在使用它。

图片来源
图一　许边疆　摄影
图二、图四、图五、图六　许边疆　制图
图三　靖西壮族博物馆提供

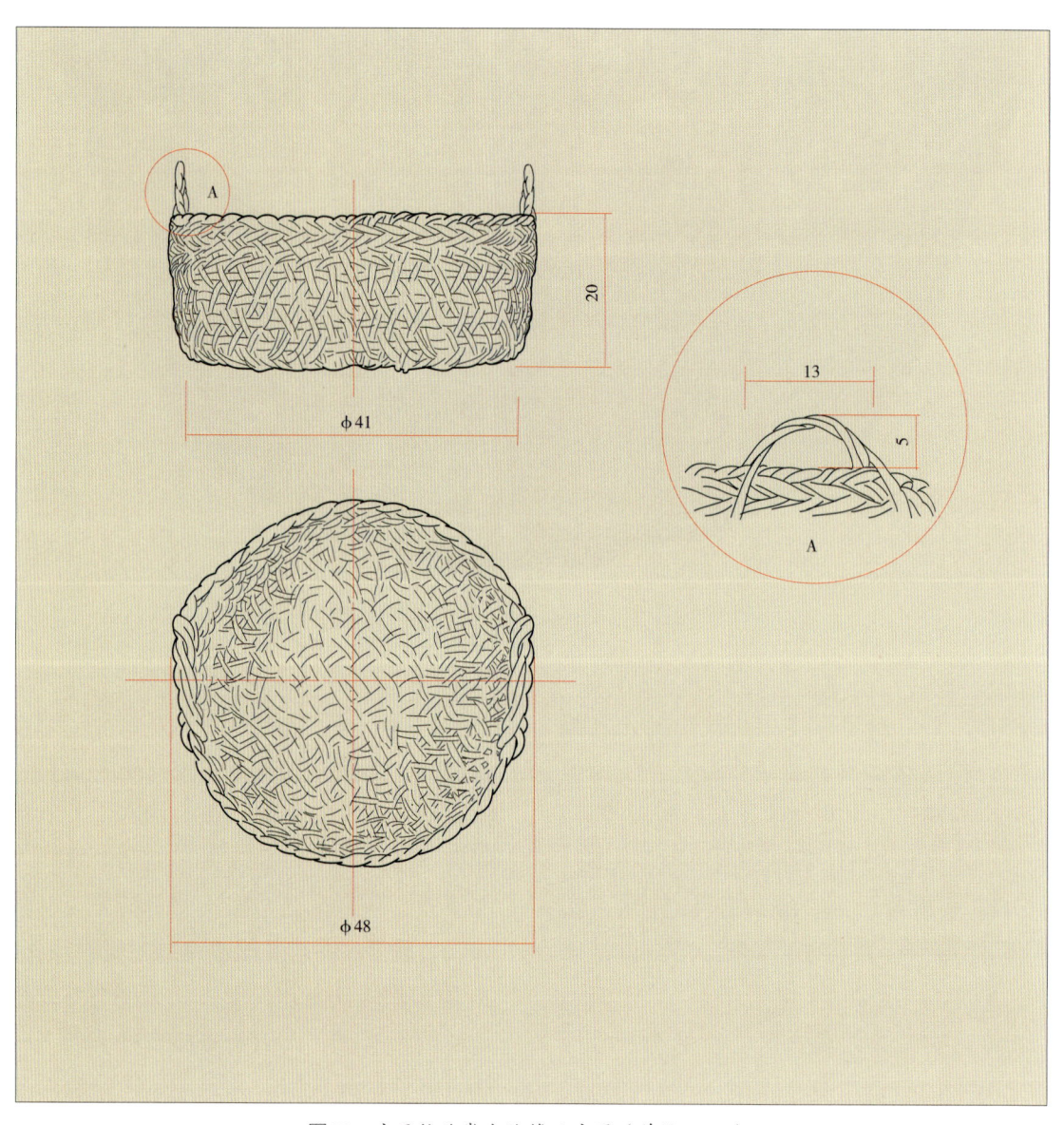

图二　广西壮族崇左秧箩尺寸图（单位：cm）

图三　广西壮族崇左秧篼功能图

图四　广西壮族崇左秧篼设计分析图1（单位：cm）

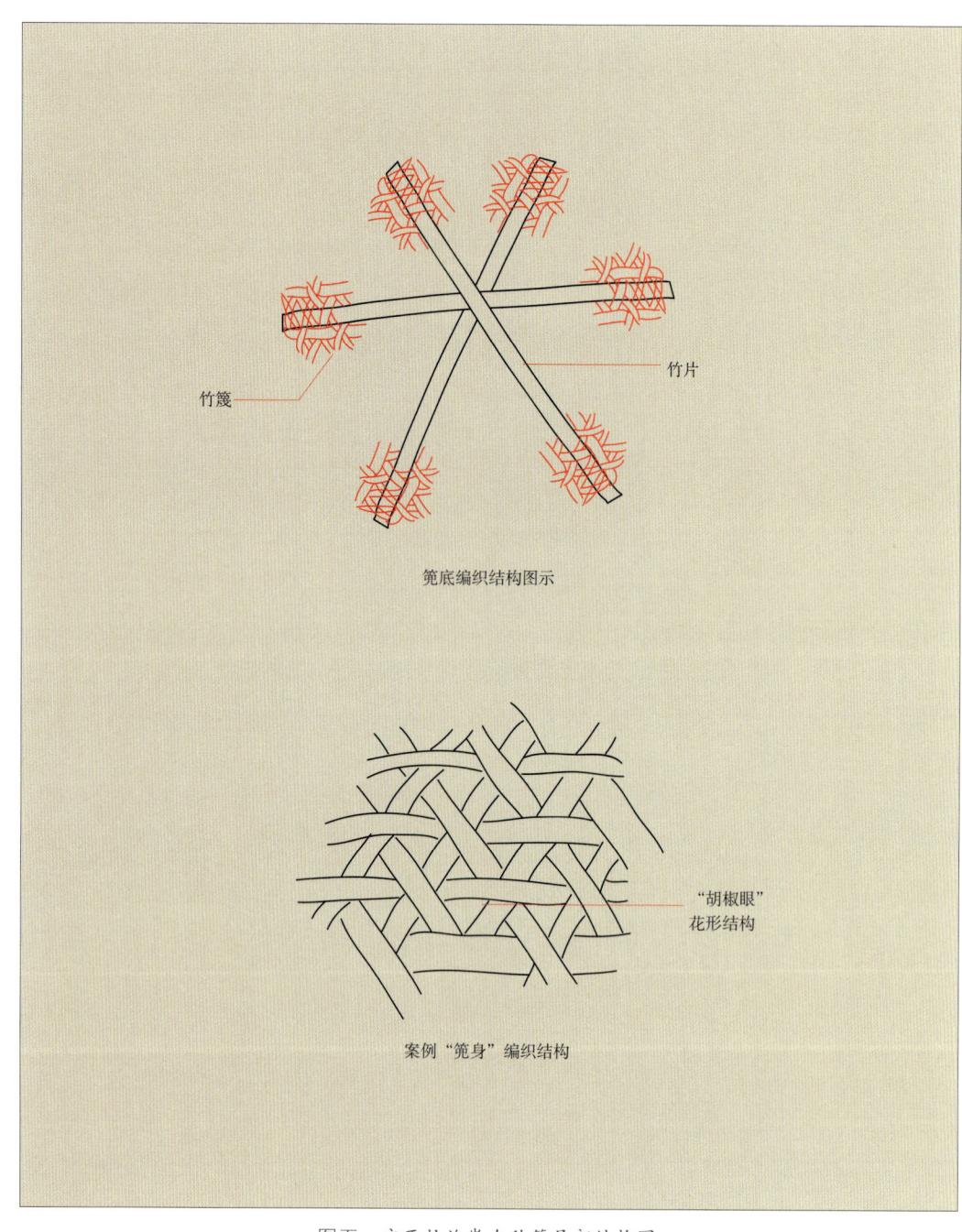

图五 广西壮族崇左秧箩局部结构图

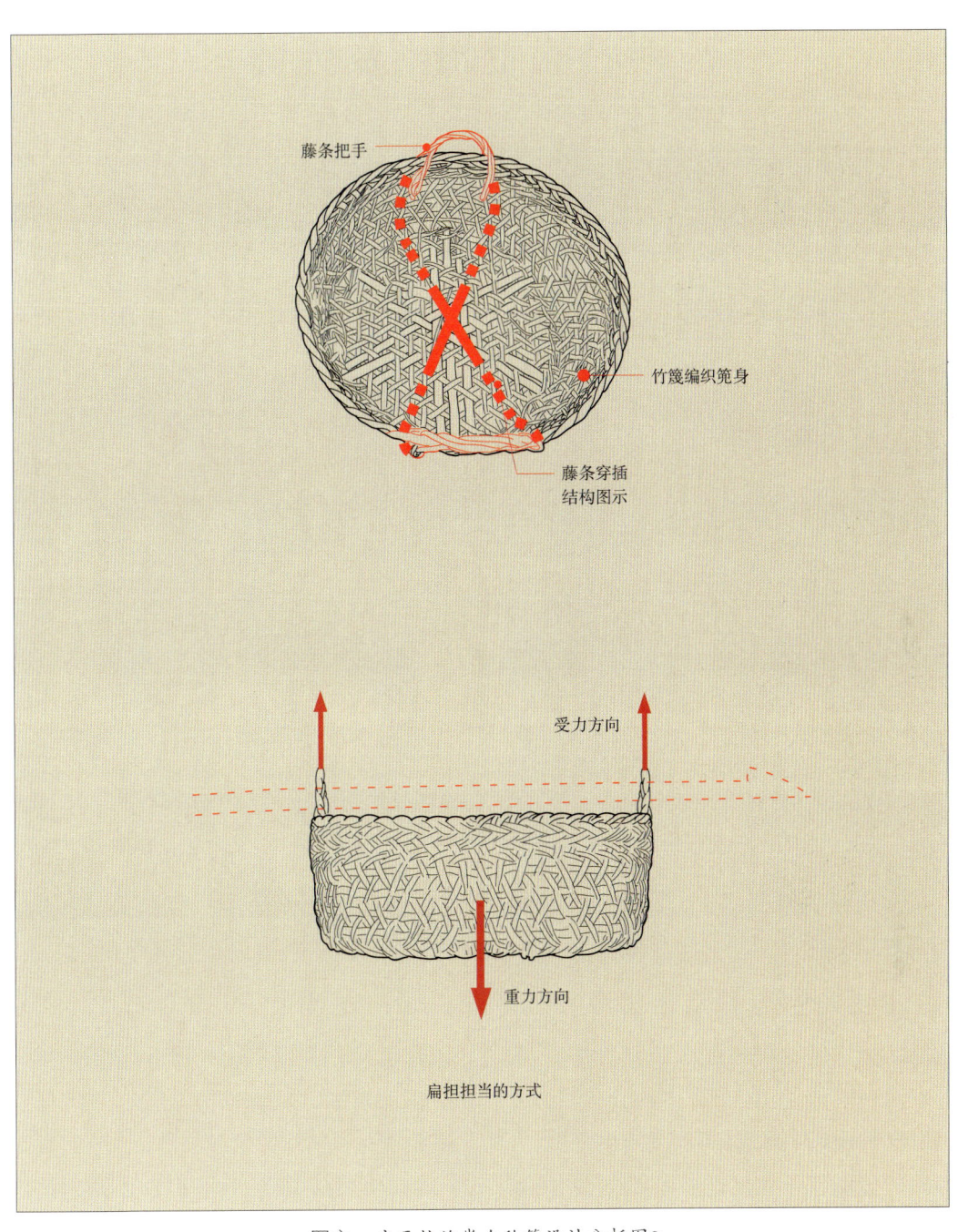

图六　广西壮族崇左秧篼设计分析图2

广西壮族贺州南乡连筒

图一 广西壮族贺州南乡连筒主图

连筒是用竹筒做成的引水装置,在广西贺州南乡镇一些偏僻山区,仍能见到当地村民在使用这种原始引水器具。从结构上看,这种器具是凭借竹子天然的空心结构制作而成,竹筒截面尺度越大越利于使用,因为粗大的竹筒能通过更多的水。本案例采自南乡,案例竹筒直径约12厘米,竹节开口尺度约(15×8)厘米,开口间距约26厘米。案例主要由竹筒、支架组成。

本案例属于引山中溪水至村边池沼的器具,从功能上看,它是一种被架起的管道,该管道可用简易工具(锯、錾子、斧子)轻易加工出来,其制作方法是:先选择一些粗细相近的竹子,然后在每个竹节的顶端开出一个矩形的口子,并通过这个缺口将内部竹节打掉,这样就能让原本隔离的节间变得相互贯通,从而获得可输水的竹筒。不过在实际应用时,由于天然竹子的长度所限,需要将若干竹筒进行首尾衔接才能满足远距离引水的需求。归纳来看,这类衔接方式大致有两种:一是水平衔接,可采用大筒套小筒的办法解决;二是转向连接,可采用穿插或借助另一根弯曲竹筒来"搭桥"。总之,在构筑连筒的过程中,如何处理好连筒间的"节点"是一项关键工作。

在野外用连筒引水,总会遇到高低不平的地面,为了让连筒顺利越过低洼之处,壮族人采用支架的形式来解决,本案例支架就是利用许多开有定位结构的竹筒搭建而成。

在贺州南乡,竹子资源十分丰富,当地人善于用竹子来造物,引水连筒便是其中之一。从历史文献看,这种农器至少在宋代就已出现,例如元王祯撰写的《农书》中曾提到连筒,并给出了图样,而且还对它的功能做了描述。除此以外,王祯还在书里列举了"架槽","架槽"与连筒有相似的功能,但形制与材料皆

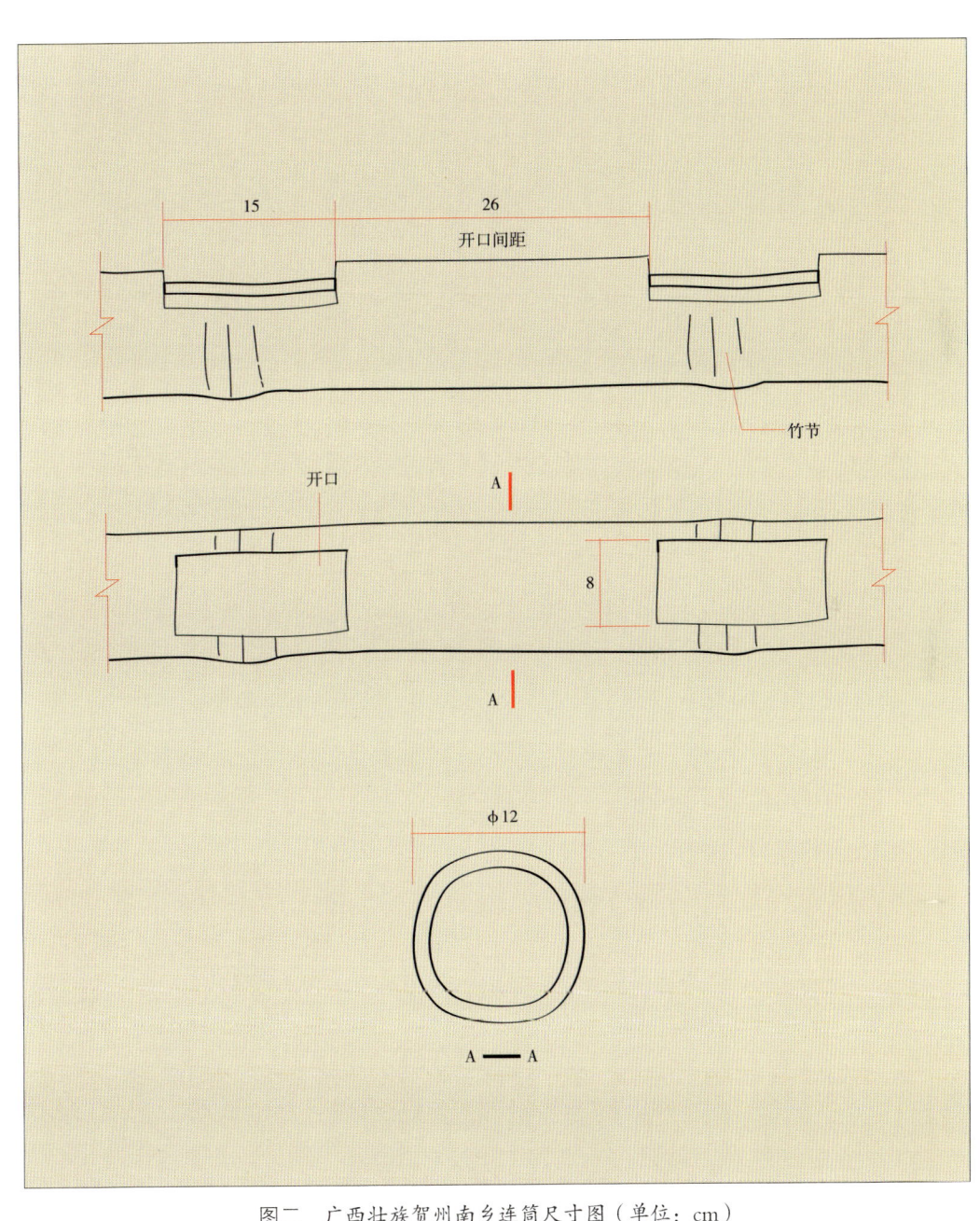

图二　广西壮族贺州南乡连筒尺寸图(单位:cm)

不相同。

从设计学角度分析，本案例的设计优点如下：一是材料来源丰富，制作成本低廉；二是引水管道属于天然材质，若作为饮用水的通引，案例不会污染水质；三是安装过程灵活方便。当然，本案例也有不足之处：一是竹材易于老化，寿命周期较短；二是引水量受到竹筒形制的制约。

图片来源

图一　许边疆　摄影

图二至图五　许边疆　制图

图六　引自［元］王祯撰：《农书译注》，缪启愉、缪桂龙译注，济南：齐鲁书社，2009年第1版，第643、645页。

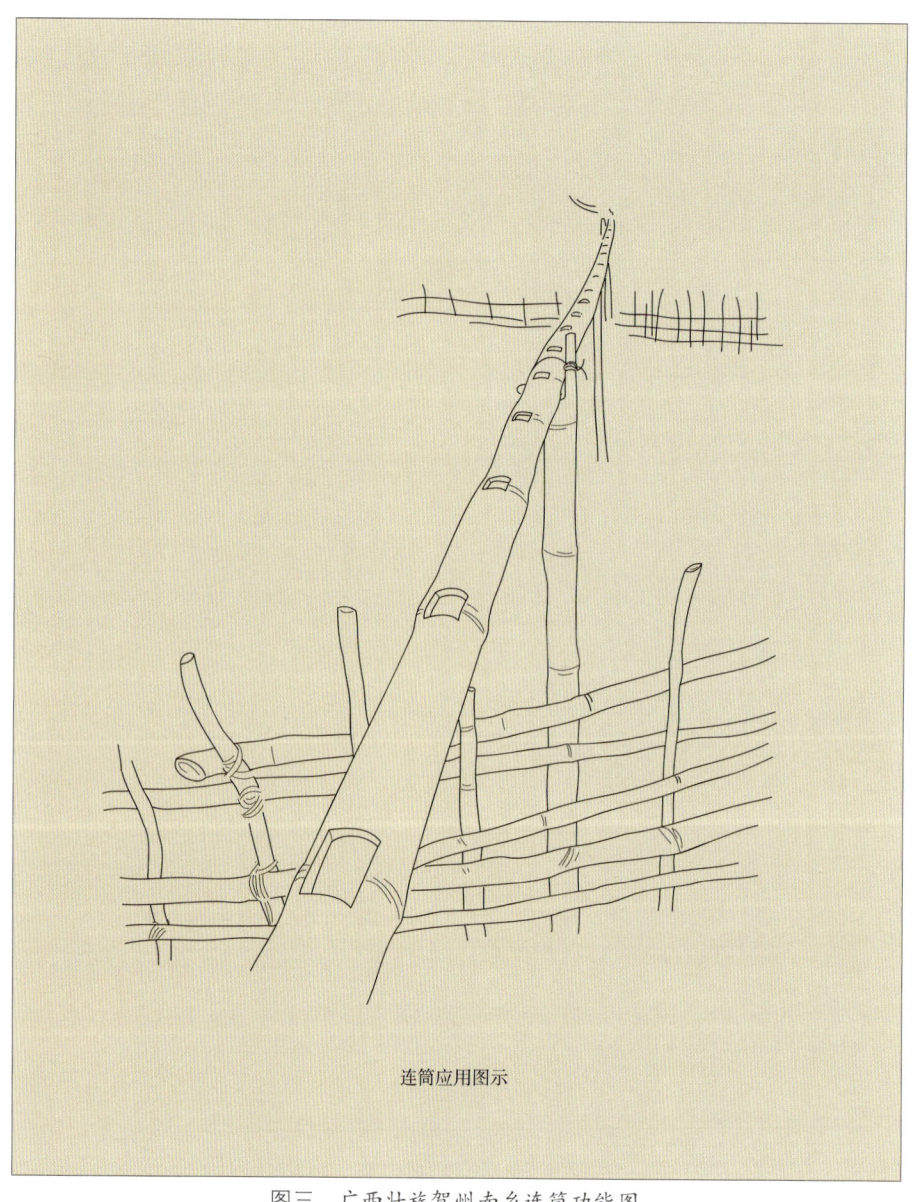

连筒应用图示

图三　广西壮族贺州南乡连筒功能图

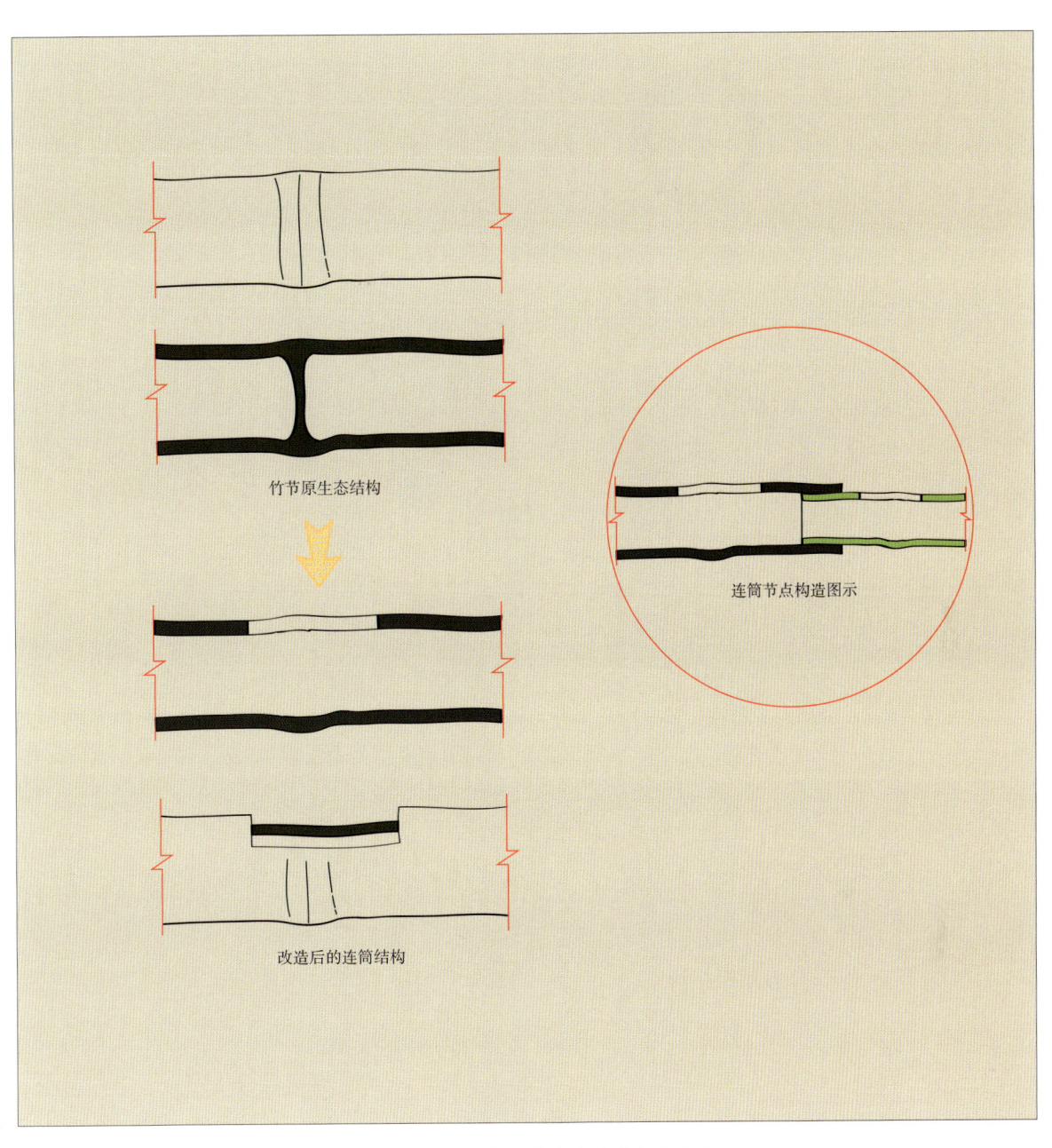

图四　广西壮族贺州南乡连筒局部构造图1

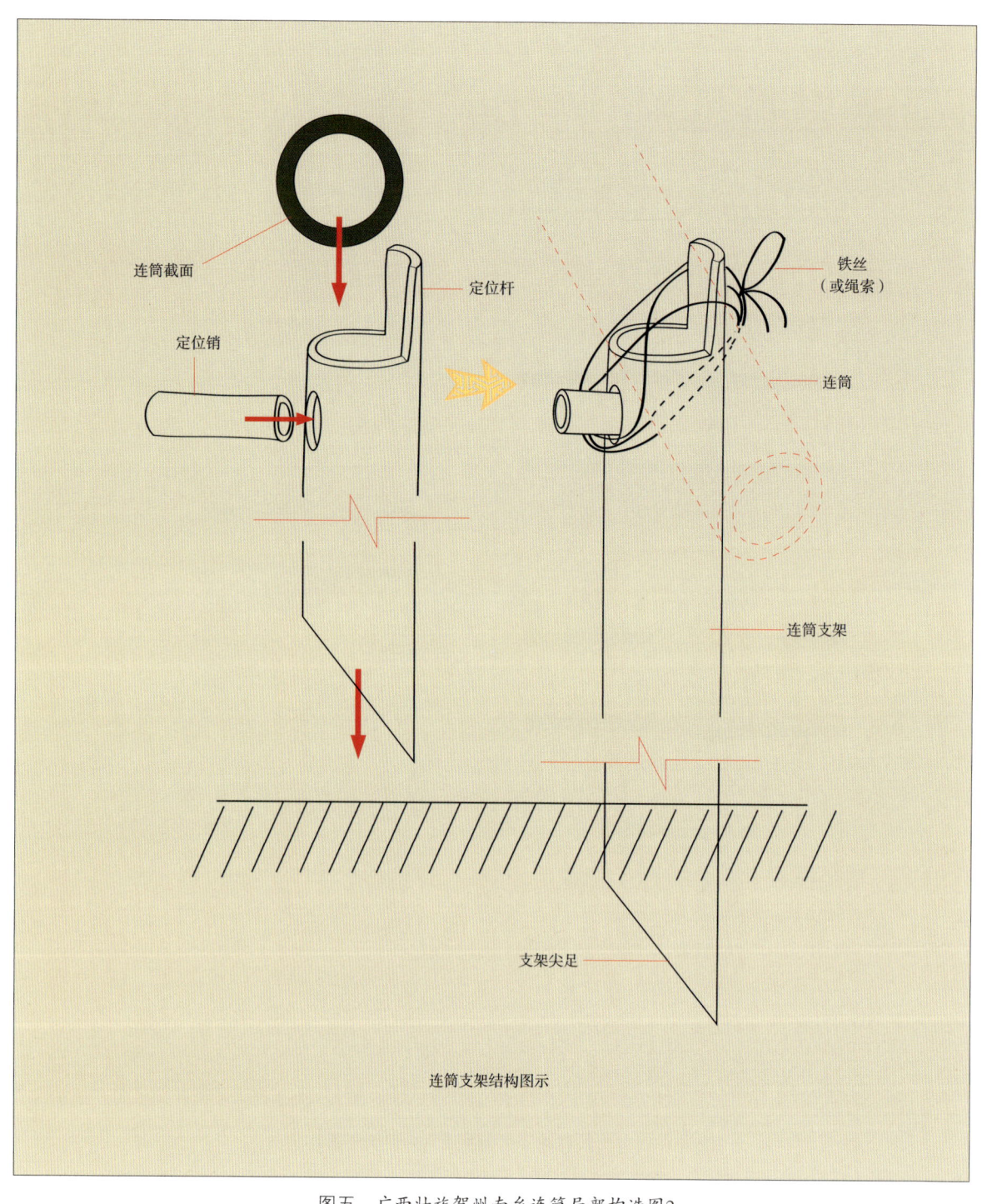

图五　广西壮族贺州南乡连筒局部构造图2

架槽
（资料来源：元王祯《农书》）

连筒
（资料来源：元王祯《农书》）

图六　广西壮族贺州南乡连筒对比图

广西壮族崇左手耙

图一 广西壮族崇左手耙主图

耙是"碎土、平地的农具"（中国社会科学院语言研究所词典编辑室编：《现代汉语词典》[M]，北京：商务印书馆1997年版，第20页）。耙的种类有很多，大致可分为齿耙、无齿耙和圆盘耙，其中齿耙又分为方形耙、人字耙、丁字耙。无论何种耙，制作耙齿的材料都有铁、木、竹三种。归纳来看，广西壮族整地农具主要有犁、踏犁、锄和锸、铲、耙、碌碡（木碾）、越刮等，本案例采自广西崇左壮族博物馆，属于人力手耙。从结构上看，案例由耙杆、齿背、耙齿、加强杆等组成，另外，案例还附带一组配件——牵引绳及手柄。

经测量，案例总长102厘米，齿长14厘米，齿背尺寸（36×6）厘米，耙杆宽3.5厘米。本案例耙齿共计有7齿，7齿皆用竹料加工而成，其中中间一齿与耙杆为同一根竹料制成，采用直插齿背的方式完成安装。为了增强耙齿的抗弯强度，耙齿上又附加了一根加强杆，在加固耙齿的同时，加强杆两端分别拴系一根绳索，绳索另一端则与木制手柄相连，手柄长25厘米。显然，案例属于一种较为特殊的整地农具。据博物馆工作人员的演示，该工具使用方式是：在整治稻田时，一个人在前面用手握着手柄用力地往前拉，后面的人则双手握着耙杆，一边操控耙齿，一边向前下方施力，推动手耙向前运行。从成型材料看，除齿背与加强杆为木料外，其余构件皆为竹制，因此，案例的实用功能主要是在水稻田里推耥草泥，让泥土变得更加精熟，这是耙犁整地后的一道工序。

实际上，江浙一带自古就有类似的耘田工具，例如元王祯《农书》曾记载"耘荡"，"耘荡"往往配有铁齿，安装竹柄，但"耘荡"属于单人操作工具，而壮族手耙则为两人操作工具。此外，在形制方面，壮族手耙的耙齿与耙杆为水平状，后者大约呈90°的夹角。其实，中国古代还有一种耘田器具，元王祯《农书》也曾提及，即"耘爪"。"耘爪"或为竹制，或为铁制，使用方式是套在手指上，人用双手耘除泥草，劳动过程不仅累，而且效率低。不过，或许正是这种原始劳作方式才启发人们发明出了不同的耙具，因为无论壮族手耙还是江浙"耘荡"，工作原理与"耘爪"都很一致。

图片来源
图一　许边疆　摄影
图二至图五　许边疆　制图

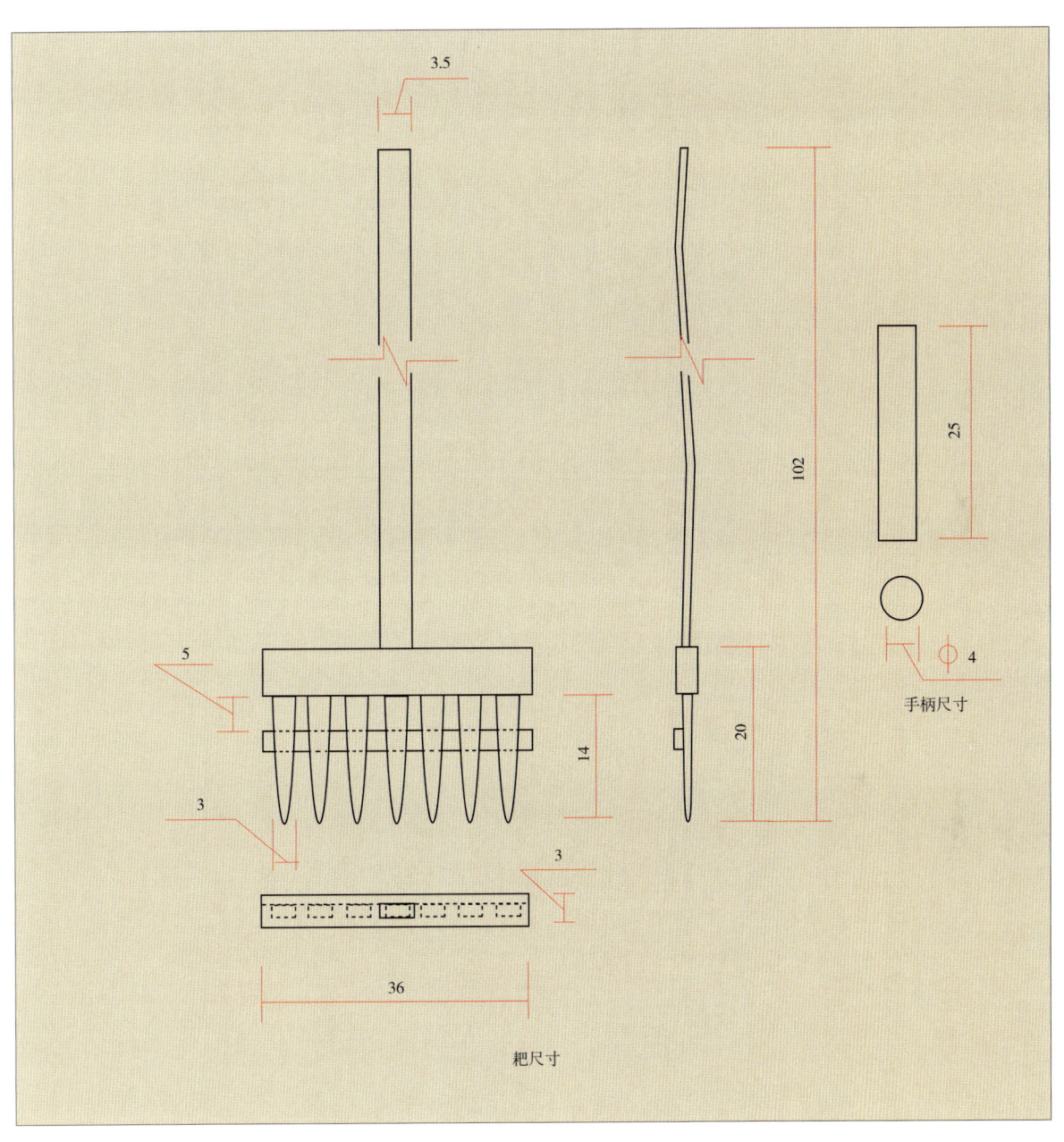

图二　广西壮族崇左手耙尺寸图（单位：cm）

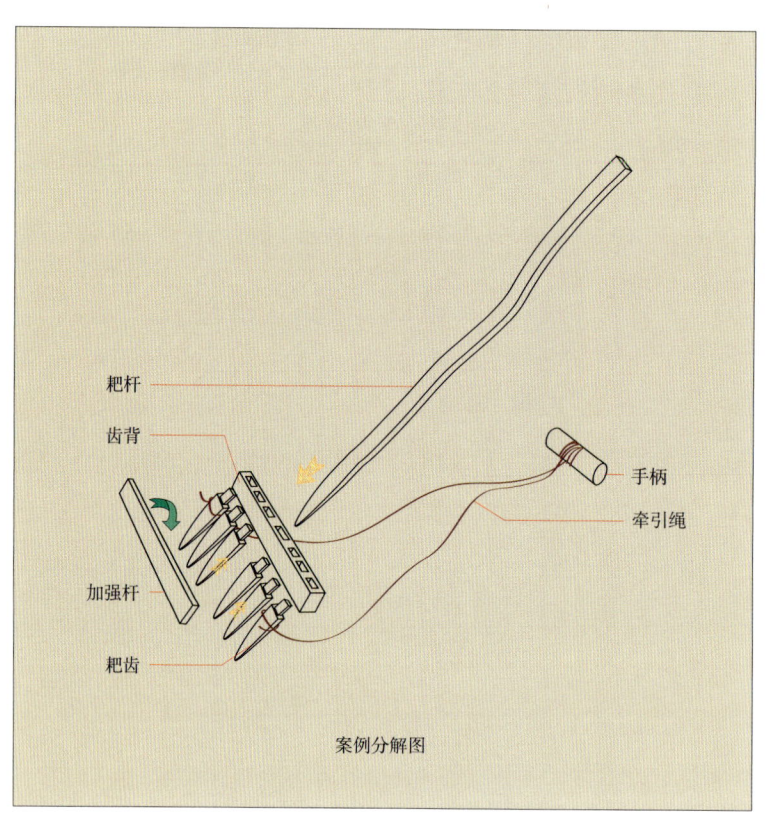

图三　广西壮族崇左手耙结构图

图四　广西壮族崇左手耙功能图

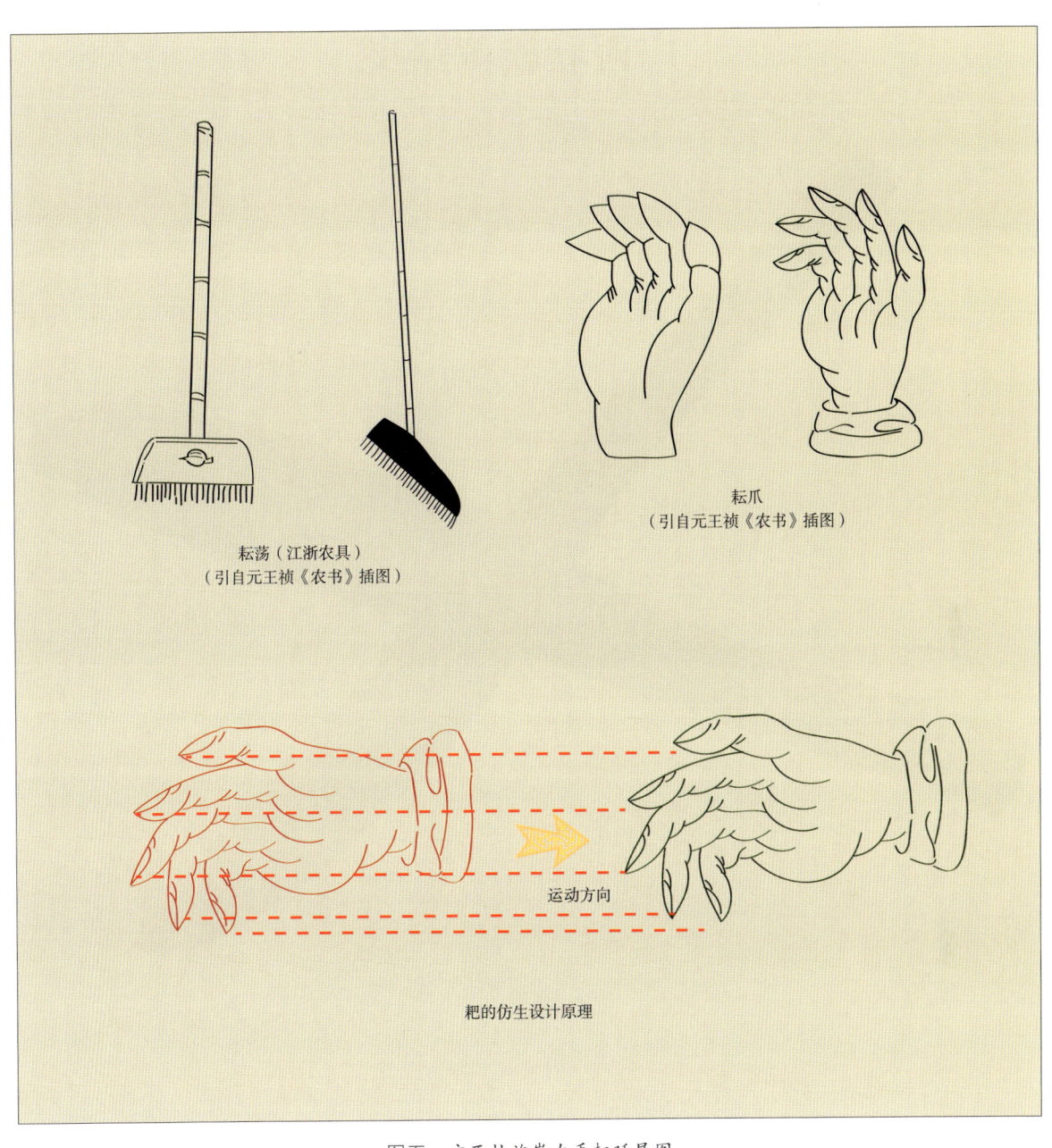

图五　广西壮族崇左手耙延展图

广西壮族黄鳝夹

图一 广西壮族黄鳝夹主图

壮族黄鳝夹是一种用来夹紧、握牢黄鳝的专用器具。本案例采自广西民族博物馆,通体用木料制成,形如"X",其结构由钳头、咬口、握柄、轴孔和转轴等组成。经测量,案例长19厘米,咬口约8厘米,钳头宽2.2厘米,握柄长度和宽度分别为1.3厘米和0.9厘米。

黄鳝,俗称鳝鱼,形体如蛇,身体前端截面近似于圆,后部偏扁,尾巴尖细,头粗尾细,加之体表有一层光滑的黏膜,无鳞,故一般经验不足的人若用手去抓黄鳝,黄鳝极易从手心里挣脱,为此壮族人发明了黄鳝夹。有了这个工具,无论是捕捉黄鳝还是捡拾黄鳝,皆会变得方便快捷。从设计学角度分析,壮族黄鳝夹的工作原理很像老虎钳,一方面,它可以凭借握柄将较小的手力转化为较大的功力;另一方面,由于案例咬口存在着锯齿形结构,内侧两排凹凸不平的尖状齿在手指向心握力的作用下,能产生让黄鳝难以挣脱的剪切力,从而达到对黏滑黄鳝身体的夹持。事实上，案例咬口设计，类似于今天仿生设计学的方法，从案例扁平的钳头形制来看，其结构近似于螃蟹的螯足，而螃蟹正是借助其可动和不可动的螯足上的齿来捕捉猎物的。

壮族黄鳝夹的主要功能是在快速拾取黄鳝的同时，又不至于将黄鳝夹死，是一种老少易学易用的工具。由于案例是用木料制成的，通体无多余成分，故不仅形体轻巧，而且形态与功能统一，是一件具有设计含量的民间造物案例。

图片来源

图一　孙林　摄影
图二至图五　许边疆　制图

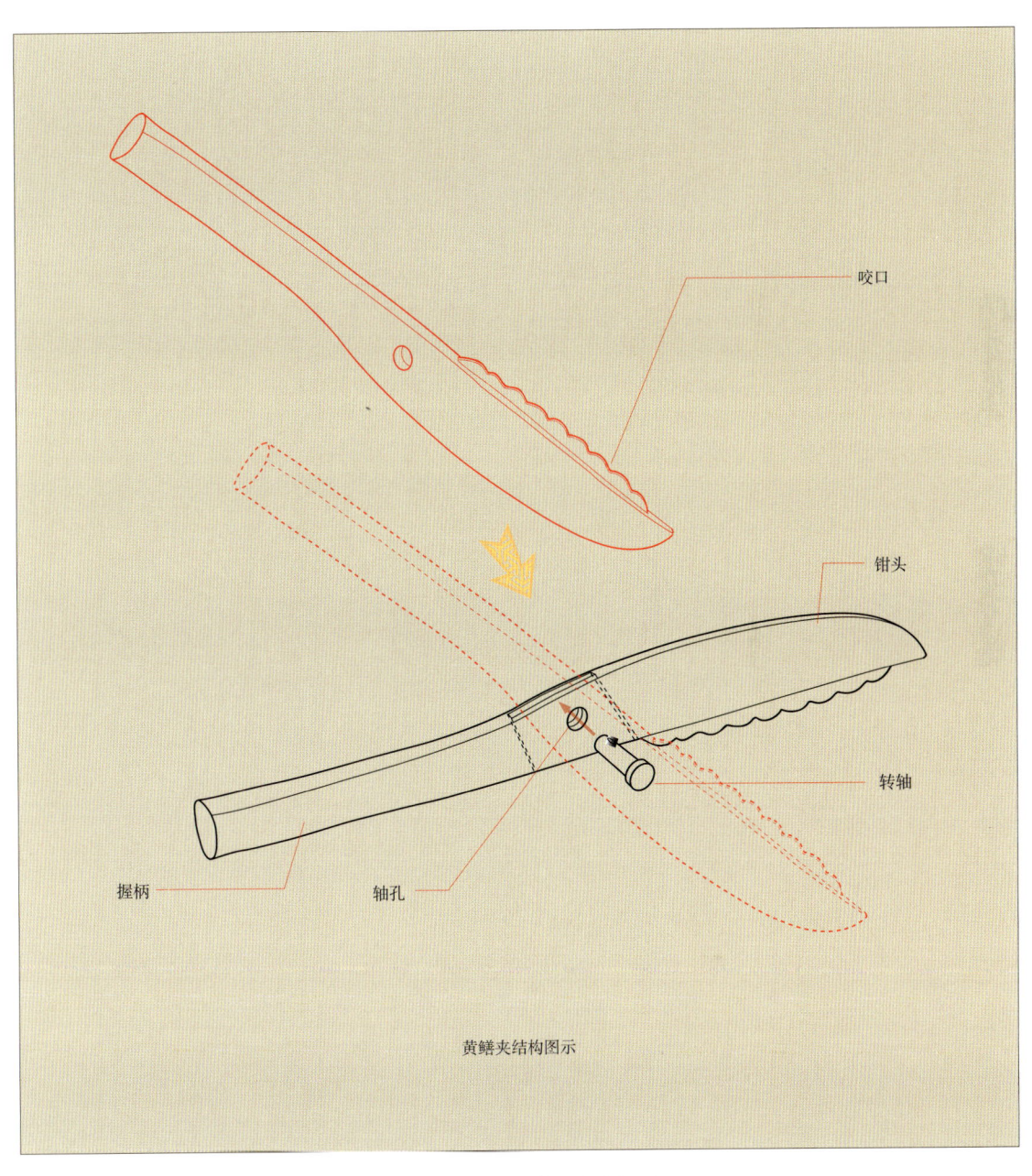

图二　广西壮族黄鳝夹结构图

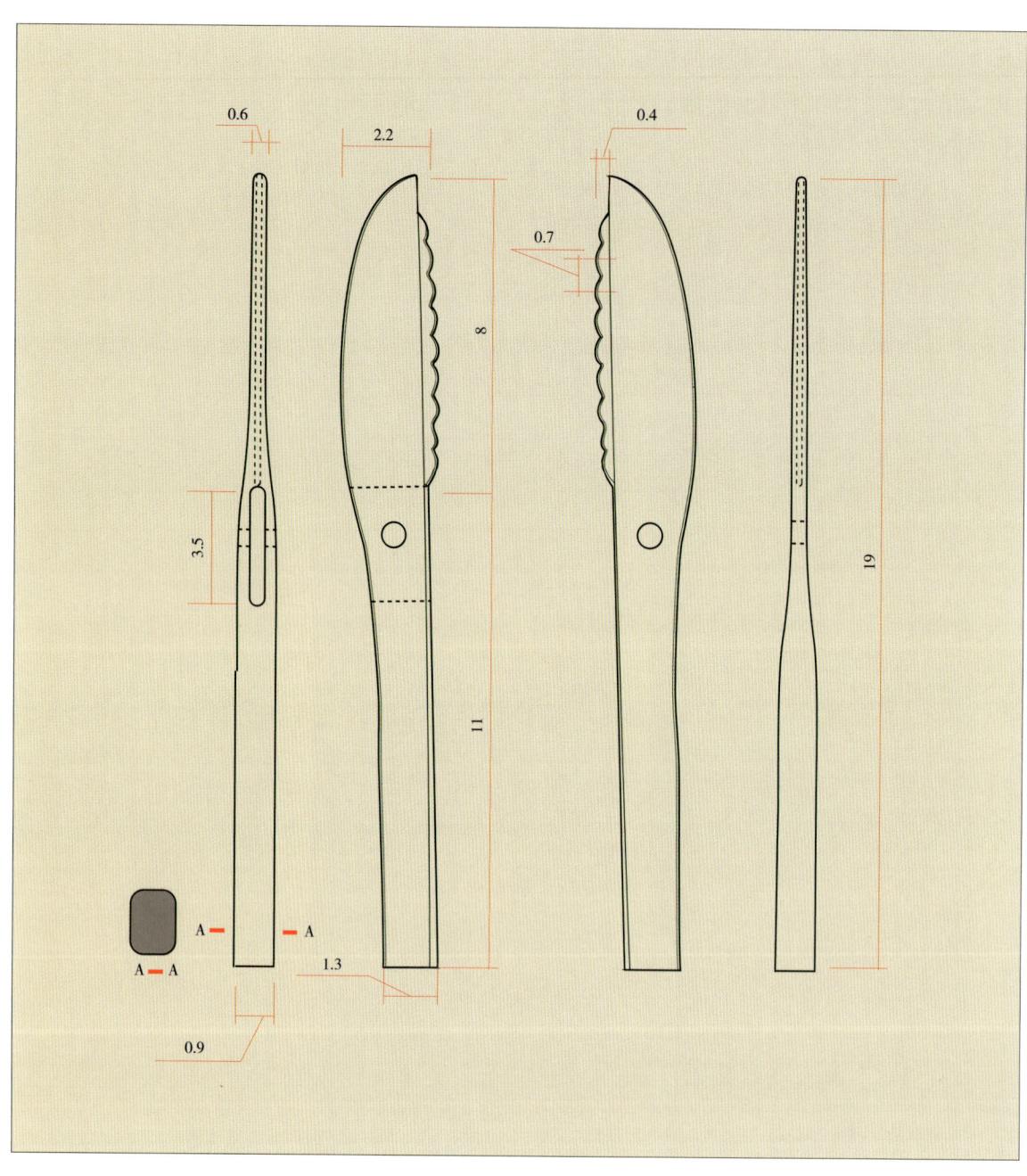

图三　广西壮族黄鳝夹尺寸图（单位：cm）

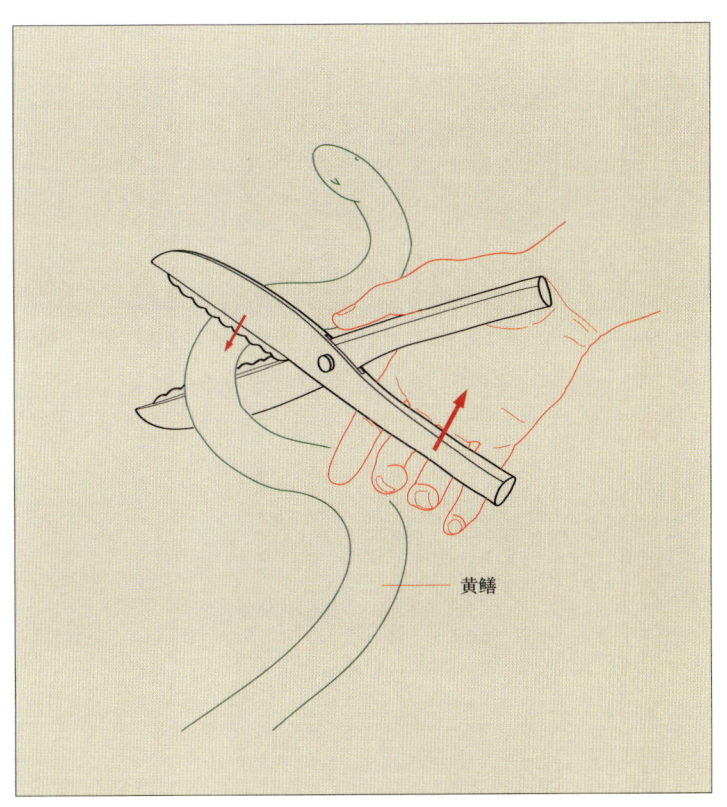

图四　广西壮族黄鳝夹功能分析图

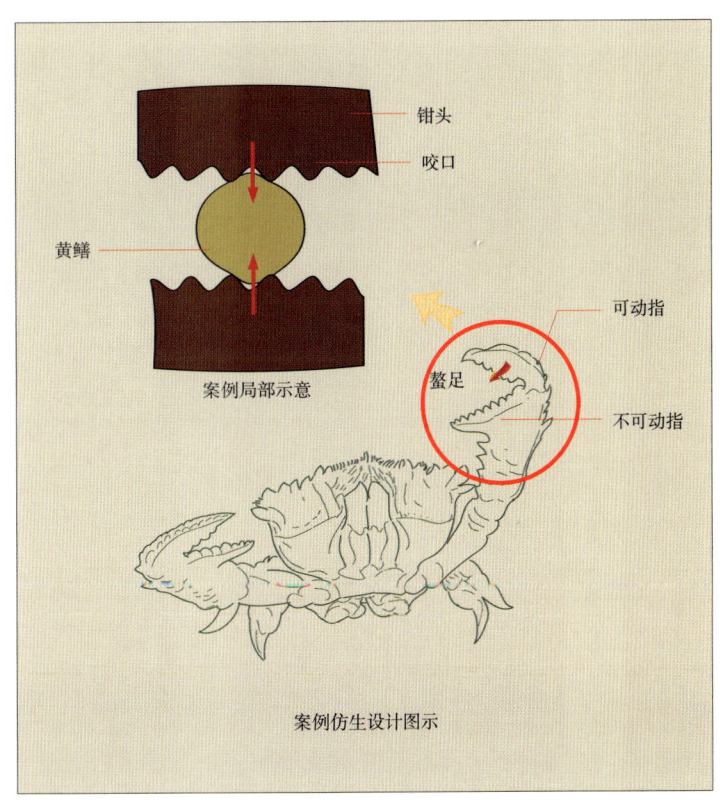

图五　广西壮族黄鳝夹设计分析图

第六章 壮族传统民俗和宗教造像

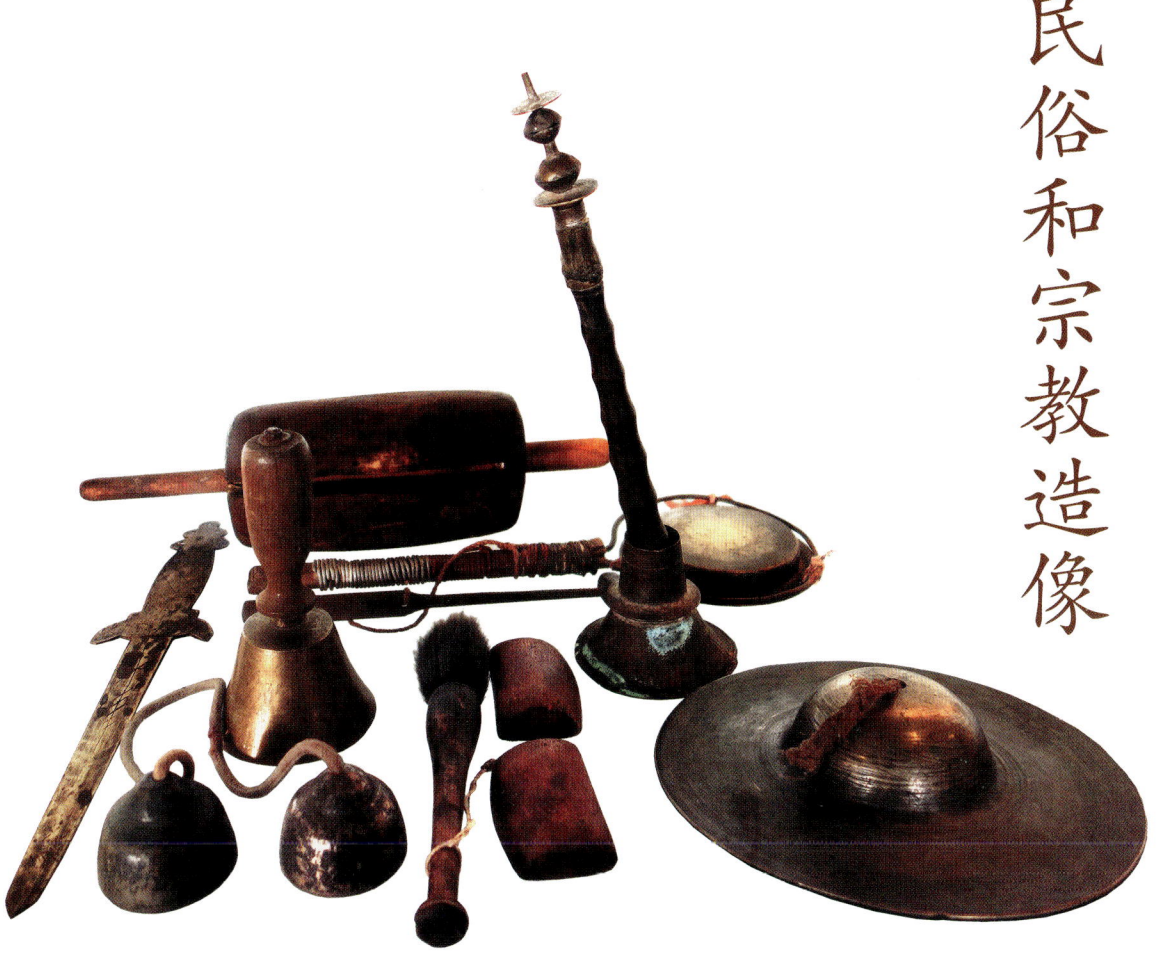

广西壮族靖西吉祥物"猴子抱南瓜"

图一 广西壮族靖西吉祥物"猴子抱南瓜"主图

"猴子抱南瓜"是桂西、桂南一带传统的民间吉祥物。本案例采自广西靖西壮族博物馆,为靖西县岳圩乡民间手工艺品。壮族"猴子抱南瓜"虽无固定大小(高一般为10厘米左右,宽约7厘米),但结构基本一致,其形态特征是一个南瓜形的布包被周边四个向中部弯曲的条状包所包围,上部中间伸出一个小包形,整体形态犹如动物怀抱着物体。据当地艺人介绍,中间的物体代表南瓜,南瓜背后则是猴子。过去,当地有一种习俗,即五月初五这一天,大家都精心制作这种"猴子抱南瓜"小物品,如果是三口之家,就必须做出六只,每人成双拥有。对孩子而言,它是一种玩具,可以提着它玩耍;对大人来说，将它们挂在厅堂墙壁上，用于辟邪迎吉。

此外，五月初五这一天，岳圩乡村民还要带着南瓜、芭蕉和熟玉米苞到山野中，将这些食物放在僻静处，等成群结队的猴子拿走食物之后，他们才高高兴兴地回家。据云，这种习俗与壮族领袖侬智高起兵反宋有关。在一次战斗中，侬智高领导的部队被宋军围困于怀汉崇山峻岭之中，粮食断绝，处境危险。正在此时，一群猴子抱着许多大南瓜沿着悬崖峭壁从天而降，解了起义军缺粮之危。为了报答猴子，后人便将五月初五这一天定为"爱猴节"。

概括来看，制作本案例的材料与工具有绸布、丝线、彩绳、棉花、彩带、剪刀和针等物品。其工艺流程是：先依据成型的要求将绸布裁剪成坯布，再用针线将坯布缝制成口袋状，然后向里塞入棉花絮，让其形体变得饱满起来待用。接着做中部的南瓜，南瓜起初是用绸布做成圆形口袋，口袋边缘用线

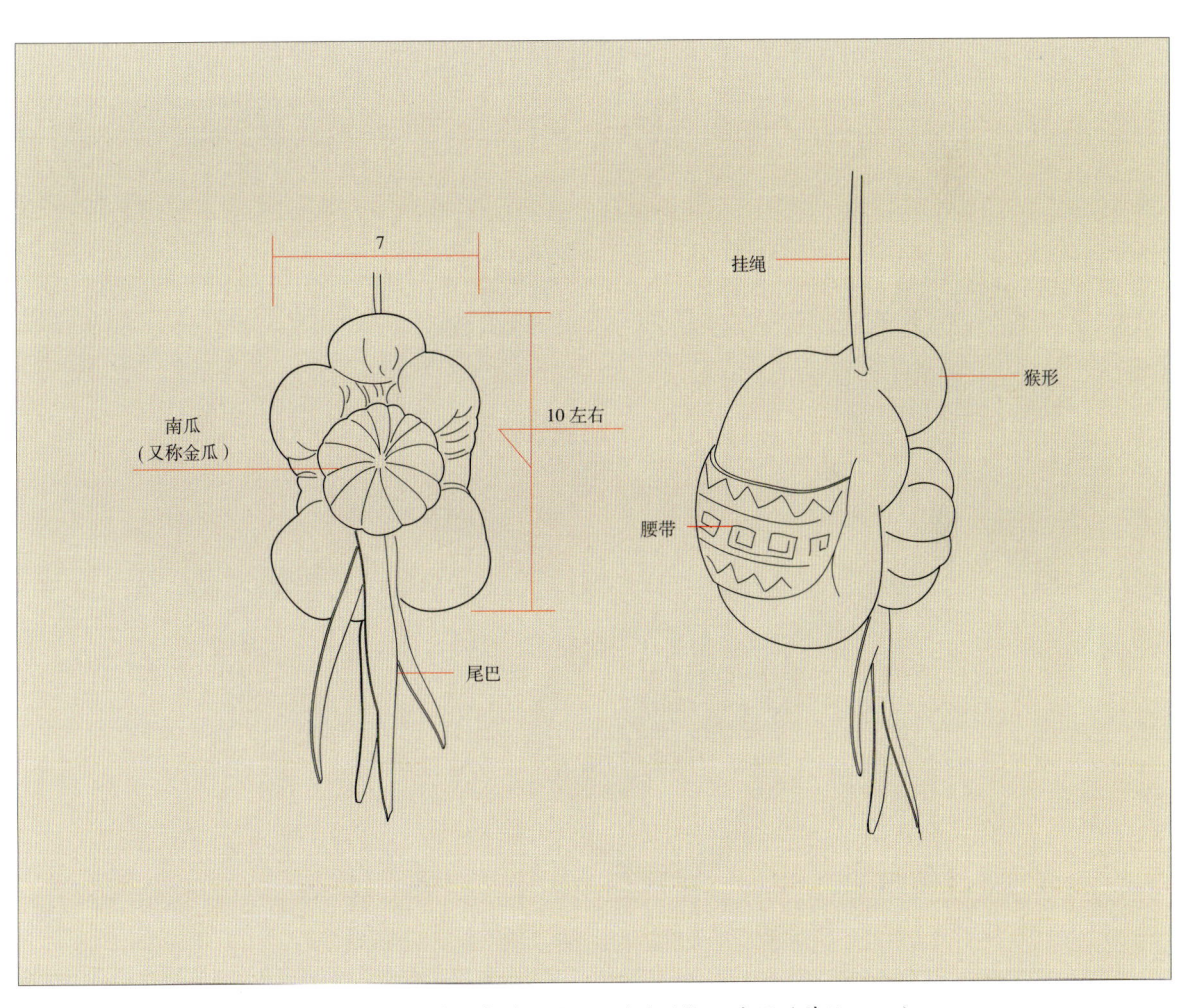

图二　广西壮族靖西吉祥物"猴子抱南瓜"尺寸图（单位：cm）

串联，待口袋内部填满棉絮之后再向中间拉两端线头，使之收口，就会自然形成一个"圆鼓"的形态。为了让它更像南瓜，艺人再用棉线从"圆鼓"收口处向另一面中心攒上若干放射状的线，以此来彰显南瓜特征，同时借助这些线将"南瓜"与"腰带"连为一体。腰带是套在"猴子"身体上的，四个条状布袋向中部南瓜的地方弯曲，从而构成了"猴子抱物"的意象。

如今，壮族人的"猴子抱南瓜"又衍生出许多变体，例如将中部南瓜夸大，让猴子变小、变多，并且环绕着南瓜排列，也有将猴子替换成孩童的……在壮族人眼里，吉祥物外形可以变，但有些内在的东西不会变，这些内在的东西是：猴子等同于智慧；猴子尾巴代表长寿；南瓜寓意财富；花腰带则象征人的才气和社会地位。

图片来源
图一、图三　许边疆　摄影
图二、图四、图五、图六　许边疆　制图

图三　广西壮族靖西吉祥物"猴子抱南瓜"工具材料图

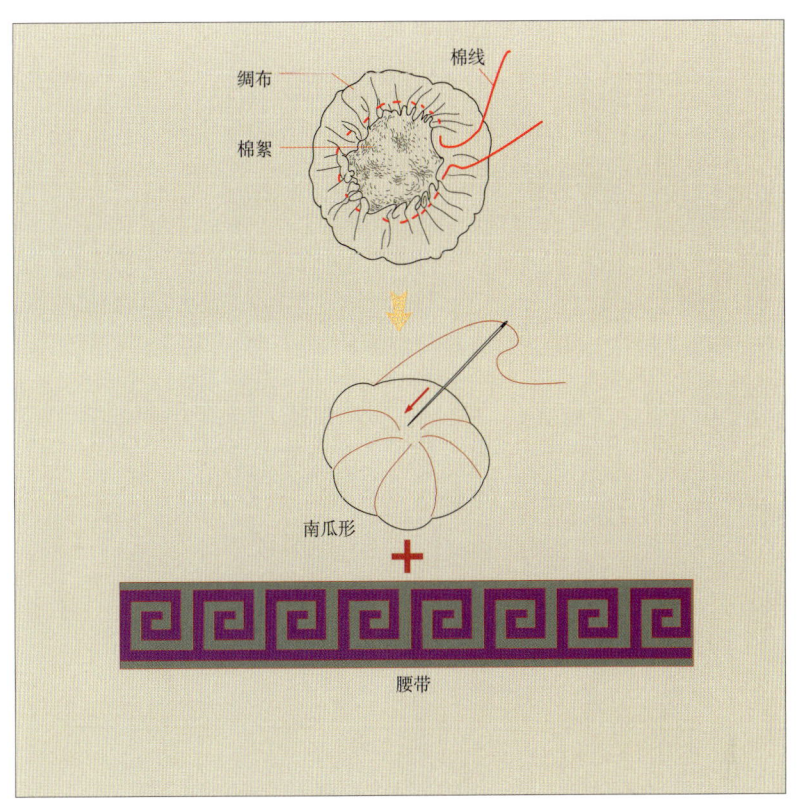

图四 广西壮族靖西吉祥物"猴子抱南瓜"工艺分析图

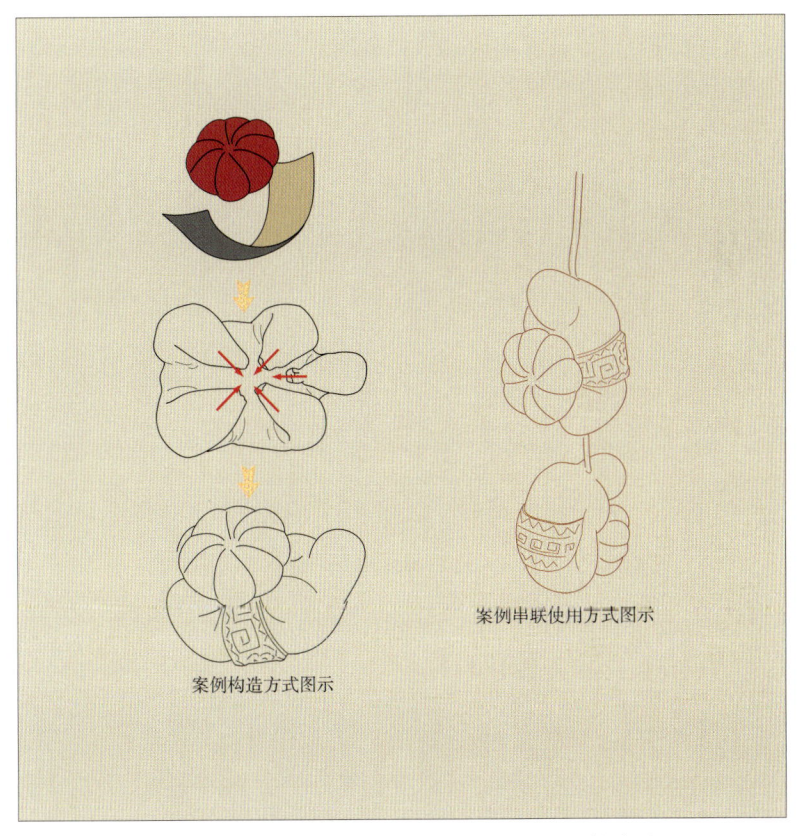

图五 广西壮族靖西吉祥物"猴子抱南瓜"构造图

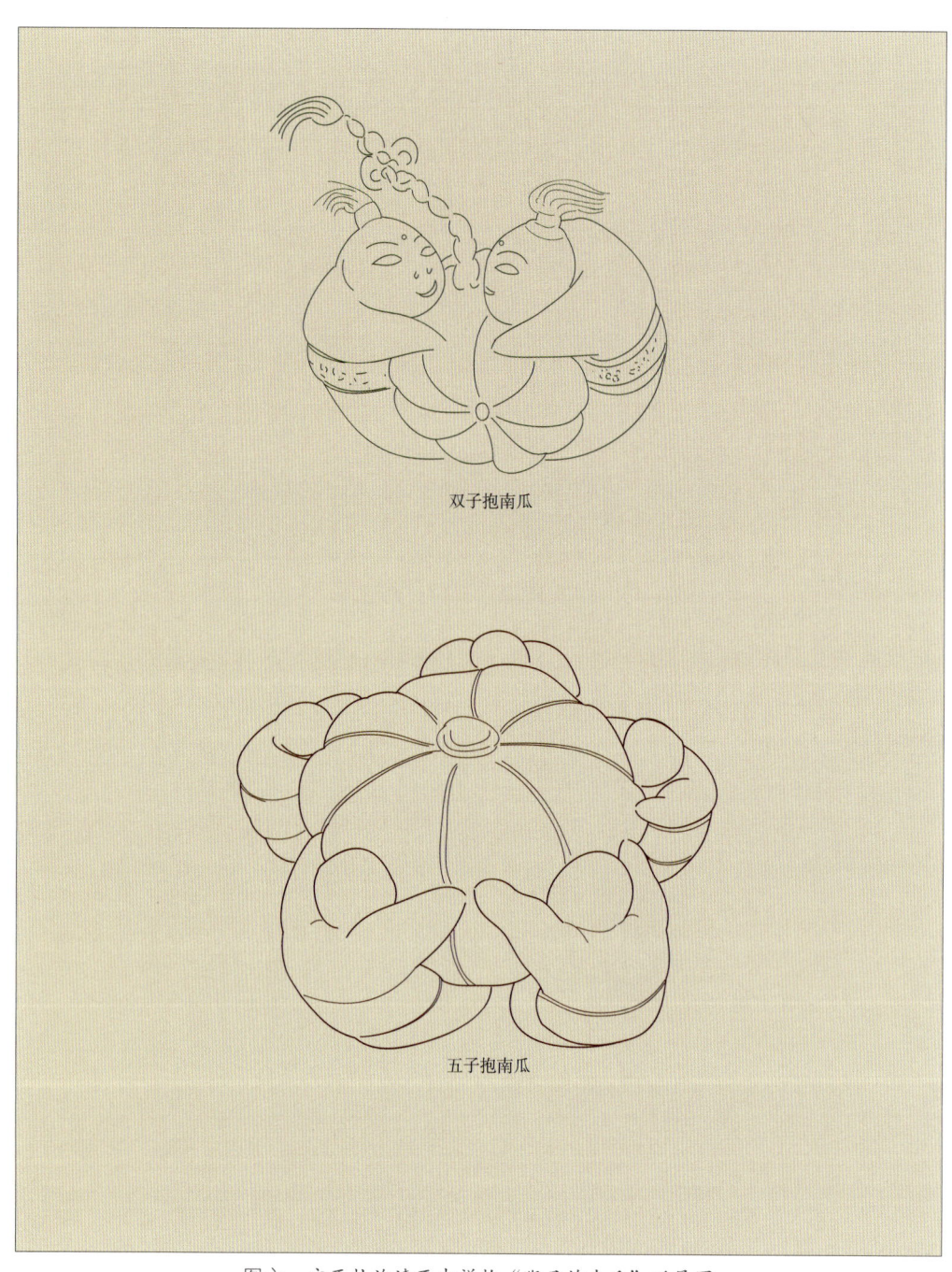

图六　广西壮族靖西吉祥物"猴子抱南瓜"延展图

广西壮族陀螺

图一 广西壮族陀螺主图

陀螺,即"形状略像海螺,多用木头制成,下面有铁尖,玩时用绳子缠绕,用力抽绳,使直立旋转"(中国社会科学院语言研究所词典编辑室编:《现代汉语词典》,北京:商务印书馆1996年版,第1288页)。陀螺是中国历史上很早就有的玩具,比如江苏常州曾出土新石器时代马家窑文化木陀螺;再比如台湾故宫博物院藏有宋代苏汉臣画的

《婴戏图》，上面有两个孩童打陀螺的场景。从社会后期看，陀螺是许多民族都有的玩具，陀螺形制也很丰富，本案例即为壮族陀螺，现藏于广西靖西壮族博物馆。案例高12厘米，最大直径9厘米，足高3.8厘米，足径3.2厘米，用金刚木制作而成。

从形制上看，案例上部如洋葱头，下部呈锥体圆柱形。游戏时，先用绳子缠绕案例上部，然后前抛后扯，使案例在地上旋转，若陀螺转速变缓，再用鞭子抽打。从工作原理上分析，陀螺旋转时不仅围绕着自身轴旋转，同时还围绕着一个垂向轴做锥形运动。也就是说，前者是自转，后者是"进动"，由于重力对陀螺的力矩不为零，陀螺的进动角动量可以起到平衡重力矩的作用，因而陀螺在旋转时不会倒向地面。本案例上部形制为圆球形，这样可减少风阻；下部为锥形圆柱体，上下轴心一致可让案例旋转时摆角变小，而摆角越小，陀螺稳定性就越好。此外，足端无"铁尖"也是本案例特点之一。事实上，

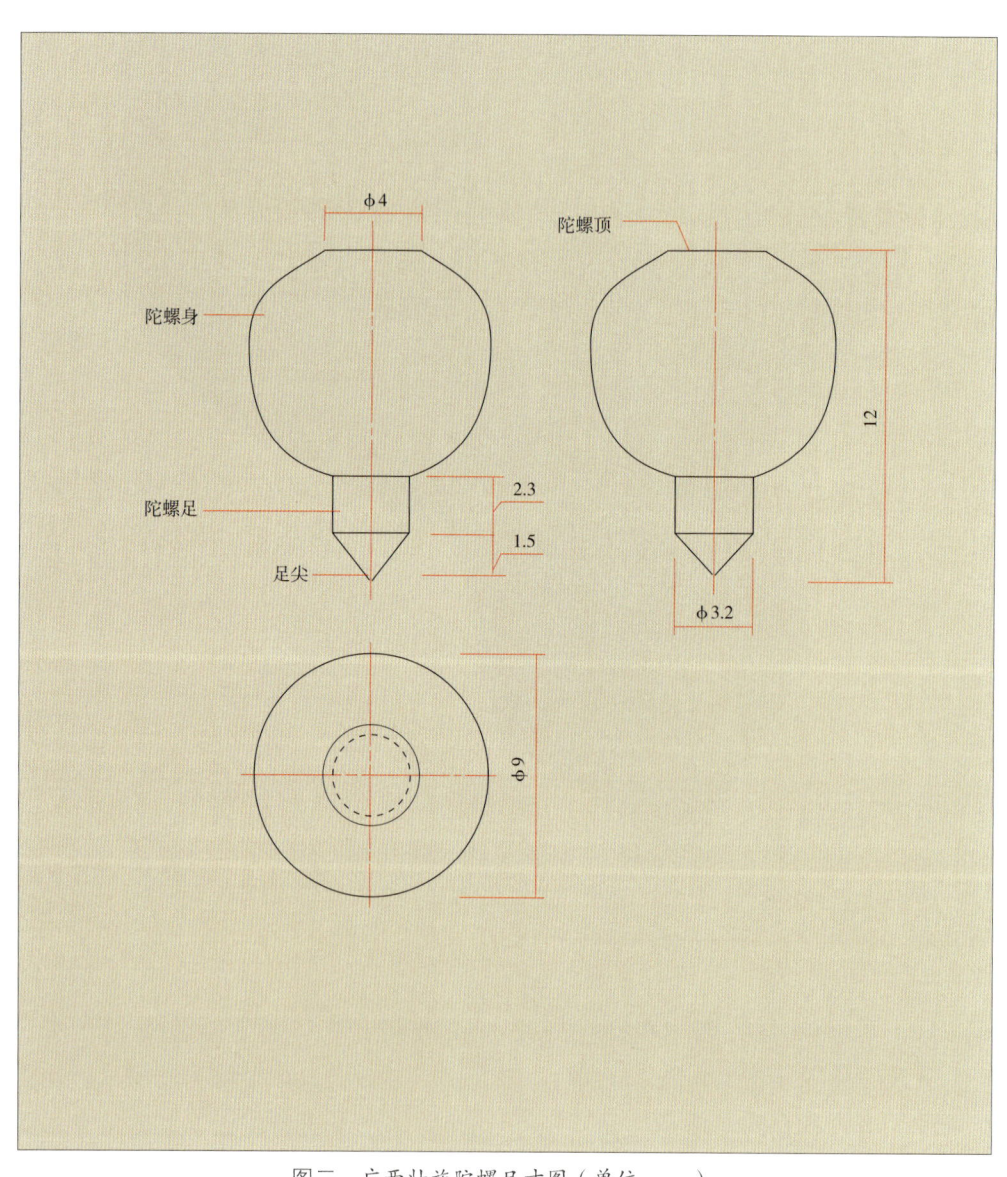

图二　广西壮族陀螺尺寸图（单位：cm）

就长脚陀螺（本案例）而言，如果是在粗糙的平面上旋转，足端无铁尖能避免太多的跳动，反而利于陀螺平稳地运转，这也是壮族陀螺比赛为什么常用塑胶垫的原因。当然，风阻、陀螺重心及外部动能皆对陀螺转速有影响，转速越大，陀螺旋转时间就越长。

壮族陀螺除用于个人娱乐外，也有陀螺比赛的传统，且比赛方式多样。例如，从守方旋放陀螺开始，攻方将自己的陀螺抛出，击打守方陀螺，以将守方陀螺击出比赛场区或者是比守方陀螺在比赛场内旋转的时间长为赢（得分）。壮族陀螺比赛可分为单打、双打和集体打。

从全国各地看，陀螺不仅形制多样，而且大小有别，小的仅2厘米，大的可达50千克重，制作材料也不限于传统木材。如今，传统打陀螺已成为民间健身娱乐活动项目之一。

图片来源

图一　许边疆　摄影

图二至图五　许边疆　制图

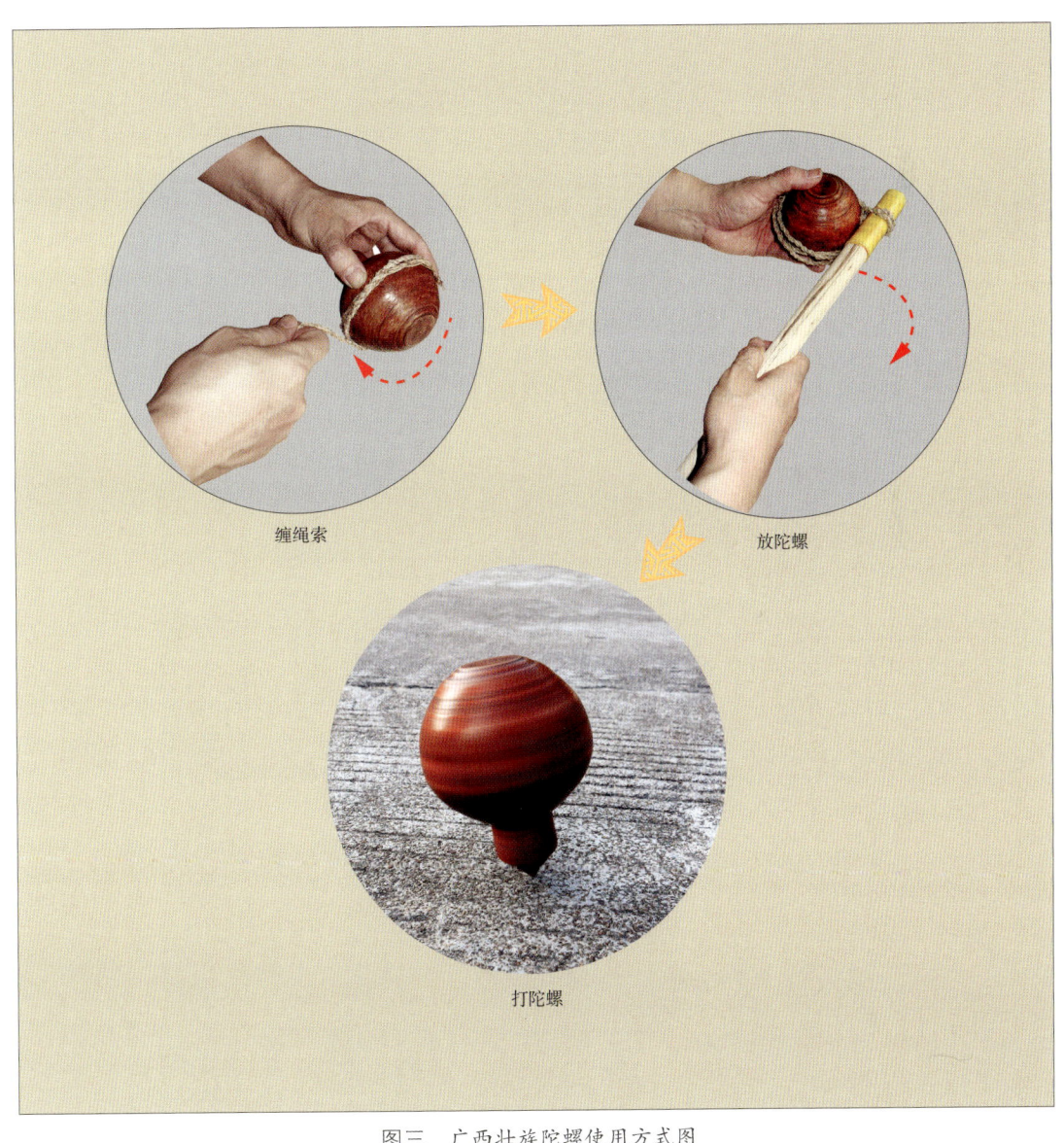

图三　广西壮族陀螺使用方式图

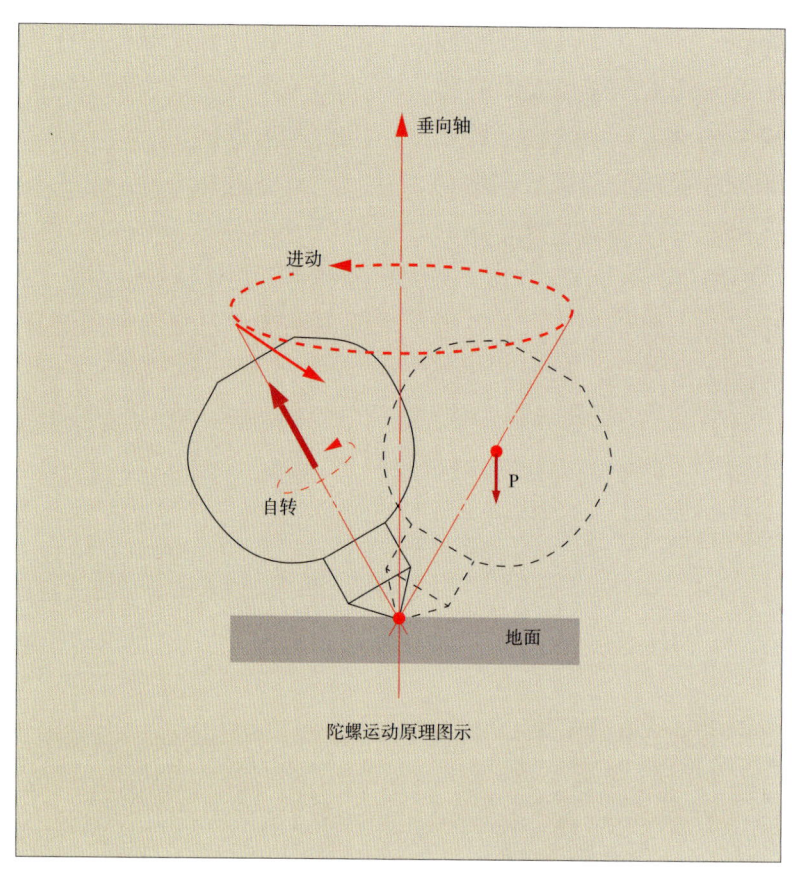

图四 广西壮族陀螺工作原理分析图

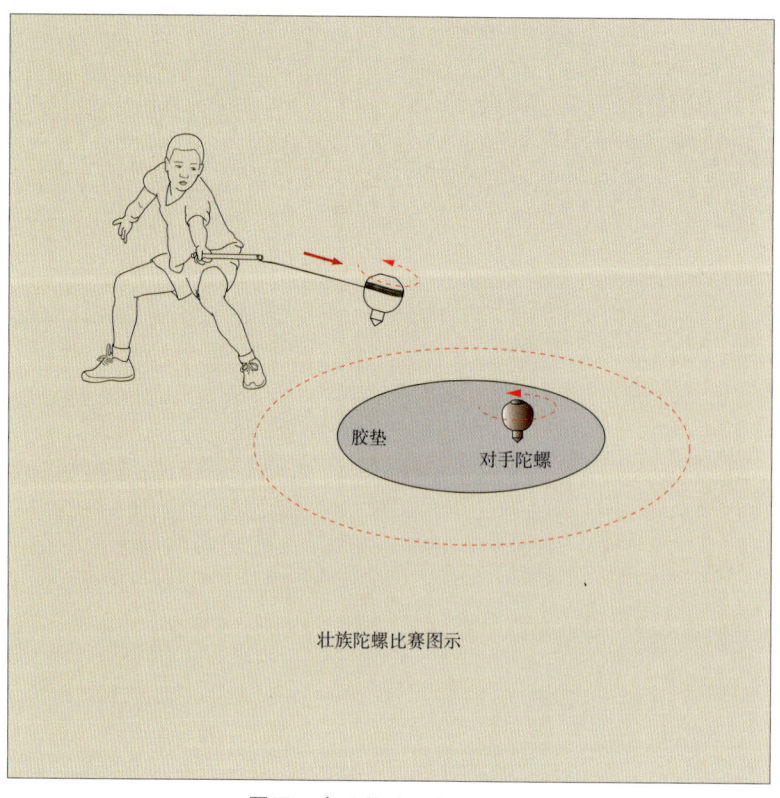

图五 广西壮族陀螺功能图

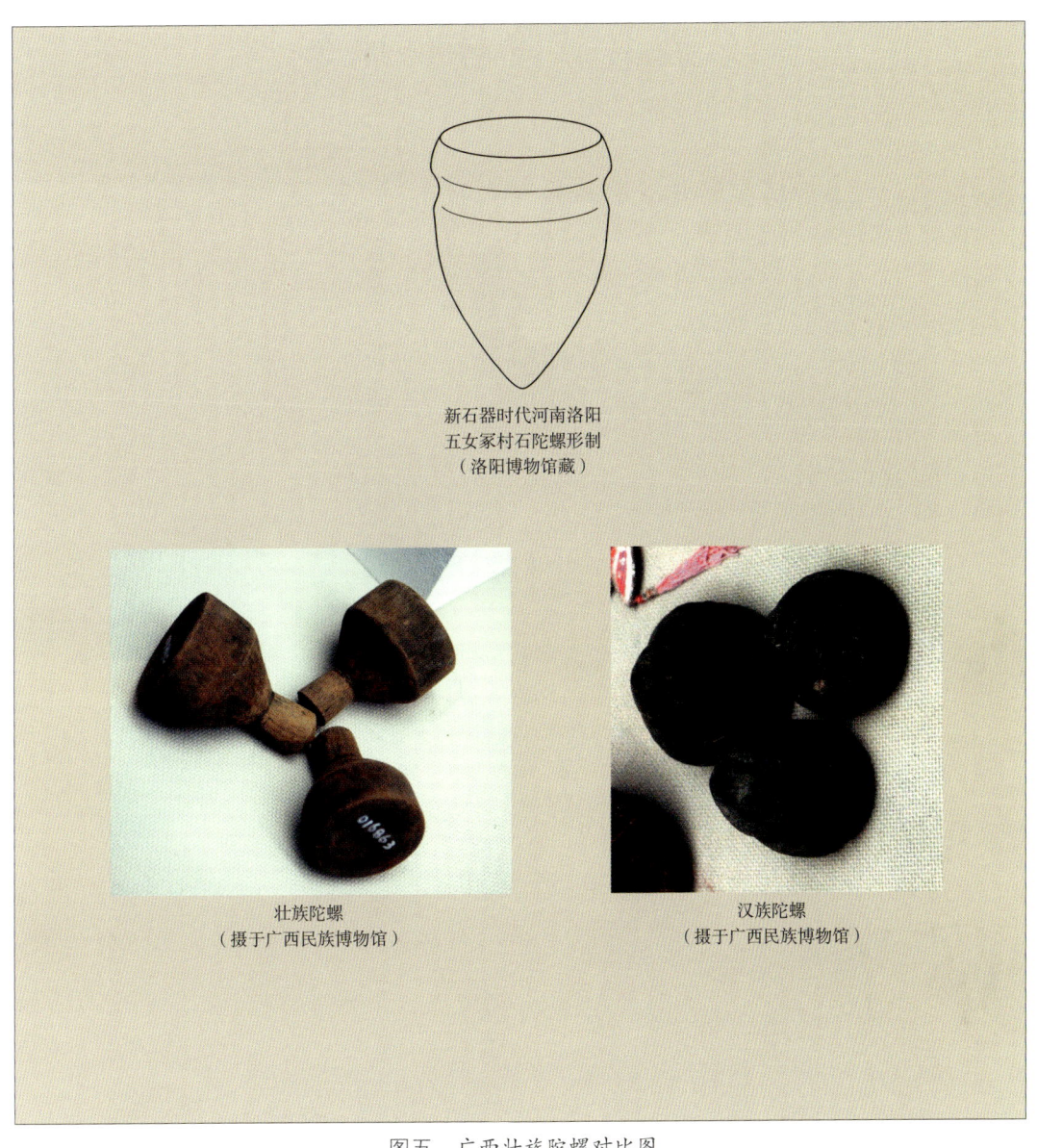

图五　广西壮族陀螺对比图

广西壮族隆林踩风车

图一　广西壮族隆林踩风车主图

踩风车是壮族民间一种传统娱乐形式，壮语又俗称"雄耍乐"。通常，它是用木杆制成两个长方形的框架，框架中间再用一根较粗圆木以"十"字形交叉方式固定，交叉处的一端需设计出卡槽，然后将连接框架的圆木架在具有一定高度的支架上就可以玩了。本案例采自广西隆林县，隆林县是壮乡踩风车最为流行的地区之一。

概括来看，踩风车由上旋架、下旋架、横轴、支架、扣环与坐板组成。其中，上旋架与下旋架是木杆框架的两个端头，壮族人将两根长约7米的圆木杆分别穿过一根粗的圆木（横轴上），再凭借两根短木杆的连接形成一个长方形旋框。为了将这个旋框与横轴连接得更加牢固，壮族人制作旋框的方法是：将长木杆一端削去一部分，然后再把两根雷同的木杆以粗细相反的方向穿过横轴，这样就制成了不易移位的旋框。壮族踩风车的旋框共计有两组，它们彼此以90°的夹角同横轴连成一体，横轴搭在支架上，支架顶端通常距地面4至5米高。娱乐时或为两人，或为四人，以乘坐的方式进行。若是两人游戏，两人相对而坐；如果是四人一组的比赛，则分别坐在旋框的端头之上。比赛时，风车随轴转动，参赛者转到临近地面的时候，就用力使劲地蹬一下地面，目的是让风车不停地旋转。在一定的时间内，哪一组转圈数最多哪一组为胜。

据2013年2月26日广西隆林网关于庆祝自治县六十周年民间文体活动的报道得知，隆林壮族踩风车"始于1821年清道光末年，咸丰年间最为兴盛"。这样算来，当地踩风车的历史已接近200年。当地人说，这种娱乐活动最初是作为一种求神拜祖的祭祀仪式出现的，后来便演变为一种带有吉祥和娱乐成分的民间体育活动。在隆林，这种赛事活动一般是在每年的春节或三月三举办，它已成为隆林县宝贵文化遗产的一部分。

图片来源
图一　广西民族博物馆提供
图二至图五　许边疆　制图

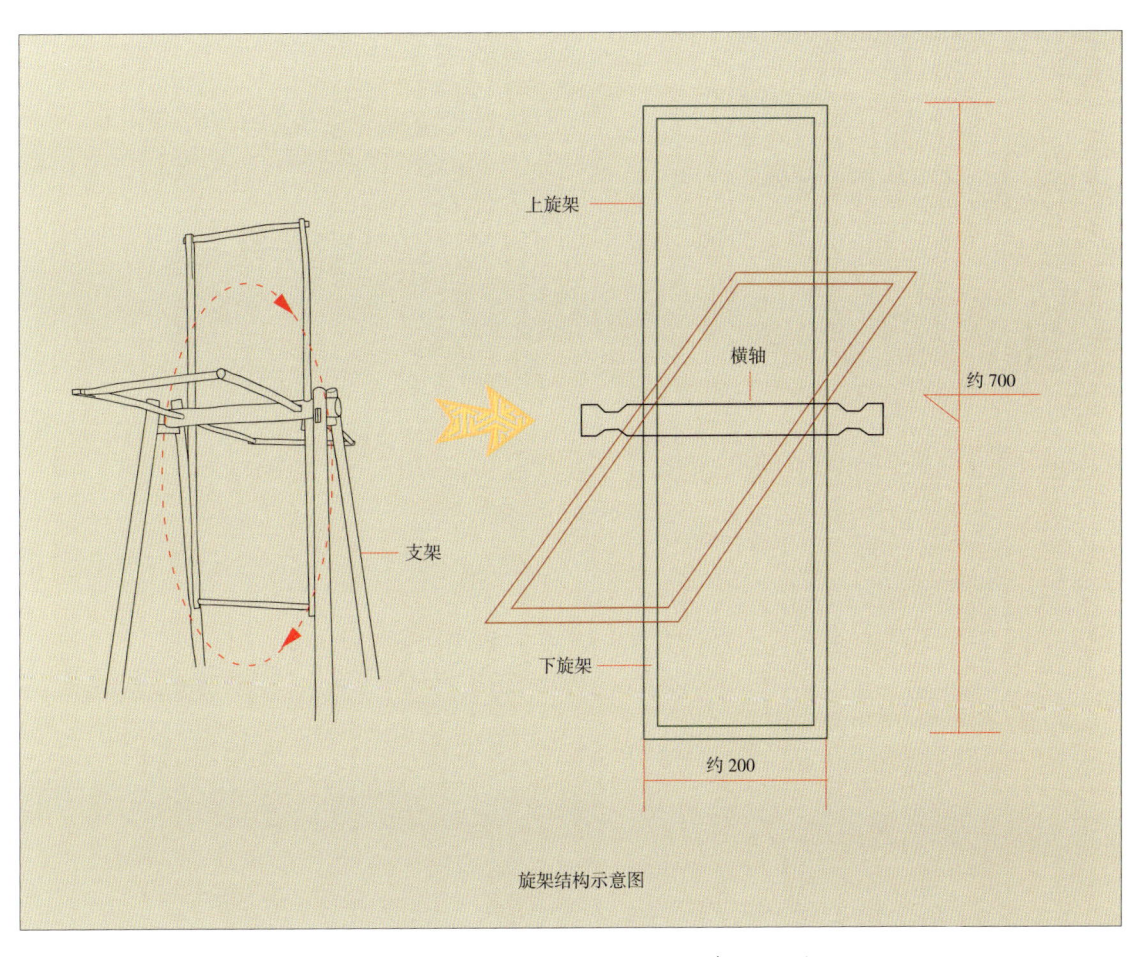

图二　广西壮族隆林踩风车结构图1（单位：cm）

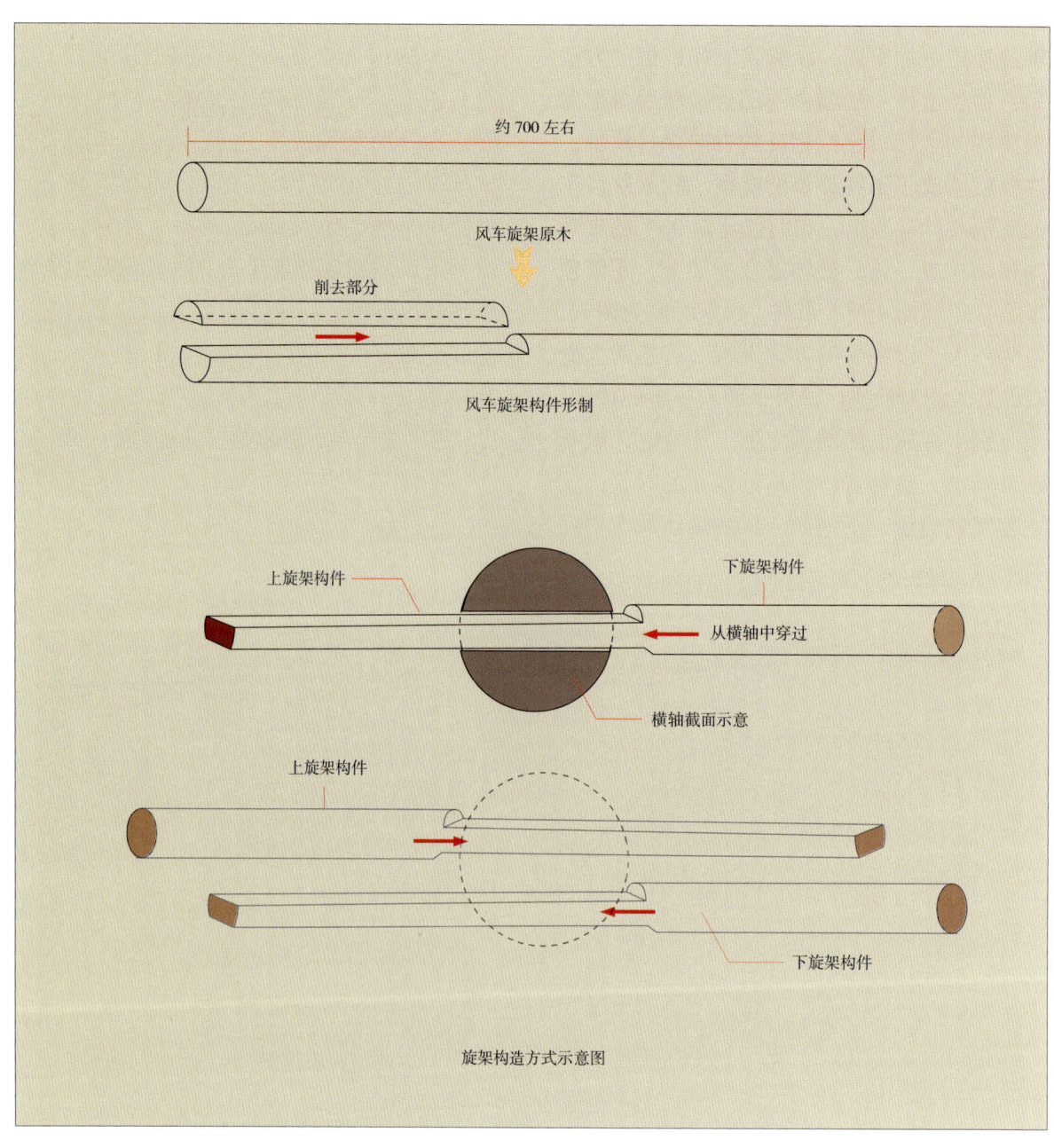

图三　广西壮族隆林踩风车解析图

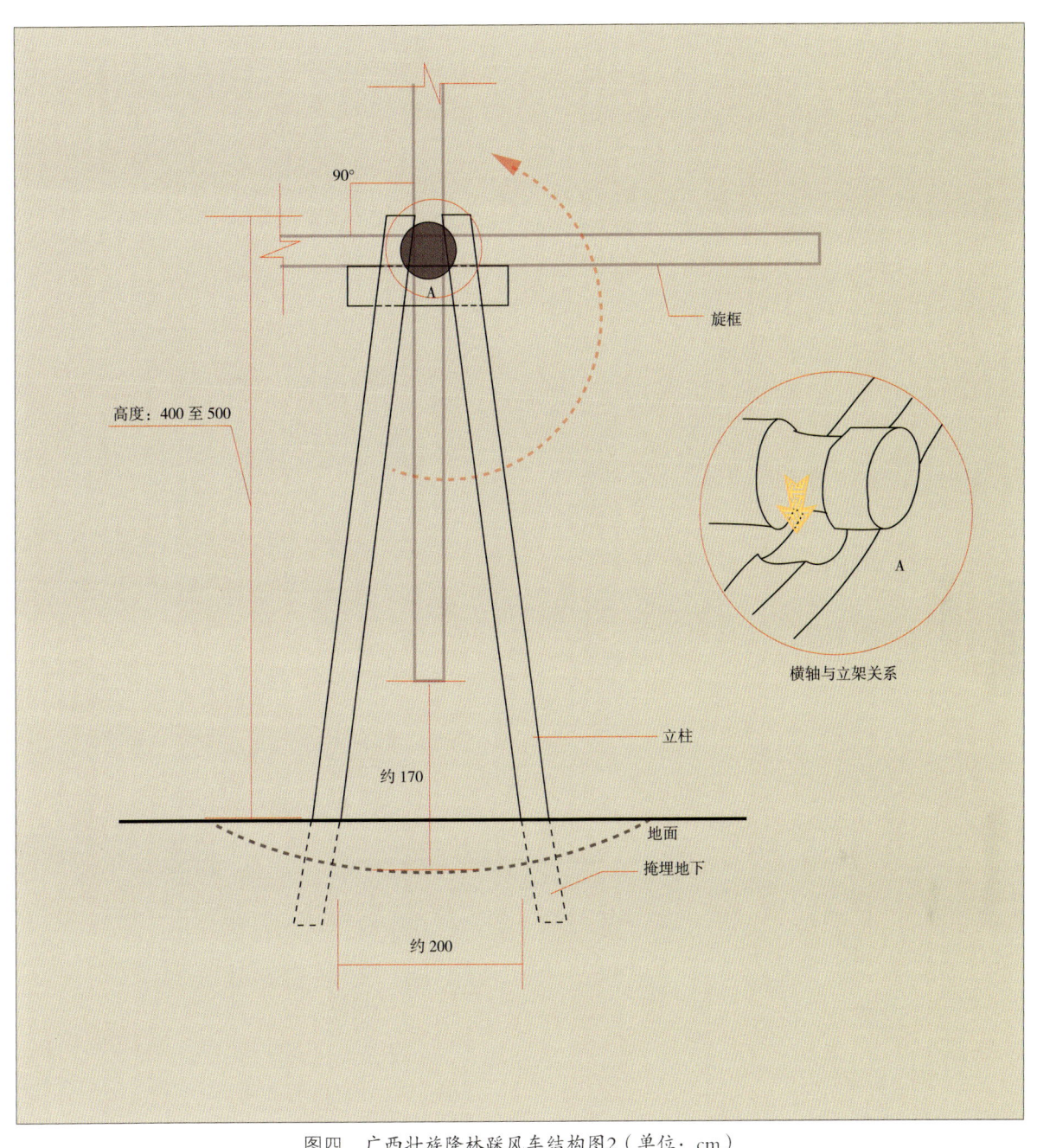

图四　广西壮族隆林踩风车结构图2（单位：cm）

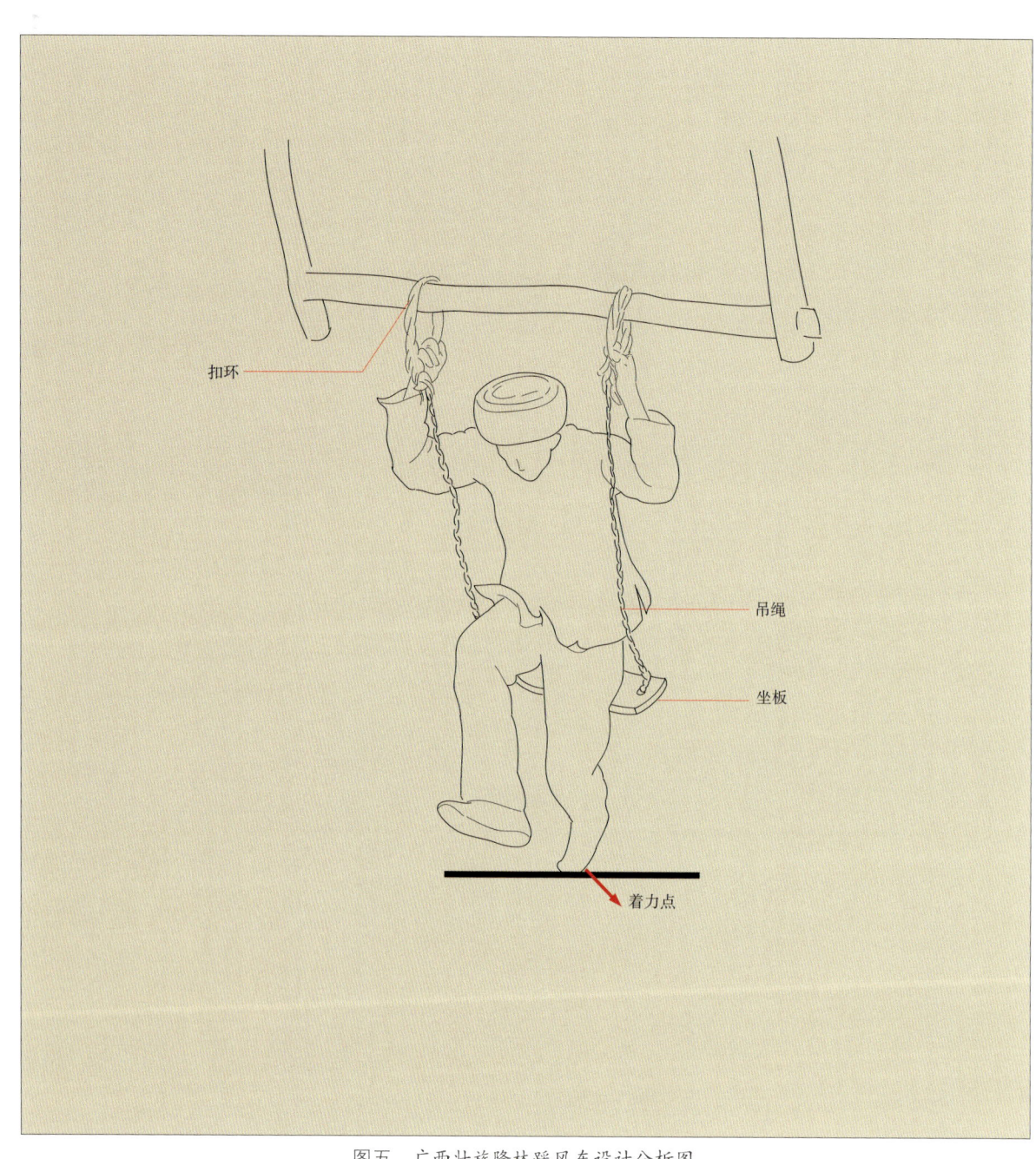

图五　广西壮族隆林踩风车设计分析图

广西壮族崇左木板鞋

图一　广西壮族崇左木板鞋主图

木板鞋是壮族一种特殊的鞋子,具体来说,它不是生活服饰,而是专用于军事训练、体育比赛或舞蹈表演的鞋子。本案例采自广西崇左壮族博物馆,全长100厘米,宽9厘米,厚3厘米,鞋板上有三个鞋襻,鞋襻与鞋襻间距离约30厘米,属于三人穿木板鞋。

关于壮族板鞋的来源,民间有这样的传说:明代嘉靖年间,壮族瓦氏夫人曾率广西俍兵赴浙江抗击倭寇,为了提高俍兵战斗力,瓦氏夫人想到了用三人缚腿赛跑的办法来严明军纪,结果训练十分有效,使得原本松散的俍兵变得齐心协力,然而由于缚腿太麻烦,后来人们受到壮乡木屐的启发,便发明了多人穿的板鞋。从设计学角度分析,三人同时穿的鞋子无论是跑还是走,都必须协调一致,一旦某人出现差错,就会导致集体混乱。本案例形制简洁,结构由鞋板和鞋襻构成,其中鞋板表面饰漆,鞋襻则用铁钉固定在板鞋边缘之上。由于鞋襻起到固定人脚的作用,故鞋襻间距由三人站立的方式决定。

从实际情况看,板鞋的运动过程既有跨步又有后蹲,尤其是需要下肢力和腰腹部力,因而是一种负荷量大的运动,加之其技巧性和趣味性,板鞋如今已成为民间一项强身健体的运动项目,受到人们的广泛喜爱。此外,鉴于板鞋运动的趣味性及节奏感,壮族人又从中衍生出一种极富民族特色的舞蹈——"板鞋舞"。起初,板鞋舞是以民间自娱自乐形式存在,后经艺术家的提炼,演变成了一种规范化舞蹈形式,甚至还走向了大型舞台,例如北京亚运会期间壮族板鞋舞就上演了十四场。总之,壮族板鞋舞的艺术特点是:动感强烈,节奏鲜明,加上演出者富有民族个性的服饰,舞蹈能给人以强烈的视觉美和听觉震撼。

如今,壮族板鞋已不再局限于"三人穿",其形制或双人或三人以上,甚至在一些特殊场合还出现了近三十人同穿的板鞋,这表明壮族板鞋具有多元化的文化潜质或延伸力。

图片来源

图一　许边疆　摄影

图二至图七　许边疆　制图

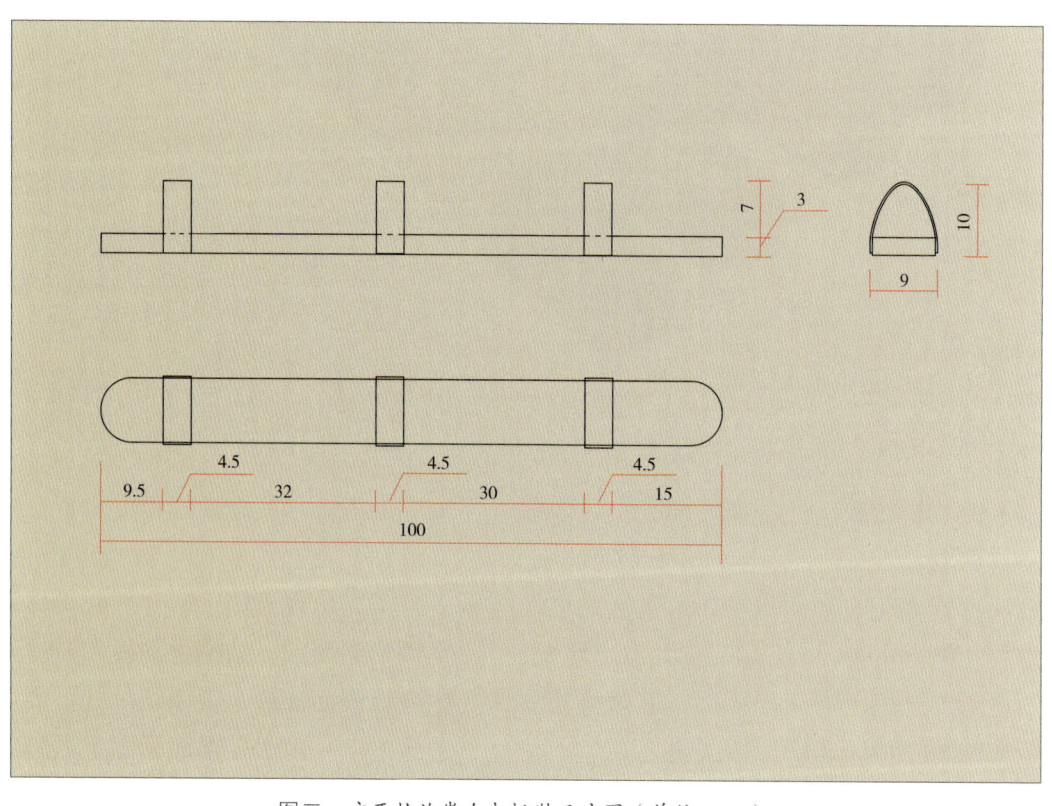

图二　广西壮族崇左木板鞋尺寸图(单位:cm)

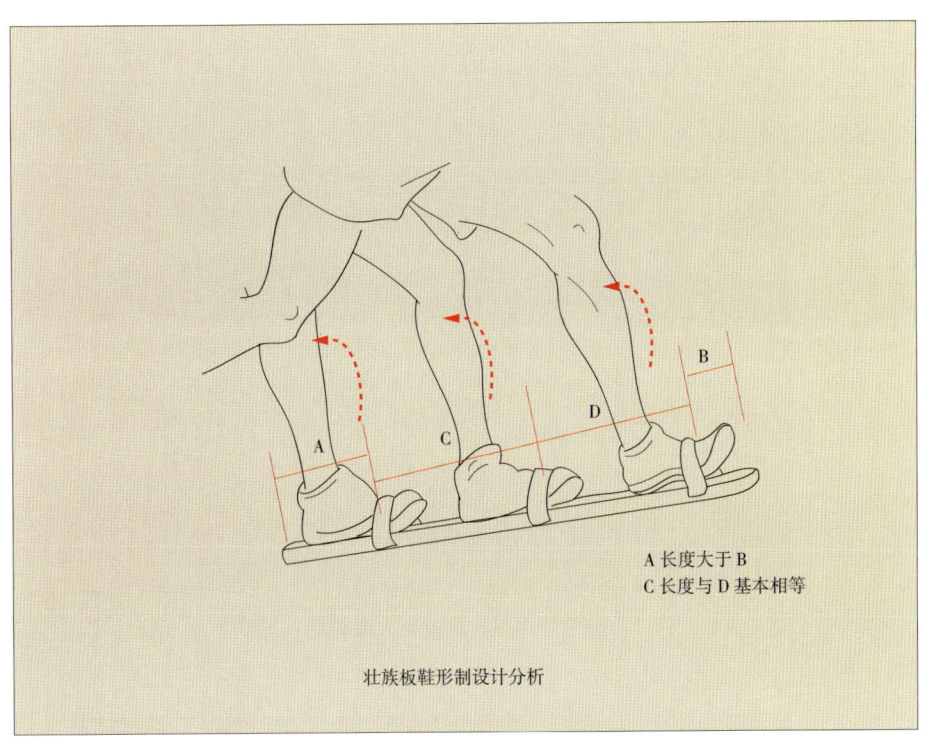

图三　广西壮族崇左木板鞋设计分析图

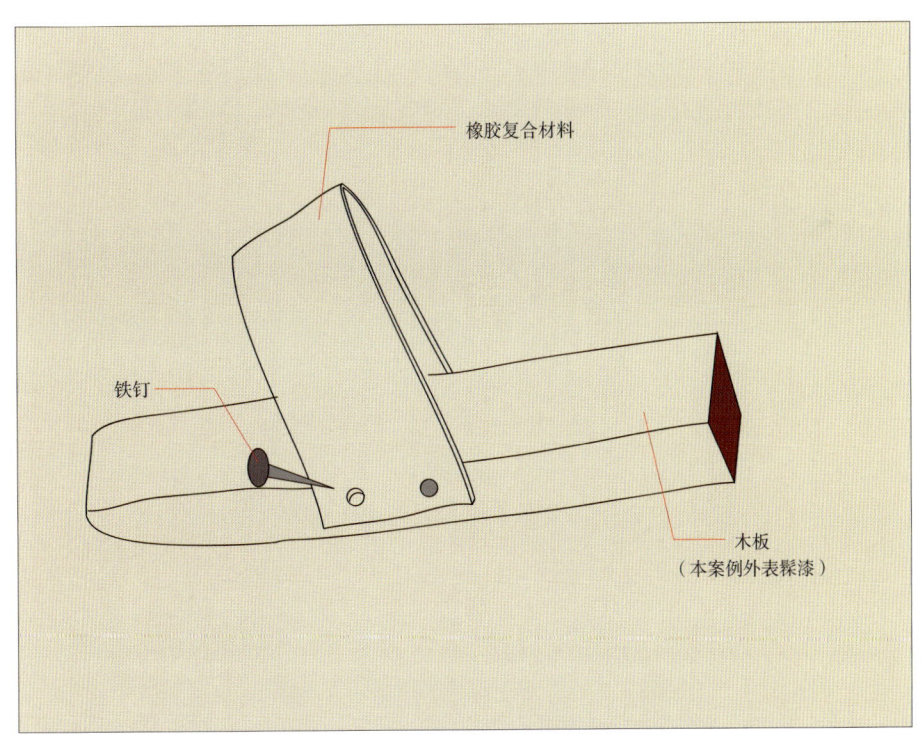

图四　广西壮族崇左木板鞋局部结构图

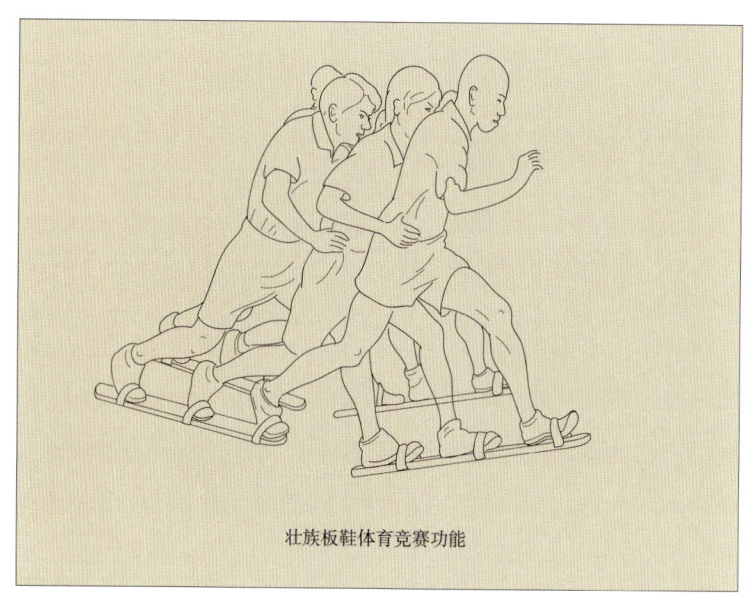

图五　广西壮族崇左木板鞋功能图1

图六　广西壮族崇左木板鞋功能图2

案例形制的拓展

图七　广西壮族崇左木板鞋延展图

广西壮族马山会鼓

图一　广西壮族马山会鼓主图

会鼓是壮族民间传统娱乐器具，主要流行于广西马山一带。由于这种鼓的表演现场不少于五面鼓，有群人会演的意思，故名"会鼓"。本案例采自广西民族博物馆，为马山工匠所造，其结构由牛皮鼓面、鼓桶、绷皮竹篾及木棒组成。经现场测量，案例高102

厘米，鼓面直径 56 厘米，鼓底直径 35 厘米，形状呈腰鼓形，表面髹漆装饰。

从结构上看，壮族会鼓鼓桶通常是用一段整木雕凿而成，这是壮族会鼓与其他民族制鼓工艺相异之处。据马山县白山镇艺人韦建廷介绍，会鼓鼓桶要选择那些生长时间长、木质较为坚硬的树木来制作，如樟树、榕树、枫木等，且原木要有足够大的直径。此外，会鼓鼓面牛皮也有不同的选择，水牛皮制成的鼓面发音较沉，黄牛皮发音相对洪亮。关于牛皮安装方式，壮族传统会鼓是用若干小木棒和竹篾穿过事先在牛皮上打的贯通孔，然后再用若干木棒对竹篾进行翻绞，从而拉紧上下牛皮而实现的。

据考察得知，由于大直径原木变得稀少，现在马山有些村民开始尝试用拼板的方式制作会鼓，竹篾也不再使用，而是改为钢筋拉锁，并在鼓肚子里放置弹簧。改装后的会鼓要比传统会鼓声音洪亮，但少了原生态的鼓味。另外，有些会鼓不仅具有演奏功能，而且还兼具观赏价值，人们用深（或浅）浮雕的手法来装饰鼓桶表面，这大大丰富了壮族

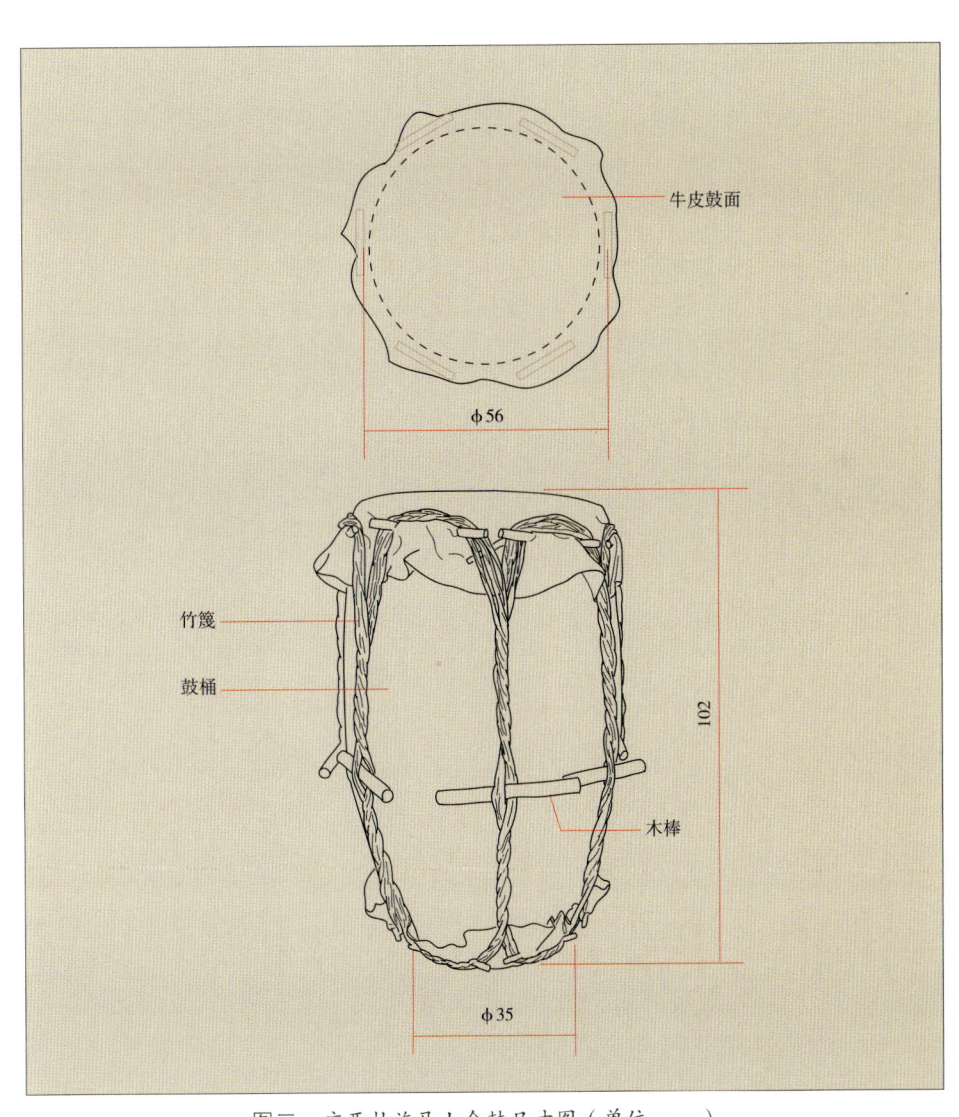

图二　广西壮族马山会鼓尺寸图（单位：cm）

会鼓的外在形制。

壮族会鼓有很多打法，归纳来看，有混鼓打、舞龙鼓、狂欢鼓、扁担鼓、花灯鼓，中间还有一些插曲鼓。敲打时，需多鼓协作，鼓声震动四面八方，很有艺术感染力。会鼓套具除了主角鼓外，还有配角锣和钹，凭借它们来助声威。

壮族会鼓历史悠久，1956年广西省立博物馆曾收藏了一面近400年历史的会鼓，这表明至少在明代就已有会鼓出现。从历史看，广西是铜鼓之乡，会鼓的产生应该与铜鼓有着不解之缘。起初，会鼓主要是用于驱鬼镇妖或者进行村寨遇袭警报，后来演变成祈求吉祥的民间活动，如今已成为马山人喜爱的一种文体娱乐活动。2008年经申报，马山壮族会鼓已被广西壮族自治区列入第二批非物质文化遗产名录，马山县被正式授予"中国会鼓之乡"称号。

图片来源
图一　许边疆　摄影
图二至图五　许边疆　制图
图六　广西民族博物馆提供

图三　广西壮族马山会鼓制作流程图

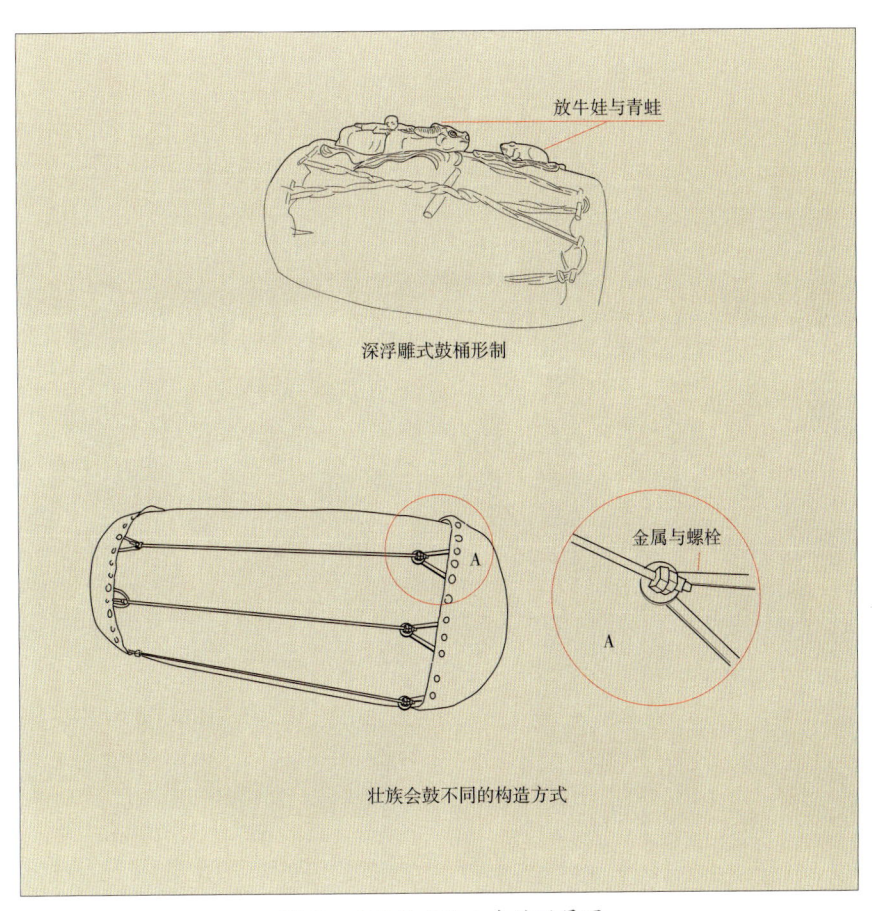

图四　广西壮族马山会鼓延展图

图五　广西壮族马山会鼓功能图

广西马山会鼓表演场景
（资料来源：广西民族博物馆提供）

图六　广西壮族马山会鼓表演场景图

广西壮族田东万家坝型铜鼓

图一　广西壮族田东万家坝型铜鼓主图

铜鼓是一种古老的青铜礼乐器，这种器具流行于我国西南地区和部分东南亚国家长达两千多年。就它的起源问题，虽无确切答案，但广西却是出土铜鼓数量最多的地区，显然，铜鼓与壮族先人有着密不可分的关系（也涉及其他少数民族）。这里，我们遵从人们普遍接受的一种铜鼓分类法，即将各地发现的铜鼓分出八种制式——万家坝式、石寨山式、冷水冲式、遵义式、麻江式、北流式、灵山式、西盟式，然后再根据广西铜鼓出土的实际情况，对某些铜鼓案例展开分析，其中，年代最久远的万家坝型铜鼓是不容忽视的类别。本案例采自广西民族博物馆，于1993年在广西田东县境内出土。

关于万家坝型铜鼓名称的确立，最初是以云南省楚雄县万家坝春秋战国墓出土的铜鼓为代表，而广西田东出现这类铜鼓则说明该地区也是早期铜鼓分布区之一。从历史看，春秋战国时期的田东属于骆越之地，在文化方面已同中原有着往来，并掌握了铸铜技术。更重要的是，万家坝型铜鼓的出土常伴随着铜釜的出现，两者形制也彼此相似，尤其是鼓面上的烟炱，这表明万家坝型铜鼓是从实用性器具铜釜演变而来。至于其成型方式，根据案例表面存在的模具拼接缝线，不难推断出案例是采用分模铸造法成型的，这种成型工艺可借助木模与泥模共同来完成。在我国古代，分模铸铜法至少在商代就已为人们所掌握，后期的实践又不断地充实提高，无疑是奠定青铜文化的基本条件之一。

当然，万家坝型铜鼓或许是因为铜釜的借鉴，形制上除了有铜釜的影子外——体积较小、鼓腰收敛、鼓胸外凸、足径大等，鼓身的壁厚也不均匀，这恰恰证明万家坝型铜鼓的制作技术尚处于不成熟期，因为壁厚不均会对鼓的发声产生负面影响。除此以外，万家坝型铜鼓的另一特征便是其表面饰有较少的纹样，如本案例几乎是素面。概括来看，万家坝型铜鼓常饰卷云纹、菱形网格纹、爬虫纹等一系列单体性纹样，这同样能间接印证万家坝型铜鼓仍处于初始发展期。

那么，早期铜鼓的功能是什么？从其他一些遗物上我们可做出某种判断，例如战国时期的广西花山崖画就有击打铜鼓的场景，人们或在击鼓围猎，或在祭祀某种神灵。当然，铜鼓也可用于歌舞伴奏。总之，随着社会后期的发展，铜鼓的功能处于被拓展的状态，而且不同民族之间既有同化也存在某些差异，这便是丰富铜鼓文化内涵的原因所在。

图片来源
图一、图五　许边疆　摄影
图二至图四　许边疆　制图

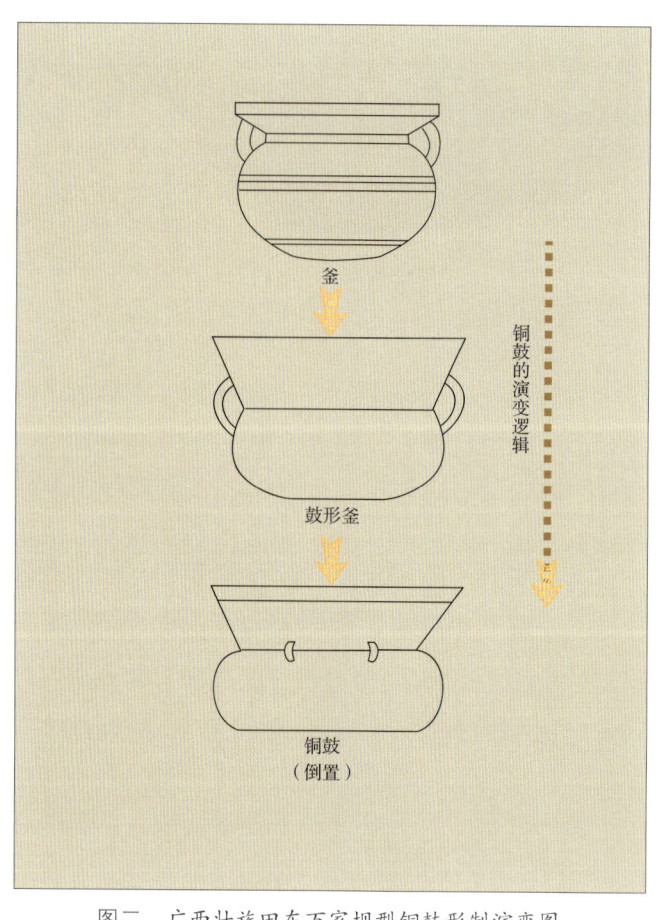

图二　广西壮族田东万家坝型铜鼓形制演变图

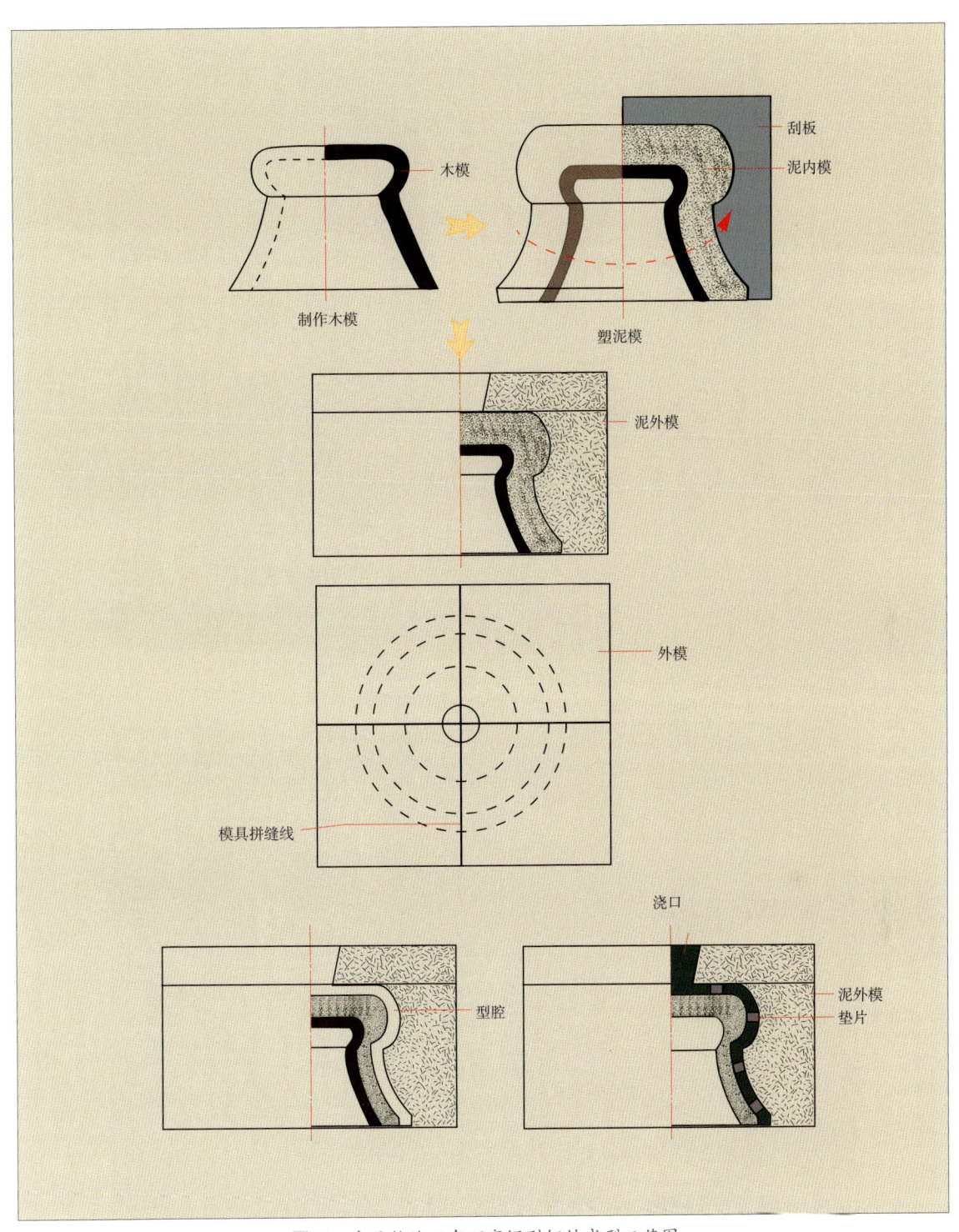

图三　广西壮族田东万家坝型铜鼓成型工艺图

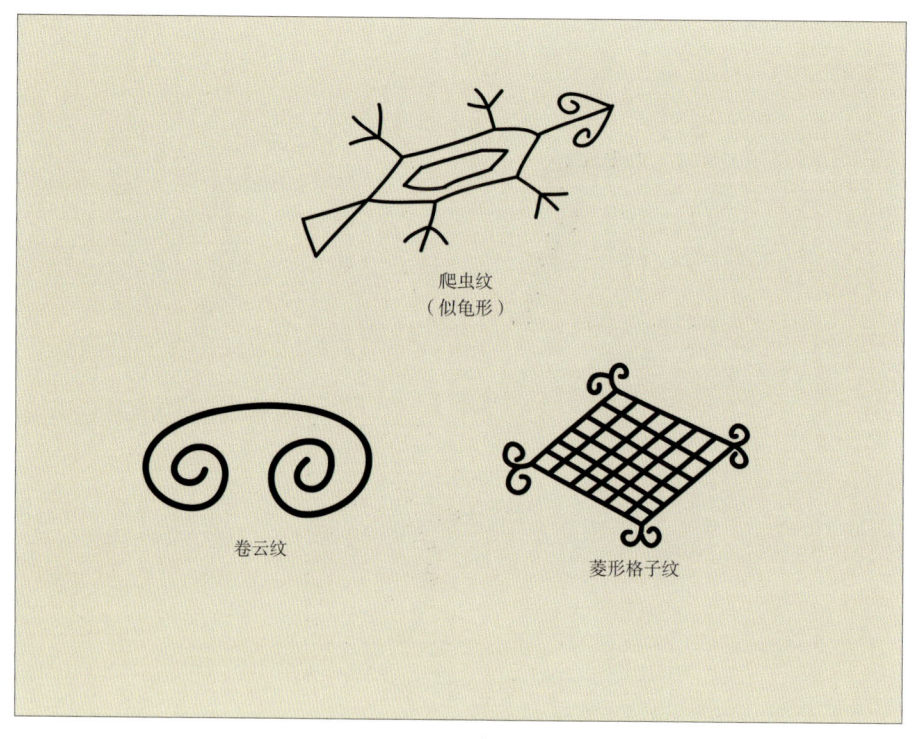

图四　广西壮族田东万家坝型铜鼓延展图1

战国时期的广西花山崖画打铜鼓场景图（复制像）
（摄于广西民族博物馆）

图五　广西壮族田东万家坝型铜鼓延展图2

广西壮族灵山型铜鼓

图一 广西壮族灵山型铜鼓主图

灵山型铜鼓是以广西灵山县出土的铜鼓为代表而命名的。这类铜鼓流行的年代上限至东汉，下限为唐代，前后约800年。本案例1954年出土于广西灵山县，属于东汉时期遗物，现藏于广西民族博物馆。经测量，案例鼓面直径99厘米，足经98厘米，鼓身高54厘米，由鼓面、鼓胸、鼓腰、鼓足、鼓耳、鼓沿及立体塑像等结构组成。

概括来看，灵山型铜鼓形制设计有以下特征：一是鼓面外沿向外凸出，犹如伸出的屋檐；二是鼓面常设六只青蛙塑像，青蛙的形制都是三足，即后面两条腿并拢成一条，表现独特；三是青蛙的背上往往驮着某种东西，如小青蛙、小乌龟、田螺等，看起来十分有趣；四是胸壁微凸，胸与腰之间逐渐向内收敛，足较高；五是鼓耳形制呈带状，并用叶脉纹装饰。除第三条外，其他形制特征本案例都具备。灵山型铜鼓另一显著特点是鼓面中心太阳纹的光芒如针叶状四射，结果使其周边纹样看上去平淡含蓄，但鼓面整体却因太阳纹的存在而显得豪放大气。事实上，灵山型铜鼓鼓面纹样十分丰富，除本案例鼓面上的"四出钱纹"和"变形羽人纹"外，"兽形纹""蝉纹""鸟纹""席纹"等也是鼓面常见纹样。不仅如此，灵山型铜鼓上的立体塑像也同样丰富，我们在广西民族博物馆见到的立体塑像就有双羊塑像、鸟塑像、虎塑像、飞兽载人塑像等等，其中有些立体塑像极富想象力和艺术感染力，充分体现了创造者的聪明与才智。

此外，灵山型铜鼓的塑像也反映出当时青铜铸造技艺已经成熟。例如，形象生动的

"累蹲蛙",其上下叠压的形体结构就是用失蜡法铸造而成的。这种方法是用蜂蜡先塑出蛙形,然后再用牛粪(含纤维)与水混合,经筛子过滤后与细黏土混合,接着趁黏土未干时先在蜂蜡塑像的表层抹一层(此时要安装蜡质引线)泥,待泥层干透后,继续重复操作3至5次,直至泥层达到一定厚度即可。为了让模子具有一定的强度,还需在原来模子的基础上再裹几层含有沙子的黏土,待其干透后就可以熔蜡。当然,熔化的蜡水是从引线部位流走的,此时引线产生的空隙也是将来铸铜时的排气通道。最后,流走的蜡所产生的空间即为浇铸的型腔。

从博物馆提供的资料可知,灵山型铜鼓材料除了含锡外,还含有一定比例的铅,实际上铅是不能溶解于铜的,它只能在铜液里均匀地分布做滴状悬浮,但有了铅之后,能改善铜液的流动性。显然,这有利于铸件的成型。总之,灵山型铜鼓是艺术与技术高度统一的典范。

图片来源
图一、图三、图五　许边疆　摄影
图二、图四、图六　许边疆　制图

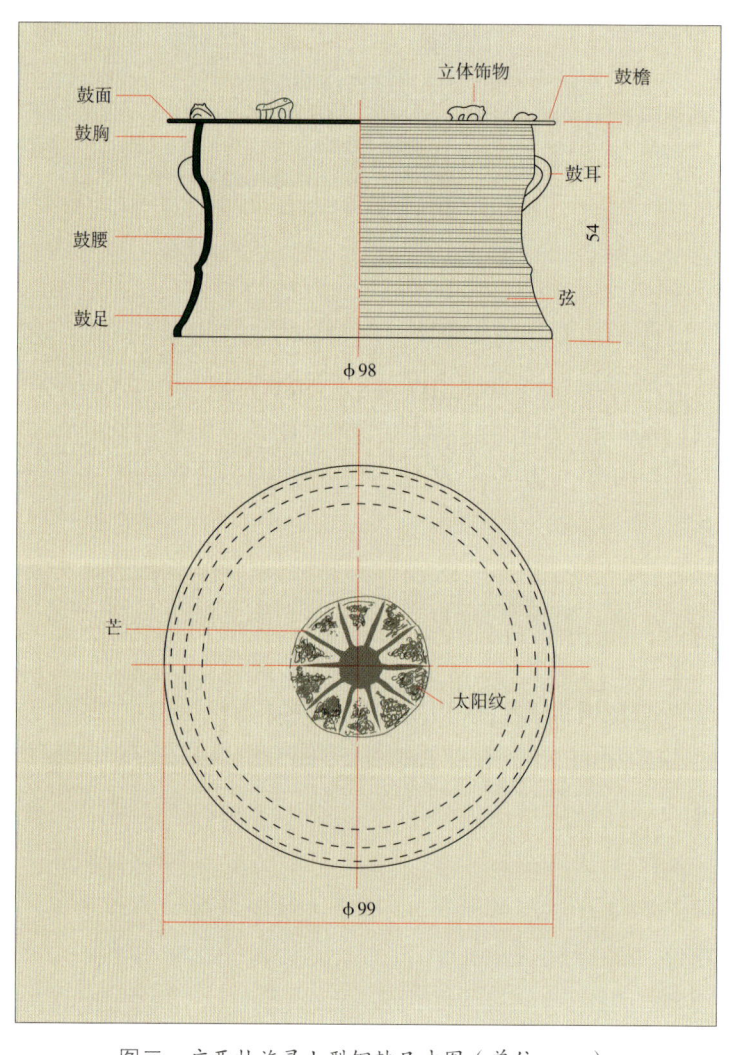

图二　广西壮族灵山型铜鼓尺寸图(单位:cm)

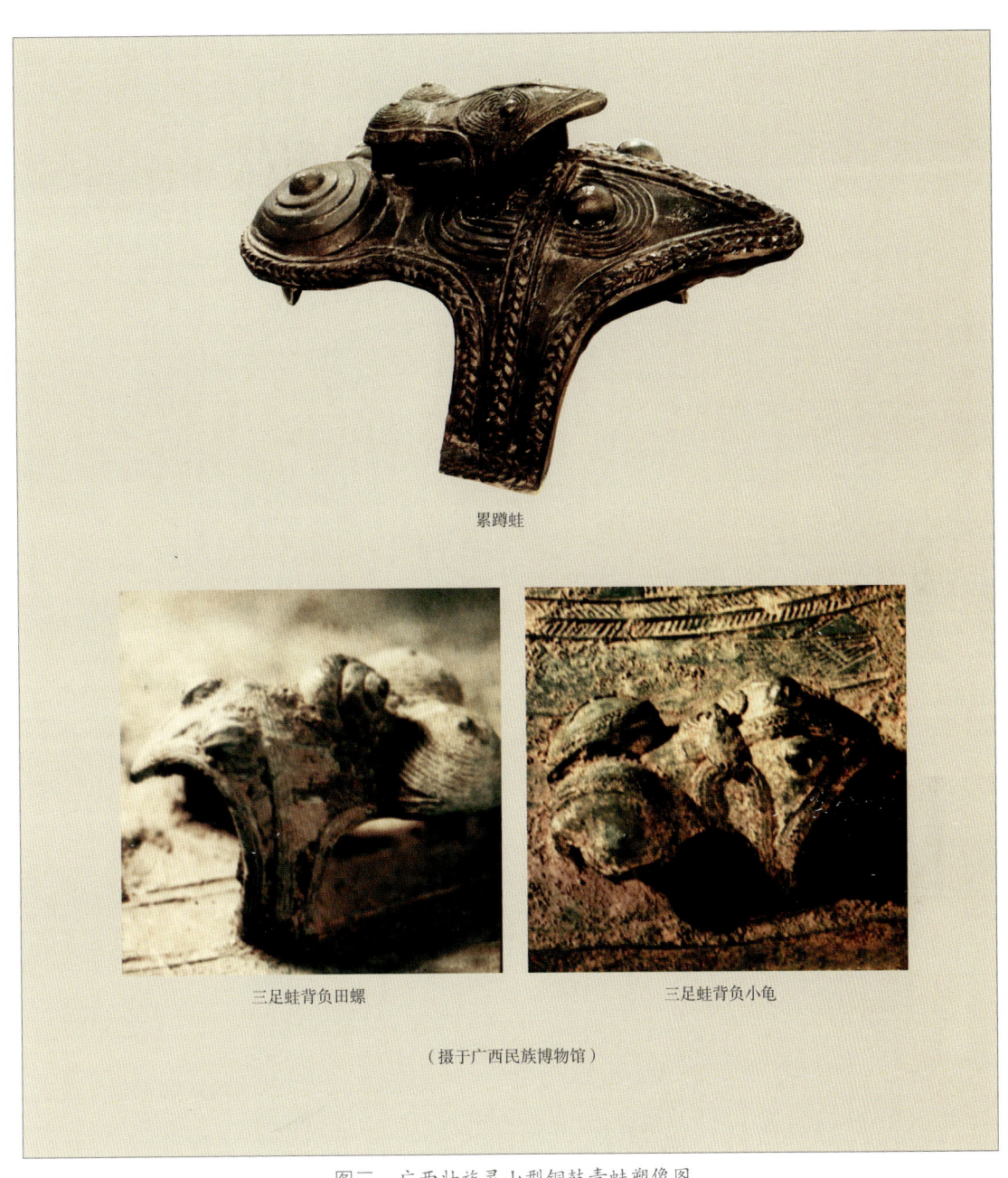

图三　广西壮族灵山型铜鼓青蛙塑像图

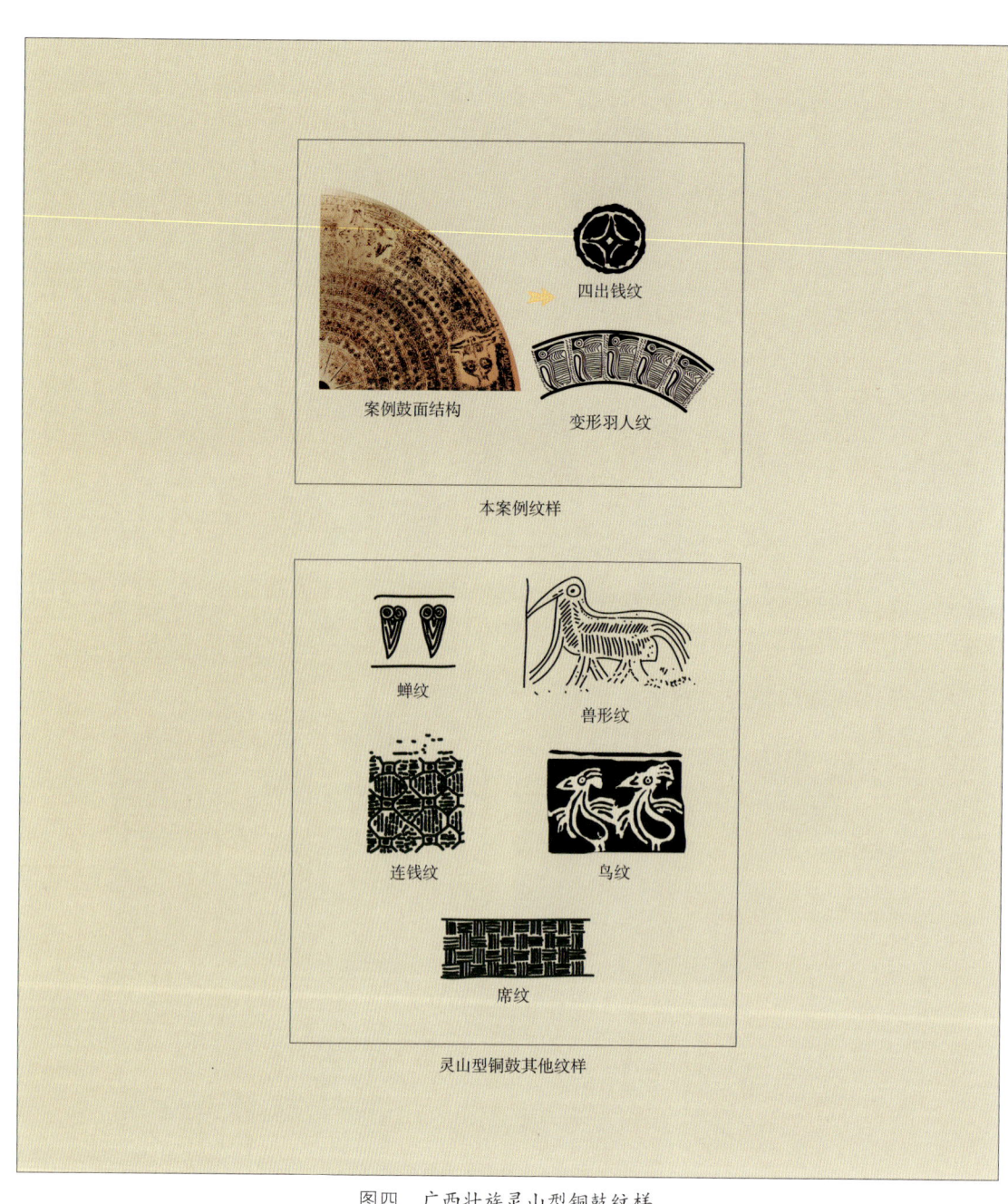

图四　广西壮族灵山型铜鼓纹样

图五　广西壮族灵山型铜鼓立体塑像

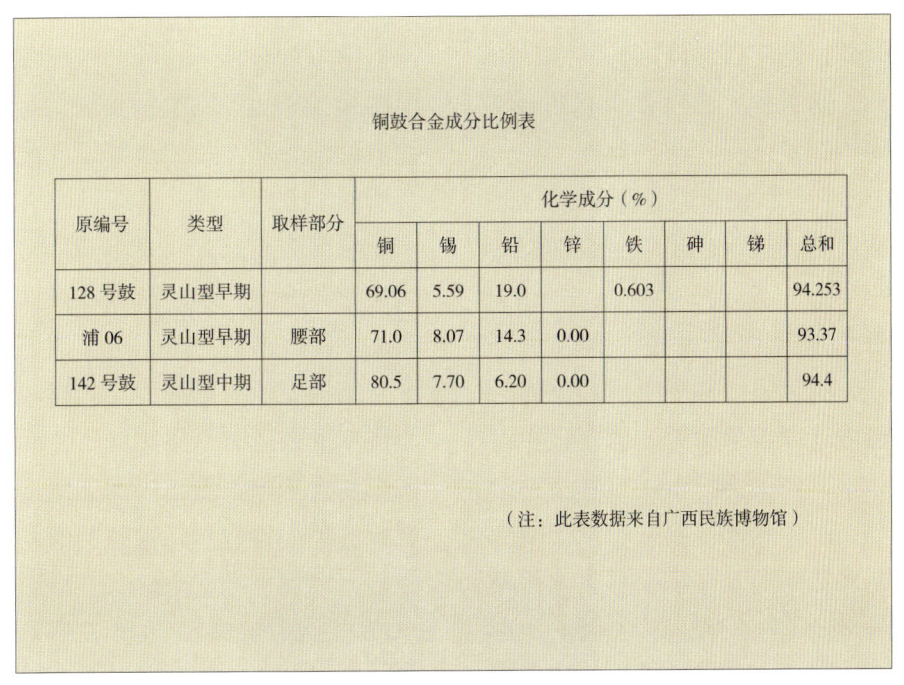

图六　广西壮族灵山型铜鼓材料分析图

广西壮族北流型铜鼓

图一 广西壮族北流型铜鼓主图

北流型铜鼓是以广西北流出土的铜鼓为标本而命名的，这类铜鼓的显著特征是形体硕大和厚重。本案例采自广西民族博物馆，于1970年出土于广西北流县（现已改称北流市），鼓面直径99.5厘米，鼓身高55.5厘米，鼓足97厘米。

本案例鼓面如灵山型那样伸出鼓颈外部，相异的是，案例边缘被下折成"垂檐"状，这种造型能让原本单薄的鼓面变得相对厚重。此外，本案例胸部由上往下外凸，腰部呈反弧形收束，中胸部"拐点"位于鼓胸偏下部位，而胸腰间的斜度趋于平缓，是以一道凹槽来分界的；至于鼓足，如倒立的喇叭，尺度与鼓面相当。如果将案例鼓耳与其他类型铜鼓比较，本案例鼓耳呈圆茎环耳状，从力学角度分析，这种圆茎环耳的抗拉强度要明显大于扁耳的抗拉强度，对体重偏大的北流型铜鼓而言，将鼓耳设计成实心圆柱形显然利于大型铜鼓的悬挂。

本案例鼓面有六只小而朴实的青蛙塑像以逆时针方向等间距排列在鼓面上。从现有北流型铜鼓形制分析，这类铜鼓蛙体表面素平，结构简单，形如刀削斧劈一般。另外，北流型铜鼓也有"累蹲蛙"，如广西博白县宁潭乡大车塘曾出土一面北流型铜鼓，腹内就有这种小青蛙。除青蛙塑像外，案例鼓面中心太阳纹也极富个性，其形制呈圆饼状凸起，芒纹细长如针，在侧光照射下颇具立体感。至于鼓面和鼓身的装饰，案例显著特点是云雷纹的大量应用，其纹样分布方式是：

鼓身纹样被许多成组的三道晕圈所间隔，晕圈宽窄相等，布满全身，鼓面上的晕圈则宽而疏朗，云雷纹被夹在其中。这里，可将北流型云雷纹做些归纳，主要有圆圈形、方格形、菱格形、三角形、半圆形、圆点形、方钩形、圆涡形等，其中云纹有波连式云纹、单卷或双卷式云纹、十字云纹，雷纹有菱形雷纹、"十"字雷纹、回形雷纹、椭圆形雷纹。

北流型铜鼓聚集地主要在广西玉林、钦州乃至广东湛江等地，这些地区自古以来便有雷公传说，铜鼓上的云雷纹应该与雷神文化有关。清人屈大均的《广东新语》曾云："雷人辄击之，以享雷神，亦号之为雷鼓云。雷，天鼓也……以鼓象其声，以金发其气，故以铜鼓为雷鼓。"这段话说出了铜鼓、雷鼓、雷神三者间的关系。

北流型铜鼓始于秦汉，没落于唐朝初期。

图片来源

图一、图三、图五　许边疆　摄影
图二、图四、图六　许边疆　制图

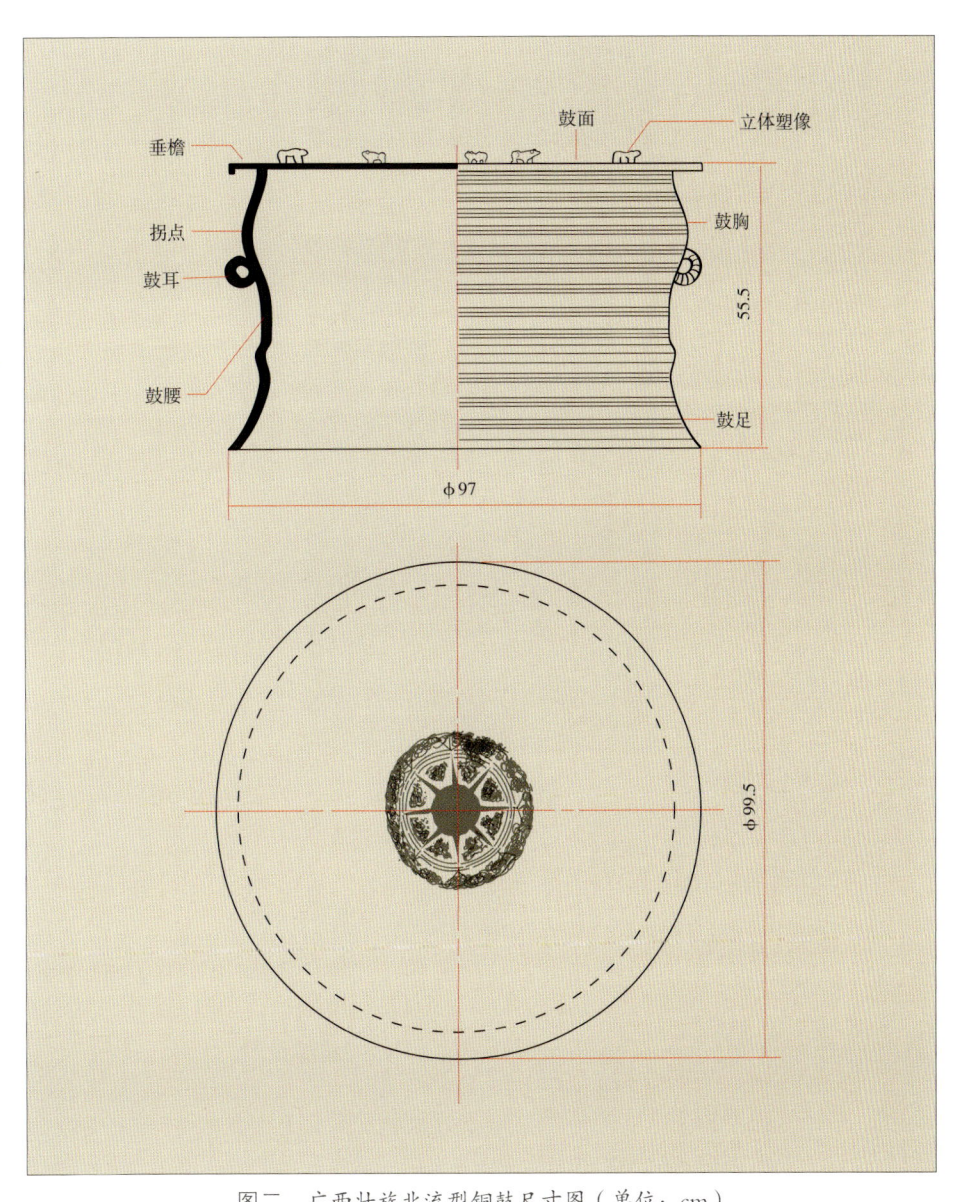

图二　广西壮族北流型铜鼓尺寸图（单位：cm）

北流型铜鼓圆茎蛇纹环耳

冷水冲型铜鼓编织纹扁耳
（摄于广西民族博物馆）

图三　广西壮族北流型铜鼓局部结构对比图

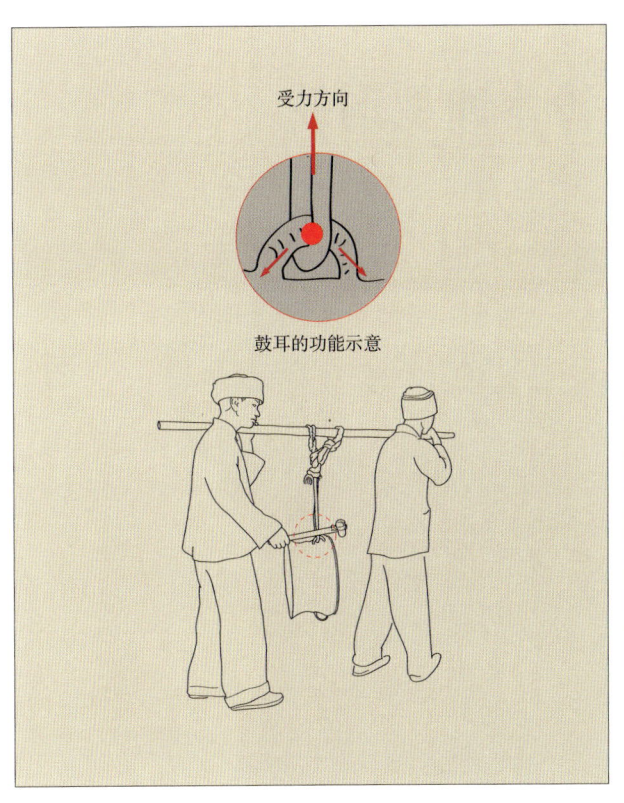

图四 广西壮族北流型铜鼓局部结构分析图

图五 广西壮族北流型铜鼓青蛙塑像

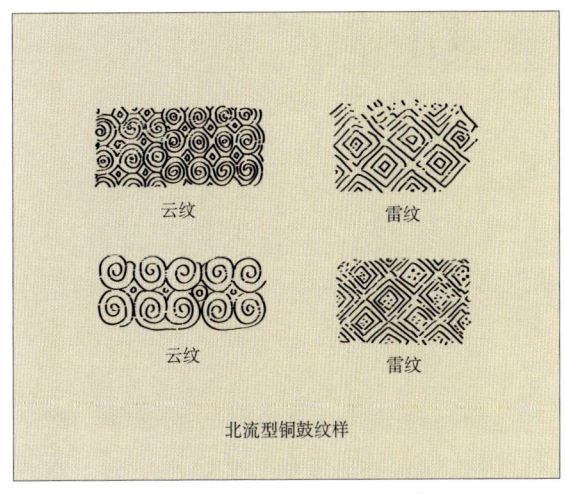

图六 广西壮族北流型铜鼓纹样图

广西壮族藤县冷水冲型铜鼓

图一 广西壮族藤县冷水冲型铜鼓主图

所谓"冷水冲型铜鼓",是以广西藤县江乡横村冷水冲出土的铜鼓为标本而命名的。本案例采自广西民族博物馆,为三国时期遗物,于20世纪50年代在广西藤县古竹乡出土,鼓面直径88.5厘米,高66.5厘米,足径90.5厘米,鼓胸略大于鼓面,鼓腰挺拔,鼓足较高,鼓耳位于鼓胸与鼓腰之间。

本案例鼓面为十二芒太阳纹,芒间饰坠形纹。从各地发现的冷水冲型铜鼓形制来看,这类铜鼓鼓面的中心太阳纹多为十二芒。以设计学眼光分析,在铜鼓的表面中心设置放射状纹样,可形成一个视觉中心点,这个点既能引导人们用鼓槌准确地击打鼓面的中心部位(有利于发声),同时也将人们的太阳崇拜意识融入其中。从历史看,壮族先人十分崇拜太阳,例如,广西大明山发现的古代祭坛就是祭天遗物;再比如,广西崇左花山崖画上的太阳轮也是太阳崇拜的有力物证。事实上,太阳纹在各类铜鼓上都存在,这表明其背后有一个文化圈,这个文化圈就是对太阳神的崇拜。当然,不同类别的铜鼓太阳纹结构也存在着微差,有些铜鼓为八芒,有些则为十二芒,最少的是早期的万家坝型铜鼓,仅有四芒。但无论其数量多少,皆取偶数。

实际上,冷水冲型铜鼓最突出的特点是其二维纹样和三维塑像,其中,二维纹样有变形鹭鸟纹、两晕饰菱形眼纹及羽人纹;三维塑像则有立鸟、乘骑和立蛙,其中乘骑有单骑和双骑之分,它们分别位于四只青蛙之间,逆时针同向排列。同其他类型的铜鼓相比较,冷水冲型铜鼓上的青蛙塑像不仅制作精良,而且形体常有以下特征:空身扁腹,形体硕大,两眼圆突,四足挺立,身披辫形纹带。尤其令人关注的是,其他冷水冲型铜鼓还有牛橇塑像、爬龟塑像等,特别是牛橇塑像,常用牛背上停落两鸟的表现手法间接地反映南方田园牧歌式的生活。

冷水冲型铜鼓最早始于秦汉,大约在隋唐时期衰落。在广西民族博物馆,我们见到了一面东汉时期的铜鼓,这面鼓的立体塑像仅有四蛙,但鼓身铸造精良,显然东汉时期的铜鼓制作技术已经非常成熟。此外,冷水冲型铜鼓的分布区域也很广,概括来看,有越南北部的红河下游区、中国广西邕江区以及浔江流域,这也说明该类铜鼓具有广泛的社会影响力。

图片来源
图一、图五、图六　许边疆　摄影
图二至图四　许边疆　制图

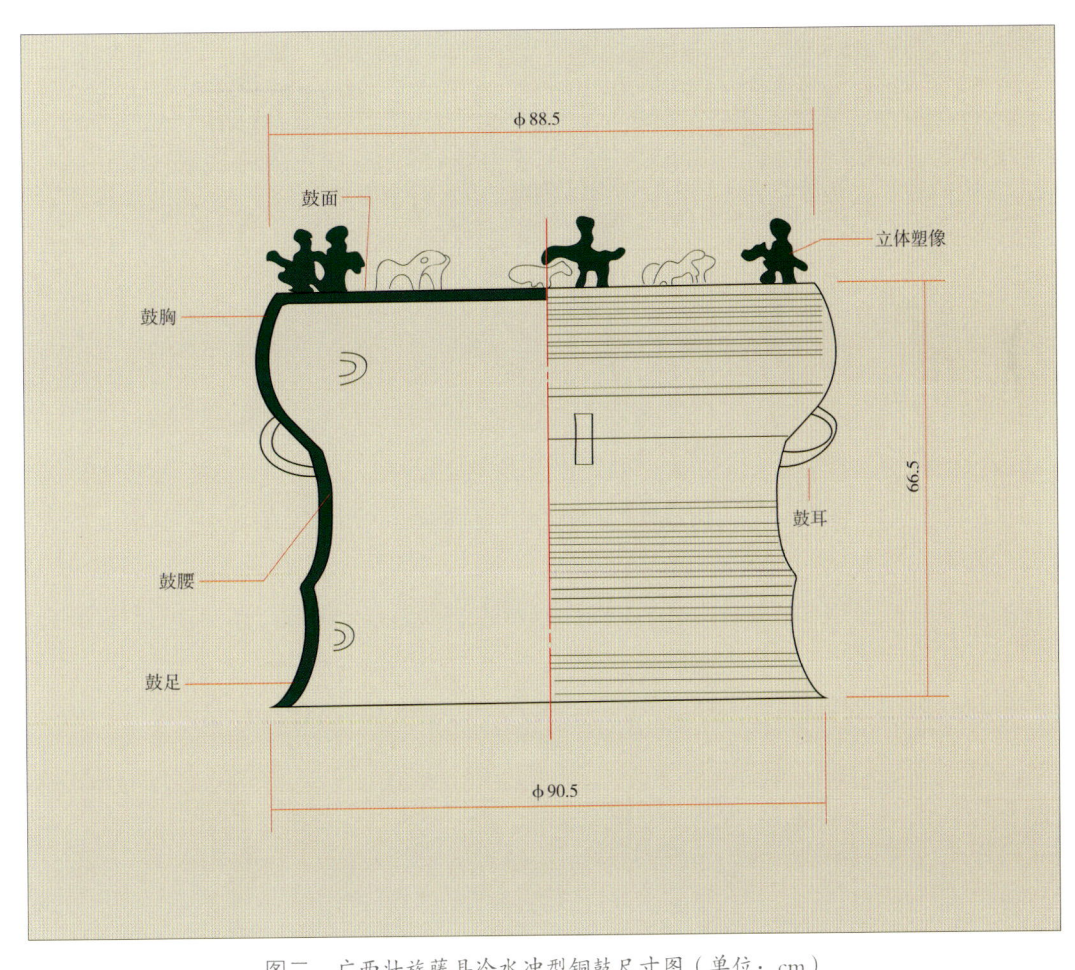

图二　广西壮族藤县冷水冲型铜鼓尺寸图(单位:cm)

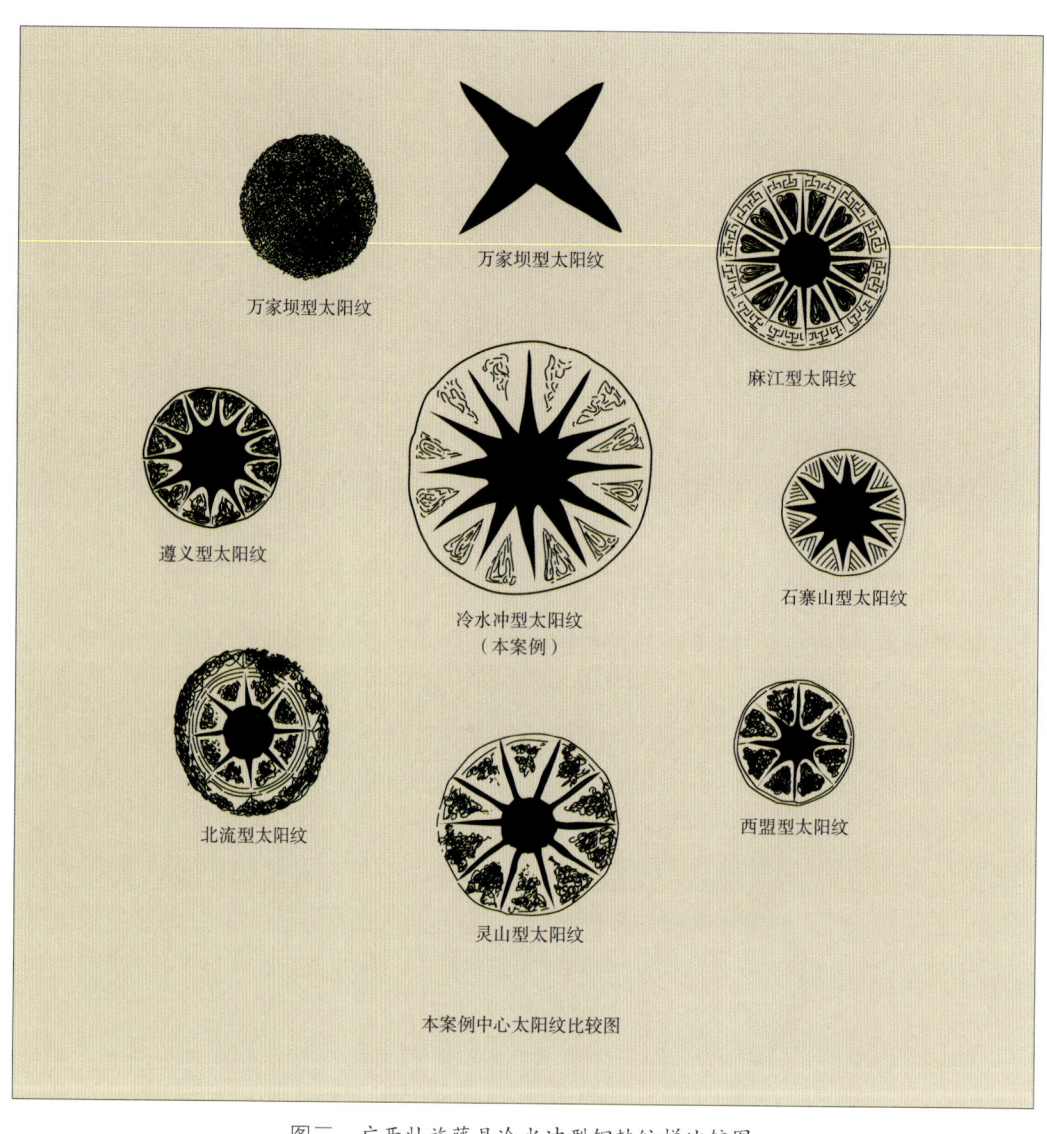

图三　广西壮族藤县冷水冲型铜鼓纹样比较图

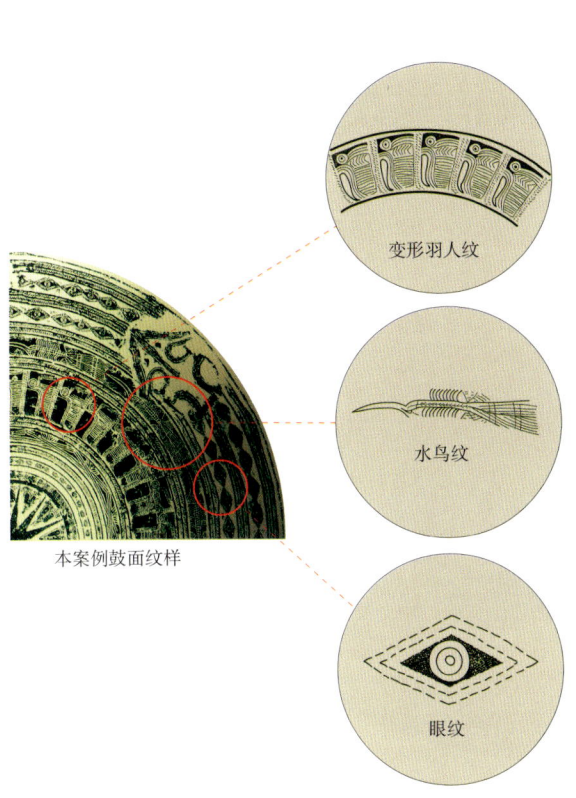

图四 广西壮族藤县冷水冲型铜鼓纹饰图

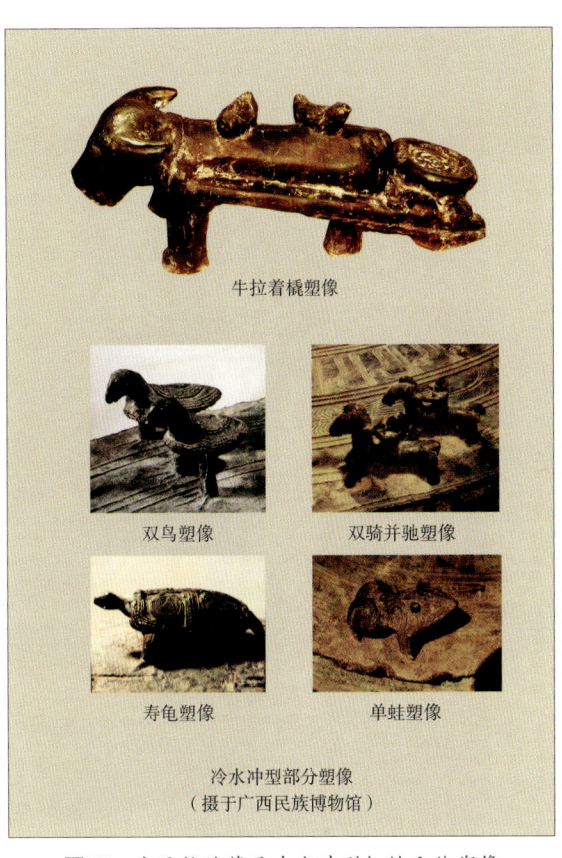

图五 广西壮族藤县冷水冲型铜鼓立体塑像

图六 广西壮族藤县冷水冲型铜鼓延展图

广西壮族贵港石寨山型铜鼓

图一 广西壮族贵港石寨山型铜鼓主图

　　石寨山型铜鼓是以云南省晋宁石寨山出土的一批汉代铜鼓为标本命名的铜鼓。这类铜鼓虽是以石寨山来命名,但其实际分布区域并非仅局限于云南省,如广西西林县普驮曾出土4面这类铜鼓,广西贵港罗泊湾汉墓也曾出土3面这类铜鼓,越南、老挝、柬埔寨等国家都有此类型铜鼓被发现。所以,石寨山型铜鼓是一种分布区域较广的铜鼓。本案例采自广西民族博物馆,于1976年在贵港市罗泊湾一号汉墓出土。本案例鼓面直径为28.8厘米,鼓身高24.4厘米,足径37厘米,属于小型铜鼓。

　　石寨山型铜鼓前后跨越时间有500多年,最早的可追溯到战国时期,晚的延续到东汉之初。由于伴随案例出土的漆器上有"布山"二字,作为地名,它最早见于《汉书·地理志》"郁林郡"条,凭借这条记载,可推断出该墓的年代应该是在西汉早期,这一时期的铜鼓无论在铸铜工艺还是形制设计上都进入了成熟期。据民族博物馆提供的材料分析报告,案例属于铜锡合金,这种合金的特点是加入一定比例的锡之后,铜的熔点就会降低,而同时青铜表面硬度和亮度却会提高。锡的加入不仅能有效地改善铜的铸造性能,而且还将其物理性能改变。本案例鼓面中心太阳纹为十芒,芒间饰斜线纹,芒外晕圈饰锯齿纹,鼓身胸部上方和腰部下方也同样饰锯齿纹。令人关注的是,本案例胸部下方有两组羽人划船图案，划船人皆为裸体。在博物馆，我们也见到了贵港罗泊湾汉墓出土的另一面铜鼓（10号鼓），其胸部多达六组船纹，且每个船上有六人，图案要比本案例复杂得多，尤其是鼓面，除饰点纹夹同心圆纹外，还饰有翔鹭纹，翔鹭是以头尾相连的方式环绕着太阳纹（十二芒）的，这种富有动感的图案让鼓面显得格外生动。此外，石寨山型铜鼓还有舞人纹、吹笛者、牛纹等，这些纹样无疑是当时人们生活场景的间接反映。

通过本案例，我们不难发现一个事实，即岭南铜鼓有两类纹样普遍存在，一类是太阳纹，另一类则是鸟纹。这说明，在古越人眼里太阳与鸟有着神秘的关系。具体来说，在这方面，石寨山型铜鼓与广西出土的汉铸铜扶桑树形灯如出一辙——他们虔诚地相信每天的太阳是由神鸟来托起的，而神鸟则是光明的使者，因此鸟纹与太阳纹常相伴而生。当然，我们从中也能感悟到某种规律，那就是：一种广泛存在的观念往往具有很持久的影响力，而承载它的实体则以多元化的形式存在着。

图片来源
图一　孙林　摄影
图二至图六　许边疆　制图

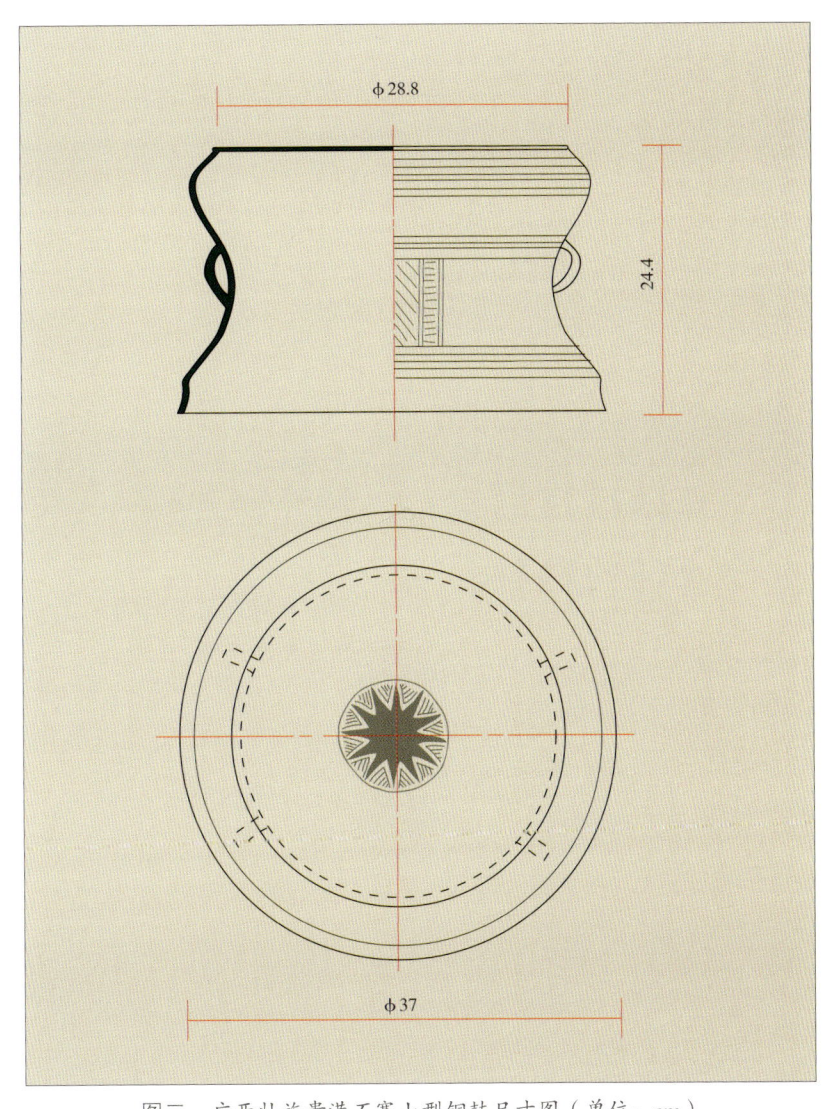

图二　广西壮族贵港石寨山型铜鼓尺寸图（单位：cm）

第六章　壮族传统民俗和宗教造像

铜鼓合金成分比例表

原编号	类型	取样部分	化学成分（%）						
			铜	锡	铅	锌	铁	砷	锑	总和
江李 M17：10	石寨山型中期	面部	68.6	7.84	22.5	0.00				98.9
本案例	石寨山型晚期	耳部	86.3	14.5	0.00	0.00				100.8

（注：此表数据来自广西民族博物馆）

图三　广西壮族贵港石寨山型铜鼓材料成分图

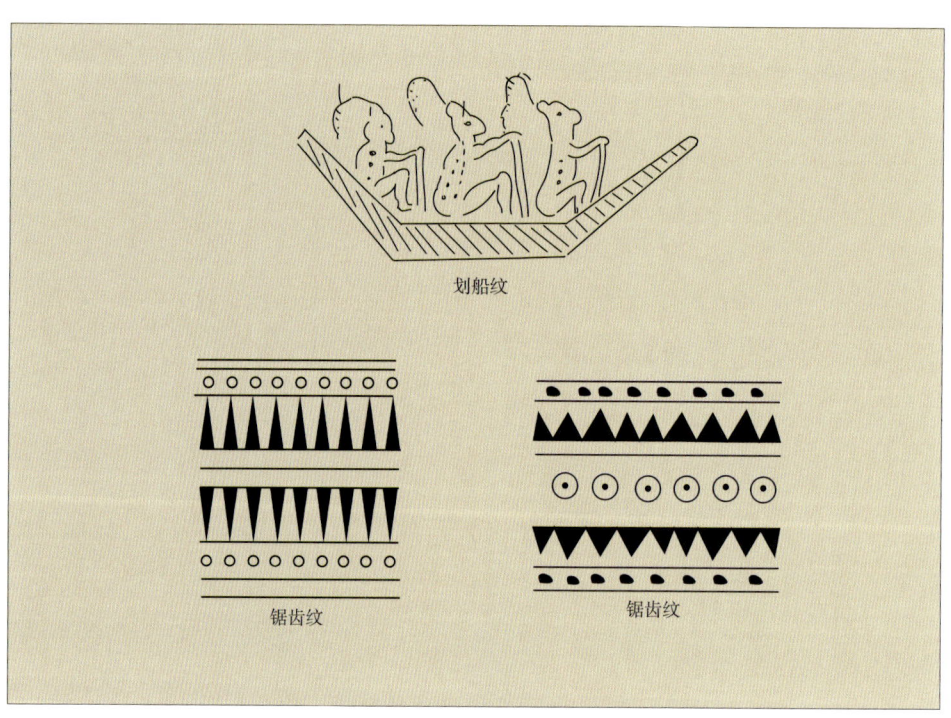

图四　广西壮族贵港石寨山型铜鼓纹样图

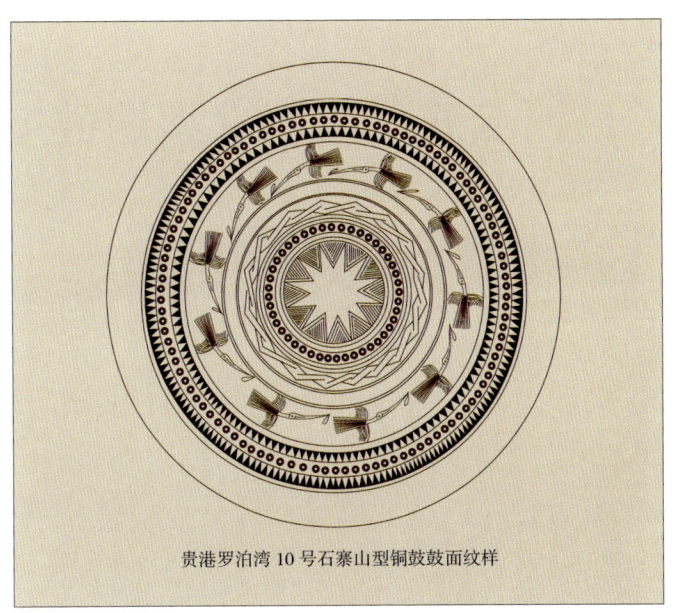

图五　广西壮族贵港石寨山型铜鼓鼓面纹样

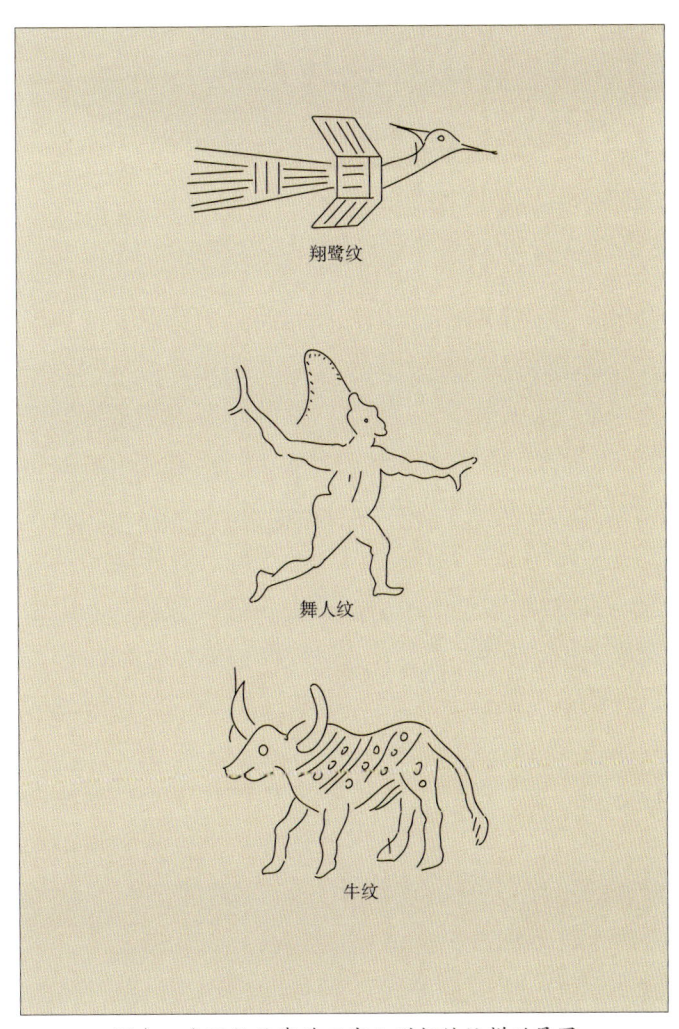

图六　广西壮族贵港石寨山型铜鼓纹样延展图

广西壮族桂平遵义型铜鼓

图一　广西壮族桂平遵义型铜鼓主图

遵义型铜鼓是以贵州省遵义市南宋播州土司杨粲夫妇墓出土的铜鼓为标本而命名的。本案例出土于广西桂平市，现藏于广西民族博物馆，鼓面直径 61 厘米，鼓身高 35 厘米，胸径 62.7 厘米，足径 61.5 厘米。鼓面中心太阳纹有十二芒，芒间填以三角坠形纹，外部有栉纹、勾连同心圆纹，鼓面一弦分晕，胸腰际有线纹和绳纹扁耳两对。此外，腰上部有"皿"形纹，并阴刻"第榜子子孙孙永宝"双勾体铭文，鼓腰下部环绕栉纹夹勾连同心圆纹带，足部饰同心圆及复线三角纹。

遵义型铜鼓最早出现的年代是唐代，大约在南宋时期没落，是冷水冲型铜鼓向麻江型铜鼓发展的一种过渡性铜鼓。从历史发展轨迹看，我们可以将铜鼓发展大致分为四个时期：萌芽期、成熟期、发展期和衰落期。萌芽期是铜鼓从铜釜演变的时期，最具代表性的是万家坝型铜鼓，这种鼓集中在云南中部和广西右江中游的田东一带。成熟期是以石寨山型铜鼓为代表，分别在云南、桂西等地形成，并影响到越南，使得红河流域又产生了东山铜鼓。东山铜鼓后来又影响到中国境内的铜鼓，继而又产生了冷水冲型铜鼓，将中国境内的铜鼓推向了发展期。从出土实物看，发展时期是中国南方铜鼓高质量时期，突出的代表是广西与广东交界的云开大山区的北流型铜鼓和灵山型铜鼓，这些铜鼓一直延续到隋唐五代。大约在南宋末期，遵义型铜鼓开始逐渐衰落，取而代之的是麻江型和西盟型铜鼓，于是铜鼓的发展进入了衰落期。之所以将这两种铜鼓划入衰落期，原因在于尽管后续的几百年里铜鼓仍在继续发展，但随着使用民族社会内部阶级地位的变化，作为代表统治阶级至高无上权威的铜器日渐削弱，铜鼓的形体变得又矮又小，往日那种威严典重感消失了许多。当然，我们也可以依据年代将历史上的铜鼓划分为早、中、晚三个时期，这种划分法能直观地展现出铜鼓的历史发展脉络。

概括来看，广西古代铜鼓有以下几个特点：一是铜鼓种类齐全，学术界划分的八大类铜鼓在广西都存在，广西是铜鼓之乡当之无愧；二是广西发现的铜鼓数量最多；三是无论立体塑像还是近于平面的装饰，纹样皆丰富多彩；四是广西铜鼓历史悠久，有些地方至今仍在使用铜鼓。

图片来源

图一　孙林　摄影
图二至图五　许边疆　制图

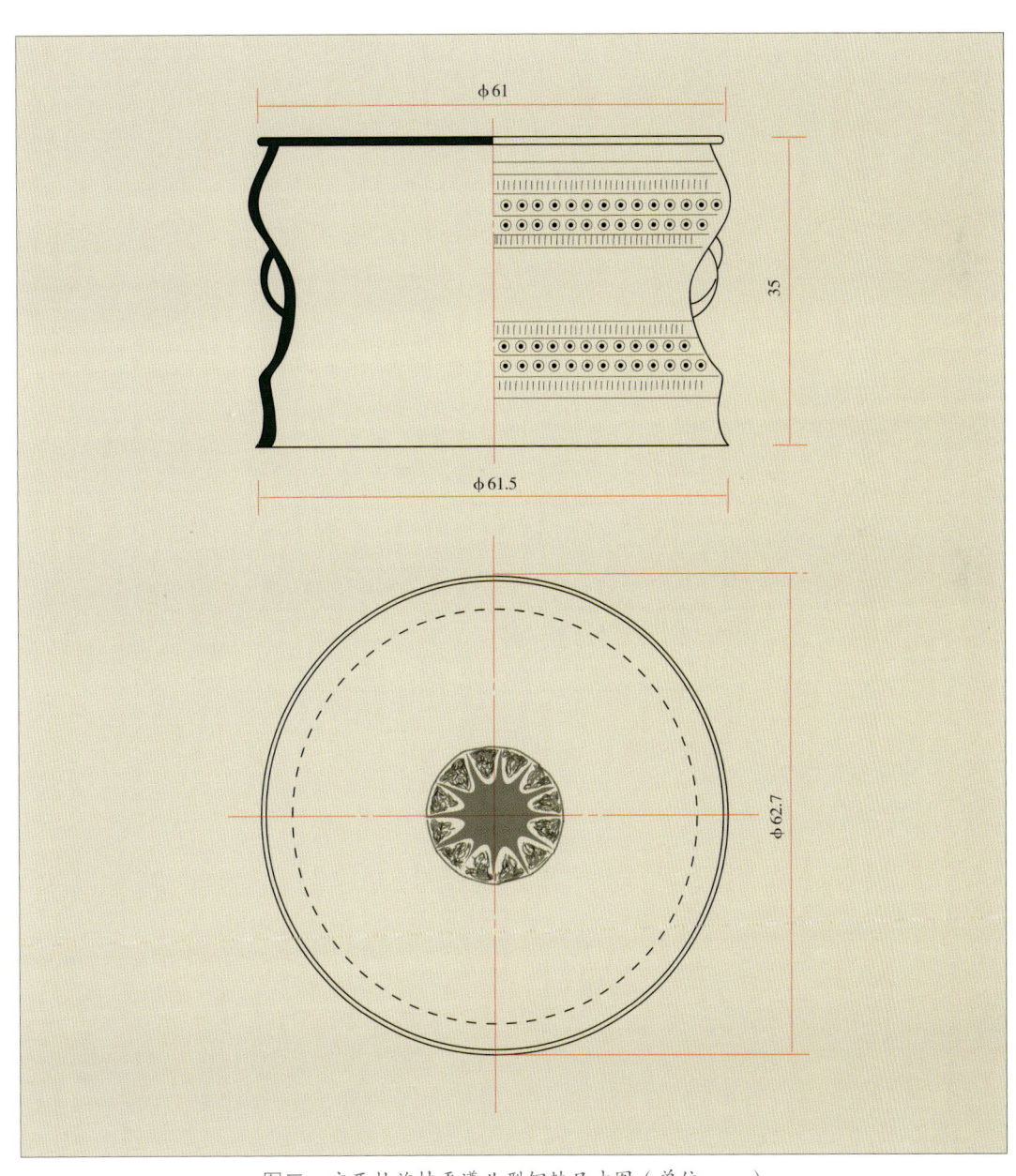

图二　广西壮族桂平遵义型铜鼓尺寸图（单位：cm）

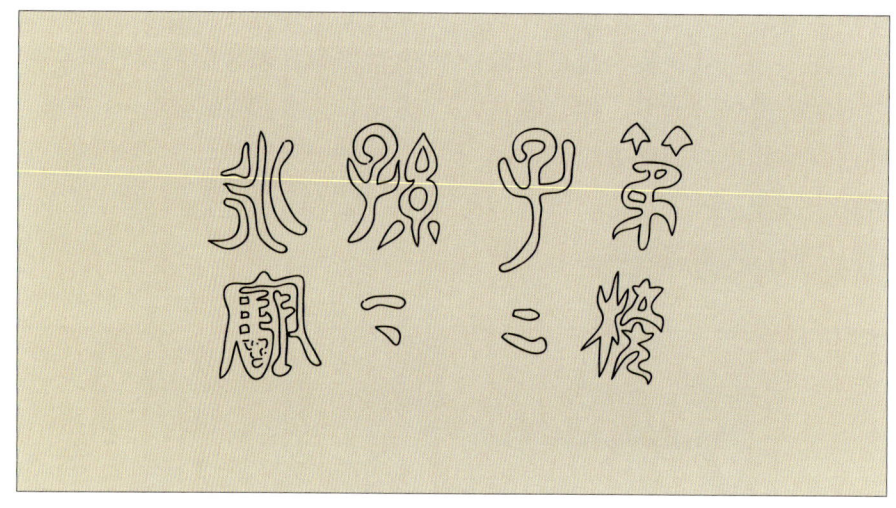

"第榜子子孙孙永宝"
（本案例鼓腰铭文）

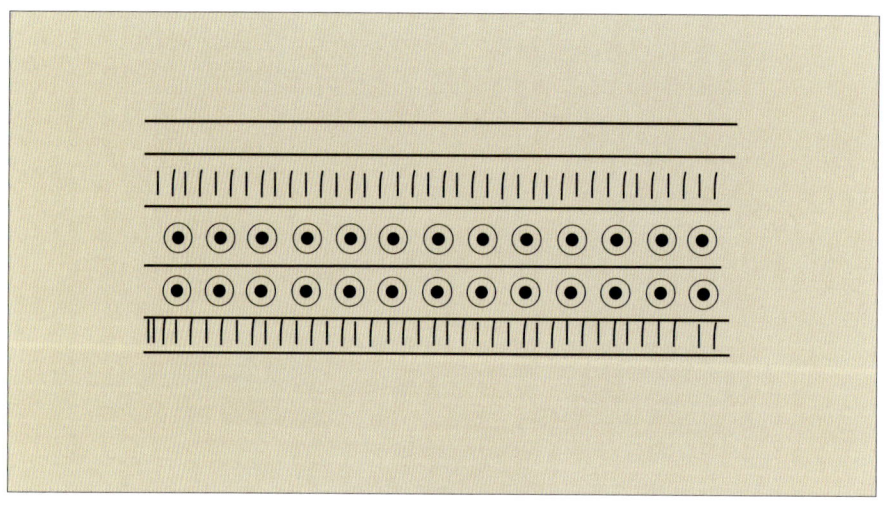

栉纹夹勾连同心圆纹带
（本案例鼓腰、鼓身装饰）

图三　广西壮族桂平遵义型铜鼓纹样

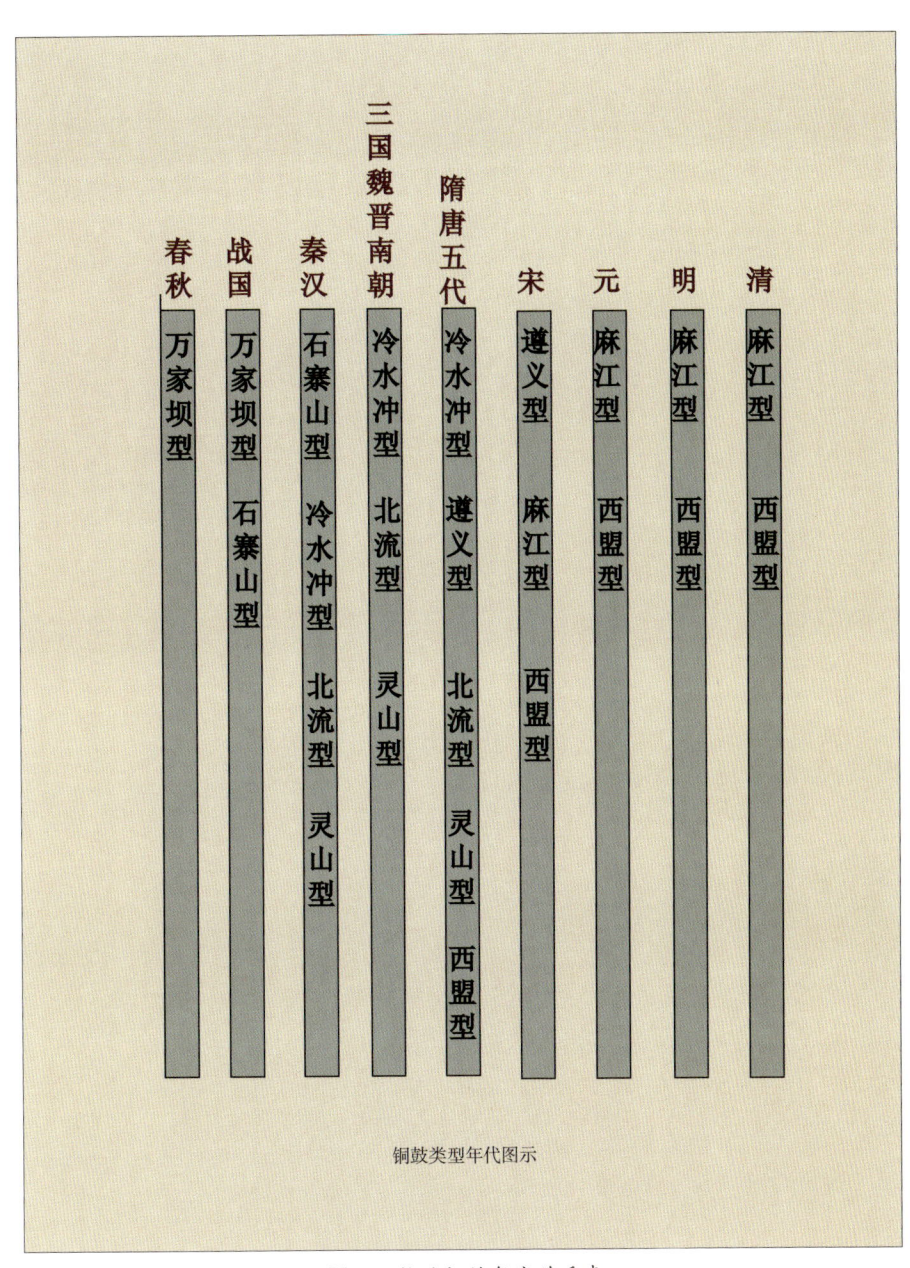

图四 壮族铜鼓年代关系表

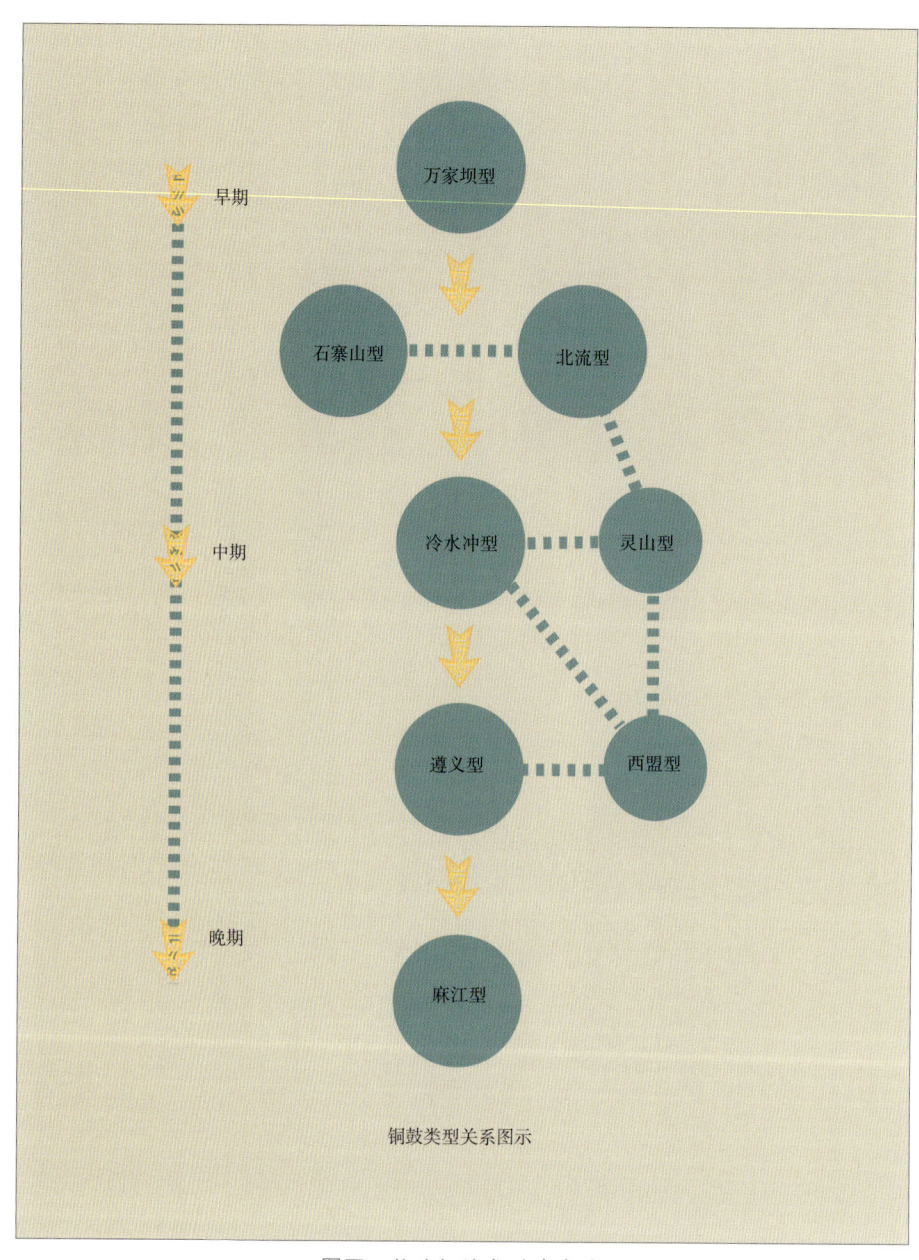

图五 壮族铜鼓类型关系图

清广西壮族柳州麻江型铜鼓

图一 清广西壮族柳州麻江型铜鼓主图

麻江型铜鼓是以贵州省麻江县出土的一批铜鼓而命名的铜鼓类型。其实，这类铜鼓广泛分布于广西、贵州、云南、四川、广东、海南、湖南等地，甚至越南北部地区也有发现，它是宋以后西南少数民族较普遍使用的一种铜鼓。本案例是在广西柳州发现的，属于清代遗物，现藏于广西民族博物馆。案例鼓面直径47.5厘米，鼓身高27.5厘米，鼓足46厘米。

本案例形制特点是：27.5厘米高的鼓身显然让形体看起来扁矮，案例鼓面略小于鼓胸，鼓腰中部有凸棱一道，并将鼓身分为上、下两节，鼓胸有大扁耳两对，鼓足弧线挺拔，但鼓胸曲线柔和。如果仔细看，鼓胸部位有四条拼接缝线，这说明案例是用泥范法铸造而成。不过在广西河池，我们也见到当地人用砂模铸造法仿制本案例，并获得成功，其工序大致如下：一是先做好模具，模具包括底座、外筒套、内筒套、鼓身模、鼓面模以及模盖。二是将四块扇形外模块包住鼓身模，并用螺栓连接扣拧紧，接着往鼓身模内套筒和外套筒围成的空隙里倒入沙子并夯实。三是将鼓面模平放在鼓身模端口，盖上模盖，向模盖内充填沙子，同时预留两个方位的浇铸孔。沙子填好后，翻起模盖，拆开外套筒，取出鼓面模和鼓身模，修补好外筒套砂模内壁、模盖底面砂模，并压制事先做好的铜鼓花纹。砂型材料是用沙子、黏结剂、水等调和而成，具有一定黏结度，成型后可抵御铜液的冲击。四是重新装上外套筒模块及模盖，

第六章 壮族传统民俗和宗教造像

从模盖的浇铸孔里同时浇铸铜液，直至注满。五是打开模具，并对铜鼓进行打磨修整，最后便是对铜鼓进行定音。

作为一种古老的打击乐器，铜鼓的社会功能尤为复杂，概括来看至少有以下几方面：一是用于祭祀。自古以来壮族先人就信巫鬼，如李商隐在《异俗》诗里曾说广西少数民族"家多事越巫"。他们不仅祭神，也相信铜鼓自身有某种神力，可用它来求雨、作葬具、祭祀祖先、祈求丰收等，直到今天我们仍能见到那种击鼓庆丰收的场面。二是传递信息的发声器。由于铜鼓是低频响器，因而适宜远距离地传递信息，对于交通极不方便的山区人而言，铜鼓可弥补这种缺憾，尤其是发生局部战争时，通过敲击铜鼓可号令众人。

三是权力和财富的象征。正如裴渊《广州记》里所说："有鼓者，极为豪强。"也就是说，铜鼓不仅仅是实用的东西，也是主人财富和权势的象征，正因为如此，有些贵族死后会把铜鼓带到阴间去。四是一种演奏乐器。如果用力敲击铜鼓，铜鼓能发出一种特有的金属声响，壮族人便利用这种属性单鼓独奏或多鼓合奏，例如壮族著名的"棒棒舞"就是用铜鼓来演奏的。

总之，铜鼓具有神器、乐器和重器三种社会功能，这是不容否认的事实。

图片来源

图一　许边疆　摄影
图二　许边疆　制图
图三　刘明来　摄影
图四　广西民族博物馆提供

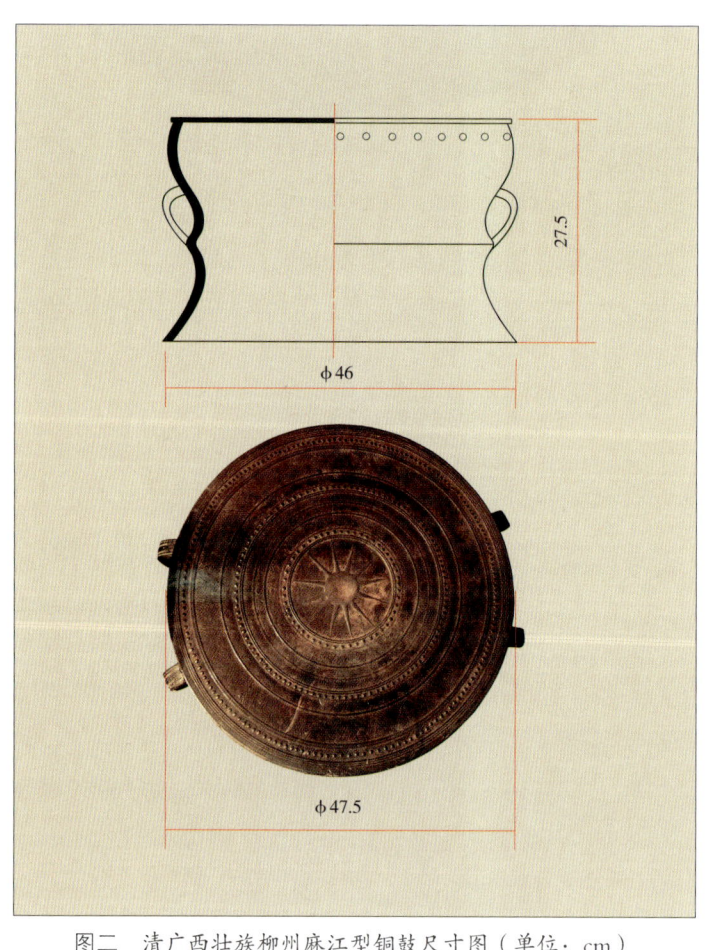

图二　清广西壮族柳州麻江型铜鼓尺寸图（单位：cm）

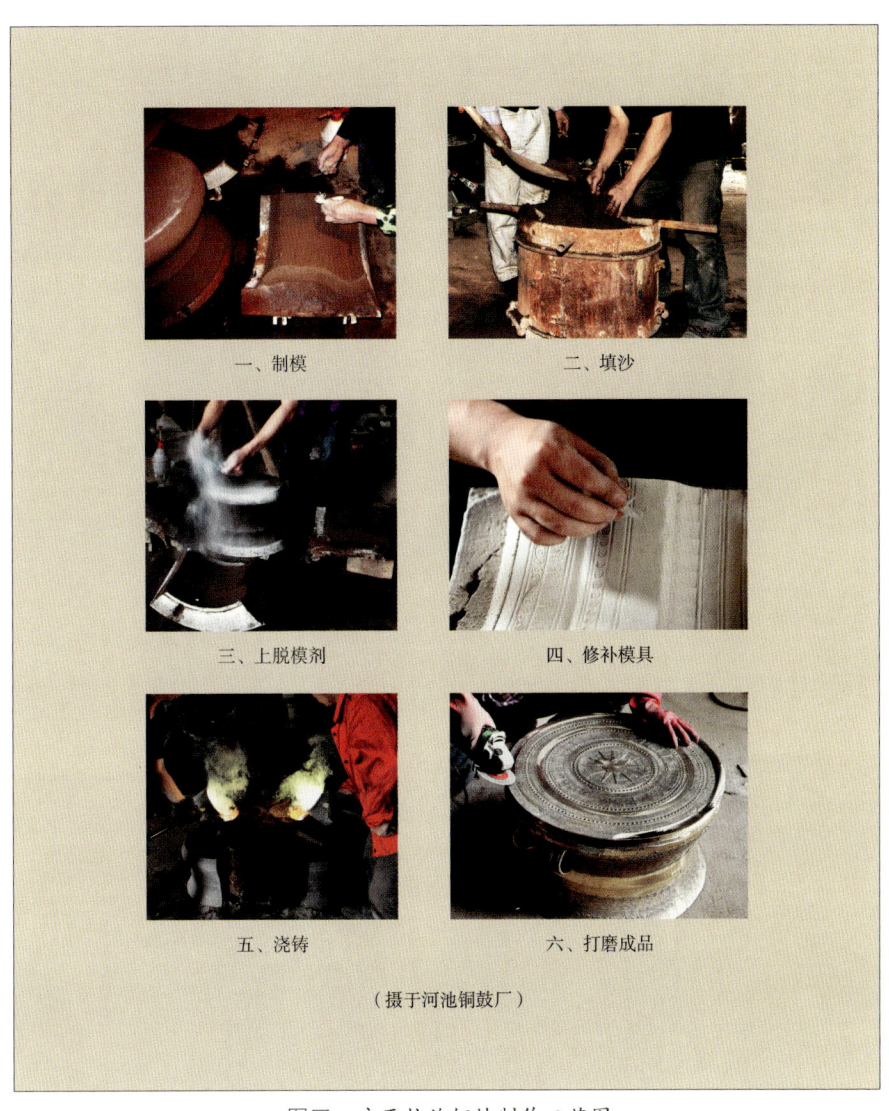

图三　广西壮族铜鼓制作工艺图

打铜鼓庆丰收
（广西民族博物馆资料）

壮寨庆典活动
（广西民族博物馆资料）

图四　清广西壮族柳州麻江型铜鼓功能图

西汉广西壮族崇左羊角钮铜钟

图一　西汉广西壮族崇左羊角钮铜钟主图

羊角钮铜钟是古越人一种铜质打击乐器，其存在年代大致集中在战国至西汉早期，出土地主要分布于西江流域、红河流域及湘南少数地区。至20世纪末，国内共计有41件存量，其中绝大部分是出自广西境内（云南、湖南、贵州等地有少量）。本案例采自广西崇左壮族博物馆，共计4件，形体大小不一，较大者通高26.5厘米，底宽16厘米，侧面宽9.5厘米，形制呈半截式橄榄形。由于案例顶部都开有长方形贯通孔，并有对称式羊角形扳钮存在，故形制犹如一只蹲着的羊，这也是其被称为"羊角钮铜钟"的原因所在。

作为一种古老的打击乐器，羊角钮铜钟是中原地区没有的，因而它具有鲜明的地域特征。从出土情况看，案例多与铜鼓关系密切，此外，它在广西左江崖壁画（与案例同时期）上也得到了反映。例如，花山第一处第五组崖壁画就有两件案例图像，甚至有些崖壁画还反映了它的悬挂方式。1988年，广西民族学院庞绍武、李世红对浦北县博物馆所藏的6件羊角钮铜钟进行了录音和声谱测试（数据见图四），测试结果表明，历史上的羊角钮铜钟是自身成编的，它不仅可演奏多种曲调，也能同其他打击乐器合奏。

事实上，羊角钮铜钟是一种特殊的乐器，具体来说，它是一种用于祭祀活动的器具，理由如下：一是羊角钮铜钟出土量稀少，这说明它不像铜鼓那样被人们广泛使用；二是敲击羊角钮铜钟时，其音量不大，虽然它们也能与其他打击乐器合奏，但这种合奏过程应该是在某种特殊场合下进行的；三是就羊而言，其自古以来就是壮族先民崇拜的对象之一，有些羊角钮铜钟上清晰地饰有"羊角人面纹"，这些图案间接印证了案例与原始宗教活动的密切关系。比如，左江崖壁画中就有一群参与祭祀的人，他们在首领的带领下随着羊角钮铜钟及铜鼓的敲击声而翩翩起舞。

从设计学角度分析，案例的设计有以下特点：一是上部长方形贯通孔能巧妙地为案例提供悬挂条件。换言之，人既能借助支架悬挂案例，也能通过拴系案例的绳索一手持绳，一手敲击。从现存的羊角钮铜钟形制看，其高度通常不超过30厘米，单人是完全可以独自演奏的。二是由于案例形制呈对称状，故可采用双模铸造法成型，该工艺操作方便，模具可多次使用。当然，本案例也有不足之处，最明显的地方是体积小，钟鼓又有一定的厚度，故音量受限。

图片来源

图一　孙林　摄影

图二、图三、图五、图六、图七　许边疆　制图

图四　引用庞缵武、李世红图表

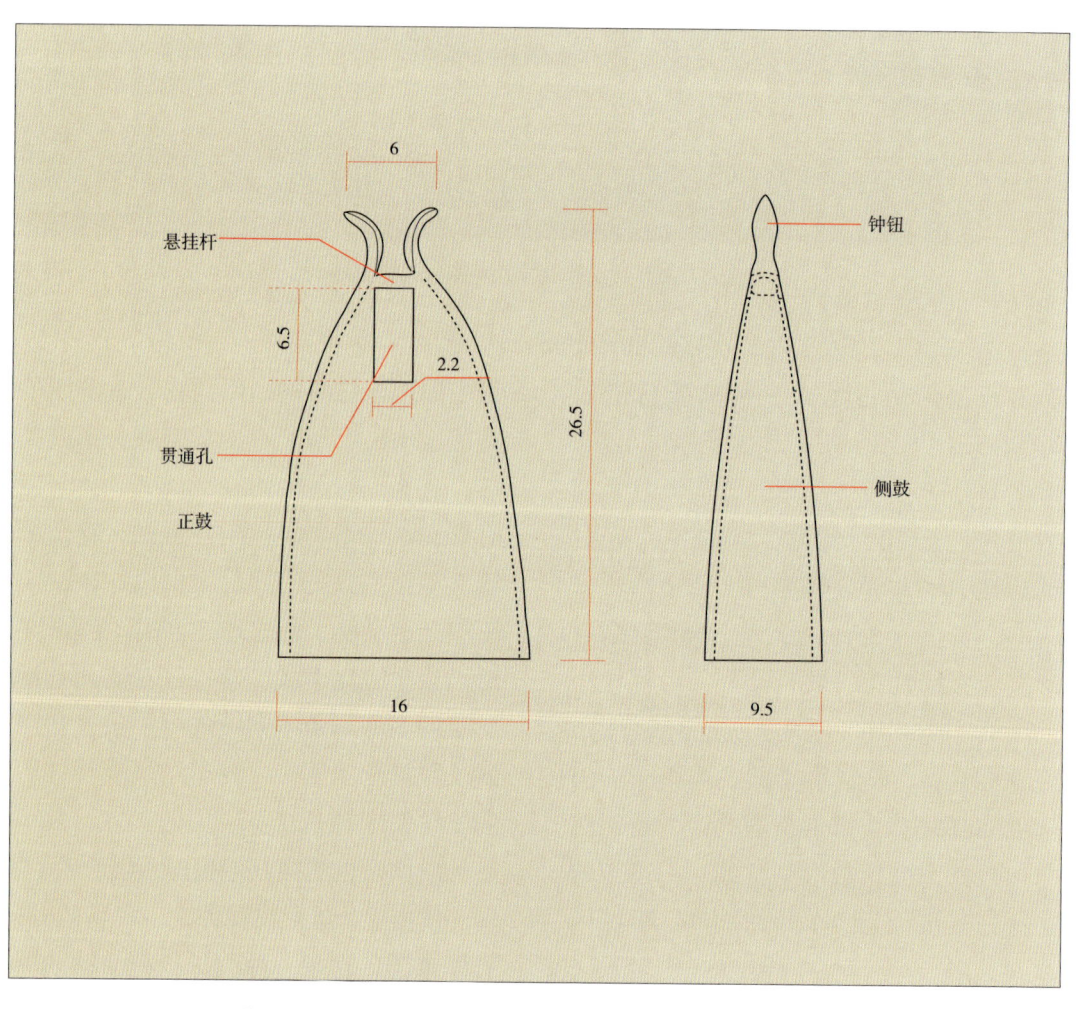

图二　西汉广西壮族崇左羊角钮铜钟尺寸图（单位：cm）

图三　西汉广西壮族崇左羊角钮铜钟使用方式图1

浦北羊角钮铜钟声谱参数表（音分起点为C）					
编号	音位	频率Hz	基频音名	音分值Cent	声级分贝
1	正鼓音	387	g^1-5	5477	86
1	侧鼓音	505	b^1+11	5938	86
2	正鼓音	340	f^1-9	5253	72
2	侧鼓音	409	g^1+17	5573	72
3	正鼓音	457	a^1+17	5765	72
3	侧鼓音	480	b^1-19	5850	72
4	正鼓音	218	$a-2$	4484	74
4	侧鼓音	531	$c^{11}+8$	6025	74
5	正鼓音	313	e^1-16	5110	74
5	侧鼓音	385	g^1-7	5468	74
6	正鼓音	385	g^1-7	5468	70
6	侧鼓音	431	a^1-9	5664	70

图四　西汉广西壮族崇左羊角钮铜钟设计分析图1

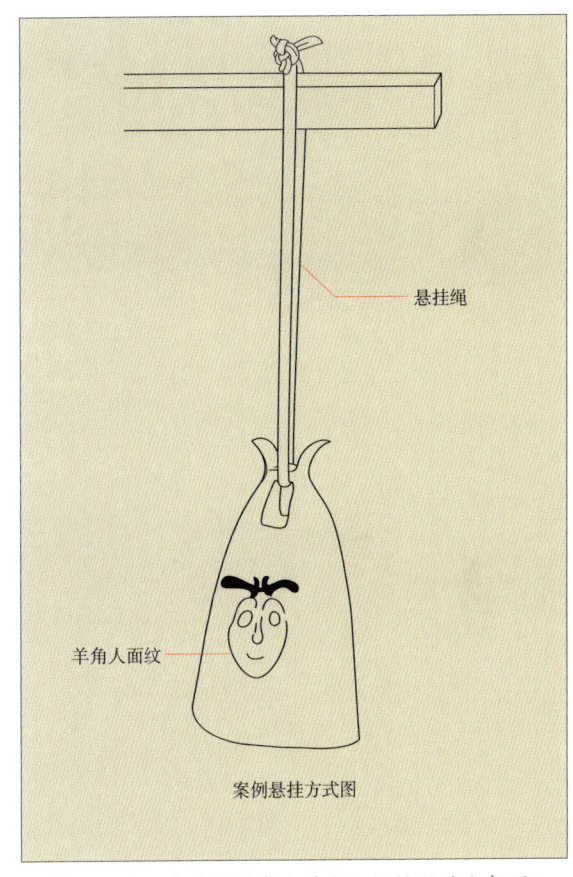

图五　西汉广西壮族崇左羊角钮铜钟设计分析图2

第六章　壮族传统民俗和宗教造像

祭祀场景图
（花山左江崖壁画）

图六　西汉广西壮族崇左羊角钮铜钟延展图

案例功能图示

图七　西汉广西壮族崇左羊角钮铜钟使用方式图2

云南壮族文山州打磨秋

图一 云南壮族文山州打磨秋主图

打磨秋是我国西南少数民族特有的一种传统体育项目,一般在春节举行,广西隆林及云南文山地区的壮族青年都十分喜爱。本案例采自云南文山州。从结构上看,打磨秋所用的器具是由旋木杆、木立柱、磨轴、轴窝、加强板、手杆等组成。该项目实施方式是:先在村寨选一块平坦空旷之地,挖一个深约50厘米、宽约10厘米的洞,然后将一根长约2米的木柱埋在里面,这根木柱顶部呈尖状半椭圆形,在其上端插一根长7—12米、粗约0.12米的横木杆,插入点位于这根木杆的中间部位,以让横木杆自由旋转并利于其左右平衡。

打磨秋时,横杆两端的人数需相等,以便保持磨秋两端的平衡。至于参加活动的人数,一般是取偶数(或2人,或4人)。娱乐时,先将横杆摆平,2人(或4人)在横杆的两端双臂俯拥旋木,然后推转磨秋,由一方先跃上,爬在横杆上,以腹部贴在杆上,一手握手杆,另一手扶横杆,让身体保持平衡。接着,另一人随横杆奔跑,脚蹬地面开始悬空,旋木开始飞转起来,凡旋近地面者,又继续用脚蹬地，让旋木飞转不停，直到有一方感到不适时才停下来。除了这种娱乐方式外，磨秋两端还可以如同跷跷板似的做上下起伏状运动。另外，表演者也可以做各种惊险动作，赢得观众阵阵掌声。过去，磨秋的制作材料主要是木，如今有些磨秋开始用金属件加工，形体可大可小。就小型磨秋而言，金属磨秋可随意搬动，这为选场提供了便利。显然，这是金属磨秋的优势之一。

壮族打磨秋究竟源于何时尚待考证。不过，历史上一些史籍和地方志书多有提及，比如清人《罪惟录》云："龙家……春秋立木于野，谓之鬼竿。女子旋跃而择对。"清代道光《广南府志》卷二也曾表述："正月，男女抛绣球戏扑，又竖一直木于地，以横木凿其中，合于直木头上，两人一左一右，于横木两梢头为戏。此落彼起，此起彼落，腾于半空，名曰磨秋。"（云南省编辑组：《云南方志民族民俗资料琐编》[M]，昆明：云南民族出版社1986年版，第7—8页）

事实上，过去打磨秋既是一种原始民族的精神追求，同时也蕴含着其他社会功能，比如"男女抛绣球戏扑……"便是当时男女婚恋的一种方式或手段。如今，壮族人打磨秋已演变成单纯的体育健身活动，或者说是闲暇时的一种娱乐方式。

图片来源
图一　广西民族博物馆提供
图二至图五　许边疆　制图

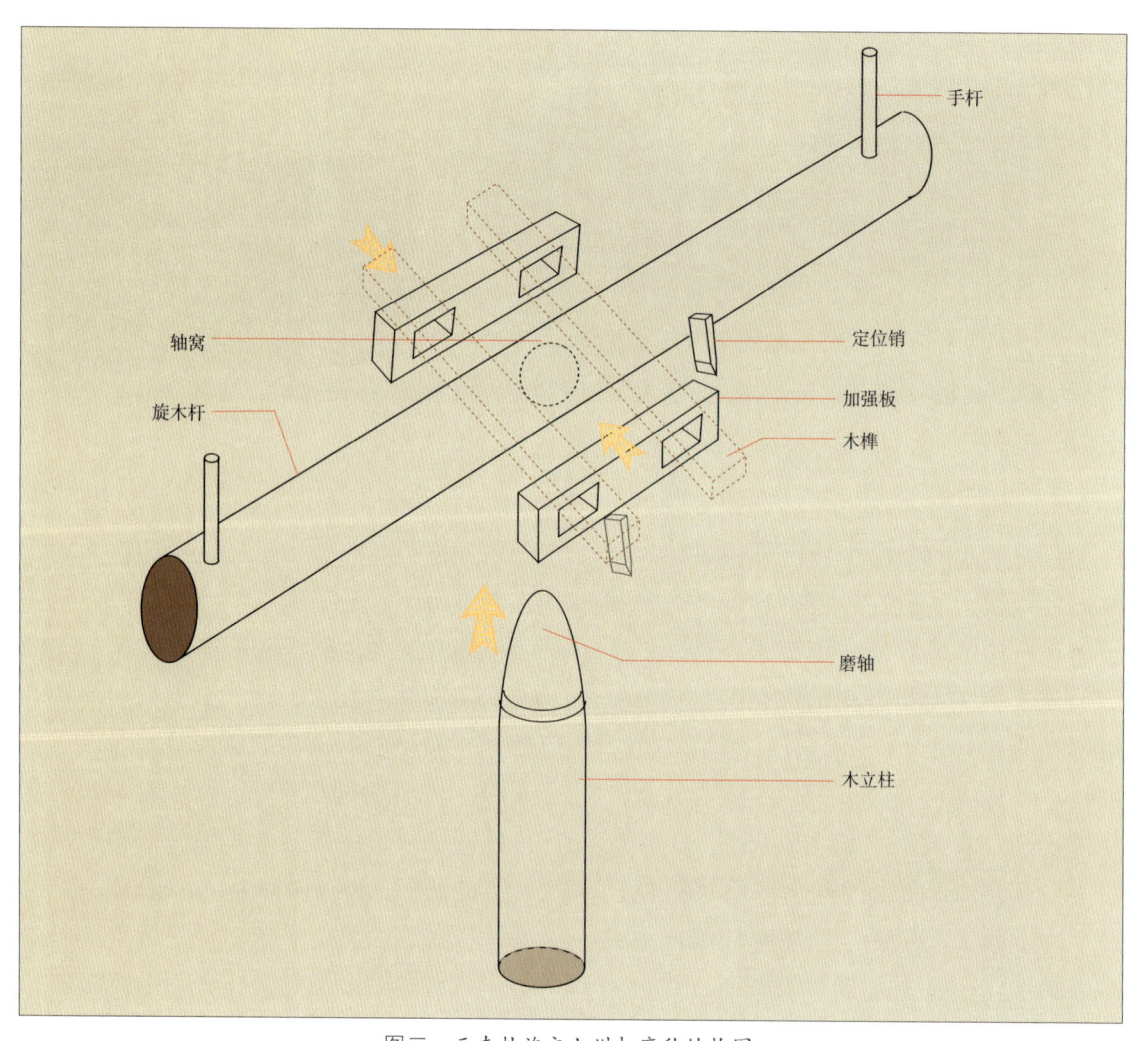

图二　云南壮族文山州打磨秋结构图

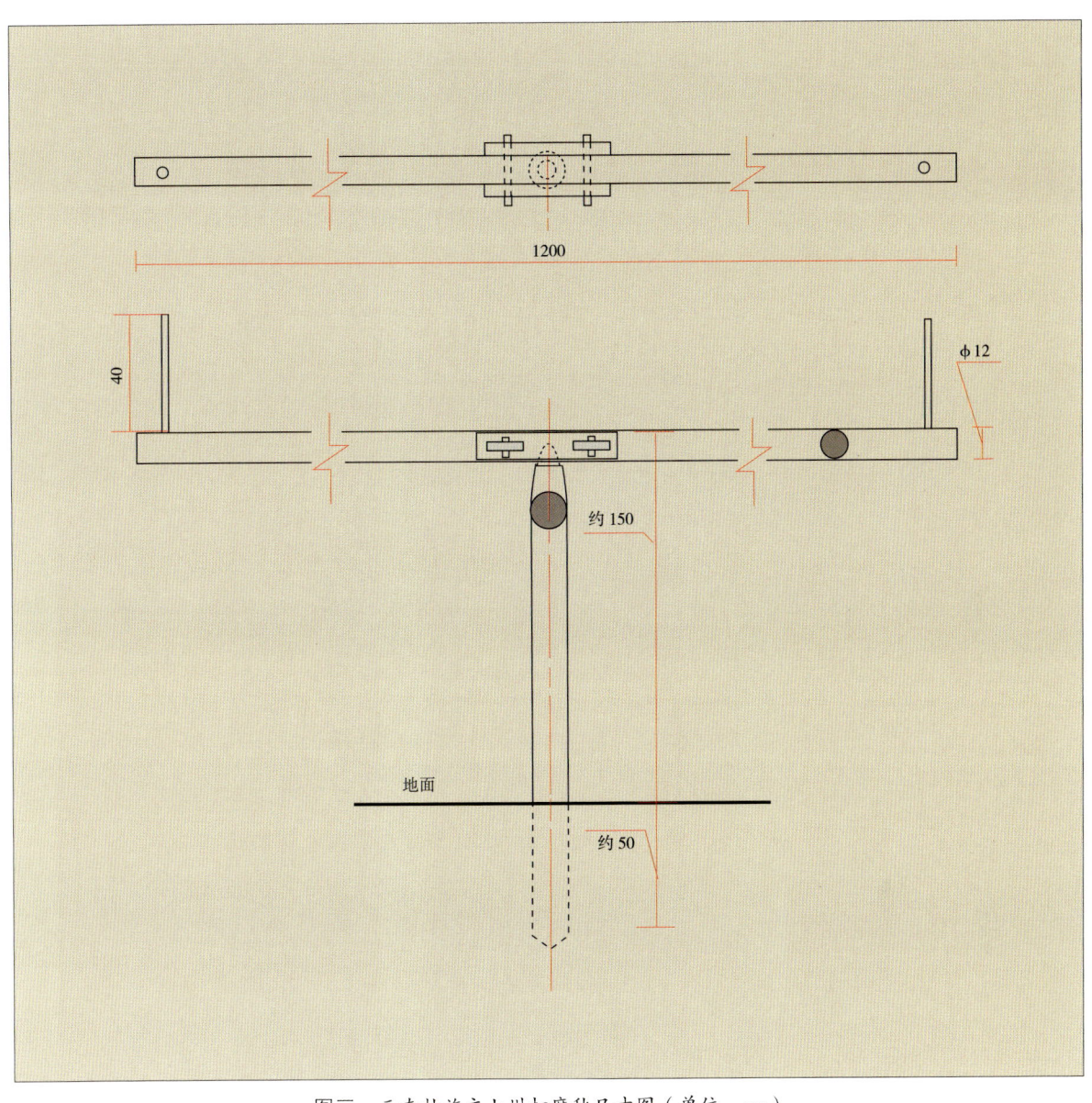

图三　云南壮族文山州打磨秋尺寸图（单位：cm）

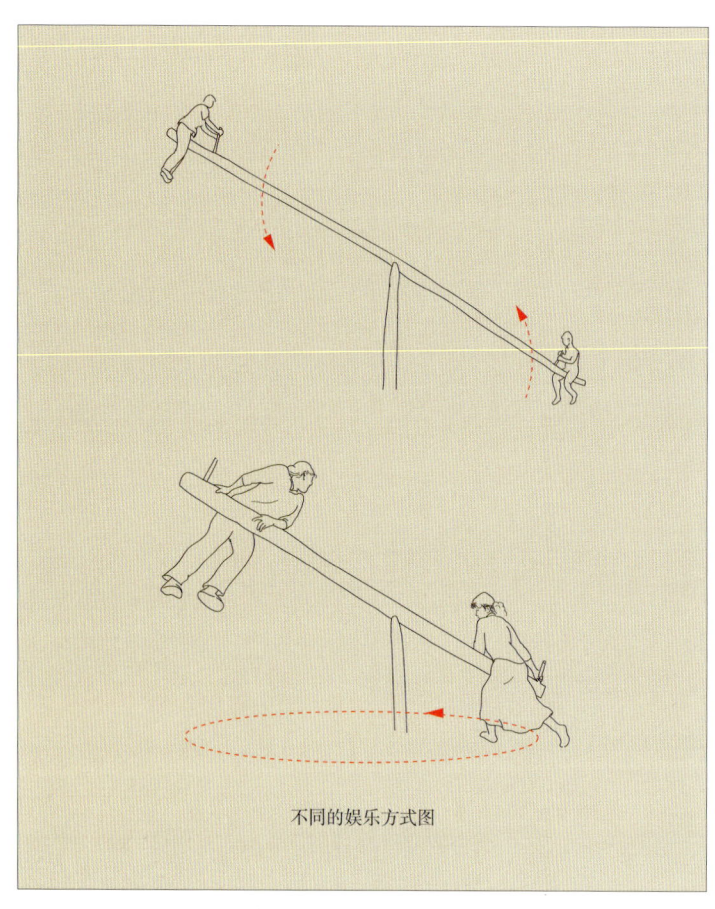

图四　云南壮族文山州打磨秋设计分析图

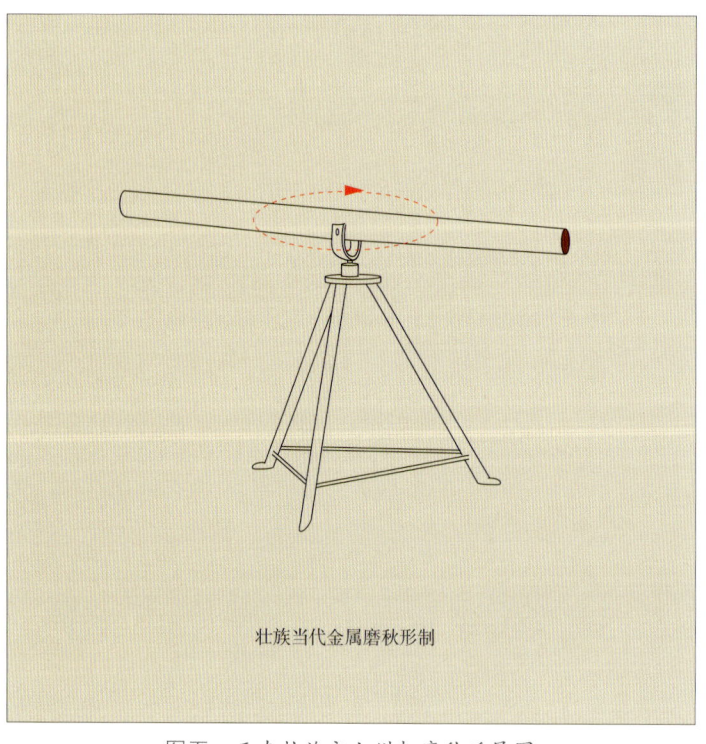

图五　云南壮族文山州打磨秋延展图

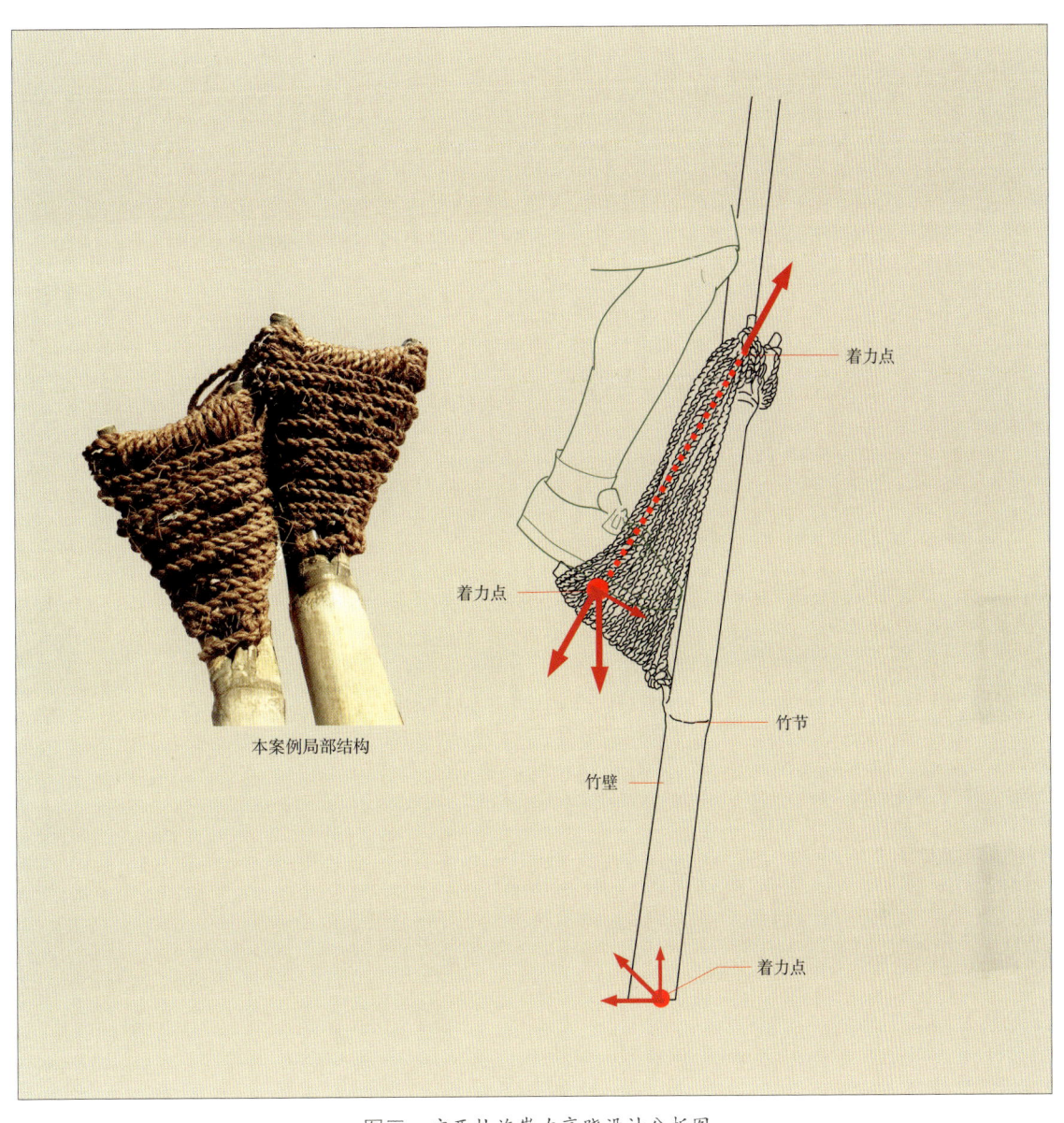

图三　广西壮族崇左高跷设计分析图

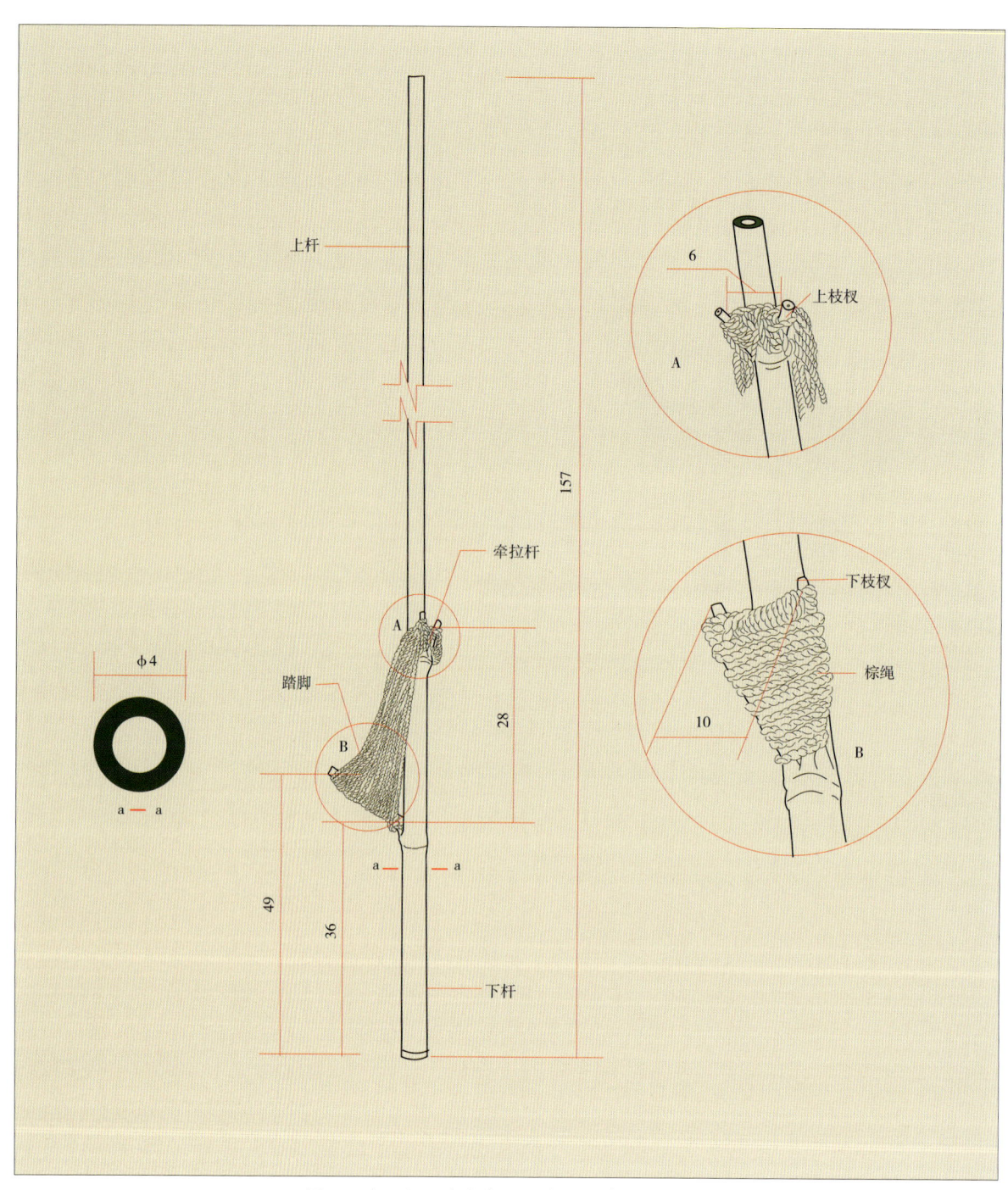

图四 广西壮族崇左高跷尺寸图（单位：cm）

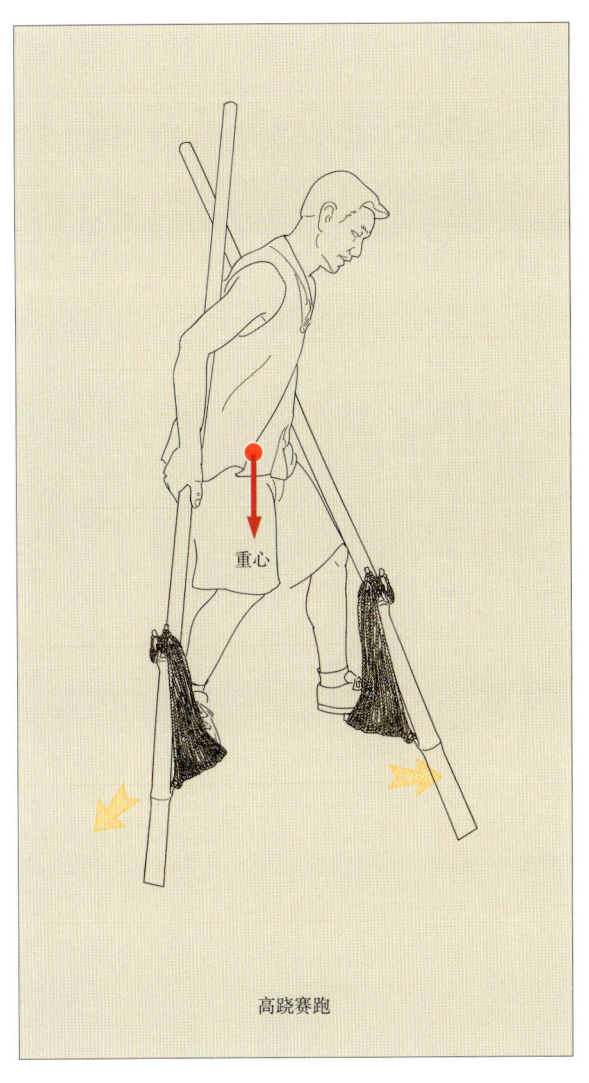
高跷赛跑

独脚跳比赛

图五　广西壮族崇左高跷效果示意图

广西壮族打铳棋

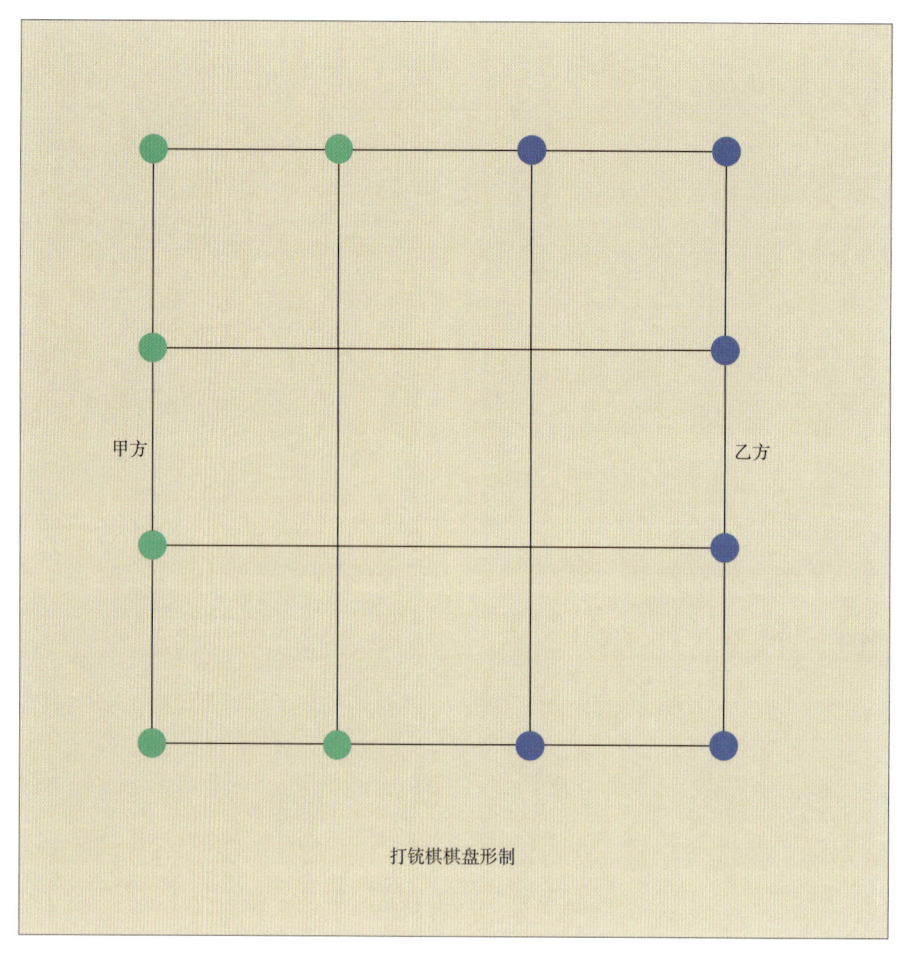

图一 广西壮族打铳棋主图

壮族打铳棋又俗称"炮棋",是壮族民间较流行的一种棋类。这种棋的棋盘结构是:用四根分别等长的垂直线和水平线以90°的角等间距交叉,以此来构成九个方格,每个方格中的交叉点即为棋子摆放点。从棋盘结构看,八条线的交叉点共计有十六个,但打铳棋棋子数只有十二枚,由于打铳棋是两人博弈,故每人拥有六枚棋子。博弈时,棋盘中部四个交叉点不放棋子,其余交叉点双方各占一半,分别摆上六枚。就棋子而言,民间弈棋最大特点之一便是棋子形状及其材料的灵活性,只要双方棋子能被直观地区别开来即可。

概括来看,壮族打铳棋的博弈规则主要有五点:一是对弈者每次只能走一子,可横走,也可直走,但每次只能走一格。在走子的过程中,如果自己的棋子有两枚是对准一条线上的对方一子,而且这三子之间没有空位存在,那么,对方棋子就要被吃掉,这叫"隔山打炮"法;二是如果自己的两个棋子将对方一个棋子夹在了中间,这个被夹棋子也会被吃掉;三是如果双方博弈到一方仅剩一子时,一子方可寻找机会跳到对方两子中间,用"担"的方式将对方两子同时打掉,当然,只有一方仅剩一子的情况下才允许使用此规则;四是如果一方还剩三子,另一方仅剩一子,并且被困在任何一角,即被打掉,是为输;五是如果双方余子皆为二,则不容易分出输赢,那么这次博弈就算和棋。

从以上游戏规则不难看出,壮族打铳棋明显借鉴了中国传统象棋中的部分规则,如象棋中的"炮"也是在一条线上隔子打子的,但不同的是象棋不受空位影响,而打铳棋则必须是三子相连。此外还有一点需说明,那就是壮族打铳棋有十二枚棋子,其他民族的炮棋则有十六枚,并且壮族打铳棋的规则更丰富。由于打铳棋棋盘结构简单,空闲之时人们可随时进行娱乐,故深得壮民喜爱,至今仍流行不衰。

图片来源
图一至图五　许边疆　制图

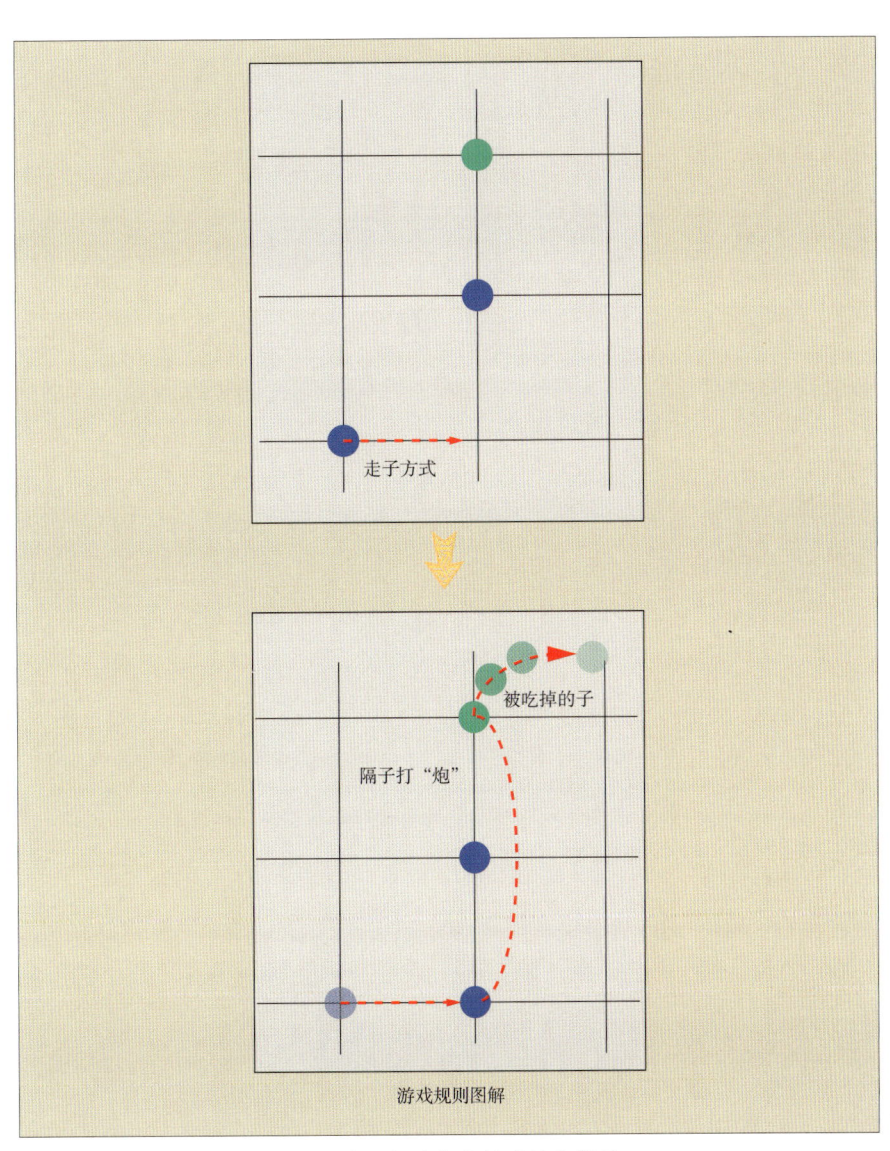

图二　广西壮族打铳棋设计分析图1

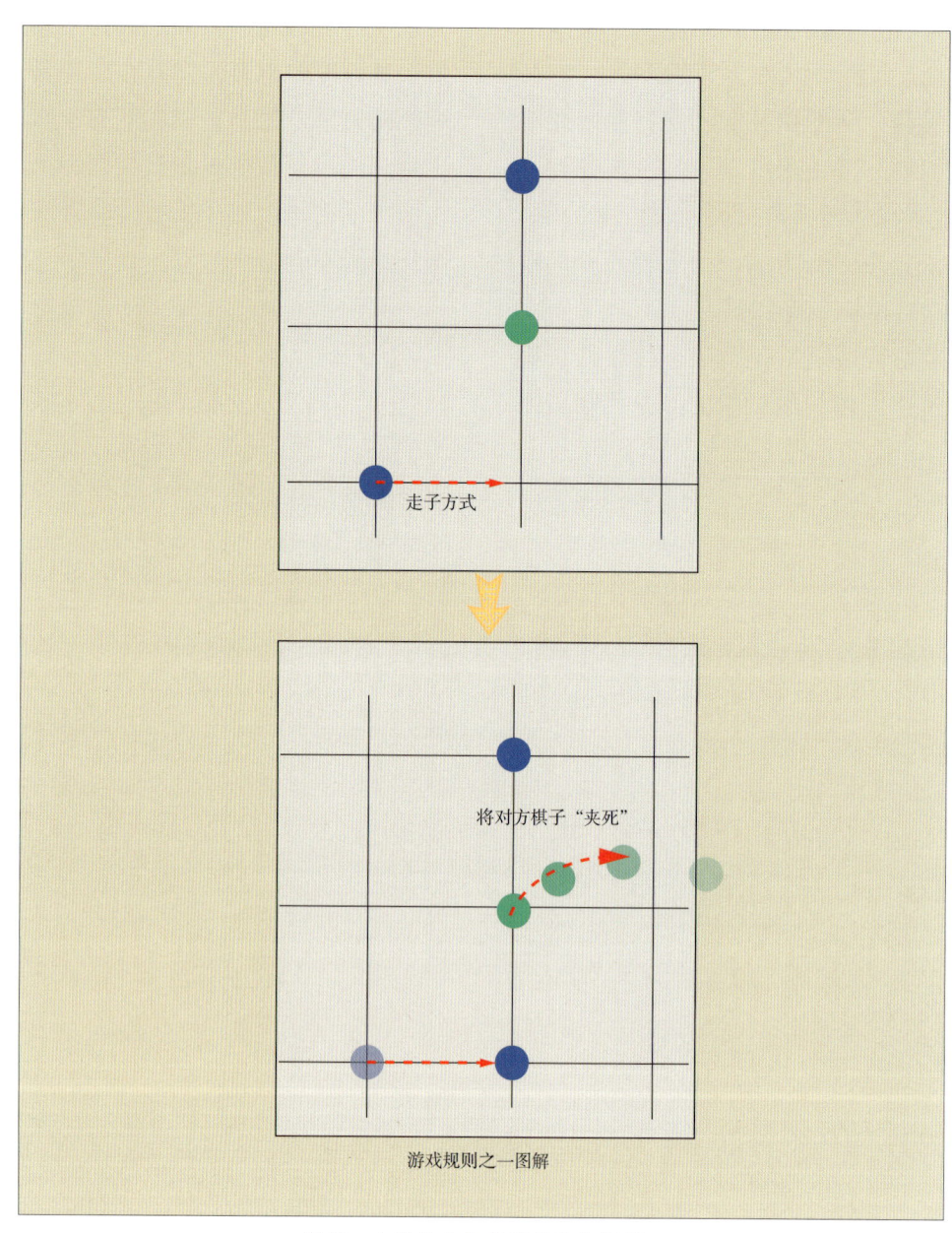

图三　广西壮族打铳棋设计分析图2

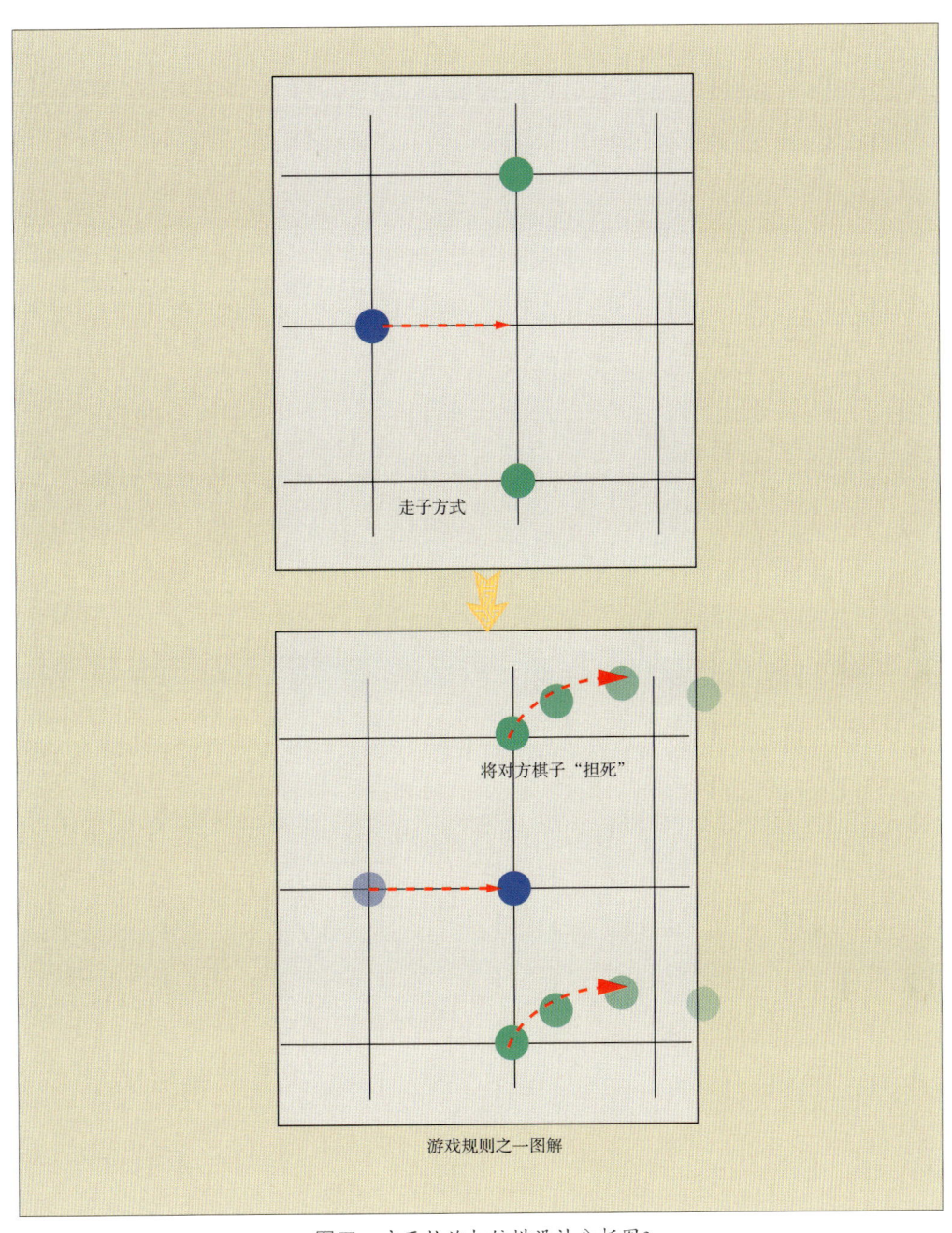

图四　广西壮族打铳棋设计分析图3

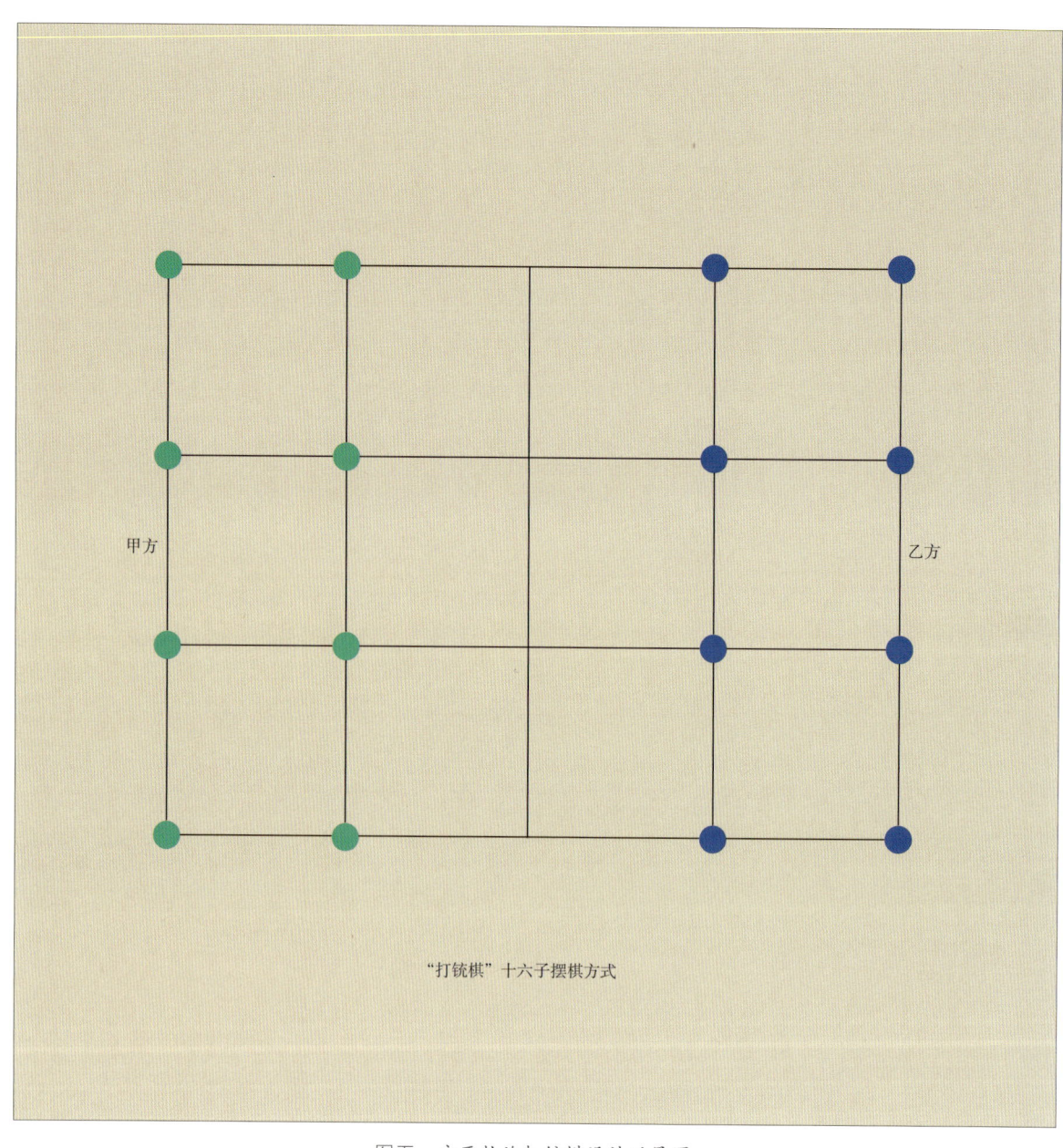

图五　广西壮族打铳棋设计延展图

广西壮族打三棋

图一 广西壮族打三棋主图

打三棋是壮族民间传统弈棋,这种棋为两人对弈,一人裁判。其棋盘形制是,在一个大四方形中部设一个小四方形,然后在小四方形与大四方形中间再画一个四方形,并用直线将三个四方形的角分别连起来,再从小四边形的中间部位向四周做垂直线,与其外围两个四方形的边相交,从而构成打三棋棋盘。打三棋棋盘尺寸通常为30厘米见方。

从棋盘形制看,三个正方形及其连接线彼此间能构成二十四个交叉点,这二十四个交叉点正是摆放棋子的地方。一般说来,壮族打三棋的双方各配有十二枚棋子,正如其他民间棋类那样,打三棋的棋子只要双方棋子形状或颜色有所区别即可。其游戏规则是,双方先竞猜谁先投子,不过先得投子权者后走棋。当一方投子后,另一方便随之放子,双方由此开始博弈。博弈的焦点是,一方面是设法阻止对方出现三子连一线,另一方面是尽可能地让自己的棋子排列成三。具体规则是:一方棋子出现三子连一线,裁判会立即将另一方不成三的棋子拿掉一个,并在该棋子部位标上记号,双方不可再投子,直到走棋阶段才能放子。当然，另一方已排列成三的棋子裁判是不能拿的。双方棋子都投完后，就开始进入第二轮走棋，正如前面所说的，后投者先走棋。这个时候，双方的棋子数往往不对等，哪一方在投子期间丧失更多的棋子，哪一方就处于劣势。就第二轮走棋规则而言，双方是轮流走棋，每次仅走一格，而且只能选择棋子临近的空白交叉点走。当某一方再次出现排列三时，就能拿掉对方一个不成三的棋子，这样双方反复地绞杀，直至某一方棋子仅剩两枚为止，棋子多的一方就宣告获胜。

从上面的弈棋规则看，壮族打三棋的下法并不复杂，男女老少皆易学易会，这是过去打三棋流行的内在原因之一。作为一种民间萌生的棋类，壮乡人在劳动之余或茶余饭后常围坐在一起就地画个棋盘，借助树枝或石子娱乐一番，不仅其乐融融地增进了彼此间的感情，同时也能陶冶个人情操，犹如生活中的润滑剂。如今，随着社会的发展，壮乡虽然涌现出了更多的娱乐花样，但传统的打三棋无疑仍具有其开发潜能。

图片来源
图一　许边疆　摄影
图二至图四　许边疆　制图

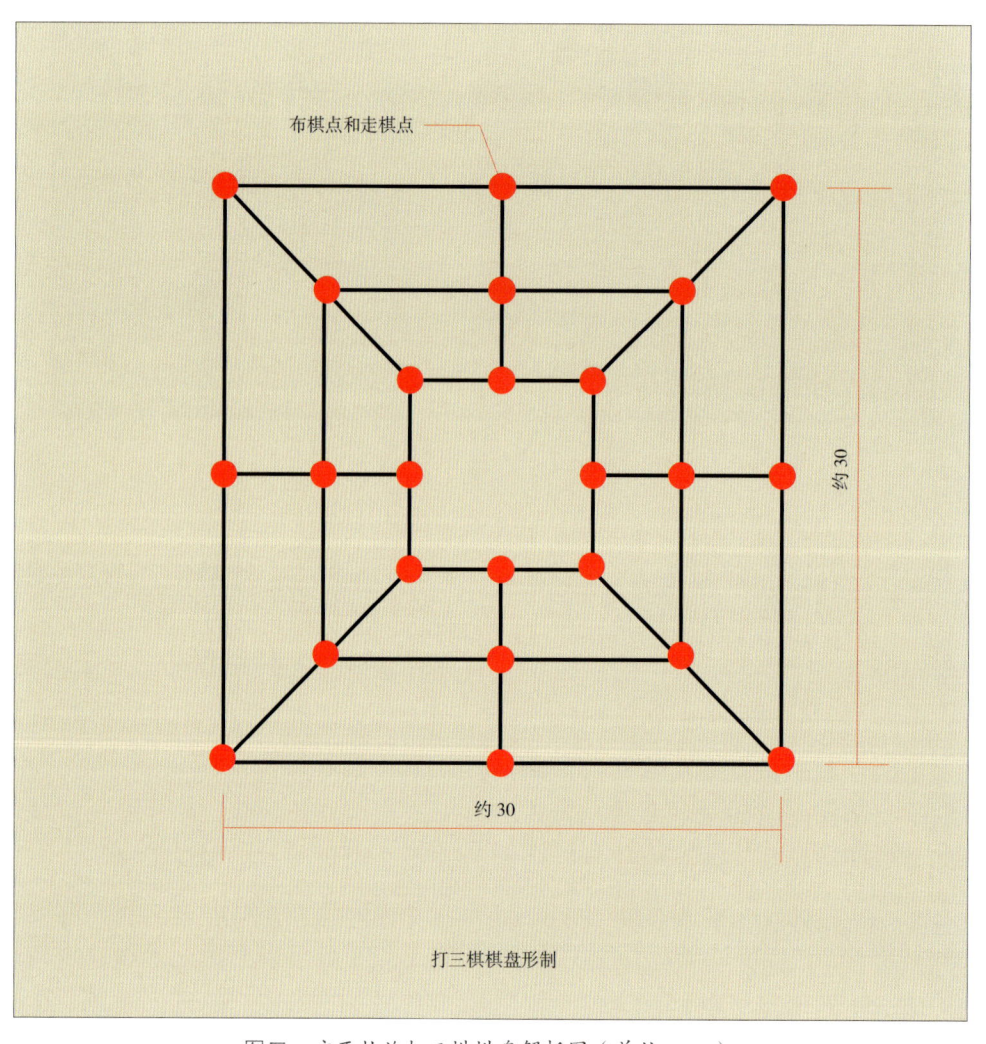

图二　广西壮族打三棋棋盘解析图（单位：cm）

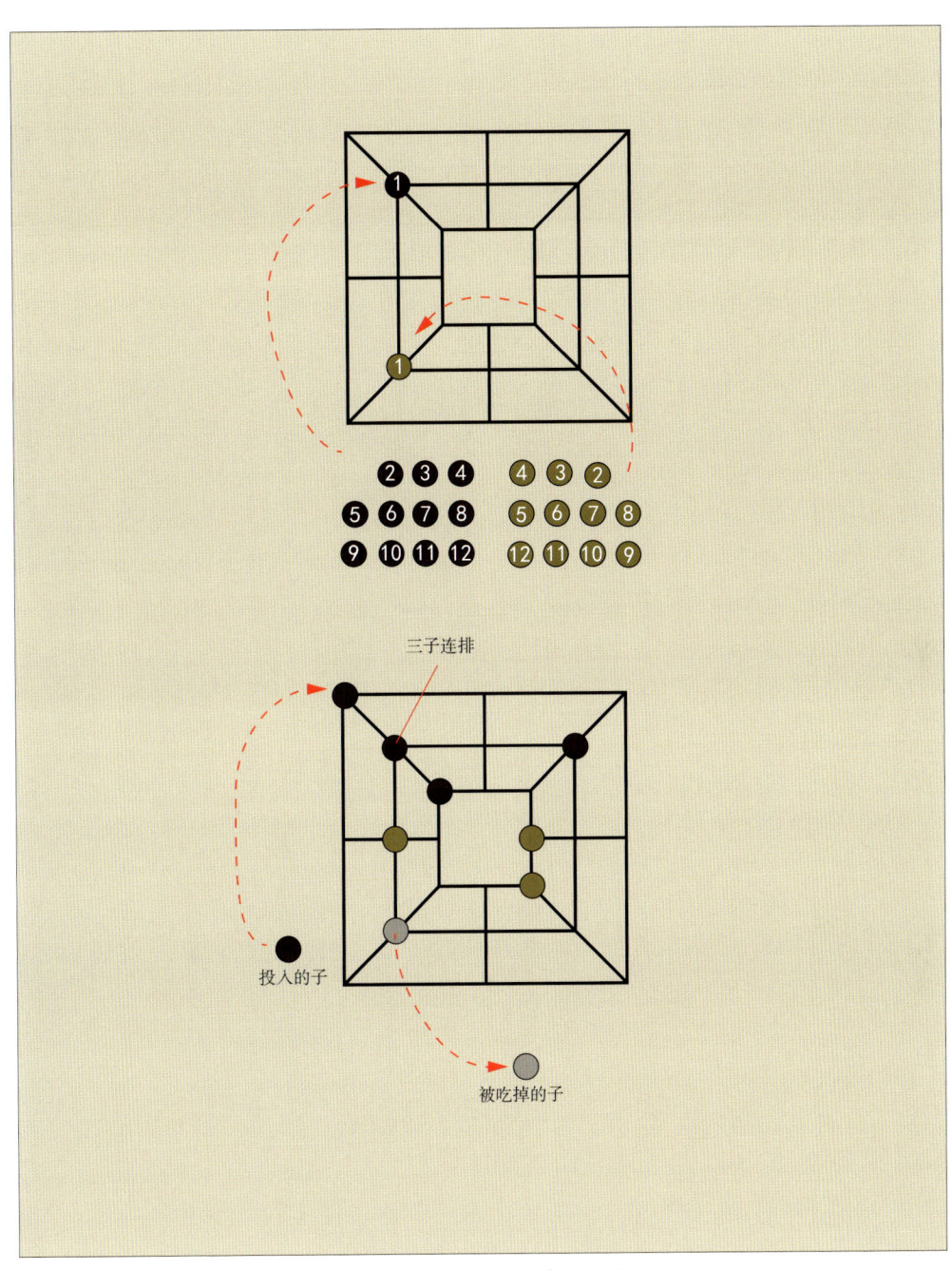

图三　广西壮族打三棋说明图1

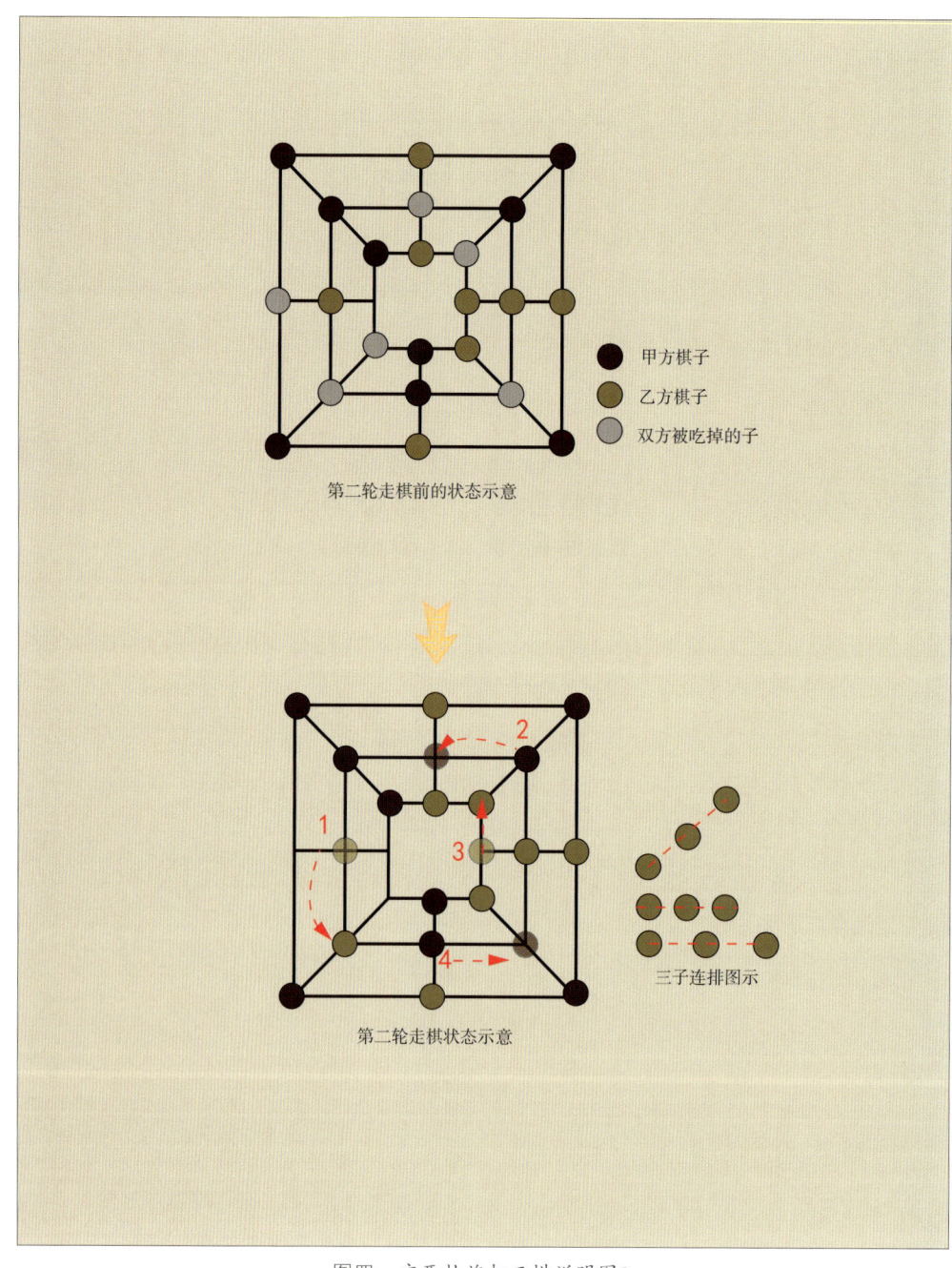

图四 广西壮族打三棋说明图2

广西壮族夹棋

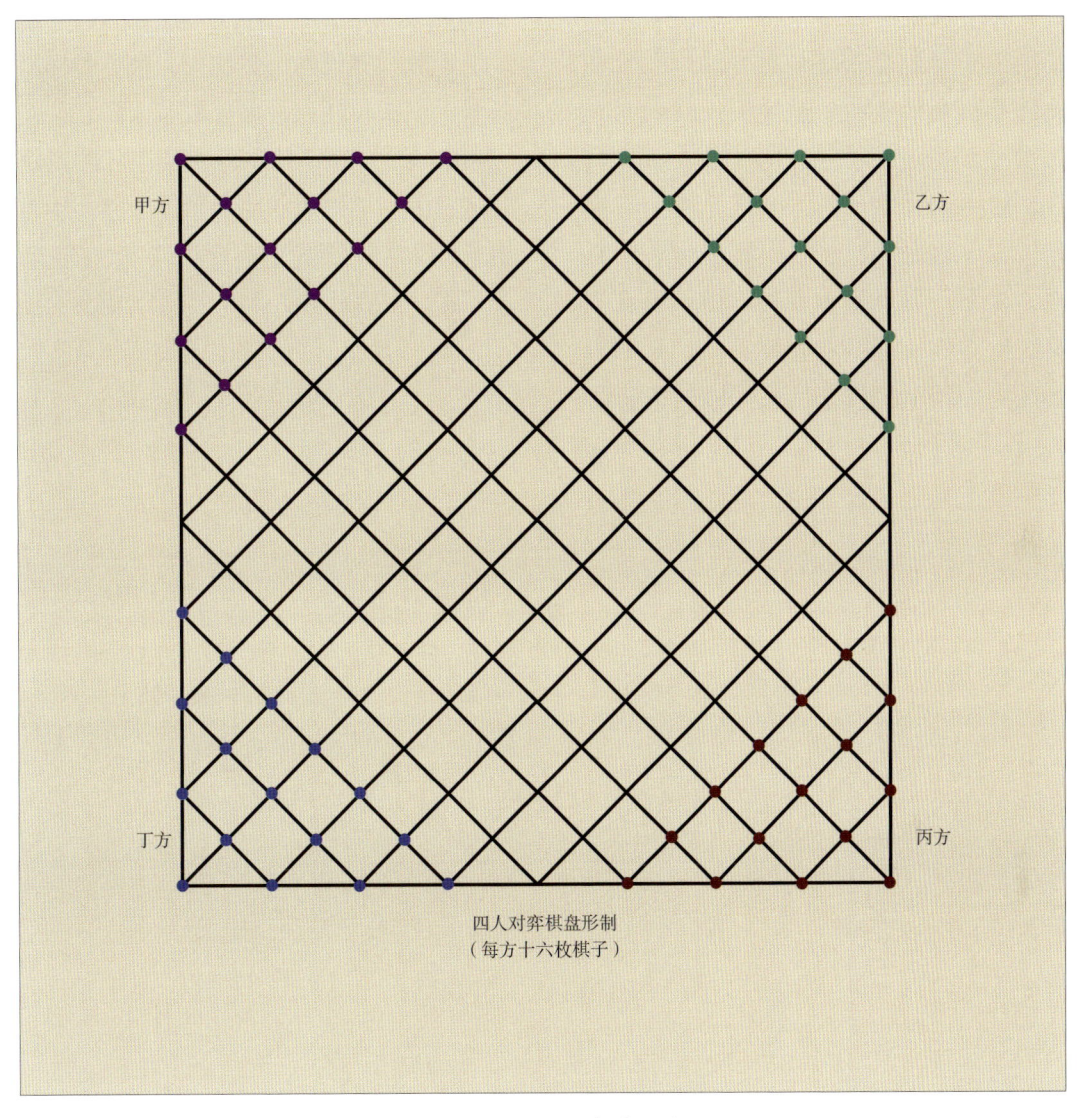

图一　广西壮族夹棋主图

壮族夹棋，俗称跳棋，两人或四人彼此博弈，棋盘形制呈方格网状。通常，两人棋盘是41棋点式，四人棋盘则为145棋点式。这种棋的棋子十分随意，房前屋后或田间地头，随手拾些小石子、碎瓦片、短树枝、稻草秆就能当棋子，棋盘可大可小。

壮族夹棋的游戏规则是：双方持相同数量的棋子，并将棋子分别摆放在棋盘的对角上，如果是四人博弈，则每人自占一角；如果是两人对弈，则采用对角的形式布棋，也可以各占己方两角。至于棋子数，两人对弈的棋盘一般是每人拥有九枚棋子（也可自定），四人对弈的棋盘每人则拥有十六枚棋子。具体走棋方式是：首先，双方棋子可步行，即沿着一步格子线至空点；其次，双方隔着棋子跳着走，若被隔的一枚邻边棋子旁有空点，那么就能隔着这枚棋子跳过去——无论这枚棋子是自己的还是对方的，并且在相同条件下棋子能连跳。这里需说明的是，壮族夹棋一般是隔一子跳。从壮族夹棋设计原理看，棋手选择跳子的方式既是快速移动棋子的过程，也是寻机围歼对手的过程。具体来说，如果一方棋子被另一方棋子夹在当中，那么被夹的棋子就要被吃掉。如果一方的棋子在同一线上的棋子两头均被对方棋子夹住，在无空隙的情况下，也要被对方吃掉；假如对方棋子之间有空格，则不能吃。实际上，壮族夹棋就是通过逐个吃掉对方的棋子来达到削弱对方实力的目的，当把对方棋子围死或使对方无路可走时，即宣告获胜。

壮族人弈棋的历史悠久，种类多样，规则各异。由于壮族人大多喜欢在劳作之余或饭后以及节庆空闲时下棋，故棋类在壮族民间是非常普及的一项娱乐活动，尤其是过去精神生活匮乏的年代，下棋无疑为人们平凡的生活增添了乐趣，成为壮族人生活不可分割的一部分。

图片来源
图一至图四　许边疆　制图

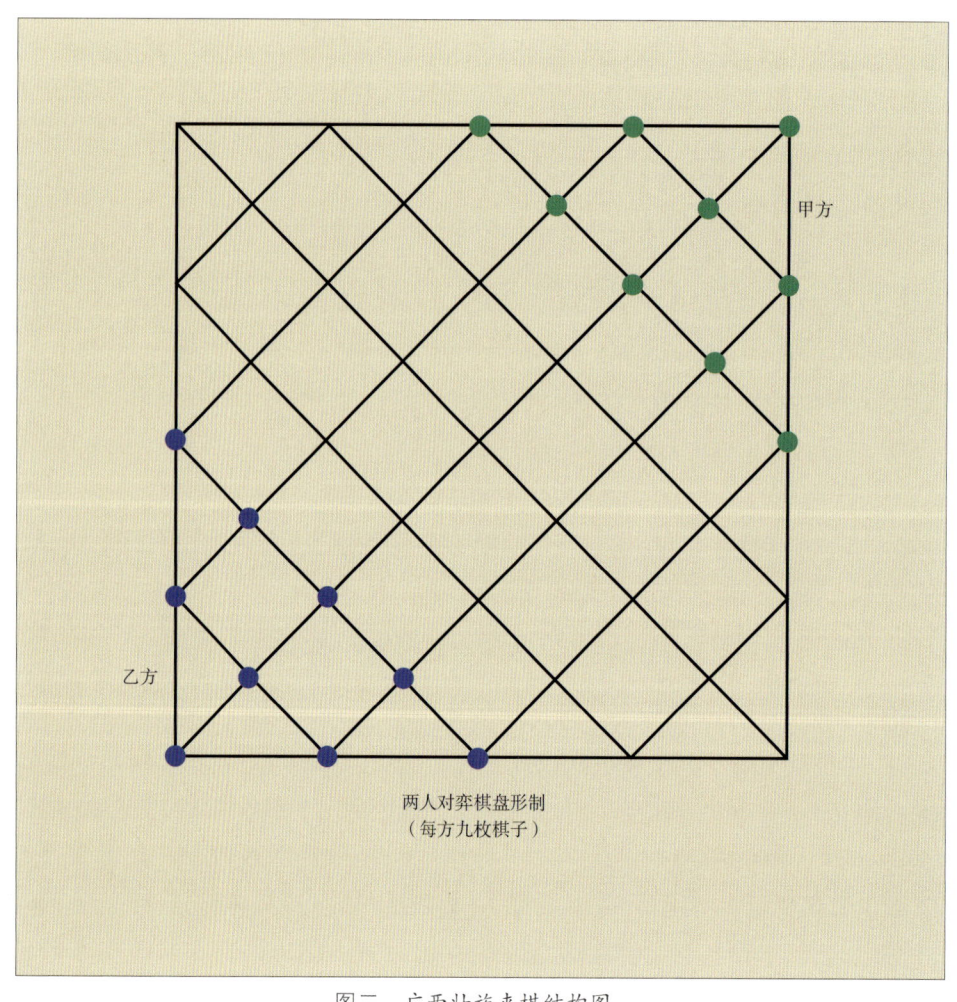

图二　广西壮族夹棋结构图

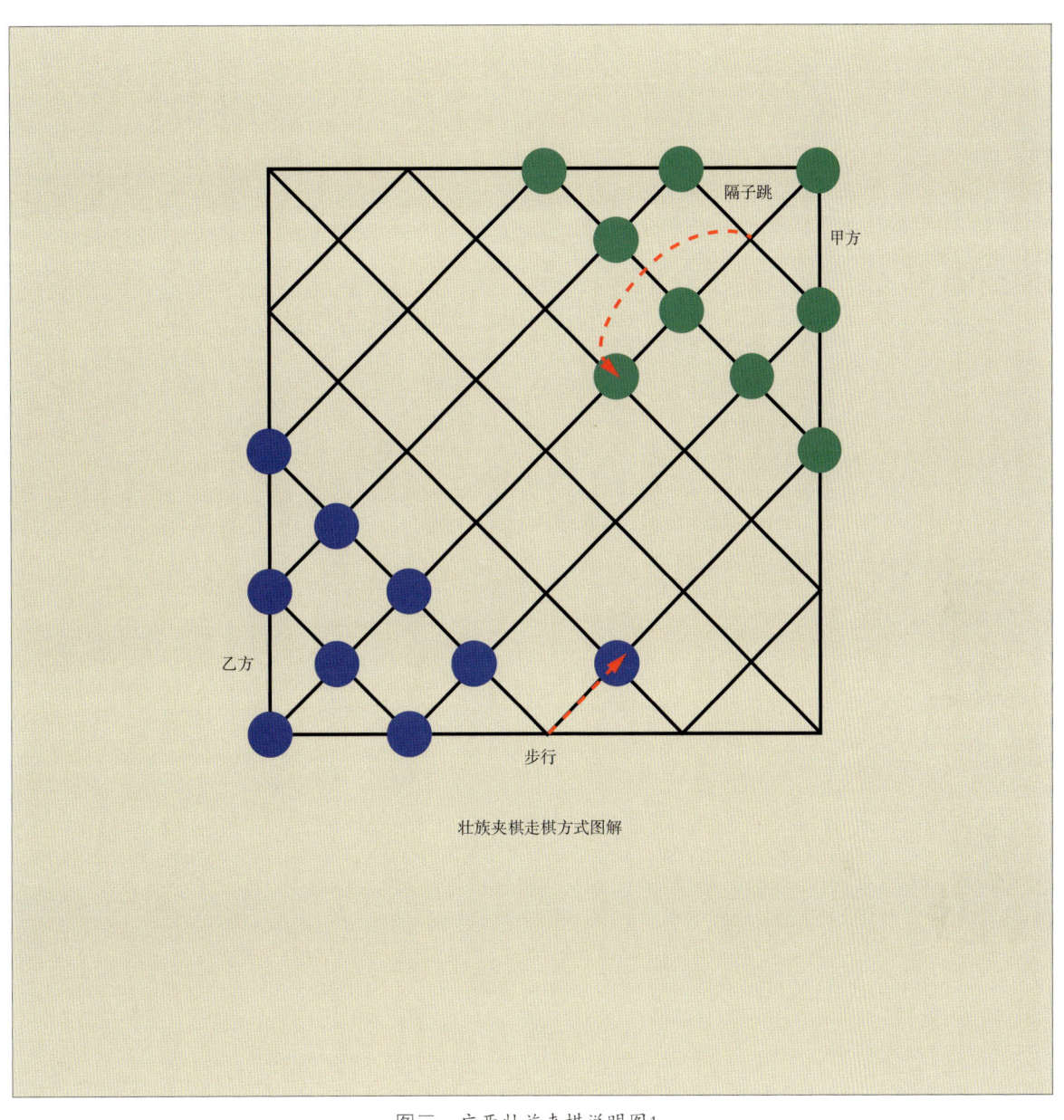

图三 广西壮族夹棋说明图1

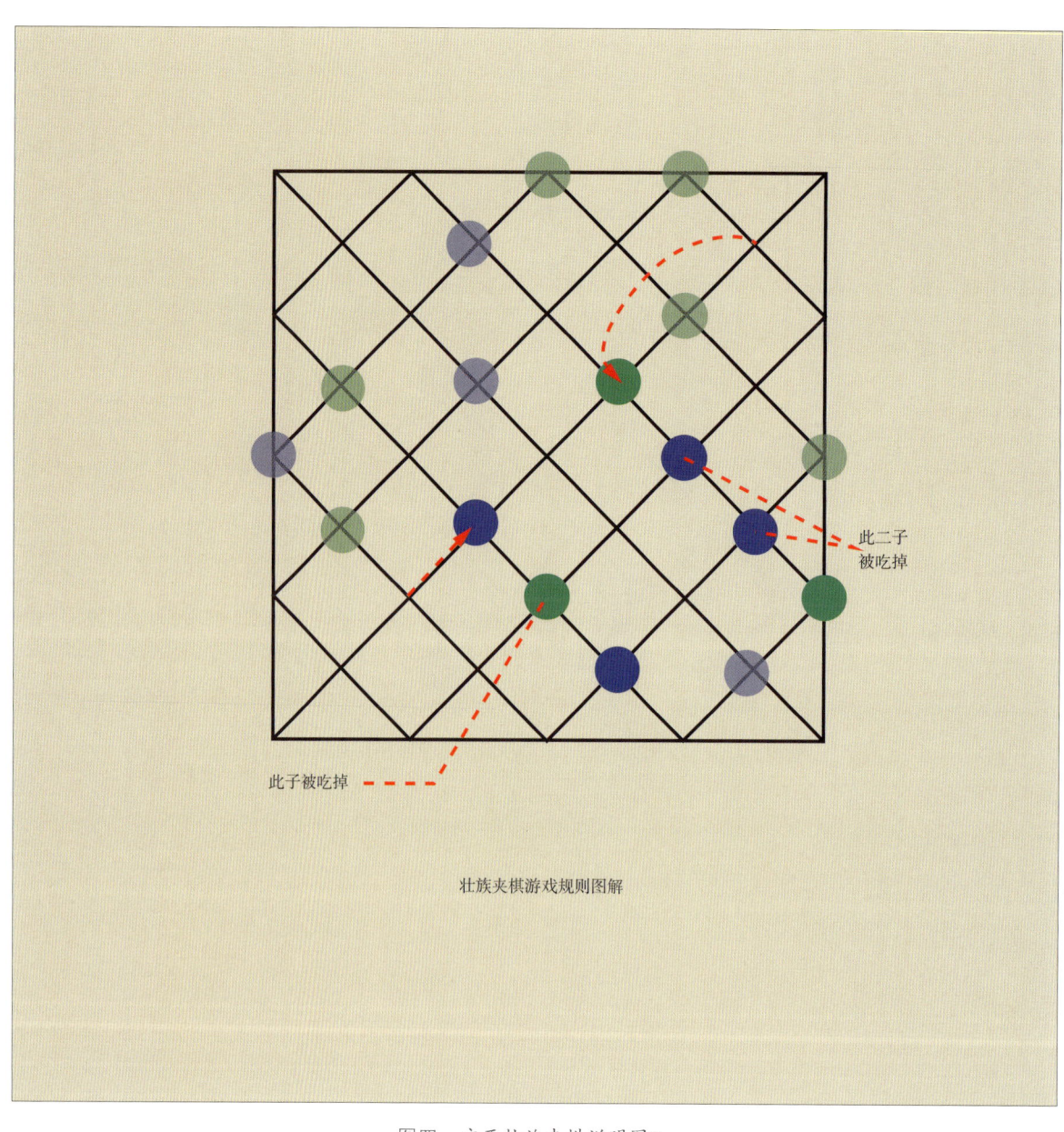

图四　广西壮族夹棋说明图2

广西壮族王棋

图一 广西壮族王棋主图

壮族王棋,俗称"粪缸棋",是壮乡少年常玩棋类之一,因棋盘上有个"山"形,谁先到达"山顶"谁就是"大王",故名之。王棋属于两人对抗赛,下棋者可在村头寨尾、宅内宅外随时即兴博弈。由于该棋盘形制简单,只需用粉笔在地面或木板之上画出即可。此外,王棋棋子也无奇刻要求,只要能将双方棋子区别开来就行。

概括来看,王棋的游戏规则是:双方在博弈之前先商定好单数和双数,然后再以双方出手指的和是单数还是双数来决定弈棋方式。具体比赛过程是:双方先将棋子分别摆放在A点和C点上,这两个点可谓比赛双方的大本营,由于中间B点是"粪缸",故不摆放棋子。比赛一开始,双方快速出手指,经计算,手指总数与谁的数相符(单数或双数），谁就走自己的棋子。棋子每次只走一格，也就是说，每遇到直线交叉点时棋子便要停下来。接着双方继续出手指，依据上面规则反复进行。这里需要说明的是，如果前方的棋子被后方棋子追上，那么前方的棋子就要掉进下面的"粪缸"里，重新起步。此外，任何一方的棋子在走线时都不可跳跃进行，如果碰到线的端头必须按原线返回，继续往上走，不可遗漏线路。最后，谁最早登上"山顶"，谁就是赢家。

过去，壮族还有一种棋，叫"回纹棋"。回纹棋除了棋盘形制与王棋不同外，其设计原理与王棋基本相似。该棋是以二至三人的形式对抗，如果是两人对弈，双方则将棋子分别摆放在 A 点和 B 点上，同样是以手指单数或双数决定谁走棋，但与王棋不同的是，如果前者的棋子被后者赶上，前者的棋子仅被罚停一步，而不像王棋那样回到原点重走。如果是三人博弈，则分 A、B、C 三组，每组从"一、四、七""二、五、八""三、六、九"中任选一组数字，比赛时，三方同时出手，若三方手指数之和与某方的数字吻合，则由数字相合方走棋，其他规则同王棋一样。最后，谁先到 D 点，谁就是赢家。

王棋除了娱乐性外，因涉及数的计算，因而对成长中的少年儿童来说具有很好的益智功能。

图片来源
图一　许边疆　摄影
图二至图五　许边疆　制图

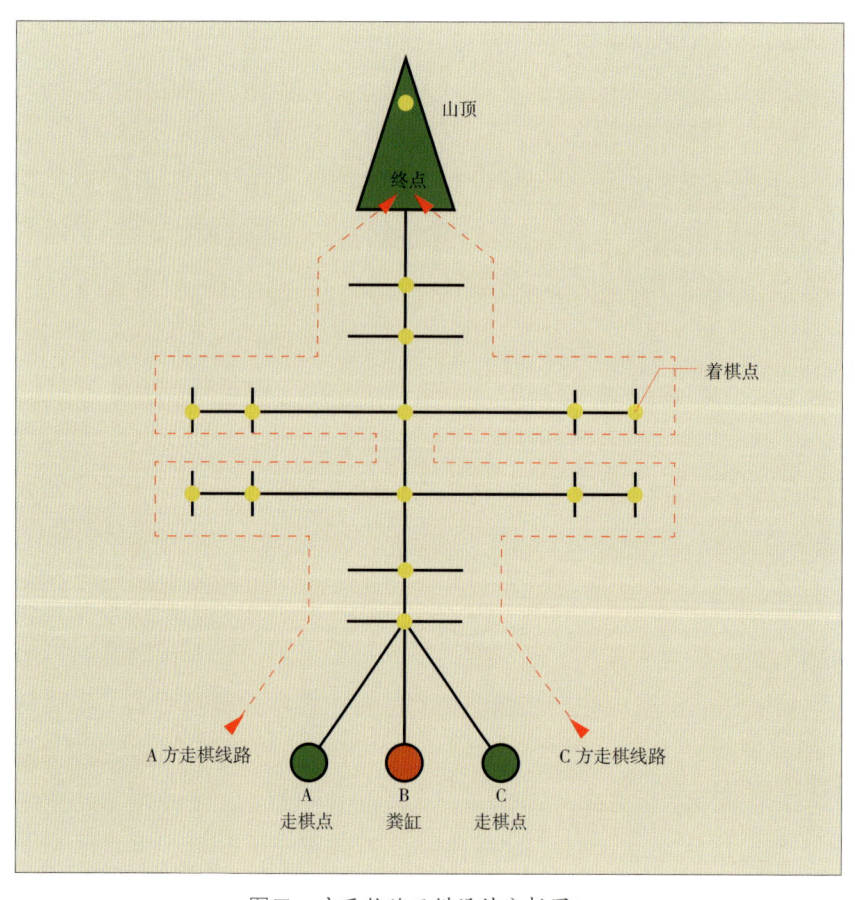

图二　广西壮族王棋设计分析图1

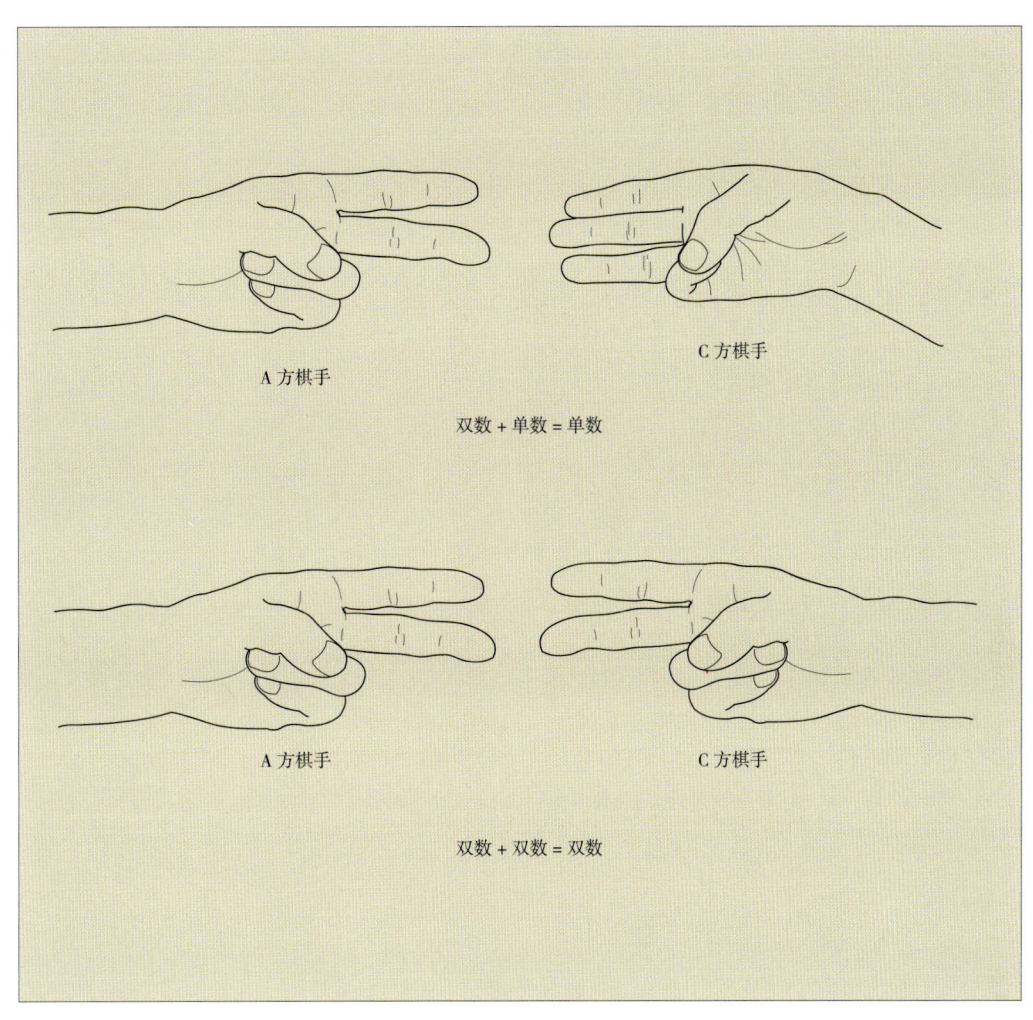

图三 广西壮族王棋规则图

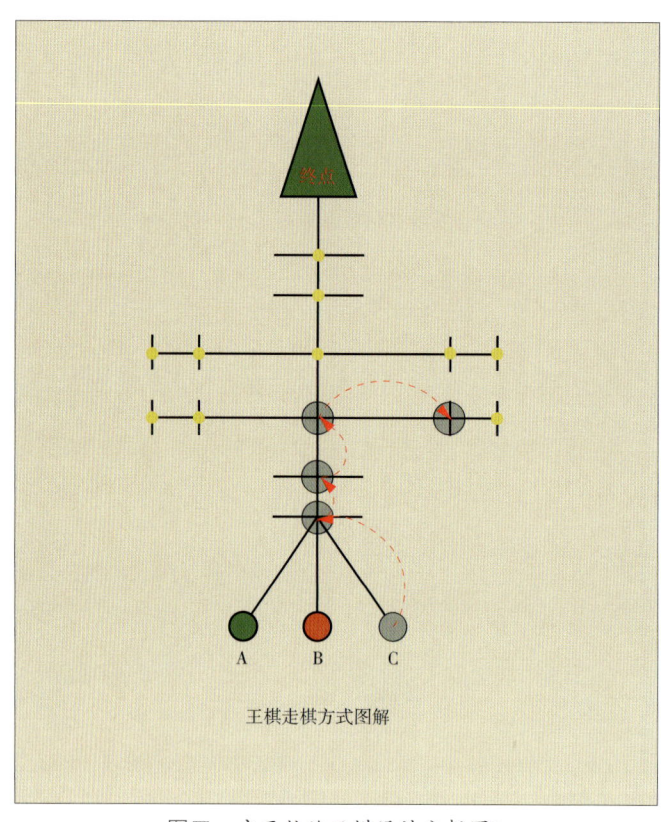

图四　广西壮族王棋设计分析图2

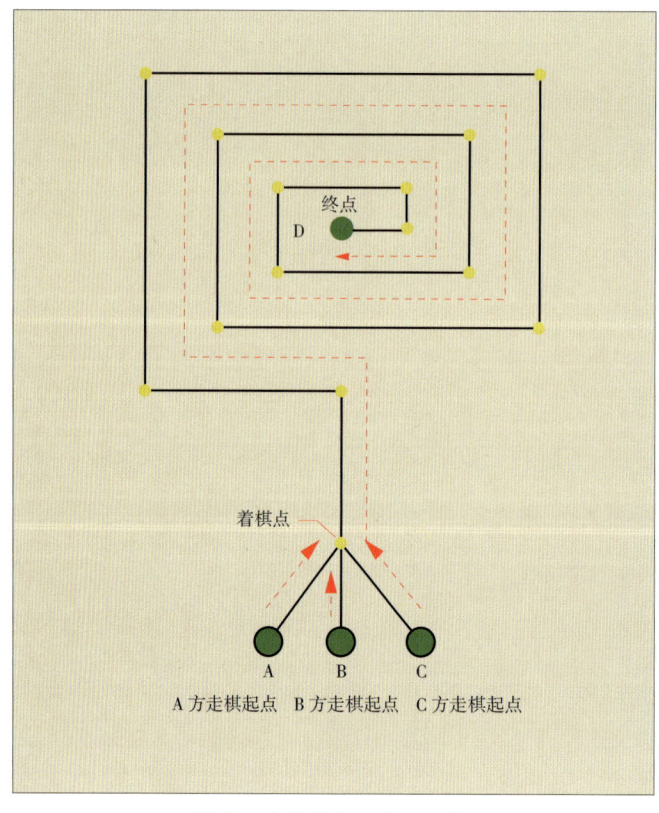

图五　广西壮族王棋对比图

广西壮族贺州南乡"舞火猫"

图一 广西壮族贺州南乡"舞火猫"主图1

"舞火猫"是广西贺州南乡镇壮族一种古老的民俗活动,其道具是用稻草、竹子、香火等构成。本案例于2014年正月十五采自南乡沙洞村。据村民介绍,"舞火猫"只在正月十五以内举办,过了十五就停了,大多数情况下都是在正月十五晚上七点开始,地点常选在村边一块平坦的稻田或村中谷场上。

图一　广西壮族贺州南乡"舞火猫"主图 2

据现场观察，沙洞村的"火猫"头是用若干竹条扎成一个锅形框架，然后缠上手臂一般粗的稻草绳，再插香而成。"老鼠"则是用竹篾编成一个椭圆形框架，内部塞入稻草，稻草中同样插香，不过其形体没有"猫"大，也没有"猫"尾巴。所谓"尾巴"，实际是两股稻草绳缠在一起，形成一根长长的碗口粗的绳子，每隔大约 4.5 米远，再将绳子扎在一根约 1.2 米高的竹竿端头，以此来充当"猫"身和"猫"尾。沙洞村的"火猫"身段共计有十八节，村民们说，"火猫"身体长度没有限数，但一定要取双数。

"舞火猫"的活动过程是：入夜时分，村民们聚拢在一起，先燃数堆火，再点神香。香大约 10 支为一束，以 15 至 25 厘米的间距插在"猫"身上，这也是其被称为"火猫"

的缘由。香要快速点，接着是锣鼓喧天，一个年轻人手持竹竿开始舞动"猫"头，其身后一人一竿随之舞动"猫"身与"猫"尾，整个表演队伍由持"鼠"者扮逃状予以引导，而舞"猫"人左右摇晃做"滚猫"动作。表演队先是绕村一周，然后再去空旷的田垌进行表演，寓意猫在田中捉鼠，预祝来年丰收。由于道具插满了点燃的香，是故夜幕下舞动的长猫十分吸引人，这为节日带来了欢乐。据我们在南乡镇的调查，现在有些村也用布来做猫和老鼠造型，表演者穿上这种道具服，会让演出效果更加生动。

本案例仅是一种意象表达物，其形与实际的猫、鼠相去甚远，但这并不妨碍人们将其视为猫和鼠。村里人认真地告诉我们："这个是猫，那个是鼠。"这种意象表达法是中国民间文化常有的习性。

"舞火猫"源于何时尚待考证。当地老人说，他们小时候就有这种习俗了，这可能与他们祖先开山种田时粮食总被老鼠偷吃有关，为了消除鼠害，他们特别敬重猫，久而久之视猫为神，并形成了猫崇拜，于是也就有了今天看到的"舞火猫"之习俗。

图片来源
图一至图二　孙林　摄影
图三至图六　许边疆　制图

"舞火猫"前的状态
（摄于贺州南乡沙洞村）

图二　广西壮族贺州南乡"舞火猫"整体形制图

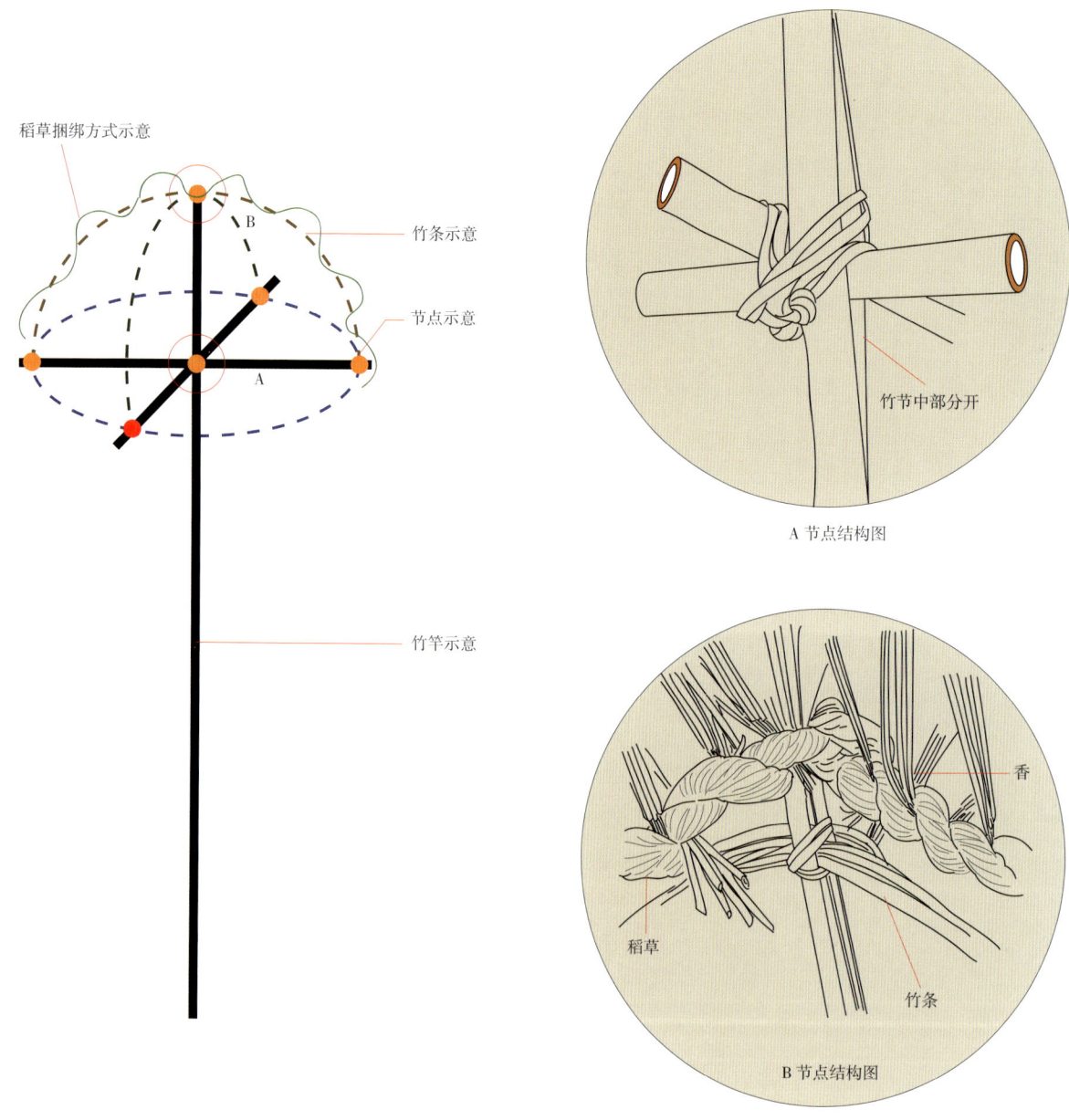

图三　广西壮族贺州南乡"舞火猫"解析图

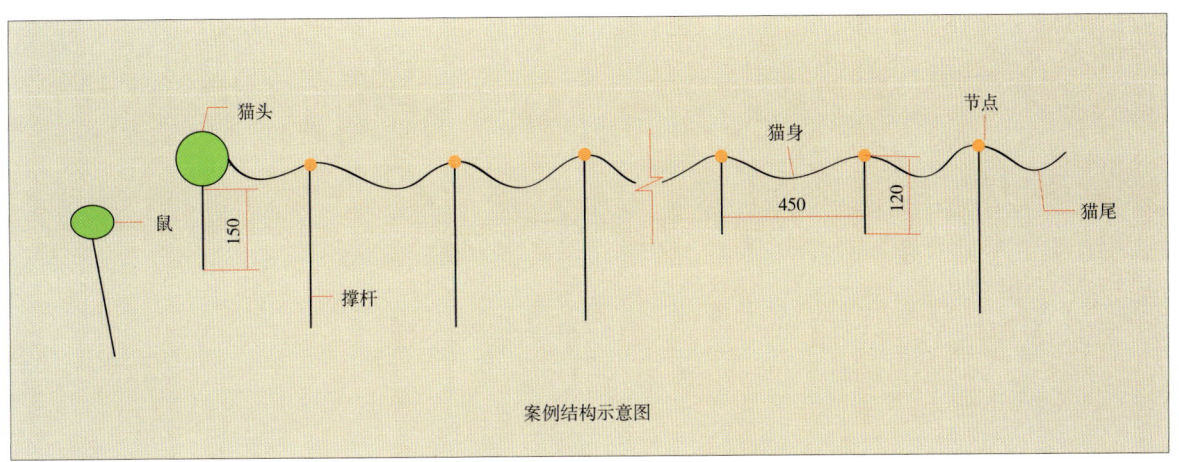

案例结构示意图

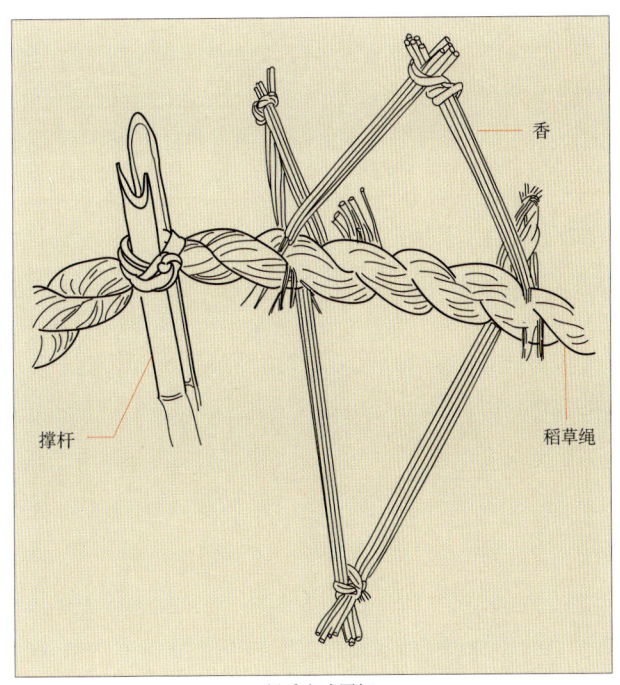

插香方式图解

图四 广西壮族贺州南乡"舞火猫"道具结构图(单位:cm)

图五　广西壮族贺州南乡"舞火猫"示意图

现代"舞火猫"道具形制

图六　广西壮族贺州南乡"舞火猫"延展图

广西壮族靖西绣球

图一　广西壮族靖西绣球主图

壮族绣球是一种历史悠久的民间吉祥物，它通常是用彩色绸缎或棉布制成，内有填充物，外表饰吉祥纹样。本案例采自广西靖西壮族博物馆，案例形制呈圆形，结构由十二个叶瓣组合而成，每个叶瓣皆用花卉图案装饰。据该馆工作人员介绍，十二个叶瓣的绣球是靖西最典型的绣球形制，这种造型实际是一年十二个月的象征。当然，叶瓣数量越多绣球直径一般就越大，比如在迎接香港回归的时候，靖西艺人制作了一个直径长达197厘米的绣球，叶瓣数是三十个。概括来看，传统绣球形制是以圆形为主，但也有椭圆形和多面几何形。至于绣球的大小，并没有严格的定制，直径范围多集中在6至10厘米之间。我们在号称"绣球之乡"的旧州所见到的最小绣球直径仅4厘米左右，而本案例直径却有23厘米，显然，案例属于较大型绣球。

从一些历史文献看，过去壮族绣球主要是青年男女的传情之物。例如，周去非在《岭外代答》中曾表述："上巳日男女聚会，各位列，以五色结为球，歌而抛之，谓之民飞砣。男女且成则女受砣而男婚已定。"这里"飞砣"即为绣球。由于过去绣球具有抛掷的功能，故其内部填充物多选豆粟、棉花籽或谷粒，这些植物种子不仅能增加绣球的重量，方便人抛接，同时也具有隐喻的功能，即将友谊和爱情的种子抛给对方。随着社会的发展，如今绣球内部的填充物多用木屑代替，重量变轻了，这无疑方便人的携带。

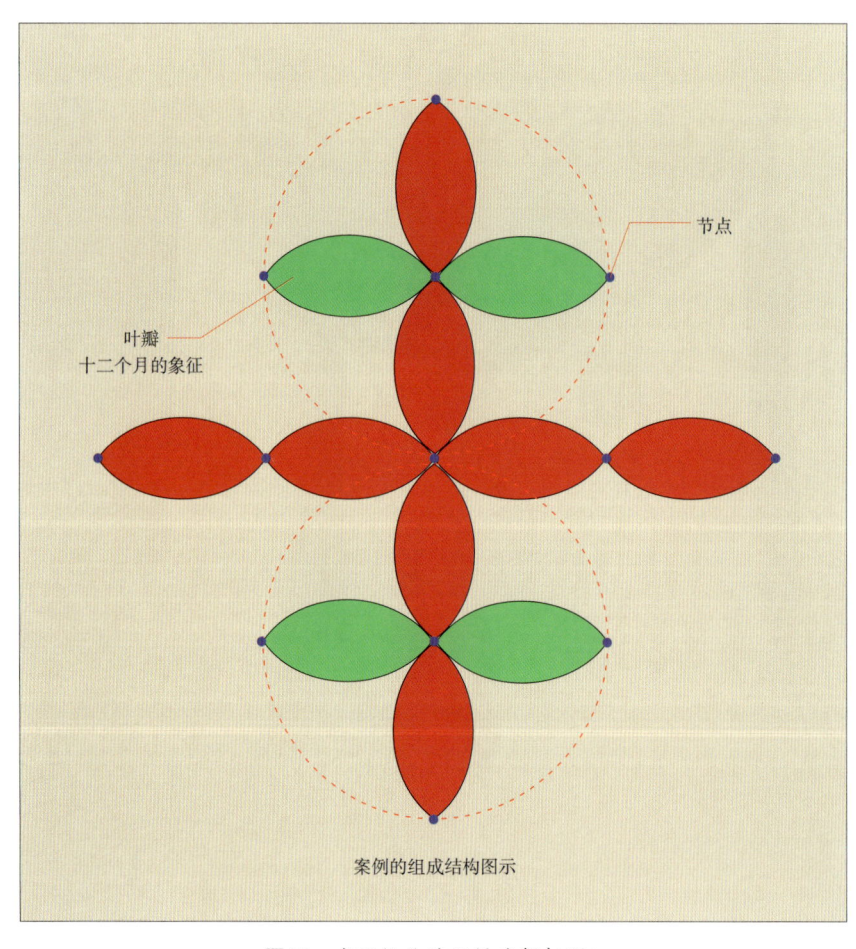

图二　广西壮族靖西绣球解析图1

本案例是用十二个叶瓣组成,其中八个叶瓣为红布,另四个叶瓣为绿布,内部辅面为黄布,这三种颜色是靖西传统绣球最为常见的色彩搭配。由于本案例是20世纪中期的产物,故纹样设计并没遵循传统的套路,即"上部四瓣为飞禽类,下方四瓣则绣走兽类,中部可自由表达"的模式。从题材上看,靖西传统绣球常用的图案有龙、凤、鸳鸯、生肖、飞燕、梅、兰、竹、菊等,这些图案皆为中国传统吉祥纹样。此外,靖西传统绣球刺绣手法也分为两类:一类是单线刺绣,该类图案呈平面化的样式;另一类是复线刺绣,即所谓的"堆绣绣球",此类装饰往往具有立体感,图案更显精美。

回顾壮族绣球的发展历程,大致经历了三个阶段:一是早期祭祀时期,这一时期人们关注更多的是谷物丰收。现在农村在新房四周撒谷粒、在梁上挂谷穗、给老人祝寿送精米……都是这种古风的一种延续。在壮族人心目中,谷粒就是生长、生育、兴旺和平安的象征,而"三月三"春播时节抛绣球正是这种心理的具体反映。二是特定含义时期,这一时期的绣球功能更多的是锁定在青年男女传情说爱方面,装有谷粒的绣球喻示着"生育兴旺"。三是功能迁移时期,即当今功能多样化时期。比如投绣球比赛,实际已演变成一种体育或娱乐活动;再比如,游客将绣球买回家,实际是用于环境装饰等等。总之,在新时期,绣球被赋予了新的使用价值。

图片来源
图一、图三 孙林 摄影
图二、图四、图五、图六 许边疆 制图

清代崇左多面体绣球
(崇左壮族博物馆藏)

图三 广西壮族靖西绣球延展图1

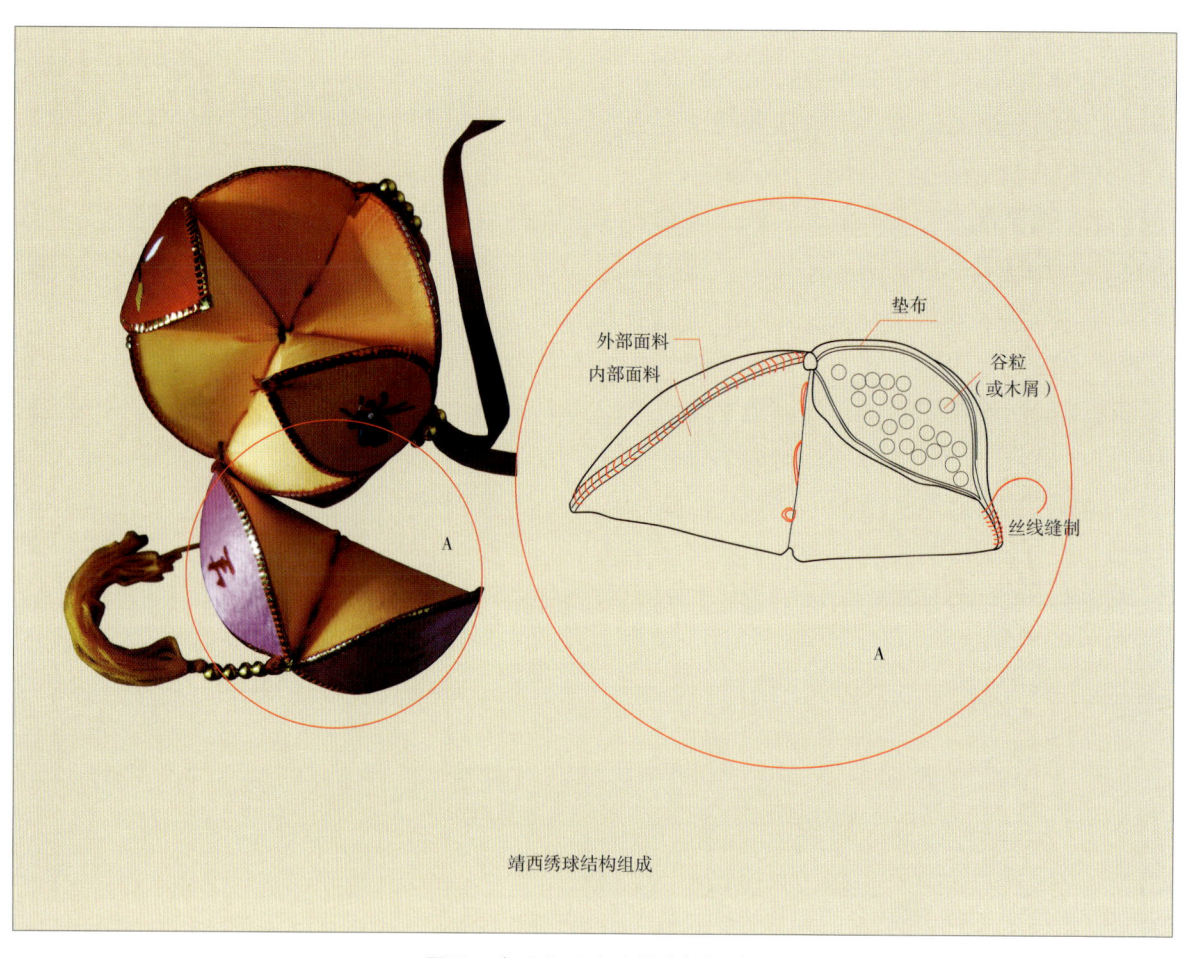

图四 广西壮族靖西绣球解析图2

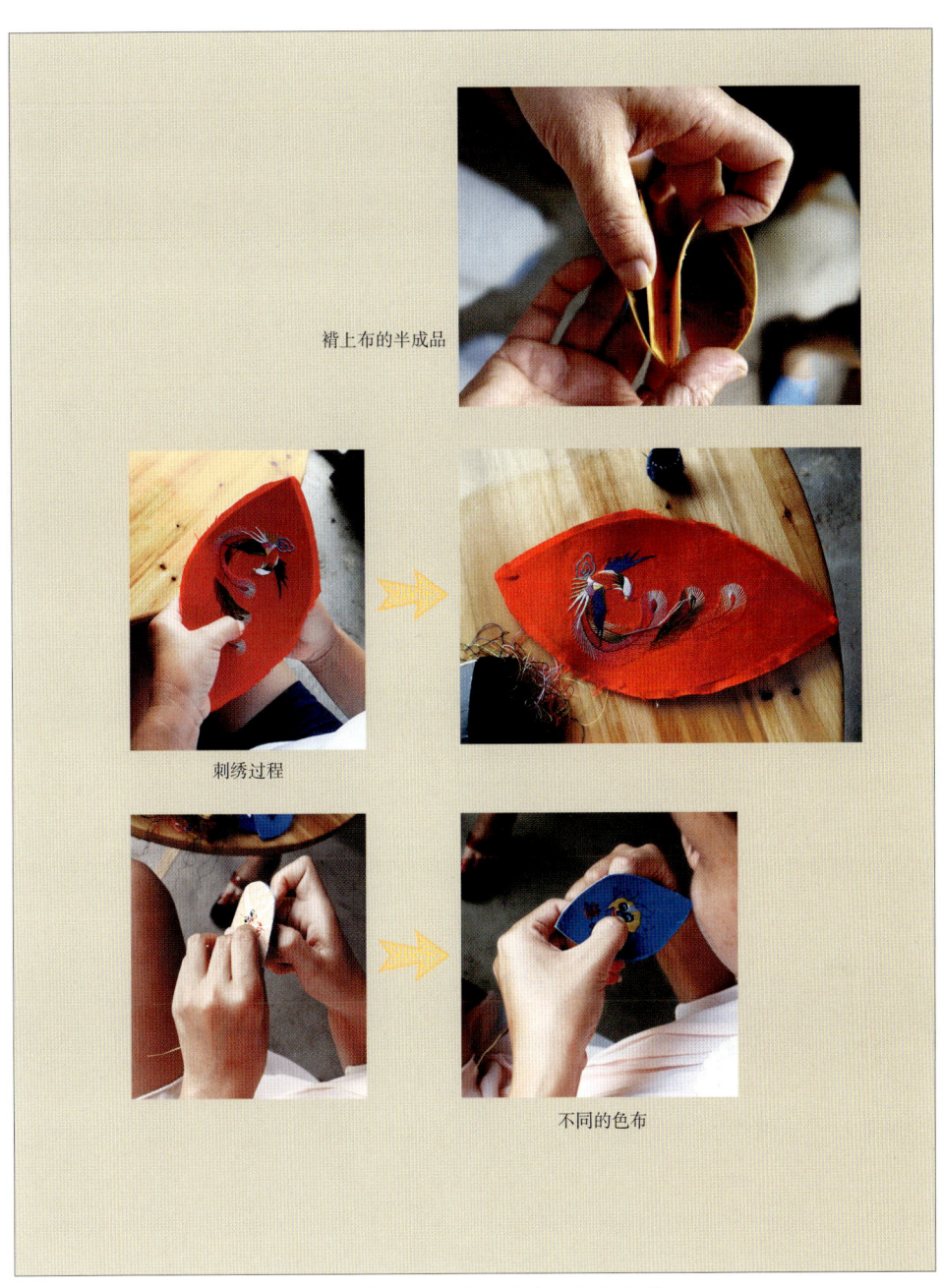

图五　广西壮族靖西绣球工艺分析图

图六　广西壮族靖西绣球延展图2

广西壮族靖西干各舞道具

图一　广西壮族靖西干各舞道具主图

　　干各舞是区域性民间舞蹈，主要流行于广西靖西、德保等县，该舞之所以被称之为"干各舞"，是源于对干各鸟的模拟。据广西靖西壮族生态博物馆工作人员介绍，干各鸟是靖西壮族先人想象出来的一种神鸟，他们相信干各鸟能驱邪除虫，给人们带来吉祥。本案例采自靖西壮族博物馆，案例由竹材、布料及彩纸制作而成。

　　本案例结扎方式很像中国民间彩灯，同彩灯不同的是案例形体较大，表演者要钻进"鸟"肚中操纵鸟的两个翅膀，使之上下舞动。据当地工匠介绍，做干各鸟要用韧性好、强度高的毛竹，竹条不能加工得太粗或太细，太粗道具重，太细易变形。另外，竹编框架要依据鸟形特征来制作，节点或交叉捆绑，或并行捆绑，或端头捆绑，关键是鸟翅膀需单独制作，好让翅膀与鸟身衔接成"活体"，满足上下扇动的需要。框架完成后，要用布料裱糊框架外部，以便形成黏结"羽毛"的基面。本案例属于表演道具，"羽毛"要五彩缤纷，故需用各种彩纸剪出羽毛，最后粘贴于道具表面。

壮族干各舞表演除男女搭配外，也有男男配合形式。表演时，由一人扮演干各鸟，此人可双手操纵鸟翅膀，也可以一只手操纵鸟翅膀，另一只手控制鸟头内部机关，让其发出"嗒嗒"声，以此来增加表演魅力。据博物馆工作人员说，这种舞起源于何时不太清楚，但盛行于清代，流传于岳圩、旧州、新靖、武平、化峒、龙临等一带。实际上，干各舞是一种模拟歌舞，上甲片的群众在流传过程中加入了本地山歌腔调，形成了上甲"鸿鹄调"。此后，靖西干各舞便有了上甲和下甲之分，曲调虽不同，但表演内容和情节却雷同。干各舞特点是人鸟合一，表演动作或做鸟头摆动状，或做鸟翅膀飞翔状，或呈鸟啄虫状，深受当地壮族人喜爱，每逢春节、歌圩、婚嫁或丰收时节，人们常请专人舞之，以期望带来吉祥。

图片来源
图一　许边疆　摄影
图二、图三、图五　许边疆　制图
图四、图六　孙林　摄影

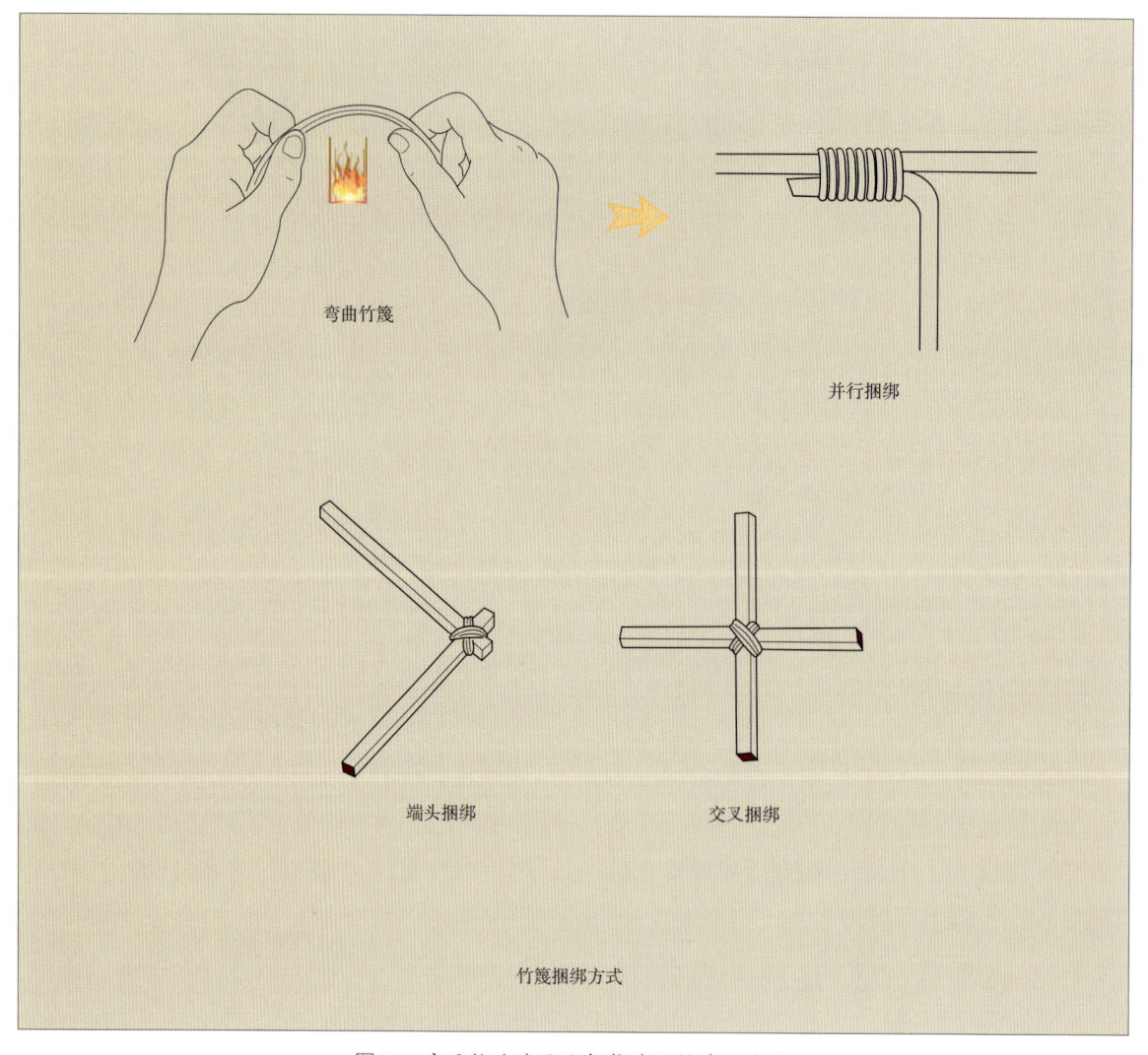

图二　广西壮族靖西干各舞道具制作工艺图

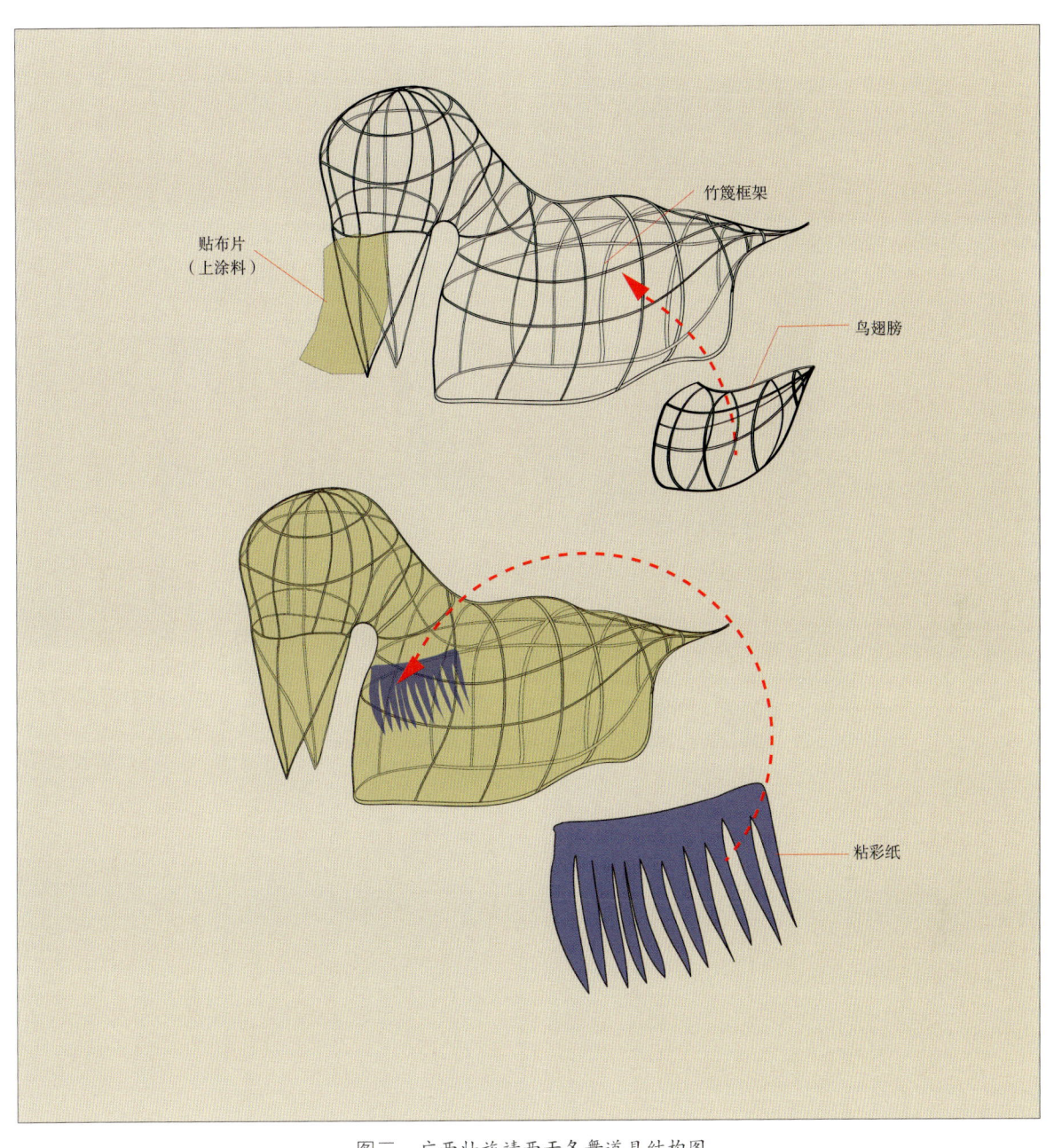

图三　广西壮族靖西干各舞道具结构图

广西靖西千各鸟制作场景

图四 广西壮族靖西千各舞道具制作场景图

壮族千各舞表演

图五 广西壮族靖西千各舞表演图1

广西靖西干各舞演出场景

图六　广西壮族靖西干各舞表演图 2

广西壮族靖西提线木偶

图一　广西壮族靖西提线木偶主图

广西靖西壮族提线木偶戏俗称"木雕戏""土戏",因表演者在演唱时常发出"呀哈嗨"的衬腔,故当地人又戏称"呀嗨戏"。就提线木偶来说,它是指在木偶的背部、双肩、双袖等部位拴有细绳,表演者通过连接在细绳上的挂钩把手,操纵木偶做出不同的动作,同时表演者也随动作同步唱演。本案例采自靖西壮族博物馆,长72厘米,正面宽度29厘米。

概括来看，案例结构由木偶头、竹编骨架、木偶手脚、木吊坠、木偶服饰及提线等组成，其中竹编骨架是撑起"人"形的重要构件。竹编骨架是用竹篾编织而成，即使是大木偶也不会显得很重，这是骨架下方要系吊坠的主要原因——表演时能让木偶变得沉稳些。实际上，靖西木偶造型并不追求人的实际比例关系，而是借助模式化了的视觉元素（或符号）来塑造。例如，演文生的多穿白穿花；演武将的要戴盔披甲；演正面人物的要穿华丽衣服，反面的则戴皮帽、穿旧衣，平常百姓自然就穿当地百姓服了。此外，木偶脸部特征的模式化也是形成不同角色的重要元素，概括来看，脸谱种类有"文武""小生""花旦""青衣""刀马旦""闺门旦""须生""红脸""花脸""丑生"等，不同脸谱体现不同性格、不同身份的男女人物形象。

靖西提线木偶材料多为柚木或银木，其工艺流程包括选木、塑粗坯、雕刻形象、彩绘等，当这些工作完成后，便与事先做好的服装道具合成。具体方法是，将木偶服装"穿"在竹编架上，再用绳索将木雕构件分别与服装捆扎在一起，从而构成一个完整的木偶形象。当然，民间艺人做木偶表演还需借助绳索，一般情况下绳索都是拴结在木偶的背部与手部，这样方便艺人通过挂钩绳索来做上下、左右的运动。具体演出方式是：表演者在幕后操纵着挂钩（被幕布遮挡，观众看不见），让木偶在幕前表演，常常是老生、小生、花旦甚至千军万马都由一人来完成，既有动作，又有唱调或对白，如果遇上打斗情节，那更是刀枪棍棒，甚是热闹。由于木偶尺度不大，因而表演舞台也小，可分为临时搭台式和固定式两种。

靖西壮族木偶戏源于何时尚待考证。关于它的来历，目前有三种说法：一是南宋张天宗部下抗元失败后逃至靖西定居，其中有江西籍士兵会表演江西"傀儡戏"，于是这种技艺便传给了当地壮族人，后经壮族艺人演变，形成了提线木偶戏。二是在清代中期，靖西亮表村大晚屯有个叫岑公继柳的人，年轻时在外看过云南木偶戏，还乡后便开始模仿它，结果就形成了当地"土戏"。从调查情况看，大晚屯多为黄姓人表演"土戏"，历史不下200年。三是在清朝末年，靖西同德乡足表村一带出现了"板凳戏"，即把木偶摆在凳子上表演，后来经当地几代艺人改良，逐步变成了提线木偶表演。上面三种说法表明，历史上的靖西提线木偶戏存在多个支派，其鼎盛期大约是在民国初期，曾影响到周边国家或地区。

靖西木偶戏演出的内容多是家喻户晓的历史故事，如《三国演义》《杨家将》《隋唐演义》等等，由于艺人对这些内容都很熟悉，所以他们常在舞台上即兴发挥，并无固定唱本。但就演唱曲调而言，靖西木偶戏有开场曲、高腔调、平调、采花调、诗调、喜调、哭调、叹调、曲调等，表现十分丰富。至于演唱时的口语，则以壮语为主，兼有汉语。此外，壮族木偶戏常用二胡、京胡、三弦、秦琴、锣、钹、木叶、木鱼等乐器伴奏。

不难看出，靖西木偶戏承载着本民族深厚的民俗文化，是集文学、舞蹈、美术、音乐、武术、宗教于一体的综合性艺术，实用性、地方性、仪式性是其根本特征。不过，随着社会的发展，木偶戏要得到生存和发展，就必须走自我创新之路。

图片来源
图一、图九　孙林　摄影
图二、图三、图五至图八　许边疆　制图
图四　靖西博物馆提供

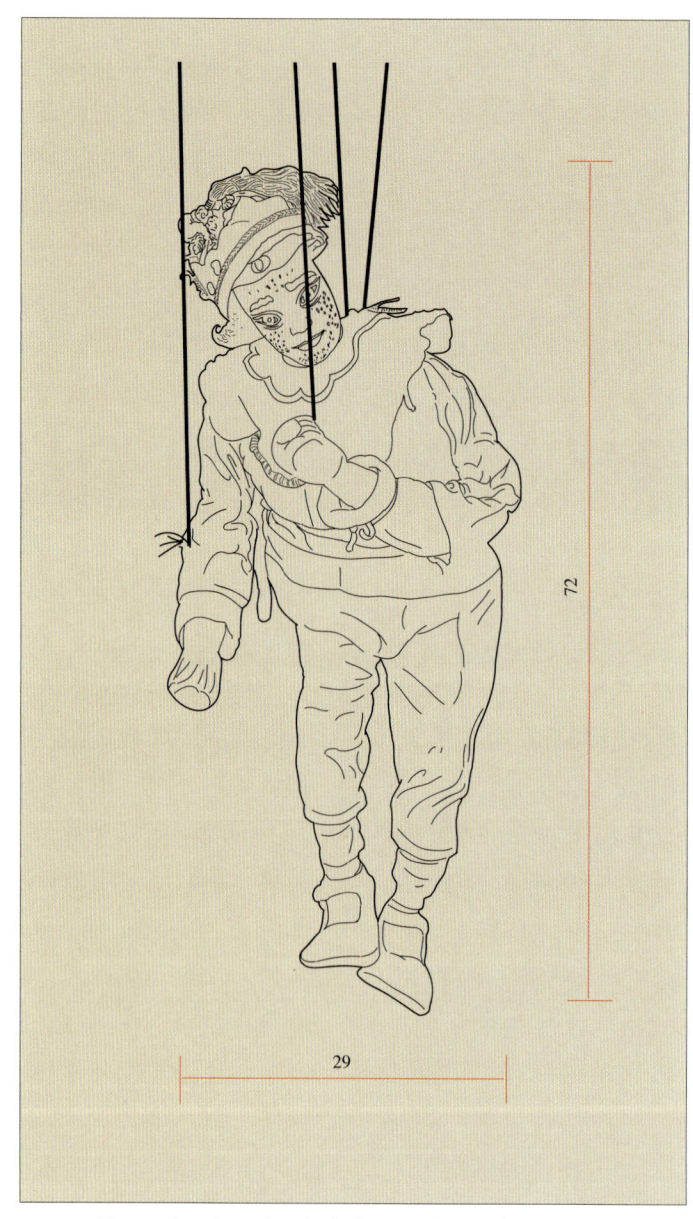

图二　广西壮族靖西提线木偶尺寸图（单位：cm）

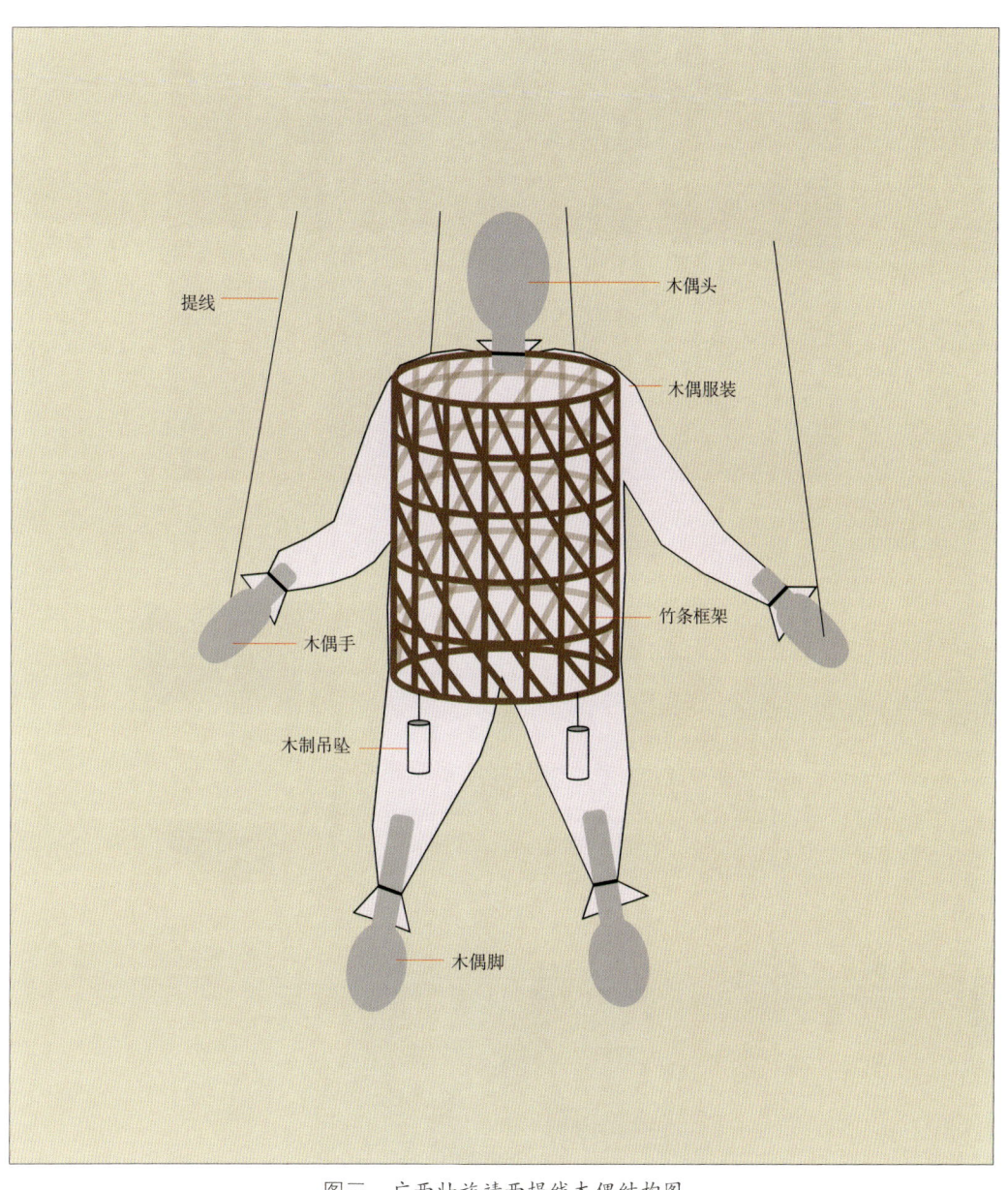

图三 广西壮族靖西提线木偶结构图

不同木偶人物的着装图

图四　广西壮族靖西提线木偶图

选木料　❶

塑粗坯　❷

❸

雕刻形象

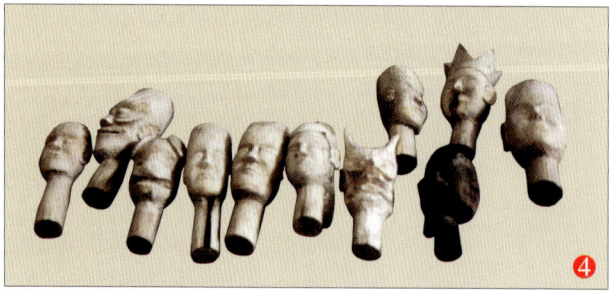

半成品　❹

彩绘木偶　❺
（靖西博物馆藏品）

图五　广西壮族靖西提线木偶制作工艺图

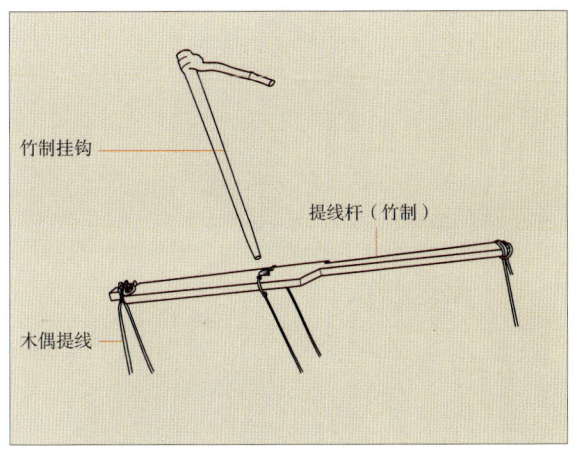

案例提线杆结构

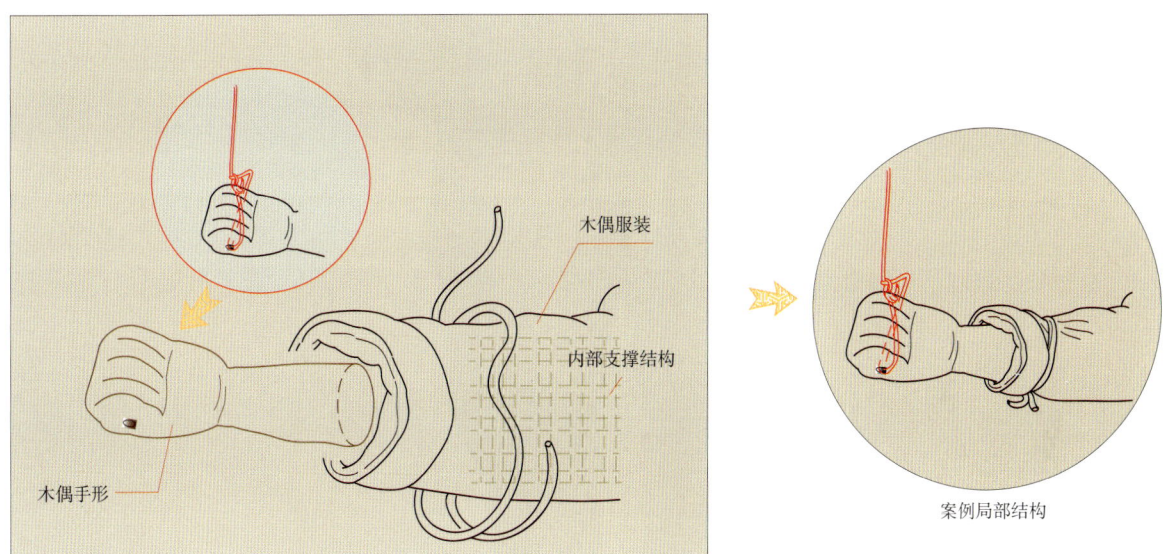

案例局部构造方式　　案例局部结构

图六　广西壮族靖西提线木偶局部解析图

图七　广西壮族靖西提线木偶解析图

背面提线方式

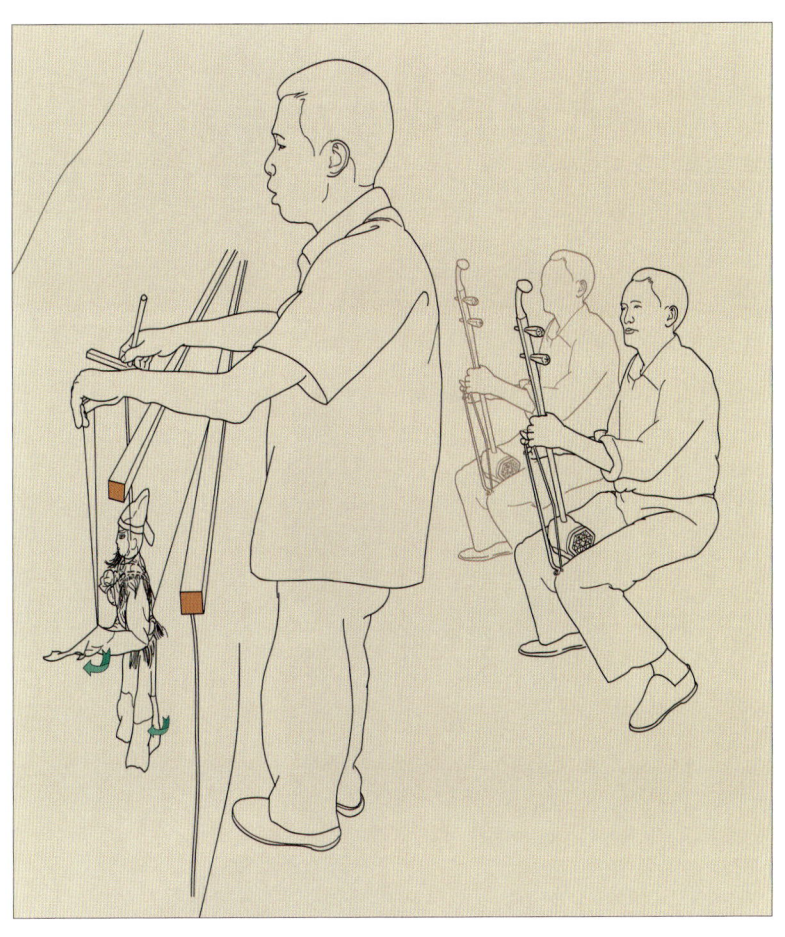

图八　广西壮族靖西提线木偶表演图

壮族提线木偶戏台
（摄于广西靖西壮族博物馆）

图九　广西壮族靖西提线木偶固定式戏台

广西壮族崇左铁铳

图一 广西壮族崇左铁铳主图

　　铁铳，又称"地连"，是壮乡每年举办花炮节时用的一种器具，由于该器具是用铁铸成，故名之。花炮节是壮族传统文化节日，每年举办时间因地而异，概括来看，有农历正月十五、二月初二、二月十九以及三月初三。例如，广西田阳县的花炮节是在农历二月初二举办，崇左地区则是在农历二月十九。传统花炮节的主要内容是抢花炮，即将一枚直径约10厘米长的环形花炮放在装入火药的铁铳口上，点燃火药之后花炮便被"轰"到空中，待花炮落下时一群人蜂拥而上，谁抢到花炮就预示着此人来年大吉大利，六畜兴旺，添丁发财。本案例采自广西崇左壮族博物馆，铁铳形制呈圆筒状，下部有十字形底座，总高26厘米，外部直径7.5厘米，内孔直径3.5厘米，底座最大尺寸是21厘米，厚2.3厘米。此外，与案例搭配使用的花炮形制呈环形，其最大直径是9.5厘米，外表用红布包裹。

从设计学角度分析，案例实际是一个火药发射器，它的工作方式是先在案例中装一定量的黑色火药，然后将花炮放在案例发射口上，当火药爆炸时会瞬间产生大量气体，由于气体只能上冲，结果花炮便被抛向了空中。为了便于花炮的识别，壮族人将花炮用红布包裹，这样既显眼又喜庆。过去，传统花炮的制作材料一般都用藤条或竹材，这些材料质轻，不会伤人，后来，有些地方也用小铁环，但铁环不能设计得太重。

本案例结构是由两大部分组成的，即发射筒和基座。由于发射筒内腔是用来承装火药的，故内腔容积不可设计过大或过小，通常装药量以花炮能飞到空中30米左右高度为宜。为了避免火药冲击力意外地将案例冲倒，基座的稳定性尤为重要，本案例基座形制被设计成十字形，目的就在于加大基座的触地面积，降低器物之重心。事实上，除了铁铳外，壮乡还用石材来制作发射器，这些都是较沉的材料，利于器具的稳定。

从田野调查情况看，壮乡不同地区举办花炮节的方式虽多样，但内容基本一致。以靖西县三合乡为例，花炮节是设在农历二月初二。这一天，乡里的男女老少都会涌到现场观看助威，一开始是舞狮助兴表演，然后再由若干人吹着唢呐，敲着锣鼓，举着华丽的伞，捧着福、禄、寿花炮一同来到空旷的田垌里，将三个花炮分别放在地上，行简单仪式后就开始点炮。第一炮被称为"头炮"，即贴有"福"字的花炮。由于"头炮"含深深的祝福寓意，故"头炮"响起时，人们会奋力争抢，抢到花炮的人将花炮送到"裁判"前就算获胜。接着再放"二炮""三炮"，依次进行，全程耗时约两小时。当"三炮"结束，花炮得主确定，开始颁发奖品时，人们又沸腾起来，此时锣鼓声、唢呐声、欢呼声、鞭炮声响成一片，甚是热闹。或许，正是由于这项民俗活动的趣味性、观赏性及对抗性，如今，传统抢花炮已与现代竞技体育逐步接轨，演变成了具有中国特色的"橄榄球"民间体育项目，萌生了新规则，传统的发射器也由过去的火药发射器变成了电动发炮器。发炮原理虽然变了，但这项民间活动的神韵犹在。

图片来源
图一　孙林　摄影
图二、图三、图六　许边疆　制图（图片来源：靖西壮族博物馆）
图四、图五　许边疆　摄影

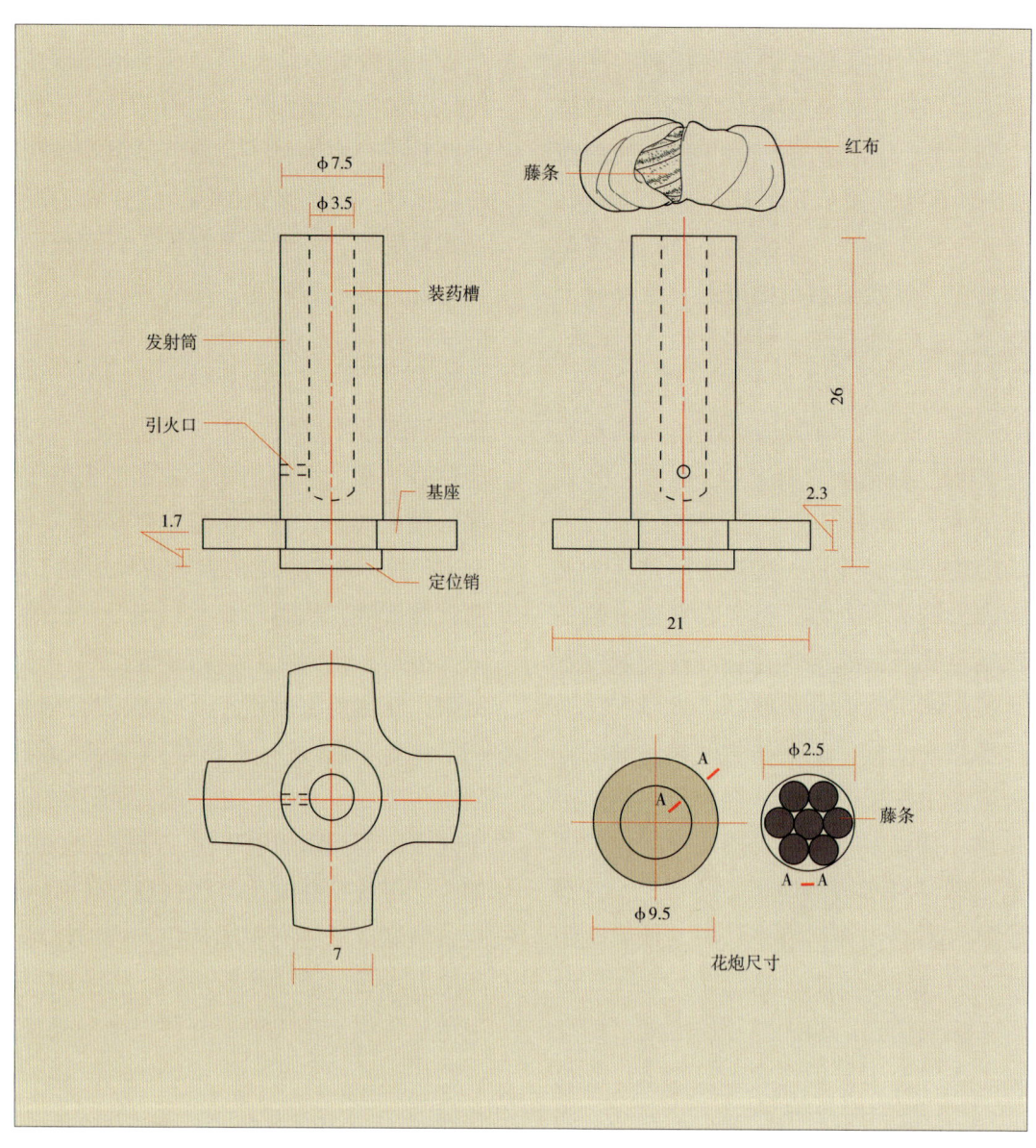

图二　广西壮族崇左铁铳尺寸图（单位：cm）

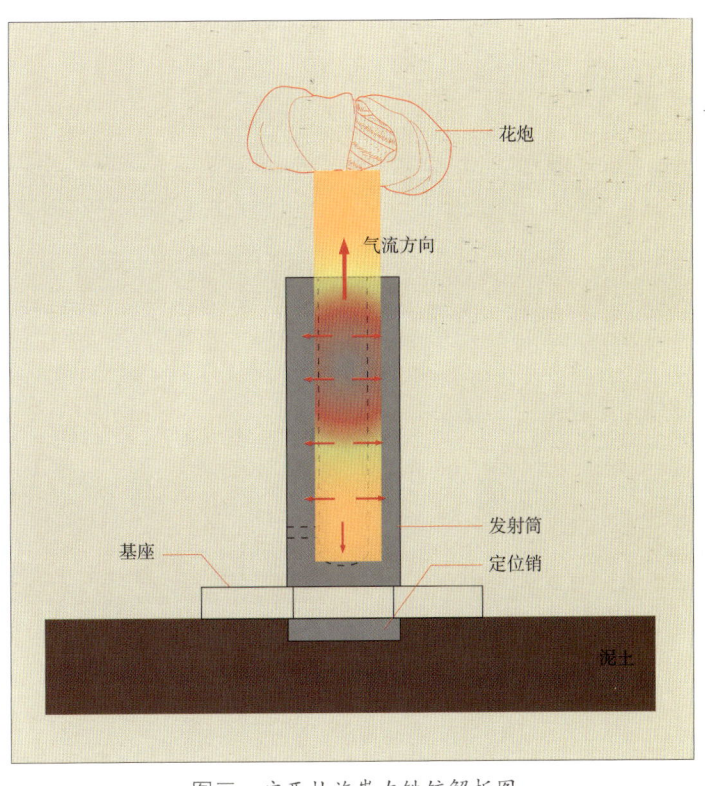

图三　广西壮族崇左铁铳解析图

举办花炮节的队伍
（广西靖西三合乡）

简短的仪式
（广西靖西三合乡）

图四　广西壮族崇左铁铳延展图1

第六章　壮族传统民俗和宗教造像

做发射前的准备
（广西靖西三合乡）

石制发射器
（广西靖西三合乡）

图五　广西壮族崇左铁铳延展图2

争夺花炮图示

图六　广西壮族崇左铁铳功能图

新石器时代广西壮族桂南祭祀石铲

图一　新石器时代广西壮族桂南祭祀石铲主图

祭祀性石铲是用石片磨制而成的一种类似于"锹"形的器具,由于这类器具专用于祭祀活动,故名之。本案例采自广西博物馆,出土于隆安县大龙潭遗址,距今4000多年。其形制特征是:双肩对称,束腰而有棱肩,肩下逐渐内收成弧形,弧线柔和圆润。经测量,案例长66.7厘米,最大宽度27.2厘米,厚1.9厘米,因形体硕大,人们俗称"桂南大石铲"。

从历年桂南石铲出土遗址情况分析,除石铲外,遗址中很少发现共存物,遗址内也没发现房屋作坊。另外,石铲排列形式或呈圆圈形,或呈凹字形,或呈队列式,石铲多没有开刃或使用的痕迹,入土方式也多为刃部朝上,柄部朝下,存在规律性的排列。更值得注意的是,这类石铲周边都存在着红烧土,有些甚至有草木灰的堆积(如武鸣县棠室岭遗址),这表明当时石铲圈内有燃烧物。依据这些迹象来判断,这些石铲应该不是实用工具,而是纯粹的祭祀用品,且祭祀对象不是祖先,而是天神。具体而言,他们是希望苍天之神能保佑他们顺利地完成庄稼的播种、生长和丰收。正因为如此,壮族先民才选择石铲作为祭祀道具,也间接印证了当时

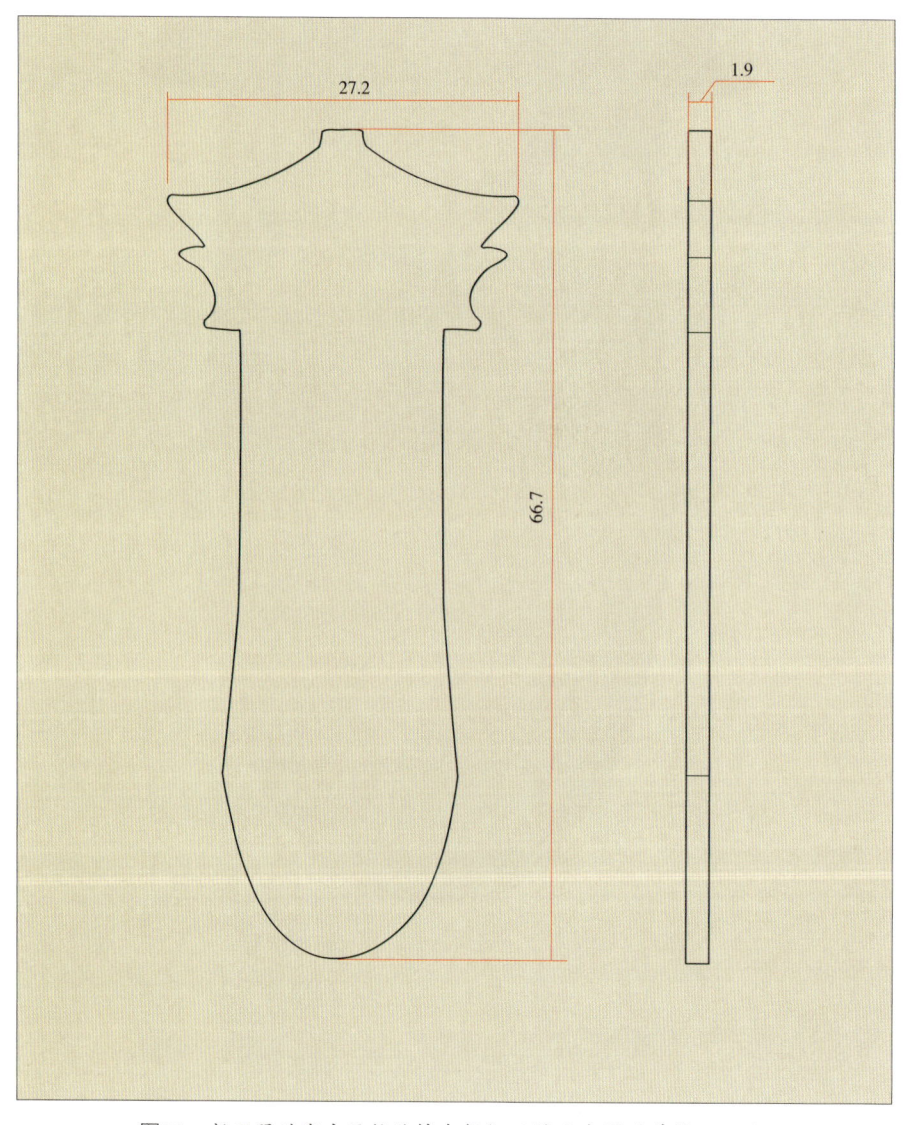

图二　新石器时代广西壮族桂南祭祀石铲尺寸图(单位:cm)

石铲是劳动工具之一。

本案例形体硕大，制作精良，棱角分明，外表光洁，厚度仅为1.9厘米，且无刃口。由此推断，桂南石铲祭祀实际上存在着一个从实用器到祭祀用品异化的过程。也就是说，石铲由最初的实用性工具逐步分化出了一种祭祀专用石铲，这类石铲特征之一便是追求外表的精致与形式之美，以此来体现壮族先人对天神的敬重。归纳来看，这类石铲形制有四类：一是束腰型，二是直腰型，三是齿肩型，四是袖肩型。

壮族先人用石铲祭祀天神无疑同粮食生产有着密切关系，因为石铲是原始农业翻土、深耕的工具，不过用石铲祭祀的意义并非局限于此。从制作特点分析，当时社会应该有了劳动分工，有分工便有阶级的产生，继而会导致国家社会雏形的萌芽，所以，石铲祭祀场可视为一种宗教活动中心，在举办这些祭祀活动的过程中，那些组织者既是神权的代理人又是人权的支配者，他们正是通过这种祭祀活动来实现神权与人权的合一的。显然，祭祀活动也是构成区域性强大集团的有效手段之一。

图片来源
图一、图三、图五　孙林　摄影
图二、图四　许边疆　制图

石铲遗址复原图之一（摄于广西博物馆）

图三　新石器时代广西壮族桂南祭祀石铲遗址复原图

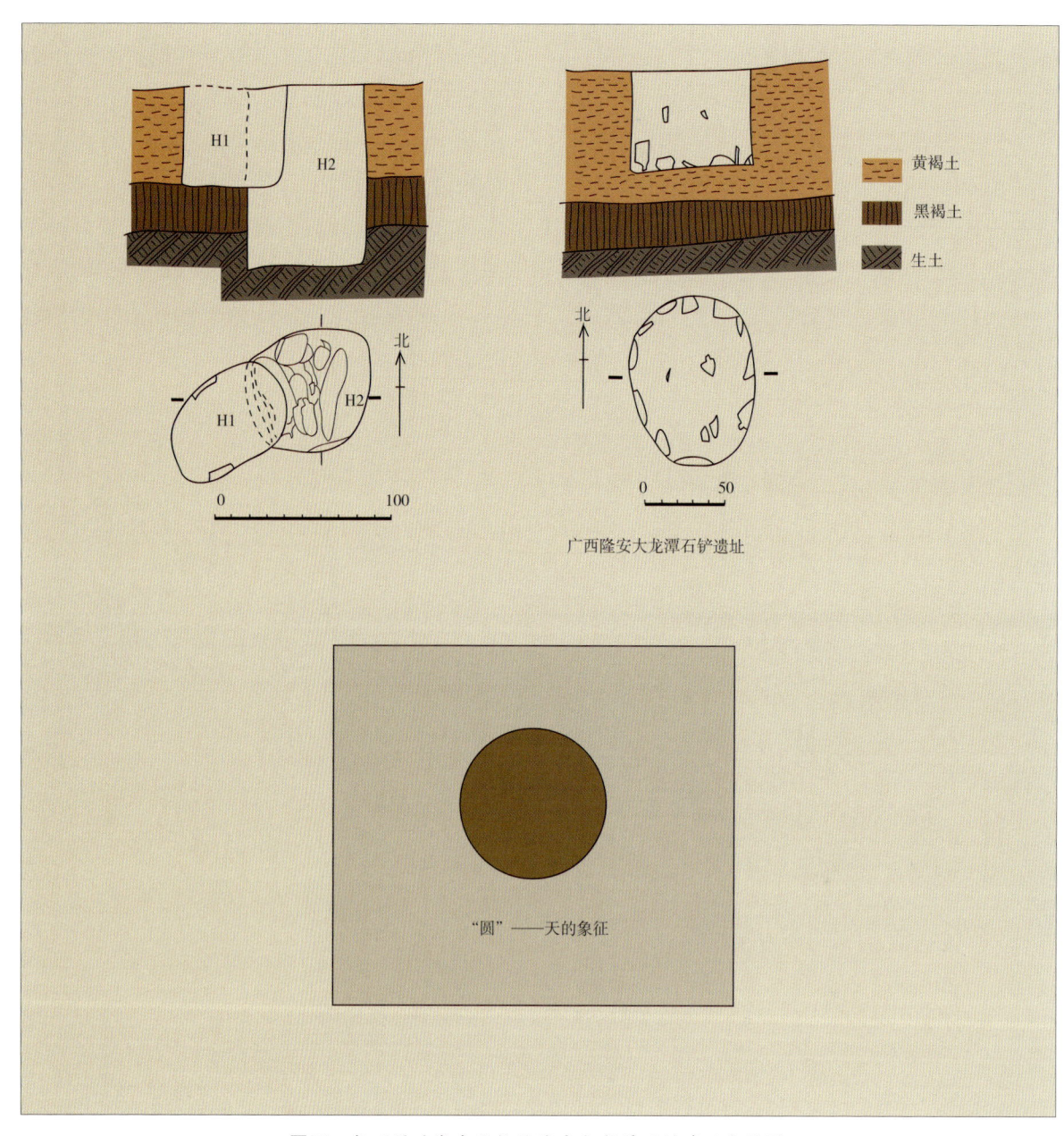

图四 新石器时代广西壮族隆安大龙潭石铲遗址灰坑图

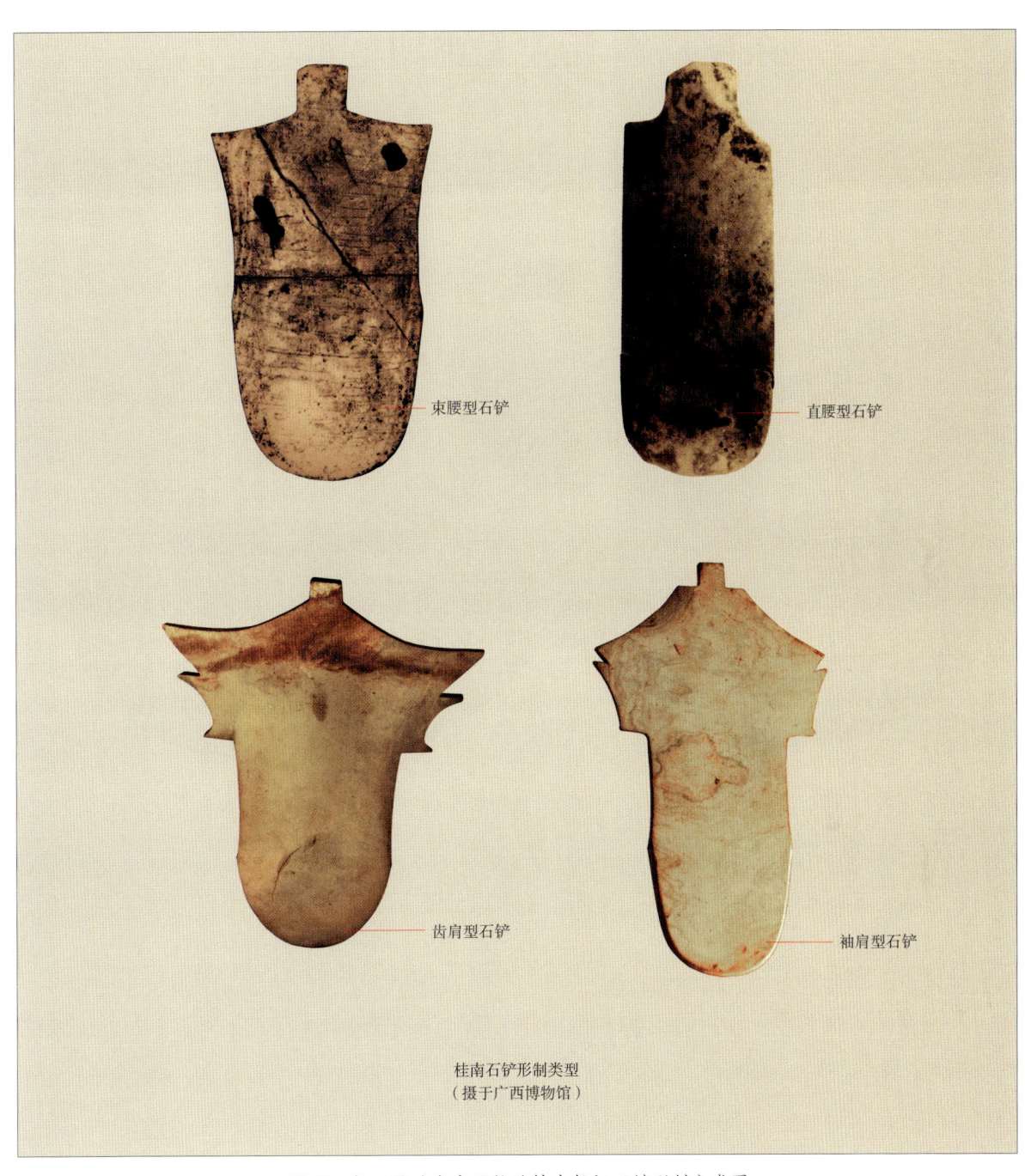

桂南石铲形制类型
（摄于广西博物馆）

图五　新石器时代广西壮族桂南祭祀石铲形制分类图

东汉广西壮族天鸡钮五联罐

图一　东汉广西壮族天鸡钮五联罐主图

　　五联罐是汉时期广西流行的一种陪葬冥器，因器形是由五个单体罐相连，故得名。本案例采自广西壮族自治区博物馆，属于东汉时期遗物，1954年出土于广西贵县。本案例高约9.5厘米，长、宽各23厘米，四个等大的罐体相互连接，居中架起一小罐，无论是大罐或小罐，接触部位彼此用泥条粘连，从而构成一个完整器具。本案例是用陶泥制成，体表呈泥灰色，每个陶罐顶盖设陶钮一个，由于钮的形态是鸟形，故案例又被称之为"天鸡钮五联陶罐"。

　　从历史看，这类器物主要分布在岭南、福建、浙江和江苏等地，流行于汉代、两晋，以后便逐渐衰萎了。尽管不同的地方都曾出现过五联罐，但广西五联罐在形制上有其浓郁的地方特色，比如本案例不仅表面素平，而且每个罐体既是独立的单体，又是五联罐的构件。相反，江浙地区的五联罐，除了有繁杂的堆塑外，五个罐体表面往往没有直接相连，而是依附于一个主体器皿之上，有些罐体内部甚至相互贯通。作为一种冥器，自然有它当时的社会意义或存在价值，虽然历史文献缺乏明确记载，但凭借对其他资料的分析，对本案例做以下几方面的解读：一是源于道家神仙思想。两汉时期，人们相信死者的灵魂是不灭的，升天之后仍希望拥有丰富的食粮，陶罐形制源于米仓，同时也是财富的象征；二是与方位观有关。本案例的形制之所以要设计成五个陶罐，应该是东、西、南、北、中五个方位的暗示，四个大陶罐分别寓意大地四方，小罐居中，正如许慎所说，"五"乃阴阳在天地间的交午。在中国古代，方位观是深刻影响人们生活的一种空间观，它与升天成仙的思想是紧密相连的，尤其是南方的先民既崇拜太阳又敬重神鸟，他们相信，神鸟是实现飞天的重要条件，而升天无疑要选择方向。正因为如此，本案例盖钮皆被设计成了鸟形。此外，壮族师公在施法行术时都有方位概念，比如师公舞中每个"神"做舞（做法事时的动作，与艺术表演不同）

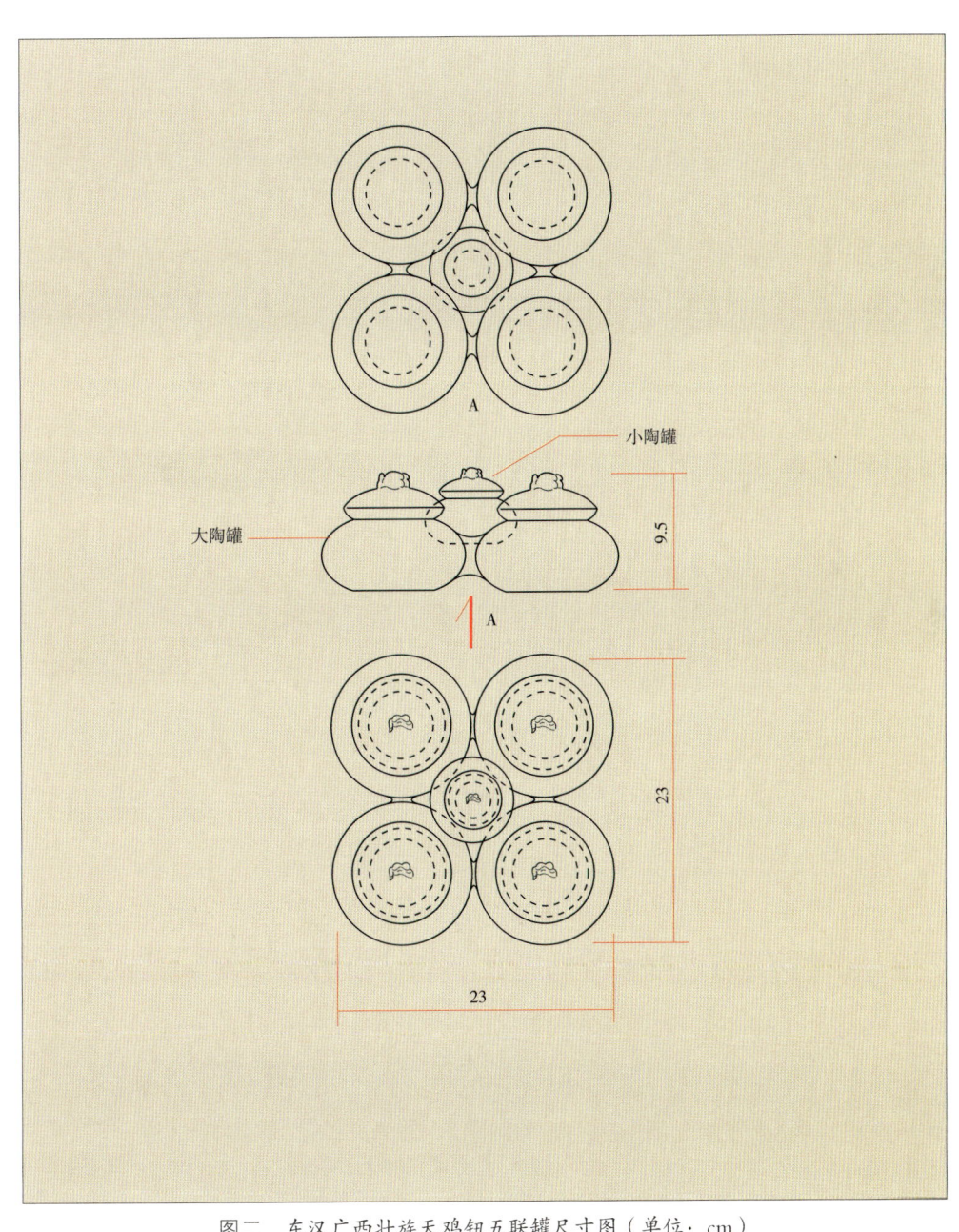

图二　东汉广西壮族天鸡钮五联罐尺寸图（单位：cm）

都要面向五个方位各舞一遍，即壮族人所说的"拜五方"，这显然是早期方位观留下的遗俗。

五联罐成因较为复杂，出现这类器型的地域不仅面广，而且年代跨越久远。但无论如何，解读这类器具与"五"数是分不开的。归纳来看，在中国历史上与"五"有关的事物有很多，比如五行说（金、木、水、火、土）、五神说、五岳说等等。总之，作为冥器，本案例是某些观念的一种载体。

图片来源
图一　孙林　摄影
图二至图六　许边疆　制图

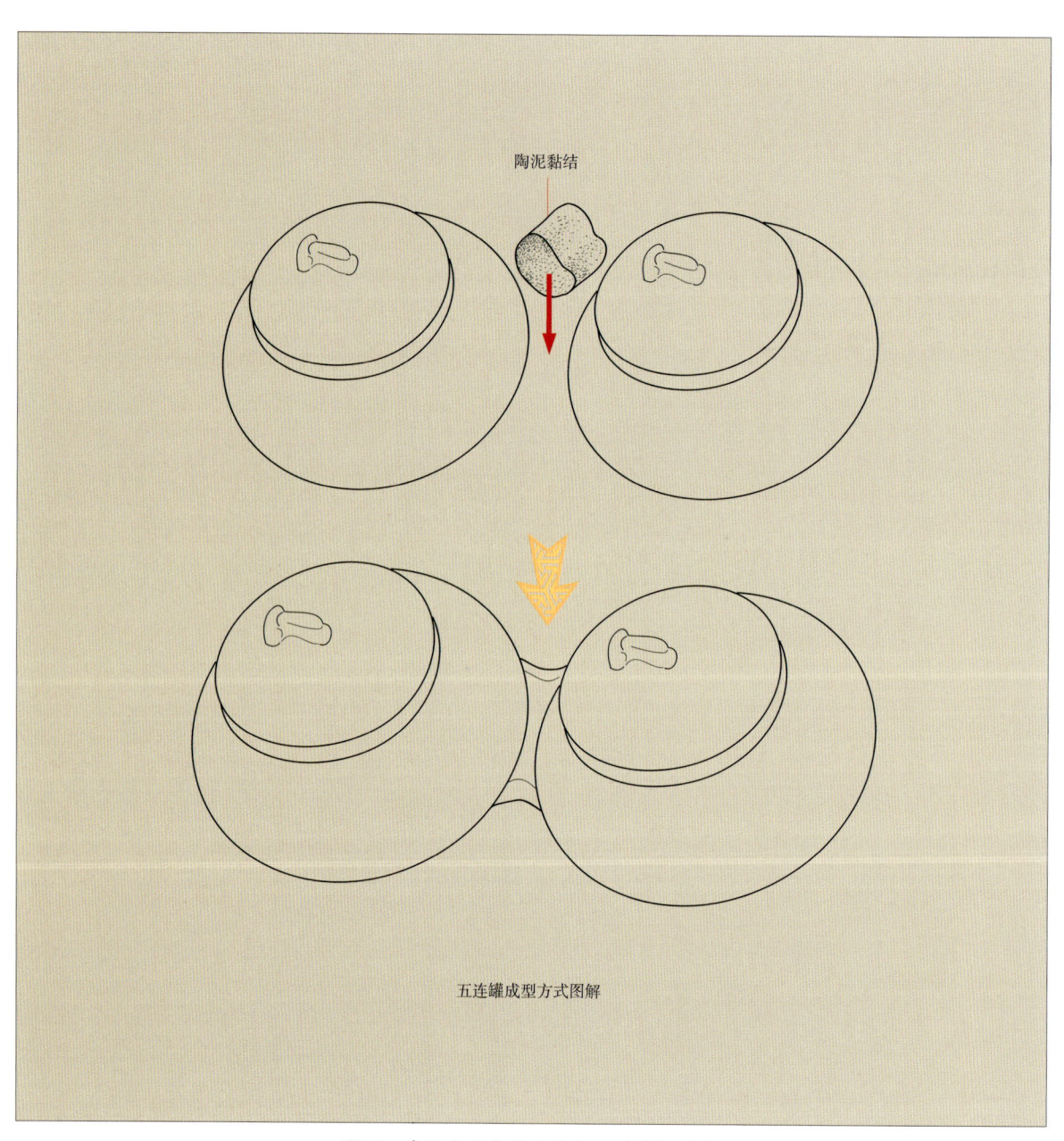

五连罐成型方式图解

图三　东汉广西壮族天鸡钮五联罐成型图

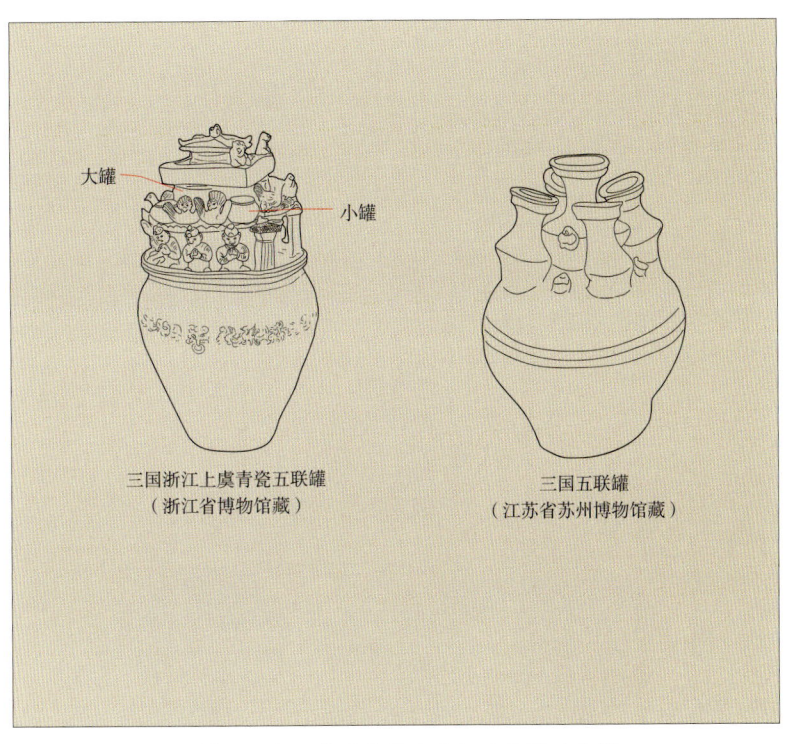

图四　东汉广西壮族天鸡钮五联罐对比图1

图五　东汉广西壮族天鸡钮五联罐对比图2

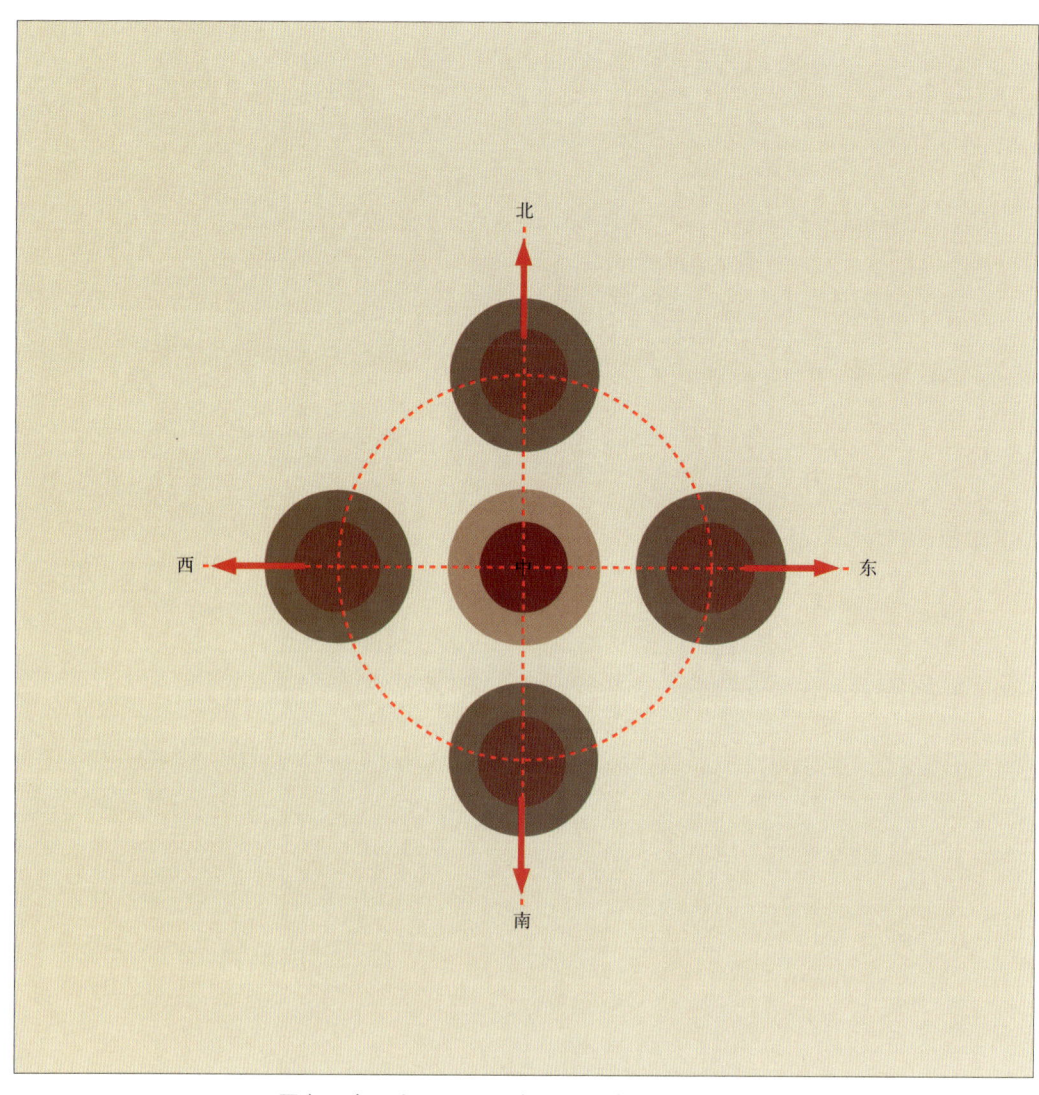

图六　东汉广西壮族天鸡钮五联罐设计分析图

广西壮族崇左石狗

图一　广西壮族崇左石狗主图

石狗是一种以家犬为对象，选用石头雕琢而成的三维塑像。在广西壮乡，历史上的石狗主要分布在桂东南一带，尤其是上思县境内最多，几乎每个村屯都有石狗的存在，有些石狗的年代甚至已超过了300年。本案例采自广西崇左壮族博物馆，为清代时期遗物，经现场测量，石狗高51厘米，正面长约17厘米，侧面宽36厘米，通体用砂岩雕刻而成。

石狗是壮乡一种具有地域特点的民俗文化现象，其功能是驱邪压煞、保境安民。如果将它同传统石敢当进行比较分析，无论是功能方面还是使用方式上，两者都有着相似之处。例如，石敢当常被人们置放在村口路边,石狗也同样如此,立在村边的石狗犹如一个"护村的哨兵",长年忠诚地为人们守护着村屯。再比如,我们在广西南宁青秀区考察时,发现七星路103号民居前的石阶上也立有石狗,该石狗形制虽然仅有20厘米高,但面部表情却温顺可爱。据民居主人介绍,在家门口设置石狗能起到镇宅辟邪的作用。从历史看,壮乡石狗发展的高峰期在明末清初,这一时期由于社会动荡不安导致盗匪猖獗,山民为了自保,家家户户都养狗,用狗来为他们站岗放哨,抵御外部盗匪的入侵。正因为如此,山民们对狗有着深厚的感情,以至于人们开始将狗视为他们的守护神,并用岩石雕琢出来,放在村口、民宅前驱邪避灾。所以,石狗历来被壮族人视为神圣之物,无论是立在屋前的石狗还是村边的石狗,通常都不会有人去偷盗,否则会犯大忌,引起公愤。每逢过节或婚丧嫁娶之时,壮族人都会到石狗前焚香供奉,而石狗一旦在某个地方立起来便不可随意搬动,如果一定要迁移,就须请师公做法,杀鸡放炮,经过一番祭祀之后才可搬动迁移。

从形制特征上看,桂东南的石狗形象基本上有两大特征:一是造型皆为坐立式,表现手法多为写意,且形体普遍不大;二是石狗表情都呈温顺状。总而言之,在壮族人眼里,狗不仅对主人温顺,而且忠诚,因而狗是壮族先民崇拜的动物之一。他们将狗的雕像置于村前、门口、丁字路口甚至是庙宇之前,皆是驱邪压煞、保境安民心理之反映。

图片来源

图一 许边疆 摄影

图二至图五 许边疆 制图

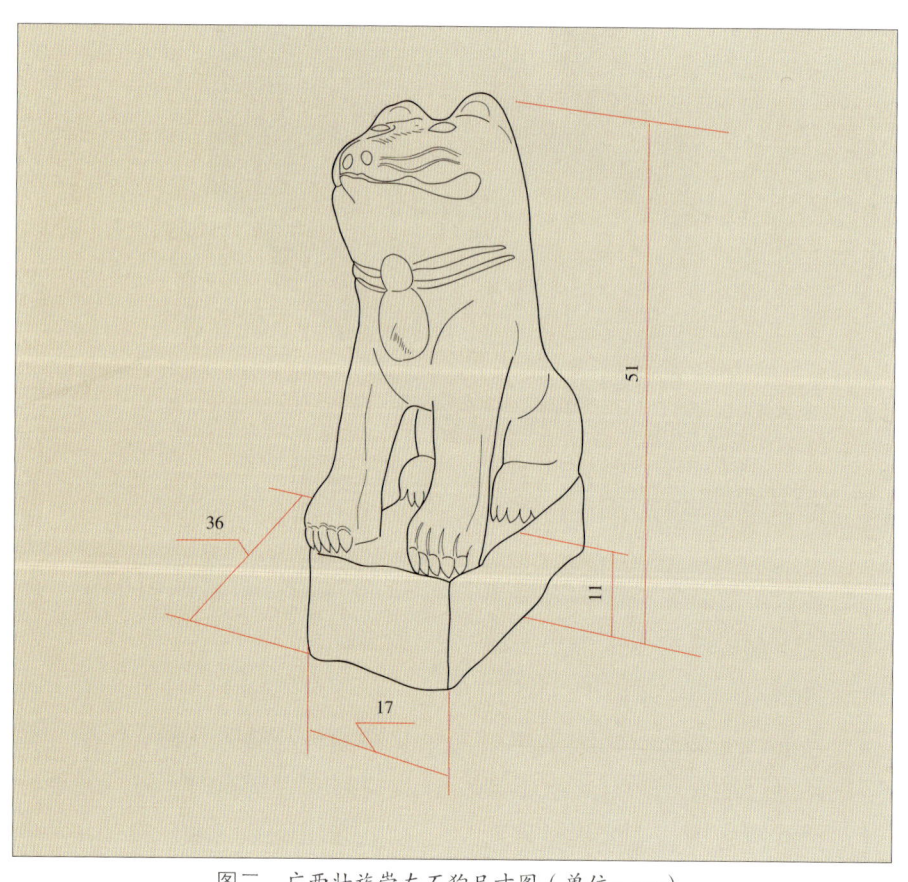

图二 广西壮族崇左石狗尺寸图(单位:cm)

图三　广西壮族崇左石狗功能图1

广西南宁青秀区七星路103号民居前石狗

图四　广西壮族崇左石狗功能图2

广西上思县壮区庙前石狗

图五　广西壮族崇左石狗延展图

广西壮族靖西纸扎兔灯

图一 广西壮族靖西纸扎兔灯主图

纸扎，俗称纸雕，是一种民间工艺形式。壮族人有自己的纸扎，例如靖西纸扎就很有特色，本案例采自靖西壮族非物质文化遗产陈列馆，为当地兔灯。经测量，兔长44厘米（不含兔尾），身高31厘米，兔首高42厘米，最大宽度28厘米，木轮直径5厘米。

在靖西，当中秋节即将来临时，人们会用竹篾编扎些灯具，如兔子灯、莲花灯和走马灯等，以渲染节日气氛，其中以兔灯最多，这与兔子传说有关。相传修道成仙的兔子听说嫦娥不幸遭遇后，便将自己小女儿送到月宫里，陪伴孤独的嫦娥，于是就有兔子、嫦娥与月亮的故事，这可谓家喻户晓，所以靖西中秋之夜，当地居民家的大门口有摆放纸扎兔灯的习俗。那天晚上，全家老小围坐在门前，用月饼、果品祭拜过月神之后，会兴高采烈地边吃边谈，最热闹的要数小孩玩纸灯，他们拉着纸扎灯在街上不停地跑动，甚是快乐。有时，也会发生灯具碰撞自燃的情况，人们不仅不沮丧，还将它视为一种脱灾脱难的好兆头，认为烧掉的灯能保佑他们来年平安。

靖西兔灯是用竹篾扎成骨架，然后再用当地产的纱纸裱糊表面而成，纱纸可染成多种颜色，以展示兔灯之形象。有趣的是，当地人仅用一根竹管套在木轮轴杆上，就能让兔灯在地面上滚动，并且在案例底部又搭上一根长竹片，竹片中部用铁丝固定一个可插蜡烛的竹管，就能做成内部照明灯具，结构既巧妙又合理，成本低廉。如今，这种花灯游戏每年都会在靖西举办，同时还延伸出许多不同形制的纸扎灯具，这不仅丰富了当地人的文化生活，也成为壮族民俗文化不可分割的组成部分。

图片来源
图一、图三、图六　孙林　摄影
图二、图四、图五　许边疆　制图

图二　广西壮族靖西纸扎兔灯尺寸图（单位：cm）

图三　广西壮族靖西纸扎兔灯功能图

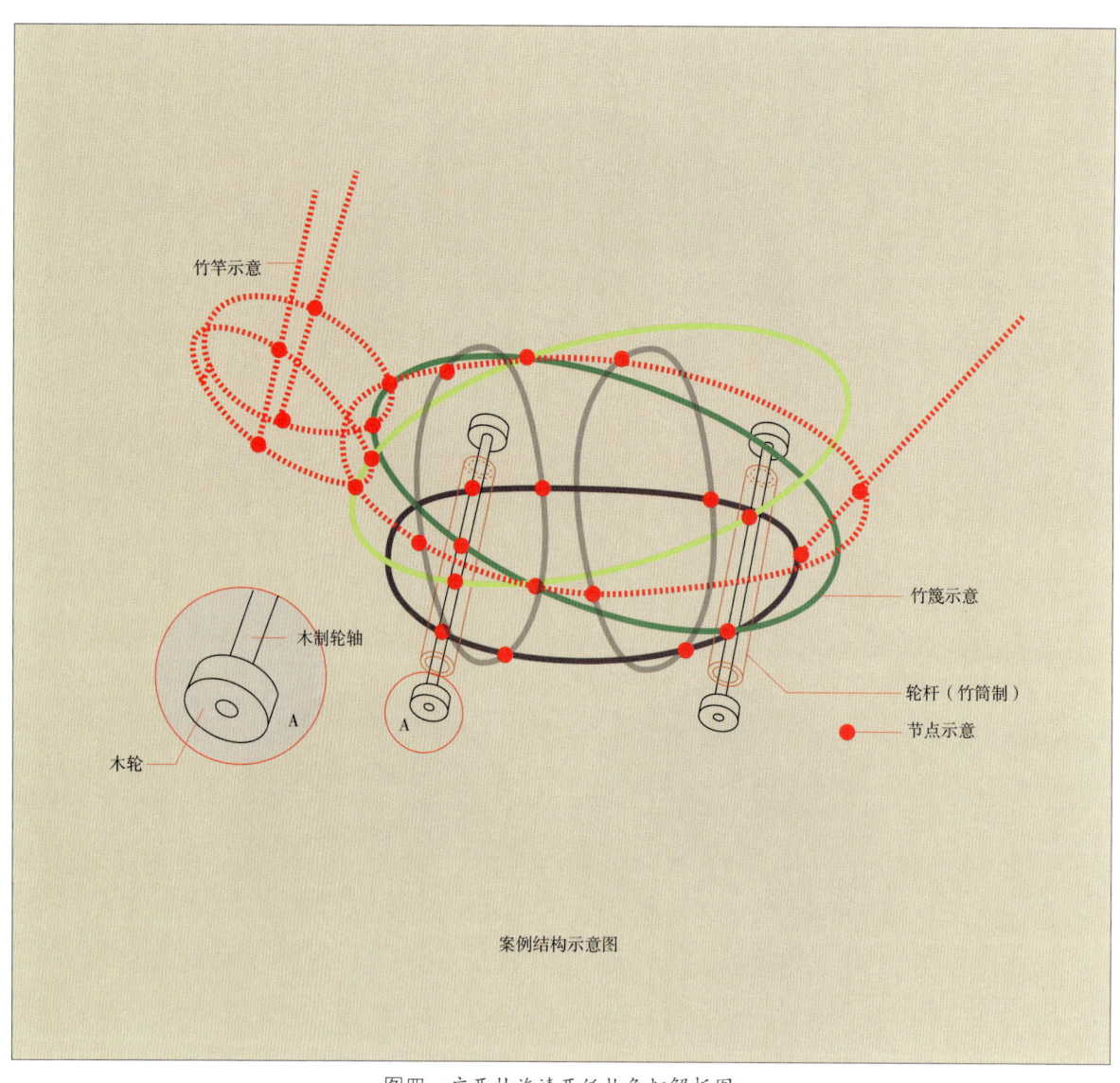

图四 广西壮族靖西纸扎兔灯解析图

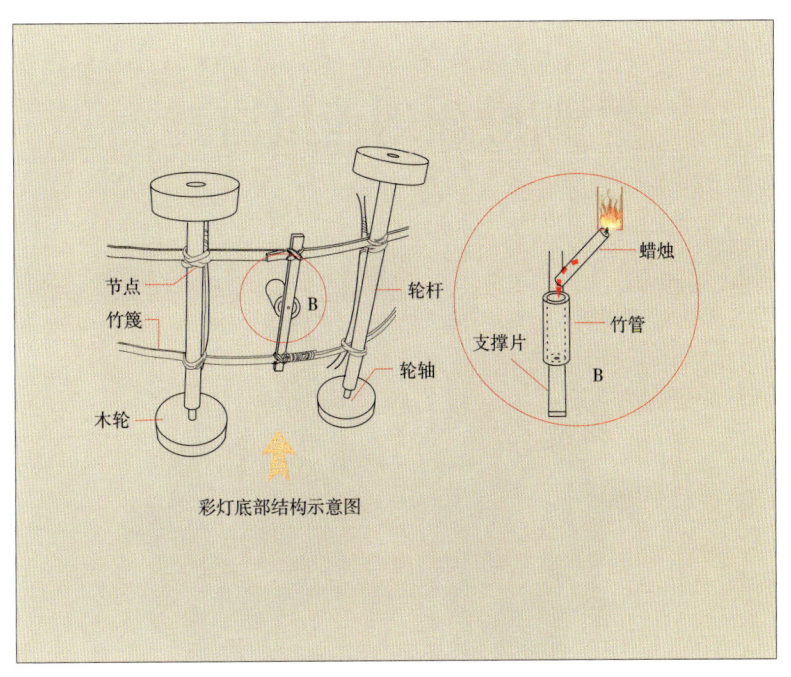

图五　广西壮族靖西纸扎兔灯局部解析图

图六　广西壮族靖西纸扎兔灯对比图

广西壮族靖西纸面具

图一 广西壮族靖西纸面具主图

纸面具是壮族人用竹纸或草纸制作而成的面具，流行于桂西南等地，属于当地民间传统舞蹈道具。本案例采自广西靖西壮族非物质文化遗产陈列馆，案例为正面牛头形象，其总长97厘米，面具长70厘米，水平宽44厘米，厚9厘米。形制内空，表面彩绘，面具下方系一束"胡须"。

历史上，壮族传统面具种类很多，纸面

具仅是其中之一。这类面具制作方式如下：一是先根据图样以1∶1的比例塑造泥模（或木模），待晾干后，再将有糨糊的纸粘于泥模表面，层层叠叠，厚薄均匀；二是纸干后将其从泥模上剥离下来成壳体状，修整后用竹片包边，使形体有一定的刚性；三是彩绘，过去彩绘有两种颜料，一种是做底色的材料，另一种是用来涂画的颜料，前者用泥、石粉、金属锈等矿物质拌水和树胶制成，后者是用粉状颜料调和树胶而成，主要是用来描绘面具形象的，如今艺人多购买现代颜料替代传统颜料。此外，桂西南一带纸面具通常不喜贴金，而是用黄色颜料代替金色。

本案例是用竹纸塑形，这种家坊造出的竹纸一般质粗色泛黄，逊色于用衫树皮造出的纱纸，但其价格低廉，多层黏结之后具有一定的硬度，故适宜做纸面具。过去，壮族地区造纸极盛，如清光绪末年纸产量已达5万担/年，远销我国广东、港澳及南洋。广西造纸业之所以发达，应该与当地造纸原料

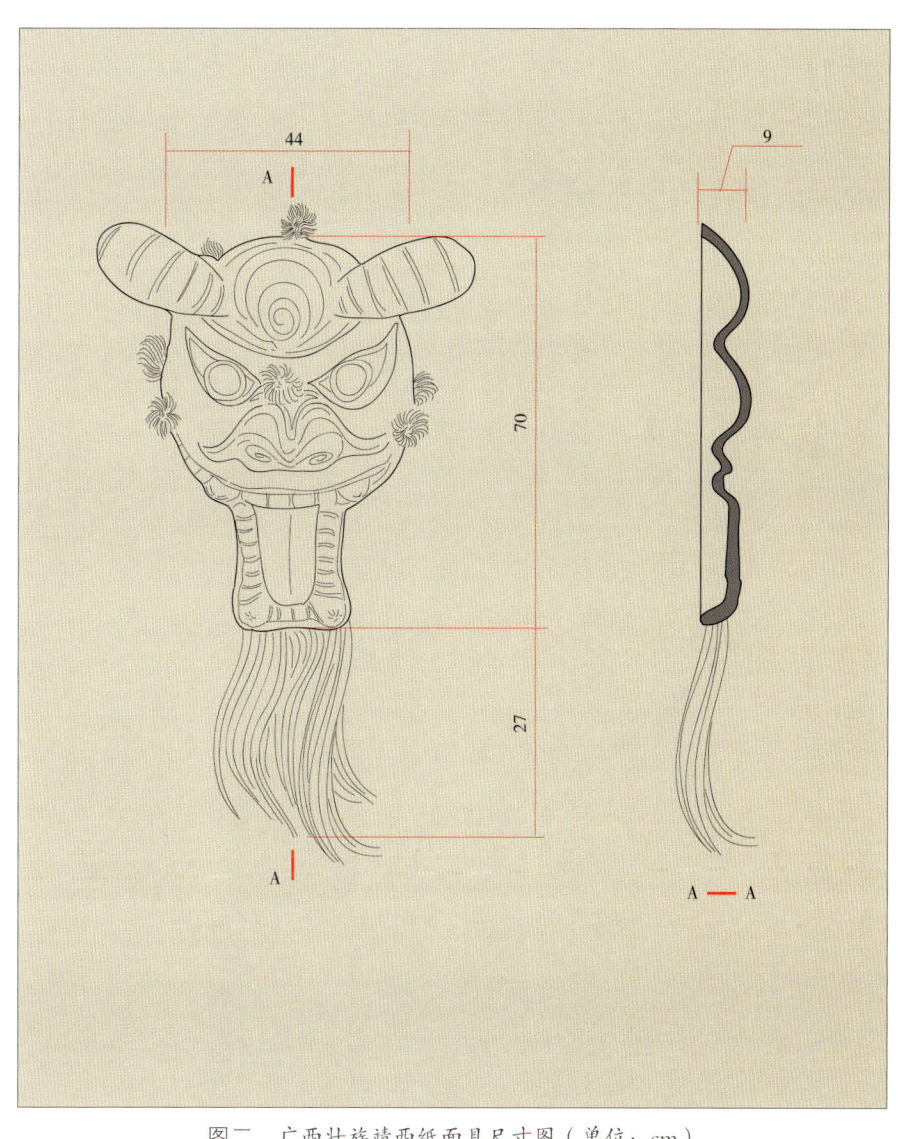

图二　广西壮族靖西纸面具尺寸图（单位：cm）

丰富有关，归纳来看，广西造纸原料有竹子、杉树皮、龙须草、禾草、甘蔗渣等。

回顾历史，靖西地区民间文艺活动历来兴旺，除了有著名的提线木偶戏外，还有特色鲜明的壮剧及民间歌舞，这无疑是产生纸面具的社会条件。事实上，壮族纸面具多与节日舞蹈有关，舞蹈内容和形式往往是表现劳动场景或对某神的崇拜，比如本案例就是"牛魂节"的产物，这种节日显然源于人们对耕牛的崇敬。再比如插秧舞，是由四位戴村妇面具的人模拟插秧动作，舞蹈表现极具生活气息。总之，壮族民间舞蹈种类繁多，自然也会产生丰富的面具，透过这些面具，我们不难感悟到壮族人民对生活的热爱及其丰富的民族文化。

图片来源
图一、图五　孙林　摄影
图二、图四　许边疆　制图
图三　靖西壮族博物馆提供

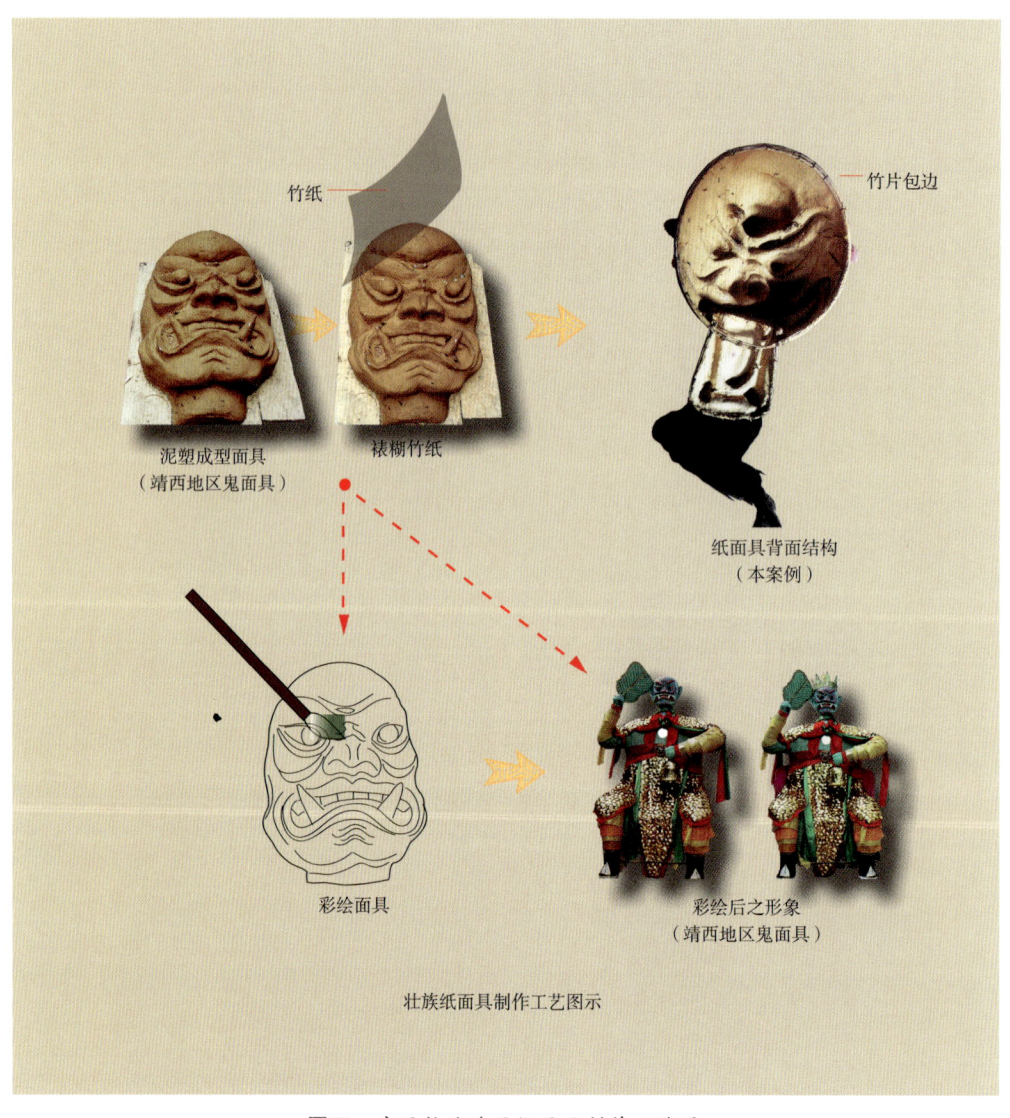

图三　广西壮族靖西纸面具制作工艺图

广西靖西纸面具舞乳狗
（资料来源：靖西壮族博物馆提供）

图四　广西壮族靖西纸面具延展图

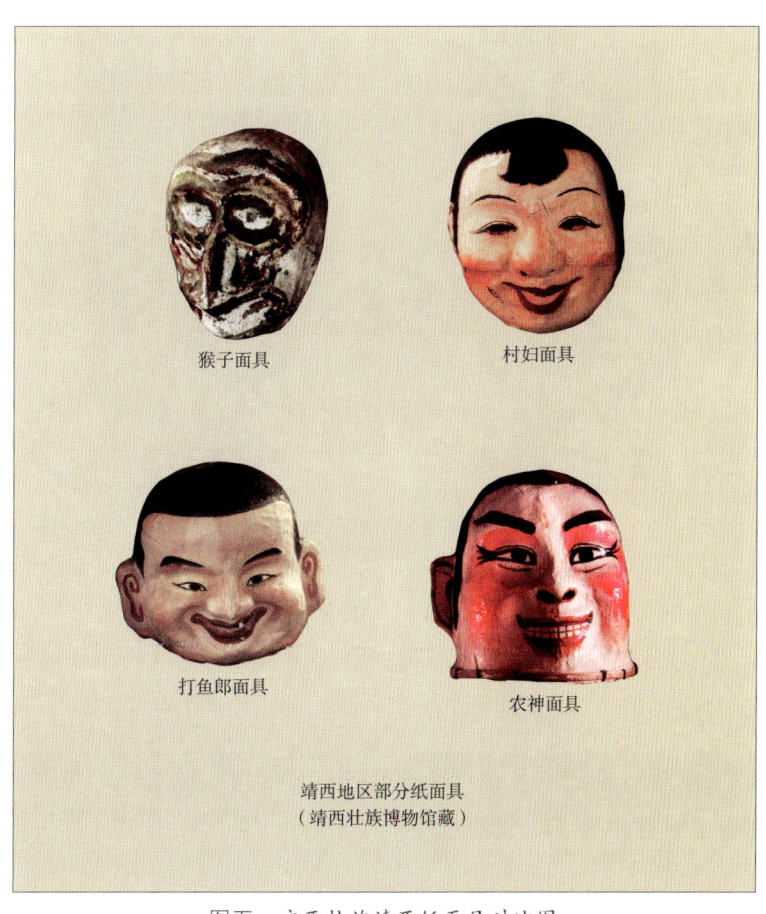

猴子面具　　　　　村妇面具

打鱼郎面具　　　　农神面具

靖西地区部分纸面具
（靖西壮族博物馆藏）

图五　广西壮族靖西纸面具对比图

广西壮族龙胜牛图腾面具

图一 广西壮族龙胜牛图腾面具主图

壮族人自古就崇拜耕牛,一些村寨每年都有"牛王节"祭祀活动,实际源于古代祭祀牛图腾仪式的遗俗。例如,广东连山壮族人在牛王诞生这一天,每家牛栏门上都会贴红纸、插柳枝或柚枝,以示吉祥;广西龙胜"牛王节"是农历四月初八,这一天人们不用牛,不放牛,更不会打牛,而是将牛拉到溪水边为它洗刷身子,然后用糯米饭、豆腐和鸡蛋喂牛;东兰地区壮族人是将"牛王节"定在九月初九,这天要请师公来"赎牛魂";邕宁壮族人在正月初五的时候,要为牛神祝福。不同地区的"牛王节",时间上显然有别。

本案例采自龙脊壮族生态博物馆,属于牛图腾面具,其形制特征是:两眼凸起,额头上有"福"字,头顶设牛耳和牛角,上下两颗利牙从嘴巴里伸出,底部涂黑,五官用金色和颜料彩绘,形象威猛雄健,显然是一个拟人化了的牛头形象。经测量,面具长19厘米,高35厘米,厚5.5厘米。从结构上看,案例是用一块整木雕琢而成,背面被凿去一部分,形成了外凸内凹的形态,而嘴巴部位却前后贯通,以方便祭祀者佩戴使用。过去,傩面具是跳傩舞时脸部佩戴的假面,舞者以此来祈求男女老少平安或农事风调雨顺。在历史上,桂林面具是很出名的,例如南宋时期的范成大在《桂海虞衡志》里曾提及:"戏面,桂林人以木刻人面,穷极工巧,一枚或值万钱。"(范成大:《桂海虞衡志辑佚校注》[M],四川民族出版社1986年版)即使到了今天,桂林地区仍延续着这类传统手工艺。在桂林考察时,我们见到许多不同形制的傩面具,据说三十六神就有七十二扮相,比如唐道扬、葛定应、土地、灶王、雷王、令公等等,名目繁多,举不胜举,但牛图腾是影响深远的一种。

事实上,早在4000多年前壮族先人就对牛产生了崇拜,比如广西麻栗坡县城东部约1公里处的壮族聚居区,山南崖壁上就用铁红色混着黑、白涂料,描绘出牛及人物的形象。据考古学家鉴定,这是牛图腾祭祀仪

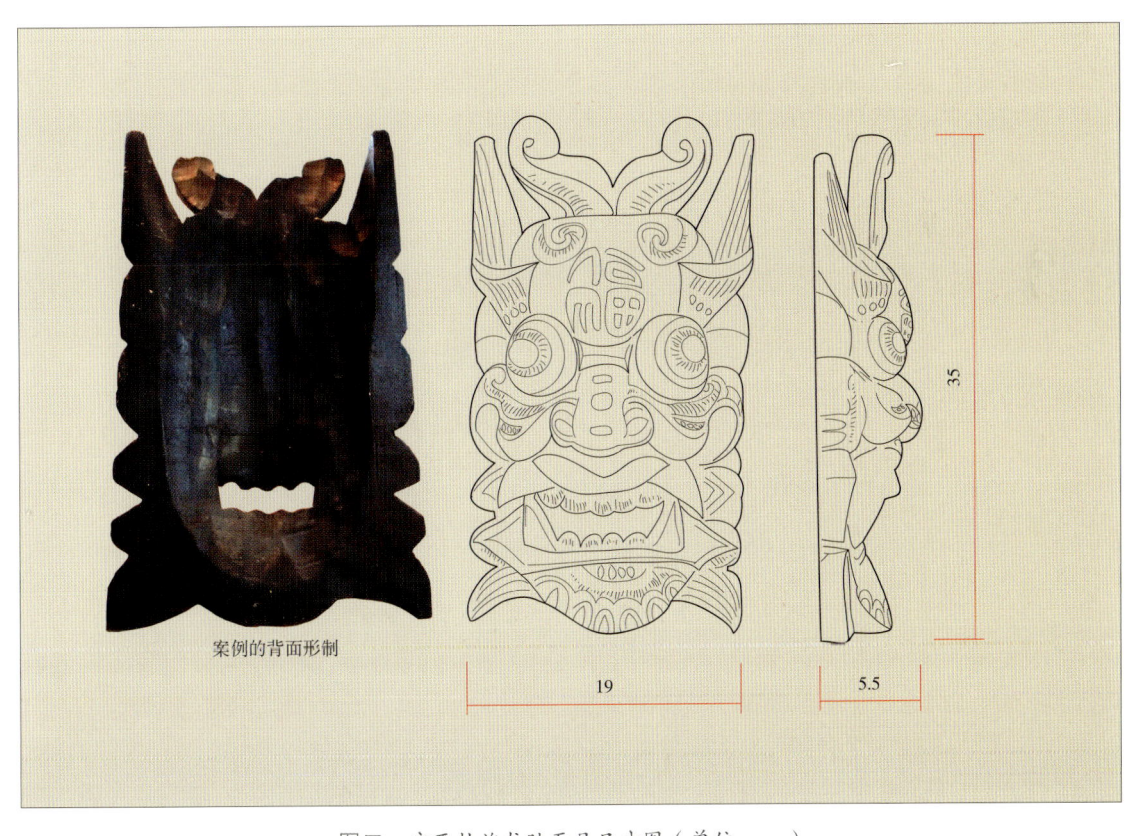

图二　广西壮族龙胜面具尺寸图(单位:cm)

式遗迹。再比如，壮族人后期崇拜的"莫一大王"，虽然有关他的传说很多，但壮语中黄牛就叫"moi"（莫一），因此，"莫一大王"应该是牛图腾氏族的首领。如今桂西、桂北乃至广东连山地区的壮族人，都普遍在自家堂屋神龛上设"通天大圣"之神位，有些地方还建莫一庙，每逢四时八节就举行祭祀活动。总之，壮族人对牛很有感情，正如桂北、桂中壮族人常唱的一首祝愿歌那样："春牛到你家，富贵有财发；五谷满仓堆，腊肉满屋挂。"（注：桂北、桂中壮族人在过春节时都贴春牛图，一边贴一边唱祝愿歌。）

图片来源

图一、图五　许边疆　摄影

图二、图三、图四、图六　许边疆　制图

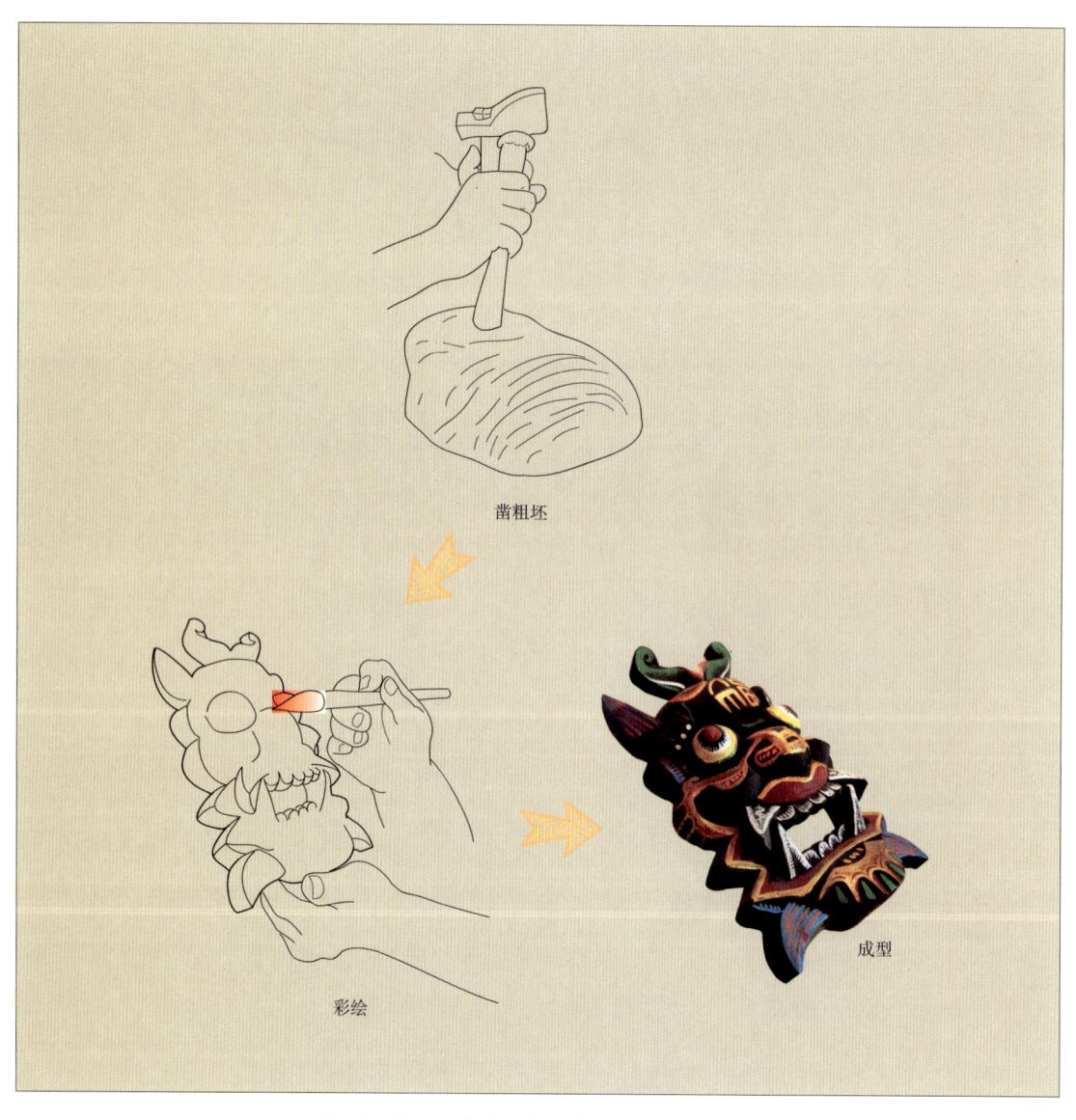

图三　广西壮族龙胜牛图腾面具制作工艺图

图四　广西壮族龙胜牛图腾面具效果示意图

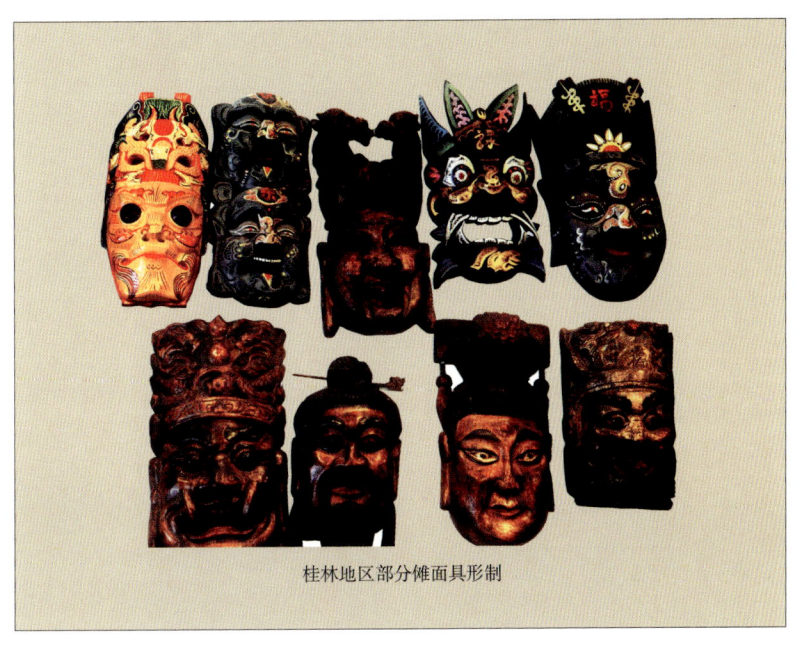

桂林地区部分傩面具形制

图五　广西壮族龙胜牛图腾面具延展图1

● —— 牛形象

麻栗坡县大王岩崖画

图六　广西壮族龙胜牛图腾面具延展图2

广西壮族靖西求子剪纸符

图一　广西壮族靖西求子剪纸符主图

　　壮族求子剪纸属于民间巫事剪纸之一。自古以来，壮族民俗认为，人世间的生育都与花婆后花园里的花有关，凡阴魂再次投胎人间时，灵魂必先飞到花园，附在一朵花上，由花婆安排好才能重回人间（"花婆"即专管阴间三十六个花园的女神）。所以，在壮族人眼里，花婆是一位享有很高礼遇的神，其地位十分特殊，正因为如此，大凡与求子或生育有关的壮族剪纸多以花来表现。本案例采自广西靖西旧州壮族生态博物馆，案例为"祈花符"剪纸。

所谓"祈花符"，又称"架桥接花符"，在广西靖西、德保、天等、大新等地区，人们将求花仪式分为"求育符""架桥求花""围花""护花""解节""开花"等几种形式。其中，架桥接花即意味着架通接花的桥和道路，这类剪纸通常是圆形图案，中心处有八芒星状图案，并且以中心为基点交叉剪出宽瓣花朵共计五层。当巫师仪式做完后，求育的妇女就会得到包有该剪纸的"花包"，然后在每月的初一、十五回娘家取一小撮米来祭供"花包"，直至怀孕为止。此后，花包常常被藏于供奉花婆的香炉下，在小孩长到六岁之后才能将剪纸打开，接着做巫事，为花婆还愿，直至剪纸最终被焚烧后才能算完结。当然，这是对顺产妇女而言的，如果有些妇女不孕，则被认为其命星不够亮，星位太低，那么剪纸符号就要设法"抬星"，即将图案剪成更多的星点或光芒。

据考察得知，该地区还有一些形式的求子剪纸。比如，将纸片剪成椭圆尖尾叶状，在尖部上方扎出三只触角，并在每个触角上贴八角状星形纸片。如果是祈求男孩，就在椭圆处贴个"金"字；如果是祈求女孩，则

"求子符"剪纸

图二　广西壮族靖西求子剪纸符1

在上面贴个齿状纸花。这类符箓要插在祭祀的香炉中，既是祈求花婆赐子，也是求祖宗庇护送子承嗣。此外，还有一种用红纸剪成长条吊钟状剪纸的形式，这种纸符的上部中间要写"南无度金桥菩萨"；左边用金黄纸剪个人形，写上"金花童子"；右边用银色纸剪个人形，写上"银花小娘"。最后，在长条吊钟正中部位写个"孕"字，并在其周边以对称的形式剪出一些菱形孔，以此象征女阴。这些纸符在巫师做完麽事后，同样也是压在妇箱中，待妇女孕育，小孩长到六岁之后，再行"送花"还愿仪式，接着焚毁此符。

概括来看，壮族"祈子符"剪纸实际是花人合一生命观的具体体现，正如北壮地区《巫经》所云："凡儿出生，精魂蒂结于花树之间。花之花瘁，花婆主之。"在自然界里，花是植物的生殖器官，其形如女阴，这些现象都会在人们头脑里留下深刻印迹，自然也会将花与人的生殖联系起来。这样，不仅产生了一种生殖文化，同时也衍生出了一种特有的民间剪纸艺术。

图片来源
图一　孙林　摄影
图二　许边疆　制图
图三至图六　靖西壮族博物馆提供

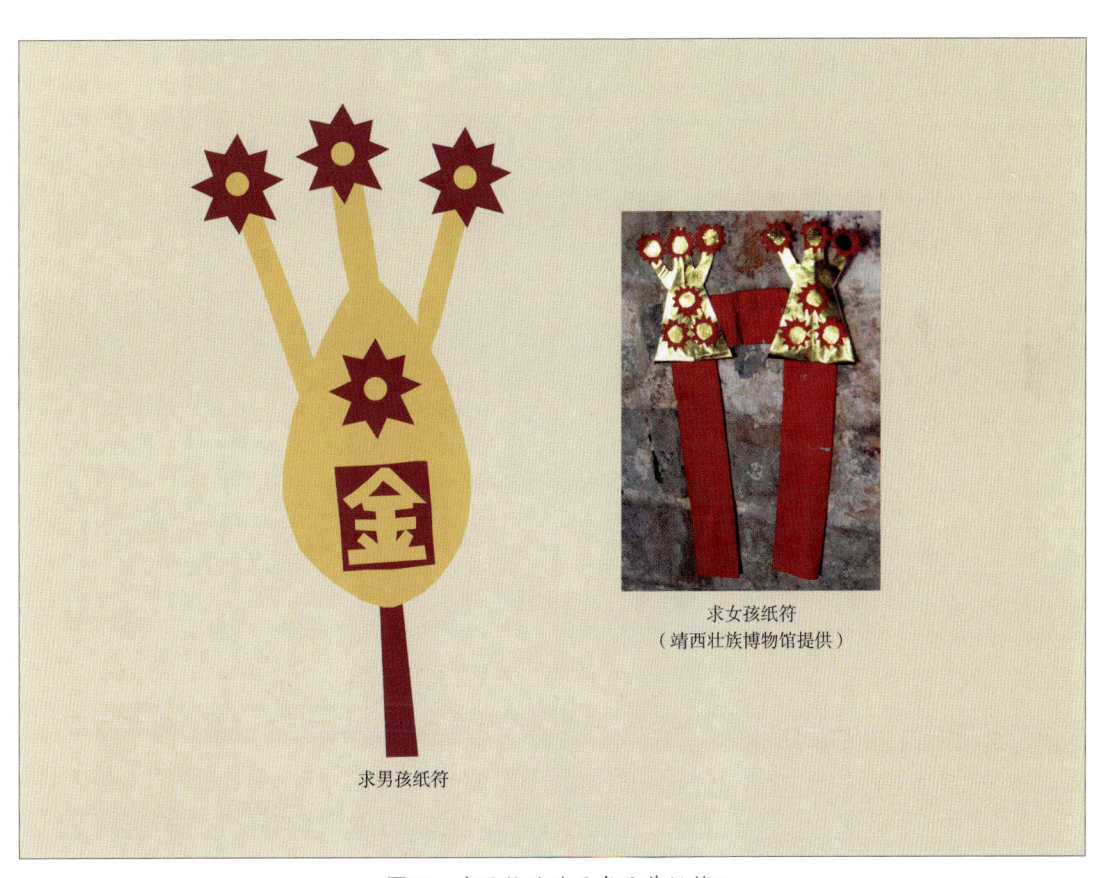

求男孩纸符　　　　求女孩纸符
　　　　　　　　（靖西壮族博物馆提供）

图三　广西壮族靖西求子剪纸符2

壮族求子神龛
（靖西壮族博物馆提供）

图四　广西壮族靖西求子神龛

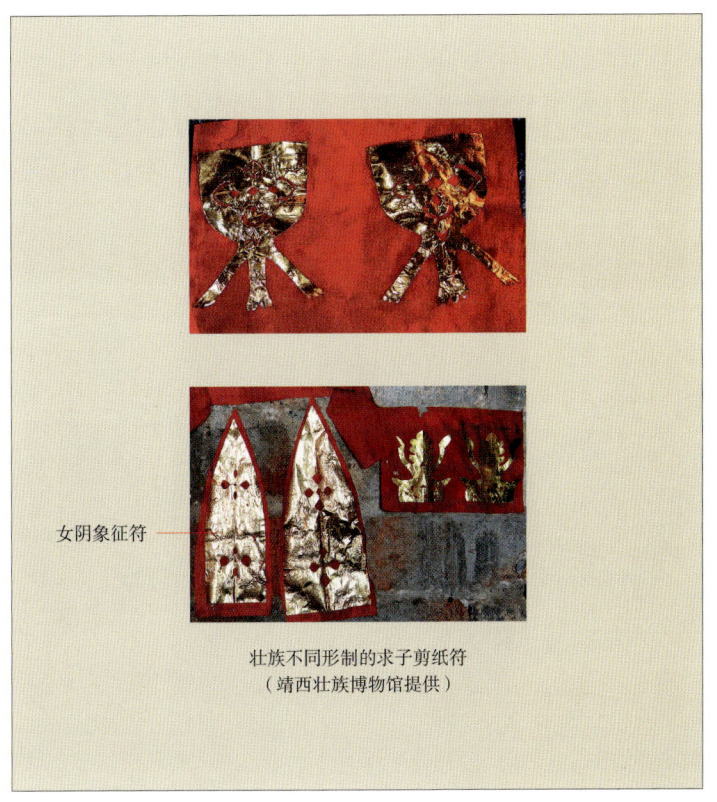

图五　广西壮族靖西求子剪纸符3

女阴象征符

壮族不同形制的求子剪纸符
（靖西壮族博物馆提供）

民间剪纸场景
（靖西壮族博物馆提供）

图六　广西壮族靖西求子剪纸符4

第六章　壮族传统民俗和宗教造像

883

广西壮族桂西祛病消灾剪纸

图一　广西壮族桂西祛病消灾剪纸主图

壮族祛病消灾剪纸是巫术剪纸的一种。在壮族师公眼里，他们相信通过咒语和施法，剪纸就被赋予了超人的神力，如果再将这些念过咒语的剪纸依附在病人身边或贴在神坛之上就能为病人或体弱者祛病消灾。我们以桂西地区剪纸为例，这类巫术剪纸可分为婴儿祛病剪纸、儿童祛病剪纸和青年祛病剪纸三种，由于使用对象不同，剪纸图案也存在着差异。

首先，婴儿祛病消灾剪纸。这类剪纸整

体呈圆形，外部边缘为锯齿形，内部中心剪出对称式花叶纹，四周是八枝相对的盘绕花枝，花枝根部剪出鸟的图案，寓意婴儿生病体弱，需请神鸟来捕捉害虫。在壮族人心中，婴儿之所以会生病，是因为生命之花被害虫叮咬使灵魂受惊的缘故，因而要消除害虫才能使婴儿恢复健康。显而易见，这些图案背后都有其寓意，花枝象征婴儿生命；鸟形则代表神鸟，暗示捕捉损害婴儿身体健康的害虫。这类剪纸用法是：巫师先念咒语施法，表示驱除害虫，召回被惊走的灵魂，然后再将剪纸塞进病儿的床垫之下，或贴在床头设立的花婆神坛之上，并要求主人在每月的初一和十五焚香祭拜。

其次，儿童祛病消灾剪纸。这类剪纸略呈长方形，左右两边各剪一个举手立足的正面人形，其内侧上方悬挂一个宝葫芦。在这里，宝葫芦寓意甘露之源。在壮族人的意识里，儿童之所以会生病，是因为其生命之花缺水的缘故，故需用葫芦里的甘露来浇灌，只有这样，儿童身体才能复原并健康成长。

第三，青年祛病消灾剪纸。对于16岁以上的年轻人而言，祛病消灾剪纸形式虽然也是锯齿状圆形，但其中部常剪个对称的大菱形来寓意天空，然后又在大菱形内部再剪出若干呈放射状排列的小菱形来象征星辰。

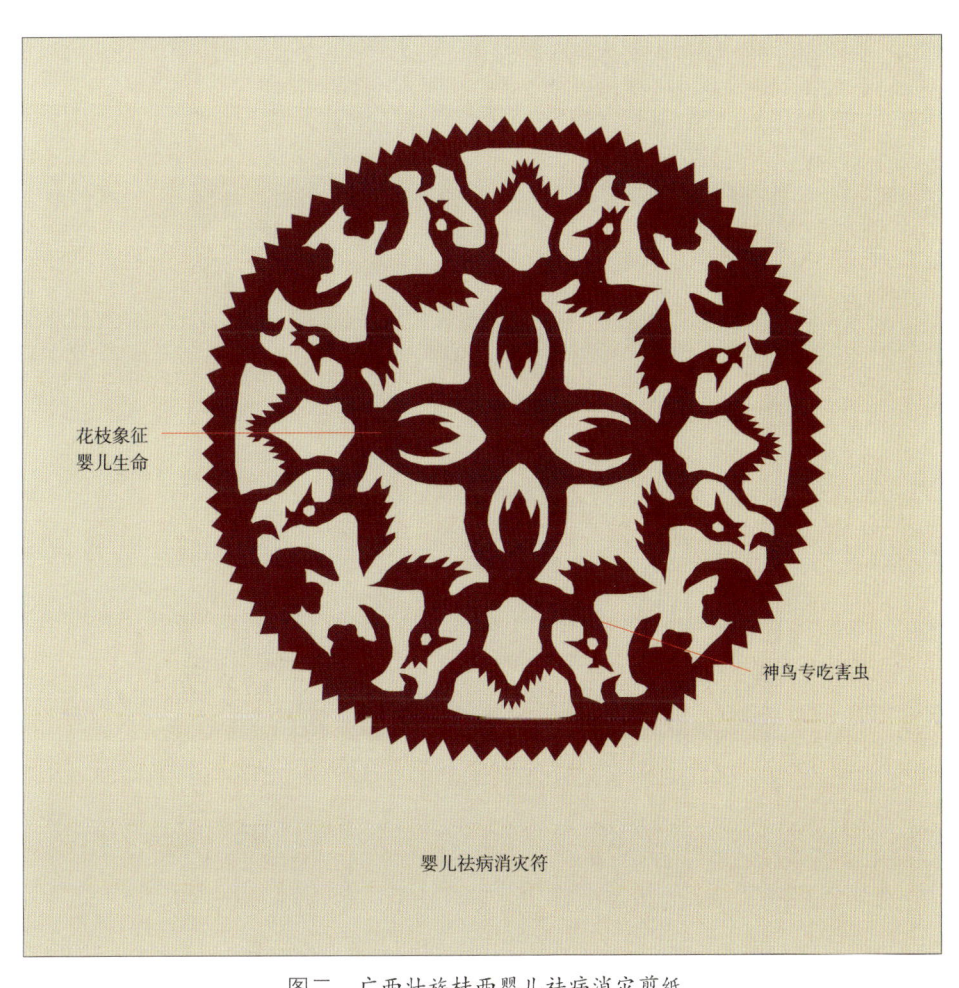

图二　广西壮族桂西婴儿祛病消灾剪纸

因为，壮族人相信，世上每个人都有一颗星与之对应，星光越亮，此人生命力就越强，所以要剪出许多小菱形来提高其"命星"的亮度。此外，这类剪纸符还常剪出一个以对称形式存在的举手站立的人形，该人形左、右手各连一个葫芦，葫芦边再剪出一棵常青树。在这里，葫芦是生殖力的象征，这源于其形如子宫，且多籽。在壮族人眼里，如果一个人生殖力强自然是身体健康的一种内在反映，正因为如此，葫芦被壮族人视为孕育生命和护佑生命的一种象征体。

概括来看，壮族巫术剪纸使用了许多特定的图案符号，这类符号直观但寓意深奥：一方面它来自生活中常见的客观物象，另一方面又取自抽象化的自然物和客观不存在的意念物象，因此，它是一个成分复杂而又包含原始宗教意味的图形符号系列，在壮乡有着广泛而深厚的存在基础。显而易见，今天我们关注它们，对了解壮族心理意识及其传统宗教内涵有着不可替代的研究价值。

图片来源

图一　许边疆　复制（引自覃圣敏主编：《壮泰民族传统文化比较研究》第四卷，广西人民出版社 2003 年版，第 2042 页）

图二、图三　凌树东藏　许边疆　复制

图四　许边疆　复制（引自覃圣敏主编：《壮泰民族传统文化比较研究》第四卷，广西人民出版社 2003 年版，第 2048 页）

图三　广西壮族桂西儿童祛病消灾剪纸

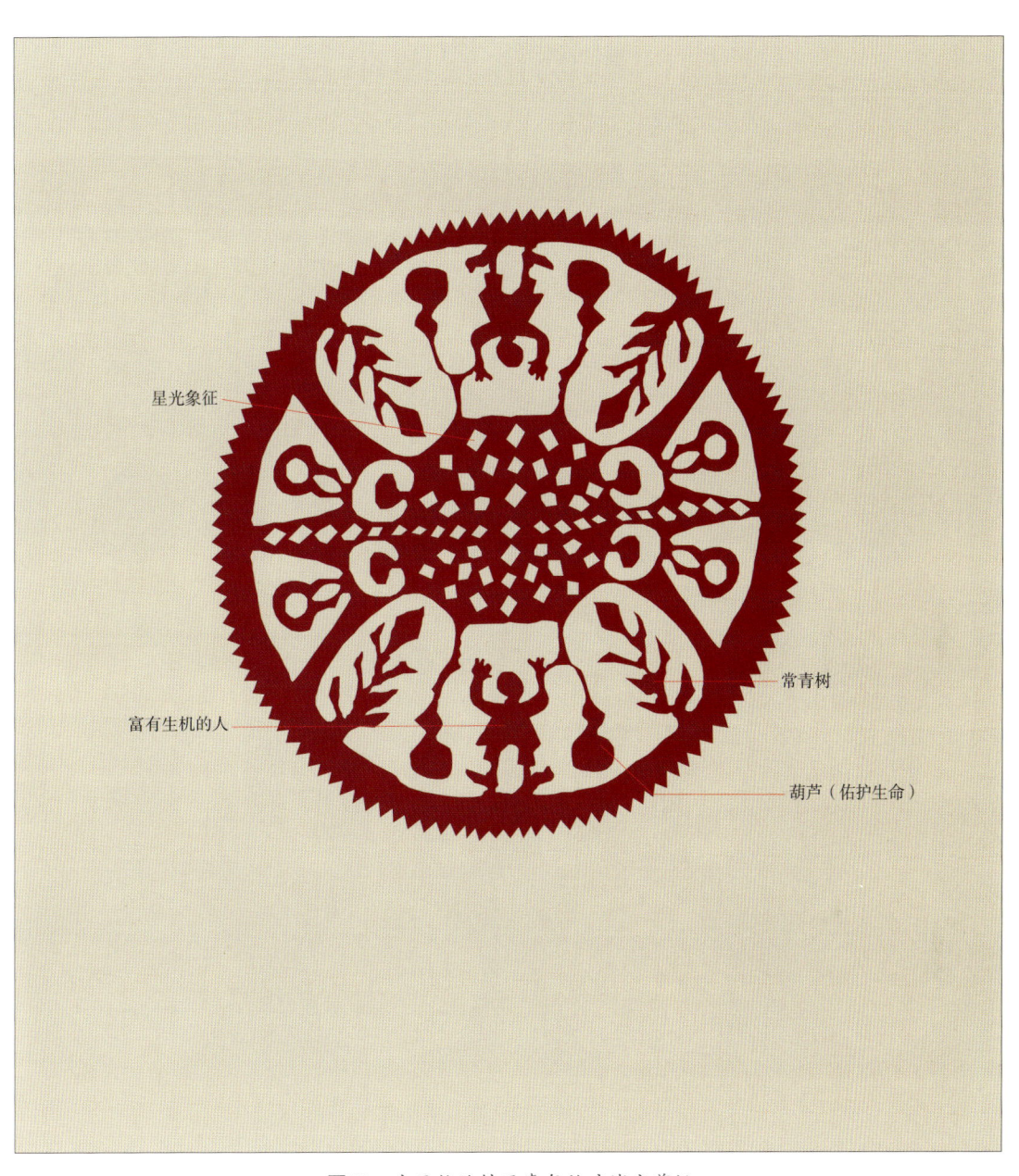

图四　广西壮族桂西青年祛病消灾剪纸

广西壮族祈寿剪纸符

图一　广西壮族祈寿剪纸符主图

　　壮族传统祈寿剪纸，是针对年纪较大的人的巫事剪纸符。在壮乡，壮族民间有一个与祝寿有关的节日，即农历九月初九。这一天，凡有老人的家庭都要给老人剃头、穿新衣服；出嫁的女儿也会带回几斤米、一只鸡，给老人"补粮"，以示孝敬。所以，九月初九也是壮族人的"祝寿节"，这个节日显然与壮乡流行的一种说法"九九归一，百岁成仙"有关。

　　这里需关注的是"补粮"习俗。在壮族人眼里，父母活到四十九岁以后，子女就得为父母行"添粮补命"的巫事，待父母六十一岁、七十三岁、八十五岁时要分别再办。这类巫事的具体操办人通常是女儿或儿媳，巫事所用的道具是一束金竹枝、一束带叶的稻穗、五个红纸折成的小灯笼。当然，这些道具都有相应的寓意,比如金竹枝指老人生命旺盛;谷穗象征富足;小灯笼则代表老人本命星辰。此外,子孙们在行巫事之前还需做一件事,那就是讨"百家米"。讨"百家米"实际是寓意借百家"谷种"来维持老人以后的生命,即所谓的"添粮补命"。这些工作完成后,巫师才可行巫事。仪式开始时,巫师要为主人剪出"祈寿符"剪纸,然后将"百家米"放入一个箩筐里,"插上一杆秤,挂上一把算盘、一面镜子和乞讨来的红包",开始唱"盘粮补命"咒(廖明君:《壮族自然崇拜文化》[M],南宁:广西人民出版社2002年版,第339—344页),巫师行事毕,主人便举办筵席来贺寿,而巫师则将竹枝、谷穗、灯笼等物品缚在正柱第二道梁上,表示福星、寿星高照,吉祥如意,至于事先剪的"祈寿符"则贴于神龛祖宗牌位的右侧。

在壮乡,由于老人的年龄不同,"祈寿符"的剪纸样式也存在差异。年龄小于六十岁者,纸符略呈方形,中间有两个举手站立的人形,

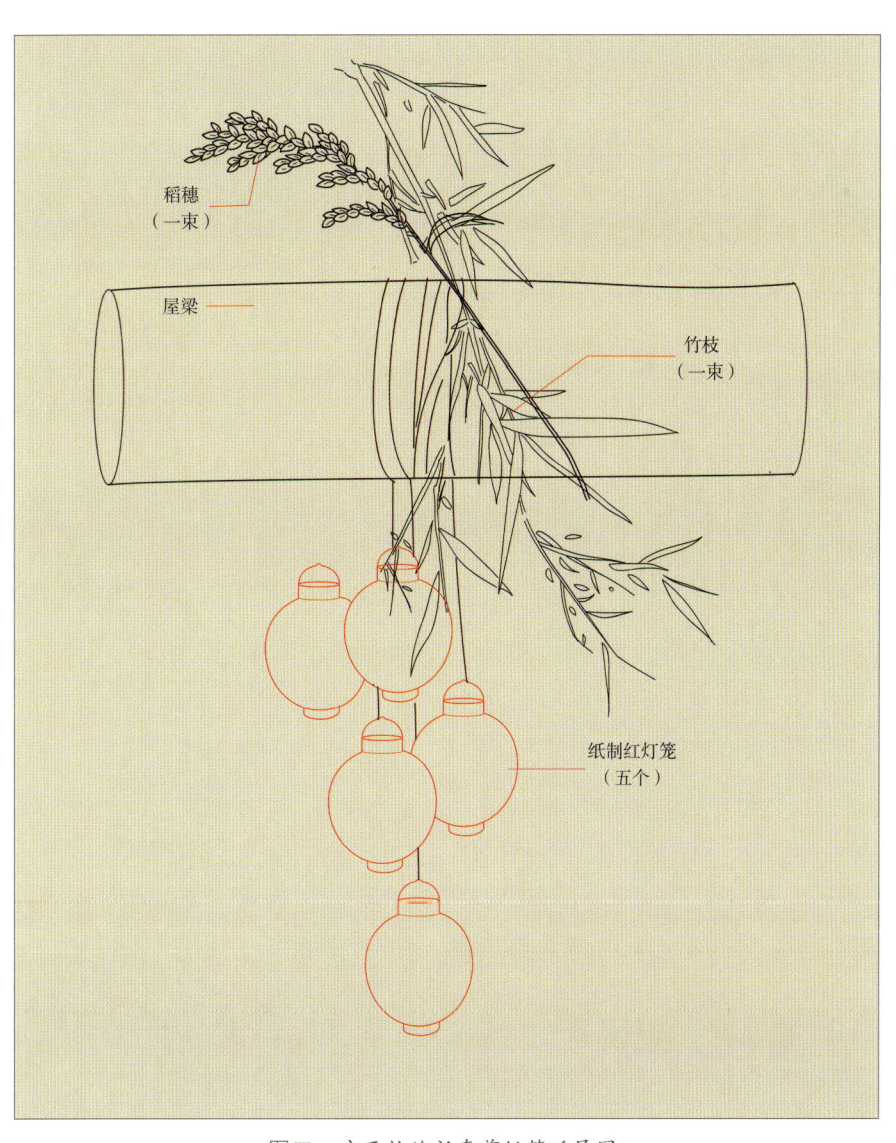

图二　广西壮族祈寿剪纸符延展图1

其头上各有一束拱形的谷穗,两边各有一棵神树,上下剪一排四瓣形星辰。而六十岁以上的老人,则剪成长方形,主体图案是四个平行排列、举手蹲足、粗头宽衣的人物形象,人头上方是拱形谷穗和菱形星辰,下方则为三道线,以此来象征生命之桥。

剪这类纸符的人通常是巫婆或道公,由于他们长期从事这些巫事,因而剪起纸符来十分熟练,只需将纸张对折好,然后凭借对传统图样的记忆,用剪刀很快就可灵活地剪出一幅对称而又美观的图案,整个剪纸过程全凭经验和手感完成。显然,这是民间剪纸流传的主要方式之一。

图片来源

图一 许边疆 摹绘(引自覃圣敏主编:《壮泰民族传统文化比较研究》第四卷,广西人民出版社 2003 年版,第 2048—2049 页)

图二、图三 许边疆 制图

图四、图五 许边疆 摹绘(引自覃圣敏主编:《壮泰民族传统文化比较研究》第四卷,广西人民出版社 2003 年版,第 2048—2049 页)

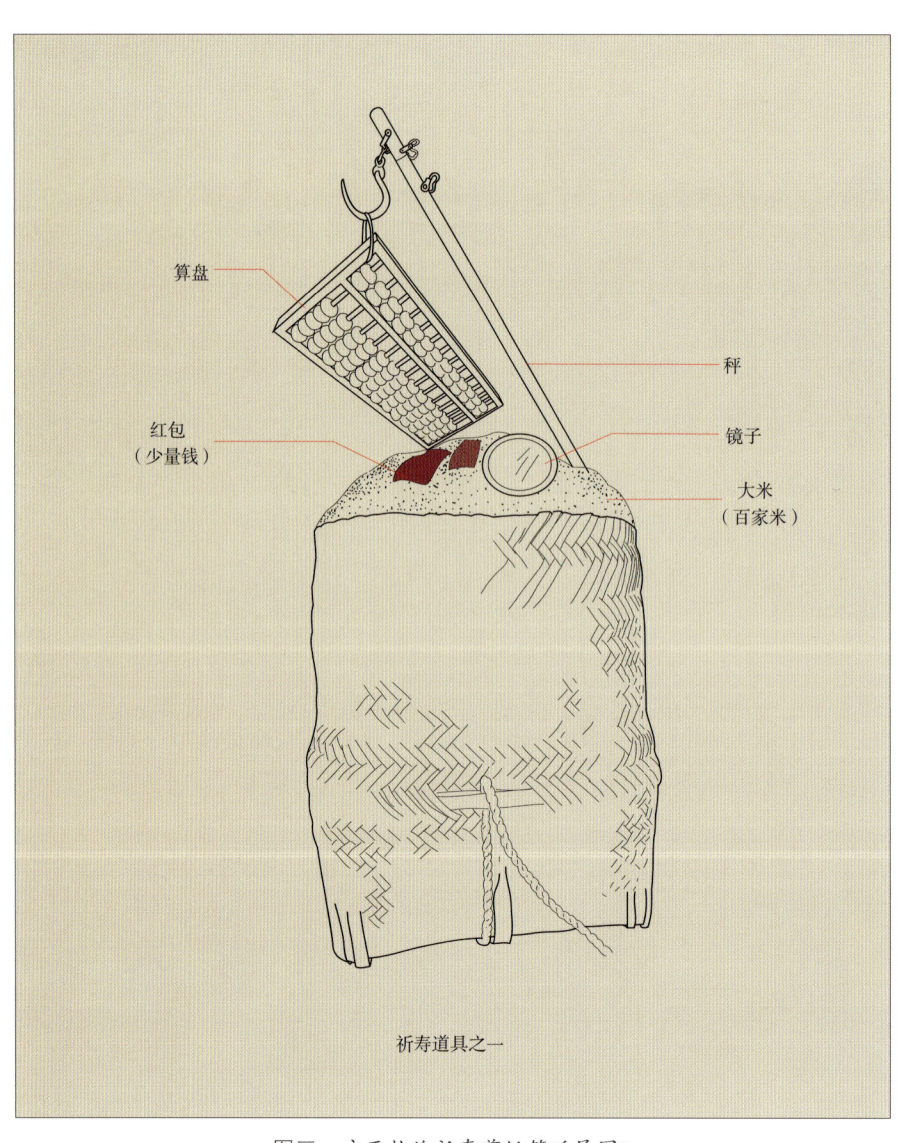

图三 广西壮族祈寿剪纸符延展图2

图四　广西壮族祈寿剪纸符1

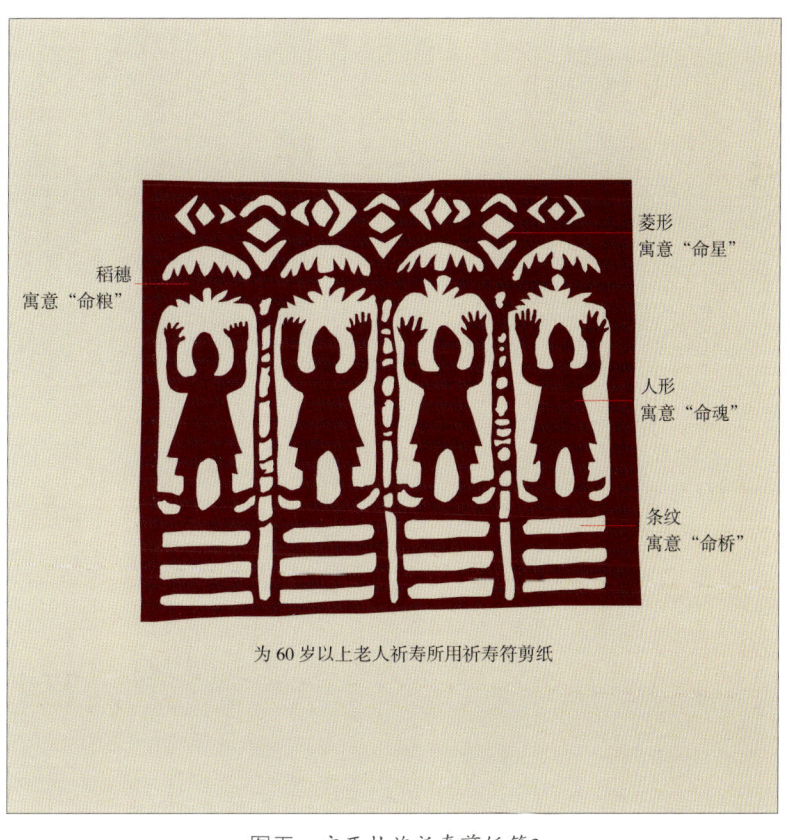

图五　广西壮族祈寿剪纸符2

广西壮族靖西文字符

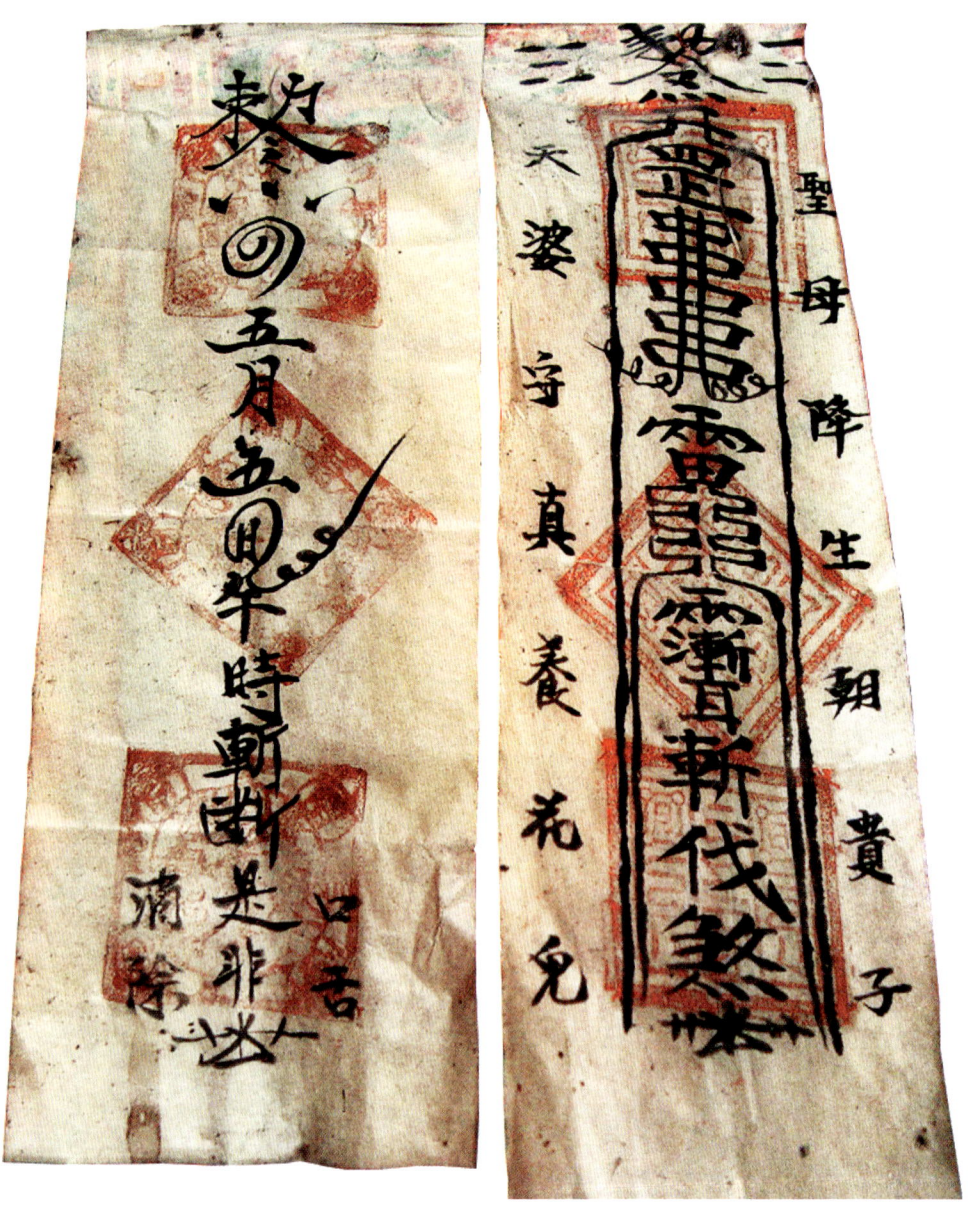

图一　广西壮族靖西文字符主图

壮族文字符是壮族巫师举行麼事时所使用的一类文字状符号。概括来看，这类文字符的表达形式有四种：一是用毛笔在纸上面书写；二是用剪刀镂刻；三是硬质材料的拓印；四是前面三种手段的综合。本案例采自广西靖西龙邦镇上坝村巴晚屯，为农太原巫师所制。从壮族发展史看，壮族人的宗教信仰主要是由原始宗教发展而来，并逐步形成了以巫教为主、兼收道教和佛教以及信仰多神教的信仰格局,是故,壮族历史上并没有形成一个统一规范的宗教信仰。就巫术文字符及剪纸符而言,它们皆被视为一种神力的载体。

从案例内容看,左边字符印有三个相同的红色图案,图案内容显示是"龟"形,这表明壮族文字符与早期的龟卜有着密切的关系。而案例右边的字符却穿插着一些似字非字的符号,这些符号多由曲线来构成,令人想到道教符箓。经考察得知,这类文字符具有不同的巫事功能,如本案例的左边字符是"人际关系字符",而右边的字符则是"分娩符",前者是巫师在处理人与人关系时使用,如案例中的"消除""是非""口舌"等;后者是请神来斩恶煞,以保证妇女顺利分娩。事实上,在制作这些纸符时壮族巫师是依据一定程序进行的,以靖西巫师为例,先是燃上三炷香,接着是抽签、查符,最后才剪纸或书写。由于巫事会涉及生活的方方面面,所以,壮族这类字符种类很多,概括起来看有以下内容:一是治精符——张贴于新房基地四周;二是求子符——为婚后求子使用;三是分娩符——为顺利分娩使用;四

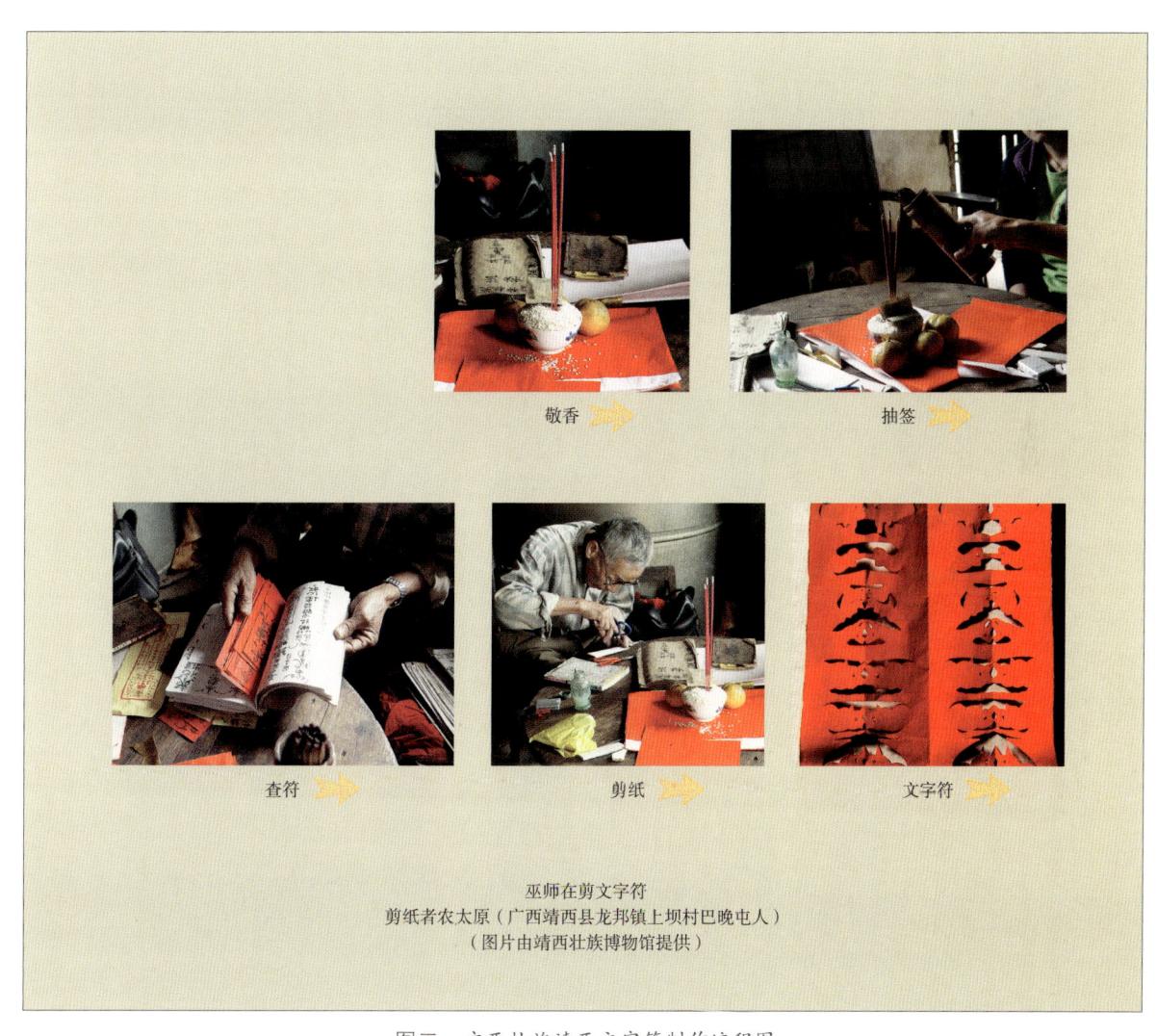

巫师在剪文字符
剪纸者农太原(广西靖西县龙邦镇上坝村巴晚屯人)
(图片由靖西壮族博物馆提供)

图二 广西壮族靖西文字符制作流程图

是止哭护身符——用于小孩夜哭不止；五是头痛符——调理阴阳，除掉邪气，让头脑清醒；六是除病护身符——请神护身除病。此外，还有肚痛符、吞物卡喉符、治发冷符、治白痢符、驱瘟符、除牛病符、除猪病符、处理人际关系符等等。这些纸符大都是以文字形式来表达，有些从字面上即可明白其含义，但为了体现其神秘感，字符中仍穿插了一些难以识别的曲线或近似于图案的符号。有趣的是，一些巫师可能是为了快捷，部分选择了印章的方式，这使得文字符制作更加灵活多样。

壮族文字符实际是早期原始和蒙昧阶段巫术心理的延伸物，它源于龟卜和骨卜，只是后期经巫师们的演绎及神化，便产生了符箓，巫师们用这些符箓招神、拘鬼。从心理角度分析，当人的主观能力与客观世界以及社会能力相差悬殊时，只好借助巫术的有形活动来激发和诱导人们对自身能力产生一定的认识和信心，并通过对这种巫术的信仰来谋求生存与斗争的精神支撑。

图片来源
图一、图五　孙林　摄影
图二　靖西博物馆提供
图三、图四　许边疆　制图

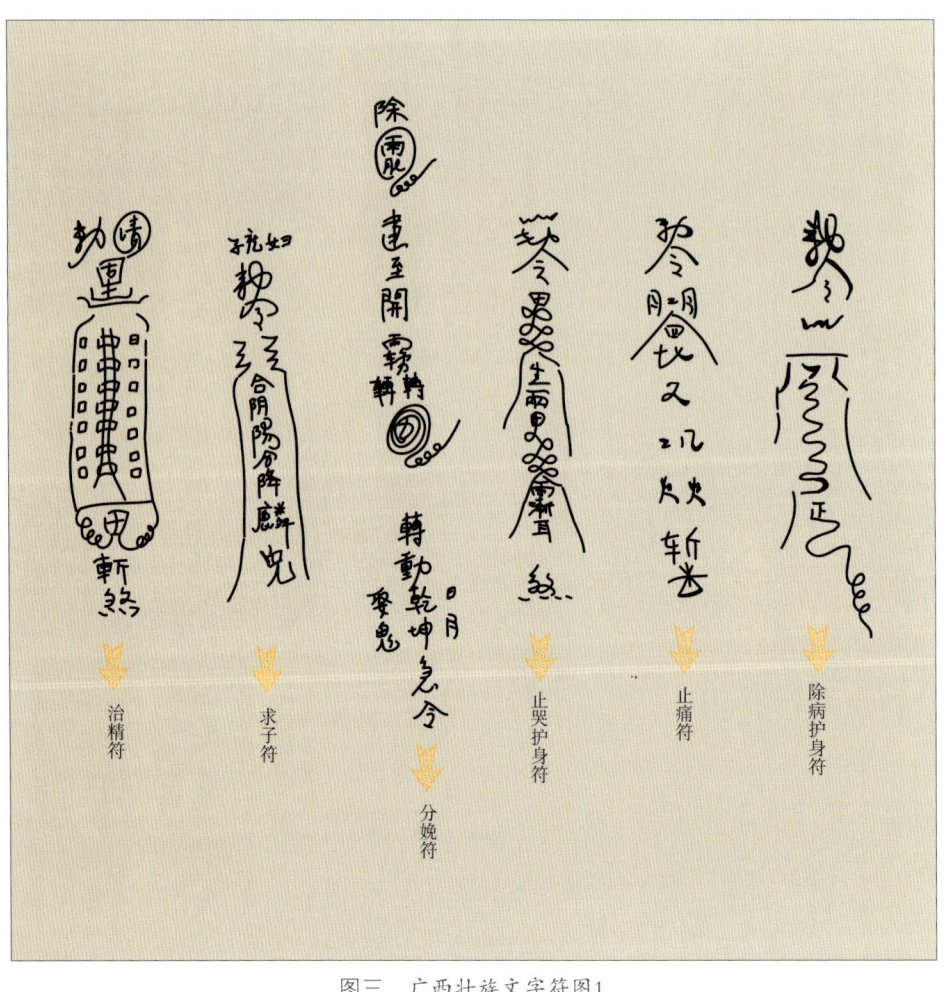

图三　广西壮族文字符图1

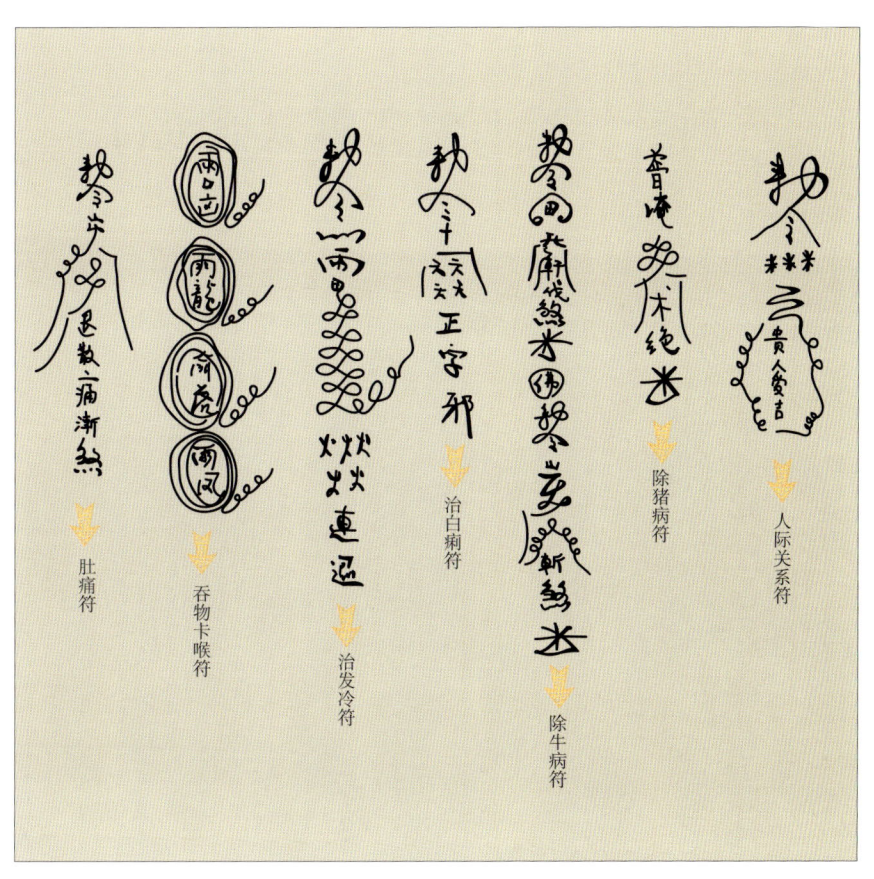

图四　广西壮族文字符图2

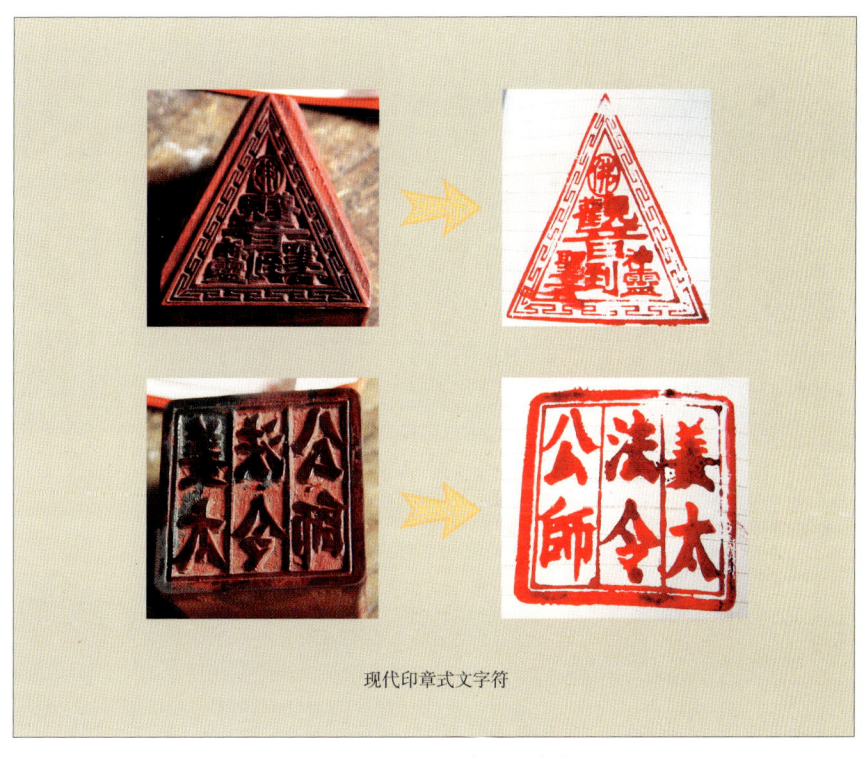

现代印章式文字符

图五　广西壮族靖西文字符

广西壮族靖西镇邪驱鬼剪纸符

"出师符"剪纸
(寓意新麽师已具有遣神役鬼的权力)

图一 广西壮族靖西镇邪驱鬼剪纸符主图

壮族镇邪驱鬼剪纸是巫术剪纸之一。在壮族人眼里,人的灵魂(壮语称为hoenzngaeuz)如同火烟的影子一般,人若丧失了灵魂,就等于失去了活力,甚至会死亡。于是,壮族师公的职能之一就是为他人赎魂保命,以求平安,这其中便涉及镇邪驱鬼剪纸的功能。概括来看，这类剪纸有人物图案、动物图案及几何图案，以下分门别类给予简述。

首先，人物剪纸。此类剪纸形象通常是正面，不求肢体比例，仅为意象。人物双臂或上举，或向两侧平伸，或下垂，其中上举代表兴盛、祈祷，两侧平伸寓意为人承担灾难，双手下垂则意指死鬼及用于惩治敌人的替身。不难看出，这些形象特征具有左江流域崖画的影子，加上剪纸源于崇左、靖西等地区，因而其形象同崖画应该是一脉相承的关系。从剪纸寓意看，壮族人物剪纸又分人、鬼、神，其中，人是红色，鬼为白色，神则是超自然力量的象征（壮语称"茚郎"）。更有意思的是，壮族师公也模仿佛教里的"开光"仪式，或给人物头部用香烛烧个倒"品"字形的孔，或给人物剪纸画上眼睛，以此表示"茚郎"具有了神力，从而为主事家的人驱鬼消灾。

其次，动物剪纸。主要是马、鸟及蝶类，其中以马的形象用得最多。在壮族师公里，马是人魂与神魂交往的脚力象征符号，师公

靖西壮族博物馆提供

图二　广西壮族靖西镇邪驱鬼剪纸符1

驱邪驱魔常要焚烧马形剪纸，为了方便起见，有时也用简化了的马鞍形（近似于四方形，等同于马）。至于鸟形与蝶形，它们常与其他图案混合使用，主要用于为孩童驱邪。

第三，几何图案剪纸。这类图案或是某些物的指代，或是一些抽象概念的象征，例如带芒状的圆形寓意太阳，菱形暗指人的命魂（为成年人驱邪），网状纹代表神力，直线条、拱线条均属人的"命桥"。在靖西县，我们见到一张驱邪符，该剪纸是由太阳图案、人的图案、剑的图案和花瓣图案组成，其功能是用于婴儿的禳事，当婴儿啼哭不止时，师公便借助法事来将剪纸贴于神龛之前，以佑护婴儿不被邪恶的东西所惊吓。

事实上，师公的法术是以神灵观为基础的，剪纸仅是沟通鬼神的一种比拟性可视物，其萌生的历史条件是：一方面早期人类对自然现象的迷茫或畏惧，另一方面人总存在着某些幻想或愿望。当这些迷茫和愿望交织在一起时，便产生了原始宗教或巫术，这犹如原始崖画上的动物图案，人们相信只要将这些动物画出来或模拟出箭杀的动物，就能获得一种魔力，从而捕捉到更多的猎物。同理，壮族师公也相信，只要对剪纸施一魔法，剪纸就具有了镇邪驱鬼的神力。

图片来源
图一至图四　许边疆　制图

人魂与神魂交往的脚力符号

图三　广西壮族靖西镇邪驱鬼剪纸符2

图四　广西壮族靖西镇邪驱鬼剪纸符3

广西壮族师公法器

图一 广西壮族师公法器主图

壮族法器是指民间师公从事师公教仪式时所用的器具。壮族法器种类较多，主要有铜锣、铜钹、宝剑、铜铃、鼓、师刀、戟、祖杖、令牌、玉简、卦木、七星旗、法印等，也有法器是临时制作的，比如花盘、油纸条、阴阳桥等等。本案例采自广西崇左壮族博物馆，为当地师公所用法器，现做部分介绍。

铜锣，形如盘子，用锣槌敲打。仪式中常用两面铜锣，但音色有别。

铜钹，是中间鼓起半球形的两个圆铜片，半球形正中有小孔用于穿绸布。仪式中至少需要大小铜钹一对，它是通过双片互相拍打发出声音的。

长短剑，主要是用来镇各种妖魔。通常长剑为竹片削成，再装木柄（长50—60厘米）；短剑铁制，长20厘米左右。

祖杖，其形制是上端安小铁圈，系红布条；下端为约20厘米长的铁针，可插入地面。在仪式中祖杖代表祖师的存在与位置。

玉简，又称简木，长约40厘米，宽5

厘米左右，厚约2厘米，中间大，两头稍小，且微翘，正反面刻有花纹。师公用它来表示弟子参见前来护佑的祖师和列位神祇。

法铃，形如钟形铜罩，里面悬挂金属小锤，上有手抓木柄或绳索，摇摆时（或碰撞时）发出声音。

法印，是师公重要法器之一，有木制的、铜制的、铁制的等。法印有多种，例如印文为篆体的"师经道宝"，寓东、西、南、北、中五个方位的"五雷印"，中间直条文字是"三元考召印"或"北帝伏魔印"，等等。

在靖西旧州，我们发现当地师公做法是用五张凳子分别摆出东、西、南、北、中五个方位，上面用红纸书写"大梵天王""持国天王""增长天王""广目天王""多闻天王"。法场上，四位师公分别持相应法器，依据某种程式在凳子间跳神起舞。显然，这种表演内容吸收了佛教成分，壮族人通过借鉴外来文化，祈求风调雨顺。

事实上，在漫长的历史发展过程中，壮族宗教活动不同程度地吸收和整合了中原古巫傩、道教、佛教等外来宗教文化因素及儒家孝道观念，从而形成了自己的宗教形态。正因为如此，壮族师公舞不仅有庞杂的内容，而且形式也多样，例如《三元舞》《灶王卜卦舞》《社王朝阳舞》《求花舞》《四帅舞》《三界舞》《土地扫坛舞》，等等。舞姿有"颤""晃"、扭胯蹲摆、悠吸点弹、跳马步、提袍跳、悠手、灵娘步、东皇步、点弹步、三罡转身步等等，花样繁多。不仅如此，师公舞还有一些舞规："有舞必设坛，无坛不作舞"；"唱神必跳神，跳神必戴相"；"舞赖于岳，以岳伴舞"，这里"岳"是指鼓，或蜂鼓，或百楔鼓；"凡跳神之舞，必持神之器"；"三步为规，五方定向"。

总之，壮族法器充满了神秘性，是师公沟通鬼神的媒介。

图片来源
　　图一、图二、图五　孙林　摄影
　　图三　许边疆　制图
　　图四　许边疆　摹绘（引自覃圣敏主编：《壮泰民族传统文化比较研究》第五卷，广西人民出版社2003年版，第2586页）

图二　广西壮族师公法器延展图1

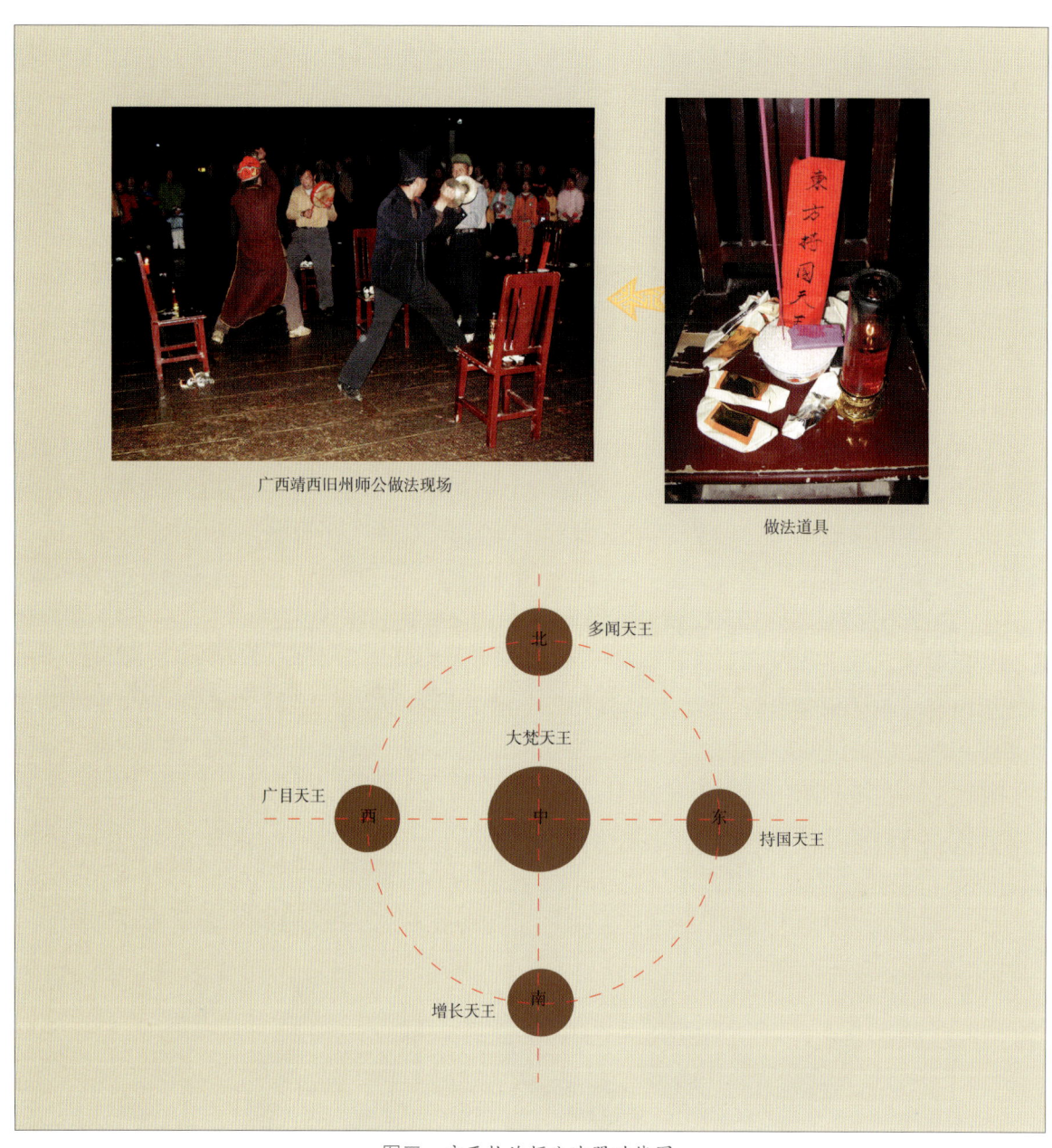

图三　广西壮族师公法器功能图

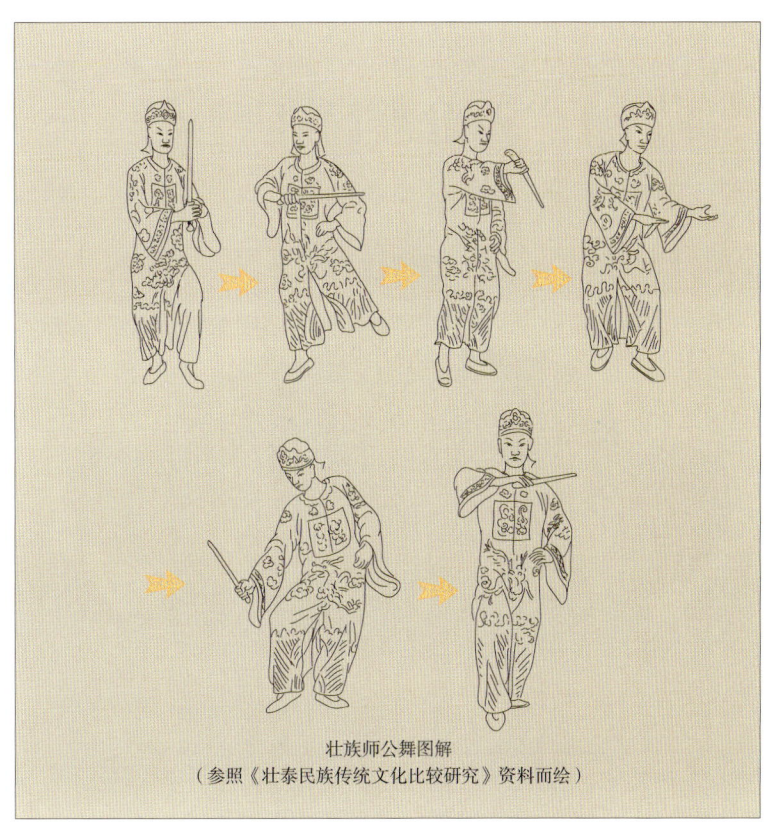

壮族师公舞图解
（参照《壮泰民族传统文化比较研究》资料面绘）

图四　广西壮族师公舞图

壮族法器百楔鼓
（摄于云南文山民族博物馆，百楔鼓也是乐器之一）

图五　广西壮族师公法器延展图2

清广西壮族靖西金罈

图一　清广西壮族靖西金罈主图

　　金罈（又称"金钟"），是壮族人二次葬时放置遗骨的器具，一般用陶制成。所谓二次葬，就是对逝去之人的遗体分二次处理的一种殡葬方式。本案例采自广西靖西壮族博物馆，为清代遗物。案例高39厘米，最大直径24厘米，底直径9厘米。案例结构由罈盖、圆包、罈肩、罈足、卷花组成，其中罈肩部位有网状刻画线，罈腹前后各塑拱形门浅浮雕一个。

壮族二次葬历史悠久。考古资料显示，早在新石器时代桂林甑皮岩遗址中就有壮族二次葬了。（巫惠民、阳吉昌：《广西桂林甑皮岩洞穴遗址试掘》[J]，载《考古》，1976年第3期，第175—179页）魏晋至明清时期，桂西、桂北常见岩葬（即二次葬）。到了清末民初，关于壮族二次葬的记载更是俯拾皆是。概括来看，壮族二次葬过程如下：一是人死后先将遗体安放在木棺里，"躺"着土葬，并形成长形坟，壮族人称之为"长墓"，意指此人还"睡"着，待投胎转世。三年后，当尸身"化净"，便可开始二次葬。二是拾骨。拾骨前要请本家族长者至坟前查看能否拾骨，并请风水先生择最佳坟地，同时要算死者生辰八字与家族人生辰八字是否相冲相克。完毕后，便准备好金罈，由长子燃香，亲破坟土，接着用土纱纸擦净骨骸，由下至上按人体骨架结构顺序安放入金罈内。之所以称案例为金罈，是因为"金"为五行之首，能体现对先辈之尊称。拾完骨便封上盖子，然后在案例的盖顶放红纸一张，以图吉利。在壮族人眼里，拾骨就像给死者迁新居，是一件高兴的事。三是下葬。下葬的墓穴大小是依据金罈尺度而定的，通常是挖一个直径约50厘米、深80—90厘米的坑，在风水先生指定好吉辰之后，由死者儿孙抬着金罈至坑边，先燃放鞭炮，接着便可将金罈下坑。本案例形制设有六条对称的卷花，除了富有装饰意味外，更重要的功能是金罈落坑后，风水先生要依据卷花找到一条中轴线，并将罗盘放在中轴线上调准分针方向，对于分针指定的山脉，风水先生要给主家解释有何象征意义，然后再由主家自定方向。这些程序完成后，随行人员就用石块和土砌成一个半圆形坟包，即"圆墓"。按照过去壮族人的习俗，不满36岁的人（包括带身孕而死的妇女）死后是不进行二次葬的，所以"圆墓"又称"祖墓"，即有后代人的墓，对于那些长年荒芜的"长墓"，即为壮族民间所说之"无主"或"无后"之墓。

用金罈做二次葬是一种十分复杂的社会现象。概括来看，其心理根源有以下几方面：一是鬼神的信仰。壮族人相信人死后便鬼化，鬼有强大的力量，所以要设法让死者的鬼魂归祖认宗，以便庇护自己。二是壮族人认为人活着时灵魂是附在肉体中的，死后便脱窍而出，随骨返回祖居之地，因而，通过二次葬能让死者灵魂有栖居之地。三是"不洁"观的遗存。在壮族人心中，初死人是"不洁"的，源于其筋肉未化，筋肉（含牙齿）是人世间的东西，须除掉，否则鬼魂不洁，不能入家鬼行列。四是祖先崇拜。壮族人认为，他们祖先死后都有灵，在阴间的祖先仍能给人间的子孙造福，因此，他们以二次葬的方式来让死者归祖列宗，从而也体现了他们百般虔诚之心。五是壮族人认为二次葬与先前土葬有三至五年的时间间隔，在这一段时间内他们足以找到风水宝地，这样先辈就有好的去处，自然也会荫庇后代。正因为如此，二次葬在壮区目前仍然存在，只不过金罈形制已不同于往昔，虽然仍用釉陶制作，但形制呈腰鼓状，表面用双龙和双凤装饰，双龙寓意男子用，双凤则为女子用。

图片来源
图一　孙林　摄影
图二至图五　许边疆　制图

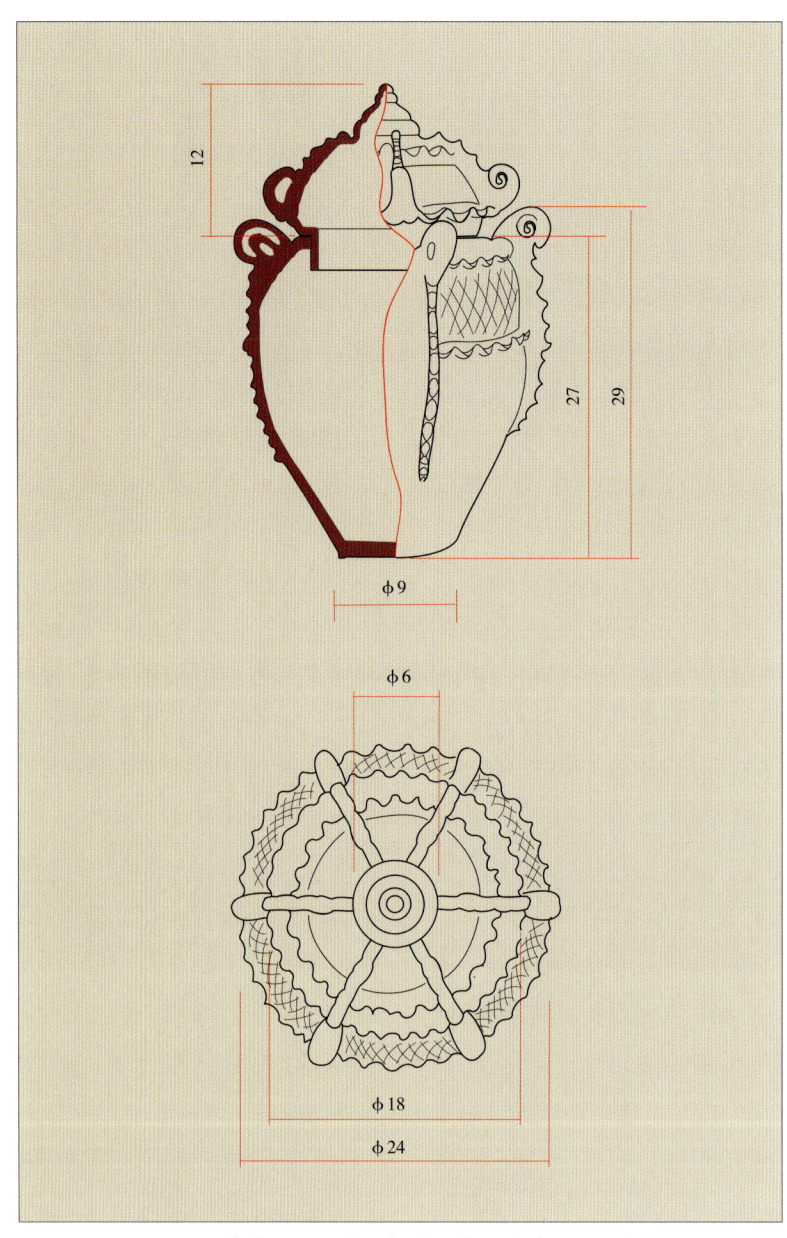

图二　清广西壮族靖西金罍尺寸图（单位：cm）

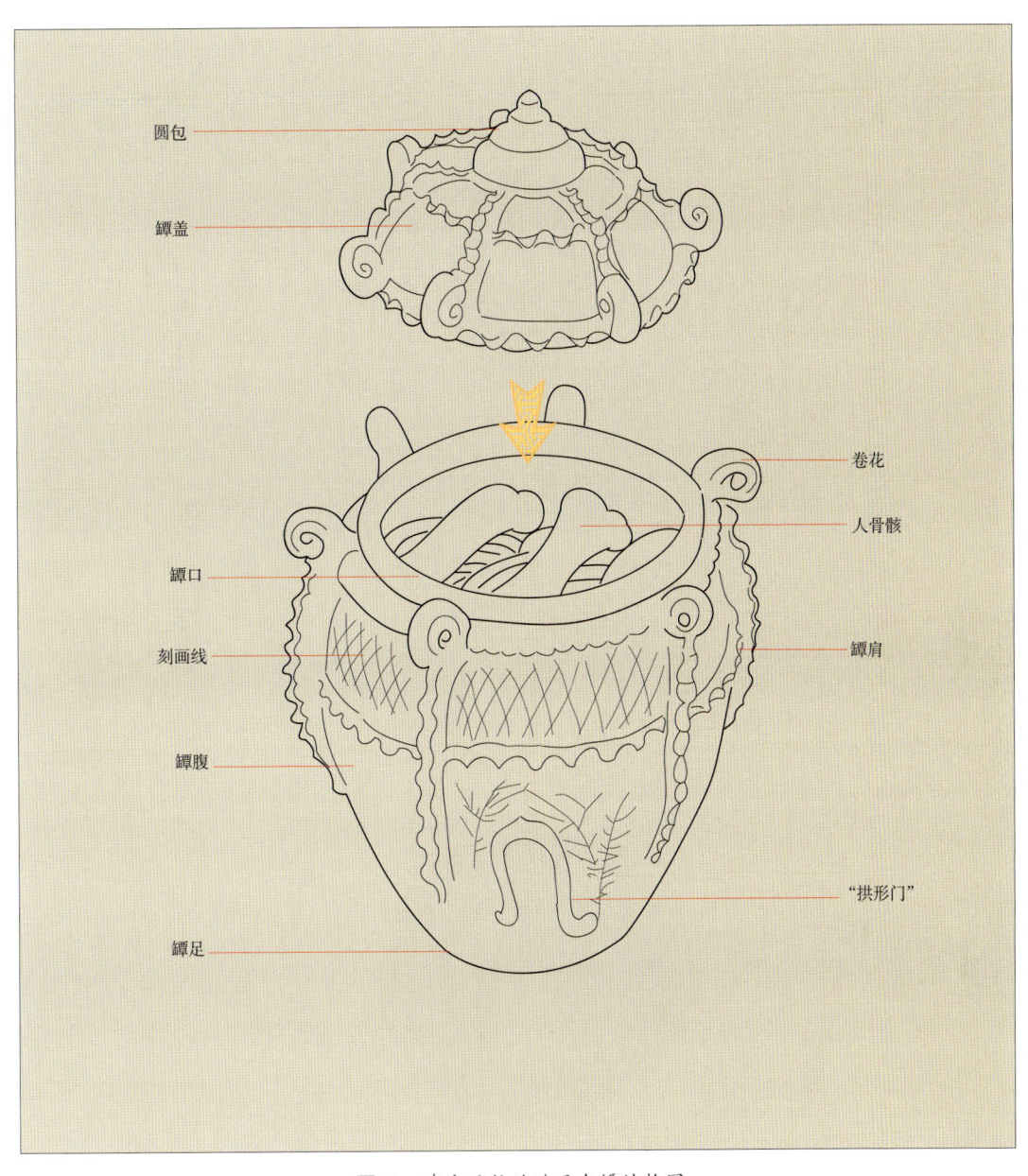

图三　清广西壮族靖西金罈结构图

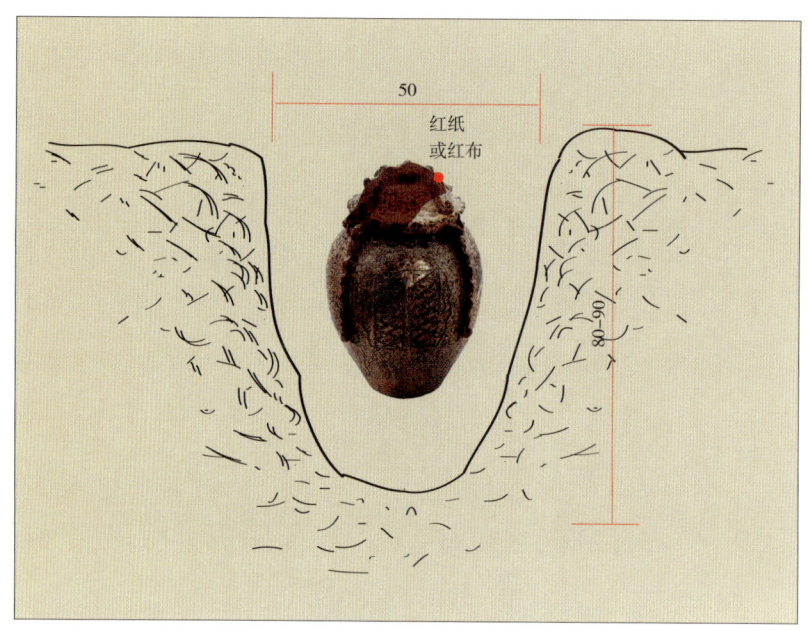

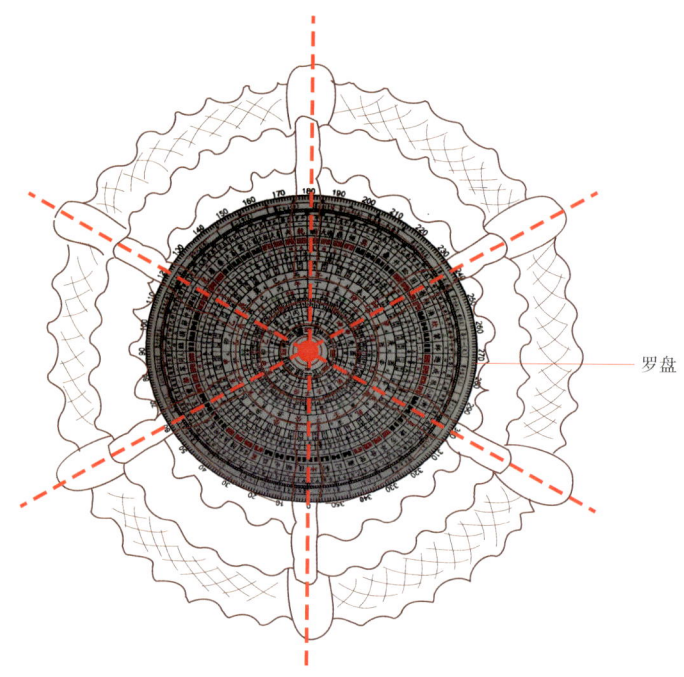

图四　清广西壮族靖西金罐功能图（单位：cm）

当代陶制金罇
（拍于靖西县）

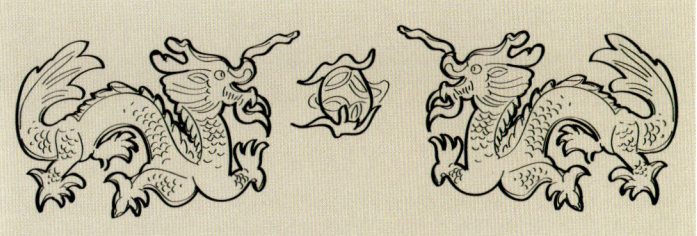
双龙——男性用金罇

双凤——女性用金罇

图五　清广西壮族靖西金罇延展图

第六章　壮族传统民俗和宗教造像

909

声 明

本书编写时收入的个别图片，因条件所限，未能同相关著作权人取得联系，获得授权，敬请谅解。请相关著作权人及时与编者联系，以便奉上稿酬。谢谢！